Lise Gast
Die schönsten Pferdegeschichten

Lise Gast

Die schönsten Pferdegeschichten

Loewe

CIP-Titelaufnahme der Deutschen Bibliothek

Gast, Lise:
Die schönsten Pferdegeschichten / Lise Gast.
Sonderausg. – Bindlach: Loewe, 1991
ISBN 3-7855-2374-2

ISBN 3-7855-2374-2
© für diese Sonderausgabe 1991 by Loewes Verlag, Bindlach
Umschlagzeichnung: Ulrike Heyne
Umschlagtypographie: Creativ GmbH, Leutenbach
Satz: Voro, Rödental
Gesamtherstellung: Duklianske Tlačiarne, Prešov
Printed in Czechoslovakia

Inhalt

Anja hat nur einen Wunsch	7
Aufgesessen, Anja!	69
Anja und der Reitverein	125
Anja und Petra zu Pferde	175
Reiterferien mit Anja und Petra	231
Anja und Petra im Turnier	281
Penny Wirbelwind – Ein Sommer mit Tieren	335
Penny Wirbelwind – Winterferien mit Penny	385
Reni – Geliebtes Heim am Berg	449
Reni – Meine Tochter hat's nicht leicht	521
Reni – Brüder machen manchmal Kummer	585

Anja hat
nur einen Wunsch

Alles wird anders

„Anja! Anja, wo steckst du?"

Das war Mutter. Immerzu rief sie, immerzu sollte man etwas, hier nur mal anfassen und dort zugreifen, den Koffer holen und das Paket aufschnüren – nicht eine Sekunde blieb einem für sich selbst. Und Anja hatte sich so gefreut, daß nun alles anders, besser, schöner würde.

Mutter hatte nun wieder geheiratet. Einen jungen, freundlichen, netten Mann – es war nichts gegen ihn zu sagen. Und als sie dann nach einem Jahr Zwillinge bekam, zwei kleine Brüder für Anja, hatte die sich auch gefreut – immer hatte sie sich Geschwister gewünscht. Und nun war die Familie auch noch umgezogen, hatte ein hübsches Reihenhaus am Rand der Stadt gemietet, sogar mit einer Art Garten drum herum, auch das hatte sich Anja gewünscht. Daß man in einem neuen Haus nicht von heute auf morgen eingerichtet sein konnte, sondern erst einmal in einem Wust von Koffern, Kartons, Taschen und aufeinandergestapelten Umzugskisten unterging, das hatte sie nicht voraussehen können; es war ja der erste Umzug, den sie erlebte. Solange sie sich zurückerinnern konnte, hatte sie mit Mutter in einer kleinen Etagenwohnung in der Stadt gewohnt. Beinahe wünschte sie sich jetzt, es wäre alles beim alten geblieben.

Nein, das doch nicht. In der alten Wohnung war es sehr eng, und auf der Straße konnte man nur auf dem Fußweg gehen und auch dort nur an der Häuserseite, so eng war alles, so nahe rauschten die Autos vorbei. Hier lief die Hauptstraße ein ganzes Stück entfernt vorüber, man hörte die Autos zwar, aber nur wie ein schwaches Zischen. Die Straße, in die sie gezogen waren, lag abseits, und wenn ein Auto kam, dann gehörte es hierher und fuhr langsam.

Vor dem Haus, das nun „ihr" Haus sein würde, öffnete sich sogar ein kleiner Platz, auf dessen gegenüberliegender Seite sich ein niedriger Einkaufsladen befand. Und ein Stück entfernt, aber doch nahe genug, daß man sagen konnte „bei uns", stand eine moderne Kirche, grau, mit bunten Fenstern und einem Turm, der ein Stück vom Hauptgebäude entfernt aufragte. Anja fand die Kirche von Anfang an wunderbar.

Mutter hatte aufgehört zu rufen. Na schön, da brauchte man also nicht zu antworten. Anja drückte sich am Zaun entlang davon. Bald hörten die Häuser auf, und man kam auf freies Gelände. Das war neu für sie, die mitten aus der Stadt kam, und hatte etwas Aufregendes, Erregendes an sich, so, als wäre plötzlich eine alte Haut von einem abgefallen. Ähnlich war ihr zumute gewesen, als sie zehn Jahre alt wurde, den ersten Geburtstag mit zwei Zahlen feierte. Zehn – das war mehr als ein Jahr älter, das war ein Schritt in eine neue Landschaft.

So war es auch jetzt und hier. Anja ging langsam und wie tastend um das letzte Haus herum, kroch unter einem Zaun durch, der hier eine weite freie Fläche abgrenzte, und stand auf einer Wiese. Drüben, ziemlich weit entfernt, sah man einen Bahndamm, darüber die Autostraße, dahinter, aufsteigend, den Wald. Das Ganze hell, weit – ein wenig blaß; die Sonne hatte um diese

Jahreszeit keine große Kraft mehr – und fremd. Anja blieb stehen. Nein, nicht weiter, nicht ganz allein in dieser Weite sein müssen. Lieber hielt sie sich am Zaun. Bis sie etwas sah ...

Auf der Wiese, nicht weit von ihr entfernt, stand etwas Großes, Dunkles, Lebendiges – Anja holte kurz Atem: ein Pferd. Ein richtiges Pferd, dunkelbraun mit einer gelblichen Mähne, die teils rechts, teils links am Hals herunterhing, in groben Wellen, die wie Bindfäden aussahen. Anja merkte nicht, wie sie sich in Bewegung gesetzt hatte und, wie magnetisch angezogen, auf das Pferd zuging, Schritt für Schritt. Jetzt wandte es den Kopf und sah zu ihr her.

„Ja, du, wie heißt du denn?" hörte Anja sich selbst halblaut fragen. „Heißt du Fury? Nein, sicher nicht. Fury sieht anders aus, ganz anders. Darf man dich streicheln?"

Es war kein schönes Pferd, kein Bild auf Glanzpostkarte mit rassigem Kopf und wildschönen Augen. Und es stampfte nicht feurig mit den Vorderbeinen, sondern stand still und ein wenig X-beinig da, schlug ein bißchen mit dem Schweif, daß er an den Flanken entlangstrich, und war bei aller Größe und Breite ziemlich mager. Die Knochen rechts und links an der Kruppe stachen vor, man sah auch die Rippen. Und auf der Nase entlang zog sich ein heller Streifen, er ging von der Stirn bis auf die Oberlippe herunter. (Man nennt das „Laterne", wie Anja später erfuhr.) Um die Nüstern herum hatte es einzelnstehende, ziemlich grobe Haare. Anja streckte schüchtern die Hand aus.

Zucker müßte man haben oder Brot oder eine Mohrrübe. Das Pferd sah sie so zutraulich an, so überzeugt davon, daß sie ihm etwas brachte. Ganz schnell fuhr sie mit beiden Händen in die Taschen ihrer Jeans. Vielleicht war doch ... richtig, Hustenbonbons! Vater – der neue Vater – hatte ihr gestern welche gekauft.

„Süßigkeiten sind nichts Gutes, aber wenn man so schrecklichen Husten hat wie du ..." Er blinzelte sie vergnügt an, während er ihr die Tüte zusteckte. Sie hatte ein einziges Mal gehustet, und das nur, weil sie sich verschluckt hatte.

Mit ein wenig fahrigen Fingern wickelte sie das erste Bonbon aus und steckte das Papier in die Tasche zurück.

„Komm, hier, siehst du? Magst du so was?" schmeichelte sie und hielt es dem Pferd auf der flachen Hand entgegen. Daß man das so macht, wußte sie, sie hatte ja schon oft Pferde mit Zucker gefüttert, wenn sie mit Mutter spazierengegangen war.

Die Lippen des Tieres fuhren suchend über ihre Hand, nahmen das Bonbon, und dann knirschte es zwischen den Zähnen. Anja wickelte das nächste aus. Und dann, während das Pferd dieses zerbiß, trat sie näher heran und legte den Arm um den herniedergebogenen Pferdehals. „Bist mein Gutes, Gutes", flüsterte sie zärtlich.

Lockere, warme, blanke Haut. Ein Geruch, mit keinem anderen zu vergleichen. Ein leises Schnauben, das „Ja!" hieß, ganz deutlich „Ja!". Anja lächelte zu dem Pferdekopf empor.

Später hörte sie Schritte. Jemand kam auf sie und das Pferd zu, ruhig, langsam, so, daß man nicht erschrak. Anja nahm den Arm nicht vom Hals des Pferdes, sie sah zu dem Mann auf, der herangetreten und neben ihr stehengeblieben war.

„Na, da hat ja unser Kerlchen jemanden gefunden, der mit ihm schmust", sagte eine freundliche Stimme. Anja lächelte und drückte ihre Wange noch fester an den Pferdehals.

„Heißt er Kerlchen?" fragte sie. Sie war überhaupt nicht schüchtern wie sonst, wenn sie mit fremden Leuten zusammenkam, sondern ganz und gar einverstanden damit, daß sie sich hier mit einem fremden Menschen unterhielt. Er sah sie aufmerksam an.

„Eigentlich heißt er Rodi. Aber ich nenne ihn immer Kerlchen, weil er so – so ein armes Kerlchen ist." Der Mann lächelte. Sein Gesicht wurde dadurch unwahrscheinlich freundlich, dieses altersgraue, mit tiefen Falten durchsetzte Männergesicht. Es war nicht schön, aber unbeschreiblich angenehm, es strahlte eine tiefe und überzeugende Fröhlichkeit aus – Anja hatte so etwas noch nie erlebt.

„Ja?" fragte sie halblaut, beglückt.

„Ja. Das gefällt ihm, daß du ihn liebhast."

Sie standen ein Weilchen, Anja streichelte das Pferd, und der alte Mann sah ihr dabei zu. Dann fragte er:

„Willst du mal rauf?" Dabei deutete er mit dem Kinn nach dem Rücken des Pferdes.

„Oh! Wenn ich darf?"

„Natürlich darfst du. Er ist ganz brav." Er trat an sie heran. „So, nun pack mal die Mähne, dort, ja, siehst du, du erreichst sie gerade. Und jetzt – mach mal mit dem linken Bein so –" Er zeigte ihr, wie sie das Bein anwinkeln sollte. Sie tat es ihm nach. Ganz sanft legte er zwei Finger der einen Hand unter ihren Spann und gab ihr einen fast unmerklichen, federleichten Druck von unten nach oben. Ohne sonstige Hilfe, sich an der Mähne haltend, glitt sie auf den Rücken des Pferdes, saß oben, das rechte Bein darübergeschwungen, als wäre sie schon hundertmal so aufgestiegen. „Hach!" seufzte sie unwillkürlich.

„Nicht wahr?" Er lächelte zu ihr hinauf. „Breit ist er ja, und man sitzt gut, wenn er auch mager ist. Ich kriege und kriege nichts auf seine Rippen, sosehr ich mich auch mühe. Dabei frißt er ganz ordentlich."

Anja antwortete nicht. Eine Erinnerung, längst verweht, streifte sie – oder war es vielleicht ein Traum, den sie irgendwann einmal geträumt und dann wieder vergessen hatte, der sich jetzt meldete? Sie hatte das schon einmal erlebt, das warme Fell an der Innenseite ihrer Beine, den merkwürdig schwebenden und doch irgendwie ansaugenden Sitz.

„Schön, nicht? Und wie weit man sieht."

„Ja. Viel weiter als von unten."

„So, nun muß ich ihn mitnehmen, er muß heim. Es wird dunkel. Morgen kommt er wieder", sagte der freundliche Mann und hob den Arm, um Anja herunterzuheben.

„Danke, nein, ich kann allein." Sie hatte das rechte Bein zurück über die Kruppe geschwungen und ließ sich an der linken Seite des Pferdes heruntergleiten. Bums, da stand sie. Er sah sie lächelnd an.

„Gut gemacht. Bis morgen also. Wie heißt du denn?"

„Anja. Und Sie?"

„Anders. Nein, so meinte ich es nicht –" Er lachte jetzt ganz richtig. „Ich heiße ‚Anders'. Mit dem Familiennamen. Bin Pferdepfleger im Reitverein, da drüben. Auf dem Eulengut. Kennst du es nicht?"

„Nein. Wir sind erst hierhergezogen."

„Aha. Du bist neu. Sonst hätte ich dich ja auch schon gesehen." Herr Anders hatte Kerlchen an der Mähne gefaßt und ging mit ihm los, im gleichen Schritt. Anja lief nebenher.

„Gute Nacht, Kerlchen! Schlaf schön – gute Nacht, Herr Anders. Und danke fürs Aufsitzen!"

„Bitte. Bist du morgen wieder da?"

Er hätte nicht zu fragen brauchen.

„Mutter, ich hab' ein Pferd kennengelernt, es heißt Rodi, aber es wird Kerlchen genannt. So groß – und so lieb –" Anja erzählte und erzählte. Mutter wickelte gerade den einen der kleinen Buben in eine schimmerndweiße, weiche Windel.

„Das ist aber schön! Ein Pferd – da können die kleinen Brüder später reiten lernen –"

„Ich – ich bin schon – nein, ich hab' nur drauf gesessen. Geritten bin ich nicht, aber drauf durfte ich . . ."

„Weißt du, was Anja erlebt hat? Sie erzählte es mir vorhin, strahlend und glühend vor Glück. Sie hat auf einem Pferd gesessen, hier irgendwo muß ein Reitverein sein." Mutter goß Tee ein und lächelte, während sie ihrem Mann die Tasse hinüberreichte. Er klopfte ihr zärtlich auf die Hand, sah sie an.

„Vielleicht findet sie dort Freundinnen. Na, jetzt hat sie ja auch Brüder. Sie schließt sich schwer an, oder?"

„Ja, das typische Einzelkind. Gewesen, gottlob!, wenn die Brüder auch sehr viel jünger sind. Aber – du, weißt du, woran ich denken mußte, als sie mir das vorhin erzählte? Ich ahne ja nicht, wie weit Erinnerungen zurückgehen können, aber . . . ihr Vater, Walter also, hat sie mal auf ein Pferd gesetzt, als sie ungefähr ein Jahr alt war oder etwas darüber, ich weiß es nicht genau. Er liebte ja Tiere so, am meisten Pferde. Immer sagte er, Anja würde mal eine große Reiterin. Und da hat er sie auf ein Pferd gehoben, und sie wollte absolut nicht wieder runter, klammerte sich fest und schrie: ‚Leiben! Leiben!' Das hieß ‚bleiben'. Und als er sie schließlich heruntemahm, hat sie bitterlich geweint. Meinst du, daß sie sich daran noch erinnert?"

„Bewußt sicher nicht. Aber vielleicht unbewußt. Es muß aber nicht sein. Das erstemal auf einem Pferd zu sitzen, das ist auf alle Fälle ein Erlebnis. Ach ja, unsere kleine große Anja – ob die Jungen später auch mal so verrückt auf Pferde sein werden? Mir wär' es jedenfalls lieber als auf Motorräder." Beide lachten.

„Mir wahrhaftig auch! Nein, nur nicht Motorräder. Ach, ein Glück, daß sie noch so klein sind . . ."

Anja wachte auf, ehe Mutter sie weckte.

Es war noch ganz dunkel. Sie lag still und versuchte, sich an das zu erinnern, was sie geträumt hatte.

Von etwas Großem, Warmem, Lebendigem – von Kerlchen natürlich! Er stand und schnoberte an ihr herum, und sie zog eine Mohrrübe nach der anderen aus der Tasche. Anja lachte. Das mußte kein Traum bleiben. Wenn sie heute hinlief, um ihn zu treffen, würde sie bestimmt Mohrrüben mitnehmen. Erst aber kam die Schule. O weh!

Eine neue Schule, eine neue Klasse, in der sie kein Kind kannte, und alle untereinander kannten sich – das war keine schöne Aussicht. Ob Mutter sie hinbringen würde? Hoffentlich. Oder Vater?

Es wäre vielleicht besser, Vater ginge mit, da würden die anderen gleich sehen, daß sie einen Vater hatte. So lange hatte sie keinen gehabt. Es brauchte ja niemand zu wissen, daß es ihr zweiter Vater war. „Stiefvater" wollte sie nicht denken, das war ein häßliches Wort. Und Vater war wirklich kein böser Stiefvater.

Auf einmal merkte Anja, daß sie weinte. Es weinte einfach aus ihr heraus, sie hatte gar nicht gemerkt, wann es anfing. Schleunigst kroch sie mit dem Gesicht unter das Deckbett, zog es mit beiden Händen über sich und hielt die Zipfel fest. Wenn Mutter kam und sie wecken wollte und merkte, daß sie weinte, und dann fragte ...

Sie konnte ja nicht erklären, warum sie weinte, das wußte sie genau. Sie hatte Angst – vor der neuen Schule, vor der neuen Klasse, vor dem neuen Leben. Nicht aufstehen müssen, nicht in die neue Schule gehen – wenn Mutter kam, würde sie sagen, sie hätte Kopfschmerzen – oder ihr wäre schlecht – oder –

Dann aber konnte sie nachmittags nicht zu Kerlchen laufen. Er würde stehen und auf sie warten, umsonst – sicherlich würde er das. Wenn sie ihm auch nur Hustenbonbons gebracht hatte. Nein, sie mußte aufstehen, sie mußte in die Schule. Es half nichts. Zu Kerlchen wollte sie.

Sie hatte aufgehört zu weinen, zog das Deckbett vom Gesicht und guckte zum Fenster hinüber. Das war jetzt ein graues Viereck, es begann zu dämmern. Gleich würde Mutter kommen.

Aber Mutter kam nicht. Anja hörte sie hin- und hergehen, zur Küche und zurück ins Schlafzimmer, hörte sie zärtlich beruhigend reden mit den kleinen Jungen, denen sie die Flasche gab, mit Vater lachen. Warum kam sie nicht? Sicherlich war es doch höchste Zeit ...

Anja gab sich einen Ruck und kroch aus dem Bett. Im Schlafanzug und barfuß tappte sie durchs Zimmer, machte die Tür einen Spaltbreit auf.

„Mutter?"

„Ja, Anja! Bist du wach? Komm schnell, du frierst doch."

In der Küche war es warm, Mutter stellte gerade die Kaffeekanne auf den Tisch.

Vater stand am Herd und ließ ein Ei nach dem anderen ins zischende Fett gleiten. Sein Gesicht war vergnügt, er nickte Anja zu.

„Heute frühstücken wir amerikanisch, mit Speck und Eiern, magst du das?" fragte er munter. Anja mochte es nicht, sie nickte aber trotzdem.

„Setz dich. Du kannst nachher duschen, damit wir zusammen frühstücken können. Komm, hier ist Platz für dich."

Die Küche war schon ganz gemütlich, Vater und Mutter mußten gestern noch fleißig gewerkelt haben. Der viereckige Tisch stand vor der Eckbank, eine bunte Decke darauf – Vater nahm gerade die roten Teller vom Bord. Sogar das Tellerbord hatte er schon angeschraubt, die Küche sah wohnlich und reizend aus.

„Nicht wahr? Wir haben die schönste Küche der Welt", sagte er und ließ ein Spiegelei auf Anjas Teller rutschen, „dort ist Brot – was willst du trinken? Kakao? Hier ist dein Becher."

„Muß ich nicht in die Schule?" fragte Anja nun doch. Sie hatte es so lange bei sich behalten, wie es ging, jetzt aber meinte sie, sie verpaßte die Zeit, wenn sie noch länger schwieg. Mutter hatte sich gerade gesetzt, sie sah so jung und eifrig und rotbackig aus, ein bißchen zerrauft, aber das stand ihr gut.

„Ach, heute noch nicht", sagte sie und goß sich Milch in den heißen Kaffee, „du fängst doch diesen Herbst mit der höheren Schule an. Da lohnt es nicht mehr, in eine andere Volksschule zu gehen. Die Arbeiten zur Aufnahmeprüfung habt ihr doch schon geschrieben."

„Und da brauch' ich jetzt nicht ..." Anja sah Mutter mit weit aufgerissenen Augen an.

„Nein. Nächsten Montag bringt dich Vater ins Gymnasium, dann sind dort die mündlichen Prüfungen. Nach dem, was du schriftlich geleistet hast, brauchen wir keine Angst zu haben", sagte Mutter. „Er war bei deiner Klassenlehrerin. Es wird schon alles klappen, Anja. Nun iß – nachher läufst du mir rasch zum Einkaufen. Gegenüber, weißt du, das Geschäft am Platz. Ist das nicht praktisch für uns, es so nahe zu haben?" Mutter plauderte weiter. Anja saß und schluckte an dem Stück Brot, das sie sich abgebröckelt hatte, schluckte und schluckte. Es wurde immer mehr im Mund.

Vielleicht bin ich wirklich krank, oder ich werde krank, ich ziehe einen Bären, wie Mutter das früher nannte, wenn ich mich schlecht fühlte. Nächste Woche in die höhere Schule, Aufnahmeprüfung, lauter neue Kinder, die einander noch nicht kannten. Das war doch dann nicht so schlimm, oder es war für alle gleich schlimm ...

Sie versuchte, sich das einzureden. Sie wollte auch nicht krank werden. So verlockend die Vorstellung war, zurück ins Bett zu kriechen und die Decke über den Kopf zu ziehen, zu sagen: „Mir ist nicht gut" – der Gedanke an Kerlchen, der auf sie wartete, war stärker. Nein, nicht krank werden! Sie wollte Mutter gern helfen, wenn sie nachmittags wieder hinauslaufen und Kerlchen füttern konnte, vielleicht wieder aufsitzen, vielleicht ein Stück reiten ...

Eins aber wußte sie genau, wenn sie es auch nicht denken mochte. Jetzt war alles, alles anders als früher. Nicht nur die Wohnung, die Wohngegend, die Schule – alles war anders, das ganze Leben. Erschreckend, beängstigend, bedrückend anders, sie kam nicht daran vorbei. Aber inmitten dieser fremden und gefährlichen Weite stand etwas Warmes, Lebendiges, Gutes, etwas, das auf sie, Anja, wartete.

Petra

Der Regen fegte schräg herab, es war abscheulich kalt. Anja hatte sich nicht die Zeit genommen, den Wintermantel herauszusuchen, sondern war in ihren Sommeranorak geschlüpft, um endlich fortzukommen. Der Anorak war dünn, vorn und an den Schultern glänzte er dunkel vor Nässe. Schnell, schnell in den Stall hinein!

Wenn nur der Reitlehrer nicht drin war! Der konnte es nicht leiden, daß man kam, ohne zur Stunde angemeldet zu sein. „Hier ist kein Spielplatz für Kleinkinder", hatte er einmal gebrummt, als sie sich gerade mit Othello neckte. „Oder reitest du heute?"

„Nein, ich –", hatte sie gestammelt und nicht weitergewußt. Da aber kam Herr Anders mit der Karre und gab ihr die Gabel in die Hand.

„Anja hilft, sie ist furchtbar tüchtig", sagte er und lächelte den Reitlehrer an. Der zögerte eine Sekunde und ging dann hinaus. Anja hatte den Atem angehalten. Herr Anders lachte leise.

„Natürlich darfst du bleiben, so fleißig, wie du bist."

Aber Respekt vor dem Reitlehrer hatte sie eben doch noch. Es wäre jedenfalls besser, wenn er nicht da wäre.

Sie luchste durch den Türspalt. Die Stallgasse war leer. Gottlob! Hineingeschlüpft, Anorak aus, über den Pfosten geworfen. Warme, ein wenig feuchte, dunstige Luft, Geruch nach Heu, Stroh, Mist – und Pferden. Wunderbarer Geruch.

„Grüß dich, Anja. Wieder mal durchgebrannt zu Hause?"

Das war Herr Anders. Er trat aus dem Stand von Faruk, die Mütze ein wenig schief auf dem Kopf, und lächelte Anja an. Sie lachte ihm zu, jetzt ganz selbstvergessen und glücklich.

„Ja, das heißt, ich darf! Mutter hat gesagt, ich kann laufen, weil ich vormittags fleißig war. Wenn ich vormittags helfe, darf ich nachmittags her, wissen Sie."

„Dann hilf nur vormittags tüchtig. Damit ich nachmittags hier Hilfe hab'."

Herr Anders war früher Lehrer gewesen, eine der Reitschülerinnen hatte ihr das erzählt. Lehrer an einer Sonderschule, also bei schwach begabten Kindern, jahrelang. Und dann war er pensioniert worden und als Pferdepfleger hierhergekommen.

„Prima, nicht?" sagte Petra, die schon zwölf Jahre alt war und seit längerem hier ritt. „Ich werd' auch Pferdepfleger, aber schon eher. Nicht erst mit sechzig." Petra lachte, in ihren Augen tanzten die Funken. Sie trug neuerdings ihr Haar ganz kurz, abgeschoren wie ein Schäfchen, nur vorn über der Nasenwurzel war es ein ganz klein wenig länger und stand im Wirbel empor. „Was glaubst du, wie meine Mutter geschimpft hat, als ich so nach Hause kam", erzählte sie und kratzte dem Condor den Huf aus, „steh still, alter Zausel, ich tu' dir schon nicht weh! Aber es war nicht mehr zu ändern, was ab ist, ist ab. Ich habe es ja nur abschneiden lassen, weil er" – damit meinte sie den Reitlehrer – „dauernd über meine langen Haare schimpfte. Er behauptete, ich hörte nichts, wenn sie mir so über die Ohren wüchsen, und es wäre kein Wunder, wenn ich keine richtige Antwort geben könnte. Beim Reiten müßte man *denken*, und wenn man denken wollte, müßte man hören, was er sagte." Sie lachte, ihre Augen wurden zu ganz schmalen Schlitzen über den prallen, runden Wangen. Petra lachte eigentlich immer, sogar, wenn sie runterflog, noch in der Luft, so hatte es Anja erlebt.

Gerade kam sie hereingeschusselt, das Gesicht so naß vom Regen wie Anja vorhin, und vergnügt! „Bist du schon da? Na prima. Du wohnst aber auch nahe, ich muß mit dem Fahrrad herstrampeln. Wen krieg' ich denn heute? Die Wanda? Das darf doch nicht wahr sein!"

„Doch, die Wanda", sagte Herr Anders und hob eine Gabel voll Mist auf die Karre, „die Wanda hat ja monatelang nichts getan, die dicke Kuh."

„Du bist keine Kuh, hör ja nicht drauf!" Petra lachte und schob die dralle Kruppe der Haflingerstute an die Seite, um in ihren Stand hineinzukönnen. „Dick bist du, wahrhaftig, aber deshalb noch lange keine Kuh."

Wanda und Bubi standen in einem Behelfsstand am Ende der Stallgasse, sie waren die einzigen Haflinger im

Stall, alles andere Großpferde. Dadurch wirkten sie kleiner und gedrungener, als sie waren, speckfett und stramm. Petra klatschte Wandas Hals.

„Dich soll ich in der Halle um den Hufschlag bringen? Lieber Himmel, da brauch' ich ja Sporen. Dich vorwärts zu kriegen, dazu gehört Kraft!"

„Sag das nicht. Die Wanda ist schnell", sagte Herr Anders und blieb am Stand stehen, „sie hat lange nichts getan, war bis jetzt Besitzerpferd, und der hatte nie Zeit. Vorige Woche hat der Reitverein sie übernommen."

„Und ich bekomme also die ehrenvolle Aufgabe, sie zu reiten?" sagte Petra. „Na, gute Luft. Komm her, erst wollen wir dich mal schönmachen."

Anja stand, in einer Hand den Striegel, in der anderen die Kardätsche, und sah Petra an. Sie bewunderte die Ältere, ohne es zu wissen, hingegeben und sehnsüchtig. Petra machte sich aus nichts etwas draus, aus keinem Anpfiff des Reitlehrers und keiner Schelte zu Hause. Sie ging in jeden Stand hinein, ohne sich in acht zu nehmen, sprach das jeweilige Pferd zwar an, wie man es tun soll, aber es machte ihr überhaupt nichts aus, wenn es unruhig hin und her trat oder sie an den Rand drängte. Petra benahm sich überall, als sei sie zu Hause, beneidenswert, fand Anja. Wenn Petra in ihre Klasse ginge . . .

Aber die war natürlich zwei Jahre über ihr. Anja strich den Gedanken an die Schule schnell wieder aus und ging zu Kerlchen in den Stand, um ihn zu putzen. Sie putzte ihn jeden Tag, Herr Anders sagte, das täte ihm gut, auch wenn er nicht geritten würde. Gut geputzt ist halb gefüttert, eine alte Weisheit. „Jaja, du bist doch mein Bester."

Petra schimpfte mit Wanda, Anja hörte es bis hierher.

„Steh still, alte Scharteke, oder es setzt was. Na, weißt du, der unterste ist meiner. Runter von meinem Fuß!"

Herr Anders lachte, leise amüsiert. Man hörte, wie er die Karre absetzte. „Geh rum – so ist's schön."

Anja reckte sich, um auf Kerlchens Rücken hinaufzureichen. Es war ein so gutes Gefühl, mit der Bürste über das blanke Fell zu fahren, mit Druck, trotzdem sanft. Nur mit dem Striegel kratzte sie nicht gern, sie hatte immer Angst, dem Pferd damit weh zu tun. An manchen Stellen aber ging es nicht ohne Striegel, vor allem, wenn Kerlchen draußen gewesen war. Die Wiese hatte lehmige Stellen, und dann klebte der Schmutz in den langen Fesselhaaren, wenn er getrocknet war, so daß man ihn kaum herausbekam.

„So schön, so brav – hoi!" Anja tat einen kleinen Schrei, jemand hatte sie von hinten geschubst, und sie war gegen die Flanke des Pferdes gefallen. Jemand? Othello natürlich, der Zwergziegenbock. Wie in vielen Reitställen gab es auch hier einen Ziegenbock, halb als Maskottchen, halb aus dem alten Aberglauben heraus, daß Pferde nicht krank werden, solange ein Ziegenbock im Stall ist.

Wieweit das stimmte, wußte Anja nicht. Herr Anders hatte es ihr damit erklärt, daß Ziegenböcke sehr stark röchen, sehr scharf, und Ratten könnten diesen Geruch nicht leiden. Ratten übertragen oft ansteckende Krankheiten. Wo Hafer ist, stellen sich Ratten und Mäuse automatisch ein, also wäre es schlau, einen Ziegenbock zu halten und dieses Ungeziefer damit fernzuhalten. Auch Katzen gab es in fast allen Reitställen, und viele Reiter und Reiterinnen brachten ihnen regelmäßig etwas mit, Wurstreste oder auch Fisch. Anja hatte das bei einer Reiterin erlebt, die nur einmal die Woche kam, um zu reiten. Sie war nicht sehr groß, schlank wie ein Junge und von einer frischen Resolutheit, die Anja gefiel.

„Die? Die ist Ärztin", hatte Petra berichtet, als Anja sich nach ihr erkundigte. „Soll sehr tüchtig sein, hat deshalb wenig Zeit. Cornelia nennen wir sie. Ich weiß nicht, ob das stimmt, sie sagte es so, daß man nicht wußte, ob sie Spaß macht. Und sie wäre fünfhundert Jahre alt, hat sie geantwortet, als Elke sie nach ihrem Alter fragte."

„Geh weg, du Ekel", sagte Anja jetzt und versuchte Othello aus dem Stand zu schieben. Sie konnte ihn gut leiden, den kleinen schwarzen Teufel mit den winzigen spitzen Hörnern. Othello ging im Stall umher, als gehörte der ihm allein, bei jedem Pferd im Stand schlief er, wie es ihm gerade paßte, stahl sich Hafer und griff alle, die er nicht leiden konnte, von Zeit zu Zeit an, wütend, die Hörner gesenkt, oft auch Männchen machend, was sehr drollig aussah. Aber mitunter tat er einem auch richtig weh, wenn er einen unvermutet schubste und man gegen etwas Härteres flog als gegen Kerlchens weiche Flanke. Ein einziges Glück, daß dieser nicht erschrocken war, als Anja gegen ihn fiel.

Aber Kerlchen ließ sich nicht aus der Ruhe bringen, schnoberte nur ein wenig zu ihr hin, indem er den Hals drehte, und pustete dann wieder in seine leere Krippe hinein.

„Ja, ich hab' dir doch was mitgebracht." Anja grub in ihrer Hosentasche und ließ ein paar Möhrenstückchen in die Krippe fallen, die Kerlchen sogleich mit den Lippen aufnahm und zu kauen begann. Ein Glück, daß die kleinen Brüder jetzt schon Möhrenbrei bekamen. Da blieb immer etwas beim Putzen zurück, und das steckte Anja sofort ein. Sie erzählte das Petra, während sie beide um die Wette striegelten.

„Und wenn die Jungen erst Spinat bekommen ..." Petra lachte. „Mein kleiner Bruder bekam immer Spinat, na, der spuckte was zusammen!"

„Du hast auch einen kleinen Bruder?" fragte Anja. „Ich hab' zwei. Zwillinge, noch ganz klein."

„Meiner ist schon neun, aber gräßlich verwöhnt", sagte Petra. Man hörte ihre Stimme dumpf von unten kommen, sie kratzte Wanda gerade den Bauch sauber. „So was von Heulemeier. Denkst du, der reitet? Der brüllt, wenn man ihn aufs Pferd setzt." Abgrundtiefe Verachtung klang aus ihrer Stimme. „Aber das kommt davon, wenn sich Eltern wie verrückt Söhne wünschen. Wir sind drei Schwestern, zwei sind größer als ich, die reiten schon lange. Aber der Herr Kronprinz, nicht um die Welt!"

„Vielleicht ist er mal tüchtig abgeschmiert?" fragte jetzt eine andere Stimme dazwischen. Anja und Petra hoben die Köpfe. Ach so, Cornelia.

„Heut ist doch nicht Mittwoch", sagte Petra verwundert. Sie hatte die Stundenpläne der Reitenden haarscharf im Kopf. Die Ältere lachte.

„Ich reite trotzdem, wenn du gestattest. Wen krieg' ich denn?"

„Ich seh' nach." Petra schoß aus dem Stand heraus und durch die Tür, hinüber zur Baracke. Dort lagen die Nummern der Pferde aus, zusammen mit den Namen der Reiter für diesen Tag.

„Den Creon", berichtete sie, wieder hereinflitzend, und strahlte Cornelia an. „Soll ich ihn Ihnen satteln?"

„Menschenskind, Petra! Ist nett gemeint, aber seh' ich aus wie jemand, der sich das Pferd satteln läßt?"

„O Entschuldigung, nein. Ich meinte nur –"

17

„Du meintest es gut. Na, Creon, wie ist das mit uns beiden? Werden wir uns vertragen?"

„Reiten Sie mit uns? Jetzt, um zwei?" fragte Petra atemlos. Cornelia lachte.

„Wenn der Gestrenge mich in eure fortgeschrittene Abteilung hineinnimmt?"

„Och, Sie können doch viel mehr. Sie reiten doch sicherlich schon fünf Jahre!"

„Aber meist nur einmal die Woche, wenn überhaupt. Wer tut sonst noch mit? Paul und Thilo und – du auch, Anja?" Sie fragte es freundlich und gar nicht spottend. Anja wurde feuerrot.

„Ich reite überhaupt noch nicht – ich –"

„Du hilfst nur? Siehst du, so hab' ich auch angefangen", sagte Cornelia freundlich und hob den Sattel vom Bock, „immer im Reitstall herumgekrochen und geputzt und ausgemistet, bis ich die Eltern soweit hatte, daß sie es erlaubten. Und den Reitlehrer, daß er mich nahm."

„Warum wollte er denn nicht?" fragte Petra und griff nach der Decke, die Cornelia eben entfaltet hatte und neu zusammenlegen wollte. „Warten sie, ich helf' Ihnen."

„Weil ich kein Junge bin. Damals durften nur Jungen reiten, jedenfalls dort, wo ich anfing."

„Gemein", sagte Petra tief überzeugt. „Man kann doch nichts dafür, daß man kein Junge ist. Ich wäre nämlich gern einer. Ich sollte unbedingt ein Sohn werden, Peter sollte ich heißen."

„Sei froh, daß du eine Tochter bist. Wenn Töchter brav und sanft sind und Puppenkleider nähen, sind die Eltern froh, und wenn sie lieber reiten oder herumtoben, sind sie auch froh – und stolz." Cornelia lachte leise, während sie die gefaltete Decke auf Creons Rücken legte.

„Puppenkleider nähen!" murmelte Petra. „Komm, Wanda, mein Püppchen, soll ich dich auf den Arm nehmen?"

Anja hielt die Tür auf, als Petra mit Wanda und Cornelia mit Creon hinaus wollten. Es regnete im Augenblick nicht, sie kamen trocken hinunter zur Halle. Paul und Thilo waren schon drin und bewegten ihre Pferde. Sie ritten Besitzerpferde, Paul einen etwas massigen Schimmel, Wisky, und Thilo seinen Skanda. Anja lief durch die trockene Lohe und setzte sich jenseits der Bande auf die Bank. Von hier aus konnte sie die Halle gut übersehen. Gleich darauf erschien der Reitlehrer.

Er hatte schlechte Laune, wie man sogleich merkte. Nein, Anja war doch froh, daß sie noch nicht mitritt. Was würde er ihr alles an den Kopf werfen, wenn sie sich anfangs dumm anstellte, wo er schon bei Petra dauernd etwas auszusetzen fand!

Die kam mit ihrer Wanda auch wirklich nicht zurecht. Erst ließ die Stute nicht aufsitzen, trat hin und her, und Petra, schon im linken Bügel, mußte den Fuß wieder herausnehmen. Und dann, als sie sich beim zweiten Versuch rasch und geschickt hochgezogen hatte, ging Wanda los wie das Donnerwetter und ließ sich nicht aufnehmen. Der Reitlehrer tobte und brüllte etwas von Gernegroß und Pferde reiten wollen, mit denen man nicht fertig wird ...

Als ob Petra sich das Pferd ausgesucht hätte! Anja fühlte eine dumpfe Wut in sich aufsteigen, wie immer, wenn sie Ungerechtigkeiten erlebte. Sie konnte es einfach nicht ertragen, wenn jemand für etwas angepfiffen wurde, wofür er nichts konnte. Vielleicht kam das daher, daß ihre Mutter immer sehr darauf bedacht gewesen war, gerecht zu sein.

Petra ließ sich nichts anmerken. Sie ritt mit zusammengebissenen Zähnen und einem verschlossenen Gesicht, sah jetzt viel älter aus, als sie war. Nachdem sie Wanda in die Abteilung hineingebracht hatte – hinter Paul, dessen Wisky ruhig und unerregt ging –, schien es besser zu werden. Wanda schnaubte zwar noch aufgeregt und versuchte sich auf das Gebiß zu legen, aber Petra war auf der Hut. Sie gab nach und nahm den Zügel wieder an, weich und fast unmerklich – Wanda versuchte es noch ein paarmal, wurde dann vernünftiger. Anja hatte beide Daumen in die Fäuste gepreßt und stand so da, an die Bande gelehnt, die Zähne in die Unterlippe gegraben.

Es wurde keine gute Stunde. Beim Angaloppieren ging Skanda seinem Reiter davon, überholte einfach die anderen und riß Creon, der bis dahin ganz gut gegangen war, mit sich. Cornelia verlor den einen Bügel und mußte schwer schaffen, um ihr Pferd durchzuparieren, ohne allzu hart zu werden. Creon ließ sich keine harte Zügelfaust gefallen, er wurde dann bockig und fing an, rückwärts zu schieben – setzte man die Gerte ein, erst recht.

„Das ist keine Abteilung, das ist ein Sauhaufen", knirschte der Reitlehrer. In diesem Augenblick wurde die Tür aufgeschoben, und Herr Anders kam, „Tür frei?" fragend, herein, die Florett am Zügel. Manchmal unterrichtete der Reitlehrer vom Sattel aus, das schien heute geplant zu sein. Anja hatte es noch nicht erlebt.

Herr Anders führte das Pferd in die Mitte der Halle, der Reitlehrer kam herüber, prüfte den Gurt, zog ihn nach und saß dann auf. Freilich, man sah sofort, daß er ein guter, ein hervorragender Reiter war. Florett schien es auch zu merken, sie ging sanft und geschmeidig unter ihm, vom ersten Schritt an. Er ließ sie an die Spitze der Abteilung gehen, hinter ihm ritt Cornelia, dann Petra, dann die beiden Jungen. Auf einmal war Ordnung in der Abteilung. Petra grinste verstohlen, als sie an Anja vorbeiritt. Anja verstand: Wenn er die Abteilung führte, konnte er nicht alles sehen. Insofern war das günstig.

Ach ja, reiten müßte man können! Nicht nur drauf sitzen, nicht nur das Pferd rundum mitlaufen lassen – Anja fühlte genau den Unterschied, wenn sie so die Reitenden miteinander verglich. Auch Cornelia, die einen sehr guten Sitz hatte, war mit dem Reitlehrer nicht zu vergleichen. Petra hielt sich wacker auf ihrer widerspenstigen Wanda, mehr aber brachte sie nicht zustande. Als das Schlußkommando kam: „Rechts dreht, links marschiert auf!", waren alle außer dem Lehrer verschwitzt und atemlos, Anja merkte es genau. Sie sprang in die Halle hinunter und streichelte erst Wisky, dann die anderen – nach der Stunde durfte man das. Cornelia schob die Reitkappe aus der Stirn und blies die Backen auf.

„Puh! Na, ein Vergnügen war das nicht!"

Beim Hinausführen der Pferde passierte es dann. Petra, jetzt wohl nicht mehr so achtsam wie die ganze Stunde lang, führte ihre Wanda durch die Tür, als ein Hund heransprang; er gehörte wohl einem Reitschüler, der eben erst gekommen war und aus dem Auto stieg. Der Hund, ein ziemlich großer schwarzer, zottiger Kerl, sprang ohne böse Absicht heran, jappend, nicht einmal richtig bellend, aber Wanda erschrak anscheinend sehr. Sie riß den Kopf hoch, Petras Arm mit, duckte sich dann und fegte davon, am Misthaufen entlang zur Außenbahn, die jetzt nicht benutzt wurde und zur Hälfte unter Wasser stand. Petra, im Augenblick nicht darauf gefaßt, ließ den Zügel nicht los, wurde mitgerissen und versuchte, Wandas Tempo zu halten. Das gelang ihr anfangs auch. Man merkte, daß sie eine gute Läuferin war, vor allem eine, die sich auf Blitzstarts verstand. Alle, die es sahen, verfolgten die beiden mit weit aufgerissenen Augen – erst sah es bedrohlich aus, dann so, als würde es doch glimpflich ablaufen, eben, weil Petra so gut zu Fuße war, dann aber konnte man genau sehen, daß es auf die Dauer nicht gutgehen konnte. Das durch Wochen ausgeruhte, wenn auch gedrungene Pferd war eben erheblich schneller als seine Reiterin, und nun schlug Wanda auch noch einen unvermuteten Bogen, und Petra stürzte, noch immer den Zügel haltend. Sie landete mit ausgestrecktem Arm auf dem Bauch, wurde noch ein Stück mitgerissen, dann gab sie den Zügel frei.

„Liegen lassen!" rief Cornelia mit klarer, befehlender Stimme, als sie sah, daß der Hundebesitzer hinüberrannte und sich über Petra beugte. Anja fühlte den Zügel von Creon in der Hand – hatte Cornelia ihn ihr gegeben, oder hatte sie selbst zugegriffen? Sie wußte es später nicht mehr – Cornelia spurtete den Hang hinunter.

Petra rührte sich soeben, versuchte sich aufzurichten und fiel ächzend zurück. Jetzt war auch der Reitlehrer da.

„Nichts passiert. Nichts Schlimmes", hörte man Cornelias Stimme. „Aber bleib liegen, Petra, rühr dich nicht. Warte ab."

„Die Wanda! Daß sie nicht auf die Straße läuft!" rief Petra halblaut. Cornelia machte eine beruhigende Handbewegung.

„Keine Angst, wir sind genug Leute, um sie einzufangen. Bleib liegen." Sie rannte über den Reitplatz, das Wasser spritzte hoch. Wanda hatte an der schmalen Seite des Platzes gebremst, schien zu überlegen, ob sie weiterlaufen sollte, wandte sich dann um. Cornelia fiel sofort in Schritt, grub in der Hosentasche und ging dann mit ausgestreckter Hand auf die Stute zu. „Ruhig, ruhig – ja, du bist doch die Beste! Komm, hier . . ."

Wanda legte die Ohren zurück, während sie den Hals streckte – sie sah wahrhaftig nicht wie „die Beste" aus, sondern ausgesprochen tückisch und boshaft. Jetzt zog sie auch noch die Oberlippe zurück und bleckte die braungefleckten Zähne.

„Olga, das Mistvieh, wie es leibt und lebt", murmelte Cornelia den Titel eines Buches mit Pferdeanekdoten vor sich hin, auf dessen Umschlag ein solches Tier abgebildet war, schob sich aber vorsichtig näher. „Komm, komm, meine Gute, ich hab' was für dich."

Nein, Wanda widerstand der Versuchung nicht. Sie machte sich lang und länger, um den Zucker zu erreichen – und als sie ihn hatte, hatte auch Cornelia ihr Backenstück erwischt. Ganz langsam und behutsam schloß sie die Finger darum, damit Wanda ja keinen Ruck spürte, und führte sie dann, freundlich mit ihr sprechend, zurück zu den anderen.

„So, da hätten wir dich also. Ja, Thilo, kannst du sie nehmen? Ich will mich mal um Petra kümmern."

Es war dann ein Schlüsselbeinbruch, „die übliche Reiterfraktur". Cornelia sagte das so und klopfte Petra freundlich auf die Wange. „Ist nicht die erste, nein? Na, siehst du. Und wird nicht die letzte sein. Eigentlich holt man sich solch einen Bruch meistens, wenn man im Hechtsprung vom Pferd schießt, nicht beim Nebenherhoppeln. Egal, ehrenvoll ist es doch, oder nicht? Wenn du jetzt nicht in die Schule kannst, klingt das gut: ein Reitunfall. Alle werden dich beneiden. Ein Glück, daß es rechts ist."

„Na, wahrhaftig." Petra saß auf dem Tisch in der Baracke, sie hatten ihr Pullover und Bluse vorsichtig ausgezogen, und Cornelia war dabei, ihr eine elastische Binde umzuwickeln. An der heilen Schulter fing sie an, führte die Binde über den Rücken zur rechten, schlang sie dort herum und wieder kreuzweise zur anderen. „Merkst du, daß es stützt? Ist wahrscheinlich nur angebrochen." Sie tastete noch einmal mit den Fingerspitzen vorn, dort, wo das Schlüsselbein die Verbindung zwischen Brustbein und Schulter bildet. „Na, vielleicht doch ganz durch, man merkt hier eine Stufe. Die kann aber auch vom vorigen Mal sein. Wann war denn das? Und auch rechts?"

„Vor zwei Jahren. Auch rechts." Petra nickte mit zusammengepreßten Zähnen. Cornelia lachte.

„Und wie oft hat Helga Köhler das Schlüsselbein gebrochen? Weißt du das?"

„Neunzehnmal", brummte Thilos Baß von hinten. „Du hast also noch siebzehnmal vor dir, Petruschka."

„Danke schön – ihr habt gut lachen!" Petra versuchte es auch. Aber es wurde mehr ein Grinsen, das nicht sehr fröhlich aussah.

Cornelia blickte sie unauffällig prüfend an.

„Wird dir schlecht?" fragte sie leise.

„Ist schon", meldete Petra und verzog das Gesicht. Paul sprang mit einem Eimer zu. Petra würgte.

„Aha. Also auch eine Gehirnerschütterung", stellte Cornelia fest. „Am besten, ich bring' dich selbst nach Hause. Wirst du Krach kriegen? Reitverbot für zehn Jahre? Oder ‚du Armes!' und Küßchen und derartige Köstlichkeiten, die man so gern hat?"

„Keins von beiden. Meine Eltern sind Kummer gewöhnt. Die beiden Schwestern von mir haben – pfui Teufel!" Sie würgte wieder. Cornelia hielt ihr die Stirn.

„Jaja. ‚Das Pferd ist ein gefährliches Tier, das dem Reiter nach dem Leben trachtet' – so steht es in vielen Reithallen angeschrieben. Geht's wieder? Dann komm, ich bring dich heim. Wenn jemand meinen Creon absattelt –"

„Der wird weiter geritten, von drei bis vier", sagte Thilo und hielt ihr die Tür auf. Sie hatte Petra auf den Arm gehoben, geschickt und geübt, und trug sie zum Auto. „Bis bald, Struwwelpeter!" rief Thilo Petra noch nach. „Komm ja bald wieder! Wir weinen uns die Augen nach dir aus!"

Petra war schon wieder soweit getröstet, daß sie ihm die Zunge herausstrecken konnte.

Solche Tage gibt es

„Wie weit bist du mit den Schularbeiten, Anja?"

„Hab' keine auf."

„Keine auf? Auch kein Latein?" Mutter wunderte sich. Anja hatte die ganzen Wochen lang, die sie nun schon in die neue Schule ging, täglich gestöhnt, sie bekämen so viel auf. Mutter hatte nie Latein gelernt, sie hielt das für geistiges Steineklopfen, und ihre kleine Tochter tat ihr leid. Um so erstaunter war sie heute sowohl über das „Hab' keine auf" wie über den Ton, in dem Anja es gerufen hatte. Es klang gar nicht fröhlich und erleichtert, im Gegenteil. „Da stimmt doch was nicht", dachte Mutter und ging nun doch in Anjas Zimmer. Bisher hatte sie von der Küche aus gerufen. Anja war in Mantel und Mütze.

„Wolltest du weggehen?"

„Ja."

„Und weshalb hast du nichts auf?"

„Ach, ich hatte schon. Ich hab' es in der Schule gemacht. Wir hatten eine Hohlstunde."

„Eine Hohlstunde? Aha, eine ohne Unterricht, oder? Du, Anja, wenn du nichts aufhast und sowieso raus wolltest – es ist ja so schön heute, der reinste Frühling –, da könntest du doch die Jungen mitnehmen. Im neuen Wagen. Eine Stunde oder zwei. Ich hab' so viel zu tun."

Am kommenden Sonntag sollte getauft werden, in der schönen neuen Kirche. Vier Paten waren eingeladen worden und wollten auch kommen, für jeden Jungen zwei. Anja konnte es schon nicht mehr hören.

Geschwister hatte sie sich wohl gewünscht, als sie noch mit Mutter allein war, aber welche zum Spielen und Rumspringen, gleichaltrige, mit denen man radeln und Verstecken spielen und sonstwas unternehmen konnte. Aber keine, die man „behalten" mußte, stundenlang.

„Ich – ich wollte –"

„Was wolltest du denn?" Mutters Stimme klang ungeduldig. In letzter Zeit war das oft so. „Immer", dachte Anja rebellisch. „Immer ist Mutter jetzt ungeduldig, immer hat sie keine Zeit, immer ist wichtiger, was sie will, als das, was ich möchte." Sie kam sich schlecht behandelt vor.

„In den Reitverein", sagte sie patzig. „Du hast doch gesagt, wenn ich mit den Schularbeiten fertig bin, kann ich gehen."

„Aber du warst doch gestern erst dort, und vorgestern – überhaupt die ganze Woche. Sag, hast du die Klapper gesehen, die Volker so gern hat? Die mit dem weißen Griff? Wenn er die in der Hand hat, ist er zufrieden. Ach, dort liegt sie. Gib sie doch mal rüber! Und mach mir die Tür auf . . ."

Anja gehorchte stumm. Mutter hatte die beiden kleinen Jungen fertig angezogen und in den neuen Wagen gelegt. Es war kein wirklich neuer, sondern ein gebraucht gekaufter, breiter als ein gewöhnlicher Kinderwagen, man sah sofort, daß es ein Zwillingswagen war.

Anja fand das gräßlich. Jeder, dem man auf der Straße begegnete, machte den Hals lang und guckte hinein. Kinderwagenschieben war überhaupt nur für Mütter schön, und nun gar einen so auffallenden . . .

Sie sagte das nicht. Schweigend half sie Mutter, den Wagen vom Flur über die kleine Treppe hinunterzutragen, und öffnete das Gartenpförtchen.

„Ja, jetzt habt ihr es schön! Anja führt euch! Daß wir noch solche Tage bekommen, ehe es richtig kalt wird –", schwatzte Mutter und zupfte den beiden die Kapuzen zurecht. „Ja, da lachst du, kleiner Mann, nicht wahr? Das gefällt dir."

„Wie lange muß ich denn ...", fragte Anja maulig. Mutter sah auf ihre Armbanduhr.

„Um fünf wird es dunkel. Sagen wir bis fünf. Ich hab' soviel zu tun, daß ich nicht weiß, wo ich anfangen soll. Aber jetzt los."

Sie winkte den beiden Kleinen zu, lachend und zärtlich, ehe sie ins Haus zurückhuschte.

Anja war die Petersilie verhagelt. Bis fünf – das kam ihr vor wie eine Ewigkeit. Der ganze Nachmittag war hin – sie schluckte, einmal, noch mal, ein drittes Mal. Der Klumpen, der ihr im Hals saß, ging nicht hinunter.

Immerzu die beiden Kleinen. Immerzu: „Komm, faß mal an, halt mal, hilf mal." Erst hatte sie es auf den Umzug geschoben. Daß beim Umzug mehr zu tun war als gewöhnlich, das war ihr klar. Aber jetzt war der Umzug doch vorbei. Dafür kam jetzt die Taufe und der viele Besuch, und dann kam vermutlich wieder etwas, und –

Nun würde Kerlchen umsonst warten. Herr Anders hatte ihn bestimmt auf die Weide gebracht, wenn es dort auch nicht mehr viel zu knabbern gab. Aber er bekam Luft und Sonne, der arme alte Kerl, und nun stand er und wartete, und sie kam nicht. Mißmutig schob sie den Kinderwagen den Fußweg entlang.

An der Ecke der Straße stand ein Telefonhäuschen. Es war neu, leuchtend gelb – Anja sah es an, gleich darauf fuhr sie mit der Hand in die Tasche. Der Geldbeutel – nein, sie hatte ihn nicht mit. Nur Möhrenstückchen und Zucker waren in der Tasche, die brauchte sie nun nicht, und sie halfen ihr nicht. So was Dummes! Da hätte sie doch wenigstens Petra anrufen können.

Petra lag tagsüber, das wußte Anja, daheim im Wohnzimmer auf der Couch, direkt neben dem Telefon. Cornelia hatte ihr das erzählt, am Tag nach dem Unfall.

„Man kann sie also jederzeit anrufen, ist das nicht prima? Eine Gehirnerschütterung ausliegen, das dauert mindestens zehn Tage. Und da langweilt man sich schrecklich, weil man ja nicht fühlt, daß man krank ist. Ruf sie doch mal an, sie freut sich bestimmt."

Und nun hatte sie kein Geld dabei! Heute ging auch alles schief.

Das mit den fertigen Schularbeiten stimmte nämlich auch nicht, jedenfalls nicht so ganz. Sie hatte in der Freistunde in der Schule zwar etwas getan – die Vokabeln, die sie lernen sollten, herausgeschrieben, aber richtig gelernt hatte sie sie noch nicht. Zum richtigen Lernen kam man in der Hohlstunde nicht, die Jungen nutzten die Zeit immer aus, um Unfug zu treiben – in ihrer Klasse des Gymnasiums waren mehr Jungen als Mädchen, und die paar Mädchen – drei außer ihr – mochte sie nicht sehr. Keine von ihnen hatte Interesse an Pferden ...

Wenn sie doch in Petras Klasse wäre! Aber Petra war zwei Jahre über ihr, und selbst, wenn sie sitzenblieb – sie sagte manchmal, dieses Jahr würde es sie erwischen, ihre Schwestern wären auch mal sitzengeblieben, na was denn! –, selbst dann wäre noch ein Jahrgang zwischen ihnen. Anja hatte das Gefühl, als gäbe es überhaupt keinen Lichtpunkt mehr für sie, auf den sie zuleben, nichts, auf das sie sich freuen könnte. Trübe sah es aus.

„Na, du machst ja ein Gesicht wie drei Tage Regenwetter", hörte sie plötzlich jemanden sagen, und gleich darauf strahlte ihr Gesicht auf: Cornelia. Sie kam den Fußweg entlang, in Cordhosen und Gummireitstiefeln, die Schultertasche links, in der rechten Hand eine Tüte vom Supermarkt. Ihr Wagen parkte am Gehsteig gegenüber, ein alter roter, nicht sehr eleganter VW. Aber er paßte so richtig zu Cornelia.

„Ach. Weil ich –" Sie wies mit dem Kinn auf ihre Kinderwagenfracht. „Immer muß ich die kleinen Brüder ausfahren, das ist so langweilig.

„Immer? Ach, so oft doch vielleicht nicht. Gestern warst du doch den ganzen Nachmittag im Reitverein." Cornelias Stimme klang munter, und sie hatte solch einen flotten, vergnügten Schritt – Anja schloß sich unwillkürlich ihrem Tempo an.

„Sind Sie heute geritten?" fragte sie. Cornelia nickte.

„Ausnahmsweise. Was glaubst du, wie schwierig es ist, daß ich mal zwei Tage hintereinander kann. Eigentlich langt es nicht auf einmal. Wie geht's Petra? Hast du sie angerufen?"

„Nein, ich wollte. Aber ich hab' mein Geld zu Hause liegengelassen." Anja schwieg und gab sich dann einen Stoß. „Könnten Sie mir bitte drei Zehner borgen? Dann würde ich –"

Cornelia lachte. Sie blieb stehen, setzte die Tüte ab – ein paar Apfelsinen rollten heraus, Anja sprang hinterher und fing sie ein – und riß die Schultertasche auf.

„Da. Nicht geborgt, geschenkt. Ruf sie an und grüß von mir. Ich käme mal vorbei. Ich hab' sowieso ein miserables Gewissen, daß ich noch nicht wieder dort war. Unser Peterlein, mußte ihr das passieren! Sie wollte so gern das Nikolausreiten mitmachen!"

„Danke!" Anja nahm die zwei Groschen und schloß die Faust drum. „Vielen Dank. Ich grüß' sie. Und Sie meinen, sie kann das nun nicht? Es ist doch aber noch lange bis zum Nikolaus!"

„Ja, aber vorher muß trainiert werden. Ein paar Wochen schon. Sie sollte das erstemal mitreiten." Cornelia wartete am Bordstein, bis die Straße frei war. „Ich muß fort, tschüs, wie gut, daß ich dich getroffen hab'!"

Sie lief rüber. Anja sah ihr nach.

Wie Cornelia müßte man einmal werden, so munter, so lebendig, so ansteckend fröhlich. Anja guckte ihr nach, winkte, als der rote VW losbrummte, und drehte dann eilig und eifrig um. Hoffentlich war niemand in der neuen Telefonzelle, so daß sie gleich hineinkonnte. Die kleinen Jungen lagen ja gottlob noch in ihrem Wagen, rausfallen würden sie bestimmt nicht. Anja langte am Telefonhäuschen an – es war leer – und schlüpfte hinein, nachdem sie die Bremse des Kinderwagens angezogen hatte. Durch das Ribbelglas hindurch konnte sie den Kinderwagen sehen, während sie wählte. Die Nummer wußte sie auswendig.

Sie bekam Petra sofort.

„Hier Petra Hartwig, guten Tag."

„Hier ist Anja.

„Ach du, altes Monstrum! Wunderbar! Ich langweile mich zu Tode. Warst du im Reitverein? Was macht Wanda? Hat sie schon wieder jemanden ins Krankenhaus gebracht? Keinen? Wie schade. Und wie geht's Othello? Cornelia hast du getroffen? Na, weißt du, du hast's gut! Du kannst rumsausen, und ich muß hier auf dem Schmerzenslager ausharren." Sie lachte, man hörte es deutlich. Anja mußte auch lachen.

„Rumsausen. Hast du eine Ahnung. Meine Brüder muß ich ausfahren!"

„Das hab' ich nicht gemußt. Meiner ist ja nur drei Jahre jünger als ich. Ein Ekel, immerzu kommt er mich ärgern. Sei froh, daß deine noch so klein sind."

Wie eine Mühle ging ihr Mundwerk, wie eine Plappermühle. Anja wurde richtig vergnügt, ohne es zu merken.

„Natürlich bin ich bald wieder auf. Die zehn Tage – außerdem brauch' ich keine Schularbeiten zu machen, und wenn ich jetzt klebenbleib', schieb' ich es darauf. Wunderbar, nicht? Ich wäre wahrscheinlich sowieso fällig gewesen. Dauernd schreiben sie jetzt Arbeiten ...

Wann besuchst du mich? Morgen? Du weißt nicht, ob du wegkommst? Na hör mal, eine schwerkranke Freundin besuchen, die im Bett liegt, das muß man doch dürfen. Also du kommst, ich sag' meiner Mutter Bescheid. Sie soll Obstsalat machen, magst du doch, oder? Na, ich auch.

Weißt du, du solltest in den Reitverein. Nein, nicht nur so, daß du kommst und hilfst, sondern richtig. Als Mitglied. Dann mußt du einfach von zu Hause wegkönnen, verstehst du."

Anja war ganz atemlos, als sie endlich eingehängt hatte, weil draußen schon Leute klopften. Zwei Frauen standen vor dem Häuschen und sahen sie vorwurfsvoll an. So lange zu quatschen, unerhört!

Sie konnte doch nicht sagen, daß sie mit einer Kranken telefoniert hatte. Schnell faßte sie den Griff des Kinderwagens, wollte losschieben, hatte vergessen, die Bremse aufzumachen, und mühte sich vergeblich. Als sie dann endlich fort war, merkte sie, daß Volker seine Klapper nicht mehr in der Hand hielt. Sie fuhr zurück und hielt wieder an der Telefonzelle.

„Nein, noch mal gehst du nicht rein, jetzt komm' ich erst dran", sagte die Frau giftig, die vorhin die andere hatte vorlassen müssen.

„Ich will ja gar nicht", sagte Anja und hob die Klapper auf, „nein, die darfst du jetzt nicht haben, du steckst sie in den Mund, und sie hat gerade hier auf der Straße gelegen." Sie wendete den Wagen und schob ihn im Eiltempo Richtung Heimat. Sie mußte die Klapper abwaschen.

„Ja, Anja, bist du schon wieder da? Aber es ist doch noch gar nicht fünf, nicht mal vier! Nein, das gibt es nicht, mir die Jungen schon wiederzubringen." Mutter sah sehr ärgerlich aus, als sie die Tür geöffnet hatte. „Nun sei vernünftig, und bleib noch draußen."

„Ich will ja nur ..."

„Nein, Schluß, keine Debatte." Mutter schlug die Tür nachdrücklich zu. „Ein einziges Mal ..." Anja stand einen Augenblick still, dann schmiß sie die Klapper wütend auf die Erde, ließ sie liegen und ging wieder los. Gut, dann mußte Volker eben ohne Klapper glücklich sein, und wenn er aus vollem Halse schrie. Mutter wollte es ja nicht anders ...

„Na, was hat denn unser Goldtöchterchen? Läuschen übers Leberchen gelaufen?" fragte Vater am Abendbrottisch. Anja hatte noch keinen Bissen gegessen; bei allem, was Mutter ihr zuschob, schüttelte sie stumm den Kopf.

„Keinen Hunger? Na, dann laß. Die meisten Menschen essen zuviel, zum Beispiel ich", sagte Vater friedlich und nahm sich ein Brot. „Aber du willst doch groß und stark werden. Ist dir nicht gut?"

„Ich hab' noch Schularbeiten", sagte Anja bockig. „Darf ich aufstehen? Ich hab' den ganzen Nachmittag die Kleinen fahren müssen, da bin ich zu nichts gekommen."

„Aber, Anja, du hast mir doch gesagt, du hättest alles in der Schule gemacht?" sagte Mutter und sah sie verblüfft an. „Bestimmt hast du das gesagt. Ihr hättet eine Hohlstunde gehabt." Mutter erinnerte sich genau. Sie hatte den Ausdruck „Hohlstunde" das erstemal gehört.

„Ja, schon. Aber nicht alles. Die Jungen aus meiner Klasse machen immer solchen Klamauk, weil kein Lehrer zur Aufsicht da ist. Da kann man nicht richtig lernen."

Schweigen. Vater sah unauffällig von einer seiner zwei Frauen, der großen und der kleinen, zur anderen.

„Na, dann lauf. Wenn du nichts essen willst – komm, nimm dir wenigstens noch einen Apfel mit", sagte er dann freundlich. Anja schnupfte und schüttelte den Kopf.

Später kam Vater in ihr Zimmer. Sie saß am Tisch, hatte die Bücher vor sich ausgebreitet, Arme und Kopf darauf gelegt und heulte. Er setzte sich sachte neben sie.

„Anja. Was gibt's denn? Wo steckt der Kummer?"

„Ich – ich will in den Reitverein", stieß Anja hervor. Es klang ausgesprochen ungezogen, sie merkte es selbst. Aber manchmal kann man nicht anders... Sie war so wütend, sie kam sich schlecht und ungerecht behandelt vor und tat sich schrecklich leid. „Alle dürfen, und Petra sagt es auch, und –" Sie glaubte jetzt selbst, was sie sagte. Vater antwortete nicht, er sah nachdenklich vor sich hin.

„In den Reitverein? Richtig als Mitglied? Wird man denn da mit zehn Jahren schon genommen?"

„Klar. Mit neun schon. Petras kleiner Bruder ist neun."

„Und der ist schon Mitglied? Und was kostet es? Weißt du das?"

„Nein, aber für Kinder – für Kinder ist es sicherlich billiger –" Anja hatte sich darüber auch schon Gedanken gemacht. „Petra hat erzählt, daß er – er hat bloß entsetzliche Angst zu reiten, so was! Und heult, wenn man ihn drauf setzt. Und ich darf nicht – und immer muß ich die Jungen ausfahren –, und – und wenn man nicht zeitig anfängt, lernt man es nie, sagt Cornelia."

„Wer ist denn Cornelia?"

„Eine Ärztin. Die reitet auch. Und sie hat gesagt –"

„Was hat sie denn gesagt?"

„Daß sie viel zu spät angefangen hat. Mit über zwanzig erst, ganz alt. Und jetzt hat sie zuwenig Zeit, und – und Mutter erlaubt ja nicht mal, daß ich zum Zugucken hingeh' –" Sie weinte jetzt richtig. Vater schüttelte den Kopf.

Abends sprach er mit Mutter. Mutter war empört, als sie hörte, was Anja gesagt hatte.

„Es war das erstemal seit Wochen, daß ich sie gebeten hab', mir die Jungen für eine Weile abzunehmen. Nein, wenn sie so anfängt, kommt sie nicht in den Reitverein. Sie steckt sowieso dauernd dort." Sie sagte noch mehr. Vater hörte schweigend zu.

„Ach ja, es ist nicht so einfach, für beide nicht", dachte er. „Für Mutter nicht, auf einmal drei Kinder und einen Mann zu haben, und für Anja nicht, nicht mehr die einzige zu sein. Vielleicht wäre es doch gut, sie ginge in den Reitverein, dort hat sie, scheint's, Leute gefunden, an die sie sich anschließt."

Aber wenn sie sich so benahm, wie Mutter es geschildert hatte, konnte man sie nicht zur Belohnung in den Reitverein schicken. Das ging nicht, Vater sah das ein. Er seufzte.

Ein lustiger Krankenbesuch

Anja sprang vom Fahrrad und schob es den Fußweg hinauf; jetzt müßte eigentlich die Hausnummer kommen, die sie im Telefonbuch herausgesucht hatte. Eine lange weiße Mauer, dahinter Bäume, wie man sah, jetzt eine Haustür mit einer schmiedeeisernen Zahl darüber: 68. Und da stand auch der Name, ebenfalls in Schmiedeeisen: Hartwig. Sie war also an der richtigen Stelle.

Sie lehnte das Fahrrad an die Mauer und ging zur Tür. Jetzt müßte sie läuten – sie hob die Hand und ließ sie gleich darauf wieder sinken. Immer war das so bei ihr – wenn sie in ein Haus gehen sollte, in dem sie noch nie gewesen war, verließ sie plötzlich der Mut. Sie mußte sich ganz schrecklich überwinden, um hineinzugehen. Wenn Mutter sie schickte, gab sie sich früher oder später einen Stoß und läutete sozusagen mit geschlossenen Augen, da mußte man eben. Wenn sie aber freiwillig irgendwohin ging, das erstemal . . .

Petra würde ihr bestimmt nicht aufmachen. Die lag im Bett, und das war der Grund, sie zu besuchen. Wer aber würde ihr öffnen? Petras Mutter? Woran sollte sie erkennen, ob sie das war? Oder eine von Petras Schwestern? Oder . . .?

Nein, sie drehte lieber wieder um. Irgendwo hier war vielleicht eine Telefonzelle, und da konnte sie anrufen und so tun, als wollte sie sich nur nach Petras Befinden erkundigen, und wenn diese dann sagte: „Kommst du nicht mal?" Dann konnte sie antworten: „Ja, warum nicht, aber bei euch ist ja zu", oder so ähnlich.

Sie nahm das Fahrrad wieder auf und schob es an den Rand der Straße. In diesem Augenblick bremste ein Wagen hinter ihr, und unwillkürlich drehte sie sich um. Gleich darauf waren alle ihre Sorgen vergessen.

Diesen VW kannte sie doch!

„Na, Anja, warst du bei Petra? Das ist recht, daß du dich um deine Freundin kümmerst!" sagte Cornelia freundlich und klappte die Autotür zu. Sie trug einen weißen Mantel, aus dem am Halsausschnitt weißes, wolliges Fell hervorkam, darunter flaschengrüne Hosen, und sah darin bezaubernd aus. Anja fühlte, wie sich ihr Herz dehnte.

„Ich war noch nicht drin. Ich wollte eben wieder ausreißen", sagte sie wie im Traum, sah Cornelia an und lachte. Immer, wenn sie mit dieser jungen Ärztin zusammen war, hatte sie das Gefühl, als müßte alles gutgehen. Alles, alles. Als könnte sie dann alles sagen, was sie bedrückte, und brauchte sich nie zu genieren, wenn sie sich dumm und falsch benahm. O Cornelia!

„Ausreißen wolltest du? So was gibt's ja nicht", sagte Cornelia munter und nahm ihre Hand. „Komm, wir wagen es zu zweit. Hast du geläutet?"

„Eben nicht." Anja lachte, Cornelia führte ihre Hand nach oben und drückte mit Anjas Zeigefinger auf den Knopf unter dem schmiedeeisernen Namen.

„Siehst du, so macht man das. Und das nächstemal kannst du es allein. Und wenn jetzt jemand kommt, da sagt man – na, wie sagt man?"

„Guten Tag, ich bin Anja und möchte Petra besuchen", sagte Anja, und es ging ganz leicht und glatt.

„Genau. Achtung, jetzt geht's los!"

Wirklich ging die Tür auf, und ein freundliches Mädchen sah heraus. Anja sagte ihren Spruch auf, während sie ihre Hand noch in Cornelias liegen hatte. Dann durften sie beide eintreten, und gleich darauf standen sie vor Petras Couch in einem weiten, hellen, wunderschönen Raum, dessen Wände mit Holz verkleidet waren, was das Zimmer so herrlich gemütlich machte. Anja sah sich um, unauffällig, aber genau. Die Decke war nicht glatt wie bei anderen Zimmern, sondern sie bildete einen sicherlich acht Meter hohen Giebel, der in der Mitte einen dunklen Balken hatte; ringsum an den Wänden standen Bücherregale, die so hoch hinaufreichten, daß man mit einer Leiter hinaufklettern mußte, wenn man etwas aus den obersten Reihen herausholen wollte. Die Leiter stand auch da, im selben hellen Holz. Allein die Leiter überwältigte Anja. Ja, hier gefiel es ihr. Hier würde sie auch gern im Bett liegen wollen, das Telefon neben sich, Bücher ringsum, den Fernseher in greifbarer Nähe – Anjas Eltern hatten kein Fernsehen –, und den Meisen zusehen, die sich vor dem Fenster tummelten, an aufgehängten Futterbällen pickten und in das große, flache, strohgedeckte Futterhäuschen hüpften, wieder herauskamen, wieder wegflogen und im Sturzflug zurückkamen.

„Na, du sagst ja gar nichts, Anja. Du guckst dich nur um, und das lohnt sich hier auch. Habt ihr es aber gemütlich! Weißt du, Petra, daß Anja gerade ausreißen wollte, als ich kam? Sie hatte wahrscheinlich Angst, daß ein Gespenst aus der Haustür kommen und auf sie losgehen könnte, wenn sie klingelte", erzählte Cornelia und legte drei Apfelsinen vor Petra hin. „Ich kam gerade im letzten Augenblick, um diese Flucht zu vereiteln."

„Das war lieb von Ihnen!" Petra strahlte. Sie sah überhaupt nicht krank aus, war es ja auch nicht im eigentlichen Sinne. Gleich darauf ging die Tür, und Petras Mutter kam herein. Sie begrüßte Cornelia und Anja und setzte sich zu ihnen, fragte, ob Cornelia Kaffee haben wollte, und gab dann durchs Haustelefon Bescheid. Sie trug einen schwarzen Hosenanzug und sah gepflegt und vornehm aus. Anja war goldfroh, daß Cornelia mit war und die Unterhaltung führte.

„Ach, die Gehirnerschütterung!" sagte Frau Hartwig und sah erst Petra und dann Cornelia an. „Sie sind Ärztin und waren dabei, habe ich gehört. Also wird es wohl alles mit rechten Dingen zugehen. Ja, ja, ich bin etwas mißtrauisch. Wissen Sie, was mir mal passiert ist? Mit meinen beiden größeren Töchtern, die auch reiten?"

„Nein. Erzählen Sie!" bat Cornelia.

„Ja, also, die waren in den Osterferien bei Bekannten eingeladen, wo sie reiten durften – woandershin fahren meine Töchter überhaupt nicht, alle drei reiten ja – na, ich auch, ich kann eigentlich nichts dazu sagen. Nun also, am letzten Ferientag machten sie mit meiner Freundin, die sie eingeladen hatte, und deren Kindern noch einen größeren Ritt, und eine von meinen, die mittlere, schmierte ab. Nicht schlimm, halt so, wie man runtersaust; es war dunkel geworden, und sie beeilten sich heimzukommen und galoppierten einen Feldweg entlang, der weich war und sich zum Galopp anbot. Martina flog runter, war aber gleich wieder auf den Beinen, sagte, es wäre nichts passiert, und ritt noch mit heim. Am nächsten Tag kam meine Freundin, um die Mädels zu wecken; sie schliefen in einem Zelt auf der Koppel. Sie hatten sich das sehnlichst gewünscht. Meine Freundin blieb stehen, weil sie vor dem Zelt, das halb offen war, die Spur davon sah, daß jemand gebrochen hatte. Aha, also doch, dachte sie und guckte ins Zelt. Die drei Mädchen waren gerade aufgewacht. ‚Dir ist schlecht geworden, Martina? Ach du armer Kerl! Ich dachte gar nicht, daß es gestern abend ein ernstlicher Sturz war. Von nun an wird aber nur mit Sturzkappen geritten, das sage ich euch. Mit Kappe hätte es nichts geschadet. Ja, Martina, du kannst nun nicht heim, Gehirnerschütterungen muß man ausliegen. Da bleibst du noch acht Tage hier.'

Die Mädels schrien vor Begeisterung. Martina wurde ins Haus bugsiert und ins Bett gesteckt, und einen Tag blieb sie auch darin liegen. Die nächsten Tage aber, du lieber Himmel!

‚Ich habe ja selbst vier Kinder und kenne mich in manchen Dingen aus', schrieb mir meine Freundin damals, ‚aber so was von Temperament auf dem Krankenlager habe ich noch nie erlebt. Wie muß Martina erst sein, wenn sie gesund ist!'

Ich fuhr natürlich sofort hin und redete Martina gut zu, still zu liegen, aber sobald wir den Rücken drehten oder das Zimmer verließen, war der Teufel los. Sie hopsten herum und trieben das Kalb aus, wir waren machtlos."

Cornelia lachte. „Es war wahrscheinlich nur eine ganz leichte Gehirnerschütterung gewesen, meine ich, oder?"

„Überhaupt keine war es! Zwei Jahre später erfuhr ich durch Zufall, was es gewesen war. Das Häufchen vor dem Zelt stammte von einer Katze; meine Freundin hatte eine Katze, die sehr an den Kindern hing. Die muß ihnen nachspaziert sein, und da hat sie vielleicht einen Mäusebraten nicht recht vertragen und wieder von sich gegeben. Die Kinder wußten das, aber sie fanden es so herrlich, daß Martina nun noch acht Tage bleiben durfte, daß sie allesamt den Mund gehalten haben. ‚Es ist unhöflich, Erwachsenen zu widersprechen', sagte eine dieser freundlichen Blüten süffisant, als sie zur Rede gestellt wurde – was sollte man machen, nach zwei Jahren!"

Sie lachten alle.

„Und dann – erzähl von der Zeltlampe, Mutter!" drängelte Petra. Frau Hartwig stand auf, gerade schob das Mädchen einen Teewagen mit Tassen und Kanne und frischen Brötchen durch die Tür. Sie nahm ihn entgegen und begann einzugießen, während sie erzählte.

„Ja, das war auch so eine Geschichte. Da waren sie bei anderen Reitbekannten, Petra und Angelika. Sie lassen sich ja mit Vorliebe dorthin einladen, wo es Pferde gibt und sie im Gelände reiten können. Bei diesen Bekannten durften sie im sogenannten Sommerstall schlafen, einem Holzgebäude, das auf einer etwas abgelegenen Weide steht. Vorn können die Pferde hinein, hinten ist Heu gelagert. In diesem Heu schliefen sie mit ihren Schlafsäcken. Das war das schönste. Dafür mußten sie Wasser tragen, die Wiese von Pferdemist säubern – der Fohlen wegen wird dort jeder Mist abgelesen – und auch sonst helfen. Das taten sie gern und ordentlich, wie mir berichtet wurde. Das war Ehrensache.

Nun haben meine Töchter außer ihrer Passion zu reiten noch eine, nämlich zu lesen. Auf deutsch, sie verschlingen alles, was ihnen an Gedrucktem vor die Augen kommt. Und einschlafen, ohne gelesen zu haben, können sie alle nicht. Ich hatte sie hingebracht und mir ihre Schlafgelegenheit angesehen, und da ich sie kenne, spendierte ich ihnen eine Lampe. Es gibt elektrische Zeltlampen mit Batterie, die man an die Decke hängt. Eine andere wäre nie in Frage gekommen, wegen des Heus. Aber ich stellte eine Bedingung: Sie durften diese Lampe nur haben, wenn sie versprachen, jeden Tag zu duschen.

Es ist nämlich leider bei uns so, daß die Kinder wahre Wasserfanatiker sind, wenn es um Schwimmen oder Bachwaten geht. Sollen sie sich aber waschen, auch nur warm in einem warmen Raum, dann tun sie, als wollte man ihnen ans Leben. Jeden Tag versuchen sie, sich darum zu drücken, und das ist ein Punkt, an dem ich keinen Spaß verstehe. Ungewaschene Leute, puh, scheußlich! Mögen sie im Dreck waten, da habe ich nichts dagegen. Aber einmal am Tag muß man sauber sein, das gehört zu den allerersten Regeln, finde ich.

Sie versprachen goldene Berge. Ich fuhr ab. Nach acht Tagen kam ich sie besuchen, und im Laufe des Tages fielen mir die Zeltlampe und meine Bedingung ein. Ich fragte meine Bekannte, ob sich die Mädels auch jeden Tag duschten.

‚Nie‘, sagte sie, ‚noch kein einziges Mal. Ich habe mich schon gewundert.‘

Na, ich wurde wütend und stellte meine lieben Töchter zur Rede, sobald ich ihrer habhaft wurde.

‚Ihr habt doch versprochen zu duschen. Nur deshalb hab' ich euch die Zeltlampe spendiert‘, sagte ich, begreiflicherweise empört.

‚Aber wir – wir haben doch oft gebadet. Jeden Tag – im Bach‘, versicherten sie. Ich aber war voller Zorn, mir war es auch peinlich meiner Bekannten gegenüber, und ich ging stracks zum Sommerstall und holte mir die Zeltlampe.

‚So, nun könnt ihr abends nicht mehr lesen‘, sagte ich strafend. Die Mädchen standen mit eingezogenen Köpfen da und sahen mir nach. Sie wissen, ich fackele nicht lange.

Abends saß ich mit meiner Bekannten und deren Mann noch ein wenig hinter dem Haus, von wo aus man die Weide mit dem Sommerstall sehen kann. Wir unterhielten uns und tranken etwas und dachten an nichts Böses. Auf einmal sagte meine Bekannte: ‚Haben Sie den Kindern die Zeltlampe nicht weggenommen? Ich hörte doch so was. Aber da hinten ist doch Licht im Stall, sehen Sie? Oder täusche ich mich?‘

Ich guckte zum Stall hinüber. Wahrhaftig, da war Licht, nicht immerzu, aber immer wieder. Manchmal sah man es und manchmal nicht. Wir spähten alle drei aus.

‚Ob sie sich eine Kerze mitgenommen haben?‘ fragte der Vater nach einer Weile. ‚Das wäre ja –‘

‚Das wäre unerhört. Also das gibt's nicht‘, sagte meine Bekannte und stand auf. ‚Eine Kerze dort, wo Heu liegt –‘

Sie ging los, so schnell, daß ich kaum mitkam. Ich betete innerlich, daß nicht meine auf diese schreckliche Idee gekommen sein möchten – Heu und offenes Licht – da gibt es kein Pardon. Wir gingen immer schneller, alle drei, zuletzt liefen wir fast, denn es war ganz bestimmt Licht dort . . .“

„Hatten sie wirklich eine Kerze?" fragte Anja gespannt, als Frau Hartwig eine Pause machte und Cornelia noch einmal Kaffee eingoß. „Hatten sie wirklich –"

„Nein, sie hatten keine Kerze", sagte Petras Mutter, und ihre Augen funkelten vor Vergnügen, „wissen Sie, was sie sich ausgedacht hatten, die Schlawiner? Sie hatten eins ihrer Fahrräder mitgenommen, an dem am hinteren Rad ein Dynamo war. Dieses Fahrrad hatten sie verkehrt herum an den Eingang des Stalles gestellt, dorthin, wo kein Heu lag, auf Lenkstange und Sattel, so, wie man es macht, wenn man etwas daran repariert. Die Lampe zeigte in Richtung auf ihr Lager. Dort rekelten sich alle in ihren Schlafsäcken, die Bücher vor den Nasen, und eine von ihnen – das Los bestimmte die erste, dann ging es reihum nach der Uhr, jeder zehn Minuten lang – eine von ihnen also mußte die Pedale des Fahrrads drehen, damit die anderen Licht hatten. Es ging wirklich ganz gut, natürlich nicht so gleichmäßig wie mit der Zeltlampe, aber immerhin, Licht hatten sie.

‚Die Batterie war sowieso fast aus', berichteten sie, ‚und hier gab es keine Batterie, die nachließ. Wir haben keine Kerze genommen. Daß man im Heu kein Streichholz anzündet, na, das wissen wir auch, wir sind ja keine Säuglinge. Und es ging ganz gut so.'

Wir haben sehr gelacht. Der Mann meiner Bekannten sagte, die Mädels hätten eins zu null gegen uns gewonnen, und ich besorgte am nächsten Tag eine neue Batterie für die Zeltlampe und gab ihnen die wieder. Diesmal ohne Bedingungen, weil wir es genial fanden, wie die Kinder sich geholfen hatten. Und was glauben Sie, von da an duschten die Mädels, jeden Tag taten sie es, sagte meine Freundin, als ich sie abholte, gewissenhaft und pünktlich. Was sagen Sie dazu?"

„Dasselbe wie Sie: eins zu null für die Kinder", sagte Cornelia und lachte auch. „Sich so zu helfen, alle Achtung! Ja, wo viele zusammen sind, kommt immer eins auf den richtigen Trichter. Drei Töchter haben Sie?"

„Ja. Angelika, Martina und Petra. *Und* einen Sohn, den Werner. Der kommt nach Petra. Als er geboren wurde, telegrafierte meine Schwester an uns: Endlich erreicht! Ich habe mich natürlich auch sehr gefreut, noch einen Sohn zu bekommen, unseren Werner, aber erfindungsreich sind Töchter auch, wie man sieht, und manchmal schwieriger als Söhne."

Da öffnete sich die Tür, und ein Junge, etwas kleiner als Anja, erschien im Zimmer. Er sah Petra ziemlich ähnlich, hatte dasselbe emporstrudelnde Haar über der Stirn und bräune Augen. Er begrüßte die Anwesenden mit einem flauen „Tag!" und setzte sich an den Teewagen, um sich dort, stumm und ohne Pause, voll frischer Brötchen zu stopfen, bis seine Mutter „Schluß!" sagte und den Wagen aus seiner Reichweite schob. Petra sah Werner entrüstet an.

„Du kannst auch nichts als futtern", sagte sie und machte ein Gesicht wie Anjas Lateinlehrerin, „einmal wirst du platzen. Lieber solltest du reiten, du Angsthase!"

„Hab' keine Angst. Hab' bloß keine Lust", nuschelte Werner, den Mund noch voller Brötchen, „wenn man von früh bis abends nichts anderes hört als reiten und reiten und reiten –" Er stand auf und verließ den Raum, und man sah ihm von hinten an, was er für ein Gesicht machte.

„Ihr sollt ihn in Ruhe lassen. Er kommt schon von selbst auf den Geschmack", sagte Petras Mutter und lächelte ein wenig betrübt. „Mein Kummer ist es ja auch, daß er nicht aufs Pferd will. Und mein Mann bedauert es ebenso."

„Wie alt ist er?" fragte Cornelia.

„Neun. Da kann es ja noch kommen."

„Ich hab' von klein auf vom Reiten geträumt. Aber erst als Studentin bekam ich Gelegenheit dazu. Und Sie, Sie reiten auch? Ich hab' Sie noch nie im Verein getroffen."

„Wir reiten immer früh, mein Mann und ich. Mein Mann ist von der Firma sehr eingespannt, da geht es nicht anders als morgens um sechs. Sie kennen unsere Pferde sicher, oder? Ja, sie stehen im Vereinsstall, rechts vorn, in Laufboxen. Lady und Rumpel, die Namen passen wahrhaftig nicht zueinander, aber wäre Rumpel männlichen Geschlechts, so hätten wir sie wahrscheinlich in Lord umgetauft. Aber es sind zwei Stuten."

Sie mündeten in ein Gespräch über Pferde, bei dem Anja und Petra schweigend und aufmerksam zuhörten. Petras Mutter hatte früher Remonten zugeritten, verstand also wirklich etwas vom Thema. Kein Wunder, daß die Töchter so passioniert waren.

Als Anja heimradelte, war sie tief in Gedanken. So eine Mutter müßte man haben! So ein Zuhause. Sie hatte sich gut umgesehen: Überall hingen Pferdebilder, überall standen Pferdebücher. Ein Schrank stand voller Preise – Pokale, Teller aus Silber, eingravierte Daten. Der Garten, der ums Haus lag, war geradezu ein Park. Und Frau Hartwig! Schön und schlank gewachsen und gepflegt und trotzdem nicht „feun", wie Anja Leute nannte, die sich Schmuck umhängten und nirgends hinfassen mochten, wo sie sich vielleicht ein wenig schmutzig machen konnten. Ja, wenn Mütter reiten ... Anja dachte an ihre eigene, die rotbackig und rundlich war, den ganzen Tag mit Wickelschürzen herumlief, mit weißen, wenn sie die Jungen versorgte, sonst mit bunten, hübsch und appetitlich, das schon, aber ...

Die sich gar nicht dafür interessierte, wenn man von Pferden erzählen wollte, die verstrubbelte Haare hatte und sich einfach ein Kopftuch darüber knüpfte, weil sie es selbst nicht mehr mit ansehen konnte ...

Freilich, keiner will seine Mutter tauschen. Aber ein bißchen ändern könnte sich ihre Mutter schon, dachte Anja rebellisch, nicht nur das Muttertier für die beiden kleinen Jungen sein, die sie von morgens bis abends versorgte, fütterte, badete, schlafen legte oder herausnahm – etwas anderes tat sie eigentlich nicht mehr, so schien es Anja. Die beiden Kerlchen waren süß, zugegeben, aber es gab ja auch noch andere Dinge auf der Welt.

Und Werner, dieser Dummkopf! Könnte dreimal die Woche reiten – Petra ritt dreimal, wenn es mit der Schule einigermaßen paßte – und mochte nicht! So dumm, so unverständlich dumm! Wenn sie an seiner Stelle wäre, sie wüßte, was sie täte! Sogar eigene Pferde hatten Hartwigs, und –

„Na, Anja, du kommst ja so verträumt daher, daß du nicht mal deinen Vater erkennst!" hörte sie es sagen – sie war eben in ihre Straße eingebogen.

„Ach, Vater, du! Ich war bei Petra, weißt du, die aus dem Reitverein, die die Gehirnerschütterung hat. Ja, es geht ihr gut, nur aufstehen darf sie noch nicht."

„Hauptsache, es ist nichts Schlimmes. Komm, ich trag' dir das Rad in den Keller – lauf zu Mutter, sie ruft."

Anja hatte es schon gehört.

„Anja – endlich! Ich hab' den ganzen Nachmittag auf dich gewartet. Wo warst du denn wieder, natürlich im Reitverein, oder?"

„Nein. Ich soll ja nicht." Anjas Stimme klang jetzt anders als vorhin, da sie mit Vater gesprochen hatte. Wütend, verbockt ...

Es wurde kein schönes Heimkommen.

„Mit Anja ist wirklich nichts anzufangen, ich komm' mit ihr in letzter Zeit überhaupt nicht zurecht", klagte Mutter am Abend. „Den ganzen Nachmittag läßt man sie laufen, wohin sie will, und wenn sie dann endlich kommt, ist sie bockig und unfreundlich."

„Zu mir war sie freundlich. Sie hat eine Freundin besucht, die im Bett liegt", sagte Vater vorsichtig. „Daß es eine aus dem Reitverein ist, sag' ich jetzt besser nicht", dachte er und schwieg. Aber es nutzte nichts.

„Ja, Petra wahrscheinlich. Es ist ja nett von ihr, sich um sie zu kümmern, aber den ganzen geschlagenen Nachmittag dort zu hocken, ohne daß sie vorher sagt, wohin sie geht ... ich habe mich gesorgt! Ach ja, mit ihr ist es zur Zeit wirklich schwierig."

Vater schwieg. Er mochte seine neue Tochter ausgesprochen gern, wünschte sich sehr, ein gutes Verhältnis zu ihr zu bekommen. Das aber mußte man behutsam anfangen. Und daß seine Frau so gar kein gutes Haar an dem Kind ließ, machte ihn doch nachdenklich.

So, wie sie es sagte, war es sicherlich auch nicht. Aber Anja wurde meistens sofort unzugänglich und patzig, wenn ihre Mutter etwas von ihr wollte. Mit Vorwürfen aber änderte man da nichts.

Er unterrichtete Kinder im Alter von Anja, und da erlebte er oft, sehr oft, daß Mütter kamen und behaupteten, mit ihren Töchtern wäre überhaupt nicht auszukommen; er aber fand in der Schule, daß es nette und aufgeschlossene und gescheite Schülerinnen waren.

„Abwarten", sagte er. Aber Abwarten war nicht so leicht, wenn man das Temperament von Anjas Mutter besaß ...

„Ich bin geritten!"

„Holen Sie ihn schon?" fragte Anja. Es klang enttäuscht. Sie hatte sich soeben, später als sonst, von zu Hause wegstehlen können und war diese Sekunde erst bei Kerlchen angekommen, der am Zaun der Koppel stand und wahrhaftig nach ihr Ausschau gehalten hatte. Jedenfalls guckte er in die Richtung, aus der sie kam – und nun war Herr Anders von der anderen Seite her gekommen und wollte ihn holen. „Heute gehst du mal nicht in den Reitverein", hatte Mutter gesagt. „Es muß auch mal ohne gehen."

Hier auf der Koppel zu stehen und Kerlchen zu streicheln, das war nicht „in den Reitverein gehen". Sie sah zu Herrn Anders auf. „Aber die Möhre darf er doch noch fressen, so eilig ist es nicht, nein?"

„Nein. So eilig nicht. Ich hab' Zeit. – Du, Anja?"

„Ja?"

„Wie wäre es – willst du ihn mal versuchen?"

„Kerlchen? Ihn reiten? Im Ernst?" Anjas Augen waren ganz groß und rund geworden. „Darf ich wirklich? Darf er denn geritten werden?"

„Bis zum Stall gewiß. Ich hab' das Reithalfter mitgebracht", sagte Herr Anders. Er wartete, bis Kerlchen die Möhre verschnorpst hatte, und streifte ihm dann das Kopfstück über. Vorsichtig schob er das Gebiß ins Pferdemaul, schloß die Schnalle des Kinnriemens und dann die Schnallen am Kehlriemen. „Siehst du, so macht man das. Hier muß es eng anliegen, und hier muß eine Faust dazwischen passen. Probier mal. Ja, so. Und nu –"

Anja stand schon links neben dem Pferd bereit, das eine Bein angewinkelt, wie Herr Anders es ihr damals gesagt hatte. Er legte die Hand darunter – schon war sie oben.

„Und nun: schön aufgerichtet sitzen, Schultern zurück, Beine lang. Fußspitzen anheben, Hacken runter, auch ohne Bügel. Ja, so. Ganz locker dabei – nun, das alles kommt mit der Zeit. Hier die Zügel. Sie müssen zwischen Ring- und kleinem Finger durchlaufen und zwischen Daumen und Zeigefinger – ja, du weißt es wohl schon. Hast gut aufgepaßt, wenn du bei der Reitstunde zugesehen hast. Fäuste aufrecht, Daumen wie kleine Dächer darüber. Fein. Und jetzt klopfst du ein wenig mit den Hacken, ein wenig nur – richtig. Das tut ihm nicht weh, das sagt ihm nur: ‚Los, jetzt wollen wir.' Na also, er versteht dich ja!"

Kerlchen hatte sich, sobald Anja mit den Fersen an seine Flanke kam, Richtung Stall gewandt und ging im Schritt los. Anja fühlte den warmen, mächtigen Körper unter sich in Bewegung kommen, sie drückte die Knie fest an und die Fersen nach unten, wie der Reitlehrer es oft und oft gesagt hatte. Mitsamt dem Zügel hatte sie ein Büschel Mähnenhaar erwischt, das gab ihr noch mehr das Gefühl, dem Pferd nahe zu sein.

„Nein, nicht schneller. Heute noch nicht. Heute reiten wir Schritt", sagte Herr Anders, der nebenherging, ohne den Zügel anzufassen. „Schritt ist das erste und nicht das leichteste, das glaubt einem anfangs niemand. Und Stürze aus dem Schritt sind oft schlimmer als andere."

Das konnte sich Anja nicht vorstellen. Ein Sturz bei einem Sprung, ein Hineinsegeln ins Hindernis, wie sie es schon mehrmals gesehen hatte, oder ein Aus-dem-Sattel-Kommen, wenn das Pferd bockelte, erschien ihr viel gefährlicher. Sie sagte aber nichts; *das* wußte sie schon von den Stunden, die sie miterlebt hatte: Widersprechen durfte man nicht, nie. „Morgen oder übermorgen traben wir dann ein Stückchen, heute noch nicht", fuhr Herr Anders mit gleichmäßiger, freundlicher Stimme fort, „merkst du es – er weiß genau, was er tun soll, ja? Guter alter Knochen, wie viele Kinder hat er getragen, so wie dich jetzt, vorsichtig und voller Behutsamkeit. Er war auch eine Weile Voltigierpferd. Was Voltigieren ist, weißt du, oder? Da läuft das Pferd an einer Leine im Kreis, an der Longe, heißt das, und die Kinder machen Turnübungen daran, springen auf und ab und machen die Fahne und die Mühle –"

„Das hab' ich mal bei unseren Nachbarn im Fernsehen gesehen, bei einem großen Reiterfest. Da waren auch ganz kleine Kinder dabei, höchstens fünf Jahre alt, vielleicht erst vier."

Anja wurde ganz eifrig. Herr Anders

merkte, wie sie sich entspannte, während sie erzählte. Das hatte er gewollt.

„Die Mädels hatten winzige Röckchen an und die Jungen grüne Hosen, manchmal waren zwei auf dem Pferd und hielten sich aneinander fest, manchmal sogar drei, und eins hing mit dem Kopf nach unten."

„Kosakenhang heißt das", ergänzte Herr Anders.

„Und zuletzt machten sie eine Pyramide am Pferd, drei saßen drauf, und zwei standen, und rechts und links machte eins Handstand am Pferdehals ... ich möchte auch voltigieren lernen – oder bin ich schon zu groß dazu?"

„Aber woher denn! Es gibt auch Voltigiergruppen aus Erwachsenen – freilich ist es gut, wenn man früh damit anfängt, genau wie beim Reiten."

„Gibt es das hier im Reitverein?" fragte Anja dringend. „Hier bei Ihnen?"

„Doch, ja, von Zeit zu Zeit machen wir Kurse. Und da mitzutun ist nicht so teuer wie Reitstunden, weil eben viele Kinder miteinander üben, an einem Pferd. Mindestens sechs sollten es sein, damit jedes nach seiner Übung verpusten kann. Beim Voltigieren kommt man nämlich sehr schnell außer Atem, das kann ich dir sagen! Vielleicht kannst du beim nächsten Kurs mitmachen?"

„Oh, das wäre schön! Nur – wissen Sie – meine Eltern! Meine Mutter ... ja, also gern sieht sie es nicht, wenn ich zu Ihnen gehe. Sie war ja auch noch nie mit und hat sich nicht angesehen, wie es bei Ihnen ist."

„Die meisten Eltern sehen es nicht so gern, wenn sie ihre Kinder dann für ganze Nachmittage los sind. Und die Schularbeiten liegen da und werden nicht gemacht, und geholfen wird nicht, während man im Reitverein gern hilft." Herr Anders lachte leise. „Aber das gibt sich. Und wenn man so schön nahe wohnt wie du ... du wohnst doch da drüben, gegenüber dem Einkaufsladen? Na, siehst du. Und schon sind wir angekommen." Sie standen vor dem Stall.

„Schade", sagte Anja und seufzte aus Herzensgrund. „Schade – aber es war schön – ach, herrlich! Darf ich wieder mal?"

„Natürlich darfst du. Komm – aha, da brauch' ich gar nicht zu helfen. Du kommst allein runter." Anja hatte sich seitlich hinabgleiten lassen und stand jetzt wieder an Kerlchens Kopf, glühend vor Aufregung und Glück.

„Danke, Kerlchen, das war schön! Morgen bring' ich dir wieder Mohrrüben – oder hartes Brot. Ist doch besser als Zucker, nicht wahr, Herr Anders?"

„Viel besser. Zucker nur in ganz kleinen Mengen, als große Belohnung. Im Zoo ist mal ein Elefant an Würfelzucker gestorben, weil ihn die Leute so sinnlos fütterten. Zucker übersäuert den Magen, so komisch das klingt. Und nie Schokolade geben, verstehst du? Ach, was die Leute manchmal Unsinniges füttern."

Ich bin geritten, ich bin geritten, ich bin geritten, sang es in Anjas Herzen. Ich bin auf Kerlchen geritten, ganz allein. Er hat den Zügel nicht angefaßt, ist nur nebenhergegangen, der Herr Anders. Ich bin allein geritten ...

Sie rannte heim. Wenn sie ganz schnell wieder zu Hause war, würde Mutter vielleicht nichts merken. Sie mußte nur ins Haus hineinkommen, ohne zu läuten – einfach durch den Keller. Und dann so tun, als wäre sie die ganze Zeit zu Hause gewesen, hätte Schularbeiten gemacht oder ...

Und sie konnte Mutter ja auch helfen, von sich aus. Fragen: „Was kann ich tun, Mutter? Soll ich einkaufen gehen? Brauchst du noch was?" Meist brauchte Mutter noch was, auch wenn sie schon Besorgungen gemacht hatte.

Alles ging gut. Anja schlich durch den Keller, stand mit klopfendem Herzen auf der obersten Stufe der Treppe, huschte durch den Flur in ihr Zimmer. Gerettet! Und jetzt zu Atem kommen, und dann ganz harmlos hinübergehen, so, als wäre man überhaupt nicht draußen gewesen ...

Ich bin geritten! Wie einen kostbaren Schatz trug sie dieses Wissen in sich, einen Schatz, den sie nie verlieren konnte. Ich bin geritten, vielleicht reite ich morgen wieder. Oh, Reiten, das Schönste auf der Welt! Sie hätte am liebsten die ganze Welt umarmt.

„Was glaubt ihr – es schneit!"

Vater stand in der Tür, noch im Mantel, der wahrhaftig an den Schultern weiß gepudert war. Anja fühlte ihr Herz hüpfen. Jedes Kind freut sich über den ersten Schnee. Gleichzeitig aber fuhr es ihr wie ein Stich hindurch: Schnee! Dann konnte Kerlchen vielleicht nicht mehr auf die Weide?

Vielleicht doch. Vielleicht blieb der Schnee nicht liegen – aber es wäre andererseits eben wunderbar, wenn er liegenbliebe. In den letzten Jahren hatte es doch so wenig geschneit ...

„Oh, da werden sich die kleinen Jungen aber freuen!" sagte Mutter sofort.

„Und die große Anja erst recht", schmunzelte Vater und sah zu seiner Tochter hin. Mutter lachte.

„Na klar! Das sowieso. Aber für die Jungen ist es doch etwas Neues! Und wir kaufen einen Rodelschlitten mit Lehne, da packen wir Volker und Reinhold hinein, mit Kissen und Wärmflaschen, und Anja kann sie ausfahren, das macht viel mehr Spaß als mit dem Kinderwagen. So einen Schlitten hatte ich auch für dich, als du klein warst."

„Ja, aber den Schlitten schaffen wir gleich an, nicht erst zu Weihnachten!" sagte Vater und hängte seinen Mantel in den Flur. „Nicht mal bis zum Nikolaus warten wir! Wenn Schnee kommt, muß man ihn nutzen. Wie lange ist es denn noch bis zum Nikolaus?"

„Drei Wochen und zwei Tage", kam es blitzschnell von Anja. Er streifte sie mit einem Blick. Dann sagte er lachend: „Schnell und genau. Antwortest du in der Schule auch immer so? Dann wünschte ich, ich hätte dich in meiner Klasse."

Anja schwieg. Sie wußte, warum sie so genau hatte Bescheid geben können – sie dachte an das Nikolausreiten! Immerzu dachte sie daran, ob Petra bis dahin soweit gesund wäre, daß sie mitreiten könnte. Und ob Cornelia den Flieder bekam, den sie sich so heiß wünschte, und ob die Familie Hartwig ihren dickköpfigen Kronprinzen dazu bringen würde mitzureiten.

Was hieß in diesem Falle reiten! Anja kannte das Festprogramm auswendig. Da war der erste Punkt: Vorstellen aller Pferde, Besitzer und Vereinspferde. Und dabei sollte Petra die Rumpel haben, Angelika die Lady und Werner den Kerlchen. Die dritte Schwester war für Wanda vorgesehen, die bei solchen Gelegenheiten, wo viele Pferde mitgingen und es etwas eng würde, sehr grätig werden konnte, aber Martina traute sich zu, mit ihr fertig zu werden. Das Nikolausreiten – Anja zählte die Tage bis dahin, und deshalb hatte sie Vater so präzise antworten können.

Am nächsten Nachmittag lief sie gleich zur Wiese. Es hatte die ganze Nacht über geschneit, und die Siedlung sah ganz anders aus als vorher, wie aus einem Bilderbuch. Anja hatte den alten Lodenmantel angezogen und die Taschen vollgestopft mit Brotstückchen, die hart geworden waren; immerzu Möhren stiebitzen konnte man ja auch nicht. Viel Hoffnung, Kerlchen zu treffen, hatte sie nicht, aber ...

Doch, da stand er! Herr Anders hatte ihn also doch herausgelassen, wahrscheinlich, damit er recht viel gute Luft bekam. Am Rand der Koppel war jetzt eine kleine überdachte Raufe aufgestellt. Anja sah sie zum erstenmal. Wie eine Wildfütterung, nur etwas höher – Kerlchen hatte das Heu, das darin gewesen sein mochte, gewissenhaft bis zum letzten Halm verzehrt, aber diese Raufe gab Anja die Hoffnung, daß er auch später noch bei Schnee hier sein würde.

„Hurra, mein Kerlchen!"

Sie schwang sich über den Koppelzaun und lief zu ihm hin, glücklich, erleichtert. Und wirklich, er drehte sich, als sie ihn anrief, sah ihr entgegen und kam dann sogar ein paar Schritte auf sie zu. Beglückt nahm sie ihn um den Hals.

„Alter guter Knochen", so sagte Herr Anders immer. Das Pferd stand still bei ihren Zärtlichkeiten, bog dann den Hals und schnupperte an ihrer Manteltasche. Und plötzlich – raaaz – hatte er sie aufgerissen, indem er seine dicke Nase hineinversenkte.

„Kerlchen, du Grobian!" Anja lachte zärtlich. „Die Tasche muß ich aber wieder annähen, sonst merkt Mutter, daß ich bei dir war. Was, in die andere willst du auch noch hinein mit deinem gierigen Maul ..."

Später, als Herr Anders kam, erzählte sie es ihm und zeigte ihm die halbabgerissene Tasche. Herr Anders lachte still in sich hinein.

„Das ist seine Art. Immer muß er in alle Taschen hinein, am liebsten mit dem ganzen Kopf. Wie viele Taschen hat er schon aufgerissen! Wir sagen nichts, wenn neue Leute in den Reitverein kommen; früher oder später macht er das bei allen. Willst du ihn wieder reiten?"

Und ob sie wollte! So eine Frage! Strahlend saß sie auf, und strahlend ritt sie die kurze Strecke bis zum Stall, rutschte dort hinunter und gab Kerlchen zum Dank das letzte aufgesparte Stück Brot und einen Kuß auf die Nase.

„Lieber, lieber Kerlchen!"

Heute hatte Mutter nicht gesagt: „Diesmal ist es nichts mit dem Reitverein." So konnte sie am Abend – sie brachte es nicht fertig, es bei sich zu behalten – den Eltern erzählen, daß sie geritten sei. Mutter sah sie an und schüttelte ein wenig den Kopf, aber sie sagte doch: „Na, das ist aber fein!", und Vater gratulierte ihr feierlich. „Vielleicht wirst du mal Olympiasiegerin!" sagte er und verbeugte sich. Bei ihm war solch ein Spaß nie kränkend, sondern nur lustig.

Abends konnte Anja nicht einschlafen. Hätte sie doch nichts davon erzählen sollen? War es dumm gewesen? Vater würde sicherlich nichts dagegen haben, wenn sie in den Reitverein ging – oder doch wenigstens einen Voltigierkursus mitmachte. Aber Mutter ...

Sie hatte solchen Durst; so stand sie noch einmal auf. Barfuß tastete sie sich durch den Flur, der Küche zu. Die Eltern saßen im Wohnzimmer, von dem aus eine Durchreiche – Vater nannte sie „Freßloch" – wie ein Fensterchen in die Küche führte, durch die man Teller und Tassen, Kaffeekanne und Suppenterrine hindurchgeben konnte. Diese Durchreiche stand halb offen, so daß Anja in der Küche kein Licht zu machen brauchte. Das war gut. Mutter konnte es nämlich gar nicht leiden, wenn man aus dem Bett noch einmal zurückkam, um etwas zu holen. Sie hatte das früher, als sie noch klein und allein mit Mutter war, manchen Abend fünf- bis zehnmal getan, und Mutter nannte es das „Wiedergehen". Jetzt, da Anja größer war und nur bei wirklichen Anlässen noch einmal zurückkam, schalt sie nicht mehr so. Aber Anja ging dann unwillkürlich sehr leise, auch heute. Sie schlich zum Küchenschrank, nahm ein Glas heraus und füllte es lautlos am Wasserhahn. Dabei hörte sie etwas ...

„Ach ja, der Reitverein, der Reitverein, der Reitverein. Beim Aufwachen, beim Einschlafen, den ganzen Tag über. Es würde mich nicht wundern, wenn sie in der Schule, nach irgendeiner Vokabel gefragt, ‚der Reitverein' antwortete. Sie ist wie verhext."

„Na, so ein Unglück ist das ja nicht." Vater brummte vor sich hin, schien die Zeitung zu lesen. Anja verstand ihn aber doch. Sie stand da und hielt den Atem an. Wenn er jetzt doch sagte: Da schicken wir sie doch hin ...

Nein, er sagte es nicht. Er sagte etwas anderes. „Ich meine, wenn sie dorthin läuft, wissen wir wenigstens, wo sie steckt. Wir bekamen nämlich heute in der Schule einen Hinweis, wir Lehrer nur – ja, es soll zunächst nicht veröffentlicht werden, weil der Betreffende dann selbst gewarnt würde – es ist, kurz und schlecht, wieder mal einer von diesen schrecklichen Gesellen in der Stadt, die Kinder an sich locken und mitnehmen. Nun, nun, mach nicht so ein verstörtes Gesicht. Etwas Ernstliches ist noch nicht passiert, er ist zweimal beobachtet und gestört worden – das heißt, das Kind ist im letzten Augenblick ausgerückt, wer aber weiß, wie es das nächstemal ausgeht. Das ist ja wie eine Krankheit bei diesen Leuten, sie können nichts dafür, trotzdem ist es eine große Gefahr. Die Polizei ist verständigt, sie haben ihn auch ums Haar erwischt, er entkam dann aber doch. Vielleicht verläßt er die Stadt ja auch, wenn er merkt, daß man aufpaßt." Vater hatte gesehen, wie entsetzt Mutter schaute.

„Da darf Anja nie mehr allein –"

„Aber Erika", sagte Vater begütigend, „wir können sie doch nicht festbinden. Warnen müssen wir sie, und das tu' ich morgen auch, und zwar eindringlich. Sie aber deshalb zu Stubenarrest zu verdonnern, dafür bin ich nicht. Dieser Mann ist übrigens ziemlich leicht zu erkennen, soll eine Narbe auf der linken Wange haben, die man gut erkennt. Wenn man den Kindern das sagt, so ist damit schon viel gewonnen. Außerdem waren es beide Male kleine Jungen, die er versuchte mitzulocken, keine Mädchen."

„Ach, heutzutage, wo alle in Hosen rumlaufen und die gleichen langen oder kurzen Haare tragen ..." Mutters Stimme hörte man an, daß sie ganz außer sich war vor Sorge. „Nein, nein, Anja muß jetzt immer sagen, wohin sie geht, und pünktlich wieder zu Hause sein. Ich gebe ihr von morgen an meine Armbanduhr, sie hat sich mal eine gewünscht, die dann aber sehr bald verloren. Für mich reicht die Küchenuhr, die sehe ich ja immer. Sie bekommt meine!"

Anja hatte das Glas leer getrunken, ohne es zu merken. Sie stellte es lautlos weg, schlich rückwärts zur Tür. Wenn sie ihr jetzt verboten, zu Kerlchen zu gehen – sie würde es heimlich tun. Sie würde, würde – aber eine eigene Uhr zu haben wäre gut. Im Reitstall hing keine, nur in der Halle die große. Es würde gut sein, immer zu wissen, wie spät es ist, man konnte sich dann zu Hause zeigen und wieder entwischen ...

Trotzdem lag Anja noch lange wach. Ob es auch so schreckliche Männer gab, die Pferde stahlen? Dann mußte sie erst recht auf Kerlchen aufpassen, wenn er auf der Weide stand. Nein, zu Hause bleiben und überhaupt nicht mehr wegdürfen, auch nicht zum Helfen, das gab es nicht. Da machte sie nicht mit. Außerdem – mit fremden Männern ging sie sowieso nicht, das hatte Mutter ihr schon immer gesagt, so dumm war sie nicht. Mutter dachte ja immer, man wäre noch ein Baby, vollkommen kindisch und blöd ...

Geritten war sie, das zweitemal schon, und morgen würde sie wieder reiten. Morgen und übermorgen und jeden Tag. Wenn Herr Anders es ihr von sich aus erlaubt, ja angeboten hatte, so würde er das bestimmt wieder tun. Wenn doch alle so wären wie Herr Anders ...

Anja seufzte und drehte sich auf die andere Seite. Ob Kerlchen schon schlief? Und dann sah sie ihn über die weiße, verschneite Koppel auf sich zukommen, vertraut und lieb, und mit der Nase ihre Manteltasche durchsuchen –

„Die muß ich ja noch annähen", dachte Anja noch und lachte ein bißchen, gleich darauf war sie fest eingeschlafen.

Eine Taufe, und was man dabei erleben kann

Das Innere der Kirche war hell, weiß und glatt, ohne Schmuck, nur neben dem Altar stand eine schöne barocke Figur. Und auf der anderen Seite lag der Adventskranz auf einem weißen Steinsockel; eine seiner dicken Kerzen brannte. Anja blickte die ganze Zeit in dieses am hellen Vormittag fast unwirklich scheinende Licht und hörte nur mit halbem Ohr auf das, was der Pfarrer sagte. Vater und Mutter hatten je einen der Zwillinge auf dem Schoß, sie wiegten sie ein wenig hin und her und versuchten, sie zu beruhigen und zu beschwichtigen, wenn sie mauzen wollten. Schließlich durften sie aufstehen und an den Taufstein treten. Anja stand auch auf und folgte ihnen. Außer ihr waren noch zwei Paten da, Vaters jüngerer Bruder Kurt für Volker und Mutters Kusine für Reinhold. Mutter hatte keine Geschwister.
Jetzt setzte die Orgel ein, rauschend, gewaltig. Die Erwachsenen sangen mit, Anja kannte das Lied nicht, aber sie fand es schön. Zum Schluß kam dann noch eins, das sie konnte und mitsang, sogar die Melodie, die sie so liebte. Es war ein Adventschoral.

Es war ja Advent, erster Advent, und draußen immer noch Schnee. Ob der bis Weihnachten blieb? Das wäre etwas ganz Besonderes! Vielleicht konnte sie sich zu Weihnachten wünschen, daß sie in den Reitverein dürfte, richtig als Mitglied, zum Reitenlernen? Das war teuer, sie hatte es von verschiedenen Seiten gehört. Wenn sie sich nichts, aber auch gar nichts anderes wünschte, nur das?

„Na, du guckst ja so verträumt – wo warst du denn mit deinen Gedanken?" fragte die junge Tante munter, als der Taufakt vorbei war und sie auf die Kirchentür zugingen. „War es nicht schön? Ich wünsche mir auch Zwillinge, und die taufe ich dann auch zu Advent, und dann bist du Patin, so wie ich jetzt bei deinem Brüderchen. Wirst du ja sagen?"

„Wenn man sich Zwillinge einfach so bestellen kann..."

„Leider nicht. Und ich habe noch nicht einmal einen Mann, also kannst du dir's noch überlegen", sagte Tante Sabine und nahm Mutter das Baby ab. „Aber einen Patensohn hab' ich nun wenigstens, und um den werde ich mich kümmern, das könnt ihr glauben! Ich hab' mich so gefreut, daß ihr mich für dieses Ehrenamt erwählt habt! Und auf den Besuch bei euch und auf die Taufe und alles."

Anja hatte sich auf die Taufe überhaupt nicht gefreut. Immerzu: Das müssen wir zur Taufe haben und jenes – und wenn erst Taufe ist – und: aber zur Taufe ...

Auch jetzt fand sie es nicht überwältigend. Die Feier war schön in dem hellen Gotteshaus, und daß erster Advent war, freute sie auch, aber den ganzen Nachmittag nur mit Erwachsenen zusammensein zu müssen und zu helfen und zu laufen und zu springen, um die anderen zu bedienen, das war keine wunderbare Aussicht. Um so mehr leuchtete ihr Gesicht auf, als sie, aus der Kirche heraustretend, Petra sah. Petra! Sie stand auf der obersten Stufe der Kirchentreppe und hielt einen riesigen Rosenstrauß in den Händen.

„Für Sie – und für Ihre beiden Jungen – und Mutter läßt grüßen und einen wunderschönen Tag wünschen –"

Anjas Mutter sah sie gerührt an.

„Du bist Petra, nicht wahr? Von der Anja immer erzählt. Woher wußtest du denn –"

„Ihr Mann hat mich eingeladen", berichtete Petra sprudelnd vor Eifer, „er sagte, für Anja wäre es vielleicht ein bißchen langweilig, wenn nur große Leute da sind. Darf ich den Täufling mal halten? Ich kann es bestimmt, ich lass' ihn nicht fallen. Früher dachte ich immer, Täufling kommt von Teufel."

„Ich auch", sagte Mutter lachend und übergab ihr das Bündel vorsichtig, aber ohne Besorgnis. „Du läßt ihn schon nicht fallen, da bin ich ganz sicher. Das war aber lieb von Vater, dich einzuladen –" Sie blickte Anja auffordernd an. ‚Na los, nun sag schon', hieß dieser Blick.

„Ja. Danke, Vater", sagte Anja nach einem Augenblick des Zögerns. Doch, es war lieb von Vater und nett ausgedacht, nur –

„Ich hab' schon gehört, wie hübsch ihr wohnt, ihr seid ja erst hergezogen", schwatzte Petra und trug den kleinen Jungen vor sich her, immer wieder in sein Gesicht hineinlachend. „So nahe am Reitverein – ja, wer das Glück hätte! Aber bei euch drin war ich noch nie!"

„Komm, Anja, nimm den anderen", flüsterte Vater und legte ihr den kleinen Bruder auf den Arm. „Das ist hübsch anzusehen, wie ihr da an ihnen schleppt, das muß ich festhalten fürs Familienalbum. Ich hab' den Fotoapparat da." Er machte nicht nur ein

Bild. Der Schnee und die Sonne, die schöne Kirche im Hintergrund – alles bot sich geradezu an, geknipst zu werden, und auch Mutter und die Paten mußten immer wieder stillhalten, mit und ohne Täuflinge. Erst nach einer Weile setzte sich der kleine Zug endgültig in Bewegung, Richtung nach Hause, wo schon der gedeckte Tisch wartete.

„Wir trinken gleich Kaffee, wir feiern eine Kaffeetaufe", erklärte Mutter, „so hab' ich es auch bei Anja gehalten. Nach der Kirche einen tüchtigen Kaffee und dazu Kuchen und abends dann etwas Warmes. Ich hab' ja jetzt so viele und tüchtige Helfer!"

Anja sah ein wenig geniert zu Petra hin. Die war ja nun wahrhaftig nicht zum Helfen eingeladen worden! Aber sie schien geradezu mit aufgekrempelten Ärmeln hergekommen zu sein, sie fragte sofort von sich aus, ob sie Kaffee holen oder Sahne schlagen oder Kuchen aufschneiden dürfte, und war entzückt von der Durchreiche.

„Nein, so was Schönes haben wir in unserem ganzen Haus nicht! Da kann man ja durchkriechen – also ich käme durch, bestimmt! Und jemandem, der im anderen Zimmer ist, einen Ball an den Kopf werfen und sich dann dukken, damit er sich wundert, oder Kasperle spielen. Ja, Kasperle! Das machen wir später, wenn die Jungen größer sind und es schon kapieren, wollen wir, Anja? Ich hab' Kasperpuppen zu Hause, die bring' ich mit!"

„Wunderbar. Da ladet ihr mich aber dazu ein, das möchte ich miterleben", sagte die junge Tante. „Hier, nimm bitte den Kuchen." Sie stand in der Küche und reichte Petra eine Platte nach der anderen durch. „Bist du zu Hause auch so patent und brauchbar?"

„Nein. Ein Faultier, wie es im Buche steht", gestand Petra vergnügt. „Meine Mutter ärgert sich grün und gelb über mich. Aber hier gefällt es mir eben."

„So ist es wohl immer. Woanders sind die Kinder hilfsbereit und tüchtig, und zu Hause lassen sie sich jeden Handgriff abkaufen", dachte Mutter, die dieses Gespräch zufällig mitbekommen hatte, „vielleicht benimmt sich Anja bei Hartwigs auch aufmerksam und gefällig. Hoffentlich..."

Sie tat es übrigens auch heute und hier. Angesteckt von Petra, lief sie hin und her und brauchte überhaupt nicht erst aufmerksam gemacht zu werden, wenn etwas fehlte, sondern wetteiferte mit der jungen Tante und Petra darin, tüchtig zu sein. Mutter konnte nur staunend den Kopf schütteln, aber sie lachte dabei.

Der Tisch war mit Kerzen und Tannengrün geschmückt, er sah wirklich hübsch aus. Und die Täuflinge benahmen sich hervorragend, nuckelten ihre Fläschchen und schliefen dann im Nebenzimmer, wohin man sie verfrachtet hatte, dick und satt ein.

„Dick und satt bin ich auch", verkündete Tante Sabine, die eine Taille hatte wie eine Mondscheinprinzessin, „ich muß mich jetzt unbedingt rühren, sonst habe ich fünf Pfund Schlachtgewicht drauf, und dann paßt mir kein Kleid mehr. Darf ich spülen gehen?"

„Nein, das darfst du nicht!" sagte Mutter mit lachenden Augen. „Weißt du, was mein Teurer mir zur Taufe geschenkt hat? Eine Spülmaschine! Ist das nicht wunderbar? Nun brauche ich nie mehr abzuwaschen!"

„Und ich nicht mehr abzutrocknen, das hasse ich!" flüsterte Anja so laut zu Petra hinüber, daß alle es hörten und lachen mußten. Mutter erhob sich.

„Aber einräumen darfst du die Maschine, Sabine, wenn du möchtest. Komm, ich zeige dir, wie man es macht. Und dann ..."

„... gehen wir ein Stück in den Schnee hinaus, ehe es dunkel wird", schlug Vater vor. „Die Jungen schlafen, und die frische Luft und etwas Bewegung täten uns allen gut."

„Ja! Zum Reitverein!" rief Petra sofort. „Dort wird heute geübt fürs Nikolausreiten, ich wäre dabei, wenn ich nicht hierher eingeladen worden wäre. Aber die Rumpel macht bestimmt, was sie soll, ich komm' gut mit ihr aus, auch wenn ich sie einen Tag weniger reite. Kommen Sie?"

Ihr Gesicht war eine einzige Frage. Vater lachte.

„Dir kann man nicht widerstehen. Und wir wollten schon lange einmal hin und uns ansehen, was Anjas ein und alles ist, seit wir hier wohnen." Er sah seine Frau an und nickte ihr zu. „Meinst du, die Jungen tun uns den Gefallen und schlafen noch ein Weilchen?"

„Bestimmt. Es sind ja nur ein paar Schritte!" sagte Mutter. Und dann zogen sie alle miteinander los.

Anja war nicht recht wohl in ihrer Haut. Nie, niemals hätte sie gewagt, die Eltern einfach aufzufordern, daß sie mitgingen; vielleicht war das dumm. Vielleicht fanden sie es wunderschön dort ...

Eltern finden ja immer ein Aber. Immer, immer. Wenn man von irgendwas begeistert ist, finden sie es gefährlich oder nicht passend – „dazu bist du noch zu klein" – oder zu teuer. Anja kannte das schon. Sie war so lange Mutters Einzige gewesen, ihr ein und alles, gewiß, aber doch lebenslang ihr Baby. Nicht auf der Straße radfahren, nicht allein oder mit Freundinnen schwimmen gehen, nie später als um sieben zu Hause sein. Und so klein ist man mit zehn Jahren doch wahrhaftig nicht mehr. So ging sie also mit etwas zwiespältigen Gefühlen an diesem Adventssonntag mit der ganzen Familie den Weg, den sie sonst jeden Tag heimlich lief, eilig, sich dauernd umgukkend, ob Mutter ihr etwa nachsah.

Der alte Stall mit dem gemütlichen Walmdach machte sich im Schnee wunderschön, und der Halle, die, etwas unterhalb gelegen, modern und zweckmäßig gebaut war, stand der weiße Schmuck auch gut. Sie gingen darum herum und an der anderen Seite hinein, weil geritten wurde. Petra schob die schwere Tür lautlos auf, und nacheinander traten sie an die Barriere. Dort standen ein paar Bänke, so daß man sich setzen konnte. Es war kalt, man sah den Hauch vor dem Mund.

Die Halle war schon für das Nikolausreiten vorbereitet und wirkte deshalb verändert. In der Mitte hatte man vier Hindernisse zu einem Kreuz aufgebaut, in dessen Mitte ein riesiger Tannenkranz lag. Die Hindernisse waren nicht hoch, etwa 80 Zentimeter, und an ihren Enden stand je eine dicke Kerze, die aber heute noch nicht angezündet war. Vier Reiter in schwarzen Jacken und Kappen bewegten ihre Pferde, ritten zunächst nur auf dem Hufschlag in der Halle rundum, erst im Schritt, später im Trab. Der Reitlehrer stand etwas abseits der Hindernisse und gab die Kommandos.

„Dort ist meine Rumpel, Paul reitet sie heute", flüsterte Petra aufgeregt. „Es müssen vier sein, sonst geht es nicht auf. Sie reiten eine Springquadrille."

Ja, es wurde sehr spannend. Petras Aufregung steckte an. Jetzt hieß es „Galopp marrrrsch!", und sogleich fielen alle vier in Galopp. Erst auf dem

Hufschlag, dann, nachdem der Reitlehrer ein Zeichen gegeben hatte, im Kreis und so, daß sie jedesmal eins der Hindernisse nahmen. Das sah leicht und gefällig aus, war aber, wie Petra hinterher erklärte, „sauschwer", denn jedes Pferd mußte genau im selben Moment springen wie die drei anderen, und keines durfte aus dem Takt kommen. Heute war ja erst Probe und Training, und Flieder hatte, wie man sah, seinen widerspenstigen Tag. Er weigerte sich gleich das erstemal und mußte mit der Gerte zurechtgewiesen werden, was er sehr übelnahm. Man sah seinem Schweif an, mit dem er seitlich schlug, wie ärgerlich er war. Sein Reiter mühte sich nach Kräften, ihn im Takt zu halten, er ritt im leichten Sitz und trieb, daß ihm das Wasser von den Schläfen an den Wangen heruntersickerte.

„Da – da – na, es ging gerade noch", flüsterte Anja und ließ kein Auge von ihm. Petra hatte die Zähne in die Unterlippe gegraben und verfolgte schweigend den Ritt, was bei ihr ein Zeichen von sehr starker Konzentration war. Sonst schwätzte sie ohne Pause, jetzt aber war sie unheimlich still.

Nach einer Weile ging es wieder rundum im Galopp, ohne zu springen. Reiter und Pferde atmeten auf, dann aber kam eine neue, schwierigere Aufgabe. Zwei Reiter mußten von der einen Seite über den großen Kranz springen und zwei von der anderen, aber abwechselnd, immer einer nach dem anderen. Auch das sah einfach aus, wie eine Art Reigen, es klappte aber überhaupt nicht. Flieder scheute vor dem Kranz und ging hoch, so daß sein Reiter fast aus dem Sattel kam, und Wisky drehte überhaupt ab und wandte dem Hindernis den Schweif zu, unmißverständlich zeigend: „Ich mach' euren Quatsch nicht mit." Thilo, der drauf saß, ließ ihn ein paar Runden im schnellen Galopp gehen, um ihn mürbe zu machen. Der Reitlehrer schimpfte.

„Der ist wohl sehr streng?" fragte Vater Petra ganz leise. Petra nickte, ohne den Blick von den Pferden zu wenden. Anja sah den Reitlehrer an, vor dem sie immer schon großen Respekt gehabt hatte.

Eigentlich sah er gut aus. Er hatte ein faltiges, verschlossenes Gesicht, war meist ruhig. Seine Bemerkungen aber, wenn jemand mit seinem Pferd nicht zurechtkam, waren bissig und von allen Schülern gefürchtet. Auch Thilo, ein anerkannt guter Reiter, hatte jetzt vor Verlegenheit einen roten Kopf.

„Und noch mal – erst Flieder, dann Rumpel –"

Beide sprangen.

„Jetzt Wisky – los, treib ihn, er muß tun, was der Reiter will!"

„Himmel, nein, das ist kein Kinderspiel. Und da reitest du schon mit?" fragte Vater, als in der Halle eine Pause eingelegt wurde. Die Reiter durften im Schritt rundum reiten, sie wischten sich die Stirn und klopften ihren Pferden die Hälse. Die Pferde dampften so, daß die Spiegel rechts und links an den langen Seiten der Halle beschlugen. „Wie alt bist du denn?"

„Zwölf. Ich werde nächstes Jahr aber schon dreizehn", sagte Petra eilig. „Und so schwer, wie es aussieht, ist es gar nicht. Die Rumpel – ich kenn' sie doch. Ich kenn' sie besser als Paul, wenn der auch gut reitet. Er ist Bereiterlehrling, wissen Sie."

„Hm. Und da muß man von Anfang an solche Figuren reiten und wird angeschimpft, wenn das Pferd es nicht tut?" Vater machte ein bedenkliches

Gesicht. In Petras Kopf ging ein Licht auf.

„Zu Anfang? Keine Spur!" eiferte sie. „Das macht man doch erst, wenn man schon lange reitet, schon jahrelang."

„Jahrzehnte", vollendete Vater trocken, „du bist wohl schon als Baby geritten."

„Aber nein, so doch nicht." Petra mußte lachen. „Als Anfänger reitet man nur Schritt und Trab in der Abteilung, das heißt, die allerersten Stunden sogar an der Longe." Galopp unterschlug sie, sie wußte aus langer Erfahrung, daß Leute, die nichts vom Reiten verstehen, Galopp für schwer und gefährlich halten, und dabei ist Galopp so leicht und so angenehm ...

„Na, ich weiß nicht." Vaters Gesicht blieb skeptisch, zumal Rumpel jetzt wirklich Schwierigkeiten machte. Sie übten wieder.

„Ach, wenn ich doch drauf säße." Petra trappelte zwar lautlos, aber hochgradig nervös hinter der Bande hin und her. „Paul ist viel zu grob. Die Rumpel muß mit Gefühl geritten werden, mit Fingerspitzengefühl..."

„Dann spring doch runter!"

„Was glauben Sie, was da passierte!" Petra streifte Vaters Gesicht sekundenlang mit einem Blick. „Der Reitlehrer würde mich – in den Boden stampfen wäre gar nichts. Nie wieder dürfte ich auf ein Pferd, auch nicht auf mein eigenes..."

„So streng geht das hier zu?"

„Noch strenger!"

Als die Stunde zu Ende war, ohne daß einer der Reiter den Sattel geräumt hatte, atmeten alle auf. Mitwirkende und Zuschauer.

„Am besten ritt der Junge auf dem Rappen, fand ich", sagte Onkel Kurt, Vaters Bruder, und wunderte sich, daß Petra und Anja gleichzeitig in Lachen ausbrachen. „Etwa nicht?"

„Der Junge ist eine Dame", erklärte Petra, „das ist Cornelia. Aber die ist mutig wie ein Mann, wahrhaftig."

„Was? Eine Dame? Cornelia? Wie heißt sie denn weiter?"

„Cornelia Nolde, Dr. Cornelia Nolde, Kinderärztin mit rotem VW – und ein Schatz. Ganz, ganz goldig", berichtete Petra. „Da staunen Sie, was? Sie hat schon Jagden mitgeritten und eine L – wissen Sie, was das ist?"

Vaters Bruder staunte noch mehr, als sie erwartet hatte. „Cornelia Nolde, die kenn' ich ja! Mit der hab' ich studiert", rief er, und seine Augen hinter den dicken Brillengläsern blitzten auf. „Du, sag mal, kann man sie mal sprechen? Jetzt gleich? Oder darf man nicht?"

„Doch, doch, können Sie. Sie muß aber erst den Flieder fertigmachen", sagte Petra, „absatteln, Trense abspülen, Hufe auskratzen und Sattellage und Fesseln auswaschen. Das dauert eine Weile, aber dann können Sie schon."

„Ich warte. Ich muß sie sprechen", sagte Onkel Kurt bestimmt, „nein, so ein Zufall! Jahre und Jahre haben wir uns nicht gesehen. Wollt ihr auch warten?"

„Ich möchte eigentlich heim, wegen der Jungen", sagte Mutter schüchtern. „Aber ihr könnt ja noch bleiben."

„Wir gehen mit. Kurt bleibt, bis die Dame fertig ist, und begrüßt sie", entschied Vater. „Wirst du zurückfinden?"

„Wir bleiben auch!" erboten sich Anja und Petra wie aus einem Mund, und Onkel Kurt nahm sie sogleich rechts und links an die Hand.

„Ja, wunderbar! Und ihr führt mich zu Cornelia. Es ist schon so lange her, daß wir uns das letztemal sahen. Womöglich fällt sie hintenüber, wenn sie mich erkennt!"

„Ach was, Cornelia ist hart im Nehmen", sagte Petra und zog ihn an der Hand mit sich, „Überraschungen sind immer schön. Kommen Sie." Kurt mußte im Laufschritt mitrennen, über den festgetretenen Schnee zum Stall hin. Anja zog an der anderen Hand. Atemlos kamen sie an.

„Laßt mich nur erst Luft holen", stöhnte Onkel Kurt, „ich bring' ja sonst kein Wort über die Lippen. Nein, was man alles erleben kann bei einer normalen Taufe!"

„Na, normal! Immerhin eine Zwillingstaufe", japste Petra, und die beiden anderen mußten lachen. Und lachend traten sie in den Stall, der nach der Schneehelle draußen dämmerig und behaglich wirkte.

„Dort steht sie – dort steht Cornelia", flüsterte Anja.

Ja, dort stand sie, Flieders Huf auf ihrem Knie, während sie mit einer Hand die Fessel umspannte und mit der anderen die Lohe aus der Höhlung des Hufs heraushebelte.

„Steh still, mein Guter, ja, so ist es brav. Siehst du – ja, einen schönen sauberen Huf haben wir..."

Sie ließ los, und er setzte den Fuß wieder ins Stroh. Cornelia sah auf.

„Nein! Kurt!" Sie starrte ihn an, mit halboffenem Mund. Dann lachte sie. „Wie kommen Sie denn hierher?"

„Mit diesen beiden Stallburschen da." Er wies auf die Mädchen. „Wahrhaftig, Cornelia Nolde, und ich hielt Sie beim Reiten für einen jungen Mann. Dabei haben Sie sich überhaupt nicht verändert!" Sie gaben einander die Hand. Petra versetzte Anja einen Schubs.

„Komm, wir gehen mal zur Rumpel rüber."

Ein Reiterfest...

„Elendskerl! Angsthase! Feigling! Du sollst ja weiter nichts als drauf sitzen!"

„Ich will aber nicht!"

„Ich halte ihn an der Trense, ich führe ihn."

„Nein –"

„Jetzt los! Die anderen warten schon. Du kannst doch nicht den ganzen Verein aufhalten!"

„Ich will aber nicht!"

Petra stand, die eine Hand an Kerlchens Backenstück, mit der anderen hatte sie Werners Jackettkragen gepackt. Werner drehte und wand sich, um aus ihrem Griff zu entkommen. Anja trat, dahinter stehend, von einem Fuß auf den anderen, sie wußte nicht, ob sie zugreifen sollte oder nicht.

Ringsum ging es zu wie in einem Bienenschwarm oder wie in einem Ameisenhaufen, in den jemand mit einem Stock hineinfuhr und wo alles fieberhaft damit beschäftigt ist, wieder Ordnung zu schaffen.

Auf höchsten Hochglanz geputzte Pferde traten in der Stallgasse hin und her, während ihre Reiter, selbst im schönsten Dreß, noch immer an ihnen herumputzten oder ihre Stiefel, mit denen sie im Stand waren, aufs neue blank rieben. Schweife wurden verlesen, damit sie schön locker fielen, Pferdenasen ausgewischt und Schöpfe geordnet. Jeder sprach mit jedem, und keiner hörte auf den anderen.

„Wenn du jetzt nicht aufsitzt ..." Petras Stimme klang nach höchster Alarmstufe.

Werner fing an zu heulen.

„Ich will aber nicht!"

„Dann ist Kerlchen ohne Reiter. Wir rechnen doch mit dir! Das gemeinste ist, jemanden sitzenzulassen, der mit einem rechnet. Siehst du das nicht ein?" fragte Petra verzweifelt. Vorgestern bei der Hauptprobe war Werner gnädiger Laune gewesen und mitgeritten, ganz ordentlich. Es war ja kein Reiten in diesem Sinne, er mußte nur drauf sitzen und eine einigermaßen gute Figur machen, während Kerlchen, neben und hinter den anderen, in die Halle hinuntertrottete und sich dort vorstellte. Also eine Sache ohne jedes Risiko. Herr Anders hatte sich sogar erboten, Kerlchen bis an die Hallentür zu führen.

„Vorgestern ist es doch auch gegangen! Also wenn du jetzt nicht augenblicklich –"

„Was findet denn hier für ein Ringkampf statt?" fragte jemand hinter ihnen. Petra drehte sich um, ohne Werner loszulassen.

„Werner will nicht, er bockt!" Petras Stimme klang verzweifelt. Herr Anders sah sie nachdenklich an.

„Dann laß ihn doch laufen, den dummen kleinen Kerl", sagte er freundlich; es klang, als handele es sich um eine Nichtigkeit und nicht um das Nikolausreiten, das einmal im Jahr stattfand. „Wer nicht will, der hat, und wer nicht ißt, ist satt", sagte Herr Anders heiter, „wie wär's, wenn Anja einspränge?"

„An..." Petra blieb der Mund offenstehen. Auch Anja starrte Herrn Anders an, als verstünde sie die Welt nicht mehr: Der lachte.

„Sie hat doch schon oft auf Kerlchen gesessen, wenn auch ohne Sattel. Aber mit Sattel ist es auch nicht schwieriger. Und ich führe ihn bis unten. In der Halle geht er wie eine Eins, mitten zwischen den anderen. Also, Anja, willst du, oder willst du nicht?"

„Oh –" Diese eine Silbe sagte genug. Petra sah die Freundin einen Augenblick an, ließ dann Kerlchen los – der stand und geduldig wartete auf das, was da kommen würde – und zog ihrem lieben Bruder das schwarze Jackett vom Leibe, das noch von ihr stammte.

„Los, Anja, anziehen! Paßt dir bestimmt. Die Hose können wir nicht mehr wechseln, aber auf die guckt keiner. Geht's? Na, wunderbar siehst du aus, wie ein Derbysieger."

Anja trug zufällig einen weißen Rollkragenpullover, wie viele Reiter sie unter den schwarzen Jacketts anhatten. Freilich, die helle Turnierhose, die dazugehörte, besaß sie nicht, dafür aber hatte sie heute schwarze Gummistiefel an, die man bei flüchtigem Hinsehen für Reitstiefel halten konnte, und eine hellgraue Ribbelsamthose. Petra riß dem lieben Bruder mit einem geübten Griff die Sturzkappe vom Kopf.

„Aua!"

„Macht nichts, warum bist du so stur."

Die Kappe paßte. Anja schlug das Herz bis zum Hals. Sie sollte mitreiten! Wenn nur der Reitlehrer nicht im letzten Augenblick doch noch dazwischenfunkte, denn sie war ja nicht im Reitverein.

„Ach was, der hat heut anderes im

Kopf", sagte Herr Anders und half ihr in den Sattel, „nichts tun als die Zügel halten, ohne daß du ihm weh tust, ihn nicht im Maul stören, verstanden? Kannst du längst, wie oft hast du draußen schon drauf gesessen. Und du, Petra, wen hast du heute?"

„Die Rumpel. Ich hol' sie."

Die Reiter formierten sich. Die meisten saßen erst unten vor der Tür der Halle auf, ritten hindurch und ordneten sich vor der Zuschauertribüne. Anja kam mit Kerlchen, den Herr Anders hier losließ, neben Wisky, den ein Mädchen, kaum älter als sie, ruhig und sicher hineinlenkte. Kerlchen ließ sich gutwillig neben ihm halten, alles ging viel glatter, als sie gefürchtet hatte. Trotzdem schlug ihr das Herz wie verrückt, und ihr Gaumen fühlte sich ganz trocken an vor Aufregung.

Die ersten Reiter reihten sich vor der Tribüne auf, einer neben dem anderen. In die zweite Reihe kamen Wisky und Kerlchen, ziemlich weit links. Anja war froh, neben Wisky bleiben zu können und nicht etwa eine neue Reihe anfangen zu müssen. Petra, so sah sie, aus den Augenwinkeln seitwärts schielend, reihte sich in der dritten Reihe ein, aber das machte nichts. Sie war es ja gewöhnt, Rumpel zu dirigieren.

Die Musik schmetterte los, und ein Zucken ging durch Kerlchens Körper.

„Ruhig, ruhig", sagte Anja halblaut, wie sie es oft von den anderen gehört hatte, „keiner tut dir was. Du brauchst nicht zu erschrecken. So, so, siehst du, jetzt ist es gar nicht mehr schlimm, nur anfangs. Ich bin ja auch erschrocken."

„Wisky, du Walroß. Wirst du wohl!" hörte sie von nebenan. Wisky war also auch zusammengefahren. Warum stellten sie auch die Musik so laut...

Das war tatsächlich ein Fehler gewesen. Anja sah, wie viele Pferde unruhig wurden, nicht nur die von Kindern gerittenen. Creon ging wie ein Schaukelpferd vorn und hinten hoch, Flieder feuerte aus und traf Condor, und der, beleidigt, wandte sich um und biß Flieder in den Widerrist. Cornelia hatte alle Hände voll zu tun, ihn zu beruhigen, außerdem versuchte sie, den Schaum, der von dem Biß an Flieders Hals zurückgeblieben war, mit der einen Hand abzuwischen. Anja hielt sich so still wie möglich auf ihrem Kerlchen und flehte ihn innerlich an, nicht auch verrückt zu spielen. Jetzt wurde die Musik leiser. Ein einziges Glück – die Pferde beruhigten sich, die Reiter entspannten sich. Nun begann die Rede des Vereinsvorsitzenden.

Die mußte man in Ehren überstehen, da half nichts. Anja verstand kein Wort davon, sie war nur bemüht, möglichst gut und korrekt zu sitzen und ihren Kerlchen bei der Stange zu halten. Es gelang. Und jetzt endete der Redner, die Zuschauer applaudierten, eine neue Unruhe ging durch die Reihen der Pferde, wurde gedämpft, und nun begann das Hinausreiten. Dadurch wurde alles besser, man kann mit einem Pferd immer besser auskommen, wenn es in Bewegung ist. Aber so richtig aufatmen konnte Anja erst, als sie am Stall angelangt war und absitzen durfte. Herr Anders hatte sich unauffällig zu ihr hingeschoben und hielt Kerlchen, während sie sich heruntergleiten ließ.

„Na, das hast du ja fein gemacht", lobte er, während sie die Kappe zurechtschob. „Der Werner wird sich schön ärgern. Hinterher ist man dann wütend, wenn man nicht mutig war. Ja, ja, geschenkt wird einem beim Reiten nichts, man muß sich zusammennehmen und es selbst schaffen. Du hast heute damit angefangen." Er lächelte ihr zu. Anja wurde feuerrot.

„War ich gut? Hab' ich anständig gesessen?"

„Sehr anständig. Wirst es auf den Bildern sehen, die in den Zeitungen erscheinen."

„Was? In die Zeitung kommen wir?" Anja erschrak fürchterlich. Dann sahen es ihre Eltern womöglich, daß sie mitgeritten war.

„Was hast du denn? Was ist denn los?" fragte Herr Anders, der gemerkt hatte, wie sehr sie erschrak. Sie stammelte etwas von „Vater und Mutter" und „nicht wissen".

„Ach, laß gut sein. Die Bilder in den Zeitungen sind meist nicht sehr scharf. Und wer es nicht weiß, erkennt dich nicht. In Jackett und schwarzer Kappe sehen alle sehr ähnlich aus."

Das stimmte. Anja hatte oft beobachtet, wie sehr man sich da irren kann. Wenn sie auf Cornelia wartete und dachte, jetzt müßte sie kommen, dann war es ein paarmal gar nicht Cornelia gewesen, sondern jemand anderes. Vielleicht sah man sie ja auch gar nicht auf dem Foto, weil sie von einem Reiter aus der ersten Reihe verdeckt war. Das wäre übrigens andererseits schade ...

„Und außerdem sind Eltern dann meist doch stolz, wenn alles gutgegangen ist. Laß es drauf ankommen, ob sie es sehen oder nicht", riet Herr Anders ihr.

Anja nahm den Zügel ab und machte Kerlchen das Stallhalfter an; den Sattel nahm Herr Anders herunter, so hoch reichte sie nicht hinauf. Sie wusch Kerlchen die Nüstern und die Sattellage und die Fesseln, wie man es nach einer Reitstunde tut, trödelte aber nicht, denn sie wollte wieder in die Halle. Dort lief ja jetzt das Programm weiter, und sie wollte sowenig wie möglich verpassen. Als der letzte Huf ausgekratzt war, rannte sie hinunter. Sie kam gerade zur Springquadrille zurecht.

Es ritten Cornelia auf Flieder, Petra auf Rumpel, Paul auf Wisky und Thilo auf Creon. Die Musik hatte man abgestellt, der Reitlehrer fand das besser. Die Zuschauer, die nach dem Vorstellen der Pferde geschwatzt und gelacht hatten, schwiegen jetzt und drängten sich an die Barriere.

O ja, es war spannend. Das Tempo scharf, schneller als neulich beim Training, die Pferde flogen nur so über die Hindernisse. Und die Wendungen! Die Halle war relativ eng. Anja stand die ganze Zeit nur auf einem Bein, die Faust zwischen die Zähne gedrückt. Einmal erwischte es Paul, er räumte den Sattel; sie hatte nicht mitgekriegt, warum, weil sie gerade zu Cornelia hingesehen hatte, sah nur, wie er sich wieder am Sattel emporzog, katzengleich, gewandt. Es gelang ihm so schnell, daß keine Verzögerung eintrat – wahrhaftig ein Meisterstück, fand sie. Die anderen fanden das übrigens auch. Als die Quadrille zu Ende war, wurde laut geklatscht, und viele sagten, Paul gebühre die Krone, er sei zwar ausgestiegen – „herunterfallen" sagt kein Reiter –, aber doch unglaublich geschickt wieder in den Sattel gekommen. Ein Zuschauer lachte allerdings und meinte, oben bleiben wäre vielleicht noch verdienstvoller gewesen ...

„Ja, bleiben Sie mal oben, wenn –" Anja sah zu ihm auf und sprach nicht weiter, so erstaunt war sie. Das war ja Onkel Kurt, der da neben ihr stand!

„Wie kommst du denn hierher?" fragte sie nicht gerade sehr geistreich.

„Auf meinen zwei Beinen, wenn du gestattest. Ich wollte so gern – nachdem ich die Hauptprobe sah –" Er war tatsächlich etwas verlegen. „Du, Anja, eigentlich brauchst du das zu Hause nicht zu erzählen, ich meine –"

„Warum denn nicht? Aber ich tue es schon nicht. Erzählst du aber dann auch nicht, daß ich vorhin mitgeritten bin?" Etwas hatte Anja schon von Petra gelernt. Onkel Kurt sah belustigt auf sie herab.

„Gut, was dem einen recht ist, ist dem anderen billig. Sag, reitet Cornelia noch was mit?"

„Nein, ich glaub', sie ist fertig. Willst du zu ihr? Ich geh' mit. Bis zur nächsten Nummer dauert es sowieso noch ein Weilchen, weil sie erst die Hindernisse wegräumen müssen. Du, ich hab' Durst, könnten wir nicht einen Sprudel trinken?"

„Gibt's hier welchen? Dann los, von mir aus. Aber schnell." Sie drängten durch die Menge. Unten in der Halle waren die Kerzen ausgeblasen worden, der Kranz wurde hinausgetragen, und die Hindernisse verschwanden. Alles ging schnell und reibungslos, der Reitlehrer hatte seine Helfer gut im Zug.

Anja rannte, Onkel Kurt hinter sich, erst zum Reiterstübel und trank dort ihren Sprudel. Sie hatte wirklich einen schrecklichen Durst gehabt, von der Aufregung, vom Schnellatmen beim Reiten. Dann zog sie ihn zum Stall. Darin guckte sie sich um, sah Cornelia, die im Stand bei Flieder war, und rief ihr zu: „Jemand will Sie sprechen! War wunderbar, alles ist begeistert. Ich geh' wieder hin." Weg war sie. Onkel Kurt trat zu Cornelia in Flieders Stand.

„Vorsicht!" sagte die und lachte. „Er mag es nicht, wenn zwei in seinen Stand kommen. Dann drängelt er und läßt einen nicht mehr raus."

Sie war froh, daß Flieder diese Unart hatte. So konnte sie einigermaßen gut verbergen, daß sie rot geworden war, ziemlich rot und verlegen. Onkel Kurt merkte es nicht, er stand zwischen Flieders Hinterteil und der Boxenwand eingeklemmt und sah sie hilfesuchend an. Sie lehnte sich gegen Flieders Flanke und schob und schob mit ihrem ganzen Gewicht – nun konnte das Rotwerden auch davon kommen, wenn er es überhaupt hier im Dämmern des Stalles sah ...

Unten in der Halle fanden jetzt ein paar lustige Spiele statt, die der Reiternachwuchs bestritt. Drei ungefähr gleichaltrige Reiterinnen mußten mit ihren Pferden an der kurzen Seite der Halle halten, während an der gegenüberliegenden, also direkt bei den Zuschauern, drei Eimer mit Wasser aufgestellt wurden. In jeden kam ein Apfel hinein. Dann wurde das Startzeichen gegeben.

Die Reiterinnen trieben ihre Pferde so schnell wie möglich auf die Eimer zu, sprangen ab und versuchten, mit den Zähnen den Apfel aus dem Eimer zu fischen, während sie mit einer Hand das Pferd am Zügel hielten. Die Äpfel waren nicht sehr groß, man konnte sie mit weit aufgerissenem Mund schon erwischen, aber es sollte ja ganz schnell gehen. Immer wieder plumpste ein Apfel zurück, die Reiterin wurde bespritzt, das Pferd warf den Kopf – alles lachte. Endlich hatte eine es geschafft, schwang sich, den Apfel im Mund, auf ihr Pferd und preschte zurück, die beiden anderen nacheinander ihr nach. Atemlos nahmen sie die Äpfel aus dem Mund und verfütterten sie an ihre Pferde, während die Zuschauer klatschten. Und dann kam ein neues Wettspiel dran, genauso spannend und erheiternd.

In der Mitte der langen Seiten war je

ein etwa ein Meter hoher Leuchter aufgestellt, und darauf stand eine dicke, brennende Kerze. Nun mußten die Reiter – diesmal waren es sechs, drei Jungen und drei Mädchen – im Galopp vorbeireiten und sie ausblasen. Wer als erster eine Kerze ausblies, hatte gewonnen. Es war gar nicht so leicht, immer wieder galoppierten sie so nahe wie möglich vorbei und bliesen und pusteten, die Flammen der Kerzen bogen sich zwar zur Seite und flackerten, aber aus gingen sie nicht.

Und dann kam die „Reise nach Jerusalem" zu Pferde dran, das war der Höhepunkt.

In der Halle wurden sieben Stühle im Kreis aufgestellt, und acht Reiter mußten rundum reiten, diesmal in flottem Trab. Der Reitlehrer stand mit den Zuschauern auf der Tribüne und hatte eine Tischglocke in der Hand. Wenn er klingelte, mußten die Reiter absitzen und, die Pferde hinter sich am Zügel, zu den Stühlen rennen, um sich zu setzen. Einer der Reiter blieb übrig, und der schied aus. Dann wurde ein Stuhl weggenommen, und es ging von vorn los.

Diesmal war auch Petra dabei, und zwar nicht auf Rumpel, sondern auf Moni, einer etwas hibbligen Araberstute – warum, wußte Anja nicht. Sie sah wie gebannt auf die Freundin, die es kaum fertigbrachte, Moni im Trab zu halten. An jeder Ecke versuchte die Stute, in Galopp zu fallen, bockte oder hob sich auf die Hinterbeine – Petra war darauf gefaßt und beugte sich vor, legte beide Arme um den Pferdehals, balancierte das Pferd aus. So, jetzt stand es wieder auf vier Beinen, los, weiter ...

Alle Zuschauer hielten den Atem an. Und Petra mußte zum allgemeinen Bedauern schon beim zweitenmal ausscheiden, weil sie keinen Stuhl erwischte. Sie lachte aber und machte sich nichts draus, wie man deutlich sah. Moni hinter sich herziehend, verließ sie winkend die Halle und hatte noch einen kleinen Sonderapplaus.

Und wieder einmal ging es durch Anjas Herz hin: So wie Petra müßte man sein. So vergnügt, so mutig, so unbefangen. Alle liebten Petra – nie, ach, nie würde sie, Anja, so sein können.

... und was beinahe dabei passiert wäre

Anja schob sich zwischen den Zuschauern durch, um zu Petra zu gelangen. Es war schwierig; die Leute standen dicht an dicht, und sie kam nicht vorwärts. Schließlich gab sie auf. Petra hatte sicher schon abgesattelt und stürzte sich nun ihrerseits in das Gewühl, das auf der Tribüne herrschte.

Gleich darauf klingelte es, und die Tür der Halle ging auf: Der Nikolaus kam.

Na, dann blieb sie also, wo sie war, um so mehr, als sie sah, daß der Nikolaus von einem Engelchen begleitet wurde, das sie sogleich erkannte: Petra. Sie mußte sich in rasender Eile umgezogen haben; sie trug jetzt ein langes weißes Nachthemd – über Hose und Stiefeln, wenn man genau hinsah –, hatte eine Perücke mit goldenen Locken auf, die sie sehr veränderte, und sogar ein paar Flügel an die Schultern geschnallt. Ihr rundes Lausejungengesicht als Engelsköpfchen – alle lachten. Sie zog ein Pferd hinter sich her, das zwei vollgestopfte Säcke auf seinem Rücken trug. Das Pferd war Kerlchen. Anja fand es einerseits etwas belämmernd, daß man gerade Kerlchen genommen hatte; denn eigentlich kommt der Nikolaus ja mit einem Esel. Stufte man Kerlchen, der das Gnadenbrot bekam und höchstens hie und da einmal aushalf, jetzt als Esel ein? Andererseits war sie in seinem Sinne geschmeichelt. Es war doch eine Ehre, mit dem guten und geliebten Kinder-Heiligen gehen zu dürfen. Der Nikolaus hatte einen roten Mantel an mit weißem Fell innen, das am Kragen und an den Rändern eine ganz schmale Pelzkante bildete, auch die Taschen waren verziert. Er trug eine Maske, so daß man nicht sehen konnte, wer darunter steckte. Der Reitlehrer sicherlich nicht, zu ihm paßte die Rolle des Nikolaus' auch nicht, er war eher streng als gütig. Eine hohe rote Mütze machte ihn noch größer.

Anja war von den immerzu drängelnden Zuschauern nach vorn an die Barriere geschoben worden und stand nun dort, hatte die beste Sicht und lachte Petra zu, die sie sah und ein wenig zu ihr emporwinkte. Mit dem Nikolaus, dem Engel und Kerlchen war noch jemand in die Halle gekommen: Othello. Er machte sich sehr drollig in seiner kleinen schwarzen Dickbäuchigkeit. Die Zuschauer lachten. Er ging um Kerlchen herum, hob die freche Nase und stellte sich dann zum Nikolaus, der ein Gedicht aufzusagen begann. Erst verstand man nicht viel, dann aber, nach einem allgemeinen Zischen: „Ruhe! Wir wollen was hören!", legte sich das Gemurmel der Zuschauer, und nun konnte man verstehen, was der Heilige sagte. Es bezog sich auf die Reiterei, das Pech oder das Glück der einzelnen Reitvereinsmitglieder, das sie im letzten Jahr gehabt hatten, und war in drollige Verse gekleidet. Immer wieder gab es Gelächter bei den Zuhörern.

Dann hob der Nikolaus mit Hilfe seines Engelchens den ersten Sack von Kerlchens Rücken herunter, machte ihn auf und entnahm ihm ein eingewickeltes Geschenk nach dem anderen. Auf den Päckchen stand in großen Buchstaben der Name des jeweiligen Vereinsmitgliedes, und der Nikolaus las ihn, sagte zwei Zeilen, die darunter standen, etwa:

„Ein Mähnenkamm für Thilos Flieder,
und für ihn selbst auch hin und wieder",

und dann lachte alles, weil Thilo zu den jungen Männern gehörte, die sich mit wallenden Locken schmücken, ob es Mode ist oder nicht, und diese nicht ganz so sorgsam pflegen, wie das bei einer solchen Haartracht nun einmal nötig ist, mögen sie Männer oder Mädchen tragen. Der Jubel der Zuhörer war jedesmal groß.

Freilich, einer störte diese hübsche Vorführung: Othello. Er fand sich wohl zuwenig beachtet, jedenfalls lief er dauernd zwischen dem Nikolaus und seinem Engel, der die Geschenke auf die Tribüne hinaufreichte, hin und her, knabberte am Sack und steckte seine lackschwarze Nase hinein, und wenn der Nikolaus ihn wegscheuchte, erhob er sich drohend auf die Hinterbeine, legte den Kopf schief und boxte nach ihm. Die Zuschauer lachten. Dann aber begann er, Kerlchen zu ärgern – er stieß ihn gegen die Vorderbeine und biß schließlich in seinen Schweif.

Kerlchen, sonst rührend geduldig, fing nun auch an, unruhig zu werden. Er schubste Othello mit seinem großen Kopf weg, so daß dieser ein Stück durch die Halle sauste, begann hin und her zu treten und ging schließlich rückwärts.

Der Nikolaus, durch seine Maske am Sehen etwas behindert, verlor sein Konzept, und die ganze Aufführung geriet ins Wackeln.

„Schmeiß ihn raus!" brummte er Petra zu. Die lief hinter Othello her, der sich an die Barriere flüchtete. Dort aber bekam Petra überraschend Hilfe. Anja war blitzschnell auf die hölzerne Schranke gestiegen und in die Halle hinuntergesprungen, zu zweit erwischten sie den kleinen Bock sogleich, und Anja zerrte ihn an seinen Hörnern mit sich, dem Ausgang zu. Othello, der sich nicht gern an den Hörnern packen ließ, stemmte sich und versuchte zu stoßen, aber es half ihm nichts, Anja blieb Sieger.

„Gut so, endlich hat man seine Ruhe!" brummte der Nikolaus, rückte seine Maske zurecht und grub aufs neue in seinem Geschenksack, während Anja, nachdem sie den Bock hinausgeschoben hatte, die Tür schnell wieder schloß. Sie blieb aber vorsichtshalber in der Halle, gewärtig, noch einmal aus diesem oder jenem Grund einspringen und helfen zu können. Gerade lachten die Zuschauer wieder laut, es wurde sogar geklatscht – Anja sah auf und verstand sogleich, warum: Kerlchen hatte, um auch etwas von der Bescherung abzubekommen, seine Nase in die eine Tasche des Nikolausmantels gesteckt und diese, wie es seine Spezialität war, dabei halb abgerissen.

„Also, man kommt doch zu keiner vernünftigen Arbeit", schalt der Heilige und betrachtete seinen lädierten Mantel, „da wird die Mutter Maria aber ärgerlich sein, wenn sie mir die Tasche wieder annähen muß."

„Ich mach' es dir, Nikolaus!" rief Petra beschwichtigend. „Die Mutter Maria hat jetzt vor Weihnachten so viel zu tun, da kann sie nicht noch Flickarbeiten verrichten. Der Stall wird renoviert, weil es durchs Dach regnet, und die Krippe von Ochs und Esel soll mit einer automatischen Tränke versehen werden." Alle Reitvereinsmitglieder lachten schallend und klatschten in die Hände. In den letzten Wochen hatte der Streit um solche Tränken im Stall wild getobt, man behauptete, es sei nicht zumutbar, daß immerzu das Wasser in Eimern herbeigeschleppt werden müsse. Das war echt Petra, darauf anzuspielen. Der Vorsitzende des Vereins, Herr Heinrich Starke, sah sich ein wenig verlegen lächelnd um – alle lachten ihn an und winkten ihm zu. Nun würde er wohl diese Neuerung genehmigen müssen.

Die Bescherung ging weiter, nun ohne Unterbrechung von anderer Seite. Einmal kam Petra zu Anja herüber und flüsterte ihr etwas zu.

„Im Stand von Kerlchen, vorn auf der Krippe, liegt noch ein Paket, das soll der Nikolaus haben. Ich überreiche es ihm dann", flüsterte sie. „Kannst du es holen? Hat Zeit, mit dem zweiten Sack haben wir ja erst angefangen, und der Nikolaus bekommt das Päckchen erst zum Schluß."

Anja nickte. Sie sah noch ein Weilchen zu, dann ging sie unauffällig rückwärts und schlüpfte aus der Tür. Sie hatte schon wieder solchen Durst.

Schnell lief sie den kleinen steilen Weg zum Stall hinauf, ging hinein und hielt erst einmal den Mund unter den Wasserhahn. Hach, tat das gut! Und dann ging sie in Kerlchens Stand und fand auch sogleich das Paket.

„An den ehrwürdigen und schenkfreudigen Nikolaus als kleine Gegengabe für noble Weihnachtsgeschenke", las sie. Es war schwer. Was mochte darin sein?

Als sie den Berg wieder hinunterging, vorsichtig am Rand, wo es nicht so glatt war, sah sie sich noch einmal um, ob sie im Stall auch das Licht ausgedreht hatte. Da stutzte sie. An der Längswand des Stalles, dort, wo der Weg zwischen Mist und Stallgebäude hindurchführte, stand der Nikolaus und sprach mit einem kleinen Jungen, den er an der Hand hielt. Besser: den er an der Hand mit sich fortzuziehen versuchte, wogegen der Junge sich aber wehrte.

„Nein, ich will nicht!" hörte Anja. Die Stimme kannte sie doch! Und den bockigen Ton! Natürlich, der Junge war Werner, jetzt erkannte sie ihn, Petras kleiner Bruder. Genauso hatte er heute gekreischt, als er Kerlchen reiten sollte.

„Komm, komm, ich hab' auch was Schönes für dich!" lockte der Nikolaus halblaut. Anja war, eigentlich einer ihr selbst nicht erklärlichen Regung folgend, wieder bergauf gelaufen und hatte sich hinter die Stallecke gestellt. Um diese spitzte sie nun herum – was machte denn der Nikolaus hier draußen? Er konnte doch nicht alle in der Halle im Stich lassen, nur um sich um Werner Hartwig zu kümmern?

Es begann schon zu dämmern. Aber Anja sah den Nikolaus noch ziemlich genau, seinen roten Mantel, seine Stiefel, seine Maske und die hohe Mütze.

Die Stimme konnte sie nicht erkennen, durch eine Ganzmaske hört man sie nicht so gut, und er stand auch etwas entfernt von ihr. Aber vorhin in der Halle hatte sie auch nicht feststellen können, wer den Nikolaus spielte. Herr Anders sicherlich nicht, den kannte sie an den Bewegungen. Hinter dem Nikolaus und Werner tauchte jetzt Othello auf und guckte die beiden aufmerksam an. Anja blickte von ihm zum Nikolaus und zu Werner hin, und plötzlich fühlte sie einen heißen Schrecken: Der Nikolaus hatte sich, weil Werner versuchte, seine Hand aus der des Nikolaus' zu ziehen, ein wenig gedreht, und man sah ihn jetzt von der rechten Seite. Die Manteltasche dort war nicht abgerissen ... Und Kerlchen hatte doch vorhin seine Nase hineingesteckt und sie zur Hälfte abgefetzt!

Oder war es die linke gewesen?! Anja glaubte ganz sicher zu wissen, daß es die rechte war...

Einer blitzschnellen Überlegung folgend, rannte sie um den Stall herum und guckte von der anderen Seite zu den beiden hin. Jetzt sah sie den Nikolaus von links. Auch dort war die Tasche in Ordnung. Und weiße Pelzkanten an der Kapuze konnte sie auch nicht erkennen. Es mußte ein anderer Nikolaus sein.

„Lassen Sie Werner los!" hörte Anja sich schreien, während sie aus ihrem Versteck heraus auf die beiden zurannte.

„Werner, komm her – lassen Sie ihn los, oder ich hole jemanden!"

Der Nikolaus hatte sich aufgerichtet und starrte einen Augenblick zu ihr hinüber. Dann drehte er sich um und lief weg.

„Werner! Werner! Komm her!" gellte Anjas Stimme. Der Nikolaus hatte ihn losgelassen, er rannte jetzt am

Rand des hier aufgestapelten Misthaufens entlang, der großen Straße zu, Anja hinterher. Sie wußte selbst nicht, warum sie hinterherrannte, sie würde einen großen und starken Mann nicht aufhalten können, aber sie lief, so schnell sie konnte!

Und da passierte es. Othello war schuld. Er hatte wohl angenommen, das wäre ein lustiges Spiel, und war halb neben, halb vor dem Mann im roten Mantel über den Schnee gesprungen, manchmal bockelnd, manchmal verharrend.

Als der Nikolaus einmal eine kleine Kurve um einen der Pfosten herum machen mußte, die hier den Mist vom Weg abgrenzten, kam ihm der Ziegenbock vor die Füße. Er stolperte, fluchte, versuchte sich zu fangen, und es sah einen Augenblick lang so aus, als käme er wieder ins Gleichgewicht. Dann aber fiel er doch vornüber, in den Schnee, die Maske löste sich von seinem Gesicht und flog voraus, und da sah Anja etwas.

Sie sah es nur einen ganz, ganz kurzen Augenblick lang. Dann hatte der vermeintliche Nikolaus sich aufgerafft, die Maske ergriffen und wieder vors Gesicht gesetzt, und nun rannte er, rannte, rannte –

Aber sie hatte die Narbe gesehen. Eine Narbe, die sich an der linken Wange entlangzog, von der Schläfe bis zum Mundwinkel. Wenn Anja vorher nur rein gefühlsmäßig gemeint hatte, hier lauere Gefahr, so wußte sie es jetzt klar und genau: Dieser Nikolaus mußte der Mann sein, von dem Vater damals erzählt hatte. Der Mann, der kleine Jungen an sich lockte und mitnahm, vor dem die Lehrer gewarnt hatten, wegen dem die Eltern auf ihre Kinder aufpassen sollten ...

Was tun? Hinterherrennen? Sie konnte ihn nicht festhalten. Jemanden holen? Wen?

Irgendeinen Erwachsenen.

Ohne weiter zu überlegen, fegte Anja zurück, an Werner, der verdutzt und mit offenem Mund stehengeblieben war, vorbei, der Reithalle zu. Und wie es manchmal der Zufall fügt: Dort kam ihr jemand entgegen, in Stiefeln, Reithosen, die Kappe in der Hand: Cornelia. Besser konnte es gar nicht sein!

„Cornelia! Cornelia! Ein Mann – ein – ein – er hat sich als Nikolaus verkleidet und wollte Werner mitnehmen –"

„Was sagst du?" fragte Cornelia. Anjas Worte überstürzten sich. Gleich darauf hatte die junge Ärztin verstanden.

„Komm", sagte sie nur und rannte los. Ihr VW stand an der Schmalseite des Stalles, vorn, also nicht zwischen Halle und Stall, sondern auf der entgegengesetzten Seite. Cornelia riß die Tür auf und war schon drin, stieß die andere nach außen.

„Komm rein! Roter Mantel, sagst du? Den finden wir!"

Sie startete. Die Gebäude des Reitvereins lagen etwas außerhalb der Siedlung, ein Weg – für Kraftfahrer verboten, für Anlieger frei – führte hin. Cornelia konnte hier nicht allzuschnell fahren, aber schneller als ein rennender Mensch war ihr Wagen natürlich immer noch. Am Ende des Weges sah sie eine Gestalt ...

„Ist er das?" fragte sie und deutete mit dem Kinn nach vorn. Anja strengte ihre Augen an.

„Ich weiß nicht –"

„Guck genau hin."

„Und was machen wir, wenn er es ist?" fragte sie dann. Cornelia hob die Schultern.

„Ja, was! Einen Polizisten suchen."

Wo sollte wohl hier ein Polizist auftauchen! Die Gestalt, die sie beide vorhin gesehen hatten, war jetzt verschwunden. Wo konnte der Mann hin sein?! Cornelia hatte die Straße erreicht und nahm das Gas weg. Einfach ins Blaue oder besser Graue hineinzurasen hatte keinen Zweck. Da sah sie das Telefonhäuschen.

„Warte, dort ..."

Sie hielt, sprang aus dem Wagen, riß die Glastür auf. Anja krabbelte auch heraus, sah die Straße hinauf und hinunter. Nichts. Wo konnte der Kerl nur hin sein?

Sie sagte das zu Cornelia, als diese wieder herauskam. Die wunderte sich auch.

„Nicht wahr? Wie vom Erdboden verschluckt."

Gleich darauf war der Streifenwagen da. Cornelia gab kurz Bescheid, der Polizist hörte zu, stellte ein paar Zwischenfragen, auch an Anja, sie antwortet so genau wie möglich. Daß es dunkel wurde, war natürlich ärgerlich.

Sie fuhren dann zurück, Richtung Reitverein, und sahen sich dort um. Am Rand des Fahrweges stand Werner, Othello neben sich. Der Polizist fragte auch ihn aus. Er wußte nicht viel, nur daß der Nikolaus ihm allerlei versprochen hatte, wenn er mitkäme.

„Und es war der Nikolaus. Ich habe ihn doch in der Halle gesehen! Mit dem roten Mantel!"

„Ja, ja", sagte der Polizist und nahm Werners Hand, „zeig mir mal, wo er gestanden hat. Und wohin ist er denn gelaufen?"

Der Schnee war überall von unzähligen Fußspuren zertreten; es war unmöglich, eine Spur zu finden.

„Dort rüber", sagte Werner unsicher. Da wurde auf einmal Cornelia aufmerksam.

„Dort rüber, sagst du?"

Auf der anderen Seite des großen Misthaufens ging es steil bergab – hier war es ja überhaupt nicht eben, auch die Halle lag unterhalb des Stalles –, auf dieser Seite befand sich der kleine Sprunggarten. Der große für die Turniere lag hinter der Halle, nach dem Wald zu, der kleinere hier. Hier wurden von den Anfängern die ersten Sprünge gemacht, im Sommer standen blauweiße und rote Hindernisse aufgebaut, auch einen Graben und einen Tiefsprung gab es.

„Kommen Sie", sagte Cornelia halblaut und machte dem Polizisten ein Zeichen. Und dann gingen sie los, kletterten quer über den Berg aus gefrorenem Mist und dann zum kleinen Sprunggarten hinunter. Hier gab es so gut wie keine Möglichkeiten, sich zu verstecken; nur dort, wo eine Senkung ausgehoben worden war, damit der Reiter hinunterreiten, unten einen Sprung machen und wieder hinaufreiten mußte; Tiefsprung nennt man das. Und dort – wahrhaftig, als sie näher kamen, sahen sie es –, dort kauerte ein Mensch.

Er trug keinen roten Mantel mehr, den hatte er ausgezogen und in einem Klumpen zusammengeballt auf der Erde neben sich liegen. Auch die Nikolausmaske hatte er nicht mehr auf, nur die Mütze. Die hatte er tief ins Gesicht gezogen.

Cornelia fühlte trotz Zorn, Aufregung und Empörung ein tiefes Mitleid mit diesem Menschen in sich aufsteigen. Sie versuchte es zu unterdrücken. Aber es blieb. Sie als Ärztin wußte zu genau, daß es oft nur eine schreckliche Veranlagung ist, die einen Menschen zu solchen Dingen treibt, eine Art Krankheit, eine Besessenheit. Eine schuldlose –

Deshalb aber mußten die Kinder

doch vor ihm bewahrt werden. Es half nichts.

Sie stand und beobachtete den Polizisten, wartete, ob sie noch irgendwie gebraucht würde. Als sie sah, wie der Verfolgte sich aufrichtete, auf Geheiß des Polizisten den Mantel nahm und wortlos vor ihm hertrottete, wandte sie sich ab, Anja zu. Die stand halb neben, halb hinter ihr, mit aufgerissenen Augen, blaß und verängstigt.

„Komm", sagte Cornelia und faßte Anjas Hand, „hier haben wir nichts mehr zu tun. Komm, und sei nicht so verschreckt. Es gibt halt solche Dinge in der Welt, Dinge, die man nicht ändern und nur schwer begreifen kann, auch als Erwachsener."

„Kommt er – muß er jetzt ins Gefängnis?" fragte Anja leise. Cornelia drückte ihre Hand warm und gut.

„Ins Gefängnis nicht. Er kommt in eine Art Krankenhaus, wo er behandelt wird, weißt du. Vielleicht ist es sein Glück, daß man ihn gefunden hat. Und du hast dich so tüchtig und tapfer benommen!"

„Hab' ich?" fragte Anja und sah zu ihr auf. In ihren Augen leuchtete es. Cornelia lächelte ihr zu.

„Ja, du hast. Woher wußtest du denn davon?"

Anja erzählte von dem Gespräch ihrer Eltern, das sie mit angehört hatte.

„Aber nicht an der Tür gehorcht, es war reiner Zufall", versicherte sie. Cornelia nickte ihr zu.

„Das glaub' ich dir. Da ist ja auch Werner. Na, Werner, warum strolchst du auch hier draußen herum, wenn drin in der Halle der Nikolaus ist?"

„Ach, ich –" Werner war sehr verlegen. Daß er sich heute geweigert hatte zu reiten, wußte Cornelia hoffentlich nicht. „Ich wollte nur – Othello war aus dem Stall ausgerissen und lief hier draußen herum, da wollte ich ihn wieder hereinbringen."

„Das ist recht. Sehr vernünftig", sagte Cornelia und nahm Werners Hand.

„Jetzt aber gehen wir alle wieder zu den anderen. Vielleicht sind sie noch nicht fertig mit der Feier, und keiner hat uns vermißt."

„Halt! Halt! Ich muß ja noch das Geschenk für den Nikolaus holen. Für den richtigen!" Anja sauste ab, dem Stall zu. Cornelia stand, Werner an der Hand, und wartete auf sie. Jetzt erst kam das Gefühl der Erleichterung in ihr hoch, daß alles gutgegangen war, die Gefahr abgewendet, ein Unheil verhütet. Einen Augenblick lang war ihr ganz schwindlig und schwach vor Dankbarkeit und Erlösung – sie meinte, seit Jahren nicht mehr so glücklich gewesen zu sein wie in diesem Augenblick. Was hätte geschehen können, heute und weiterhin ...

„Es schneit! Sehen Sie, es fängt wieder an zu schneien!" sagte Werner in diesem Moment. Seine Stimme klang hell und froh und glücklich. „Anja, es schneit!"

„Wunderbar, nicht?" rief Anja, den Weg herunterrennend, glitt aus und landete genau vor Cornelia und Werner auf dem Hosenboden. „Aua – lach nicht, Werner, du Ungeheuer –"

Werner lachte trotzdem weiter. Und Cornelia mußte auch lachen, es hatte zu komisch ausgesehen.

„Ärgere dich nicht, Anja, ärgern macht häßlich."

„Und schön bist du so nicht, sonst wirst du gräßlich", ergänzte eine fröhliche Männerstimme. Sie guckten alle drei – Onkel Kurt.

„Wo wart ihr denn? Drinnen sind sie gleich fertig mit der Bescherung", sagte er. Anja hatte sich aufgerappelt und hielt das Paket in der Hand, das für den Nikolaus bestimmt war.

„Wenn jetzt was kaputt ist. Wenn da was Zerbrechliches drin war", sagte sie düster.

„Wird schon nicht", sagte Onkel Kurt tröstend, „warum soll denn was Zerbrechliches drin gewesen sein. Heute ist doch ein Glückstag, oder nicht?"

„Wenn du wüßtest", dachte Cornelia, aber sie sagte es nicht. Alle vier wandten sich wieder der Halle zu. Ach doch, es war ein Glückstag, dieser Nikolaustag, den sie nie vergessen würden. Gott sei Dank!

Eine neue Welt

„So, das war die letzte Gabel. Der Wagen ist leer. Hätte auch nichts mehr Platz", seufzte Petra und winkte Herrn Anders zu, der das Heu heraufgegabelt hatte. Sie hatte es an der Luke angenommen und nach hinten zu Anja gegeben, die es stopfte. Kein anderer vom Reitverein war dagewesen, als der Bauer es brachte. Dieser mußte den Tag wahrnehmen, an dem es nicht schneite, damit das Heu trocken auf den Boden kam. Er war mit dem Trekker hier, wendete jetzt und zog den leeren Wagen hinter sich her, zur Straße hinunter.

Petra ließ sich ins Heu fallen, blies die Backen auf und pustete.

„Ja, wenn wir nicht wären! Der Reitverein weiß gar nicht, was er an uns hat!"

„An dir. Ich bin ja gar nicht drin, leider."

„Was nicht ist, kann ja noch werden. Aber Spaß macht es zu schuften, nicht? Ich find' es prima, grade dazusein, wenn jemand gebraucht wird. Da behandeln sie einen immer, als wäre man erwachsen."

„Ja. Na, Herr Anders tut das eigentlich sowieso. Wieviel mag es gewesen sein?"

„Zwanzig Zentner sicherlich. Und gutes Heu. Ein einziges Glück, daß es nicht in Ballen kam."

Wenn das Heu in Ballen gepreßt geliefert worden wäre, hätten sie es kaum einräumen können. Ein Ballen wog ungefähr einen Zentner, und man mußte sie stapeln. Anja schnaubte sich die Nase aus, in die lauter Heustaub gekommen war, und zog das Kopftuch vom Haar, das Petra ihr zugeworfen hatte, ehe sie auf den Heuboden hinaufturnten: „Hier, umbinden, sonst mußt du heute abend den Kopf waschen, und deine Mutter wundert sich über die schwarze Brühe." Sie selbst hatte auch eins um, das sie jetzt abnahm. Ihr Haar war schon wieder ein wenig nachgewachsen, noch immer aber sah sie aus wie ein Stoppelkopf. Anja betrachtete die Freundin nachdenklich, dann seufzte sie wieder.

„Komm, wir ruhen uns noch ein Weilchen aus, das haben wir verdient", sagte Petra und ließ sich ins Heu zurückfallen. „Nirgends liegt es sich so gut wie im Heu. Im Sommer, wenn es frisch ist – das duftet! Aber da darf man nicht drin schlafen, da bekommt man Kopfweh. Jetzt ist es abgelagert."

„Hast du schon im Heu geschlafen?" fragte Anja sehnsüchtig. „Ich noch nie."

„Ich oft. Mit meinen Schwestern zusammen."

Sie lagen nebeneinander auf dem Bauch und guckten zur Luke hinaus. „Einmal, bei Bekannten – wir verreisen doch immer nur zu solchen Leuten, die auch Pferde haben, oder wenigstens Ponys. Da durften wir mit unsern Schlafsäcken auf dem Heuboden schlafen, und einmal hat mich nachts eine meiner Schwestern geweckt, Angelika, die älteste – die sagte, eine von den Stuten fohlte. Ich war ganz verdattert und verpennt, und als ich es endlich kapierte und hinunterkletterte, war das Fohlen schon da. Es lag hinter der Mutter, winzig klein, noch naß, sein Fell war ganz gelockt. Also so was Süßes, sag' ich dir!"

„Ja? So schnell ging das?"

„Ganz schnell. Wie ein Wunder."

„Ich möchte das auch mal erleben", sagte Anja leise. „Gibt's bei Pferden auch manchmal Zwillinge?" Es war wohl naheliegend für sie, das zu fragen. Zu Hause hörte man ja immerzu nur: die Zwillinge, die Zwillinge.

„Ganz selten. Einmal hab' ich es erlebt. Da hatte die Stute eines Bauern, von dem wir auch Heu beziehen, in der Osternacht Zwillinge bekommen, und im September war sie noch im Turnier gegangen, hatte sogar den Zweiten im Springen gemacht mit ihrem Reiter. Fichte hieß sie."

„Und wieso hast du sie gesehen?"

„Ach, so was spricht sich rum, schneller als ein Alarmsignal, sagt mein Vater immer. Und Mutter ist ja sowieso überall, wo was los ist. Wir sind also sofort hingefahren, als ich davon hörte. Früh um zehn waren wir dort. Und schon kam das Fernsehen und hat gefilmt, am ersten Osterfeiertag, stell dir vor –"

„Na endlich! Hier seid ihr?"

Petra und Anja fuhren zusammen. An der Luke war ein Kopf erschienen, jetzt kam er höher, sie konnten aber nicht erkennen, wer es war, sahen nur den überstrahlten Schattenriß vor dem weißlichen Himmel, der gegen das Dämmerlicht hier auf dem Heuboden sehr hell wirkte. Ächzend stemmte der Mann sich hoch, stieg von der Leiter auf den Heuboden, sich seitlich setzend, während seine Beine noch hinunterhingen. Jetzt erkannten sie ihn – es war Onkel Kurt.

„Was machst du denn hier?" fragte Anja maßlos erstaunt.

„Euch suchen. Herr Anders wies mich endlich auf eure Fährte. Ich suche schon anderthalb Stunden lang."

„Hat Mutter dich etwa geschickt?" fragte Anja erschrocken. Immer hatte sie ein schlechtes Gewissen, wenn sie sich heimlich in den Reitverein absetzte.

„Keine Ahnung, Mutter doch nicht. Sie ist mit den Jungen heute zum Kinderarzt. Nein, zu Hause ist niemand. Auch Vater nicht, und er hat auch nicht nach dir gefragt, als er ging."

Anja atmete auf. Wenn Onkel Kurt „nur so" kam, war keine Gefahr. Er war seit ein paar Tagen bei ihnen zu Gast, und alle freuten sich darüber, keiner fragte, warum. Jetzt saß er da und kaute an einem Heuhalm.

„Du, Petra...", sagte er nach einer Weile, brach aber wieder ab.

„Ja?" fragte Petra vorsichtig.

„Ich wollte – also du kennst doch Cornelia, wie ihr sie nennt. Übrigens heißt sie wirklich so, ihr tut immer, als wäre es ein Spitzname. Kennst du sie näher?"

„Was heißt näher? Wenn sie kommt, begrüße ich sie halt. Und ich mag sie furchtbar gern, weil sie so nett zu uns ist. Gar nicht wie sonst Erwachsene, sondern so, als wären wir gleich alt."

„Aber –", er gab sich einen Stoß. „Aber – weißt du zum Beispiel, ob sie verheiratet ist? Ich habe sie früher gekannt, im Anfang unseres Studiums –"

„Sie heißt aber doch Cornelia Nolde, hieß sie nicht damals auch schon so?" fragte Petra pfiffig. Onkel Kurt sah einen Augenblick lang zu ihr hin, senkte die Augen aber sofort wieder.

„Das hat doch heutzutage nichts zu sagen. Frauen können ihren Namen jetzt beibehalten, wenn sie – also, sie ist nicht verheiratet?" fragte er gleich darauf schnell. Petra schüttelte den Kopf.

„Nein. Auch nicht verlobt. Aber das war sie mal."

„Verlobt? Und war? Und ist nicht mehr?"

„Nein. Das hat sie mir zufällig mal erzählt. Sie hat kurz vor ihrer Hochzeit, also vielleicht vier Wochen vorher, Kuchen war noch nicht gebacken, aber sonst alles fertig, das Aufgebot bestellt, die Kirche, die Predigt, alles – da hat sie wieder abgesagt. Einfach ganz schnell von einer Sekunde zur anderen. Weil –", sie machte eine Pause. Sie fand es selbst spannend, aber daß Onkel Kurt es noch spannender fand, das merkte sie genau, Anja übrigens auch. Sie beneidete Petra wieder mal.

„Weil – ja, ihr damaliger Verlobter mochte keine Tiere. Weder Hunde noch Pferde noch sonstwas. Und –"

„Und?" Onkel Kurt sah sie an, als hinge sein Seelenheil von ihrer Antwort ab.

„Und – ja, und er war kein Arzt. Kein Mediziner. Mit dem Mediziner – sagte sie damals – fängt bei mir der Mensch an. Jedenfalls der, mit dem ich ein Leben lang zusammensein könnte. Das hatte ich mir vorher nicht genau genug überlegt. Ist er keiner, dann ade. So sagte sie, ungefähr so, ich weiß es nicht mehr wörtlich."

„Ach." Onkel Kurt hatte jetzt die Beine heraufgezogen und angewinkelt und die Ellbogen drauf gestützt. „Das also ist es." Dann schwieg er wieder.

Petra betrachtete ihn heimlich, mit spitzbübischer Aufmerksamkeit. Sie hatte es ja von Anfang an gemerkt.

„Und warum fragen Sie?" fragte sie nach einer Weile scheinheilig. Anja knuffte sie noch, aber zu spät.

„Ach, nur so. Tja, horcht mal, ihr beiden", sagte er dann, und man merkte richtig den Schubs, den er sich geben mußte, um das zu sagen. „Eure Cornelia hat doch am Mittwochnachmittag frei. Sagte sie jedenfalls mal. Morgen ist Mittwoch. Wollen wir da – würdet ihr da –, also, ich hab' eine große Bitte an euch. Ich möchte mal nach Hause, nachsehen, wie es dort geht. Wenn man fort ist, ist ja meistens der Teufel los, das werden eure Eltern auch sagen, wenn sie mal wegfahren müssen und euch allein lassen. Und ich finde, es wäre ein hübscher Ausflug. Hättet ihr Lust mitzufahren? Ich hab' auch – also Pferde hab' ich nicht, das sag' ich gleich. Aber hm – einen Hund schon – oder besser – na ja, egal. Und da wäre es doch herrlich, wenn eure Cornelia auch mitkäme. Sie allein mitzunehmen, trau' ich mich nicht, lacht ruhig, ihr albernen Gören. Aber wenn ihr sie bittet, ihr – dann sagt sie vielleicht nicht nein?"

Es klang sehr bittend. Petra lachte.

„Klar fahren wir mit. Wenn wir abends wieder zu Hause sind. Meinst du, ob du darfst, Anja? Aber schließlich ist es ja dein Onkel. Und ich komm' eher mal weg von zu Hause, ich hab' nicht solchen Seltenheitswert wie du." Sie lachte aus vollem Halse. Anja mußte auch lachen.

„Würdest du für mich fragen, Onkel Kurt?" bettelte sie. „Ich möchte schrecklich gern mit!"

„Natürlich frage ich für dich. Und für dich, Petra. Ich kann doch deine Eltern anrufen?"

„Geht vielleicht auch so. Wenn Cornelia mitkommt, die war ja schon bei uns, damals, als ich im Bett lag. Hat mich besucht und kennt meine Mutter. Also, das wird schon in Ordnung gehen. Was für einen Hund haben Sie denn?"

„Einen? Ach, lassen wir das mal, die Rasse kennst du sicher nicht. Nein, man muß sich auch mal überraschen lassen können. Könnt ihr das? Na also. Und Cornelia, ob sie das auch kann?"

„Cornelia, Cornelia, alles reimt sich bei ihm auf dasselbe", lachte Petra, als Onkel Kurt gegangen war. „Merkst du es? Bis über die Ohren verschossen. Na, an uns soll es nicht liegen, Hauptsache, du bekommst die Erlaubnis."

Anja bekam sie. Natürlich dürfe sie mit, sagte die Mutter, als Onkel Kurt sein Sprüchlein gestammelt hatte, „wenn sie nicht in den Reitverein muß?" Mutter blinzelte, Anja wurde rot, hauptsächlich aus Ärger. Sie wollte etwas Patziges sagen, aber Onkel Kurt trat ihr so heftig auf den Fuß, daß sie vor Schreck stöhnte.

„Entschuldige, aber –", und dann drängelte er sie hinaus und flüsterte im Flur nur: „Tut mir leid, kriegst ein Schmerzensgeld. Aber jetzt, wo sie ja gesagt hat, ist doch alles andere Nebensache..."

Ja, er mußte sehr verliebt sein. Denn die Geschichte mit dem Reitverein war keineswegs Nebensache, fand Anja, und sie mußte wieder einmal über die Erwachsenen seufzen. Die hatten Sorgen! Wenn man dagegen an sich selbst dachte!

Es wurde wahr. Cornelia sagte ahnungslos zu, als Onkel Kurt ihr den Vorschlag machte, am Mittwoch nachmittag ein Stück mit den beiden Kindern und ihm zu fahren; er habe Winterreifen und im Kofferraum Schneeketten, und es würde bestimmt nichts passieren, und – und – und –

Cornelia saß vorn neben Onkel Kurt, Petra und Anja hinten. Kinder müssen hinten sitzen, das ist Vorschrift. Die beiden hatten nichts dagegen, von hinten sah man genausoviel, und sie konnten sich gut unterhalten. Das taten sie auch, flüsterten und kicherten und prusteten. Onkel Kurt dagegen zog seinen Wagen schweigend und aufmerksam durch eine Kurve nach der anderen. Es war schönes Wetter, hell durch den Schnee, schneite aber nicht. Sogar der Wald, der die Straße rechts und links begleitete, war weiß, es hatte noch nicht gestürmt, und die Bäume trugen ihren Schmuck mit Stolz.

„So ein wunderschönes Vorweihnachtswetter hatten wir lange nicht", plauderte Cornelia, als Onkel Kurts Schweigen beklemmend zu werden drohte. Und als er darauf immer noch nichts antwortete, wandte sie sich ein wenig zurück zu den beiden Mädchen. „Habt ihr eigentlich dieses Jahr schon Wunschzettel geschrieben? Oder tut man das heute nicht mehr? Ich fand es eigentlich immer praktisch, den ‚Großen' eine Auswahl an Wünschen vorzulegen. Sie konnten sich dann etwas heraussuchen, sich für ein neues Fahrrad oder einen Fingerhut entscheiden, je nachdem, wie dick und voll ihr Geldbeutel im Augenblick war."

„Was ist denn das, ein Fingerhut?" fragte Petra. Cornelia lachte.

„Wahrhaftig, das weiß heute niemand mehr. Genäht wird mit der Nähmaschine, und geflickt überhaupt nicht mehr. Wenn was kaputt ist, schmeißt man es weg. Viele Leute jedenfalls, die ich kenne, machen das so."

„Haben Sie sich mal einen – nun, so einen Nähhut gewünscht?" fragte Petra, und man hörte ihrer Stimme an, wie verächtlich, ja unwürdig sie das gefunden hätte. „Ich kann mir Sie nicht vorstellen, wenn Sie nähen. Ich wünsche mir dies Jahr eine neue Reithose, die alte platzt schon überall. Und eine Sprunggerte. Ich will im Sommer das Jugend-Reitabzeichen machen, das kann ich mir leider nicht wünschen, sondern muß es selbst schaffen. Das ist viel schöner. Ein geschenktes Abzeichen würde ich nie anstecken."

„Aber ein erworbenes?" fragte Cornelia.

„Klar. Sogar an den Schlafanzug. Himmel, wenn ich mir vorstelle " Ihre Augen blitzten wieder einmal. „Springen muß man da auch, aber wenn ich den Abglanz bekomme, der springt! Bei mir jedenfalls." Sie starrte in die Luft und schien eine Vision zu haben.

„Und du, Anja?" fragte Cornelia nach einer Pause."

„Ich? Ich brauch' keinen Wunschzettel."

„Weil du dir nichts wünschst?"

„Ich wünsch' mir nur eins. Aber das krieg' ich nicht." Es klang bockig und auch ein wenig traurig. Cornelia merkte, daß sie einen wunden Punkt berührt hatte.

„Vielleicht ist es ein zu teurer Wunsch? Ein unverschämter?" fragte sie sachte.

„Ach, ich weiß nicht. Wenn man sich aber nur eins, nur ein allereinziges wünscht, das aber so sehr –"

„Tja, es kommt halt drauf an." Cornelia dachte sich ihr Teil. Sie meinte aber, es sei vielleicht besser, nicht in Anja zu dringen. Vielleicht sprach sie einmal mit deren Eltern...

„Und Sie? Was wünschen Sie sich?" fragte plötzlich Onkel Kurt. Er hatte also zugehört, der Heimtücker, und nur so getan, als gäbe es für ihn nichts anderes auf der Welt als Autofahren, Überholen oder auf Ampeln aufpassen.

„Ich? Eigentlich gar nichts", sagte Cornelia vergnügt. „Ich hab' ja, was ich mir ein Leben lang gewünscht habe: eine gute Praxis, einen kleinen Wagen, um zum Reitverein fahren zu können, eine Menge befreundeter Familien – ja, doch, etwas mehr Zeit für mich selbst könnte ich schon gebrauchen. Damit ich dreimal und nicht nur zweimal die Woche reiten kann."

„Sonst nichts?"

Sie lachte.

„Natürlich auch sonst noch verschiedenes. Der Mensch ist ein Geschöpf, das immer wünscht. Bei Busch heißt es:

Ein jeder Wunsch, der sich erfüllt,
kriegt augenblicklich Junge.

Ist es nicht so? Hat man das Studium beendet, wünscht man sich eine Praxis, und hat man die, dann möchte man viele Patienten haben. Und wenn man diesen Wunsch erfüllt bekam, dann wünscht man sich mehr Zeit für sich selbst... übrigens alles Dinge, die man nicht auf einen Wunschzettel schreiben kann. Und so geht es allen, glaube ich."

„Meinen Eltern jedenfalls ging es so.

Sie haben mir oft erzählt, daß sie sich sehr einen Sohn wünschten. Na, den haben sie nun, Werner. Und jetzt wünschen sie sich, daß er auch reitet", erzählte Petra und lachte. Anja hatte bisher geschwiegen.

„So wäre ich nicht", sagte sie jetzt, und es klang sehnsüchtig und ein wenig traurig. „So würde ich auch nie werden –"

„Ich auch nicht", behauptete Petra. „Erwachsene sind blöd. Ich mach' es mal anders, wenn ich groß bin."

„Und wie wirst du es machen?" fragte Onkel Kurt.

„Ich wünsche nicht. Ich nehme mir was vor. Ganz fest. Ich nehme mir vor, zu erreichen, was ich haben will. Ich spare wie verrückt auf ein eigenes Pferd, kauf' mir nichts, nichts, nichts anderes, nichts zum Anziehen, kein Eis, keine Schallplatte. Wenn man wirklich etwas will, bekommt man es auch, sagt mein Vater immer."

„Es gibt aber Dinge, die man mit allem Willen nicht erreichen kann", sagte Anja heftig. „Wo Sparen gar nichts hilft, und kein eiserner Wille. Und andere bekommen es geschenkt – und wollen es sogar nicht mal –" Sie schwieg. Alle schwiegen. Jeder dachte so vor sich hin. Auf einmal fuhr Onkel Kurt rechts an den Straßenrand und bremste. „Wir sind da", sagte er halblaut. Es klang zaghaft – warum eigentlich? Petra hinten lachte.

„Jetzt haben wir von der Fahrt gar nichts gemerkt! Hier wohnen Sie?"

Sie waren in einer Siedlung einer kleinen Stadt angekommen, links von der Straße ging es einen Hang hinauf und rechts hinunter zu einem breiten Flußtal. Jenseits des Bürgersteiges, an dem der Wagen hielt, stand eine dicke, im Sommer wahrscheinlich frischgrüne, jetzt braungekräuselte Hecke mit einer dicken Schneehaube. Onkel Kurt war hastig ausgestiegen und hatte sich neben die kleine Eingangstür gestellt. Er hielt sie für Cornelia auf und verdeckte mit seinem Körper das Messingschild, das neben dem Gartenpförtchen in der Hecke hing. Es fiel ihr nicht auf, auch den beiden Mädchen nicht.

„Bitte!" sagte er.

Cornelia ging durch die kleine Tür, Petra und Anja folgten. Man kam hier auf eine kleine Brücke, die zum Haus hinüberführte. Das lag etwas unterhalb am Hang im Garten, und wenn man über das Brückchen ging, kam man im oberen Stock an.

„Wunderbar! Wie die Zugbrücke einer Burg!" sagte Petra und ließ ihre Augen flink umherspähen. „So was hab' ich in Wirklichkeit noch nie erlebt. Höchstens im Fernsehen. Und jetzt –"

Nein, so was hatten weder sie noch Cornelia noch Anja je erlebt. Onkel Kurt hatte die Haustür mit einem Drücker geöffnet, und im selben Augenblick waren die Ankommenden von einer Schar winziger Hunde umringt, die allesamt jaulten und quiekten, an den Menschenbeinen emporsprangen, bellten – was man bei solch kleinen Geschöpfen bellen nennen konnte – und hechelten. Petra und Anja quietschten vor Entzücken mit, so außer sich gerieten sie über diesen Schwarm von Kleinsthunden, die edel und komisch zugleich wirkten. Jeder trug ein seidiges, lockeres Fell, manche in Schwarz, manche in Schwarzweiß, andere hellbraun und wieder andere ganz weiß. Ihre Ohren waren das drolligste: Sie standen wie Tüten gefaltet aufrecht und waren viel größer, als man bei solch kleinen Hunden erwartet hätte, so daß sie etwas Fledermausähnliches hatten. Aber entzückend waren die Tiere, eins wie das andere. Die meisten standen jetzt, da die vier Menschen hereingekommen waren, auf den Hinterbeinen und bewegten die Vorderpfötchen, bettelnd oder winkend, und quiekten durcheinander.

Petra hatte schon eins der Hündchen auf dem Arm und streichelte es entzückt, während sie immerzu rief, so etwas Süßes habe sie noch nie gesehen. Anja fischte sich einen anderen heraus.

„Sie beißen nicht, nie", erklärte Onkel Kurt und sah Cornelia von der Seite an. „Mögen Sie Hunde? Es sind Chihuahuas, eine sehr alte Rasse, aber bei uns noch sehr wenig bekannt. Sie stammen aus Mexiko, dort gibt es auch einen Staat dieses Namens. Früher sollen die Azteken sie als Lieblingshunde gehabt haben."

„Und das sind alles Ihre? Und selbst gezogen, gezüchtet – sagt man auch bei Hunden so?" fragte Petra.

„Die meisten selbst gezogen. Ich habe mich nun einmal in diese Rasse verliebt. Sie besitzen überhaupt keinen Eigengeruch, sonst könnte man solch eine Menge in einem Zimmer überhaupt nicht ertragen. Freilich sind sie auch viel im Garten, denn sie brauchen ja Auslauf wie alle Hunde, aber im Zimmer riecht man sie nicht. Und sie sind an sich unwahrscheinlich sauber."

„Aus Mexiko?" fragte Cornelia. Sie hatte sich in einen Sessel gesetzt, den er ihr hinschob, und gleich drei Hündchen auf den Schoß genommen. „Nein, so etwas Reizendes! Und sie sind nicht künstlich kleingehalten, wie man es mitunter mit Zwergpudeln macht?"

„O nein, das hasse ich. Diese künstlich kleingehaltenen Hunde sind auch gar nicht langlebig, weil sie widernatürlich aufgezogen werden. Diese hier bekommen soviel zu essen, wie sie mögen, natürlich braucht so einer weniger als ein Bernhardiner beispielsweise. Aber heikel sind sie nicht."

„Meiner sieht aus wie ein Fuchs!" sagte Anja, die einen kleinen hellbraunen auf dem Arm hielt. Onkel Kurt nickte ihr zu.

„Gut beobachtet! Sie ähneln den Feneks, den kleinen Wüstenfüchsen – ich will mir auch davon ein paar anschaffen. Man kann sie mit den Chihuahuas zusammen halten. In Tunesien bekommt man eventuell noch welche. Sie sind süß, genauso keck wie diese und vielleicht sogar noch schlauer. Schlaue Füchse halt. Würden Sie es schön finden, wenn ich auch noch Wüstenfüchse züchtete?" fragte er und sah Cornelia an.

Sie erwiderte seinen Blick, diesmal lachte sie nicht, sondern lächelte nur ein ganz klein wenig mit den Augenwinkeln.

„Ich", sie betonte dieses Wort ein klein wenig mehr als die anderen, die jetzt folgten, „ich fände es schön. Aber Ihnen müssen sie ja gefallen!"

„Mir – mir gefällt eigentlich nur noch, was Ihnen gefällt", stieß Onkel Kurt jetzt mit Todesmut hervor, „nein, hier kann man ja kein Bein auf den Boden bekommen und keinen Satz zu Ende reden. Hinaus mit euch, ihr Quieker." Er öffnete die Verandatür. Sofort überstürzten sich die Hündchen, um hinauszugelangen. Draußen schloß eine Treppe an die Veranda an, die in den Garten führte. Wie ein Wasserfall stürzten und kugelten die Hündchen treppab. Anja und Petra hatte es mitgenommen wie ein reißender Strom...

„So, jetzt ist man endlich allein, zu zweit wenigstens", sagte er aufatmend. Cornelia lachte.

„Irrtum, zu dritt!" Sie hatte noch ein Hündchen auf dem Schoß, es war halb in ihren Pullover hineingekrochen. „Hier ist noch jemand!"

„Dieser Jemand stört nicht", sagte Onkel Kurt. Er sprach jetzt leiser als vorhin, weil er keine dreißig Hundestimmen mehr zu übertönen brauchte. „Es ist übrigens einer meiner Lieblinge, Winki heißt er. Sehen Sie nur seine blanken Augen! – Cornelia, Petra hat mir etwas verraten. Daß Sie keinen Menschen leiden können, der es nicht mit Tieren hält – nun, da brauche ich jetzt wohl nichts mehr zu beteuern, für mich sprechen dreißig kleine Lebewesen. Und daß der Mensch bei Ihnen erst mit dem Arzt, dem Mediziner beginnt. Darf ich da eine Frage stellen? Gilt ein Tiermediziner auch? Ein Dr. med. vet.? Ich habe nach dem Physikum umgesattelt und bin Tierarzt geworden, und ich hab' es nie bereut. Es ist der Beruf für mich, nicht leicht, aber schön. Ob er jedoch auch Ihnen gefällt..."

Und eine schöne Aussicht

„Hallo, ihr beiden! Was macht ihr denn hier im Garten?"

Petra und Anja sahen sich um. Aus einem der Nebengebäude, die hier in den Hang hineingebaut waren, war ein junges Mädchen herausgetreten, in Hosen und Lederschürze, ein Kopftuch ums Haar geknüpft. „Wollt ihr was kaufen, oder seid ihr zu Besuch hier?"

„Zu Besuch nur, leider", sagte Petra, „oben sitzt noch wer. Man hat uns rausgeschmissen. Und Sie?"

„Ich bin die Schwester vom Vertreter des Doktors. Himmel, und oben ist noch ein erwachsener Besuch? Hoffentlich geht der nicht durch alle Zimmer?"

„Cornelia? Warum sollte sie? Und warum sollte sie nicht?" fragte Petra vergnügt, der das junge Mädchen gefiel. Mit manchen Leuten ist man sofort in Kontakt, so, als kenne man sich schon ewig.

„Weil ich noch keine Betten gemacht hab', seit ungefähr hundert Jahren. Ich bin viel lieber bei den Hündchen und kümmere mich um sie."

Das konnten Petra und Anja nun ohne Erklärung verstehen. Petra war natürlich wieder diejenige, die das Richtige sagte.

„Kommen Sie, wir helfen Ihnen. Wo geht's rein ins Haus, ohne daß wir oben bei den beiden stören?"

„Hier. Ich heiße Marianne, und ihr?"

Petra und Anja liefen hinter Marianne her, eine Treppe hinauf, kamen in einen Flur. Alle Türen standen offen, und es sah wahrhaftig so aus, als habe man seit hundert Jahren nicht aufgeräumt. Nicht nur ungemachte Betten waren zu sehen, sondern hochgetürmte Kleidungsstücke darauf, offene Schränke, heruntergefallene Bücher, leere Teetassen.

„Wirklich, hier könnte man mal –", und Petra war schon dabei aufzuheben, was auf der Diele lag, und Tassen aufeinanderzustapeln. Marianne machte die Betten, und Anja hob die Zeitungen auf, die rundherum verstreut lagen. Binnen kurzem sah das erste Zimmer wieder ordentlich aus, und nun machten sie sich an das zweite.

„Ein Glück, daß ihr es nur seid", seufzte Marianne nach einer Weile, als das Haus schon anfing, freundlicher auszusehen. Drei tüchtige Aufräumer schaffen schon einiges in kurzer Zeit. „Ich dachte nämlich, der Herr Doktor selbst wäre gekommen, um mal nach seinen Hündchen zu sehen. Na, der hätte sich schön hingesetzt! Der hält mich für eine perfekte Hausfrau, weil ich versprochen habe, meinen Bruder zu betreuen, solange er hier die Vertretung macht. Es ist seine erste Vertretung, er hat gerade erst Examen gemacht. Dabei haben mich nur die Hunde verlockt hierzubleiben. Hausfrauenarbeit ist nicht meine Stärke."

„Die Hunde müssen schließlich auch versorgt werden, sie sind wichtiger als Staubwischen", sagte Petra ernsthaft, „außerdem sieht man auf hellen Möbeln keinen Staub, und hier sind ja lauter helle. Hübsch eingerichtet ist es. Sie stand und sah rundum. „Ein wenig wie in Schweden, jedenfalls stell' ich mir das so vor. Ob der Doktor mal in Schweden war?"

„Onkel Kurt? Soviel ich weiß, ein Jahr", sagte Anja. „So, und welches Zimmer jetzt?"

„Die Wohnstube. Aber da sitzt der Besuch", sagte Marianne und zögerte.

„*Und* der Doktor. Er ist mit hier. Es ist Anjas Onkel", erklärte Petra. „Macht nichts, im Wohnzimmer war es ordentlich. Ich jedenfalls hab' nichts gesehen als die Hunde, und das geht Cornelia sicherlich genauso. Außerdem ist Cornelia nicht pingelig, sondern furchtbar nett."

„Ein einziges Glück", seufzte Marianne, „kommt, dann kochen wir jetzt einen Kaffee. Kaffee ist immer richtig, vor allem, wenn man in Schweden war. Da kommt doch in jedem Buch der Kaffeekessel vor. Hier geht's zur Küche. Erzählt mal, wo ihr herkommt!"

Es war spät geworden, viel später als geplant. Onkel Kurt war aber rücksichtsvoll, hielt unterwegs an und telefonierte mit Anjas Eltern, als er merkte, daß sie wie auf Kohlen saß. Sie wären nicht verunglückt, sondern kämen, und Anjas Mutter möchte so gut sein und Petras Eltern Bescheid geben. Sie versprach es, erleichtert, daß nichts passiert war.

„Meine Mutter ist nun mal so", erklärte Anja beschämt, „ich kann nichts dafür. Sie ängstigt sich bei jedem Anlaß und ist dann ganz außer sich."

„Na, wenn deine Brüder erst groß sind! Da kann sie sich ja auf was freuen", sagte Petra und riß das Papier von der Tafel Schokolade, die Onkel Kurt gekauft und ihnen nach hinten gereicht hatte. „Durch vier teilt sich's leicht. Nußschokolade, hmmm! So einen Onkel lass' ich mir gefallen, vor allem einen mit Hunden. Meine Mutter ist vernünftiger, ich bin ja auch nur die dritte, und meine Schwestern haben vorgearbeitet und sie abgehärtet."

Ein bißchen erschrak sie dann aber doch, als sie im Flur von Anjas Eltern stand und an der Garderobe einen Mantel hängen sah, den sie kannte: den ihrer Mutter. Was machte denn ihre Mutter hier bei Anjas Eltern?

„Jetzt krieg' ich den Wind von vorn", flüsterte sie und zog den Kopf ein. „Wir hätten eben doch eher losfahren sollen. Unheil, nimm deinen Lauf!"

Als sie ins Wohnzimmer kamen, sah es aber gar nicht nach Unheil aus. Vater hatte eine Flasche Wein neben sich, Gläser standen auf dem Tisch und Salzgebäck, und die beiden Mütter, Anjas und Petras, unterhielten sich ziemlich lebhaft.

„Aha, da seid ihr ja", begrüßte Vater die vier Ankommenden.

„Ich muß noch mal um Entschuldigung bitten, daß es so spät wurde", setzte Onkel Kurt zerknirscht an, Cornelia aber unterbrach ihn, ehe er weitersprechen konnte.

„Bitte nicht böse sein, schuld bin ich", sagte sie schnell und sehr eindringlich, „wirklich, nur ich! Es war so schön – bei ihm ..." Sie nickte zu Onkel Kurt hin. „... einmalig schön, eine neue Welt. Oder etwa nicht?" Jetzt sah sie Petra und Anja an.

„Wunderbar! Beinahe so schön wie –" Anja hielt sich erschrocken den Mund zu.

„Wie was?" fragte Petras Mutter und lachte. „Was wolltest du denn sagen?"

„Wie im Reitverein!" vollendete Anja halblaut, ein wenig geniert. Was würden die Eltern sagen, wenn sie nun wieder auf das alte Thema zurückkam? Hatte sie nicht oft genug erlebt, wie wenig es ihnen gefiel, daß sie immer und immer vom Reitverein schwärmte? „Ich meine, beinahe so schön wie ..."

„Sag doch ruhig, was du denkst", fiel ihr Petras Mutter fröhlich ins Wort, „sie sind nun mal alle so schrecklich gern dort, unsere Töchter ja auch. Und vielleicht auch eines Tages Werner – na, lassen wir das. So ein dummer Mutterwunsch, aber er ist nun einmal da. Bleiben wir lieber beim Thema. So gern bist du im Reitverein? Wir sprachen nämlich gerade davon, deshalb bin ich hergekommen."

„Deshalb?" fragte Petra erleichtert.

„Nicht, weil wir so lange fortgeblieben sind?"

„Nein. Dafür konntet ihr ja nichts, und euer Fahrer und Beschützer hat von unterwegs angerufen. – Nein, ich kam aus einem anderen Grund ... Ich hab' durch Zufall erfahren – wirklich nur nebenbei, und aus diesem Grund hab' ich noch ein Hühnchen mit Petra zu rupfen, so was erzählt man doch! –, also, ganz nebenbei erfuhr ich, daß du, Anja, uns einen großen Gefallen getan hast. Am Nikolaustag, im Reitverein, ja. Du – und Frau Dr. Nolde. Und unsereins ahnt nichts ..."

„Ich hätte es Ihnen schon eines Tages erzählt", sagte Cornelia und sah Petras Mutter an, „bei Gelegenheit, wenn es sich mal ergab. Die Gefahr war ja vorbei, passieren konnte nichts mehr. Es war halt – ich wollte nur nicht –"

„Sie sind viel zu bescheiden, Frau Nolde", sagte Frau Hartwig heftig und herzlich und griff nach Cornelias Hand, „wie ich Ihnen danken soll, weiß ich wahrhaftig nicht. Wir sprechen noch drüber. Wenn ich mir vorstelle – o nein! Aber Anja – für Anja wüßte ich schon etwas zum Danken, nur müßten Anjas Eltern einverstanden sein ..."

„Ich hab' doch nur –" Anja war sehr rot geworden und mochte nicht aufsehen. Ihr war es entsetzlich peinlich, daß hier über die Sache geredet wurde, als habe sie eine Heldentat vollbracht.

„Doch! Eine Tat war das schon. Du hast nicht gedacht: ‚Was geht mich das an?', wie viele in deinem Alter reagiert hätten, sondern gehandelt, mutig und richtig", sagte Frau Hartwig bestimmt. „Und deshalb möchte ich dir zum Dank etwas schenken dürfen, wenn deine Eltern nichts dagegen haben. Darf ich Ihre Tochter Anja dazu einladen, daß sie Mitglied im Reitverein wird?" fragte sie halblaut, aber sehr dringlich.

„Die Eintrittsgebühren für sie bezahlen und im ersten Jahr je eine Wochenstunde? Bitte, bitte lassen Sie mir die Freude", bat sie und sah Anjas Eltern nacheinander an. „Sie möchte doch sicherlich gern Mitglied sein und reiten dürfen, und sie hat uns einen ganz, ganz großen Dienst erwiesen. – Oder hat es einen bestimmten Grund, daß sie es bisher nicht erlaubten?"

Mutter schüttelte jedoch heftig den Kopf.

„Aber nein. Wir wußten nur nicht, ob die Begeisterung auch anhält. So viele Kinder schwärmen heute vom Reiten, besonders Mädchen, hängen sich Pferdebilder übers Bett und denken, damit ist es schon getan. Lesen Pferdebücher und träumen sich hinein, eine Reiterin zu sein und überall die ersten Preise zu machen, in die Zeitung zu kommen ..." Anja zuckte ganz leicht, aber Petra packte sie am Handgelenk und drückte sie fest. „... und ähnliches. Da wollten wir abwarten, ob es nur ein Strohfeuer ist. Außerdem ist es teuer, und wir müssen sehen, wie wir hinkommen, gerade jetzt nach dem Umzug. Man soll ja auch den Kindern nicht jeden Wunsch erfüllen."

„Aber ich hab' doch sonst gar keinen!" rief Anja jetzt, von plötzlicher Seligkeit bei der Aussicht in tiefe Angst gestoßen. Eben sah es noch so aus, als sollte ihr das Allerallerschönste im Leben zuteil werden, und da kam Mutter mit solchen Ansichten dazwischen! Als ob sie jemals anders denken würde als jetzt! „Ich hab' nur diesen einzigen Wunsch, und schon so lange!"

„Und den möchten wir dir erfüllen", sagte Frau Hartwig noch mal. „Bitte erlauben Sie es uns doch! Petra würde sich auch so freuen!"

„Klar! Und wenn du erst ein paar Longenstunden nimmst, kommst du vielleicht sogar mit mir in eine Abteilung", sagte Petra eifrig. „Bei uns sind welche, die können gar nicht viel, und nur, weil sie schon lange Mitglied sind, reiten sie bei uns. Herr Anders spricht sicher mit dem Reitlehrer, wenn ich ihn drum bitte."

„Longenstunden, was ist denn das?" fragte Mutter jetzt, und man hörte ihrer Stimme an, daß sie überzeugt war, dies sei etwas ganz besonders Gefährliches.

Cornelia fing an zu erklären. Sie hatte eine sachlich beruhigende Art, tat so, als habe sie Mutters bebende Angst gar nicht gespürt. Petra und Anja saßen stumm dabei, die Augen aufgerissen. Vater und Mutter hörten mit Interesse zu, und Onkel Kurt ließ keinen Blick von Cornelia. Nach einer Weile seufzte Mutter auf – erst wurde also an der Longe geritten, das Pferd konnte nicht davongehen. Das war doch sehr tröstlich.

„Du, das hat sie hingekriegt", flüsterte Petra, als sie sich verabschiedeten.

„Ja, große Klasse", antwortete Anja ebenso leise und kniff Petra in den Arm. „Wenn ich mir vorstelle, ich darf nun mit ..."

„Wunderbar, nicht?"

„Das hast du großartig gemacht, Cornelia", sagte auch Onkel Kurt, als er sie an den Wagen brachte. Der stand unten auf dem Platz, mit weißer Mütze auf dem Dach. Es hatte wieder angefangen zu schneien. Die Siedlung sah aus wie aus einem Bilderbuch herausgeschnitten, mit der beschneiten Kirche, den weißen Hauben auf den Zaunpfählen der Gärten, dem stillen

67

Platz. „Wann seh' ich dich morgen? Sag schnell –"

„Ich reite um sechs. Ist dir das zu zeitig? Wenn du um sieben da bist, könnten wir zusammen frühstücken. Wollen wir, bei mir?"

„Sie duzen sich", tuschelte Petra Anja gerade noch zu, ehe sie zu ihrer Mutter in den Wagen schlüpfte, „ich hab' es gleich gemerkt. Gleich – bei den Hündchen. Kommst du morgen in den Reitverein? Ich bin um halb zwei drüben."

„Aber ja, ich auch!" rief Anja glücklich.

Und bei sich, unhörbar für die anderen, fügte sie hinzu: „Im Reitverein – morgen – und dann immer!"

Aufgesessen, Anja!

Ein toller Plan

„Anja? Grüß dich, hier ist Petra. Hör zu, du mußt unbedingt – ach so, Verzeihung! Ja, hier ist Petra Hartwig. Kann ich Anja sprechen? Oder ist sie nicht da?"

„Doch, doch, sie ist schon da. Ich hol' sie."

Mutter seufzte und legte den Hörer hin. Seit ein Telefon in der Wohnung war – Vater hatte es ihr zu Weihnachten geschenkt –, klingelte es zu jeder Tageszeit, und wenn man alles aus den Händen warf, was man gerade vorhatte – entweder eins der Babys wickelte oder die Hände im Kuchenteig stecken hatte –, dann war es meistens Petra.

„Ist Anja da?"

„Ich muß Anja sprechen –"

„Kann Anja zurückrufen, wenn sie kommt?"

„Ich ruf' noch mal an –" Es war kaum zu ertragen. Mutter versuchte sich mit dem einsichtigen Gesangbuchvers zu trösten, der da heißt: „Alles Ding hat seine Zeit...", und sich zu sagen, daß auch die aufregendsten technischen Dinge eines Tages den Reiz verlieren und alltäglich uninteressant werden. Aber noch befand sich das Telefon nicht darunter. Sie ging, die Tochter zu suchen.

Anja saß in ihrem Zimmer, das heißt, sie lag über das Bett hingeworfen, das Mutter vorhin so schön gemacht hatte, ihre Stiefel bildeten ein Stilleben auf der Erde, und der Anorak hing schief auf der Stuhllehne. Mutter holte Atem, um etwas zu sagen, hielt dann aber inne. Es war so zwecklos ...

„Anja?"

„Hm?"

„Könntest du nicht –", setzte Mutter nun doch an, ließ es aber dann lieber bleiben.

„Petra ist am Telefon."

„Petra?"

Sofort war Anja munter. Sie warf das Buch weg, in dem sie gelesen hatte, sprang auf und rannte los, an Mutter vorbei und durch den Flur ins Wohnzimmer.

„Ja?" fragte sie atemlos in den Hörer.

Mutter war in Anjas Zimmer zurückgeblieben. Mechanisch hob sie die Stiefel auf, stellte sie nebeneinander an die Heizung und angelte nach der Gerte, die halb unter dem Bett hervorsah. Mit dem Ordnunghalten soll es ja nach den neuesten Erkenntnissen der Erziehung ähnlich sein wie mit der Sauberkeit des Kleinkindes: Hat man genug Geduld, so stellt sie sich eines Tages von selbst ein. Dieser Tag erschien Mutter weltenfern ...

Sie ging hinüber. Anja hockte auf dem Schreibtisch ihres Vaters, baumelte mit den bestrumpften Beinen und sprach und lachte ins Telefon. Sie sah bezaubernd aus, fand Mutter: das Gesicht unter den kurzen Haaren munter und lebendig, die Haut glatt und ganz leicht bräunlich, die Augen blitzend. Mutter erinnerte sich nicht, sie je so gesehen zu haben, wenn sie sich mit ihr oder Vater unterhielt. Nun ja, es war Petra, ihre Freundin, ihre angebetete, zwei Jahre ältere, großartig reitende und auch sonst in jeder Beziehung nachahmenswerte Freundin, mit der sie sprach. Freundinnen sind wichtig, gerade in diesem Alter.

„Na sicher! Aber klar! Denkst du, ich möchte nicht?"

Endlich legte sie auf.

„Mutter, ich muß unbedingt –"

„Was mußt du denn wieder unbedingt?" fragte Mutter und ärgerte sich, obwohl sie es nicht wollte. „Immer mußt du unbedingt etwas, wenn Petra anruft. Immerzu –"

„Aber das ist ein wirklicher Notstand! Das ist was ganz Wichtiges! Das ist –"

„Was um Himmels willen ist denn nicht wichtig, wenn es von Petra kommt", sagte Mutter. Ihr Ton war jetzt so, daß Anja erschrocken zu ihr herübersah.

Das wiederum tat Mutter leid.

Nein, es war nicht leicht. Von einer Mutter wurde wahrhaftig einiges verlangt: der Tochter gerecht zu werden, während man zwei winzige Söhne zu versorgen hatte, die genug Arbeit machten, den Mann nicht zu vernachlässigen und dabei freundlich, geduldig und immer fröhlich zu sein, allezeit, in allen Situationen. Auch, wenn die Tochter überhaupt nichts mehr von einem wissen wollte und nur noch an Petra und den Reitverein dachte, und das mit zehn Jahren . . .

„Im Reitverein? Gar nichts", sagte Anja jetzt gerade patzig, „und du erlaubst es ja doch nicht. Nie erlaubst du was. Petra darf, sie darf immer. Petras Mutter reitet selber und weiß deshalb –"

„Eine Mutter, die nicht reitet, gilt ja überhaupt nichts", sagte Mutter, nun doch zornig geworden. „Immer nur Hartwigs, und wie schön es dort ist, und der Reitverein und –"

„Ist aber nicht im Reitverein –" Anja schrie es beinahe, und so konnte es Vater, der gerade durch den Flur kam, sehr deutlich hören. Die Türen standen sowieso alle offen. Jetzt kam er herein, blieb vor seinen beiden Frauen stehen und sah sie an, die eine und die andere.

„Na?" fragte er sachte, freundlich und belustigt, wie das meist seine Art war. „Ein Wintergewitter? Wie schön, das reinigt die Atmosphäre kurz vor dem Jahreswechsel."

„Ach, Anja will –"

„Aber Mutter will nicht –"

„Ich habe überhaupt noch nicht –"

„Du hast gesagt –"

„Was denn?" fragte Vater freundlich. Seine Art zu fragen war so, daß beide, Anja und Mutter, einen Augenblick innehielten und dabei, wie aus einem Mund, aufschnupften. Das klang so komisch, daß alle drei lachen mußten.

„Na, das war wenigstens ein Wort", sagte Vater, obwohl keine eins gesagt hatte. „Nun kommt, ich mach' uns einen schönen Silvesterpunsch! Warum sollen wir damit bis abends warten? Ein Glas trinken wir jetzt schon. Und dabei unterhalten wir uns sehr gemütlich und ganz ohne Aufregung. Nein, ich will jetzt nichts hören, erst gibt's ein Glas heißen Roten, ich hab' nämlich auch eins verdient. Draußen ist es ganz schön kalt."

Er wandte sich um und ging zur Küche. Mutter und Anja folgten ihm. Beide waren tatsächlich schon wieder den Tränen nahe gewesen, Anja aus Wut und Mutter aus aufgestautem Kummer.

Wie gut, daß es Vater gab!

In der Küche war es warm und eigentlich sehr gemütlich, jedenfalls jetzt, da die Zwillinge nicht da waren. Sie schliefen, dick eingemummelt, in ihrem breiten Wagen im Gärtchen unten hinterm Haus, sorglich unter das schützende Dach der Veranda geschoben. Diese Stunden der „Winterfrische" waren die einzigen des Tages, in denen man sozusagen Mensch war, meinte Anja. Sie hatte sich früher, als sie noch die einzige war, immer Geschwister gewünscht gehabt, aber jetzt kam sie sich manchmal vor wie der dumme Mann im Märchen, der sich tausend Taler gewünscht hatte, die nun auf ihn niederprasselten, so daß er stöhnte: „Es ist auch nicht das richtige, wenn der Segen so knüppeldicke kommt." Zwei kleine Brüder auf einmal – was das bedeutete, konnte nur jemand nachfühlen, der ähnliches erlebte.

Ja, auch das Wünschen will gelernt sein!

„So, und jetzt raus mit der Sprache!" sagte Vater und stellte drei Gläser auf den Tisch, vor jeden eins. In Mutters und seinem befand sich ein kräftiger Glühwein, in Anjas hatte er einen guten Schuß Apfelsinensaft dazugegossen, aber etwas Rotwein war auch dabei.

„Jetzt ist die Zeit der heißen Getränke, jetzt, zum Jahreswechsel", sagte er behaglich, „vor allem diesmal, da wir ein programmäßiges Wetter bekommen haben. Prost, große Tochter, versuch mal, ob es schmeckt."

O ja, es schmeckte. Anja fand zwar, daß der bitterliche Rotweingeschmack gut hätte fehlen können, aber dafür war es eben fast ein Erwachsenentrunk. Sie leckte sich die Lippen, nachdem sie das Glas abgesetzt hatte. Und jetzt fiel es ihr viel leichter zu antworten, als Mutter nun erneut fragte – es war, als hätte Vaters Freundlichkeit zusammen mit dem heißen Getränk ihre Zunge gelöst.

„Petra will – eine Bekannte aus dem Reitverein, Dagmar, du kennst sie noch nicht, sie ist etwas älter als wir –", setzte sie an. „Ja, sie haben zu Hause auch Pferde, und ihre Eltern sind verreist, und sie hütet das Haus und die Hunde und alles – die hat sich also die Hand gebrochen oder jedenfalls angebrochen, und jetzt war sie beim Röntgen und ist in Gips gekommen und kann gar nichts mehr tun, es ist auch noch die rechte –"

„Aha. Und was hat das alles mit dir zu tun?" fragte Vater in seiner behutsamen Art, als Anja stockte. Sie sah ihn flehend an.

„Petra hat versprochen, dorthin zu gehen und ihr zu helfen, und da wollte sie – da will sie – es wäre doch besser, wir wären zu zweit –"

„Wo wohnt diese Dagmar denn?" fragte Vater nach einer kleinen Weile. Anja gestand, daß sie das nicht wüßte. Vater meinte, das wäre dann wohl das erste, was man feststellen müßte.

„Irgendwo auf dem Land hier in der Nähe. Sie haben außer den Pferden auch Hunde –"

„Solche wie Onkel Kurt?"

Vater lachte. Kurt, sein jüngerer Bruder, der Tierarzt war, besaß eine große Menge winziger Hündchen, die Anja vor einiger Zeit kennengelernt hatte. Anja mußte auch lachen.

„Nein, solche nicht. Solche sind bestimmt sehr selten. Sie haben große. Eine Dogge, soviel ich weiß, und einen Windhund, aber einen anderen, wie man denkt – er ist nicht gefleckt –"

„Und was noch?"

„Mehr weiß ich nicht. Aber –" Anja verstummte. „Vater", sagte sie dann, und es klang auf einmal ganz erwachsen und vernünftig, „wir haben doch noch Ferien. Und wenn ich dorthin ginge, könnte ich vieles lernen beim Helfen. Ihr habt mir erlaubt, daß ich in den Reitverein gehen darf, ab Januar im nächsten Jahr, aber ich versteh' doch gar, gar nichts von Pferden. Und dort sind welche, und ich könnte lernen, wie man mit ihnen umgeht, wie man sie putzt und was sie zu fressen bekommen und das alles. Petra kann das, ihre Eltern hatten immer Pferde, sie weiß alles, was ich noch nicht weiß. Ich könnte dort vielleicht auch ein Tagebuch schreiben. Nach den Ferien kriegt man in der Schule meistens einen Aufsatz auf: Mein schönster Ferientag oder so ähnlich. Da könnte ich alles genau beschreiben, einen Bericht, nicht nur so in der Phantasie, bei der alles nur ausgedacht ist, sondern wirkliche Tatsachen –", sie verstummte. Vater lächelte ihr zu.

„Und damit du einen recht schönen, selbst erlebten Aufsatz schreiben kannst, willst du also mit Petra zu Dagmar? Nur deswegen?" fragte er.

„Aber Vater! Natürlich nicht! Ich möchte halt gern hin, und Dagmar braucht wirklich Hilfe, das siehst du doch ein –"

„Und Mutter? Mutter bleibt ohne Hilfe?"

Anja schwieg. Was war dazu zu sagen? Hilfeflehend sah sie zu Vater hin. Der guckte verschmitzt.

„Hör zu, große Tochter", sagte er. „Erst erkundigen wir uns mal bei Dagmar, ob sie wirklich Hilfe braucht. Vielleicht fahren wir einfach mal hin und sehen uns dort um. Ich habe ja auch noch Ferien, genau wie du. Wenn ich auch einiges tun muß, was ihr Schüler nicht braucht . . . Lehrer haben es ja nicht so leicht wie ihr – ja, da könnte *ich* Mutter ja solange helfen, bis du wieder da bist. Solange ich keine Schule habe, könntest du Anja vielleicht entbehren, Mutter?" fragte er vorsichtig.

Mutter schwieg.

„Wenn sie verspricht, später –", sagte sie dann. Es klang zögernd, ein wenig mutlos.

Anja hörte genau heraus, was sie jetzt dachte. Sie wurde dunkelrot.

„Versprechungen verlangen, sich auf später vertrösten zu lassen, das ist eine Sache, die ich eigentlich gar nicht gern habe", sagte Vater, ehe Anja antworten konnte, und wiegte den Kopf. „Ich bin weniger für Versprechen als für Halten. Wollen wir es nicht Anja überlassen, ob sie nicht nur jetzt bei Dagmar, sondern später auch Mutter hilft, von sich aus? Auch, wenn wir keine Pferde und Doggen und keine Windhunde haben, sondern nur –", er betonte dieses Wörtchen lustig und so, daß es wirklich keinem weh tun konnte – „ein paar süße kleine Buben, die eine große Schwester sehr nötig brauchen, neben der Mutter, wenn der Vater wieder Stunden halten und Hefte korrigieren muß? Na, wie wäre das?"

„O Vater! Ich verspre . . . – nein, du wirst es aber erleben! Darf ich? Darf ich Petra anrufen und ihr sagen –"

„Anrufen darfst du sie, sollst du sogar. Sie muß ja wissen, woran sie ist. Am besten, du sagst ihr, sie soll ganz schnell mal herkommen. Sie hat doch ein Fahrrad, oder? Na, siehst du. Und da unterhalten wir uns erst mal ein bißchen mit ihr. Das Weitere findet sich."

„Danke! Danke! Ich ruf' gleich an!" Anja stürzte aus der Küche, gleich darauf hörten Vater und Mutter das leise „Kling" des abgenommenen Hörers. Sie sahen einander an.

„Wir kennen doch die Leute gar nicht. Und Anja war noch nie allein weg von uns", sagte Mutter. Es klang verzagt.

Vater lachte.

„Erstens kann man Leute, die man bisher noch nicht kannte, kennenlernen. Das heißt, wenigstens diese Dagmar mit der verknacksten Pfote. Das hab' ich ja gesagt. Und allein fort? Sie geht ja mit Petra dorthin, und Petra und ihre Eltern kennen wir ja nun schon eine ganze Weile. Und", er zog das Wort in die Länge und sah Mutter an, jetzt ernst, ein bißchen mahnend.

„Und?" fragte sie, als er innehielt.

„Und? Auch kleine und bisher einzige Töchter werden eines Tages groß und wollen sich in der Welt bewähren, nicht nur immerzu zu Hause bleiben und Muttern helfen", sagte Vater leise. „Hast du dir das schon mal überlegt? Diesmal ist es das erste Mal, und alles, was das erste Mal ist, ist eine große Sache. Besinnst du dich noch darauf, wie es war, als Anja das erste Mal allein in den Kindergarten ging? Und das erste Mal allein in die Schule ..."

Er sah Mutter an. Um ihren Mund zuckte es, aber sie versuchte zu lächeln. Er legte den Arm um ihre Schulter.

„Es wird ihr guttun, keine Frage", sagte er herzlich, „und dir auch. Eine Trennung ist manchmal sehr heilsam, denn gar zu einig seid ihr ja wohl in letzter Zeit nicht gewesen, Anja und du, oder? Na also. Und dann hast du etwas, worauf du dich freuen kannst, wenn sie wiederkommt. Ist das nicht hübsch?"

Drüben telefonierte Anja, daß man denken konnte, der Telefondraht müßte ins Glühen kommen.

„Sicherlich erlauben sie es – aber wissen wollen sie natürlich, wo es ist –, wir müßten jemanden finden, der uns hinfährt, meine Mutter ist nun mal so, immer hat sie Angst um mich. Ob deine Mutter es nicht täte? Die ist doch immer so toll – fragst du sie mal? O Petra, bis zum Schluß der Ferien sind es noch zehn Tage. Zehn Tage Pferde und Hunde und wir beide zusammen, und –"

Das alles in Lautstärke zwölf, als könnte Petra sie sonst nicht verstehen.

„Und – und – und –"

Vater und Mutter sahen einander an und mußten lachen.

Ja, es war wirklich ein toller Plan!

Wie manche Leute wohnen

Dagmars Eltern wohnten wirklich „Hinter Pfui-Teufel", wie man zu sagen pflegt. Frau Hartwig jedenfalls machte ein etwas pikiertes Gesicht, als sie den Wagen durch eine enge Kurve zog und immer noch kein Schild mit „Hinterhopfingen" kam. Gerade hatten sie eine Brücke überquert, und der Nebel hüllte den Wagen ein, daß man mit Licht fahren mußte, und das am hellen Vormittag.

„Wo mögen die Kinder wohl in die Schule gehen?"

„Sie fahren zweiundzwanzig Kilometer", meldete Petra von hinten, die sich immer und überall orientierte, „und der Schulbus kommt auch nicht bis ran. Ich meine, bis an Dagmars Dorf. Sie muß früh ein ganzes Stück laufen."

„Da habt ihr es ja gut dagegen", sagte Mutter. Anja fand das wieder einen richtigen Mutter-Ausspruch. War es nicht viel romantischer, früh durch Nacht und Nebel laufen zu müssen, als vom Schulbus an der Tür abgeholt zu werden? Petra meinte das übrigens auch.

Sie fuhren eine enge Waldstraße entlang, dann kam ein Schild: Für Kraftfahrzeuge verboten, Anlieger frei. Frau Hartwig bog ein, ein wenig zweifelnd, ob es richtig war. Petra zappelte auf ihrem Rücksitz und deutete aufgeregt auf ein Stück Weideland, um das ein doppelter Drahtzaun lief, etwa in Höhe von fünfzig und achtzig Zentimetern. Der Draht ging von Pfosten zu Pfosten und war an honigfarbenen, durchsichtigen Haltern angebracht.

„Elektrozaun, das macht man für Pferde!" verkündete sie aufgeregt. „Wir sind bestimmt richtig!"

Wirklich, jetzt kam ein Dorf. Keins, in dem reiche Fabrikanten sich geschmackvolle Eigenheime mit schönen Gärten gebaut hatten, sondern ein richtiges Bauerndorf mit Scheunen und Ställen. Ziemlich schmutzig, fand Anja, sagte aber nichts. Petra deutete wild winkend nach links.

„Dort müssen wir einbiegen, Dagmar hat mir's am Telefon genau beschrieben. Ein schmaler Weg links, auf dem man nicht mehr umdrehen kann."

„Und wie soll ich wieder rauskommen?" fragte ihre Mutter und fuhr langsamer.

„Ach, irgendwie. Rückwärts vielleicht. Dort! Dort! Das Haus muß es sein! Seht ihr nicht, da hängen Hufeisen über der Tür!"

„Das hat nichts zu sagen, die gibt's jetzt überall", sagte Vater. „Hufeisen oder alte Wagenräder oder Mistkarren und solchen Klimbim – man ‚trägt Pferd', das ist jetzt Mode."

„Aber Nummer 69! Das hat Dagmar gesagt. Seht ihr nicht, dort hängt doch eine 69, aus Hufeisen gemacht!"

Wirklich, über der Tür des langgestreckten Bauernhauses rechts von der Straße hingen zwei alte, geschickt zurechtgebogene Hufeisen, dünn gewetzt, blinkend, eins wie eine Sechs aufrecht stehend und eins daneben umgekehrt, wie eine Neun. „Hier ist es. Bestimmt, hier wohnen sie!"

Frau Hartwig fuhr dicht heran und hielt. Petra und Anja purzelten mehr heraus als daß sie ausstiegen, und gleichzeitig ging die Haustür auf. Ein junges Mädchen in Reithosen und Gummistiefeln trat heraus, mit einer Hand einen großen schwarzen Hund am Halsband zurückhaltend, der vorwärts zog – die andere Hand war umwickelt.

Das mußte Dagmar sein, kein Zweifel! Sie lachte den Ankommenden entgegen, das wunderschöne rötliche Haar aus der Stirn schüttelnd.

„Grüß dich, Dagmar", schrie Petra aufgeregt, „kann ich sie halten? Die Hündin, meine ich. Weil du doch nur eine Hand hast. Komm, laß mich –"

„Ich hab' noch zwei", lachte Dagmar und übergab ihr das Halsband. „Denkst du, die andere ist ab? Nicht mal gebrochen, wie sich beim Röntgen rausstellte, nur verstaucht. Der Arzt sagte, wir brauchten keinen Gips, ein Zinkleinenverband genügte. Und ich hab' euch herzitiert ... aber eine kleine Hilfe tut mir eben doch furchtbar gut, das seht ihr ein, nicht wahr? Ich kann ja fast – fast – fast gar nicht zufassen –", sie lachte so kläglich wie möglich. „Da, halt die Brumme, Petra, ja, so. Sie tut immer mächtig wütend, ist aber im Grunde ganz lieb. Sie ist alt und etwas wunderlich geworden, das werden Menschen ja auch manchmal. Im großen und ganzen kommt man schon mit ihr aus, und wachsam ist sie, alle Achtung!"

„Und das? Wer ist das?" fragte Petra weiter. Ein schmaler Hund, halb groß, braun gelockt, guckte jetzt aus der offenstehenden Tür.

„Das ist die Prinzessin. Komm, Zessi, und stell dich vor. Sie ist noch jung und dumm, aber eine Seele von Hund. Ja, kannst sie ruhig streicheln, Anja – das bist du doch, oder?" Sie lächelte Anja an.

Anja konnte sich noch nicht recht entschließen zuzugreifen. Sie war als kleines Kind einmal von einem Hund angefallen und umgeworfen worden und hatte das nicht vergessen. Zögernd trat sie näher heran.

„Du brauchst sie ja nicht gleich am Halsband zu nehmen", sagte Vater beruhigend hinter ihr, „laß sie an dir schnuppern, dann mag sie dich sicher sogleich gern, weil du nach Pferden riechst."

„Riech' ich denn?" fragte Anja beglückt. Vater lachte.

„Und ob! Wie eine ganze Kavalkade, wenn du aus dem Reitverein kommst. Man riecht das schon auf zehn Meter Entfernung. Siehst du, Zessi tut dir nichts."

„Aber ihr habt doch noch mehr Hunde?" fragte Petra eifrig.

„Natürlich, die Willia und ihre Jungen. Sieben waren es, vier haben wir noch. Ich zeige sie euch gleich. Aber erst –"

„Erst die Pferde!"

„Nein, erst kommen Sie doch bitte herein, ich hab' Kaffee gekocht", sagte Dagmar zu den drei Erwachsenen, „Kaffeekochen kann man auch mit einer Hand. Aber sonst ist eben doch manches zu tun, was ich einhändig nicht so recht hinkriege. Meine beiden Schwestern sind mit meinen Eltern verreist, wissen Sie –" Sie schloß die Haustür hinter sich. „Hier, legen Sie doch bitte ab, denn ein bißchen Zeit haben Sie doch hoffentlich mitgebracht?"

Es klang herzlich bittend. Mutter fand Dagmar sehr sympathisch – gleichzeitig bescheiden und vernünftig.

„Nicht sehr viel, aber etwas", sagte sie und schlüpfte aus ihrem Mantel. „Ich habe zu Hause zwei Babys, und es war nicht leicht, eine Nachbarin zu finden, die sie für einige Zeit zu sich nimmt. Zwei auf einmal will niemand so sehr gern übernehmen."

Dagmar hatte ihr den Mantel abgenommen. Vater sah sich aufmerksam um. Ja, umsehen mußte man sich hier, bereits der Flur war so, daß sich das Umsehen lohnte.

Ein altes Haus, neu gerichtet. Die Decke war mit hellem Holz getäfelt, mitten im Flur aber stand ein alter Balken, der diese Decke trug, richtig knorrig und voller schräg laufender Risse. Aber man sah, daß er ordentlich mit einer scharfen Bürste bearbeitet worden war, so daß man ihn anfassen und streicheln konnte, ohne sich Splitter einzuziehen. Er lief oben in drei Teile auseinander, wie eine Geburtsrune, und stützte die Decke. Die Treppe, die links davon in den oberen Stock führte, war auch aus so altem, nachgedunkeltem Holz; sie besaß kein Geländer, aber an ihrer Seite lief ein fast armdicker Strick, an dem man sich festhalten konnte. Der Fußboden des Flures bestand aus hellen Klinkern, rechts hingen Mäntel und Jacken an unregelmäßig eingefügten Holzhaken, auch ein Waldhorn und ein Feldstecher in ledernem Etui. Eine Tür stand auf; sie führte ins Wohnzimmer.

Ach, das Wohnzimmer! Sogar Petra

und Anja, die eigentlich nur auf Pferde und Hunde und anderes Getier warteten, merkten, daß hier eine besonders glückliche Hand am Werk gewesen sein mußte, als man aus einem alten Bauernhaus einen Wohnsitz nach heutigem Geschmack machte. Wunderschön war es geworden, mit weißen Wänden und schwarzen Balken an der Decke und einem Kaminplatz mit Rundbank, die etwas tiefer lag, so daß man auf Stufen hinuntersteigen mußte. Dort saß man sicherlich herrlich, wenn das Feuer flackerte und draußen der Sturm heulte. Die Möbel waren alt, meist dunkel, sicherlich ererbt oder zusammengesucht; an der einen Wand stand ein schöner bunter Bauernschrank.

„Och, hier gefällt mir's", seufzte Petra unwillkürlich. Sie war noch nie bei Dagmar gewesen.

Diese nötigte ihre Gäste in ein zweites Zimmer, das an das erste anschloß und fast ganz ausgefüllt war von einem riesenhaften Tisch. Hier mochte früher das Gesinde gesessen und gegessen haben, als es noch Gesinde gab. Dagmar hatte den Tisch hübsch gedeckt mit dunkelroten Bechern und ein paar Kerzen in der Mitte, auch die Kaffeekanne stand schon parat auf einem schmiedeeisernen Stövchen, aus dem eine Wärmekerze herausschimmerte. Die Angekommenen setzten sich, und die Unterhaltung ging gleich los.

Dagmars Eltern waren mit den zwei jüngeren Schwestern nach Wien gefahren, zu einem berühmten Arzt, der die kleinste untersuchen sollte.

„Sie ist nicht meine richtige Schwester, sondern ein Waisenkind aus Korea. Meine Eltern haben sie adoptiert", erzählte Dagmar. „Wir haben sie seit drei Jahren. Aber irgend etwas stimmt nicht bei ihr, und deshalb sind meine Eltern nach Wien gefahren. Es soll ein sehr guter Psychologe sein, zu dem sie sie bringen wollen, vielleicht kann er ihr helfen. Wir haben sie sehr lieb."

Später führte sie ihren Besuch auf dessen Wunsch durch das ganze Haus. War schon der untere Teil wunderschön, so konnte man im oberen, wo die drei Mädchen wohnten, von einem Entzücken ins andere fallen. Die Räume dort waren nicht durch Türen voneinander getrennt, sondern gingen ineinander über; unter schrägen Wänden, die meist getäfelt waren, standen bunt zugedeckte Betten, mal hier eines und eines dort, bäuerliche Kommoden dabei, drehbare Lampen, bei denen man, unterm Fenster sitzend, lesen konnte, die aber auch eine Eisenbahnanlage beleuchteten, die die Kinder durch alle Räume hindurch auf der Erde aufgebaut hatten. Man mußte vorsichtig darüber wegsteigen und sich auch immerzu wegen schräger Balken bücken, auf denen buntes Spielzeug stand, Schwedenpferdchen, weiß und blau und rot, oder an denen die Kinder bunte Wimpel und hübsche Pferdebilder angepinnt hatten. Petra war begeistert von der Eisenbahn.

„Oh, mit der spielen wir auch!" sagte sie sofort. „Abends, wenn die Pferde und Hunde versorgt sind und –"

„Ich denke, Eisenbahn spielen nur Jungen?" fragte Mutter verwundert. Vater lachte.

„Heutzutage, da Mädchen in Hosen herumlaufen und Jungen lange Locken tragen, gibt's diese Unterschiede nicht mehr. Am liebsten würde ich selber mitspielen." Er kniete schon am Transformator und schaltete ihn ein. Ein rotes Licht flammte auf, und aus dem Nebenraum kam eine winzige Lok angeschnauft, die nur darauf gewartet zu haben schien, lostuckern zu dürfen. Und nun war Vater nicht mehr wegzukriegen; er mußte noch den anderen Zug laufen lassen ... Mutter stand ein bißchen wie auf Kohlen neben ihm, weil sie immer an ihre Jungen dachte. Frau Hartwig lachte und machte Petra ein Zeichen: Komm, wir lassen ihn spielen und gehen inzwischen zu den Pferden! Denn sie merkte natürlich, daß es die Mädchen dorthin zog.

Dagmar verstand den Wink und ging voran, die Treppe hinunter, und dann kamen sie in einen Raum, der früher wohl die Milchkammer gewesen sein mußte. Von dort aus ging es in den Stall. Schon der vertraute Geruch hätte einen geleitet.

Der Stall war groß und hell, enthielt Laufboxen, über deren Bretterwände die Köpfe der Pferde guckten. Sie reckten sich und bewegten die Lippen, weil sie hofften, etwas zugesteckt zu bekommen, und wieherten leise und vertraut. Man hörte das Wiehern kaum, denn es wurde übertönt von einem unausgesetzten Blaffen, einem „Wauwau" und „Weffweff", das einem in den Ohren gellte. Petra rannte dem Radau entgegen – da guckten über eine etwas niedrigere Bretterwand vier schwarze Köpfe mit schwarzen Nasen, blinkenden Augen, einer wie der andere, und rechts und links neben jedem Kopf sah man zwei dicke, merkwürdig unförmige Pfoten, schwarz mit weißen Tupfen. Wenn ein junger Hund große Pfoten hat, so kann man mit Sicherheit annehmen, daß er groß und wahrscheinlich auch dick werden wird. „Nach diesen Pfoten", schrie Petra entzückt, als Dagmar ihr das erklärt hatte, „werden aus diesen vier Jungen elefantengroße Riesenhunde! So groß, daß man darauf reiten kann!" Sie maß die vermutliche Höhe vom Boden her ab. „O Dagmar, wie schön! Dann haben wir sieben Hunde, einer schöner als der andere." Sie hatte die Mutter der vier Sprößlinge entdeckt, die ruhig an der Schmalseite der Box lag und zu ihnen aufblickte. „Drei erwachsene und vier junge, wie wunderbar! Hat sie die vier auf einmal gekriegt?"

Das war natürlich eine dumme Frage, aber Petra konnte in dem Tempo, in dem sie lebte, oft nicht überlegen. Dagmar lachte.

„Vier? Sieben! Sieben waren es. Und so dumm ist es gar nicht gefragt, es ging gar nicht auf einmal, ich habe zwölf Stunden bei ihr gesessen. Die andern drei sind schon verkauft."

„Wie schade", sagte Anja. „Aber das muß man wohl. Ich hab' mal gehört, man darf einer Hundemutter nur sechs lassen. Wenn man ihr mehr läßt, werden sie alle miteinander mickrig. Die überzähligen muß man zu einer Amme bringen oder mit der Flasche aufziehen."

„Eigentlich ja", gab Dagmar zu. „Aber wir haben ihr alle sieben gelassen, sie waren alle gleich schön und stark. Nun bekommen wir eben keine Papiere für sie. Aber so schöne Hunde kann man auch ohne Papiere verkaufen. Die Leute, die sie kaufen, dürfen nur nicht mit ihnen züchten."

Gerade kam Vater in den Stall.

„Hier seid ihr", wunderte er sich, „na ja, ich hätte es mir ja denken können. Auf einmal wart ihr weg und ich allein mit meiner Eisenbahn. Und dann fand ich mich oben gar nicht zurecht. Das ist ja das reinste Labyrinth, ich kam und kam nicht an die Treppe. Schließlich hab' ich eine kleine Tür gefunden, und als ich die aufmachte, stand ich im Freien. Auf einem winzigen, ein wenig vorspringenden Dachsims. Ja, Anja, du kannst es glauben! Und weil dort eine kleine freundliche Leiter hinunterführte, kletterte ich also hinab und kam von außen an den Stall. Ihr Haus ist wirklich etwas Besonderes, Dagmar!"

„Ach, Sie haben unsere Feuerleiter entdeckt", sagte Dagmar und lachte. „Die haben wir gebaut, weil es da oben so verwinkelt ist. Cosy, unsere kleine Beinahe-Schwester, hatte die Idee. Sie meinte, wenn man innen nicht hinunterfindet, müßte man draußen etwas einrichten, um ausreißen zu können, wenn etwa einmal Feuer ausbräche. Unser Vater hörte sich das an und überlegte einen Vormittag lang, und dann ließ er die Luke und die Leiter bauen."

„Und wie man sieht: Ich fand die Treppe wirklich nicht, obwohl kein Feuer ausgebrochen war", sagte Vater. „Es hat also sehr wohl seine Berechtigung, dies so einzurichten."

„Das müssen wir auch sehen! Da müssen wir auch runterklettern!" rief Petra und zog Anja mit sich, aus dem Stall heraus und an die Längsseite des Hauses. Dort fanden sie wirklich das Leiterchen, und schon ging es in affenartiger Geschwindigkeit hinauf. Mutter, die etwas später kam, sah gerade noch Anjas Beine verschwinden.

„Wenn sie aber nun –"

„Du malst dir natürlich jetzt aus, daß sie nachts oder bei dickem Nebel zu der kleinen Tür herausfallen und sich Hals und Beine brechen", sagte Vater belustigt und hakte Mutter unter, um sie ins Haus zu führen. „Denk doch ein einziges Mal daran, daß auch kleine Mädchen lieber mit ungebrochenen Beinen und Armen herumspringen und sich also schon ein bißchen in acht nehmen werden. Nicht wahr, Dagmar? Von Ihrer Leiter ist noch keiner gepurzelt?!"

Er zwinkerte Dagmar zu. Die lachte.

„Nein, wahrhaftig. Und Anja und Petra sind ja schon groß. Als Hedi, meine richtige Schwester – sie ist vier Jahre jünger als ich – zehn war, also ungefähr so alt wie Anja, fuhr sie uns jeden Tag den Mist weg. Ganz selbständig. Wir packen den täglich anfallenden Mist auf einen Wagen, der am Stallausgang steht, und vor den spannte sie ganz allein unsere Lotte, fuhr den Mistwagen weg, lud ihn ab und brachte ihn leer zurück. Einmal ging ihr die Stute durch, es passierte gottlob nichts, nur die eine Deichsel war verbogen, als Lotte endlich hielt und wir nachkommen konnten. Von da an aber sagte Vater, wir sollten jetzt den Mist gemeinsam wegfahren, es wäre doch sicherer. Ich meine also: Mit zehn Jahren ist man vernünftig genug, nicht nur selbständig arbeiten zu können, sondern sich auch in acht zu nehmen. Hedi war sehr geschickt abgesprungen, ebenso, wie Vater uns das erklärt hatte. Da werden die beiden ja auch aufpassen, daß sie nicht von der Leiter fallen. Daß ich diesen blöden Knacks gekriegt habe" – sie lachte und hob die verbundene Hand ein wenig an –, „das war einfach Pech. Ich bin in der Küche ausgerutscht und hab' mich auf eine dumme Art abgestützt, als ich auf dem Hosenboden landete. So was kann jedem immer und überall passieren. Küchen sind in jeder Wohnung, dazu braucht man nicht aufs Dach zu klettern."

Das mußte Mutter zugeben.

„Aber ihr klettert trotzdem nicht –", setzte sie an, brach dann aber schnell wieder ab. Was nützte es, den Kindern Vorschriften zu machen, wenn man sie für viele Tage hier allein ließ. Mutter kam die eine Woche, die vorgesehen war, wie eine Ewigkeit vor. Anja war noch nie so lange von ihr fort gewesen.

„Ich pass' schon auf. Sie können unbesorgt sein", tröstete Dagmar sie halblaut. „Ich bin es doch gewöhnt, auf Jüngere aufzupassen. Bei jeder Gelegenheit heißt es: du als Älteste ... Das ist nun wieder der Tick meiner Eltern. Alles kommt immer auf mich."

„Wie man sieht, haben demnach alle Eltern einen Tick", sagte Frau Hartwig vergnügt. „Auch solche, die ein derartig schönes Haus bauten. Ja, Dagmar, Ihr Zuhause ist wunderschön, und ich gönne es Petra, daß sie eine Woche hier wohnen darf. Nur lassen Sie sie nicht gar zu sehr verwildern, bitte! Einmal am Tag waschen ist vielleicht nicht übertrieben ..."

„O nein. Und – sie sind ja zum Helfen gekommen", sagte Dagmar ernsthaft. „Die vielen Tiere machen eine ganze Menge Arbeit, so daß einem die Flausen vergehen. Es wird schon alles gut werden, Sie können ja immer mal anrufen, ob die Mädchen noch leben", setzte sie lachend hinzu.

Dies war der Augenblick, da Mutter die Neueinrichtung des Telefons segnete, über das sie bisher immer nur geseufzt hatte. Ja, sie würde anrufen, jeden Abend ...

Endlich im Sattel

„Aufwachen, Schlafmütze, aufwachen! Herrje, wie tief schläfst du denn!"

Petra konnte selbst die Augen noch nicht richtig aufbekommen. Es war gestern abend spät geworden, so hübsch hatten sie es gefunden, um den Kamin zu sitzen und sich mit Dagmar zu unterhalten. Jetzt erwies es sich als Schwerstarbeit, Anja wach zu bekommen. Sie lag so in ihre Decken gewühlt, daß man nur ein Bein herausgucken sah. Kopf und Arme waren unterirdisch, auch der sonstige Körper. Petra kniff schließlich in dieses Bein.

„Aua!"

„Na endlich! Wir müssen füttern gehen!"

„Ist es denn schon ..."

„Natürlich! Dagmar ist sicherlich schon im Stall."

„Ach, das weißt du nicht mal? Sie hat doch versprochen, uns zu wecken. Wenn sie also noch nicht –"

„Klar hat sie. Sie hat von unten gerufen: Aufstehen! Und an die große Schelle gehauen, die im Flur hängt, an die Kuhglocke, du hast sie doch gestern gesehen. Und dann ist sie los –"

„Die Glocke?"

„Quatsch, Dagmar. Also wenn du jetzt nicht kommst –"

Petra brauchte nicht weiter zu drohen. Anja hatte sich aus ihren Decken gewickelt, zog in Eile ihren Anorak über den Schlafanzug und fuhr ohne Strümpfe in die Gummistiefel.

„Hättest du das doch gleich gesagt! Wenn Dagmar geweckt hat, müssen wir los!" Sie war schon halb die Treppe hinunter, ihre Stimme verklang. Petra rannte hinterher.

Wirklich, Dagmar war schon im Stall. Das heißt, sie befand sich gerade über dem Stall, auf dem Heuboden, wo Heu und Stroh lagerten. Dort gab es eine Luke, durch die man hinaufkam, und dort oben wurden die Heunetze gefüllt. In diesem Stall fütterte man das Heu in großen Perlonnetzen, die man über die Krippen hängte. Aus denen zogen es die Pferde mit den Lippen heraus, Halm für Halm, und nichts davon ging verloren. Sonst wühlen manche Pferde darin herum und werfen Heu herunter, das dann in die Streu getreten wird.

„Ich hab' die Netze schon hier", sagte Dagmar, als Anja und gleich hinter ihr Petra durch die Luke kamen, „das dort ist schon voll. Das kriegt die Lotte, dort an den Haken kommt es. Und das ist für Ströppchen, den kleineren in der Ecke drüben. Hier, nimm es. Die Haken findet ihr schon, an die die Netze kommen."

Petra und Anja liefen hin und her, schoben die Riegel der Boxentüren auf, drängten sich hinein, sprachen und schalten mit den Pferden, die begierig herankamen, und fühlten sich wie echte Stallburschen. Dann wurden noch die Eimer geholt, gesäubert und frisch mit Wasser gefüllt. Kraftfutter gab es erst abends.

„Was man früh füttert, geht in die Krippe, was man abends gibt, in die Kruppe, heißt eine alte Futterregel", erklärte Dagmar, als Petra nach Hafer fragte. „Wenn die Pferde sehr beansprucht sind, füttern wir früh und abends Kraftfutter, jetzt aber nur abends. Sie haben ja ein faules Leben zur Zeit." Sie patschte der Lotte freundlich auf die Kruppe.

„Tun sie gar nichts?" fragte Anja vorsichtig, aber Petra war weniger schüchtern und fragte geradeheraus: „Können wir nicht wenigstens einmal am Tag reiten? Es sind doch drei, und ..."

„Natürlich können wir", sagte Dagmar vergnügt, „das heißt: Wenn ihr könnt. Daß du, Petra, auf jedem Pferderücken sitzt, der sich anbietet, das weiß ich ja, aber wie ist es mit Anja?"

„Ich gehe ab Januar auch in den Reitverein", sagte Anja eilig, und Petra schnitt ihr das Wort ab.

„Wir können sie doch an den Führzügel nehmen, jedenfalls zu Anfang." Dagmar lachte. Sie hatte die große Karre in die Stallgasse geschoben und zeigte den beiden Mädchen, wie man den nachts gefallenen Mist sammelt, ohne allzuviel von der Streu mitzunehmen, und ihn in die Karre wirft. Dabei erzählte sie:

„Ich hab' mal ein sehr hübsches englisches Kinderbuch gelesen. Und in England wird ja überall geritten, die Kinder wachsen dort sozusagen auf Pferden auf. Richtige Wege, um Kinderwagen zu schieben, gibt es in vielen Gegenden gar nicht, da kommen die kleinen Kinder in ein Körbchen, an dem ist ein Strick und auf der anderen Seite ein eingewickelter Stein, der das Gleichgewicht hält. Der Strick kommt über den Ponyrücken, und das Pony wird geführt, und so schaukeln die Kinder durch Wind und Regen. In England regnet es ja sehr oft. Die größeren Kinder reiten natürlich. Das ist für die Mütter lustiger, als den Kinderwagen zu schieben. Oft machen es auch die größeren Geschwister oder andere Kinder, die sich ein paar Pence verdienen wollen.

In dieser Geschichte nun kam ein Stadtkind, ein Einzelkind ohne Geschwister, zu einer Familie aufs Land, in der es mehrere Kinder gab, die alle reiten konnten.

‚Du kannst doch auch', sagten sie, und die Kleine war zu schüchtern, um zu widersprechen. Sie nahmen sie mit –

und als sie wieder zu sich kam, lag sie auf der Couch im Wohnzimmer, und die Mutter der Familie beugte sich über sie und sagte: ‚Ich werde es mir nie verzeihen, solche idiotischen Kinder in die Welt gesetzt zu haben.' Es war weiter nichts passiert, halt der Film gerissen, nachdem die Kleine abschmierte – das gibt es. Man erinnert sich dann an nichts mehr. – Aber du bist doch schon geritten, Anja, oder?"

„Ein bißchen", sagte Anja kleinlaut und hoffte inbrünstig, daß Petra nicht sagen würde, wie klein dieses bißchen gewesen war. Nur im Schritt, und eigentlich nur drauf gesessen ...

„Na, wir werden sehen. So jedenfalls wie diese englischen Kinder machen wir es nicht", versprach Dagmar gutmütig. „Nehmt die Karre und fahrt sie raus, ja, danke. Etwas Streu kommt jetzt noch herein, unsere Pferde sollen es schön haben. Und dann rüber ins Haus und frühstücken. Habt ihr noch keinen Hunger?"

Doch, bei beiden meldete sich jetzt der Magen.

„Aber die Hunde müssen doch noch was kriegen", erinnerte Petra. Dagmar lachte.

„Die haben schon. Denen geb' ich ihr Teil immer schon gleich zu Anfang, damit sie mich nicht dauernd daran erinnern, daß sie noch da sind und Kohldampf haben. Man hat dann ein Morgenkonzert gratis, daß einem die Ohren gellen. Ich finde es schöner im Stall, wenn es still ist. Wenn man nur die Pferde kauen hört und im Stroh rascheln und mal an die Wand bollern ..."

Anja stellte sich auf die Zehen und guckte über die Bretterwand in die Hundebox hinunter. Willia, die Doggenmutter, hatte ihren Napf sauber ausgeleckt und lag nun wieder seitlich im Stroh, ihre vier Sprößlinge in Richtung ihrer Beine, also quer zu ihr, nebeneinander ausgerichtet, die Mäulchen an ihrem Gesäuge.

Es war ein bemerkenswertes Bild des Friedens und des gesättigten Mutterglücks.

Sie gingen durch die Milchkammer und begegneten im Flur Zessi und der alten Brumme. Auch diese beiden Hündinnen hatten schon gefrühstückt. Sie begrüßten die Mädchen wedelnd und mit vorgestreckten Nasen. Dagmar nahm sie mit in die Küche.

Diese Küche war auch sehr gemütlich: mit einer Eckbank um einen klotzigen Tisch.

„Unser Landsknechtstisch", sagte Dagmar zärtlich und streichelte ihn im Vorbeigehen. „Setzt euch, ihr bekommt gleich was Warmes zu trinken."

Während des Frühstücks wurde beraten.

„Am besten geben wir dir die Lotte", sagte Dagmar und ließ einen dünnen Pfannkuchen auf Anjas Teller rutschen. „Wir frühstücken heute amerikanisch wie die Cowboys, mit Speck und Eiern und Pfannkuchen, auf diese Weise sparen wir das Mittagessen", erklärte Dagmar. „Lotte ist unsere Älteste und vernünftig, wenn sie nicht gerade mit dem Mistwagen durchgeht. Und du kriegst keinen Sattel, sondern einen Gurt mit Griff, an dem du dich festhalten kannst – oder nein, noch besser: Wir nehmen den Westernsattel für dich. Hast du schon mal einen gesehen? Der ist tief eingeschwungen und hat vorn einen Sattelknopf, um den die Cowboys ihre Lassos wickeln, wenn sie sie nicht brauchen. An diesem Horn, wie man es nennt, kann man sich gut festhalten. Überhaupt ist es beinahe unmöglich, aus einem Westernsattel abzuschmieren. Höchstens kann einem das Pferd durchgehen, aber dafür nehmen wir dich ja an den Zügel. Wißt ihr was? Wir könnten eigentlich gleich ein richtiges Stück reiten, zur Mühle unseres Nachbardorfes. Dort will ich sowieso Hafer bestellen und Weizenkleie. Wir könnten ja auch anrufen, jedenfalls beim Nachbarn, denn der Müller selbst hat kein Telefon."

„Wir werden doch um Himmels willen den Nachbarn nicht bemühen, daß er den weiten Weg hinüberläuft", sagte Petra sofort, zutiefst davon überzeugt, daß man so etwas nicht tut. „Nein, da reiten wir lieber rüber, das nehmen wir auf uns. Wie weit ist es denn?"

„Na, so fünf Kilometer schon. Traust du dir das zu, Anja?" fragte Dagmar und goß ihr eine Tasse Tee ein.

„Natürlich. Vor allem mit dem Westernsattel", sagte Anja so gleichmütig wie möglich. Sie hoffte nur, Dagmar würde nicht ahnen, daß sie einen solchen Sattel in Wirklichkeit noch nie gesehen, geschweige denn angefaßt oder gar darin gesessen hatte.

„Na gut. Dann reiten wir also gleich nach dem Frühstück. Man weiß nicht, was für Wetter wir bekommen." Dagmar sah aus dem Fenster. „Es sieht fast so aus, als käme was. Die Wettervorhersage hab' ich heute noch nicht gehört. Na, ihr habt ja Anoraks mit und Gummistiefel. Auch Handschuhe?"

„Alles." Petra und Anja waren auf einmal satt. Nichts ging mehr in den Mund hinein, höchstens der letzte Schluck Tee. Aber essen war auf einmal unmöglich.

„Schön, dann können wir also gleich los, die Pferde haben jetzt aufgefressen. Nur die Betten machen wir noch. Unsere vielgepriesene Art, ohne Türen zu leben – jedenfalls im oberen Stock –, ist auch ein wenig unbequem – oder gerade erzieherisch, wenn man es so nimmt. Wer uns besucht, ist sofort mittendrin, wenn er die Treppe erklommen hat, und da ist es etwas blamabel, wenn die Betten noch zerwühlt sind oder auf der Erde liegen."

„Kommt denn Besuch einfach so rein, wenn wir nicht da sind?" fragte Anja verwundert. „Bei uns wird immer abgeschlossen, wenn man weggeht."

„Bei uns auch, aber wir haben viele gute Freunde, die uns besuchen, und die kommen manchmal zu den komischsten Zeiten. Oft liegt früh jemand im Bett, der uns nicht mehr geweckt hat, weil er das unhöflich gefunden hätte – einer unserer alten Reitfreunde zum Beispiel. Sein Pferd steht dann in der Besuchsbox, und er schläft. Oder –"

„Ja, wie kommen die denn aber herein?" fragte Anja. Dagmar lachte.

„An unserer Haustür, in der Ecke, dort, wo der Gartenzaun anfängt, steht ein Blumentopf, unauffällig, etwas Reisig drüber. Darin liegt ein Extraschlüssel. Mit dem kann jeder, der es weiß, herein. Er muß ihn nur wieder hinlegen und zudecken. Wer das nicht tut, darf nie wieder kommen, haben wir ausgemacht. Bisher hat ihn deshalb jeder wieder hingelegt. Auch wenn es schneit, findet man ihn dort, denn das Reisig kann man ja vorsichtig anheben. Ich glaube nämlich, heute –", sie witterte wieder zum Fenster hin.

„Glaubst du, daß wir Schnee bekommen?" juchzte Anja unterdrückt. Jetzt auch noch Schnee – es wäre nicht zu fassen!

„Beinah ja. Wir hatten diesen Winter schon welchen, und da haben wir den Pferden die Eisen abgenommen. Sie gehen im Schnee besser ohne, rutschen nicht und stollen nicht auf. Aufstollen nennt man, wenn sich in der Höhlung des Hufes Schneeklumpen ansammeln und immer größer werden. Damit treten die Pferde unsicher und können sich sogar ein Bein brechen, wenn sie umknicken. Nein, die Eisen sind runter, wir können ruhig reiten. Natürlich möglichst auf weichem Untergrund, solange kein Schnee liegt."

„Wunderbar!" Anja rannte die Treppe hinauf. „Ich mach' eure Betten gleich mit", rief sie noch hinunter, „ihr braucht nicht erst zu kommen!" Und hatte ganz vergessen, wie überflüssig sie es fand, wenn sie daheim ihr Bett machen sollte. Zu schade, daß Mutter sie nicht sah! So aber ist das nun mal im Leben ...

Übrigens bekam ihre Mutter doch das Staunen nachgeliefert, nämlich durchs Telefon. Sie hatte es sich nicht versagen können, schon jetzt, vormittags, kurz anzurufen – Vater war gerade aus dem Haus gegangen, um Zigaretten zu holen. Da ließ sie alles stehen und liegen und wählte mit vor Eile zitternden Fingern die Nummer, die sie sich von Dagmar hatte aufschreiben lassen. Dagmar war am Apparat.

„Ja, danke, alles in Ordnung. Möchten Sie Anja selbst sprechen, soll ich sie holen? Nicht nötig?

Ja, sie ist eben hinaufgelaufen und macht die Betten –"

„Anja macht Betten!" sagte Mutter vor sich hin, während sie ins Kinderzimmer hinüberging, um dort aufzuräumen. Sie hatte vorhin etwas von dort holen wollen und war fast umgefallen, als sie sah, wie Anja es verlassen hatte: als Schlachtfeld, wild und wüst. „Anja macht Betten, Anja macht Betten", murmelte sie immer wieder vor sich hin und schüttelte den Kopf. „Immerhin, es gibt nichts, was es nicht gibt", seufzte sie und hängte Anjas Schulkleid auf einen Bügel. „Vielleicht wird sie doch eines Tages noch –" Da kam Vater. Und damit war es zu Ende mit den Selbstgesprächen.

Die Mädchen sattelten. Dagmar führte eins der Pferde nach dem anderen in die Stallgasse, zeigte Anja, wie man dem Pferd das angewärmte Gebiß zwischen die Lippen schob, wie man putzte und gurtete. Petra konnte dies alles schon, und auch Anja hatte im Reitstall oft zugesehen und geholfen. Nur der Westernsattel war ihr neu. Sie bewunderte ihn: die zwei Gurte, von denen der eine durch einen Ring lief, und die merkwürdigen Bügel, die wie Lederschuhe aussahen.

„Sie schützen den Cowboys die Beine und Füße, denn die müssen ja Rinder treiben, und die Rinder gehen die Reiter manchmal mit den Hörnern an", erklärte Dagmar.

Auch das Horn befühlte Anja. Es war natürlich wichtig, weil es eine gewisse Sicherheit bedeutete.

Und dann waren alle drei Pferde fertig und wurden hinausgeführt. Anja fühlte das Lampenfieber in sich aufschießen – wenn sie jetzt versagte? Ihr war zumute wie damals, als sie in einem Krippenspiel mittun sollte und im Scheinwerferlicht plötzlich kein Wort mehr von ihrer Rolle wußte.

„So. Ja, du machst es richtig. Nun hochziehen", hörte sie Dagmars Stimme. Sie hatte den linken Fuß im Bügel und schwang das rechte Bein über das Pferd. Und dann saß sie im Sattel, endlich im Sattel!

„Mein erster Ausritt"

Eigentlich kam Anja erst richtig zu sich, als sie das Dorf schon hinter sich gelassen hatten und einem Feldweg folgten, der leicht bergan führte. Sie ritten im Schritt. Dagmar hatte den Zügel von Lotte in der rechten Hand, und Lotte ging brav neben Ströppchen her. Anja rückte sich zurecht; der Sattel war wirklich sehr tief, man fühlte sich darin irgendwie geborgen und sicher.

„Ich hab' lieber Ströppchen genommen, weil er sich mit Lotte verträgt. Bei Pußta ist das nicht so sicher", sagte Dagmar. Petra folgte mit Pußta. Die warf mit dem Kopf und versuchte, an Ströppchen vorbeizukommen und schneller zu werden. Dagmar sah kurz zu ihr hin.

„Laß die Unterschenkel ein bißchen weg, Pußta ist kitzlig", sagte sie, „aber du, Anja, kannst sie anlegen. Versuch, die Knie dicht am Pferd zu halten, Lotte ist das nämlich gewöhnt."

„Und Pußta nicht? Ich merk's", sagte Petra vergnügt. „Ola, ola, meine Gute –" Pußta hatte einen Satz gemacht. Petra sprach beruhigend auf sie ein. „Immer dasselbe, was ein Pferd für Macken hat, wird einem immer erst gesagt, wenn man drauf sitzt. Warum eigentlich nicht vorher?"

„Macke! Daß sie ein bißchen kitzlig ist, ist ja noch keine Macke", sagte Dagmar friedlich. „Und Lotte hat überhaupt keine Macken, höchstens, wie gesagt, vorm Wagen. Beim Reiten geht sie nicht durch. Hier, du kannst die Zügel selbst haben, Anja, du siehst ja, sie bleibt neben mir. Nimm sie auf, so, wie ich sie halte – Fäuste aufrecht, ja, gut so. Und aufrecht sitzen, aber kein hohles Kreuz machen. Komm neben uns, Petra, dann geht die Pußta auch wie eine Eins. Traben können wir später. So, auf meine linke Seite, mit der Lotte ist sie manchmal etwas giftig."

„Wieder was, was man vorher nicht erfuhr", sagte Petra, gehorchte und kam an Dagmars Seite. „Nun sag nur noch, daß sie sich im Galopp aufs Gebiß legt."

„Wir galoppieren ja noch gar nicht", sagte Dagmar vergnügt, „nein, jetzt wird erst Schritt geritten. Wie fühlst du dich, Anja? Gut, was?"

„Wunderbar", seufzte Anja. Es war die Wahrheit. Sie holte tief Atem und sah nach vorn: „Ich reite!"

„Der Kopf sei der höchste Punkt des Reiters, die Schultern sollen ein wenig zusammengenommen werden, kein Hohlkreuz bitte, das Gesäß im Sattel vorschieben, die Oberschenkel angesaugt, die Unterschenkel nur ganz leicht am Pferd, so daß ein Seidenpapier dazwischen nicht zerknittert würde – die Hacken nach unten gedrückt und die Fußspitzen in Richtung des Pferdekörpers angehoben, Arme leicht gewinkelt und Fäuste aufrecht – locker und ungezwungen bleiben", betete Petra halblaut vor sich hin. „Das letzte finde ich immer als Höhepunkt. Für alles, für jedes einzelne Fingerglied gibt es Vorschriften, und dann wird verlangt, daß man ganz natürlich und ungezwungen sitzen soll..."

„Ja. Später ist einem das alles ganz selbstverständlich", sagte Dagmar. „Anfangs klingt es unmöglich. So, und jetzt traben wir an. Keine Sorge, Anja, Lotte wirft so gut wie überhaupt nicht, sie geht so weich, daß man denkt, sie läuft auf Daunen."

Anja konnte das nicht finden. Lotte hatte sich gehorsam in Trab gesetzt, und das war wahrhaftig etwas anderes als vorhin der Schritt. Vielleicht war Lottes Trab gegen den anderer Pferde wirklich weich, Anja aber hatte das Gefühl, als hopste sie auf und ab, fiel einmal rechts und dann wieder auf der anderen Seite aufs Pferd zurück, wurde geschüttelt und geworfen ...

Ein Glück, daß sie sich am Horn festhalten konnte. Sie tat es, und als Dagmar dann auch noch zu ihr herüberschauend: „Gut so, sehr gut", sagte, kam sie langsam wieder zu Atem.

„Mach die Beine lang, so lang es geht", sagte Dagmar, „ja, so sitzt man sicherer. Wie eine Kneifzange. Sobald du dich nach vorn beugst, rollst du seitlich ab. Schön aufrecht!"

Wahrhaftig, Anja merkte es. Und dann hieß es zum großen Glück wieder: „Schritt!", und man konnte aufatmen.

Petra kämpfte ein wenig mit ihrem Pferd, das den Kopf warf und mit dem Schweif schlug.

„Gib acht, daß du mit dem Zügel kein Mähnenhaar erwischst, das mag sie nicht", rief Dagmar zu ihr hinüber, „dann schüttelt sie. Na, *du* wirst dich wohl nicht mehr an der Mähne halten müssen, nicht wahr!?"

„Nein, aber aus Versehen kriegt man manchmal eins zu fassen", sagte Petra und bekam ihre Stute endlich in Schritt, versuchte, sie wieder an Ströppchens Seite zu bugsieren. „Das kommt bloß von den Handschuhen. Kannst du sie nehmen?" Sie hatte sie mit den Zähnen abgezerrt und reichte sie Dagmar hinüber. Die nahm sie ihr ab und stopfte sie in die Jackentasche. „Aber frieren wirst du jetzt."

„Na, wenn schon. So, so, Pußta, jetzt geht's besser, nicht wahr?"

Während die beiden miteinander beschäftigt waren, versuchte Anja zu begreifen, daß endlich wahr geworden war, was sie seit Monaten ersehnte: Sie ritt! Sie ritt wirklich, saß nicht nur auf einem Pferd, das jemand führte, sondern ritt neben anderen aus, die Zügel selbst in der Hand. Weit lag das Land vor ihr, ein wenig wellig, nicht bergig, sondern sanft auf und ab schwingend. Und jetzt – es war, als sollte das Glück vollkommen werden – begann es ganz, ganz sachte zu schneien. Erst waren es nur ein paar winzige Flöckchen, die herabtaumelten, hier eins und dort eins, dann aber besann sich der Himmel und öffnete sich. Petra behauptete, sie wäre schon ganz weiß vorn. „Hier, mein Anorak, seht ihr?" Dagmar lachte sie aus. „Denkst du, bei uns ist es anders? Ich hab' den Schnee doch bestellt, extra für euch. Da will ich auch was davon abkriegen!"

Als sie eine kleine Steigung hinter sich hatten, sahen sie das Dorf, zu dem sie reiten wollten.

Die Mühle war allerdings noch nicht auszumachen, sie lag im Tal.

„Es ist eine Wassermühle, keine Windmühle", erzählte Dagmar, „und sie wird seit einigen Jahren elektrisch betrieben. Aber es spukt noch immer dort. In Mühlen spukt es ja oft. Das Rad ist noch zu sehen, ich zeig' es euch."

„Spukt es wirklich?" fragte Anja, als Dagmar einen Augenblick schwieg. Sie hatte das so erzählt wie alles andere, sachlich und ruhig, so, wie wenn man sagt: Es ist kalt heute. Spuk – den gab es doch nicht!

„Doch, ja, irgendein alter Müller geht da um. Aber nicht am Tag. So, nun können wir noch mal traben und dann ein Stück galoppieren, damit Anja weiß, wie das ist. Wenn sie hinterher absteigt und zum Nachhauseritt wieder aufsitzt, ist sie schon ganz zu Hause auf dem Pferd. Also – Terrab – so –", die Pferde gehorchten, „und jetzt – Galopp marsch!"

Anja hatte es oft gehört und nie geglaubt, aber es stimmte: Galopp ist die leichteste Gangart. Wenn man beim Trab von rechts nach links geschüttelt wird, wiegt man dagegen im Galopp gleichmäßig vorwärts. Der Galopp wiegt einen; jedenfalls tat er es bei Lotte, sanft und gleichmäßig.

„Na?" fragte Dagmar, als sie am Ende des Feldwegs, der hier in eine größere Straße einmündete, wieder in Schritt gefallen waren.

„Wunderbar", seufzte Anja, und im gleichen Augenblick quiekte sie auf, erschrocken und unkontrolliert. Ein paar Schritte vor ihr, links von Ströppchen, war Petra von ihrer Stute geschossen, die aus einem unerfindlichen Grund plötzlich gestoppt hatte. Sich in der Luft zusammenkugelnd, überschlug sich Petra und landete in einem Haufen Gestrüpp, das hier am Wege stand. Anja war furchtbar erschrocken.

Dagmar nicht. Sie hatte ihren Ströppchen sofort neben Pußta gedrängt und erwischte deren Zügel.

„Hast du dir weh getan?" rief sie zu Petra hinüber.

Die stand aber schon wieder auf den Beinen. „I wo. So steig' ich immer ab", behauptete sie und lief zu ihrem Pferd hin. „Danke. Aber wenn du wieder mal so plötzlich stoppst, geliebte Pußta, sag es vorher!" Schon war sie wieder oben.

Sie ritten dann das letzte Stück im Schritt, hier war die Straße hart. Als sie an der Mühle angekommen waren,

sprang Dagmar ab, hielt Lotte, damit Anja absitzen konnte, und führte die Pferde in den Hof. Die Frau des Müllers kam ihnen entgegen und begrüßte sie freundlich. Sie durften die Pferde einstellen – die Mühle hatte noch einen richtigen Stall dabei –, absatteln und anbinden. Jedes bekam einen Armvoll Heu vor die Nase gelegt, und sogleich fingen sie an zu fressen. Dagmar zeigte Anja, wie man den Sattel aufhängt, und dann drängten sie alle hinüber ins Haus, in die Küche, ins Warme.

„Ich bin gerade beim Backen", sagte die Müllersfrau. „Ihr kommt genau richtig."

Sie zog soeben ein Blech mit Hefegebäck aus dem Ofen. Es roch süß und gut, nach Zimt und zerlassener Butter. „Setzt euch, ihr bekommt gleich etwas Warmes zu trinken."

„Danke. Ach, wunderbar!" Es tat unbeschreiblich wohl, die Anoraks auszuziehen und sich zu strecken – irgendwie muß man nach dem Reiten ja wieder stehen, laufen und sitzen lernen – so jedenfalls empfindet es der Anfänger. Alle Muskeln sind anders beansprucht worden als gewöhnlich, und ein bißchen spürt man auch die Knochen, von denen man sonst keine Ahnung hat, daß sie überhaupt vorhanden sind. Nirgends aber konnte einem wohler sein als in dieser süß duftenden Mühlenküche, meinte Anja, und die anderen schienen es genauso zu fühlen.

Die Müllerin goß ihnen heiße Milch ein und rührte Honig dazu. Anja merkte erst jetzt, wie ausgekühlt sie war. Vor allem spannte die Haut im Gesicht, aber der warme Trunk wirkte Wunder. Petra hatte sofort – woher, wußte der Himmel – eine Katze auf dem Schoß, mit der sie schmuste, und Dagmar unterhielt sich mit der Müllersfrau, bestellte, was sie bestellen wollte, und bekam eine freundliche Zusage. Anja machte Dagmar heimliche Zeichen. ‚Frag nach dem Spuk!' sollte das heißen, und als die Frau einmal kurz hinausging, erinnerte sie Dagmar noch einmal rasch und dringend daran.

„Ja, ja", verhieß diese, und als die Müllersfrau wieder hereinkam, tat sie es auch, unbefangen und selbstverständlich.

„Ja, er war mal wieder zugange, der Alte", sagte die Müllerin. „Ich traf ihn draußen am Brunnen. Wir haben doch noch einen richtigen Brunnen im Hof, obwohl natürlich längst eine Wasserleitung im Haus liegt. Aber der Brunnen ist so hübsch, wir lieben ihn sehr, und außerdem ist er eine Sicherheit mehr, wenn das Wasser mal abgestellt ist. Ihr könnt nachher die Pferde noch mal ranführen, Brunnenwasser ist gesünder als anderes. Nun, da stand er und machte mir ein Zeichen, ich sollte aufpassen, daß der Brunnen nicht einfriert. Wir bekommen Kälte, meine ich – mir ist so."

„Hat er – hat der alte Müller das gesagt?" fragte Anja scheu, aber doch begierig, etwas davon zu hören. „Und wie sah er aus?"

„Gesagt hat er nichts, aber ich verstand schon, was er meinte", sagte die Frau freundlich. „Komm, Dagmar, streich mir flink den Kuchen, da liegt der Pinsel. – Und wie er aussah? Halt wie ein Müller, hell angezogen, ich sah ihn nur einen Augenblick lang und ein bißchen verschwommen. Er tut einem nichts", setzte sie hinzu, nachdem sie kurz in Anjas Gesicht gesehen hatte, „er hat noch nie jemandem was getan. Ich denke immer, es ist der, der die Mühle hier gebaut hat, vor Jahrhunderten. Sie ist nämlich sehr alt. Und er sorgt sich darum, daß alles gutgeht damit. Vor dem großen Sturm vor zwei Jahren, als überall die Dächer abgedeckt wurden, hat er mich auch gewarnt. Nein, nein, er ist nicht das, was man ein böses Gespenst nennt."

Sie sprach von ihm wie von einem Bekannten, der manchmal zu Besuch kommt. Anja wagte nicht weiterzufragen. Aber als sie ein wenig später durch die Mühle gingen – Dagmar hatte gebeten, den Jüngeren alles zeigen zu dürfen, und die Frau hatte lächelnd dazu genickt –, war das erste, was Anja fragte: „Glaubst du im Ernst –"

„In Mühlen spukt es oft, oder man glaubt, daß es spukt", sagte Dagmar. „Da klopft es hier und dort, immer gibt es Geräusche, es klappert und bewegt sich was, ähnlich wie auf einem Segelschiff. Dort ist es dann der Klabautermann und hier eben der Mühlengeist. Jetzt, wo die Mühle elektrisch läuft, fällt es nicht mehr so auf. Aber gerade hier", sie deutete auf eine Art Aufzug, mit dem man Säcke hinauf- und hinunterschicken konnte, um sie nicht mühselig über die Treppe tragen zu müssen, „hört man es oft klappern und bumsen, und dann heißt es, es spukt. Solche Aufzüge gibt es in allen Mühlen. Sie werden mit einem Strick bedient, an dem man zieht."

„Aber wenn sie ihn doch getroffen hat, draußen!" staunte Anja, noch immer ganz erfüllt von dem, was die Müllerin erzählt hatte.

„Da bin ich überfragt. Ich wohne ja nicht hier", sagte Dagmar und zuckte ein wenig mit den Achseln. „Du möchtest hier nicht wohnen müssen, oder?" lächelte sie.

„Lieber nicht", gestand Anja. Petra aber rief:

„Ich schon! Ich würde ihm auflauern und ihn dann ansprechen. Ihn fragen, wie es früher war, als er hier lebte – und dann würde ich –" Hinter ihr gab es einen Bums. Sie fuhr herum, nun doch erschrocken.

„Diesmal war es nicht der Müller. Diesmal war es der Besen", sagte Dagmar trocken und hob ihn auf. „Und nun kommt! Wenn er gerade da war, am Brunnen, meine ich, dann treffen wir ihn jetzt sicher nicht. Ich will euch das Mühlrad zeigen. Ja, das ist noch das alte, echte, und es würde sich auch noch drehen, wenn man das Wasser darüber leitete."

Sie standen und staunten – das riesige Rad aus dunklem Holz sah wirklich aus, als gehörte es in ein Märchenbuch.

„Wenn ich groß bin, male ich die Bilder zu Märchenbüchern", dachte Anja, „und dann kommt diese Mühle mit hinein. Große Bilder mit vielen Farben, farbigem Himmel und blaugrünen Wäldern, und ganz kleine Häuser, auch die Mühle ganz klein, in einer Ecke, aber alles ganz genau, vor allem das Rad ..."

Sie gingen dann über den Hof, noch mal zum Stall, um nach den Pferden zu sehen. Die standen und fraßen, artig nebeneinander. Es schneite noch immer. Sie kamen ganz gepudert zurück in die Küche, wo die Müllersfrau inzwischen den Tisch mit buntglasiertem Geschirr gedeckt hatte.

„So, der Hefezopf ist jetzt so weit ausgekühlt, daß ihr ihn essen könnt. Hier, nehmt Hagebuttengelee dazu, das schmeckt am besten."

Sie schob ihnen das Glas hin. Es leuchtete dunkelrot, ach, und es schmeckte köstlich, wenn man es auf den frischgebackenen Kuchen strich. Sie schwelgten, und die Müllersfrau hatte sich zu ihnen gesetzt und erzählte von ihren Kindern.

Die waren schon groß, zwei studierten. Die Tochter hatte ihr Lehrerinnenexamen gemacht und war dann wieder zu einer ihrer großen Wanderungen aufgebrochen, diesmal nach Indien. Sie war ein Mensch, der es nie länger als ein paar Monate an einem Ort aushielt. Sie war schon in Lappland und Kanada, in Nordafrika und Sardinien gewesen.

„Ach ja, das Wandern ist des Müllers Lust", seufzte sie. „Ich wünschte, sie bliebe endlich einmal daheim. Immer muß ich in Sorge um sie sein, und wenn ich abends bete für sie, weiß ich nicht, wo ich sie suchen soll."

„Schreibt sie denn manchmal?" fragte Petra. „Da könnte man es doch am Poststempel sehen. Ich finde es wundervoll, so viele Länder zu sehen. Geht sie immer allein los?"

„Meist ja. Diesmal sind sie zu dritt, ein einziges Glück. Zwei Studenten, ein junger Mann und seine Schwester, haben sich ihr angeschlossen. Das ist doch ein gewisser Schutz. Sie kann ja unterwegs auch mal krank werden oder sich was brechen, oder jemand überfällt sie und nimmt ihr das Geld weg. Da ist es doch besser, ein Mann ist dabei. Ja, sie schreibt schon, wunderbar lange, lange Briefe, in ganz winziger Schrift, damit recht viel drauf geht. Sogar meist ohne Anrede, um Platz zu sparen, nur manchmal steht am Anfang: ‚LE', das heißt: ‚Liebe Eltern', und an den Schluß setzt sie ein klitzekleines Herz und ein I hinein. Sie heißt Irmgard", erzählte die Müllerin. „Soll ich euch mal einen von ihren Briefen zeigen?"

„O bitte, ja!"

Dann saßen sie am Tisch und versuchten, das kleine krause Geschreibsel zu entziffern. Anja gelang es am besten, sie hatte scharfe Augen. Halblaut las sie vor, was da stand, und Irmgards Mutter war neben ihr stehengeblieben, in der einen Hand den Fettpinsel, in der anderen das Pfännchen mit zerlassener Butter und horchte, als hörte sie Musik.

„Ich kann es nämlich nicht mehr recht entziffern, meine Augen wollen nicht mehr, und mit der Brille komm' ich nicht zurecht", gestand sie, als Anja schwieg. „Da ist es schön, wenn du mir vorliest."

Anja sah mit weit aufgerissenen Augen zu ihr auf.

„Darf ich den Brief mal mitnehmen? Mein Vater gibt nämlich Erdkunde, den wird das sehr interessieren. Ich verlier' den Brief bestimmt nicht!"

Als sie später zu den Pferden hinübergingen, sagte Dagmar: „Da hast du der Frau aber eine große Freude gemacht, als du ihr den Brief vorlast."

„Ja, und weißt du, was ich mir ausgedacht hab'? Ich nehme ihn meinem Vater mit, und der tippt ihn ihr ab, wenn ich ihn ihm diktiere. Ganz groß und deutlich, das kann sie dann vielleicht selbst lesen. Es gibt Schreibmaschinen mit großem Druck, sie haben so eine in der Schule, das weiß ich", erzählte Anja eifrig. „Meinst du, das könnte man machen?"

„Natürlich! Da tust du ihr einen Riesengefallen."

Sie sattelten im Stall, weil es so schneite. Die Müllersfrau trat noch einmal aus der Tür, als sie schon aufgesessen waren.

„Paßt nur gut auf, auf euch – und auf den Brief!" setzte sie noch schnell hinzu, ein wenig verlegen. Alle drei nickten.

„Wir versprechen es! Und wir kommen wieder und bringen ihn persönlich zurück, schicken ihn nicht mit der Post, damit er ja nicht verlorengehen kann", versprachen sie eifrig. Sie hatten es vorhin schon beim Satteln besprochen. Die Müllerin winkte ihnen nach.

„Das war schön", seufzte Petra. „Nun sei brav, Pußta, und ärgere mich nicht. Nein, jetzt wird Schritt geritten."

„Ja. Wir müssen erst ausprobieren, wie der Untergrund jetzt ist. Beim ersten Schnee weiß man nicht so genau, ob es drunter glatt ist." Dagmar sprang noch einmal von ihrem Ströppchen und fuhr mit dem Stiefel im Schnee hin und her. „Sehr glatt ist es nicht, auf dem Feldweg können wir dann wieder traben. Na, bist du schon ein bißchen zu Hause in deinem Westernsattel?" fragte sie zu Anja hinauf. Die nickte strahlend.

Der Heimritt wurde wirklich wunderbar. Der Schnee fiel dicht und beständig, und die Pferde schienen sich darüber genauso zu freuen wie die Menschen.

„Na, und die Hunde erst! Wir hätten sie mitnehmen sollen, wenigstens Zessi", sagte Dagmar. „Ich wollte nur nicht, weil ich dachte, sie springt vielleicht um die Pferde und macht Lotte nervös, und das wäre beim erstenmal nicht gut für Anja. Aber wir lassen sie nachher hinaus und tüchtig toben. Was glaubt ihr, wie Hunde sich über den ersten Schnee freuen! Sie sind dann ganz verrückt, stecken die Nasen hinein und hopsen herum, es ist zu nett anzuschauen."

„Auch die Kleinen? Dürfen die Kleinen auch schon mit raus?" fragte Petra begierig. „Die vier Hundebabys?"

„Klar! Die lassen wir auch eine Viertelstunde toben", verhieß Dagmar, „wir müssen sie nur hinterher richtig abrubbeln. So, nun traben wir mal wieder an. Ströppchen versteht schon die Welt nicht mehr, weil er weiß, hier geht es nach Hause, und hier darf er sonst immer losgehen, so schnell er will ..."

Anja faßte nach dem Sattelknopf, aber ganz anders als vorhin. Sie hatte keine Angst mehr, wenigstens nur ein ganz, ganz kleines bißchen. Herunterfallen wollte sie eben doch nicht. Und als sie dann galoppierten und der Schnee ihr ins Gesicht wehte, daß sie nur noch rot und grün sah, war ihr doch ein wenig bange zumute. Dann aber hieß es wieder „Scheritt!", und sie atmete auf und lachte und wischte sich die Nässe vom Gesicht.

„Reiten wir morgen wieder?" fragte sie, als sie am Haus angekommen waren. Dagmar nickte ihr zu.

„Natürlich. Jeden Tag, wenn es geht. Aber jetzt erst einmal hinein mit den Pferden, die freuen sich auch, wenn sie wieder daheim sind. War es schön?"

Sie brauchte nicht zu fragen. Anjas strahlendes Gesicht sagte genug. Sie brachte ihre Lotte selbst in die Box, nahm ihr Sattel und Kopfstück ab, streichelte sie und gab ihr ein Stück Zucker, das sie sich heute früh eingesteckt hatte. Sehr viel Zucker sollen Pferde ja nicht bekommen, Mohrrüben sind besser. Vater hatte ihr, als sie sich verabschiedeten, ein bißchen Geld zugesteckt, „für alle Fälle", davon würde sie heute im Laden des Dorfes Mohrrüben kaufen, und ...

„Ich möchte was besorgen gehen", sagte sie zu Dagmar, als alles im Stall fertig war, „ich geh' in das Geschäft, an dem wir vorhin vorbeigeritten sind. Darf ich Brumme mitnehmen? Ich führ' sie auch an der Leine." Sie wußte, daß die alte Hündin nicht mehr sehr gut sah. Aber sie sollte doch auch in den schönen Schnee hinausdürfen. „Kann ich dir noch was mitbringen?"

„Ja, Salz ist fast keins mehr da. Bring ein Pfund – und vielleicht noch ein paar Apfelsinen. Hier hast du Geld."

Anja ging. Sie kaufte noch etwas anderes in dem Laden, in dem es, wie es sich auf dem Dorf gehört, alles gab, was man brauchte: frische Brötchen und Schuhkrem, Besen, Kochtöpfe und Zeitungen. Ein Heft! Ein dickes, in schwarzes Wachstuch gebundenes Heft. Als sie damit heimkam, rannte sie die Treppe hinauf, hockte sich auf ihr Bett und schlug das Heft auf.

„Tagebuch" schrieb sie ganz groß auf die erste Seite und darunter das heutige Datum. Und darunter wieder kam, in großer, deutlicher, schön gemalter Schrift: „Mein erster Ausritt". Dazu malte sie eine kleine Mühle, so wie sie die Mühle im Gedächtnis behalten hatte, mit dem großen Rad und dem Brunnen im Hof. Damit sie auch immer wußte, wohin ihr erster Ausritt geführt hatte.

Als ob man so etwas je vergessen könnte!

Ein schöner Silvestertag ...

„Na, was gibt's denn?" fragte Dagmar in harmlosem Ton und versteckte ein Lächeln. Anja kam die Leiter zum Heuboden so langsam herauf wie ihre eigene Großmutter. Dann setzte sie sich seitlich auf den Rand der Luke und versuchte, die Beine übereinanderzuschlagen.

„Oooooch", stöhnte sie als einzige Antwort.

„Müde?" fragte Dagmar hinterhältig.

„Auch. Aber –", wieder ein Stöhnen. Dagmar platzte heraus.

„Entschuldige, wenn ich lache. Ich wußte, was kommt. Weißt du, was du hast? Muskelkater. Reitfieber. Das mußte ja kommen. Wenn man das erste Mal ein ordentliches Stück geritten ist, ohne es gewöhnt zu sein, und hinterher nicht sofort in die heiße Wanne oder wenigstens unter eine warme Dusche geht, kann man am anderen Tag nicht leben und nicht sterben. Gestern abend hab' ich mit keinem Gedanken dran gedacht. Du warst mit uns geritten, als rittest du schon lange. Später, wenn man es gewöhnt ist, merkt man überhaupt nichts mehr. Oder hast du etwa Muskelkater, Petra?" rief sie über Anja weg in den Stall hinunter, wo man Schritte kommen hörte.

„Dankeschön, keine Spur. Auch früher hatte ich nie welchen. Jedenfalls kann ich mich nicht besinnen. Aber andere schon. Wir hatten mal Besuch, der durchaus reiten wollte, eine Kusine aus dem Rheinland. Meine Mutter fragte, ob sie Stunden hätte, und diese Base sagte, sie ritte zweimal die Woche. Na, da nahmen wir sie halt mit. Aber so nach zwei, drei Stunden sagte sie überhaupt nichts mehr, und als wir einmal Schritt ritten, stieg sie ab und meinte, sie wollte lieber führen ..." Petra lachte aus vollem Hals. „Die beiden Stunden wöchentlich waren gelogen, sie hatte seit Urzeiten nicht mehr auf einem Pferd gesessen."

„Ja, ja. Lügen haben kurze Beine. Und wenn wir gefüttert haben, gehst du auch heute noch ins heiße Bad, Anja, damit der Muskelkater etwas eher weggeht, hörst du? Wir wollen doch nachmittags wieder reiten."

„O ja! Aber erst – uuuuah – soll ich die Netze stopfen?" fragte Anja todesmutig, aber mit verzerrtem Gesicht. Die beiden anderen mußten bei allem Mitgefühl wieder lachen.

„Ja, los. Je eher wir fertig sind, desto besser. Zu dritt geht alles schneller."

Nach dem Füttern verschwand Anja und kam erst wieder zutage, als die anderen schon kräftig beim Frühstücken waren – hochrot vom heißen Wasser und mit nassen Haaren. „Besser?" fragte Dagmar und goß ihr ein.

„Gut", sagte Anja tapfer, wenn auch nicht wahrheitsgemäß. „Ich kann heut nachmittag bestimmt wieder mit. Und einen Hunger hab' ich! Bitte frühstückt noch eine Weile, damit ich euch einholen kann."

„Heute ist Silvester", sagte Dagmar und schob ihr die Marmelade hin, „da bleiben wir wach und feiern. Was wollen wir trinken?"

„Jedenfalls lieber keinen Punsch, wie ihn die Erwachsenen gut finden. Die haben einen Geschmack –" Anja schüttelte den Kopf. „Jedenfalls meine Eltern. Sogar in den Obstsalat tun sie was, was bitter schmeckt. Danke, ohne mich. Apfelsinensaft oder so was schmeckt viel besser, auch heiß, aber nicht mit so was verdorben, bei dem die Großen die Augen verdrehen."

„Schön, keinen Punsch. Wie wär' es mit Eis?" fragte Petra mit glitzernden Augen. „Eis zum Sattessen, das kriegt man sonst nie."

„Eis zu Silvester? Etwas kalt für die Jahreszeit", sagte Dagmar nachdenklich, „aber warum nicht. Ich könnte auch einen Apfelstrudel backen."

„Apfelstrudel ist immer gut, heiß mit kalter Schlagsahne! Hmm! Vielleicht aber hinterher doch noch Eis?"

Sie einigten sich auf diese Speisefolge, und Dagmar begann, auf einem Zettel zu notieren, was sie alles kaufen mußten. Es wurde eine lange Liste. „Morgen ist schließlich Feiertag, und da sind die Läden zu, das müssen wir einkalkulieren."

„Die Läden! Es gibt ja nur einen einzigen in eurer Metropole", sagte Petra, „das ist ja das praktische. Dort kriegt man alles. – Und das willst du alles schleppen?" fragte sie bedenklich, als Dagmar noch immer notierte.

„Ich denke ja nicht dran. Wißt ihr, was wir machen? Wir spannen Brumme vor den Rodelschlitten, und auf den Schlitten stellen wir den Wäschekorb. Da kommen die Einkäufe hinein. Wollen wir? Das mach' ich immer so, wenn Schnee ist und Mutter mich einkaufen schickt."

„Richtig, Schnee! Ist noch welcher dazugekommen?" Petra war schon am Fenster. „Und wieviel! Herrlich! Aber Brumme ist schon eine alte Dame..."

„Einen Schlitten mit Einkäufen kann sie immer noch ziehen, das wirst du erleben", sagte Dagmar. „Sie sieht halt nur ein bißchen schlecht. Wir führen sie. Sie ist immer sehr begeistert, wenn sie mitdarf."

Nun war es vorbei mit dem Frühstückshunger. Petra rannte, um den Schlitten zu holen, und Dagmar ging in die Sattelkammer und suchte nach dem Hundegeschirr. Schließlich fand sie es. Es war ein selbstgebasteltes Brustblatt mit kleinem Kammdeckel und dazugehörigem Bauchgurt, daran lederne Zugstränge. Sehr einfach, aber ausreichend.

„Früher hat Brumme uns gezogen, aber wie! Wie eine Wilde! Man kann einem Hund ja keinen Zügel anlegen, sondern muß ihn mit der Gerte lenken, wenn man selbst fährt. Das haben wir im Fernsehen bei Eskimos gesehen, nur daß es da nicht *ein* Hund ist, sondern viele. Brumme ging immer los wie das Donnerwetter, und weil der Schlitten keine Deichseln hat, muß man aufpassen, daß es glatt ist oder bergab geht. Aber jetzt, wenn wir sie führen, kann nichts passieren. Komm, hier, trag das." Sie legte Anja das ganze Lederzeug in den Arm. „Ich hol' inzwischen den Korb."

Das ganze Dorf war verändert. Dikke Schneelasten auf Dächern und Zäunen, überall schippten die Leute die Gehsteige frei.

„Das müssen wir auch noch tun", sagte Dagmar, „wir sind ja jetzt Hausherren und verantwortlich", und sie versuchte, ein würdiges Gesicht zu machen.

Wenige Autos waren unterwegs; sie hatten rüttelnde Schneeketten angelegt. „Vielleicht können wir welche mit den Pferden aus dem Schnee ziehen, das hab' ich schon gemacht", erzählte Dagmar. „Da kriegt man Trinkgeld. Hoffen wir das Beste."

Vor dem Geschäft, in dem Anja gestern ihr Tagebuch gekauft hatte, befahl Dagmar: „Sitz!", und Brumme ließ sich gehorsam nieder. Sie nahmen

94

den Korb und gingen in den Laden. Und nun wurde eingekauft, daß es eine Freude war.

„Ja, Schlagsahne, das haben wir doch ausgemacht, die brauchen wir zum Apfelstrudel und zum Eis. Mutter sagt, Schlagsahne muß man über die Feiertage immer auf Vorrat haben, es kann ja Besuch kommen."

„Na, hoffentlich nicht", sagte Petra menschenfreundlich und verstaute ein paar Büchsen Hundefutter zwischen den Apfelsinen, „lieber mehr für die Tiere als für Besuch. So, reicht das bis nächstes Jahr? Oder wollen wir noch mehr nehmen?"

„Ich glaube schon, daß es reicht. Ja, ein Bündel Mohrrüben kannst du noch dazutun, Anja, heute nacht bekommen die Pferde welche, wir gehen doch zu ihnen, wenn es zwölf ist. Auch noch Äpfel, ja, dort die dicken roten. Und –"

Als sie aus dem Laden kamen, den vollen Korb zwischen sich, war Brumme samt Schlitten verschwunden. Sie guckten alle auf die Stelle hin, auf der sie gelegen hatte, und dann einander an.

„Na so was! Nun aber los, Herrschaften! Hinterher!"

Petra war schon mit ihrem bekannten Blitzstart losgefegt, Dagmar und Anja folgten langsamer, weil sie den Korb zwischen sich trugen. Trotzdem beeilten sie sich, so sehr sie konnten. Anja rutschte einmal aus und setzte sich auf den Hosenboden, und Äpfel und Apfelsinen kullerten durch den Schnee. Sie sammelten in Eile alles auf und gingen nun vorsichtiger.

„Es hat keinen Zweck zu rennen, wir holen sie sowieso nicht ein, und wohin soll sie denn gelaufen sein, wenn nicht nach Hause", sagte Dagmar atemlos.

So war es auch. Zu Hause vor der Tür hockte Brumme. Sie war ganz verwickelt in die Zugstränge, und Petra kniete neben ihr und versuchte sie zu befreien. Dagmar und Anja setzten aufatmend den Korb ab.

„So. Das war eine schöne Kraftersparnis", seufzte Dagmar, „ein kleiner Silvesterscherz von Brumme. Eigentlich hätte ich ja mehr Einsicht von dir erwartet, Alte, du siehst doch, daß wir uns halb tot geschleppt haben."

Brumme, jetzt vom Geschirr befreit, wedelte heftig und raste dann laut bellend ins Haus, als Dagmar die Tür aufgemacht hatte. Sie sprang die Treppe hinauf und bellte oben, dann kam sie wieder heruntergerast, wobei sie Anja, die gerade hinaufwollte, beinahe mitnahm. Anja konnte sich noch nach der Seite biegen und am Strick festklammern. Eine Dogge, die auf einen springt, hat eine ganz schöne Wucht.

„Was ist nur in sie gefahren, sie wird ja geradezu wieder jung", sagte Dagmar kopfschüttelnd und zerrte den Korb in die Küche. „Wir müssen alles einräumen, vor allem das, was in den Kühlschrank gehört. Wenn man Hunde hat, darf nichts herumstehen. Zessi ist auch noch jung und sehr vernascht, sie macht alle Pakete auf, die herumliegen. Und dann gehen wir Straßenfegen. Oder fangt ihr schon an?"

Der Vormittag war schon weit fortgeschritten, und sie beschlossen, nachher gleich zu reiten.

„Mittagessen kann man das ganze Jahr über", sagte Dagmar, „aber jetzt, wo die Tage so kurz sind, muß man die Zeit zusammennehmen. Willst du wieder Lotte, oder versuchst du mal Ströppchen, Anja?"

„Lotte", schrie Anja, „und den Westernsattel –" Sie war schon vorangelaufen, den Besen in der Hand. Petra folgte mit dem anderen. Draußen hatte es wieder angefangen zu schneien.

Dagmar beeilte sich in der Küche und kam Anja und Petra nach.

„Es reicht, morgen fegen wir wieder", sagte sie, „wir wollen lieber satteln. Das alte Jahr trabt uns sonst davon."

Heute hatten sie kein direktes Ziel, und so lenkte Dagmar zum Wald hinüber. Dort zu reiten war bei solchem Wetter ein besonderes Ereignis. Noch keine Spur war zu sehen, weder von einem Menschen noch von einem Fahrzeug, nicht mal von einem Tier, denn alles schneite ja sofort wieder zu. Ganz, ganz weiß und unberührt waren die Wege, und weil nicht der geringste Wind ging, lag der Schnee auf Ästen und Ästchen, ja sogar auf den Dolden der Schafgarben und auf Schlehen- und Hagebuttengesträuch. Der Waldrand sah geradezu zauberhaft aus.

„Das ist etwas sehr Seltenes", sagte Dagmar. „Wir hatten in den letzten Wintern fast gar keinen Schnee. Am Heiligen Abend war dies Jahr etwas gefallen, immer wünscht man sich da ja welchen, und diesmal gab sich der Petrus Mühe. Es war nicht viel, aber es sah doch weihnachtlich aus, und dann kommt man in die richtige Weihnachtsstimmung. Zu Silvester gehört eigentlich auch Schnee, finde ich. Wir gehen heute in die Kirche, um fünf, wollen wir? Unser Pfarrer ist jung und denkt sich immer etwas Besonderes aus. Aber allein schon durch das verschneite Dorf zu gehen und die goldenen Kirchenfenster im Dämmern leuchten zu sehen und die Orgel zu hören, lauter, wenn jemand die schwere alte Tür aufschiebt, und dann wieder leiser, wenn sie zugeht, das ist so schön . . ."

Sie ritten Schritt, einerseits, um sich unterhalten zu können, andererseits aber auch, um „nichts kaputtzumachen", wie Petra sagte. Einmal sprangen drei Rehe vor ihnen ab, grazil und leicht, quer über den Weg – danach weigerte sich Pußta weiterzugehen; sie dachte vielleicht, der Weg sei jetzt verzaubert. Petra versuchte sie weiterzutreiben, aber Pußta schnaubte und stieg und war nicht zu bewegen.

„Wir reiten voran, Anja und ich, da wird sie schon nachkommen. Pferde kleben ja bekanntlich aneinander. Sie sollen es eigentlich nicht, aber sie sind nun einmal Herdentiere. Wir versuchen es. Komm, Anja!"

Sie ritt vorwärts, und Lotte folgte. Aber Pußta dachte nicht daran nachzukommen.

Petra saß ab und versuchte, sie zu führen. Auch dazu war Pußta nicht zu bewegen. Sie stemmte die Vorderfüße in den Schnee und schnaubte und ließ sich keinen Zentimeter vorwärtszerren.

Dagmar und Anja kehrten wieder um.

„Laß mich mal versuchen", sagte Dagmar, stieg ab und nahm Pußta am Zügel.

„Komm, komm, es ist ja nichts Schlimmes", sprach sie ihr zu, „es waren doch bloß Rehe. Komm."

Aber auch ihr gelang es nicht. Schließlich meinte sie, es wäre doch vielleicht klüger, umzukehren und einen anderen Weg zu reiten.

„Vielleicht sitzt irgendwo ein Fuchs oder ein Dachs, und sie wittert ihn und fürchtet sich zu Recht. Mit Gewalt möchte ich es nicht durchsetzen", sagte sie. „Natürlich soll ein Pferd wissen, daß es gehorchen muß, manchmal aber ist es klüger als der Reiter. Lassen wir es lieber."

„Gibt es hier denn noch Dachse?"

fragte Anja mit großen Augen. „Wie sehen die denn aus?"

„Schwarzweiß, und sie sind etwa so groß wie ein ausgewachsener Fuchs, etwas größer vielleicht", erklärte Dagmar. „Ich bin mal einem begegnet. Da war ich – na, wartet mal, höchstens acht. Ich fuhr mit dem Fahrrad den Waldrand entlang, wollte Schlehen pflücken, war ganz allein. Und da saß einer mitten auf dem Weg. Ich war gerade abgestiegen und hatte immerzu nach rechts geguckt, wo die Schlehenbüsche stehen. Dann aber guckte ich nach vorn, und da saß er."

„Und, was dann?" fragte Anja gespannt.

„Ja, da wurde mir doch ein bißchen bange zumute. Ich wußte ja nicht, ob Dachse einen annehmen – das heißt, auf einen losgehen. Und da war ich froh, das Fahrrad dabeizuhaben, nicht um auszureißen – denn dazu war ich viel zu neugierig, das könnt ihr euch denken –, sondern um etwas zwischen ihm und mir zu haben. Ich wollte ihn genau angucken – denkt nur, einen Dachs in freier Wildbahn zu treffen, das haben viele alte Förster noch nicht erlebt. So schob ich das Rad ganz langsam auf ihn zu, aber so, daß es zwischen ihm und mir war, und guckte ihn mir ganz genau an. Dann machte er sich davon, nicht sehr schnell, mehr trottelnd. Zu Hause hab' ich sofort in meinem Zoo-Buch nachgesehen, ob es wirklich einer gewesen sein kann. Es war einer, genau wie auf der Abbildung. Ich war vielleicht stolz, das erzählen zu können!"

„Sind Dachse so selten?" fragte Petra. „Ich möchte auch mal einen treffen. Hallo, Dächslein, wo steckt ihr? Kommt, wir tun euch nichts!"

Die anderen lachten.

„So kriegst du keinen zu Gesicht!"

„Kann ich mir denken. Aber wie?"

„Ja, da müssen wir leiser sein. Ganz still, kein Wort. Wenn man Wild sehen will, muß man den Mund halten."

„Aber die Pferde! Man hört sie doch trappsen!"

„Eben nicht. Vor dem Trappsen unbeschlagener Hufe fürchtet sich das Wild so gut wie überhaupt nicht. Man sieht, wenn man zu Pferde ist, viel mehr Wild als zu Fuß. Im Schnee schon gar. Morgen können wir ja mal einen Schweigeritt machen, wenn ihr es fertigbringt."

Sie galoppierten dann noch ein Stück, und diesmal hatte Anja fast gar keine Befürchtungen mehr. Sie genoß es, sich vorwärts wiegen zu lassen; nur eins hätte sie sich gewünscht: daß sie sich verirrten. Es wäre doch zu schön, später erzählen zu können, daß sie sich bei einem weiten Silvesterritt im Schnee verirrt und nur mit Mühe nach Stunden heimgefunden hätten. Das aber genierte sie sich auszusprechen, bis Petra plötzlich sagte: „Ach ja, da ist also Hinterhopfingen wieder zu sehen. Und ich hatte so sehr gehofft, daß wir uns verirrt hätten."

„Ich auch!" gluckste Anja, und nun lachten sie alle drei. Dagmar schüttelte den Kopf.

„Wenn wir selbst nicht heimfänden, die Pferde würden es. Sie finden von überall her nach Hause."

Und das war anderseits auch gut, fanden Petra und Anja. Auf jeden Fall war es ein wunderbarer Silvesterritt.

... und eine merkwürdige Neujahrsnacht

Der Gottesdienst, zu dem sie gerade noch zurechtkamen, war wunderschön. Die Christbäume in der Kirche waren noch einmal angezündet worden, und statt der Predigt, bei der man sich ja oft langweilte, ließ der Geistliche die Kinder des Dorfes Sprüche und Gedichte aufsagen, für jeden Monat des vergangenen Jahres einen. Auch Kinder von Ausländern taten mit, ihre ein wenig mühsame Aussprache wirkte sehr rührend. Und dann sang die Gemeinde mit den Kindern zusammen das schöne Silvesterlied: „Das Jahr geht still zu Ende". Dagmar sagte nachher, das wäre eins ihrer Lieblingslieder, und ohne es wäre es kein richtiger Jahresschluß für sie. Das Ganze war schön und feierlich, und Anja und Petra gingen still neben Dagmar heim, als es zu Ende war. Erst zu Hause fanden sie ihre Lustigkeit wieder.

„Ich bin jetzt Hausfrau und nicht zu sprechen", sagte Dagmar und band sich eine riesige weiße Schürze um, „ihr könnt inzwischen den Tisch decken und –"

Wumm! fuhr Brumme an ihnen vorbei, die Treppe hinauf. Sie hatte vorher im Flur gelegen und auf die Mädchen gewartet, Zessi neben sich. Oben bellte sie eine Weile wie verrückt. Petra klopfte sich mit dem Zeigefinger an die Stirn.

„Sie ist wohl ein bißchen Lüttüttüh!" sagte sie nachsichtig. „Na ja, alte Leute werden wunderlich."

„Vielleicht liegt es an dir! Erst Pußta, die nicht weiterwollte, und jetzt Brumme, die verrückt spielt. Pußta ist ja noch nicht alt", sagte Dagmar. „Ich nehme die Hunde jetzt mit in die Küche, damit ihr Ruhe habt. Ihr könnt schon anfangen zu füttern." Sie öffnete die Küchentür, lockte Brumme und Zessi zu sich und schloß sie wieder. Anja lief die Treppe hinauf, um sich umzuziehen. Für die Kirche hatten sie sich natürlich anders anziehen müssen. Petra ging schon zum Stall hinüber.

Als Anja nach ein paar Minuten auch in den Stall kam, sagte sie: „Du, ich bin vorhin aber erschrocken. Ich komme rauf, ganz allein – Dagmar ist ja in der Küche, und du warst schon hier, und beide Hunde bei Dagmar –, da gibt es oben einen lauten Bums. Wo, hab' ich nicht genau feststellen können, dort geht's ja um tausend Ekken. Ich bin vielleicht zusammengefahren, sag' ich dir."

„Vielleicht ist eine Tür zugefallen", sagte Petra ziemlich uninteressiert und schob die Karre die Stallgasse entlang, „weil es gezogen hat, oder –"

„Tür zugefallen! Dort oben gibt's ja gar keine", sagte Anja beleidigt und holte die Gabel. „Wo soll denn da oben eine Tür zukrachen? Es war ein richtiger Krach, du kannst es glauben. Warte, ich lade auf, und du schiebst weiter. Nein, so was war es nicht. Ich hab' mich auch umgeguckt, ob irgendwas runtergefallen ist, aber ich wollte doch auch schnell herkommen und dir helfen."

„Wahrscheinlich spukt's", sagte Petra friedlich, „vielleicht ist der Müller uns nachgekommen, der in der Mühle umgeht."

„Das glaubst du doch selber nicht! Spuk bleibt immer dort, wo er hingehört, also der Müller in der Mühle, oder was meinst du? Ich hab' jedenfalls mal gelesen, daß es ausgesprochene Spukhäuser gibt. Im Baltikum vor allem gab es die, aber auch in Westfalen und in der Heide. Es sind immer alte Häuser. Und irgendwann früher ist darin etwas passiert."

„Alt ist das Haus hier aber auch", sagte Petra nachdenklich. „Es ist ein altes Bauernhaus, mindestens zweihundert Jahre. Aber Dagmar hat nie etwas davon gesagt, daß es hier spukt."

„Vielleicht will sie es nicht sagen, weil sie denkt, wir fürchten uns dann? Aber gebumst hat es vorhin, ganz bestimmt. Das bilde ich mir nicht ein. Ich war ja gar nicht auf so was gefaßt."

„Wir sehen nachher noch mal alles durch, ob was auf der Erde liegt, was vorher nicht dalag", sagte Petra in ihrer vernünftigen Art. „Ich jedenfalls glaube nicht, daß es so was gibt. Auch die Sache mit dem Müller ... glaubst du wirklich, die Müllersfrau hat ihn gesehen? Da würde sie vor Schreck ja tot umgefallen sein. Ein Geist dicht neben einem! Das denke ich mir gräßlich."

„Ich ja auch. Na, hier im Stall gibt's bestimmt keine Geister. Gottlob –"

„Und oben im Haus auch nicht. Das wüßte Dagmar doch. Sie schläft doch schon immer dort oben, und wir können ja auch die Hunde mit hinaufnehmen. Die würden schon merken, wenn da was umginge."

„Aber Brumme ist doch auch raufgerannt und hat gebellt."

„Meinst du –" Petra unterbrach sie. „Da kommt Dagmar. Sag lieber nichts, sie denkt sonst, wir sind hysterisch. Ja, raus mit der Karre und ausleeren, damit wir sie morgen früh gleich wieder nehmen können. Du, Dagmar, darf ich nachher mal kurz meine Eltern anrufen? Um ihnen ein gutes neues Jahr zu wünschen. So was finden sie nett, weißt du, und warum soll man nicht."

„Natürlich! Und Anja auch. Deine Mutter hat sowieso vorhin angeklingelt, und ich hab' gesagt, du rufst zurück. Wenn ich sage, es geht dir gut, du mistest den Stall aus, da denkt sie wunder was."

Anjas Mutter rief jeden Tag an und bat immer sehr, Anja selbst sprechen zu dürfen. Sie glaubte wohl nur, daß diese noch lebte, wenn sie die Stimme der Tochter hörte. Es war zum Auswachsen, fand Anja. Von sich aus hätte sie nie telefoniert, aber wenn Petra es tat ...

Sie versorgten die Pferde, fütterten die Hunde und verließen dann den Stall, der blank und schön aussah, mit dem Versprechen, um Mitternacht noch einmal zu kommen.

„Damit ihr euch nicht fürchtet, wenn draußen die Knallerei losgeht", sagte Dagmar und streichelte Lotte über ihre Blesse. „Ich find' es blöd, in der Neujahrsnacht solchen Rabatz zu machen, aber das ist nun einmal so Sitte. Das soll davon kommen, daß die Leute sich vor bösen Geistern und Dämonen fürchteten und sie durch den Radau zu vertreiben glaubten. Zu blöd. Mir tun jedes Jahr die Pferde leid. Na, und die Hunde werden auch immer ganz rabiat."

Sie gingen sich waschen und fanden sich dann in der Küche ein, um Abendbrot zu essen. Erst der lange Ritt, dann der Gottesdienst und nun die Stallarbeit – Anja konnte sich nicht besinnen, zu Hause jemals solchen Hunger gehabt zu haben. Dagmar zog ihren Apfelstrudel aus dem Herd. Er duftete verheißungsvoll.

„Wir lassen ihn erst ein bißchen abkühlen, während ich noch die Sahne schlage", sagte sie und kramte im Kühlschrank. „Wo ist die bloß? Haben wir die im Schnee verloren?"

„Nein, ich weiß genau –" Anja hatte sich neben sie vor die Tür des Kühlschranks gehockt. „Es waren zwei Pappbecher, sie sind mit rausgeflogen, aber ich hab' sie wieder reingestellt in den Korb. Ich dachte noch, hoffentlich haben sie keinen Riß bekommen und laufen nun aus."

„Da ist der eine", sagte Dagmar und holte ihn heraus, „der genügt erst mal. Der zweite ist für das Eis um Mitternacht."

„Aber er müßte doch dasein", sagte Anja und kramte weiter. „Ich seh' ihn nicht. So was Komisches."

„Ach laß, das hat doch Zeit. Komm, wirf den in den Abfalleimer." Dagmar reichte ihr den leeren Becher hinüber und stellte die geschlagene Sahne auf den Tisch. „Dort steht er, in der Ekke."

Anja öffnete den Deckel und warf den Becher in den Eimer – da sah sie den zweiten darin, er war leer.

„Hier ist ja der andere. Oder ist das einer von gestern?"

„Gestern haben wir keine Schlagsahne gegessen. Und vorgestern auch nicht – na so was!" wunderte sich Dagmar. „Hat eine von euch –", aber sie sprach nicht weiter. Beide schüttelten so unmißverständlich den Kopf, daß sich jede Frage erübrigte. „Nein, das hätte ich auch nie gedacht. Nun sagt bloß –"

„Wahrscheinlich hat sie der Geist ausgetrunken, der hier umgeht. Anja hat er vorhin auch erschreckt", sagte Petra und blies über ihre Portion Apfelstrudel hin, der noch sehr heiß war. „Aber jetzt will ich erst mal in Ruhe essen, laßt mich bloß in Frieden. So einen Apfelstrudel gibt es bei uns zu Hause nie. Du bist ein Genie, Dagmar, nicht nur im Sattel, sondern auch in der Küche."

„Na, na", sagte Dagmar geschmeichelt, „weder das eine noch das andere, leider. Ich bemühe mich halt. Und andere Sachen kann ich nicht so gut wie gerade diesen Apfelstrudel. Nun laßt ihn euch schmecken. Was spielen wir nachher, damit die Zeit vergeht? Könnt ihr Schreibspiele?"

„O ja! Wir spielen Stadt – Land – Fluß!" schlug Petra vor, „und dann kenne ich noch eins, das ist furchtbar lustig."

„Na wunderbar, da kann man ja noch was lernen", sagte Dagmar. „Seid ihr satt? Dann los, Tisch leer gemacht, abgewischt und Stifte her. Papier liegt da drüben." Sie verstaute Teller und Reste. „Und Stifte –"

„Sind nur zwei da", meldete Petra.

„Dann hol doch deinen, Anja", sagte Dagmar, „du hast doch gestern einen gekauft, nicht wahr?"

Anja lief hoch. Nach ein paar Minuten kam sie wieder, kreidebleich, ohne Stift.

„Was hast du denn?" fragte Dagmar und sah sie verwundert an.

„Ach nichts. Ich – ich finde meinen Stift nicht –"

„Na, das ist ja nicht so schlimm. Wir suchen einen anderen." Dagmar zog die Tischschublade auf und kramte darin. „Siehst du, hier ist einer. Mutter hat meistens in der Küche einen Stift in Reichweite, sie hört immer Radio beim Kochen und schreibt sich dann allerhand auf, Buchtitel oder Rezepte oder die Kontonummer von jemandem, dem man helfen soll. Es kommen doch immer mal solche Dinge im Radio."

Inzwischen hatte Anja Zeit gehabt, sich zu fassen. Sie nahm den Stift, den Dagmar ihr herübergab, und legte ein Stück Papier vor sich hin. Dann begannen sie zu spielen. Petra wartete, bis

Dagmar einmal aufstand – sie ließ Zessi hinaus, die gequiekt hatte –, beugte sich über den Tisch und fragte halblaut: „Was war denn vorhin? Sag! Hast du –"

„Laß. Später. Da war was –"

„Oben?"

„Ja. Als ich wegen dem Stift hoch ging. Es rannte vor mir weg."

„Du bildest dir was ein. Die Geschichte mit dem Müller hat dir angst gemacht, weiter nichts."

„Aber ich hab' es doch gehört, ganz deutlich." Anja weinte fast. „Ganz nahe – und du willst es mir nicht glauben!"

„Ganz nahe? Ein Mensch?"

„Ich weiß nicht. Es rannte. Ja, es rannte, es huschte nicht. Ein Gespenst müßte doch eigentlich huschen."

„Weiß man's? So was lernt man ja nicht in der Schule. Leider. Das wär' doch endlich mal was Interessantes. In so einer Stunde würde ich direkt aufpassen."

„Du glaubst es ja immer noch nicht", sagte Anja kläglich, „und ich soll nachher – ich geh' nicht wieder rauf!" Das letzte klang entschlossen. Petra wollte eben antworten, da kam Dagmar wieder herein.

„Kinder, draußen ist so herrlicher Schnee, es ist eine Schande, hier zu sitzen. Kommt, wir gehen noch mal rodeln."

„In dieser Finsternis?" fragte Petra. Dagmar aber lachte.

„Ist gar nicht finster. Der Schnee leuchtet. Kommt, am Haselberg sind schon viele aus dem Dorf, die rodeln. Wer weiß, wie lange der Schnee bleibt."

„O ja, wir gehen rodeln!" sagte Anja erleichtert. „Wir gehen raus. Wir rodeln im Mondschein!" Ihr war vor allem wichtig, aus dem Haus zu kommen, das ihr angst machte. Petra mußte sich entschließen mitzukommen.

„Na schön, von mir aus. Und ich fand es gerade so gemütlich hier." Sie seufzte.

„Gemütlich sein kannst du auch noch in fünfzig Jahren, du Faulpelz", lachte Dagmar. „Jacke an, Handschuhe, los! Wir – was war denn das?" unterbrach sie sich und blieb mit halboffnem Mund horchend stehen. Anja und Petra lauschten auch.

„Gar nichts", sagte Petra ärgerlich. „Was ihr nur habt. Immerzu ist was –"

„Wieso denn immerzu?" wunderte sich Dagmar.

„Ach was. Jetzt gehen wir. Wenn ihr mich schon aus der warmen Küche gezerrt habt, will ich jetzt auch rodeln. Her mit den Schlitten – einer steht ja noch draußen von vorhin, als Brumme ihn ziehen sollte. Den nehm' ich. Dürfen die Hunde mit?"

„Natürlich! Die freuen sich."

Es war wirklich einiges los am Haselberg. Kinder und Erwachsene tobten dort, zogen ihre Rodelschlitten bergauf, schrien: „Aus der Bahn!", wenn sie hinabsausten, und lachten, wenn ein anderer kippte oder im Haselbach landete, der unterhalb des Hügels vorbeifloß. Er war nur an den Rändern zugefroren und in der Mitte noch offen, und es gab viel Geschrei und Gekreische, wenn jemand hineinfuhr.

So vergingen die letzten Stunden des alten Jahres sehr schnell; einer nach dem anderen sah auf die Uhr, die sich im Halbdämmern schwer erkennen ließ, und wandte sich dem Dorf zu.

„Wir müssen auch heim, es ist fast Mitternacht", mahnte Dagmar, und befriedigt zogen sie ihre Schlitten heimwärts. „Brumme, Zessi, wo steckt ihr! Kommt, es gibt heute nacht noch was Gutes!"

Hach, war es schön, wieder in die Wärme der Küche zurückzutauchen! Petra und Anja sahen einander an und lachten – sie hatten beide knallrote Gesichter und nasse Schöpfe, denn Mützen hatten sie nicht aufgehabt. Dagmar kam mit einem Frottiertuch und rubbelte sie trocken, und sie schrien ach und weh. Dann stellten sie das Radio ein und warteten, bis „Prost Neujahr!" gesagt wurde. Lachend wünschten sie einander ein gutes neues Jahr, und schon schrillte das Telefon.

„Richtig, wir hatten ja vergessen –"

Beide Elternpaare riefen an, und gleich danach auch Dagmars Mutter. Sie wünschte ihnen allen dreien ein gesegnetes neues Jahr und berichtete glücklich, daß der Professor sich über die kleine Cosy im besten Sinne geäußert hätte. „Sie wird bestimmt ganz gesund, hat er gesagt", erzählte sie, und man hörte ihrer Stimme ihre große Freude und Erleichterung an. Dagmar freute sich sehr.

„Das ist die schönste Neujahrsbotschaft für uns alle", sagte sie, „ich hatte nicht gewagt zu fragen. Wie wunderschön! Und jetzt wird Blei gegossen", bestimmte sie, „das hätten wir beinahe vergessen." Sie holte eine Schüssel mit Wasser und alles andere, was noch dazugehörte: Blei und eine Kerze und einen Blechlöffel, und nun drängten sie sich um den Tisch, denn jede wollte anfangen.

„Halt, halt, wir waren ja noch gar nicht bei den Pferden!" erinnerte Petra. Ja, das ging vor. Sie eilten in den Stall und verteilten die Mohrrüben und wünschten allen Tieren einen guten Jahresanfang. Dann machten sie sich ans Bleigießen. Sie knobelten, wer anfangen dürfte, und es traf Petra. Sie goß ein Pferd, wie sie behauptete – der Klumpen Blei, den sie aus dem Wasser gefischt hatte, sah zwar überhaupt nicht danach aus, aber sie fand, es wäre eins. Anja, die nun drankam, konnte an ihrem Bleiklumpen keins entdecken, sosehr sie auch daran herumrätselte. Und bei Dagmar sah das blinkende Bleistückchen eher aus wie ein Papagei, so meinte sie, und Papageien liebte sie wirklich nicht, wie sie beschämt zugab.

„Man kann nicht alles gleich gern haben, ich mag halt Pferde am allerliebsten und dann Hunde, aber Federvieh – ich weiß nicht ... Aber jetzt ins Bett, Herrschaften! Füttern müssen wir morgen zur richtigen Zeit, da gibt's kein Längerschlafen. Pferde haben ihr Recht. Wir können ja, wenn wir sehr müde sind, nachher wieder ins Bett kriechen."

„Du, Dagmar, könnten wir heute nacht nicht –" Anja stockte und sah hilfeflehend zu Petra hinüber. Die verstand.

„Anja meint, oben spukt es", sagte sie lustig und so, als wäre es nur ein Spaß. „Der Müller geht ihr im Kopf herum, sie denkt, er ist uns nachgekommen und spukt oben. Deshalb –"

„Aber ja, warum denn nicht?" sagte Dagmar gutmütig und lachte auch. „Wir können noch ein bißchen Radio hören, ehe wir einschlafen. Heute ist allerlei Lustiges im Programm, paßt mal auf. Und zwei Couchen haben wir ja hier, eine schläft dann eben auf dem Fell." Sie zog von der einen Truhe ein dickes Schaffell herunter und breitete es auf dem Teppich aus. „Das machen wir manchmal, wenn viel Besuch kommt. Man schläft wundervoll darauf."

„O ja! Ich möchte auf das Fell!"

„Nein, ich! Bitte, bitte ich!"

Nun mußte geknobelt werden, und Petra gewann. Anja war so froh, daß sie nicht hinaufmußte, daß sie gern verzichtete.

„Nur die Schlafanzüge müssen wir noch holen", sagte Dagmar und gähnte. „Na, ich werde großmütig sein und eure mitbringen. Wenn das Gespenst kommt, schrei' ich. Nehmt euch die Decken dort." Sie ging zur Treppe. Anja sah ihr angstvoll nach.

„Wir müßten eigentlich mit – jedenfalls eine von uns", flüsterte sie und rührte sich nicht.

„Laß", sagte Petra. „Wenn sie sich nicht fürchtet!"

„Du meinst, dann tut ihr das Gespenst nichts?"

Gottlob, da war Dagmar wieder. Sie warf jeder der beiden den Schlafanzug zu und rief dann nach Brumme.

„Du legst dich unten an die Treppe. Ja, komm, du kriegst deine Decke dorthin. So, leg dich. Brav, meine Alte."

Zessi kam ungerufen und nahm neben Brumme Platz.

„Also! Doppelt genäht hält besser. Jetzt kann kein Müller herunterkommen, ohne über die beiden zu stolpern", sagte Dagmar zufrieden und rollte sich auf ihrer Couch zusammen. „Gemütlich haben wir's, oder? Wer erzählt jetzt noch was?"

„Du!" riefen die beiden anderen wie aus einem Mund.

„Auch das noch. Mit mir könnt ihr's ja machen –"

Dagmars Stimme verklang in Murmeln. Gleich darauf hörte man sie halblaut und melodisch schnarchen. Anja und Petra mußten lachen.

Bei solch einem friedvollen Schnarchen kam bestimmt kein Spuk ins Zimmer. Überhaupt – Spuk ...

„Es gibt ja gar keinen", sagte Anja noch, und Petra brummte zustimmend: „Hab' ich ja immer gesagt. War meine Rede Tag und Nacht –", und dann schliefen auch die beiden ein, von einer Sekunde zur anderen.

Zwei neue Hausgenossen

Sie hatten gefüttert, nachdem Dagmar die beiden Jüngeren mit großer Mühe wach gerüttelt hatte – nur eine alte Jakke überm Schlafanzug und die nackten Füße in Holzpantoffeln. „Wenn Mutter mich so sähe – dann gute Nacht!" dachte Anja. Den Stall konnten sie auch später noch machen. Jetzt fanden sie sich erst einmal in der Küche ein, mit ganz kleinen Augen und gräßlich verschlafen. Dagmar hantierte am Herd, machte Milch heiß und fragte, ob sie einen Löffel Pulverkaffee hineinhaben oder gleich weiterschlafen wollten.

„Mir bitte keinen, ich habe vor, bis morgen früh zu pennen", stöhnte Petra. „Abends könnt ihr allein füttern, das werdet ihr wohl fertigbringen."

„So siehst du aus. Wir denken nicht dran", sagte Dagmar und schob ihr den Milchbecher hin. „Komm, trink, ich hab' Honig reingetan. Wie in der Mühle. Nun sagt bloß, was mit euch gestern abend los war. Habt ihr wirklich gedacht, der Müller geht oben um? Oder wart ihr nur zu faul, die Treppe hinaufzuklettern?"

„Ach – es hat oben mal gepoltert, als keiner von uns dort war, auch die Hunde nicht", sagte Anja verlegen, „und da –"

„Jetzt sind die Rauhnächte, die zwölf heiligen Nächte, da geht so manches um", sagte Dagmar – sie sagte es so ruhig und sachlich wie vorhin etwa: Möchtet ihr Pulverkaffee? – und schob auch Anja einen Becher zu. „Da darf man zum Beispiel keine Bettwäsche aufhängen und –"

„Warum denn nicht?" fragte Petra erstaunt dazwischen.

„Weil das Unglück bringt. Es ist ein Aberglaube", erklärte Dagmar und lachte. „Bleigießen und daraus die Zukunft sehen ist auch einer. Oder an Holz klopfen und toi, toi, toi sagen. Oder –"

„Du meinst also –", setzte Anja an, hielt dann aber inne. Dagmar sah sie freundlich an.

„Daß es spuken kann? Im Dorf erzählen sie es. Die alten Leute jedenfalls. Natürlich kann ich mir nicht vorstellen, daß der Müller auf einmal neben mir steht und mich daran erinnert, daß kein Salz mehr im Haus ist – Himmel, hätte er doch! Das haben wir gestern vergessen!"

„Dann müssen wir eben ohne glücklich sein, das ist außerdem viel gesünder", sagte Petra. „Aber an so was hat er die Müllersfrau gar nicht erinnert, sondern –"

„Nun ja, an was schon? Ich kann mir's nicht vorstellen. Manchen Aberglauben aber finde ich hübsch, zum Beispiel, daß es Glück bringt, wenn man ein vierblättriges Kleeblatt findet, oder daß man sich was wünschen darf, wenn der Mond im ersten Viertel steht und man ihm drei Knickse macht."

„Darf man das?" fragte Anja.

„Ja, und –"

„Und daß wahr wird, was man in der Neujahrsnacht in Blei gießt. Das glaube ich wahrhaftig auch", sagte Petra jetzt, und es klang überhaupt nicht mehr verschlafen. „Du hast doch gestern abend einen Papagei gegossen, besinnst du dich? Guck mal zum Fenster raus, da sitzt er!"

Dagmar und Anja fuhren herum. Wirklich, in den Ästen des einen Apfelbaumes, der seine Zweige bis zum Haus herüberstreckte, saß ein Papagei, bunt, sehr fremd im Weiß ringsum, unzweifelhaft ein lebendiger Papagei.

„Nein, so was!"

„Wahrhaftig!" riefen Dagmar und Anja zu gleicher Zeit aus, und Petra lachte befriedigt und triumphierend, als wäre es ihr Werk, ihn dort hingesetzt zu haben. Immerhin war ein bunter Papagei am Neujahrstag auf dem verschneiten Apfelbaum etwas, was einem nicht allzuoft begegnete. Noch dazu einer, der einem durch das Bleigießen vorhergesagt worden war. Nein, was hier alles passierte!

„Kinder, den müssen wir fangen! Der gehört jemandem, und er ist bestimmt nicht an Schnee gewöhnt, sondern an ein warmes Zimmer."

„Womöglich erfriert er sich die Krällchen!" rief Petra. „Auf zum Papageienfang! Los! Habt ihr ein Netz?"

„Was denn für ein Netz?"

„Na, eins zum Drüberwerfen. So eins, mit dem man Schmetterlinge fangen kann."

„Haben wir nicht. Das ist zuviel verlangt. Habt *ihr* etwa eins? Na also. Wir müssen es anders machen. Ihn mit Futter locken und dann fangen. Was fressen Papageien denn am liebsten?"

„Keine Ahnung. Sonnenblumenkerne vielleicht. Die habt ihr doch sicher, die hat doch jeder, der im Winter Vögel füttert."

Ja, Sonnenblumenkerne waren im Haus. Dagmar rannte, um eine Handvoll zu holen. Dann aber standen sie da und sahen die Kerne an und wieder den Papagei draußen und wußten nicht weiter. Ob er sich herunterlocken ließ? Sie gingen durch die Hintertür aus dem Haus und standen nun im Schnee, das Lockfutter hochhaltend, und schmeichelten:

„Komm, komm, mein Schöner!"
„Willst du nicht mal probieren?"
„Lora, Lora, guck, was wir haben!"
Das war Petra.

„Woher weißt du denn, daß er Lora heißt?" fragte Anja.

„Alle Papageien heißen Lora. Lora, gute, komm, komm!" säuselte Petra. Es klang blödsinnig.

Der Papagei saß da und guckte auf sie herunter; er hielt den Kopf manchmal schief, manchmal nickte er auch.

„Wir müßten eine Leiter haben. Habt ihr denn keine?" fragte Anja.

„Doch, aber wenn wir sie anlehnen, fällt der Schnee von den Ästen und stäubt auf, und er kriegt Angst und – aber jetzt weiß ich, was wir machen können! Wir haben eine Malerleiter, so eine, die zwei Beine hat. Die könnten wir nehmen und vorsichtig neben dem Baum aufstellen, nicht dranlehnen! Ob sie wohl lang genug ist?"

„Wir holen sie!"

Dagmar und Petra rannten los. Anja blieb stehen, die Körner in der Hand, und lockte und rief. Dann kamen die beiden wieder, sie hatten die Leiter wirklich gefunden und schleppten sie an den Baum heran.

„Vorsicht, Vorsicht, langsam! Nicht an die Äste stoßen."

Jetzt stand die Leiter. Dagmar hielt mit jeder Hand einen Holm, und Petra kletterte hinauf. Sie hatte sich von Anja das Futter geben lassen, in der andern Hand hielt sie ein Perlonnetz, wie man es zum Einkaufen nimmt. „Vielleicht kann ich ihm das überstülpen."

„Menschenskind, da müßtest du drei Hände haben – warte, ich komm mit rauf – Anja, halt du die Leiter –" Dagmar klomm auf der anderen Seite aufwärts. Der Papagei saß aber immer noch höher oben. Petra streute das Futter auf das obere Brett, das die Leiter sozusagen als Plattform abschloß, und duckte sich dann, machte Dagmar ein Zeichen, es ebenso zu machen. So lauerten sie. Der Papagei schien zu überlegen, ob er das Stück herabfliegen sollte. Dabei sagte er etwas. Er sagte es schnarrend und so, daß sie es nicht verstehen konnten. „Ja, ja", antwortete Petra jedoch, als habe sie ihn genau verstanden, beruhigend wie zu einem scheuenden Pferd, „ja, ja. Jetzt kommen wir ja, und du kriegst was Schönes zu fressen –"

Wirklich, er rührte sich. Er wackelte hin und her, guckte nach dem Futter und spreizte ein wenig die Flügel. Dann drückte er wirklich ab, flog das Stück herunter und landete am Rand der Plattform, also oben auf der Leiter, eifrig pickend. Die drei Mädchen hielten den Atem an.

Dann schob sich Petra, die es nicht mehr aushielt, langsam aufwärts. Sie hatte das Perlonnetz in der rechten Hand und hielt sich mit der linken fest. Jetzt – jetzt – „ooooh!"

Sie schrien es alle drei. Der Papagei hatte das Netz im letzten Augenblick gesehen, war aufgeflogen, landete zunächst auf einem höheren Ast und flog dann, zielsicher, als täte er das jeden Tag, auf das Haus zu und husch! in die Luke hinein. In die Luke, die wahrhaftig offenstehen mußte – man konnte das von unten nicht genau sehen bei dem Schnee auf allen Simsen. Jedenfalls war er weg.

Petra begriff zuerst. Sie sprang von ihrem erhöhten Platz herunter, ohne ein Wort zu sagen, landete im Schnee, taumelte und riß sich wieder hoch. Schon war sie am Leiterchen, das zur Luke führte, und turnte wie ein Affe hinauf. Jetzt war sie oben – klapp! Zu! Der Papagei war im Haus!

„Hurra, hurra! Da kriegen wir ihn irgendwie!" schrie Dagmar und sprang nun auch herunter. Anja war schon auf dem Weg ins Haus. Petra folgte. Sie rannten, diesmal ohne jegliche Rücksicht auf Gespenster oder Müllererscheinungen, die Treppe hinauf und hielten im ersten Stock erst mal an, atemlos.

„Wo – wo ist er –"

„Dort flattert was!"

„Ruhig, ihr erschreckt ihn noch mehr."

„Sind auch alle Fenster zu?"

Ja, alle waren zu. Und auch die Luke, die Petra ja von außen zugeklappt hatte.

„Wieso war sie eigentlich vorher auf?" wunderte sich Dagmar jetzt. Sie sahen einander an. Endlich gestand Petra: „Kinder, vielleicht war ich das. Am ersten Tag, als ihr mal nicht da wart, bin ich rausgeklettert. Ich wollte mal sehen, wie das so ist. Und da muß ich sie –"

„Offengelassen haben? Du bist mir ein Held! Da konnte also jeder, der wollte, ins Haus, trotz verschlossener Haustür und wachsamer Hunde am Fuß der Treppe."

„Ja", gab Petra beschämt zu, „aber – aber den Papagei hätten wir sonst nicht gekriegt."

„Wir haben ihn ja noch gar nicht!"

„Aber im Haus ist er."

„Los, wir suchen!"

Sie liefen durch die Räume. Im hinteren Winkel, wo Cosys Kasperletheater stand, rührte sich etwas.

„Ich hab' was gehört. Dort muß er stecken!" rief Petra, riß das Theater zur Seite und blieb wie angewurzelt stehen. Vor ihr, in die Ecke gepreßt, stand ein Junge, etwa so alt wie sie selbst, mit ziemlich langem Haar, und guckte sie entgeistert an. Eine Sekunde lang glaubte sie, der Papagei habe sich verwandelt . . .

„Nanu", sagte sie dann halblaut – ihre eigene Stimme klang ihr fremd. Und dann sagte sie etwas ganz Dummes, noch aus dem vorigen Gedanken heraus, worüber sie später immer wieder lachten. Sie sagte: „Bist du etwa der Papagei?"

„Nein, wirklich nicht", sagte der Junge verstört, „aber ich hab' einen gesehen. Ich wollte ihn locken – gehört er euch?"

Jetzt waren auch Dagmar und Anja herangekommen. Sie blieben neben Petra stehen, ohne zunächst etwas zu sagen. Der Junge guckte mit scheuem Blick, den Kopf zwischen die Schultern gezogen, von einer zur anderen.

„Was machst du denn hier?" fragte Dagmar dann langsam. Ihr ging ein Licht auf. Das Poltern, das Huschen, das Wegrennen, die ausgetrunkene Schlagsahne aus dem Kühlschrank . . .

„Wie lange bist du denn schon hier?"

„Seit vorgestern." Er senkte den Blick. „Seit – na, seit einer Weile halt."

„Und gehört dir der Papagei?"

„Aber wo, den hab' ich hier zum erstenmal gesehen. Wo –" Er brach ab, gerade flatterte etwas um die Ecke, und nun sahen sie alle vier, wie der Papagei die Kurve nahm, auf die Luke zusteuerte und, als er sie verschlossen fand, auf der Schrankecke landete.

„Da kriegen wir ihn! Wartet." Der Junge schlich sich – er war sowieso in Strümpfen – an der Wand entlang bis zum Schrank, reckte sich und griff mit beiden Händen zu.

„Bitte!" Er hatte den Papagei wirklich erwischt. Sein Gesicht war wie verwandelt, strahlend hielt er ihn den drei Mädchen hin.

„Toll!" sagte Petra anerkennend. „Großartig! Wie du das kannst! Mit dem ersten Griff hast du ihn erwischt!"

„Wir haben zu Hause viele Vögel, kleinere natürlich, einheimische – auch ein paar Exoten. Da muß man immer mal einen herausgreifen, wenn er beringt werden soll oder eine Wunde hat oder so was", erklärte er. „Ja, mein Guter, keiner tut dir weh. Du mußt keine Angst haben. Wohin soll er?"

„Ich weiß –" Dagmar war davongerannt, die Treppe hinunter. Unten im Milchgewölbe hörte man es poltern, dann die Tür schlagen, und schon erschien Dagmar wieder mit einem Drahtkorb, der ziemlich groß war, an sich dafür bestimmt, Rüben oder Kartoffeln zu transportieren. Den stellte sie verkehrt herum auf die Erde, schob noch ein Fußbänkchen hinein – "damit er was zum Sitzen hat" – und hob dann den Korb etwas an.

„So, dahinein. Da kannst du erst mal wohnen", sagte sie und machte dem Jungen ein Zeichen, den Papagei hineinzusetzen.

Der tat es, und Dagmar beschwerte den Korb mit einem dicken Buch.

„Großartig. Siehst du, jetzt fühlst du dich schon ganz zu Hause." Der Papagei war auf das Fußbänkchen gehüpft und hielt den Kopf schief. Dann sagte er wieder etwas.

„Ja, ja, du hast recht", sagte Petra in beruhigendem Ton, „ganz recht hast du." Endlich kamen sie alle zu Atem und konnten sich dem anderen Fremdling im Haus, dem Jungen, zuwenden.

„Komm mit runter in die Küche, wir wollen noch mal frühstücken", sagte Dagmar, „so was am hellen Morgen geht einem ja an die Nerven. Das Jahr fängt gut an."

Sie hockten sich in der Küche um den Tisch, und Dagmar wärmte wieder einmal Milch. Der Junge war in die Bankecke gerutscht. Sie stellte einen Becher vor ihn hin und schnitt dann ein Stück Weihnachtsstollen für ihn ab.

„Hier, iß. Und dann erzähl."

Er gehorchte, jedenfalls was das Essen betraf. Die anderen futterten auch. Ihnen war, als hätten sie eine dreitägige Elefantenjagd hinter sich, so hungrig waren sie schon wieder. Und beim Essen kam so langsam eins nach dem andern aus dem Jungen heraus.

Er hieß Heiner, war zwölf Jahre alt wie Petra und ging ins Gymnasium einer kleinen Stadt, etwa dreißig Kilometer entfernt. Dagmar kannte sie. Seine Eltern wohnten etwas außerhalb, der Vater hatte dort eine kleine Fabrik. Geschwister besaß er nicht.

Soviel erzählte er. Dann kam nichts mehr. Petra wollte fragen, aber Dagmar trat ihr auf den Fuß.

Laß! hieß das. Petra verstand. Sie schob ein riesiges Stück Weihnachtsstollen in den Mund und sagte dann während des Kauens – es klang undeutlich und sehr gleichmütig: „Na, dann wollen wir mal in den Stall. Jetzt sind wir alle munter. Schade, daß ihr nur drei Pferde habt, Dagmar."

„Ja, schade. Schlimmstenfalls können wir uns ja eins dazuborgen. Es gibt hier im Dorf noch mehr. Erst wird aber ausgemistet, daß ihr's wißt. Erst die Arbeit, dann das Vergnügen."

Alle waren einverstanden. Zu viert trottete man dem Stall zu.

Eine Reitstunde. Heiner erzählt

„Dagmar?"

„Nein!"

„Wo bist du?"

„Weg!"

„Kommst du?"

„Nein!"

Petra probierte an der Klinke der Wohnungstür. Verschlossen. Sie verstand die Welt nicht mehr.

Bis vor fünf Minuten hatten sie „Mensch ärgere dich nicht" in der Küche gespielt, alle vier, und schrecklich dabei gelacht, wenn einer herausflog. Dann hatte Dagmar auf die Uhr gesehen, war aufgestanden und hinausgegangen und nicht wiedergekommen. Sie hatten anfangs eine Weile gewartet, dann war Petra losgegangen, und nun stand sie hier vor der verschlossenen Tür, und Dagmar antwortete derart idiotisch. Petra biß sich auf den Knöchel des Zeigefingers, während sie dastand und nachdachte. Dann ging sie langsam zur Küche zurück.

„Wir sollen weiterspielen, ohne sie", sagte sie und setzte sich. Heiner ließ den Würfel fallen.

„Sechs", schrie er. Anja hatte gesehen, daß es nur eine Vier war.

„Du mogelst!" rief sie aufgebracht.

Heiner riß den Würfel an sich.

„Es war aber eine Sechs!"

„Dann hättest du sie ja liegenlassen können. Petra, sag du mal –"

„Was recht ist, kommt wieder. Würfle noch mal, Heiner", sagte Petra. Heiner würfelte. Eine Eins.

„Siehst du! Das ist die Strafe!"

„Wofür denn Strafe, möcht' ich wissen –"

„Weil du geschwindelt hast –"

„Es war aber eine Sechs –"

„Das kann man jetzt nicht mehr beweisen –"

Gerade ging die Tür.

„Was ist denn hier los? Warum habt ihr euch denn in den Haaren?" fragte Dagmar. „Ich finde überhaupt, wir sollten raus, nicht hier in der Stube hocken. Das ist doch Blödsinn. Keine Lust zum Reiten?"

„Dumme Frage!"

„Natürlich haben wir Lust!"

„Aber leider nur drei Rösser –"

Sie hatten vorhin beim Nachbarn angefragt, ob sie sich dort eins seiner Pferde leihen könnten. Er war sehr freundlich, Dagmar hatte das schon manchmal tun dürfen, aber heute wäre sein eigener Sohn mit Freunden unterwegs, morgen könnten sie eins haben. Sie sollten aber noch mal nachfragen.

„Dann reitet eben ihr drei. Auf dem Platz", sagte Dagmar. „Wir haben doch Gott sei Dank seit zwei Jahren einen Reitplatz. Ich mach' den Lehrer. Bist du schon mal geritten, Heiner?"

„Ja, öfter. Ich hab' einen Freund mit zwei Ponys."

„Reitverein?"

„Noch nicht, aber –"

„Na, wir werden ja sehen. Los, vorwärts, umgezogen, angezogen. Wer hat ein Paar Stiefel für Heiner?"

Petra schrie: „Ich!" Sie besaß ein Paar richtige Reitstiefel, geerbt von ihrer größeren Schwester, und ein Paar aus Gummi, auch Reitstiefelform, wie man sie vielfach bei schlechtem Wetter trägt. Er quälte sich hinein, seine Jeans in die engen Röhren stopfend, und Petra hänselte ihn mit seinen dicken Beinen. Nun ging es darum, wer welches Pferd bekam.

„Heiner sollte Lotte nehmen, für den Anfang", sagte Dagmar. „Lotte ist das problemloseste Pferd. Anja, wie ist es, traust du dich auf Ströppchen?"

Anja sah sie zweifelnd an.

„Wir versuchen es. Ihr könnt ja immer noch tauschen."

„Eins jedenfalls weiß ich", dachte Anja, während sie etwas langsamer als sonst durch die Stallgasse zu Ströppchens Stand hinübertrottete, „beim Reiten wird immer mehr von einem verlangt, als man kann."

„So ist es", sagte Dagmar zu ihrer Verblüffung halblaut neben ihr. Es war, als hätte sie Anjas Gedanken erraten, „man muß immer zwanzig Zentimeter höher als das Hindernis springen, in Wirklichkeit und im übertragenen Sinne. Das ist die allererste Erkenntnis, die einem beim Reiten aufgeht. Bei dir kommt sie zeitig."

„Und was für Erkenntnisse kommen noch?" fragte Anja schüchtern und sah zu Dagmar auf.

„Daß man auf dem Pferd sehr allein ist. Daß es da auf einen selbst ankommt", sagte Dagmar in ihrer ruhigen Art. „Jedenfalls, sobald man dem Führzügel und der Longe entwachsen ist. Das sind Hilfsmittel, die nur ganz zu Anfang angewendet werden. Später – sehr bald also, du reitest ja auch schon ohne Führzügel – kommt es auf dich an und auf sonst gar nichts."

„Und das dritte? Meistens sind es doch drei Weisheiten, jedenfalls in den Märchen", fragte Anja und hob Ströppchen den Hinterhuf auf, um ihn zu säubern. „Steh, steh. Na?"

„Du bist ein kluges Kind. Die dritte Weisheit stammt von einem Berliner Wachtmeister, einem alten Pferdemann, den nichts außer Pferden interessierte. Dem sie alles waren, Lebensinhalt und Glück und Aufgabe, und der sie kannte wie kaum ein anderer. Von dem stammt der Spruch: ‚Reiten lernt man bloß vons Reiten.' Grammatikalisch nicht einwandfrei, aber gut berlinerisch. Und wahr! Auf also, und wenn man mit einem Pferd klarkommt, sobald es geht, aufs nächste. Und wenn man achtzig wird, im Sattel lernt man doch immer was dazu."

„Wirklich?" fragte Anja leise.

„Wirklich. Es gibt natürlich auch Bücher, die einem weiterhelfen, gute Anleitungen, gewiß. Dadurch lernt man sicherlich was dazu, auch durch gute Lehrer, die einem die Fehler sagen, und durch das Beobachten von guten Reitern. Das alles aber bringt einen nur dazu, etwas besser zu reiten. Richtig reiten lernt man nur vom Reiten."

Anja schwieg. Dann fragte sie: „Wie lange reitest du denn schon? Steh doch, Ströppchen. Ja, ist ja gut. Wann hast du angefangen?"

„Sehr zeitig. Weil wir schon immer Pferde hatten. Mein Vater hat mich mit zwei Jahren schon drauf gesetzt. Ja, aber Reiten hab' ich natürlich erst später gelernt, als ich es wollte, richtig wollte. Daß jemand als Reiter geboren wird, das gibt es nicht. Davon träumen so viele, vor allem kleine Mädchen, aber auch größere. Sie hängen sich Pferdepostkarten übers Bett und lesen Pferdebücher und seufzen: Ich könnte reiten! Ich bin ein Pferdenarr. Mir fehlt nur das eigene Pferd, und mein Vater kauft mir keins. – Solche gibt's massenhaft", fuhr Dagmar nach einer kleinen Weile fort, „und wenn sie dann was tun sollen – ich meine, wir haben manchmal welche zu uns eingeladen, die sehr darum bettelten –, dann war ihnen schon beim zweitenmal der Eimer zu schwer und der Mist ekelhaft und die Karre zu groß. Das Pferd war

‚so gemein', wenn es sie absetzte – nein, solche Pferdenarren, vielen Dank."

„So bin ich aber nicht!" rief Anja sofort. Dagmar lachte.

„Nein, du nicht. Nun komm, bring Ströppchen raus, es geht gleich los. Wollen mal sehen, wie dieser Heiner sitzt."

Der Reitplatz war ein ziemlich großes, von Stangen eingefriedetes Rechteck, mit Sand gefüllt, den man jetzt nicht sah, weil alles verschneit war.

„Sand gefriert nicht, da kann man auch bei Frost reiten", erklärte Dagmar, „und im Sommer auch bei Regen. Er wird nicht glatt und rutschig wie Grasnarbe. Nun los, ihr drei Hübschen, führt eure Rösser hinein und stellt euch mit ihnen auf, ihr wißt ja vom Reitverein her, wie."

„Was bedeuten denn die Schilder?" fragte Anja. In der Mitte der langen und kurzen Seiten des Rechtecks hingen weiße Schilder mit roten Buchstaben, an den langen Seiten auch noch an anderen Stellen.

„Das sind Abwendepunkte, die erklär' ich euch später", sagte Dagmar. „Jetzt ist die Hauptsache, daß ihr ‚ganze Bahn' reitet, also ringsherum, oder ‚auf dem Zirkel', das ist ein Kreis an einem Ende der ganzen Bahn. Petra nimmt die Tete, die kennt die Hufschlagfiguren ja hoffentlich!"

Sie stellten sich nebeneinander auf, die Pferde an ihrer rechten Seite, Petra mit Pußta, Heiner mit Lotte, Anja mit Ströppchen.

„So. Ehe ihr aufsitzt, kontrolliert noch einmal die Gurte", sagte Dagmar. „Später wird vom Sattel aus noch mal nachgegurtet, die Pferde blasen sich ja auf, das wißt ihr. Und bei den ersten Schritten lassen sie dann die Luft ab. Nun – Abteilung aufgesessen!"

Für Anja war es das erste Mal, daß sie aufsitzen sollte, ohne daß jemand ihr das Pferd hielt. Sie angelte mit dem linken Fuß nach dem Bügel, der ihr himmelhoch hängend vorkam, bekam aber den Fuß nicht hinein. Petra saß schon oben, aber Heiner wollte es mit Lotte auch nicht recht gelingen. Dagmar trat zu ihm und gab ihm ein paar Anweisungen. In der Zeit hatte Anja endlich den Fuß im Bügel, zog sich am Sattel hoch – und war oben. Gottlob! Und Ströppchen hatte stillgehalten, der Gute!

„Im Schritt anreiten, auf die linke Hand gehen." Petra machte es vor, und die anderen folgten. Dagmar korrigierte einiges am Sitz des einen und anderen, und Anja hielt sich an den kleinen Trick, den Petra ihr einmal verraten hatte: Wenn der Lehrer an einem anderen Schüler etwas aussetzt, etwa ‚Hacken tiefer!' oder ‚Hände aufrecht!' sagt, dann denk, er meint dich, und richte dich danach aus. Daran hielt sie sich auch jetzt. Sie trabten dann an, alles ging glatt. Ströppchen, hinter Pußta, war etwas faul, und Dagmar rief ein paarmal: „Anja, treiben! Von selbst läuft er nicht!" Und sie hatte Angst gehabt, er würde ihr unter der Hand weggehen!

Heiner hielt sich wacker. Lotte machte ihm keine Schwierigkeiten, aber neu war sie für ihn doch. Dagmar lobte ihn ein paarmal, und da wurde er rot vor Verlegenheit. Einmal, als sie auf dem Zirkel ritten, machte Ströppchen in der Ecke Terror, stemmte erst die Vorderbeine ein und fing dann an zu bockeln, und Anja hatte ihre liebe Not, oben zu bleiben. Aber sie schaffte es. Und dann ließ Dagmar noch kurz angaloppieren: „Eine runde ganze Bahn!", und siehe da, alle drei Pferde taten es willig, sie kannten ja das Kommando, und alle drei Reiter blieben oben.

„Noch einmal – durch die ganze Bahn wechseln", befahl Dagmar, als sie wieder im Schritt ritten, und dann durften sie noch mal auf der rechten Hand galoppieren. Auch das ging gut.

„So, und nun: Zügel lang, Pferde loben und im Schritt durcheinanderreiten, damit die Pferde abdampfen", sagte Dagmar abschließend. Sie war selbst froh und erleichtert, daß alles gutgegangen war.

Als sie später in der Küche saßen und Zitronentee tranken – Reiten macht durstig –, lobte Dagmar noch einmal alle drei. „Manchmal geht es besser, als man denkt. Du bist schon oft geritten, Heiner, oder?"

„Ziemlich!" Heiner strahlte. Sein Gesicht war ganz verändert, offen und glücklich. „Aber eine Reitstunde hatte ich noch nie."

„Kinder, der Papagei. Habt ihr ihn schon gefüttert?" rief Petra.

„Ich hol' ihn", erbot sich Heiner. „Er soll doch nicht den ganzen Tag unter dem Korb sitzen."

„Aber paß auf!" Petra und Anja rannten mit, als er hinaufging. Wirklich, es gelang Heiner, den Papagei aus dem Korb zu nehmen, ohne daß er wegflatterte. Er ging mit ihm in die Küche hinunter, und dort legten sie ihm Futter vor, das er aufpickte. Er schien sich in Heiners behutsamen Händen sehr wohl zu fühlen.

„Daß du so mit ihm umgehen kannst!" bewunderte ihn Anja. „Mir wäre er unheimlich."

„Weil er spricht?" fragte Heiner und lachte. „Sag mal was, du!"

Der Papagei sah ihn an, dann ruckte er den Kopf wieder herum. Und dann schnarrte er ein paar Worte vor sich hin.

„Da! Habt ihr verstanden? Er sagte –"

„Was denn? Sag noch mal, Lora! Laß ihn noch mal sprechen!" drängte Anja fasziniert.

Heiner schüttelte ihn ein wenig.

„Na? Komm schon, antworte."

„Rararara", verstanden die anderen.

„Schön! Spricht er nicht deutlich? Rabestraße acht", sagte Heiner. Die anderen starrten ihn mit offenem Mund an.

„Noch mal!"

„Na, sag noch mal was! Wo wohnst du?"

Diesmal verstanden es auch die Mädchen. Oder bildeten sie es sich ein?

„Rabestraße acht, nun müßte man nur noch wissen, in welchem Ort es eine Rabestraße gibt", sagte Dagmar. Sie überlegten und berieten. Ob man die Polizei anrief?

Dagmar sah, wie Heiner zusammenzuckte. Sie tat, als habe sie nichts gemerkt.

„Ich weiß nicht. Unsere Polizei hier im Dorf? Die sollte ich fragen: ‚Verzeihung, wo gibt es denn eine Rabestraße im Umkreis von fünfzig Kilometern?' Die halten mich ja für verrückt. Nein, lassen wir lieber die Polizei. – Aber vielleicht steht was in der Zeitung."

Sie suchten das Blatt von gestern. Aber sie fanden nichts.

„Um so besser. So können wir ihn noch eine Weile behalten", sagte Heiner. Zessi stand, an sein Knie gelehnt, und sah zu ihm und dem Papagei auf, aber nicht so, als wollte sie den Papagei erbeuten, sondern voller Liebe und Hingabe.

„Ja, du bist ein guter Hund, Zessi. Zessi hat heute nacht bei mir geschlafen", erzählte Heiner und rieb sein

Knie ein wenig an ihrem Kopf, „sie mag mich." Er sah zärtlich auf die Hündin herab.

„Du hast es wohl überhaupt mit Tieren?" fragte Anja und lachte. „Zu dir kommen sie, von dir lassen sie sich anfassen. Habt ihr zu Hause auch welche außer den Vögeln?"

„Wir hatten eine Hündin." Er schwieg.

„Hattet?" fragte Petra scheu.

„Sie ist überfahren worden." Heiner gab den Papagei an Dagmar weiter, tätschelte Zessi und hielt dabei sein Gesicht so, daß die anderen es nicht sehen konnten. Sie taten, als merkten sie es nicht, und keine sagte etwas. Dann auf einmal rief Dagmar: „Übrigens – wir bekommen Besuch! Cornelia kommt! Vorhin rief sie an. Was sagt ihr?"

„Wunderbar!" schrien Petra und Anja wie aus einem Mund. „Cornelia! Die muß mit uns reiten! Bringt sie Onkel Kurt mit?"

„Davon hat sie nichts gesagt. Nein, ich glaube, sie kommt allein. Aber da müssen wir mal was kochen." Dagmar sah nicht sonderlich glücklich aus, als sie das sagte. Die anderen lachten sie aus.

„Wegen Cornelia doch nicht!"

„Wer ist denn Cornelia?" fragte jetzt Heiner.

„Eine aus dem Reitverein. Sehr nett. Reitet Klasse. Wir mögen sie alle schrecklich gern. – Übrigens, Heiner, gut, daß Zessi sich so an dich angeschlossen hat. Paß gut auf sie auf, ja? Ich fürchte, sie wird läufig – ihr wißt, was das ist? Dasselbe, wie wenn eine Stute roßt. Zweimal im Jahr werden Hündinnen läufig, sehnen sich nach der Liebe und gehen einem davon, wenn man nicht aufpaßt wie ein Heftelmacher. Und die Kavaliere kommen und belagern das Haus – was sage ich!" rief Dagmar und lachte. „Da ist schon der erste!"

Sie wies auf das Fenster. Wirklich, da grinste ein Hundegesicht herein, zum Erschrecken. Ein Dalmatiner, weiß mit schwarzen Flecken, das Gesicht fast ganz weiß, so daß man es für ein Menschengesicht hätte halten können.

„Mach dich fort, du Kerl!" schimpfte Dagmar und wedelte mit dem Küchentuch am Fenster hin und her. „Das gäbe eine Mischung! Außerdem ist Zessi noch viel zu jung zum Jungekriegen. Weg, du Ekel!" Dann band sie das Küchentuch um die Reithose und krempelte die Ärmel hoch.

„So, nun wird gekocht! Anja schält Kartoffeln, Petra putzt Möhren – vorher beides gut waschen, denn die Schalen kriegen die Pferde, mit etwas Hafer vermischt –, und ich werde einen hervorragenden Braten aus der Kühltruhe herausholen und in den Ofen schieben. Das kann nur ich!"

Die anderen schrien Protest.

„Und Heiner? Der tut gar nichts?"

„Der füttert die Hunde. Zuerst machst du die Näpfe sauber."

Heiner sah kurz auf. „Dachtest du, ich wasch' sie nicht aus?" fragte er halblaut. Dagmar wurde ein bißchen rot.

„Verzeih. Ich hätte mir's denken können. Dort steht das Futter, da die Haferflocken. Auf dem Herd heißes Wasser. Was brauchst du noch?"

„Eine rohe Mohrrübe – ich habe meiner Mia immer eine ins Futter gerieben wegen der Vitamine. Und Lebertran – habt ihr welchen?"

„Natürlich. Dort drüben. Und die Mohrrübe gibt dir Petra. So, und jetzt, wo wir so gemütlich beisammensitzen, erzählst du. Warum bist du ausgerückt von zu Hause? Ich hab' heut früh ein bißchen Radio gehört, verstehst du. Nun erzähl mal, wir verraten dich nicht."

„Hast du – haben meine Eltern –" Heiner stand, die Mohrrübe in der einen Hand, die Reibe in der anderen, und sah zu ihr herüber. Seine Augen flackerten.

„Sie suchen dich. Sie ängstigen sich um dich", sagte Dagmar leise. Die beiden anderen, Anja und Petra, sahen nicht auf, hielten aber den Atem an. Würde er jetzt etwas sagen?

Erst schwieg er. Dann aber, als auch Dagmar schwieg, fragte er, und es klang angstvoll, ja verzweifelt: „Wissen sie –"

„Sie wissen gar nichts, nur, daß du abgehauen bist. Und sie bitten um Bescheid, wenn jemand etwas weiß."

„Ihr sagt nichts – oder hast du schon angerufen?" Heiners Gesicht war dunkelrot geworden. „Bitte – bitte, bitte –"

„Wir verraten dich nicht, wenn du es nicht willst", sagte Dagmar leise. Sie wußte nicht, ob es richtig war, dies zu versprechen, sie fühlte nur seine jagende Angst. „Großes Ehrenwort. Also?"

„Ihr beiden auch? Wirklich großes Ehrenwort?" Er sah Anja und Petra an, sie nickten verstört. „Aber wenn ihr's nicht haltet! Ich renn' wieder weg, auch von euch! Ich renn' über Land, solange ich kann, in den Wald – und wenn ich müde genug bin, leg' ich mich irgendwohin und erfriere. Das ist ganz einfach, es steht in allen Lesebüchern. Man merkt dann gar nichts. Und finden tut ihr mich nicht, das kann ich euch sagen. Außerdem hab' ich noch ein paar Tabletten zum Einschlafen, die lagen bei meiner Mutter im Nachttisch. Ich wollte ja eigentlich schon vorher –" Sein Gesicht sah jetzt so aus, daß sie ihm jedes Wort glaubten. Alt, verfallen, fast unkenntlich. Es schauderte sie. Er würde Ernst machen, das merkte man.

Dagmar sagte noch einmal: „Wir verraten dich nicht. Dann aber bleibst du bei uns und machst keinen Unfug, verstanden? Das wieder versprichst du uns. Tust du das? Gut, ein Mann, ein Wort. Und nun erzähl, was hast du ausgefressen?"

„Was Furchtbares. Also –" Man merkte, wie es ihm wohltat, endlich sprechen zu können. Er begann dabei, die Mohrrübe zu raspeln, rieb sich in den Finger, leckte das Blut weg, rieb weiter, ohne es wahrzunehmen. „Also, wir sollten die Zeugnisse erst nach den Ferien bekommen, am ersten Schultag im Januar. Aber unser Klassenlehrer geht weg, und wir kriegen einen neuen, und da bekamen wir sie schon vorher. Und ich hatte einen Fünfer, von dem ich nichts wußte und meine Eltern auch nicht. Man rechnet sich ja immer die Noten aus, nach den Arbeiten. In einem Hauptfach, in Mathe. Da bin ich schlecht, aber so schlecht, das wußte ich nicht. Und da habe ich – ja, ich hab' halt anstelle meines Vaters unterschrieben, weil ich so Angst davor hatte, was er sagen würde. Und dann bekam ich noch mehr Angst, denn Unterschriften fälschen, das ist ja schon kriminell. Meine Eltern ahnten nichts, die dachten ja, wir kriegten die Zeugnisse erst später. So stand es in der Zeitung.

Und dann – ja, meine Mutter hatte ein großes Feuer im Hof gemacht, das macht sie immer nach den Feiertagen. Es wird alles verbrannt, was weg soll, Einwickelpapier und Kartons und so was. Zufällig kam ich dazu. Und da dachte ich, wenn das Heft weg ist, ist auch die falsche Unterschrift weg, und wenn wir einen neuen Lehrer kriegen, dann stell' ich mich einfach dumm und sag', ich hab' kein Zeugnis bekommen. Irgendwie würde es dann schon klappen. Jedenfalls – ich hab' also das Zeugnisheft mit ins Feuer geschmissen. Meine Mutter stand daneben. Sie dachte natürlich, es wäre irgendein altes. Sie sagte sogar, ich solle holen, was ich nicht mehr brauche, und mit verbrennen. Die Reste vom alten Jahr soll man ins Feuer werfen ...

Ja, und später packte mich die Angst erst recht. Und da bin ich weg. Einfach losgerannt, so, wie ich war. Erst zu meinem Freund, aber der war nicht da, verreist – ich stand vor der verschlossenen Tür. Und nach Hause traute ich mich nicht zurück, ich dachte, sie sehen es mir an.

Einmal hat mich ein Auto ein Stück mitgenommen, dem Fahrer hab' ich vorgeschwindelt, ich müßte zur Apotheke und was holen. Und dann bin ich halt weitergelaufen, bis hierher. Ich hab' euch gesehen, wie ihr mit den Pferden losgegangen seid – und dann sah ich die kleine Leiter und die Luke. Da bin ich raufgeklettert – bloß mal, um nachzugucken – und drin war es schön, und Hunger hatte ich auch –" Er schwieg.

„Und da hast du den Kühlschrank inspiziert", sagte Petra vergnügt. „Stimmt's? Und da stand Schlagsahne drin."

„Ja", sagte Heiner verlegen, „ich hatte solchen Hunger."

„Und wir haben uns gegenseitig verdächtigt", lachte Dagmar, „jemand mußte die Sahne ja getrunken und den Becher schön säuberlich in den Abfall getan haben. Ordentlich bist du, das muß man sagen!"

Die beiden anderen lachten ebenfalls.

„Ich hab' aber niemanden verdächtigt", verwahrte sich Anja. „Ihr wahrscheinlich mich!"

„Na, jemand mußte es ja gewesen sein", sagte Dagmar, und Petra krähte: „Ich dachte, es wäre der Müller!"

„Quatsch, da wußten wir ja noch gar nichts vom Müller und seinem Erscheinen", sagte Anja. „Gott sei Dank, daß du es warst, Heiner, und kein Gespenst! Wir dachten nämlich schon, es spukt."

„Im Haus?" fragte Heiner ungläubig. Und dann lachten sie alle vier und fanden es wunderbar, daß es Heiner und kein Spuk gewesen war.

Cornelia

Es gibt Menschen, die kommen ins Zimmer, und man hat das Gefühl, ein Fenster voller Sonne geht auf. So war es bei Cornelia. Anja wußte das, sie empfand es aber wieder neu, als Cornelia plötzlich da war – sie stand auf einmal in der Küche, in flaschengrünen Hosen und einer karierten Jacke, das kurze Haar mit Schneeflocken besternt, und alles war anders, alles war neu.

„Cornelia!" schrien Anja, Dagmar und Petra wie aus einem Mund, und alle drei sprangen auf sie zu, so daß sie umgeflogen wäre, wenn der Ansprung nicht von drei Seiten stattgefunden hätte.

„Himmel, laßt mich leben!" sagte sie und drückte alle drei auf einmal an sich. „Die Haustür war auf, da hab' ich mich reingeschlichen. Ist das hier immer so?"

„Auf? Ich meine: offen?" fragte Dagmar sofort erschrocken. Cornelia lachte.

„Nein. Nicht sperrangelweit, sondern nur nicht verschlossen. Warum erschrickst du denn so?"

„Nur wegen Zessi. Zessi darf nicht allein raus, aber sie ist ja da." Sie deutete zu Heiner hinüber, der sich gerade erhob, um Cornelia zu begrüßen, Zessi an seiner Seite.

„Das ist Heiner, unser männlicher Schutz. Er ist extra zu uns gekommen, damit wir uns nicht fürchten, wir drei Weiber allein. Aber jetzt sind Sie ja da. Wunderbar!"

„Ja, ich find's auch wunderbar. Ich wollte unbedingt mal nach euch sehen. Ich war bei deiner Mutter, Anja. Ihr wohnt ja so nahe am Reitverein. Sie läßt grüßen – und dein Vater auch. Und die Zwillinge – nein, sind die niedlich!"

Cornelia hatte sich gesetzt, ihr Gesicht glühte in der Wärme der Küche nach der Kälte draußen. „Meine Heizung im Wagen tut's nicht, weiß der Teufel, was da nicht stimmt. Ich bin halb erfroren auf der Fahrt", erzählte sie.

Dagmar brachte ihr einen heißen Tee und verkündete: „Gleich gibt's Mittagessen."

Cornelia lachte. „Jetzt? Am Abend?"

„Ja, wir wußten doch nicht, wann Sie kommen und für wie lange. Bis morgen bleiben Sie doch auf jeden Fall?" Sie sahen sie alle drei bittend an.

„Klar bleib' ich", sagte sie vergnügt, „ich hab' mir den ganzen morgigen Tag für euch reserviert. Wollen wir reiten?"

Ob sie wollten! Es sollte jedoch ganz anders kommen ...

Nachdem sie gegessen hatten, setzten sie sich, Cornelia zu Ehren, ins Wohnzimmer an den Kamin. Sonst waren sie immer in der Küche geblieben, aus Faulheit und weil man dort am Tisch schön spielen konnte. Mit Cornelia wollten sie erst einmal richtig schwätzen, und das Kaminfeuer war natürlich eine feine Sache. Heiner baute die Scheite auf, wie Dagmar es ihm vormachte, und Petra fuchtelte mit den langen Kaminstreichhölzern herum und machte mehr Schaden als Nutzen, wie Dagmar behauptete. Cornelia hatte eine Flasche Wein mitgebracht und zauberte daraus einen Punsch, der sogar Anja schmeckte. Und nun mußte Cornelia erzählen.

Es war ihnen, als wären sie schon viele Wochen nicht mehr im Reitverein Eulengut gewesen, und sie fragten und fragten: wie es Herrn Anders ginge, dem Pferdepfleger, und ob der Reitlehrer grimmig wäre oder gnädig, und wie oft Othello, der kleine Ziegenbock, sich unnütz gemacht habe. Der ging in jeden Stand, fraß, wo er konnte, den Pferden den Hafer weg, boxte die Reitvereinsleute und legte sich manchmal mitten in der Stallgasse zur Ruhe, so daß alle, Menschen und Pferde, vorsichtig um ihn herumgehen mußten, um ihn nicht zu wecken. Bei Othello tat das sogar der Reitlehrer.

„Alles noch, wie es war, nur ihr fehlt", sagte Cornelia. „Wenn ihr nicht da seid, ist der ganze Reitverein wie eine Suppe ohne Salz. Niemand bricht sich das Schlüsselbein", sie versuchte, ein sehr betrübtes Gesicht zu machen –", „und niemand wird angeschnauzt, weil er –"

In diesem Augenblick läutete das Telefon. Cornelia strahlte und sprang hinüber, als Dagmar, die abgehoben hatte, sie herbeiwinkte.

„Das ist Onkel Kurt", flüsterte Anja Petra so laut ins Ohr, daß es jeder gehört hatte, nur Cornelia nicht. Sie saß und lauschte in die Muschel, und ihr Gesicht wurde immer verklärter.

„Kommt, wir wollten doch noch –" murmelte Dagmar und machte den anderen ein Zeichen. Sie verließen das Zimmer.

„Die turteln ja nach Noten. Natürlich, weil es Onkel Kurt ist. Sind sie nun verlobt oder noch nicht ganz?" fragte Dagmar. Anja lachte.

„Wenn ja, sind wir schuld, Petra und ich. Wir haben die zwei zusammengebracht, nicht wahr, Petra? Wir haben Onkel Kurt in den Reitverein geschleppt, und dort fand er, daß ‚der Junge' bei der Quadrille der Beste war, und das war Cornelia ..." Sie lachten, und Petra sang:

„Gut läßt sich's turteln
mit Onkel Kurteln –"

Sie hatte das Wort „turteln" erstmals in diesem Sinne angewandt gehört und fand es wunderbar.

Nach einer langen Weile, als sie aus dem Wohnzimmer nichts mehr hörten, gingen sie wieder hinein, einzeln und wie von ungefähr. Eine brachte ein Tablett mit Gläsern, die andere eine Büchse Keks – für Heiner hatten sie keine Aufgabe gefunden. Er hielt Zessi am Halsband.

„Da hätte er sowieso nur eine Hand frei", sagte Dagmar, hielt das Tablett schief, und: klirr, klirr, lagen die Gläser am Boden.

„Nein, so was Dummes, schneidet euch nur nicht!" rief sie. Sie sammelten alle miteinander die Scherben auf. Es waren nur zwei Gläser kaputt, die anderen hatten den Unfall heil überstanden.

„Scherben bringen Glück", sagte Heiner.

„Na, Glasscherben auch?" zweifelte Cornelia. „Überhaupt – das ist doch nur eine dumme Aberglaube."

Stichwort Aberglaube! Jetzt mußten sie erzählen, nachdem sie Cornelia ausgefragt hatten, und sie taten es, alle drei auf einmal. Vom Müller, vom Papagei – „Den holen wir! Heiner, du kannst das doch am besten." – und von all den seltsamen Dingen, die sie erlebt hatten. Cornelia hörte aufmerksam zu. Als Heiner ging, um den Papagei zu holen, fragte sie halblaut: „Wer ist denn das? Gehört der zu dir, Dagmar?"

„Nein, ich kenne ihn auch erst seit kurzem. Genauso lange wie die anderen. Er ist uns – nein, das dürfen wir nicht erzählen, das heißt, eigentlich könnten wir schon, den Anfang jedenfalls."

Aber da war Heiner schon wieder da. Er hielt Cornelia den Papagei hin, und sie bewunderte ihn gebührend.

„Kann er auch sprechen?" fragte sie, wie jeder fragt, dem ein Papagei vorgeführt wird.

„Nein, du Schwein!" schnarrte der Papagei prompt – und so deutlich, daß alle es verstanden. Alle und ganz genau. Sie lachten, daß ihnen die Tränen kamen.

Ja, und Cornelia wußte tatsächlich eine kleine Stadt, nicht allzuweit entfernt, mehr einen Marktflecken, wo es eine Rabestraße gab.

„Ich weiß es so genau, denn dort wohnt eine Bekannte von mir. Soll ich mal anrufen?"

Sie drängten sich aufgeregt ums Telefon, während Cornelia sprach, und versuchten mitzuhören, atmeten auf, als sie dann berichtete.

„Es gibt dort natürlich eine Nummer acht, aber meine Bekannte kennt niemanden, der darin wohnt. Morgen früh will sie hingehen und sich erkundigen. Mehr ist eigentlich erst mal nicht zu machen."

„Dann gehört er uns wenigstens noch bis morgen", sagte Heiner und drückte den Papagei an sich. „Aber wenn niemand, nie–nie–niemand sich findet, dem er gehört?"

„Dann kannst du ihn bestimmt behalten", sagte Cornelia, die dem Jungen wohl ansah, was er dachte. „Papageien werden sehr alt. Du kannst ihn vielleicht dein ganzes Leben lang haben, in der Schule und später während des Studiums, und wenn du heiratest, bringst du ihn als Mitgift mit in die Ehe. Und deine Kinder lernen von ihm sprechen."

„Und wenn du ein Opa bist, sitzt du hinter dem Ofen, und der Papagei fliegt dir auf den Griff von deinem Krückstock und singt: Schlaf, Alter, schlaf", fiel Petra ein. Heiner lachte, dann wurde er wieder ernst.

„Ich würde ihn gern behalten. Aber dazu möchte ich noch einen Hund haben. So einen wie Zessi", sagte er leise. „Mit einem Hund kann man rennen und sich jagen und spielen und ihm was beibringen, und abends schläft er neben dem Bett –"

„Und ich möchte ein Pferd. Eins für mich ganz allein", sagte Anja, „ein eigenes Pferd!"

„Na, ihr seid ja alle sehr bescheiden", sagte Cornelia, „das muß ich wirklich feststellen. Nur einen Hund aus bester Rasse, nur ein eigenes Pferd ... Wißt ihr, was ich mir wünschte, als ich so alt war wie ihr? Einmal, ein einziges Mal nur ein Pferd streicheln zu dürfen. Wir wohnten in der Stadt, in einer Etage, niemals in hundert Jahren sah man ein Pferd. Es gab so gut wie keine mehr. Auch in der Landwirtschaft nicht mehr. Und reiten, oh, das war so unmöglich wie auf den Mond fahren. Pferde gab es kaum mehr im Zoo."

Das konnten sich die Mädchen nicht vorstellen.

„Erzählen Sie doch noch mehr von damals", baten sie, „zum Kaminfeuer gehört, daß einer erzählt. Bitte, bitte! Wie kamen Sie denn überhaupt auf den Gedanken, reiten zu wollen?"

„Ja, das ist so eine Sache. Aus Mode reite ich wirklich nicht", sagte Cornelia, „so, wie es jetzt viele machen. Weil es schick ist und weil man auch mitreden will und weil der Reitanzug einem so gut steht. Na, bei euch ist das ja auch nicht so. Ich habe mich in ein Pferd verliebt, als ich noch sehr klein war. Mein Vater war Arzt, wir wohnten in Schlesien. Damals war Krieg, und es gab kein Auto und kein Benzin und nichts, und er mußte doch zu seinen Patienten. Da hat er sich ein Pferd gekauft, ein Beutepferd, es war wohl ein polnisches Pony. Mit dem fuhr er auf Krankenbesuch übers Land. Ich durfte oft mit, um das Pferd zu halten, während er bei den Patienten war. Das war manchmal nicht leicht, so klein wie ich war, aber er behauptete, es käme nicht drauf an, wie groß man ist, sondern nur auf den Willen. Ich habe meinen Vater sehr geliebt und ihm alles geglaubt, er hat mich auch nie beschwindelt."

Sie schwieg. Die Mädchen wagten nicht weiterzufragen.

„Er ging auch nicht weg, als die Russen kamen. Uns schickte er weg, Mutter und uns Kinder, zu Verwandten in den Westen. Er sagte, er könnte nicht von seinen Patienten weg. Wir haben nie wieder von ihm gehört."

„Auch nichts von dem Pony?" flüsterte Anja.

„Auch nicht. Sie werden wohl miteinander umgekommen sein. Es war ein fürchterlicher Winter damals, der letzte Kriegswinter, bitterkalt. – Doch, ich weiß, wie es war", sagte Cornelia nach einem Augenblick Schweigen, und ihre Stimme klang jetzt anders als vorhin, behutsam, zart. „Ich muß es geträumt haben, aber es war bestimmt so. Mein Vater ist gar nicht gestorben. Als alle Deutschen fort waren, ist er über Land gefahren, durch den Schnee; er hatte Glocken vorn am Geschirr des Ponys, die klangen im Dreiklang, wunderschön abgestimmt. Und dann fing das Pferd ganz sachte an, sich in die Luft zu heben. Es war ein braunes Pony, mit heller Mähne, und er hat gesehen, daß es auf einmal Flügel hatte, schöne, starke Flügel, die rechts und links aus dem Rücken herauswuchsen. Mit denen hat es geschlagen, und da hob sich auch der Schlitten sanft in die Luft und schwebte – er schwebte immer höher und höher und landete auf einer Wolke. Und da kam ihm Petrus entgegen und sagte: ‚Ach, der Herr Doktor Nolde! Ja, schön, daß Sie da sind, der liebe Gott wartet schon, und für das Pony hab' ich soviel goldenen Hafer hier, wie es nur mag.'"

Sie schwiegen. Anja fühlte, wie ihr etwas über die Backe lief. Sie wischte es weg.

Man durfte nicht weinen. Cornelia weinte ja auch nicht, sie hatte auch damals bestimmt nicht geweint. Cornelia war tapfer – sie, Anja, wollte auch tapfer werden, so tapfer wie diese junge Ärztin. Sie nahm es sich fest, ganz fest vor.

„Bestimmt, so war es!" sagte sie und lächelte Cornelia zu, und diese erwiderte das Lächeln.

Es wurde dann noch ein lustiger Abend. Cornelia wußte viele Spiele, die man ohne Tisch spielen kann, Rate- und Gesellschaftsspiele. Erst als sie todmüde waren, gingen sie schlafen. Dagmar hatte für Cornelia in Mutters Zimmer ein schönes Bett auf der Couch vorbereitet.

„Wir drei schlafen wieder so wie gestern, diesmal komm' ich auf das Fell!" bestimmte sie. „Heiner mit seinem Papagei geht nach oben. Nimm ihn mit, Heiner, und setz ihn auf Nummer Sicher!"

„Klar, mach' ich", versprach Heiner und nahm ihn aus Dagmars Hand. Bisher hatte immer einer von ihnen den Vogel gehalten, gestreichelt, an sich gedrückt. Er schien das gern zu haben.

„Aber Zessi nehme ich auch mit. Nicht wahr, Zessi, du kommst mit mir."

Das ging noch mal gut

Cornelia kam vom Duschen, im Bademantel von Dagmars Mutter, der neben ihrem Bett gelegen hatte, ein Frottiertuch um den Kopf als Turban. Sie guckte aus dem rückwärtigen Fenster – da stand ihr roter VW im Hof, und aus dem Seitenfenster, das nur ein Stück heruntergekurbelt war, streckte Zessi den schmalen Kopf. Sie konnte gerade mit der Schnauze durch. Jemand sprach mit ihr aus dem Inneren des Wagens heraus.

„Heiner?" rief Cornelia halblaut hinunter. Sie hatte das Flurfenster aufgemacht. Sogleich erschien Heiners Gesicht neben Zessis Kopf.

„Ja? Guten Morgen! Ich krieg' es hin!"

„Was?" fragte Cornelia.

„Die Heizung! Sie sagten doch, sie tut es nicht mehr. Ich hab' den Fehler gefunden!"

„Nein, Heiner, du bist ja ein As!"

Cornelia lachte und lief ins Zimmer. Da war der Junge doch wahrhaftig vor Tau und Tag aufgestanden und bastelte an ihrem Wagen rum!

Sie zog sich in Eile an und lief hinaus. Im Hof stolperte sie und wäre fast gefallen, weil ein kleiner schwarzer Pudel ihr vor die Füße lief. Sie schalt. Um die Ecke kam soeben ein Dalmatiner. Nein, dieser Andrang von Kavalieren!

„Heiner, woran lag es denn?" Sie öffnete gedankenlos gewohnheitsmäßig die Tür des Wagens – wie aus der Pistole geschossen sauste ihr Zessi entgegen und sprang mit einem weiten Satz an ihr vorbei. In den Hof, zu den beiden Rüden, dem kleinen schwarzen und dem größeren schwarzweißen und ab mit ihnen, ums Haus herum, auf die Straße und weg. Cornelia hatte den Mund zu einem Schrei geöffnet, blieb aber stumm und schlug sich nur wütend mit der Hand vor die Stirn. Dafür schrie Heiner.

„Zessi! Zessi! Wir müssen ihr nach!"

Cornelia begriff sofort. Sie saß schon im Wagen, Heiner neben ihr, und wendete. Während sie aus dem Hof steuerte, sah sie Petras Kopf am Fenster.

„Wir holen Zessi! Sie ist uns durch die Lappen gegangen! Das heißt mir!" rief sie hinauf. Petra machte wilde Winkbewegungen, wahrscheinlich wollte sie mit. Cornelia bremste nicht.

„Ganz schnell hinterher, dann kriegen wir sie vielleicht noch", sagte sie zu Heiner und hakte den Gurt fest. „Schnall dich auch an!"

Auf der Straße angekommen, guckten sie nach rechts und links. Links ging es ins Dorf, rechts aufs freie Feld hinaus. „Wohin?"

„Dort! Dort!" Heiner deutete nach rechts. Wahrhaftig, da sah man etwas Schwarzes verschwinden: den Pudel, der in eiligen Hoppelsätzen davonlief, sicherlich den anderen nach, die längere Beine hatten und deshalb ungleich schneller waren.

„Hinterher!" rief Cornelia und ließ den Motor aufheulen. Es ging ein wenig bergauf, und als sie oben waren, hatten sie eine ganz gute Rundsicht. Dort, wo der Pudel sich um eine größere Geschwindigkeit abmühte, sah man in der Ferne zwei kleine Bälle, einen schwarzweißen und einen braunen.

„Na also, da sind sie ja! Die kriegen wir!" sagte Cornelia und gab Gas. „Hast du eine Leine mit?"

„Ja. Und ein Halsband hat sie auch."

Heiners Stimme klang wie abgewürgt. Er starrte mit weit aufgerissenen Augen den Hunden nach, die immer kleiner wurden. Kein Wunder, sie rannten querfeldein, während Cornelia sich mit dem Wagen an die Wege halten mußte. Schlecht genug fuhr es sich auch da, alles war ja voller Schnee.

„So, verschwunden", sagte Cornelia nach einer Weile wütend, nahm Gas weg und ließ den Wagen auslaufen, „verdammt, verdammt und zugenäht! Wie kriegen wir sie nun wieder!"

Sie sah zu Heiner hin, der neben ihr saß. Sein Gesicht hatte alle Farbe verloren.

„Na, na", sagte sie schnell tröstend und ein wenig gutmütig spottend. „Vielleicht tut es ihr gut, sich einmal richtig auszurennen."

„Aber – aber –"

„Wie lange ist sie denn schon läufig? Erst den zweiten Tag? Da passiert nichts", tröstete Cornelia, „und nach Hause findet sie sicherlich auch. Solche Hunde haben gute Nasen."

„Aber es kann doch – wenn sie nun überfahren wird", stammelte Heiner. Cornelia dachte an das, was Dagmar ihr erzählt hatte. Eine Hündin von Heiner war überfahren worden ...

„Das muß ja nicht passieren. Hier auf den Feldern schon gar nicht."

„Aber wenn sie woandershin läuft? Der Dalmatiner gehört doch jemandem, der vielleicht in der Stadt wohnt, wo viel Verkehr ist."

„Das ist möglich", sagte Cornelia und versuchte den Wagen zu wenden. „Sei so gut und steig aus, damit du mich einwinken kannst – ja, noch weiter zurück? Oder lande ich da im Graben?"

„Hier ist keiner", schnupfte Heiner, „noch ein Stück – so, und jetzt nach links einschlagen!"

„Du fährst wohl manchmal heimlich mit dem Wagen von deinem Vater?" fragte Cornelia freundlich. Sie wollte ihn ein wenig auf andere Gedanken bringen. „Ich meine, weil du mit der Heizung so gut Bescheid wußtest. Dafür danke ich dir übrigens schön. Sie tut's wieder, wie man merkt."

„Es war nur eine Kleinigkeit. Ich hätte Zessi nicht mitnehmen dürfen", flüsterte er, „aber sie wollte mit in den Hof. Sie hing an mir –" Er brach ab.

„Du hattest sie ja im Wagen eingesperrt", sagte Cornelia müde. Der Junge war nicht abzulenken. „Ich hab' sie rausgelassen. Ich bin schuld."

„Wollen wir nicht doch – könnten wir nicht – irgendwo muß sie ja sein", sagte er verzweifelt, „in den Dörfern ringsherum fragen, meine ich – Vielleicht hat jemand sie gesehen?"

„Wir fahren erst einmal zurück", sagte Cornelia, „vielleicht weiß Dagmar, wohin der Dalmatiner gehört. Dann fahren wir dorthin."

„Ja! Ja! Und vielleicht –", er brach ab. Dann kam es, stoßweise, halblaut, außer sich: „Es war nämlich – es war gerade heute vor einem Jahr, als meine – als unsere Mia überfahren wurde."

„Heute vor einem Jahr? Ach, armer Junge", sagte Cornelia sachte, „da kann ich mir denken, wie dir zumute ist. Es muß aber trotzdem nicht –"

„Es war so entsetzlich – so –, ich habe um diese Zeit, um Silvester herum, nie Glück", sagte Heiner nach einer Weile; es klang gleichzeitig ergeben und bitterlich traurig, „immer erwischt mich gerade da etwas Furchtbares!"

„Das ist doch Aberglaube. Das muß nicht jedes Jahr zutreffen", sagte Cornelia herzhaft. Sie sagte es gegen ihr eigenes Gefühl. Natürlich gibt es Zeiten – in denen man Glück hat und einem alles gerät, und dann wieder welche, in denen alles schiefgeht.

„Man muß in solchen Zeiten besonders tapfer sein", sagte sie aus diesen Überlegungen heraus, „besonders tapfer und besonders vorsichtig. Auf der Hut. Das hat mit Feigheit nichts zu tun. Vorsicht ist einfach Klugheit."

„Ich hab' das auch gedacht. Ich habe schon immer Angst um Zessi gehabt, deshalb hab' ich so auf sie aufgepaßt."

„Wir finden sie sicherlich wieder." sagte Cornelia und gab Gas. „Vielleicht ist sie schon zu Hause."

Das war Zessi leider nicht. Dagmar wäre ins Dorf gelaufen, erzählte Petra, und Anja suchte auf der Koppel hinter dem Stall. Petra hatte sich erboten, am Telefon zu wachen, sosehr sie auch darauf brannte, mitzusuchen.

„Aber jetzt sind Sie ja da. Ich renne und suche wenigstens Dagmar", sagte sie und lief ins Haus. Cornelia goß sich geistesabwesend eine Tasse Kaffee ein und trank sie im Stehen.

„Trink auch was, Heiner", sagte sie.

Er gehorchte, aber er war vollkommen abwesend. Cornelia beobachtete ihn eine Weile, ohne sich etwas anmerken zu lassen. Dann gab sie ihm einen kleinen Schubs.

„Heiner! Sei doch nicht so verzweifelt! Wir werden sie schon finden. Sobald Dagmar kommt –"

Da kamen sie schon, Dagmar und Petra. Dagmar sah erschöpft aus und zog die Tür hinter sich zu.

„Ein Glück, daß Sie da sind. Ja, ich weiß, wohin der Dalmatiner gehört. Er kam schon früher immer, wenn Brumme sich in diesem Zustand befand. Ich kenne den Kerl."

Sie schien erleichtert zu sein und sagte: „Wir rufen dort an. Sie sind über die Felder gerannt, querfeldein. Das ist gut. Da kommen sie von hinten an das Haus der Leute, denen Lord gehört. Ja, er heißt Lord, der Schlawiner. Der hat uns das Leben schon vergällt, dieser Lord, erst mit Brumme –" Dagmars Worte verloren sich in Murmeln. Sie war schon am Telefon. Nach einer Weile kam sie wieder

„Nichts. Es meldet sich niemand."

„Sicher suchen sie nach Lord."

Sie saßen da und sahen einander an. Was konnte man noch unternehmen? Nichts. Abwarten. Das war sehr schwer. Sie blieben im Zimmer, um dazusein, wenn jemand anrief. Ans Reiten dachte keiner.

Einmal ging das Telefon. Alle sprangen auf. Aber es war nur Cornelias Bekannte aus der Rabestraße.

„Doch, es kann stimmen", sagte sie. „Die Leute, denen der Papagei gehören soll, hab' ich zwar nicht gesprochen, aber es gibt dort ein Ehepaar, das einen hat. Ich versuche es später noch einmal. Nein, Telefon haben die Leute selbst nicht."

Immerhin, das war ein Hinweis. Cornelia sah zu Heiner hinüber, dessen Augen noch trostloser geworden waren. Er hatte den Papagei auf der Hand sitzen und streichelte ihn unablässig. Er dauerte sie.

„Nun sei nicht so verzagt! Es kann mit Zessi immer noch gut werden", sagte sie, als sie es nicht mehr mit ansehen konnte. „Nur die Sache ist verloren, die man aufgibt. Wir geben nicht auf. Weißt du was, Junge? Wir fahren zu den Leuten, denen Lord gehört. Vielleicht ist er inzwischen heimgekommen, mit Zessi im Kielwasser. Ihr Mädchen bleibt hier und achtet aufs Telefon."

Sie nickte den dreien zu. Die seufzten, sagten aber ja. Unterwegs gab sich Cornelia einen Ruck und sagte: „Heiner, ich hab' die anderen absichtlich zu Hause gelassen. Ich wollte mit dir allein reden. Wirst du mir antworten?"

Heiner schniefte.

121

„Ja, wenn Du willst", sagte er dann leise.

„Also. Du bist durchgebrannt von zu Hause. Weswegen, weiß ich nicht. Ich frag' dich auch nicht. Ich möchte dir nur etwas sagen: So, wie du jetzt Angst um Zessi hast, so haben deine Eltern Angst um dich. Überleg dir das mal. Und zwar haben sie diese Angst bereits seit Tagen. Haben sie das verdient?"

Sie sah nicht zu ihm hinüber, sondern konzentrierte sich auf die Straße.

„Jetzt links – ja, den kleinen Weg dort. Der führt wahrscheinlich hin –" Mehr sagte Heiner nicht.

Dies war das richtige Dorf. Sie fragten nach den Leuten, denen Lord gehörte, und bekamen sofort freundlich Bescheid.

Cornelia sah zu Heiner hinüber – was machte er für ein Gesicht? Verschlossen? Verbockt? Oder nur verzweifelt? Vielleicht ein wenig aufgelockert? Sie wurde nicht klug daraus.

„Das Haus muß es sein! Heiner, nun sag doch was!"

„Ja doch. Ich will ja. Wenn wir zurück sind, ruf' ich meine Eltern an", sagte er leise.

Cornelia wagte nicht aufzuatmen, aber ihr fiel ein Stein vom Herzen. Ganz kurz faßte sie nach seiner Hand und drückte sie.

„Bravo", sagte sie, „gut so, Heiner. Und nun gehst du rein und fragst, und wenn sie nichts wissen, ist auch noch nicht alles verloren. Verstanden? Nun geh, mein Junge!"

Heiner stieg langsam aus. Erst war es, als könnte er nicht vorwärts, als hielte es ihn magnetisch fest. Dann gab er sich einen Stoß und rannte los. Er verschwand im Haus und kam nach drei Minuten wieder herausgeschossen.

„Sie ist da! Sie ist da!" schrie er und winkte Cornelia zu, rannte zurück, drehte wieder um, zögerte und kam dann an die linke Autotür, die Cornelia soeben aufgestoßen hatte, um auszusteigen. Er stieß mit dem Kopf an, schrie: „Au!", lachte und fing dann an zu schluchzen.

Cornelia war inzwischen ausgestiegen und drückte ihn an sich. „Na also! Na also! Wunderbar! Und nun heul mal tüchtig, damit du nachher wieder lachen kannst!"

Sie machten dann doch noch einen Ritt, aber erst spät am Nachmittag. Einen kurzen. Heiner blieb daheim, er winkte ihnen nach, ohne Bedauern, Zessi am Halsband. Auch Dagmar verzichtete, damit Cornelia mitreiten konnte.

Wenn Cornelia mitritt – sie hatten ihr Pußta gegeben –, konnte sie gut daheim bleiben. Sie wußte Cornelia paßte schon auf, eine so gute Reiterin, wie sie es war.

„Komm rein, Heiner, du frierst", sagte sie, „wir machen inzwischen ein schönes Abendbrot zurecht."

Heiner hatte daheim angerufen. Die Eltern hatten sehr freundlich reagiert. Vater sagte, alles andere wäre Nebensache, wenn er nur gesund wäre; Mutter weinte, was Heiner nicht ausstehen konnte, er hörte es durchs Telefon und zog eine Grimasse. Vater versprach, sofort zu kommen.

Hier nun hatte sich Cornelia eingeschaltet. Sie hatte das Gespräch mitgehört und nahm Heiner den Hörer sanft aus der Hand.

„Hier spricht Frau Dr. Nolde, Kinderärztin. Ja, ich habe die Geschichte so ziemlich miterlebt", sagte sie. „Und Heiner hat sich ganz prima benommen, er gefällt mir sehr. Darf ich Sie um etwas bitten? Kommen Sie doch bitte erst heute abend. Ich würde gern noch ein wenig mit ihm zusammensein." Heiners Eltern stimmten zu.

Dann waren sie geritten, Petra, Anja und Cornelia. Dagmar und Heiner gingen in die Küche, Dagmar wollte etwas Gutes zum Abendbrot vorbereiten.

„Und wenn Zessi eines Tages Junge bekommt, kriegst du eins davon", versprach sie Heiner. „Das setze ich bei meinen Eltern durch. Wir lassen jede Hündin einmal Junge bekommen, denn es verlängert ihr Leben. Und die kleinen Zessis sind sicher süß, noch süßer als die von unserer Willia. Möchtest du?"

„Oh, schrecklich gern. Glaubst du wirklich, deine Eltern haben nichts dagegen?"

„Bestimmt nicht. Ich glaube, das kann ich dir fest versprechen. So, da bimmelt das Telefon schon wieder. Nicht einen Augenblick hat man Ruhe!"

Sie lief hinüber, Heiner mit Zessi folgte. Er stand in der Tür, während Dagmar telefonierte. Sie lachte und antwortete, und dabei sah sie Heiner an, so strahlend froh, daß er ganz neugierig wurde. Was konnte das sein? Daß es ihn anging, merkte er deutlich.

„Aber natürlich! Mit dem größten Vergnügen –"

Endlich legte sie auf.

„Heiner, Glückskind! Und du hast zu Cornelia gesagt, du hättest um diese Jahreszeit immer Pech! Weißt du, was ich eben angeboten bekam?"

„Na?" fragte er gespannt. Jetzt mußte ja etwas Gutes kommen, das sah er Dagmar deutlich an.

„Es war Cornelias Bekannte, du weißt schon. Sie hat das Ehepaar, dem der Papagei entflogen ist, gefunden.

Und die beiden alten Leutchen sagten – na, nun rate mal!" Dagmars Augen kobolzten vor Vergnügen.

„Was denn?" fragte Heiner gespannt.

„Sie sagten, sie gingen nächstens ins Altersheim, und da könnten sie die Lora leider nicht mitnehmen. Wenn sich also jemand fände, bei dem sie es gut hätte –"

„Dann – dann?"

„Ich sagte, dieser Jemand sei schon gefunden. Und dieser Jemand hieße Heiner."

„Ich darf Lora behalten?" Heiners Stimme überschlug sich fast. „Das erlauben meine Eltern bestimmt, sie mögen doch Vögel so gern!"

„Du darfst. Und das ist doch ein Trost, und was für ein schöner! Wir sollen den Käfig abholen, und dabei wollen sie dich kennenlernen, denn sie haben ihre Lora sehr lieb und wollen natürlich gern wissen, zu wem sie kommt. Wie gut, daß dich dein Vater erst abends holt! Da können wir noch mit Cornelia dorthin fahren. Sie fährt uns bestimmt, wenn wir sie bitten!"

Gerade kamen die Reiter zurück. Man hörte ihre Stimmen, und Heiner rannte sofort in den Stall, Zessi neben sich. Dagmar folgte.

„Natürlich kommt mein festliches Abendbrot wieder nicht zustande", sagte Dagmar und tat, als ärgere sie sich. „Na, wenn schon. Da bekommt ihr eben trocknes Brot und damit basta."

„Das macht uns nicht *soviel* aus!" juchzte Petra. „Hauptsache, Heiner kriegt den Papagei. Und später eine kleine Zessi. So eine möchte ich aber auch. Was kriegen *wir* denn, Anja und ich, bitte schön?"

„Einen Patsch auf den Bauch", sagte Dagmar, „ihr werdet jetzt erst einmal füttern!"

„Sind schon dabei!" keuchte Anja und kam mit zwei vollgestopften Heunetzen. „Denkst du, wir vergessen die Pferde? Das wäre ja noch schöner. Ich bestimmt nicht."

„Nein, Anja. Du vergißt die Pferde nicht, nie", sagte Cornelia und sah sie zärtlich an, „aber für die anderen leg' ich auch die Hände ins Feuer, daß sie die Pferde nie vergessen. Es gibt einen Spruch, den finde ich sehr schön. Er hängt in manchen Ställen, schön eingerahmt. Ich möchte ihn Dagmar für ihren Stall schenken, als Dank für den schönen Tag hier bei euch."

Sie sahen alle zu ihr hin. Cornelia sagte:

> „Das lachende Wissen
> daß Gott uns liebt,
> solang es auf Erden
> die Pferde gibt."

Anja und der Reitverein

Was man alles wissen muß

„Los, Anja, los! Du bist dran!" flüsterte Petra. Sie flüsterte es so laut, daß man es über mindestens drei Kilometer hätte hören können. Anja fuhr zusammen.

Sie hatte gerade bewundernd auf Gero geschaut, der an der Rosina voltigierte. Rosina, sicherlich das dickste Pferd des Reitvereins, galoppierte im Kreis, von der Longe, einer langen Leine, geführt, die der Reitlehrer in der Hand hielt, mitten im Kreis stehend. Rosina galoppierte pomadig rundherum, gleichmäßig, ergeben – sie kannte es seit Jahren, daß kleine und größere Kinder an ihr hochhampelten, auf ihrem Rücken saßen, die Schere, Fahne oder Mühle machten, manchmal standen sie auch auf oder hingen im Kosakenhang seitlich an ihr. Ein Genuß ist das nicht für ein Pferd, aber man gewöhnt sich an alles. Jetzt, da Gero heruntergeglitten war, genoß sie es sichtlich, „leer" zu laufen. Erst, als Petra ihr noch einen gutgemeinten, aber etwas zu kräftigen Schubs gegeben hatte, stolperte Anja vorwärts, wäre beinahe gefallen, fing sich und rannte hinter Rosina her, ungefähr in Höhe von deren Schweif, vergeblich versuchend, schneller zu werden. Sie mußte ja den Ledergriff erwischen, der am Voltigiergurt angebracht war, damit man sich daran hochzog. Aber bei aller scheinbaren Gemächlichkeit war Rosina doch schneller.

„Nicht hinterherrennen! An der Longe lang!" Wie oft mußte der Reitlehrer das den Anfängern sagen! Immer wieder, Jahr um Jahr ...

„Kann man denn nicht erst einmal am stehenden Pferd versuchen hinaufzukommen?" hatte Anja Petra gefragt, als die ersten Kinder der Voltigierabteilung an der Reihe waren. Petra lachte und schüttelte den Struwwelkopf.

„Kriegst du nicht hin! Viel zu schwer!"

Zu schwer? Und am galoppierenden Pferd? War das nicht viel, viel schwerer? Jetzt aber war keine Zeit mehr geblieben weiterzufragen, Anja mußte ran, und sie lernte damit gleich eine der allerersten Regeln, die beim Reiten gelten: Man muß immer mehr können, als man eigentlich kann. Wirf dein Herz voran und spring nach! So heißt es auch beim Voltigieren.

Der Reitlehrer winkte. Anja verstand, daß sie erst zu ihm in den Kreis laufen sollte, und gehorchte. Nun stand sie neben ihm, und er machte ihr ein Zeichen, daß sie an der Longe lang auf den Kopf von Rosina zulaufen sollte, so, wie es die anderen machten, die schon länger voltigierten. Anja gehorchte, kam an das Pferd heran, versuchte, im gleichen Schritt wie dieses zu galoppieren – auch das hatte der Reitlehrer ihr zugerufen –, und packte die Griffe. Zum Glück war sie größer als beispielsweise Gero, bei dem man überhaupt nicht dahinterkam, wie er es fertigbrachte, aufs Pferd zu kommen, winzig, wie er war. In verzweifeltem Schwung warf sie die Beine nach hinten hoch und den Kopf nach unten, wie sie es bei den anderen gesehen hatte, und, o Wunder!, auf einmal saß sie auf dem Pferd! Was sie am stehenden Pferd nie und nimmer geschafft hätte, gelang ihr am galoppierenden. Der Vorwärtsschwung im Galopp zog einen hinauf. Sprachlos und mit offenem

Mund saß Anja rittlings auf Rosina, die ungerührt und gleichmäßig weiter ihre Runden drehte. Die anderen Kinder lachten laut über Anjas dummes Gesicht.

„Na? Das ist eine Überraschung, was? Mir hast du es nicht geglaubt", sagte der Reitlehrer halblaut und lachte dabei. „Nun mach den Mund zu, es zieht. Gleich beim erstenmal raufzukommen ist schon Klasse. Laß die anderen nur lachen ..."

„Und jetzt?" fragte Anja gespannt.

„Jetzt springst du genauso ab. Beide Beine nach hinten werfen, so hoch es geht, später noch höher, und gestreckt, wie beim Barren – und dann links vom Pferd herunter. Achtung – hopp!"

Anja gehorchte, so gut sie konnte. Sie landete links neben Rosina im Kreis, versuchte, vorwärts zu laufen, fiel dann aber doch noch auf die Nase. Das tat hier in der weichen Lohe der Reithalle nicht weh. Überhaupt purzelten auch die anderen beim Voltigieren dauernd – das gehörte einfach dazu, und keiner nahm es ernst. Man tat sich dabei nicht weh, das war das merkwürdige daran.

Überhaupt war manches merkwürdig. Wie sicher man saß, obwohl das Pferd galoppierte! Anja hatte, wie die meisten Anfänger, immer gedacht, Galopp wäre etwas sehr, sehr Schwieriges, was gottlob erst später drankam, vielleicht in der zehnten oder fünfzehnten Reitstunde. Jetzt, beim Voltigieren, ritt man sozusagen überhaupt nur Galopp, wenn man Draufsitzen als Reiten bezeichnen wollte, und man saß wie auf dem stehenden Pferd. Später lernte Anja, daß Trab viel schwerer für den Anfänger war. Trab stieß einen auf und ab, und man hatte das Gefühl, seitlich hin und her zu rutschen – manche sagten, wie ein Stück Butter auf einer heißen Pellkartoffel. Galopp aber wiegte einen vor und zurück, ähnlich wie auf einem Schaukelpferd.

Dies alles überlegte Anja natürlich nicht während des Voltigierens. Da tat sie, verzweifelt entschlossen, nur das, was der Reitlehrer ihr zurief, und war jedesmal erstaunt, wenn es klappte.

Natürlich klappte nicht alles auf Anhieb. Immer muß man lernen, wenn man etwas Neues anfängt, der gute Wille allein schafft es nicht. Es gehört auch eine gewisse Erfahrung dazu, die man erst nach und nach bekommt. Zum Beispiel zu wissen, wann man mit der einen Hand losläßt, um mit der anderen herumzugreifen bei der „Mühle". Das ist eine Übung, bei der man erst, im normalen Reitsitz, das rechte Bein über den Pferdehals nach links schwenkt, also in den Damensitz kommt; dann hebt man das linke über die Kruppe auf die andere Seite und sitzt rückwärts. Dabei muß man die Hände, die sich am Griff halten, wechseln. Das ist nicht leicht, und man lernt es erst durch das Ausprobieren.

„Merk dir: immer gerade sitzen. Nie nach vorn fallen", sagte Petra, als Anja, nach Atem ringend, von ihrem ersten Versuch wiederkam. „Das ist überhaupt das A und O beim Reiten. Solange du aufrecht sitzt, sitzt du sicher. Freilich darfst du dabei kein Hohlkreuz machen." Sie lachte, als sie Anjas einigermaßen ratloses Gesicht sah. Aufrecht, aber kein Hohlkreuz, fest, aber nicht verkrampft, ruhig, aber schnell – Himmel, wer sollte das je lernen!

„Na, wir haben es ja auch begriffen, warum sollst du es nicht kapieren, du bist ja auch nicht dümmer als wir", sagte Petra vergnügt tröstend, als Rosina am Ende der Reitstunde hinausgeführt worden war. Sie hatte Anjas hilfloses

Gesicht gesehen. „Und jetzt komm mit, ich zeig' dir alles, was zum Reitverein gehört."

„Na, manches kenn' ich ja schon. Den Stall – und die Reithalle", sagte Anja, lief aber trotzdem mit. „Was gibt's denn noch zu sehen?"

„Die Baracke. Da kann man sich umziehen, und dort kauft man auch die Reitkarten und gibt sie vor jeder Stunde ab. Das mußt du auch wissen. Und in der Baracke hängen neuerdings auch die Sättel. Früher kamen sie auf die Böcke hinter jedem Stand, auch die Kopfstücke. Aber im Stall ist es manchmal feucht, etwa wenn die Pferde im Winter abdampfen. Und das ist nicht gut für das Leder. Außerdem sind sie in der Baracke doppelt eingeschlossen, Sättel sind ja sehr kostbar. Es sind auch eine Anzahl Privatsättel dabei von Leuten, die ihre Pferde hier stehen haben. Für die ist der Verein auch haftbar."

„Eigenes Pferd – und eigener Sattel –", sagte Anja nachdenklich. „Ob man irgendwann auch mal –"

„Warum nicht? Man muß nur wollen. Nicht nur ‚sich wünschen'", sagte Petra und zog Anja mit sich fort. „Mit ‚sich wünschen' kommt man nicht weit. Wie viele Mädchen wünschen sich ein Pferd, aber wenn sie ein einziges Mal auf den Fuß getreten werden, brüllen sie und tun, als wären alle Zehen ab. Und wenn sie einen Eimer Wasser holen sollen, ist der das zweitemal schon so schwer, daß sie ihn nicht schleppen können und ein anderer es tun muß. Und erst Hufe auskratzen, danke schön! Das alles ist ihnen viel zu unbequem. Aber komm, jetzt zeig' ich dir das Reiterstübel."

An einem Ende der Reithalle, der Tür gegenüber, befand sich eine verglaste Empore. Dort standen Tische und Stühle und eine kleine Theke, wo man Kaffee, Cola oder auch ein Viertel Wein bestellen konnte, wenn man saß und in die Halle hinuntersah, wo geritten wurde. Da man dort etwas verzehren und natürlich bezahlen mußte, war Anja noch nie dort gewesen. Petra aber kannte die junge Frau, die den Kaffee kochte und die anderen Getränke ausschenkte, sie hatte ihr oft geholfen, wenn beim Turnier oder beim Weihnachtsreiten sehr viel zu tun war.

„Das ist unsere liebe, gute Toni", stellte sie vor, „und das ist Anja, seit gestern im Reitverein. Dürfen wir Ihnen was helfen, Müllbeutel wegtragen oder –"

„Im Augenblick nicht, danke." Fräulein Toni lächelte. Sie kannte Petra und mochte sie sehr gern. „Ein paar Briefe könntet ihr nachher mitnehmen und einstecken, ja? Ich kann hier nämlich nicht weg. Aber nicht in die Tasche, sondern in den Briefkasten stecken, bitte schön."

„Wir schwören! Komm, Anja, jetzt gehen wir noch zur Mutter Taube. Das ist die Mutter vom Reitlehrer, und sie wohnt hier." Sie drängte sich an der Theke vorbei und kletterte eine schmale und steile Treppe hinauf, Anja hinter sich herziehend. „Du mußt doch alles kennen, und gerade Mutter Taube braucht manchmal jemanden . . ." Petra klopfte an eine Tür. Von drinnen hörte man ein freundliches „Herein!".

Petra öffnete. Ein winziges Zimmer, zwei Fenster übereck, helle, bunt bezogene Möbel. Unter der Dachschräge eine Schlafcouch, am Fenster ein Großmutterstuhl, ein richtiger Ohrenbackensessel von früher, breit, gemütlich, mit Armlehnen. Auf dem Fensterbrett blaue, rote und weiße Hyazinthen, die süß dufteten. Im Lehnstuhl saß eine Frau, nicht mehr jung, aber auch noch keine Großmutter. Sie hatte kurzes, gelocktes Haar, in dessen Dunkel weiße Fädchen schimmerten, und die schönsten braunen Augen, die Anja je gesehen hatte.

„Guten Tag, Frau Taube", rief Petra und zog Anja, die hinter ihr stand, vor den Großmuttersessel. „Das ist Anja, meine allerbeste Freundin. Und das ist die Täubin, die Mutter von unserem verehrten und gefürchteten Reitlehrer. Er war übrigens heute recht sanft und milde, sanft wie sein Name, wahrscheinlich, um Anja nicht zu vergrämen. Sie hatte ihre erste Voltigierstunde, da können Sie sich ja vorstellen, wie ihr zumute war."

„Das kann ich." Frau Taube nickte, legte ihr Strickzeug aufs Fensterbrett und streckte Anja die Hand entgegen. „Wie nett, daß ihr mich besucht! Du willst also reiten lernen?"

„Ja. Furchtbar gern. Am allerliebsten von allem", sagte Anja. Sie war kein bißchen verlegen.

„Du hattest heute die erste Stunde? Da bist du bestimmt furchtbar durstig. Petra –"

„Ich weiß, ich weiß! Himbeere oder Zitrone?" fragte Petra eifrig, die inzwischen in einem Eck des Zimmers ein Schränkchen aufgemacht hatte. „Hier, beides da, was soll ich bringen?"

„Was möchtest du, Anja?" fragte Frau Taube.

„Zitrone bitte, wenn ich darf. Die löscht besser", sagte Anja. Ihr klebte die Zunge am Gaumen.

„So, hier." Petra stellte ein großes Glas vor Anja auf den Tisch, der neben dem Lehnstuhl stand. „Und Sie bekommen Kaffee, Frau Taube, nicht wahr? Sie möchten doch immer Kaffee."

„Ja, bitte. Schon allein wegen des Duftes. Weißt du, Petra, daß jeder Monat bei mir einen bestimmten Duft hat? Der Februar zum Beispiel, den wir jetzt haben, duftet nach Hyazinthen und Bohnenkaffee, und die Sonne muß draußen auf den Schnee, der auf dem Fensterbrett liegt, scheinen, so wie jetzt..."

„Und sonst? Wie riecht der März?" fragte Anja – sie hatte im März Geburtstag –, nachdem sie nach einem langen Zug das Glas geleert und abgestellt hatte.

„Was für eine Frage! Nach Veilchen! Der März ist doch der Monat der allerersten Blumen, und das sind, nach den Schneeglöckchen, die Veilchen."

„Und zum Juni gehören die Rosen!" rief Petra aus ihrer Kochecke heraus. „Im Juni hab' ich Geburtstag. Ich bin ein Junikäfer!"

„Haben wirklich alle Monate einen Duft?" fragte Anja jetzt ein wenig zweifelnd. „Der Dezember riecht bestimmt nach Kerzen und bitterem Tannenduft und Pfefferkuchen und Gutseln. Aber zum Beispiel der November?"

„Der hat auch einen ganz bestimmten Duft", sagte Frau Taube und lachte. „Der November – weißt du, daß ich den ganz besonders liebe? Weil ihn sonst niemand leiden kann, den armen. Dabei kann er wunderschön sein, geheimnisvoll mit Nebel und gegen Ende mit dem ersten Schnee, auf den man sich ja immer so freut. Aber vorher, von Anfang an, da riecht er nach –"

„Nach?" fragten beide Mädchen wie aus einem Mund, als Frau Taube innehielt.

„Nach neugestrichenem Ofenrohr", sagte sie und lachte über die verblüfften Gesichter der beiden. „Man streicht doch im Herbst die Ofenrohre neu mit Silberfarbe, und wenn man dann das erstemal heizt, riecht, richtiger: stinkt es danach. Ganz unvergeßlich!"

„Wirklich?" fragte Petra ein wenig schüchtern, die in einem Haus mit Zentralheizung aufgewachsen war. Vielleicht machte Frau Taube nur Spaß.

„Wirklich! Und nach Zusammenrücken und Gemütlichsein und Einanderliebhaben", sagte diese ganz leise und ernsthaft. „Ich hatte eine Tante, die sagte an einem der ersten Tage mit garstigem Wetter immer: ‚Kinder, die schlechte Jahreszeit kommt, wir wollen einander noch lieber haben.' Das hab' ich nie vergessen."

„Das ist auch schön", sagte Petra nach einem Augenblick des Schweigens. „Das gefällt mir. Und ich will es auch nicht vergessen."

„Und der Oktober riecht nach Herbstlaub, nach Jagden über gemähte Wiesen und Stoppelfelder."

„Hach ja, wunderbar! Vielleicht reite ich im Herbst eine Jagd mit", sagte Petra.

Frau Taube sah sie an.

„Ich wünsch' es dir. Ich bin viele Jagden geritten."

„Ja? Haben Sie auch –"

„Den Fuchsschwanz erwischt? Siebenmal!" Frau Taube nickte und deutete zum Kopfende ihrer Schlafcouch hin. „Dort hängen sie und auch die Brüche. Man bekommt doch bei jeder Jagd einen Bruch, den hebt man sich auf. Seht euch nur alles an, auf den Schleifen steht, wann es war und welche Jagden es waren. Dort eine Waldjagd, und da eine mit Meute ..."

„Mit Meute?" fragte Anja.

„Ja, man nennt das so, wenn Hunde voranlaufen. Braungefleckte Hunde, immer zwei und zwei zusammengekoppelt. Das alles wirst du noch erleben. Das alles wartet auf dich. Freust du dich?"

„O ja! Aber –"

„Was denn, aber?" fragte Frau Taube.

„Weil Sie jetzt –" Anja sprach nicht weiter. Frau Taube schien auch so zu verstehen, und sie nickte.

„Du meinst – nun ja. Alles zu seiner Zeit. Ich erzähl' dir später davon, wenn es einmal paßt. Heute erzählt lieber ihr mir etwas! Wollt ihr?"

„Anja ist raufgekommen auf die Rosina, gleich beim erstenmal!" sagte Petra eifrig, hob den Wasserkessel und goß den Kaffee auf, so daß es wunderbar bitter duftete. „Sie ist in den Weihnachtsferien das erstemal geritten. Draußen, im Gelände. Bei Bekannten. Und in der ersten Voltigierstunde kam sie sofort rauf."

„Das ist gut. Mit Voltigieren fängt es an. Mit Voltigieren und Runterpurzeln und wieder Aufstehen und von neuem probieren ..."

„Kann sie gar nicht mehr laufen?" fragte Anja, als sie sich verabschiedet hatten und miteinander die steile Treppe hinuntergestiegen. Petra sah sich um.

„Frau Taube? Doch, etwas. Aber nur sehr mühsam ... Es war übrigens kein Sturz vom Pferd, sondern ein Autounfall, glaub' ich. Aber sie ist vorher viel geritten und läßt sich überhaupt nichts anmerken. Das ist doch großartig. Tapfer sein, ohne es zu zeigen, das ist, meine ich, die allergrößte Tapferkeit. Und sie würde so gern wenigstens jeden Tag Pferde *sehen*, hat Toni mir mal gesagt. Dort oben wohnt sie, weil sie vom Fenster aus in den Sprunggarten gucken kann. Im Sommer, wenn die Sprungabteilung dran ist, kann sie zuschauen, und bei den Turnieren auch. Nur sind die eben nur einmal im Jahr, und das ist ein bißchen wenig.

Aber im Sommer, wenn wir in der Abteilung draußen reiten, ist sie immer sehr glücklich. Und sie kann in ihrer kleinen Wohnung wenigstens ein bißchen riechen, wie eben Stall und Halle riechen. Sie kennt jedes Pferd beim Namen, weiß alle Eigenschaften, kennt alle Reitschüler. Ich mag Frau Taube sehr gern."

„Oh, ich auch. Wir wollen sie immer besuchen, wenn wir hier sind", sagte Anja. „Gut, daß du mich mit hergenommen hast. Viele wissen sicherlich gar nicht, daß sie dort wohnt, oder?"

„Nein, der Reitlehrer erzählt es niemandem. Sie will nicht bedauert werden. Ich hab' es auch nur durch Zufall erfahren. Aber ich dachte, du mußt es wissen."

„Natürlich! Und wenn *du* einmal keine Zeit hast, kümmere *ich* mich um sie."

„Dann ist da noch was", erzählte Petra, als sie miteinander zum Stall hinübergingen. „Sie hat auch eine Tochter, die reitet. Die ist aber von ihr weggegangen, im bösen, verstehst du. Nach einem Streit. Frau Taube hat es mir einmal erzählt, als ich zu ihr kam und merkte, daß sie geweint hatte. Ich tat natürlich so, als ob ich nichts gesehen hätte. Aber sie fing von selbst davon an. Daß sie sich mit der Tochter zerstritten hat, weil sie ihr nicht erlauben wollte, eine Military mitzureiten. Dem Sohn hatte sie es erlaubt, oder vielmehr, er tat es einfach. Aber bei der Tochter hat sie nein gesagt und deren Nennung zurückgezogen. Die war damals noch nicht achtzehn. Weißt du, eine Military ist ein ganz schwerer und gefährlicher Geländeritt. Und da ist die Tochter abgehauen."

„Für immer?" fragte Anja bang.

Petra zuckte die Achseln.

„Weiß man's? Jedenfalls im Zorn. Weg, nicht wiedergekommen. Sie ist jetzt in England. Es ist schon ein paar Jahre her."

„Daß sie in England ist, weiß ihre Mutter?"

„Ja. Auch, wo sie wohnt. Sie hat da einen Verleihstall aufgemacht mit Ponys, einen Kinderreitstall. Sie ist vielleicht vierundzwanzig Jahre alt. Erst hat sie dort nur geholfen, jetzt leitet sie den Stall. Sie muß sehr tüchtig sein und sehr gut reiten können."

„Und schreiben tut sie nie?"

„Doch, manchmal. Aber sehr selten. Sag nichts davon, daß ich es dir erzählt habe. Ich sag' es auch sonst keinem. Aber ich finde, du mußt es wissen. Wir kümmern uns um sie, nicht wahr?"

„Ja", sagte Anja.

Und wenn *ihre* Eltern ihr einmal etwas verbieten würden, was sie sich sehr, sehr wünschte?

Aber jetzt hatten sie ihr ja erlaubt, in den Reitverein zu gehen.

Ach, der Reitverein!

Die erste Reitstunde

„So, fertig", sagte Anja und faßte nach dem Backenstück an Wiskys Halfter, um ihn aus dem Stand zu führen.

„Halt, halt! Die Hufe müssen noch ausgekratzt werden!" rief Petra. Sie hatte die ganze Zeit bei Wisky im Stand gestanden und beobachtet, wie Anja ihn zum Reiten fertigmachte. Erst geputzt, so sauber und blank, daß er spiegelte; dann Stallhalfter herunter und Reithalfter drauf, wobei man das Gebiß mit Liebe und Vorsicht ins Maul mogeln mußte; dann den Sattel vom Bock geholt und aufgelegt, den Gurt provisorisch angezogen, die Bügel hochgeschoben – und nun, hatte Anja gedacht, sei alles fertig. Sie hatte sich ausbedungen, jeden Handgriff selbst zu tun, Petra durfte nur zusehen, damit alles stimmte. Und nun hatte sie vergessen, die Hufe sauberzumachen!

„Richtig! Hast du einen Hufkratzer da?" fragte sie und streckte die Hand aus. Petra bohrte in ihrer hinteren Hosentasche und brachte einen zutage.

„Mußt dir mal einen eigenen wünschen. Die sind billig – aber nie findet man einen, wenn man ihn braucht. So, nun lehn dich ein bißchen gegen das Pferd, damit es das Gewicht auf die andere Seite verlagert, und streich am Bein herunter. Dann sagst du: ‚Fuß!' oder: ‚Gib aus!', und dann gibt er den Fuß. Und dann kratzt du alles raus, was er reingestampft hat, aus einem richtig ausgekratzten Huf muß man Sekt trinken können. Ja, so ist's richtig, auch am Rand putzen. Aber den Strahl nicht verletzen! In der Mitte geht der Strahl lang, siehst du ihn? Den darfst du nicht ankratzen. Ja, so ist es gut. Jetzt das nächste Bein."

Anja hingen die Haare über die Augen, wie sie so gebückt dastand und an dem Riesenhuf herumhantierte. Gegen die Hufe der kleineren Pferde, die sie bei Dagmar geritten hatte, erschien ihr der von Wisky wie ein Suppenteller. Aber Wiskys Hufe waren schön gewölbt, und was er sich an Mist hineingetreten hatte, konnte man gut in Klumpen heraushebeln.

„Fein. Jetzt ist er fertig", lobte Petra. Sie hatte ihren Flieder bereits in der Stallgasse stehen, trat jetzt zu ihm hin und nahm ihn am Halfter. „Vergiß nicht nachzugurten, ehe du aufsitzt. Und dann die richtige Bügellänge einstellen."

„Ja, ich weiß." Anja hatte vor Aufregung ganz rote Backen. Heute sollte sie, nach drei Einzelstunden an der Longe, zum erstenmal richtig in der Abteilung mitreiten.

Das war seit Monaten ihr heißer Wunsch, seit sie auf der Koppel Kerlchen kennengelernt hatte, den alten, gutmütigen Fuchs mit heller Mähne, der eigentlich nur noch das Gnadenbrot bekam. Mit dem hatte sie geschmust, ihm Zucker gebracht und ihn immer wieder besucht, und auf dem hatte sie das erstemal gesessen, als Herr Anders ihn zum Stall führte. Damals war der Wunsch in ihr wachgeworden, reiten zu lernen. Und im Stall hatte sie dann Petra kennengelernt, nicht nur Petra, sondern auch die anderen Mitglieder des Reit- und Fahrvereins. Auch Cornelia, die junge Ärztin, die jetzt gerade mit ihrer Moni in die Halle kam. Cornelia ritt heute mit!

„Wieso denn? Sie gehören doch wahrhaftig nicht mehr in die Anfängerabteilung", wunderte sich Petra, die so eben den Bügel an ihrem Flieder herunterzog und seine Länge prüfte. Man macht das, indem man den eisernen Steigbügel, der am Riemen hängt, unter die Achsel hält und dabei mit ausgestrecktem Arm nach der Schnalle fühlt, mit der man den Riemen verlängern oder verkürzen kann. Wenn die Spitze des Mittelfingers den Dorn berührt, ist die Länge richtig.

„Ich kann mich heut nur um diese Zeit freimachen. Hoffentlich erlaubt der Gestrenge, daß ich mit euch reite", sagte Cornelia vergnügt. Sie trug keine Kappe, hatte das Haar glatt zurückgestrichen und im Nacken zusammengebunden. Ihr Gesicht sah dadurch noch klarer und, so fand Anja, noch schöner aus als sonst. Sie hatte zu der jungen Ärztin, die sich gern mit ihr und Petra abgab, eine stürmische Zuneigung gefaßt.

Cornelia ritt heute Moni, einen etwas nervösen, hochbeinigen Schimmel, der viel Araberblut haben mußte. Petra hatte ihn schon ein- oder zweimal gehabt und war nur mühsam mit ihm zurechtgekommen. Außer ihnen ritt noch die kleine Bettine auf dem Pferd ihres Vaters, dem Jagdprinz, mit. Bettine war jünger als Anja, aber schon ein paar Jahre im Reitverein. Anja hatte einen heillosen Respekt vor ihr.

Sie selbst hatte immer wildes Herzklopfen, wenn sie aufsitzen sollte, so wie schon bei Dagmar, wo die Pferde doch wirklich gutmütig und leicht zu reiten gewesen waren. Jetzt und hier aber war ihr direkt schwindlig vor Lampenfieber.

„Wart nur, wenn du erst oben bist, wird es besser", tröstete Cornelia sie in diesem Augenblick halblaut. „Ich kann mir gut vorstellen, wie dir zumute ist. Wenn ich auf ein Pferd steige, das ich noch nicht kenne", sie klopfte sich mit der Faust auf die Brust, „da randaliert es hier immer."

„Bei Ihnen auch?" Anja staunte.

„Bei mir auch. Und das wird wohl so bleiben, bis ich am Stock gehe. Weißt du, wenn es da drin nicht mehr bummert, ist das Beste sowieso vorbei." Sie lachte, wie nur Cornelia lachen konnte. Anja seufzte tief auf und zog den Sattelgurt noch ein Loch enger.

Dann war es wirklich so. Kaum hatte sie sich, den linken Fuß im Bügel – wie hoch so ein Pferd war! – und beide Hände am Sattel, hochgezogen und das andere Bein hinübergeschwungen, da war ihr bereits besser. Sie probierte die Bügellänge, legte die Knie an und drückte, wie Petra es ihr gesagt hatte, die Absätze nach unten. Dann nahm sie die Zügel auf. Wisky stand, ohne Zicken zu machen, und wartete darauf, daß das Kommando kam. Die andern waren auch aufgesessen, und jetzt schob der Reitlehrer die Tür auf.

Er ging von einem Pferd zum andern, prüfte Kopfstück und Enge des Gurtes, sagte hier halblaut „Zügel verdreht" oder „Noch ein Loch nachgurten" oder „Warum keine Gerte?" und ging dann auf seinen Platz mitten in der Bahn. Von hier aus hieß es: „Im Schritt anreiten, auf die linke Hand gehen", und Anja war endlich dort, wohin sie sich so lange Zeit gewünscht hatte: im Reitverein, in der Abteilung.

Die Pferde gingen lautlos in der Lohe, sie hatten sich nach Anordnung des Reitlehrers eingeordnet. Vorn – man sagt: „an der Tete" – Moni mit Cornelia, dann Petra auf Flieder, dann Bettine mit Jagdprinz und als Schlußlicht Anja auf ihrem Wisky.

„Flotten Schritt reiten, eins, zwei, eins, zwei", sagte der Reitlehrer, und so ging es ringsum. Anja fühlte, wie ihr

Herzklopfen etwas nachließ. So viele lernten reiten, warum sollte sie es nicht lernen? Es war doch keine Hexerei, und wenn man sich alle Mühe gab, mußte es doch möglich sein.

Freilich, die Selbstverständlichkeit, mit der Bettines kleine Hände in den Reithandschuhen – echten Reithandschuhen aus Leder mit ausgespartem Rücken! – die Zügel hielten und wie sie mit den Hacken in die Seiten des Pferdes pufftte, war bewundernswert, und sie zu erlangen dauerte sicherlich ein paar Jahre. Und ein sehr, sehr häufiges Reiten. Bettine ritt sicherlich jeden Tag hier, jedenfalls hatte Anja sie immer getroffen, an welchem Wochentag sie auch herkam.

„Und nun: im Arbeitstempo Terrab! Leicht traben!" rief der Reitlehrer. Wisky, der die Kommandos natürlich seit Jahr und Tag kannte, setzte sich gehorsam in Trab, und Anja merkte jetzt den Unterschied zwischen den Pferden, die sie bisher geritten hatte, und diesem genau. Ein großes Pferd hat meist viel weitere Gänge, andererseits aber trabt es auch weicher. Anja bemühte sich, in den leichten Trab hineinzufinden, sich bei jedem zweiten Schritt emporheben zu lassen und beim nächsten niederzusitzen. Es ging erstaunlich leicht. Sie hatte durch Zufall den richtigen Fuß gefunden; man trabt auf dem inneren Fuß. Im Gelände wechselt man, trabt mal auf dem rechten, mal auf dem linken; in der Halle aber, wo es rundum geht, ist es ein schwerer Fehler, auf dem falschen Fuß zu traben.

Petra mußte das heute passiert sein, denn der Reitlehrer schnaubte sie sogleich an: „Kannst du noch nicht einmal das? Wie lange reitest du denn eigentlich?"

Petra sagte nichts, sie sah nur geradeaus. Vom Pferd aus antworten durfte man nicht, nie – es sei denn, der Reitlehrer stellte direkte Fragen. Dann mußte man genau, klar und laut antworten, nicht etwa herumstottern. Anja hatte viele Reitstunden als Zuschauer miterlebt und wußte daher einiges.

„Auf welchem Fuß trabt man, Petra?"

Das war eine exakte Frage.

„Auf dem inneren Hinterfuß." Petras Antwort kam sofort.

„Und das heißt?" fragte der Reitlehrer weiter.

„Man hebt sich in dem Augenblick, in dem das Pferd das äußere Bein vornimmt."

„Hm. Scherrit."

Anja atmete unhörbar auf. Sie rückte sich im Sattel zurecht, drückte die Fersen von neuem nach unten und bemühte sich, kein Hohlkreuz zu machen.

Jetzt ließ der Reitlehrer Cornelia allein angaloppieren. „Hoffentlich muß ich das nachher nicht auch", dachte Anja und folgte ihr mit den Blicken. Moni sprang in der Ecke gehorsam in den Galopp an, dann aber schien es mit ihrem Gehorsam zu Ende zu sein. Sie kürzte die nächste Ecke ab, legte sich auf das Gebiß und ging mit ihrer Reiterin davon wie das Donnerwetter. Cornelia saß tief im Sattel und versuchte, das Pferd mit dem Gewicht zu lenken. An der nächsten schmalen Seite der Halle hatte sie ihre Moni wieder in der Hand.

„Gut so, richtig, nichts durchgehen lassen", sagte Herr Taube befriedigt. „Die Abteilung überholen, ja, so. Und noch einmal, dann auf den Zirkel gehen."

Während Cornelia ihre Lektion ritt, gingen die anderen weiter im Schritt rundum. Endlich hieß es: „Hinten anschließen. Die nächste."

Das war Petra. Sie hatte natürlich schon darauf gelauert. Ihr Flieder ging sofort in einen verhaltenen, gut kontrollierten Galopp; man sah die Hilfen nicht, die die Reiterin gab. Unerregt und gleichmäßig wie ein Uhrwerk absolvierte Flieder seine Aufgabe. Dann kam die Reihe an Bettine.

„Und ich? Muß ich auch – alleine –", dachte Anja und preßte die Fäuste um die Zügel. Aber siehe da, der Reitlehrer hatte ein Einsehen.

„Jetzt der Wisky. Terrab!" kommandierte er, und Trab war Anja schon geläufig. Sie ließ Wisky eine Runde gehen und schloß sich hinten wieder an. Herr Taube lobte sie.

„Gut so. Ganze Abteilung haalt!"

Wie die Stunde verging, wußte Anja später nicht. Gegen Ende schielte sie häufig zu der großen Uhr rüber, die neben dem Spiegel hing, erst nur prüfend, allmählich sehnsüchtig. Der Zeiger kroch – waren es immer noch zehn Minuten, die man aushalten mußte? Endlich, endlich das Kommando: „Rechts dreht, links marschiert auf."

Nun standen die Pferde nebeneinander, die Köpfe zum Reitlehrer gewandt, und es hieß: „Absitzen." Anja erinnerte sich noch daran, daß Petra ihr gesagt hatte: „Nimm ja beide Füße aus den Bügeln, ehe du abspringst!" und tat es. Lieber Himmel, wie hoch war Wisky, sie hatte das Gefühl, eine wahre Luftreise zu machen, ehe sie in der Lohe landete. Und da passierte es ihr: Sie landete zwar auf den Füßen, setzte sich dann prompt auf den Hosenboden. Alle lachten. Nein, das war kein „Verbrechen", sondern nur ein kleines Pech. Gott sei Lob und Dank, es war alles gutgegangen!

„Na? Hast dich brav gehalten", lobte Cornelia, als sie in die Stallgasse neben Anja trat. „Die erste Stunde, das ist immer so eine Sache. Nun hast du es hinter dir, alles ging gut. Gratuliere!"

„Danke!"

Anja war erschöpft und verschwitzt, sie fühlte die Schultern feuern und die Knie zittern, aber sie ließ sich nichts anmerken. Als sie ihr Pferd, genau wie die anderen, nach Vorschrift versorgt hatte, setzte sie sich einen Augenblick auf die Futterkiste.

„Für heute langt's mir. Aber schön war's doch", sagte sie, als Petra sich mit einem „Na?" daneben hockte. Sie sagte es mit einem seligen Gesicht. Nicht ausgestiegen, nicht einmal angeschnauzt worden – war es nicht herrlich auf der Welt?

„So, und nun gehen wir noch einen Augenblick zu dir", sagte Cornelia, zu den beiden tretend, „ich möchte deiner Mutter guten Tag sagen. Sie hat mich gebeten, die beiden Buben anzusehen." Anja hatte zwei kleine Brüder, Zwillinge, noch nicht ein Jahr alt. Anja und Petra sprangen von der Kiste.

Es war immer ein Fest, wenn Cornelia ein wenig Zeit für sie hatte. Sie war erwachsen und sprach mit den Mädchen, als wären die es auch. Vernünftig, lustig, ehrlich eigenen Schwächen gegenüber – so, wie es eigentlich Erwachsene sonst nie können. Die biederten sich entweder süßlich-kindlich an oder sahen erhaben auf einen herab. Seit Cornelia durch Anja und Petra auch noch Onkel Kurt, einen Studienkameraden von früher, wiedergetroffen hatte – er war der jüngere Bruder von Anjas Vater –, war die Freundschaft der drei besiegelt. Sie gingen zu Cornelias leicht mitgenommenem rotem VW und stiegen mit ihr ein.

Anjas Mutter freute sich sehr, als Cornelia kam.

„Wie schön! Volker hustet nämlich ein bißchen, und Reinhold –", sie zog Cornelia ins Schlafzimmer, wo die Zwillinge zur Zeit stationiert waren. Anja und Petra verdrückten sich in die Küche. Sie hatten, wie immer nach dem Reiten, Durst, und suchten eifrig nach etwas Trinkbarem.

„Du möchtest sicherlich Sprudel", sagte Anja etwas schüchtern. „Mein Vater mag nicht, daß ich welchen trinke. Entweder Milch oder Kräutertee mit Zitrone, sagt er. Die Sprudel sind heutzutage alle mit irgendwelcher Chemie versetzt."

„Sagt meine Mutter auch. Ich krieg' nie welchen", sagte Petra gleichmütig und lachte. „Trinken wir halt Milch. Wenn sie nur kalt ist. Ich hab' vielleicht geschwitzt auf dem ollen Flieder, den man nur mit aller Kraft vorwärts kriegt."

Anja atmete insgeheim auf. Immer hatte sie Angst, Petra könnte es bei ihnen nicht schön finden, in der kleinen Wohnung mit den Zwillingen, die ewig umsorgt werden mußten. Petra hatte zwar auch Geschwister, aber größere. Und sie wohnte in einem schönen, großen Haus, das ihren Eltern gehörte. Ihr Vater war Architekt und hatte es selbst gebaut. Anja war manchmal dort.

„Bei euch ist es gemütlich", sagte Petra in diesem Augenblick und setzte sich mit ihrem Glas Milch aufs Fensterbrett. „Hier kann man so richtig lümmeln. Ich will später auch mal eine Wohnküche haben, Holzwände, Balken an der Decke, schwarze, weißt du, richtig urige. Und einen Herd, in den man noch Holz stecken kann, Reisig, das so prasselt, wenn es richtig dürr ist. Nicht bloß so elektrische Sachen, an denen man knipst, und alles ist fertig."

„Unser Herd ist aber auch elektrisch", sagte Anja vorsichtig. Petra lachte.

„Ja, aber sonst ist es schön hier. Vor allem so nah bis zum Reitverein! Ich muß immer erst wer weiß wie weit radeln. Ich würde gern hier wohnen."

Gerade kamen Mutter und Cornelia herein, jede trug einen der Zwillinge auf dem Arm. Petra sprang vom Fensterbrett und nahm der Mutter Volker ab.

„Welcher ist es denn? Max oder Moritz? Ich werde sie in alle Ewigkeit nicht unterscheiden können."

„Sie heißen gar nicht –"

„Max und Moritz, weiß ich doch. Volker und Reinhold heißen sie. Aber mit den zweiten Namen hätte ich sie wenigstens Max und Moritz genannt. Ich wünsche mir später auch mal Zwillinge. Die nenn' ich dann so."

„Und wenn es Mädchen werden?" fragte Cornelia amüsiert. Sie mochte Petras sprudelnde Lebhaftigkeit sehr.

„Dann heißen sie – herrjeh, jetzt fällt mir nichts ein! Oder doch, ja – die eine Cornelia, das steht fest. Und Sie müssen Pate sein. Und die andere – fix, sagt doch mal einen Namen, der dazu paßt!"

„Amalia", schlug Mutter vor. Petra platzte fast vor Lachen.

„Amalia, die Kanallia, mit der engen Talia! Abgekürzt heißen sie dann Corni und Ami. Nein, dann lieber Max und Moritz. – Anja ist heute das erstemal in der Abteilung mitgeritten", sagte sie dann.

Sie fand, Anjas Mutter müsse das wissen. Es war so wichtig.

„Und?" fragte diese denn auch sofort gespannt.

„Sie hat es großartig gemacht, ganz toll. Keinen Schnitzer", sagte Cornelia.

Anja wurde rot.

„Ich brauchte auch nicht zu galoppieren wie die anderen, allein an der Abteilung vorbei", stammelte sie. Das mußte Mutter schließlich auch wissen.

Mutter sah sie an.

„Fein, Anja", sagte sie herzlich. „Du, mein Kind, ich muß das unbedingt mal selber sehen. Darf man zusehen kommen? Wenn ich jemanden finde, der mir die beiden Kleinen solange versorgt, komm' ich zur nächsten Reitstunde mit. Heute in acht Tagen, ja? Darf ich?"

Nun erst fand Anja, daß die erste Reitstunde im Reitverein wirklich schön gewesen war.

... und die erste Fahrstunde

„Was bringst du denn da angeschleppt?" fragte Herr Anders, als er, um den Stall herumkommend, Petra begegnete. Er war in Hut und Mantel und sah sehr „städtisch" aus; er hatte heute frei. Petra zog pustend und schnaufend einen merkwürdigen Wagen hinter sich her; zweirädrig, nicht mehr neu, aus Holz, mit Motorrad-Rädern und einer Scherendeichsel aus Leichtmetall.

Anja schob hinten. Beide waren ziemlich atemlos und blieben stehen, als Herr Anders, der Pferdepfleger, sie anredete.

„Einen Dogcart, geschenkt bekommen", meldete Petra und wischte sich über das Gesicht. „Sogar mit Geschirr. Von Bekannten, die früher Pferde hatten. Schön, nicht wahr?"

„Sehr schön. Und den habt ihr durch die ganze Stadt geschleppt?"

„Nur durch die halbe. Gott sei Dank wohnen die Leute nicht am andern Ende. Trotzdem –"

„Trotzdem. Na, wir werden sehen, was damit zu machen ist", meinte Herr Anders und ging weiter.

„Nun können wir den Wagen ausprobieren", sagte Petra zu Anja, die wieder anschob, und nahm die Deichseln auf. „Beim erstenmal ist es vielleicht gut, wenn wir es ohne Erwachsene probieren. Die sehen ja überall nur Schwierigkeiten, wo keine sind."

Anja schob schweigend weiter. Sie war immer einverstanden, wenn Petra etwas aushecke; Petra war zwei Jahre älter als sie und seit eh und je im Reitverein. Wenn sie also sagte, sie wollten es ohne Erwachsene probieren, dann war es wohl das richtige. Obwohl – ein kleines Bedenken schlummerte in ihrem Herzen, aber sie drängte es tapfer beiseite. Aufatmend stellten sie den Wagen vor dem Stall ab.

„So, das wäre geschafft. Was wir alles für den Reitverein tun!" sagte Petra. „Die wissen gar nicht, was sie an uns haben. Mal sehen, ob noch jemand da ist." Heute war Montag, Stehtag, wie in allen Reitvereinen. Da viele Leute nur sonntags zum Reiten kommen können, wird an diesem Tag oft von früh um sechs an geritten und auch nachmittags, je nachdem, wie viele Interessenten kommen. Dafür ist Montag Ruhetag für die Pferde. Wer gern ausgeruhte, muntere Reitpferde haben will, schreibt sich für die Stunden am Dienstag ein. Petra wußte das natürlich. Heute war deshalb kein Mensch zu sehen.

„Fein, paßt wunderbar", sagte sie, „vor dem Abendfüttern ist Herr Anders nicht wieder hier. Komm, wir holen uns Kerlchen."

„Warum gerade Kerlchen?" fragte Anja.

„Na ja, ich möchte nicht gern ausgerechnet die Moni einspannen. Womöglich geht sie die ganze Zeit auf zwei Beinen. Ob sie jemals vorm Wagen gegangen ist, weiß ich nicht. Kerlchen aber –"

„Meinst du, Kerlchen war früher ein Wagenpferd?"

„Wenn nicht, wird er es jetzt. Ich bin entschlossen, mit ihm zu fahren. Brav und friedlich, wie er ist, wird er uns keine Schwierigkeiten machen."

„Na schön." Anja war nicht ganz wohl zumute, als Petra den alten guten Kerlchen aus dem Stand holte, ihm das Kopfstück überstülpte und ihn dann vor den Dogcart führte. Aber Petra mußte es ja wissen.

Sie legten ihm den Kammdeckel auf und schnallten ihn unterm Bauch fest, streiften das Brustgeschirr über und schnallten an den Zugsträngen herum, bis sie die richtige Länge zu haben schienen. Das dauerte eine Weile. Sie probierten hin und her, und dann hing in der Mitte noch ein Stück Riemen herunter, mit dem sie nichts anzufangen wußten.

„Der ist unnötig. Da sieht man mal wieder, wie man Leder sparen könnte", brummte Petra vor sich hin. „Aber abmachen können wir ihn auch nicht, er ist angenäht. Na, soll er hängen. So, wo ist die Peitsche? Jetzt geht's los."

„Wozu denn die Peitsche?" fragte Anja besorgt. „Du willst doch nicht etwa einen Schnelligkeitsrekord aufstellen?"

„Ach wo. Nur, zum Fahren, merk dir, gehört eine Peitsche. Du weißt ja, wir sind nicht im Reitverein, sondern im Reit- und Fahrverein. Da muß man auch vorschriftsmäßig fahren. Nach Achenbach, verstehst du."

„Achenbach?"

„Das erklär' ich dir später. Los, steig ein."

„Soll ich nicht lieber . . ."

„Nebenherlaufen? Anja! Reiten lernt man nur vom Reiten, das weißt du ja, und mit dem Fahren ist es ebenso. Also: Willst du oder willst du nicht?"

Sie selbst war schon auf den Wagen hinaufgeturnt und hob die Zügel, damit Anja darunter durchschlüpfen konnte. Anja überwand das letzte Zögern und tat es ihr gleich. Nun saßen sie nebeneinander, Petra rechts, Anja links, Petra die Zügel in beiden Händen.

„Setz dich lieber rechts hin und übernimm die Bremse. Wenn es nötig sein sollte", sagte Petra. „Da, die Drehbremse. Versuch sie mal. Ja, so. Sehr schön. Quietschen tut sie, wir müssen sie nachher ölen. Also, Kerlchen, nun kann's losgehen!"

Sie schnalzte mit der Zunge und berührte Kerlchens Flanke mit der Peitsche. Das Pferd zog gehorsam an. Petra lenkte ihn an der Reithalle bergab, langsam und vorsichtig, und bog dann in den kleinen Weg ein, der um den Sprunggarten führte.

„So ist's recht, guter Kerlchen, brav, brav. Und jetzt – Terrab!"

Sie hatten den ebenen Weg erreicht, und Kerlchen setzte sich, ohne zu zögern, in Trab. Petra strahlte.

„Siehst du. Er ist ganz vortrefflich

eingefahren. Das merkt der Fachmann sofort. Na, wie findest du es?"

„Wunderbar", seufzte Anja. Dann drehte sie den Kopf.

„Ob Frau Taube uns sieht? Dort oben sind ihre Fenster. Frau Taube, juhu!" Sie wagte nicht, richtig laut zu rufen, um Kerlchen nicht zu erschrecken. Aber mit der linken Hand konnte sie ein bißchen winken, die rechte lag an der Bremse. Und es war ihr auch, als winkte es oben hinter der Scheibe zurück. Genau konnte sie es nicht erkennen, denn sie guckte immer nur ganz schnell hinauf und dann wieder auf das Pferd.

Einmal sanken sie plötzlich beide weit nach hinten auf ihrem Sitz, und die Deichseln gingen hoch.

„Huch!" schrie Anja. Petra aber hatte sich geistesgegenwärtig sofort nach vorn gebeugt und erlangte dadurch das Gleichgewicht des Wagens wieder.

„Na, so was. Das darf doch nicht vorkommen", murmelte sie. „Wir müssen es beim Sitzen ausbalancieren, damit es nicht wieder passiert. Ja, so geht's."

Auf dem Weg war der Schnee festgestampft und hart, auf den Wiesen rechts und links lag er noch locker. Es fuhr sich schön, Kerlchen trabte, eins, zwei, eins, zwei, als wäre er im Leben nie anders als vor der Kutsche gegangen, und die beiden Mädchen wurden immer vergnügter.

„Wenn Herr Anders wiederkommt, erzählen wir es ihm", sagte Petra, „oder wir fahren ihn mal aus. Er ist alt und sollte doch endlich einmal so richtig verwöhnt werden."

„Ja, und weißt du, wen wir auch mal ausfahren müßten? Frau Taube. Die kommt doch überhaupt nicht aus der Bude."

„Wenn man sie nur die Treppe runterkriegte", sagte Petra und machte ein nachdenkliches Gesicht. „Ein paar Schritte gehen kann sie ja, also meinetwegen bis zum Wagen, das würde schon reichen. Nur unten müßten wir sie erst mal haben."

Der Weg bog jetzt nach links ab und in den Wald hinein.

„Für Autos und Motorräder verboten, genau das, was wir brauchen", sagte Petra zufrieden, „für Anlieger frei, das macht uns nichts. Hier gibt's bestimmt wenig Anlieger."

Sie zottelten dahin, Kerlchen in gleichmäßigem, ruhigem Trab, ganz, als habe er wirklich nichts anderes im Leben getan, als den Dogcart gezogen.

„Vielleicht war er mal ein Milchpferd", sagte Petra versonnen.

„Was ist denn das?" fragte Anja.

„Na, halt ein Pferd vor dem Milchwagen. Früher wurde die Milch doch ausgefahren, und der Kutscher hatte eine große Schelle, mit der klingelte er. Dann kamen die Hausfrauen mit ihren Kannen und kauften. Sehr hygienisch war das nicht, weil der ganze Staub und Dreck von der Straße mit hineinflog, aber lustig. Jetzt ist die Milch steril verpackt. Ich würde lieber an einem Milchwagen kaufen."

„Ich auch. Vieles muß früher komischer gewesen sein", sagte Anja. „Wenn mein Vater manchmal ins Erzählen kommt –"

„So, jetzt drehen wir um. Du, ich glaub', dazu steigen wir lieber aus", sagte Petra. „Ein Dogcart, der nur zwei Räder hat, dreht zwar auf der Stelle, aber vielleicht –" Sie war schon abgesprungen, Anja folgte. „Brav, Kerlchen, und jetzt schön nach links, ja, so."

Kerlchen wendete. Er trat erst vorsichtig im Kreis, dann aber, als ihm klarzuwerden schien, daß es nun heimwärts ging, zog er gewaltig an.

„Langsam, langsam – warte –" Petra stemmte sich gegen den Zügel, aber Kerlchen schien das mißzuverstehen. Er ruckte herum, nein, jetzt wollte er heim. So ein Pferd, auch wenn es alt und gutmütig ist, hat schon seine Kraft. Einen Augenblick kämpften sie beide, Petra und Kerlchen, miteinander, dann siegte Kerlchen. Er bog ganz kurz um, der Dogcart kippte auf das äußere Rad, das innere ging hoch, und bums lag der Wagen auf der Seite. Kerlchen erschrak und zog mit einem Ruck an. Petra ließ den Zügel nicht los, wurde aber mit vorwärts gerissen.

„Halt, halt!" schrie Anja, aber mit Schreien war natürlich nichts geholfen. Sie rannte also hinterher und griff nach der Lehne des Sitzes, die jetzt senkrecht stand, erwischte sie auch und versuchte, den Wagen zu bremsen. Der schleifte, halb umgekippt, hinter dem Pferd her, das jetzt ganz gedreht hatte und in eiligem Trab, viel schneller als vorhin, der Heimat zustrebte, die beiden Mädchen hinter sich herziehend. Beide versuchten abzustoppen, aber sie konnten gegen den Stalldrang des Pferdes nicht viel ausrichten.

„Halt, halt! Brrrr, du Himmelsziege! Du darfst ja heim, aber erst –"

Nun kam die Kurve, und das in diesem Tempo. Petra hatte sie vorausberechnet, war etwas seitwärts gesprungen und kam auch gut herum. Anja wurde zur Seite geschleudert, hing einen Augenblick am Wagen, beide Beine hinter sich herschleifend, und ließ dann doch los. Nun lag sie auf dem Bauch. Doch sie rappelte sich so schnell wie möglich auf und versuchte, dem Fahrzeug nachzurennen, mußte aber aufgeben. Beide Knie wollten nicht recht, sie taten sehr weh, aber gebrochen war nichts, das merkte Anja gleich. Sie humpelte, so gut es eben ging, dem entschwindenden Wagen nach.

Petra dagegen ließ nicht los. Mehr geschleudert als gezogen, riß es sie am Sprunggarten vorbei, den kleinen Weg zur Halle hin. Dort ging es, gottlob, ziemlich steil bergauf. Da wurde auch Kerlchen das Ziehen des umgekippten Wagens zuviel; er fiel erst in Schritt und blieb dann sogar stehen. Petra auch. Sie pustete.

„Du bist mir der Rechte. Erst tust du so, als wärst du ein Leben lang Wagenpferd gewesen, und bei der ersten Gelegenheit . . . Wo ist übrigens Anja geblieben. Die haben wir wohl verloren. Anja, lebst du noch?" rief sie nach hinten.

„Ja! Ich komme!"

„Na, du siehst ja ganz hübsch geküßt aus", fand Petra, als Anja herangehinkt kam. „Warum steckst du eigentlich die Nase in den einzigen Haufen Pferdeknetel, der auf dem ganzen Weg zu finden war?"

Anjas Gesicht sah nämlich nicht ganz so sauber aus wie vorher, als sie losfuhren. Sie wischte mit dem Ärmel drüber.

„Dumme Frage. Das war weicher als die Straße", brummte sie und spuckte ein bißchen. „In den Mund hätte ich es ja nicht zu nehmen brauchen . . ."

„Find' ich auch. Also los, erst mal den Wagen aufgestellt. Oder spannen wir lieber vorher aus?"

Das erwies sich als das klügere. Die eine Deichsel war stark verbogen – zum Glück waren es Leichtmetalldeichseln und keine hölzernen.

„Die wären womöglich gesplittert, und das hätte Kerlchen verletzen können", sagte Petra und bekam noch im nachhinein weiche Knie, wie sie sagte. „Mensch, wenn der Wagen kaputt ist, das macht nichts. Oder du oder ich.

Aber Kerlchen – dem durfte nichts passieren."

Petra hatte das Geschirr abgemacht und hob es dem Pferd über den Kopf. Dann nahm sie Kerlchen am Halfter.

„Komm, mein Süßer. Da hat der heilige Georg aber gut aufgepaßt, daß dir nichts passiert ist."

Sie führte ihn den Weg hinauf in den Stall. Anja folgte mit dem Geschirr. Das hängte sie dann hinter die Tür und sah ihre Knie an.

„Die Hosenbeine sind durch. Nur gut, daß es meine alte Hose ist und nicht die Reithose."

„Na, überhaupt. Glück haben wir schon gehabt. Der Wagen ist auch noch ganz, bis auf die verbogene Deichsel."

„Das Sitzkissen haben wir verloren", sagte Anja. „Ich geh' es holen. Nein, laß mal, ich kann schon. Versuch du, die Deichsel geradezubiegen." Anja humpelte davon. Es ging bei jedem Schritt besser. Brennen tat es natürlich noch, aber wenn schon. Sie wanderte den Weg zurück, hob das Kissen auf und kehrte damit um. Während sie so ging und zur Reithalle hinaufsah, fiel ihr etwas auf. Sie blieb stehen und blickte genauer hin – das war doch Frau Taube, die da am Fenster winkte! Anja winkte zurück, setzte sich dann in Trab und kam im Stall an, als Petra eben den letzten Handgriff an Kerlchen getan hatte.

„Du, Frau Taube winkt. Wir gehen mal zu ihr."

„Wahrscheinlich hat sie uns und unsere Fahrt ins Grüne beobachtet. Ach, die petzt schon nicht. Komm, los!"

Miteinander liefen sie über den festgetretenen Schnee der Halle zu.

Lauter Pläne

„Na, ihr beiden? Kommt nur ruhig näher, ich freu' mich sehr, daß ihr mich besucht", sagte Frau Taube. Sie saß im Lehnstuhl und hatte vor sich auf dem Tischchen einen Kasten stehen, dessen Deckel zurückgeschlagen war. Petra machte den Hals lang, dann lachte sie.

„Verbandszeug! Was Sie nicht immer alles parat haben. Und immer genau das Richtige!"

„Kunststück! Ich habe ja aus dem Fenster geguckt. Und hinter mir im Regal steht alles, was ich so brauche: Bücher und Nähzeug, Verbandsachen und Papier und Kulis zum Schreiben. Mein Sohn räumt mir das immer alles ein, jeden Tag fragt er: ‚Was geruhen Eure Hoheit heute zu tun?' Und dann legt er mir alles griffbereit hin."

„Und heute wußte er –"

„Daß ihr einen Dogcart-Ausflug mit Kerlchen machen würdet? Nein, in die Zukunft sehen kann er nicht. Aber der Verbandskasten steht immer vorne an. Und nun her mit den Knien, Anja."

Anja kam heran. Frau Taube hatte eine so freundliche, herzliche Art, daß das gar nicht peinlich war. Sie wollte die Hosenbeine hochschieben, aber Frau Taube winkte ab.

„Ganz ausziehen, anders geht es nicht. Ich muß ja auch die Hosen flikken, nicht nur die Knie."

Die waren ganz schön aufgeschürft. Frau Taube drückte Salbe auf ein breites Pflaster und klebte das auf das eine Knie, wickelte eine Mullbinde darum und tat dann dasselbe mit dem anderen. Danach fädelte sie einen dunklen Faden ein und ließ sich die beschädigte Hose reichen.

„Damit deine Mutter nicht in Ohnmacht fällt."

Petra hatte inzwischen Kaffee gekocht. Sie brachte ihn herüber. Frau Taube lachte.

„Danke dir. Alles hat sein Gutes. Wenn ihr nicht mit dem Dogcart umgeschmissen hättet, bekäme ich jetzt keinen Kaffee."

„Werden Sie es erzählen?" fragte Petra gespannt.

„Daß du mir Kaffee gekocht hast? Vielleicht", sagte Frau Taube harmlos. Petra lachte.

„Das doch nicht. Das mit Kerlchen – daß wir ihn genommen haben, heimlich."

„So heimlich war das doch gar nicht. Wenn niemand hier ist, kann man ja niemanden fragen", sagte Frau Taube. „Nein, ich werde nicht petzen", setzte sie in anderem Ton hinzu. „Warum sollte ich auch. Ist ja alles gutgegangen."

„Na, so gut auch wieder nicht. Ich hatte gedacht, so ein Wagen ist sicherer. Wir würden Sie nämlich gern einmal damit ausfahren", sagte Petra jetzt geradeheraus, setzte sich auf einen Stuhl am Fenster und betrachtete ihre Hände von innen. „Anja wird natürlich verbunden und gesalbt, und mit ihr wird ‚ei, ei' gemacht, aber ob Petra Wunden davongetragen hat, darum kümmert sich kein –" Sie hielt inne.

„Kein?" fragte Frau Taube verschmitzt.

„Kein – kein Täubchen", sagte Petra vergnügt. „Hatten Sie etwas anderes erwartet? Ist übrigens nicht schlimm. Nein, braucht nicht verbunden zu werden. Das würde nur auffallen. – Ja, wir hätten Sie gern spazierengefahren, aber jetzt, wo Sie gesehen haben, wie leicht so ein Dogcart kippt, da wird Ihnen wohl die Lust vergangen sein."

„Ach was, mehr als rausfliegen kann man nicht", sagte Frau Taube und nahm sich das zweite Hosenbein vor. „Ich müßte eben nur unten wohnen. Dann führe ich sofort mit euch. Aber zu ebener Erde gibt es leider keine Dachstübchen, so ist das im Leben."

„Und umziehen möchten Sie nicht?" fragte Petra.

„Nein, denk mal an. Ich hab' mich hier sehr gut eingewöhnt, und im Sommer sehe ich ja auch mehr. – Zieht mal die Schublade dort auf, die zweite von der Kommode, und guckt hinein. Da muß noch was Süßes drin sein, ein Kasten mit Keksen. Ja, dort. Also wie wär's? Wenn ihr mich schon mal besucht . . ."

„Du, die wäre wirklich gern mitgefahren. Das heißt, sie möchte das immer noch", sagte Petra, als sie nach einer Weile miteinander die Treppe hinunterstiegen. „Wir müssen mal gut überlegen, wie wir ihr helfen könnten. Sie ist wirklich ein Schatz."

„Und sie petzt bestimmt nicht. Kerlchen ist ja auch nichts passiert", sagte Anja. Nebeneinander rannten sie über den Platz vor dem Stall. Petra holte ihr Fahrrad, das an der hinteren Stallwand lehnte, und befahl: „Los, auf den Gepäckträger! Ich fahr' dich heim. Es ist schon wieder so spät."

Spät wurde es immer, wenn man im

Reitverein war. Das sagte auch Mutter, als Anja heimkam. Anja brummte, sie wäre heute gar nicht geritten, und dann erzählte sie von der Mutter des Reitlehrers, die sie besucht und der sie Kaffee gekocht hatten. Mutter schwieg. Ganz überzeugt von Anjas Edelmut war sie anscheinend aber nicht.

Ach ja, der Reitverein.

Schularbeiten waren auch noch nicht gemacht, das aber fiel Anja erst ein, als Mutter sie zum Einkaufen schicken wollte. Da wurde Mutter ärgerlich und schalt, und Anja bockte. In diese reizende Familienszene hinein platzten Vater und Onkel Kurt, den er vor dem Haus getroffen und dem er ein lustiges Abendessen versprochen hatte. Das paßte ja wundervoll.

„Ich fürchte, hier hängt der Haussegen schief", sagte Onkel Kurt, zog den Kopf ein und machte ein Gesicht, als stünde er allein auf weiter Flur unter einem Gewitter, das sich haargenau über seinem Kopf entlud. „Bei so was hilft nur Tapetenwechsel. Darf ich was vorschlagen? Ich ruf' Cornelia an, daß wir sie allesamt zum Abendbrot überraschen und die Hähnchen dazu mitbringen. Die beiden Kleinen werden mitgenommen, damit Mutter sich keine Gedanken machen muß. Na, was meint ihr?"

„Wundervoll", sagte Vater und öffnete die Tür zu seinem Zimmer. „Bitte ruf an. Cornelia wird vor Freude auf einem Bein hüpfen, wenn sie hört, daß wir zu sechst kommen."

„Du wirst lachen, sie freut sich wirklich!" verkündete Onkel Kurt, nachdem er mindestens eine Viertelstunde am Telefon „geturtelt" hatte. „Auf geht's, schlüpft in die Pelze, und steigt in meinen Rolls-Royce, der vor der Tür wartet. Ich fahre dann am Wienerwald vorbei und besorge die Flattermänner. Wie ist das, essen die Buben jeder schon ein ganzes Hähnchen, oder genügt ihnen ein halbes?"

Anja kannte Cornelias Wohnung noch nicht und war sehr gespannt darauf. Schade nur, daß Petra nicht dabei war! Aber mit Petra ging sie bestimmt bald einmal hin.

Die Wohnung lag im Westen der Stadt in einem neuen Viertel. Sie war klein, aber hell und reizend eingerichtet. Cornelia hatte bereits den Tisch gedeckt, Papierservietten gefaltet und Brot zurechtgestellt. Auch ein paar Flaschen Rotwein standen auf dem Tisch.

Auf einmal war alles gut. Sie saßen und knabberten ihre Hähnchen, während die Zwillinge auf dem Teppich herumkrochen.

„Das dürfen sie ruhig", sagte Cornelia; „der Teppich ist gerade heute erst aus der Reinigung zurückgekommen. Und einen Hund habe ich nicht, leider. In diesem Falle allerdings ..."

„Dafür hab' ich ja genug Hunde", sagte Onkel Kurt und wurde im selben Augenblick so rot, daß sich alle fast vor Lachen verschluckten. Seine Verlobung mit Cornelia lag seit ein paar Wochen so sichtbar in der Luft, daß sich dauernd jemand versprach. Warum gaben sie sie auch nicht zu!

Natürlich kam die Unterhaltung auch auf den Reitverein, und Cornelia fragte, was sie anziehen sollte. Es war nämlich üblich, daß am Faschingsdienstag verkleidet geritten wurde. Voriges Jahr war der Reitlehrer als Frau gekommen, mit einem Sommerkleid über den Reitstiefeln, zum Schießen komisch. Es war jedes Jahr ein großer Spaß.

Mutter schlug vor, Anja könnte ja als Heinzelmännchen gehen, weil sie daheim so ungeheuer fleißig sei und ihr jede Arbeit aus der Hand nähme, und Anja brachte es fertig, nicht einzuschnappen, sondern fröhlich und freundlich die Teller einzusammeln, als alle fertig waren, die Papierservietten fortzunehmen, ein neues Tischtuch zu holen und all das so hübsch und nett und geschickt zu tun, daß alle sie lobten.

„So ist sie zu Hause nie", flüsterte Mutter, als sie einmal in der Küche war und es nicht hören konnte, halb stolz, halb kummervoll. Cornelia lachte und drückte Mutters Arm.

„Das ist nun mal so auf der Welt. Kennen Sie nicht die Geschichte von den beiden Familien mit größeren Kindern, die jede in eine neue Wohnung ziehen, einander gegenüber. Die Mutter hofft nun, daß ihr Sohn ihr wenigstens die Lampen installiert. Aber nein, er denkt nicht daran und ist dauernd weg, wenn man ihn braucht. Dafür kommt zum Glück der Sohn der anderen Familie, der bereits einer der Töchter tief in die Augen gesehen hat, und hilft. Eines Tages erzählt die Mutter das der anderen Mutter. Die lacht.

„Sie sagen, mein Sohn hat Ihnen geholfen, als Sie hier einzogen? Wissen Sie, was Ihrer tat? Er hat drüben bei mir alle Lampen installiert, tadellos und ohne daß ich darum bat. Er war so hilfsbereit und nett, nur meinen eigenen bekam ich nicht zu sehen. Bei ihm habe ich so was noch nie erlebt."

Alle lachten über diese hübsche Geschichte.

„Ja, als was werden Sie sich nun verkleiden zum Faschingsreiten?" fragt Vater dann Cornelia und goß ihr ein. „Haben Sie schon ein Kostüm in Aussicht?"

„Als Fee", schoß Onkel Kurt los, gleich darauf wurde er wieder rot vor Verlegenheit. Alle wußten ja, wie verliebt er in Cornelia war, aber alle meinten, sie müßten so tun, als merkten sie es nicht.

„Ich weiß nicht, ob man als Fee gut reiten kann", sagte Cornelia. „Mit so flatternden Gewändern um einen herum, oder nicht?" sagte Vater trocken. „Sag, Anja, als was will Petra denn eigentlich gehen, die hat doch immer so herrliche Ideen."

„Sie weiß schon, als was! Als Kosak. Sie kann doch den Kosakenhang – man hängt seitlich am Pferd, den Kopf nach unten, ein Bein in der Schlinge und eins nach oben gestreckt!" sagte Anja. „Und mich hat sie gefragt, ob ich nicht Cowboy sein will. Das ist zwar ein Kostüm, was viele tragen, aber wir könnten uns dazu den Westernsattel von Dagmar borgen. Die hat einen echten. Und Cowboy ist leicht zu machen. Zu Jeans einfach eine karierte Bluse, wenn's geht, eine Weste dazu, Hüte gibt's aus Pappe."

„Halt, halt! Ich besitze einen echten Westernhut, den borg' ich dir", fiel hier Onkel Kurt ein. „Ich war doch mal in Amerika, von dort habe ich ihn mitgebracht."

„Wunderbar! Und als Lasso nehme ich eine Wäscheleine."

„So eine moderne, ganz dünne aus Perlon", neckte Cornelia, „die man nicht sieht?"

„Nein, eine altmodische. Und einen Colt muß ich mir besorgen."

„Den kriegst du auch von mir", versprach Onkel Kurt. „Einen echten, aber ungeladen. Knallen kannst du nicht damit."

„Das will ich ja gar nicht. Nie würde ich das tun, da könnten die Pferde doch erschrecken. Nein, erschrecken darf man Pferde nie."

Anja konnte es kaum erwarten, Petra dies alles zu erzählen. Am anderen Tag suchte sie auf dem Schulhof so lange, bis sie die Freundin erwischte.

Und nun schüttete sie ihre ganze Begeisterung über Petra aus.

Die hörte mit funkelnden Augen zu.

„Machen wir. Wir müssen am schönsten verkleidet sein, du und ich und natürlich Cornelia. Meinen Kosakenkittel näht Frau Taube, das hat sie mir schon vor einem Jahr versprochen. Das heißt, sie hat einen, den macht sie mir enger. Ich sollte ihn schon voriges Jahr tragen, aber da ging ich als Teufel. Weißt du, Frau Taube müßte beim Faschingsreiten zusehen können. Sie möchte es so gern. Vielleicht reiten wir ja draußen, wenn das Wetter danach ist. Aber womöglich regnet es. Schnee wäre ja nicht so schlimm. Im Regen findet das Faschingsreiten aber bestimmt in der Halle statt."

„Ja, auf den Petrus ist kein Verlaß." Sie standen da und sahen einander nachdenklich an.

„Man müßte ..."

„... mit dem Reitlehrer sprechen!" schlug Anja vor. „Ihn bitten ..."

„Ich weiß nicht. Ich finde, wir sollten es ohne ihn versuchen. Bei allen Festen – Turnier oder Weihnachtsreiten oder so – ist er immer furchtbar beschäftigt und entsetzlich streng. Nein, besser, wir finden allein eine Möglichkeit."

„Vielleicht könnten wir ..."

„Jetzt weiß ich was!" unterbrach Petra Anja. „Jetzt – also hör mal zu! Wir besorgen uns ..." Da schrillte die Schulglocke: Pause vorbei. Alles drängte dem Tor zu. Petra verdrehte die Augen auf eine komisch-verzweifelte Art.

„Immer, wenn man was Wichtiges bespricht, kommt die blöde Schule dazwischen! Ich muß sofort in meine Klasse, wir schreiben jetzt eine Arbeit. Aber ich weiß was ganz Schönes! Ich erzähl' es dir heute nachmittag. Bist du im Reitverein?"

„Klar! Und du weißt wirklich was?"

„Ja. Ich hab' einen tollen Plan. Du kannst dich schon vorfreuen."

Damit war Petra verschwunden, untergegangen im Schwarm der anderen Schüler. Anja ließ sich vom Sog der Hineindrängenden mitziehen. Petra fand ja immer einen Weg ...

Faschingsreiten

„Nein, Petra, ich kann jetzt wirklich nicht weg!"

Anjas Stimme klang verzweifelt. Sie saß daheim, Mutter hatte ihr die Zwillinge übergeben; sie mußte aus irgendeinem dringenden Grund zur Krankenkasse. Die befand sich nicht hier in der Wohnsiedlungsgegend, sondern in der Stadt, und da wollte Mutter gleich einen Großeinkauf anschließen und sich von Vater abholen lassen, damit er ihr tragen helfe. Anja konnte wahrhaftig nicht weg.

„Deuwel noch mal", sagte Petra. Man sah durchs Telefon, wie sie an ihrem gekrümmten Zeigefinger nagte.

Das tat sie immer, wenn sie scharf nachdachte. „Überhaupt nicht weg? Auch nicht für eine Viertelstunde? Ich bin nicht sehr weit von eurem Haus entfernt. Ich habe bei Bekannten was abgeholt. Kannst du denn wirklich nicht – du mußt mir nämlich tragen helfen. Es ist was ganz Wichtiges. Du wirst staunen."

„Für den Fasching?"

Morgen fand das Faschingsreiten statt. Anja schob den einen Zwilling, der sich am Tischbein aufzurichten versuchte, mit der einen Hand weg, während sie mit der anderen den Hörer umklammerte. Gleich darauf hatte Volker trotzdem das etwas herunterhängende Tischtuch erwischt und so erfolgreich daran gezogen, daß sich alles, was auf dem Tisch gestanden hatte, samt Decke über ihn ergoß. Gottlob keine Vase oder Kaffeekanne, sondern nur Anjas Schularbeitssachen. Volker war über den Erfolg seines Griffes selbst so erstaunt, daß er nicht einmal schrie, obwohl er natürlich versuchte, sich aus dem Wust herauszuarbeiten. Anjas Buntstifte rollten in alle Himmelsrichtungen. Sie hatte versucht, während des Kinderhütens wenigstens eine Zeichnung für die Schule fertigzumachen.

„Himmel, muß das sein!" stöhnte sie.

„Was denn?" fragte Petra interessiert am anderen Ende der Leitung.

„Daß Volker sämtliche Dinge, die auf dem Tisch lagen, in alle Winde verstreut hat –"

„Du, ich hab' eine Idee. Stopf die Jungen in den Kinderwagen, und fahr mir mit ihnen entgegen. Eine Hand wirst du ja frei haben – ich brauch' dich wirklich. Bin an der Ecke der Fasanenstraße in der Telefonzelle." Petra beschrieb ihren derzeitigen Standort genau. Anja hörte zu und versuchte sich alles zu merken, während sie die beiden kleinen Jungen in Schach hielt. Ja, vielleicht ging es.

„Ich komme", sagte sie nach einigem Zögern. Allein die Aussicht, hier nicht weiter aufpassen zu müssen, erschien ihr verlockend. Sie hörte sich an, wie Petra ihr den Weg beschrieb, damit sie einander auf keinen Fall verfehlten.

„Langsam komm' ich dir entgegen, ich kann hier nicht stehen und warten, das kann ich wirklich nicht." Anja sah das ein. Petra war sicherlich der ungeduldigste Mensch der Welt, wenn es sich nicht um Pferde handelte. Da hatte sie Geduld ...

So schnell wie möglich zog Anja ihre beiden kleinen Brüder an. Aufräumen konnte sie nicht mehr, das mußte sie auf nachher verschieben. Hoffentlich war dieses „Nachher" ein Zeitpunkt vor Mutters Heimkunft. Sonst fiel die wahrscheinlich in Ohnmacht, wenn sie die Stube betrat.

Der breite Zwillingswagen stand gottlob im Flur. Den brachte sie allein die drei Stufen in den Garten hinunter, nachdem sie die beiden Kinder hineingepackt und angegurtet hatte. Nun los, im Sturmschritt Richtung Stadt, Petra entgegen.

Auf den Straßen lag kein Schnee mehr, nur noch in den Vorgärten. Das Wetter war undurchsichtig, es sah eigentlich nach Regen aus. Zu blöd, sie wollten doch draußen reiten, und wenn es regnete, würden sie bestimmt in der Halle bleiben müssen. Das war nur halb so schön, und Frau Taube würde überhaupt nichts vom Faschingszug sehen können.

Anjas Kostüm war fertig, auch den Westernsattel hatte sie. Sie freute sich unbändig, mitreiten zu dürfen, und zwar auf Kerlchen. Mit dem hatte sie bestimmt nicht die geringsten Schwierigkeiten. Vielleicht kamen auch ihre Eltern, um zuzusehen; Onkel Kurt würde sowieso dasein. Als was Cornelia kommen würde, hatte sie nicht verraten. Das gab dem Ganzen noch eine Spannung mehr.

Anja schob den Kinderwagen, so schnell sie konnte, vor sich her. Einmal rannte sie damit fast eine Frau um, die aus einem Laden kam. Die schimpfte, Anja entschuldigte sich und stürmte weiter. Hoffentlich war es der richtige Weg!

Jetzt mußte die Fasanenstraße kommen. Sie bog um die Ecke – und wirklich, dort hinten stand Petra und winkte mit beiden Armen. Ein einziges Glück! Anja nahm alle Kraft zusammen und fiel mit ihrem Wagen in Trab, wie der Reiter sagen würde. Atemlos und keuchend langte sie bei Petra an.

„Wa – was hast du denn da?" fragte sie, ehe sie sich überhaupt begrüßt hatten. Petra stand neben einem hellgrauen, länglichen Blech, das sie an die Hausmauer gelehnt hatte und das sie an Länge weit überragte. „Was willst du denn damit?"

„Das ist – also, Bekannte von mir hatten eine Rutsche für den Garten gekauft, schon vor langer Zeit mal. Ihre Kinder sind jetzt zu groß zum Rutschen, aber früher war ich manchmal dort und – na, kurz und klein, ich hab' gefragt und sie bekommen. Aber allein kann man so ein Ding nur sehr schwer tragen. Ich hab' gesagt, ich werde abgeholt. Zu zweit schaffen wir es sicher, auch wenn wir außerdem diese Kutsche schieben müssen." Sie sah abschätzend von der Rutsche zum Kinderwagen und zurück. „Vielleicht können wir es sogar drauf laden?"

„Drauf laden? Den Jungen auf die Köpfe? Du bist ja plemplem", sagte Anja. „Nee, das geht nicht. Aber – nun, einer faßt vorne an und einer hinten, und den Wagen schiebt der, der hinten geht, mit der anderen Hand."

„Oooooder –", sagte Petra und hob den Zeigefinger, „wir schieben es unten hinein, zwischen die Räder. Breit ist es ja nicht, aber der Zwillingswagen ist breit. Vorn und hinten kann es ja herausstehen."

„Und wie willst du dann schieben?" fragte Anja.

„Seitlich, du Depp. Natürlich geht es so. Komm, los, wir probieren es. Na, was hab' ich gesagt? Geht wunderbar! Nun los." Petra hatte den Griff des Kinderwagens an der einen Seite gepackt und schob an, Anja folgte auf der anderen. Es ging.

„Aber eins – warte! Ehe wir jemanden auf die Hörner nehmen ..." Soeben hatten sie nämlich einen älteren Herrn, der zwar den Kinderwagen, aber nicht das herausstehende Blech gesehen hatte, um ein Haar angefahren. „Wenn man sperrige Güter transportiert, muß man einen roten Lappen anhängen. Einen richtigen Blickpunkt, der auffällt. Warte, ich hab' was." Sie hatte ihren roten Anorak schon ausgezogen, warf ihn über den Kinderwagen, zerrte ihren Pullover, der tatsächlich knallrot war, über den Kopf und befestigte ihn nicht ohne Mühe vorn an der Blechrutsche. Dann schlüpfte sie wieder in den Anorak und kam nun zufrieden an den Wagen, um zu schieben. „So, nun kommen wir, ohne Schaden anzurichten, zum Reitverein."

„Und was willst du damit?" fragte Anja jetzt endlich. Bisher hatte sie diese Frage nirgends dazwischenschieben können.

„Dreimal darfst du raten – kannst du es dir wirklich nicht denken? Wer möchte denn so gern den Faschingszug sehen? Und kann die Treppe nicht runter? Na? Frau Taube doch wohl, oder nicht? Die Treppe, die zu ihr hinaufführt, ist genauso lang wie die Rutsche, ich hab' es ausgemessen. Wenn wir die Rutsche drauflegen und oben richtig festmachen, dann kann Frau Taube morgen bis ins Reiterstübel hinunterrutschen, sich dort ans Fenster setzen und den ganzen Fasching miterleben. Was sagst du dazu?"

„Klasse! Und du hast dir das ganz allein ausgedacht? Du bist wirklich ein Genie, Petra!"

„Nicht wahr? Aber keiner darf es wissen. Auch Frau Taube nicht. Sonst erzählt sie es womöglich jemandem, und wenn Erwachsene sich bei so was einmischen, wird es immer nichts, weil sie tausend Bedenken haben. Überall sehen sie Schwierigkeiten, wo keine sind."

Das fand Anja auch. Sie schoben also den Kinderwagen mit der langen Blechschiene weiter durch die Straßen, mußten immer wieder „Vorsicht!" und „Achtung!" schreien und kamen endlich an den Weg, der zum Reitverein abzweigte. Sie fuhren um den Stall herum und an die hintere Schmalseite der Halle. Dort kam nicht jeden Tag jemand hin. Hier luden sie die Rutsche ab.

„So, und nun marsch, marsch nach Hause", sagte Anja. „Du kommst doch mit? Bei uns sieht es aus wie nach dem Türkenkrieg, und ich möchte meiner Mutter diesen Anblick ersparen."

Petra erklärte sich sofort einverstanden zu helfen. Sie erreichten Anjas Wohnung zum großen Glück noch vor den Eltern.

„So, jetzt können sie kommen", erklärte Petra, als sie den letzten Buntstift vom Boden aufgehoben und ins Etui gesteckt hatte. „Morgen mußt du aber zeitig drüben sein, lange, bevor es losgeht. Ich geh' gleich von der Schule aus hin, hab' zu Hause gesagt, ich müßte helfen. Muß ich ja auch, und wie! Tschüs, bis dahin! Vergiß nicht deine Cowboy-Ausrüstung."

„Werd' ich schon nicht", sagte Anja und winkte ihr nach. Etwas vergessen, auf das man sich wochenlang freut!

Am anderen Tag regnete es tatsächlich. Anja hatte sich sofort nach Tisch verdrückt und auf dem Küchentisch einen Zettel hinterlassen: „Beginn um vier. Kommt bitte pünktlich."

Denn zusehen sollten ihre Eltern, das wünschte sie sich sehr.

Beim Reitverein angekommen, traf sie sogleich auf Petra. Sonst waren noch nicht viele Mitglieder da. Herr Anders kehrte die Stallgasse, in der Halle hingen bunte Girlanden.

„Hoffentlich scheuen die Pferde deswegen nicht", sagte Anja, aber Petra lachte. „Besonders dein Kerlchen!"

„Ach, Kerlchen hat ein ganz schönes Temperament. Das hast du ja neulich gemerkt, als wir ihn einspannten."

Sie liefen miteinander hinter die Halle, holten die Rutsche und trugen sie zum Reiterstübel. Toni, die Wirtin, war schon da; sie polierte gerade ihre Theke und sah etwas verwundert drein, als Petra und Anja mit dem Blechding ankamen.

„Was, um Himmels willen, wollt ihr denn damit?"

„Pscht, Geheimnis!" sagte Petra. Sie richteten die Rutsche auf – und wirklich, sie paßte auf die Treppe. Petra hatte bereits für Stricke gesorgt, um sie festzumachen. Toni stand dabei und schüttelte den Kopf, war aber gutmütig genug, mit anzufassen. Mit ihrer Hilfe wurde alles ordentlich und so, daß man sich keine Sorgen machen mußte.

„Nun rutschen wir erst mal Probe", befahl Petra und tat es. Sssst – war sie unten. Toni lachte.

„Ob Frau Taube auch so runtersausen will?" fragte sie zweifelnd. Petra bohrte den Zeigefinger in die Schläfe. „Natürlich nicht. Wir halten sie und lassen sie langsam runterfahren."

„Na schön, ich helfe."

Zu dritt erschienen sie in Frau Taubes Reich, klopften, hörten „Herein!" und waren schon mitten im Erklären und Beschreiben ihrer herrlichen Idee. Frau Taube war ganz gerührt. Sie ließ sich von ihnen bis zur Treppe führen.

„Und wie komm' ich wieder rauf?" fragte sie zwar noch, aber Petra tat das ab.

„Das findet sich! Erst mal runter, und dann setzen wir Sie ins Reiterstübel ans Fenster, und Sie übersehen die ganze Halle. Das wird herrlich."

Ja, das verlockte Frau Taube natürlich. Und man merkte ihr an, daß sie Reiterin gewesen war und sicherlich nicht so leicht ein Risiko gescheut hatte, früher, als sie noch Remonten zuritt. Sie setzte sich, ohne sich zu sperren, auf die Rutsche und ließ sich, von Petra und Anja rechts und links gehalten, hinuntergleiten, während Toni unten stand und sie auffing. Denn sehr langsam ging es trotz aller Bremserei nicht. Aber es ging! Unten angekommen, stand sie auf und wanderte an Tonis Arm bis zum ersten Tisch im Reiterstübel, wo sie sich aufatmend niederließ.

„Kinder, ist das schön! Mal wieder woanders sein! Mal wieder in der Reithalle!" Sie strahlte. Die Mädchen strahlten auch. Toni, die noch nichts zu tun hatte, setzte sich zu Frau Taube.

„Wir müssen jetzt zu unseren Pferden", sagte Petra. „Aber wir kommen wieder. Und hinauf kriegen wir Sie auch wieder, irgendwie geht das schon." Sie stoben ab.

Im Stall war jetzt schon viel los. Die meisten Reitvereinsmitglieder waren schon in Kostümen gekommen, weil sie sich hier nicht umziehen wollten. Sie boten einen bunten Anblick. Da putzte ein Bäckerlehrling mit einer großen Brezel auf dem Rücken sein Pferd, dort kratzte ein Königssohn Hufe aus, und Gero, der winzige, hatte sich tatsächlich als Gartenzwerg verkleidet. Er sollte heute den Freiherrn reiten, ein besonders hohes Pferd, auf dem er sicherlich noch kleiner aussehen würde, als er schon war. Petra platzte fast vor Lachen, als sie Gero da oben hocken sah. Er war probeweise aufgestiegen. Cornelia war noch nicht da. Auf sie waren die Mädchen besonders gespannt.

Der Reitlehrer schien heute besserer Laune zu sein als sonst bei solchen Veranstaltungen. Er trug eine Husarenuniform, die ihm sehr gut stand.

Inzwischen fanden sich immer mehr Schaulustige ein und füllten das Reiterstübel, so daß man dort kaum mehr einen Stehplatz ergattern konnte. Petra sollte heute Desirée haben, hatte sie geputzt und dann Anja zum Halten übergeben, um noch schnell Cornelias Creon fertigzumachen. Cornelia kam und kam aber nicht.

„Sie ist doch sonst so pünktlich", jammerte Anja, aber Petra sagte sorgenvoll: „Ihr Beruf geht vor. Wenn nun gerade ein Kind auf den Kopf gefallen ist und genäht werden muß . . ."

„Ausgerechnet heute", seufzte Anja. Der Reitlehrer kommandierte schon, daß der Zug sich ordnen solle. Da kam Cornelia endlich um die Ecke gesaust, einen Mantel über ihrem Faschingskostüm.

„Petra, du bist ein Engel, daß du mir

Creon fertiggemacht hast! Ich konnte nicht eher." Sie japste. Petra übergab ihr den Zügel und ordnete sich mit ihrer Desirée ein. Die ersten Pferde des Zuges setzten sich schon in Bewegung, es war wirklich allerhöchste Zeit.

Weil es bergab ging, führten die Reiter bis zur Halle und saßen erst dort auf. Anja hatte schreckliches Lampenfieber, ob sie auch auf Kerlchen hinaufkommen würde. Es mußte an der Tür der Halle schnell gehen, und sie hatte keine Zeit mehr gehabt, den linken Bügel länger zu schnallen. Petras Pferd machte Schwierigkeiten, trat hin und her und riß am Zügel. Beide konnten sich nicht mehr nach Cornelia umdrehen.

Am Eingang der Halle stand zum großen Glück Herr Anders. Er lächelte Anja ermutigend zu und legte seine Hand unter ihr gewinkeltes linkes Bein. Hopp, war sie oben, auch ohne Bügel. Er half ihr noch hinein. Petra war schon aufgesprungen, sie kam auch ohne Bügel auf ziemlich hohe Pferde. Sie ritten in die Halle ein.

Und jetzt, als der Zug rundum ging, konnten sie auch Cornelia bewundern. Wirklich bewundern – sie sah entzückend aus. Zu einem weißseidenen Anzug trug sie eine weiße Perücke und in der einen Hand eine silberne Rose. Später erfuhren die Mädchen, daß sie den Oktavian aus dem „Rosenkavalier" darstellte. Sie war bestimmt die Schönste der ganzen Runde.

Alles ging glatt. Anja wagte es ein einziges Mal, zu Frau Taube hinaufzublinzeln, die mit einem entzückten Ausdruck zu ihr heruntersah. Ihre Eltern erblickte sie nicht, auch nicht Onkel Kurt, der natürlich versprochen hatte zu kommen. Die Musik setzte ein, es war über die Maßen schön und prächtig. Der Zug ging dreimal um die ganze Halle, also konnte man jeden einzelnen Reiter und sein Kostüm genau betrachten.

„Wer ist denn das?" fragte Petra einmal halblaut, als sie in der Ecke wendeten. Hinter Cornelia ritt ein schwarzer Ritter, ganz in Eisen – es war sicherlich eine Papprüstung, aber es sah aus wie Eisen –, das Visier des Helmes heruntergeklappt. Er hatte ein schwarzes Pferd, das sie nicht kannte.

„Keine Ahnung. Wenn *du* es nicht weißt."

Die Pferde waren von der Musik etwas nervös, sogar Kerlchen fing ein paarmal an zu tänzeln. So war Anja froh, als der erste Reiter zur Halle hinauslenkte. Nun war ihr eigener Auftritt zu Ende, und sie konnte mit Petra den Vorführungen, die noch kamen, in Ruhe zusehen, nachdem sie ihre Pferde versorgt hatten. Sie atmete auf, als sie sich vor der Halle von Kerlchen gleiten ließ.

„Guter, Lieber. Hast es brav gemacht. Ich hab' auch ein paar schöne knackige Mohrrüben für dich. Die bekommst du jetzt." Sie zog ihn mit sich, die Steigung hinauf. Eben verschwand Petra mit ihrem Pferd im Stall.

Gutes und Schlimmes

"Du, Vater, kannst du mal einen Augenblick mitkommen?" fragte Petra. Sie hatte sich durch die Menge der Feiernden hindurchgedrängt und endlich ihre Eltern gefunden. Sie saßen in der Baracke, in der man sich sonst umzog, Reitkarten kaufte und abgab und Trensen wusch, die aber heute mit Tischen und Stühlen ausgestattet als Festlokal diente.

"Ja, was gibt's?" fragte Herr Hartwig.

"Wir brauchen dich. Wir brauchen einen starken Mann oder zwei."

Petra war, für ihre Verhältnisse jedenfalls, bemerkenswert schüchtern. Herr Hartwig wunderte sich, stand aber dann doch auf und folgte ihr. Sie gingen zum Reiterstübel.

"Das ist Frau Taube, die Mutter von unserem Reitlehrer, und das ist mein Vater", stellte Petra hastig vor, als sie angekommen waren. Frau Taube saß noch am Tisch, Toni stand daneben. "Wir haben Frau Taube aus ihrem Stübchen im oberen Stock heruntergeholt, damit sie den Faschingszug sehen kann, und nun möchte sie wieder hinauf."

"Ja, und?" fragte Petras Vater verständnislos, aber freundlich.

"Wir haben es versucht, Toni und wir", gestand Petra, dann schwieg sie. Ihr Vater setzte sich.

"Ja?" fragte er.

Petra wußte nicht weiter, was bei ihr selten vorkam. Da begann Toni zu erklären.

Sie hatten, als die anderen Leute das Lokal verlassen hatten, Frau Taube zur Treppe hingeführt und versucht, sie auf der Rutsche wieder hinaufzuschieben. Das war natürlich nicht gegangen, obwohl Petra, Anja und Toni sich nach Leibeskräften bemüht hatten. Herr Hartwig besichtigte die von Petra und Anja angebrachte Rutsche und schüttelte den Kopf; er schüttelte ihn noch, als er ins Reiterstübel zurückkam.

"Wer hatte denn diese Idee", fragte er, das heißt, er fragte es nicht, sondern sah nur seine Tochter an.

"Aber...", setzte Petra an.

"Ich bin selbst schuld, ich hätte nicht darauf eingehen sollen", sagte Frau Taube und hatte solch ein nettes Lachen um den Mund, daß Herr Hartwig ganz gerührt war, "aber ich wollte halt gar zu gern dabeisein dürfen, endlich wieder einmal."

"Wir brauchen einen zweiten Mann", sagte Herr Hartwig entschlossen. "Ich helfe Ihnen. Kannst du nicht deinen Vater holen, Anja, der ist doch auch da, soviel ich weiß?"

"Oder Onkel Kurt", rief Petra. Sie wußte, das würde Anja lieber sein. Anja nickte erleichtert und rannte davon. Sie fand Onkel Kurt auch bald und kam mit ihm zurück, und die beiden Männer brachten es fertig, Frau Taube zurück in ihr Stübchen zu bringen. Sie bedankte sich sehr. Petras Vater setzte sich zu ihr, nachdem Onkel Kurt gegangen war. Ihn zog es zu Cornelia.

Auch Petra und Anja waren davongelaufen, sie mußten ja im Reitverein helfen. Erst später erfuhren sie, was Herr Hartwig mit Frau Taube besprochen hatte. Und als sie das hörten, strahlten sie und fanden ihn "eine Wucht".

Ihm war etwas Wundervolles eingefallen. Er wollte mit dem Reitlehrer reden und, dessen Einverständnis vorausgesetzt, für Frau Taube einen kleinen Lift bauen, mit dem sie nicht nur bis ins Reiterstübel und wieder hinauf, sondern sogar bis nach unten fahren konnte.

„Ein paar Schritte bis zu einer Bank, die wir dort aufstellen, werden Sie sicherlich gehen können, und dann haben Sie es doch viel besser", sagte er herzlich. Frau Taube strahlte.

„Da hat mein Sohn bestimmt nichts dagegen! Wenn das möglich ist ..."

„Wozu bin ich denn Architekt." Herr Hartwig lächelte. „Möglich ist so was bestimmt. Ich habe mir alles genau angesehen", sagte er.

Dies alles erfuhren Petra und Anja aber erst später. Jetzt waren sie schwer beschäftigt. Das Faschingsreiten verlief über die Maßen schön und prächtig. Daß Cornelia mit ihrem Kostüm den größten Beifall erntete, war klar, und Onkel Kurt strahlte und war stolz.

Am Abend kam Cornelia mit zu Anjas Eltern, und sie feierten zusammen den gelungenen Tag. Anja saß dabei; sonst hielt sie sich nicht gern bei den Erwachsenen auf, aber wenn Cornelia dabei war, konnte sie nicht widerstehen. Mitten in die Unterhaltung hinein schrillte das Telefon. Vater hob ab und winkte dann Anja heran.

„Petra. Du sollst mal kommen."

„Haben die beiden nicht den ganzen Tag über Zeit gehabt, sich zu unterhalten?" fragte Mutter halblaut und ein wenig empört. Dann aber sah sie, wie Anjas Gesicht in ungläubigem Entzücken aufstrahlte.

„Ist das wahr? Wirklich?" stammelte sie. Und dann, als sie den Hörer aufgelegt hatte, platzte sie heraus:

„Wißt ihr was? Frau Taubes Tochter ist wieder da! Diejenige, die damals im Zorn wegging, vor vielen Jahren! Frau Taube hat uns davon erzählt. Der schwarze Ritter, der heute mitritt im Faschingszug, der mit dem geschlossenen Visier, das war sie ..."

„Wahrhaftig?" fragte Cornelia, der sie damals davon erzählt hatten. Und nun brach aus Anja alles heraus, was Petra ihr berichtet hatte: wie glücklich Frau Taube wäre und auch der Reitlehrer, daß er nun seine Schwester wiederhabe. Sie erzählte und erzählte, und Mutter wunderte sich, wie sehr ihre kleine Anja am Schicksal dieser Leute teilnahm.

„Sie ist eben doch kein solcher Egoist, wie ich manchmal annahm", dachte sie und betrachtete mit verstohlener Zärtlichkeit das glühende Gesicht ihrer kleinen Tochter. „Hoffentlich muß sie nicht einen ähnlichen Umweg gehen, um zu mir zurückzufinden ..."

Es wurde spät, und am nächsten Morgen schlief Anja wieder ein, nachdem Mutter sie geweckt hatte. Mutter merkte es zuerst nicht, dann aber kam sie noch einmal und schalt, und Anja antwortete patzig und frech. Außerdem fand sie das Buch nicht, das sie heute unbedingt in der Schulbücherei abgeben mußte. Sie suchte und suchte, und es wurde spät. Sie rannte dann zur Schule, um die Zeit einzuholen; unterwegs fiel ihr ein, daß ja heute eine Klassenarbeit geschrieben wurde, für die sie sich nicht vorbereitet hatte. Oh, das würde bestimmt eine Pleite geben! Es war Erdkunde, und dafür muß man lernen, ob man will oder nicht. Sie kam im letzten Augenblick in die Klasse gestürzt, die anderen hatten schon ihre Hefte aufgeschlagen, und Herr Wruck sah sie strafend an.

Afrika war das Thema, und Anja wußte so gut wie nichts. Sie versuchte, von ihrer Banknachbarin etwas abzugucken, aber Herr Wruck gehörte leider zu den Lehrern, die sehr gut aufpassen. Er ermahnte sie – schließlich setzte er sie allein auf eine Bank. Nun war nichts mehr zu machen. Kurzum, es war ein richtiger Aschermittwoch.

In der Pause suchte sie nach Petra, um ihr Herz bei ihr auszuschütten, fand sie aber nicht. Eine aus Petras Klasse erzählte ihr, Petra wäre krank, jedenfalls hätte sie sich entschuldigen lassen. Anja empfand dies als neuen Schicksalsschlag und rief, sobald sie zu Hause war, bei Hartwigs an. Sie bekam Petra sofort an den Apparat.

„Ach, ich war so müde, da hab' ich einfach gesagt, ich hätte schreckliches Bauchweh und ob ich nicht Kamillentee haben könnte. Meine Mutter weiß, wie widerlich mir Kamillentee ist, und so glaubte sie mir die Bauchschmerzen. Und als sie mir das Zeug brachte und ich es roch, da kam mir schon alles hoch. So konnte ich im Bett bleiben und mich richtig auspennen. Eine Arbeit habt ihr geschrieben, und du hattest das vergessen? Herzliches Beileid! Na, mach dir nichts draus. Cornelia hat mal gesagt, man soll alle Schrecknisse des Lebens so ansehen, als wäre man schon zehn Jahre älter und erinnerte sich nur noch daran. Dann machst du dir bestimmt keine Gedanken mehr über eine schiefgegangene Erdkundearbeit, wetten? Also – tschüs, morgen komm' ich wieder in die Schule."

Das war kein großer Trost. Anja ahnte, daß noch mehr nachkommen würde, und richtig! Vater hatte ausgerechnet heute Herrn Wruck getroffen. Es gab also bei Tisch ein recht unerfreuliches Hin und Her, und natürlich – wie konnte es anders sein! – sagte Mutter: „Wenn so was noch mal vorkommt, gehst du eine Woche nicht in den Reitverein. Immerzu hast du nur den Reitverein im Kopf. Die Schule darf nicht darunter leiden."

Und damit war „die Katz den Bach nunder", wie eine schwäbische Tante in solchem Fall zu sagen pflegte. Anja sagte wütend, das hätte mit dem Reitverein gar nichts zu tun, aber alles würde nur darauf geschoben, und Pech könnte jeder mal haben, und . . .

Vater beschwichtigte, Anja bockte, Mutter fing an zu weinen. Das konnte Anja nicht ausstehen. Sie warf die Gabel hin und rannte vom Tisch weg, die Tür hinter sich zuschmetternd.

Ach ja, so einfach ist das Leben nicht, wenn man Kind ist und die Erwachsenen immerzu alles anders haben wollen, als man es gern hat. Anja warf sich in ihrem Zimmer aufs Bett und heulte, weil sie sich schlecht behandelt vorkam; Mutter wollte sich nicht trösten lassen, und Vater sah seufzend seine Aktentasche an, die die Hefte, die er korrigieren mußte, kaum fassen konnte. Er sagte nichts, ging aber nach einer Weile seiner Tochter nach und fand sie schlafend vor.

„Das Beste, was ihr passieren konnte", dachte er und sagte zu seiner Frau: „Lassen wir sie schlafen. Das tut ihr bestimmt gut. Und du legst dich auch hin. Du hast es genauso nötig."

„Und die Jungen?" schnupfte Mutter anklagend.

„Ich mach' dir einen Vorschlag: Statt Hefte zu korrigieren, wozu ich nicht die mindeste Lust habe, mach' ich mir ein Fest und fahr' die beiden jetzt eine Stunde durch die schöne Luft aus. Bis dahin hast du ausgeschlafen und bist wieder vergnügt und munter, und meine Hefte laufen nicht weg. Einverstanden?"

Mutter versuchte, ihm dankbar zuzulächeln. Aber so recht in Ordnung kam der Tag nicht wieder.

Schwierigkeiten sind dazu da ...

„Du, ich weiß was. Was ganz Schönes!"

Petra sprang von einem Bein aufs andere, ihre Augen waren weit aufgerissen. „Wenn du das wüßtest, würdest du platzen!"

„Sag's doch! Du bist gemein, Petra!" jammerte Anja. „Los, was ist? Was mit dem Reitverein?"

„Klar! Dachtest du an die Schule?" fragte Petra. „Daß wir jetzt auch nachmittags kommen müßten und dort sitzen und büffeln, bis es dunkel ist." Sie lachte und lachte. Das Glück tanzte in ihren Augen wie tausend Kobolde.

„Ach los, nun sag schon ..."

„Paß auf!"

Petra hob einen der Zwillinge, die Anja hüten mußte, vom Boden auf, wo er gerade dabei war, Kekskrümel samt Teppichfusseln aufzupulen und in den Mund zu stecken, und rief: „Pfui Spinne, laß das. Wir machen es lieber mit dem Staubsauger weg, das bekommt ihm besser als dir. Holst du ihn mal, Anja? Wenn nichts mehr rumliegt, kann er auch nichts verspeisen."

Anja zögerte einen Augenblick, lief dann aber doch in die Küche. Sie ließen das gefräßige Maul des Staubsaugers über den bekrümelten Teppich fauchen, es sauste und surrte, Anja kam fast um vor Ungeduld und Spannung. Endlich, endlich stellte Petra den Lärmmacher ab.

„So. Und wenn du jetzt nicht ..."

„Ich will ja. Also hör: Der Reitverein macht doch nächste Woche eine Schnitzeljagd. Jetzt, wo der Schnee so ziemlich weg ist, geht das gut: rüber durchs Tal und von dort aus in die Wälder. Wie eine Schnitzeljagd vor sich geht, weißt du sicher. Man ‚legt' die Strecke, reitet sie also am Tag vorher ab und streut Schnitzel. Papierschnitzel oder auch Sägespäne oder – na, es gibt auch Pfeiljagden, die ganz ähnlich verlaufen. Da malt man Pfeile an Gartenzäune oder Wegsteine oder Baumstämme, nach denen sich die Reiter dann zu richten haben. Die Schnitzel müssen natürlich in einem gewissen Abstand voneinander liegen, damit man es nicht zu einfach hat.

Die Reiter werden dann einzeln im Abstand von drei Minuten gestartet. Sie müssen der Spur nachreiten. In der Mitte der Strecke etwa ist der Punkt X, dort müssen alle hinkommen, absitzen, Gurt lockern. Dort wird von jedem die Zeit genommen, das heißt, einer vom Reitverein wartet dort und schreibt auf, wann jeder ankommt. Das ist eine Zwangspause. Wenn man weiterreitet, wird wieder die Zeit genommen. Jetzt kommt der zweite Teil der Jagd: Es geht erneut den Schnitzeln nach, und die Spur ist wieder so gelegt, daß man falsch reiten kann und umdrehen muß, weil es nicht weitergeht, und dadurch Zeit verliert, verstehst du? Wer in der kürzesten Zeit sowohl den Punkt X als auch den Reitstall hier wieder erreicht, hat gesiegt. Eine Schnitzeljagd ist also keine Jagd in dem Sinne, daß man sich gegenseitig wie wild überholt oder nebeneinander ‚herjagt', sondern daß man Glück und Köpfchen hat und alles möglichst richtig macht. Verstehst du?"

„Ja, und?" fragte Anja, brennend interessiert, denn sie merkte ganz deutlich, daß noch etwas kommen würde. „Und?"

„Ja, paß auf. Dagmar reitet auch mit, mit einem ihrer eigenen Pferde."

„Aber die wohnt doch weit weg von hier!"

Anja und Petra hatten Dagmar in den Weihnachtsferien für eine Weile besucht, um mit ihr Pferde und Hunde zu hüten, weil ihre Eltern verreisen mußten. Daher wußte Anja das.

„Ja, stimmt. Sie kommt mit dem Transporter, das Pferd sozusagen im Auto, wie man das eben jetzt macht, und startet hier mit. Aber – und jetzt kommt es! Ich hab' mit ihr telefoniert. Wenn sie schon den Transporter nehmen, können sie auch alle drei Pferde einladen, und da könnten wir, du und ich . . ."

„Mitreiten?" fragte Anja und vergaß, den Mund zu schließen. „Die Jagd mitreiten, wir beide?"

Es war nicht zu fassen. Petra nickte mit aufgerissenen Augen.

„Ja, das heißt – nun ja, Dagmar ist einverstanden, muß aber noch ihre Eltern fragen, hat sie am Telefon gesagt. Aber was sollten die denn dagegen haben! Die sind froh, wenn die Pferde mal wieder ordentlich bewegt werden."

„Und – meinst du denn, daß ich –" Anja wagte nicht weiterzusprechen. „Kann ich denn genug? Ich bin doch erst –"

„Quack, quack! Man kann, was man will. Oder willst du etwa nicht? Na also. Dagmars Eltern wissen zwar nicht, wie lange oder besser wie kurz du erst reitest, aber das brauchen wir ihnen ja nicht in Lautstärke zwölf zu verklikkern. Wir sagen eben, du wärst in Hinterhopfingen jeden Tag mit ausgeritten, und das stimmt ja auch. So eine Schnitzeljagd ist eben wie ein sehr langer Ausritt. Der Reitlehrer würde dich auf den Vereinspferden bestimmt nicht mitreiten lassen. Es wollen zu viele mit, die schon länger reiten als du, und er würde auch Kakao schreien, weil du noch so am Anfang bist. Mich würde er vielleicht mitnehmen, wenn ich sehr betteln würde. Aber Dagmar hat ja drei Pferde, und Lotte ist zuverlässig und brav. Ich würde Ströppchen nehmen, Dagmar möchte natürlich Pußta. Na, möchtest du da nicht mittun? Oder hast du Angst?"

„Angst?" Doch, Anja hatte welche. Zumindest rasendes Lampenfieber, wenn sie daran dachte.

„Keine Spur." Man gibt Angst ja nicht zu. „Nur – ganz allein –"

„Was heißt hier allein! Wir machen es so: Wir sagen dem Reitlehrer, daß wir auf eigene Verantwortung und außer Konkurrenz mitreiten, ob er dagegen etwas hätte. Da hat er nichts dagegen, garantiert! Und du startest als vorletzte und reitest los, und hinter der ersten Steigung, wo man dich nicht mehr sieht, wartest du. Ich komm' mit Ströppchen nach, und von da an reiten wir zusammen. Das machen viele so. Immer finden sich Trüppchen zusammen. Einverstanden?"

„Wunderbar! Hoffentlich darf ich."

„Ich werd' das mit deinen Eltern schon machen. Vor allem müssen wir Dagmar Bescheid sagen."

Der andere Zwilling hatte sich inzwischen in eine Ecke verzogen und schien dort etwas besonders Interessantes gefunden zu haben. Wie sich später herausstellte, war es ein Kasten mit Fotos, den er ausräumte – immerhin etwas ziemlich Harmloses. Einige der Bilder waren bereits von ihm belutscht und umgebogen worden, manche auch eingerissen, aber . . .

„Besser als eine Schachtel Rasierklingen. Die hat mein kleiner Bruder Werner mal erwischt. Aber es muß schon stimmen, daß Kinder einen besonderen Schutzengel haben. Er hatte sich noch nicht einmal die Haut geritzt. Ich werde das bis ins hohe Alter nicht verstehen, denn er kramte darin herum und warf sie durcheinander, als wären es Bauklötze. Na, und Rasierklingen, wenn sie auch von Großväterchen stammen, sind alles andere als ungefährlich."

Sie suchten die Fotos zusammen, glätteten die verbogenen, so gut es ging, und schichteten sie wieder ein. Sie waren gerade fertig, als Anjas Eltern kamen.

Es ging wider alles Erwarten leicht, ihnen die Erlaubnis abzuschmeicheln, ja, beinahe etwas zu leicht. Anja hörte zu, wie Petra schilderte, was für ein Spazierritt diese Schnitzeljagd sein würde, und Vater sagte freundlich: „Na, habt nur euer Vergnügen! Dagmars Pferde kennt ihr ja, und ausgeritten seid ihr damals jeden Tag. Warum denn nicht hier. Seid ihr eigentlich die Jüngsten, die mitreiten?"

Das letzte fragte er eigentlich mehr zufällig. Petra gab eifrig Bescheid.

„Och nein, da sind – also – von den Voltigierkindern reiten auch welche mit, Gero auf jeden Fall –"

„Wer ist denn Gero?" fragte Mutter.

„Einer aus der Voltigierabteilung. So klein." Petra maß die angebliche Größe des Jungen vom Boden ab. „Er voltigiert schon zum drittenmal mit."

„Dann müßte er das erstemal ja Strampelhöschen getragen haben", sagte Vater trocken. „Aber es stimmt, ich hab' beim Faschingsreiten so einen Knirps gesehen und mich amüsiert, wie das Kerlchen zu Pferde saß. Vielleicht ist er zwar klein, aber trotzdem kein Kindergartenkind mehr."

„Nein, in die Schule geht er schon. Und seine Eltern haben ein eigenes Pferd, das im Reitstall steht. Er reitet schon ewig", berichtete Petra. „Da ist aber noch was: Wir möchten gern dabeisein, wenn Dagmars Pferde verladen werden, man kann da nämlich auch helfen ... Cornelia kann uns nicht hinfahren. Ob –" Sie sah zu Anjas Vater auf. Der lachte.

„Ich auch nicht. Wir haben noch keinen Wagen bis auf unsere Zwillingskutsche", sagte er vergnügt. „Aber vielleicht kann man auch mit der Bundesbahn nach Hinterhopfingen gelangen. Wie wäre es, wenn ihr euch darum mal kümmertet?"

Anja machte ein langes Gesicht. Mit der Eisenbahn fuhr sie gar nicht gern, und mit dem Bus erst recht nicht. Petra trat ihr auf den Fuß.

„Natürlich. Ich such' mal die Verbindungen raus." Sie war überzeugt davon, jemanden zu finden, der sie doch hinfahren würde.

„Dein Onkel Kurt hat doch einen Wagen", sagte sie später zu Anja. „Könnte der nicht? Wir rufen ihn einfach mal an."

Aber auch Onkel Kurt konnte nicht.

Anja nahm das persönlich übel und schimpfte auf ihn, nachdem sie aufgelegt hatte.

Petra ärgerte sich.

„Der ist doch nicht nur zu unserer Bedienung da", sagte sie. „Du tust ja gerade so, als müßten alle Leute nur so springen, wenn du etwas willst. Wer etwas erleben will, muß auch Schwierigkeiten in Kauf nehmen und nicht gleich aufstecken."

„Ich steck' ja gar nicht auf", raunzte Anja, „aber in der Bahn wird mir immer schlecht."

„Einbildung!" sagte Petra wütend. „Also willst du, oder willst du nicht?" Sie zankten sich zum erstenmal richtig. Anja fing an zu heulen, und Petra brüllte sie an. Sie gingen unversöhnt auseinander. Es war schlimm.

Anja aß an diesem Abend nichts, sondern ging ins Bett, ehe Mutter sie schickte. Als diese später noch einmal nach ihr sehen ging, war Anjas Kopfkissen klitschnaß.

„Was ist da nur wieder los?" dachte Mutter kummervoll. „Sicherlich was mit dem Reitverein. Sie war doch vorhin bei Petra. Ach, diese Reiterei – da heißt es immer, sie mache munter und gesund, dabei bringt sie weiter nichts als Schwierigkeiten."

Sie sagte zunächst nichts zu ihrem Mann. Am anderen Morgen aber wollte Anja nicht in die Schule gehen. Mutter legte ihr das Thermometer ein, aber Anja hatte kein Fieber. Da schrillte das Telefon. Vater nahm ab.

Es war Petra. Sie wollte Anja sprechen. Vater legte den Hörer hin und rief nach Anja, die sofort gerannt kam. Auch der schüttelte den Kopf. Immerhin erschien die Tochter dann am Frühstückstisch und tat, als wäre nichts gewesen, aß und trank, wenn auch etwas eilig und zerstreut. Die Eltern hatten abgemacht, zunächst nichts zu fragen. Anja sauste ab.

Petra wartete am Tor zum Schulhof. Anja hatte gehofft, daß sie jemanden gefunden hätte, der sie hinfahren würde. Leider traf das nicht zu.

„Also, fährst du nun mit der Bahn mit oder nicht?" fragte Petra. „Die Verbindung ist gar nicht so schlecht. Wir müssen nur einmal umsteigen."

„Natürlich fahr' ich mit", sagte Anja.

Am Samstag gleich nach der Schule liefen sie zur Bahn. Petra hatte die Fahrkarten bereits gekauft.

Leider kam es so, wie Anja vorhergesagt hatte: Nach einer Viertelstunde war ihr schon schlecht. Petra beobachtete sie sorgenvoll, und als Anja schließlich blaß und schniefend von der Toilette am Ende des Ganges zurückgewankt kam, tat sie Petra richtig leid.

„So schlimm ist es? Weißt du was? Wir steigen eine Station eher aus. Von da aus ist es nicht mehr sehr weit, und wir können eine Abkürzung über die Felder gehen. Das wird dir guttun."

„Wie weit denn?" fragte Anja.

„Ach, höchstens – höchstens –" Petra suchte mit gerunzelter Stirn auf der Karte. Dann lachte sie.

„Weißt du, wer dort wohnt, wo wir jetzt aussteigen? Die Leute, die den Dalmatiner haben, der immer zu Zessi kam, als die läufig war. Vielleicht fahren die uns zu Dagmar."

Anja war alles recht, wenn sie nur aus dem Zug herauskam.

„Du hast mir's nicht geglaubt", sagte sie leise grollend zu Petra, und die gab das zerknirscht zu. Sobald Anja aber wieder festen Boden unter den Füßen hatte, war ihr nicht mehr übel, und sie wanderten dem Dorf zu. Petra wußte sogar den Namen der Dalmatiner-Besitzer. Sie wußte immer alles.

Und es war wie meist, wenn sie dabei war: es klappte. Die Besitzerin von Lord, dem damaligen Übeltäter, erkannte die Mädchen sogleich wieder, denn sie war ein paarmal bei Dagmar gewesen, um ihren Hund heimzuholen. Sie fragte, was die beiden vorhätten, und als sie hörte, daß sie aus der Bahn ausgestiegen waren und zu Fuß gehen wollten, weil Anja das Eisenbahnfahren nicht vertrug, floß sie über vor Mitleid. Petra hatte es aber auch in der richtigen Stimmlage vorgetragen . . ."

„Und da wollt ihr laufen? Nein, das kommt nicht in Frage. Ich fahre euch."

Das war genau das, was Petra erhofft hatte.

„Aber Ihre Garage ist leer, sie steht offen", sagte sie sofort. Sie hatte sich gut umgesehen. Die Frau lachte.

„Ja, den Wagen hat mein Sohn. Ich nehme den Trecker. Seid ihr schon mal mit einem Trecker gefahren?"

„Nein. Aber das ist schon lange mein Traum", sagte Petra. Und so kam es, daß die beiden Mädchen hoch zu Traktor bei Dagmar anrauschten, strahlend und vergnügt.

„Schwierigkeiten sind dazu da, überwunden zu werden", flüsterte Petra Anja noch zu, „das ist eine alte Weisheit, mit der der Reitlehrer immer hausieren geht. Du siehst, ich nehme mir seine Kernsprüche zu Herzen – hoppla!" Sie hatte herunterspringen wollen und war mit einem Hosenbein hängengeblieben. So landete sie kopfüber auf dem Boden, Dagmar schrie auf, Anja quietschte – aber Petra stand schon wieder.

„Macht nicht solchen Terror, ich lebe noch", sagte sie.

Dagmars Hunde waren auch herausgekommen und standen witternd vor dem Traktor. Die Frau lachte, stieg aber lieber nicht ab.

„Eine gute Jagd wünsche ich euch – na, es wird schon alles in Ordnung gehen." Sie wendete und tuckerte davon. Die Mädchen hatten sich sehr bedankt und winkten ihr nach, solange sie sie sehen konnten. Dann wandten sie sich den Pferden zu.

Dagmar hatte alle drei herausgeholt. Es war so schöne Sonne, ein richtiger Vorfrühlingstag. Sie war gerade dabei gewesen, Pußta zu putzen, und drückte nun Petra und Anja je einen Striegel in die Hand.

„Los, macht eure Rösser schön! Der Transporter wird bald da sein."

Sie putzten um die Wette. Dabei wurde geschwatzt und gelacht, und Anja fühlte sich wieder einmal so richtig zugehörig. Zu Hause kam sie sich immer etwas fremd und ausgeschlossen vor, seit ihre Mutter wieder geheiratet hatte. Vater, Mutter, die beiden kleinen Jungen – ja, sie war das fünfte Rad am Wagen. Heute wurde ihr das eigentlich das erstemal richtig klar.

Obwohl – Vater war nett zu ihr, wirklich, mitunter verständnisvoller als Mutter. Und die beiden kleinen Jungen mochte sie auch gern, jedenfalls hatte sie sich immer Geschwister gewünscht und das auch oft gesagt. Eine richtige Familie wollte sie haben, Vater und Mutter und –

Daß eine solche Familie auch Schwierigkeiten mit sich bringt, das hatte sie sich nicht überlegt. Jetzt meinte sie manchmal, früher wäre es zu Hause schöner gewesen, als sie noch Mutters Einzige war, ihr ein und alles. Obwohl sie damals in der Stadt gewohnt hatten, weit weg vom Reitverein...

„Na, Anja, du träumst wohl? Wovon denn?" fragte Dagmar und gab ihr einen kleinen Schubs. „Der Transporter kommt, ich höre ihn brummen. Halt Lotte fest, und sprich mit ihr, sie ist zwar eine Seele von Pferd, aber Transporter kann sie nicht leiden, da macht sie merkwürdigerweise die meisten Schwierigkeiten von allen dreien."

Ein großer Wagen, einem Möbelauto ähnlich, bog um die Ecke. Dagmar ließ ihre Pußta los und rannte dem Wagen entgegen; er konnte hier nicht wenden, das wußte sie, und mußte deshalb rückwärts in die Straße hineingefahren werden. Sie erreichte ihn noch rechtzeitig und machte dem Fahrer ein Zeichen, daß er hielt und das Fenster herunterkurbelte. Inzwischen aber hatte Pußta begriffen, daß niemand mehr sie hielt. Fröhlich hob sie den feinen Kopf und trabte von dannen.

„Halt! Halt! Pußta macht sich selbständig!" schrie Petra und wollte hinterher, besann sich aber und drückte Anja noch den Strick von Ströppchen in die Hand. „Nimm ihn, ich hole Pußta vielleicht noch ein."

Anja stand nun da, in jeder Hand einen Strick mit einem Pferd daran, und sah ihr nach, aber das währte nicht lange. Pußtas frohgemuter Trab schien den beiden anderen Musik zu sein, er steckte jedenfalls an. Sie drehten sich beide um, Anja zwischen sich, und begannen, der Kameradin zu folgen. Pferde sind schließlich Herdentiere. Erst gingen sie im Schritt, dann fielen sie in Trab. Anja, die nicht losließ, mußte mit, ob sie wollte oder nicht.

Inzwischen hatte der Transporter gewendet, und als er vorsichtig rückwärts die Straße heraufkam, begriff Dagmar, was hier los war. Sie rannte los, so schnell sie konnte.

„Na, ihr macht mir Spaß! Die Pferde, die ich holen soll, weglaufen zu lassen." Der Fahrer grinste und zündete sich eine Zigarette an, während er, auf das Steuerrad gelümmelt, den drei Mädchen nachsah. Die rannten wie um ihr Leben, Petra hinter Pußta und Anja zwischen Ströppchen und Lotte und Dagmar schließlich mit wehendem Rotschopf hinter den fünfen her. Es war ein Bild für Götter.

Natürlich fingen sie die Pferde schließlich doch ein. Petra machte den Anfang: Sie hängte sich, allen Vorschriften der Reitvereine zum Trotz, einfach an Pußtas Schweif, als sie ihn endlich zu fassen bekam, und ließ sich mitziehen. Pußta schlug nicht, das wußte sie. Und das Gewicht von ihr bremste immerhin so stark, daß Dagmar sich bis zu ihr und Pußta heranarbeiten und das Pferd am Kopfstück fassen konnte. Nun ließ Petra los und warf sich dem Dreigespann Lotte-Anja-Ströppchen entgegen, das heißt, sie stellte sich ihnen mit ausgebreiteten Armen in den Weg. Pferde gehen nicht über Menschen, wenn sie es irgend vermeiden können. So bremsten die beiden auch ab, und Petra konnte Anja das eine abnehmen. Alle waren außer Puste und halb tot.

„Na, ihr seid mir ja schöne Durchbrenner", schalt Petra japsend. Anja konnte überhaupt nichts sagen. Dagmar aber lachte und lachte.

„Wir haben sie ja. Nun hopp, hopp zurück, damit wir sie einladen können."

Der Fahrer hatte inzwischen das hintere Brett des Transporters heruntergeklappt. Als erste wurde Pußta hinaufgeführt. Sie, die sonst gern einmal Seitensprünge machte, kannte Transporter und fürchtete sie nicht.

„Lotte gleich hinterher, damit sie Zutrauen hat!" rief Dagmar über die Schulter zurück, und Petra gehorchte. Siehe da, Lotte trat mit den Vorderhufen gehorsam auf das Brett, hörte es aber poltern und warf den Kopf. Petra hatte aufgepaßt und ließ nicht los.

„Gute, Gute. Komm, es tut dir niemand was."

Es dauerte sicherlich eine Viertelstunde, bis Lotte im Wagen stand. Ströppchen dagegen machte keine Fisimatenten, sondern folgte gehorsam und gutmütig. Im Wagen wurden die Pferde dicht nebeneinander angebunden. Die Mädchen bettelten, mit ihnen im selben Raum fahren zu dürfen, aber der Fahrer schüttelte den Kopf.

„Det ist vaboten, und det mit Recht", sagte er. Er stammte aus Berlin, man hörte es genau. „In eener Kurve könn' se den festen Stand valieren und euch an die Wand drücken. Det wär' en schlechter Spaß. Hier, vorn zu mir rin, ihr könnt ja durchs Fenster kieken."

Hinter der Sitzbank des Führerhäuschens befand sich ein kleines Fenster, durch das man den Laderaum beobachten konnte. Dagmar holte schnell noch einige Sachen, die sie mitnehmen mußte – sie standen schon gepackt auf der Türschwelle –, und stieg als letzte ein, nachdem sie die Haustür abgeschlossen hatte. Die Hunde drinnen im Haus brachten sich fast um vor Aufregung, weil sie eingesperrt waren; sie wollten durchaus mit und kläfften und bellten!

„Ich kann euch nicht helfen. Vater kommt in zwei Stunden", sagte Dagmar, als der Wagen schon anrollte, „der läßt euch dann raus. Ja, so einfach ist es nicht, wenn man eine Jagd mitreiten will."

„Ihr müßt ja nich'", brummte der Fahrer. „Keener zwingt euch. Wenna lieber zu Hause hockt –" Aber man sah ihm an, daß er den Mädchen den Spaß gönnte. Und nun rollten sie dahin, guckten nach vorn, guckten seitlich, am häufigsten aber durch das kleine Fenster nach hinten, ob die Pferde auch ruhig stünden.

„Wemma sie so eng nebeneinander stellt, kann nich' ville passieren", sagte der Fahrer. „Ick fahr ooch langsam. Und nu könntet ihr Onkel Willem eigentlich wat Hübsches vorsingen, wie wär's? Irgend'n Reiterlied..."

Dagmar lachte.

„Ich weiß schon, was Sie hören wollen. ‚Es klappert der Huf am Stege', stimmt's? Das haben Sie sich doch das letztemal gewünscht."

„Ha' ick. Also los." Und als sie es anstimmten, brummte er mit. „Wir reiten und reiten und reiten..."

Das Ausladen am Stall verlief glatt. „Na also, sie machen doch keine Schwierigkeiten", sagte Dagmar befriedigt. Der Fahrer lachte.

„Wat denn, wat denn! Die komm' erst morjen." Er grüßte und schaltete.

„Ach was", sagte Dagmar. Anja und Petra sagten gar nichts. Sicherlich, ohne Schwierigkeiten gab es nichts Schönes auf der Welt. Das hatten sie auch schon begriffen. Sie mußten halt überwunden werden...

Die Jagd

Es ritten noch mehr Kinder mit, Anja und Petra sahen es mit Erleichterung. Wenn Petra auch lautstark behauptet hatte, sie glaubte, daß der Reitlehrer sie nicht vertreiben würde, wenn er sie am Schluß der Reihe entdeckte – ein bißchen Bedenken hatte sie doch gehabt. Jetzt, als sie sah, wie die anderen zum Startpunkt abritten, wurde ihr leichter.

Gero war nicht einmal der Jüngste. Ein kleines Mädchen, sicherlich erst acht Jahre alt, wurde von seiner Mutter auf ein Besitzerpferd gesetzt, das eigentlich nichts anderes tat, als vorn und hinten hochzugehen.

„Warte! Warte! Halt ihn! Ich komme und reite mit dir rüber! Ich hol' nur noch die Dorfschöne. Mit ihr zusammen wird er gehen!" rief die Mutter halblaut und wandte keinen Blick von dem Kind. Bettine aber, völlig ungerührt, sagte nur:

„,Brauch' dich nicht!" nach hinten, zog dem Pferd eins mit der Gerte über, daß es klatschte, gab die Zügel vor und verschwand im Galopp, ohne sich umzudrehen.

„Das müßte meine Mutter sehen", seufzte Anja unwillkürlich, „ich glaube, die würde ohnmächtig."

„Gut, daß sie es nicht sieht. Na, mit Lotte erlebst du so was nicht", sagte Petra eifrig. „Und Ströppchen tut, was ich will. Erst startet Dagmar, dann du und dann ich. Etwas weiter hinten bei den drei Bäumen wartest du." Sie hatte es Anja schon dreimal beschrieben. „Bis dahin geht Lotte auch im Galopp wie ein Schaukelpferd. Na, und von einem Schaukelpferd ist noch keiner gefallen."

„Ich jedenfalls nicht", murmelte Anja, sich selbst überredend, „und wenn, dann bist du ja immer hinter mir und fängst sie mir wieder ein."

„Lotte? Herrje, hast du eine Phantasie! Bist noch nicht drauf und machst dir schon Gedanken, wie man ein Pferd, das überhaupt nicht wegläuft, wieder einfangen wird."

„Nicht wegläuft, tausend Dank", brummte Anja. Sie wußte noch zu genau, wie man sich fühlt, wenn man zwischen zwei Pferden hängt, die einem dritten nachlaufen, und mitgerissen wird, so daß man kaum einen Fuß auf den Boden bekommt. Und das womöglich noch hier in einer für die Pferde fremden Umgebung.

„Komm, wir kümmern uns um unsere Rösser", sagte Petra. „Wo es langgeht, wissen wir ja. Und dann tu mir den Gefallen, und sperr deine Phantasie schön ein, am besten in ein tiefes Kellerloch, zieh den Schlüssel ab' und schmeiß ihn in die Leine. Phantasie ist gut, wenn man einen Stimmungsaufsatz schreiben muß, aber hier sollte sie nicht wuchern. Stell dir einfach vor, du machst einen Spazierritt zu zweien, und damit basta. Dagmar wird sich auch um uns kümmern, also wird es einer zu dritt. Was hättest du vor einem halben Jahr dafür gegeben, wenn du das gedurft hättest."

„Auch wahr", sagte Anja. „Aber, nicht wahr ..."

„Klar komm' ich dir nach. Klar reiten wir zusammen", tröstete Petra, obwohl ihre Geduld langsam anfing abzubröckeln. Sie, die seit Jahren im Sattel zu Hause war, konnte sich einfach nicht mehr vorstellen, wie Anja zumute war. „Nun wirf dein Herz gefälligst voran und spring nach. Wer das nicht tut oder wenigstens versucht, der gehört nicht zu den Pferden. Verstanden?"

Sie hatten schon geputzt und gesattelt. Lotte und Ströppchen standen an der Längsseite des Stalles, mit den darübergestreiften Stallhalftern angebunden, Pußta daneben. Da kam Dagmar. „Habt ihr Kappen? Kappen sind Vorschrift."

„O du grundgütiger heiliger Sankt Leonhard, nein!" entfuhr es Petra. In Springstunden und beim Ausreiten trug man Reitkappen mit Stahleinlage, damit ein Sturz nicht allzu schlimme Folgen hatte. Petra stand einen Augenblick ratlos da, was bei ihr selten vorkam. Dann sah sie Herrn Anders um die Ecke des Stalles biegen. In der Hand trug er ...

„Herr Anders! Sie sind ein Engel!" schrie sie und sprang ihm entgegen.

„Dein Vater kam vorhin vorbei und

fragte nach dir. Er brachte die Kappen", sagte Herr Anders und reichte sie ihr. „Hoffentlich passen sie. Er hat gesagt, meine Tochter denkt an alles, nur manchmal etwas spät."

„Menschenskind, ist dein Vater klug und rührend." Anja seufzte und nahm die eine, setzte sie auf und zog das Sturzband unters Kinn. „Meiner hätte – oder vielmehr meine Mutter hätte wahrscheinlich gesagt, dann kann sie eben nicht mitreiten. Wenn sie an so was nicht denkt . . ."

„Ach, schimpf nicht auf deine Mutter. Sie hat eben Angst um dich. Allmählich werden wir ihr das schon abgewöhnen", sagte Petra fröhlich und saß auf, nachdem sie das Stallhalfter abgenommen hatte. „Jetzt geht's los. Ich freu' mich, das könnt ihr glauben. Dort kommt übrigens Cornelia."

Cornelia war schon aufgesessen und grüßte die Mädchen im Vorbeireiten mit Heben der Gerte. Sie sah wieder einmal großartig aus in dem knappen Reitdreß mit schwarzer Kappe. Anja zog sich am Sattel hoch und brachte Lotte hinter Ströppchen. Dagmar schloß sich mit Pußta an. Im Schritt ging es über den Reitplatz, dann kreuzten sie die große Straße, wobei sie so lange warten mußten, bis rechts und links kein Auto kam. Das dauerte eine Weile, und Ströppchen fing bereits an zu tanzen, Lotte gottlob nicht, und dann kam der Wald.

Dort war der Startpunkt festgelegt. Ein Kombiwagen mit Lautsprecher stand da, der die Bedingungen der Teilnahme an der Schnitzeljagd noch einmal bekanntgab. Ein Reiter nach dem anderen wurde gestartet. Als alle aus dem Reitverein abgeritten waren, schob sich Dagmar, die am erwachsensten aussah, möglichst unbefangen heran. Der Herr im roten Rock mit Sporen an den spiegelblanken Reitstiefeln, der die Zeit aufschrieb, sah erstaunt zu ihr auf. Es war nicht Herr Taube.

„Noch drei?"

„Außer Konkurrenz. Gastreiter. Mit Bosniaken", sagte Dagmar, „Nenngeld ist bezahlt." Sie wies die drei Quittungen vor. Petra und Anja bissen vor Spannung auf die Unterlippen. Würde er . . .

Nein, er machte keine Schwierigkeiten. Als müßte es so sein, nahm er Dagmars Zeit, schickte sie los, sah auf die Uhr, winkte – Anja ritt heran, im Schritt. Sie verstand vor lauter Aufregung nicht, welche Minute er angab, und ritt los wie im Traum. Lotte, die Pußta hatte vorangehen sehen, ging gutwillig nach. Mit halbem Ohr hörte Anja Petra hinter sich mit dem Starter sprechen. Sie lenkte Lotte zu den drei Bäumen hin, die Petra ihr beschrieben hatte, und gab ihr dann eine halbe Parade.

„So, steh, steh, meine Gute. Ja, so ist's recht." Gleich darauf war Petra neben ihr. Anja atmete auf. Und nun war es wirklich, als ritten sie nur spazieren.

Es war nicht kalt, ein schöner Vorfrühlingstag. Manchmal kam eine wärmere Welle auf sie zu und dann wieder eine frische. Der Weg lag schneefrei vor ihnen, nur rechts und links sah man manchmal noch einen Rest schmutzigen Schnees an einer geschützten Stelle liegen. Dagmar hatte sich zu ihnen gesellt, und sie ritten den Schnitzeln nach, die sie sahen. Vorläufig war ja alles noch ganz einfach und unkompliziert.

Sie trabten an. Anja, die Lotte ein paar Wochen nicht geritten hatte, fühlte, wie sie wieder in den altgewohnten Trab hineinkam, der etwas kürzer war als bei den Großpferden des Reitstalls. Bosniaken sind ein wenig kleiner, nicht so klein wie Isländer und beileibe nicht wie Shetties, aber Großpferde sind sie auch nicht. Es war wie ein Heimkommen. Immerhin war Lotte das erste Pferd, auf dem sie richtig geritten war.

„Schön?" fragte Dagmar.

„Wunderbar", erwiderte Anja. Lotte mit dem Westernsattel vermittelte ihr wahrhaftig das Gefühl, als sei sie auf ihr so sicher wie in Abrahams Schoß.

Nach einer Weile hielt Dagmar an.

„Ich seh' keine Schnitzel mehr, jetzt müßten allmählich wieder welche kommen, wenn wir richtig wären", sagte sie. Sie drehten um, bis sie die letzten Schnitzel, an denen sie vorbeigeritten waren, wieder sahen. Dagmar spähte umher – richtig, da ging ein schmaler Trampelpfad rechts ab, in den Wald hinein. Vielleicht war das sogar der richtige.

Sie folgten ihm. Er war so schmal, daß man dauernd Zweigen ausweichen und sich bücken mußte, und so blieben sie im Schritt.

Nach etwa zweihundert Metern lichtete sich der Wald, und nun konnte man in der Ferne einige Reiter sehen. Am Waldausgang lagen auch wieder Schnitzel.

„Hurra, wir sind richtig!" rief Petra. „Los, weiter!"

Der Weg war weich, und so sagte Dagmar: „Terrab!" und trabte an. Die beiden Mädchen folgten. Es ging in leicht geschlängelten Linien am Waldrand entlang, dann etwas bergab. Dort ritten sie wieder Schritt, wie sich das gehört, und dann kam ein Bach.

„Na los, rüber. Soll ich zuerst?" fragte Dagmar, die sich für Anja mehr verantwortlich fühlte als Petra. Petra wollte einfach mitmachen und traute Anja alles zu; Dagmar aber wußte, daß jedes erste Mal Beklemmungen macht.

„Lotte springt. Gib ihr den Zügel vor und halt dich am Sattelknauf oder an der Mähne fest", rief sie Anja zu, trieb dann ihre Pußta und setzte elegant über. Ströppchen wollte nach, sah das Wasser, stoppte ab, und Petra rutschte auf den Hals. Sie hampelte sich zurück, ließ Ströppchen „drei Schritt rückwärts richten" und trieb ihn dann aufs neue. Er wußte jetzt, was er sollte, wollte wieder stoppen, gab dann aber nach und ging mit einem gewaltigen Spurt los. Hopp, war er drüben, zwei Meter zu weit, mindestens. Petra war diesmal mit der Bewegung gegangen und im Sattel geblieben.

„Jetzt du, Anja!"

Anja hatte weit aufgerissene Augen, als sie anritt, sie sah nicht nach rechts und nach links. Wirf dein Herz voran ... Sie gab den Zügel vor, wie Dagmar es getan hatte, und fühlte Lotte abdrücken. Und dann war sie drüben, ohne den Sprung als solchen wahrgenommen zu haben. Sie landete weich auf der Wiese und ließ Lotte ruhig auslaufen.

„Na?" fragte Dagmar, nicht weniger erleichtert als Anja selbst. „Eine Kleinigkeit für einen großen Kurfürsten, oder?"

„Ich bin ja kein Kurfürst, kein großer und kein kleiner", stammelte Anja, „aber rüber bin ich." Sie konnte es selbst kaum fassen.

Lachend ritten sie weiter.

Die Wiese war hier noch feucht, man sah die Abdrücke der anderen Pferde.

„Die Bauern haben es dem Reitverein erlaubt, hier zu reiten", sagte Petra. „Eigentlich reitet man Jagden ja im Herbst. Aber jetzt, wo noch nichts gewachsen ist, waren sie ausnahmsweise einverstanden. Es sind die, von denen der Reitverein jedes Jahr das Heu bezieht." Petra wußte immer alles.

Jetzt konnten sie sogar ein Stück galoppieren. Anja hatte sich etwas davor gegrault, fand es nun aber herrlich. Überhaupt – daß sie eine Jagd mitritt!

„Ich glaube, wir sind bald am Punkt X", sagte Dagmar nach einer Weile. „Wißt ihr, daß es das einzig Richtige ist, hinten zu reiten? Wir brauchen gar keine Schnitzel mehr, wir richten uns einfach nach den Spuren der anderen. Das ist ein guter Trick bei Schnitzel- und Pfeiljagden. Deshalb – immer am Schluß bleiben! Bei Hindernisjagden übrigens auch. Da sind die meisten Hindernisse schon gerissen, die schweren jedenfalls, und die Pferde verweigern nicht, was ja immer Zeit kostet."

„Na, du bist mir eine", sagte Petra, „ich würde gerade über die Hindernisse wollen."

„Ja, du Kiekindiewelt. Hab mal so eins vor dir, breit und hoch, und du weißt nicht, ob dein Pferd verweigert oder mitten reinsegelt oder verrückt spielt." Dagmar war schon schwere Jagden mitgeritten.

„Ich denke, im Pulk springen alle?" fragte Petra etwas eingeschüchtert. Dagmar nickte.

„Schon. Die meisten jedenfalls. Sie lassen sich mitreißen. Aber ich habe auch schon erlebt, daß eins mitten in der Meute zurückschreckte – dann fliegt der Reiter womöglich allein drüber. Gibt es alles. Guck mal, da –" Sie wies nach links. „Ist das nicht – hach, jetzt hab' ich meine Fernbrille nicht mit."

Links von ihnen, in einer Entfernung von vielleicht fünfhundert Metern, ging ein Pferd, über dem ein grasgrüner Pullover schwebte.

„Gero, natürlich! Ich hab' ja gleich gesagt, so ein Grün ist polizeiwidrig."

Sie winkten und riefen. Der kleine Reiter winkte auch, und dann kam er herangeprescht, schräg über einen Sturzacker.

„Das macht man nicht, Gero", rügte Dagmar, als er bei ihnen ankam. „Sturzäcker sind gefährlich."

„Quatsch. Nur wenn sie trocken sind. Bei dem Matsch!" Die Erde war dort wirklich noch sehr naß. Geros Hose war über und über mit dunkelbraunen Flecken übersät. „Das ist schwerer Boden, der tut ihm gut. Er hat nämlich Dampf, alle Wetter, der Gute!" Er patschte seinem Pferd den Hals. Dagmar lächelte.

„Na ja. Jetzt ist er kirre. Warum nimmst du auch so ein Dampfroß."

„Denkst du, ich setz' mich auf Flora, wie mir meine liebe Mutter befahl? Das könnte ihr so passen. Den Harnisch hab' ich noch nie geritten, aber er geht vorwärts, sag' ich euch..."

„Den hast du heimlich genommen?" Harnisch und Flora waren Privatpferde, sie gehörten Geros Eltern, die auch ritten. Dagmar zog eine Grimasse, die Hochachtung und Bedenken ausdrücken sollte.

„Du bist mir ein Herzchen. Und wenn es rauskommt?"

„Dann ist es zu spät. Außerdem, was willst du denn? Geht er nicht hervorragend unter mir?" Gerade machte Harnisch einen Satz vorwärts, so daß Gero fast aus dem Sattel gekommen wäre. Er hielt sich eben noch darin. „Bist du verrückt, alter Zausel? Wir reiten jetzt mit Damen, da hast du dich zu benehmen!"

„Benimm du dich nur, Großklappe", rief Petra und trieb Ströppchen neben Harnisch. „Wenn ich ein Pferd heimlich genommen hätte, würde ich auf Sicherheit reiten."

Anja hörte sich das alles an, ohne etwas dazu zu sagen. Es imponierte ihr sehr, wie der kleine Gero sich benahm, aber andererseits wußte sie: Sie selbst hätte so etwas nie riskiert. Dagmar kam an ihre Seite.

„So was, dieser Gero. Na, jetzt sind wir ja da und passen auf. Aber wenn das seine Eltern wüßten!"

„Die sind verreist. Zu einer Hochzeit. Heute. Ich feiere die eben mit einer Schnitzeljagd", rief der Kleine nach hinten, der sehr feine Ohren zu haben schien. „Ich höre alles. ‚Mein Ohr reicht bis zum Hintersten', hat mal einer von unseren Lehrern gesagt, als mir einer vorblies."

Dagmar und Anja mußten lachen. Gleich darauf tauchte der Punkt X auf, eine stillgelegte Mühle. Sie trabten darauf zu.

Es ist nun einmal so: Wenn man ein neues Pferd reitet oder eins, das man lange nicht ritt, ist man erst so richtig darauf zu Hause, wenn man es zum zweitenmal an diesem Tag besteigt. Das merkte Anja deutlich, als sie abgesessen waren und dann wieder aufstiegen. Bis es aber soweit war, gab es eine Zwangspause, und die genossen sie alle sehr. Dagmar kaufte für jeden einen Sprudel, nachdem sie die Pferde hatten trinken lassen, und Petra spendierte jedem ein Wurstbrötchen. Sie standen umher, hielten ihre Pferde am Zügel, die versuchten, ein oder zwei Hälmchen aus der Wiese zu zupfen, auf der sie standen, und schwatzten mit den anderen Reitern und freuten sich, daß alles so gutgegangen war. Vor dem Heimritt hatte auch Anja kein Lampenfieber mehr.

Es ging dann auch alles gut. Sie starteten wieder als letzte, ritten zwei und zwei nebeneinander und ließen Dagmar den Weg suchen. Der führte diesmal durch einen Wald mit hohen Bäumen, und dort ritt es sich herrlich weich auf den Wegen, die voller Tannennadeln lagen.

„Guck, ein Eichhörnchen", sagte Gero einmal, als sie um eine Ecke bogen. Die anderen folgten seinem Blick. Ein kleines braunes Etwas huschte an einer Birke hinauf.

„Wo? Wo ist es?" fragte Anja.

„Dort!" Petra deutete hin und kniff die Augen ein wenig zusammen.

Auf einmal schrie sie aufgeregt: „Das ist kein Eichhörnchen! Das ist –"

„Was denn? Bist du bescheuert? Was soll es denn sonst sein?" fragte Dagmar.

„Menschenskind, hast du denn keine Augen im Kopf? Das ist ein Affe! Ein kleiner Affe!" Petra war abgesprungen, sie drückte ihren Zügel Gero in die Hand. „Halt ihn. Ich will –" und schon kletterte sie in die Birke hinauf, die gottlob nicht sehr dick im Stamm war. Trotzdem!

„Du, deine gute Reithose –"

Sie waren natürlich alle korrekt angezogen, wie es sich bei einer Jagd gehört. Anja, die noch keine eigene Reithose besaß, trug die „zweite" von Petra, Petra ihre beste.

„Die kriegst du nie mehr sauber. Und vielleicht zerreißt du sie auch noch –"

„Aber ich muß!" Petra hatte die ersten Queräste schon erreicht. Jetzt brauchte sie nur noch weiterzusteigen; das Klettern im Kletterschluß, wie man es bei Stangen und Stricken macht, war zum Glück vorbei.

„Willst du ihn fangen? Den kriegst du nie! Außerdem haben Affen tüchtige Eckzähne, nimm dich nur in acht." Die drei anderen hielten auf ihren Pferden, die Köpfe nach hinten gelegt, und verfolgten voller Spannung Petras Bemühungen.

Es war wirklich ein Äffchen, das da oben hockte und mißtrauisch zu Petra hinunterblinzelte. Sie war jetzt auf etwa zwei Meter heran und fing an, mit ihm zu sprechen, ihn zu locken, ihm gut zuzureden.

„Komm, mein Gutes, komm! Ich tu' dir nicht weh. Ich will dich doch bloß holen. Hier ist keine Palme, von der du Datteln naschen kannst. Komm, komm –"

Das Äffchen guckte, Petra schob sich immer näher heran. Die anderen hielten den Atem an.

„Sehr viel höher kann ich nämlich nicht. Die Äste werden hier zu dünn", murmelte Petra vor sich hin, „aber ein Stück muß ich noch klettern. Komm, komm – ... Wenn das kleine Biest mir nur ein bißchen entgegenkäme ..."

Jetzt fiel ihr etwas ein. Sie verankerte sich mit den Beinen und dem linken Arm im Gezweig und fuhr mit der rechten Hand in die hintere Hosentasche.

„Sieh mal, was ich hier hab'."

Jeder Reiter steckt Zucker ein. Petra hielt dem Äffchen ein Stück entgegen, und das schien Zucker zu kennen. Vorsichtig kam es näher.

Petra rührte sich nicht.

„Sie kann die andere Hand doch nicht loslassen", flüsterte Anja und starrte wie gebannt hinauf. Auch die beiden anderen hielten den Atem an.

Das Äffchen nahm den Zucker, manierlich und geschickt, knabberte daran herum und verschluckte dann den Rest. Dann streckte es seine kleine Hand wieder aus. Es war sicherlich hungrig.

Petra hielt ihm die ihre entgegen, so, als hätte sie noch ein Stück Zucker darin, und als das Äffchen, jetzt schon zutraulicher geworden, näher rückte, hatte sie es auf einmal umfaßt. Es war so klein, daß sie mit den Fingern um seinen Brustkorb unter dem Ärmchen langen konnte, sonst hätte sie es nie mit einer Hand festhalten können. Aber es sträubte sich gar nicht, und zum Beißen schien es auch nicht aufgelegt zu sein.

„Komm, mein Kleines, siehst du, so – so." Sie nahm es nahe an sich heran und drückte es an die Brust. Sogleich schlang das Äffchen die Arme um ihren Hals und kuschelte sich halb unter die Reitjacke, die ja vorn offen ist.

„Ja, ja. So ist es recht." Petra begann, den linken Arm und beide Beine benützend, herabzusteigen, während sie mit der rechten Hand dauernd über das Fell des kleinen Tieres strich. So kam sie bis an die Stelle, wo die Äste aufhörten.

Jetzt aber hatte Dagmar gehandelt. Sie war abgesessen, hatte Pußta etwas abseits an einen Baum gebunden und schob Ströppchen quer an die Birke heran. Petra guckte von oben herunter und verstand. Vorsichtig ließ sie sich abwärts gleiten und angelte mit dem einen Fuß nach Ströppchens Sattel. Dagmar griff zu und lenkte den Fuß. Gleich darauf stand Petra mit beiden Beinen auf dem Sattel, der dicht am Baum anlag. Von da aus war sie so gut wie unten.

„Das hast du prima gemacht", sagte Dagmar, als Petra quer auf dem Sattel saß, das Äffchen an sich gedrückt. „Es scheint zahm zu sein, Menschen zu kennen. Wie kommt es nur hierher?"

„Ja, wie? Aber weißt du, wo es hingehören kann? In die Zoohandlung am Markt! Dort jedenfalls haben sie ein Äffchen, genauso groß, ich hab' es oft gefüttert, wenn ich Hundekuchen kaufen mußte."

„Nehmen wir es mit?" fragte Anja.

Petra lachte.

167

„Klar! Und kriegen einen schönen Finderlohn, paß mal auf! Die Leute aus der Zoohandlung sind nett. Komm, mein Kleinchen, nun sollst du mal kennenlernen, was das höchste Glück der Erde bedeutet!"

Sie ritten los. Die drei anderen guckten dauernd, ob Petra das Äffchen noch bei sich hatte; das Tier aber schien nicht die Absicht zu hegen auszureißen. Es schmiegte sich zärtlich an Petras Hals und guckte nur manchmal nach oben, in ihr Gesicht, was sehr menschlich und kindlich-rührend wirkte. Sie gaben eigentlich nur noch nebenbei auf den Weg acht, Harnisch wollte heim, wie das immer ist, wenn man umgekehrt ist und Richtung Heimat reitet, und die anderen folgten. Ein paarmal konnten sie noch galoppieren, was Anja eigentlich nur noch genoß, sie fühlte sich auf Lotte jetzt ganz zu Hause, außer im Trab. Da schuckerte es sie immer noch etwas, aber aus dem Westernsattel kommt man so leicht nicht. So hatten sie zu ihrem Erstaunen eine sehr gute Zeit, als sie wieder am Startpunkt anlangten und ihre Zeit genommen wurde. Freilich, für einen ersten oder auch nur dritten oder vierten Platz reichte es nicht; die anderen Reiter, die offiziell an der Jagd teilnahmen, mußten auf dem Heimritt jeder eine Nummer finden. Das hatte der Lautsprecher durchgegeben, ehe Dagmar mit ihren Begleitern kam: Jedes Pferd war numeriert, und die Nummer hing auf dem Rückweg vom Punkt X als handgroße Pappscheibe irgendwo im Wald. Die mußte der Reiter finden, abmachen und mitbringen. Da die drei inoffiziell mitgeritten waren, hatten sie keine. Das focht sie nicht an. Auch Gero nicht, der ganz vergessen hatte, seine Nummer zu suchen.

Im Schritt ging es zurück zum Reitverein, über die Straße, dann die kleine Steigung hinauf. Einige Reiter waren dort schon eingetroffen, so auch Cornelia. Sie sattelte gerade ab.

„Gratuliere zur ersten Schnitzeljagd!" rief sie freundlich hinüber.

Die Mädchen strahlten. Als aber Cornelia das Äffchen sah, machte sie große Augen.

„Nein, so was!" rief sie. „Petra Hartwig kommt mit einem Affen nach Hause!" „Affe" nennt man ja manchmal auch einen kleinen Schwips, und alle Reitvereinsmitglieder, die es hörten, nahmen es sofort auf. Es ging wie ein Alarmsignal herum. Petra stand da, ein wenig rot vor Verlegenheit, während rings um sie her Bügeltränke auf sie geleert wurden. Reiter trinken ja im allgemeinen gern einen Schluck oder auch mehrere. Jedenfalls war es ein großes Hallo, und Petra gab ihr Äffchen schnell an Herrn Anders weiter und lockerte Ströppchens Gurt.

„So ein Theater. Komm, wir verdrücken uns!"

Die anderen lachten. Petra war verlegen – das war bestimmt ein Sonderfall!

Das hätte schiefgehen können!

„Wißt ihr was? Wir reiten noch mal ein kleines Stück in die Leine. Das ist gut für die Sehnen nach der Jagd", sagte Cornelia halblaut zu den Mädchen. Sie hatten die Sättel heruntergenommen und sprangen auf die nackten Pferderücken. Anja kam nicht hinauf; Gero machte ihr die „Räuberleiter", das heißt, er hielt seine Hand unter ihren linken Spann und gab ihr den kleinen Druck, der nötig war, um sie hinaufzubefördern. So hatte es Herr Anders gemacht, als sie das erstemal auf Kerlchen kletterte. Oben war sie.

„Ich komm' auch! Reitet Schritt!"

Als sie an der Leine angekommen waren, die ein wenig abseits, unterhalb des Sprunggartens, vorbeifloß, sah sich Cornelia um.

„Du hast ja nicht abgesattelt, Gero", sagte sie und lachte. „Gib acht, Harnisch legt sich manchmal hin im Wasser."

„Das werde ich ihm schon austreiben! Sich mit Sattel hinzulegen, nein, das gibt's nicht!" sagte Gero und ritt an ihr vorbei. Pußta, Lotte, Ströppchen und Cornelias Pferd – sie ritt heute den Creon – standen schon bis über die Fesseln im Wasser und streckten sehnsüchtig die Hälse, um trinken zu können.

„Laßt sie lieber nicht! Die Leine ist nicht mehr sauber. Leider!" sagte Cornelia. „Überall kommen jetzt chemische Verunreinigungen in die Flüsse, und das ist gefährlich. Man sieht es an dem weißen Schaum, der sich vor Steinen oder sonstigen Hindernissen bildet. Seht ihr, dort! Die Pferde bekommen zu Hause zu trinken. Aber für die Beine ist es gut."

„Ein Stück noch, Harnisch", trieb Gero sein Pferd, „du hast lange Beine, da mußt du ein Stück tiefer stehen als die anderen."

Harnisch gehorchte und ging noch ein paar Schritte vorwärts. Da aber schien der Grund auf einmal tiefer zu sein als dort, wo die Mädchen hielten. Harnischs Vorderbein, mit dem er das Wasser stampfte, verschwand plötzlich bis dahin, wo es aus der Brust herauskommt. Das ist anatomisch das Knie, nur nennen die meisten Leute, die mit Pferden nicht vertraut sind, „Knie" die Stelle, wo das Bein sich biegt. Das ist aber eigentlich das Fußgelenk. Das andere Bein trat auch tiefer, so daß das Pferd nun vorn ganz tief stand und hinten hoch. Gero rutschte dementsprechend und fiel über den Kopf von Harnisch ins Wasser. Anja, die es als erste sah, schrie halblaut auf und deutete darauf, die anderen folgten mit den Blicken ihrer weisenden Hand, und gleich darauf handelte Cornelia. Sie hatte begriffen, daß hier nicht nur eine lustige Plumpserei stattfand – die Leine war wegen des Hochwassers nach dem schmelzenden Schnee reißender als gewöhnlich, so daß es also für Gero, der ja angezogen und in Reitstiefeln war, nicht ganz ungefährlich war, hier hineinzufallen. Vor allem bestand die Gefahr, daß er, der ja mit Sattel ritt, im Bügel hängenbleiben konnte.

Das ging Cornelia blitzschnell durch den Kopf. Und so war es auch. Gero kam vom rechten Bügel nicht frei, und nun hing er, der zweifellos schwimmen konnte – welcher Junge in seinem Alter kann heutzutage nicht schwimmen! –, sehr unglücklich mit dem Kopf nach unten im Bügel und vermochte nicht freizukommen.

Cornelia warf Dagmar ihren Zügel zu und sprang Gero nach, so wie sie war – in Kappe, Reitjackett und Stiefeln, schwamm um Harnischs Kruppe herum und war schon bei dem Jungen. Sie wurde von der Strömung mitgerissen, konnte sich aber an Harnischs Gurt halten, tastete, halb unter Wasser, nach Geros Fuß und bekam ihn auch zu fassen. Sie riß ihn aus dem Bügel, Gero hatte, obwohl er kopfüber hing, Harnischs Zügel nicht losgelassen und ließ ihn auch jetzt nicht los. Sein Kopf erschien über Wasser, jetzt griff auch Dagmar zu, die sich mit Pußte herangearbeitet hatte, und erwischte Gero am Kragen seines Pullovers. Das gab ihm die Möglichkeit, erst mal Wasser auszuspucken und tief Luft zu holen, und dann schien er auch Grund zu finden. Er stand – nur seine Kappe schwamm kreiselnd weit stromabwärts.

„Na, da hast du ja noch mal Glück ge..."

Dagmar konnte nicht weitersprechen. Sie sah, wie Cornelia abgetrieben wurde, die Leine hinunter. Sie trieb ihr und Cornelias Pferd aus dem Wasser, nachdem Gero sich mit Harnisch ans Ufer gearbeitet hatte, und ritt, so schnell es ging, Cornelia nach. Petra und Anja folgten; sie hatten begriffen, worum es ging.

Die Leine machte hier einen Bogen, das Ufer war mit Weidenbüschen besetzt, man konnte nicht direkt am Wasser entlangreiten. Deshalb warf Petra Anja ihren Zügel zu und rannte zu Fuß weiter. Sie konnte näher ans Wasser kommen und behielt so die schwimmende Cornelia im Auge. Die, von ihrem Reitanzug behindert, schwamm mühsam mit der Strömung und versuchte, das Ufer zu gewinnen. Da aber durchfuhr Petra ein heißer Schreck. Sie wußte: Jetzt kam gleich das Wehr.

An sich ist die Leine kein großer Fluß. Aber zur Zeit führte sie mehr Wasser, und das Wehr, sonst sichtbar, wirkte bei diesem Wasserstand wie eine große Welle. Wenn doch Cornelia nur nicht...

Doch, sie wurde dagegen geschleudert. Petra war ins Wasser gelaufen, es reichte ihr bis zum Bauch, und griff nach Cornelias Schulter. Da war schon Dagmar neben ihr. Beide faßten zu, und es gelang ihnen, Cornelia zu halten, ehe sie übers Wehr gerissen wurde. Sie schien jetzt auch irgendwo einen Halt gefunden zu haben, stemmte sich mit den Füßen ab, krallte sich in Dagmars Jacke – Dagmar erwischte ihren Arm und zog, so sehr sie konnte: Cornelia stand. Mit vereinten Kräften zerrten sie sie ins ruhigere Wasser, dem Ufer entgegen.

„Himmel, Teufel und – puh!" stöhnte Cornelia, als sie die letzten Schritte an Land getan hatten, und ließ sich auf die Erde fallen. „Muß ich soviel Wasser schlucken! Wo sind die Pferde?"

„Anja und Gero halten sie."

„Na, ein Glück! So ein Quatsch, mit Sattel ins Wasser – pfui, brrr, nein, so was ist nicht angenehm. Wie schwer es sich schwimmt in vollem Ornat, das ahnt keiner. Und meine Kappe ist auch hin."

„Vielleicht können wir –"

„Den Teufel werdet ihr tun! Ihr bleibt gefälligst hier! Neue Kappen kann man kaufen. Kommt zu den Pferden, und dann zum Reitverein zurück. Na, ich werde ja eine schöne Figur abgeben, klatschnaß im Sattel." Sie versuchte zu lachen. Im selben Augenblick fing sie an zu würgen. Dagmar hielt ihr den Kopf. Viel kam nicht, sie würgte und würgte krampfhaft, und ließ sich dann zurückfallen. „Das auch noch. Danke schön! Gero gehört der Hintern versohlt!"

Gero und Anja waren inzwischen herangekommen; sie hatten alle Pferde am Zügel. Gero guckte sehr schuldbewußt drein.

„Wenn das bloß meine Eltern nicht erfahren!"

„Unsinn. Ich petze nicht. Warum ich mich so geistreich in den reißenden Strom warf, braucht keiner zu erfahren. Los, helft mir auf Creon, ich reite heim."

„Aber Cornelia, Sie haben doch –"

„Ein erschüttertes Gehirn? Höchstwahrscheinlich. Vielleicht aber kam das Spucken auch nur von dem mit Recht so beliebten Leinewasser. Keine Widerrede, rauf! Wir reiten im Schritt zurück, das ist besser als laufen, und dann verdrück' ich mich klammheimlich, denn den Spott zum Schaden brauch' ich ja nun wirklich nicht auch noch abzukriegen. Ihr versorgt dafür wenigstens den Creon, aber anständig, ja?"

Sie versprachen alles. Sie waren ja so froh, daß dies glimpflich abgelaufen war. Petra ließ es sich nicht nehmen, Cornelia zu begleiten, als sie sich zu ihrem Auto schlich. Das war zum Glück zwischen Halle und Sprunggarten, also etwas abseits, geparkt.

„Wenn der Lift zu Frau Taube hinauf schon fertig wäre" – er befand sich im Bau –, „könnten Sie jetzt dort hinaufschweben."

„Ich möchte am liebsten sofort heim. Dort leg' ich mich hin. Fein, daß du mitkommst. Mein Schädel brummt ganz ordentlich, ich muß mit ihm an irgendein Holz gedonnert sein."

In diesem Augenblick kam jemand um die Ecke der Halle gestürzt. Ein Mann – Onkel Kurt. Er war mit Cornelia zum Abschluß der Jagd verabredet gewesen, hatte Anja getroffen, sofort nach Cornelia gefragt und erfahren, was passiert war.

Jetzt erschien er, das Gesicht vor Besorgnis und Spannung verzerrt.

„Ach du, Kurt. Und du kommst nicht mal ungelegen", sagte Cornelia und versuchte zu lächeln. Es gelang schon wieder ganz leidlich. „Hier ist der Schlüssel, fahr du. Ist alles nur halb so wild, brauchst dich nicht aufzuregen. Freilich, es hätte schiefgehen können. Vielen Dank, Petra! Kümmere dich um den Creon – und um die anderen, gelt?"

„Natürlich. Ehrensache. Ich ruf' nachher mal an, wie es Ihnen geht. Und von uns erfährt niemand etwas..."

Petra langte erschöpft, aber ziemlich beruhigt bei den anderen an. Sie erzählte, während sie die Pferde versorgten. Dann suchten sie Herrn Anders auf. Der hatte das Äffchen in sein Zimmer gesetzt, und dort dauerte es ein Weilchen, bis sie es nach gemeinsamer Jagd endlich eingefangen hatten.

„Daß man Affen aus dem Wasser fischt, ist mir neu", sagte er und schüttelte den Kopf. Petra grinste.

„Als ich ihn Ihnen gab, war ich noch trocken. Nicht gemerkt? Wir sind nur jetzt noch ins Wasser gesprungen, Gero und ich, weil wir so schwitzten. Wir haben halt heißes Blut."

„Und da springt ihr im Reitzeug in die Leine! Na, von mir aus. Wollt ihr was Warmes trinken?" fragte er. Er hatte gesehen, wie Petras blaue Lippen vor Kälte bibberten, und Gero klapperte sowieso.

Die beiden lachten und sagten nicht nein.

Ja, der Reitverein!

„Abteilung haaalt! Drei Schritte rückwärts richten. Im Schritt anreiten – marsch. Und im Arbeitstempo – Terrab ..."

Anja ritt heute auf Rosina, der Stute, die auch als Voltigierpferd ging. Sie war erst erleichtert gewesen; Rosina war rund und drall und machte bestimmt keine Zicken. Jetzt aber merkte Anja, daß solch ein Pferd eben auch seine Schwierigkeiten hatte, nur andere: Sie war nur mit Mühe vorwärts zu bringen. Pomadig und faul bewegte sie sich, und man mußte froh und dankbar sein, wenn sie sich überhaupt bewegte.

Petra hatte die Tete, das heißt, sie ritt vorn und mußte alle Hufschlagfiguren, die der Reitlehrer ansagte, als erste ausführen. Sie konnte sie auswendig, das war klar, dafür aber ritt sie heute Moni, einen Schimmel, der viel Araberblut in sich hatte. Immer wieder versuchte Moni, ihrer Reiterin ein Schnippchen zu schlagen. Sie tänzelte, wenn sie einen flotten Schritt gehen sollte, sie schnitt die Ecken ab und fiel, wenn Petra sie korrigieren wollte, in Trab, was sie nicht sollte. Überhaupt steckte heute wieder einmal ein Kobold in ihr.

„Ganze Abteilung – Scherrit! Die erste angaloppieren –" Ja, das paßte der Moni.

Ehe Petra noch Galopphilfe geben konnte, sprang sie an und versuchte in einem rasendem Jagdgalopp um die Halle zu brausen. Petra mühte sich, sie durchzuparieren, aber Moni lag auf dem Gebiß und tat, was sie wollte. Der Reitlehrer griente.

„Ich denke, wir reiten schon viele Jahre? In der Ecke galoppiert man an, nicht eher. Und warum in der Ecke? Anja?"

„Weil da das Pferd sowieso gebogen ist", antwortete Anja laut und deutlich, so, wie er es immer verlangte. Wie oft hatte er sie gerügt, wenn sie stotterte oder zu leise sprach.

„Na also, Petra, das muß Anja dir erst sagen."

„Moni, du Walroß", knirschte Petra so leise, daß er es nicht hören konnte, „jetzt wartest du. Nein, noch nicht. Jetzt kommt erst die Ecke." Moni sprang an, aber im falschen Galopp. Sie hatte heute ihren widerspenstigen Tag.

Der Reitlehrer tat, als habe Petra aus Versehen einen Elefanten gesattelt und säße verkehrt darauf, Gesicht zum Schwanz. Inzwischen spielte das Pferd der nächsten Reiterin, die hinter Petra kam, ein bißchen verrückt, ließ sich nicht im Schritt halten, ging aus dem Hufschlag und fing dann an zu bokkeln. Anja dankte ihrem Schöpfer, daß sie auf Rosina saß, die als dritte ging – sie ging gottlob brav und unerregt weiter. Wenn sie aber nachher angaloppieren sollte, und allein ...

„Das soll eine Abteilung sein? Ein Sauhaufen ist das", schimpfte Herr Taube. „Was hab' ich im Leben verbrochen, daß ich solche unmöglichen Reitschüler unterrichten muß."

Jetzt hatte Petra die Ecke erreicht, gab Galopphilfe, Moni sprang an. Elegant und schön, gleichzeitig losgelassen und von ihrer Reiterin unmerklich kontrolliert, galoppierte der schlanke Schimmel rund um die Bahn, ging, von Petra sanft gelenkt, in die Ecken, wie es sich gehörte, dann auf den zweiten

Hufschlag, während die anderen im Schritt weiterritten – es war ein Genuß zuzusehen. Dem Reitlehrer lachte das Herz. Ja, Petra ritt gut, wenn sie wollte.

„Na ja, warum denn nicht gleich so", knurrte er, und Petra verbiß sich ein Grinsen, als sie sich hinten anschloß. „Die nächste!"

Die nächste war Bettine. Sie ließ ihren Freiherrn angaloppieren, was der längst wollte, und brachte die Aufgabe ohne große Fehler hinter sich. Anja schlug das Herz. Jetzt kam sie dran.

Und siehe da, Rosina schien es gut mit ihr zu meinen. Sie sprang im richtigen Galopp an, schnitt zwar die Ecken ein wenig, weil sie von Natur aus faul war, aber der Reitlehrer geruhte, es zu übersehen. Gelassen und ohne irgendwelche Ausbruchsversuche machte sie ihre Runden und schloß sich dann dem letzten Reiter an. Anja atmete unmerklich auf.

„Gut gemacht. Der nächste."

Anja schielte zur Uhr hin. Sie fühlte, daß ihre Schläfen schweißnaß waren, rechts rieselte es sogar in Tropfen unter der Kappe hervor, über die Wange herunter. Es kitzelte, sie konnte es nicht wegwischen. Wie lange dauerte denn die Stunde noch?

Immer noch zwanzig Minuten. Und jetzt kam Schenkelweichen dran, das hatte sie noch nie gemacht. „Liebe, gute Rosina, bitte, tu, was ich will oder vielmehr, was er sagt, damit ich mich nicht unsterblich blamiere..."

Nein, Zuckerlecken war es nicht, das Reiten! Es war schwere, ernste Arbeit, ein Sich-zusammennehmen-Müssen, wie sie es sonst noch nie erlebt hatte, ein Auf-sich-gestellt-Sein ohnegleichen. Die Stunde dehnte und dehnte sich –

Endlich das ersehnte: „Zügel lang, Pferde loben". Ein Aufatmen ging durch die Abteilung, man hörte die klatschenden Hände am Pferdehals. Und dann hieß es: „Links dreht, rechts marschiert auf."

Anja wischte sich rasch und verstohlen über das Gesicht. Es mußte so rot sein wie eine Tomate – und verschwitzt, als käme sie aus der Sauna. Aber sie hatte es geschafft, es war gutgegangen, sie hatte keinen Anraunzer bekommen. Nun noch beide Füße aus den Bügeln – man konnte hängenbleiben, wenn man nur den rechten herausnahm – und herunter in die Lohe. Pustend grub sie in der Hosentasche nach Zucker.

„Na? Wacker gehalten heute", sagte Herr Taube, der herangetreten war. „Rosina vorwärts zu reiten ist nicht leicht, ich weiß." Nach einer Pause fügte er hinzu: „Pferde versorgen und dann ins Reiterstübel kommen, alle Mann, verstanden?" Er ging.

„Was sollen wir denn da?" fragte Bettine und schob den linken Bügel hoch. „Bekommen wir jeder einen Pokal, weil wir nicht ausgestiegen sind?" Aussteigen nennt man das Herunterfallen.

Anja wußte das natürlich. Sie lachte. „Kaum. Aber vielleicht einen Sprudel." Ihr Mund war ganz trocken, Lippen und Gaumen wie ausgedörrt. Petra lachte vergnügt.

„Dort kann er uns nicht triezen. Also auf, meine Herrschaften, raus mit den Pferden und hinauf in den Stall. Die Halle wird jetzt frisch geharkt."

Sie versorgten die Pferde mit Liebe und Sorgfalt, wuschen die Sattellage, kratzten die Hufe aus, und jedes von ihnen hatte noch etwas dabei, um es seinem Pferd in die Krippe zu legen: Mohrrüben oder einen Apfel oder altes Brot. Dann liefen sie gemeinsam hinüber zum Reiterstübel. Petra riß die Tür auf – und wer saß da am Fenster zur Halle? Frau Taube. Und neben ihr Cornelia, das erstemal wieder im Reitverein!

„Was? Haben Sie zugesehen?" fragte Petra ohne Atem. Frau Taube lachte und nickte.

„Der Aufzug ist fertig. Ich bin heute das erstemal heruntergeschwebt, und es hat sich gelohnt. Ihr wart prima, allesamt! Ach, Petra, ich bin dir ja so dankbar! Nun kann ich so viele Reitstunden ansehen, wie ich will, und hinaus kann ich auch, jetzt, wo es Frühling wird." Sie strahlte.

Petra setzte sich neben sie. Anja, Bettine und die anderen der Abteilung kamen auch heran.

„Heute lade ich euch alle ein. Jeder kann sich erst einmal hier etwas bestellen", sagte Frau Taube glücklich. „Mein Sohn kommt auch. Ach, da ist er schon. Nicht wahr, heut waren sie tüchtig, die Pferde und die Reiterlein."

„Na ja, soweit schon", brummte der Reitlehrer und setzte sich zu ihnen, „wenn auch..."

„Nein, jetzt wird nicht gemotzt. Jetzt wird nur gelobt und gedankt", sagt Cornelia fröhlich. „Natürlich, man lernt beim Reiten nie aus, ebensowenig wie im Leben. Deshalb ist Reiten so gut, nicht nur für den äußeren Menschen, sondern vor allem für den inneren. Gerade für den inneren. Daß man schwitzt und daß einem jeder Knochen weh tut, wenn man absitzt, das ist das wenigste. Aber daß man sich ohne Ende bemüht, besser zu werden, daß man dem Pferd gerecht wird und nicht tobt, wenn der Fehler bei einem selbst liegt, daß man lernt, gleichzeitig streng und nachgiebig zu sein, genau, wie es nötig ist, daß man Geduld hat, daß man immer erst an das Pferd und dann an sich selbst denkt..."

„So ungefähr", sagte Frau Taube und lächelte Anja an. „Du hast gute Lehrmeister, Kind. Von meinem Sohn will ich nicht reden, man sagt, auch die Eule findet ihre Jungen schön." Sie streifte den Reitlehrer mit einem verschmitzten Blick. „Du bist kein Uhu, o nein. Aber du, Anja, hast Cornelia als Vorbild und Petra als Freundin, alles sozusagen beste Qualität. Und bemühen tust du dich, das sieht man. – Und nun, Kinder, kommt ihr alle mit mir hinauf und trinkt bei mir Kaffee. Der Lift muß eingeweiht werden. Habt ihr Zeit für mich?"

„Natürlich! Wir kommen gern, alle Mann hoch!" antwortete Petra sofort für alle anderen. Anja nickte stumm, aber heftig.

Wie wunderbar, daß sie dazugehörte! Ach ja, der Reitverein!

Anja und Petra zu Pferde

Ein neuer Plan

Die Sonne mußte vergessen haben, daß es nicht mehr Hochsommer, sondern schon September war. Jedenfalls brannte sie beinahe unerträglich vom Himmel herab. Petra war mit dem Fahrrad zum Reitverein gekommen, Anja im Dauerlauf zu Fuß. Sie trafen sich auf dem kleinen Weg, der von der Bundesstraße abbiegt und „frei für Anlieger" ist, wie das Schild ausweist. Heute sollte Heu eingeräumt werden, da mußten sie helfen. Aufatmend sprang Petra vom Rad und ließ es an die Stallwand fallen.

„So eine Hetze, da bestellen sie einen für zwei, und niemand ist da. Nötig ist das ja nicht. Komm, wir verschnaufen erst mal." Sie zog Anja an der Hand mit sich zur Halle hinunter und um diese herum. Dort warf sie sich mit einem Schwung ins Gras, daß sie sich um die Längsachse rollte. Anja hatte sich vorher von ihrer zerrenden Hand befreit und blieb stehen, atemlos wie die Freundin, aber immerhin auf den Beinen.

„Immer mußt du rasen! Wir sind ja zur Zeit da!"

„Ja, wieder mal die ersten."

„Wieder mal" war übertrieben. Petra zerriß das Zielband zwar meist noch im letzten Augenblick, wenn sie irgendwo angefordert wurde, erreichte es aber so gut wie nie mit Zeitreserve. „Ich muß dir was erzählen, ganz schnell, komm!"

„Ja? Was denn?"

„Was Geheimes."

„Dann schrei nicht so –"

„Hier hört uns ja keiner. Oder etwa Tante Täubchen? Meinst du, daß sie hinter der Gardine lauert?" Petra zeigte zu dem Fenster hinauf, hinter dem Frau Taubes Stübchen lag. „Tantchen, huhu! Bist du wach, oder träumst du im Mittagsschlaf?" Sie winkte hinauf.

„Nun sag schon, was du erzählen wolltest!" drängte Anja und setzte sich neben sie. „Du mußt es ja nicht brüllen. Aber schnell, sonst kommt der Heuwagen doch noch dazwischen."

„Ja. Also – weißt du, daß Cornelia heiratet?" Petras Augen waren rund wie Tennisbälle, und das Haar sträubte sich um ihren Kopf. Merkwürdig, so was gab es nur bei Petra; bei keinem anderen Menschen, den Anja kannte, hatte sie das je gesehen.

„Natürlich weiß ich das", sagte sie und lachte. Es war ja längst klar, daß Cornelia, die von ihnen beiden heißgeliebte junge Ärztin, die so gut ritt und überhaupt in jeder Beziehung bewundernswert war, mit Anjas Onkel Kurt verlobt war. Wer verlobt ist, heiratet eines Tages – das war so klipp und klar und einfach, wie zwei mal zwei vier ist. Aber –

„Aber wann! *Das* weißt du nicht, bitte sehr! Hättest du mich nicht, würdest du es vermutlich erst am Tag der Hochzeit erfahren haben. Es ist nämlich geheim, ganz geheim –" Petras Flüstern war bereits wieder so laut, daß man es über den halben Sprunggarten hin gehört hätte, wenn jemand dort stünde. Aber niemand außer ihnen war da. Ein Glück.

„Cornelia will nicht, daß es jemand erfährt. Warum, ahne ich nicht", sprudelte es aus Petra heraus, „aber wir müssen trotzdem was ganz Großartiges anstellen zu dieser Hochzeit. Etwas, das noch nie da war. Weißt du was?"

„Ich? Wie soll ich denn – du hast doch immer die tollen Ideen", sagte Anja.

Das war kein Witz und keine Ausrede. Petra sprühte vor Ideen, immer schon, seit sie einander kannten. Anja machte dann mit, folgte der Freundin treulich, fand alles wunderbar, aber der geistige Urheber der Ideen war so gut wie immer Petra.

„Weißt du, ich hab' mir schon was überlegt – bei Hochzeiten von Reitvereinsleuten bilden die Reiter manchmal Spalier vor der Kirche, stehen rechts und links, die Pferde geschmückt – oder –"

„Oder sie reiten zur Trauung?" fragte Anja. Petra hob die Schultern.

„Hab' ich noch nie erlebt. Oder – nein, weißt du, warum der Reitverein nichts davon wissen soll? Vielleicht deshalb, weil Onkel Kurt nicht reitet. Darum will Cornelia es geheimhalten."

„Hm." Das konnte Anja verstehen. „Und seine hundert Hündchen können nicht Spalier bilden, das ist klar."

Sie lachten beide. Onkel Kurt war Tierarzt und züchtete Hunde, besser: Hündchen, ganz kleine, sie hießen Chihuahuas und hatten komische kleine Tütenohren, das heißt, für die Köpfe waren diese Ohren nicht klein. Sie standen hoch und gaben den Tierchen einen sehr lustigen, aufmerksamen Ausdruck. Die beiden Mädchen fanden die winzigen Hunde rein zum Verlieben. Aber Spalier bilden konnten sie wirklich nicht.

„Das würde Jahre dauern. Und so lange sollen Cornelia und Onkel Kurt nicht warten müssen mit der Hochzeit", sagte Petra. „Nein, wir müssen uns etwas anderes ausdenken. Wenn Onkel Kurt schon nicht reitet, vielleicht könnte er in die Kirche *fahren*, mit Pferden, das wäre doch wunderschön! Das würde Cornelia ganz toll finden, und bei ihm merkte man nicht, daß er nicht reiten kann." Petra fand, daß ein Mensch, der nicht ritt, schrecklich mangelhaft sei. Anja war derselben Meinung.

„Fahren? Da müßte man Herrn Taube fragen." Herr Taube war ihr Reitlehrer, eine ziemliche Respektsperson. Sie sahen einander nachdenklich an. Ob er es erlauben würde?

„Etwa mit Kerlchen? Im Dogcart?" fragte Anja nach einer Weile hinterhältig. Petra fuhr auf.

„Immer legst du den Finger auf den wundesten Punkt, das ist geradezu brutal von dir", sagte sie – so hatte ihr Vater einmal gesagt, als er sich über Mutter entrüstete, die ihn ein wenig damit aufzog, daß er gern gut aß –, „nur weil ich damals Pech hatte und der Dogcart umflog, und überhaupt warst du nämlich genauso schuld. Wenn du –"

„Ich! Wieso ich?" konterte Anja entrüstet. „Ich bin ja nur mitgefahren und unschuldig wie ein neugeborenes Fohlen. Du warst es, die Kerlchen –"

Sie lachten beide. Jene nicht ganz nach Plan verlaufene Fahrt mit dem alten, treuen Isländer Kerlchen, den sie heimlich eingespannt hatten, stand ihnen beiden noch deutlich vor Augen. Petra hatte kutschiert und beim Wenden die Kurve zu eng genommen, der Wagen kippte, Kerlchen wollte heim, und Anja hing eine Weile hinten an dem umgestürzten Gefährt, bis sie loslassen mußte und eine tolle Bauchlandung machte, wobei sie ihre Nase genau in den einzigen Knetelhaufen bohrte, der am Wege lag. Das vor allem hatte Petra sehr amüsiert.

„Nächstes Jahr fahr' ich, und du hängst hintendran", grollte Anja.

„Na schön, aber ohne das Brautpaar. Es bedeutet zwar Glück, wenn es in die Brautkrone oder den Brautkranz regnet, aber ob es Glück bringt, wenn man mit der Hochzeitskutsche umfällt, weiß ich nicht. Außerdem müßte man mindestens zweispännig fahren an solch einem Tag!"

„Was heißt ‚mindestens'? Mehr als zweispännig hab' ich hier noch keine Kutsche gesehen."

„Gerade deshalb! Eine Troika haben wir nicht, also müßte vierspännig gefahren werden –"

„Vierspännig? Wunderbar! Vier silbern glänzende Schimmel", sagte Anja verträumt.

„Und eine Kutsche aus Glas", fuhr Petra im selben Ton fort, „und ein Prinz darin, neben Cornelia, im dunklen Anzug und mit Brille." Onkel Kurt war Brillenträger. „So was hab' ich mir immer erträumt."

„Egal, ob Brille oder nicht. Brille ist kein Charakterfehler", sagte Anja ärgerlich, weil sie aus ihrem Traum gerissen worden war. „Onkel Kurt ist schon in Ordnung, soweit ein Nichtreiter das sein kann. Aber woher nehmen wir den Vierspänner?"

Ja, das war ein Problem. Petra versank in Gedanken, während sie zwei Äpfel aus der Hosentasche grub. „Hier hast du einen. Ich kann am besten nachdenken, wenn ich esse." Sie warf Anja einen Apfel zu, die ihn geschickt auffing, und biß in den anderen. „Wir müssen mal richtig überlegen. Früher gab es keine Pferde – ich meine, in der Zeit, in der die Bauern anfingen, alles mit dem Trecker zu machen, und überall wurde gejammert: ‚Das Pferd muß bleiben!' Jetzt gibt es überall wieder welche, wenn auch keine Arbeitspferde. Um so besser. Wir wollen Cornelia ja auch nicht mit Hüh und Hott und Peitsche von riesigen Ackergäulen zur Kirche zerren lassen. Nein, elegant muß es aussehen, und alle Leute sollen Stielaugen machen, und die Presse muß dasein und klicken, oder auch das Fernsehen –"

„– und wir auf dem Bock. Du kutschierst, und ich sitz' neben dir, mit übereinandergeschlagenen Armen, wie beim Turnier, wenn die Zweispänner hereinfahren –"

„Ja. Wunderbar! Nur – ob man uns die Pferde anvertraut? Geborgte, meine ich? Pferdebesitzer sind oft schwer davon zu überzeugen, daß man fahren kann –"

„Kannst du denn? Ich meine: vierspännig?" fragte Anja.

„Eben nicht. Vielleicht kann man es bis dahin noch lernen!"

„Bis – ja, wann heiraten sie denn? Kennst du das Datum?"

„Nein, aber Vater sagte was von vier Wochen – er wußte nicht, daß ich zuhörte. Ist denn so was ein Geheimnis? Ich finde nicht."

„Ich auch nicht. Na, ich werd' es schon ergründen. Du, da kommt der Wagen. Auf, los, erst mal an die Arbeit. Dort kommt auch Gero. Na, mit solch großer Hilfe –"

Gero war klein, kleiner als die Kameraden seines Alters, ritt aber ordentlich. Man darf niemanden wegen seiner Körpermaße auslachen oder verspotten, das tat Petra auch nicht. Sie grüßte und kletterte dann die Leiter zum Heuboden hinauf, Gero und Anja hinterher. Und nun wurden Ballen aufeinandergesetzt. Das war schwere Arbeit, und die Kinder schwitzten und waren froh, als auch noch zwei erwachsene Reitvereinsmitglieder dazukamen. Herr Anders, der Pferdepfleger, reichte die Ballen durch die Luke hinauf. Keiner redete dabei, alle waren froh, genug Atem für die

Arbeit zu haben. Ja, das Reiterleben ist hart.

Aber schön! Nicht nur das Reiten selbst, auch das Schuften für die Pferde. Als der Wagen leer war, fühlten sie sich zwar wie durch den Fleischwolf gedreht, so sagte Petra, aber sehr befriedigt.

„Wir gehen noch nicht heim. Komm, ich lade dich zu einem Sprudel ein."

Sie liefen zur Baracke hinüber, zogen sich jeder einen Sprudel aus dem Automaten und setzten sich auf den Tisch, die Beine herunterbaumelnd. Oh, wie es zischte, wenn man trank, so durstig machte das Heueinräumen. Wirklich, wie im Hochsommer!

„Aber jetzt weiß ich was!" sagte Petra und stieß die Luft aus, nachdem sie die Flasche leer gesogen hatte, „jetzt ist mir was eingefallen! Vierspännig – ich weiß jemanden, der vierspännig fährt, wenigstens manchmal. Wenn auch nicht mit Pferden. Sondern –" Sie sah Anja auffordernd an, als wäre sie die Lehrerin und Anja müßte antworten. „Mit –"

„Mit Ziegenböcken etwa? Womit kann man denn fahren außer mit Pferden", sagte Anja ärgerlich. „Los, raus damit!"

Petra sah sie strafend an. „Nicht so vorwitzig! Deine Bildung ist recht lückenhaft! Man kann beispielsweise mit Kühen fahren, wenn das jetzt auch kaum mehr ein Bauer tut, oder –"

„Mit Eseln?"

„Ja, auch mit Eseln. Ich meine aber was anderes. Hast du schon mal das Wort Pony gehört?"

„Pony? Kleine? Klar, aber das sind doch auch Pferde, und –"

„Ja, natürlich. Quatsch beiseite, ich weiß einen Hof, wo es Ponys gibt. Gar nicht sehr weit von hier. Eine Ponyfarm. Wir sind den Leuten vor ein paar Jahren mal im Winter begegnet, als es viel Schnee gab. Vater fuhr uns im Wagen, denn wir suchten einen Hang, wo man Schilaufen üben konnte, einen Hang ohne Bäume für die ersten Anfänge. Mein Bruder war damals noch klein. Und da trafen wir einen Ponyschlitten. Eine junge Frau fuhr ihn, vierspännig. Der Mann und drei kleine Jungen saßen mit drin. So was Nettes!" Die Ponys waren winzig, etwa so hoch –" sie maß vom Boden etwa einen Meter ab, „– zwei gescheckte und zwei schwarze. Dick bepelzt, Ponys leben auch im Winter im Freien, und da wächst ihnen ein dickes Fell. Und sie haben einen wilden Busch über der Stirn und lange, lange Schweife. Die vier trugen rote Ledergeschirre, das sah toll aus. Auf den Rücken hatten sie ein Geläute, das herrlich klangvoll tönte. Nicht bimmelte, sondern tönte, im Dreiklang abgestimmt. Und die junge Frau hatte rote Backen und eine knallblaue Mütze auf dem Kopf und lachte uns zu, als wir winkten – ich wäre am liebsten aus dem Auto gesprungen und bei ihr mitgefahren, so gut gefiel mir das. Ich habe mich dann erkundigt, woher diese Leute stammen, und bekam es auch raus. Natürlich wollte ich sofort hin, um sie kennenzulernen. Vorsichtshalber rief ich an, aber da sagte mir jemand, es paßte jetzt nicht, ich sollte später noch mal nachfragen. Später war ich dann weg, in den Ferien, wie so was eben geht. Aber der Name fällt mir bestimmt wieder ein! Wir müssen einfach mit der Frau reden, Anja."

„Du, da fällt mir was ein." Anja machte große, nachdenkliche Augen. „Ich hab' da neulich mal ein Bild in der Zeitung gesehen, das muß derselbe Schlitten gewesen sein. Darin saß aber ein Mann. Der brachte den Weihnachtsmann in die Stadt, auch mit einem Ponyschlitten, aber nur zweispännig. Vielleicht war das der Mann der jungen Frau. Meinst du nicht auch, daß das sein kann?"

„Na sicher! So was gibt's nicht oft. War der Schlitten rot? Ach so, in der Zeitung sieht man das ja nicht. Aber an den Ort erinnere ich mich jetzt wieder. Wir sehen mal im Telefonbuch nach."

„Aber –" Anja starrte die Freundin an.

„Was denn schon wieder für ein Aber?" fragte Petra ärgerlich. „Immer hast du ein Aber, beinahe schon, als wärst du erwachsen. Die sehen doch auch überall nur Schwierigkeiten."

„Ich meine nur, wir haben doch keinen Schnee. Und Cornelia heiratet diesen Herbst –"

„Schlaumeier! Wer einen Pony*schlitten* hat, wird wohl auch einen *Wagen* haben. Eine Kutsche. Oder mehrere. Schnee ist ja, Gott sei's geklagt, seit einiger Zeit Mangelware und wird nur wenige Wochen im Jahr gereicht. Das find' ich schade, ich hab' den Winter lieber als den Sommer. Da ist es bloß heiß, und die Fliegen plagen die Pferde, und –"

„Ja, ich mag den Winter auch mehr. Und den Herbst. Den Herbst, wenn Jagden geritten werden. Ob wir dieses Jahr schon mitdürfen?"

„Zur richtigen Jagd? Du bist bekloppt! Kannst froh sein, daß du voriges Frühjahr wenigstens so eine Art Jagd mitreiten durftest. Das war ein ganz großes Glück."

„Als du den Affen fingst –"

„Richtig, ja. Du, den müssen wir wieder mal besuchen, ach, war der süß! Und Gero ist damals beinahe ertrunken. Wenn Cornelia nicht gewesen wäre –" Sie saßen und schwatzten, Gero kam herein und gesellte sich zu ihnen. Sie vergaßen die Zeit über lauter Weißt-du-Nochs. Ach ja, nirgends war es so schön wie im Reitverein!

Großer Spaß mit kleinen Pferden

Sie hatten versprechen müssen, nicht die große Straße zu fahren, wo die Autos einander jagten und man nichts als Auspuffgase schluckte.

Die Feldwege, auf denen sie statt dessen fuhren, waren trocken und hart, und wenn man nicht in die ausgefahrenen Spuren kam, radelte es sich ganz gut. Einmal ging Petra zu Boden, als sie nicht aufpaßte – sie hatte einem Keil Wildgänse nachgesehen, der am Himmel entlangzog.

„Meine älteste Schwester ist nach ihrem Abitur nach Schweden gefahren", erzählte sie, als sie wieder auf dem Rad saß, „sie wollte etwas von der Welt sehen. ‚Folg der Vogelfluglinie!' riet ihr meine Mutter. ‚Das ist die schönste Tour, die man dort machen kann.' ‚Ach nein', jammerte Martina. Meine Mutter war erstaunt: ‚Warum denn nicht?' ‚Ach weißt du, mit den Wildgänsen fliegen, dazu hab' ich keine Lust!' sagte meine Schwester. Du kennst doch sicherlich das Buch vom Nils Holgersson."

Anja lachte.

„Natürlich. Jetzt sind wir bald da!"

Sie überquerten die Straße, fuhren einen kleinen Weg an Tennisplätzen entlang und kamen dann in einen Hof, in dem rechts ein Brunnen stand. Er plätscherte vor sich hin, richtig romantisch. Links und rechts lagen kleine alte Fachwerkhäuser, gegenüber eine Scheune. An der rankte sich Wein empor. Drei Hunde standen auf dem Hof und sahen ihnen entgegen: ein Basset, niedrig, lang, schwarzbraun-weiß gefleckt, ein kohlschwarzer Riesenschnauzer und einer, dessen Rasse Petra nicht feststellen konnte. Vielleicht war sie überhaupt nicht festzustellen, auch von Kennern nicht, besser: von Kennern erst recht nicht. Der große schwarze Schnauzer fing jetzt an zu bellen, tief, grollend. Petra und Anja sprangen vom Rad und blieben stehen.

Aus dem linken Fachwerkhaus ertönte jetzt ein „Tina, hierher!", und der Schwarze verstummte. Eine junge Frau trat in die offene Tür, in Jeans und einem bunten Hemd, und winkte den beiden.

„Kommt, sie tut euch nichts, wenn ich dabei bin."

Petra und Anja folgten. Die Frau führte sie in eine niedrige Küche, und die Hunde folgten. Die Küche war holzgetäfelt und richtig gemütlich, fanden die beiden Mädchen sofort. Am Tisch saß ein kleiner Junge und blies Blockflöte, immerzu dieselbe Zeile einer Melodie, die sie auch kannten; ein anderer kroch auf der Erde einer Katze nach, ein Gipsbein hinter sich herziehend. Der dritte hatte eine Trillerpfeife in Gang, die einem in den Ohren gellte. Tina murrte und grollte noch, und auf dem Herd zischte es. Die ganze Küche roch nach Birnen und Zimt, herbstlich süß, und nach Pferden. Der Hausherr, ein junger Mann mit dunklem Haar und freundlichem Gesicht, stand am Tisch und versuchte mit einem Brotmesser eine Schraube an einem Türschloß zu lösen.

„Warum nimmst du nicht den Schraubenzieher?" fragte seine Frau, und er antwortete friedlich:

„Weil ich ihn nicht finde, Stine, mein Goldkind."

Petra mußte lachen. Sie wußte, wie sehr sich ihr Vater immer ärgerte, wenn jemand sich erfrecht hatte, an sein Handwerkszeug zu gehen. Lag das nicht genau an seinem vorbestimmten Platz, so gab es ein furchtbares Donnerwetter ...

„Warte, hier. Ich hatte –" Stine griff hinter sich und reichte ihm dann einen Schraubenzieher, der in einer der Pellkartoffeln gesteckt hatte, die dampfend in einem Topf auf dem Herd standen. „Ich wollte sehen, ob sie gar sind."

„Danke. Ja, so geht's besser. Und was möchte unser lieber Besuch?"

„Wir möchten – wir haben angerufen", schoß Petra los, „wir haben Sie mal vierspännig fahren sehen, mit dem Pferdeschlitten – mit Ponys –"

„Ach so." Holle, damit war Stines Mann gemeint, legte die Schraube auf den Tisch und das Türschloß daneben.

„Ich weiß. Stine, diese beiden jungen Damen möchten eine andere junge Dame vierspännig zur Hochzeit fahren."

„Hoffentlich auch einen jungen Herrn dabei", sagte Stine vergnügt. „Wo, wann, wen?"

Petra berichtete, und Anja gab immer einmal ein Wort oder einen Satzteil dazu. Hier waren sie richtig, merkten beide schnell, hier würden sie mit ihrem Wunsch Verständnis finden.

Das junge Ehepaar mit den drei kleinen Jungen schien daran gewöhnt zu sein, daß man sie um merkwürdige Dinge bat, die die Ponys betrafen, und Stine stellte den Topf mit den Kartoffeln erst einmal zum Abkühlen vors Fenster.

Sie sagte: „Kommt! Ihr wollt doch sicherlich die Ponys sehen."

Anja und Petra nickten begeistert. Der älteste der drei kleinen Jungen, Johannes, genannt Jo, legte die Flöte weg und Moritz, der Trillerpfeifer, sein Lärminstrument ebenfalls. Da schrie auch der mit der Katze, Thomas, der Jüngste, er wolle mit. Petra angelte ihn unterm Tisch hervor und nahm ihn auf den Arm. Himmel, war das Gipsbein schwer!

„Du kannst ihn noch nicht tragen", mahnte Stine.

„Wohl kann ich!" eiferte Petra, ihn hochhievend. „Ich hab' auch einen kleinen Bruder zu Hause, den ich manchmal rumschleppen muß, auch ohne Gipsbein ist der schwer –"

Stine lachte und half ihr, den Kleinen auf den Rücken zu nehmen.

„Huckepack mag es gehen, ja, so. Nun kommt. Die Ponys sind auf der Koppel, sie müssen sowieso rein. Wir haben sie im Elektrozaun, und der muß umgesetzt werden."

„Wir helfen!" sagten Anja und Petra sofort.

Sie gingen über den Hofplatz an einem niedrigen selbstgebauten Stall entlang und dann einen schmalen Weg, der zum Wald führte. Nach etwa achthundert Metern sahen sie die Ponys von weitem auf einer Wiese stehen. Da rannte auch Petra mit ihrem Gipsbein-Jungen auf dem Rücken los. Wer kann schon langsam gehen, wenn er eine Herde winziger Ponys sieht, dick bebuscht, die Nasen sofort wendend, als sie Menschen und Hunde kommen hörten.

„Nein, so was Hübsches! So was Nettes! Nein, sind die süß!" rief Anja, und Stine begann sogleich Namen zu nennen und Eigenschaften aufzuzählen: Lettchen war die Älteste, dreiundzwanzig Jahre alt, aber beim Ziehen noch fleißig und vorbildlich; Erie, der kleine Schimmel, manchmal frech und im Geschirr etwas faul, aber gut zum Reiten; Nikolo, jener Scheck, noch jung und eben erst eingefahren; Peuke, zuverlässig unterm Reiter und unermüdlich. Der Stolz der Herde, der weiße Hengst Winnetou, stand ein wenig abseits und beobachtete seine Herde mit ruhiger Würde. Dann gab es noch ein paar Halbwüchsige, zwei Jährlinge und zwei Zweijährige.

„Dürfen wir sie reinführen?" fragten Petra und Anja wie aus einem Munde.

„Führen? Wir reiten sie immer rein", antwortete Jo ein wenig von oben herab, „oder wollt ihr lieber nicht?"

Und ob sie wollten! Stine lachte zwar und warnte sie.

„Sobald ich den Zaun aufmache, gibt's ein großes Wettrennen nach Hause, wo sie Kraftfutter und Lecksteine vermuten. Traut ihr euch zu, oben zu bleiben? Reiten tut ihr doch, im Reitverein, sagte Holle. Also?"

„Auf einem Pony hab' ich noch nie gesessen", gab Anja zu, „aber schwieriger als Pferde sind sie doch sicherlich nicht, oder?" Sie wollte natürlich unter gar keinen Umständen zurückstehen. Petra hatte schon auf kleinen Pferden gesessen, wie sie sagte.

„Galopp ist doch leicht. Wenn sie wirklich sofort angaloppieren –"

„Das tun sie, darauf könnt ihr euch verlassen. Also, wer nimmt wen?"

„Ich die Erie, bitte, bitte –"

„Ich den Peuke –"

„Ich –", schrien die kleinen Jungen durcheinander und hopsten an Stine hoch. Die nahm Petra erst einmal den kleinen Gipsbeinigen vom Rücken. Aber der schrie Protest und zappelte und wollte auch reiten.

„Also, Augenblick. Ich schalte zunächst den Strom aus." Stine ging an den Zaun, wo die Batterie stand und sich am Draht ein Griff befand, knipste an dem Kasten und fühlte dann am Draht.

„So, in Ordnung. Nun rauf auf eure Rösser. Jo, du nimmst am besten Winnetou, mit dem können die andern nicht." Jo war schon unterm Draht durchgeschlüpft und beim Hengst angelangt. Wupp, saß er drauf.

„Und Mo den Nikolo –"

„Ja, reitet ihr denn ohne Zügel?" fragte Anja etwas perplex. Daß man diese kleinen Pferde nicht sattelte, hatte sie erwartet, aber ohne Zügel – da wußte man doch gar nicht, wohin sie liefen.

„Die laufen zum Stall, unter Garantie!" Stine lachte. „Festhalten muß man sich an der Mähne. Dazu hat der liebe Gott sie ja wachsen lassen."

Ja, wenn man die Mähnen der kleinen Pferde mit denen der großen verglich, dann konnte man allerdings sagen: Hut ab! Das waren dicke, meist nach beiden Seiten herabhängende Mähnen, struppig und ein wenig gewellt, hart anzufassen. Stine war seitlich über den Zaun gesprungen, ging zu Peuke, einem breiten kleinen Sommerrappen ... und faßte ihn vorn an seinem dicken Schopf. „So, steh schön, mein Dicker, und du steig auf. Auf so einen kommst du auch ohne Bügel", sagte sie freundlich zu Anja, „ich halt' ihn solange."

Petra hatte sich bereits eiligst, als habe sie Angst, daß doch noch ein Nein kommen könnte, auf den Scheck geschwungen. Moritz sprang gerade auf Lettchen. Da gab sich Anja einen Ruck und stemmte sich – komme, was wolle – auf Peuke. Natürlich kommt man auf ein so kleines Pferd ohne Bügel leichter als auf ein großes mit Bügeln, aber ein Ruck gehörte bei Anja schon dazu. Stine, den kleinen Thomas auf dem Rücken, Peuke neben sich herführend, fragte noch: „Alles klar?" und ging zum Eingang in dem Zaun, hakte den Griff aus und trat zur Seite, Peuke vorläufig noch festhaltend. Sogleich kam Winnetou angeschossen, seinen kleinen Reiter auf dem Rücken, und lief schräg durch die Öffnung, Richtung Heimat. Nikolo folgte, Petra auf sich; die hatte die Knie eng angeklemmt und beide Hände in der Mähne. Anja sah ihr lachendes Gesicht an sich vorbeisausen, den Mund halb offen, in den Augen blitzte es.

Da gab es auch für Peuke kein Halten mehr. Stine gab seinen Busch frei, und schon ging er im Galopp los. Anja dachte zuerst, sie flöge im allerersten Moment schon von seinem Rücken, weil er die Kurve so eng nahm. Blindlings griff sie nach vorn und krallte sich in die starren Mähnenhaare und kam wieder ins Gleichgewicht. Neben ihr jagte Mo auf Lettchen. Es ging über eine Wiese, dann einen kleinen Hang schräg empor, hinauf auf die schmale Straße, die sie vorhin gefahren waren.

„Er wird schon wissen, wohin es geht", dachte Anja verweht, während sie nur darauf bedacht war, im Sitz zu bleiben. „Wer ist denn da abgeschmiert?" Neben ihr galoppierte ein lediges Pony – es war aber, wie sich später herausstellte, eins der Zweijährigen. „Hoffentlich ist der Stall offen, damit ich nicht an die Tür fliege, wenn

Peuke stoppt!" Sie sah Petra auf Nikolo vor sich, gleich darauf ging es nach links, da bremste Peuke tatsächlich. Er bremste aber nicht mit einem Ruck, sondern verlangsamte seine Galoppsprünge; Anja hatte sich bereits auf ihn eingestellt und blieb oben. Jetzt kam links eine offene Stalltür, Anja duckte sich – „nur nicht mit dem Kopf an die obere Türleiste knallen" – und war drin. Hier allerdings hielt Peuke auf der Stelle, und da gab es kein Obenbleiben mehr. Anja flog über seinen Kopf hinweg und landete in einem Haufen Grünfutter, das in der Ecke des Stalles abgelegt worden war. Aufatmend wälzte sie sich herum, wischte sich über das Gesicht und richtete sich auf.

„Na? Glücklich gelandet?" fragte Petra, während sie sich von Nikolo schwang, und betrachtete Anja vergnügt. „Alles noch dran? Dann komm, wir haben versprochen, Stine zu helfen, wenn sie den Zaun umsetzt. Du kannst hier nicht hockenbleiben und darüber rätseln, wie es kam, daß du eine Luftreise gemacht hast." Sie hatte Anjas Hand ergriffen und zerrte sie empor. Anja folgte, leicht benommen. Die beiden kleinen Jungen waren abgesessen und verteilten das Grünfutter in die verschiedenen Raufen. Petra und Anja halfen. Und dann liefen sie zu viert wieder hinaus auf die Weide.

Zaunumsetzen ist bei schönem Wetter ein Vergnügen, bei Kälte, Regen oder großer Hitze weniger. Jetzt aber war es herrlich. Einer wickelt den Draht auf, die anderen ziehen die metallenen Pfosten aus der Erde und schleppen sie dahin, wo der Zaun neu aufgebaut wird. Je mehr Hände, desto schnelleres Ende. Stine holte die Batterie, die für die kleinen Jungen zu schwer war, und nun wurden die Pfosten neu gesteckt – alle zwölf Schritte einer – und der Draht daran entlanggezogen.

Jo, der schon glücklicher Besitzer einer Armbanduhr war, kontrollierte die Zeit.

„So schnell ging es noch nie!" triumphierte er, und Stine sagte: „Wir sind ja auch zwei Leute mehr als sonst. Wenn ihr beiden nicht wärt –" Anja und Petra lachten geschmeichelt.

„Achtung, weg vom Zaun. Ich probiere." Stine schaltete ein, nahm dann einen Grashalm und hielt ihn an den Draht.

„Er tut es", sagte sie.

„Und warum fassen Sie den Draht nicht richtig an?" fragte Petra begierig.

„Du kannst es ja versuchen." Stine lachte. Petra griff zu – und hopste gleich darauf laut schreiend auf einem Bein herum.

„Der tut es wahrhaftig!" rief sie. „Ich hab' einen Schlag bekommen, nicht von schlechten Eltern –"

„Man erschrickt", sagte Stine, „passieren tut aber nichts." Und nun marschierten sie alle miteinander zurück.

„Morgen früh kommen sie wieder hinaus", sagte Stine, „das machen die Jungen allein. Um diese Jahreszeit reiten sie sie stets vor der Schule hinaus, das ist ein guter Tagesanfang."

O ja, davon waren Anja und Petra überzeugt. Jo, Mo und To hatten es gut in ihrem Zuhause, ohne Zweifel.

„Auch, wenn sie im Winter die schweren Wassereimer schleppen oder gefrorenen Mist aufladen und fortkarren müssen?"

„Auch dann! Es gibt ein chinesisches Sprichwort, das heißt: Dreierlei Arbeit schändet nicht, die für den Vater, die für den Sohn und die fürs Pferd."

„Stimmt. Und fürs Pferd tut ihr alles, gelt? Wie ist das aber mit der für den Vater?" fragte Stine und lachte. „Immer bereit, wenn er bittet? Na, schön wär's. Daß man fürs Pferd gern zufaßt –"

„Das haben wir immer getan. Wir sind –", und nun erzählten sie von den Ferien, die sie bei Dagmar verlebt hatten, mit aller Arbeit und Sorge um Pferde und Hunde, und Stine fragte nach Dagmars Nachnamen, und dabei stellte sich dann heraus, daß sie sie kannte.

„Ist Ströppchen noch bei ihr – ja? Und Lotte? Die hab' ich auch geritten, und noch ein drittes Pferd hatten sie –"

„Pußta, die ist auch noch da! Die kenn' ich persönlich!" rief Petra. „Die hat mich gleich beim ersten Mal abgesetzt."

„Mich auch", fiel Stine ein und lachte. Und dann mußten sie noch zum Abendbrot bleiben und Holles Most probieren. Es war ein herrlicher Nachmittag, nur viel zu schnell vorbei. Auf einmal war es dunkel – im September sind die Tage ja schon kurz –, und als Anja auf die Uhr sah, wurde sie fast ohnmächtig vor Schreck. Nun mußten sie wieder einmal zu Hause anrufen, daß sie später kämen, sie hätten eine Panne gehabt. Bei Anja meldete sich allerdings niemand.

„Die Panne war, daß Stine so nett ist und man bei ihr die Zeit vergißt, das reimt sich, also ist es wahr", sagte Petra.

„– und so verzögerte es sich etwas, aber passiert ist nichts, nur keine Angst."

Sie sahen einander an, als Petra aufgelegt hatte. Zum wievielten Mal hatten sie so etwas durchgeben müssen?

„Warum wird's auch so zeitig finster", murmelte Anja kleinlaut. Petra aber gab ihr einen Stoß.

„Das holen wir wieder ein. Los, jetzt wird geradelt wie vorhin geritten: im Galopp, im sausenden –"

Was blieb ihnen auch übrig? Nur, leider, die Zeit überholen kann man nicht.

Wenn man zu spät kommt ...

Das Küchenfenster war dunkel, also saßen die Eltern vermutlich im Wohnzimmer.

Anja ließ das Fahrrad stehen und sprang die Stufen zur Haustür hinauf. Wollte läuten – da sah sie im Licht der Straßenlaterne einen Zettel neben dem Klingelknopf hängen. Nanu –

Sie riß ihn ab, versuchte zu lesen, was draufstand, und ging dann damit noch ein Stück zurück, um besseres Licht zu haben. Vaters Schrift, groß und deutlich:

„Schlüssel bei Frau Schubert. Komme gegen neun. Vater." Nicht: „Gruß – Vater", wie er sonst in solchen Fällen zu schreiben pflegte, wenn er einmal eine Botschaft hinterließ. Anja stand da und überlegte.

Es war acht. So spät sollte sie nicht nach Hause kommen, aber vielleicht war Vater schon um sechs weggegangen? Wo aber war Mutter? Mutter verließ doch abends nicht ihre beiden kleinen Jungen!

Anja ließ den Zettel sinken und ging damit langsam zum gegenüberliegenden Haus. Vielleicht wußte Frau Schubert Bescheid. Dort war Licht. Sie läutete.

Eigentlich wußte sie schon die ganze Zeit, daß etwas Schlimmes sie erwartete; es saß in ihr, sie wollte es nur nicht wahrhaben. Daß es aber etwas so Schreckliches sein würde, das hatte sie nicht vermutet.

„Ja, komm rein, du armes Kind. Komm, dein Vater war hier. Ich soll dir alles erzählen. Komm –"

„Was denn alles?" fragte Anja bang.

„Nun, daß deine Mutter – sie mußte ins Krankenhaus. Es war ganz schrecklich eilig, hoffentlich hat es noch gelangt. Akuter Blinddarm – vielleicht ist sie schon operiert. Sie hatte schlimme Schmerzen, aber gewartet hat sie doch, weil sie nicht wußte, wohin mit den Kleinen –"

Anja konnte Frau Schubert sonst ganz gut leiden. Die schwatzte zwar gern, redete und redete, so daß auch Mutter manchmal die Geduld ausging, aber sonst war sie gutmütig. Sie legte den Arm um Anjas Schulter und zog sie ins Haus hinein.

„Die Kleinen hab' ich hier. Sie schlafen. Erst hat der eine furchtbar gebrüllt und den andern geweckt, der schon eingeschlafen war, und dann –"

„Und was ist mit Mutter? Der Blinddarm?" konnte Anja endlich fragen, als die Nachbarsfrau einmal kurz Luft holte. „Hat sie eine Blinddarmentzündung?"

„Ja, ich sagte doch schon – dein Vater ist mitgefahren, und weil du nicht kamst, hat er mir schließlich die Jungen gegeben. Aber so was kann schlimm ausgehen, wenn es zu spät ist –"

„Meinen Sie – glauben Sie –" Anja sah zu Frau Schubert auf, schneeweiß im Gesicht. Ihre Augen waren jetzt vollkommen schwarz.

„Natürlich, Blinddarm ist so eine Sache. Aber – nein, nein, denk nur nicht so was. Vielleicht sind sie ja noch zurechtgekommen."

„Mit dem Krankenwagen?"

„Ja. Und dein Vater –"

Anja verstand nicht mehr, was Frau Schubert weitererzählte. Sie saß wie versteinert auf der Küchenbank, beide Fäuste geballt an den Mund gedrückt.

„Weil du nicht kamst –", hatte Frau Schubert gesagt.

Deshalb hatte Vater die beiden Kleinen in ihre Obhut geben müssen. Sonst hätte er sie drüben lassen können. Und dann wären sie vielleicht eine Stunde eher losgefahren – lieber Gott, wenn es nun an dieser Stunde hing . . .

Und Vater war nicht da. Wer weiß, wann er zurückkam – auf dem Zettel stand „gegen neun".

Vater! Er war nicht ihr richtiger Vater. Mutter hatte ihn vor ein paar Jahren geheiratet, nachdem sie Witwe geworden und ziemlich lange mit ihr, Anja, allein gewesen war. Sie hatten zu zweit in der Stadt gelebt und waren erst später mit Vater hierhausgezogen in das kleine Reihenhaus in der Siedlung, nahe dem Reitverein. Dann hatte Mutter die beiden kleinen Jungen bekommen, die Zwillinge, Reinhold und Volker. Nun waren sie schon über ein Jahr lang eine richtige Familie, drei Kinder, Mutter und Vater. Und Vater – das hatte sie immer schon einmal gedacht, wenn auch nie ausgesprochen – war wahrhaftig kein Stiefvater, im Gegenteil. Er war ein großartiger Mann, ruhig, geduldig, mit einem freundlichen

Humor auch dann, wenn er eigentlich allen Grund hätte, ärgerlich zu sein. Das war Anja bewußt. Wie oft ärgerte sich Mutter über Anja, obwohl sie doch die richtige Tochter war. Vater aber hatte so viel Fingerspitzengefühl, allem Scharfen und Häßlichen die Spitze abzubrechen, er redete zum Guten, wendete alles ins Lustige, Freundliche. Wie oft und wie herzlich er immer und immer wieder zu Anja gehalten hatte, ging ihr eigentlich erst jetzt auf.

Und Mutter!

„Hatte sie dolle Schmerzen?" fragte Anja nach einer Weile zaghaft. Frau Schubert nickte wichtigtuerisch und eifrig. Anja konnte sie auf einmal nicht ausstehen.

„Ja, ja, sehr. Aber sie wollte partout nicht fort, immer hat sie gejammert, sie wolle bei den Kindern bleiben –"

„Und hat sie – hat sie was von mir gesagt?" fragte Anja leise, angstvoll.

Frau Schubert schüttelte den Kopf. „Och nee. Eigentlich nicht. Wegen der Jungen hat sie gejammert und daß ich gut auf sie aufpassen soll – natürlich mach' ich das, ich hab' ja auch Kinder gehabt –"

„Ich möchte heim", sagte Anja plötzlich. Es klang verstört. Nur nicht hierbleiben müssen bei dieser Alten, die solch scheußliches Zeug redete! „Ich will heim –", es klang wie ein Schrei, obwohl sie es eigentlich nur piepste. Heim – vielleicht mit Petra telefonieren – vielleicht war auch Vater inzwischen zurückgekommen – vielleicht war ein Wunder geschehen –

„Nein. Bleib mal lieber. So allein in dem leeren Haus –" Frau Schubert meinte es sicherlich gut. Sie schnitt ein Stück Brot ab und belegte es dick mit Wurst. „Komm, iß, ich mach' dir Milch warm."

Anja schüttelte stumm den Kopf. Sie konnte nichts essen. Die Milch trank sie, und sie tat wohl, trotz allem. Dann aber wollte sie heim . . .

Schließlich gab Frau Schubert nach. Sie nahm ein Wolltuch um die Schultern, half Anja in ihre Jacke und suchte lange nach dem Schlüssel. Endlich hatte sie ihn gefunden. Anja schlüpfte neben ihr aus dem Haus, es war stockdunkel draußen, sie tappten zum anderen Haus hinüber.

Dann aber, als die Nachbarin endlich gegangen war, überkam Anja das Bewußtsein des Alleinseins so entsetzlich, daß sie nicht einmal Petra anzurufen versuchte. Sie floh in ihr Zimmer, riß die Schuhe von den Füßen, kroch angezogen ins Bett und drückte ihr Gesicht ins Kopfkissen. Aber auch in der Dunkelheit der zugekniffenen Augen blieben die Gedanken wach.

Wenn es für Mutter zu spät gewesen war! Wenn Mutter nicht wiederkam! Wenn – oh, sie konnte das nicht zu Ende denken! Warum kam Vater nicht wieder? Warum rief er nicht an? Er mußte doch wissen, daß sie jetzt allein zu Hause war. Warum war man nur so klein und hilflos und so allein, und warum wurde aus einer kleinen, einer winzigen Schuld, die eigentlich nichts anderes war als ein Vergessen, ein Verbummeln, ein Nicht-dran-Denken, so ein Berg von Bedrückung, schwer, so schwer? Lieber Gott, kannst du mir nicht einen ganz, ganz kleinen Trost schicken? Einen Funken Licht, eine Hoffnung, daß es vielleicht doch nicht so schlimm ist, morgen, vielleicht schon heute nacht? Vater *muß* doch einmal kommen –

Vater kam nicht, jedenfalls nicht mehr in dieser Nacht. Früh, als Anja gerade aufgewacht war und mit dumpfem, wirrem Kopf durch den Flur tappte, hörte sie ihn an der Haustür schließen. Sie war wie erstarrt und wagte nicht hinzulaufen.

Vater kam herein, zog den Mantel aus und hängte ihn auf. Dabei sah er hoch und entdeckte Anja. Sein Gesicht war grau vor Müdigkeit. Anja konnte kein Wort herausbringen, keine Frage. Sie streckte nur mit einer winzigen Bewegung die Hände nach ihm aus –

„Ach, Anja, da bist du", sagte er leise. Und dann nahm er sie hoch, als wäre sie noch ein ganz kleines Kind, und drückte ihr Gesicht an seinen Hals. „Mutter läßt dich grüßen –"

„Und? Geht es ihr –?"

„Sie ist operiert worden. Ja, soweit ging alles einigermaßen. Genaues konnte der Arzt nicht sagen. Wenn wir Glück haben, Anja –", er brach ab, seine Stimme war wie erstickt. Anja klammerte die Arme um seinen Hals.

„Sag doch – sag – nicht wahr, sie wird wieder gesund?" bettelte sie. Vater antwortete nicht. Anja fühlte, wie etwas Warmes an ihrem Gesicht entlanglief, über die Wange in den Halsausschnitt hinein. Weinte Vater?

Sie saßen dann noch eine Weile auf der Couch im Wohnzimmer, eng nebeneinander, Vater hatte seinen Arm um Anja gelegt, beide blieben stumm. Draußen entfaltete sich ein silbern heller Herbsttag, die Birke vor dem Fenster trug schon goldenes Laub. Aber in ihnen wurde es nicht hell.

Erst, als es an der Haustür läutete und Frau Schubert halblaut: „Hallo? Anja? Bist du wach? Du mußt doch in die Schule!" durch den Briefkastenschlitz rief, richtete Vater sich auf, zog auch Anja auf die Beine und ging mit ihr zur Tür.

„Ja, wir kommen, Frau Schubert."

Sie holten die beiden kleinen Jungen, die aufgewacht waren und nun angezogen und gefüttert werden mußten. Vater versorgte den einen und Anja den anderen.

„Es paßt ganz gut, ich gehe heute nicht in die Schule", sagte Vater. „Heute ist Ausflug, und mit meiner Klasse sollte sowieso ein junger Kollege mitgehen. Ich rufe an. Und du kannst auch zu Hause bleiben, Anja, finde ich. Wir haben genug zu tun mit den beiden Kleinen. Oder möchtest du *sehr* gern in die Schule?"

Anja sah Vater an. Sehr gern – natürlich wollte sie das nicht. Aber der Gedanke, mit Petra sprechen und etwas anderes sehen und denken können – hier dachte man nur pausenlos dasselbe...

Nein, es war keine reine Freude, nicht in die Schule zu müssen. Natürlich war sie bereit, Vater zu helfen, die Kleinen zu versorgen, einkaufen zu gehen – was eben nötig war. Vater war kein hilfloser Vater, er hatte die Kleinen oft mit an- oder ausgezogen, gefüttert, gewickelt, so, wie Väter das heute als selbstverständlich ansehen. Immerhin waren es zwei Kleinkinder, und während man sich mit dem einen beschäftigte, machte das andere Dummheiten, zog etwas herunter oder brüllte, meistens jedenfalls. Zum ersten Mal begann Anja zu ahnen, was dazu gehörte, zwei solch kleine Ungeheuer liebevoll und geduldig zu versorgen und daneben noch einen Mann – und eine große Tochter...

„Doch, ich bleibe gern", sagte sie schnell, denn sie wollte Vater eine Freude machen. Als sie ihn dabei ansah, gab es ihr einen Stoß ans Herz. Er lächelte nicht.

Stand es so schlimm um Mutter? Hatte Vater Angst, allein zu bleiben mit den Kleinen, die noch nichts von seiner Sorge verstanden, brauchte er sie, Anja, weil er nicht allein sein wollte? Vorhin hatte er geweint – großer Gott, Mutter würde doch nicht ...

„Nicht wahr, sie lebt noch? Nicht wahr, sie kann wieder gesund werden", flüsterte sie erstickt und blickte mit weit aufgerissenen Augen zu ihm auf. Es erbarmte ihn.

„Doch, Anja, doch, sie lebt noch", sagte er, legte den kleinen Jungen, den er eben hochgenommen hatte, auf die Couch und nahm Anja in die Arme. „Wir müssen tapfer sein und hoffen, du und ich, und sie mit unserer Liebe festhalten –", er verstummte.

Anja sagte nichts mehr. Sie hatte das Gefühl, als stünden sie, Vater und sie, ganz nahe an einem Abgrund, ganz, ganz nahe. Nicht hinuntersehen, nicht hineinstürzen – unwillkürlich griff sie nach Vaters Arm. Und auf einmal fühlte sie, daß nicht nur sie sich an ihm festhielt, sondern auch er an ihr. Er hatte dieselbe Angst wie sie, er, der große und starke Erwachsene hielt sich an ihr fest –

„Ich bleibe bei dir, Vater", flüsterte sie, und dabei kam eine merkwürdige Zuversicht über sie. „Mutter wird wieder gesund, paß nur auf – und für die Jungen sind wir da, du und ich."

Andere trösten ist oft der beste Trost. Anja sollte das zeitig in ihrem Leben erfahren. Sie sah zu Vater auf, verschluckte die Tränen und versuchte ein Lächeln. Und da nickte Vater ihr zu und lächelte zurück.

Anja wird diesen Augenblick nie vergessen.

... gibt es manchmal dunkle Stunden

Am Nachmittag hielt es Vater nicht mehr aus. Er rief im Krankenhaus an. Anja wagte nicht, mit ihm ans Telefon zu gehen und mitzuhören. Sie stand im Flur und wartete, die Daumen in die Fäuste eingeschlagen. Als er zurückkam, war keinerlei Erleichterung in seinem Gesicht zu sehen. Er merkte auch gar nicht, wie Anja zu ihm aufblickte.

„Vater?" fragte sie schließlich halblaut und sah ihn dabei mit unsicherem Blick an.

„Ach, Anja, du. Ja, ich fahre hin. Die geben einem ja keine Auskunft! Er riß seine Jacke vom Haken und wollte an Anja vorbeihasten. Im letzten Augenblick hielt er inne, sah sie an – und dann strich er ihr zärtlich über den Kopf.

„Anja, Kleines! Paß mir gut auf die Jungen auf! Und halt die Ohren steif. Du bist ja gar kein Kleines mehr, du bist groß – und tapfer!" Er nickte ihr zu, gleich darauf war er hinaus.

Anja lauschte seinen Schritten, solange sie sie hören konnte. Sie stand wie erstarrt. Dann, als sie das Gartentürchen zufallen hörte, rannte sie ins Zimmer und ans Telefon. Wählte mit fliegenden Fingern: Petra! Sie mußte mit Petra sprechen. Petra mußte herkommen, sofort, und bei ihr bleiben, bis Vater wiederkam, damit sie nicht allein mit dieser entsetzlichen Angst war. Petra sah immer und überall das

Gute, das Hoffnungsvolle. Sie würde auch jetzt etwas wissen, was tröstete, vor allem aber würde sie bei ihr sein. Anja sehnte sich nach ihr wie noch nie, so meinte sie, in ihrem ganzen Leben.

Hoffentlich war nicht besetzt. Nein, es tutete in Abständen. Und dann kam eine Stimme, aber nicht Petras Stimme: „Hier bei Hartwig, guten Tag."

Eine von Petras Schwestern oder die Hausangestellte. Hartwigs hatten eine Haushilfe, Anja wußte das.

„Hier ist Anja. Kann ich Petra sprechen? Es ist dringend."

„Petra? Nein, bedauere. Petra ist nicht im Haus."

Anjas Herz sank.

„Und wo? Wo kann sie denn sein?"

„Im Reitverein, nehme ich an. Kann ich etwas ausrichten?"

„Nein, danke." Anja brachte die Worte kaum heraus. Sie legte auf. Und dann setzte sie sich auf die Couch neben dem Telefon, verbarg das Gesicht in der Armbeuge und blieb lange so sitzen, regungslos. Sie hatte das Gefühl, als würde es nie wieder hell um sie werden, als sei sie von Gott und allen Menschen verlassen. Wie lange sie so saß, wußte sie nicht. Als sie einen Bums aus dem Kinderzimmer hörte, raffte sie sich auf und schlich hinüber. Sie sollte ja auf die Jungen achtgeben! Vater hatte sie extra gebeten ...

Nein, es war keiner aus dem Bett gefallen, wie sie einen Augenblick lang befürchtet hatte. Mutter und Vater setzten die beiden, wenn sie einen Augenblick sich selbst überlassen bleiben mußten, meist in ihre Bettchen, die hohe Holzgitter hatten, damit sie nicht herausfallen konnten. Was aber bringen kleine Kinder um den ersten Geburtstag herum nicht alles fertig!

Der eine, Volker, hatte seinen Holzkasper hinausgeworfen, das war der Bums gewesen. Anja hob ihn geistesabwesend auf, gab ihn ihm zurück und half Reinhold, der aufstehen wollte und sich dauernd mit einem Fuß auf den anderen trat, in die richtige Lage. Dann setzte sie sich und blieb regungslos sitzen und starrte die Jungen an.

Petra im Reitverein. Petra fort, einfach so, ohne sie. Sonst kam sie immer hier vorbei, warum heute nicht? Warum ausgerechnet heute nicht, da sie, Anja, so grenzenlos und schrecklich allein war? O Petra, ist das Freundschaft, ist das Treue? Anja hatte das Gefühl, erst jetzt, aber jetzt wirklich, in die tiefste Dunkelheit der Angst und Sorge hinuntergerutscht zu sein. Wie sollte sie je wieder daraus hervorkommen?

Nach einer Weile merkte sie, daß die beiden Kleinen brüllten. Volker hatte damit angefangen, er lag auf dem Bauch, halb auf seinem Kasper, der ihn wahrscheinlich drückte. Und als er seine Stimme erhob, stimmte Reinhold ein. Anja wurde es erst jetzt bewußt. Schwerfällig stand sie auf, rückte den Kleinen zurecht und schlich in die Küche, um eine Banane zu holen. Sie schälte sie, brach sie in der Mitte durch und gab jedem der Jungen eine Hälfte in die Hand. Und dann putzte sie sich die Nase und begann einzusammeln, was die Jungen aus dem Bettchen geworfen hatten.

Wenn Mutter nicht wiederkam! Wenn sie nicht wieder gesund wurde! So etwas gab es doch. Wenn sie Vater und sie und die kleinen Jungen allein ließ ...

O nein, o nein! Bitte, bitte nicht, lieber Gott! Anja, von Angst gepeinigt, sah sich um – was konnte man tun, was unternehmen? Nur dasitzen und auf die Jungen aufpassen machte einen verrückt, vollkommen verrückt ...

Ihr Blick blieb am Spielzeugregal hängen. Alles war wüst hineingestopft, Bausteine und Brummkreisel und Schlaftiere. Ruckartig sprang sie hoch, warf – nun aber entschlossen, ganze Arbeit zu machen – alles, was in dem Regal lag, erst einmal auf die Erde. Und dann fing sie an zu sortieren: die Bausteine in den Baukasten, die Schlaftiere auf den Wickeltisch –

„Ja, ja, ich bin ja da", sagte sie, und setzte Reinhold richtig hin und gab ihm den Rest der Banane aufs neue in die Hand. „Jetzt sind wir mal alle drei ganz tüchtig. Ihr eßt eure Banane, und Anja räumt auf, aber fein, ganz fein, wie Mutter es gern hat."

Sie bückte sich, stapelte, sortierte. Merkwürdig, jetzt gingen alle Spielsachen ins Regal hinein, es blieb sogar noch Platz frei. Anja legte die Bilderbücher aufeinander, fand eine alte Klapper, die Volker früher so geliebt hatte, daß er ohne sie nicht spazierenfahren und einschlafen konnte, und gab sie ihm in die Hand. Er strahlte auf. Anja lachte ihn an.

„Nicht wahr, das ist fein? Da freust du dich."

Sie hatte gar nicht gemerkt, daß sie lachte. Gerade kam Vater herein. Vorhin hatte sie immerzu nur gelauscht, ob sie nicht Schritte und das Umdrehen des Schlüssels hören würde. Jetzt stand er, ohne daß sie ihn hatte kommen hören, in der Tür.

„Vater –!"

„Anja! Nein, bist du tüchtig!"

Vaters Gesicht war verändert, sie hatte es sofort gesehen. War –

Was war los?

„Geht es Mutter besser?" fragte sie atemlos. Er nahm sie in die Arme und drückte sie.

„Ja. Ein bißchen besser. O Anja, bin ich froh –"

Kann die Sonne aufgehen, auch wenn es schon Nachmittag ist?

„Hör mal, Tochter", sagte Vater nach einer Weile, „du hast dich so wakker geschlagen, nicht nur die Jungen gut gehütet, sondern auch so schön aufgeräumt. Wie steht es, hast du noch Schularbeiten oder sonst etwas vor? Ich könnte dich jetzt gut einmal ablösen. Lauf, wenn du magst. Oder möchtest du vielleicht auf einen Sprung in den Reitverein?"

„O nein, Vater, danke. Aber –"

„Aber?"

„Ich möchte Petra noch mal anrufen."

„Noch mal? Hast du es denn schon einmal versucht?"

„Ja, aber sie war nicht da. Ich möchte –", in diesem Augenblick schellte es an der Tür. Anja sprang auf und wie der Wind in den Flur. Es war, als wüßte sie, wer kam. Sie riß die Tür auf – wahrhaftig!

„Petra! Und ich dachte, du wärst ..."

„Im Reitverein? Pustekuchen! Mutter war gestern abend so sauer, daß ich so spät angetanzt bin, da hab' ich heute Tausenderlei für sie in der Stadt besorgen müssen. Und ich wollte doch zu dir!"

„Wolltest du?" In Anjas Herz ging die Sonne auf, das zweite Mal heute. Petra hatte sie nicht verlassen! Sie war nicht ohne sie zum Reitverein gefahren. Ihr erster Weg, nachdem sie zu Hause gut Wetter gemacht hatte, führte zu ihr! Anja fühlte es heiß in ihrem Herzen aufsteigen vor Glück: Petra war treu. Gleichzeitig aber schämte sie sich auch und gab das ehrlich vor sich zu. Ein einziges Mal war Petra nicht dagewesen, als sie anrief, und schon glaubte sie, sie habe sie vergessen.

„Ach, weißt du, es war so schrecklich. Die Angst um Mutter – und Vater weg und du nicht zu erreichen. Jemand am Telefon bei euch sagte, du wärst im Reitverein. Das stimmte also gar nicht."

„Nein. Hille war das sicherlich, Hille, unsere Perle. Sie ist sonst sehr nett, aber daß ich dauernd weg bin, das ärgert sie. Wir verstehen uns nämlich sonst sehr gut, nicht so gut wie du und ich, aber Spaß haben wir auch miteinander. Sie reitet nicht, weißt du."

„Ach so. Und da beneidet sie dich." Das konnte Anja verstehen.

„Aber davon abgesehen ist sie sehr nett und tüchtig! Und vor allem lustig! Meine Mutter sagt immer, die würde auch mit sieben Kindern fertig, spielend. Und –"

„Wer wird spielend mit sieben Kindern fertig?" fragte Vater jetzt sachte dazwischen. Er hatte Petras temperamentvolle Äußerung mitgehört.

„Hille, unsere Staubsauger-Fee. So nennt Mutter sie manchmal. Oder Hausmütterchens rechte Hand. Wenn was weg ist, heißt es: ‚Nicht verzagen, Hille fragen.' Bei uns ist nämlich oft was weg, vor allem bei Martina. Die ist einmalig liederlich. ‚Wer ordentlich ist, ist nur zu faul zum Suchen', sagt sie. Na ja, pingelig ordentlich bin ich auch nicht."

Vater lachte.

„Das war mir auch noch nicht aufgefallen. Außer beim Reiten. Da geht doch bei dir alles wie am Schnürchen, oder? Ich meine, da bist du ordentlich beim Putzen und Satteln und Aufzäumen und dem allen –"

Petra sah zu ihm auf.

„Das muß aber auch sein", sagte sie ernsthaft. „Das Pferd kann doch nicht sagen, wenn etwas nicht stimmt. Wenn etwas kneift oder schabt oder sonstwie unangenehm ist. Wenn es Satteldruck hat oder das Kopfstück nicht richtig sitzt oder – das ist so ähnlich, wie wenn bei uns meinetwegen ein Nagel im Schuh ist oder der Gürtel oder irgendein Gummizug zu eng sind. Schon eine falsch sitzende Naht kann einen beim Reiten zur Verzweiflung bringen. Wir können das ändern, das Pferd aber nicht. Deshalb muß man das alles ganz genau und ordentlich machen."

Anja hörte aufmerksam zu. Ihr war das noch nie ganz klargeworden. Aber sie sah es ein. Petra konnte so was gut erklären. Später kam Vater noch einmal auf Hille zurück, auf die tüchtige Haushilfe bei Hartwigs.

„Wenn wir so eine hätten, jedenfalls für die Zeit, in der Mutter im Krankenhaus ist", sagte er sehnsüchtig.

„Ja, da wär' Hille genau richtig", sagte Petra, „Sie müssen doch vormittags in die Schule, und Anja auch. Was soll dann mit den beiden kleinen Jungen werden?"

„Das ist es ja", sagte Vater. Es klang ziemlich verzagt. Da hatte Petra wieder einmal eine ihrer zündenden Ideen.

„Hille müßte herkommen, wenigstens den Vormittag über", sagte sie, „vielleicht tut sie es, wenn Sie sie bitten und meine Mutter einverstanden ist? Mutter würde schon nicht nein sagen, sie weiß ja, daß Sie Zwillinge haben. Und gerade welche im schlimmsten Alter." Petra hatte manchmal mit Anja zusammen die kleine Rasselbande hüten müssen und wußte, wie mühsam das ist. „Das wäre doch eine Art von Nachbarschaftshilfe. Bei einer Familie, die näher bei uns wohnt, hat Hille schon einmal so ausgeholfen, als die Mutter im Krankenhaus lag."

„Wirklich? O Petra, das ist ein toller Gedanke! Aber sie hat doch bei euch zu tun."

193

„Freilich, aber das kann man doch einrichten. Damals ging es auch. Dann steht sie eben eher auf – und manches, was man sonst vormittags tut, kann man ja nachmittags machen, vorbereiten – und Mutter ist ja auch noch da."

„Ich würde sie natürlich gut bezahlen", sagte Vater eifrig. Petra lachte.

„Eben. Sie spart nämlich auf den Führerschein. Deshalb wird sie sicherlich mitmachen, denke ich."

„O Petra, würdest du sie mal fragen? Zuerst natürlich deine Mutter, die müßte ja einverstanden sein..."

„Mutter? Lieber nicht", sagte Petra und schnitt ein kläglliches Gesicht, „jedenfalls nicht heute und morgen. Mutter ist sicher noch auf hundert wegen mir. Das müßten Sie schon selber machen."

„Da hast du recht", sagte Vater. „Am besten, ich fahre gleich mal zu euch, telefonisch geht so was schlecht. Bleibt ihr hier, ihr beiden hilfreichen Geister? Ich bin ja jetzt auf Hilfe von allen Seiten angewiesen –"

Sie nickten ihm zu. „Paß auf, das klappt", sagte Petra, und Anja sah sie dankbar und bewundernd an.

„Und nachmittags bin ich da. Ach, Petra, und Mutter geht's besser! Ich hatte Angst wie in meinem ganzen Leben noch nicht. Ich glaube, das vergess' ich nie!"

Vierspännig

„So, jetzt können wir", sagte Stine. Sie hatten die vier Shetties eingespannt, zwei an die Deichsel des kleinen Viersitzer-Wagens und zwei davor, ohne Deichsel. Anja hielt die beiden vorderen Ponys am Kopfstück und Petra das linke der beiden anderen. Stine war auf den Bock geklettert und hatte die Zügel genommen. „Laßt los und steigt dann gleich auf, aber flink!"

Anja und Petra hatten nur darauf gelauert. Die Ponys anscheinend auch. Lettchen, die kleine Rappstute, die vorn links stand, sprang sofort hoch, sprang „ins Geschirr", wie man es nennt, wenn ein Pferd nicht anzieht, sondern sich auf die Hinterbeine stellt und dann vorwärts springt. Stine berührte den kleinen Unband mit der Peitsche.

„Wirst du wohl! So, seid ihr drauf? Dann kann's ja losgehen!"

„Augenblick – noch nicht –"

Sie waren beide nach hinten gerannt. Anja dachte wieder einmal, daß man bei allem, was mit Pferden zusammenhängt, immer mehr Mut zeigen muß, als man eigentlich hat. Auf einen Wagen zu steigen, dessen Pferde so losgehen wollten wie Lettchen, dazu gehörte schon einiges, fand sie.

Petra machte sich nichts draus. Sie hatte sich links neben Stine geschwungen. Stine saß rechts auf dem Bock, die vier Zügel in der Hand. Anja hatte hinten beide Sitze für sich.

„Setz dich nach rechts, da kannst du im Notfall an die Bremse. Ich hab' nämlich die Hände voll!" rief Stine nach hinten.

„Auch das noch", dachte Anja. Die Bremse befand sich rechts neben Stines Sitz, war aber auch von hinten zu erreichen, wenn man sich weit vorbeugte.

„Muß ich –"

„Ich sag' dir, wenn's nötig ist. Los, Peuke, nun zieh mal an. Und du, Lettchen, benimm dich. Du bist zwar die Älteste, aber je öller, desto döller –"

„Vorwärts!" Jetzt zog auch Peuke an, und Nikolo und Erie folgten. Die Kutsche rollte los, aus dem Hof hinaus, den Weg zur großen Straße hin. Die Ponys fanden, nun einmal im Gange, in einen vernünftigen Trab hinein, wie Stine es wollte und von ihnen forderte. Anja verstand zwar nicht, wie sie es machte, aber es klappte. Sie fuhren ziemlich schnell, fand sie.

„Warum zur großen Straße, dort fahren doch Autos?" fragte Petra. Stine lachte.

„Dort ist es eben. Wenn wir nach der andern Seite fahren, haben wir lauter Wege, die bergauf und bergab führen. Vor der Straße halte ich an. Dann springst du ab und winkst den Autos, daß sie uns sehen und rüberlassen. Wir überqueren die Straße nur und fahren dann durch die Bahnunterführung."

„Und dann den Feldweg weiter? Gut. Durch die Unterführung – hoffentlich kommt da nicht gerade ein Zug", rief Petra, machte sich zum Sprung bereit und lauerte. Stine gab ihren vier Kleinen eine Parade und bekam sie in Schritt.

„Jetzt!"

Petra sprang ab. Sie rannte das letzte Stück zur Bundesstraße vor und äugte nach links und rechts.

„Jetzt ist es grade günstig! Links das Auto ist noch weit, und rechts ist frei." Sie stand mitten auf der Straße und winkte mit beiden Armen. Die Ponys zogen wieder an. Auch Anja guckte nach links und rechts.

Wirklich, sie hatten Glück. Das Auto, das von links kam, hatte bemerkt, daß hier jemand quer über die Straße wollte, und bremste schon von weitem ab. Auf der andern Seite blieb die Straße leer. Hier herrschte sonst ziemlich starker Verkehr. Stine fuhr im Schritt auf die Straße hinauf und ließ die Ponys auch im Schritt wieder hinuntergehen.

„Biste da?" fragte sie nach Petras Seite hin, ohne den Blick von ihren Pferden zu nehmen.

„Ja. Oben. Los!" rief Petra. Sogleich zogen die Ponys wieder an, und nun ging es in flottem Trab den Feldweg entlang. Hier kamen keine Autos, nichts war da, wovor die Ponys hätten scheuen können, nicht einmal ein Graben rechts und links, in den man hineinfallen konnte. Anja atmete auf und fand es wunderbar, so zu fahren.

„Wie die Königin von England", dachte sie gerade, da rief Petra, als könnte sie Gedanken lesen, dasselbe.

„Oder etwa nicht? Ich bin der Philip –" sie richtete sich, ein möglichst würdiges Gesicht machend, auf, so gerade sie konnte. Stine lachte.

„Und ich bin die Majestät. Anja die Anne, das paßt genau. Vorwärts, kleine Hörschens, nun lauft mal, damit wir bald in Schloß Windsor sind –"

Stine war herrlich, fanden die Mädchen. Groß, mager, weißblond und von einer bestechenden Uneitelkeit. Sie trug verwaschene Jeans und einen uralten Pulli, der ihr bis zu den Knien ging, hatte das Haar ziemlich kurz geschnitten und eine Narbe quer über der Wange, um die Anja sie heimlich, aber glühend beneidete. Solch eine Narbe zu haben und sagen zu können: „Kommt von einem Reitunfall..."

195

Jetzt näherten sie sich dem Bahndamm. Anja schielte nach rechts und links, ob ein Zug käme. Nichts zu sehen, welch ein Glück. Es ging ein Stück bergab – Stine nahm die kleinen Pferde fest an den Zügel –, dann hinein ins Dunkel. Ja, ziemlich dunkel war es da unten, obwohl die Unterführung nicht sehr lang war. Im letzten Augenblick sahen sie, daß sie voller Pfützen stand. Hoffentlich nur flache Pfützen und kein tiefer Teich ...

Trotzdem gab es Schwierigkeiten.

„Himmel, daran hab' ich nicht gedacht. Lettchen haßt es, durchs Wasser gehen zu müssen." Anhalten aber konnten sie nicht mehr, auch nicht umdrehen. Stine nahm die Peitsche und versuchte, Lettchens Flanke damit zu erreichen.

„Vorwärts, du schwarzer Satan, nun hilft es nichts mehr!"

Lettchen hatte das Wasser auch erspäht. Sie versuchte nach links auszubrechen, ging hoch und riß die Deichsel auf ihre Seite herum –

„Vorwärts!" rief Stine noch einmal und gab ihr einen kleinen Klaps. Die drei Ponys zogen los, als wären sie persönlich gemeint. Und da mußte Lettchen, ob sie wollte oder nicht, mit ihnen ins Wasser. Es patschte und schäumte; Petra und Anja krallten sich schweigend an den Seitenlehnen der Kutsche fest, rauschend durchpflügten sie das Wasser. Gottlob, es war nicht tief, es ging den Pferden nur etwa spannenlang über die Fesseln. Und dann waren sie schon wieder im Bergauffahren, die Gefahr lag hinter ihnen. Stine ließ die Ponys wieder antraben.

„Da kommt nämlich was", sie deutete mit dem Kinn nach links hinter sich. Wahrhaftig, die beiden Mädchen hatten das gar nicht gemerkt. Eine Lok nahte, war aber noch ziemlich weit entfernt. Stine ließ die Pferdchen traben, was sie konnten.

„So ist's recht. Galopp gibt's nicht vor dem Wagen! Vor dem Schlitten ja. Aber ein ordentlicher Trab bringt uns auch weg von dem Ungetüm –"

Der Feldweg machte eine kleine Kurve, und das war gut. Nun sahen die Ponys nicht, was hinter ihnen vorbeischnaufte. Es war nur eine Lok mit Tender, kein Zug daran. Sie war schnell verschwunden.

„So, nun sind wir allein auf weiter Flur. Nun können wir es genießen", sagte Petra und fläzte sich in ihren Sitz.

„Ich war mal mit den Ponys in Cannstatt zum landwirtschaftlichen Hauptfest, nur zweispännig, aber ein Fohlen bei Fuß", erzählte Stine. „Ponys und Kutsche verladen, also mit dem großen Transporter hingefahren. Man konnte dort nicht nah ranfahren, wir mußten etwa zwei Kilometer vom Turnierplatz entfernt halten und ausladen, einspannen und hinkutschieren. Das war früh am Morgen und ging glatt. Später aber, als wir heimwollten, ach du liebe Zeit! Da galt es, mit der Kutsche durch den Nachmittagsverkehr bis zum Transporter zu kommen. Dabei hab' ich Petroleum geschwitzt, sage ich euch! Mitten in der Autoschlange und dann an den Kreuzungen bei Rot halten! Der Fahrer des Transporters saß neben mir, die Arme untergeschlagen, und ließ sich fahren. Auf seinem Gesicht stand zu lesen: ,Nun zeig mal, was du kannst!' Eine junge Reitschülerin lief nebenher, wegen des Fohlens, das unangebunden neben der Mutter hersprang, es war noch nicht halfterzahm gemacht worden. Lieber Gott, war das eine Fahrt! Wenn die Ampel Rot zeigte, stand Lettchen immer auf zwei Beinen, bis sie wieder losdurfte. Aber die Autofahrer waren nett und rücksichtsvoll und machten einander Zeichen, besonders vorsichtig zu sein.

Nach einer Weile konnte das Mädchen, das nebenherrannte, nicht mehr. Sie japste zum Gotterbarmen, schließlich machte sie ja alle Wege doppelt, um das Fohlen immer wieder zu erwischen. Ich winkte sie an einer Kreuzung zu mir herauf, gab ihr die Zügel in die Hand – wir fuhren ja nur zweispännig – und sprang selbst hinunter, um mich um das Fohlen zu kümmern. So kamen wir schließlich doch einigermaßen glatt zum Transporter. Der Fahrer ahnte sicherlich nicht, was für einen Ritt über den Bodensee er gemacht hatte."

„Das Gedicht vom Reiter über den Bodensee stand auch in unserem Lesebuch", sagte Petra. „Ich hab' es immer doof gefunden, daß der hinterher tot umfiel. Da war doch alles gut."

Stine lachte.

„Ja. Damals waren die Leute noch zarter besaitet als heute, glaub' ich. Heute würde der Reiter vermutlich sagen: ‚So, über den See bin ich geritten? Na, da haben wir ja wieder mal Glück gehabt.'"

„So wie wir eben, als die Lok später kam", sagte Anja. „Wenn sie gerade über die Unterführung gedonnert wäre, als wir drunter waren – ich jedenfalls hätte gescheut, wenn ich ein Pony gewesen wäre!"

„Ich wahrscheinlich auch", sagte Stine vergnügt, „aber sie ist ja nicht. Und nun fahren wir einen weiten Bogen und kommen auf dem Rückweg über die Eisenbahnbrücke und nicht mehr durch den Tunnel."

Anja atmete insgeheim erleichtert auf. So ganz zu Hause fühlte sie sich im Vierspänner eben doch nicht, auch wenn Stine fuhr.

Die Ponys gingen allmählich auch vernünftiger, sie waren abgetrabt und nicht mehr zu irgendwelchen Dummheiten aufgelegt.

„Nur über die Bundesstraße müssen wir noch mal, das ist klar", sagte Stine, „aber Petra hält wieder die Autos an, dann wird es schon klappen."

„Natürlich klappt es, ich möchte den Autofahrer sehen, der nicht hält, wenn er so eine süße Kutsche sieht."

„Ja, die meisten sind nett und rücksichtsvoll, so wie damals in Cannstatt", sagte Stine, „es gibt aber auch andere. Ich ritt einmal mit einer etwas nervösen Isländerstute – Isländer sind die größeren Ponys, die, auf denen auch Erwachsene reiten können – an der Bundesstraße entlang, das heißt, neben der Straße her, auf dem Fahrradweg. Da kam ein Autofahrer von hinten und dachte wahrscheinlich, das gibt einen schönen Spaß. Er fuhr ganz rechts und zunächst im selben Tempo, in dem ich ritt. Als die Stute schneller wurde – es gibt ja Pferde, die nicht autosicher sind, sondern durchgehen, wenn ein Auto in die Nähe kommt –, legte er auch an Tempo zu und wurde schneller und schneller. Meine Isländerin auch. Ich dachte: ‚Hier hilft nur aussitzen, etwas anderes gibt es nicht.' Da fing er auch noch an zu hupen, um den Spaß voll zu machen, und damit gab er mir den Rest. Die Stute ging in blinder Panik rechts über die Felder ab, bockte und bockelte, bis sie mich los war. Ich flog flach auf den Rücken, was ja nie sehr angenehm ist. Zum Glück ging das Pferd nicht davon, und da wir zu mehreren waren, konnten die andern es bald einfangen. Ich hatte mich inzwischen auf den Bauch gedreht und versuchte aufzustehen, aber es tat im Rücken infam weh. Auf alle viere kam ich, weiter aber nicht. Die andern ritten heran und sprangen ab, und dann war guter Rat teuer. Wie sollten sie mich transportieren?

Schließlich nahm einer alle Pferde am Zügel, und zwei andere hoben mich auf. Nicht sehr weit von dieser Stelle entfernt liegt eine Hütte, deren Besitzer wir kennen, dorthin trugen sie mich. Dabei mußten wir einen steilen Fußweg hinunter, dort ging es mit dem Tragen nicht, und so faßten sie mich beide unter den Schultern und ließen mich Schritt für Schritt absteigen, was weder für sie noch für mich ein Vergnügen war. Dann aber waren wir doch glücklich unten und fanden sogar gleich den Schlüssel zur Hütte unter einem Stein, wo er immer hingelegt wurde.

Nun konnten sie mich in der ebenerdigen Küche dieses kleinen Hauses absetzen, neben dem Herd. Es war spät im Herbst und kalt. Einer machte Feuer, dürre Tannzapfen waren da, der andere lief zurück, und mit Handpferden rechts und links ritten sie bis zur nächsten Telefonzelle. Wir haben ja überall Freunde und Bekannte. Den nächsten riefen sie an und erzählten, was passiert war. Ich saß inzwischen am Herd, mein Rücken feuerte wie ein Backofen, und ich erwartete meinen Tod. Derjenige, der bei mir geblieben war, sorgte sich sehr um mich, ich muß scheußlich ausgesehen haben. Er suchte in allen Schränken herum, die dort allerlei beherbergen, und fand schließlich eine große Flasche Pflaumenschnaps, noch halb voll. Daraus goß er mir einen tüchtigen Becher voll ein, und ich mußte trinken. Er nahm auch selber einen ordentlichen Schluck. Von da an sah die Welt für uns beide wieder anders aus, und ich wartete nicht mehr auf meinen Tod, sondern auf meine Retter. Wir haben sogar gelacht, wir beide – ihm ging das Ganze

sehr nahe, er dachte, er würde dort womöglich mein Ableben erleben.

Die andern hatten einen Freund mit Auto alarmiert. Aber mit dem Wagen kann man den Hang nicht hinunterfahren. Es ist ein ganz schmaler, sehr hoppliger Weg. So hielt er oben, und ich mußte, gleichgültig, wie weh es tat, den Weg wieder hinauf. Holle und einer der anderen Reiter hatten mich untergefaßt, und Schritt für Schritt, meist seitlich, quälte ich mich hinauf. Wie war es schön, sich ins Auto sinken zu lassen!

Aber zu Ende war die Qual noch nicht. Das Fahren tat zwar nicht mehr so weh, aber zu Hause wurde es wieder schlimm. Ich ächzte die ganze Nacht, ohne schlafen zu können, und dann fuhren sie mich nach langem Hin und Her ins Krankenhaus zum Röntgen. Tatsächlich war etwas angebrochen, hier" – Stine zeigte ihre Wirbelsäule hinauf und hinab –, „sind an den Wirbeln Dornfortsätze, und davon waren zwei durchgeknackst.

‚Ist das sehr schlimm?' fragte ich, denn ich hatte natürlich eine fürchterliche Angst, nicht mehr reiten zu können.

‚Ach was', sagte der behandelnde Arzt, der übrigens selbst ritt, fröhlich, ‚die sind sowieso zu nichts nütze. In zehntausend Jahren trägt man das nicht mehr. Sie sind sozusagen überflüssig.'

‚Na und ich?' fragte ich, nicht ganz so heiter wie er.

‚Sie liegen ein paar Wochen – oder Monate, und dann sind sie wieder geleimt.'

‚Wochen! Monate! Womöglich in Gips!' rief ich verzweifelt. Ich war wütend über seine Heiterkeit.

‚Den Gips erlasse ich Ihnen, wenn Sie versprechen, still zu liegen', sagte er und tat, als habe er mir einen Mercedes geschenkt.

‚Und wie viele Wochen?' giftete ich.

‚Sagen wir erst mal fünf', bestimmte er. ‚Dann sehen wir weiter. Ich weiß ja nicht, wie gut Sie heilen. Und still liegen, Frau Zappelmann, verstanden?'

Als ich wieder losschimpfen wollte, legte er mir die Hand auf die Schulter.

‚Ganz ruhig. Ich komm' mal nach Ihnen sehen. Bei manchen heilt es schneller. Ich möchte doch gern Ihre Pferde sehen.'

‚Wann?' fragte ich, schon etwas versöhnt.

‚Sagen wir in drei Wochen. Ab, der nächste, bitte!'

Sie fuhren mich heim. Ich wurde auf ein ganz hartes Bett gelegt, und Holle pflegte mich rührend, obwohl er ja die ganze Arbeit am Halse hatte, die Pferde, die Küche und den gesamten Haushalt neben seinem Beruf. Kinder hatten wir damals noch nicht. Am Tag, als die drei Wochen um waren, wartete ich, bis er weggefahren war, und rief eine meiner Reitschülerinnen zu mir.

‚So, jetzt probier' ich es. Du holst mir Grauschimmel – das ist unser vernünftigster Isländer –, und hilfst mir rauf. Ich muß probieren, ob ich noch reiten kann.'

‚Aber –'

‚Kein Aber. Auf meine Verantwortung.'

Gila gehorchte. Dann kam sie zurück und half mir aufzustehen. Das ging. Aufs Klo hatte ich auch gedurft, die ganze Zeit, an zwei Stöcken. Jetzt ging ich an Gilas Arm.

Vor der Tür stand Grauschimmel. Ich tätschelte ihn. Wie lange hatte ich kein Pferd angefaßt! Dann machte mir Gila die Räuberleiter. Die kennt ihr ja: die Hand unter den linken Spann des Aufsitzenden legen und einen ganz kleinen Druck geben. Das, so dachten wir, ist sicher schonender, als mit dem Bügel aufzusitzen. Richtig, Gila machte das sehr geschickt, so daß ich eigentlich oben saß, ehe es mir richtig klargeworden war. Himmel, war das ein Gefühl! Ich hatte die ganzen drei Wochen in der Angst gelegen, nie wieder reiten zu können.

Grauschimmel ging dann ein Stück mit mir, Schritt, drei Schritte Trab. Es tat überhaupt nicht mehr weh! Ich ließ ihn zur Haustür zurückgehen und mir von Gila herunterhelfen, und dann legte ich mich wieder ins Bett und blieb die zwei Wochen, die der Arzt mir noch zudiktierte, ganz brav liegen, ließ mich verwöhnen und war selig. Ich würde wieder reiten können, große Hauptsache! Holle hab' ich dann später gestanden, daß ich es heimlich versucht habe, dem Arzt aber nicht. Der sagt heute noch, wenn ich nicht die fünf Wochen ununterbrochen gelegen hätte, wäre es nie geheilt. Da muß ich immer grinsen –"

„Und die Narbe? Ich meine: die im Gesicht? Woher ist die?" fragte Anja begierig. Sie wollte noch mehr hören, denn Stine konnte wunderbar erzählen.

„Ach, die? Da bin ich in der Küche gestolpert und in eine Keksschachtel gefallen", sagte Stine vergnügt und nahm die Zügel kürzer. „Ich fiel über einen Besuchshund, hatte nicht aufgepaßt, weil ich so schrecklich lachte. Holle wollte mir helfen, den Abendbrottisch abzuräumen, und warf die Rollmöpse statt in die Mayonnaise in die Schlagsahne – beides stand auf dem Tisch in ähnlichen Schüsseln. Wir haben vor Lachen kein Verbandszeug gefunden und die Wunde, die schrecklich blutete – dabei tat sie kaum weh –, mit Tesaband geklebt. Und wir hatten noch Glück – es war, kurz bevor Mo auf die Welt kam. Der Arme – wir hätten gar keine Zeit für ihn gehabt, wenn er auf diesen Pardauz hin eher erschienen wäre, denn eine unserer Stuten war gerade am Fohlen. Na, es ging alles gut aus –"

„Gott sei Dank", murmelte Anja, fand aber, ein Sturz vom Pferd wäre für so eine Narbe ein passenderer Anlaß gewesen. Sie hatte aber keine Zeit mehr, darüber nachzudenken, denn jetzt näherten sie sich der Bundesstraße.

„Achtung, Petra, du schaffst uns wieder die nötige Lücke im Autoverkehr!"

Sie verlangsamte die Fahrt, Petra sprang ab und war auch schon auf der Bundesstraße, nach links und rechts abwinkend. Stine ließ die Ponys wieder anziehen.

„Komm rauf! Soll ich halten?" rief sie Petra zu, die neben dem Wagen herlief.

„Nein, nein, ich spring' im Fahren auf!"

Natürlich kann man auf einen fahrenden Wagen aufspringen. Ponywagen sind niedrig, und wenn man entsprechend schnell läuft und dann mit beiden Händen zufaßt, um sich hochzuziehen, geht das ganz gut. Petra hatte indessen nicht berechnet, daß vier Pferde schneller laufen als zwei. Sie wollte sich hinaufschwingen, verfehlte aber das Trittbrett und lag, pardauz, auf der Erde, bäuchlings, und der Vierspänner war schon ein paar Meter entfernt.

„Hoppla!" rief Stine, „Mensch, Petra! Anja." Stine parierte durch. Petra kam angehumpelt.

„Na, mir den Boden unter den Füßen wegzuziehen, ist ja nicht gerade höflich", murrte sie. „Beide Knie durch, ich werde eine schöne Figur bei Cornelias Hochzeit abgeben."

„Wolltest du im Minirock tanzen?" fragte Stine.

„Hab' gar keinen." Petra kletterte stöhnend auf den Wagen.

„Na also", sagte Stine. Damit war die Sache abgetan.

Die Hochzeit

„Himmel, die Spülmaschine geht nicht, was hab' ich da nur falsch gemacht", jammerte Mutter. Sie kniete davor, hatte alle Knöpfe der Klapptür hintereinander gedrückt und ließ die Hände sinken. „Und ich hab' sie gestrichen voll gestellt – was soll ich nur machen?"

Vater hatte ihr die Maschine geschenkt, als sie aus dem Krankenhaus kam, „statt Blumen", damit sie Zeit sparte. Und Mutter, noch immer wacklig auf den Beinen, hatte sich ganz mächtig gefreut. Sie sagte, sie sparte damit einen halben Tag Arbeit. Wenn das auch etwas übertrieben war, so freute sich Vater über diesen Ausspruch doch sehr – und Anja über die Maschine, als habe sie sie selbst bekommen. Sie brauchte nun nicht mehr abzutrocknen – Abtrocknen war ihr ein Greuel, wie überhaupt alles „Helfen" zu Hause. Jetzt guckte sie recht bedenklich zu Mutter hinüber, während sie am Küchentisch saß und frühstückte, gleichzeitig Vokabeln lernend. Von drüben hörte man die Stimmen der kleinen Brüder, die angezogen werden mußten. Und Mutter sah schon wieder aus, als habe sie einen Zehnstundentag hinter sich. Vater war bereits gegangen.

Anja gab sich einen Ruck, klappte das Schulbuch zu und stand auf.

„Laß, Mutter. Ich spül' dir mit der Hand", sagte sie, besser: hörte sie sich sagen, eigentlich ohne es sich vorher überlegt zu haben. Im Grunde war sie genauso erstaunt wie Mutter über dieses Angebot.

„Ja, mußt du nicht fort?"

„Ich hab' erst zur zweiten Stunde Schule. Komm, geh zu den Jungs, die schreien sich ja die Lunge aus dem Leib. Ich mach' dir's."

Sie schob Mutter beiseite und drehte den Heißwasserhahn der Handspüle auf.

„O Anja, du bist ein Engel! –"

Anja grunzte. So was hatte Mutter noch nie gesagt – jedenfalls konnte sie sich nicht erinnern.

„Nun geh schon. Ich weiß doch Bescheid."

Mutter sah sie an, zwischen Lachen und Weinen. Ja, wahrhaftig, ihr standen schon wieder die Tränen in den Augen. Sie war noch sehr anfällig und schwach. „Wenn sie bloß nicht anfängt zu heulen", dachte Anja.

Aber Mutter heulte nicht. Sie überlegte noch einen Moment und lief dann hinaus. Anja machte sich an die Arbeit.

Im Grunde war Spülen gar nicht so schlimm, wenn man Heiß- und Kaltwasser hatte. Anja nahm das Geschirr aus der Spülmaschine, stellte die Tellerhalter daraus auf ein Küchentuch, das sie auf den Tisch gebreitet hatte, und ließ das Spülwasser fast kochend heiß werden. Auf diese Weise trockneten die Teller ganz von allein. Sie hatte das Vater mal abgeguckt, der, ehe sie die Maschine hatten, mitunter gespült hatte.

Wahrhaftig, die Teller waren trokken. Sie räumte sie in den Schrank und stellte neue in das Gestell, geriet in Feuer und suchte nach allem, was noch zu spülen war. Wie würde Mutter sich wundern, wenn schon alles weggeräumt war! Nun noch die Töpfe! Wenn sie sich beeilte, konnte sie sogar die Küche noch trockenwischen, denn herumgespritzt hatte sie, daß es ringsum schwamm.

Es gelang. Mutter kam herein, als Anja gerade das letzte Stück des Küchenfußbodens aufgetrocknet hatte, und erging sich in Lob und Dank.

„Nein, nicht nur gespült, sondern die ganze Küche fertiggemacht, und so schön und so flink – Anja, du bist wirklich prima!" sagte sie glücklich. „Und alles eingeräumt! Nun mußt du aber sicherlich ganz schnell weg!"

„Ich komm' schon noch zurecht!" Anja lief in ihr Zimmer, um die Schulmappe zu holen. „Vater repariert dir die Maschine sicherlich, er kann doch so was –" Und sie entfleuchte. Mutter schüttelte den Kopf. Wirklich, es gab noch hilfreiche Engel!

Mittags kam Vater nicht nach Hause, er hatte nachmittags Unterricht und blieb dann meist in der Schule, um zu korrigieren. So hatte Mutter nur einen Eierkuchen für Anja gebacken, die Eierkuchen sehr liebte, und Apfelmus dazugestellt – sie war noch immer dankbar und gerührt. Um so mehr bedauerte sie, als Anja sich gar nicht zu freuen schien, mit dem Löffel spielte und sich keineswegs auf das Essen stürzte.

„Was hast du denn? Ist dir nicht gut?" fragte Mutter schließlich vorsichtig. Anja sah auf.

„O ja, doch. Und Eierkuchen – fein –" aber so ganz echt klang es nicht. Mutter sah Anja noch einmal kurz an, setzte sich dann zu ihr – eigentlich hatte sie sich ein bißchen hinlegen wollen, da die Jungen jetzt auch schliefen – und fragte dann, und es klang herzlich und lieb:

„Kannst du mir's nicht sagen? Etwas ist doch los. Hast du Pech gehabt in der Schule?"

„Nein. – Ach, Mutter – wir hatten so etwas Schönes vor, und nun –", sie schob den Teller weg, „nun ist alles verdorben."

„Was ist verdorben? Vielleicht kann man es doch noch irgendwie hinkriegen. Was ist es denn?" fragte Mutter sachte. Anja sah sie an. Und dann brach es aus ihr heraus.

„Also, wir wollten – wenn Cornelia und Onkel Kurt heiraten –, wir haben uns ausgedacht – als Überraschung –", sie sprudelte auf einmal alles hervor. Daß sie Stine kennengelernt und sie gebeten hatten, das Brautpaar vierspännig zur Kirche zu fahren, mit einem blumengeschmückten Ponywagen, Stine auf dem Bock und Petra und sie als Beifahrer neben ihr, alle drei in Reitkluft, Stine sogar mit Zylinder und weißen Handschuhen, wunderbar festlich. Und nun –

„Nun?"

„Ja, nun geht es nicht. Wir haben gehört, daß Onkel Kurt und Cornelia, die natürlich davon nichts ahnen dürfen, mit ihren beiden Autos direkt zur Kirche fahren werden. Aufs Standesamt

gehen sie schon am Tag vorher, und nun ist alles verdorben. Petra brachte es heute vormittag mit in die Schule. Stine weiß es noch gar nicht –" Anjas Gesicht war ganz trostlos. Mutter sah sie nachdenklich an.

„Ja, das wäre natürlich schade. Das ist –"

„Und wir haben schon fahren geübt. Petra hat sich dabei die Knie aufgeschlagen beim Aufspringen – und Stine freut sich auch – und –", sie verstummte. Mutter spürte ihren tiefen Kummer.

„Vierspännig, sagst du? Mit Pferden?"

„Mit Ponys. Mit kleinen – aber süß –" Anja kam ins Schildern. Sie erzählte alles. Es war vielleicht das erste Mal, daß sie Mutter so ausführlich von Pferden erzählte. Immer hatte sie gemeint, Mutter interessierte sich ja doch nicht dafür. Jetzt aber wurde sie eines Besseren belehrt.

„Hör mal, Anja", sagte Mutter nämlich nach einer Weile, in der sie nachgedacht hatte, „ich wüßte was. Wie wäre es, wenn wir Onkel Kurt und Cornelia vorschlügen – ganz harmlos, ohne was von Pferden zu erwähnen –, daß sie sich nicht erst vor der Kirche, sondern schon vorher hier bei uns träfen? Ich könnte sie doch zu einem kleinen Frühstück mit einem Glas Sekt einladen, ehe sie zur Kirche fahren? Und wenn sie herauskommen, um ins Auto zu steigen, steht die Kutsche da? Und ihr führt sie hin?"

„Mutter –"

„Und nach der Kirche kutschiert ihr sie in das Lokal, in dem wir dann essen und feiern wollen! Was meinst du?"

„Zu einem kleinen Frühstück? Hättest du denn Zeit dafür?" fragte Anja verhalten, aber aufs äußerste gespannt. „Die Hochzeit ist am Samstag, am schulfreien Samstag, Cornelia hat das so eingerichtet, damit Vater frei hat und wir auch. Aber so ein Frühstück macht doch viel Arbeit, für mindestens zehn Mann hoch, denn ein paar Freunde kommen auch –"

„Das würde ich schon schaffen. Man kann ja am Tag vorher alles vorbereiten, und vielleicht kommt auch Petra und hilft mit, ehe ihr den Ponywagen holt."

„O Mutter, natürlich helfen wir dir! So ginge das, und Cornelia und Onkel Kurt werden überrascht. Und ihr könntet die Kutsche sehen und alles –" Anjas Stimme klang jubelnd vor Glück.

Mutter lachte. Und dann stürzte Anja ans Telefon, um Petra zu benachrichtigen. Mutter sah ihr nach.

Natürlich gab das einen Haufen Arbeit und Durcheinander und Rummel. Aber wenn sich Anja so freute ...

Es wurde wahr.

Stine, bei allen Pferdeleuten bekannt, hatte sich mit dem Reitverein in Verbindung gesetzt, und Herr Taube erlaubte gutmütig, die Ponys für eine Nacht bei ihm unterzustellen, als er hörte, daß es sich um Cornelias Hochzeit handelte. So fuhren sie am Freitag zu dritt vierspännig über Land, Stine auf dem Bock, die beiden Mädchen neben ihr, sozusagen als Hauptprobe. Schon das allein war ein Vergnügen, das anderen ein ganzes Leben lang nicht widerfährt, und Anja und Petra platzten fast vor Stolz, als sie am Reitverein vorfuhren und sich bewundern ließen. Zum Glück standen ein paar Reitschüler im Hof und sahen sie. Auch Frau Taube, die Mutter des Reitlehrers, hatte, von Petra und Anja vorgewarnt, am Fenster gelauert ... Die Hauptprobe verlief ohne Ärger und Zwischenfälle. Die Ponys waren wie geschmiert gelaufen, kein Geschirrstück hatte gefehlt, kein Eisen sich gelockert.

„Eigentlich hätte es ja ein paar Pannen geben müssen", sagte Stine, als die Ponys glücklich in der Laufbox untergebracht waren. Alle vier standen zusammen, keins war angebunden, was sie nicht gewöhnt waren. „Meist gibt es fürchterlichen Ärger bei der Hauptprobe, und die Aufführung klappt. Hoffentlich ist es nun nicht umgekehrt."

„Es muß ja nicht", sagte Vater, der, eingeweiht in die Überraschung, zum Reitverein herübergekommen war. „Bleiben Sie heute bei uns?" fragte er Stine. Die aber schüttelte den Kopf.

„O nein, ich hab' ja meine drei kleinen Burschen zu Hause, die ich versorgen muß, einen Mann und eine ganze Anzahl Ponys außer diesen. Anja hat versprochen, daß sie mir ihr Fahrrad leiht, damit sause ich heim."

„Das kommt nicht in Frage", sagte Vater sogleich, „ich borg' mir einen Wagen und fahre Sie zurück. Und hole Sie morgen früh ab. Sie müssen nur sagen, wann."

„Prima!" rief Stine. „Was soll nun noch schiefgehen?"

Ja, was eigentlich?

Erst einmal verschlief Anja. Das hätte sie nie für möglich gehalten. Weil sie so aufgeregt war, hatte sie gar keinen Wecker gestellt. Am Abend hatte sie mit Mutter noch bunte Schnittchen zurechtgemacht, die nun im Kühlschrank warteten, Gläser geputzt und Papierservietten gefaltet. So war es spät geworden, und dann konnte sie lange nicht einschlafen.

Nun, allzu spät war es nicht. Anja fuhr wie der Teufel in Hose und Pullover und warf einen Blick aus dem Fenster: Regen? Oder gutes Wetter?

Regen wäre blöd, obwohl es heißt, daß es Glück bringt, wenn es der Braut in den Kranz regnet. Aber im offenen Viersitzer?

Kein Regen. Es schien sehr kalt zu sein, über dem kleinen Rasen vor dem Haus lag es wie eine hellgraue Schicht: Reif. Es war ja Herbst, ziemlich spät im Jahr. Anja rannte und zog den Anorak im Laufen an. „Bin sofort wieder da", rief sie der Mutter noch zu. Sie mußte schnell nach den Ponys sehen und ihnen guten Morgen sagen.

Atemlos riß sie die Stalltür auf, als sie angekommen war, lief die Stallgasse entlang – da war die Box, die Tür stand halb offen. Anja starrte hinein: leer.

Ach du lieber Augustin! Da mußte gestern abend noch jemand drin gewesen sein und hatte dann vermutlich den Riegel nicht richtig zugemacht. Ponys sind sehr erfinderisch im Öffnen von Riegeln, das wußte man hier im Reitverein wohl nicht; die Großpferde standen ja immer angebunden in ihren Ständen. Anja drehte sich um und wollte eben zur Tür, als sie auf Petra stieß. Petra hatte es auch hierhergezogen.

„Sie sind weg!" japste Anja. Himmel, was nun?

„Stine anrufen!" Anja meinte, das wäre das beste. Petra hielt sie zurück.

„Gleich Großalarm? Ich weiß nicht. Und Stine kann auch nicht mit dem Hubschrauber hier antanzen, die wartet ja auf deinen Vater. Erst suchen wir mal selber. Vielleicht sind sie gar nicht weit."

„Aber – aber – sie kennen sich hier doch gar nicht aus. Sie können überall hingelaufen sein, in die Siedlung – oder –"

„Ich denke, sie sind Richtung Heimat gegangen", sagte Petra, „das machen die meisten Pferde, die ausgebrochen sind. Von dort drüben sind wir gestern gekommen."

Sie rannte schon los, Anja hastete hinter ihr her.

Und nun zeigte sich, daß der Reif, der die Koppeln bedeckte, etwas Gutes hatte: Im Reif sieht man Spuren. Natürlich nicht so deutlich wie im Schnee, aber immerhin. Die beiden Mädchen rannten um die Halle und sahen dann sehr deutlich: Hier mußten Pferde gelaufen sein. Der Rasen hinter der Halle auf dem Springplatz zeigte ein paar dunkle Streifen, lose nebeneinander, in der von Petra angenommenen Richtung.

„Los, hinterher!" rief Petra, und sie rannten. Hier gingen die Spuren lang, ziemlich deutlich, wenn sich das Auge darauf eingestellt hatte; dann aber war der Grasplatz zu Ende, da sah man keine mehr. Die beiden Mädchen folgten dem engen Weg, den sie gestern hier entlanggekommen waren, am Fluß längs.

„Hier ist Cornelia damals beinahe abgesackt", stieß Petra hervor, „weißt du noch? Und Gero –"

„Ja. Wenn ich alles vergess', das nicht. Dort ist das Wehr –"

Links trat jetzt Wald an den Weg heran. Petra rannte, einem Instinkt folgend, um die nächste Kurve, obwohl man hier keine Spuren mehr erkennen konnte.

„Hach!" schrie sie dann, in die Kurve biegend. Anja hatte keine Luft mehr, um zu fragen, aber das „Hach!" hatte gut geklungen, befriedigt, erlöst. Und dann sah sie es, nachhastend, schon ...

Es waren alle vier. Das ist ja das beruhigende, daß ausreißende Ponys meist zusammenbleiben. Als Herdentiere fühlen sie sich beieinander am wohlsten. Welch großes Glück – sie hatten alle vier gefunden!

Gefunden, ja, aber noch nicht dingfest gemacht.

Petra hatte zwar, um die Ecke schießend, ihr Tempo abzufangen versucht, es gelang ihr aber nicht auf Meterentfernung. So kam sie, noch im Abstoppen, an die Ponys heran, aber diese, aufgeschreckt, setzten sich sofort in Bewegung. Und wenn eins losrennt, fangen die anderen sofort an, ihm zu folgen. Petra wußte das, aber hier spielte ihr Temperament ihr einen Streich. Peuke, der Schreckhafteste von den vieren, machte einen Satz, natürlich in Richtung Heimat, und die anderen folgten auf der Stelle. Wo eben noch vier ruhig grasende Ponys gestanden hatten, sah man jetzt ein kleines Rudel davonsausender Vierbeiner mit wehenden Mähnen und Schweifen, Peuke voran, Lettchen nach, die beiden anderen hinterher ...

„Ihr Mistkäfer –" Petra hatte noch immer Luft genug, um zu schreien. Sie rannte davon, ohne sich umzudrehen, Anja hinter ihr her. Himmel, Himmel, auch ein Mensch, der sich alle Mühe gibt, kann sich in puncto Schnelligkeit mit solch einem Vierbeiner nicht messen. Jetzt machte der Weg eine Biegung, auf die Brücke zu, und nach dieser führte er geradewegs zur Autostraße, die man herwärts überquert hatte. Petra sah das und wußte genau, was es bedeutete. Auch zu relativ früher Morgenstunde fuhren hier Wagen, und zwar mit ziemlich hoher Geschwindigkeit. Nein, bis auf die große Straße durften die Ponys nicht kommen.

Doch wieder einmal erschien ein Schutzengel. Anja schüttelte später den Kopf über diesen Zufall – jetzt hatte sie keine Zeit dazu. Da kam doch wahrhaftig von der entgegengesetzten Seite her ein Junge geradelt, den Ponys und ihnen entgegen, wie vom heiligen Georg persönlich in dieser Sekunde bestellt. Er sah die Pferdchen laufen, die beiden Mädchen hinterher, und schon war er vom Rad gesprungen.

„Halt sie!" japste Petra, und er reagierte blitzschnell und stellte sein Fahrrad quer. Peuke, der Anführer, stutzte, Lettchen stoppte ab, der Junge schob das Fahrrad hin und her, immer dorthin, wo eins der Ponys vorbeiwollte. Und schon war Petra heran, hatte Peuke rechts und Lettchen links an der Mähne gegriffen und machte dem Jungen ein Zeichen, Erie festzuhalten. Der warf sein Fahrrad hin und gehorchte. Und nun war auch Anja heran und griff sich Nikolo. Heil und Sieg, sie hatten alle viere wieder!

„Du bist genau im richtigen Moment gekommen", keuchte Petra, „Himmel, Himmel, wenn die Biester auf die Straße gerast wären! Wohin willst du denn eigentlich?"

„Zum Reitverein. Ich helf' dort immer, wenn ich keine Schule hab'", sagte der Junge.

Petra strahlte.

„Wunderbar. Hol dein Fahrrad, ich halte solange alle beide. Und dann führ Lettchen, ich nehm' Peuke."

„Herrjeh, wir haben ja gar keine Halfter dabei", rief Anja in diesem Augenblick. Wahrhaftig, daran hatten sie vorhin nicht gedacht.

„Geht alles", sagte Petra energisch, zog den Gürtel ab, den sie um ihre Jacke trug, und legte ihn Peuke um den Hals. „Und du nimmst die Schnur aus der Kapuze von deinem Anorak, Anja."

„Ich hab' nichts – aber ich weiß schon, wie ich es mache", sagte der Junge eifrig. Er schien mit Pferden vertraut zu sein, zog seinen Pulli über den

Kopf und legte ihn Lettchen um den Hals, beide Ärmelenden festhaltend. Nun waren drei der Ponys dingfest gemacht, das vierte, Nikolo, konnte man gut an der Stirnlocke führen. So also setzte sich die kleine Kavalkade in Bewegung, und siehe, mit Erfolg. Zu siebt zockelten sie langsam den Weg entlang, den sie eben im Galopp gekommen waren, und als sie den Sprunggarten erreicht hatten, konnten sie zwei Gestalten an der Ecke der Halle entdecken: Stine und Anjas Vater. Anja winkte, beinahe wäre ihr dabei Nikolo aus den Fingern geraten. Aber sie griff schnell erneut in die Mähne. Nun winkte Stine zurück und setzte sich in schnellen Trab.

„Was macht ihr denn um Gottes willen mit den Ponys?" japste sie lachend, als sie herangekommen war.

„Och, wir haben sie ein bißchen geweidet", sagte Petra harmlos. „Weil wir gerade nichts anderes zu tun hatten."

„Na, ein Glück", sagte Stine und griff sich Erie. „Solche Biester. Nehmen Sie den Nikolo, der läßt sich gut führen", rief sie Vater zu, der nun auch herangekommen war. Vergnügt wanderten sie dem Reitstall zu. „Danke, mein Junge, daß du geholfen hast..."

Der strahlte. „O bitte gern geschehen!"

„So, und jetzt wird geputzt, daß alles nur so spiegelt", bestimmte Stine, „jeder putzt seins. Ja, Sie auch!" sagte sie lachend zu Anjas Vater und warf ihm eine Kardätsche zu, die er als alter Schlagballspieler geschickt auffing, „Zeit dazu haben wir noch. Hoffentlich hat sich die Kutsche nicht auch auf die Socken gemacht."

Sie lief zum Schuppen und kam dann erleichtert zurück.

„Ist noch da. Also. Was kann jetzt schon noch passieren!"

„Beschrei es nur nicht noch einmal!" warnte Petra und merkte gar nicht, daß sie Stine duzte, „gestern hast du schon –"

„Na ja, toi, toi, toi!, hätt' ich wirklich nicht sollen. Alle Reiter sind abergläubisch." Sie lachte Vater an. „Sie sind Lehrer von Beruf, nicht wahr? Auch abergläubisch?"

„Eigentlich nicht – aber beschreien soll man nichts, das ist wahr. Kennen Sie die Geschichte von den zwei Atomphysikern? Auf einer Gesellschaft fallen dem einen ein paar Kastanien aus der Tasche, als er etwas herausholen will. ‚Kastanien?' fragt der andere, ‚Teilen Sie etwa auch den Aberglauben, daß die gut gegen Rheuma sind? Das ist doch nur ein dummer Schnack.'

‚Natürlich, ja. Aber ich hab' gehört, es hilft auch, wenn man nicht dran glaubt', sagt der andere, ein ebenso kluger Kopf. Ja, so ist es. Man bestreitet, abergläubisch zu sein, und klopft doch an Holz oder sagt toi, toi, toi! Meine Schüler dürfen das natürlich nicht wissen", sagte Vater etwas verlegen.

Anja fand ihn in diesem Augenblick richtig goldig.

Sie putzten. Und dann legten sie die Geschirre auf und banden die Ponys an. Vor den Wagen wollte Stine sie noch nicht stellen, sie müßten dann noch so lange warten. „Jetzt heim mit euch, ihr beiden", sagte sie, „gewaschen, umgezogen, fein gemacht. Ich warte hier."

„Darf ich Ihnen Gesellschaft dabei leisten?" fragte Vater. „Ich bin zu Hause, glaub' ich, jetzt recht überflüssig. Warten Sie, ich sehe zu, daß ich im Reiterstübel eine Tasse Kaffee für Sie bekomme – und für mich auch", fügte er lachend hinzu. „Stallarbeit macht durstig."

Eins hatten sich Anja und Petra niemals recht vorstellen können: Cornelia im Brautkleid. Als sie die junge Braut jedoch aus dem Auto steigen sahen, fanden sie sie wie eh und je richtig. Sie trug ein weißes Kostüm – engen Rock, knappe Jacke –, im Knopfloch eine Rosenknospe. Dazu eine Kappe, die ihr herbes Gesicht noch klarer und hübscher machte.

Onkel Kurt strahlte übers ganze Gesicht, als er sie begrüßte, und dazu hatte er auch ein volles Recht, fanden die beiden Mädchen.

Nun gab es das „kleine Frühstück", Vater sagte ein paar Worte, man stieß auf das Brautpaar an, und Petra und Anja trugen die Platten mit den Schnittchen herein. Die beiden Mädchen hatten weiße Rollis an und darüber weiße Schürzen gebunden, damit man die Reithosen nicht sah. Cornelia sah sie trotzdem, fragte aber nicht. Ob sie etwas ahnte?

Das jedenfalls ahnte sie nicht, was sie erwartete. Sie beteuerte es später immer wieder: So was kann man ja nicht ahnen. Als sie mit Onkel Kurt an der Seite aus dem Haus trat, war Stine gerade vorgefahren und parierte durch, alle vier Ponys standen im selben Augenblick still – das ist gar nicht so leicht zu erreichen –, und Anja und Petra, jetzt in Reithosen, Stiefeln und Jacketts, sprangen vor an ihren Platz. Cornelia sagte nur: „Nein, so was!" und stieg dann ein, Onkel Kurt hinterher. Die beiden Reitmädchen sprangen neben Stine auf den Bock, und los ging die Fahrt zur Kirche.

Es war traumhaft. Stine nahm die Kurve in schönem Bogen und ließ die Ponys antraben, Vater, Mutter und die beiden Trauzeugen, Freunde von Onkel Kurt, wollten im Auto hinterherkommen. Frau Schubert, die die Zwillinge derweil betreute, stand in ihrer Haustür und machte runde Augen, und überhaupt blieb jeder stehen, der die Kutsche sah, und staunte. So hatten es die beiden erwartet. Sie genossen es sehr.

Wer unverschämt an diesem Morgen war, das war Lettchen. Sie ging vorn rechts, erst gut und vernünftig, als es aber nicht Richtung Heimat ging, sondern der Kirche zu, in die entgegengesetzte Richtung also, wurde sie bockig. Sie zerrte seitwärts und deichselte ab, Stine versuchte sie zur Räson zu bringen, aber Lettchen hatte von jeher einen eigenen Kopf. Petra und Anja saßen auf der Lauer, abzuspringen und vorzulaufen, aber Stine schüttelte den Kopf.

„Noch nicht. Ich krieg' sie hin, das wäre ja gelacht!"

Himmel, hatte Lettchen einen Dickschädel! Jetzt kam sie mit dem äußeren Bein über den Zugstrang, schlug aus, traf ihren Nebengänger Nikolo, der beleidigt zurückschlug und sich prompt auch verfitzte. Peuke zog vorwärts und Erie zurück.

Petra sprang schnell ab. Sie hatte sich vorgesehen, weil sie ihren Sturz von neulich noch gut im Gedächtnis hatte, und fiel nicht; im selben Augenblick aber zog Lettchen an und riß die anderen mit, der Wagen schoß vor und Petra geriet ins Hintertreffen. Anja wußte nicht –

„Soll ich?" flüsterte sie Stine zu.

„So ein Unfug, ich krieg' sie hin. Dreh die Bremse nicht ganz zu, nur etwas –"

Anja gehorchte. Im selben Augenblick kam ein Auto von hinten und überholte knapp ...

207

Jetzt spielte Nikolo verrückt. Er warf sich nach rechts und drängte Lettchen noch mehr ab. Die rechten Räder der Kutsche befanden sich bereits auf dem Bürgersteig, auf dem gottlob niemand ging.

Nun sprang auch Anja ab. Sie lief vor, erwischte Lettchen am Zügel, konnte sie aber nicht halten. In diesem Augenblick war, wie verhext, Cornelia da. Sie, die rechts saß, mußte erst hinter der Kutsche herum und dann nach vorn springen, aber sie kam zur richtigen Zeit, bekam Nikolo am Zügel und hielt ihn fest, so daß nun auch Lettchens Geschwindigkeit zwangsläufig geringer wurde. Noch zwei Atemzüge, und alle vier standen wieder ruhig, die Kutsche freilich noch auf dem Bürgersteig.

„Macht nichts, wir fahren wieder runter", sagte Stine seelenruhig. „Steigt schnell auf, hopp!" Und sie fuhr, nachdem alle wieder in der Kutsche saßen, elegant und schmissig der Kirche zu.

Die Ponys warfen die Beine, als seien sie Jucker, es war ein Anblick, daß einem das Herz lachte. Vor der Kirche hielten sie vorschriftsmäßig. Das Brautpaar stieg aus, und schon ertönten die Glocken. Auch die anderen Gäste waren da, und feierlich setzte sich der Zug in Bewegung, ins Gotteshaus hinein.

Anja und Petra blieben draußen. Stine war das recht. Jetzt aber schienen die Ponys endlich Vernunft angenommen zu haben und machten überhaupt keine Zicken mehr. Sie standen geduldig und harmlos still. Stine blieb auf dem Bock sitzen und lachte vergnügt.

„Da haben wir also die Panne doch noch erlebt. Und die Braut zeigte, was an ihr dran ist. Onkel Kurt kann sich freuen."

„Deine Nerven möcht' ich haben", seufzte Petra, und auch Anja meinte, man sollte den Tag nicht vor dem Abend loben.

„Ist ja noch Vormittag", sagte Stine, „sollt mal sehen, wie die vier jetzt gehen, wenn wir zum Lokal fahren. Wie am Zwirnsfaden!"

So war es auch. Und es wurde ein lustiges Mahl.

Anja und Petra waren mit Stine vorher noch zum Reitverein zurückgefahren, um die Ponys unterzustellen. Vater holte sie mit dem Wagen ab. Gerade wurde die Suppe serviert.

Bei Tisch gab es dann lustige Reden, Vater verlas die Glückwunschtelegramme, die gekommen waren, eins davon lautete:

„Dem jungen Paar viele schöne Reiterlebnisse. Werde meine Hand schützend darüberhalten wie soeben über die Kutsche. Sankt Georg, Zuständiger für Pferde im Himmel."

Alle wunderten sich sehr, am meisten Vater, der das Telegramm völlig ahnungslos in die Hand genommen hatte. und nun nicht wußte, was er davon halten sollte. Petra verschwand vor unterdrücktem Lachen hinter ihrer Serviette. Anja bewunderte wieder einmal, auf was für Ideen Petra kam.

Und dann standen sie beide auf, stellten sich vor das junge Paar und sagten ihr Sprüchlein auf. Jede trug ihre Reitkappe, jede eine Blume in der Hand.

„Mancher gibt sich viele Müh
mit dem lieben Pferdevieh.
Einesteils der Knetel wegen,
welche diese Tiere legen,
denn was fing' ein Gärtnersmann
ohne Pferdeknetel an.

Zweitens aber nimmt man auch
ihre Haare in Gebrauch,
für Matratzen und für Pfühle,
denn man liegt nicht gerne kühle.
Doch der größte Spaß dabei
ist nun mal die Reiterei.
Ein geliebtes Pferdchen haben,
unsern deutschen Wald durchtraben
oder fahren, voltigieren
und am schönsten: galoppieren.

Daß auch Onkel Kurt es lerne
in nicht allzu weiter Ferne,
wünschen euch, vergnügt und heiter,
heut zwei junge Nachwuchsreiter."

Stine hatte es ihnen zusammengestellt, und sie ernteten großen Beifall. Es war, alles in allem, eine wunderschöne Reiterhochzeit, genau das richtige für Cornelia.

Mit Islandponys unterwegs

„Offen gestanden, gut fände ich es nicht. Der Reitverein allein genügt schon, die Schule in den Hintergrund zu drängen", sagte Vater freundlich, aber sehr ernsthaft. „Anja hat gerade eine Mathearbeit verhauen, eine glatte Fünf. So was hängt einem bis zum nächsten Zeugnis an oder noch länger. Wenn sie diese Fünf mit einer Eins ausgleichen könnte – wann aber bringt Anja mal eine Eins in Mathe zustande."

„Mathe ist auch ganz schön schwer, bei der heutigen Mengenlehre."

Cornelia ahnte nicht, was Mengenlehre ist, sie wußte nur, daß alle Eltern darüber stöhnen.

„Und sonst ist sie doch gut in der Schule."

„Gut! Weil sie ein einziges Mal einen Aufsatz geschrieben hat, den die Lehrerin lobte!"

„Sie hat ihn nicht nur gelobt, sondern er wurde als beste Arbeit ihrer Altersstufe prämiert!"

„Na ja. Weil sie über die Reitjagd geschrieben hat, die ihr so gut gefiel, und bei der –"

„– ich ins Wasser fiel, jawohl", Cornelia lachte und sah Vater mit schmelzendem Blick an. „Die beiden haben meine Hochzeit so wunderbar verschönt, und da möchte ich – es sind doch nur vier Tage –"

„Also, geschwänzt wird nicht", sagte Vater und versuchte, Cornelias Blick nicht zu erwidern. Die junge Schwägerin war so hübsch und so reizend, daß es fast unmöglich war, weiter streng und grundsatzgetreu zu bleiben. „Kein Tag und keine Stunde wird geschwänzt."

„Es sind vier schulfreie Tage!" rief Cornelia triumphierend. „Die letzten drei Oktobertage und der erste November, der frei ist! Ich nehme mir auch frei. Wir fahren am Donnerstagabend los, übernachten im Königshof – die Frau, bei der wir reiten wollen, heißt Frau König –, und am nächsten Morgen wird losgeritten. Auf Islandponys, die auch Erwachsene tragen.

Vier Tage durch die Pfalz! Stine kommt auch mit. Mein – also Kurt – wollte eigentlich auch mit, aber –"

„Na?" fragte Vater amüsiert, weil Cornelia noch nicht „mein Mann" sagte.

„Er traut sich's noch nicht zu. Hat erst drei Anfängerstunden genommen, und das ist vielleicht ein bißchen wenig für solch eine Unternehmung."

„Kann Anja denn schon genug?" fragte Vater, ohne zu merken, daß er sein „Nein" bereits zur Hälfte zurückgenommen hatte. Nun bekam Cornelia Oberwasser.

„Natürlich! So wie sie sich herausgemacht hat im letzten halben Jahr! Also Sie haben nichts dagegen, wenn keine Schulstunde dabei in Gefahr kommt –" gespannt sah sie ihn an. Vater zögerte noch.

„Wenn Sie – wenn du mir versprichst –"

„Oh, oh, oh!" jubelte Cornelia, sprang auf und fiel ihm um den Hals. „Du bist der beste, der liebste –"

„Na?" fragte Vater und hatte nichts dagegen.

„Schwager. Der –"

„Wollte ich auch hoffen. Denn Kurt ist und bleibt hoffentlich der Allerliebste, Allerbeste und Allerschönste", sagte Vater und versuchte noch ein bißchen zu grollen, was ihm aber nicht recht gelang. „Gut, dann reitet. Aber wehe, wenn es einen Beinbruch gibt – oder sonstwas, was den Schulbesuch hinterher behindern könnte –"

„Nichts wird passieren. Sicher nichts! Frau König hat versprochen, den Kindern brave und zuverlässige Pferde zu geben."

„Aha. Es gibt dort also auch andere!?"

„Natürlich. Aber – jetzt müssen wir es den beiden sagen, sie lauern schon –"

Und ob sie lauerten! Sie standen zu zweit hinter der Tür und stießen sich gegenseitig vom Schlüsselloch weg. Aber verstehen konnte man die Erwachsenen nur zur Hälfte. Endlich, endlich hörten sie Cornelias „Oh, oh, oh!" Da packte Petra Anja bei der Hand und riß sie mit sich fort, in Anjas Zimmer. Jetzt würde die Tür gleich aufgehen und Cornelia herausgestürzt kommen.

So ähnlich geschah es auch. Cornelia blieb im Flur stehen und rief: „Petra, Anja? Wo seid ihr denn? Kommt schnell!" Und da kamen sie geschossen, und Vater seufzte heimlich, als er ihr Tempo sah. Würden sie es ähnlich bei diesem Ritt halten, das Tempo, auf fremden Pferden, in einer fremden Umgebung ...

„Ich benehme mich schon wie ein alter Sorgen-Uhu", sagte er zu sich selbst. „Sonst ist es doch immer Mutter, die die Gefahren sieht", aber er hatte kein gutes Gefühl bei dieser Geschichte, darüber war er sich klar. Obwohl er den beiden ihre Freude von Herzen gönnte ...

Die nächsten Tage wurde gepackt. Packen ist gar kein Ausdruck für das, was Anja täglich anstellte – Mutter schüttelte wieder einmal den Kopf. Der kleine Koffer, in den Anja alles, was sie angeblich für den Ritt brauchen würde, hineinpfropfte und im nächsten Augenblick wieder herausholte, hatte es nicht leicht. Das Schloß ging prompt entzwei, weil es den Druck nicht aushielt. Das aber sagte Anja gar nicht erst ihren Eltern. Dann fuhr sie eben mit offenem Koffer, außerdem konnte man ja einen Gürtel drum herumgurten, damit er zusammenhielt.

„Du wirst die Reithose vergessen über lauter unnötigem Zeug", sagte Mutter einmal, aber Anja lachte.

„Die ging gar nicht mehr rein. Die zieh' ich gleich an."

„Aber die Zahnbürste! Vergiß die nicht."

„Also ich hab' ihn eben zugemacht. Die geht wirklich nicht mehr rein."

„Bist du närrisch, vier Tage ohne Zahnbürste. Dann steck sie dir ins Knopfloch –"

„Wie sieht denn das aus! Zahnbürste im Knopfloch, gräßlich! Reiter müssen korrekt aussehen."

So ging es täglich hin und her. Mutter hatte einmal in einer ihrer Zeitschriften gelesen, daß heranwachsende Töchter, die sich verlieben, der Ruin der Nerven seien. *Sie* meinte, Reittöchter wären noch schlimmer. Reittöchter wären der Gipfel der mütterlichen Belastung ...

Schließlich sagte sie gar nichts mehr. Das war auch besser. Und – obwohl Anja es nicht glaubte – die Zeit bis zum großen Ritt durch die Pfalz verging auch. Beinahe war Mutter der Meinung, sie selbst wäre am erleichtertsten, als alles im Auto saß. Die Zeit davor war derart angefüllt gewesen mit Telefonaten und Planänderungen und „Kannst du mal schnell", daß fast kein Platz mehr für die Sorge in ihrem Herzen blieb, ob auch wirklich alles gutgehen würde. Und darum hatte sie fast schon wieder ein schlechtes Gewissen.

„Wird schon werden, warum denn nicht", sagte Vater tröstend und nahm sie in die Arme, als der Wagen um die Ecke war. „Jetzt trinken wir einen Schluck Kognak, denn Cornelia hat uns einen Sorgentöter, wie sie das nennt, mitgebracht. Und in fünf Tagen sind sie alle heil wieder hier."

„Das walte Gott", sagte Mutter und hatte das Gefühl, den Seufzer, der ihr dabei entwich, nicht zum letzten Mal ausgestoßen zu haben. Diese Tochter – wie ertrugen das eigentlich Mütter mit mehreren solchen? Die gab es doch schließlich auch!

Der Königshof lag – leider! – ziemlich nahe an der großen Straße, die Koppeln und Ställe dahinter. Stine kannte Frau König natürlich, sie hatte an der Hochzeit Cornelia von ihr erzählt, und dadurch war der ganze Plan entstanden. Frau König – ziemlich klein, aber kräftig gebaut – stand inmitten einer Kinderschar auf der dem Haus nächstliegenden Koppel und guckte hoch, als der Wagen hielt. Aha, die neuen Reitgäste!

Sie kam herüber und begrüßte Stine, gab Cornelia die Hand und Anja und Petra je einen wohlgemeinten Schlag auf die Hosenböden.

„Grüß euch, ihr zwei, lauft rüber, ihr könnt gleich mit putzen! Aber ordentlich, verstanden? Und Hufekratzen nicht vergessen! Hufekratzer liegen –"

„Haben eigene", rief Petra im Davonspringen, und Anja ärgerte sich, daß sie ihren nicht eingesteckt hatte. Ein freundliches junges Mädchen, das die Kinder beaufsichtigte, gab ihr einen.

„Ihr seid also Petra und Anja und reitet morgen mit. Wißt ihr schon, welche Pferde ihr bekommt?"

„Ich krieg' Stjoni, soll ein ziemliches Schlitzohr sein", sagte Petra eifrig, während sie einen Rotschimmel mit der Kardätsche bearbeitete. „Man darf mit den Schenkeln nicht drankommen, weil er kitzlig ist. Aber ich reite ja schon ein paar Jahre, und jedes Pferd hat Mucken. Pferde ohne Mucken gibt's nicht –"

Woher sie ihre Weisheiten hatte, ahnte Anja nicht. Von Stine? Warum hatte ihr Stine dann über das Pferd, das sie bekommen würde, nichts erzählt?

Später erfuhr sie, daß sie einen Fuchswallach bekäme, Sir Eden hieß er, sechzehn Jahre alt, verläßlich, nicht sehr dekorativ. Im Grunde war sie froh darüber, aber etwas stach doch in ihrem Herzen: Petra bekam ein Pferd, mit dem nicht jeder klarkam, und sie? Freilich ritt Petra bedeutend länger als sie, aber Isländer sind ja bekanntlich leichter zu reiten ...

Es war dunstig und nicht sehr behaglich draußen, und sie atmeten auf, als die Pferde geputzt und gestriegelt in die Koppel entlassen wurden, in der ein Außenstall stand. Dort konnten sie draußen oder drin stehen, wie sie wollten. Es war nicht wie im Stall, wo jedes in seinem Stand – wie die Pferde des Reitvereins – angebunden an der Krippe stand. Das macht man bei Isländern so, weil sie noch halbe Wildpferde sind.

„Also morgen geht's zeitig los", sagte Frau König, als sie um den runden Tisch saßen. Zu zwölft, alle, die morgen mitreiten würden. Es war hier warm und gemütlich, und man sprach natürlich von nichts anderem als vom Reiten. „Die Kinder fahren mit dem ersten Transport, früh um vier, also halb vier aufstehen. Sie warten in Walmsbach auf die nächsten, von dort aus reiten wir dann gemeinsam los. Sie können ja inzwischen putzen und sich sonstwie vergnügen –"

„So früh? Da ist es doch noch stockdunkel", sagte Cornelia und sah „ihre" beiden an, die nebeneinander am Tisch saßen und futterten.

„Sicher, aber etwa zwei Stunden später ist der nächste Transport da", sagte Frau König gleichmütig. „Wir kommen mit dem dritten. Sie können also länger schlafen, auch Stine."

„Wie schön", sagte Stine, „da sitzen wir noch ein bißchen zusammen. Den Kindern empfehle ich, bald schlafen zu gehen. Wer von den Erwachsenen fährt denn mit dem ersten Schub mit?"

„Der Reformator. Da sitzt er –" Frau König deutete auf einen jungen Mann, der gerade sein Bierglas vollaufen ließ.

„Mein Name ist Martin Luther, ich kann nichts dafür", seufzte er. „Was meine Eltern sich dabei gedacht haben, mich ausgerechnet Martin zu nennen, werde ich wohl nie ergründen. Nun bin ich der Reformator für mein Leben. Ich werde die Oberaufsicht führen", er blinzelte verschmitzt zu Petra und Anja hinüber, „wir werden uns schon vertragen."

„Ist das nicht ein bißchen den Bock zum Gärtner gemacht?" fragte Cornelia, ein wenig besorgt, als die Kinder – außer Anja und Petra noch Marina, eine etwa Vierzehnjährige, und ihr kleiner Bruder Peter – aufgestanden waren, um schlafen zu gehen. „So ein Kindergarten, und dazu –"

„Ach, der Reformator ist soweit in Ordnung", sagte Frau König, „er hat halt öfter Durst. Aber morgen früh sicherlich nicht."

Marina zeigte Petra und Anja den Weg. Sie kletterten eine herabgezogene Bodentreppe hinauf und fanden dort ein Matratzenlager vor, das ihnen ziemlich spartanisch anmutete. Zum Glück hatten die beiden Schlafsäcke mit, das hatte Stine ihnen vorher geraten. Waschen konnte man sich hier nicht.

„Das müßtet ihr unten im Badezimmer tun, aber es geht auch mal ohne", sagte Marina, „Frau König hat gesagt, wir brauchten nicht."

Petra und Anja hatten nichts dagegen. Vergnügt krochen sie in ihre

Schlafsäcke und lachten, als Marina ihren kleinen Bruder hin und her schickte und mit ihm schalt, weil er ewig nicht fertig wurde. Dabei war auch sie in keiner Weise flink.

Natürlich schwatzten sie noch lange und waren am anderen Morgen todmüde, als der Reformator sie weckte. Er tat das, indem er mit einem Besenstiel von unten an die Decke klopfte, daß es bumste und vermutlich auch ein dreizehiges Faultier aus dem Winterschlaf gefahren wäre.

„Ja, ja", rief Marina ärgerlich, und Peter tat, als wäre er nicht zu erwecken. Auch Petra hatte wenig Lust, aus dem Schlafsack zu kriechen; nur Anja zeigte Vernunft.

„Wir müssen doch, die rechnen mit uns."

„Können sie nicht drei Stunden später mit uns rechnen?" knurrte Marina erbittert. „Das wäre auch noch unchristlich früh."

Es half aber alles nichts. Der Reformator donnerte aufs neue und schimpfte – also hinaus ins feindliche Leben! Ein feuchter Herbstwind fauchte ihnen entgegen, schaudernd zogen sie die Kapuzen hoch. Ein Isländer nach dem anderen wurde in den Transporter geführt; gottlob stampften die Rösser, ohne Schwierigkeiten zu machen, das heruntergeklappte schräge Brett mit den Querleisten hinauf, ließen sich eng nebeneinander stellen und benahmen sich friedlich. Der Reformator klappte das Brett hoch und befestigte es an beiden Seiten. Dann befahl er: „Einsteigen, ihr drei."

„Drei? Wieso? Wir sind doch vier!" Aber Peter hatte sich dünnegemacht.

„Fahren wir ohne ihn", sagte Martin Luther endlich, „der nützt uns eh nichts. Los, rein, ihr Mädchen."

Sie quetschten sich neben ihn ins Fahrerhäuschen. Und dann ging es los durch Nacht und Sturm.

Während sie fuhren, fielen ihnen immer wieder die Augen zu, so müde waren sie, und als sie endlich anhielten, war es natürlich noch ebenso dunkel wie bei der Abfahrt. Der Reformator ließ ein Pferd nach dem anderen die Rampe rückwärts heruntertreten, tastete sich durch die Dunkelheit zu einem Baum und band sie dort fest. „So, und nun paßt schön auf, spätestens übermorgen bin ich zurück", brummte er und stieg wieder ein. Die drei Mädchen sahen ihm sehnsüchtig nach. In dem Transporter hatte man wenigstens im Trocknen gesessen.

Hier war es nämlich wahrhaftig nicht trocken. Es nieselte, und sie froren wie die Schneider. Kein Gedanke, jetzt die Ponys putzen zu können. Ihr langhaariges Winterfell war naß wie die ganze Welt ringsum.

Langsam gewöhnten sich die Augen an die Dunkelheit. Petra, noch immer todmüde, durchforschte die nähere Umgebung und fand schließlich ein Gartenhäuschen, das nicht verschlossen war. Sie rief die anderen, und Marina kam auch sogleich, Anja aber meinte, sie müßten doch bei den Ponys bleiben und auf sie aufpassen.

„Dann mach du das", brummte Marina und hockte sich neben Petra in das Häuschen, in dem Bänke und Stühle abgestellt waren.

„Hier kann man ganz gut schlafen", behauptete Petra und war schon im Reich der Träume. Anja ärgerte sich. Sie ging von Pony zu Pony und klopfte Hälse, sprach gut zu und strich über weiche Nasen. Nein, die Pferde machten keine Schwierigkeiten, sie schienen so etwas gewöhnt zu sein. Schließlich kroch auch Anja, wenn auch mit schlechtem Gewissen, in das Gartenhaus, hockte sich neben Petra, die vernehmlich schnarchte, und schlief endlich ein. Ach ja, das Reiterleben ist hart!

„Na, alles in Ordnung?" fragte eine muntere Stimme. Die Mädchen fuhren zusammen. Es war dämmerig, und in der offenen Tür stand Frau König.

„Gut geschlafen? Na, wunderbar. Jetzt geht's los!" sagte sie, und nun hörte man auch Cornelias Lachen. Sie und Stine luden die anderen Pferde aus, ebenso die Sättel und Kopfstücke. Nun wurden auch die Mädchen munter.

Es tat gut, sich zu regen. Das Nieseln hatte aufgehört, am Horizont sah man einen hellen Streifen.

„Wir kriegen heute noch ein paar schöne Tage!" verkündete Frau König optimistisch. „Guckt nur, die Sonne kommt!"

Alle lachten. Von Sonne war keine Rede. Immerhin sah man jetzt schon so viel, daß man auftrensen und satteln konnte. Peter saß im Transporter und schlief noch und war sehr beleidigt, als man ihn weckte.

„Will nicht reiten, will schlafen", weinerte er, und Anja kam sich sehr erwachsen vor, als sie ihm freundlich, wenn auch etwas herablassend, klarzumachen versuchte, daß er dann hier allein zurückblieb. –

„Wir satteln jetzt", sagte sie, als er absolut nicht aufwachen wollte. Da endlich bequemte er sich, die Augen einen Spaltbreit aufzumachen.

Auch Anja spürte die halbverwachte Nacht in allen Gliedern. Aber sobald sie im Sattel saß, war alles gut. An der Spitze ritt die Königin, ein Handpferd neben sich; sie nahm meist ein junges Pferd mit, das trainiert werden sollte. Dann kam Stine, dann die anderen. Anja konnte sie nicht auseinanderhalten, alle waren vermummt und hatten die Kapuzen tief ins Gesicht gezogen. Cornelia bildete das Schlußlicht. Es ging zunächst eine schmale Straße am Wald entlang und dann über ein Stoppelfeld, das erste Mal Galopp. Anja hatte Angst davor – sie konnte sich einfach nicht daran gewöhnen zu glauben, was jeder Reiter weiß: Galopp ist das bequemste. Aber es traf wieder einmal zu. Und von nun an fühlte sie sich auf ihrem Sir Eden schon ziemlich zu Hause.

Er mußte wirklich ein gutes Gebrauchspferd sein. Man saß darauf wie auf einem Schaukelpferd, und er machte überhaupt keine Zicken. Als sie das erste Mal rasteten und absaßen, strahlte sie. Cornelia war schon vorher von ihrem Pferd gesprungen und kam nun zu ihr und Petra, die nebeneinander gehalten hatten.

„Na?" fragte sie nur.

„Herrlich!" antworteten beide wie aus einem Mund. Ach ja, es war wirklich herrlich, zu Pferd unterwegs zu sein!

Am Abend erreichten sie die Jochmühle. Hier gab es einen Offenstall am Rande der Koppel, in den alle Pferde hineinpaßten, mit schon gefüllten Heuraufen und Wassereimern. Man brauchte nur abzusatteln und die Kopfstücke herunterzunehmen, und die Pferde waren versorgt. Sättel aufhängen, Trensen mit hineinnehmen, um sie zu waschen und so aufzuhängen, daß sie im Warmen waren – fertig! Aufatmend nahm man den Zimmerschlüssel in Empfang.

„Du, hier gibt's eine Dusche mit heißem und kaltem Wasser", verkündete Petra strahlend, Petra, die sich gestern so gefreut hatte, daß sie sich nicht waschen konnten. „Haste Muskelkater? Dann dusch heiß, da geht er weg."

Das war für Anja ein Grund. Ihr tat Verschiedenes weh, und manches wurde tatsächlich durch die heiße Dusche besser. Sehr vergnügt und in frischen Klamotten, erschienen sie im Eßraum. Ein Wagen hatte das Gepäck vorausgefahren und hier deponiert. Auch die Erwachsenen hatten sich umgezogen. Nun ging es an ein lustiges gemeinsames Abendessen, und an Appetit fehlte es nicht.

„Morgen geht's auf den Donnersberg", verkündete Frau König, „und abends gehen wir Elfeditsche fangen. Wißt ihr, was das ist?"

Keiner wußte es. Frau König tat sehr geheimnisvoll.

„Man braucht dazu einen Sack und eine Kerze", erzählte sie, „den Sack müssen zwei Leute offenhalten, und der dritte leuchtet mit der Kerze. Da kommen sie dann geflogen, ähnlich, wie auch Krebse sich durch Licht anlocken lassen. Sie sind so klein" – sie deutete es mit der Hand an – „und haben leuchtende Augen und Federn als Schwänze. Manchmal fängt man aber auch keine", setzte sie bedauernd hinzu.

„Sind das Tiere?" fragte eine junge Frau, die auch mitritt. Das heißt, mit auf dem Pferd saß – von Reiten konnte man bei ihr nicht sprechen. „Wir haben alle mal angefangen", stand sozusagen in Kreuzstichmuster über ihrem Sattel schwebend gestickt. So jedenfalls meinte Petra.

„Nein, Tiere eigentlich nicht. Es sind – es sind halt Elfeditsche", erklärte die Königin nicht gerade sehr aufschlußreich. Die Erwachsenen schüttelten die Köpfe, die Kinder waren schon wieder weiter.

„Und auf den Donnersberg reiten wir? Das ist der höchste Berg der Pfalz?"

„Ja, und da hat der liebe Gott mal mit dem Teufel oben gestanden und runtergeguckt und zum Teufel gesagt: ‚Das Land kannst du haben, wenn du versprichst –' ja, was er versprechen sollte, das hab' ich vergessen. Aber der Teufel ging nicht darauf ein und sagte wütend: ‚B'halt's!' Daraus wurde dann der Name ‚Pfalz'."

Petra und Anja hatten ein gemeinsames Zimmer, neben ihnen wohnten Marina und Peter. Da Peter aber sehr schnell einschlief, kam Marina noch zum Schwatzen herüber. Sie setzte sich auf Anjas Bettkante und zeigte Fotos von ihrem vorjährigen Ritt.

„Ich reite nämlich schon lange", sagte sie und zog eine Packung Zigaretten hervor. Ihre Art ärgerte Petra.

„Rauch drüben bei dir, hier bei uns nicht", sagte sie noch einigermaßen freundlich.

„Ach, man kann es so schwer lassen, wenn man einmal daran gewöhnt ist", Marina angelte eine Zigarette heraus, „und auf meinem letzten großen Überlandritt –"

„Durch Australien, ich besinne mich, es stand in allen Zeitungen", fuhr Petra im selben Tonfall fort und riß ihr die Streichholzschachtel aus der Hand, „da kam ein Känguruh und bot mir welche an. So, nun kannst du einem von uns in die Augen schlagen, damit Funken rausspringen und du daraus Feuer kriegst!" Sie war zum Fenster gesprungen, riß es auf und warf die Schachtel hinaus. „Nun hol sie dir wieder."

„Du bist gemein!" jammerte Marina. „Draußen ist es naß, und sie ist bestimmt zerweicht, bis ich sie finde –"

Petra und Anja lachten und lachten. Sie wußten genau, daß Marina viel zu faul war, jetzt in Nacht und Nässe hinauszulaufen. Marina tat es auch nicht.

Sie schwatzten dann noch ein Weilchen ganz friedlich, Anja schlief schließlich ein, und Petra komplimentierte Marina schließlich unmißverständlich hinaus. „Mach, daß du ins Bett kommst. Wir wollen morgen munter sein und keine verschwiemelten Nachteulen."

Am anderen Morgen gab es ein herrliches Frühstück. Alle zwölf Reiter versammelten sich in einem reizend möblierten Zimmer, wo ein langer Tisch mit blaugemusterten Tassen gedeckt war, ein Haufen Brötchen mitten darauf stand und es herrlich nach starkem Kaffee duftete. Petra und Anja waren die ersten, die erschienen, dann kam die Dame mit der geringen Reitpraxis und gleich darauf der freundliche Herr, der als Beruf „Dichter, beinahe Klassiker" angegeben hatte – natürlich besaß er einen richtigen Beruf, aber keiner wußte, welchen –, und dann fanden sich auch die anderen sozusagen tröpfchenweise ein. Marina erschien zu spät und Peter gar nicht; er war sehr beleidigt, als ihn seine Schwester schließlich heranschleppte und der Frühstückstisch bereits abgeräumt wurde. Nur mit Mühe konnte er noch ein trockenes Brötchen erwischen.

„Das kommt davon, wenn man nicht aufstehen will", sagte die Königin und lachte ohne Mitgefühl, „vielleicht denkst du morgen daran."

Peter zog einen Flunsch und sah aus wie drei Tage Regenwetter. Petra und Anja waren schon draußen.

„Huh, ist das kalt!"

„Aber schön kalt! Und klar!"

Sie rannten zur Koppel. Die Pferde standen fast alle draußen, ihr Fell war bereift. Die Königin füllte bunte Plastikschüsseln mit Kraftfutter. Anja wollte ihr die erste gleich abnehmen, um sie den Pferden zu bringen.

„Halt, halt!" rief Frau König. „Erst wenn alle voll sind, und dann müssen wir sie blitzschnell auf der Koppel verteilen, damit es keinen Streit gibt. Alle Rösser bekommen gleichzeitig ihr Frühstück vor die Nase, sonst – na, ihr könnt es euch wohl denken!"

So wurde es gemacht, als alle Schüsseln voll waren. Es gab ein lustiges Wettrennen, an dem sich auch Marina und Peter beteiligten, und als dann jedes Pferd seine Schüssel vor sich hatte, und darüber gebeugt das leckere Kraftfutter knirschend zerkaute, fühlte Anja plötzlich, daß sie noch nie so bewußt glücklich gewesen war wie in diesem Augenblick. Ein neuer Tag im Sattel lag vor ihr, auf einem dieser groben, aber zuverlässigen Isländer, einem Pferd, das sie schon kannte, lauter nette Leute um sich – o Reiterleben! Sie hatte das Gefühl, als müsse sie sich überdehnen, um die Fülle dieses Glücks zu fassen. „Und wenn ich hundert Jahre alt werde, nie werde ich vergessen, wie mir jetzt zumute ist." Petra schien es ähnlich zu gehen.

„Große Klasse, was?" sagte sie und gab Anja einen Rippenstoß, daß diese beinahe umfiel.

Das war eben Petras Art zu sagen, daß sie glücklich war.

Ein schöner Ritt und eine schlimme Nacht

Wenn Anja später an den Ritt rund um und schließlich auf den Donnersberg zurückdachte, dann sah sie immer eine rotgoldene Beleuchtung vor sich. Gab es dort nur Buchen? Die standen im schönsten Farbkleid, und was an Blättern bereits abgeweht war, leuchtete auch noch ganz stark. Als die kleine Reiterschar weiter hinaufkam, wurde dieses Gold von Weiß überzuckert: Hier lag schon Schnee, dünn nur, aber dekorativ. Die Wege, denen sie folgten, wanden sich in Serpentinen empor. Die Isländer stampften geduldig dahin, und Anja war froh, daß sie nicht viel Gewicht in den Sattel brachte. Also brauchte ihr geliebter Sir Eden sich nicht allzusehr anzustrengen. Und dann waren sie oben und sahen in die Ebene hinunter – es war traumhaft. Nie würde sie dieses Gipfelglück vergessen.

Frau König hatte versprochen, ihnen eine Halbedelsteinschleiferei zu zeigen. Anja und Petra hatten wenig Interesse dafür, sie wollten nur reiten, reiten. Aber dann war es doch interessant, was man zu sehen bekam: wie große graue Steine unter Wasser auseinandergesägt werden und die schönsten Farben zutage kommen und was alles aus Halbedelsteinen hergestellt wird. Da gab es Ketten und Anhänger und seltsame Figuren, und die Besitzerin des kleinen Werkes führte sie herum und erklärte alles. Dann aber ritten sie weiter, zur Jochmühle zurück, wo ihr Standquartier war. Sie fühlten sich dort schon ganz zu Hause, als sie am Abend heimkamen, und am anderen Morgen war Peter als erster im Frühstückszimmer. Die beiden Mädchen lachten.

Der Abend hatte noch eine Überraschung gebracht: Auf den Nachttischen neben ihren Betten saßen zwei ulkige kleine Figuren, aus dunkelrotem Halbedelstein geschliffen, mit funkelnden Äuglein, jedes einen langen Schwanz tragend, der aus einer Hahnenfeder bestand. Elfeditsche! Petra erkannte sie sofort als solche und raste damit zu Cornelia.

„Die hast du uns reingesetzt! Ich hab' sowieso nicht an den Schwindel geglaubt!"

„Wieso denn Schwindel?" fragte Cornelia lachend. „Ich hab' sie vorhin gefangen, fragt doch Frau König!"

Bei Tisch taten sie das, und die Königin lachte und sagte, das wäre ein alter Aberglaube. Wer erstmals in der Gegend war, bekam diese Geschichten vom Fangen der Elfeditsche erzählt, und die Besitzerin der Schleiferei hatte deshalb immer solche kleinen Figuren parat. Anja und Petra fanden das herrlich und freuten sich über diese Erinnerung an den Ritt.

Am nächsten Tag ging es nicht bergauf und bergab, sondern in der Ebene hin, und man konnte den Ritt richtig genießen. In einem Waldstück lag ein umgestürzter Baumstamm quer über dem Weg. Drum herumreiten? Nein!

„Wir springen!" rief die Königin und ließ ihren Isländer schon darauf zu galoppieren. „Wer nicht will, läßt es bleiben! Hopp, mein Guter!"

Petra sprang sofort nach, das war

auch gar nicht anders zu erwarten gewesen. Das Hindernis war ja nicht hoch. Da nahm Anja allen Mut zusammen und ritt ebenfalls an. Sie hatte Ohrensausen dabei und einen ganz ausgedörrten Mund vor Lampenfieber, denn sie war noch nie gesprungen, sah nichts als den Baumstamm, hielt darauf zu, die eine Hand am Zügel, die andere in die Mähne gekrallt – und schon war sie drüber.

„Bravo!" schrie Petra, und Anja wußte gar nicht, wie sie es eigentlich geschafft hatte. Eben sprang Peter, sehr geschickt mit der Bewegung gehend, und Marina hinterher. Alles ging glatt, und natürlich sprangen die Anfänger nicht, sondern suchten sich einen Weg seitwärts durchs Gebüsch. Der „Dichter" aber versuchte es und räumte prompt den Sattel. Weil er sofort wieder auf die Beine gesprungen war, merkten alle, daß nichts passiert war, und lachten nur. Cornelia schaltete am schnellsten und ließ ihr Pferd dem ledigen nachgaloppieren, das ihr immer wieder auswich, wenn sie es greifen wollte. Es ging erst durch die Büsche und dann wieder auf dem ziemlich breiten Weg entlang, und die anderen wetteten unterdessen, wann sie es erwischen würde. Endlich konnte sie den Zügel fassen, der gottlob noch über dem Hals lag und nicht herunterhing. In herunterhängende Zügel können durchgehende Pferde leicht hineintreten. Als Cornelia mit den beiden Pferden zu den andern zurückgeritten kam, klatschten alle Beifall. Sie übergab das ledige Pferd seinem Reiter, und er bedankte sich und versprach, am Abend eine Flasche Schnaps zu spendieren, wie das in Reiterkreisen üblich ist. Gleich darauf quiekte Petra: „Cornelia, du blutest ja!"

„Wo denn?" Cornelia hatte gar nichts bemerkt. Sie sah ihre Hände an – auf der rechten sickerte es rot.

„Nicht schlimm. Irgendwo aufgerissen, wahrscheinlich in den Büschen", sagte sie leichthin und leckte das Blut ab. Frau König meinte, es gehörte Jod darauf, aber Cornelia lachte. „Damit ich jodele? Jod brennt so schön. Nein, ist nicht nötig."

„Tetanusgeimpft?" fragte Frau König noch vorsichtshalber. Cornelia lachte.

„Klar. Ich als Ärztin und dauernd mit Pferdemist in Berührung, das wäre ja noch schöner. Aber so ein kleiner Riß heilt am besten, wenn man ihn ohne großes Trara lufttrocknen läßt."

Der „Dichter" war wieder im Sattel, und weiter ging's. Es wurde ein schöner Ritt, nur die Dame, die noch nicht viel Reitpraxis besaß, litt allmählich ziemlich heftig an ihrem Hinterteil.

„Hat sicher einen Wolf", sagte Petra zu Anja. „Weißte, was das ist? Aufgeritten. Man sitzt dann auf rohem Schinken, ein herzlich erfreuliches Gefühl. Hab' ich anfangs auch gehabt. Wollen wir sie mal fragen?"

„Lieber nicht. Das ärgert sie bestimmt –"

„Schön, aber heute abend. Da sag' ich dann zu ihr: ‚Rotkäppchen'" – die Dame trug ein rotes Hütchen, was zum Reiten wahrhaftig nicht paßte –, „ ‚zeig uns doch mal deinen bösen Wolf!'"

Anja prustete. Schließlich konnte Rotkäppchen nicht mehr. Frau König ließ die kleine Kavalkade halten und saß ab.

„Wir brauchen einen Anhalter."

Sie winkte dem nächsten Auto – jetzt waren sie wieder auf der Bundesstraße –, und siehe da, gleich das erste hielt. Ob eine der Reiterinnen mitfahren dürfte, zur Jochmühle. Gutmütig stieß der Autofahrer die rechte Tür auf, und Rotkäppchen stelzte in sehr merkwürdigem Schritt von ihrem einen PS zu den mehreren hinüber und ließ sich auf den Sitz fallen, nicht, ohne dabei laut aufzustöhnen. Petra lachte schadenfroh und nicht gar zu leise.

„Du, komm mal her!" sagte die Königin und winkte ihr zu, als das Auto abgefahren war. „Jetzt darfst du den Gaul von Rotkäppchen an die Hand nehmen, weil du so mitfühlend warst."

Au Backe! Petra schnitt eine Grimasse. Mit Handpferd reiten ist nur der halbe Genuß, jedenfalls, wenn das zweite Pferd nicht gern mitgeht. Sie konnte aber nicht aufbegehren und plagte sich redlich, dabei nahm sie sich vor, das nächste Mal ihre Schadenfreude nicht so offenkundig werden zu lassen.

Cornelia ritt einmal an sie heran. „Ich würde es dir gern für eine Weile abnehmen, aber meine Hand tut jetzt doch etwas weh, sie ist auch geschwollen. Nichts Schlimmes, nur – ja, vielleicht nimmt Anja das Roß eine Weile neben sich? Frau König hat ja schon zwei."

Anja fühlte sich sehr geehrt. Inzwischen aber hatte Petra schon eine Lösung gefunden. Sie war von einem Sattel auf den andern gerutscht und nahm nun ihr eigenes Pferd an die Hand – und siehe, so ging es besser. Sie ritten jetzt auch vorwiegend Schritt. Es wurde dunkel.

Frau König ließ halten und alle Reiter in Zweierreihen aufstellen. Der letzte bekam eine Laterne an den Bügel geschnallt, das Pferd Leuchtbandagen. Das sind Reflektierlichter, ähnlich denen, die man an Fahrradpedalen hat. Sie selbst ritt vorn und trug auch eine Laterne. So zogen sie im Schritt der Jochmühle zu.

Diesmal saßen sie nicht mehr lange nach dem Abendessen zusammen. Cornelia verabschiedete sich zuerst, sie sagte, sie sei müde. Auch die anderen gingen bald schlafen, nur der Reformator blieb sitzen, er war ins Trinken gekommen, und Frau König meinte lachend, man sollte ihn dabei nicht stören. Er merkte wohl nicht einmal, daß es leer und still um ihn herum wurde. Petra und Anja fanden es schade, als auch Frau König aufstand. Mit ihr konnte man sich so herrlich über Pferde unterhalten. Aber auch sie war heute fürs zeitige Schlafengehen.

„Sonst steht ihr morgen nicht auf", sagte sie und gähnte.

„Wir schon. Ich seh' noch mal nach den Pferden", sagte Petra.

Anja ging ins Zimmer hinauf, überwand ihren inneren Schweinehund und verbot sich, gleich ins Bett zu kriechen. Es kostete einen Entschluß, erst duschen zu gehen, aber sie tat es. Als sie zurückkam, war Petra eben von draußen gekommen.

„Du, das ist ein Wetter – also schauderhaft. Sturm und Regen", sagte sie. „Da hatten wir Schwein, daß wir noch einigermaßen ungeschoren herfanden. Du, der ‚Dichter' ist bestimmt was, was man nicht wissen soll", sagte sie. „Laß das Fenster zu, bist du verrückt? Sonst haut es uns der Sturm rum, und wir können die Scheiben bezahlen. Frische Luft hatten wir heute genug."

„Auch wahr", murmelte Anja und war schon eingeschlafen. Petra folgte ihr nach wenigen Minuten. So ein Tag im Sattel macht müde, alles was recht ist. Ein Glück, eine lange und ungestörte Nacht vor sich zu haben.

Ungestört, ja, so denkt man sich das. Wie lange sie geschlafen hatte, wußte Petra nicht, jedenfalls fuhr sie hoch – hatte es nicht geklopft? Sie machte Licht, ging zur Tür – nichts. Vielleicht hatte sie nur geträumt. Draußen orgelte der Sturm.

„Na, so was –"

Gerade wollte sie sich wieder im Bett zurechtkuscheln, da klopfte es erneut. Nebenan schlief Cornelia. Petra lief, barfuß und im Schlafanzug, an die nächste Tür und horchte.

„Cornelia? Was ist?"

Keine Antwort.

Petra klinkte die Tür auf – drin war es dunkel. Sie fragte noch einmal halblaut: „Cornelia?"

Als niemand antwortete, tastete sie nach dem Schalter und knipste. Und da erschrak sie sehr.

Cornelia lag im Bett, blinzelte zu ihr herüber, schien sie aber nicht zu erkennen. Sie war feuerrot im Gesicht, aufgedunsen und schwitzte stark. Petra stand da, die Hand am Schalter, zitternd vor Kälte. Cornelia mußte hohes Fieber haben, das war ihr sofort klar. Was tun?

Erst versuchte sie, mit der Kranken zu sprechen. Sie setzte sich auf ihren Bettrand und rüttelte an ihrer Schulter. Cornelia murrte unwillig, dann stöhnte sie auf und warf sich herum. Und nun sah Petra, daß sie die rechte Hand verbunden hatte, sie sah aber auch noch etwas anderes. Der Schlafanzugärmel hatte sich zurückgeschoben, und Petra konnte deutlich einen roten Streifen erkennen, der sich vom Handgelenk bis in die Ellbogenbeuge zog. Roter Streifen, Blutvergiftung – soviel wußte sie auch. Es überlief sie eiskalt.

Was tun? Handeln! Jemanden holen! Wen? Frau König. Petra rannte barfuß den Gang entlang und klopfte an eine Tür, von der sie glaubte, daß sie zu Frau Königs Zimmer gehörte. Genau wußte sie es nicht. Aber es war die richtige. Sie schüttelte Frau König aus dem Schlaf und berichtete kurz – die Königin wurde sofort munter und kam mit ihr. Nun standen sie zu zweit neben Cornelia und sahen die Fiebernde an.

„Hier gehört ein Arzt her", sagte die Königin, „und zwar schnell. Ich wecke die Wirtin."

Petra blieb stehen, als Frau König gegangen war, überlegte, rannte dann hinüber und weckte Anja. Miteinander kamen sie zurück. Cornelia erkannte keine von ihnen.

Die Wirtin der Jochmühle – sie bewirtschaftete ihr ländliches kleines Hotel zur Zeit allein, ihr Mann war verreist – und Frau König standen an Cornelias Bett. Sie besprachen sich halblaut. Die beiden Mädchen lauschten mit angehaltenem Atem.

Sie verstanden erst allmählich, was es für Schwierigkeiten gab. Das Telefon ging nicht, der Sturm mußte die Leitung beschädigt haben. Der Arzt konnte also nicht angerufen werden.

„Wir müssen ihn herholen, er muß Penicillin spritzen", sagte Frau König. „Das ist das Gebot der Stunde. Nur Penicillin hilft hier, vor allem hilft es schnell."

„Unser Wagen steht unten. Sie haben doch einen jungen Mann dabei, der sicherlich fahren kann. Den müssen wir wecken. Ich selbst habe keinen Führerschein", sagte die Wirtin.

„Den Reformator? Der ist blau", sagte Frau König düster, die auch sofort an ihn gedacht hatte. „Nein, wenn jemand fährt, dann ich. Ist es schwer zu finden? Haben Sie eine Karte?"

„Schon! Aber das Wetter! Und es ist dunkel. Ob Sie den Arzt finden?"

„Ich fahr' mit! Ich kann wunderbar Karten lesen und franzen", schaltete sich hier Petra ein, „ich muß es bei meinem Vater auch immer tun. Er lobt mich deshalb über den grünen Klee, was er sonst nie tut. Ich finde es!"

„Gut. Aber du kennst ja hier die Gegend gar nicht – ob –"

„Ich fahre auch mit. Ich ziehe mich nur schnell an", sagte die Wirtin entschlossen. „Anja kann hier bei der Kranken bleiben."

„Ja, Anja, dich kennt sie. Vielleicht kommt sie ja zwischendurch zu sich. Dann rede ihr gut zu und sag, daß wir sofort wieder da sind!"

„Aber – allein –"

„Natürlich. Du bist doch groß und vernünftig! Wir ziehen uns ganz schnell an –"

Hinaus waren sie, alle drei. Anja stand da und fühlte die Tränen kommen. Allein mit der so gefährlich erkrankten Cornelia!

Petra durfte mit! Immer Petra! Und sie ...

Niemand kümmerte sich um sie. Die drei zogen sich in Windeseile an und trafen sich unten an der Haustür. Die Wirtin suchte erst einmal den Autoschlüssel. Endlich hatte sie ihn.

Nun aber gab es eine neue Panne. Die Königin ließ den Wagen an, vielmehr, sie versuchte ihn anzulassen – tuck, er sprang nicht an. Die Batterie war leer. Was tun?

„Zum Teufel, muß uns das gerade jetzt passieren", fluchte Frau König. „Noch ein Wagen ist wohl nicht da?"

Nein. Der das Gepäck hergefahren hatte, war längst wieder zurückgefahren, er kam erst wieder, wenn der Ritt beendet sein würde. Jetzt wurde es kritisch –

„Ihr schiebt mich an. Vielleicht kommt er. Hier geht es ja etwas bergab", sagte Frau König nach ein paar Sekunden. „Los, erst rückwärts aus der Garage, und dann vorwärts, den Weg hinunter."

„Das machen wir immer so, wenn er nicht kommt", sagte die Wirtin und schob bereits. Petra drückte an der andern Seite. Der Wagen rollte.

Frau König verrenkte sich am Steuer, um rückwärts blicken zu können. Viel konnte man nicht erkennen. Petra sprang vor und drehte das Außenlicht des Hofes an. Gut, so sah man besser. „Nun los, schiebt vorwärts. Sobald er kommt, kupple ich, und ihr könnt einsteigen."

Gottlob, das Manöver klappte. Die Königin ließ den Motor erst mal aufheulen, und die beiden anderen stiegen schleunigst ein. Licht an und auf ging's! Der Wagen fuhr!

Anja sah ihn vom Fenster aus in der Dunkelheit verschwinden. Ihr war scheußlich zumute, entsetzlich. Warten müssen, nichts tun können, wer wußte, wie lange – ach, ach, ach! Ihr stand der Tag, an dem sie um ihre Mutter bangte, noch deutlich vor Augen. Wenn es diesmal wieder so lange dauerte! Wenn die drei überhaupt nicht wiederkamen? Es war ja so wildes Wetter! Der Sturm heulte, die Äste der Bäume bogen sich. Einer schlug immerzu ans Fenster, Anja konnte es schon nicht mehr hören.

Cornelia stöhnte und wälzte sich herum. Beinahe wäre sie dabei aus dem Bett gerutscht. Anja hielt dagegen und vermochte sie dann mit Mühe etwas mehr in die Mitte des Bettes zu zerren. Dann jammerte Cornelia mit einer fremden, gar nicht wiederzuerkennenden Kinderstimme. Anja grauste es. „Cornelia, bitte, wach auf, damit ich mit dir reden kann!" wimmerte sie vor sich hin.

Aber Cornelia hörte nicht. Sie begriff nichts und reagierte nicht. Das Fieber mußte sehr hoch sein. Anja versuchte sie zu halten, wenn sie sich herumwarf, aber ein Fieberkranker ist stark. Wenn sie nur Hilfe hätte! Wenn nur einer von der Reiterei aufwachte und herkäme! Sie war so allein.

Aber niemand kam. Wer denn auch! Und jemanden zu wecken und herzuholen traute sie sich nicht, denn sie meinte, nicht von Cornelia weggehen zu dürfen. Draußen riß der Sturm an den Bäumen, und das elektrische Licht flackerte manchmal, als wollte es jeden Moment ausgehen. Wenn man auch noch im Dunklen säße! Anja hatte die Hände ineinandergepreßt und verbiß sich das Weinen.

Sie dachte auch an die Pferde. Ob die im Stall standen? Isländer sind böses Wetter gewöhnt, sie machen sich nichts daraus. Dies aber, so begriff Anja, war ungewöhnlich. Schließlich hockte sie sich hin, den Kopf in die gewinkelten Arme versteckt, und weinte leise vor Angst und Einsamkeit. Aber auch das Weinen half nichts. Es war eine schreckliche Nacht.

Der Wagen tastete sich indes durch Sturmböen und Dunkelheit, durch plötzliche wilde Regengüsse und über lehmige Wege. Die Wirtin saß rechts von Frau König und gab bei Abbiegungen und Kreuzungen an, wo zu fahren sei, und Petra hockte hinten, hellwach, die Taschenlampe in der Hand. Schließlich fanden sie die Ortschaft, in der der Arzt wohnte. Sein Haus lag in einem Garten, etwas versteckt.

„Es ist zu dumm, daß das Telefon nicht geht", sagte die Wirtin bedrückt. „Unser Doktor –"

„Was ist mit ihm?" fragte Frau König aufhorchend. Die Stimme der anderen hatte sehr besorgt geklungen.

„Nun, er ist schon recht. Ein bißchen aufbrausend, das schon. Wenn er nachts geholt wird, flucht er immer sehr, und wenn es unnötig war, erst recht. Die Patienten sind ja heute sehr verwöhnt – ‚laß ihn doch kommen, die Kasse bezahlt es ja', hört man immer wieder. Oder vielmehr hörte man. Er hat sie ganz gut erzogen, jedenfalls verlangt er, daß man ihn vorher anruft. Das hat er ein für allemal eingeführt, seit es ihm einmal passiert ist, daß ein Betrunkener bei ihm läutete und ihn, als er die Tür aufmachte, niederschlug und ins Haus eindrang. Er hat sich dann erfolgreich gewehrt, ist ein Mann von eins neunzig, aber man kann seitdem nicht mehr ans Haus ran. Er hat einen großen Hund im Garten."

„Angebunden?"

„Ich weiß es nicht. Was machen wir nun?"

„Rufen? Oder hupen?"

„Vielleicht bellt der Hund tüchtig –"

„Ich möchte den Motor nicht ausgehen lassen", sagte Frau König nach einer Weile.

„Ich klettere über den Zaun. Mir tut kein Hund was", erbot sich Petra. Sie war schon aus dem Wagen heraus. „Und sag dann, was los ist. Blutvergiftung –"

Weg war sie.

„Petra!" rief Frau König noch. Aber die Dunkelheit hatte sie schon verschlungen. Jetzt schlug der Hund an.

„Wir haben ihr nicht gesagt, wo die Klingel ist", sagte die Wirtin. „Aber sie hat ja die Taschenlampe dabei."

Man hörte das Bellen jetzt genau, es klang bedrohlich. Frau König war nicht wohl in ihrer Haut. Die Wirtin beruhigte sie.

„Der Hund wird ihr schon nichts tun. Er ist halt darauf dressiert, daß er Spektakel macht –"

„Weff – weff – weff", dann hörte das Gebell auf. Die beiden horchten.

„Einer meiner Söhne hatte auch mal

eine Blutvergiftung", erzählte die Wirtin halblaut, „nach der Spritze wurde es dann schnell wieder besser. Welch ein Glück, daß es Penicillin gibt –"

„Hoffentlich verträgt es Cornelia", murmelte Frau König. Sie hatte auf ihren Überlandritten schon manches erlebt. „Aber sie wird schon. Da – da ist Petra wieder! Wahrhaftig, das Untier hat sie nicht zerrissen! Petra – das ging aber schnell! Du bist ein Goldschatz! Kommt er?"

„Ja, gleich. Mit Spritze. Ich fahre mit ihm", sagte Petra atemlos zum Wagenfenster herein, das Frau König halb heruntergelassen hatte.

„Hat er sehr geflucht?" erkundigte sich die Wirtin. Petra lachte.

„Und wie! Aber der Hund ist lieb –" Frau König atmete auf und wendete den Wagen vorsichtig. Es war nicht leicht, in der Dunkelheit umzusetzen. Aber es gelang. Der schwarze Doktorwagen schob sich aus dem Hof. Frau König ließ ihn voranfahren. Im Rückfenster sah man Petras Kopf, angeschmiegt an einen anderen rabenschwarzen. Sie hatte wahrhaftig den Hund mitgenommen und schmuste jetzt mit ihm, als würden sie sich schon seit ewigen Zeiten kennen. Ach ja, Petra war ein Goldstück!

Eine Stunde später verabschiedete sich der Doktor in der Jochmühle. Petra und Frau König standen am Wagen und bedankten sich noch mal, Petra beinahe herzlicher bei dem Hund als bei dem Arzt. „Bist der Beste, Schönste, und laß niemanden an dein Herrchen ran, hörst du?"

Cornelia war in tiefen Schlaf gefallen, aber es schien jetzt ein ruhiger Schlaf zu sein. Anja hockte noch neben ihrem Bett, todmüde und verweint. Frau König sah noch einmal herein.

„Geh schlafen, Kind. Ja, ja, das war ein Schreck in der Mitternachtsstunde. Nun aber hopp, hopp nach Federnhausen!"

„Ein Glück, daß alles klappte." Petra gähnte und kroch ins Bett. Anja antwortete nicht, und Petra kam nicht dazu, sich darüber zu wundern. Sie schlief schon, ehe sie richtig lag. Noch immer war es Nacht, und der Sturm hatte nicht nachgelassen.

Am anderen Morgen ging es Cornelia bereits merklich besser. Das Fieber war gesunken, der Streifen am Arm verblaßt. Frau König hatte einen Zettel ans Frühstückszimmer geheftet, es gäbe erst ab zehn etwas. An diesem Tag würde erst später geritten, wenn überhaupt, des Wetters wegen. Kraftfutter hatte sie gegeben, diesmal mußten Peter und Marina allein assistieren, denn Anja und Petra schliefen noch. Als Peter zu meutern versuchte, fuhr sie ihm über den Mund.

„Petra hat sich heute nacht toll bewährt, die steckt euch alle in die Tasche" – und sie erzählte von den nächtlichen Ereignissen. So war es kein Wunder, daß beim späten Frühstück von nichts anderem die Rede war als von Cornelias Verletzung und dem Arzt und dessen Hund, der sich mit der Zeit zu einem überdimensionalen Untier auswuchs. Frau König lachte. Und Petra lachte auch, als sie schließlich erschien und von allen darauf angesprochen wurde. Anja kam nicht.

„Sie hat fast die ganze Nacht bei Cornelia gewacht", sagte Frau König, „laßt sie schlafen. Gottlob, daß es Cornelia bessergeht!" Darin waren sich alle einig.

Des späten Frühstücks wegen bestellte Frau König das Mittagessen ab, und als es dann wahrhaftig ein wenig heller wurde und der Regen nachließ, meinte sie, man könnte doch jetzt noch ein Stück reiten, jedenfalls diejenigen, die Lust dazu hätten. Petra hatte welche und ging, um Anja zu holen. Sie fand sie in ihrem gemeinsamen Zimmer über einem Buch. „Kommst du mit? Wir wollen noch ein Stück reiten", sagte Petra.

Anja sah nicht auf. Sie antwortete auch nicht, sondern tat, als sei das Buch, in dem sie las oder zu lesen vorgab, das Allerwichtigste auf der Welt.

„Hast du nicht gehört? Wir wollen –"

„Ohne mich!" fauchte Anja. Es klang so, daß Petra der Mund offenstehen blieb. Sie mußte sich erst fassen.

„Was soll denn das heißen?" fragte sie nach einer kleinen Weile. Sie fragte es vorsichtig, so, als glaubte sie, nicht recht gehört zu haben.

„Das heißt, daß ich nicht mitreite. Geh doch, geh – mach dich weiter bei allen beliebt! Wer schickt dich denn überhaupt? Frau König? Sag, Anja macht nicht mehr mit. Heute nicht und überhaupt nicht mehr. Sie hat ja Petra!"

„Du bist wohl übergeschnappt", sagte Petra leise. „Bei dir rappelt's wohl. Bei dir ist wohl eine Schraube locker –"

„Jawohl! Wahrscheinlich! Kein Wunder, wenn ich überschnappe. Da laßt ihr mich mit Cornelia allein, und hinterher fragt niemand, was los war. Und ich mußte mit ihr – stundenlang –", ein Schluchzen kam in ihr hoch – „mich laßt ihr mit der todkranken Cornelia allein, und ihr fahrt weg –"

„Zum Vergnügen", sagte Petra verhalten. Sie glaubte immer noch nicht, daß es Anja ernst sein könnte mit ihrem Ausbruch. „Ein schönes Vergnügen, durch den Sturm zu fahren!"

„Ja, ich weiß! Die Spatzen pfeifen deine Heldentaten ja von den Dächern! Immer Petra und Petra und Petra. Und ich? Hier sitzen und die Angst haben und nichts unternehmen können – und keine zur Hilfe –, und Cornelia phantasierte – ja, sie hat phantasiert –" Anja schluchzte jetzt wild und war ganz außer sich. „Aber nach mir fragt niemand. Zu Hause ist es ja genauso. Und im Reitverein. Immer nur du und du und du, und um mich kümmert sich keiner."

„Aber was sollten wir denn tun?" fragte Petra ganz hilflos. „Cornelia mußte doch geholfen werden, und zwar sofort. Und einer mußte bei ihr bleiben –"

In diesem Augenblick klopfte es. Beide hielten ein – wer kam?

„Hallo, ihr beiden. Kommt ihr mit?"

Stines Stimme. Petra lief zur Tür. Anja wischte mit dem Ärmel über das Gesicht – natürlich sinnlos, jeder sah sofort, daß sie geheult hatte und noch heulte.

Stine kam herein, im Reitzeug und mit fröhlich blitzenden Augen.

„Kommst du, du Raubtier-Dompteuse? Ich hab' da ja Sachen gehört –"

„Siehst du – auch Stine! Alle, alle bewundern und loben dich –" Anja war so außer sich, daß man alles Weitere gar nicht mehr verstand. Sie war jetzt aufgesprungen, stampfte mit den Füßen und warf sich gleich darauf aufs Bett. Keiner kannte sie so. „Ich reite nicht mit. Jetzt nicht und nie mehr!"

„Was ist denn hier los?" fragte Stine, als Anja einmal kurz Luft holte, und zog die Tür sachte hinter sich ins Schloß. Und dann setzte sie sich neben Anja aufs Bett und fuhr ihr über den Schopf. „Was ist denn hier kaputt?"

Anja schüttelte den Kopf, ohne das Gesicht zu heben, und versuchte, das Schluchzen zu ersticken. Stine blieb sitzen und strich ihr weiter übers Haar, immer wieder, ohne etwas zu sagen. Petra kam langsam heran. Sie blieb vor den beiden stehen.

„Du, Stine, sie hat recht", sagte sie dann halblaut. „Die machen ein großes Spektakel darum, daß ich heute nacht mitgefahren bin – was war das schon! Und Anja ist bei Cornelia geblieben, alleine –"

„Ich hab's gehört. Warum hast du mich denn nicht geweckt?" fragte Stine leise. „Zu zweit wäre das doch nicht ganz so schlimm gewesen!"

Anja schnaufte.

„Ich konnte doch nicht aus dem Zimmer gehen. Cornelia tobte, jedenfalls manchmal – und aus dem Bett wäre sie auch gefallen, wenn ich nicht –" Wieder erschütterte sie das Weinen.

„Das muß wirklich schlimm gewesen sein", sagte Stine. Sie war froh, daß Anja überhaupt antwortete. „Komm, komm, jetzt sind wir da. Und bleiben auch. Ich reite nicht mit, ich bleib' bei dir. O Anja, wenn ich das gewußt hätte heute nacht, glaub mir, ich wäre gekommen."

„Ich bleib' auch", sagte Petra entschlossen. „Das Wetter wird besser, es regnet nicht mehr oder nur noch ein kleines bißchen. Aber ich bleib'. Wenn ihr bleibt. Darf ich, Anja?"

Anja hob den Kopf.

„Klar!" krächzte sie. Das klang so komisch, daß sie alle drei lachen mußten. Petra sprang aufs Bett und puffte Anja in die Seite.

„Fein, Anja. Du bist nicht mehr böse? O Anja, da bin ich aber froh. Bitte, bitte glaub mir, ich wollte das nicht. Ich wollte das überhaupt nicht, weder im Reitverein noch hier – ich bin eben länger dabei, und alle kannten mich schon, als du kamst, und –

Aber wenn jetzt jemand wieder davon anfangen will, etwa, daß ich ein Ungeheuer von Bluthund bändigte – so ist der nämlich gar nicht. Der ist bloß groß, aber furchtbar lieb – und er ließ sich sofort von mir streicheln, und es war gar keine Kunst – ich hab' ihm versprochen, ich schreib' ihm eine Karte von zu Hause –"

Stine und Anja lachten.

„Doch, das hab' ich! Und er hat's verstanden –"

„Kinder, eigentlich könnten wir doch noch – ich meine, wenn Anja einverstanden ist, könnten wir noch mitreiten. Zum Reiten sind wir ja schließlich hergekommen", sagte Stine jetzt.

Sie sahen beide Anja an. Die nickte tapfer.

„Also. Sieht man's mir an?" Sie versuchte ein schüchternes Lächeln.

„Ach was, keiner wird was sagen. Sollst sehen, das ist, wie wenn man abgeschmiert ist und wieder aufsitzt. Sobald man wieder im Sattel ist, tut nichts mehr weh", sagte Stine.

„Bist du denn schon mal –"

„Ich? Oft! Fragt meine Jungens! Aber nun los, los, los, in die Reitbuxen, sonst sind die anderen womöglich schon weg!" Da lachten die beiden Mädchen und beeilten sich.

Abschied und „Auf Wiedersehn!"

Es wurde ein schöner Ritt, anders allerdings als die bisherigen. Nachdenklich waren sie alle geworden durch die Gefahr, in der eine von ihnen geschwebt hatte. Daß eine Infektion so schnell und so stark einsetzen könnte, hatte im Grunde keiner von ihnen für möglich gehalten. Es mußte etwas sehr Giftiges in diese doch an sich kleine Wunde hineingekommen sein.

„Das eine weiß ich", sagte Frau König einmal mitten in ein Gespräch über etwas ganz anderes hinein, „jetzt reite ich nie mehr ohne meine Jodflasche aus. Die kommt oben in meinen rechten Stiefel, gut verschlossen, und wer sich verletzt, und sei es auch nur ein kleiner Riß, der kriegt Jod drauf, sofort. Da kann er noch so um Gnade wimmern. Hättest du nur auf mich gehört, Cornelia!"

Sie duzte Cornelia jetzt, und keinem fiel es auf. In Reiterkreisen duzt man sich schnell. Anja und Petra empfanden es als eine Art Anerkennung ihrer geliebten Cornelia. Sie ritten heute vorwiegend Schritt, obwohl Cornelia behauptete, es ginge ihr wieder tadellos.

„Ärzte selbst sind die schwierigsten Patienten", behauptete Stine. „Ich weiß das, denn bei mir reitet eine Kinderärztin. Bis die sich herabläßt, auch nur einen Teelöffel Medizin zu nehmen – das ist ein Affentheater."

„Heute wird nur ein kleiner Spazierritt gemacht, keine Zerreißprobe", bestimmte die Königin. Sie waren erst ziemlich spät aufgebrochen, schon bald würde es dunkel werden. Überall sah man die Folgen des Unwetters: Abgebrochene Äste lagen auf den Wegen, und die Bäche waren gurgelnd über die Ufer getreten. Ein Ziel aber hatte die Königin, ohne es vorher verraten zu haben. Sie umritten eine Ortschaft und näherten sich dem Friedhof, der etwas abseits lag. Ein paar Leute kamen ihnen entgegen, andere gingen in ihrer Richtung.

Um den Friedhof lief eine halbhohe Mauer. Das Tor stand offen. Frau König ließ absitzen.

„Zügel an einer Seite aushaken und auf die Erde herunterhängen lassen", ordnete sie an. „So macht man es in Island, wenn man rastet. Dort wird ja nur schnell geritten, niemals Schritt. Dafür nur fünfzig Minuten lang. Dann macht man eine Pause von zehn Minuten, und die Pferde dürfen grasen. Falls Gras dort wächst und nicht nur Lava und Steine den Untergrund bedecken. Hier können unsere Rösser aber noch etwas erwischen." Rechts und links des Tores stand Gras, zertreten und verwelkt, aber immerhin Gras. Die Pferde fingen sofort an, daran zu rupfen.

Die Königin wühlte in ihren Taschen. „Da – und da – und da – ich hab' unserer Wirtin alle Kerzenstummel abgebettelt, die sie auftreiben konnte. Hat jeder einen? Gut, dann kommt."

Sie ging den anderen voran durch das Tor.

„Morgen ist nämlich Allerseelen, das ist ein hoher katholischer Feiertag, der Totengedenktag der Katholiken. Da zündet man, oft schon am Abend vorher, auf den Gräbern Kerzen an. Es ist eine hübsche Sitte. Jeder von euch kann sich ein Grab aussuchen, auf dem noch kein Licht brennt, und eine Kerze darauf stellen."

Wirklich, im Dämmern des frühen Abends sah man es leuchten, da und hier, wie funkelnde Edelsteine auf dunklem Grund. Manche Gräber trugen kleine Laternen, manche nur Kerzen, andere wieder Schalen mit offenem Feuer. Das fanden alle, die es noch nie gesehen hatten, sehr hübsch, und sie gingen umher und sahen sich alles an, nachdem sie ihre Kerzen aufgestellt und angezündet hatten. Gut, daß es nicht mehr regnete und stürmte!

„Wollen wir es als kleines Dankopfer sehen, daß es mit Cornelia so gutging. Ich bin doch sehr froh darüber", sagte Frau König und legte ihren Arm um Cornelias Schulter.

Als sie zurückritten, merkten sie, daß es sehr kalt geworden war.

„Es riecht nach Schnee", sagte der „Dichter", der neben Anja ritt. „Das wäre zwar etwas früh im Jahr, aber mir ist so."

„Auf dem Donnersberg lag ja auch schon welcher", sagte Anja hoffnungsvoll. Schnee bedeutete immer eine große Freude: Rodeln, Schilaufen, Schneemänner bauen und Schneeballschlachten.

An diesem Abend verirrten sie sich noch, jedenfalls ein wenig. Frau König, im eifrigen Gespräch mit dem „Dichter", hatte eine Abzweigung übersehen, und nun wußte sie einen Augenblick lang nicht weiter. Sie ritten zurück und zankten sich ein bißchen, denn jeder wollte es besser wissen, welche Richtung zu reiten war. Schließlich sagte der „Dichter", er wolle führen.

„Na, ich weiß nicht. Dichter sind ja meistens versponnen und leben in einer anderen Welt", meinte Frau König, vertraute ihm aber doch die Führung an und begab sich selbst an den Schluß ihrer kleinen Kavalkade. „Wer weiß, wohin er uns lotst."

Diese Sorge war unbegründet. Der „Dichter" fand den richtigen Weg und führte den Trupp sicher nach Hause. Alle lobten ihn sehr, denn jeder war froh, absitzen zu können.

„Hätte ich nicht gedacht", sagte die Königin vergnügt, während sie ihren Sattel herunternahm, „ich meinte halt nur, bei Ihrem Beruf . . ."

Der „Dichter" lachte.

„Ich habe ein wenig gelogen, als ich angab, ich wäre Schriftsteller", sagte er halblaut. „Nicht richtig gelogen, aber ein bißchen. Ich schreibe schon, und gedruckt wird das Geschriebene auch. Nur ist es mehr –"

„Fachliteratur?" fragte Cornelia.

„Nicht ganz. Immerhin gehört Fachwissen dazu. Wenn Sie es also hören wollen: Ich schreibe Krimis. Ich bin Kriminalrat, aber ich erzähle das nicht gern. Denn ich mache immer wieder die Erfahrung, daß jeder sofort gegen mich eingestellt ist, wenn ich das sage."

„Was? Kriminalrat?" rief Petra, die Luchsohren hatte. „So mit Mord aufklären und Spuren sichern und schrecklich aufregenden Sachen –"

„Nicht immer sind es Morde", sagte der „Dichter" und winkte ab, aber Petras Trompetenstimme war bereits durchgedrungen, und sogleich richteten sich aller Blicke auf den Kriminalrat.

„Da haben Sie es", sagte er ergeben. „Von jetzt an werde ich von Ihnen allen bestimmt nur noch mit Mißbehagen angeguckt. Dabei ist doch keiner von Ihnen ein gesuchter Verbrecher und Bösewicht –", er lachte, und die anderen lachten mit. Petra und Anja fanden es übrigens hochinteressant und wollten nun alles genau wissen. Wie seine Bücher hießen, wo sie zu bekommen wären und was sein interessantester Fall gewesen wäre . . .

Er versprach, abends noch ein wenig zu erzählen. Es war ja der letzte gemeinsame Abend. Diese vier Tage – wie schön und prallvoll des Erlebens waren sie doch gewesen!

„Zu schade, daß die Zeit morgen vorbei ist", sagte Petra, „ich wünschte, wir wären vier Tage jünger und fingen noch mal von vorn an."

„Ja, ja, das wünschte ich mir auch", sagte Cornelia trocken, „aber zum Glück werden ja nicht alle Wünsche wahr. Immerhin, es war nur eine Nacht, die ich nicht noch einmal erleben möchte. Und morgen ist noch nicht Schluß, da reiten wir bis Walmsbach und wollen das recht genießen."

Damit sprach sie allen aus der Seele. Freilich, wenn sie gewußt hätten, was dieser Ritt bringen würde ...

„Anja, raus aus den Federn! Es schneit!" schrie Petra am anderen Morgen. Anja rieb sich die Augen.

„Schön! Schneit es sehr?"

„Und wie! Also –", weg war Petra. Als sie in den Hof kam, traf sie Frau König.

„Prima, daß du kommst. Ich muß den Schmied holen, um die Eisen herunterzunehmen. Das Telefon geht immer noch nicht. Kannst mitfahren, magst du?"

„O gern – nein, wollte ich sagen", korrigierte sich Petra sofort, „nein, wissen Sie – ich habe es so komisch im Bauch" – etwas anderes fiel ihr in der Eile nicht ein –, „vielleicht hab' ich mich überfressen." Sie versuchte ein klägliches Gesicht zu schneiden. „Soll ich nicht lieber Anja holen, damit sie mitfährt?"

Frau König sah sie an. Ihr gutes, breites, wie gegerbtes Gesicht bekam kleine Schmunzelfältchen in den Augenwinkeln.

„Bauchweh? Hoffentlich kannst du reiten?"

„Ach, bis dahin wird's schon wieder gut sein. Darf ich Anja holen?"

„Klar. Sag ihr, ich brauche sie dringend." Frau König amüsierte sich, wie Petra wegschoß, in einer Geschwindigkeit, die bei Bauchweh ziemlich erstaunlich war. Sie wartete. Nach ganz kurzer Zeit kam Anja schon angerannt und fragte, ob sie wirklich mitdürfte.

„Ja, gern. In Ordnung. Nein, daß du schon wach bist!"

Anja strahlte, während sie ins Auto kletterte.

„Ich putz' dir deinen Fuchs mit", schrie Petra ihr noch nach.

„Petra ist wirklich ein Schatz", sagte Frau König und lächelte zu Anja hin. „Ihr seid im selben Reitverein?"

„Ja. Und Petra ist die allerbeste Freundin, die man sich denken kann. Ich glaub', es gibt nichts auf der Welt, was uns trennen könnte."

„Das glaub' ich auch", sagte Frau König und lächelte Anja an.

Es dauerte eine ganze Weile, bis alle Eisen heruntergenommen worden waren. Wer nicht „aufhielt", das heißt, seinem Pferd das jeweilige Bein hochhielt, damit der Schmied die Nägel herausziehen konnte, packte seine Sachen oder sollte sie packen, von der Königin aufgefordert und ermahnt. Trotzdem waren lange nicht alle fertig, als die Rösser bereitstanden. Es schneite noch immer. Der eine suchte seine Handschuhe, und der andere wollte noch etwas überziehen, was er erst zum Gepäck gelegt hatte – kurzum, es war ein unkonzentrierter und sehr wenig sportlicher Start, und am Ende fehlte Peter; er mußte erst gesucht werden und erschien schließlich ziemlich beleidigt. Er habe gar nicht gehört, daß es „schon" losgehen sollte ...

Anja hatte sich sehr über den Schnee gefreut, aber das Reiten darin erwies sich nun als gar nicht ideal. Man sah nicht viel, weil man dauernd blinzeln mußte. Der Schnee setzte sich zwischen Oberschenkel und Sattel, dort taute er von der Körperwärme und machte die Reithose feucht, ein scheußliches Gefühl, das auf die Dauer immer störender wurde, denn es war außerdem sehr kalt. Die Hände verklammten trotz der Handschuhe, die Nasenspitze fror, kurzum, ein Genuß war es nicht. Die Königin ließ eine Zeitlang traben, weil die Zeit knapp wurde, dann aber ritten sie wieder Schritt. Der Schnee lag schon hoch, und die armen Gäule mußten sich richtig hindurchwühlen.

„Wann machen wir denn endlich Rast?" fragte die Dame, der das Reiten sowieso Schwierigkeiten machte, und als Frau König sagte, die vorgesehene Ruhepause müßte übersprungen werden, dachte nicht nur einer in dieser Gemeinschaft: „Reiterleben ist hart."

Immerhin hielten sie dann doch einmal an, um etwas Heißes zu trinken. Das tat allen gut. Aber der Ritt schien nicht enden zu wollen, die Pferde wateten schwer durch den Schnee. Anja streifte heimlich den Ärmel vom Handgelenk und sah auf die Uhr – wenn sie nun nicht zur rechten Zeit kamen! Vater hatte gesagt, diesmal gäbe es keine Ausrede für ein Zuspätkommen. Morgen früh war Schule wie immer. Ob Cornelia bei diesem Schnee heute abend noch heimfuhr? Sie hatte es ihretwegen versprochen, sie selbst und Stine hätten etwas mehr Zeit. Heute abend wollte Frau König denen, die noch blieben, den Islandfilm vorführen und mit ihnen Abschied feiern. Das fiel für sie und die drei anderen aus.

Einmal wagte sie zu fragen, ob Cornelia denn Winterreifen hätte. Die lachte, drängte ihren Rappen neben Anjas Pferd und sagte:

„Natürlich habe ich. Die großen Straßen sind bestimmt geräumt! Wir fahren heute abend noch, verlaß dich drauf. Ich hab's versprochen und halte es auch."

Anja atmete auf.

Und siehe da, gegen nachmittag fiel der Schnee dünner und hörte schließlich auf. Man konnte wieder geradeaus sehen, konnte die Schneemassen, die auf Anorak und Hose lagen, abschütteln, ohne daß sich sofort neue bildeten, und nun kam auch noch ein schönes Stück Weg. Sie hatten eine Bundesstraße erreicht – Bundesstraßen reitet man sonst möglichst nicht –, hier war der Schneepflug gefahren, und es fuhren so gut wie überhaupt keine Autos. Wer nicht rausmußte, blieb bei diesem Wetter daheim oder benützte ein öffentliches Verkehrsmittel.

„Da sieht man mal wieder, wie viele Autos überflüssigerweise fahren", sagte Cornelia vergnügt. „Ich würde es auch nicht tun, aber wir gehören heute abend zu den ‚Notfällen'."

Nun war das Reiten wieder ein Vergnügen. Die unbeschlagenen Hufe rutschten hier überhaupt nicht, und Frau König ließ traben. Das gefiel den Rössern, die den Heimweg witterten, genausogut wie den Reitern. Die Luft war frisch und rein wie sonst selten, es ging vorwärts, und Anja meinte, so könnte sie bis morgen früh reiten. Eher, als sie eine Weile gefürchtet hatten, erreichten sie Walmsbach. Der Transporter stand schon da, und Frau König ordnete an, daß Cornelia, Stine und die beiden Mädchen mit dem ersten Schub fahren sollten.

„Schade, daß ihr keine Zeit mehr

habt, ist nun mal nicht zu ändern. Wir verabschieden uns schon hier, damit ihr am Königshof gleich aufbrechen könnt. Gute Heimfahrt, ihr vier, es war schön, euch dabeizuhaben!"

Anja war ein Stein vom Herzen gefallen. Gerade weil die Eltern ihr den Ritt erlaubt hatten, wollte sie um keinen Preis der Welt zu spät kommen. Aufatmend sattelte sie ihren Fuchs ab, streichelte und fütterte ihn mit den letzten Mohrrübenstücken und küßte ihn auf die Nase. Und dann hinein in den Transporter, in dem sie gerade so alle Platz hatten. Sie winkten, solange sie die anderen noch sehen konnten.

„Das war ein Klasseritt", seufzte Stine, und Cornelia zog eine Tafel Schokolade aus der Brusttasche und verteilte sie. Auch der Fahrer bekam einen Teil davon ab.

Die meiste Zeit über sangen sie. Stine konnte viele Reiterlieder, und Cornelia sang die zweite Stimme. Auch der Fahrer brummte mit. Auf diese Weise verging die Zeit schnell. Am Königshof halfen sie noch, die Pferde aus dem Transporter und auf die Koppel zu bringen.

„Halt ihn mir, ich reite ihn hin", flüsterte Anja Petra zu, und die faßte den Fuchs am Zügel und machte Anja die „Räuberleiter". Hopp, saß Anja oben. Und nun trabte sie auf dem ungesattelten Pferd der Koppel zu.

Als sie es sich gerade in Cornelias Auto gemütlich gemacht hatten, kam die Wirtschafterin des Königshofes wild winkend angelaufen.

„Halt, halt! Telefon!" rief sie. „Für Anja! Anjas Vater will sie sprechen."

Anja erschrak sehr.

„Himmel, was –" Sie sprang aus dem Wagen und rannte los, dunkler Ahnungen voll. Was wollte Vater? War vielleicht wieder etwas passiert?

„Ja, Vater?" fragte sie atemlos in den Hörer. Aber, Gott sei Dank, Vaters Stimme klang vergnügt.

„Alles gutgegangen, mein Kind? Na, wunderbar! Und ihr wollt gerade los, stimmt das?" fragte er. „Wie wäre es, wenn ihr erst morgen kämt? Bei diesem Schnee – liegt er bei euch auch so hoch? Na, Hauptsache, ihr seid nicht steckengeblieben! Bei diesem Schnee haben hier alle Schulen geschlossen, morgen ist nicht vor zehn Uhr anzufangen. Was sagt ihr dazu? Cornelia fährt sicherlich auch lieber im Hellen als jetzt in die Dunkelheit hinein. Wer weiß, in welche Staus ihr geratet! Was meinst du dazu?"

„O Vater! Daß du uns noch im letzten Augenblick erwischt hast! Bestimmt fährt sie lieber morgen. – Und bei uns zu Hause ist alles in Ordnung, mit Mutter und den Kleinen?"

„Bei uns", sagte sie, nicht bei euch. Vater fühlte genau den Unterschied. Er lächelte.

„Ja, Anja. Und wenn Cornelia und Stine einverstanden sind, könnt ihr erst morgen kommen. Auch von Petras Eltern aus, ich hab' sie vorhin angerufen."

„Wunderbar! Aber ich frage lieber noch mal." Anja legte den Hörer hin und rannte raus. Und dann kam sie zurückgefegt, strahlend froh.

„Wir bleiben! Es ist ihnen allen lieber so. Und nun können wir sogar den Islandfilm sehen, den Frau König für heute abend versprochen hat! Vater, danke, danke, danke! Und grüß Mutter und Volker und Reinhold, und sag ihnen, später reite ich dann mit ihnen bei Frau König. Später – bald, bald! Sie sollen schnell wachsen. Bis morgen, Vater. Und sag Mutter, ich freu' mich auf zu Hause. Auf euch alle – es gibt so viel zu erzählen! Danke, Vater!"

Reiterferien
mit Anja und Petra

Das wäre was!

„Und du, Anja? Was machen wir mit dir?"

Vater und Tochter sahen einander an. Keiner von beiden sagte etwas, obwohl beide so viel, so viel zu sagen gehabt hätten. Anja das, was sie sich wünschte, heiß – so heiß, wie man es eigentlich nur mit zwölf Jahren tun kann. Und Vater das, was wiederum er sich wünschte, vielleicht nicht weniger stark: seine kleine Tochter glücklich machen zu können. Nur die Ansichten über das, was Glück bedeutet, sind bei Vätern und Töchtern leider oft recht verschieden.

Vater war nicht Anjas richtiger Vater. Er hatte ihre Mutter geheiratet, als Anja neun war, und dann hatten sie zwei kleine Söhne auf einmal bekommen, Zwillinge, Reinhold und Volker, jetzt etwa anderthalb Jahre alt. Niemand hatte je gefragt, ob er nicht lieber Töchter gehabt hätte, er hatte ja eine, Anja. Und er liebte sie, wie manche Väter ihre richtigen Töchter nicht lieben. Er liebte sie bewußt und voll des besten Willens, ihr ein guter Vater zu sein. Gelang ihm das immer? Er wußte es nicht.

„Tja, was machen wir mit dir?" wiederholte er jetzt. Er hatte ihr ausführlich auseinandergesetzt, daß Mutter Erholung brauchte. Sie sollte über Ostern in ein Heim für überarbeitete Mütter im Schwarzwald gehen, das auch Kleinkinder mit aufnahm, in einem gesonderten Haus pflegte und betreute, so daß die Mütter sie nahe bei sich und doch keine Arbeit mit ihnen hatten. Und er selbst, Lehrer, Hauptfach Erdkunde, wollte nun endlich die Amerikareise machen, die er sich schon immer gewünscht hatte. Übrig blieb also Anja, die weder mit ins Heim noch mit Vater ins Land der unbegrenzten Möglichkeiten konnte. Was sollte nun aus ihr werden in den drei Wochen, die die Osterferien diesmal dauerten?

„Ich wüßte schon was, aber es ist teuer", druckste Anja schließlich heraus, als Vater immer noch wartete. „Was ganz, ganz Schönes, aber –"

„Was für ein Aber steckt denn dahinter?" fragte Vater lächelnd. „Nun sag' schon. Jeder von uns soll doch etwas Schönes haben. Ich will nach Amerika, um recht viel dazuzulernen, Mutter in den Schwarzwald, um mal endlich auszuruhen. Und du?"

Anja gab sich selbst Galopphilfe und ging über die Hürde. Und ihre Worte kamen jetzt auch wie im Galopp, ohne Pause, Sprung um Sprung hintereinander.

„Also weißt du – besinnst du dich noch auf Stine? Die Onkel Kurt und Cornelia zur Hochzeit gefahren hat mit dem kleinen Vierspänner, der Kutsche mit den Shetlandponys? Die wohnt auf einem kleinen Hof – ja, du warst überhaupt mal dort –" Vater lachte. Als ob er das vergessen hätte! So etwas kann man doch gar nicht vergessen! Stine und ihr netter Mann und ihre kleinen Söhne, drei an der Zahl, und die vielen winzigen Pferdchen, auch ein paar größere hatte sie dabei, und einen Esel. „Nicht wahr, du weißt? Du hast sie sogar mal abgeholt, vom Seehof, so heißt das Kleinpferdegestüt. Die nimmt in den Ferien Kinder auf und läßt sie reiten, wie es jetzt viele Ponyhöfe machen, nur, daß Stine eben anders ist.

Stine hat den Reitwart gemacht, das heißt, die Prüfung zum Hilfsreitlehrer, sie kann also Kinder ausbilden, und da kostet es etwas, dort zu sein, sogar eine ganze Menge jeden Tag. Stine könnte sich die Pferde gar nicht halten, wenn sie diesen Betrieb nicht hätte, die Pferde müssen ja auch etwas bringen, sagt sie. Und da –" Anja sagte noch viel. Eifrig und selbstvergessen schilderte sie, und Vater hörte zu, geduldig, aufmerksam und still amüsiert über die Lebhaftigkeit seiner Tochter. Ja, wenn es um Pferde ging! Eine der besten Eigenschaften dieses Vaters war, daß er zuhören konnte.

„Soso, gar nicht schlecht", sagte er nach einer Weile, als Anja Atem schöpfte, „das ist also Stines Job. Mit Pferden kann sie umgehen, das hat sie gelernt, und mit Kindern kommt sie sowieso gut zurecht. Später lassen wir einmal Reinhold und Volker dort reiten, was meinst du? Denn du kannst es ja schon, dazu haben wir dich ja in den Reitverein geschickt!" Er lachte ein bißchen verschmitzt. Anja in ihrem himmelstürmenden Eifer merkte nicht, worauf er hinauswollte.

„Können? Ich soll reiten können?"

O Vater, hast du eine Ahnung! ‚Ich kann reiten', sagt man nie, nie! ‚Ich lerne' oder ‚ich reite seit einem halben Jahr im Reitverein' oder ‚ich hab' jetzt vielleicht fünfzig Stunden' – das kann man sagen, aber nie: ‚Ich kann reiten.' Auch die ganz großen Asse, die auf internationalen Turnieren mitreiten, würden das nie sagen, weil man ja nie auslernt."

„Schön. In Ordnung. Dann wäre es also nicht verkehrt, wenn du –", er hielt inne.

„Ich?" jauchzte Anja, aber ganz leise erst, gleichsam niedergehalten, denn sie wagte noch nicht, zu Ende zu denken, was da vor ihr aufleuchtete, geschweige denn, es auszusprechen.

„Erst müssen wir mit Stine sprechen, sie fragen, was es kostet, ob sie Platz hat für dich. Vielleicht ist sie für die Osterferien schon ausgebucht. Wollen wir anrufen oder besser hinfahren? Was meinst du?"

„Hinfahren! Aber –"

„Na, was für ein Aber kommt denn nun?" fragte Vater freundlich. Anja sah ihn mit weit aufgerissenen Augen an.

„Petra muß mit! Ich möchte nicht ohne Petra etwas anfangen – du weißt doch, wie sehr wir befreundet sind. Darf ich sie anrufen, ob sie mitkommt?"

„Schön, ruf sie an. Und dann schlagen wir Stine den nächsten Samstag vor, sagen ihr, daß wir mal kommen möchten und mit ihr sprechen. Einverstanden?"

„Samstag erst?" fragte Anja. Es klang wie „in tausend Tagen". Dabei war heute schon Donnerstag.

„Ja, Samstag. Da hat sie vielleicht etwas mehr Ruhe als an anderen Tagen. Viel Ruhe hat diese Stine, glaube ich, überhaupt noch nie gehabt in ihrem Leben."

Petra war natürlich Feuer und Flamme für diesen Plan. Anja war sofort zu ihr hingestürzt; am Telefon kann man so etwas ja nicht richtig, nicht gründlich genug besprechen. Sie hockten also miteinander in Petras hübschem Zimmer, durch dessen breite Fenster die Schneehelle des scheidenden Winters fiel. Es war unbeschreiblich gemütlich hier: die Wände hell getäfelt, überall Bücher. Und das schönste war, Petra brauchte nicht aufzuräumen. Das wußte Anja, und darum beneidete sie die Freundin glühend.

„Bei mir heißt es immer wieder:

‚Nun räum doch mal *endlich* auf! Wie sieht denn dein Zimmer wieder aus!'" stöhnte sie auch jetzt, während sie sich neben Petra auf die Couch fallen ließ. „Zum Auswachsen, immer dasselbe. Ich kann's schon nicht mehr hören."

„Kenn' ich", sagte Petra und schob Anja eine Schale mit Apfelsinen zu, „bei uns war es genauso."

„Wirklich?" wunderte sich Anja. Petra nickte.

„Bis sie mir die Schlafcouch statt des Bettes gaben. Die wollte ich nämlich zu gern haben. Bettenmachen, ekelhaft! Man macht es nie glatt genug und kann sich dann den ganzen Tag über nicht drauf legen. Aber alles Bettzeug einfach in die Truhe stopfen und eine hübsche Couch haben, das ist eine Wucht!" Sie zeigte hinüber auf die alte Truhe an der Wand, ein Silberpokal stand darauf, der in das Zimmer mit den Holzwänden hineinpaßte wie ein handgroßer Fettfleck auf eine Siegerurkunde.

Anja lachte. „Ja, das ist was anderes. Nur – muß dieses Ungeheuer von Pokal dort stehen und jedesmal weggenommen werden, wenn man das Bettzeug hineinstampft?"

„Muß, jawohl. Dieses Ungeheuer ist nämlich ein Preis, ein Ehrenpreis, daß du es weißt! Mein erster und bisher einziger von einem Turnier. Den würde ich auch sechsmal am Tag wegnehmen und wieder hinstellen."

„Du hast mal einen Ehrenpreis bekommen, auf einem Turnier? Einen richtigen Silberpokal? Nicht nur Schleifen?" Anja deutete auf die Reihe von bunten Seidenrosetten mit einem herabhängenden goldgeprägten Ende, die über der Truhe an der Wand hingen.

„Hab' ich, jawohl. In grauer Vorzeit, als ich dich noch nicht kannte."

„Und wofür?" fragte Anja ganz gespannt.

„Für Über-ein-Feuer-Springen. Ja, das klingt großartig, aber so toll war es wahrhaftig nicht. Man muß nur das Pferd danach haben. Ich bekam damals einen Norweger, der sich vor nichts fürchtete. Unter uns gesagt, er war ziemlich pomadig. Die Reiterin, die ihn springen lassen wollte, war bei einer andern Disziplin zu Boden gegangen und konnte also diese Nummer – eine Schaunummer – nicht mehr reiten. Da fragte sie mich. ‚Wenn es das Pferd macht, mach' ich es auch', sagte ich und kletterte in den Sattel. Nein, was sind Norweger manchmal pummelig! Es gibt natürlich solche und solche, aber der war speckfett, daher vielleicht auch seine Pomadigkeit. Ich kriegte überhaupt keinen Knieschluß auf ihm, so spreizte mir sein breiter Rücken die Beine auseinander. Na schön, versuchte ich halt, in der Balance zu reiten. Und siehe da, das genügte! Der Gute ging. Man hatte eine etwa sechs Meter lange Blechrinne aufgestellt, dahinein wurde Heizöl gegossen oder Petroleum, ich weiß das nicht so genau, und das zündeten sie an. Es brannte vielleicht einen Viertelmeter hoch und flackerte ein bißchen, das war alles. Und darüber sprang mein Norwegerchen, als wäre es ein dünner Baumstamm, unerregt und gehorsam. Also."

„Trotzdem! Es heißt doch immer, Pferde fürchten sich so sehr vor Feuer."

„Das tun auch die meisten. Der aber nicht, ich hab's ja gemerkt."

„Und warum hast du den Pokal erst jetzt hier auf die Truhe gestellt? Den hab' ich doch noch nie gesehen", sagte Anja. Petra lachte.

„Weil mein liebes Brüderchen ihn

mir geklaut und zweckentfremdet hatte, wie man heute sagt. Werner, du weißt ja. Er hatte die Idee zu beobachten, wie aus Kaulquappen Frösche werden, und brauchte dazu ein Gefäß. Da er den Pokal mit Inhalt hinter seinem Schrank versteckt hatte, fand ich ihn nicht, als ich mich in seiner Bude umsah. Denn immerhin hatte ich schon den Verdacht, daß Werner lange Finger gemacht haben könnte."

„Und sind es Frösche geworden?" fragte Anja.

„Noch nicht. So etwas braucht Zeit. Inzwischen aber hat Werner ein anderes gläsernes Gefäß aufgetan, in dem man die Quäppchen besser beobachten kann. Diesmal ist Vater der Bestohlene. Ich bin gespannt, wann er merkt, wo sein viereckiger Glaskasten hingekommen ist, in dem er bisher alle möglichen Kostbarkeiten aufbewahrte. Auf jeden Fall habe ich meinen Pokal wieder."

Anja hielt ihn in den Händen und drehte ihn um und um, las die Gravierung und putzte mit dem Ärmel an ihm herum.

„Ob ich auch mal einen bekomme?"

„Na sicherlich. So was kann einem anfliegen wie ein Schnupfen. Vor Bomben und Preisen ist niemand sicher, sagt mein Vater immer."

„Versteh' ich nicht."

„Das werde ich dir gleich verklickern. Also, sperr die Ohren auf. Werner ist ja ein fürchterlicher Hasenfuß, wenn es ums Reiten geht, das weißt du. Und als er noch kleiner war, erst recht. Einmal hatten wir ihn zu einer Stutenschau mitgenommen, weil er nicht allein zu Hause bleiben sollte. Nur deshalb. Reiten wollte er um nichts in der Welt. Lady und Traute, unsere zwei Stuten, die Vater und Mutter reiten, sollten auch gezeigt werden. Aber Mutter wurde ans Telefon gerufen, gerade als alle einundvierzig Stuten vorgeführt werden sollten, immer vier nebeneinander, als Schlußlicht unsere Lady. Ich ritt Traute, und da Mutter ausfiel, packte der Reitlehrer einfach unseren kleinen Angsthasen Werner unter den Achseln und hob ihn auf Lady, ohne vorher gefragt zu haben. Das hätten Mutter oder ich mal versuchen sollen, das hätte vielleicht ein Geschrei gegeben! Aber da blieb Werner still, er war völlig perplex und dachte nicht daran zu protestieren. So ritt er also allein hinter uns anderen her – im Schritt natürlich, Lady ist sehr zuverlässig – und machte sich erstaunlich gut im Sattel. Das schienen andere auch zu finden, denn plötzlich hieß es: ‚Halt. Eine halbe Wendung um die Vorderhand!' Und auch das machte Lady, ohne mit der Wimper zu zucken. Die andern vierzig natürlich auch. Und nun stand Werner, der fünfjährige Knirps, mit seinem Pferd als Tete vor lauter Erwachsenen, ein Bild, sag' ich dir! Er heulte keineswegs, sondern hielt sich aufrecht wie eine kleine Eins. Süß sah er aus, und die Fotoapparate der Zeitungsleute klickten nur so. Sein Bild kam dann in unserem Wurschtblatt ganz groß heraus, so was hatte er sich nie im Leben erträumt. Und wir andern hätten das nicht für möglich gehalten. Wenn Werner, das Nichtreiterlein, also als Tetenreiter der gesamten Stutenschau geehrt und geknipst wurde, warum sollst du nicht auch mal einen Ehrenpreis kriegen?"

„Na danke. So einen möchte ich lieber nicht", sagte Anja. „Entweder einen, den ich wirklich verdiene, oder gar keinen."

„Da hast du auch wieder recht. Na, dann reite mal schön, eines Tages verdienst du dir einen", sagte Petra friedlich und steckte das letzte Stück Apfelsinenschnitz in den Mund. „Und jetzt heißt es, unsere Eltern davon zu überzeugen, daß wir in den Osterferien *unbedingt* zu Stine gehen müssen. Denn glaubst du etwa, ich ließe dich allein dorthin? Da bist du schiefgewickelt, meine Teure. Entweder wir gehen beide oder keine von uns."

„Dann schon lieber beide. Ich fürchte nur, deine Eltern sind eher herumzukriegen als meine", seufzte Anja. „Sie reiten ja beide und deine Schwestern auch."

„Trotzdem weiß man nie, wie sie reagieren", warf Petra ein. „Nun, hoffen wir das Beste. Also dann, übermorgen?"

„Ja. Übermorgen", sagte Anja. „Das wäre was!"

Auf dem Seehof

„Du, Vater, borgst du dir ein Fahrrad?" fragte Anja. Sie stand neben seinem Schreibtisch und hatte lange versucht, die Frage zu unterdrücken. Aber der Uhrzeiger rückte immer weiter.

Vater, der eben dabei war, das letzte Heft des Stapels, der vor ihm lag, zu korrigieren, sah auf. Er versuchte, abzuschalten und auf sie einzugehen. Trotzdem mußte er erst fragen: „Wozu denn?"

„Wenn wir heute zu Stine fahren."

„Heute? Zu Stine?"

„Ja, zu Stine auf den Seehof! Um uns anzumelden für die Osterferien – oder uns wenigstens zu erkundigen. Du hast es uns doch versprochen!" Anja erschien es undenkbar, daß man so etwas Wichtiges vergessen könnte. Vater hatte es vielleicht auch nicht vergessen, sondern er tat nur so.

„Ach ja, richtig, in das Kleinpferdegestüt. Nein, dazu borge ich mir kein Fahrrad."

„Aber?" Anja hatte die letzten beiden Tage an nichts anderes gedacht und versuchte vergeblich, ihre Unruhe zu verbergen. „Aber wir müssen doch hin. Du sagst doch, telefonieren ist nicht so gut."

„Wozu denn radeln? Können wir nicht laufen?" fragte Vater mit Gemütsruhe und strich einen Fehler rot an. Anja trat von einem Fuß auf den anderen.

„Laufen? So weit?"

„Warum nicht, geliebte Tochter?" Vater schlug das Heft nun endlich zu, legte es auf die anderen und sah Anja an. „Es gibt ein Sprichwort, das heißt: ‚Zu Fuß ist das vornehmste. Da ist immer eingespannt.'"

„Ach so. Es ist aber weit –"

„Dann laufen wir eben weit." Vater stand auf. „Ist deine Freundin Petra schon da? Die wollte doch mit."

„Nein, aber sie muß jeden Augenblick kommen. Vater, du könntest dir das Fahrrad von Frau Schubert borgen, sie gibt es dir bestimmt. Außerdem wären wir eher dort und könnten vielleicht noch etwas helfen. Petra kommt bestimmt mit dem Fahrrad."

„Ach, weißt du, wir sind so lange nicht marschiert."

Im selben Augenblick schrillte draußen eine Fahrradklingel. Anja stürzte ans Fenster.

„Petra! Ja, da ist sie. Und natürlich –"

„Also schön. Dann hol' ich mir Frau Schuberts Rad. Wenn du meinst, sie gibt es mir. Nur –"

„Nur?" fragte Anja, schon halb im Absausen.

„Nur – ich dachte, wenn wir zu Fuß kommen, fährt uns Stine vielleicht mit dem Ponywagen zurück oder doch wenigstens ein Stück. Ich würde sehr gern mal Ponywagen fahren."

„O Vater, ich auch!"

Da hatte er doch wahrhaftig wieder einmal gewonnen. Anja hätte es eigentlich wissen müssen – Vater mit seiner Ruhe und seinem verschmitzten Humor schaffte es immer. Sie lief hinaus zu Petra. Und Petra war natürlich einverstanden.

Es wurde ein schöner Marsch. Vater kannte viele der Lieder, die Anja und Petra liebten, und sie sangen immer alle Verse durch. So merkten sie auch nicht, wie weit der Weg war. In den Ackerfurchen lag noch alter Schnee, aber die Luft roch nach Frühling. Schließlich kamen sie an die Unterführung, durch die sie damals gefahren waren, nicht ohne Angst, daß es gutgehen, daß kein Zug kommen und die Ponys scheuen lassen würde. Es kam dann eine Lok, aber die war schnell vorbei, und sie hatten die Unterführung auch schon ein Stück hinter sich. Sie erzählten Vater das alles und malten ihm jede Kleinigkeit aus. Und dann waren sie auf der großen Straße, die überquert werden mußte, und bogen in den schmalen Weg ein, der zum Seehof führte.

„Siehst du den Brunnen, da rechts?" fragten sie aufgeregt. „Und dort, das ist die Scheune. Und in dem Haus links wohnen die Ferienkinder, wenn welche da sind." Anja und Petra nahmen sich gegenseitig das Wort aus dem Mund. Nun waren sie endlich da.

Ja, und da standen auch schon ein paar von den Hauptbewohnern des Gestüts, ein paar Rösser. Stine züchtete vor allem Welsh-Ponys, die etwas größer als Shettys, aber kleiner als Großpferde sind. Rechts, am Brunnen, war der Boden gepflastert, damit man nicht im Matsch stehen mußte, dahinter konnte man eine dicke Querstange sehen. Dort wurden die Pferde und Ponys angebunden, wenn man sie sattelte oder absattelte, wenn man sie im Sommer wusch oder wenn sie, wie jetzt, auf den Schmied warteten. Der Schmied war nämlich da. Er hatte seinen kleinen tragbaren Ofen, der vor sich hin fauchte, neben sich stehen und paßte gerade ein glühend gemachtes Eisen auf den Huf des Pferdes, dessen Bein Stine angewinkelt festhielt. Es zischte, qualmte, stank – aber es war ein wundervoller Gestank, nach verbranntem Horn, so beißend, daß man es nie vergaß. Viele Leute, die in ihrer Kindheit mit Pferden zu tun hatten und sich darum rissen, „aufhalten" zu dürfen, verdrehten noch als Erwachsene die Augen, wenn sie etwas Ähnliches rochen. „Wie in der Schmiede", sagten sie, und wer es nicht kannte, schüttelte verständnislos den Kopf. Vater schüttelte ihn nicht, sondern sog den Geruch mit Genuß ein.

„Herrlich, ja, so muß es riechen. Guten Tag, wir dürfen doch zusehen?" Sie waren alle drei an Stine und den Schmied herangetreten. Stine sah aus ihrer gebückten Stellung hoch und lachte.

„Ach, Petra und Anja, die beiden Hochzeitspagen. Grüß euch! Und euren Vater habt ihr mitgebracht?"

Stine sah wieder aus, daß den beiden das Herz hüpfte vor Bewunderung und Begeisterung: Stiefel, alte Reithosen, ein kariertes Hemd mit hochgekrempelten Ärmeln, ein verrutschtes Kopftuch auf dem kurzen Haar, im Gesicht schwarz geschmiert wie des Teufels rußige Großmutter.

‚So möchte ich auch aussehen dürfen', dachte Anja. ‚Immer heißt es: Wasch dich und ziehe dich ordentlich an!' Dabei war es bei Stine nicht nachlässig, sondern ‚richtig'. Stine war richtig, wie sie zufaßte, ruhig und trotzdem fest, und wie sie Vater zulachte.

Aufhalten ist keine leichte Sache, aber das wußte Anja noch nicht. Schmiede, heutzutage sehr gefragte Leute, sind sehr streng. Man darf ein einmal gefaßtes Pferdebein nicht wieder loslassen, wenn das Pferd anfängt zu schlagen, sonst macht es das beim nächstenmal von Anfang an. Da gilt es oft, Stöße oder Schläge einzustecken, und immer muß man die Ruhe behalten. Dieses Pferd hier stand wie eine Eins, brav und geduldig. Der Schmied lobte es auch. Dann aber –

„Komm, bring mir den Ramses, da steht er, er muß ausgeschnitten werden", sagte Stine, sich aufrichtend, zu Petra, „und du, Anja, bring die Kachel weg. Sie kann auf die Hausweide dort drüben." Sie deutete mit der Hand in die Richtung. „Und nun endlich: Guten Tag!" Damit gab sie Vater die Hand. „Sie verstehen, wir müssen erst einmal dranbleiben, wenn unser Hochverehrter hier ist." Sie blinzelte dem Schmied zu. Der lachte.

„Die beiden noch? Und nur ausschneiden? Das dauert keine Ewigkeit mehr."

Petra hatte Ramses, das eine Hengstfohlen, das an der Querstange stand, schon losgebunden und führte es her. Anja ging mit Kachel – das war ein Spitzname – hinüber zur Weide. Vater blieb stehen und sah zu, wie Ramses erstmals das Abenteuer Schmied bestand.

Nicht sehr pannenlos, das mußte man zugeben. Zwar war Stine immer darauf bedacht, jedes Fohlen an das so nötige Fußgeben zu gewöhnen, manches aber gewöhnte sich nur langsam oder auch gar nicht. Es gibt Pferde, die nie schmiedefromm werden, wie man es nennt. Und Ramses schien zu diesen zu gehören. Er trat aufgeregt hin und her, wollte keins seiner Beine heben, feuerte aus und stieg. Stine versuchte es auf jede erdenkliche Weise, sprach mit ihm, streichelte ihn, hob immer und immer wieder einen Vorderhuf auf – Ramses aber zitterte und zeigte das Weiße im Auge. Schließlich trat Petra hinzu, hob auf Stines zustimmenden Blick hin eins der Hinterbeine an, ein wenig nur, Stine versuchte es wieder vorn. Der kleine Hengst, nun auf zwei diagonal stehenden Füßen balancierend, konnte sich nicht mehr recht wehren, denn er riskierte es umzufallen. Petra stemmte mit der Schulter gegen – richtig, jetzt hielt er endlich still. Der Schmied hatte sein Messer schon parat, er fuhr damit um den Rand des Hufes, dann in die Mitte hinein, schnipselte, rundete.

„Jetzt den anderen", befahl er. Stine setzte ab, auch Petra, und nun ging es an den nächsten Huf. Diesmal hielt Ramses eher still, er hatte ja gemerkt, daß es nicht weh tat. Mißtrauisch war er noch immer, warf den Kopf, schlug einmal, als sie wechselten, Stine unters Kinn, so daß ihr ein heftiger und nicht sehr salonfähiger Fluch entfuhr, dann aber war der eine und endlich auch der andere Hinterhuf behandelt. Aufseufzend ließen sie beide los. Der Schmied richtete sich auf, fuhr mit dem Ärmel über das schweißnasse Gesicht und machte ein Zeichen: „Der nächste!"

Vater hatte den andern kleinen Hengst schon abgebunden und führte ihn dem Schmied zu. Petra stand auf der Lauer. Nun war auch Anja wieder da und wartete gespannt.

Diesmal ging es leichter. Der kleine Hengst gab den ersten, dann den zweiten Fuß – Petra brauchte gar nicht in Aktion zu treten. Auch bei den Hinterhufen klappte es einigermaßen. Stine bekam zwar noch einen Schlag, war aber geschickt ausgewichen, so daß er sie nur streifte.

„Danke, das wär's für heute", sagte sie abschließend. Der Schmied nickte ihr zu und begann, seine Habseligkeiten einzusammeln.

„Ist mir lieb, daß wir nicht weitermachen. Ich hab' heute meinen Buben nicht mit, der liegt zu Hause mit Grippe im Bett. Zu anderen Leuten wäre ich ohne ihn überhaupt nicht gekommen, aber bei Ihnen weiß man ja, daß Sie zufassen." Er sah Stine an. „An Ihnen ist ein guter Hufschmied verlorengegangen."

„Danke für das Kompliment!" Stine lachte. Der Schmied bestieg sein Auto und brummte davon, und Stine führte mit Vater das zweite Hengstfohlen seiner Box zu. Sie öffneten die Tür und schoben es hinein, richtiger: sie wollten es hineinschieben, das brave Tier aber schien plötzlich von seiner Tugend verlassen zu sein. Es senkte den Kopf, schlüpfte zwischen Vater und Stine durch und raste über den Hof mit triumphierend gehobenem Schweif. Anja, die nichts ahnend herangeschlendert kam, wurde einfach umgerissen. Sie lag auf der Erde, ehe sie begriff, was los war. Und dann sah man nur noch das davonspringende junge Pferd.

„Dann geht es eben auf die Weide zu den anderen", sagte Stine ungerührt, „schieb mal das Querholz dort beiseite, Petra. Geht's? Das zweite auch. Und jetzt – warten Sie, ich laufe – bleiben Sie hier und sperren Sie ab!" Stine hatte sich bereits hinter das jetzt still stehende junge Pferd gemogelt. Petra lauerte mit ausgebreiteten Armen, Anja hatte sich längst aufgerappelt und sperrte die dritte Seite ab. Der kleine Hengst sah sich umgeben von freundlich auf ihn einsprechenden, sacht scheuchenden Menschen. Willig ging er ein paar Schritte auf das Koppeltor zu, noch ein paar –

„So, den hätten wir", sagte Petra und schob die obere Stange wieder in ihre Halterung, während Anja sich an der unteren mühte. Aufatmend wanderten sie zu viert zurück zu dem einen kleinen Fachwerkhaus, das vor den Ställen lag. „Ich gehe voraus", sagte Stine und kletterte eine etwas brüchige, vom Wetter angenagte Außentreppe hinauf. Das Geländer wackelte, aber ein kleines Dach schützte gegen Regen und Schnee. Oben trat man in einen kleinen Flur, in dem Kopfstücke und Geschirre an der Wand hingen.

„Ja, das gefällt mir. Das ist ja – also –" Vater hielt inne. Es war, als gingen ihm die Worte aus.

Das war kein Wunder. Selten hatten er, Anja und Petra, die sich hinter ihm hineindrängelten, ein so hübsches Zimmer gesehen. Ursprünglich waren es zwei winzige gewesen, das war noch deutlich zu erkennen; aber die Wände waren herausgeklopft und nur die Balken des alten Fachwerks geblieben. So befand man sich in einem größeren

Raum, der nach drei Seiten Fenster hatte. Durch das eine sah man hinüber zu den Bäumen, die neben dem andern Fachwerkhäuschen standen, schwerästige Tannen, alt, behäbig. Durch das andere blickte man in den Hof mit dem Brunnen hinunter. Vor dem dritten standen zwei Birken, jetzt noch kahl, die hängenden Zweige dicht am Fenster. Schon das allein machte das Zimmer sehr anheimelnd. Und dann erst die gemütliche Inneneinrichtung. Auf den waagerechten Balken standen allerlei alte, schöne Dinge: Becher aus Zinn und Schalen aus Messing, dazwischen fand sich auch mal eine Lochzange oder ein Hufkratzer – kurzum, man sah, daß das Zimmer bewohnt war. Auf einem der oberen Balken entdeckten die Mädchen sogleich einen großen Vogelkäfig. Darin saß auf einer Stange ein Papagei.

„Auf Wiedersehen!" schrie er den Eintretenden entgegen, sehr deutlich und sehr laut, und Vater und die beiden Mädchen mußten lachen. Es war ein Graupapagei, diese Art gälte als besonders gelehrig, erklärte Stine.

„Eine Gruppe Reitkinder hat ihn mir geschenkt, als sie abfuhr", erzählte sie, „vorher gehörte er einem Matrosen. Wenn er gute Laune hat, krächzt er ‚La Paloma', dazu kann er sogar die Geräusche des Schifferklaviers nachmachen. Dann wieder schreit er ‚Besetzt!'. Das kommt davon, daß er einmal ein paar Monate in einer Pension im Flur gelebt hat. Wenn die Gäste dort auf die Toilette wollten und die Tür verschlossen fanden, sagten sie halt öfter ärgerlich vor sich hin: ‚Besetzt!' Er kann auch das Tuckern unseres Traktors nachmachen."

„Hach, mit einem Papagei haben wir auch mal was erlebt!" platzte jetzt Petra heraus. „Bei Dagmar, die kennen Sie doch auch! Dort ist uns einer zugeflogen –", sie erzählte, und Anja nickte dazu und gab, wenn Petra einmal schlucken oder husten mußte, die weiteren Stichworte. Und dann rückte Vater endlich mit seiner Frage heraus.

Inko

„Tja, mit einem einfachen Ja oder Nein ist das nicht zu beantworten", sagte Stine, als Vater geendet hatte. Anja und Petra saßen mit weit aufgerissenen Augen dabei und warteten auf Stines weitere Worte. Es war ungeheuer spannend. „Und zwar, weil ich in den Osterferien nicht hier bin", fuhr Stine fort. „Ich muß mit den kleinen Jungen weg – warum, ist langweilig zu erklären. Kurzum, ich verreise, und das macht die ganze Sache etwas schwierig. Mein Mann bleibt zwar hier, hat aber viel zu tun. Als Vertretung für mich kommt eine Freundin von mir her, die mit Pferden umgehen kann. Sie wird auch die Reitkinder betreuen, denen wir nach langem Überlegen nicht abgesagt haben. Wir brauchen erstens den Verdienst – so viele Rösser, wie wir haben, fressen einem ja die Haare vom Kopf, wenn die Tiere nicht sozusagen mitverdienen. Und zweitens wollten wir die Kinder nicht enttäuschen, nachdem wir erst zugesagt hatten. Die Betten sind ausgebucht."

„Aber wir können doch gut im Heu schlafen!" entfuhr es jetzt Petra, die es nicht fertigbrachte, weiter schweigend zuzuhören. „Daran braucht es doch nicht zu scheitern, wir schlafen sogar gern im Heu!"

„Ja, das hab' ich mir immer schon gewünscht!" rief jetzt Anja. Stine lachte.

„Das glaub' ich euch. Aber mir ist eben etwas anderes eingefallen. Ich kenne euch ja nun schon ein bißchen. Und diesmal haben sich, wie das manchmal so geht, lauter Anfänger im Reiten angemeldet. Nur ein größerer Junge ist dabei, der allerdings gut reitet, auch schon einige Male hier war. Es kommen also nur Kinder, die noch nie auf einem Pferd gesessen haben. Das macht die Sache einerseits leichter, denn diese Kinder verlangen natürlich noch keine großen Ritte, sondern sind froh, wenn sie auf dem Reitplatz bleiben können; meist haben sie anfangs auch einen solchen Muskelkater, daß sie gern einmal aussetzen. Andererseits wird es schwieriger mit lauter Zeitgenossen, die zwar von Pferden träumen, aber noch kaum eins angefaßt haben. Da wären mir zwei solche wie ihr schon lieb. Mit euch kann man rechnen, ihr springt dort ein, wo es nötig ist. Und es wird oft nötig sein: Pferde von der Koppel holen oder aufzäumen, richtig putzen, ausgerissene Rösser wieder einfangen, nicht nur bei Sonnenschein und herrlichem Wetter, sondern auch nachts oder im Regen, was kein Vergnügen ist, oder auch Stallwache schieben. Wir erwarten nämlich ein paar Fohlen in dieser Zeit.

Das alles kann man Anfängern nicht zumuten. Die Romantik geht meist schnell verloren, wenn man an Fingern und Füßen friert, sich durch Gesträuch kämpft oder den Weg verloren hat. Einer allein schafft das nie, man muß zu mehreren sein. Deshalb –"

„Deshalb?"

„Deshalb könnte ich euch schon brauchen, wenn ihr wirklich damit einverstanden seid, im Heu zu schlafen. Ich würde euch also gern nehmen, wenn ihr –"

„Was denn?" fragten Petra und Anja halblaut, zum Bersten gespannt, als Stine eine Pause machte. Man sah ihnen an, daß sie ihre Seele verkauft hätten, wenn das nötig gewesen wäre. Vater dachte das bei sich und schmunzelte.

„Wenn ihr mit einem kleinen Taschengeld zufrieden wäret, mit einem wirklich nur klitzekleinen", Stine hielt inne. Anja und Petra saßen sprachlos.

„Auch noch Taschengeld? Wir wären froh, wenn sie zum halben Preis dableiben könnten", sagte Vater. „Ich fürchte, solche Hilfen, wie Sie meinen, sind sie nun doch noch nicht, wenn sie auch den besten Willen mitbringen."

„Ich glaub', das kann ich besser beurteilen als Sie", sagte Stine vergnügt, „ich kenne die beiden ja schon ein bißchen. Damals, als wir zur Hochzeit fuhren, war das ja auch nicht alles nur Zuckerlecken. Sie sind also einverstanden damit, daß die beiden herkommen, auch wenn ich nicht da bin? Gila hat auch ihre Prüfung als Reitwart gemacht und schon in verschiedenen Reitställen ausgeholfen. Passieren kann auch etwas, wenn ich da bin. Also?"

„Also, wenn Sie wirklich wollen, gern. Nur zu gern! Ich weiß dann meine Anja aufgehoben – ich verreise nämlich auch. Aber Petras Eltern sind da, wir kennen uns, und wenn es etwas zu entscheiden gibt, dann können sie angerufen werden. Daß ihr beiden mir aber auch spurt –", lachend sah er die zwei Mädchen an. Petra fiel ihm um den Hals.

„Wir sind so brav wie zwei Engelchen, so fleißig wie zwei Bienen und so zuverlässig wie – wie –", ihr fiel nichts Passendes ein.

„Wie der Fels von Gibraltar", ergänzte Vater. „Möge es stimmen. Auf jeden Fall danken wir Ihnen sehr!" Er schüttelte Stine die Hand. Da läutete das Telefon.

„Moment!" Stine hob ab. Und dann knipste sie mit der anderen Hand am Schalter eines kleinen Kästchens, das neben dem Telefon stand. Und nun hörten die andern die Stimme des Anrufenden laut und deutlich im Zimmer mit.

„Gerade ist er weg, diese Minute! Ich brachte Heu auf die Koppel, wo er jetzt noch nichts zu fressen findet, und bekam das Tor nicht schnell genug hinter mir zu. Weg war er. Ich hab' alles stehen- und liegenlassen, bin ins Haus und hab' die Zeit genommen, ehe ich anrief. Er kommt ja todsicher zu Ihnen. Bitte gleich Bescheid geben, wenn er eintrudelt. Vielleicht unterbietet er seinen letzten Rekord."

Stine versprach das dem Anrufer. Als sie den Hörer aufgelegt hatte, sah sie in drei gespannt fragende Gesichter.

„Es handelt sich um Inko, einen kleinen Shetlandhengst. Er lebt in Hohenberg, also etwa zwölf Kilometer von hier entfernt. Jedes Frühjahr packt ihn die Sehnsucht nach unseren Stuten. Er geht seinen Leuten durch die Lappen und kommt hergetost. Über Bundesstraße und Bahnkörper, ganz egal. Ich hab' mich eigentlich gewundert, daß er nicht schon längst aufgetaucht ist. Eine meiner kleinen Stuten roßt nämlich, und das merken die Hengste auf weite Entfernung. Haben Sie noch etwas Zeit? Dann können Sie ihn binnen kurzem hier bewundern."

„Wir müßten eigentlich –"

„Vater, bitte! Wir bleiben noch! Wir wollen doch erleben, wenn er hier ankommt! Wir laufen dann auch ganz schnell heim, im Dauerlauf!"

„Sie sind zu Fuß hier? Das ist doch aber ziemlich weit", wunderte sich Stine. „Wissen Sie was? Ein Vorschlag: Sie warten wirklich, bis Inko hier eintrudelt, und die beiden Mädchen können gleich mal mit üben, wie man ein Pony fängt. Später fahre ich Sie dann ein Stück mit dem Ponywagen Richtung Heimat, damit Sie nicht die ganze Strecke laufen müssen."

„Hurra, hurra, Stine ist Klasse!" riefen Petra und Anja und sprangen an ihr hoch. „So hatten wir es uns nämlich ausgedacht! Wir wußten nur nicht, wie wir es Ihnen beibringen sollten."

Stine lachte.

„Und da siezt ihr mich auf einmal wieder? Ich meine, wir sollten beim Du bleiben." Sie schenkte Kaffee ein und schob Vater eine Tasse hin. Dabei behielt sie die Uhr im Auge. Petra und Anja waren hinausgelaufen und lauerten. Wann würde der kleine Hengst kommen?

Sie wurden jedoch enttäuscht. Kein Gewieher kündigte das Herannahen des kleinen Ungewitters an. Die beiden kamen gerade in die Küche, um das mitzuteilen, als wiederum das Telefon klingelte.

„Ist dort der Seehof?" meldete sich eine Stimme, „hier ist die Hubertusklause, Haselbachtal. Fehlt bei Ihnen ein Pony? Gerade ist hier eins angekommen, ein kleiner Braunscheck."

„Aha. Hat er sich also verlaufen. Das Haselbachtal ist ein Paralleltal zu unserem", erklärte Stine, als sie den Hörer aufgelegt hatte, „dort ist er also. Wollen wir ihn holen?"

„Ist es weit?" fragte Vater.

„Ein paar Kilometer schon." Stine lachte. „Wir nehmen den Schlepper. Dann sind wir schnell dort. Und eine von euch beiden reitet ihn dann heim."

So wurde es gemacht. Die drei kleinen Jungen von Stine, die natürlich mitfahren wollten, mußten diesmal daheim bleiben und auf den Hof aufpassen, bestimmte Stine. „Ihr dürft aber nachher mitkommen." Sie hatte den Sattel des Schleppers erklommen, Vater und die Mädchen bekamen die Plätze rechts und links neben ihr, und mit Geknatter ging es los. Anja und Petra hielten sich lachend fest, wenn Stine über Unebenheiten des Weges rumpelte, sie fuhr den Traktor wie ein gelernter Jungbauer. Erst ging es zur Bundesstraße hinauf und dann wieder abseits, einen geschlängelten Waldweg entlang, zwischen Wiesen dahin.

„Hier reiten wir manchmal die Hubertusjagd", erzählte Stine, „man kann hier wunderbar galoppieren, immer der Straße entlang, den Wagen mit dem Lautsprecher und den Sanka immer in Sichtweite. Das ist nicht überall möglich, wo Jagden geritten werden."

„Der Sanka?" fragte Vater. „Haben Sie bei den Jagden immer einen Sanka dabei?"

„Natürlich, das ist Vorschrift bei uns. Es geht ja öfter einer von den Reitern zu Boden, damit muß man rechnen. Mich hat's im Herbst auch mal erwischt."

„Schlimm?" fragten Petra und Anja wie aus einem Mund. Stine winkte ab.

„Hätte schlimm werden können. Aber ich trug Kappe und Kinnschutz, so machte es mir nichts aus, daß ich über das Hindernis schoß. Die andern erzählten, es habe scheußlich ausgesehen."

„Reiten Sie –"

„Nein, mit den Kindern reiten wir keine Jagd", versicherte Stine, als habe sie Vaters angefangenen Satz zu Ende gehört, „trotzdem müssen sie beim Ausreiten eine Kappe tragen. Aber das wissen sie ja vom Reitverein her. So, dort ist die Hubertusklause, und da steht auch schon unser Freund Inko. Schade, daß ich vorhin die Zeit nicht genommen habe. Daran hab' ich nicht gedacht, weil er nicht bei uns landete."

Sie stellte den Schlepper ein wenig abseits ab und sprang hinunter. Ein Kopfstück für das Tier hatten sie mitgenommen, mit dem ging sie auf den kleinen Hengst zu und begrüßte ihn, auch den jungen Mann, der ihn hielt.

„Er gehört nicht uns, sondern nach Hohenberg, aber von dort wurde er uns schon avisiert", erklärte sie und zäumte den kleinen Kerl auf. „Ja, wir nehmen ihn mit zu uns. Seine Leute holen ihn dann bei uns ab. Schönen Dank, daß Sie ihn festgenommen haben! Wer reitet ihn zurück?" Das galt den beiden Mädchen.

„Ich!" schrie Petra. Anja wollte ihr nicht nachstehen, aber im Grunde war sie froh, daß sie mit ihrem Ich-Schrei zu spät kam. Petra war nun einmal die Schnellere von ihnen beiden und konnte auch alles besser, ach ja ...

Alles? Es sollte sich herausstellen, daß dieses Alles doch nicht immer zutraf.

Petra war schon ein bißchen groß für den kleinen Hengst.

„Aber tragen kann er dich", sagte Stine, „die Kräfte hat er."

Petra saß also auf – oder wollte vielmehr aufsitzen. Im selben Augenblick aber wich Inko aus, und Petra mußte aufs neue ansetzen. Stine sprang hinzu und hielt von der anderen Seite gegen, so erwischte Petra einen kurzen Moment, um auf seinen Rücken zu gelangen. Jetzt aber begann ein Kampf, den weder Stine noch Petra und die beiden anderen erwartet hatten.

Inko fing an zu bocken, wie sie das alle noch bei keinem Pferd erlebt hatten. Er wölbte den Rücken, so daß Petra auf den Widerrist rutschte, dann drückte er ihn ganz durch und feuerte mit beiden Hinterbeinen zugleich aus, dreimal, sechsmal, zehnmal hintereinander. Petra hatte die Knie fest an seinen Flanken, wurde aber trotzdem hochgewippt und konnte sich nur mit allergrößter Mühe auf ihm halten. Sogleich versuchte Inko es anders. Er begann, sich im Kreis zu drehen, Kopf tief, mit den Hinterbeinen übertretend, so daß es aussah, als wäre das eine ganz besondere Zirkusnummer. Petra versuchte gegenzuhalten, drückte mit den Schenkeln und verwahrte mit dem Zügel – nichts half. Da sie immer noch oben blieb, änderte Inko seine Taktik. Er fing an, vorn hochzugehen, Männchen zu machen, um Petra rückwärts loszuwerden. Petra legte die Arme um seinen Hals, wenn er steil hochging, sie rutschte, konnte sich aber immer noch halten.

Anja und der Vater standen je auf einem Bein und verfolgten mit den Augen das wilde Rodeo.

„Halt!" hörte man jetzt Stines Stimme. Sie sprang zu und erwischte Inko bei der Stirnlocke. „Halt, du Besen! Das wollen wir doch mal sehen!"

Inko stand und lugte unter seinem dicken Busch zu ihr empor. Petra fuhr sich lachend mit dem Handrücken unter der Nase hin. Sie war außer Atem von dem Kampf.

„So geht das nicht", sagte Stine, „steig ab. Dieser Dickkopf will dich einfach nicht. Anja, komm und versuch du es mal."

„Ich? Wenn Petra es nicht mal schafft!" Anja war sehr erschrocken. „Petra reitet doch viel besser als ich."

„Ach was. Probieren geht über Studieren. Los, sitz auf!"

„Soll sie wirklich?" fragte nun auch Vater. Stine griff dem kleinen Hengst ans Vorderbein und hielt es ein wenig hoch, ähnlich, wie Petra es gemacht hatte, als das Pferd beim Schmied nicht stillhalten wollte.

„Los, versuch's."

Da mußte Anja heran. Sie saß auf – auf den kleinen Kerl von Hengst kam man leicht – und faßte mit beiden Händen in die Mähne. Inko stand.

„So, und jetzt treib ein wenig. Nicht mit den Schenkeln, mit dem Sitz." Stine hatte den Huf losgelassen. Anja gehorchte. Inko machte einen Schritt, noch einen –

„Na also. Ihm paßte nur Petra nicht", lachte Stine. Die beiden anderen machten große Augen ... wahrhaftig, Inko ging, Anja auf seinem Rücken, folgsam und brav die Straße entlang.

„Los, aufgesessen, wir fahren ihm nach!" rief Stine. Vater sah sie fragend an.

„Soll ich nicht lieber –"

„Neben ihm herlaufen? Aber nein. Kommen Sie rauf!"

Auch das Lostuckern des Traktors schien Inko nicht zu beeindrucken. Er kannte das sicherlich von seinem Zuhause her; jetzt besitzt ja fast jeder, der in der Landwirtschaft arbeitet, einen Schlepper. Vater schwang sich also neben Stine auf das Seitenbänkchen, Petra hockte schon auf dem anderen. Stine schaltete – sie ruckelten vorwärts.

Und vor ihnen her, brav wie ein alter

Droschkengaul, lief Inko mit Anja auf seinem Rücken. Erst im Schritt, dann trabte er an. Anja klammerte die Knie fest an seine Seiten, ließ aber die Unterschenkel vom Pferd weg. Sie fand sich in den Rhythmus des Trabs hinein, lockerte die Hände in der Mähne, nahm die Zügel auf.

„Gut so. Immer so weiter!" rief Stine halblaut. Sie kamen vorwärts, es machte Anja bereits diebischen Spaß. „Wenn er mich runterschmeißt, ist es ja nicht so hoch", dachte sie noch. Aber Inko machte keine derartigen Anstalten. Dann, kurz vor der Bundesstraße, besann sich Inko augenscheinlich darauf, daß er sich ja von früheren Besuchen her hier auskannte. Er bog nach rechts ab, kletterte den Hang hinunter, übersprang den Bach – die drei anderen hielten den Atem an, aber Anja blieb auf ihrem Roß – und nahm den gegenüberliegenden Hang im Galopp. Galopp ist leicht, noch dazu bergauf, Anja fand es wieder einmal bestätigt. Stine lachte und gab Gas, fuhr den Bogen über die Bundesstraße aus und kam am Brunnen an, gerade als Anja von der andern Seite her dort auch erschien, anhielt und vom Pferd glitt. Strahlend stand sie neben Inko, der tat, als wäre er ein Lamm.

„Na, so was!" sagte Vater, und die anderen lachten und lachten. „Es gibt doch nichts, was es nicht gibt."

„Ja, der Inko! Der ist eine Persönlichkeit", sagte Stine und faßte ihn an der Stirnlocke, „aber gehalten hast du dich, Anja, wie eine Eins!"

„Nicht wahr! Und mich hat er vermöbelt – da sieht man's wieder mal! Immer sagt Anja, sie reitet lange nicht so gut wie ich." Petra hopste. „Besser reitet sie, im kleinen Finger besser –" Wupp, saß sie auf ihrem Allerwertesten. Inko hatte sich bei Stine losgerissen und war auf sie zugeschossen, den Kopf wie einen Prellbock gesenkt, und hatte sie damit in den Bauch getroffen.

„Hoppla, das find' ich aber nicht so liebenswürdig!"

„Hat's weh getan?" fragte Stine, als sie wieder sprechen konnte. Das Ganze hatte zu komisch ausgesehen.

„Ach was, kaum. Hier hinten ja –" Petra rieb sich die Kehrseite."

„Nein, das hätte ich nicht gedacht", sagte Vater, als sie aus der Kutsche gestiegen waren, sich bei Stine bedankt hatten und ihr nun nachwinkten, die, ihre drei kleinen Söhne neben sich, wieder zurück zum Seehof fuhr. „Daß Shetlandponys so sein können!"

„Wie Inko? Ich auch nicht", sagte Petra prompt. „Daß er mich einfach nicht leiden kann! Wenn er uns beide abgewippt hätte –"

„Er hat dich nicht heruntergeworfen", sagte Anja schnell. Sie wollte um Himmels willen nicht groß dastehen, während Petra die Blamierte war. Petra aber machte sich gar nichts daraus.

„Ulkig, nicht?" sagte sie nur. „Dabei hab' ich ihm doch gar nichts getan."

„Nein. Aber wenn ihr dann bei Stine seid, nehmt euch in acht", konnte Vater nicht unterdrücken zu sagen, „und erzählt Mutter lieber nichts davon."

„Kein Wort. Sie macht sich sonst nur unnötig Gedanken", stimmte Petra ihm zu, „ich brauch' mich ja nicht mehr auf ihn zu setzen."

Anja schwieg. Sie bewunderte Petra wieder einmal, diesmal nicht um ihr Können wie sonst meist, sondern über ihre Einstellung. Völlig uneitel, sachlich, vergnügt – sie selbst wäre sich in Petras Lage bis auf die Knochen blamiert vorgekommen.

Der Seehof

„Guck mal, die Schilder!" rief Petra Anja begeistert zu. Sie waren, eben auf dem Seehof angekommen, in das dem Wohnhaus gegenübergelegene Fachwerkhäuschen hineingesprungen und liefen nun den Gang entlang, an dem rechts und links Türen waren. ‚Einspänner' stand auf dem einen Schild, ‚Zweispänner' auf dem nächsten. Dann kam ‚Quadriga' und ‚Paddock' und schließlich an der Querseite ‚Schwemme' und ‚Miste', und an der anderen Seite, wieder nach der Haustür zu, ‚Koppel' und ‚Futterkammer'. Es waren etwa handtellergroße Schildchen aus Holz, oval, die Schrift weiß hineingemalt, ringsherum Blumen oder Herzen, bäuerlich bunt, sehr hübsch.

„Was soll denn das bedeuten?" fragte Anja.

Sie waren noch nie in diesem Haus gewesen. Es war vermutlich das, in dem die Ferienkinder wohnten, wenn sie hier waren. Petra vermutete das, öffnete dann vorsichtig die Tür, an der ‚Futterkammer' stand. Aha, die Küche! Nun guckten sie auch in die anderen Räume. Im ‚Einspänner' stand ein einzelnes Bett, in den anderen waren Betten übereinander angebracht, so daß in der Mitte Platz blieb.

„Na, ihr sondiert wohl Gelände", sagte Stine jetzt, die ihnen nachgekommen war, „das ist recht. Ihr könnt gleich die Betten überziehen. Was gemacht ist, ist gemacht! Das Bettzeug ist in der alten Truhe da", sie wies auf eine riesige, dunkle Truhe im Flur.

Anja und Petra klappten sie auf. Lustig buntes Bettzeug, blau- und rotkariert oder mit Figuren oder Blumen bedruckt. An sich waren beide, Petra und Anja, an Bettwäsche und überhaupt allem, was mit Hauswirtschaft zusammenhängt, überhaupt nicht interessiert, dies aber machte Spaß. Und so wühlten sie und suchten für die einzelnen Zimmer das Bettzeug heraus, möglichst passend, vier gleiche für die Quadriga und zwei gleiche für den Zweispänner.

„Aber wir haben es besser, wir dürfen im Heu schlafen", sagte Anja und seufzte zufrieden, als sie das Schild sah, auf dem stand: ‚Sei nett – und mach dein Bett!' „Wir brauchen kein Bett zu machen, ich hab' das immer gehaßt."

Stine wollte heute abreisen. Sie lief umher und packte, schalt mit ihren drei kleinen Jungen, die dauernd entweder die Nasen in die Koffer steckten oder nicht zu finden waren, wenn man sie brauchte, oder im Hof in den Pfützen spielten, daß sie tropfnaß und dreckig erschienen, wenn sie endlich den Rufen folgten.

„Die bringen mich noch ins Grab", seufzte Stine. Man merkte ihr aber genau an, daß sie es nicht so meinte. Stine brachte so bald kein Durcheinander auf die Palme. Freilich, einmal hob sie einen Koffer an, der schon geschlossen war, und schüttelte den Kopf. „Der ist aber schwer."

„Jo hat vorhin noch verschiedene Sachen reingepackt." Anja hatte es im Vorbeirennen gesehen. Stine öffnete ahnungsvoll den Koffer noch einmal.

Da lagen auf den Sonntagshemden der Jungen, sorglich nebeneinandergereiht, sechs Hufeisen, drei Striegel, drei Hufkratzer und eine Kardätsche.

„Na", sagte Stine, „dann ist es kein Wunder, wenn der so schwer ist. Wer hat denn das hier reingesteckt? Jo, du? Aber, Junge, wir fahren doch ohne Pferde weg, mit der Eisenbahn!"

„Aber wir können unterwegs doch welche treffen", gab Johannes zu bedenken, „und einem können die Eisen fehlen, und putzen können wir auch nicht ohne Putzzeug."

„Gut, das Putzzeug geht mit", sagte Stine nach kurzem Überlegen. Jetzt, da es wieder mehr Pferde gab, war die Überlegung des Jungen nicht falsch. Kinder, die Pferde putzen, sind beschäftigt. „Vielleicht könnt ihr euch wirklich irgendwo nützlich machen. Aber beschlagen werden wir bestimmt keine Tiere. Also los, legt die Eisen zu den anderen dort drüben zurück."

„Und ihr spannt inzwischen ein", forderte sie Anja und Petra auf, als diese einmal zusammen bei ihr auftauchten, „nehmt Lettchen und Nikolo, die gehen am besten zusammen. Ihr fahrt uns zur Bahn."

„Wir beide?" fragten Petra und Anja wie aus einem Mund, „wir dürfen dich hinfahren?"

„Ja, ich hoffe, ihr traut es euch zu, allein zurückzufahren. Gila ist ja noch nicht da. Ich zeige euch einen Weg zum Bahnhof, der hintenherum führt. Die Bundesstraße solltet ihr noch nicht fahren. Er ist etwas weiter, aber das schadet ja nichts, wir fahren halt eher los. Und die Ferienkinder holt ihr auch so ab."

„Dürfen wir?"

„Klar, Gila ist ja noch nicht da."

„Wann kommt sie?"

„Morgen oder übermorgen, spätestens."

„Und so lange sollen wir –"

„Na klar. Ihr macht es schon recht. Bei Dagmar habt ihr ja auch gefunkt, hat sie mir erzählt. Nun geht einspannen."

Die beiden rannten. Petra hatte schon vorgesorgt, sie wußte, wo der Zweispänner stand, und hatte ihn ausgekehrt und geputzt. Jetzt schoben sie ihn gemeinsam vor das Kinderhaus und ließen ihn vor der Eingangstreppe stehen. Dann rannten sie in die Sattelkammer und kramten nach dem Geschirr, richtiger: den Geschirren, denn sie brauchten ja zwei.

Da waren sie. Sie hingen – alles Lederzeug muß hängen, wenn es nicht kaputtgehen soll – an einen großen Haken. Petra wuchtete sie herunter.

Es waren kleine rote, rundgenähte, sicherlich sehr teure Geschirre. Petra betrachtete sie mit wichtig gekrauster Stirn.

„Geht Lettchen rechts oder links?" fragte sie. Anja wußte es auch nicht.

„Na, rechts, immer", sagte es hinter ihr. Sie drehte sich um – To, Thomas, der jüngste der drei Brüder, stand hinter ihnen. „Lettchen rechts, sonst deichselt sie ab. Hier, das ist das rechte, wo der Aufhalter links ist."

Petra sah den Kleinen anerkennend an.

„Prima, daß du das weißt."

„Na, ich fahr' ja schon mei Dooch zweispännig", sagte To. Petra mußte lachen. Mei Dooch – meiner Tage, also ewig lange. Dabei konnte man bei ihm die Lebensjahre noch an einer Hand abzählen, so klein, wie er war.

„Gut, daß du uns hilfst", setzte sie noch hinzu, und es war wirklich gut, einen „Fachmann" dabeizuhaben. Im Reitverein lernte man nichts von Einspannen, obwohl er sich „Reit- und Fahrverein" nannte.

Sie trugen die Geschirre zum Wagen hinüber und gingen dann die beiden Shettys holen.

Lettchen, die älteste Stute des Stalles, war tiefschwarz, ein echter Rappe. Es gibt auch Sommerrappen, die bisweilen ins Dunkelbraune spielen. Sie hatte einen edlen Kopf und den ein wenig ausladenden Zuchtstutenbauch. Stine liebte sie zärtlich, sie hatte ihr viele schöne Fohlen geboren. Nikolo, ein Schwarzweiß-Scheck, war ihr Enkel, er stammte vom Inko. Er besaß ein ausgeglichenes Temperament und war absolut zuverlässig. Sein dicker Schopf über der Stirn erinnerte an seinen Vater.

„Na, gottlob, der Schopf und nicht das Temperament und die Frechheit", sagte Petra und angelte nach dem Gurt, der auf der anderen Seite von Nikolos Bauch herabhing, „so ein wildwütiger Vater und so ein gutmütiger – au!" unterbrach sie sich. Der gutmütige Sohn hatte die Gelegenheit wahrgenommen, als sie sich bückte, und sie in die prallsitzenden Jeans gezwickt, direkt am Allerwertesten. Nicht richtig gebissen hatte er, mehr gekniffen, aber Petra war doch zusammengefahren. „Du bist mir ein Heimtücker, du! Und dabei lobe ich dich eben noch."

Anja lachte schadenfroh. Sie hatte ihr Lettchen – eigentlich hieß sie Nikolette – gerade fertiggemacht, ohne so etwas zu erleben. Nun noch die Peitsche, die gehörte zum Fahren, das wußten sie, auch wenn man den Pferden damit nicht weh tat. Fertig war alles. Eben kam Stine mit zwei Koffern in der Hand die Stufen herab.

Auf der Fahrt zum Bahnhof bekamen sie dann noch ein paar gute Ratschläge. „Nie allein fahren, eine muß immer abspringen können, während die andere die Zügel hält", sagte sie. „Ich bin mal allein mit dem Zweispännerschlitten gefahren, da riß mir der eine Zügel. Daß ich da lebend und sogar mit unbeschadeten Ponys durchgekommen bin, ist das reine Wunder."

„Einen Zweispännerschlitten habt ihr auch?" fragte Petra begierig. Stine nickte.

„Er steht in der Scheune links hinten. Im Winter fahren wir mal damit."

„O ja!"

„So, und nun versorgt mir meinen Seehof gut", sagte Stine, nachdem sie samt den kleinen Jungen und den Koffern ausgestiegen war, „ihr braucht nicht zu warten, bis der Zug kommt. Die beiden stehen nicht gern. Macht's gut, Gila kommt sicherlich schon morgen früh. Grüßt sie schön, und macht nicht mehr Dummheiten als unbedingt nötig."

Sie hielt die beiden Pferdchen noch am Kopf, während Petra und Anja aufstiegen. Petra nahm die Zügel, und Anja hatte die Hand an der Bremse. „So, toi, toi, toi, und wenn ich wiederkomm', ist alles gutgegangen!"

Sie sah den beiden nach, als sie davonfuhren.

‚Man muß jungen Menschen auch mal Verantwortung aufladen, dann zeigen sie sich vernünftiger, als man dachte. Bis morgen werden sie den Seehof schon nicht auf den Kopf stellen', dachte sie noch, sich selbst beruhigend. Dann wandte sie sich dem Bahnhof zu.

„So, das ging gut", sagte Petra, als sie ankamen, „weißt du, was wir jetzt machen?"

„Frühstücken", sagte Anja sehnsüchtig. Sie hatten heute früh vor lauter Herumsausen noch keinen Bissen gegessen. Petra sah sie mitleidig an.

„Frühstücken! Jetzt holen wir uns Mädi und Rumpel und reiten aus. Wer weiß, ob wir das morgen noch dürfen."

„Mädi und –"

„Und Rumpel. Ja, Rumpel nehm' ich. Mädi ist die Gutmütigkeit selber, die macht alles, was du willst. Rumpel nicht, aber ich werd' sie schon hinkriegen. Morgen kommt Gila und abends der erste Kinderschwarm, da kommen wir sicher nicht mehr zum Ausreiten."

„Na schön", stimmte Anja zu und ließ Nikolo los, den sie in die Koppel geführt hatte. „Da, lauf!" Lettchen war schon drin. Ihr Enkel folgte der temperamentvollen Großmutter.

Es wäre so schön gewesen, sich jetzt an den Frühstückstisch zu setzen und alles nachzuholen, was sie vorhin versäumt hatten, dachte Anja. Aber Petra hatte schon recht: Wer wußte, ob Gila morgen das Ausreiten erlauben würde. So folgte sie Petra, die dem Stall der größeren Ponys zustrebte. Stine besaß nicht nur Shettys, sondern auch die etwas größeren Welsh-Ponys, zu denen Mädi und Rumpel gehörten, außerdem noch zwei Isländer, die sie selbst und ihr Mann ritten.

„Aber die nehmt ihr nicht", hatte sie gesagt, „die reitet höchstens Gila. Mit Mädi und Rumpel dürft ihr's versuchen."

„Sie hat es uns ausdrücklich erlaubt", meinte Petra und zog Rumpel aus dem Stall. „Guck mal, wie schön die beiden sind!"

Es waren zwei Rotschimmel, von jener sanftrötlichen Farbe, die so bestechend aussehen kann, wenn die Sonne in einem bestimmten Winkel darauf fällt. „Los, putzen, satteln, aufgesessen. Heute sind wir noch diejenigen, die bestimmen. Zur Abwechslung mal ganz schön, was?"

„Na klar", sagte Anja und ordnete Mädis Haarschopf über dem Stirnriemen. „Wirst du auch brav sein?"

„Und mir nichts tun? Dann tu' ich dir auch nichts", piepste Petra, die Freundin nachahmend. „Was soll dir Mädi schon tun? Dich absetzen allerhöchstens." Sie hatte schon den linken Fuß im Bügel und zog sich hinauf. „Was ist schon dabei!"

„Eben. Was ist schon dabei", murmelte Anja und griff in den Sattel. Das sagt sich so leicht und sieht auch so einfach aus, wenn man die Tücken und Schwierigkeiten noch nicht kennt.

Ja, das Reiterleben ist hart.

Aber schön!

Zehn Reiterkinder

„Nein, in den ‚Paddock' gehören Jungen", rief Anja. „Du mußt rüber in den ‚Vierspänner'."

„Ich bin doch ein Kerle", sagte derjenige, den sie für ein Mädchen gehalten hatte. Er trug lange, dunkle Locken, hatte ein weiches, rundes Gesicht mit Sommersprossen und sah eigentlich sehr nett aus. Nur die Haare – sie fielen ihm bis auf die Mitte des Rückens hinunter, wenn sie sich nicht nach vorn bauschten. Er war immerzu am Schütteln. Anja starrte ihn an.

„Aber – aber es muß doch furchtbar unbequem sein, die Haare so lang zu tragen?"

„Ja, ist es auch. Aber meine Eltern haben es jahrelang verboten, und jetzt, wo ich es endlich durchgesetzt hab', muß ich es doch ausnützen."

Er lachte. Anja schwieg. Nur weil man es durchgesetzt hatte – war das ein Grund, es so schrecklich unbequem zu haben? Sie fand das blöd, konnte überhaupt lange Haare bei Jungen nicht leiden. Freilich, bis sie ihre Zöpfe – ihren ganzen Stolz, wie Mutter damals sagte – hatte abschneiden lassen dürfen, war auch ein langer Kampf vorausgegangen. Aber sie wollte nicht kurzes Haar tragen, weil Mutter dagegen war, sondern eben, weil sie es selbst hübscher fand. Herrje, war Mutter damals sauer gewesen, als sie endlich nachgab!

‚Wenn man schon etwas erlaubte, sollte man es freundlich erlauben', dachte sie, ‚sonst kann man sich ja gar nicht richtig freuen. Und dieser Junge lief herum wie eine Haareule, nur weil er durchgesetzt hatte, die Haare wachsen zu lassen!'

Aber sie konnte jetzt nicht weiter darüber nachdenken. Dort stand ein kleinerer Junge ganz verscheucht in der Eingangstür. Um den mußte sie sich kümmern.

„Komm doch rein. Wie heißt du denn?" fragte sie ihn.

„Hanno." Sie sah Tränen in seinen Augen.

„Aber, Hanno, du wirst doch nicht heulen. Hier tut dir keiner was. Komm!"

„Ich hab' nur Heuschnupfen."

„Ach so. Na, komm erst mal rein. Vielleicht hat Stine was dagegen in ihrer Apotheke."

Es waren vier Jungen und sechs Mädchen, die gekommen waren. Außer dem Langhaarigen waren sie alle ziemlich jung, zehn Jahre oder darunter. Stine hatte die Namen der Kinder, als sie angemeldet wurden, auf eine große Pappe geschrieben und die im Flur an die Wand gehängt. Danach konnte man die Kinder in die einzelnen Stuben verteilen. Anja war dabei, sie aufzurufen und unterzubringen. Petra wirtschaftete in der ‚Futterkammer', der Küche, stellte Becher auf und kochte Kakao. Sie fand es wunderbar, keinen Erwachsenen über sich zu haben, und wünschte nur, Gila käme nicht so bald.

Dieser Wunsch ging in Erfüllung. Gila rief am Abend an und fragte, wie es ginge, sie könnte leider erst morgen nachmittag dasein. Ob alles klappte. Petra bejahte aus tiefstem Herzen. Noch während sie telefonierte, hörte sie draußen lautes Geschrei. „Was ist denn da los?" fragte Gilas Stimme etwas befremdet. Man mußte es bis ans Ende der Leitung gehört haben.

„Ach, gar nichts, Kinder schreien eben", sagte Petra schnell, legte den Hörer dann auf und rannte in den Hof. Da hatte sie die Bescherung.

Raimund, der Große mit den langen Haaren, hatte sich eingemischt, als zwei von den kleineren Jungen sich zankten. Die waren nun empört vereint auf ihn losgegangen, und er wehrte sich gegen sie, höhnisch lachend, gab bald dem einen, bald dem anderen einen Stoß, wenn sie anrückten. Der eine Stoß war so heftig ausgefallen, daß der kleine Junge lang in eine Pfütze fiel. Es spritzte – alles brüllte. Petra kam wütend angesaust.

„Du Grobian, du Langhaar, schlägst die Kleinen!" Der Junge sah sie kommen und wich aus, Petra sprang ihm nach, erwischte seine schwarze, lang herabfallende Mähne und riß daran.

Und da plötzlich hatte sie sie in der Hand! Es war eine Perücke. Petra stand, das haarige Ding in der Hand, und vergaß, den Mund zuzumachen. Raimund hielt sich den Bauch vor Lachen, und alle anderen lachten mit. Der Streit war vergessen.

„Mensch, du hast ja gar keine langen Haare", stammelte Petra, und der Junge antwortete: „Du merkst auch alles."

Er war in Wirklichkeit blond, was zu seinem sommersprossigen Gesicht gut paßte, und hatte lustige, helle Augen. Petra warf ihm die Perücke zu.

„So, geh und motte sie ein, das verrückte Ding! Jetzt wird ausgemistet, damit ihr es wißt. Und dann gefüttert. Zum Spaß allein seid ihr nicht hier, daß ihr es wißt."

Gehorsam trotteten die anderen hinter ihr her. Sie verteilte Mistgabeln und Karren.

„Immer zwei laden auf eine Karre, und der dritte fährt die Karre weg. Ja, ja, du auch, Lisette." Eines der Mädchen, etwas größer als die anderen, schien keine Lust zu haben.

„Wir sind doch nicht zum Schuften hergekommen", sagte sie spitz. „Meine Eltern zahlen für mich, und nicht zu knapp, weißt du."

„Die anderen Eltern für die anderen auch", gab Petra zurück, „deshalb können die Ponys nicht in der Schiete stehenbleiben. Wer reiten will, muß auch für ein Pferd was tun. Los, angefangen."

„Ich will ja gar nicht. Meine Eltern wollen, daß ich reite", murrte Lisette. Anja, die eben dazukam, hörte es und starrte Lisette an. „Sag das noch mal: Du willst nicht reiten?" Fassungsloses Staunen stand in ihrem Gesicht.

„Och, reiten schon. Aber hier Mist fahren, überhaupt den Stallburschen machen, womöglich auch noch Pferde putzen und riskieren, daß sie einen treten – oder beißen. Ja, es gibt Gäule, die beißen, ich weiß das ganz genau!"

„Wenn du noch mal ‚Gäule' sagst", fauchte Anja jetzt los, „dann kannst du was erleben!"

„Du hast mir gar nichts zu sagen!"

„Was ist denn hier los?" fragte Petra, die wieder mit dem leeren Mistkarren zurückkam. „Wer keift denn hier den andern an?"

„Lisette sagt ‚Gäule' zu unseren süßen Pferden", erboste sich Anja.

„Das sind ja gar nicht eure!" giftete Lisette. Petra zog Anja mit sich fort.

„Komm, laß sie doch. Wer weiß, wo die her ist, in manchen Gegenden sagt man ‚Gäule' und meint es nicht schlimm, mehr zärtlich. Manche sagen auch ‚Zossen'."

„Ja, aber – und sie will nicht putzen, nicht mit ausmisten!"

„Schön, dann soll sie es auch nicht. Komm, Lisette, wir haben leider keine Gabel mehr. Da kannst du sowieso nicht mitmachen. Du gehst jetzt rein, drinnen ist es schön warm und trocken, und darfst die Küche machen. Du wäschst auf und trocknest ab und räumst alles ein." Sie hatte Lisette unauffällig am Ärmel gefaßt und mit sich gezogen, schob sie sanft, aber nachdrücklich in die Küche und schloß die Tür hinter ihr. Lisette war gar nicht dazu gekommen zu widersprechen. Petra sprang die drei Stufen zum Hof hinunter, rannte zur Scheune und holte sich die ‚gute' Gabel. Es war eine schön leichte, um die sie sich mit Anja schon gezankt und die sie dort versteckt hatte. Nun lief sie damit dem ersten Stall zu.

„Hier miste ich aus, und Anja holt die Karre. Nein, zum Bubi geht mir keiner von euch rein. Mal sehen, wer zuerst fertig ist! Aber ordentlich, verstanden? Nicht nur Stroh darüber streuen!"

Die anderen lachten und machten sich an die Arbeit.

Am Abend saßen sie alle in der ‚Koppel', dem Gemeinschaftsraum. Petra verteilte Postkarten.

„So, jetzt schreibt ihr an eure Eltern, daß ihr gut angekommen seid. Wer es fertigbringt, das in Gedichtform zu machen, bekommt einen Preis."

„Wie denn, in Gedichtform?"

„Na, zum Beispiel:
,Liebe Eltern in der Ferne,
sicher hört Ihr dieses gerne:
Gut gelandet sind wir schon,
Eure Tochter – oder Sohn.'

„Wie witzig", sagte Lisette abfällig.

„Dann mach's doch besser", eiferte ein kleiner Dicker, „ich mach' ein Gedicht." Er kritzelte eifrig. „Soll ich vorlesen?"

„Na los!" ermunterte ihn Petra.

„Also:
Geliebte Eltern in weiter Ferne,
Sicherlich hört Ihr die Neuigkeit gerne,
Euer Waltari (ich heiß' nämlich Walter, aber das geht nicht ins Versmaß) – darum:
Euer Waltari, frech, dick und doof,
grüßt Euch vom See- und Ponyhof."

„Wunderbar! Wunderbar! Das können sich alle aneignen, die selber keinen Vers zustande bringen", sagte Raimund und klatschte sich auf die Schenkel, „ich jedenfalls nehm' es. Lies noch mal vor, Walter, damit wir's nachschreiben können!"

Die meisten waren seiner Meinung und kritzelten eifrig. Lisette maulte, sie wollte einen eigenen Vers.

„Dann mach doch einen", sagte Anja.

„Jedenfalls keinen mit dick und doof. Das bin ich nicht. Ich schreib' einfach:

Liebe Ihr,
ich bin hier,
Petra tut, als hätt' sie's zu sagen,
das schlägt mir fürchterlich auf den Magen."

„Na, prima", lobte Petra unerschüttert, „du hast vorhin am meisten gefuttert. Das nennt man auf den Magen schlagen. Fertig alle? Sammle mal ein, Anja. Den Preis kriegt Walter. Er darf morgen zuerst aufstehen und alle anderen wecken."

Die anderen riefen hurra. Lange saßen sie nicht mehr zusammen, jeder freute sich, ins Bett zu kriechen, in ein neues, bisher nicht bekanntes. Am meisten freuten sich die, die das obere der Etagenbetten erwischt hatten. Um die war es gleich zu Anfang gegangen, und Petra hatte eingreifen und bestimmen müssen, daß gelost würde. „Wenn die Hälfte der Zeit herum ist, wird gewechselt. Dann kommt jeder mal zu seinem Wipfelnest."

„Puh, leichter, einen Sack Flöhe zu hüten als so eine Bande", seufzte sie, als alle endlich verschwunden waren.

„Komm, wir gehen noch mal nachsehen, ob auch alle Riegel vorgeschoben sind. Das macht jeder Bauer abends."

Anja stemmte sich hoch. Sie war zwar todmüde, aber sie konnte natürlich keine Schwäche spüren lassen. An der Box von Bubi standen sie ein Weilchen, die Ellbogen auf die halbe Tür gestützt, und sahen zu ihm hinein. Er war der einzige Hengst hier außer den Jungtieren, sehr hübsch, zugleich schlank und kräftig, rundherum gut gewachsen und gebaut, von sanftbrauner Farbe, die ins Oliv spielte, und mit einer etwas wilden Blesse auf der Nase.

„Wenn ich den mal reiten darf!" seufzte Petra. Anja meinte, ihn anzusehen genügte ihr schon. In der Nachbarbox stand Banja, die in Kürze ihr Fohlen erwartete.

„Gute, Gute", schmeichelte Anja und streichelte ihr die neugierig über die Halbtür gesteckte Nase, „sobald wir merken, daß es gleich losgeht, schlafen wir bei dir in der Box."

„Ja, hoffentlich merken wir es rechtzeitig", sagte Petra. „Die meisten Pferde wollen es allein machen. Da kann man lauern und lauern, und wenn man nur mal eine Minute weggeht, um was zu trinken oder aufs Klo zu gehen, schlupp, ist das Fohlen da. Aber ich weiß, woran man merkt, daß es nächstens losgeht: An den Euterspitzen bilden sich dann Harztropfen. Wenn die kommen, kann man eigentlich mit Bestimmtheit sagen, daß das Fohlen kurz ‚vor den Toren' ist."

„Da sehen wir immer nach", eiferte Anja, „ich hab' noch nie erlebt, daß eine Stute fohlt. Du?"

„Einmal, aber nicht im Reitstall. Das war bei Bekannten –" Sie gingen wieder dem Haus zu, während Petra erzählte. Anja beneidete sie wieder einmal. Petra hatte immer schon alles erlebt.

Aber sie würde schon aufpassen, wahrhaftig! Es mußte doch eine tolle Sache sein, wenn ein Pferdebaby zur Welt kam. Liebe Banja, bitte, mach es nicht heimlich und allein!

Gila

„Ein Wetter habt ihr hier – merkwürdig! Guckt mal, was sich da zusammenbraut", sagte Gila, während sie ihr Köfferchen vom Zweispänner nahm. „Bei uns war es schon ganz frühlingshaft."

„Bei uns eigentlich bis jetzt auch", erzählte Anja und folgte dabei Gilas Blick. Über dem Dach des Stalles ballten sich schwarze Wolken zusammen. So hatte es bisher nie ausgesehen.

Sie hatten Gila vom Bahnhof abgeholt, und alles hatte wieder glänzend geklappt, die Ponys waren brav, die Nebenstraßen so gut wie leer. Nun hielt Petra die Zügel, damit Nikolo und Nike nicht noch plötzlich anruckten oder sonst einen Unfug machten, Anja hob Tasche und Schirm vom Wagen. Gila hatte einen Schirm, einen Regenschirm!

Nun ja, vielleicht würde sie ihn auf der Heimreise später gebrauchen. Daß man hier keinen Schirm nahm, mußte sie schließlich wissen, wenn sie Stine vertreten wollte. Anja sagte nichts, aber im Geiste schüttelte sie den Kopf.

Petra lenkte den Zweispänner dann im Schritt über den Hof und rief Raimund an, der am Schmiedeplatz herumtrödelte und ihr zusah, er sollte beim Ausspannen helfen. Anja zeigte Gila den Weg zu ihrem Zimmer, das zwischen ‚Futterkammer' und ‚Koppel' lag. Es war ein schmaler, einbettiger Raum, an dessen Tür ‚Tete' stand. Tete – so nennt man den Reiter, der eine Abteilung anführt. Dort sollte Gila wohnen. So war sie den Pensionskindern nahe und trotzdem für sich. Anja riß die Tür auf und trug den Koffer hinein. Sie hatten eigentlich noch einen Strauß Schneeglöckchen aufs Fensterbrett stellen wollen, zur Begrüßung, aber sie hatten nur drei dieser ersten Frühlingsboten finden können. Die prangten nun in einem Zahnputzglas vor dem Fenster. Ostern fiel in diesem Jahr früh, bereits in den März, und bis Ostern waren nur noch acht Tage.

„Heute sieht es direkt noch nach Schnee aus", sagte Anja, als sie aus dem Fenster guckte.

„Na, das könnte uns grad noch fehlen", antwortete Gila, knöpfte ihren Rock ab und stieg in eine lange Hose, „wir wollen doch reiten! Ist der Reitplatz eigentlich fertig geworden?"

„Klar. Sie hätten sich sehr beeilt damit, erzählte Stine. Sie sagte, nun könnten wir auch reiten, wenn es regnet."

Anja zog Gila mit sich, den Gang entlang, und deutete aus dem rückwärtigen Fenster. Ja, der neu angelegte Reitplatz sah schön aus, ringsherum weiße Barrieren, große schwarze Buchstaben auf den Schildern an den Abwendepunkten, vorn zwei verschiebbare Balken am Einritt, ein paar bunte Hindernisse, jetzt außen gestapelt. Der schwarze Sand aus der Gießerei bewirkte, daß die Pferde weich traten und es auch bei Nässe nicht glitschig wurde.

„Gut, gut", sagte Gila.

„Ja, gut zum Reiten. Aber die kleinen Jungen – was meinen Sie, wie die immer aussehen, Stines drei Os, der Jo, der Mo und der To! Sie spielen natürlich immerfort dort im Sand, bewerfen sich damit und wälzen sich darin. Dann sind sie immer wie gepudert. ,Warum sehen eigentlich deine Kinder so grau im Gesicht aus?' hat mal ein Besucher Stine gefragt. Der kannte den Reitplatz noch nicht. Und die Hunde! Wenn die draußen sind, rennen auch sie mit Vorliebe über den Reitplatz – dann bleibt der Sand an der Unterseite ihres Bauches hängen und an den Beinen, und so kommen sie dann wieder ins Zimmer und legen sich hin, Flaps mit Vorliebe auf die Couch, obwohl er das nicht soll. Und dann werden sie warm und trocknen, der Sand fällt ab. Er bleibt in kleinen Bergen dort liegen, wo sie sich ausgestreckt hatten. Zum Schießen."

Gila lachte. Sie konnte sich das gut vorstellen.

„Hoffentlich kommt dieses Untier von Flaps wenigstens nicht ins Bett. Er ist also noch da, und die ,Wurscht' auch?"

„Ja, Flaps, der Basset, und die Wurscht, der Berner Sennenhund. Die kennen Sie?"

„Ja, ich war vor einer Weile bei Stine, um alles mit ihr zu besprechen. Jetzt aber los, habt ihr schon Abendbrot gegessen? Nein? Sehr gut, da lern' ich die Kinder gleich kennen."

Sie gingen hinüber in die ,Futterkammer', wo ein langer Tisch fertig gedeckt auf die Hausgemeinschaft wartete. Petra, die inzwischen mit Raimund ausgespannt hatte, kam gerade angesaust.

„Soll ich gongen?" rief sie, als sie Gila und Anja sah. Gila nickte, und Petra rannte zu der großen Kuhglocke, die an der Haustür hing. Sie ließ diese hin- und herpendeln, der scheppernde Ton war weithin über das Grundstück und noch ein Stück auf die umliegenden Koppeln hinaus zu hören. Die Reitkinder kamen eines nach dem anderen heran, manche laufend, manche trödelnd. Gila ließ sich von jedem den Namen sagen und gab ihm die Hand. Dann ging es ans Futtern, das ja in Gemeinschaft immer am besten schmeckt.

„Gila hat recht, es schneit!" rief Petra nach einer Weile, in der alle tüchtig zugelangt hatten. Alle guckten zum Fenster: Wirklich, ein Gemisch aus Regen und Schnee – dicke, nasse Schneeflocken – kam vom Himmel, ein richtig scheußlicher Matsch wurde das.

„Hach, mir ist ganz weihnachtlich zumute", brummte Raimund, und die anderen lachten. Weihnachtlich, im März! Aber sie waren froh, daß sie nicht mehr hinausgehen mußten. Die Pferde waren versorgt, und den abendlichen Rundgang machten Petra und Anja. Diesmal ging auch Gila mit. Der Hof war schon beinahe weiß. Sie lachten und retteten sich ins Haus.

„Februarschnee tut nicht mehr weh", zitierte Gila und wischte sich die Nässe vom Gesicht, „dabei ist es schon März! Gut, daß wir den Reitplatz haben, voriges Jahr war er erst geplant. Da hab' ich auch hier eingehütet."

Gila sah eigentlich nicht nach einer Reiterin aus, fanden die beiden, die sie unwillkürlich mit Stine oder auch Cornelia verglichen, jener jungen Ärztin, die im Reitverein mit ihnen ritt und die sie vierspännig zur Hochzeit gefahren hatten. Cornelia und Stine hatten beide die sehnige Biegsamkeit in der Figur, die, so meinten Petra und Anja, zu Reitern paßte. Gila dagegen war groß, breitschultrig, nicht dick, aber auch nicht schlank. Das Haar trug sie in der Mitte gescheitelt und hinten zu einem Knoten verschlungen, merkwürdig. Später sollten sie erleben, wie gut Gila ritt, ausdauernd und exakt und mit unmerklichen Hilfen – aber eben nach Reiterei sah sie nicht aus, wenn man sie so ohne Pferd sah.

„Ihr schlaft im Heu? Dann also gute Nacht", sagte sie jetzt und gab ihnen vor ihrem Zimmerchen die Hand. „Ihr braucht mich nicht zu wecken, ich wach' von selbst auf."

Anja und Petra trollten sich über den Hof. Es schneite jetzt richtig. Genüßlich mummelten sie sich in die Schlafsäcke, zogen die Pferdedecken, die sie noch zusätzlich herangeschleppt hatten, bis ans Kinn herauf und fühlten noch mal nach den Taschenlampen in den inneren Taschen der Schlafsäcke, ob diese auch greifbar wären. Lesen mochten sie nicht mehr, sie hatten sich zwar Bücher zurechtgelegt, aber es war lustiger, noch ein bißchen zu schwatzen.

„Morgen krieg' ich vielleicht den Bubi", sagte Petra träumerisch, „und reite an der Tete."

„Und die Kachel ist rossig, das gibt was", murmelte Anja, „wenn der Bubi ihr liebestoll nachrast."

„Richtig, ja, nein, dann lieber nicht", brummte Petra. „Na, es ist ja noch nicht aller Tage Abend. Einmal krieg' ich ihn –", sie brach ab und blies gleich darauf sanfte Schlaftöne von sich. Anja lachte, wenn sie auch bedauerte, daß Petra schon schlief. Sie selbst mußte noch so viel denken, wie es mit Gila gehen würde, und wer von den Reitkindern das netteste wäre, und ob Raimund –

Da schlief auch sie. Es lag sich allzu schön und gemütlich hier im Heu an der Luke.

In der Nacht wachte Anja auf. Die Hunde bellten wie verrückt. Gila hatte sie im Flur des kleinen Hauses eingesperrt. Dort tobten sie und sprangen anscheinend gegen die Tür.

Anja versuchte, wieder einzuschlafen, merkte aber dann, daß ihr das nicht gelingen würde. Was hatten die Hunde nur? Schlaftrunken schob sie sich aus dem Schlafsack, grub nach der Taschenlampe, zog sich notdürftig an und tappte dann durch das Heu an die Luke. Dort kletterte sie leiterabwärts.

Im Hof lag der Schnee jetzt knöcheltief. Es war lockerer, sehr schöner Pulverschnee geworden. Na ja, fürs Schifahren wäre er schön, aber fürs Reiten ...

„Seid doch still, ihr Blöden", murmelte sie, während sie nach dem Haustürschlüssel suchte. Der lag unter dem kleinen Fenster neben der Tür, so daß man ihn, wenn man es wußte, von außen erreichen konnte. Stine hatte ihr das gezeigt, es war gut, jederzeit ins Haus zu können. Kaum hatte Anja aufgeschlossen und geklinkt, da rasten die Hunde schon an ihr vorbei durch den stäubenden Schnee davon. Sie sah ihnen kopfschüttelnd nach.

„Flaps, Wurscht, kommt zurück!"

Anja sah ein, daß kein Ruf nützte, und folgte den Spuren der Hunde. Die standen jetzt am Außenstall, in dem die Dreijährigen waren, und bellten noch immer. Anja sah, daß die Stangen des kleinen Vorplatzes an diesem Stall zurückgeschoben waren.

Nein, so was! Hatten sie das gestern abend übersehen? Anja leuchtete mit der Taschenlampe in den Stall. Gottlob, da standen sie noch, die drei Jungstuten. Anja fuhr der vordersten über die Nase mit der langen Blesse und ging dann wieder hinaus, schob die Stangen in die Halterungen zurück. Und da sah sie auf dem Neuschnee plötzlich eine Fußspur. Sie führte von der Koppel hierher und wieder dorthin zurück. Nanu?

Hier war jemand gewesen, zweifellos, jetzt mitten in der Nacht, hatte die Stangen zurückgeschoben. Vor ganz kurzer Zeit mußte das geschehen sein. Erstens würde man die Spur sonst nicht mehr sehen, denn es schneite tüchtig weiter, und zweitens wären dann die drei kleinen Stuten wahrscheinlich nicht mehr da. Ponys schlafen mit Vorliebe draußen, wenn man sie läßt, das wußte sie von Stine.

Anja grübelte. Was tun? Zunächst mal Petra wecken. Sie lief durch den Schnee zur Scheune, kletterte die Leiter hoch und rüttelte die Freundin an der Schulter.

„Wach auf, Petra, da war jemand!"

„Wer soll denn –"

Petra zu wecken war eine schwere Arbeit. Schließlich aber hatte Anja sie doch so weit, daß sie wenigstens aufrecht saß und zuhörte, was Anja ihr berichtete.

„Du spinnst", sagte sie als erstes. Dann aber wurde sie aufmerksam.

„Hast du die Spur wirklich gesehen?"

„Komm mit", sagte Anja nur. Da kroch auch Petra aus ihrem Schlafsack und folgte ihr. Am Jungstutenstall standen sie und leuchteten mit ihren Taschenlampen alles ab. Ja, man sah die Spur noch.

„Aber wir haben gestern abend bestimmt hier zugemacht", sagte Anja. „Müssen wir Gila wecken?"

„Ich weiß nicht", sagte Petra. „Ich denke, wir lassen einfach die Hunde draußen. Die werden schon aufpassen. Wenn sie wieder anfangen zu bellen, machen wir Licht."

Sie lagen noch lange wach. Aber es regte sich nichts mehr. Schließlich schliefen sie ein.

Am andern Morgen erzählten sie es Gila. Die schüttelte den Kopf. Petra und Anja merkten, daß sie ihnen nicht glaubte.

„Aber gut, daß ihr aufpaßt", sagte sie immerhin noch. Sie trollten sich. Aber beruhigt waren sie nicht.

Auf Pferdejagd

"Los, raus mit euch! Gila hat gesagt, der Reitplatz muß gekehrt werden."

Petra stand in der Tür der ‚Quadriga', wo vier der Mädchen schliefen, und trieb sie an. "Marsch, marsch, Eva, vorwärts! Denkst du, der Schnee geht von allein weg?"

"Den ganzen Reitplatz kehren!" jammerte Lisette.

Aber Petra beruhigte sie. "Nur den Hufschlag. Also rundherum, damit ihr reiten könnt. Ihr wollt das doch so gern. Oder etwa nicht, Eva?" Sie hatte bemerkt, daß der kleine wuschelköpfige Pummel heulte. Sofort kam in ihr das Mitleid hoch. "Was ist denn los, Evakind?"

"Ach, sie haben, sie haben mir – meinen Bären – mf – meinen Schlafbären – weggenommen", schluchzte Eva.

"Gar nicht wahr!" rief Lisette wütend. "Das ist überhaupt nicht wahr – sie behauptet das, aber wir nehmen doch nicht so ein schmutziges Biest in die Hand!"

"Biest! Schmutzig! Ich hab' ihn eben schon lange – schon solange ich lebe", schnupfte Eva.

"Habt ihr ihn wirklich nicht versteckt?" fragte Petra die anderen jetzt leiser. Jemandem sein Schlaftier wegzunehmen, fand sie häßlich. Sie selbst hatte auch einmal eins gehabt, einen Hasen, der schon fast nur noch aus Haut bestand, den sie aber heiß geliebt hatte und ohne den sie nicht schlafen konnte. Und Eva war noch so klein, daß sie nachts vielleicht Heimweh bekam.

"Ehrlich, wir haben den Bären wirklich nicht entführt", sagte Ute, deren Bett neben dem von Eva stand, "heute nacht hat sie ihn auch noch gehabt. Aber als wir aus dem Duschraum kamen, war er weg."

"Hm, merkwürdig. Wir werden dein Schlaftier suchen, Eva, bestimmt! Aber jetzt macht erst einmal schnell eure Betten, und dann los, hinaus in den Schnee. Ihr wollt doch reiten. Außerdem ist Schneeschippen wirklich lustig."

Die Jungen hatte Petra bereits hinausgescheucht. Sie standen lustlos auf dem Reitplatz herum und rührten ihre Schneeschaufeln erst an, als Anja und Petra sich fröhlich an die Arbeit machten. Zwölf Mann würden ja wohl fertig mit diesem bißchen Neuschnee werden, besonders wenn man nur rundherum, also auf dem Hufschlag, den Platz schneefrei zu machen brauchte.

Gila kam schließlich auch, sah nach dem Rechten und beteiligte sich am Schneeschippen. Eva wischte heimlich noch immer an ihren Tränen. Petra tat sie leid, aber sie konnte ihr jetzt wirklich nicht helfen.

‚Wo kann nur der verdammte Bär stecken?' fragte sie sich. Unter dem Bett, in allen Ecken und Schränken hatte sie rasch noch nachgesehen.

Als rundum ein meterbreiter Streifen freigelegt war, ließ Gila zwei Ponys satteln. Lettchen und Bora wurden ausersehen, die jungen Möchtegernreiterlein zu tragen. Anja und Petra rannten los, um sie zu holen und zu satteln. Sehr bald kamen sie mit ihnen an, natürlich führten sie sie nicht, sondern ritten sie. Gila lachte.

"Das dachte ich mir. Nun aber runter und die Schüler rauf. Los, wer hat den Mut, den Anfang zu machen?"

„Nehmen Sie Eva, damit sie erst einmal ihren Kummer vergißt", flüsterte Petra Gila zu, und die nickte.

„Eva, komm, du nimmst die Nikolette. Heute erst einmal Schritt fürs erste – oder höchstens ein paar Schritte Trab."

Petra hielt Eva den Steigbügel und half ihr hinauf. Anja hielt Bora, während der kleine Hanno sich hinaufmühte, und dann führten sie erstmals die Ponys an. Sie gingen willig im Schritt um den Reitplatz, dann meinte Gila, die beiden sollten nun loslassen und sich trollen.

„Ihr zwei könnt es doch allein, nicht wahr, Eva?" fragte sie ermutigend. Petra und Anja schlenderten unterdessen zu den Ställen.

„Wollen wir heute nacht wach bleiben? Ich würde ja gern wissen, wer nun wirklich hier war", meinte Petra. Anja nickte. Es wurde aber nichts aus diesem Plan. Am Abend saßen sie alle im Gemeinschaftsraum, und Gila schlug ein neues Spiel vor.

„Da treten Mädchen gegen Jungen an, das wird lustig. Wir wollen doch einmal sehen, wer schlauer ist", bestimmte sie und rückte die große Tafel aus der Ecke in die Mitte des Raumes, damit man von beiden Seiten darauf zeichnen konnte. „Hier ist die Kreide. Jede Partei bekommt einen Zeichner, der muß mit ein paar Strichen das skizzieren, was ich beiden leise ins Ohr sage. Die anderen raten, was es darstellen soll. Zahlen sind erlaubt, Buchstaben nicht."

„Und was müssen wir zeichnen? Ich kann das alles überhaupt nicht!"

„Unsinn! Ich kann nicht, das gibt es nicht. Zum Beispiel Erbsensuppe – um mit etwas Leichtem anzufangen. Wie zeichnet man das? Eine Erbse in der Schote, würde ich sagen. Das ist leichter zu erkennen, sonst rät man womöglich Fußball oder Trauring oder sonst etwas Rundes. Und dann eine Suppenterrine. Ich jedenfalls würde das so machen –" Gila warf ein paar Kreidestriche auf die Tafel. „Oder auch so –"

„Oder Wettschwimmen! Ich kann es!" Petra zappelte vor Begierde, die Kreide zu bekommen.

Es kam schließlich so, daß die, die vorher gesagt hatten, sie könnten nicht zeichnen, die besten waren. Man rief und lachte, einer wollte dem anderen zuvorkommen. Es wurde herrlich lustig. Gila lachte Tränen, als jemand bei der von ihr gezeichneten ‚guten Fee', ‚alte Hexe' riet, sie lachte so, daß ihr Taschentuch ganz naß wurde von ihren Lachtränen. „Lauf in mein Zimmer, Petra, und hol mir ein frisches, bitte!" stöhnte sie.

Petra lief. Und kam wieder, jubelnd etwas über dem Kopf schwingend.

„Wißt ihr, was ich gefunden hab'? Evas Schlafbären! Er lag auf Gilas Bett. Nein, nein, du hast ihn bestimmt nicht dahin gelegt", in der Eile und Aufregung duzte sie Gila, „sondern Flaps! Flaps war der Entführer. Er lag auch auf dem Bett, den Bären zwischen den Vorderpfoten, und leckte ihn hingebungsvoll und zärtlich."

Alle riefen durcheinander. Eva riß ihren Schatz an sich und drückte ihn an die Brust.

„Aber warte doch einmal, erst müssen wir ihn ein bißchen saubermachen", sagte Gila endlich, erschöpft vom Lachen. Sie holte etwas aus der Hausapotheke im Flur. „Wenn Flaps ihn so hingebungsvoll geleckt hat", warf sie ein und nahm einen Wattebausch, tränkte ihn mit einer Flüssigkeit und fuhr damit über das Fell des Bären. „Ganz und gar desinfizieren können wir ihn nicht, aber das hier genügt vielleicht auch so. Da hast du deinen Schatz."

Eva strahlte. Petra schlug als nächstes Ratewort vor, eine Bärenentführung zu zeichnen. Das war nicht leicht, aber um so lustiger. Man vergaß, wie spät es wurde, und erst kurz vor Mitternacht – Gila war selbst erschrocken und ein bißchen schuldbewußt – trennte man sich, müde gelacht und getobt. „Um so besser werdet ihr jetzt schlafen", verhieß sie.

Petra und Anja trollten miteinander über den Hof zu der Scheune hin.

„Nein, heute bleib' ich wirklich nicht noch wach", gähnte Petra, „mir fallen einfach die Augen zu. Wir sehen noch mal nach dem Jungstutenstall – siehst du, alles ist in Ordnung! Die Hunde würden uns ja auch wecken." Sie hatte mit Gila verabredet, daß Flaps und die Wurscht nicht eingesperrt würden, sondern in der Scheune schlafen sollten. Da konnten sie, wenn jemand kam, hinausspringen und ihn stellen. „Das hören wir dann schon."

Am nächsten Morgen sollte sie das schwer bereuen. Sie war als erste auf, lief zu den drei Jungstuten – alles in Ordnung. Dann ging sie, irgendwie einem sechsten Sinn folgend, zum Stall der Reitponys. Und da bekam sie einen fürchterlichen Schrecken.

Alle Türen standen offen. Alle Ponys waren weg. Man sah noch die Abdrücke im Schnee, es war kein frischer darauf gefallen. Schreckensbleich rannte Petra los, zu Gila.

Gila nahm nur den Bademantel über den Schlafanzug und lief sofort mit. Sie standen vor den Ställen und guckten auf die Hufspuren, die zum Wald hin führten.

„Aber die Hunde hätten doch angeschlagen!"

„Wahrscheinlich hatte derjenige, der uns den Streich gespielt hat, die Türen schon aufgemacht, ehe wir schlafen gingen und die Hunde hinausließen", sagte Gila. „Sonst hätten die Hunde Lärm gemacht. Aber die waren ja bei uns im Zimmer. Noch einmal hier an den Ställen nachgesehen habt ihr nicht, als ihr hinüber zur Scheune gingt?"

„Nein. Hätten wir das doch getan! Ich hab' nur den Jungstutenstall kontrolliert, weil der das vorige Mal offenstand." Petra war ganz außer sich. „Ich Blöde – als ob man nicht alle Türen aufmachen könnte!"

„Mach dir jetzt keine Vorwürfe, es hat keinen Zweck. Ich hätte selbst – aber das kommt davon –" Gila hielt inne, sagte dann nach einem Augenblick: „Schnell, zieht euch an, Anja und du. Und weckt die andern. Die müssen sich heute selbst um ihr Frühstück kümmern."

„Frühstück, hach! Als ob es darauf ankäme!" Keine fünf Minuten später liefen Gila, Anja und Petra los, den Spuren nach. Hier konnte man nicht fahren, auch nicht mit dem Trecker. Man mußte zu Fuß suchen, etwas anderes blieb nicht übrig. Petra hatte Flaps an der Leine und Gila die Wurscht. So rannten sie los, den Spuren nach. Zum großen Glück sah man die Spuren deutlich, es waren viele, Pferde bleiben ja meist beieinander. Trotzdem, wie weit Koppeln sind und wie groß ein Wald ist, das begreift man erst, wenn man zu Fuß hindurchrennt. Denn sie rannten, rannten –

„Ihr seid verrückt. So halten wir es keine halbe Stunde aus", keuchte Gila schließlich. „Lieber langsamer, einen strammen Schritt, aber nicht Galopp oder Trab. Himmel, Wurschti, zieh nicht so, ich kann ja kaum mehr japsen."

„Soll ich sie nehmen?" erbot sich Anja. Gila übergab ihr die Leine.

„Aber laß dich nicht umreißen!"

„Wenn sie schon gestern abend losgelaufen sind, können sie weit sein", murmelte Petra sorgenvoll. Das Laufen im Schnee war mühsam und kraftraubend. Wenn man wenigstens wüßte, daß man sie finden würde! Immerhin, die Spuren waren sichtbar, ganz ins Blaue hinein lief man nicht.

Leider führten die Spuren aber jetzt in das Tal, in dem auch Autos fuhren, und zwar direkt auf die Autostraße. Hier war es für Pferde gefährlich.

Keine von ihnen sprach das aus, aber sie dachten es alle drei. Und die Spuren hatten auf die Straße hinauf- und nicht wieder heruntergeführt, also mußten die Ausreißer auf ihr weitergelaufen sein. Auch für Pferde lief es sich hier wahrscheinlich besser als im Schnee. Sie kamen zur Hubertusklause, wo damals Inko gelandet war.

„Hier fragen wir mal, ob jemand sie gesehen hat", sagte Petra und stoppte ihr Tempo ab. Da erschien auch schon die Frau, die die Wirtschaft führte, und begrüßte sie aufgeregt.

„Ja, Ihre Pferde sind hier vorbeigekommen", erzählte sie, „ich hab' schon bei Ihnen angerufen. Es war aber nur ein Kind am Apparat. Vor einer halben Stunde vielleicht –"

„Sie sind hier vorbeigelaufen?" jubelte Petra, „und erst vor kurzem? Da kriegen wir sie! Wie viele, wissen Sie nicht?"

„Nein, in der Eile hab' ich sie nicht zählen können. Und ich konnte sie auch nicht aufhalten, so ganz allein – mein Mann und meine Söhne sind nämlich nicht hier."

„Auf der Straße sind sie langgelaufen?"

„Ja, das hielt ich eben für so gefährlich. Es fahren ja hier auch Autos, wenn auch nicht so viele wie auf der großen Bundesstraße. Kommen Sie einen Augenblick herein, etwas Heißes trinken? Es ist ja kalt wie im Dezember."

„O nein, wir müssen weiter. Danke! Vielleicht auf dem Rückweg?"

Die Frau verstand das. Sie sah ihnen nach, wie sie weiterhasteten, ging dann ins Haus und setzte neues Wasser für Kaffee auf. Die drei liefen weiter. Jetzt kam ein Auto hinter ihnen her, in derselben Richtung also. Gila zögerte, aber Petra hatte schon gewinkt. Der Fahrer stoppte und hielt.

„Was gibt es denn?"

„Fahren Sie doch bitte, bitte langsam, hier sind Pferde auf der Straße", japste Petra, und Gila und Anja keuchten heran. Als der Fahrer Gila sah, also jemand Erwachsenen, machte er den Motor aus.

„Erzählen Sie, was passiert ist!"

Gila tat es, in kurzen Sätzen. Er stieß die Wagentür auf. „Kommen Sie herein, ich fahr' Sie. Immerhin geht das schneller."

Damit hatten sie nicht gerechnet. Aber sie folgten der Aufforderung dankbar. Der Fahrer gab Gas.

„Wenn nur keiner von vorn kommt! Die Straße macht ja dauernd Biegungen und ist nicht übersichtlich", sagte Gila sorgenvoll. „Und wenn einer hier mit hundert Sachen langfegt?"

„Das macht keiner, dazu gibt es zu viele Kurven", tröstete der Fahrer. „Jeder nimmt sich hier in acht, vor allem im Schnee. Es stehen ja außerdem Warnungen da, daß Rehwild über die Straße wechseln kann." Das fanden die andern auch tröstlich. Sie fuhren – und richtig: Nach einer Kurve sahen sie die Pferde auf der Straße vor sich, alle schön im Pulk miteinander laufend.

„Hurra, hurra!" schrien Petra und Anja, gleich darauf aber schwiegen sie entsetzt.

Ein Auto war hinter ihnen aufgetaucht, überholte in raschem Tempo und war offensichtlich nicht darauf vorbereitet, daß es hier Schwierigkeiten geben könnte. Die Pferde spritzten auseinander, obwohl der Fahrer des überholenden Wagens jetzt bremste. Einige sprangen rechts auf die Wiese, ein paar nach links, wo der Wald dicht an die Straße herantrat, eins rutschte und glitt hin – Banja, soviel Petra sehen konnte. Da hatte ihr Fahrer schon gehalten, und die drei sprangen aus dem Wagen. Das gestürzte Pferd versuchte hochzukommen, rutschte wieder ab –

Jetzt hatte auch das andere Auto angehalten, beide Fahrer sprangen hinaus und liefen hinter den Mädchen her, den Pferden zu. Einer hatte sogar einen Riemen in der Hand, der andere zerrte im Laufen an dem Schal, den er um den Hals trug. Petra sah das, sich halb umwendend, und atmete ein bißchen auf. Bald hatte sie das erste Pferd erreicht.

„Ruhig, ruhig, mein Schönes, haaalt!" rief sie, halb singend, und war schon bei ihm. Sie, Gila und Anja hatten natürlich Kopfstücke mit, um die Pferde aufhalftern zu können. Sie erwischte Bora an der Mähne und konnte ihr den Zügel über den Hals legen. Bora stand – welch ein Glück!

„Da, nehmen Sie die Mädi, die ist wie ein Lamm", keuchte sie dem Herrn zu, der jetzt auch herangekommen war, „nein, nicht den Bubi, das ist der Hengst. Die da – die Mädi –, und halten Sie mein Pferd hier mit!"

Er warf Mädi den Schal über die Mähne und faßte ihn unten zusammen. Mädi, die brave, stand wirklich still, als wäre er ein Lederzügel. Petra griff nach Bubi, der nebenhergelaufen war und nun auch abstoppte; er war größer als die Stuten und warf den Kopf. Petra blieb nichts übrig, als beide Arme um seinen Hals zu werfen. Sie rutschte dabei aus und hing nun, ohne mit den Füßen Halt zu finden, an seinem Hals. Anja sah es und mußte mitten in aller Aufregung so lachen, daß sie beinahe Arnika, die sie erwischt hatte und festhielt, losgelassen hätte. Da aber griff Gila von der andern Seite her zu. Nun hatten sie schon vier der Ausreißer dingfest gemacht, jedenfalls soweit, daß diese nicht weiterliefen, und da verlangsamten auch die anderen ihre Gangart. Gila griff sich mit der freien Hand noch eine Stute, der zweite Autofahrer hatte bereits rechts und links ein Pferd an der Mähne –

„Wir haben sie! Deubel noch mal!" schrie Petra.

„Sag lieber ‚Gott sei Dank'", stöhnte Gila, „mußt du den Teufel anrufen?"

„Deshalb doch nicht! Du hast natürlich recht, aber zum Teufel, der Bubi steht auf meinem Fuß! Aua, gehst du runter –", jammerte Petra als Antwort. Es klang kläglich, alle mußten lachen. Und mit dem Lachen war alles gut. Sie hatten die Pferde, nichts war passiert. Lieber Gott, lieber Sankt Georg, ihr habt uns wieder einmal geholfen und unsere Vierbeiner gnädig beschützt!

Wie Reiten gedacht ist

„Jetzt aber werden Wachen aufgestellt, die ganze Nacht über!" sagte Gila, als sie alle Pferde in den Boxen hatten und zur ‚Futterkammer' hinübergingen, um endlich zu frühstücken. „Wir lösen einander ab wie auf dem Schiff. Die erste Wache bis zwölf Uhr übernimmt Raimund. Von da an –"

„Ich! Oder besser: wir, Anja und ich", erbot sich Petra sofort, als sie merkte, daß die anderen Kinder, die in der ‚Futterkammer' auf die Rückkehr der Pferdesucher gewartet hatten, wenig geneigt schienen, ihren Schlaf zu opfern. Die hatten gemütlich gefrühstückt, während sie drei, Gila, Anja und Petra, auf Pferdejagd waren, und standen gelangweilt herum. Nicht mal das Frühstücksgeschirr hatten sie abgewaschen, das hätten sie wirklich tun können. Gila sagte das in ihrer ruhigen Art, aber es wäre insofern gut, da könnten sie die drei Becher von ihr, Petra und Anja mit abwaschen.

„So, und wenn ihr fertig seid, meldet ihr euch bei mir", sagte sie. Einer der Jungen murrte.

„Abwaschen ist Weiberkram." Gila verstand es genau. Sie sah ihn an.

„Und Pferde suchen, im Schnee, was ist das?" fragte sie freundlich. „Nun los, husch, husch, ehe nicht abgewaschen ist, wird nicht geritten."

Ihrer Art war nicht zu widerstehen. Gerade kam Raimund herein, etwas Großes, Geschecktes über dem Kopf schwingend. „Guckt mal, was ich gefunden hab'!"

Es war ein riesenhaftes Steiff-Tier, ein Leopard, etwa so groß wie Flaps, mit hellen Flecken – sehr hübsch, nicht mehr ganz neu. Alle kamen heran.

„Wem gehört er?" wurde gefragt. Aber keiner meldete sich. Gila strich dem Tier über den Kopf.

„Was bist du denn für ein Kerl? Bist du uns zugelaufen? Paß gut auf ihn auf, Raimund, daß er niemanden beißt, vor allem kein Pferd."

„Wo hast du ihn denn her?" fragte Ute.

„Er lag drüben im Gemeinschaftsraum auf der Couch. Ich dachte, er gehört einem von den Mädchen. Aber vor so etwas fürchtet ihr euch wohl."

„An die Arbeit!" rief Gila. Petra und Anja liefen hinaus, um die Pferde vorzubereiten, die heute gehen sollten, und Raimund setzte den Leoparden auf das große Hirschgeweih über der Tür. Von dort aus guckte das Untier drohend auf alle, die hereinkamen und hinausgingen, herab.

„Er stammt aus Afrika, aus Timbuktu, hat er mir erzählt", sagte Raimund, „ich werde ihn Tim nennen."

Die Reiterei verlief an diesem Tag in schönster Harmonie. Die Anfänger meinten wohl, daß man weich fiele, wenn man vom Pferderücken rutschte, nämlich in die Schneewälle rechts und links vom Hufschlag, und saßen deshalb unverkrampfter und dadurch sicherer als voriges Mal. Gila ließ sie eine halbe Stunde reiten, ehe die nächsten aufs Pferd kamen, und empfahl ihnen dann, heiß zu duschen, damit sie keinen Muskelkater bekämen. Und dann erlaubte sie, daß Petra sich den Bubi sattelte und mit der zweiten Abteilung mitritt, weil sie so tapfer auf der Pferdejagd gewesen wäre, wie sie sagte. Das war eine große Auszeichnung, und in Anjas Herzen nagte mal wieder

der Wurm. Hatte sie nicht auch geholfen, die Pferde einzufangen?

„Und du machst gefälligst kein Gesicht", sagte Gila, die anscheinend Gedanken lesen konnte, zu ihr. „Petra reitet ihn warm. Dann kommst du drauf."

Oh! Anja fuhr zusammen. Den Bubi sollte sie reiten, sie, die noch nie einen Hengst unter dem Sattel gehabt hatte?

„Ich – ich –", stammelte sie. Gila lachte, während sie zu den Reitenden hinübersah.

„Du wolltest doch gerne."

„Ich – ich wollte –"

„Du reitest doch schon ziemlich lange im Reitverein und gut, habe ich sagen hören", sagte Gila gelassen, „na, wir werden sehen. Ganze Abteilung – Schritt. Petra, auf dem Zirkel geritten. Und Galopp – marsch! Jawohl, richtig angesprungen. Sieh doch, wie er geht, der Hengst, ist das nicht wunderbar! Wenn ich du wäre –"

„Ich will ja auch", beeilte sich Anja. Nun war alles gleich. „Ich will ihn ja reiten, wenn ich darf."

An diesem Vormittag sollte Anja erstmals einen Hauch davon verspüren, was Reiten ist oder sein kann. Sie kletterte mit Todesverachtung und zu allem entschlossen auf den Bubi, als Gila Petra hatte absitzen lassen, und ritt an, in der festen Überzeugung, sofort entweder koppheister nach unten zu schießen oder von Gila wieder heruntergeholt zu werden. Sie *konnte* den Bubi doch nicht reiten ...

Aber siehe da, der kleine Hengst – es war ein Welsh, also nicht so groß wie ein Großpferd, aber größer als ein Shetty, für Halbwüchsige wie Petra und sie genau das richtige – der kleine Hengst nahm willig ihre Hilfen an. Erst Schritt – sie versuchte ihn zu versammeln, und er machte wahrhaftig bald einen schönen Hals. Und dann kam das Kommando „Antraben!" Anja trieb – und der Bubi trabte. Nein, er trabte nicht, er tanzte. Er ging in einer Manier, wie noch kein Pferd unter ihr gegangen war, leicht, taktmäßig, weich in einer ungeahnten Art. Sie schloß die Augen halb und hatte nur den einen Gedanken: „Stör ihn nicht. Tu ihm nicht weh. Laß ihn gehen – schweben, wie er will ..."

„Wunderbar. Merkst du es? Ganz groß", sagte Gila halblaut, als Anja mit dem Hengst an der schmalen Seite an ihr vorbeikam. Die vier anderen Reiter hatte Gila in die Mitte der Bahn gehen und dort halten lassen. Anja ritt allein.

„Und nun – durch die ganze Bahn wechseln – jawohl! Mal sehen, wie er auf der anderen Hand geht. Gut, gut. Und nun – an der nächsten langen Seite zulegen zum Mitteltrab. Nicht eiliger werden, längere Schritte – jawohl." Petra trat vor Nervosität von einem Bein aufs andere. Gila legte ihr, ohne sie anzusehen, die Hand auf die Schulter.

„Nicht hopsen. Nicht stören. Siehst du, wie der Rücken schwingt? Jawohl, Anja, gut gemacht. Hast du's gemerkt? *Das* ist Reiten ..."

„So, und nun darfst du noch mal, Petra", sagte sie lachend, als Anja nach einer Viertelstunde abgesessen war, „du sollst den schwingenden Rücken auch erleben. Schön, Anja, was? Hast du es zum erstenmal geschafft, oder bist du schon mal so geritten?"

„Nein. Noch nie! Im Reitverein durfte ich nie zulegen zum Mitteltrab, immer nur die anderen. Aber der Bubi –"

Anja brach ab, tief aufatmend. Und dann stand sie, die Arme aufs Geländer gestützt, und verfolgte Petras Reiten mit weit offenen Augen. Auch bei Petra ging der kleine Hengst gut, willig und federnd, und auch sie strahlte, als sie schließlich absaß.

„Das ist was anderes als auf den anderen Böcken", schnaufte sie, „Bubi, du bist ein Schatz! Dich reite ich von nun an bis in die Ewigkeit und niemals mehr jemand anderen!"

„Schön wär's", lachte Gila, „aber von Zeit zu Zeit bekommt ihr ihn. Ich hab' mit Stine gesprochen. Nur, wer bloß die besten Pferde reiten kann –"

„Der ist noch lang kein Reitersmann", vollendete Petra und hielt sich die Ohren zu, „ich weiß, ich weiß. Das Pferd ist meist gescheiter als der Reiter – und wie die frommen Sprüche alle heißen. Aber – danke, danke, danke!" rief sie dann, warf sich Gila an den Hals, daß diese beinah nach hinten fiel, und küßte sie auf die Nase. „Jetzt miste ich dafür sieben Boxen nacheinander aus!"

„Ich auch", schloß sich Anja an, „so was hab' ich noch nicht erlebt. Und da denkt man, man hätte eine Ahnung, wenn man im Reitverein ist."

Sie misteten an diesem Tag wirklich eine Box nach der andern aus, glühend vor Eifer. Einmal Erfolg haben, einmal merken, daß man etwas kann, einmal gelobt werden, wenn man genau fühlt, daß es ein echtes Lob war. Oh, man wurde ein ganz neuer Mensch dadurch, man wuchs innerlich.

„Ich glaub', mir kann nie wieder was passieren", sagte Anja, als sie die Pferde der anderen vom Reitplatz holten und zu den Boxen brachten. Die Reitkinder gingen hinterher, mehr oder weniger versteckt humpelnd – Gila lachte sie an.

„Ich kam mal von einer Jagd, ging die letzte Strecke zu Fuß, um mein Pferd zu entlasten. Da kam mir ein Herr entgegen, beobachtete meinen Gang und sagte freundlich: ‚Sie gehen, als wären Sie geritten.' So ähnlich möchte ich das bezeichnen, was ihr hier zeigt."

„Wahrhaftig", seufzte Ute, „geschenkt wird einem nichts. Ist alles heiße Wasser weggeduscht, oder kriegt man noch was davon ab?"

Petra und Anja bogen auf den Brunnenplatz ein, im selben Augenblick schoß ein fremder Hund von rechts auf sie zu. Mädi, die Anja trug – ein Pferd, rührend lieb und ausgesprochen bequem, für allererste Anfänger geeignet – erschrak und stieg. Anja rutschte wie ein Clown in einer Zirkusnummer nach hinten hinunter und saß auf der Erde, ehe sie es sich versah. Ihr Gesicht war Gold wert

„Hoppla", lachte Petra, „hoffentlich hast du dir nicht den Steiß gebrochen. Mit gebrochenem Steißbein soll es sich nicht so himmlisch schön reiten."

„Lach nicht", ächzte Anja und suchte ihre Glieder zusammen. Raimund aber, der gern berlinerte, schrie Petra zu: „Det kann dir ooch passieren!", worüber nun wieder Petra so lachen mußte, daß sie vom Pferd fiel. Sie krümmte sich so, daß sie herunterpurzelte zum Gaudi der nachfolgenden Reitkinder.

„Fandest du das so komisch, was er da rief?" fragte Anja, als sie beide wieder hochgekommen waren und ihre Pferde in die Boxen brachten. Petra lachte noch immer.

„Das hängt mit einer besonderen Geschichte zusammen, deshalb mußte ich so lachen. Als wir noch kleiner waren, nahmen meine Eltern jeden Sommer ein Berliner Kind bei sich auf. Wir wohnen ja doch hübsch mit großem Garten ums Haus, und – na kurz und gut, sie fanden, das täte einem Berliner Jungen gut, wenn er mal ein paar Wochen bei uns verleben könnte. Natürlich wollten wir einen aufnehmen, der auch mal auf einem Pferd sitzen möchte, da wir doch eigene besitzen. Und da passierte folgendes: Wir gingen, als der Transport aus Berlin gekommen war, um ‚unseren' Jungen abzuholen. Es war ein ganzes Rudel, so an die vierzig Kinder im Alter zwischen vier und zehn. Einer heulte laut und jämmerlich, und meine Mutter sagte halblaut zu mir: ‚Hoffentlich ist das nicht der, den wir bekommen.'

Er war es tatsächlich. Und er heulte so, weil er in die Hosen gemacht hatte. Wir zogen mit ihm nach Hause, Mutter führte ihn rechts und ich links, und er heulte und heulte, so daß sich alle Leute auf der Straße nach uns umdrehten. Mutter wollte ihn trösten.

‚Wein doch nicht mehr, zu Hause ziehen wir dir frische Hosen an, mein Kerlchen', sagte sie. Er sah zu ihr auf, mit dem wachen Blick, den Berliner Jungen oft haben, sagte patzig: ‚Det kann dir ooch passieren!' und schrie dann weiter bis zu unserem Haus. Es war zum Schießen. Und das fiel mir vorhin ein, ich hatte jahrelang nicht mehr daran gedacht."

„Na, kein Wunder, daß du da ausgestiegen bist", sagte Anja und nahm Mädi das Kopfstück ab. „Aber daß du mich abgesetzt hast, Mädi, vor allen anderen, nachdem ich den Bubi angeblich so gut geritten habe –!"

„Vielleicht war sie eifersüchtig auf ihn", sagte Gila, die zu ihnen getreten war, „jaja, unverhofft kommt oft. Aber Spaß hat's gemacht – ich meine das Reiten, nicht das Aussteigen?"

„Und ob!" funkelte Petra. Anja nickte ihr zu. Ihr tat das Hinterteil noch ziemlich weh, aber was war das schon, verglichen mit diesem herrlichen Reiterlebnis, dachte sie und grub die letzte Mohrrübe aus der Hosentasche, um sie Mädi zu geben. „Böse hast du es ja nicht gemeint. Jeder Mensch kann mal erschrecken. Und jedes Pferd auch. Da, schmeckt's?"

Ein neues Gesicht

Ute hatte Geburtstag. Ein geheimnisvolles, vielversprechend dickes Paket wartete auf sie, Kartengrüße waren eingetroffen, es ließ sich also nicht verheimlichen. Ute hatte auch gar nicht die Absicht, dies zu tun.

„Da ist sicherlich ein großer Kuchen drin, den spendiere ich", verhieß sie, „und Coca könnt ihr auch auf meine Rechnung trinken, soviel ihr wollt. Und – ja, und vielleicht reicht es auch noch für eine Schüssel Obst. Sicherlich schicken mir meine Eltern dafür Geld mit. Sie sind nämlich mehr für Obst als für Süßigkeiten, aus gutem Grund –", sie sah an sich hinunter. Wahrhaftig, dünn war sie nicht, und manche Eltern denken ja, vom Reiten nimmt man ab. Aus diesem Grund war sie auch hierhergekommen.

So wurde also gefeiert. Am Morgen mit einem Ständchen, am Mittag mit Wunschessen – Ute bestellte sich Apfelsuppe mit Rosinen und dazu Waffeln, und Gila war gutmütig genug, diesen Wunschtraum wahr zu machen – nachmittags mit Kakao und Kuchen, und abends sollte gespielt werden. Sie schlug Sprichwörter-Raten vor. Einer mußte immer seinem Nachbarn ein Sprichwort ins Ohr flüstern, und der hatte es dann mimisch darzustellen. Etwa: ‚Lügen haben kurze Beine'. Da lief derjenige, der es zu mimen hatte, in der Hocke, also auf kurzen Beinen, durchs Zimmer und schrie dabei: „Stimmt nicht, stimmt nicht, ich war es nicht, ist alles nicht wahr!", und die anderen mußten raten, was er gemeint hatte. Das machte Spaß und viel Radau und gab zu lachen, und alle spielten eifrig mit.

Einmal sollte Raimund „Langt's auf den Hund, langt's auf den Schwanz" darstellen. Er überlegte, holte sich dann den Zollstock aus der Werkzeugkiste und maß damit abwechselnd den Körper von Flaps und dessen Schwanz. Das konnte natürlich keiner erraten.

„Mit ‚Flaps' gibt's keine Sprichwörter", protestierte einer der Jungen, da wollte Raimund zeigen, daß es wohl kein Sprichwort mit ‚Flaps', aber eins mit Hund im allgemeinen gab. Er holte sich also die Wurscht aus ihrer gemütlichen Ecke, in die sie sich aus dem Trubel der Kinder gerettet hatte, und legte an ihr den Zollstock an. Trotzdem kam niemand auf die Lösung. Schließlich mußte er sagen, was er meinte.

„Das war zu schwer", hieß es, und nun mußte Raimund ein anderes Sprichwort darstellen. Während er sich damit abmühte, sagte Gila auf einmal halblaut: „Die Hunde sind ja hier."

„Na klar", meinte Ute, „sonst hätte Raimund ja gar nicht –"

„Aber, aber – sie sollen doch draußen aufpassen, daß niemand die Boxentüren aufmacht!"

„Ach so. Richtig!" Petra sprang auf und nahm Flaps am Halsband. „Los, raus mit dir und auf Wachtposten. Anja, bring die Wurscht!"

Anja gehorchte. Raimund machte ihnen die Tür auf und kam mit. Die Hunde wehrten sich, sie wollten lieber im Warmen bleiben. Aber sie wurden hinausgetrieben.

Draußen war es kalt, Schnee fiel nicht mehr, und die reine Luft tat wohl nach dem Menschengequirle im Zimmer. Der Brunnen gluckerte, sonst war es still. Sie atmeten tief – und dann hörten sie einen Schritt.

Petra griff nach Anjas Arm.

„Ruhig!" flüsterte Raimund. Es war wie ein Hauch. Die beiden Mädchen hielten den Atem an.

Da schlich jemand, es war keine Einbildung. Er schlich an der Scheune entlang, sprang dann über den Platz zu den Boxen, eine ziemlich kleine Gestalt, etwa so groß wie Anja. Raimund war schon die drei Stufen hinunter und dem Schleichenden nachgesprungen. Petra und Anja folgten, die Hunde neben sich.

„Du warst das also!" hörten sie gleich darauf Raimunds Stimme, und dann klatschte es, und ein klägliches „Aua!" ertönte. Die beiden rannten los und um ein Haar in ein Pferd hinein, das ihnen entgegensprang.

„Halt den Bubi!" gellte Raimunds Stimme. Anja hatte ihn schon an der Mähne, konnte ihn aber nicht halten, so mitten in seinem Losgaloppieren. Petra kam einen Moment zu spät. Er sauste dem Brunnen zu, die beiden hinterher.

Nun hat auch ein guter Läufer keine große Chance, ein Pferd, das davonspringt, einzuholen. Aber es mußte ja etwas geschehen. Der Bubi war anscheinend vor etwas erschrocken, vielleicht vor Flaps, der neben dem Brunnen auftauchte – er drehte bei und fegte um die Ecke des Kinderhauses, dem Reitplatz zu. Dort war der Balken am Eingang noch vom Zurückreiten her weggeschoben, so daß der kleine Hengst in den Reitplatz hineingaloppierte. Dort war er zunächst gefangen. Petra hob sofort den Balken in die Halterung, sagte: „Bleib hier!" zu Anja und rannte zu Raimund zurück. Vielleicht brauchte der Hilfe.

Raimund hatte einen Jungen, der kleiner war als er, am Kragen und zerrte ihn durch den Hof, der jetzt im Außenlicht hell vor ihnen lag. Gila stand auf der kleinen Treppe am Eingang, sie war den dreien nachgegangen und hatte angeknipst. Raimund schimpfte, und der kleine Junge schrie und wehrte sich, aber Raimund war stärker.

„Dir werden wir's beibringen, Pferde rauszulassen, das gibt's nicht, hörst du! Das ist eine Gemeinheit. Aber jetzt haben wir dich."

„Er hat gerade die Box vom Bubi aufgemacht, ich kam im Augenblick dazu", berichtete er Gila, „wahrscheinlich wollte er auch die anderen rauslassen!"

„Wo ist der Bubi?" fragte Gila als erstes. Raimund wies um die Ecke. Gila holte schon ein Kopfstück und kam nach ein paar Minuten mit Anja und dem Bubi zurück und brachte den Hengst in seine Box.

„So, und nun wollen wir weitersehen, kommt mit!" befahl sie Raimund und dem anderen Jungen. „Halt ihn fest, daß er uns nicht wegrennt. Hinein mit dir, du Schlawiner. Ist das eine Art, fremde Pferde hinauszulassen, daß sie auf die Autostraße laufen und überfahren werden können? Warum machst du so was?"

Sie platzten in die Geburtstagsgesellschaft hinein, die jetzt, verstummend, ihnen entgegenstarrte. Raimund hielt den Kleineren immer noch fest.

„Ich – ich –", stammelte der, versuchte, sich loszumachen, wand und drehte sich. „Das ist gemein, so viele gegen einen, ihr seid gemein!"

„Und du? Was ist denn das, wenn man Pferde, die einem nicht gehören, in Gefahr bringt?" wütete Petra.

„Hast du es denn getan? Gestern? Und vorgestern?" fragte Gila ihn jetzt. Sie sprach ruhig und eigentlich freundlich. Der Junge hörte auf, sich losreißen zu wollen, sah sie an und sagte verbockt: „Ja."

Alle hielten den Atem an.

„Und warum machst du so etwas?" fragte Gila weiter.

„Weil – weil –", er brach ab. Plötzlich aber kam Leben in ihn, er deutete hinauf über die Tür und schrie:

„Da, ich hab' mir's doch gedacht! Das ist unserer, ihr habt ihn gestohlen!"

„Wen?" fragte Gila verdutzt. Der Junge rief:

„Der da oben! Der gehört uns! Der gehört meinem kleinen Bruder, und ihr habt ihn ihm weggenommen." Er zeigte auf Tim, den Leoparden, der noch oben auf dem Hirschgeweih hockte, wo Raimund ihn neulich hingesetzt hatte.

„Das ist eurer?" fragte der jetzt erstaunt.

„Ja. Und den habt ihr geklaut!"

„Und deshalb hast du unsere Pferde – also, erstens haben wir dieses Untier gar nicht gestohlen", rief Raimund jetzt, „der lag damals einfach im Gemeinschaftsraum auf der Couch, da hab' ich ihn gefunden."

„Aber er gehört uns", schrie der Junge außer sich, „meinem kleinen

Bruder! Und der sucht ihn überall. Ich hab' gleich gesagt, der muß gestohlen worden sein, sonst hätten wir ihn längst gefunden. So ein großer Kerl fällt doch nicht in die Ritze!"

„Nun komm mal her und beruhige dich, trink erst einmal ein Glas", sagte Gila und zog den Jungen, dem jetzt die Wuttränen aus den Augen sprangen, an den Tisch. „Komm, und putz dir die Nase. Wenn der Leopard deinem kleinen Bruder gehört, bekommt der ihn natürlich wieder. Deshalb kannst du aber hier nicht solche Dummheiten machen, die schlimm ausgehen können. Außerdem hast du noch gar nicht gewußt, daß der Leopard hier ist."

„Aber ich hab' es mir gedacht! Mein Vater sagt immer – mein Vater hat gesagt, eure Hunde schießt er das nächste Mal tot. Der Dicke dort", er deutete auf die Wurscht, „hat bei uns eine Henne gefangen und totgebissen, unser bestes Legehuhn, und der da –"

„Der Flaps? Was hat denn der gemacht?" Gila wurde es auf einmal ganz heiß. Hatte Flaps nicht neulich den Schlafbären von Eva verschleppt? Wahrhaftig! Also konnte es gut sein, daß er tatsächlich auch an der Leopardenentführung schuld war ...

Da sagte es Petra schon.

„Mensch, das kann wirklich der Flaps gewesen sein", sagte sie dumpf, „Flaps, altes Ungeheuer, hast du den Tim gestohlen? Sag die Wahrheit!"

Flaps sah zu ihr auf. Seine Augen, schwermütig und stets mit dem Ausdruck leidender Unschuld, sprachen Bände. Die anderen lachten plötzlich im Chor los.

Und mit diesem Lachen war auf einmal die Spannung weg. Alles sprach durcheinander, gab seine Meinung von sich, in Lautstärke zwölf, weil so viele auf einmal redeten, und Raimund war schon hochgesprungen, um Tim herunterzuholen. Gila schrie noch:

„Nicht doch! Nimm einen Stuhl!" Aber da war es schon passiert. Mit dem Leoparden kam das ganze Hirschgeweih herunter, es krachte nur so, und Raimund machte ein dummes Gesicht. Dann aber bückte er sich, hob das Steiff-Tier auf, klopfte den Staub herunter oder tat wenigstens so und überreichte ihn dem fremden Jungen mit einer Verbeugung.

„Hier. Da hast du ihn wieder. Und einen schönen Gruß an deinen Bruder, er soll nicht mehr böse sein."

„Danke", sagte der Junge leise. Dann sah er auf und blickte in lauter freundliche Gesichter ringsum. Da wurde seines auf einmal ganz betrübt.

„Ihr habt's gut", sagte er leise und senkte seine Stirn auf Tims Fell. Seine Augen standen voller Tränen, das wollte er nicht zeigen.

„Du doch auch, du hast ja jetzt euren Tim wieder", sagte Petra und gab ihm einen freundschaftlichen Puff in die Seite, „bring ihn deinem kleinen Bruder, der wird sich sicherlich ganz furchtbar freuen, wenn er ihn doch so lange gesucht hat."

„Ja, ja." Es klang leise, widerwillig, trotzig. Und dann sagte er noch etwas, was nicht alle sofort begriffen, aber Gila verstand es. „Ihr habt's gut, ihr könnt reiten."

„Möchtest du auch?" fragte Gila halblaut, freundlich. Sie hatte eine geschickte Art, mit Kindern umzugehen.

„Klar. Aber ich darf nicht. Mein Vater erlaubt es nicht. Eben weil eure Hunde – und weil – ja, denn einmal sind eure Pferde auch in unserem Hafer gewesen – im Sommer –, und die eine Wiese haben sie zertrampelt."

„Wie heißt du denn?" fragte Gila.

„Erich Steingräber. Mein Vater ist –

wir haben den Hof dort", er deutete nach Süden hin. Nachbarn also vom Seehof, verstand Gila, und manchmal ist ein Hof mit so vielen Pferden und frechen Hunden eben nicht ganz erfreulich. Sie sah den Jungen nachdenklich an.

„Hör mal, Erich, dein Vater hat Ärger mit uns gehabt, zugegeben. Du hast uns aber auch Ärger gemacht und Sorge und Mühe. Du hast unsere Pferde in Gefahr gebracht. Gottlob ging alles gut aus. Wie wäre es, wenn wir jetzt beide sagten: ‚Wir sind quitt.' Wir passen auf unsere Hunde auf, daß sie nicht wieder Raubzüge zu euch unternehmen, und du versprichst, daß du keine Pferde mehr herausläßt. Dafür kannst du dann auch mal bei uns reiten. Was meinst du?"

„Darf ich?" fragte Erich mit aufleuchtenden Augen.

„Du darfst. Das wird Stine auch richtig finden. Ich ruf' sie morgen gleich an. Was wird dein Vater dazu sagen?"

„Ach der – der merkt es ja nicht", rief Erich schnell, „und wenn er es auch erfährt, ewig wird er ja nicht böse sein. Wenn eure Hunde nicht mehr kommen –"

„Auf die passen wir auf", versprachen Petra und Anja wie aus einem Mund. „Wehe, wenn ihr noch einmal rüberlauft, Flaps und Wurscht!"

„Und ich darf mitreiten? Umsonst?" fragte Erich noch einmal. Gila lachte.

„Nicht umsonst, Erich. Hier muß sich jeder das Reiten verdienen. Muß zugreifen, wo es Arbeit gibt, und die gibt es immer und überall. Aber eigentlich siehst du nicht aus, als drücktest du dich vor der Arbeit", sie lachte. Erich lachte auch. Man sah ihm an, daß er am liebsten sofort hinausgelaufen wäre, jetzt, in der Nacht, und angefangen hätte, mit Gabel, Besen und Schaufel zu schuften, daß die Funken nur so stoben. Natürlich ging das nicht.

„Aber morgen früh kommst du wieder, wenn du willst. Es sind ja Ferien. Und mit anfassen –" Gila sah ein wenig in der Runde herum, jedem einzelnen der Kinder ins Gesicht. Rissen die sich auch so darum zu helfen?

Vielleicht lernten sie es noch. Wenn jemand so fleißig, so bereit zur Arbeit war, dann steckte er die Faulen vielleicht allmählich an? Sie lachte in sich hinein. Und dann schlug sie ein neues Spiel vor, die Reise nach Jerusalem, und es war allen selbstverständlich, daß Erich mitmachte.

Ein ganz großes Wunder

„Na, das ist ein Gefühl, schöner kann's kein König haben, sich ins Heu zu strecken und zu wissen: Diese Nacht brauchst du nicht raus in Nacht und Graus – das reimt sich übrigens, also ist es wahr", stöhnte Petra behaglich und wühlte sich zurecht. „Übrigens hast du mein Kopfkissen. Sofort gibst du es mir wieder!"

„Ich? Dein Kopfkissen? Wie sollte ich es haben!"

„Ja, das ist es! Ein zünftiger Heuschläfer nimmt natürlich kein Daunenkissen mit, um sein Köpfchen darauf zu betten, sondern höchstens – gib her!" knurrte sie. Anja, die sich gerade auf dem Etwas, das da im Heu lag und relativ weich war, zurechtgekuschelt hatte, hielt ihren Schatz mit beiden Händen fest.

„Das hatte ich schon gestern, immer nimmst du mir alles weg!"

„Gestern war das doch gar nicht hier", behauptete Petra und kramte nun ihrerseits nach der Taschenlampe, um das Streitobjekt zu beleuchten, „jetzt werden wir sehen!"

Der Gegenstand, um den sie kämpften, erwies sich bei Lichte besehen als ein alter Sack. Selbst Petra, die groben Unzulänglichkeiten des Lebens gegenüber ziemlich hart im Nehmen war, sah ihn angeekelt an, faßte ihn mit zwei Fingern und schleuderte ihn in die Nacht hinaus. „Pfui, das war es gar nicht. Wo hast du es versteckt?"

„Ich hab's nicht", jammerte Anja. Sie suchte und wühlte. Es war schön, im Schlafsack im Heu zu liegen, aber unter dem Kopf wollte man kein Heu spüren, alles was recht war. Zumal wenn man wie Petra die Gewohnheit hatte, auf dem Bauch und demnach auch auf dem Gesicht zu schlafen.

„Also jetzt steh' ich noch mal auf, und untersuche alles! Oder gibst du es freiwillig?" drohte sie jetzt.

Anja beteuerte kläglich, sie habe es wirklich nicht.

Und sie fanden es auch nicht. Petra stand wirklich auf und kletterte die Leiter an der Luke hinunter, um etwas Brauchbares aufzutreiben, kam auch nach einer Weile zurück, als Anja schon beinahe eingeschlafen war.

„Hier, das können wir uns teilen."

Es war eine alte Satteldecke, die sie unten gefunden und mitgenommen hatte. Wenn man sie flach legte, reichte sie für beide.

„Danke. Hach, riecht die nach Pferd!"

„Na und? Gibt's was Besseres?" murmelte Petra. Und dann, schon halb im Schlaf, fragte sie: „Kennst du das Lied: ‚Wenn ins wogende Gras stille Dämmerung fällt ...'"

„Nee. Schön?"

„Wunderbar. Es geht weiter:
‚und der Rauch ins Unendliche zieht,
singt der Nachtwind sein einsames Lied.'
Das ist eins von den Trennliedern aus Amerika.
‚Hör das Schnauben der Pferde ganz deutlich
und nah,
und im Fluß schnappt ein hungriger Hecht,
rück den Sattel zum Schlafen zurecht.'"

„O ja, das gefällt mir. Weiter!"

„Ich weiß nicht, ob ich's ganz zusammenbringe. Es steht in der ‚Mundorgel'. Der eine Vers gefällt mir so sehr:
‚Wenn im Norden die schimmernden Bergrücken nahn,
werd' ich singend im Steigbügel stehn,
um die Berge, die Berge zu sehn ...'"

„Du, die Melodie mußt du mir beibringen. Das ist ein schönes Reiterlied."

„Mach' ich. Und die andern müssen es auch lernen. Solche Lieder dürfen nicht verlorengehen."

Sie lagen eine Weile ganz still. Petra dachte, Anja schliefe schon. Dann sagte sie, sie hatte wohl lange darüber nachgedacht: „Weißt du, bei den anderen – den Reitkindern, ich meine jetzt nicht Raimund oder auch Ute – sind ein paar richtige Flaschen dabei. Faul und großmäulig und voller Angst zu reiten. Die mag ich nicht. Aber vielleicht können sie nichts dafür. Sie haben zu Hause keine Pferde, und sie haben sich's hier anders vorgestellt. Etwa so: ‚Ich sitze auf, und das Pferd geht feurig unter mir, aber ganz, wie ich es will. Und alle bewundern mich. Ich bin der geborene Reiter ...' Davon träumen sicher mancher Junge und manches Mädchen, das sich Pferdepostkarten übers Bett hängt und sich für einen Pferdenarren hält. Geborene Reiter gibt es nicht. Man muß sich alles erarbeiten."

„Das glaub' ich auch. Nur – es gibt welche, die Geschick haben und dann –"

„Unmögliche, die es nie lernen. Stimmt. Ich denke manchmal, ich gehöre zu denen."

„Du?" staunte Anja, jetzt wieder ganz munter geworden. „Du, Petra? Du kannst doch –"

„Sag bloß nicht: reiten. Vielleicht lern' ich es mal. Aber manchmal bin ich so verzweifelt, da möchte ich die ganze Reiterei hinschmeißen und mich daneben."

„Hätt' ich nie von dir gedacht, Petra", sagte Anja und schüttelte den Kopf. „Was soll ich denn da sagen!"

„Ach was. Aber dann wieder: Gerade als ich den Bubi ritt, neulich, da hatte ich das Gefühl, ein Zipfelchen vom richtigen Reiten hab' ich jetzt erwischt. Ein kleines, kleines Zipfelchen ... Mensch, wie der geht! Wie der den Mitteltrab hinlegt! Wie – wie eine Melodie!"

„Ja, der Bubi", sagte Anja verträumt. „So ein Pferd zu haben –", ihr Murmeln erstarb. Sie war eingeschlafen, Petra auch. Aber im Traum ritten sie weiter, beide.

Petras Wunschtraum, diese Nacht ungestört durchschlafen zu können, ging nicht in Erfüllung. So ist es manchmal, wenn man ganz fest mit etwas rechnet. Mitten in der Nacht rüttelte sie jemand an der Schulter.

„Wach auf, Petra, wach auf!"

„Was ist denn?" Petra war ganz benommen. „Sind wieder Pferde weg?"

„Nein, aber die eine, die hellere Stute in der zweiten Box –", jetzt merkte Petra, daß es Erich war, der mit ihr flüsterte. Erich Steingräber, der Junge vom Nachbarn.

„Was ist denn mit ihr?"

„Sie liegt in ihrer Box und wälzt sich und stöhnt so komisch."

Petra fühlte, wie das Munterwerden sie traf wie ein Keulenschlag.

„Die Banja", sagte sie hellwach und war schon aus dem Schlafsack heraus, „sie fohlt."

In der Eile vergaß sie sogar, Anja zu wecken. Zum Glück stolperte sie über die Freundin, und so wurde auch sie wach. Sie war genauso verschlafen wie Petra zuvor, merkte aber, daß irgend etwas los sein mußte. Und als sie sich hinübertastete, fand sie den leeren Schlafsack. Da wurde auch sie munter und folgte den beiden anderen, wenn auch langsamer. Petras Tempo hatte sie noch immer nicht.

Der Instinkt leitete sie zu Banjas Box. Dort wurde sie mit „scht, scht!" empfangen. „Leise, nicht reden", hauchte Petra. Sie hatte schlauerweise die Taschenlampe aus dem Schlafsack mitgenommen. Mit ihrer Hilfe hatte sie sich durch einen ganz kurzen, mit dem Finger abgeblendeten Blitz überzeugt, ob es wirklich stimmte, was sie annahm. Es stimmte!

„Ruhig, ruhig. Sie darf nicht merken, daß wir hier sind, sonst hält sie es zurück!"

„Aber ich will doch sehen –"
„Klar, wir auch!"

Petra hielt die Lampe jetzt so über die Boxentür, daß nur ein winziger Schein auf das liegende Pferd fiel. Zum Glück lag Banja so, daß ihr Kopf von den Kindern wegsah. Sie konnte also den Lichtblitz nicht wahrnehmen.

Anja, Petra und Erich hatten die Köpfe über die halbhohe Boxentür gestreckt und guckten hinunter. Jetzt lag die Stute halb auf der Seite, hob das Hinterbein ein wenig, stöhnte. Und jetzt sahen sie zwischen den Schenkeln etwas herauskommen, es sah aus wie zwei Rehfüße, dünn, mit Zotteln an der Unterseite, die wie nasse Gelatine glänzten. Sie atmeten nicht.

Wieder stöhnte die Stute. Und dann schoben sich die Füßchen weiter heraus, und ein Näschen lag darauf, kam zutage, hielt an. Anja stöhnte ganz leise, aber Petra griff in ihren Oberarm und drückte ihr die Fingernägel so fest ins Fleisch, daß Anja sich auf die Lippen biß, aber keinen Ton von sich gab. Auch stöhnen durfte sie nicht, sie fühlte es genau.

Der Kopf. Er sah aus wie der Kopf eines Seehundes, denn die Ohren lagen an, das Ganze war mit einer durchsichtigen, glitschigen Haut umgeben. Jetzt rutschte der Kopf noch weiter heraus, und jetzt – wie ein Wunder, unglaublich eigentlich – jetzt glitt das ganze Fohlen heraus, in einer nicht zu verstehenden Geschwindigkeit, flupp, ein Glucksen, da lag es hinter der Mutter. Die Hinterbeine steckten noch im Mutterleib, aber auch sie kamen beim nächsten Zusammenziehen der mütterlichen Muskeln schnell und glatt zutage. Das ganze Fohlen war da.

„Banja, Banja, du hast's geschafft!" flüsterte Petra halb weinend, halb lachend und öffnete die Boxentür. Anja, die daran gehangen hatte, kriegte dabei einen Schubs vor die Brust, daß sie fast nach hinten flog. Erich hatte sich schon in acht genommen. Im nächsten Augenblick knieten sie alle drei in der Box, hinter dem Fohlen, das bereits begann, den Kopf zu heben. Der steckte noch immer in der merkwürdigen Haut.

„Die Eihaut. Die muß man aufreißen, damit es nicht erstickt!" flüsterte Petra und war schon dabei. „So, das Schnäuzchen muß frei sein, jetzt holt es Atem, hört ihr? Das ist der erste Schrei."

Sie streifte die Haut herunter. Jetzt lagen die Schultern frei, jetzt das Bäuchlein, jetzt das ganze Tier. „Die Nabelschnur – da!"

„Du, sollen wir nicht lieber jetzt Gila holen? Sie muß es doch wissen, und ehe wir was falsch machen –"

„Ja, jetzt. Jetzt passiert nichts Schlimmes mehr." Petra hielt das auch für besser.

„Ich renne", erbot sich Erich, „wo muß ich klopfen?"

„Am Fenster links um die Ecke", rief Anja ihm nach, er war schon im Absausen. „Kann wirklich nichts mehr passieren, Petra?"

„Glaub' nicht. Es ist ja da. Guck, da will es doch wahrhaftig schon aufstehen!"

Das Fohlen versuchte, sich mit den Vorderbeinen hochzustemmen, fiel aber immer wieder um. Petra stützte es rechts und links, damit es nicht gegen Tür oder Wand taumelte, schon aber hörte sie Schritte über den Hof hasten. Gila stand da, von Erich eskortiert.

„Nein, was macht ihr denn da! Bringt ein Fohlen zur Welt, ohne mich zu holen!"

„Es ging so schnell, sonst hätten wir Alarm geschlagen und dich geholt!"

„Jaja, wenn nur alles gutgegangen ist!"

„Sie hat es ganz allein gemacht."

„O Banja, du bist ja ein As! Siehst du, da will es schon hoch. Helft mal, daß ich an den Nabel herankann."

Gila hatte ein kleines Gläschen in der Hand. Sie hantierte am Nabel und an der Nabelschnur, band ab, steckte dann das winzige Stümpfchen in den Glasbehälter.

„So. Wenn man das nicht dahat, nimmt man Holzteer. Aber das wißt ihr ja sicherlich, kleine Hebammen, die ihr seid. Wißt ihr eigentlich, ob es ein Sohn ist oder eine Tochter?" Sie hob das Schweifchen des Kleinen, das aussah wie ein Hefezopf, und sah darunter. „Acht oder Null? Bei einer Acht ist es eine Tochter."

Es war ein Sohn.

„Eigentlich hatten wir uns ein Mädchen gewünscht", sagte Gila und streichelte über den kleinen mageren Bauch, an dem man die Rippen deutlich sah, „aber wenn's nur gesund ist. Wenn es nur lebt! Nein, wird Stine eine Freude haben! Es ist das erste in diesem Jahr, und eigentlich sollte doch Frühling sein, wenn das erste Fohlen zur Welt kommt!"

„Ja, sollte. Aber Petrus hat es anders geplant."

„Petrus! Kann man es nicht Petrus nennen?" fragte Anja in diesem Augenblick. „Ich meine, weil Petra –"

„Ich hab' es nicht gemerkt. Erich war der, der uns holte! Erich ist der Held des Tages!"

„Ich hab' doch nur –" Erich war sehr verlegen. „Ich konnte einfach nicht schlafen. Es war, als ob mich jemand herzerrte."

„Merkt eigentlich niemand bei euch, wenn du nachts wegläufst?" fragte Gila nach einer Weile nachdenklich. Sie hatten sich alle vier ins Stroh gesetzt, so schnell wollten sie nicht fort.

Gila hatte Banja ein Stück Brot gegeben, das erste „heilige" Brot, das der Mutter nach der Geburt zusteht.

„Du bekommst dann noch ein Wochensüppchen, aber erst einmal bleib' ich hier", sagte sie und hockte sich zu den Kindern. Erich sah sie an.

„Nee, bei uns merkt das keiner. Ich schlaf' mit meinem kleinen Bruder zusammen, der pennt so fest, da kann man Kanonen abschießen, ohne daß er aufwacht."

„Der mit dem Steiff-Jaguar?"

„Ja, der. Er hat sich sehr gefreut, als ich ihm gestern den Tim brachte."

„Na also! Wunderbar", sagte Gila. „So, und nun kommt, wir holen ihr noch was zu trinken – nein, bleib liegen, Banja, das hast du verdient. Und dann trinken wir etwas auf die Geburt unseres Petrus', was Heißes kann nichts schaden."

Sie blieben noch, bis Banja getrunken hatte. Dann gingen sie mit Gila in die Küche und ließen sich von ihr einen heißen Tee zubereiten.

„Die Nachgeburt muß doch noch kommen", sagte Petra, und Gila nickte ihr zu.

„Du kannst wieder hinaus und darauf warten. Binnen zwei Stunden muß sie kommen. Vielleicht ist sie auch schon da."

So war es. Hinter Banja lag ein großes lockeres, blutiges Stück Gewebe, das Gila aufnahm und fachmännisch von allen Seiten betrachtete.

„Wir heben sie auf, damit der Tierarzt sie noch begutachten kann", sagte sie. „Es darf nichts daran fehlen, und so oft habe ich eine Geburt noch nicht erlebt, daß ich ganz sicher wäre. Meiner Meinung nach ist sie vollständig. Gib mal den Eimer dort her. So, darin heben wir sie auf, stellt ihn hoch, damit die Hunde nicht heran können. Die riechen das sofort. Ja, nun könnten wir eigentlich schlafen gehen."

„Bitte, bitte noch nicht", bettelten Petra und Anja, „wir wollen noch bleiben! Es ist sicherlich gut, wenn jemand aufpaßt."

„Na schön, schaden kann's nichts. Nur leise, gelt? Ganz, ganz leise."

Gila lächelte ihnen zu und ging. Die drei blieben an der Boxenwand sitzen, Petra hatte die Taschenlampe ausgeknipst, hielt sie aber in der Hand. Banja stand auf, ging zur Raufe und zupfte sich Heu heraus. Das Fohlen lag im Stroh und atmete, man sah seine Flanken auf und nieder gehen, wenn man kurz leuchtete.

„Ist das so richtig?" fragte Anja bang. Petra nickte beruhigend.

„Jaja. Es sieht manchmal so aus, als wäre es nicht in Ordnung, hätte Fieber oder so. Nein, kleiner Petrus, nicht wahr, du machst uns keine Sorgen? Ist es nicht wie ein Wunder? Gestern steckte es noch in der Mutter, und man wußte nicht, wann es kommt, wie es aussehen würde, ob es vier Beine hat und eine süße kleine Mähne und einen Schweif, mit dem es jetzt schon wedelt, und einen Kopf mit einer Locke vorn. Ein ganz, ganz großes Wunder, so ein kleines Tier."

Sie schwieg. Die anderen schwiegen auch. Aber sie empfanden dasselbe. Ein ganz großes Wunder, und sie hatten es miterleben dürfen. Wie es kam, und wie es nun da war, so süß und so entzückend, wie ein Spielzeug und doch etwas ganz Wichtiges, eine kleine Persönlichkeit. Wie schön, daß Banja sich so beeilt hatte und nicht gewartet, bis sie etwa wieder fort waren!

Zum guten Schluß

Das war eine fröhliche Frühstücksrunde an diesem Morgen! Die andern Kinder hatten nach dem Aufwachen natürlich die große Neuigkeit sofort erzählt bekommen und waren hinausgerannt, um das Wunder zu bestaunen, und jetzt saß man vollzählig um den großen Tisch in der ‚Futterkammer'. Gila hatte zur Feier des Tages Kakao spendiert, und es gab dazu Butter- und Zuckerkuchen, den sie aus der Kühltruhe zauberte. Alle kauten mit vollen Backen, als es plötzlich an die Tür klopfte.

Der Briefträger konnte es nicht sein, der rief immer schon von fern „Hallihallo!", und man stürzte ihm entgegen. Wer aber kam so früh?

„Nanu? Herein!" sagte Gila halblaut, als alle erwartungsvoll schwiegen. Die Tür ging auf, und herein trat ein großer hagerer Mann. Er blieb in einiger Entfernung der Tafelrunde stehen und sah zu Gila hinüber, verbeugte sich ein wenig, und ließ dann den Blick auf den Kindergesichtern langlaufen, freundlich abschätzend, bis er an Erich haftenblieb. Der lief sofort rot an.

„Guten Morgen! Na, da findet man ja, was man sucht", sagte er. Es klang nicht unfreundlich, nur ein wenig ironisch. Erich aber sah aus, als hätte er sich am liebsten hinter seinem Kakaobecher versteckt.

„Mein Name ist Steingräber, und das dort ist mein Sohn", sagte er und deutete mit dem Kinn auf Erich. In seinen Augen war ein verstecktes Schmunzeln. Gila, die ihn sehr aufmerksam musterte, sah es genau.

„Guten Morgen. Erichs Vater sind Sie? Na wunderbar! Da kann ich Ihnen gleich erzählen, wie tüchtig Ihr Sohn heute nacht war. Er muß einen sechsten Sinn besitzen, er hat geahnt, was uns heute nacht ins Haus stand, besser, in den Stall!" Und nun berichtete sie, während sie einen Stuhl heranholte. „Rückt mal zusammen, macht Platz, damit Herr Steingräber auch mit an unserem Tisch sitzen kann. So, hier neben mich bitte. Ist es Ihnen recht so?"

Alles hielt den Atem an. Was würde der Gestrenge jetzt tun? Es hatte sich natürlich herumgesprochen, was Erich von ihm erzählt hatte.

O Wunder, er setzte sich wahrhaftig friedlich neben Gila, ließ sich einen Becher mit Kakao füllen und nahm ein Stück Zuckerkuchen. Wie erlöst fingen nun auch die Kinder wieder an zu essen.

„Erich hat wohl Mordsgeschichten über mich erzählt", sagte Herr Steingräber später, als ihm die Fohlengeburt aus vielen Mündern zugleich berichtet worden war. „Natürlich war ich damals wütend, als Ihr Hund – das heißt, es ist ja gar nicht Ihrer, aber immerhin der vom Seehof – meine beste Legehenne erwischt und totgebissen hat. Und mich ärgerte, daß die Pferde meine Wiese zertrampelten. Deshalb bin ich aber doch kein Unmensch."

„Wir lassen die Hunde, wenn es irgend geht, nicht mehr hinüberlaufen", beteuerte Gila eifrig, „eins von den Kindern bekommt jetzt immer Hundehüteramt. Die Wurscht macht ja keine Dummheiten, aber der Flaps, und den kann man ja an die Leine nehmen. Ich glaube sogar, er läuft nur zu Ihnen, wenn Ihre Hündin ihn anlockt in der Zeit ihrer Läufigkeit. Dann muß man natürlich doppelt und dreifach aufpassen, und das wollen wir wirklich tun."

„Na schön. Mal sehen, ob es nützt. Es wird auch insofern leichter, als wir in einiger Zeit die Hühner nicht mehr frei herumlaufen lassen, sie bekommen ein ordentliches Gehege." Herr Steingräber guckte ringsum, er schien die Runde der schmausenden Kinder sehr nett zu finden. Und er kaute bereits an einem dritten Stück Kuchen. „Wir sind zur Zeit ein bißchen mit Arbeit überlastet, meine Frau und ich, denn wir sind dabei, eine Hühnerfarm aufzubauen. Gott sei Dank ziemlich weit von Ihren habgierigen Hunden entfernt", er schmunzelte, „nach der anderen Seite unseres Hofes zu. Der Schnee kam uns sehr ungelegen. Wer rechnet schon im März noch einmal mit solch einem Kälteeinbruch! Übrigens Schnee. Da hab' ich etwas entdeckt, was Sie vielleicht gebrauchen können, einen alten Pferdeschlitten, der muß weg. Ich brauche den Platz. Wie ist es, wollen Sie ihn haben?"

„Einen Pferdeschlitten?" jauchzte Petra halblaut. „Meinen Sie den, der in Ihrer Feldscheune steht? Den hat sich Stine immer schon heimlich gewünscht. Er steht auf dem Boden, man sieht ihn aber von unten. Wir sind dort mal vorbeigeritten, Stine und wir."

„Ja, den. Den wäre ich gern los. Wenn Sie ihn haben wollen, bring' ich ihn mit dem Trecker zu Ihnen. Erich kann ja mitkommen."

„Und wir!" schrie Petra. Jetzt aber

schrie sie nicht allein. Alle wollten mit, es war ein Geschrei und Durcheinander, daß Gila sich lachend die Ohren zuhielt.

Nachmittags zogen sie alle los zu Steingräbers, und dort lernten sie erst einmal den kleinen Bruder von Erich kennen, der Tim mit sich herumschleppte. Seit er das Untier wieder hatte, liebte er es womöglich noch heißer als zuvor, hatte den Namen Tim sofort übernommen und trennte sich Tag und Nacht nicht mehr von ihm.

Auch Erichs Mutter begrüßten sie, dann ging es los, den Pferdeschlitten holen.

„Es wird Zeit, lange bleibt der Schnee nicht mehr liegen", sagte Frau Steingräber und witterte in die Luft, „es riecht irgendwie nach Tauwind. Na, heute habt ihr noch genug Schnee, um den Schlitten flottzumachen."

Herr Steingräber fuhr einen Umweg, um nicht im Schnee allzu steil bergauf fahren zu müssen, während die Kinder direkt zur Feldscheune gingen, die sie ja kannten. Dort warteten sie, und bald kam der Trecker „angetöfft". Nun mußte erst der Schlitten vom oberen Stock heruntergeholt werden, das war nicht leicht, aber es gab ja viele Hände. Wenn jeder mit anfaßte und keiner im unrechten Moment losließ, würde es schon gehen, sagte Erichs Vater, und alle hatten auch die beste Absicht. Schließlich ging es auch irgendwie, zuletzt jedoch mit Krach-Bumm. Herrje, war das Ding schwer!

„Diesen Schlitten können wir nicht mit den Shettys fahren, das ist einer für die Größeren", sagte Petra sorgenvoll, „und ich sah uns schon mit Schellengeläut dahinfliegen –"

„Aber vielleicht vierspännig!" gickste Anja, „vierspännig mit Lettchen, Eric, Nike und Nikolo –"

„Mööönsch, *das* wär' toll!", rief Petra begeistert, „mit denen sind wir doch schon vierspännig gefahren!"

„Erst müssen wir die Deichsel finden, hoffentlich ist sie noch da. Schlittendeichseln sind das, was immer am ehesten entzweigeht. Man darf sie nie umdrehen, ohne am Schlitten mit herumzuschieben. Sonst knack, und schon ist sie kaputt. Ein Schlitten dreht sich nicht wie ein Wagen." Herr Steingräber war wieder hinaufgeklettert, und Petra folgte ihm auf dem Fuße. Sie stöberten in allen Ecken der Scheune herum. Und endlich fanden sie die Deichsel tatsächlich, verstaubt und verdreckt.

„Das schadet nichts, die schrubben wir am Brunnen sauber", sagte Petra. „Aber lang ist die!"

„Schlittendeichseln sind länger als die vom Wagen", erklärte Erichs Vater. Und nun wurde probiert. Sie paßte tatsächlich! Anja und Raimund banden ihre Rodelschlitten hinten am Pferdeschlitten fest, sie wollten darauf heimfahren. Aber Herr Steingräber, der dazukam, schüttelte den Kopf.

„Knotet die Stricke wieder auf", sagte er. „Zieht sie lieber hier durch und haltet das Ende fest. Da könnt ihr loslassen, wenn was schiefgeht."

„Was soll denn da schiefgehen", brummte Petra, gehorchte aber doch.

Dann ging es los. Raimund mußte vom Trecker aus das Ende der Deichsel halten, um den Schlitten zu dirigieren. Zwei der Reitmädchen saßen darauf, die andern waren daheim geblieben, weil sie Reitstunden bekamen. Petra, Anja und Erich hockten auf den angehängten Rodelschlitten und versprachen, von da aus zu bremsen. Ein Schlitten hat ja keine Bremse, das ist das knifflige beim Schlittenfahren. Herr Steingräber fuhr wieder den Umweg, es war ihm sicherer dort, weil es nicht so steil hinunterging. Die Rodelschlitten schleuderten trotzdem wie verrückt, und der große Schlitten war auch nur mit Mühe zu dirigieren. Raimund schwitzte gehörig, er sprach die ganze Fahrt über kein Wort, so hatte er zu tun. Als sie einmal auf einer etwas steileren Stelle waren, schlenkerte der eine Rodelschlitten so sehr, daß Anja hinuntersauste und sich im Graben wiederfand. Weiß wie ein Schneemann rannte sie dem Gefährt nach und schrie, und darüber amüsierten sich die beiden auf dem anderen Rodelschlitten so, daß sie auch um ein Haar im Graben gelandet wären.

Endlich kamen sie in die Ebene. Hier konnte Herr Steingräber nun etwas aufs Gas treten und schneller fahren. Es war ein Mordsspaß.

Als sie ankamen, war aller Rost von den Kufen des Pferdeschlittens restlos abgerieben. Petra stellte das zufrieden fest. Dieser Rost hatte ihr, als sie den Schlitten genau betrachtet hatte, rechte Sorge gemacht.

An diesem Tag kamen sie nicht mehr dazu einzuspannen. Am anderen Morgen aber bettelten und bettelten sie Gila, es tun zu dürfen, und Gila, die genau wie Frau Steingräber merkte, daß Tauwetter in der Luft lag, erlaubte es, jedoch nur unter der Bedingung, daß sie selbst mitfahren würde.

„Euch allein kann ich den Viererzug nicht anvertrauen, das ist mir zu riskant", sagte sie, und das mußten die Kinder einsehen. Es dauerte fast eine Stunde, bis alles fertig war. Die Geschirre mußten zusammengesucht, die Ponys geputzt und angespannt werden. Immer wieder wurde ausprobiert, wie lang die Zugstränge und wie kurz die Aufhalter sein mußten. Die lange Peitsche und das Geläute wurden gesucht, denn im Pferdeschlitten fährt man mit Geläute, damit die Fußgänger gewarnt werden. Gila wußte, daß Stine ein Geläute besaß, aber nicht, wo sie es aufbewahrte. Ute stöberte es endlich auf, nun mußte es aber noch befestigt werden. Schließlich jedoch stand der Viererzug wirklich bereit, und die erste Hälfte der Kinder durfte einsteigen.

„Wir fahren zweimal, damit jeder mal drankommt", hatte Gila bestimmt. Anja und Petra aber wollten unbedingt beide Male mit dabeisein, weil sie das Vierspännigfahren schon einmal mitgemacht hatten, als sie Cornelia und Onkel Kurt zur Hochzeit fuhren. Gila stimmte schließlich zu. Gegen die beiden, wenn sie richtig bettelten, kam sie nicht an. Und nun ging es los.

Sie fuhren die Straße im Haselbachtal entlang, auf der sie damals die ausgerissene Pferde eingefangen hatten. Freilich, Autos gab es auch hier, aber nicht so viele wie auf der anderen Bundesstraße. Und ein Viererzug ist ja nicht so leicht zu übersehen. Gila kutschierte selbst, und Petra und Anja hockten rechts und links neben ihr, ständig auf dem Sprunge, hinunterzuhopsen und vorzulaufen, wenn es nötig sein sollte. Aber alles ging gut, und als sie heimwärts lenkten, liefen die Pferdchen noch mal so eifrig. Es war ein Genuß, und Gila meinte: „Betet mal tüchtig, daß sich die Schlittenbahn auch morgen noch hält!" Das versprachen sie alle.

Als sie in den Hof einbogen, stand dort ein Auto. Die Kinder machten lange Gesichter: Wenn Besuch da war, würde Gila keine Zeit mehr haben, noch einmal zu fahren. Aber siehe da, wer waren die Besucher? Cornelia und Onkel Kurt. Sie hatten Anjas Eltern versprochen, sich einmal nach den

Kindern umzusehen, und traten gerade aus dem Kinderhäuschen, als der Schlitten vorfuhr. Das gab eine lautstarke Begrüßung, und Cornelia bestand darauf, auch mitfahren zu dürfen. Onkel Kurt hatte den Fotoapparat mit. So konnte das Ereignis zur Erinnerung festgehalten werden.

Gila machte es möglich, daß auch Cornelia mitfahren konnte. Wenn die Kinder sich recht eng aneinanderquetschten, hatte sie noch Platz, und Anja verzichtete zugunsten von Ute darauf, noch einmal mitzufahren. So kamen alle unter. Es fiel ihr sehr schwer, gerade mit Cornelia wäre sie liebend gern noch einmal zusammen gefahren und hätte den unentbehrlichen Pferdejungen gespielt. Als der Schlitten davongebimmelt war, winkte Onkel Kurt sie zu sich.

„Komm ins Auto, wir fahren einen Umweg und dann den anderen entgegen, da können wir sie von vorn knipsen, mitten in der Bewegung. Paß auf, das werden großartige Bilder!"

Anja war natürlich Feuer und Flamme. Sie verfuhren sich erst, kamen dann aber doch auf die richtige Straße und lauerten dort. Und es war wirklich ein prächtiger Anblick, wie der Viererschlitten ihnen entgegenkam. Die kleinen Rösser waren jetzt gut eingefahren und liefen eifrig und willig. Das war einfach zu schön.

„Hätte ich doch die Filmkamera mit! Das gäbe einen Streifen!" jammerte Onkel Kurt immerzu.

„Kannst du nicht morgen noch mal kommen?" bettelte Anja. Aber er antwortete, daß er morgen wirklich keine Zeit hätte. So mußte man sich mit den Fotos begnügen, die hoffentlich gut würden.

Erschöpft, aber zufrieden versammelte man sich später in der ‚Futterkammer', und Cornelia und Onkel Kurt nahmen sich sogar noch die Zeit mitzuessen. Dann aber mußten sie fort.

„Aber die Bilder schick' ich euch, jedenfalls die ersten Abzüge, danach könnt ihr euch dann bestellen, was ihr haben wollt." Er hatte auch noch Banja mit Kind fotografiert. Alle standen um das Auto herum, als die beiden aufbrachen, und es gab ein großes Gewinke. War das ein herrlicher Tag auf dem Seehof gewesen!

Die menschlichen Wetterfrösche behielten leider recht: Am nächsten Tag sauste ein weicher, feuchter Wind über den Seehof, und mittags begann es zu regnen. Der Regen wusch den Schnee weg, daß man es geradezu sah. Die Kinder standen am Fenster und ärgerten sich, und Petra und Anja schoben den neuen, herrlichen Schlitten traurig in die Scheune. Dort stand er nun und wartete auf den nächsten Winter.

„Na, der kommt ja bestimmt, wie die Reklame der Kohlenhändler so unweigerlich prophezeit", brummte Petra und hängte die Geschirre weg, „aber ein Glück, daß dieses Jahr noch mal ein Stückchen Winter kam. Sonst hätten wir den Schlitten nicht bekommen, und Erich würde wahrscheinlich noch weitere Racheakte ausführen. So aber ist er eingemeindet und kommt jeden Tag. Das ist doch hübsch, auch für Stine." „Wir" sagte sie, und keiner wunderte sich darüber. Alle fühlten sich jetzt hier zu Hause, sogar Lisette meckerte nicht mehr, wenn sie eine Mistgabel in die Hand nehmen sollte. Und Erich? Na, der strahlte, der wohnte ja auch außer den Ferien hier, Petra und Anja beneideten ihn mächtig. Erichs Vater hatte nichts mehr dagegen, daß er hier half und zu reiten begann. Das war ein großer Sieg.

Nun blieben noch drei Tage, dann war Ostern. In der Küche wurden Eier ausgeblasen und bemalt, und Gila backte Kuchen. Ostermontag sollte Stine zurückkommen, da sollte alles schön und sauber sein. Am Dienstag darauf mußten dann die meisten Kinder abfahren, das war letzter Termin, Petra und Anja gottlob noch nicht. Sie konnten bis zur allerletzten Minute bleiben, Onkel Kurt hatte versprochen, sie am Abend vor dem Schulanfang abzuholen und heimzufahren.

„Damit ihr noch eure Ranzen pakken könnt für die liebe Schule", sagte er. Anja schnitt eine Grimasse.

„Das ginge auch noch am anderen Morgen."

„Ach ja! Und Onkel Kurt ist nur dazu da, euch in der Weltgeschichte herumzukutschieren", sagte er.

„Aber nein! Es ist uns lieb, wenn du uns abholst", lenkte Anja ein, und besann sich auf ihre gute Erziehung. Onkel Kurt gab ihr einen Nasenstüber.

„Tu nicht so wohlerzogen, sonst nenne ich dich von jetzt an Anita Tugendreich. Also abgemacht, ich hol' euch, da kann ich wenigstens diese sagenhafte Stine kennenlernen. Ich glaube, die habt ihr fast so gern wie die angebetete Cornelia, oder?"

„Angebetet, ph! Das gab's vielleicht früher. Aber natürlich haben wir sie gern, Cornelia – und Stine – und Gila", rief Petra. „Wen etwas mehr oder etwas weniger, das ist doch egal. Aber *noch* lieber haben wir – rate mal!"

„Mich!" schoß Onkel Kurt los. Petra lachte und lachte.

„Es geht nichts über die männliche Eitelkeit! *Noch* lieber als alle und dich haben wir – na? Weißt du das nicht?"

„Wen denn?" fragte Onkel Kurt scheinheilig.

Petra und Anja schrien wie aus einem Mund:

„Die Pferde! Die Pferde! Konntest du dir das nicht denken?"

O ja, das hätte er sich denken müssen. Anja und Petra – sie waren ja nicht mehr zu denken ohne die Pferde!

Anja und Petra
im Turnier

Welche Aussicht!

Anja und Petra saßen auf der Bank vor dem Haus, die Mappen neben sich, jede ein Schulbuch in der Hand. Es war heiß. Petra stöhnte.

„Weißt du, Schule mag ja noch gehen. Da hat man wenigstens die Pausen und kann sich unterhalten. Aber Schularbeiten, die einem auch noch den Nachmittag versauen, die müßten verboten werden. Und..."

„Und Klassenarbeiten, für die man lernen muß", seufzte Anja. „Denn für die muß man ja lernen, da führt kein Weg vorbei. Bei den Schularbeiten kann man mal Glück haben und nicht erwischt werden, wenn man sie nicht gemacht hat, aber bei Klassenarbeiten kommt jeder dran."

Anjas Mutter war mit den Zwillingen beschäftigt, die sie zum Ausfahren anzog. Man hörte ihre Stimme von Zeit zu Zeit bis hier heraus. „Reinhold, so halt doch still!" und „Volker, wirst du wohl sitzen bleiben!" Denn das Fenster des Kinderzimmers stand auf. Anja war darauf gefaßt, daß es jetzt gleich heißen würde: „Komm doch mal einen Augenblick, und halt mir den Kerl fest."

Einmal würden auch die Zwillinge groß werden und nicht mehr immerzu gehütet, beobachtet, vor Dummheiten bewahrt werden müssen. Anja sehnte die Zeit herbei. Sie hatte sich immer Geschwister gewünscht, als sie noch Mutters Einzige war, dann aber manches Haar in der Suppe entdeckt. Zwillinge – natürlich sehr, sehr hübsch, wenn sie sauber angezogen nebeneinander im Zwillingswagen sitzen und süß aussehen. Aber wehe, wenn sie losgelassen! Zur Zeit waren die beiden wirklich der Schrecken des Hauses, rissen alles herunter, was sie erwischen konnten, fielen auf die Nase, hatten nasse Hosen, wenn man sie eben mit Mühe frisch angezogen hatte, und verfügten über unbeschreibliche Brüllstimmen, sobald ihnen etwas nicht paßte. Gerade jetzt schrie wieder einer von beiden los.

„Horch! Hörst du was?" fragte Petra und hob die Augenbrauen und den rechten Zeigefinger, aufmerksam lauschend. Anja machte ein verzweifeltes Gesicht.

„Und ob. Das ist Reinhold."

„Egal, welcher. Das meine ich ja nicht. Hörst du nicht noch was anderes? Da, jetzt wieder: Getrippel."

„Was du immer hörst. Erklär mir lieber Mathe, du hast den Stoff doch schon in deiner Klasse gehabt, und wir schreiben morgen eine Klassenarbeit, da sitze ich dann vor dem Nichts –"

„Mathe! Das interessiert..." Petra sprang auf. „Daß du nichts hörst! Hast du Tomaten in den Ohren?"

Sie rannte zum Gartentürchen, riß es auf, da hörte es auch Anja. Trab-trab-trab – in unwahrscheinlicher Schnelle. Aber nicht klinkernd, wie Hufeisen auf Asphalt klingen, sondern anders, klopfend, pochend.

„Stine! Das ist Stine mit den Ponys!" schrie Petra und war schon um die Ekke verschwunden. Anja ließ ihr Buch fallen und rannte hinterher. Gleich darauf hatten sie beide erspäht, was Petra bisher erlauscht hatte: Die Ponykutsche, die herankam, von Stine gelenkt, bespannt mit zwei winzigen Pferdchen, einem Rappen und einem Schwarzweißscheck.

„Lettchen und Nikolo, Großmutter und Enkel!" schrie Petra und rannte los, als wollte sie einen Hundertmeterrekord aufstellen, und Anja folgte. Je schneller sie der Kutsche entgegenrasten, desto weiter konnten sie noch mitfahren.

„Grüß euch, ihr Haderlumpen", lachte Stine, „wartet, ich fahre Schritt, damit ihr aufspringen könnt. So, Petra ist drauf, Anja auch? Dann also wieder: Terrab!"

„Kommst du zu uns?" fragte Anja atemlos. Und: „Darf ich das letzte Stück kutschieren? Du bist ein Engel, Stine!"

„Na schön. Aber ob ich ein Engel bin –" Stine gab den Zügel an Petra weiter. Die Ponys liefen wie aufgezogen. Stine sah Petra genau auf die Finger.

„Jetzt etwas annehmen – Nikolo, du sollst doch nicht – nimm die Peitsche, Petra, ja so. Nur berühren –"

Anja saß auf ihrer anderen Seite und hatte die Hand an der Bremse. Sie machten einen schönen Bogen, und Petra hielt genau vor der Gartentür. Strahlend sah sie zu Stine auf.

„Gut?"

„Sehr gut. Nun runter und vor. Jeder an eins der Ponys."

Die beiden Mädchen gehorchten. Stine stieg ab.

Wieder einmal fanden sie, daß Stine großartig aussah, wenn sie sich auch heute etwas „stadtfein" zurechtgemacht hatte. Sonst in alten Jeans und abgetragenen Hemden ihres Mannes, hatte sie sich heute toll angezogen. Weiße Reithose, unwahrscheinlich blanke Stiefel und darüber ein Fuhrmannskittel, blau mit weißer Stickerei an den Achseln und um den Halsbund. Der Kittel war halblang und fiel in Falten an ihr hinab. Früher trugen die hessischen Bauern solche Kittel bei der Arbeit, jetzt waren sie Mode geworden, vor allem für Reiter. Und sie sind auch praktisch, da man sie von beiden Seiten tragen kann. Innen sind sie rot bestickt. Man putzt also das Pferd, wenn man den Kittel mit der roten Stickerei nach außen anzieht; dreht man ihn dann um und schüttelt ihn aus, erscheint er „sauber" mit der weißen Stickerei an der Oberfläche. Das kurzgeschnittene Haar wehte Stine um den Kopf, vorn hoch, das gab dem Gesicht etwas Kühnes.

Stine war anders als Cornelia, die bisher für Petra und Anja der Inbegriff der Reiterin gewesen war. Stine, nicht minder hübsch, stellte den Typ der jungen Pferdezüchterin dar, so meinte Petra. Beides fand sie hinreißend.

„Kommst du uns besuchen?" fragte Anja begierig. Sie stand vorn bei Nikolo und streichelte ihm die Nase. Gerade kam Mutter mit den beiden kleinen Jungen aus der Haustür.

„Euch, ja, vor allem deine Eltern", sagte Stine zur Verwunderung der beiden Mädchen. „Ja, zu Ihnen möchte ich", sie winkte Mutter zu und steckte die Peitsche in den Peitschenhalter. „Darf ich Sie sprechen, oder müssen Sie eilig fort? Ich kann Sie aber auch ein Stück fahren."

Mutter sah bedenklich drein.

„Fahren – mit den zwei quecksilbergen Rangen?" Sie deutete mit dem Kinn auf ihre beiden kleinen Söhne. „Da sitzt keiner still. Sie haben ein entsetzliches Temperament."

„Temperament ist doch schön! Ich finde temperamentvolle Männer wunderbar", sagte Stine vergnügt. „Wollt ihr mal mit zwei Pferden fahren, ihr kleines Kroppzeug? Alle Kinder wollen das doch. Und Anja und Petra geben Hilfestellung."

Anja wußte: Mutter hatte nicht nur Angst um ihre beiden kleinen Jungen, sondern auch um sich. Sie war nun einmal überzeugt davon, daß man bei Pferden immer auf alles gefaßt sein mußte.

Da kam zum Glück Vater. Er hatte wohl gemerkt, daß der Radau im Haus aufgehört hatte, und die Stille kam ihm ungewohnt und bedrohlich vor. Auch der Müller wacht auf, wenn die Mühle stillsteht. So steckte er den Kopf aus der Tür, und als er Stine und ihre Kutsche sah, war er fast so schnell wie vorhin Petra und Anja bei ihr.

„Stine, wie schön! Fahren Sie in die Stadt? Darf man mit? Ich bin schätzungsweise hundert Jahre nicht Ponywagen gefahren!"

„Natürlich darf man. Bitte einsteigen! Ich wollte sowieso mit Ihnen reden."

„Ein ernstes Wort? Das klingt bedrohlich", sagte Vater und schwang sich neben Stine auf die vordere Bank. „Haben die beiden in den Osterferien bei Ihnen eine Bombe gelegt, die nun losgegangen ist?"

Er deutete auf Petra und Anja, die begierig lauschten, was die zwei Erwachsenen sagten. Stine sah ihn an.

„Zeitbombe? Genau. Deshalb komme ich."

Anja und Petra hielten den Atem an. Was kam jetzt?

„Also – die beiden haben uns doch in den Osterferien besucht und haben geholfen, als die Ferienkinder bei uns waren und ich fortmußte. Dabei hat Gila, meine Vertretung, sie ein bißchen beobachtet. Und ich, solange ich da war, auch. Diesen Sommer gibt es bei uns ein Turnier, ein sogenanntes C-Turnier, bei dem auch Ponys starten oder vielmehr: bei dem vor allem Ponys starten. Jedes Pferd, das unter einssiebenundvierzigeinhalb mißt, Stockmaß, darf in diesem Turnier mitreiten. Meine Vierbeiner sind fast alle in dieser Größe. Da dachte ich, die beiden Mädchen haben vielleicht Lust mitzumachen. Können tun sie genug, meine ich, um es zu versuchen. Nun?"

„Wir?" schrien Petra und Anja wie aus einem Mund.

Stine drehte sich zu ihnen um und drohte ihnen mit der Peitsche.

„Wer schreit denn da in Gegenwart so sensibler Tiere wie Lettchen und Nikolo?" fragte sie und gab ihrer Stimme einen drohenden Klang. „Ich werd' euch helfen. Und außerdem spreche ich mit Anjas Vater und nicht mit euch Kroppzeug!"

„O Vater! Bitte, bitte, sag ja! Vater, wir wollen auch..."

„Na, was denn?"

„Wir wollen ganz, ganz furchtbar brav und..."

„Und sittsam sein", fuhr Vater fort. „Ja, das glaub' ich euch. Wenn ich bei Stine ein Turnier mitmachen dürfte, wäre ich das auch, das könnt ihr glauben."

„Wir dürfen also?"

„Halt. Erst mal das Technische. Also, so gut reiten, daß ihr mitmachen dürft, könnt ihr, sagt Stine? Na wundervoll. Nun aber: Wann findet das Turnier statt?"

„In den großen Ferien. Da vor allem Kinder starten, muß ich mich natürlich nach den Sommerferien richten. Also etwa vierzehn Tage nach Beginn der großen Ferien, so daß die Teilnehmer noch genug Zeit haben zu trainieren. Ich brauche Petra und Anja aber gleich von Anfang an. Da müssen Hindernisse neu gestrichen und in Ordnung gebracht, die Ställe und Außenställe für die dazukommenden Ponys gerichtet werden. Der Platz muß überholt und der Distanzritt ausgeknobelt werden, Hindernisse sind aufzustellen. Kurzum: Viel, viel gibt es zurechtzumachen, und da brauche ich Hilfe. Hatten Sie etwas anderes vor in den Ferien? Ich komme deshalb jetzt schon, damit wir alles besprechen können."

„Nein, eigentlich hatten wir noch keine Pläne. In den Osterferien hat sich meine Frau gut erholt, und ich habe meine Amerikareise machen können, endlich, nach der ich mich so lange gesehnt hatte. Sie wissen vielleicht, daß ich Erdkunde als Hauptunterrichtsfach habe, in den höheren Klassen jetzt, da ist es wichtig, weit herumgekommen zu sein und vieles aus eigener Anschauung zu kennen. Weil ich diese große Reise endlich machen konnte, wollten wir nun diesen Sommer daheim bleiben, ich will alles ausarbeiten, was ich sah und erlebte, und meine Frau soll im Garten sitzen und die beiden kleinen Kerle um sich herumkrabbeln, im Sand buddeln und im Wasser planschen lassen, wenn es heiß ist. Ich habe versprochen, einzukaufen und zu kochen, das kann ich als Abwechslung bei meiner Arbeit ruhig tun, und so wird sie auch ihre Ferien haben. Natürlich haben wir damit gerechnet, daß Anja sich nichts Schöneres vorstellen kann, als mit den kleinen Jungen zu spielen, und daß Petra, ihre getreue Freundin, ihr dabei helfen wird. So hatten wir uns unsere großen Ferien vorgestellt, und ihr euch doch auch, ihr beiden, oder?" fragte er nach hinten, wo Anja und Petra hockten. Petra schnitt eine Fratze, Anja sah bedenklich drein. Bei Vater wußte man nie . . .

„Wirklich? Wäre das schöner, als zu mir zu kommen und das Turnier erst mit vorzubereiten und dann mitzutun?" fragte Stine ernsthaft. „Ihr müßt es euch gut überlegen. Zu tun gibt es mächtig viel, also auf die faule Haut legen könnt ihr euch nicht, auch nicht bis mittags schlafen oder im Bett bleiben und lesen oder stundenlang im Schwimmbad herumtoben."

„Wir würden . . . ", setzte Petra an, blieb aber dann stecken. Konnte man denn sagen: Das ist alles großer Kaff, wir möchten viel, viel lieber –?

Da aber war Vater schon wieder der rettende Engel. Ehe die beiden weitersprechen konnten, sagte er zu Stine:

„Ich glaube, wir brauchen nicht zu fragen. Wenn ich selbst zwölf Jahre alt wäre und mir würde diese Entscheidung zugeschoben, ich wüßte genau, was ich täte. Und Sie meinen wirklich, die beiden könnten schon mittun? Petra ja, die reitet schon jahrelang im Reitverein, aber unsere Anja –?"

„Anja hat gute Fortschritte gemacht, und was wir ihr zutrauen, wird sie schon schaffen", sagte Stine und berührte Nikolos Rücken mit der Peitsche. „Kerlchen, du läßt deine Großmutter alles ziehen und läufst nebenher, als hättest du große Ferien. Jawohl, zieh mit! Dazu bist du da! Marsch, ins Geschirr!"

„Ich sehe, Sie haben Scheuklappen an den Kopfstücken", sagte Vater jetzt. „Ich hab' das immer für Tierquälerei gehalten. Früher trugen sie alle eingespannten Pferde, und ich habe diese stets bedauert, weil sie die Welt, durch die sie trabten, nur ausschnittweise bewundern konnten."

„Das ist keine Tierquälerei, beileibe nicht", erklärte Stine. „Sehen Sie, wenn ich zum Beispiel Nikolo auffordere, daß er seine Partnerin im Ziehen zu unterstützen habe, statt nur so mitzulaufen, dann gebe ich ihm einen kleinen Wisch mit der Peitsche. Nicht so, daß es weh tut, nur die freundliche Aufforderung: ‚Tu was!' Das aber sieht Lettchen nicht, also gilt die Mahnung nur ihrem faulen Enkelsohn. Fährt man ohne Scheuklappen, so sind es immer beide Pferde, die sich angetrieben fühlen, noch mehr, wenn man vierelang fährt. Gerade beim Vierelang-Fahren ist es sehr wichtig, daß man sozusagen jedes Pferd einzeln ansprechen kann. Im Turnier werde ich wahrscheinlich sogar sechsspännig fahren."

„Sechsspännig?" juchzten Petra und Anja von hinten, „wen..."

„Nun, ich denke, außer den vieren, mit denen wir Cornelia zur Hochzeit fuhren, noch an Brinkel und Brösel. Zwei Schimmel vorn, in der Mitte zwei Rappen, an der Deichsel Schimmel und Scheck. Ganz genau paarweise kann ich sie nicht zurechtstellen, dazu habe ich, trotz der vielen Ponys, nicht genug Auswahl. Ich kenne einen Shetlandponyzug, er heißt der Mausezug, er besteht aus lauter grauen Pferden mit schwarzer Mähne, und nicht nur sechs, sondern acht."

„Himmel, und die fährt..."

„Ein einziger. Mit seinen zwei Händen. Er hat diesen Zug schon lange. Die Ponys heißen Maus, Mäuschen, Mausi, Mäuslein, Mau, Musi und Musina – ja, das sind erst sieben, ich weiß. Das achte heißt Morgenwind, also bis auf die Anfangsbuchstaben ganz anders. Sie fanden wohl keinen weiteren mäuslichen Namen mehr. Die fährt er wie einen D-Zug, mit einem Wägelchen, in dem er allein sitzt. Seine Helfer – alles Kinder, etwas kleiner als Petra vielleicht, er wechselt sie alle paar Jahre – stehen am Rand des Turnierplatzes oder der Halle. Ja, ich habe ihn auch schon in der Halle fahren sehen. Acht! Da kann man nur sagen: Alle Achtung! Und in einem Tempo, man denkt, jetzt, jetzt fliegt er bei den Kurven durch die Zentrifugalkraft hinaus. Er fährt auch einen römischen Streitwagen, also eine Karre mit zwei Rädern, in der er steht. Da allerdings nur – nur! – vierspännig, alle vier nebeneinander gespannt. Dazu trägt er eine Toga und einen römischen Helm. Als ich ihn einmal starten sah und er dieses Monstrum auf seinem Kopf befestigte, fragte ich ihn, ob man ihn nun nur noch lateinisch anreden dürfte.

,Sie dürfen, aber das versteh' ich nicht!' rief er zurück, während die sechzehn Beine bereits lostrappelten. Ihr werdet ihn auch erleben auf meinem Turnier, jedenfalls habe ich ihn zur Schaunummer eingeladen."

„O ja! Und du kommst auch zugukken, Vater?" rief Anja aufgeregt. Stine lachte.

„Sie erlauben, daß die beiden..."

„Über Petra habe ich nichts zu bestimmen. Aber Anja – nun, in Gottes Namen ja", sagte Vater. Die beiden hätten laut gejuchzt, wenn sie nicht gewußt hätten: Ponys darf man nicht erschrecken. So kniff Petra Anja nur schmerzhaft in den Arm, und die stöhnte: „Aua!" Petra war sicher, daß ihre Eltern auch ja sagen würden. Welche Aussicht!

Immer wieder wunderbar

„Weißt du, diesmal dauert es ja ewig und drei Tage, bis endlich Ferien sind", stöhnte Petra und trat dabei in die Pedale, daß die Kette ächzte, „und bis zum Seehof hinaus wird's auch immer weiter. Früher, als ich noch jung, schön und reich war, schaffte ich das in einer Viertelstunde."

„Ja, früher. Jetzt bist du nur noch schön", seufzte Anja, die sich ebenso schwitzend bemühte, vorwärts zu kommen. Auch ihr kam die Strecke viel weiter vor als früher. Es war so heiß, und obwohl die Luft stillzustehen schien – die Bäume bewegten keinen Ast –, hatte man immer den Wind von vorn. „Könnte der Seehof nicht etwas näher an der Stadt liegen?"

Sie hatten Stine versprochen, so oft wie möglich zum Helfen zu kommen. Helfen selbst machte Spaß, noch immer; weder Petra noch Anja gehörten zu der Art Kinder, die erst begeistert sind und dann sofort die Lust verlieren, wenn es um regelmäßiges Füttern, Stallausmisten, Heuaufladen und ähnliches geht. Aber der Anmarsch jedesmal!

Vater hatte zur Bedingung gemacht, daß erst die Schularbeiten fertig sein müßten, ehe Anja fortdurfte. Sie stöhnte darüber. Daß sie, abends heimgekehrt, keine Minute mehr über den Schularbeiten sitzen würde, weil sie todmüde ankam, überlegte sie nicht. So kamen sie meist erst am späten Nachmittag los, und die Radfahrt zu Stine hinaus nahm viel Zeit in Anspruch, das war nun einmal so.

„Wozu hat man eigentlich motorisierte Freunde", knurrte Anja auch jetzt wieder, „die einen im Husch hinausfahren könnten. Cornelia mit ihrem süßen Käfer könnte das doch oder ihr Idol, mein Onkel Kurt."

„Na ja, die haben beide keine Zeit. Aber mein Vater zum Beispiel." Petras Vater hatte einen Geschäftswagen, mit dem er aber immer unterwegs war. „Ach ja, die Erwachsenen haben lauter dummes und unnötiges Zeug im Kopf, statt uns bei unsern ernsthaften Obliegenheiten zu unterstützen."

Gottlob, jetzt waren sie an der Bundesstraße angekommen, die man kreuzen mußte, um zum Seehof zu gelangen. Beide sprangen ab; hier mußte man warten, bis endlich mal kein Auto von rechts oder links kam. Das dauerte!

Schließlich aber konnten sie sich mit ihren Fahrrädern hinübermogeln. Nun noch den kleinen gewundenen Weg am Tennisplatz entlang, da war der Seehof! Die zwei sprangen von ihren Rädern und ließen diese gegen den Zaun fallen. Hin zum Brunnen und erst mal die Hände unter das blinkende Wasser, das Gesicht damit bepatscht und dann in langen Zügen getrunken. Am liebsten hätten sie sich in den Brunnentrog hineingehockt, das aber ging natürlich nicht der Pferde wegen, die von diesem Wasser tranken. Die Nässe rann ihnen von den Gesichtern, und sie schüttelten sich wie die Pudel, daß es nur so spritzte. Und da war auch Stine.

„Grüß euch, geliebte hilfreiche Engelchen", sagte sie und lachte. „Ja, die Herfahrt ist immer so eine Sache bei der Hitze. Erich hat es einfacher." Er stand hinter ihr, der Junge vom Nachbarhof, den sie glühend beneideten, weil er so nahe wohnte. „Bringt die

Mutterstuten auf die Koppel, es wird ja allmählich kühler, wenn man es auch nicht glaubt. Sie waren bis jetzt im Stall, werden sich freuen herauszukommen."

„Auf die Seekoppel?" fragte Petra. Dort standen am Rand breitästige Bäume, die etwas Schatten spendeten. Stine nickte.

„Ja. Mir ist die Hitze auch lästig, Kälte kann ich viel besser aushalten. Aber den Bubi laßt drin, er jagt mir sonst die Fohlen dauernd rum. Er..."

Ein schmetterndes Wiehern antwortete. Bubi, der Hengst des Gestüts, schien jedes Wort zu verstehen. Alle lachten.

„Wirklich, er antwortet. Na, da nehmt ihn in Gottes Namen auch raus, und bringt ihn auf den Reitplatz. Dort kann er zwar nicht fressen, aber sich bewegen und ist an der Luft. Dort mag er sich austoben."

„Wälzen wird er sich. Na, er ist ja noch nicht geputzt", sagte Petra. „Darf ich ihn rüberreiten?"

„Meinetwegen. Aber dann wartet mit den Stuten, damit es nicht ein Kuddelmuddel gibt."

Petra war schon an der Scheune, in der die Sattelkammer eingerichtet war. Früher hatten Stine und ihr Mann hier gewohnt, in einem hübsch abgeteilten Kämmerchen, ehe sie Kinder besaßen. Als die dann kamen, ein Junge nach dem anderen, wurde das gegenüberliegende Fachwerkhaus innen neu eingerichtet, und die Familie zog dorthin. Das frühere Stübchen war jetzt Sattelkammer, da lagen die Sättel auf Bökken, wie sich das gehört, jeder mit einem Namensschildchen versehen, die Trensen und Stallhalfter hingen aufgereiht an der Wand, und im Regal an der Seite lag Putzzeug, hingen Hufkratzer, standen Töpfe mit Hufett und die Stallapotheke. Petra griff sich Bubis Kopfstück und rannte damit zu seiner Box.

„Na, da wollen wir doch gleich mal sehen, wie das geht", sagte Stine lachend und setzte sich auf den Brunnenrand. Von hier aus konnte man durch die Stallgasse der neuangelegten Boxen bis zu der von Bubi hin sehen, die sich am Ende der Reihe befand.

Petra war hineingeschlüpft und hatte dem Hengst den Zügel über den Hals geworfen, versuchte nun, ihm das Gebiß ins Maul zu schmeicheln. Der Bubi ließ sich nicht gern aufzäumen, er warf immer wieder mit dem Kopf, trat hin und her und Petra auf die Füße, so daß sie ächzte und schimpfte, und schüttelte die Mähne. Endlich war es soweit.

„Komm und mach die Tür auf, Anja!" rief sie jetzt halblaut hinüber. „Ich sitz' hier drin auf. Das geht eher."

Anja rannte. Stine lachte und rief:

„Aber zieh den Kopf ein, wenn du rauskommst. Sonst haust du mit der Stirn oben an den Türpfosten."

„Jaja. Ich bin schon oft..."

„Soso. Hast den Bubi also schon oft geritten, ohne daß ich es wußte", sagte Stine und drohte ihr mit der Faust, „na, mal sehen, wie du nun mit ihm auskommst. Bist du oben?" In die Box hineinsehen konnte man vom Brunnen aus nicht.

„Ja", antwortete Anja an Petras Stelle, „kann ich..."

„Aufmachen? Ja, los!" hörte man Petras Stimme. Anja gehorchte, und schon trat der Bubi in die Stallgasse hinaus, Petra auf seinem ungesattelten Rücken. Sie beugte sich weit vor, den Kopf neben der Mähne.

„So, Schritt, du Teufelsbraten. In der Stallgasse wird nicht losgelegt..." Weiter kam sie nicht, sie mußte sehr aufpassen. Es gelang ihr aber, den

Hengst im Schritt zu halten, bis er in den Hof trat. Hier aber –

„Darf ich?" rief sie halblaut.

„Na ja, dann laß ihn", antwortete Stine. Der Bubi hob den Kopf, wieherte verhalten, als wollte er sich bedanken, und sprang dann aus dem Schritt in den Galopp an. Petra war darauf gefaßt und lenkte ihn am Brunnen vorbei und dann zwischen Kinderhaus und Misthaufen den Weg zum Reitplatz hinunter. Da man von hier aus nicht sehen konnte, ob sie glücklich landete, rannten Anja, Erich und Stine hinterher.

Wahrhaftig. Die Stange, die den Eingang zum Platz bildete, war zur Seite geschoben gewesen, so daß der Bubi hineinfetzen konnte. Und der Reitplatz war geräumig genug, den Galopp abzufangen. Bereits an der gegenüberliegenden Seite hatte Petra ihn am Zügel.

Sie galoppierte ein paarmal rundum, Stine sah kritisch, aber ganz befriedigt zu, Petra wechselte dann die Hand und ließ ihn rechtsherum gehen.

„Falscher Galopp!" rief Stine.

„Wieso? Der galoppiert doch prima!" sagte Erich. Anja erklärte eifrig:

„Aber auf dem falschen Fuß. Wenn er rechtsherum geht, so wie jetzt, muß er beim Galopp das innere rechte Vorderbein zuerst aufsetzen. Verstehst du? Sonst geht er gegen die Hand. Stell dir mal vor, du säßest drauf."

„Parier ihn durch! Und galoppier noch mal an. In der Ecke, da tut er es lieber. Da ist das Pferd sowieso gebogen und –" Stine brach ab. Petra, die natürlich gemerkt hatte, daß sie auf dem falschen Fuß galoppierte, war in der Ecke abgebogen und ritt jetzt, weiter galoppierend, schräg über den Reitplatz. In der Mitte, genau im Mittelpunkt, saß sie um – man sah es, jedenfalls Stine und Anja sahen es. Der Bubi wechselte in der Luft die Beine und galoppierte jetzt links, den linken Vorderfuß zuerst aufsetzend. So langte er in der gegenüberliegenden Ecke an, bog links ein und galoppierte weiter, die lange Seite hinaus, Linksgalopp.

„Hach!" machte Stine ausatmend, und: „Fliegender Wechsel, wahrhaftig!" stöhnte Anja.

„Na, du bist mir ja die Richtige!" sagte Stine später, als Petra in Schritt gefallen war, auf Stines Wink den Bubi herankommen ließ und vor den Zuschauern hielt. „Gut gemacht hast du das, dabei hatte ich gesagt: durchparieren."

„Ja, aber – ich wollte doch so gern – ich wollte nur mal versuchen, ob er es tut." Petra war noch ganz atemlos. Stine winkte gutmütig ab.

„Schön. Hast du gemerkt, wie das ist, fliegenden Wechsel zu reiten? Als ich das zum erstenmal sah, war ich ganz hin. Ich hab' es später oft gesehen, und immer muß ich die Zähne zusammenbeißen, damit ich nicht laut hinausjuchze, so schön finde ich das. Aber man darf die Pferde ja nicht erschrecken. In Wien, in der Spanischen Reitschule – das ist wohl die beste Reitschule der Welt – kann man vormittags die Morgenarbeit mit ansehen. Die Leute stellen sich dazu an, oft sind es lange Schlangen in Viererreihen, bis aufgemacht wird. Und dann kann man zusehen. Ich finde die Morgenarbeit viel, viel schöner als die Vorführungen.

Da werden die schneeweißen Lipizzanerhengste geritten, oft von ganz jungen Burschen, manche sind erst neunzehn, zwanzig Jahre alt. Daß die das schon können! Ich hab' mal gesehen, wie einer seinen Hengst in der Bahn gehen ließ und allmählich in den fliegenden Wechsel kam, erst ließ er ihn viermal links galoppieren und dann umspringen, später dreimal, zweimal, schließlich bei jedem Galoppsprung. Das war ein Anblick! Man merkte überhaupt nicht, wie er umsaß, konnte keinerlei Hilfe erkennen, alles lief so sagenhaft sanft, als wären Pferd und Reiter eins. Ich hätte am liebsten die Hände gefaltet und geweint, so schön fand ich das."

Anja und Petra schwiegen, auch Erich sagte nichts. Keiner von ihnen lachte. Sie verstanden, was Stine meinte.

„So, und nun laß ihn laufen und kümmert euch um die Mutterstuten", sagte Stine dann. „Sie wollen auch raus."

„Ich hol' die Banja", rief Petra sofort, Anja sah sich wieder einmal von der schnelleren Freundin überrannt. Denn die Banja wollten sie immer alle drei versorgen, Petra, Anja und Erich, die Banja und ihren kleinen Petrus, bei dessen Geburt sie dabeigewesen waren. Irgendwie hingen sie noch ein wenig mehr an diesen beiden, das war ja erklärlich.

„Immer du", maulte Anja im Rennen. Petra, gutmütig, wie sie war, lachte.

„Also alle beide. Oder alle drei. Komm, Erich, erst wird die Banja rübergebracht, wir machen es zusammen."

Der kleine Petrus war schon sehr selbständig. Er lief seiner Mutter, die Petra führte, voraus und wußte genau, wo es hinging. Anja öffnete das Koppeltor.

„So, hinein mit euch beiden. Platz genug habt ihr hier."

Banja fing sogleich an zu fressen, Petrus sprang erst einmal ein Stück davon, drehte um, kam zurückgejagt, bremste bei der Mutter. Fohlen haben eine eigenartige Manier herumzuspringen. Manchmal stehen sie ganz still und galoppieren dann aus dem Stand los, als würden sie gejagt, manchmal hauen sie auch während des Galopps mit einem Hinterbein aus, ohne jeden Grund, nur so aus Lebenslust. Und manchmal wieder springen sie mit allen vieren auf einmal in die Luft wie ein Ziegenbock. Die drei standen dabei, sahen Petrus zu und mußten immer wieder lachen, wenn er seine Kapriolen vollführte. Schließlich stieß Petra die beiden andern an.

„Kommt, es warten noch mehr darauf, endlich aus ihrem Stall zu dürfen." Und da rannten sie alle drei zurück zu den Boxen, ebenso übermütig wie Petrus, nur daß sie mit den Hinterbeinen nicht ausschlugen.

Stine sah sie kommen, schüttelte den Kopf und lachte in sich hinein. „Sooft man es schon erlebt hat, es ist immer wieder wunderbar", sagte sie zu sich selbst, während sie den Kindern nachsah. „Junge Tiere und junge Menhen – wie schön, daß es so was gibt!"

Vorbereitungen sind wichtig

„Und jetzt hinein mit euch!", bestimmte Stine, als die letzte Mistkarre ausgekippt war, „jetzt wird Geschirr geputzt!"

„Ooooch!" klang es dreistimmig. Still sitzen, Geschirr putzen, das gefällt keinem. Stine lachte.

„Seid doch froh, daß ihr in der Hitze nicht draußen herumrennen müßt. Geschirrputzen ist wichtig, vor allem vor dem Turnier. Wir machen uns aber ein Fest daraus, paßt mal auf. Denn für den Rallyeritt – man kann es auch Geschicklichkeitsreiten nennen – müssen wir uns noch ein paar Gags ausdenken. Also, ich putze mit, und wer will aufschreiben? Wer hat die schönste Handschrift?"

„Ich nicht", behaupteten jetzt alle drei, und so meinte Stine, es bliebe wieder einmal auf ihr sitzen. Wie immer das Schwerste, aber das sei sie ja gewöhnt. Vergnügt kramte sie nach Stift und Papier. Ihr war einfach nicht beizukommen.

„Was ist denn ein Rallyeritt?" fragte Erich und fuhr mit dem Schwamm den Kreuzzügel entlang, um erst einmal den Schmutz herauszubekommen, ehe er ihn neu fettete. Stine erklärte.

„Also hört zu. Wir schreiben einen Ritt aus, bei dem es, sagen wir, zehn Haltepunkte gibt. An jedem Punkt muß eine Aufgabe gelöst werden, und natürlich möglichst schnell und glatt, denn es wird im ganzen nach Zeit gewertet. Am ersten Punkt meinetwegen – wir wollen mit was Leichtem anfangen – liegt ein Strickzeug, und jeder Reiter muß eine Nadel abstricken. Seid ihr im Handarbeiten auf der Höhe? Ich will es doch sehr hoffen. Denn da seid ihr den Männern überlegen, die das alles auch mitmachen müssen. Also, ihr strickt eure Nadel herunter, sitzt wieder auf und reitet weiter. Nun kommt etwas, was vielleicht – ich sage: vielleicht! – die Männer besser können. Also etwa ein dickes Stück Holz spalten oder einen Stamm durchsägen. Das darf man zu zweit machen. Am nächsten Haltepunkt liegen Papier und Stifte bereit, und jeder Reiter muß einen Vers dichten, der ein Reiterlied vervollständigt. Der erste Vers steht da, also weiß man den Rhythmus und die Zeilenlänge. Auf, ihr faulen Köppe, strengt euch an, und dichtet! Wieder an einem Haltepunkt gibt es eine Frage zu beantworten: Wie steht eine Kuh auf und wie ein Pferd? Wer es nicht weiß, muß sich danach erkundigen, vielleicht ist hier ein Haus in der Nähe, wo man nachfragen kann. Dadurch verliert man natürlich Zeit. Oder man muß – auch dieser Haltepunkt ist in der Nähe einer Ortschaft – einen Wecker ausborgen. Na, da wären allerdings die ersten Reiter im Vorteil, das geht nicht. Immer zwei Reiter miteinander werden nämlich in Dreiminutenabständen losgeschickt. Wenn dann die ersten ihre Wecker ausborgen, fragen die nächsten vergeblich an. Nein, das hab' ich zwar mal erlebt, aber es ist nicht ganz gerecht. Denkt euch mehr aus, ich notiere!"

„So schnell geht das nicht", sagte Anja, „du hast immer Ideen, aber wir –"

„Ihr werdet schon auch welche ausbrüten, wie ich euch kenne", sagte Stine gut gelaunt, und Petra war natürlich bereits mit einem Vorschlag da.

„Ein Lied singen – oder ein Gedicht aufsagen – oder –"

„Aber wer kontrolliert denn das?" fragte Anja. Stine erklärte:

„An jedem Haltepunkt steht natürlich einer, der kontrolliert. Genau wie an den Hindernissen beim Springen oder beim Geländeritt."

„Ja, sonst könnte jeder sagen, er hätte gestrickt, und es stimmt gar nicht. Ich weiß noch was: Jeder muß einen Kopfstand machen oder drei Purzelbäume oder zehnmal Seilspringen. Oder –"

„Halt, halt! So schnell kann ich gar nicht notieren", rief Stine und schrieb wie um ihr Leben, „also Kopfstand, und wenn er wackelt, bekommt er Strafpunkte."

Jetzt wurden auch die andern munter.

„Dreimal ohne Fehler sagen: Der Potsdamer Postkutscher putzt den Potsdamer Postkutschkasten!"

„Gut! Weiter!"

„Dreimal auf einem Bein um sein Pferd hüpfen!"

„Wunderbar. Da braucht man nichts vorzubereiten."

„Oder – aber das muß vorbereitet werden – einen Apfel mit dem Mund aus einem Eimer Wasser fischen."

„Kenn' ich! Das ist schwer, und man wird von oben bis unten naß."

„Wenn es heiß ist, tut das doch nur gut!"

Keiner sagte mehr, er wüßte nichts. Jedem fiel etwas ein. Stine war sehr zufrieden, als sie später das geputzte Geschirr weghängte.

„Nur, wie machen wir es, denn ihr wollt doch auch mitreiten", sagte sie und kratzte sich am Kopf, „und ihr dürft vorher ebensowenig wissen wie die andern, was alles verlangt wird. Genau wie beim Geländeritt, den muß man zwar abgehen, aber nicht probereiten. Damit es auch gerecht bleibt für die, die von weiterher zum Turnier kommen."

„Kann ich denn wirklich schon mitreiten?" fragte Anja und sah gleichzeitig hoffnungsvoll und zweifelnd zu Stine auf.

„Dir geb' ich die Mädi, die ist hundertprozentig sicher", tröstete Stine, „die macht alles, du darfst sie nur nicht stören. Sie steht, wenn sie stehen soll, und geht, wenn du sie losschickst. Nur im Maul hin und her reißen, das mag sie nicht. Aber das tust du ja sowieso nicht."

„Und ich?" fragte Erich.

„Dich können wir noch nicht einfach zu Pferd durch die Gegend schicken", sagte Stine freundlich, „du machst mit mir alles fertig, ich brauche sowieso einen Assistenten. Du bekommst eine weiße Binde um den Arm, darauf steht: Turnier-Ordner. Aber wehe, du verrätst den Mädchen, was gefordert wird. Du mußt schwören beim –"

„Beim Barte des Propheten", half Petra weiter.

„Quatsch. Bei was viel Wichtigerem. Bei Bubis Sprunggelenken oder bei Sunjas Euter." Sunja, die eine helle Stute, neigte zu Euterentzündungen, wenn sie abgefohlt hatte; sie hatten sie in den letzten Wochen behandelt und über das Schlimmste hinweggedoktert. „Das ist was viel Wichtigeres als der olle Prophetenbart."

„Gut, gut", lobte Stine. „Schwöre du bei Sunjas Euter. Ihr werdet staunen, was wir uns noch ausdenken, Erich und ich. Und nichts, nichts wird verraten . . ."

„Na, ob ihr das alles schafft?" sagte Erich vergnügt. „Ich werde mit einer Reitkappe hinterherlaufen und alle Minuspunkte sammeln!"

„Großklappe. Wirst dich wundern –"

Schon war der Nachmittag herum. Die beiden Mädchen sahen Stine bettelnd an.

„Ruf doch zu Hause an und sag, wir kämen heute später. Wenn wir es tun, denken die Eltern, wir wollten nur noch länger reiter, aber wenn du . . ."

„Und was wollt ihr sonst?" fragte Stine hinterhältig.

„Na, reiten!" platzen die beiden heraus. „Jetzt ist es doch nicht mehr so heiß."

„Und wir müssen die Pferde trainieren."

„Und uns vorbereiten auf die vielen Schikanen, die Erich sich ausdenkt."

„Und – und –", sagte Stine, lachte und ging ins Haus, um anzurufen. Sie fand ja auch: Vorbereiten muß man sich! Vorbereitungen sind wichtig.

Anja und Petra kamen in diesen Wochen jeden freien Nachmittag auf den Seehof, auch wenn die Zeit dann nicht zum Reiten reichte. Manchmal reichte sie, manchmal nicht. Es gab unendlich viel für das Turnier zu tun, aber da alle sich darauf freuten, war es kein Streß, wie man es heute nennt, sondern ein herrlich lustiges Treiben, was da herrschte. Man stolperte über junge Katzen und kleine Jungen, die überall im Wege waren, bekam blaue Flecke, wenn man an irgend etwas anrannte, was der andere schleppte. Man schalt, schrie, lachte, wischte sich den Schweiß von der Stirn und fand es wunderbar. Auch Stine war immer guter Laune, obwohl ihr die Hitze sehr zusetzte. Einmal fand Petra sie in der Scheune auf einem Ballen Stroh sitzend, blaß, mit dunklen Augenringen.

„Bist du krank?" fragte Petra erschrocken.

„Ach wo, hab' nur gespuckt. Habt ihr mir etwa was Giftiges in den Kaffee getan, damit ich nicht mitreiten kann und ihr dafür mein Pferd bekommt, ihr Heuschrecken, infame?"

„Aber Stine!" Petra war empört, mußte aber doch lachen. „Wahrscheinlich ist es die Hitze, da spucken manche. Ja, ich weiß das von meiner Mutter. Soll ich dir was zu trinken bringen?"

„Nicht nötig. Ich komme –", sagte Stine und stand auf. Petra drückte sie auf den Ballen zurück.

„Gar nicht kommst du. Bleib im Kühlen – am besten, leg dich lang. Wir werden schon fertig."

„Na schön. Ein Glück, daß ihr da seid." Das letzte sagte Stine halblaut und dankbar. Es fuhr Petra ins Herz, und sie flitzte davon, um noch recht viel fertigzubringen. Wie eine Wilde lud sie Mist auf und fuhr Karre um Karre weg. Anja kam gar nicht mit.

„Ihr wart wirklich toll fleißig", lobte Stine, die nach einer Weile wieder auftauchte, wieder soweit munter und mit roten Backen. „Nun dürft ihr mit dem Zweispänner ins Städtchen fahren, mögt ihr? Was abholen. Ich hab' mir alles aufgeschrieben, was man erst im letzten Augenblick besorgen kann, und alles, was man sich schon vorher hinlegen kann. Ihr holt heute die Fackeln ab, ja?"

„Die Fackeln? Wozu brauchen wir denn Fackeln?" fragten Anja und Petra wie aus einem Mund.

„Für den Abend. Am Samstag abend findet hier ein sogenannter Schwof im Hof statt. Da werden ringsum an den Gebäuden Fackeln in die Erde gesteckt und dann angezündet, es gibt eine Wurstbraterei und eine Theke für Bier, Schnaps, Wein und andere Getränke. Da drüben stellen wir Tische und Bänke auf, und hier wird getanzt. Fackeln kann man vorher kaufen, sie sind bestellt, hundert Stück. Die holt ihr heute. Und hier ist die Liste: Das – und das – und das kann auch jetzt schon besorgt werden", sie strich ein paar Posten an.

Petra sah mit in das Papier hinein. Anja fragte: „Und wen spannen wir ein?"

„Lettchen und Nikolo. Du kannst schon die Geschirre holen."

Anja stob davon. Daß Stine es sich nur ja nicht wieder anders überlegte!

Am Brunnen stand Erich und hielt seinen kleinen Bruder an der Hand, der wiederum seinen Stoffleoparden, den Tim, an sich gedrückt hielt. Diese zwei oder besser drei guckten sehnsüchtig und betrübt.

„Ihr habt's gut!"

„Und du?" fragte Stine aufhorchend.

„Ich – ich muß heute den Dieter hüten, meine Eltern sind weggefahren, und da haben sie ihn mir aufgehängt." Erich sah sehr betrübt aus über diesen Schicksalsschlag.

„Weißt du was?" sagte Stine nach kurzem Überlegen. „Nehmt die drei doch mit! Rauf auf den Ponywagen mit euch und losgefahren! Die Fackeln sind verpackt, zehn Kästen zu zehn Stück, die kann man gut stapeln. Da geht ihr drei auch noch mit auf den Wagen!"

„Wunderbar! Anja, Petra, wir dürfen mit!" schrie Erich, jetzt neu belebt. „Und der Dieter sitzt schon still, wenn ich es ihm sage!"

„Ihr fahrt hintenherum, nicht die Bundesstraße", beruhigte Stine ihr eigenes ein wenig schlechtes Gewissen, „das haben Anja und Petra schon gemacht. Und ihr seid zu zweit, ich meine, die Mädchen, da kann immer eins abspringen, wenn es nötig ist. Und Erich hält Dieter auf dem Schoß und der wieder den Tim. Also marsch, Abfahrt, worauf wartet ihr eigentlich noch?"

In fünf Minuten war eingespannt. Stine übergab Petra noch den Zettel mit der Bestellung, und los ging es im Ponywagen durch die Felder und Gärten ins Städtchen. Sie fanden das Geschäft, wo die Fackeln bestellt waren, ohne Mühe, Anja blieb bei den Pferden, Petra ging hinein, Erich saß mit seinem kleinen Bruder neben sich auf dem Bock. Beim Fahren hatte er hinten gesessen, aber jetzt wollte er vorn sein.

„Damit die Leute denken, ich hätte kutschiert", sagte er. Anja konnte das gut verstehen. Dieter hielt stolz die Peitsche. Tim, der Leopard, saß neben ihm. Eben kam Petra wieder herausgeschossen.

„Ihr dürft auch mitschleppen, soll denn die arme Petra alles allein machen?"

„Oh, Klein-Peterchen, wart, ich helfe", Anja rannte hinter der Freundin her ins Haus. Die Ponys standen still, Erich hielt die Zügel.

Dann aber sprang auch er vom Bock, wickelte die Zügel um den Bremsengriff und half den beiden Mädchen, die Kästen mit den Fackeln zu verstauen. So sehr viel Platz war nicht auf dem Wagen, wenn man schon zu viert fuhr, Anja, Petra, Erich und der Kleine, und Tim auch noch, der einen richtigen Platz beanspruchte.

„Will auch sitzen!" bestimmte Dieter, und Erich meinte, es wäre besser, seinem Wunsch nachzukommen, da Dieter, wenn ihm etwas nicht paßte, ein entsetzliches Gebrüll anzustimmen pflegte.

„Heb mal die Beine, da geht noch ein Kasten hin!" sagte er, aber das wollte Dieter nicht. Sie stapelten und versuchten es auf verschiedene Weise, schließlich meinte Petra, sie würden lieber erst einmal fünf Kästen mitnehmen und dann noch mal fahren. Auf diese Weise hätten sie noch mehr davon. Sie schleppten also die Hälfte der Kästen wieder ins Haus, und als sie das zweite Mal zurückkamen, war der Zweispänner weg. Petra, die zuerst kam, sah ihn gerade noch um die Ecke verschwinden. Die Ponys hatten anscheinend die Geduld verloren und wollten heim.

„Halt!" schrie sie, rannte los – sie hatte immer einen Blitzstart – und sah, nun selbst um die Ecke sausend, den Wagen wieder vor sich. Dieter hatte die Peitsche aus dem Halter gezogen und ließ sie auf die Pferderücken fallen, er prügelte keineswegs, sondern klopfte nur, und dabei rief er vergnügt und halb singend: „Ga-lopp! Ga-lopp!"

Die Ponys taten ihm den Gefallen. Der Wagen war ja so gut wie leer und leicht, und es ging heimwärts. Wenn sie auch nicht galoppierten, so trabten sie doch schnell und zielsicher, und obwohl Petra immerzu: „Halt! Halt!" schrie, bemühte sich kein Mensch auf der Straße, sie anzuhalten. Alle guckten nur, und mancher schüttelte den Kopf: „Da sieht man's mal wieder, die Jugend von heute! Läßt so einen kleinen Jungen kutschieren!"

Nun rannten auch Anja und Erich hinterher, so schnell sie konnten. Petra hatte schließlich die rettende Idee: Man mußte den Ponys entgegenkommen. Nur dann hatte man eine Chance, sie zu erwischen. Sie umrannte also einen Häuserblock und schaffte es wahrhaftig, sie war schneller als die Ponys und bekam sie von vorn zu fassen. Tief aufschnaufend fanden sich nun auch Erich und Anja ein.

„Na, das ging noch mal gut! Aber Stine erzählen wir es lieber nicht."

Damit erklärten die andern sich einverstanden. Reden ist Silber, Schweigen Gold. Das ist eine alte Weisheit.

Einfach, weil's schön ist

„Nein, Petra, so nicht! So kriegst du sie nie an den Zügel!" sagte Stine. Sie sagte es ganz ruhig, sie schrie nicht, wie es viele Reitlehrer tun, die das ewige Korrigieren leid sind. Stine hatte eine unmenschliche Geduld, wenn es sich um Pferde handelte. Und jetzt, vor dem Turnier, handelte es sich natürlich um nichts anderes als um die Pferde.

„Nimm mal den rechten Zügel etwas an. Nicht so hart, weich, weich. Und jetzt..."

Anja stand neben Stine und horchte auf jedes Wort. Man lernte viel, wenn man zusah, wie die andern ritten und korrigiert wurden. Freilich, letzten Endes lernte man nur durch das eigene Reiten, dadurch, daß man dabei auf den Unterrichtenden hörte, durch Übung und guten Willen, Korrekturen anzunehmen.

„Reiten lernt man nur vons Reiten", hatte Stine oft einen alten Berliner Wachtmeister zitiert, dessen einziger

Lebensinhalt die Pferde waren. Aber auch die Fehler der andern sehen und dabei hören, wie man mit ihnen fertig wird, gab einem manchmal einen Ruck vorwärts.

„Den Ringfinger ein bißchen annehmen – nur ein kleines bißchen", hörte Anja jetzt. Petra schien zu gehorchen. Der Hals des Pferdes bog sich ein wenig mehr als vorher. Durch eine so winzige Hilfe.

„Gut gemacht. Heute war es wirklich besser", sagte Stine und seufzte selbst auf, als Petra der Aufforderung „Zügel hingeben" folgte. Die Sina dehnte den Hals nach vorn abwärts, Petra strich ihr locker mit dem Zügel über die Mähne.

„Ja, so. So muß sie sich strecken", lobte Stine, „und nun: Zügel wieder aufnehmen, auf die Mittellinie gehen, halten, grüßen. Nicht nicken und grinsen, du Untier, sondern grüßen. Grüß mal richtig! Mich ansehen, den Kopf neigen – ja, so. Zügel in der linken Hand, die rechte nach unten."

„Muß man das so machen?" fragte Anja schüchtern. Ihr war nicht klar, ob Stine nicht Spaß machte. Grüßen – als ob das wirklich so ernstgenommen werden müßte!

„Ja, und dabei freundlich aussehen. Manche Richter korrigieren dann: ‚Lächeln!' Lächle du mal, wenn du eine Dressur hingelegt hast."

„Ich glaub', ich lern' es nie", sagte Anja aus Herzensgrund, „Reiten allein ist schon eine Geheimwissenschaft, nun soll man auch noch grüßen wie eine Filmdiva."

„Ich hab' mir mal ein Autogramm geholt von einer Reiterin, die eine unwahrscheinlich gute Dressur ritt", erzählte Stine, „sie gab Hilfen, die auch der versierteste Richter nicht sah, und ritt, als wäre sie mit ihrem Pferd ein einziges Wesen, das alle Aufgaben zum eigenen Vergnügen ging. Als sie danach neben ihrem Pferd stand und Autogramme gab, zitterten ihre Hände so, daß sie kaum den Stift halten konnte. So konzentriert war sie geritten, und es sah aus, als sei es nur ein Spiel. Jaja, unmerkliche Hilfen geben, aber nicht einen Augenblick aussetzen, das ist die höchste Kunst. Ich liebe gerade deshalb die Dressur so sehr."

Petra hatte Sina am Backenstück gefaßt und ging mit ihr hinüber zu den Boxen. Stine und Anja bummelten hinterher.

„Und jetzt könnten wir eigentlich mal den Geländeritt abgehen. Habt ihr Lust?" fragte Stine. „Die Männer, die mir dabei jedesmal helfen, waren gestern abend hier, und wir haben uns gemeinsam darangemacht. Die Strecke wird von allen Teilnehmern besichtigt, ehe sie reiten, das ist Vorschrift. Daß wir sie heute schon und in aller Ruhe ansehen, ist nichts Unreelles. Erstens bin ich sowieso dafür verantwortlich, daß alles in Ordnung ist, und zweitens ist es immer das Vorrecht derjenigen, auf deren Gelände das Turnier ausgetragen wird, daß sie es besser kennen als die Dazukommenden. Beim nächsten Turnier sind dann die Leute wieder im Vorteil, auf deren Gelände das Turnier stattfindet. Denn einen Vorteil bedeutet es schon, sozusagen auf dem eigenen Fußballplatz zu spielen."

Sie ließen den Hof, der zwischen den Stallungen, der Scheune und den Wohnhäusern lag, hinter sich, gingen an den Hofkoppeln vorbei und kletterten dann links eine Anhöhe hinaus. Die war sehr steil, die Reiter würden ihre Pferde hier führen müssen und oben starten. Stine zeigte den beiden Mädchen die Stelle.

„Das ist also der Geländeritt, der zur

Vielseitigkeit gehört. Nicht der, den wir uns ausdenken wollen mit den vielen Schwierigkeiten. Das ist ein Geschicklichkeitsritt und eine Art Jux. Dieser hier aber läuft nach Vorschriften ab, die überall gelten. Spitzt also die Ohren. Hier sitzt man auf, das heißt, du, Petra. Anja macht die Vielseitigkeit noch nicht mit, sondern die Reiterprüfung für Jugendliche. Darüber sprechen wir noch. Petra wird diesen Ritt schon bewältigen, nehme ich an. Hier also ist der Start. Es geht um Fehler und Zeit. Fehler sind Abwürfe, Stürze, Verlassen des Parcours. An jedem Hindernis steht einer, der aufschreibt, wer es vorschriftsmäßig genommen hat. Der Starter nimmt die Zeit. Alle fünf Minuten wird ein Reiter losgeschickt. Verstanden?"

Die beiden nickten stumm. Auf einmal war ihnen beklommen zumute, ihnen beiden. Petra hatte noch nie an einer Vielseitigkeit teilgenommen, Vielseitigkeit, das bedeutet: Dressur, Geländeritt und Springen. Nun würde sie sich bewähren müssen. Stine vertraute auf ihr Können. Würde sie sie auch nicht enttäuschen? Und Anja, die nun schon lange alles mit der Freundin teilte, fühlte dies alles mit, als ginge sie selbst in diese Prüfung hinein.

Die ersten Sprünge sahen nicht allzu gefährlich aus. Man ritt einen Waldweg entlang, der weichen Untergrund besaß, schon erfreulich. Das erste Hindernis war ein dicker Baumstamm, der quer lag, sicherlich nicht über achtzig Zentimeter hoch. Das zweite ein Rick zwischen zwei Fichtenstämmchen, leicht für ein springfreudiges Pferd mit leichtem Reiter. Sina war ein halbhohes Reitpony und paßte in der Größe genau zu Petra. Sie gingen weiter.

Ein Stück hinter dem zweiten Hindernis mußte der Reiter wenden. Platz dafür war genug vorhanden. Natürlich wendete man so eng wie möglich, um Zeit zu sparen.

„Jetzt kommt die Schikane", sagte Stine. „Hier mußt du deinen Kopf zusammennehmen, Peterlein. Aber die Sache sieht schlimmer aus, als sie ist. Also Achtung!"

Das Hindernis bestand aus zwei Teilen, die aus eingerammten Pfosten mit darübergenagelten Balken gebildet waren. Der Teil, an den man zuerst kommt, sah aus wie ein erweitertes Hufeisen, bestehend aus drei Teilen, die offene Seite dem herankommenden Reiter zugewandt.

„Das ist nicht ausgeflaggt, das brauchst du nicht zu springen", erklärte Stine. „Du darfst, aber du mußt nicht. Das zweite, ja, das mußt du springen. Siehst du die Fähnchen?"

Das zweite bestand aus zwei Hindernissen, die einen flachen Winkel bildeten, die offenen Enden nach der anderen Seite gerichtet.

„Einen von den beiden Schenkeln mußt du springen", erklärte Stine, „den rechten oder den linken. Ich würde den linken nehmen, denn da springst du etwas bergauf, das ist sicherer. Bergabsprünge kommen auch noch, hier aber kannst du wählen. Freilich, der kürzeste Weg wäre der, einfach geradeaus und über die Schikane, die vorn ist, und über das Hindernis in einem zu springen, das spart Zeit. Manche, deren Pferde ein weites Greifvermögen haben, werden das wahrscheinlich tun. Dir rate ich es nicht. Die wenige Zeit, die du sparst, wiegt nicht auf, daß Sina vielleicht doch verweigert. Verweigern ist schlechter als Anschlagen. Spring du das linke Hindernis, das macht die Sina bestimmt."

Petra nickte. Sie sagte nichts mehr,

man sah ihr an, daß sie das Ganze sehr ernst nahm. Auch Stine war ernst geworden. Schweigend gingen sie weiter.

„Jetzt kommt der Koppeleinsprung", sagte Stine nach einer Weile, „das ist ein Bergabsprung. Er ist nicht so hoch, daß du dir Sorge zu machen brauchst. Sina springt ihn. Nur laß sie hinterher nicht ins Rasen kommen, verstehst du? Überhaupt ist ja beinahe die größte Kunst beim Geländereiten, sein Pferd in der Kontrolle zu behalten. Der Absprung hier ist Gras, das seht ihr, der Aufsprung leider Lehm. Betet zu Petrus und eßt vorher jeden Tag alle Teller leer, damit wir schönes Wetter haben. Ein nasser Aufsprung ist glitschig und gefährlich. Jetzt die Milchbank."

„Heißt das Hindernis offiziell so? Es gibt doch komische Bezeichnungen: Pulvermanns Grab zum Beispiel oder Michels Ditsch oder..."

„Nein, die Milchbank gibt's nur bei uns. Hier ist sie. Ein paar Balken sind nebeneinander quergenagelt, also gilt es, nicht nur einen zu überspringen, sondern vier oder fünf, also ein Hoch- und Weitsprung zugleich. Nicht sehr hoch, da wir Kleinpferde reiten, denn es ist ja ein Ponyturnier, kein Tier mißt über ein Meter achtundvierzig. Dafür aber ist das Hindernis breit, so daß das Pferd sich im Sprung strecken muß. Rechts und links stehen statt der kleinen Fichten hier zwei alte Milchkannen, daher die Bezeichnung Milchbank. Man kommt fast rechtwinklig drauf zu, also ein guter Absprung. Dann allerdings mußt du gut aufpassen, Petra, denn nach dem Sprung geht's sofort hart nach links, durch einen leeren Graben. Wirklich durch, nicht drüber. Er ist trocken und hat genug Raum. Und dann hinunter zum Bach. Also, die Milchbank springen und danach sofort abbiegen. Schreib dir das hinter die Ohren."

„Tue ich."

Sie kletterten durch den Graben und einen schmalen Pfad hinunter zum Bach. Hier stand ein Hindernis, bei dessen Anblick sich einem die Haare sträubten.

„Sieht schlimmer aus, als es ist", tröstete Stine. „Wir bauen es jedes Jahr, und es heißt bei uns das Schwemmholz. Alles, was der Bach hier an Gestrüpp herangebracht hat, haben wir zu einer Art Flechtzaun vereinigt. Hoffentlich scheut dein Liebling nicht. Das ausgebleichte helle Holz ist natürlich etwas Ungewohntes. Bunte Hindernisse kennen die Pferde nun allmählich. So eins aber..."

„Und wie nimmt man es am besten?"

„Parier die Sina durch zum Trab, und schick sie erst kurz vorher los. Sie springt es, nehme ich an. Der Aufsprung ist Sand. Jetzt nach rechts, gut aufpassen, und hier hinunter."

Man kam auf einen ziemlich geräumigen Sandplatz. Er war etwa so groß wie ein mittleres Zimmer. Nach dem Bach zu war er begrenzt von einem Balken, der etwa dreißig Zentimeter hoch quergestellt lag. Über den zu springen war natürlich kein Problem, nur sprang man von hier direkt in den Bach, der an dieser Stelle eine Biegung machte und dadurch breiter war als sonst, dazu etwa einen halben Meter tief.

„Unsere Pferde kennen Wasser. Manche verweigern voller Entsetzen, aber unsere nicht. Sie kommen ja immer wieder einmal an Bäche, die wir durchqueren. Das ist Gold wert. Nun im Wasser weiterreiten, treiben, dort drüben hinausspringen und den Steilhang hinauf, dabei kannst du Sina in die Mähne fassen. Du mußt dich dabei weit vorbeugen. Das ist leichter, als es aussieht. Hier ist noch nie einer gestrauchelt. Oben allerdings kommt sofort wieder ein Hindernis, darum sollte man nicht langsam werden. Dann bist du auf der großen Wiese und kannst nun noch Zeit herausholen, indem du zulegst. Sina wird nach Hause wollen und sich nicht lumpen lassen. Es kommen noch zwei Ricks, beide rechtwinklig zur Richtung, also ohne Probleme. Und dann vergiß nicht, durch die Ziellinie zu reiten. Es hat schon Leute zu Pferde gegeben, die einen Geländeritt oder auch einen Parcours exakt durchsprangen und dann die Ziellinie verpaßten." Stine lachte. „Fragt mal Holle, meinen lieben Gemahl. Er hat das gerade bei mir erlebt. Ich war gesprungen, einfach war es nicht, und ich also siegesgewiß und zufrieden, und da passe ich nicht mehr auf, versehe mich beim letzten Hindernis, obwohl es mit Schildern numeriert war. ‚Springen kann Stine', sagte Holle später, ‚nur bis zwölf zählen, das kann sie nicht.'"

„Und da galt der Ritt nicht?" fragte Anja entsetzt.

„Natürlich nicht." Stine lachte. „Dadurch lernt man es, das nächste Mal aufzupassen. Ich habe es mir hinter die Ohren geschrieben, das kannst du glauben."

Nachdenklich wanderten sie miteinander über die große Wiese, dem Hof zu. Stine glaubte, ihre jungen Mitreiter aufmuntern zu müssen, sie hatte ihnen wohl ein wenig Besorgnis eingeflößt.

„Macht euch nicht zu viel Gedanken, es ist noch jeder von uns durchgekommen", sagte sie deshalb. Petra sah sie an.

„Stimmt. Irgendwie kommt jeder durch. Ich will ja auch gar nicht die Erste sein."

„Brauchst du auch nicht. Mitmachen ist alles, nicht jeder kann siegen."

„Aber die Schnellste – die Schnellste wäre ich gern", sagte Petra dann doch. „Lieber einen Klotz beim Springen abwerfen. Sina ist schnell, wenn man sie auffordert. Ich bin doch nicht zu schwer für sie?"

„Du hast genau das richtige Gewicht."

„Dann also –" Petra schwieg. Aber die beiden andern wußten, was sie dachte. Anja biß sich auf die Lippen, um nichts zu sagen. Stine sah Petra an.

„Immer ans Pferd denken, verstanden? Nicht auf Gedeih und Verderb reiten. Das Pferd in der Kontrolle halten."

„Meine Mutter würde jetzt sagen: ‚Warum macht man eigentlich so was?'" sagte Anja nachdenklich. „Daß man in der Halle reitet oder auf dem Platz, na, das hat sie inzwischen eingesehen. Aber so was –"

„Ja, warum?" sagte Stine und lachte ein wenig. „Manchmal frage ich mich das auch. Um zu siegen? Ich glaube nicht. Um zu zeigen: Ich kann's? Vielleicht. Nein, deshalb allein auch nicht. Ich glaube – *ich* glaube, sehr einfach, weil's schön ist. Vorher das Lampenfieber und dann das Losgehen. Und hinterher: Ich hab's geschafft. Ist das eigentlich nicht Grund genug?"

Ein Morgen auf dem Seehof

„Heute in acht Tagen", sagte Petra und streckte sich. Sie und Anja schliefen wieder im Heu, das hatten sie sich von Stine erbettelt. Es war insofern auch praktisch, da immer einmal neuer Besuch kam und so ein Zimmer dafür frei blieb. Sie schubste Anja. „Auf, du Faultier, immer willst du bis wer weiß wann pennen. Wir haben zu tun, daß du's weißt."

„Ich komme ja schon."

Anja besaß nicht Petras beneidenswertes Talent, sofort nach dem Aufwachen ganz dazusein. Sie brauchte Zeit, sich zu besinnen, wo sie war, was heute bevorstand, was gestern über die Bühne ging. Petra schlug die Augen auf und war imstande, Bäume auszureißen. Vielleicht kam das mit daher, daß sie Geschwister hatte, mit denen sie sich täglich auseinandersetzen mußte, zwei Schwestern, etwas älter als sie, und einen jüngeren Bruder. Anja, deren Brüder noch Kleinkinder waren, kannte das nicht. Sie wußte nicht, wie wehrhaft man wird, wenn man sich immer und jeden Tag aufs neue zu behaupten hat. Dabei herrschte in Petras Elternhaus keineswegs nur dauernder Kampf. Da jedes der Geschwister ein Zimmer für sich hatte, standen sie einander mehr in der „Habachtstellung" gegenüber, die freilich jeden Übergriff des anderen in eigene Rechte sofort zurückwies.

Dieses frühe Muntersein allerdings war Petra angeboren, und Anja beneidete sie zwar darum, andererseits fand sie es für sich selbst reichlich anstrengend.

„Sina und Bubi bekommen Kraftfutter, los, du Langschläfer", hörte sie jetzt Petra sagen, die bereits aus dem Schlafsack gekrochen war und soeben auf die Tenne der Scheune hinuntersprang, „ich will Sina noch reiten, da müssen wir zeitig füttern."

Anja antwortete nicht, kroch aber gehorsam aus ihrem Lager und folgte der Freundin, noch halb im Traum befangen. Was hatte sie denn eigentlich geträumt? Daß sie den Geländeritt mitreiten sollte, und das auf dem Solon, dem schwierigsten Hengst des Gestüts? Deshalb wohl war ihr so bang zumute.

Sie vergaß ihren Traum sofort, als sie ins Freie trat. Die Sonne stand noch unter dem Horizont, erreichte nur die allerhöchsten Baumwipfel über den Häusern. Sonst war es noch grau ringsum, Farben bringt ja erst die Sonne in die Welt. Das Gras tropfte von Tau.

Petra war in die Futterkammer gelaufen und kam mit einer Schwinge voller Kraftfutter wieder heraus. Anja schloß die Tür hinter ihr. Die Futterkammer mußte grundsätzlich geschlossen sein; mitunter spazierte doch eines der Pferde im Hof herum und war dann sofort drin, um sich mit Kraftfutter vollzufressen. Das durfte nicht geschehen, da dann die Gefahr bestand, daß die Tiere an Kolik erkrankten. So drehte Anja noch vorsichtshalber den Schlüssel um, der außen in der Tür steckte. Ehe sie aber Petra nachgekommen war, hörte sie deren Schrei.

„Was ist? Sind sie weg?" rief sie zurück und rannte. Gleich darauf sah sie, daß das nicht zutraf. Bubi und Sina standen am Rand der Koppel und streckten die Hälse über den Zaun Petras Morgengabe entgegen. Aber –

„Guck nur am linken Schenkel! Ganz dick. Sie muß einen Schlag abbekommen haben!"

Petras Stimme klang angstvoll. Anja war sofort neben der Freundin. Ja, nun sah sie es auch.

Die beiden Pferde mußten sich auf der Koppel gejagt haben, jedenfalls gekloppt. Sina schonte das eine Hinterbein, setzte den Huf nur mit dem vorderen Rand auf, und oben am Schenkel hatte sie eine dicke Geschwulst.

„Das war der Bubi! Bubi, du Miststück, meine Sina so zuzurichten!" Petra weinte beinahe. Sie ließ die zwei Pferde über den Zaun fressen, die wühlten mit den Nasen im Kraftfutter und kauten und malmten, jetzt ganz einig, wie man sah. Aber irgendwann mußten sie sich geschlagen haben.

„Was wird Stine sagen! Himmel, siehst du, wie das aussieht? Nicht nur geschwollen, das auch, aber auch geplatzt. Hier, ein Riß, eine Platzwunde mitten auf der Geschwulst. Anja, ob das – so was dauert doch, bis es wieder geheilt ist! Ob das – in acht Tagen –" Petra brach ab. Sie sah ihre Felle davonschwimmen. Anja sagte gar nichts.

Als die beiden Pferde aufgefressen hatten, stellte Petra die Schwinge auf die Erde und kroch durch den Zaun. Vorsichtig betastete sie die verletzte Stelle. Sina zuckte, sobald sie daran kam. Petra fuhr ihr beruhigend über die Nase.

„Ich fasse die böse Wunde ja gar nicht an. O Sina, mein Armes, da muß der Tierarzt her. Komm, komm, steh schön still, nicht bewegen! Ich hole Stine."

Sie liefen miteinander dem Häuschen zu, in dem die Reitkinder untergebracht waren. Die Haustür stand offen, die Hunde Flaps und Wurscht lagen auf den Stufen. Petra und Anja kletterten über sie hinweg und platzten in die Küche hinein. Richtig, Stine war schon wach und stand am Herd. Es roch bitter nach Kaffee, den sie soeben aufgegossen hatte. Sie war barfuß und trug einen verschossenen Bademantel.

„Na, ihr?" fragte sie freundlich und wandte sich halb um. Da sah sie Petras verstörtes Gesicht. „Himmel, was ist los?"

„Sina hat . . ." Petra berichtete atemlos. Stine knipste die Herdplatte aus und lief sogleich mit den beiden hinaus über den Hof der Koppel zu. Und dann standen sie zu dritt um Sina.

„Ja, das ist schlimm", sagte Stine bekümmert, „das sieht häßlich aus. Und wir können mit der berühmten ‚Allesheilmach-Salbe' nicht viel anfangen, weil die Verletzung offen ist. Hier in der Mitte ist sie aufgeplatzt", sie tastete. Petra und Anja sahen begierig in ihr Gesicht. Stine war nicht so leicht aus der Fassung zu bringen, aber jetzt sah sie sehr besorgt aus.

„Ruf Doktor Geißler an", sagte sie zu Petra, „um diese Zeit erreicht man ihn vielleicht noch. Wenn er erst unterwegs ist . . ."

Petra schoß davon. Anja blieb stehen, ihr Herz klopfte. Sie hatte, seit sie den Geländeritt abgegangen waren, eine versteckte Angst um Petra gehabt, vielleicht sogar gewünscht, daß sie aus diesem oder jenem Grund nicht mitreiten möge. Jetzt, da sie sah, daß ihr Pferd verletzt war, fühlte sie nichts als eine Riesenenttäuschung im Herzen, fast so, als wäre sie Petra selbst.

„Ob sie – ob sie – bis in acht Tagen –", jetzt kamen ihr Petras Worte wieder in den Sinn. „Heute in acht Tagen –", damit hatte Petra sie geweckt. Anja wußte es jetzt wieder. Heute war Samstag, und am nächsten Samstag begann das Turnier.

„Tja, wer das wüßte", sagte Stine dumpf. Ihr ging die Verletzung der Stute sehr nahe, wie Anja merkte. Seufzend wandte sie sich um und ging langsam über den Hof dem Kinderhäuschen zu.

„Na, hast du ihn erreicht? Ein Glück", sagte Stine, als Petra ihr mit einem „Er kommt!" entgegenrannte. „Ob die andern Kinder noch schlafen? Wir trinken einen Kaffee vorweg, ihr beiden und ich. Und der Doktor. Deckt für vier", sagte sie noch und ging ins Haus.

Petra und Anja liefen ihr nach, suchten Tablett und Tassen zusammen. Anja rannte hinaus und wischte den langen eingerammten Tisch ab, der vor dem Kinderhaus stand und an dem gefrühstückt wurde, wenn das Wetter es erlaubte. Keine Decke drauf, nur abgewischt, Tassen zurechtgestellt, Butter und Marmelade geholt, Brot aufgeschnitten. Kaum war sie fertig, da schob sich das Auto des Tierarztes über die kleine Brücke hin in den Hof.

Petra rannte und riß die linke Wagentür auf. Dr. Geißler stieg aus.

„Grüß euch, ihr Heiducken. Was habt ihr denn wieder mal angestellt?"

„Nicht wir, der Bubi", antwortete Petra sogleich, „er stand mit der Sina auf der Koppel. Aber das tut er immer, und bis jetzt vertrugen sie sich auch."

„Ach ja, Künstlerpech. Und das vor dem Turnier!" Dr. Geißler wußte natürlich, was in einer Woche hier los sein würde. Sie gingen zusammen zur Koppel, er, Stine und die beiden Mädchen. Dort standen sie lange.

„Die Platzwunde ist nicht so schlimm, die kriegen wir hin", sagte er, nachdem er die Stelle vorsichtig abgetastet hatte, „und die Schwellung – also erst mal das eine und dann das andere." Er ging zum Wagen und holte einiges aus dem Kofferraum. Tierärzte sind ja gleichzeitig fahrende Apotheken.

„Auf die Wunde kommt Blauspray, das ist das beste", sagte er und sprühte den Riß an. Die Stelle verfärbte sich blau, Sina zuckte ein wenig, aber nicht sehr. „Und jetzt – ich meine, auf das andere tun wir Azetat, damit hab' ich schon schlimme Schwellungen zurückgebracht."

Stine hielt Sina am Kopf, während er die geschwollene Stelle mit einer weißlichen Flüssigkeit einrieb.

Petra hatte ein paar Mohrrübenstücke in der Tasche und verfütterte sie einzeln, eins nach dem andern, damit es recht weit reichte und Sina abgelenkt wurde. Als der Doktor fertig war, waren auch alle Mohrrüben verfuttert.

„So, das wär's. Und . . ."

„Und?" fragten Stine, Petra und Anja wie aus einem Mund, als er schwieg.

„Und? Ob sie in acht Tagen wieder fit ist? Ja, ich bin ja kein Prophet", sagte der Doktor freundlich. „Raus mit ihr auf die Koppel, aber möglichst ohne solche liebenswürdige Gesellschaft wie die von euerm Bubi. Was ist das überhaupt für ein Name, Bubi, für einen Hengst! Nächstens nennt ihr ihn noch Baby oder Wickelkind."

„Er heißt eigentlich gar nicht Bubi, sondern Sir Edward", erklärte Petra eifrig, „das ist nur sehr umständlich, deshalb rufen wir ihn einfach Bubi. Eingetragen ist er aber als Sir Edward, und beim Turnier wird er auch so genannt. Sie heißen ja auch Doktor Geißler, aber Ihre Töchter . . ." Petra kannte sie bereits von einem Besuch her, bei dem er sie mitgebracht hatte. Sie merkte sich immer sogleich alle Leute und prägte sich ihre Eigenheiten ein, „nennen Sie . . ."

„Oller, jawohl", sagte der Tierarzt und lachte. „Oder Mummelgreis. Eine zuchtlose Jugend. Wir hätten unsere Eltern mal so nennen sollen!"

„Mummelgreis ist auch übertrieben", meinte Petra friedlich und zog mit der Sina ab, „ich würde mir das verbitten. Beim Vornamen nennen, das tun ja jetzt fast alle kleinen Kinder mit ihren Eltern. Jedenfalls hab' ich manchmal so was gehört", sie lachte Stine an. „Ja, ich gehe schon, komm, Sina, und benimm dich vernünftig, jammere nicht nach dem bösen Buben!" Sina hatte soeben sehnsüchtig gewiehert. „Damit wir endlich in Ruhe frühstücken können."

Das taten sie dann. Stine hatte Dr. Geißler an den Tisch gezogen – keine Widerrede galt. Und nun saßen sie zu viert da, die ersten Sonnenstrahlen fielen waagerecht über das Fachwerkhäuschen hin und beleuchteten es und gleichzeitig den Wald auf der anderen Seite, drüben, wo es zu den Außenkoppeln und zum Turnierplatz ging. Dort hoben sich die Nebelschleier und zergingen in der Luft. Alles atmete Frische und Duft und Kühle.

Wieder einmal merkten die beiden Mädchen halb unbewußt, wie unvergleichlich solch ein Morgen ist, wenn man draußen sitzt, heißen Kaffee trinkt, hungrig nach den Genüssen des Frühstückstisches greift und dabei fachsimpelt oder beim Fachsimpeln zuhört. Azetat und Bindegewebsschwellung und Hämatom – sie verstanden manches nur halb, aber es war, als tränken sie all die Fachausdrücke in sich hinein. Stine fragte, und der Doktor antwortete, und dann –

Ja, dann war der Morgenfriede auf einmal hin. Zwei kleine Jungen in Schlafanzügen, deren Hosen rutschten und mit den Händen festgehalten werden mußten, rasten über den Hof, der dritte mit einer Spritzpistole hinterher. Der kleinste landete mit einem fürchterlichen Anprall bei Stine, an die er sich klammerte.

„Möpschen, er spritzt mich naß", gellte er im allerhöchsten Diskant, und der zweite versuchte ebenfalls, sich in den mütterlichen Bannkreis zu flüchten. Stine, die halb von der Bank gepufft worden war, versuchte, beide schützend an sich zu drücken, während sie den dritten anschrie: „Wirst du wohl!" Aber Jo war in Fahrt und konnte nicht bremsen. Der Strahl aus der Pistole traf natürlich nicht nur die Brüder, sondern auch die Mutter.

„Pfui Spinne, Jo, du bist ein Ekel!" schrie sie und wollte sich aus der Umklammerung ihrer beiden Jüngsten befreien, um ihm das Handwerk zu legen, da hatte Dr. Geißler schon gehandelt. Mit geschicktem Griff hatte er Jo am Genick gepackt und lief mit ihm über den Hof, dem Brunnen zu.

„Nun wollen wir dich mal abkühlen."

Jo lachte und schrie und zappelte. Aber es half ihm nichts. Der Doktor hielt ihn mit der einen Hand eisern fest und patschte ihm mit der anderen das helle, morgendlich blinkende Wasser ins Gesicht. „Damit du spürst, wie das tut", dann ließ er ihn los.

„Da brauch' ich heute wenigstens nicht zu duschen, ätsch!" schrie Jo, während er davonrannte. Er sah nicht, wohin. Die Wurscht kam ihm entgegen, er wich ihr gerade noch aus, aber den Flaps, der ja niedriger war als die große Berner Sennenhündin, den sah er nicht. Plauz, lag er lang! Und die Hunde bellten und bellten.

Stine befreite sich von ihren beiden kleinsten Söhnen und kam zu ihrem ältesten, stellte ihn wieder auf die Beine.

„So, Abmarsch jetzt!" Sie zog ihm

den nassen Schlafanzug vom Leibe und warf ihn auf die Bank neben dem Frühstückstisch. Jo entfloh, nackt und hell und glänzend vor Nässe, während er unentwegt schrie: „Zwei gegen einen, so eine Gemeinheit!"

Aber er schrie es vergnügt und drehte den beiden Erwachsenen lachend eine lange Nase, wobei er die Zunge so weit wie irgend möglich herausstreckte. Die beiden, Stine und der Tierarzt, mußten auch lachen. Und Stine sagte nur, während sie sich zu ihrer zweiten Tasse Kaffee hinsetzte: „Der hat ein Temperament. Möchte nur wissen, woher. Holle, sein Vater, ist doch die Ruhe selbst ..."

„Und seine Mutter?" fragte Dr. Geißler blinzelnd.

„Die ist noch nie nackt über den Hof gesprungen", sagte Stine, „oder haben Sie das je miterlebt?"

Der Doktor lachte, Petra und Anja lachten, und aus dem Haus trat soeben Holle, sah die Belegschaft lachen und lachte mit.

Das war ein Morgen auf dem Seehof.

Rosi steigt aus

„Sei so gut, Petra, und reite du mit den Gören aus", sagte Stine. „Nachher kommt der Hindernismensch, da muß ich hier sein. Wir wollen besprechen und ausmessen. Es sind nur fünf, die mitreiten, zwei sind in die Konditorei geradelt, sie wollen sich wohl erst ein Bäuchlein anfressen, ehe sie meine armen Rösser besteigen. Na, mir soll's recht sein. Mit fünfen kommst du schon aus, denke ich. Ist ja keine Lisette dabei."

Lisette war Ostern dagewesen, sie gehörte zu der Sorte Mensch, die immerzu etwas extra haben will, beziehungsweise nicht will. Das und das paßt ihr nicht, und dieses und jenes hat sie sich in den Kopf gesetzt, hier ist der Sattel zu hart und da kein geflochtener Zügel ...

„Klar, mach' ich", sagte Petra. „Raimund ist doch auch dabei, oder? Na schön."

Raimund war ebenfalls Ostern dagewesen, er ritt schon seit zwei Jahren und war anstellig und vernünftig. Freilich auch übermütig und voller komischer Ideen. So war er anfangs mit einer langhaarigen Perücke erschienen, um die andern zu schockieren, was ihm auch prompt gelang, bis Petra ihm eines Tages das Ding – eigentlich aus Zufall – vom Kopf riß. „Und Rosi? Haben wir das Vergnügen, Rosi in unsern Reihen zu haben?"

„Rosi ist dabei. Ich wünschte, sie wäre mit konditern gegangen, aber sei's drum. Anja brauche ich. Also, mach's gut."

Petra trabte davon. Sie übernahm gern die Kindergruppe zum Ausreiten, zumal es nur wenige waren, die mitgingen. Schade, daß Anja anderswo benötigt wurde. Petra lief ins Kinderhaus und trompetete:

„Ute, Rosi! Pferde zurechtmachen!"

Die andern hatte sie schon im Hof informiert.

Wer welches Pferd bekam, hatte zum Glück Stine bestimmt. Sonst hätte man sich auf ein dauerndes: „Das nicht!" Oder: „Das hat mir Stine voriges Mal versprochen!" Oder: „Wenn ich die Mädi nicht bekomme..."

Was war die heutige Jugend verwöhnt! Petra, die sich den Zehn-, Elfjährigen gegenüber schon sehr erwachsen vorkam, schüttelte manchmal den Kopf. Ihr selbst war das Reiten so wichtig, daß alles andere zur Nebensache wurde. Etwa, wie gut man auf dem einen Pferd aussah, welche Farbe zur Bluse paßte, die man heute trug – es gab tatsächlich Kinder, die auf so etwas achteten. „Ich hab' heute meine rote Bluse an, die paßt nicht zu Bora in der Farbe!"

„Ihr habt Sorgen", knurrte Petra dann und hätte das Reitkind am liebsten in seinen besten Teil getreten, so richtig mit Reitstiefel und Wucht. Das aber wäre nicht in Stines Sinne gewesen. So bezwang sie auch heute ihr Temperament, besann sich auf Geduld und Langmut und achtete nur genau darauf, daß richtig geputzt und gesattelt wurde. Schließlich war alles fertig, und sie konnten losreiten.

„Raimund nimmt die Tete, anreiten im Schritt", kommandierte sie und blieb am Schluß ihrer Kavalkade. Da konnte man alle einzeln beobachten und das Ganze überblicken. „Ute, nimm die Hacken runter! Und die Ellbogen ran! Ja, so machst du eine ganz andere Figur. Rosi, keinen Katzenbuckel machen! Was glaubst du, wie das Publikum lacht, wenn du so einreitest." Rosi wollte bei einer Schaunummer mitwirken, weiter hatte sie es noch nicht gebracht. „Helmut, die Fäuste tiefer. Du reitest ja nicht mit Hackemore. Und jetzt – Terrab!"

Sie ritten am Turnierplatz vorbei. Die Hindernisse standen schon drauf, aber noch nicht ausgerichtet. Das helle Bunt leuchtete herüber, Petra lenkte ihren Bubi – sie konnte Sina ja jetzt nicht reiten – von der Gruppe weg und ließ ihn zur Mauer hinübergehen, die neu lackiert sie mit ihrem Rot geradezu anschrie. „Ist nichts Schlimmes, Bubilein, sieh sie dir an. Darüber mußt du hupfen, hast du verstanden? Nicht davor stehenbleiben und den Reiter allein drüberschmeißen. Hoch wird sie nicht sein, aber gräßlich rot ist sie. Ich würde vermutlich auch scheuen. Warum eigentlich diese fürchterlichen Farben?" Die andern Ricks waren teils blauweiß, teils gelb gestrichen, auch einen grünen Gartenzaun gab es. Petra konnte ihren Bubi nicht an alle heranreiten, sie mußte zur Gruppe zurück. Was würde Sina dazu sagen, gesetzt den Fall, sie wäre wieder zu reiten? Sie kannte die neugestrichenen Hindernisse noch nicht.

„Du startest in der Vielseitigkeit?" fragte Ute, als Petra sich wieder zu den andern gesellt hatte. „Hast du keine Angst? Was gehört denn dazu?"

„Dressur, Geländeritt und Springen", sagte Petra. „Die Dressur mag schleichen, wenn Sina bis dahin wieder taktfest ist. Der Geländeritt – der ist immer ein Risiko, auf jedem Pferd. Die Hindernisse sind nicht hoch, aber fest. Zwei Bergabsprünge dabei, ein Hochweitsprung. Ja, so ist es. Ihr werdet es ja sehen. Und das Springen, der Parcours – springen tut die Sina, wenn man sie nicht stört. Falls sie überhaupt bis dahin...", sie schwieg. Ob sie starten können würde? Der Zwischenfall mit der Verletzung war gar zu ärgerlich. Nun konnte sie die Sina nicht bis zum letzen Tag reiten. Ob sie alles vergessen hatte, wenn sie starten durfte?

Nicht mehr daran denken. Petra biß die Zähne zusammen und versuchte, sich auf ihre heutige Aufgabe zu konzentrieren.

„Raimund, wenn's geht, etwas aufrechter. Du weißt, der Kopf ist der höchste Punkt des Reiters und der Absatz der tiefste. Manchmal ist es umgekehrt. Du mußt hier ein gutes Beispiel geben, du reitest doch länger als die andern."

Raimund grinste. Sie ritten wieder Schritt, der Untergrund war nicht ganz eben. Und Petra wußte, daß Anfänger am liebsten Schritt reiten. Im Trab kamen sie immerzu ins Rutschen nach rechts und links, was einem geübten Reiter völlig unverständlich ist. Und an den Galopp, der wirklich harmlos und leicht ist, wagten sie sich nicht gern. Trotzdem ließ sie ein Stück galoppieren, als es mit weichem Untergrund ein wenig bergan ging. Da galoppiert man am sichersten. Hinterher strahlten die Kinder und fanden es toll. Petra sah nach der Uhr.

„Allmählich müssen wir umkehren. Ja, das war ein schöner Ritt. Jetzt seid ihr doch auch schon viel sicherer im Sattel, oder? Na also! Und die Rösser sind lieb und brav. Mögen sie zum Turnier auch so sein, toi, toi, toi!"

Sie hatte es kaum ausgesprochen, da geschah es. Rosi auf Hortensie, die bisher hinten neben Petras Bubi gegangen war, sah sich, da sie umdrehten, plötzlich vorn. Sogleich fing sie an zu traben. Jedes Pferd will heim, wenn es eine Weile gegangen ist. Und als Rosi die Stute mit einem Quietscher durchparieren wollte, viel zu grob, das sah Petra genau, fing diese an zu bockeln. Sie warf die Hinterhand hoch und wölbte den Rücken, viel gehörte ja nicht dazu, eine Anfängerin wie Rosi loszuwerden. Und schon hatte Hortensie es geschafft. Rosi flog, landete, da sie keine Routine im Abrollen hatte, auf dem Rücken und schrie, jedenfalls zuerst. Dabei war es hier nicht allzu hart, der Untergrund Rasen, immerhin trocken, also kein Matsch, der ja fürs „Aussteigen", wie man beim Reiten sagt, sozusagen ideal ist. Sie schrie aber nur kurz, dann schwieg sie. Hortensie suchte das Weite, galoppierte wiegend davon, während ihr Zügel hinunterhing und die Steigbügel schlackerten. Diese beiden Dinge taten Petras Reiterherzen weh, aber zunächst mußte sie sich um Rosi kümmern.

Sie war sofort aus dem Sattel geschnellt und beugte sich über die Gestürzte. Die war sehr blaß, hatte den Kopf seitlich weggebogen und verdrehte die Augen. Es sah scheußlich aus. Petra hielt die Hände abwehrend gegen die andern über sie. „Nicht anfassen, liegen lassen!" Die andern Reitkinder waren natürlich auch abgesessen, schneller oder langsamer, und standen um Rosi herum, ihre Pferde am langen Zügel hinter sich haltend.

„Rosi, du! Hörst du mich?" rief Petra halblaut.

Keine Antwort. Petra sah zu Raimund auf, der am nächsten von ihr neben der Gestürzten stand.

„Ohnmächtig, verdammt. Sicherlich eine Gehirnerschütterung. Aber sie liegt seitlich. Wenn sie spuckt, erstickt sie nicht. Deshalb lieber: Hände weg! Was machen wir? Holen wir Stine? Oder –"

„Wie lange würde das dauern?"

„Himmel, ja, eine Weile. Ne, du, ich glaube, es ist besser, gleich den Sanka. Von hier aus ist es bis Hangendeinbach nicht weit. Ich reite hin und telefoniere. Oder willst du?"

Raimund zögerte: „Ich kenne mich hier nicht so aus."

„Schön, dann also ich. Und du bleibst hier. Laß bloß keinen an Rosi ran. Wenn sie zu spucken anfängt, halte sie so, daß alles rauskommt, verstehst du? Dann kannst du vorsichtig zugreifen. Aber nur dann. Ich bin schnell zurück."

Petra sprang auf den Bubi, ohne die Bügel zu benutzen. Sie angelte sie sich im Anreiten zurecht. Die andern sahen sie im Galopp entschwinden.

Hatte sie richtig gehandelt? Hätte sie lieber bleiben sollen und Raimund nach Hause schicken, damit er Stine holte? Dann wäre sie die Verantwortung los gewesen. Aber schneller ging es zweifellos so, und auf die Schnelligkeit kommt bei Unfällen manchmal alles an. Sie biß die Zähne zusammen und ließ den Bubi ausgreifen. Jetzt mußte sie schnell reiten, so schnell es nur ging – es machte ihr trotz der Bedrückung, die sie in sich fühlte, doch einen tüchtigen Spaß.

Jetzt kam der Bach. Sie ließ dem Pferd die Zügel und trieb. Es sprang wie eine Eins. Wunderbar, Bubi, das spart wieder ein paar Sekunden.

Da war das Dorf. Sie parierte durch, ließ den Bubi auf der Straße traben, äugte – welches Haus hatte Telefon? Das Glück war ihr hold, da leuchtete das Posthorn, das die Posthilfsstelle anzeigte. Petra schlug das rechte Bein über die Kruppe, nachdem sie aus den Bügeln gekommen war, und landete neben dem Bubi. Ein Junge stand vor dem Haus.

„Hier, halt das Pferd!"

Alle Jungen, in denen was steckt, halten gern Pferde. So war Petra schnell den Zügel los, sprang die drei Stufen zur Posthilfsstelle mit einem Satz hinauf und stand schon im Innenraum.

„Darf ich telefonieren? Ich brauche den Sanka. Ein Sturz. Wissen Sie die Nummer?"

„Ja, hier!"

Der Beamte reichte ihr den Hörer. Welchen Unfallort gab sie an? Am besten die Stelle, wo sie aus dem Wald in die Dorfstraße eingebogen war. Sie beschrieb sie, so gut sie konnte. „Ich steh' mit dem Pferd dort, Sie können mich nicht übersehen –", dann legte sie atemlos auf. „Ich hab' kein Geld bei mir, ich bring' es morgen."

„Ach was, das geht umsonst. Unfall, das ist doch wichtig", sagte der Beamte und sah sie mitleidig an. „Möchtest du ein Glas Wasser?"

„O ja, bitte!" Petra sah dankbar zu ihm auf. „Vielleicht ist es gar nicht schlimm. Sie ist nur weggetreten, geistig, wissen Sie . . ."

„Ja, das kommt vor. Meine Tochter reitet auch."

Petra bedankte sich und lief hinaus. Der Junge war gerade dabei, seinen Fuß in den linken Bügel zu stecken und aufzusitzen. Petra sprang heran: „Laß das!"

Der Junge erschrak furchtbar, da merkte Petra erst, daß sie geschrien hatte. Der Bubi warf den Kopf und wollte hochgehen.

„Ich rate dir's nicht", sagte Petra jetzt und nahm sich zusammen. „Da kannst du runterkommen, ehe du dich versiehst. Komm, halt ihn mir. Ich hab' den Sanka angefordert. Dort drüben . . .", sie wies mit dem Kopf nach dem Wald hin, „ist eine ausgestiegen, unfreiwillig. Die müssen sie holen."

Der Junge war sehr rot geworden, lief aber mit, als sie zu der Stelle ritt, die sie als Treffpunkt angegeben hatte. Es dauerte endlos, fand sie. Immer noch kein Krankenwagen! Endlich brummte es. Aber es war ein Trecker. Dann, dahinter, Gott sei Dank, kam der Sanka. Er hielt neben ihr. Sie erklärte so kurz wie möglich. Ein Stück konnte der Wagen noch hinter ihr herfahren, nicht ganz bis zu Rosi, die noch immer stillag. Die andern standen um sie herum.

„So, da wären wir. Hat sie sich inzwischen gerührt? Nein? Na, Sie wissen ja mit so was Bescheid. Leben tut sie jedenfalls noch." Petra war wieder sehr angstvoll zumute, während alle zusahen, wie die beiden Männer die Trage aus dem Auto holten und sich daranmachten, Rosi aufzuladen.

Sie sahen übrigens zum Fürchten aus, die beiden. Wilde Haarschöpfe und Bärte wie Waldschratte. Petra grauste es. Vorhin hatte sie sie gar nicht richtig angesehen.

Aber wie sie zugriffen, das war wunderbar. Ganz sanft, ganz zart – beinahe zärtlich sah es aus, wie sie Rosi auf die Trage gleiten ließen, dann vorsichtig anhoben, immer mit halblautem, freundlichem Gemurmel.

„Ja, ist ja nicht schlimm, ist gleich vorbei, tut überhaupt nicht weh, wir fahren langsam, ja, so. Na, nun haben wir sie."

„Die ist in guten Händen", seufzte Petra, zögerte – sollte sie zusteigen und mitfahren? Sie hätte es gern getan, aber die andern Kinder?

„Steig du ein, Raimund, los! Wir holen dich dann im Krankenhaus ab. Im Spital, ja?" fragte sie die Männer. Die nickten ihr zu. Raimund stieg ein, Ute hatte die Zügel seines Pferdes schon in der Hand. Sie sahen dem Wagen nach, der vorsichtig anfuhr.

„Ich wäre ja gern mitgefahren, mit Tatütata, und alle müssen ausweichen, aber . . ."

Sie ritten heim, im Schritt. Noch ehe sie den Seehof erreichten, trafen sie Stine. Petra berichtete. Stine sprang auf Rosis Pferd und ritt schnell dem Hof zu. Als Petra mit ihrer Kolonne dort eintraf, sahen sie noch Stine im Auto davonbrausen.

„Sattelt ab, auch meinen Bubi! Himmel, traut sich keine von euch an ihn? Da muß ich wohl selbst . . ." Sie führte ihn in seine Box. Gerade kam Anja angesaust, schreckensbleich. Sie nahm Petra den Sattel ab.

„Danke. Und Sie hier herein, Sir Edward, jawohl. Mit den andern Pferden werden die Kinder wohl selbst fertig. O Anja, ich hab' solche Angst, daß es was Schlimmes sein kann. Wollen wir mit den Rädern hinterher?" Sie deutete in Richtung Bundesstraße. Anja nickte heftig, stumm.

„Die andern brauchen das nicht zu wissen. Komm –"

Zwei Fahrräder aus der Scheune gegriffen, drauf, los. Heute fuhren sie nicht den Feldweg, sondern die Bundesstraße entlang. Das war nicht schön, hier zu fahren. Autos überholten sie knapp, sie mußten sich dicht am Rand halten. Beide keuchten und waren im Handumdrehen naßgeschwitzt. Keine von ihnen sagte ein Wort, bis sie in die Stadt einbogen. Noch ein Stück enge Straße, da war das Spital. Sie lehnten die Räder an die Hauswand und schlüpften durch die Pforte.

„Halt! Wohin? Jetzt ist keine Besuchszeit!"

„Ein Zugang. Reitunfall. Wir müssen nur was abgeben", japste Petra. Die Schwester an der Pforte sah sie mitleidig an.

„Neubau, Zimmer hundertzehn", sagte sie. „Sie war schon beim Röntgen."

Petra kannte das Krankenhaus. Sie rannten einen Gang entlang und stoppten vor hundertzehn, klopften. Kein Laut. Eine Schwester ging vorbei.

„Da kann jetzt niemand hinein", sagte sie.

Die beiden versuchten, zu Atem zu kommen, und blickten einander an.

„Du, ich weiß was. Die Zimmer hier gehen alle auf den langen Balkon hinaus, der im Innenhof langläuft", Petra faßte Anjas Hand und zog sie mit sich, eine Treppe hinunter, durch eine Glastür, im Innenhof wieder eine Treppe hinauf. Jetzt standen sie auf dem langgestreckten Balkon, der hier am Haus entlanglief und auf den hinaus alle Krankenzimmer Fenster oder Türen hatten.

„Hundertzwölf, hundertelf, hundertzehn", zählte Petra und zog Anja hinter sich her, an der Wand entlangschleichend. Immer, wenn sie an einem Fenster vorbeikamen, duckten sie sich, damit man sie von innen nicht sah. Das Zimmer, das hundertzehn sein mußte, hatte keine Tür zum Balkon hinaus, aber ein Fenster stand weit offen. Petra kauerte sich davor, machte Anja ein Zeichen, geduckt zu bleiben, und hob dann vorsichtig, Zentimeter für Zentimeter, den Kopf, bis sie über das Fensterbrett hinüber ins Zimmer gucken konnte. Anja tat es ihr nach. Und da –

Ja, da war es, als würfe sie etwas um. Petra klammerte sich an den Sims.

„Du..." hauchte sie.

„Was denn?" Anja war noch nicht so hoch mit dem Kopf wie sie. Sie flüsterte es leise, voller Angst.

„Da, die – guck auch mal, aber vorsichtig!"

Anja gehorchte. Und da fiel sie beinahe hintenüber vor Erstaunen.

Wo sie eine Bewußtlose liegend erwartet hatten, sahen sie etwas ganz anderes. Auf dem Bettrand in dem weißen Krankenzimmer saß Rosi, baumelte mit den Beinen und lachte. Eine Schwester stand vor ihr, mit der sie sprach.

„Überhaupt nicht. Hat überhaupt nicht weh getan", hörten die beiden sie jetzt sagen, „erst ja, dann aber dachte ich, jetzt jagst du den andern mal einen tüchtigen Schrecken ein. Da bin ich liegen geblieben und hab' mich nicht gerührt, nur die Augen verdreht, das kann ich gut."

„Und?" fragte die Schwester.

„Und dann kam der Sanka, ohne daß mich jemand gefragt hatte, ob ich aufstehen könnte. Es tut ihnen bestimmt gut, wenn sie sich mal um mich sorgen, sie waren so gemein zu mir, immer haben sie mich ausgelacht und verhöhnt. Weil ich noch nicht reiten kann. Aber jetzt sollen sie mal tüchtig Angst um mich ausstehen, nicht wahr, Schwester? Sie verpetzen mich doch nicht! Gestürzt bin ich ja wirklich, und..."

„Und auf alle Fälle erst mal hier", sagte die Schwester, die offensichtlich nicht recht wußte, wie sie sich verhalten sollte. „Wir haben zur Zeit Betten frei, aber lange kannst du nicht bleiben, wenn dir nichts fehlt."

„Mir fehlt überhaupt nichts – Hunger hab' ich, was gibt's denn heute?"

Weiter hörten die beiden nichts. Petra hatte Anja mit sich gezogen, gebückt liefen sie zurück, der Treppe zu.

„So was, das ist ja eine Heimtückerin!" keuchte Petra, als sie sich wieder aufrichten konnten. „Da müssen wir uns aber was ausdenken, damit sie was auf den Deckel kriegt! So eine Gemeinheit, uns zu belügen und Stine angst zu machen."

„Stine weiß doch aber sicherlich, daß beim Röntgen nichts Schlimmes herauskam, und der sagen wir jetzt sofort Bescheid. Komm, wir fahren wie die Feuerwehr." Jetzt zerrte Anja Petra hinter sich her. Sie rannten durch den kleinen Innenhof der Pforte zu. Aufatmend schoben sie ihre Fahrräder auf die Straße.

„Himmel, bin ich froh, daß es so gut ausging", seufzte Petra, „schließlich bin ich ja verantwortlich, wenn ich mit den Kindern ausreite. Also: Danke, lieber Schutzengel, heiliger Georg, oder wer für Reiter zuständig ist. Danke, danke, danke! Und jetzt möchte ich ein Eis. Du hast doch hoffentlich Geld eingesteckt?"

„Hab' ich. Und ein Eis wäre nicht schlecht, bei *der* Hitze. Nur, wollen wir nicht erst Stine anrufen, damit sie sich nicht mehr zu sorgen braucht?"

„Klar. Was wird sie froh sein! Aber auf den Deckel kriegt die Rosi noch was, bei meiner Reiterehre!"

„Das hat sie wahrhaftig verdient. Dort ist eine Telefonzelle. Weißt du Stines Nummer auswendig?"

„Klar. Die vergesse ich nicht. Und dann überlegen wir uns, was wir mit Rosi machen."

Das Turnier

Der Tag war grau verhangen, silberdunstig. Würde es Regen geben? Das wäre verheerend. Lieber Weihnachten Frühlingswetter und Ostern Schneegestöber als Regen zum Turnier! Aber es mußte ja nicht regnen. Vielleicht war jeder frühe Morgen so verschleiert, ehe die Sonne kam. Anja hätte am liebsten laut gebetet: Lieber Petrus, hab ein Einsehen! Zum Turnier *muß* es schön sein!

Aber sie genierte sich vor Raimund, der, früh auf wie sie, seine Etna von der Koppel holte. Anja rannte mit, Mädi stand auch draußen. Sie bekam heute Mädi – etwas Besseres konnte sie sich nicht wünschen. Wo mochte Petra stecken? Der Schlafsack neben Anja war leer gewesen, also war sie schon auf.

Beide Pferde hinter sich herziehend, strebten sie dem Platz neben dem Brunnen zu. Dort wurde geputzt. Jetzt tauchte auch Petra mit Sina auf.

„Keine Schwellung mehr?" fragte Anja sogleich. Petra schüttelte den Kopf. Sie hatte Sina gestern das erste Mal wieder gehen lassen. Die Stute lahmte nicht mehr. Hoffentlich kam es nicht wieder.

Sie putzten. Strich um Strich, Sattellage, Bauch, Kruppe. Dabei behielten sie die Uhr im Auge. Sie mußten ja noch abreiten, um die Pferde warm und geschmeidig zu machen.

Anja kam zuerst dran, Reiterprüfung für Jugendliche. Raimund ritt diese auch mit. Später dann Petras Dressur.

Dann der Geländeritt, vor dem Anja mehr Angst hatte als Petra – sie selbst ritt ihn gar nicht mit –, Petras Springen kam erst am Sonntag dran, ebenso wie die Schaunummern, das Paarreiten, Handpferdreiten – alles Dinge, bei denen man sich etwas ausruhen konnte. Schaunummern sind harmlos, gingen sie schief, dann gingen sie eben schief.

Sie waren mehr Jux und Publikumsbelustigung als Prüfungen, auch das Geschicklichkeitsreiten. Wichtig waren die andern Sachen.

Anja war froh, bald dranzukommen. Dann hatte sie es wenigstens hinter sich. Sie tat, als habe sie überhaupt kein Lampenfieber, dabei war ihr schon jetzt so zumute, als flatterten ihr mindestens fünfzig Schmetterlinge im Magen herum. Ob es den andern auch so ging? Petra sicherlich nicht, sie kam gerade über den Hof gestiefelt und biß in einen Apfel, daß der Saft nur so spritzte. Wie kann man essen, ehe man startet! Für Anja war das einfach unmöglich.

Jetzt trat Stine zu ihnen. Sie trug einen hellblauen Kittel über der Reithose, war nicht im Jackett – sie ritt ja auch selbst nicht mit. Warum eigentlich nicht? Anja wunderte sich flüchtig und vergaß es sofort wieder. Stine sprach mit ihr über Mädi, versicherte, daß sie alles tat, was man ihr abverlangte.

„Nur galoppiert sie lieber links als rechts, das weißt du ja", sagte sie. „Wenn du also gegen die Abteilung reitest und das auf der rechten Hand, paß gut auf. Und dem Bubi solltest du nicht zu nahe kommen, er wischt ihr manchmal eins aus. Und..."

Und, und, und. Ein Pferd ohne Probleme, aber geht es los, muß man tausenderlei beachten.

Anja versuchte, alles aufzunehmen, was Stine ihr sagte, und sich gleichzeitig die Ohren zuzuhalten, die inneren, versteht sich. Wenn sie auf dies alles achtete, was Stine ihr jetzt im letzten Augenblick noch sagte, konnte sie ebenso gleich aufgeben. Unmöglich, das alles zu behalten. Sie sah sehr unglücklich aus.

„Na, na", tröstete Stine, die nun sah, was sie mit ihren Ermahnungen anrichtete, „so ist es nun auch wieder nicht. Nur stör sie nicht und..."

Weiter im Text. Zum Glück kam eben Ute angeschusselt und wollte etwas ganz Wichtiges wissen.

Klar, daß Stine an diesem Tag nicht für jeden einzelnen voll und ganz dasein konnte. Sie tat ihr möglichstes, und vor allem verlor sie die gute Laune nicht. „Wird schon werden", ermunterte sie, wenn jemand sie voller Sorge ansprach, „dein Pferd ist ja auch noch da. Zusammen schafft ihr es."

Das war ein guter Zuspruch. Zusammen – Pferd und Reiter gemeinsam, eine Zusammengehörigkeit. Anja begriff dies erstmals, sie begriff es weniger, als sie es fühlte. Und dieses Gefühl war gut, es gab Zuversicht und Ruhe.

Und dann war es auf einmal soweit.

„Einreiten zur Reiterprüfung für Jugendliche!" Anja, die ihre Mädi bisher auf dem Abreiteplatz bewegt hatte, ließ sie Richtung Dressurviereck gehen. Der Schlagbaum ging auf, vor und hinter und neben ihr drängten sich die andern Teilnehmer hinein. Das war ja das gute, daß man bei der Reiterprüfung zunächst nicht allein war. Allein hier einzureiten, alle Blicke auf sich gerichtet, wäre viel schwerer gewesen.

Die Tete übernahm Raimund. Anja ließ noch einen jungen Reiter vor sich, der ein gemütliches, dickes Norwegerpferdchen ritt, und reihte sich ein. Auf einmal war alles leicht und selbstverständlich.

Das lag natürlich auch an Mädi. In der Abteilung ging sie gleichmütig und brav, Anja brauchte überhaupt nichts zu tun als auf ihren eigenen Sitz, die Fäuste und die Zügelhaltung zu achten. Mädi bog den Hals und ging im Schritt, trabte dann an – alles, wie sie sollte. Anja nahm die Hacken tief, hielt den Kopf gerade. An was mußte sie noch denken? Vielleicht am besten überhaupt an nichts, der Reiter soll ja gelöst und gelassen sitzen.

Jetzt wurde Raimund aufgerufen, gegen die Abteilung zu reiten. Er brachte sein Pferd gut herum und galoppierte dann ruhig und kontrolliert an ihnen vorbei. Eine Runde, noch eine halbe – „Danke, hinten anschließen." Wunderschön hat es geklappt. Jetzt kam der Norweger dran. Er wollte nicht herum, der Junge, der drauf saß, mühte sich, nahm die Gerte zu Hilfe.

Endlich! Nun galoppierte auch er, und Anja wußte, die nächste war sie. Während sie im Schritt weiterritt, nun an der Spitze der Abteilung, überlegte sie noch mal, wie man wendete. Jetzt! Aber auch das gelang ohne Mühe. Mädi ging von selbst in Galopp, wie oft mochte sie schon Anfänger bei dieser Prüfung getragen haben, und es wurde zum großen Glück Linksgalopp verlangt. Mädi galoppierte wie ein Schaukelpferd und reihte sich, als ihre Runde beendet war, vorschriftsmäßig am Ende der Abteilung wieder ein. Himmel, war es wirklich schon vorbei und ohne Patzer gelungen?

Anscheinend ja. Anja, die, jetzt im Schritt weiterreitend, wieder um sich gucken konnte, natürlich nur aus den Augenwinkeln, entdeckte Petra am Rande des Vierecks.

„Gut, gut!" nickte diese ihr zu, und Anja fühlte eine Riesenerleichterung. Nun kam nur noch der Gehorsamssprung, und der war niedrig. Sie war schon viel höher gesprungen mit verschiedenen Ponys. So ließ sie Mädi in Trab gehen, gab dann Galopphilfe und landete auf der anderen Seite, als müßte es so sein. Halblautes Händeklatschen rauschte auf. Mädi tat, als hörte sie es nicht. Geschafft!

Sie wurde Dritte, genauso, wie sie sich in der Abteilung eingereiht hatte. Na bitte, war das so schlimm gewesen? Sie lachte selig, als Petra zu ihr trat und Mädi am Zügel nahm.

„Großartig. Fall bitte bei der Siegerehrung nicht aus dem Sattel", war das erste, was Petra sagte. Für sie war eine Reiterprüfung für Jugendliche ungefähr ein Spazierritt. Anja saß ab und umhalste ihre Mädi.

„Du bist ein Goldschatz!"

Sie zog sie zum Stall. Vorläufig kamen sie noch nicht wieder dran.

„Jetzt gehen wir die Geländestrecke ab, kommst du mit?" fragte Petra.

„Klar. Wenn ich sie auch schon kenne." Anja rannte, um die andern einzuholen.

Und dann war es soweit. Die Dressur begann.

„Als nächste Nummer dreiundzwanzig, Petra Hartwig auf Sina."

Anja stand am Rand des Platzes, beide Fäuste mit eingeschlagenen Daumen unterm Kinn, die Ellbogen auf die Umzäunung gestemmt. Sie hatte so lange drauf gelauert, daß Petra drankam, daß sie beinahe keine Spannung mehr fühlen konnte. Alles war verbraucht, hatte sie im Gefühl. Und jetzt mußte sie doch dabeisein, mußte Petra halten und stützen und mit jedem Gedanken jede Bewegung vorausahnen.

Petra sah fremd aus, fand sie, irgendwie erwachsen, sehr ernst. Sie ritt vorschriftsmäßig in die Mitte, hielt, grüßte. Nicht einmal da grinste sie. Sie hatten es oft geübt zu grüßen und sich dabei halb totgelacht. Jetzt sah Petra anders aus als sonst, das Gesicht wie gemeißelt, gelassen. Anja fühlte eine Gänsehaut auf dem Rücken. Petra, ich halt' dir den Daumen.

Wie Anja die nächsten Minuten

überstand, wußte sie später nicht mehr. Sie war so konzentriert, als ritte sie selbst; jeden Schritt, den Sina machte, fühlte sie mit. Einmal, als Sina einen Moment später antrabte, biß sich Anja in die Hand, daß es weh tat. Petra blieb in ihrer Haltung, korrigierte Sina, die in falschem Galopp angesprungen war – damit war der erste Platz, der Sieg also, hin – und ritt ihre Aufgabe unbewegt zu Ende. Dann kam der Gehorsamssprung. Anja biß sich in die Fingerknöchel, aber Sina sprang ruhig, es war ja nicht hoch, und setzte ebenso ruhig wieder auf. Jetzt konnte Anja aufatmen. Sie tat es wie ein fauchender Blasebalg und rannte, um Petra zu gratulieren.

„Geknetelt hat sie, das Ferkel", war das erste, was Petra herausstieß. Ja, beim Anreiten hatte Sina sich einiger „Knetel" entledigt, was natürlich vorkommen, aber ein leicht schwankendes Anreiten zur Folge haben kann. Petra lachte. Jetzt lachte sie, schnitt eine Grimasse und war wieder ganz sie selber. Miteinander brachten sie Sina auf die Koppel.

„Du, ich hab' ein Lampenfieber gehabt, nicht zu knapp", gestand Anja. Das Wort Lampenfieber reichte sozusagen nicht hin für das, was sie gefühlt hatte. Petra sah sie an.

„Ich auch. Na warte, wie das erst beim Springen wird!"

Anja schwieg. Daran zu denken, weigerte sich ihr Geist. Nun, eins nach dem andern. Immerhin kam sie ja nun auch dran und mußte sich um ihr Pferd kümmern, jetzt kam erst einmal die Siegerehrung. Sie rannte, Petra hinterher.

Anja wurde Dritte, das war besser, als sie zu hoffen gewagt hatte. Sie hielt mit den andern vor den Richtern und fühlte sich schwindlig, bis sie aufgerufen wurde. Alles verschwamm vor ihren Augen, sie hörte Klatschen und lenkte Mädi dann zur Ehrenrunde hinter den andern her. Aufatmend ließ sie sich auf dem Abreiteplatz aus dem Sattel gleiten.

„Gut gemacht, in Ordnung", sagte Petra. „Du, ich hab' Stine ewig nicht gesehen. Wo mag sie stecken?"

„Keine Ahnung. Und Holle? Hast du Holle gesehen?"

„Auch nicht. Na, werden schon kommen, die beiden. So, jetzt ist erst mal Pause, da kann man Luft schnappen. Kommst du mit, eine Limo trinken?"

„Ja. Ich bin wie ausgedörrt."

Auf dem Wege zur Trinkbude trafen sie Stine. Sie gratulierte Anja und lobte auch Petra.

„Blöd, daß Sina falsch angaloppieren mußte, aber es merken und korrigieren wird als gut vermerkt. Wohin wollt ihr denn?"

„Was trinken."

„Gut, lauft. Tschüs bis nachher. Und guckt immer mal nach den kleinen Jungen, damit sie nicht den Reitern vor den Beinen rumlaufen."

„Machen wir. Du, schlecht sah Stine aus, fandest du nicht?" fragte Petra. Es klang besorgt. Sie hatte ihr Glas abgesetzt, nachdem sie einen langen, langen Schluck genommen hatte, und konnte erst jetzt wieder richtig sprechen.

„Fandest du? Fiel mir nicht auf." Aber Anja war sowieso noch immer nicht recht bei sich durch die vielen Aufregungen. Auf alle Fälle war es gut, daß erst mal Pause war. Die dauernde Spannung machte einen ganz fertig. Petra zog Anja mit sich zum Duschraum. Dort rauschte es schon. Auch die andern wußten, wie man sich nach dem Reiten wieder fit macht.

„Verbraucht nicht alles Wasser!" rief Petra und donnerte an die Tür. „Wir wollen auch!"

Ja, ein Turnier zu überstehen ist nicht leicht.

Anja hatte sich nach langem Überlegen an der Milchbank aufgestellt. Von hier aus war es nicht weit zum Flechtzaun, sie konnte vielleicht beide Sprünge sehen, wenn sie flink genug war. Außerdem sah sie von weitem den Koppeleinsprung, der vor der Milchbank gesprungen werden mußte. Andere hatten auch so gedacht, jedenfalls stand außer dem Hindernisrichter noch eine ganze Anzahl Zuschauer hier. Alles lauerte. Jetzt kam der erste Reiter.

Bei diesem Geländeritt war Vorschrift, Kappe mit Kinnschutz oder Helm zu tragen. Dadurch wurde das Gesichtsfeld des Reiters sehr eingeschränkt. Anja versuchte zu erkennen, wer der erste Reiter war, da war er schon vorbei. Sein Pferd nahm die Milchbank mit einem gewaltigen Sprung, schoß an der Abbiegung vorbei und ein Stück weiter geradeaus, bis es seinem Reiter gelang, es zu wenden. Noch immer konnte Anja nicht erkennen, wer es war. Aber das Pferd kannte sie nicht, folglich mußte es ein fremder Reiter aus einem andern Reitverein sein.

Am Pferd mußte man den Reiter erkennen, natürlich. Sie wußte ja, wie Sina aussah. Wiederum starrte sie mit den andern zusammen zum Koppeleinsprung hin.

Petra sollte als vierte starten, so hatte sich Anja vergewissert. Der dritte Reiter aber ließ so lange auf sich warten, daß es hieß, er käme gar nicht mehr. Vielleicht war er irgendwo hängengeblieben und hatte aufgegeben.

Man konnte sich von Hindernis zu Hindernis verständigen, wenn man sich Zeichen machte oder etwas zurief. Das tat man natürlich nicht, wenn ein Reiter gerade aufgetaucht war. Auch die Hunde, die manche Zuschauer mitgebracht hatten, mußten dann festgehalten und auch möglichst am Bellen gehindert werden, was nicht immer gelang.

„Jetzt, sie kommt –", rief jemand von drüben. Bisher waren es nur männliche Reiter gewesen, die durchkamen, vielleicht war es also Petra. Anja kniff die Augen ein wenig ein, sie sah einen Teil des Gesichts der Herankommenden, Augen, Nase, ein Stück der Wangen. War es Petra? Doch, jetzt –

Sina war eine der kleinsten Stuten, die mitgingen. Die andern Pferde, die bisher gesprungen waren, hatten viel mehr Masse, auch mehr Greifvermögen. Sina taxierte die Milchbank mit hellwachen Augen, so schien es Anja, kam gut mit den Galoppsprüngen aus und schnellte sich vor. War ihr bewußt, daß das Hindernis nicht nur hoch, sondern auch breit war? Schon in der Luft, schien sie sich noch einmal zu dehnen, auszurecken, länger zu werden. Sie flog, Petra im leichten Sitz über sich, winkelte die Hinterbeine schräg nach links und berührte nicht. Gott im Himmel sei Dank, Sina setzte auf, Petra glitt in den Sattel zurück, wendete – sie hatte anders als der erste Reiter also daran gedacht, daß mit dem Sprung nicht alles geschafft war, sondern daß man wenden mußte. Es gelang. Gleich darauf tauchte sie in den trockenen Graben, und Anja, die sich jetzt darauf besann, daß sie den Sprung über den Flechtzaun ja auch sehen wollte, rannte die Wiese entlang. Einen Augenblick zu spät, wie sich herausstellte. Sie sah Sina gerade noch hinter dem Flechtzaun aufsetzen, dann hinter dem Gebüsch verschwinden. Wenn sie jetzt geradeaus lief, überlegte Anja, kam sie vielleicht zum Wassereinsprung zurecht. Richtig, sie schaffte es.

Hier standen auch viele Zuschauer, die schrien und anfeuerten. Anja boxte sich hindurch und sah Sina mit Petra vor dem Balken kurz aufwerfen, dann hatte Petra schon wieder getrieben. Sina sprang, platsch! Im Wasser verringerte sich das Tempo sofort, sie zogen hindurch, sprangen heraus, Petra hing wie eine Katze an der Mähne, um Sina nicht zu stören. Weg waren sie, die hellflimmernde Wiese entlang. Anja stöhnte und hätte sich am liebsten ins Gras fallen lassen vor Erschöpfung und Abspannung, wenn sie nicht im hintersten Gehirnwinkel ein Wort von Cornelia gehört hätte, die das einmal beim Springen gesagt hatte: „Als Reiter läßt man sich nichts anmerken."

Und es ging vorbei. Nach einem tiefen Atemzug merkte Anja, daß sie noch Beine hatte. Vorher waren sie wie aus Watte gewesen. Nun fing sie an zu rennen, fiel dann in einen vernünftigen Dauerlauf und schließlich in Schritt.

Der Geländeritt war für Petra vorbei, also auch für Anja. Sie freute sich schon wieder drauf, Petra etwas Bewunderndes zuzurufen. Die mußte jetzt längst durch die Ziellinie hindurch sein.

Pech und großes Glück

Und dann kam alles ganz anders. So anders, wie sie es sich nie hatten träumen lassen, weder sie noch Petra, noch Stine oder Holle. So kam es:

Auf dem Abreiteplatz, an dem das letzte Stück des Geländerittes vorbeiführte, herrschte ein wildes Durcheinander. Die meisten Reiter waren abgesessen und drängten sich um – ja, um Petra. Anja sah sie liegen und erschrak bis ins Herz. Petra lag auf dem Boden, merkwürdig gekrümmt, ein Bein ausgestreckt und eins – Himmel, der rechte Oberschenkel! Der lag nicht gerade, wie sich das gehört, sondern hatte einen Knick etwa in der Mitte, es sah aus wie ein neues Gelenk. Anja ruderte sich durch die Menge der Zuschauer, sagte „Verzeihung" und „bitte, ich muß" und „lassen Sie mich doch durch" und hockte sich neben Petra hin.

„Petra!"

„Ja, Mensch, so eine Schiete. Am letzten Hindernis, kein Mensch denkt doch . . ."

Petra war sehr blaß, verbiß aber den Schmerz, der jetzt ernsthaft einzusetzen schien, so gut sie konnte. „Jetzt falle ich auch noch aus, Stine ist weg, jetzt mußt du aufpassen, Anja, du weißt ja hier Bescheid."

„Wo ist denn Stine?" fragte Anja verstört.

„Im Krankenhaus. Holle sagte . . ."

„Was hat sie?" fragte Anja entsetzt, Stine im Krankenhaus, Petra ein gebrochenes Bein, Holle –

„Sie ist aber doch gar nicht mitgeritten! Was hat sie denn? Hat jemand sie ..."

„Nein, nichts verletzt. Sie kriegt ein Kind –"

„Stine kriegt ein Kind? Jetzt? Stine ..." Anja hockte mit offenem Mund da, die Worte blieben ihr weg. Gerade kam Holle mit den Sankaträgern.

„Bitte machen Sie doch Platz! So, danke. Ja, es scheint ein einfacher Bruch zu sein."

Anja sah, wie die beiden Männer – sie kannte sie ja von Rosis Sturz her, es waren dieselben, und irgendwie erschien ihr das tröstlich – Petra vorsichtig auf die Trage hoben. Petra hatte den Kopf seitlich gelegt und sah Anja mit weit aufgerissenen Augen an.

„Hör zu, Anja, du mußt jetzt ... Holle fährt mit, schon wegen Stine. Er kommt zurück, aber bis dahin – Du weißt ja überall Bescheid. Jetzt kommt es auf dich an, wo ich nun blöderweise ausfalle."

„Ja, aber ..."

„Und vergiß nicht, daß der Bubi heute abend eine Sonderration bekommen muß. Sag es Raimund, der ist vernünftig. Und die Paarreiter müssen sich morgen zeitig genug umziehen, sie reiten ja in Kostümen, aber sie sollten sich vorher nicht sehen lassen. Und das Handpferdreiten für mich muß nun Raimund übernehmen, sag ihm das heute schon, damit er es noch mal probiert. Etna und Bora vertragen sich nicht, er soll Rumpel an die Hand nehmen ..."

„Jetzt ist es aber genug, kleines Reitfräulein", brummte einer der Träger, „wird schon alles klappen. Jetzt bist du die Hauptsache!"

„Aber das Turnier ..."

„Das geht auch ohne dich weiter."

„Aber Anja muß doch wissen ..."

Anja rannte nebenher.

„Ich paß auf. Du kannst dich drauf verlassen!"

Sie schoben die Trage in den Wagen, schlossen die Tür. Anja stand mit hängenden Armen da. Jetzt fuhr der Wagen an. Holle war auch eingestiegen.

Als der Sanka um die Ecke verschwunden war, setzte sie sich auf den Querbalken des Tores: In ihrem Inneren wirbelte es. Petra den Oberschenkel gebrochen, Stine ein Kind, Holle weg, und das Turnier lief.

Es mußte natürlich weiterlaufen. Keiner von den Reitern, die zum Geländeritt starteten, setzte deshalb aus. „Nimm dich zusammen, Anja, jetzt kommt es auf dich an. Wenigstens bis Holle wieder da ist", sagte sie zu sich selbst.

Sie riß sich hoch und ging ein wenig schwankend, das merkte sie selbst und versuchte es zu unterdrücken, zum Richterwagen. Die Männer dort mußten ja Bescheid wissen, mindestens die.

Sie wartete an der kleinen Treppe und benutzte dann eine Gesprächspause der drei Richter. „Frau ..." Himmel, wie hieß Stine denn mit Nachnamen? „Frau ... Ich wollte nur sagen, Frau ..."

„Frau Gerling, die Gastgeberin bei diesem Turnier, meinst du", half der eine der Herren jetzt freundlich aus. Er schien gemerkt zu haben, was Anja melden wollte. „Ja, sie mußte in die Klinik. Es ist einige Wochen vor der Zeit, sagte mir ihr Mann, vielleicht auch nur blinder Alarm. Jedenfalls ist sie zur Zeit nicht da und ihr Mann auch nicht. Aber die kleine Verunglückte ist versorgt? Gut."

Der andere Richter rief gerade das Ergebnis eines Rittes aus. Anja hörte es wie von weit her.

Sie riß sich los und lief zurück, suchte erst mal nach Raimund. So leicht fand man in diesem Gewühl der Mitwirkenden und Zuschauer keinen, aber sie hatte Glück, er stand an der Ziellinie des Geländerittes. Sie zog ihn am Ärmel mit sich und sagte ihm Bescheid. Über Petras Unfall war er natürlich informiert, aber die Sache mit Stine –

„Du bist wohl nicht recht gescheit", sagte er als erstes. Da mußte Anja doch lachen.

„Ich hab' es erst auch nicht geglaubt. Na ja, du wirst es erleben! Petra sagte es mir, der hat es Holle erzählt. Hoffentlich geht alles gut. Raimund, du sollst dich um Bubi kümmern, hörst du? Er kriegt heute abend eine Sonderration."

Nach dem Geländeritt kam das Springen. Anja stand an der Barriere, zerknautschte das Programmheft in der Hand und versuchte ohne Erfolg, dem Ganzen richtig zu folgen. Immerzu guckte sie, ob sie nicht Holle entdeckte, und dann fiel ihr ein, daß sie sich ja nun auch um die drei kleinen Os, um Stines und Holles Söhne, kümmern mußte. Wer sonst sollte das wohl tun? Zum großen Glück erspähte sie jetzt Jo, der auf der Treppe des Richterwagens saß und ein Eis lutschte. Sie drängelte sich zu ihm.

„Jo, weißt du, wo die beiden andern sind?"

„Da drin", sagte Jo gemütlich und wies zum Richterwagen empor. Wirklich, da hockten die beiden. Einer der Richter hatte genau dasselbe gedacht wie sie und die Jungen erst einmal sichergestellt.

Anja atmete auf.

Vielleicht war es doch nur eine Vorsichtsmaßnahme gewesen, daß Stine in die Klinik fuhr, und sie würde wiederkommen. Wenn ein Kind vor der Zeit geboren wird, ist das immer eine Sorge. Deshalb also sah Stine so schlecht aus, Petra hatte es wohl gemerkt. Anja fühlte eigentlich erst jetzt, wie gern sie Stine hatte, jetzt, da sie solche Angst um sie ausstand.

Wieder startete einer. Anja verfolgte den Ritt mit den Augen. Das Pferd war nervös und ließ sich nach dem ersten Sprung nur schwer aufnehmen, kam ins Stürmen. Zweites Hindernis, angeschlagen. Drittes Hindernis. Jetzt kam die Wendung in die Diagonale. Der Reiter nahm sie zu eng, um Zeit zu sparen, das Pferd konnte nicht genügend Schwung nehmen, riß das nächste, vier Fehler. Anja wollte vor Aufregung in den Handballen beißen, biß aber in das Programmheft, das sie zusammengerollt in der Hand hielt. Bei jedem Reiter, den sie springen sah, fühlte sie das Lampenfieber, als wäre sie es selbst, die über die Hürde müßte.

„Du, Anja! Du sollst zu Holle kommen!"

Anja fuhr herum. Das war Ute, die mit weit aufgerissenen Augen neben ihr aufgetaucht war.

„Holle? Wo ist er?"

„Dort. Am Start."

Anja rannte. Sie kam und kam nicht vorwärts, so schien es ihr, schubste und wurde geschubst. Dort stand Holle. Sie versuchte, in seinem Gesicht zu lesen. Nein, verzweifelt war es nicht. Das jedenfalls sah man.

„Holle! Was ist?" japste sie, stolperte im letzten Augenblick und fiel ihm entgegen. Er fing sie auf und lachte. Wahrhaftig, er lachte.

„Na, nun rat mal, was es gibt", sagte er mit der ihm eigenen heiteren Ruhe. Holle war unvergleichlich, sie mußte es wieder feststellen.

„Ist es da?"

„Ja, ist."

„Und? Wieder ein Junge?" stammelte Anja.

Holle schüttelte den Kopf.

„Eine Tochter?"

Wieder Schütteln. Jetzt glaubte Anja, sie spinne.

„Ja, aber was denn dann?"

„*Zwei* Töchter!" sagte Holle und lachte. Er lachte breit und vergnügt, Anja sah es und fiel ihm spontan um den Hals.

„Zwei Töchter! Holle!" Sie merkte nicht, daß sie lachte, während ihr die Tränen kamen. „Diese Stine! Nein, so was! Ich gratuliere!"

„Dazu kann man auch gratulieren", sagte Holle. „Wir haben uns so sehr eine Tochter gewünscht zu unsern drei Bengeln, und nun haben wir zwei. Ist das nicht herrlich?"

„Und es geht Stine gut?" Anja wußte noch von damals, als bei ihr zu Hause die Zwillinge ankamen, daß man recht besorgt um Mutter gewesen war. Aber Holle lachte wieder.

„Gut! Gut! Der Arzt ist zufrieden. Aber die beiden Kleinen müssen natürlich erst einmal in den Brutkasten, sie sind, wie das bei Zwillingen meist der Fall ist, zu zeitig auf die Welt gekommen. Etwas vorwitzig, wie man merkt. Aber sonst ist alles in Ordnung, Gott sei Dank!"

„Ja, Gott sei Dank!" wiederholte Anja aus tiefstem Herzen. Sie drängelten sich miteinander durch die Menge und kamen am Richterwagen an, wo gerade Fehler und Zeit des letzten Reiters durchgesagt wurden. Nun machte Holle den Richtern ein Zeichen. Und dann hörte man durch den Lautsprecher:

„Soeben erhalten wir die Nachricht, daß unsere Gastgeber, Frau und Herr Gerling, in dieser Stunde zwei gesunde Töchter bekommen haben. Wir gratulieren dem Paar und wünschen ihm und dem jungen Reiternachwuchs alles, alles Gute!"

Tosender Beifall folgte. Das war eine Nachricht, wie sie so leicht nicht vom Richterwagen kam. Aber hier kannte ja fast jeder jeden, und Holle und Stine kannten alle und mochten sie von Herzen gern. Holle versteckte sich schnell hinter dem Richterwagen, damit nicht alle auf ihn losstürzten und ihm die Hand ausrissen vor lauter Schütteln.

„Ihr habt wirklich nichts geahnt? So was!" sagte er später zu Anja. „Übrigens, ich hab' es wohl geahnt, daß es zwei werden. Neulich fragte jemand Stine, was sie sich denn bestellt habe, und da antwortete sie, ohne groß zu überlegen: ‚Egal, wenn's nur gesund ist und vier Beine hat.' Das war sie gewohnt zu antworten, wenn eine Stute fohlt. Nun haben die zwei wirklich vier Beine!"

Herbstferien auf dem Seehof

Der Sommer war vorbei, der Herbst aber bemühte sich, noch recht sommerlich zu sein. Auf dem Seehof hingen die Apfelbäume voller Früchte, und wenn sie auch nur klein und knurzlich waren, denn niemand hatte Zeit, die Bäume zu pflegen, so waren es doch Äpfel. Man konnte sie zerschnitten, damit sie nicht in der Kehle steckenblieben, den Pferden geben oder sie einfach sammeln, damit sie zu Most verarbeitet wurden. Anja kam gerade mit einem Korb voll um die Ecke des Stalles, sah Petra vor dem Kinderhäuschen auf der Bank sitzen und fauchte:

„Mich läßt du die ganze Arbeit machen, und ..."

„Ich tue wohl nichts? Ich leiste Schwerarbeit", brummte Petra und mühte sich, dem Säugling, den sie auf dem Schoß hielt, den Schnuller der Milchflasche in den Mund zu schieben, „dafür reite ich lieber den Bubi eine ganze Stunde."

„Lieber, das kann ich mir vorstellen!"

Soeben kam Stine aus dem Haus, das andere Kind auf dem Arm.

„Ach, Anja, du könntest ..."

Nun hatte also auch Anja einen Säugling auf dem Schoß und eine Milchflasche in der Hand, der Unterschied war nur, daß ihr Säugling mörderisch brüllte. Stine ging zum Brunnen hinüber, hob von dem dort stehenden Pferd den einen Huf auf und besah ihn aufmerksam von unten.

„Nein, Strahlfäule ist das nicht."

„Kommt heute der Tierarzt?" fragte Petra.

Stine nickte.

„Weißt du, ich hab' mir unsere Herbstferien anders gedacht", sagte Petra jetzt, hob das Kind, das die Flasche leer getrunken hatte, vorsichtig an und klopfte es sanft auf den Rücken.

„Nun sag schon prost, du kleines Ungeheuer, damit ich dich endlich weglegen kann. Zum Reiten und Pferdeputzen bin ich gekommen ..."

„Ich auch", maunzte Anja übertrieben kläglich. Stine sah die beiden vergnügt an.

„Zwischendurch schadet es euch gar nichts, wenn ihr ein bißchen Säuglingspflege übt", sagte sie, „und die Kleinen versorgt. Könnt ihr sie immer noch nicht unterscheiden?"

„Ich ja! Ich hab' Nummer eins", rief Petra sogleich. „Überhaupt ein Schmarren, die Kinder Nummer eins und Nummer zwei zu nennen! Warum rückt ihr nicht endlich mit dem Geheimnis raus, wie sie wirklich heißen werden. Ich platze schon vor Neugier. Bei Fohlen sagt ihr es doch auch, sobald sie da sind."

„Weil es in unserer Familie Sitte ist, die Namen erst bei der Taufe bekanntzugeben", sagte Stine unerschüttert, „meinetwegen nennt sie bis dahin Genoveva und Kunigunde, oder was euch sonst gefällt. Jockel, also Johannes, haben wir, bis er getauft war, Beowulf genannt. Manche von den Eingeladenen waren direkt enttäuscht, als er dann ‚nur' Johannes getauft wurde."

„Weißt du, es ist schon so eine Sache", sagte Anja und atmete auf, da ihr Säugling jetzt „Zug gefaßt" hatte und trank, also sein Geschrei verstummt war. Dafür brüllte nun Petras Schoßkind los. „Ich hab' mal ein Buch gelesen, das handelte von einem kleinen

Jungen, der auf einem Schiff geboren wurde. Die Frau des Kapitäns bekam ihn und starb bei der Geburt, so mußte der Schiffsjunge heran, den Säugling zu versorgen. Der hatte zu Hause eine große Anzahl kleiner Geschwister und war zur See gegangen, um endlich das ewige Kindergeschrei hinter sich zu lassen. Und nun wurde er zur Ziehmutter des kleinen Jan. Johanna hatte die Mutter geheißen, und so hatte der Vater den Jungen Johannes getauft, abgekürzt Jan, und weil er rote Haare hatte, nannten ihn die Schiffsleute Jan Feuerkopf. So ähnlich wie dieser Schiffsjunge, ich weiß sogar noch, daß er Hein Mück hieß, so komm' ich mir vor. Zu Hause Zwillinge, die mich nie in Ruhe lassen, und hier wieder welche. Der Schiffsjunge sagt in dem Buch mal: ‚Man kann in Hamburg stolpern und fliegt bei Kap Hoorn auf die Nase.' So ähnlich ist mir zumute."

„Zu Hause gestolpert und auf dem Seehof auf die Nase gefallen, herrlich", sagte Petra. „Vielleicht kriegt Cornelia dann auch Zwillinge, denn einmal werden die beiden, Onkel Kurt und sie, ja auch an die Nachzucht denken. Aber jetzt bist du satt, du Vielfraß Nummer eins, und wirst gefälligst schön schlafen, tief und lange, damit Tante Petra endlich mal wieder auf Rossesrücken gelangt."

Sie legte das Kind vorsichtig, damit es nicht „überschwappte", in den bereitstehenden Wagen.

Gerade kam das Auto des Tierarztes in den Hof. Die Wurscht, der große Berner Sennenhund, fing an zu bellen, daß einem die Ohren gellten, und Flaps gab tiefe „Hauhaus!" dazu. Bubi, der auf der Hauskoppel stand, wieherte herüber, und von fern ertönte „Großer Gott, wir loben dich!" in schmetternden Tönen. Jo, der älteste der drei Stine-Söhne, spielte neuerdings Zugposaune, sein Vater Waldhorn, Mo mühte sich mit der Trompete. Nur der kleinste brauchte noch nicht mitzuüben. Mit Vorliebe spielten die drei Gerlings „Großer Gott, wir loben dich", denn dieser Choral war das leichteste Stück. So ertönte es jetzt lautstark, und oben aus dem Zimmer schrie der Papagei dazwischen. „Besetzt, besetzt, mach dich dünne, du Dickwanst", krähte er. Stine hielt sich die Ohren zu.

„Mein Himmel, hier wird man ja taub", stöhnte der Tierarzt, als er das Auto verlassen hatte. „Können Sie das aushalten, junge Mutter, die geschont werden soll?"

„Geschont? Mich braucht keiner zu schonen", sagte Stine und gab ihm lachend die Hand, „wenn ich das anstrebte, hätte ich mir nicht so viel Krachmandeln in den Kuchen meines Lebens backen dürfen. Aber ich hab's nun mal getan. Und der Kuchen schmeckt, daß Sie es nur wissen."

„Nicht nur der Kuchen, auch der Kaffee!" Anja und Petra waren schon davongestoben, sie wußten, wie gern der Gute Kaffee trank. Tierärzte sind auch nachts viel unterwegs, und so wissen sie das belebende Heißgetränk wohl zu schätzen. Erst aber besah er den Huf des Pferdes.

„Nein, keine Strahlfäule. Ich glaube eher, eine Verletzung, die sich entzündet hat." Stine hielt das Pferdebein, und er untersuchte. Dann desinfizierte er, befahl „absetzen" und blickte mit verstohlenem Seitenblick zum Tisch hinüber, auf dem nun bereits Tassen standen, Milchkännchen und Zuckerdose. Und jetzt kam Petra mit einem Blech Pflaumenkuchen über den Hof gelaufen, noch heißem, frischem Pflaumenkuchen, der wunderbar duftete nach den aufgeplatzten Früchten und Butter und Zimt. Der Tierarzt lachte, daß sich die Fältchen um seine Augen vertieften.

„Sogar Kuchen haben Sie? So früh am Tage schon?"

„Bei uns ist es schon Nachmittag. Wenn man den Tag nicht himmelfrüh anfängt, kommt man gar nicht zurecht. Ich bin ein Frühaufsteher von Natur. Früh ist die Welt so schön wie am ganzen Tag nicht mehr", sagte Stine. Sie hatte den Doktor an den Tisch gelotst, setzte sich selbst und ließ ihm und sich die Tassen füllen.

„Ach ja, Frühaufsteher von Natur! Ich bin leider ein Frühschläfer von Natur. Wenn ich mir vorstelle, ich könnte jetzt noch warm eingemummelt im Bett liegen", seufzte Petra und suchte sich ein besonders großes Stück Kuchen aus, eins ohne Rand. „Aber Stine treibt ihre Sklaven mitleidlos hoch."

„Irrtum, ich will euch die Schönheit des Morgens auch zuteil werden lassen, es ist nichts als Liebe", beteuerte Stine, und der Tierarzt sagte, während er mit vollen Backen kaute:

„Auf jeden Fall füttern Sie sie nach Noten, Ihre Sklaven. Darf ich meine Töchter auch mal herschicken, damit sie so rote Backen bekommen wie Ihre Helfer, Frau Gerling?"

„Ihre Töchter? Na schön. In diesen Herbstferien wollte ich eigentlich keine Ferienkinder nehmen, da wir die beiden kleinen Krabben haben, die noch nicht reiten, aber doch einige Zeit in Anspruch nehmen. Aber weil Sie's sind!"

„Meine Töchter werden Ihnen mit Vergnügen Arbeit abnehmen", versicherte der Tierarzt. Stine lachte. Sie wußte: Die Kinder kamen, um bei den Pferden zu helfen, jedenfalls solche wie Petra und Anja. Ob man sie dazu bekam, hin und wieder einen Säugling zu betreuen? Das würde man erst abwarten müssen.

„Wir können es ja versuchen", sagte sie. Petra und Anja ärgerten sich, daß sie nicht sagte: „Hilfe im Haus ist aber Bedingung. Im Stall haben die beiden hier das Vorrecht."

„Sie werden schon. Manche misten gar nicht so gern aus wie ihr", sagte sie friedlich, als der Tierarzt abgefahren war und Petra sich sofort beschwerte. „Ihr seid die, die schon länger hier helfen, ihr und Erich."

Soeben kam nämlich der Nachbarssohn um die Ecke. Mit ihm waren Petra und Anja gut Freund. Sie ließen den Frühstückstisch stehen, wie er war, und liefen zum Stall. Stine sah ihnen lachend nach.

Am Nachmittag kam Stroh. Es hieß, die schweren Ballen abzuladen und aufzuschichten, und Stine durfte nicht mit anfassen. Sie hatte darum den jungen Bauern gebeten, der das Stroh brachte, zu helfen. Auf diese Weise bekam man die ganze Fuhre in einigermaßen kurzer Zeit unter Dach. Es wurde jetzt schon zeitig dunkel, und so hieß es, die Zeit zu nutzen. Aber Holle war auch noch da, er hatte Ferien, denn er war Lehrer. Am Abend saßen sie erschöpft, aber aufgeräumt zusammen und machten Pläne. Mucke und None, die beiden Tierarzttöchter, waren bereits da, sie sahen beide sehr nett aus.

Am nächsten Sonntag also sollten die beiden kleinen Mädchen getauft werden, dafür gab es noch viel zu tun. Holle sagte das warnend. „Wen hast du eigentlich dazu eingeladen?" fragte er Stine.

„Noch niemanden. Das kommt erst. Wir schreiben die Einladungen heute", sagte Stine, holte einen Stapel Karten aus dem Spind und legte sie vor die andern auf den Tisch. Es waren einfache weiße Karten, und Mucke sagte sofort:

„Da müssen wir was draufmalen, damit sie hübsch aussehen. Haben Sie Stifte da?"

Stine brachte welche.

„Wer das schönste Pferd malt, kriegt einen Orden", versprach sie, und nun beugten sich vier junge Köpfe über die Karten, und es wurde geschnauft, geschubst, gezeichnet, radiert, daß es seine Art hatte. Die Einladung tippte Holle mit der Schreibmaschine darauf.

„Wir machen eine Kaffeetaufe, sitzen draußen."

„Wenn es nicht regnet, hagelt oder schneit", fiel Holle ein.

„Das darf es nicht. Ob wir aber genug Tassen haben?"

Es wurde beschlossen, daß man noch zwei Dutzend von den Nachbarn borgte, von Erichs Eltern, die nebenan wohnten.

Die vier Mädchen wollten sie morgen mit dem Ponywagen holen.

„Na, das wird eine Porzellanfuhre im wahrsten Sinne des Wortes", sagte Stine. „Kippt nur nicht mit dem Wagen um. Vor allem aber müssen die Einladungen zur Post, wer macht das?"

Petra erbot sich dazu.

„Ich fahre sie mit dem Fahrrad in die Stadt, noch heute nachmittag. Gebt her, sonst geht noch was verloren."

Sie verstaute die Karten in ihrer Schultertasche.

„Warum reißt du dich denn so drum, in die Stadt zu radeln?" fragte Anja später. Petra lachte.

„Das hat seinen Grund. Du wirst es erleben. Tschüs, um sechs Uhr wird die Post abgeholt, sie sollen noch heute hinausfliegen in die Welt!"

Sie brauste ab.

„Du, Stine, holdseligste Zwillingsmutter", sagte Holle, während er mit seiner Frau zur Koppel hinauswanderte, „wir haben eine Kaffeetaufe angesetzt, und jetzt sind die Einladungen hinaus. Hast du bedacht, daß man zum Kaffee auch Kuchen reicht?"

„Hab' ich", sagte Stine sorglos, „den backen Petra und Anja. Sie haben es mir angeboten."

„Petra und Anja? Können die denn backen?" fragte Holle vorsichtig. Er kannte seine Frau, sie nahm zwar jede Hürde, aber manchmal wurde man schwindlig vor Angst, ob sie auch rechtzeitig abdrückte, wie es in Reiterkreisen heißt.

„Weiß ich nicht. Sie sagten irgend so was."

Anja, die ihnen zufällig folgte – wenn Petra nicht da war, verlor sie öfter den Faden ihrer Beschäftigung und lief eine Zeitlang im Leerlauf, ehe sie sich selbst die Sporen gab, um wieder anzupacken –, hörte Stines Antwort, blieb mit einem Ruck stehen und sah den beiden nach. Bis Sonntag Kuchen backen, für vielleicht fünfzig Gäste?!

Ihr wurde heiß, als säße sie bereits im Backofen. Einer plötzlichen Eingebung folgend, schwang sie sich auf das nächstbeste Fahrrad, das am Brunnen lehnte. Es war Holles, aber ihr machte es nichts aus, auf einem Herrenrad zu fahren. So sauste sie davon, der Stadt zu. Sie mußte mit Petra sprechen, und zwar umgehend.

Das Postamt befand sich in dieser kleinen Stadt gegenüber dem Bahnhof. Anja warf ihr Vehikel an die Mauer und drückte die Glastür auf. Richtig, da stand Petra am Stehpult des Postraumes und kritzelte.

„Was schreibst du denn da für Liebesbriefe?" fragte sie beim Näherkommen. Petra fuhr zusammen, als handelte es sich wirklich um heimliche Liebespost, von der niemand etwas wissen durfte.

„Ach, du bist's, alte Schreckschraube, ich hätte tot umfallen können, wenn du mich so beschleichst", sagte sie. „Hier, tu was, immer soll ich alles allein machen!" Sie schob der Freundin einen Packen Einladungskarten zu. „Dort hängt ein zweiter Stift an der Strippe. Bitte benutze ihn."

„Ja und?"

„Muß man dir alles extra sagen? Schreib drauf, aber so, daß man es lesen kann: ‚Um Mitbringen eines Kuchens (Blech: Pflaumen und Äpfel bevorzugt, möglichst mit Sahneguß – Form: Nuß- oder Sahnetorte) wird gebeten. In Anbetracht der Mehrzahl der Täuflinge bitte nicht knausern.' Los, schreib schon!"

„Das, das soll ..."

„Das hab' ich, fleißig wie ich bin, bereits auf die Hälfte der Einladungskarten geschrieben. Ganz schön entsagungsvoll, so lange Sätze. Aber kürzer ging's nicht. Man müßte einen Stempel haben."

„Einen Stempel für so eine Einladung?"

„Rede nicht, sondern schreib. Wenn wirklich jeder einen ganzen Kuchen mitbringt, können wir hinterher noch eine Woche davon essen. Denn nicht jeder ißt einen ganzen Kuchen, das gehört sich nicht. Ich weiß, was sich gehört, meine Erziehung hat Tausende gekostet, sagt mein Vater immer."

„Recht hast du, Petra, Menschenskind, gute Idee! Für jeden einzelnen ist es nicht viel, aber für das Fest *der* Knüller!"

„So dachte ich auch. Nur wir, wir bringen nichts mit, wir nähren uns von den abfallenden Brosamen."

„Na ja, das haben wir auch verdient. So viele Karten zu ergänzen."

Sie schrieben. Und dann versenkten sie die Karten erleichtert in den Schlitz des Postkastens und verließen befriedigt das Postamt. Gerade wollten sie sich auf die Fahrräder schwingen, da hielt Anja inne.

„Du, Petra, da drüben, ist das ..."

Petra folgte mit dem Blick ihrem ausgestreckten Zeigefinger. Vor dem Bahnhofsgebäude auf der obersten Stufe der kleinen Eingangstreppe saß jemand, ein Mädchen etwa in ihrem Alter, bunte Bluse und Jeans. Sie saß und hatte die Knie angezogen, die Arme darüber gekreuzt und das Gesicht darauf gelegt. Sie kam den beiden bekannt vor.

„Wer, meinst du? Etwa ..."

„Ja, Rosi. Du, das ist sie!"

Sie stellten die Fahrräder wieder weg und gingen zögernd über den kleinen Platz zum Bahnhof hinüber.

Es war in der Tat Rosi. Petra stieß sie sanft an, und das Mädchen hob den Kopf. Rosi, mit nassem Gesicht, heulend.

„Was hast du denn?" fragte Petra, sogleich voller Mitleid. Sie konnte keinen traurigen Menschen in ihrer Umgebung vertragen.

„Ach, ich – ich – gar nichts", schluckte Rosi. Petra setzte sich neben sie auf die Stufe und schubste sie ein wenig mit der Schulter an.

„Na, wegen nichts heult man doch nicht!"

Anja stand daneben, unschlüssig, was sie machen sollte. Doch dann ging sie zum Zeitungsstand hinüber, kam nach einigen Verhandlungen schnell wieder zurück und hielt Rosi eine offene Tüte vor die Nase. Es waren Hustenbonbons.

„Hier, lutsch erst mal eins. Petra, du auch?"

„Klar, danke! So, und nun pack mal

aus, Rosi. Was ist passiert? Vielleicht können wir dir helfen."

„Ach, ich wollte ...", und nun kam der ganze Kummer zutage.

Anja hatte damals, als Petra im Krankenhaus lag, sozusagen in deren Sinne gehandelt, um sich an Rosi zu rächen. Denn unverschämt war das ja gewesen, die andern in Angst und Sorge zu halten, während sie putzmunter war. Anja hatte lange überlegt, dann aber war ihr etwas eingefallen.

Sie wartete ab, bis Stine sie einmal mit den Reitkindern zu einem Ausritt schickte. Stine tat das manchmal, wenn sie etwas anderes zu tun hatte, und Anja war sehr stolz, daß sie es durfte. Diesmal kam es ihren Plänen entgegen.

Beim Einteilen der Pferde setzte sich Rosi auf Sherry, die einzige Norwegerstute, die sie hatten. Sie war gutartig und leicht zu reiten, verläßlich, vielleicht etwas zu pomadig, aber das störte die Anfänger weniger, als wenn sie zu viel Temperament entwickelt hätte. Sie hatte nur eine schwierige Eigenschaft, sie badete gern. Wo auch immer, ob es Pfützen waren, in denen sie sich überraschend wälzte, ob ein Bach oder ein Teich – von Wasser fühlte sie sich magisch angezogen und legte sich nebst Reiter sofort hinein, und zwar ganz und gar. Und so war sie auch, genau wie Anja es vorhergesehen und erhofft hatte, sofort mitsamt ihrer Reiterin in den Stausee marschiert, zu dem Anja ihre kleine Kavalkade hingeführt hatte. Und im Wasser legte sie sich augenblicklich hin. Rosi war gerade noch aus dem Sattel gekommen, fiel dabei aber natürlich ins Wasser, und Sherry planschte und wälzte sich genüßlich, bis Anja sie schließlich selbst herausholte. Rosi hatte nun das Vergnügen, naß auf dem nassen Pferd heimzurei-

ten, ein Anblick zum Totlachen, und gelacht hatten sie alle, daß sie fast von den Pferden fielen. Rosi hatte, kaum zu Hause angekommen, wütend ihre Sachen gepackt und ade gesagt. Das heißt, ade hatte sie höchstens zu Stine gesagt, zu den andern nicht. Weggefahren war sie, bis oben voller Wut und Beschämung, und keiner hatte es bedauert.

Jetzt aber dauerte sie die beiden doch, wie sie so dasaß und heulte und dabei stoßweise erzählte.

„Und hattest du jetzt zu uns gewollt?" fragte Petra schließlich. Rosi nickte.

„Ja, ich wollte. Ich wollte wenigstens einen Tag zu euch und euch alles erzählen. Stine hab' ich es nicht gepetzt, das könnt ihr glauben. Stine hab' ich nur gesagt, ich müßte fort. Aber euch wollte ich es erzählen. Vielleicht – vielleicht würdet ihr dann doch etwas anders von mir denken ..." Sie brach ab. Petra verstand, was sie zu meinen schien.

„Und warum bist du doch nicht gekommen?"

„Hach, ich hatte eben keine Traute. Bis hierher schon, aber dann nicht mehr. Ich traute mich einfach nicht, zum Seehof rauszugehen, ich dachte, ihr werdet mich vielleicht doch nur auslachen", sie schnupfte wieder. Petra gab ihr einen erneuten Rippenstoß.

„Menschenskind, Rosi, sind wir so? Wenn du kommst und sagst, du möchtest wieder ... Also, jetzt gibt's kein Geheule mehr, jetzt kommst du mit. Wir fahren Stafette, weißt du, wie das geht?"

„Nein, ich ...", aber Rosis Augen leuchteten schon wieder ein bißchen neugierig und vergnügt. „Wie macht man denn das, Stafette fahren?"

„Na, wir haben doch nur zwei Räder

325

und sind drei Mann. Einer nimmt dein Gepäck auf den Gepäckträger – Anja, du. Und Rosi und ich, wir teilen uns mein Rad. Erst fahre ich, und zwar nach der Uhr, genau drei Minuten lang. Dann lehne ich das Rad an einen Baum und laufe weiter. Du kommst hinterher, steigst auf, überholst mich und fährst von da an auch drei Minuten weiter. Lehnst das Rad wieder an und so weiter. Kapiert? Auf diese Weise fährt jeder den halben Weg, und man spart Zeit und Kraft, ohne aufeinander warten zu müssen. Kennst du das nicht?"

„Ich kannte das auch nicht", gestand Anja, während sie sich mühte, Rosis Gepäck auf ihrem Träger festzubinden. „Gib mir mal deinen Gürtel, Petra, damit ich es hinkriege. So was lernt man nur von Geschwistern. Aber meine beiden Brüder sind dazu noch nicht brauchbar. Freilich, mit mir hast du es auch noch nicht gemacht, Petra, das nehme ich dir übel!"

„Weil wir immer zwei Fahrräder hatten! Los, meckere nicht, erst einmal schieben wir, bis wir aus der Stadt heraus sind. Was glaubst du, Rosi, wie Stine sich freuen wird, wenn du kommst! Wir haben viel zu tun vor einer Doppeltaufe." Und sie berichtete. Als sie die letzten Häuser hinter sich hatten, begann das Stafettefahren. Es wurde sehr lustig, und Stine freute sich wirklich, als Rosi mitkam. „Ich kann Hilfe sehr gut gebrauchen!"

„Jetzt hättest du sogar Drillinge haben können, wo wir drei sind", sagte Anja, „jede von uns übernähme eins der Babys."

„Oder gar Fünflinge, wenn ihr Mukke und None mitrechnet!" sagte Stine und lachte. „Nein, vielen Dank, zwei reichen. Da brüllt schon wieder eins. Los, los, ihr hilfreichen Geister, macht euch ans Ausmisten. Ausnahmsweise übernehme ich mal meinen Nachwuchs selbst, oder seid ihr sehr böse, wenn ich ihn euch nicht in die Arme lege?"

„Ich miste lieber aus", rief Mucke und rannte, um die „gute" Mistgabel zu erwischen, ehe die andern sie an sich rissen, und None kam im Sturmschritt hinterhergekeucht. Gleich darauf sahen sie Anja mit der beliebtesten Mistkarre um die Ecke biegen.

„Die haben wir nun nicht erwischt, schade", sagte None und faßte die Griffe der anderen, die schwerer und daher nicht so begehrt war, „immer noch besser als Säuglinge hüten." Sie hatte auch kleine Geschwister zu Hause. Lachend machten sie sich an die Arbeit. Jetzt vor der Taufe mußten alle Ställe nur so blitzen und blinken, denn die Besucher würden sich natürlich überall umsehen und ihre Nasen in jeden Winkel stecken. Sie sollten nichts finden, was nicht vorschriftsmäßig ordentlich war!

Ein großer Schreck und eine schöne Taufe

Mucke kam von der Koppel gerannt, Petra sah sofort, daß etwas passiert sein mußte, etwas Schlimmes. Sie japste und konnte kaum sprechen.

„Die Skarlett – im Graben – wir müssen –", sie rannte an Petra vorbei zu Stines Häuschen. Stine kam gerade die Außentreppe herunter. Sie sah Muckes Gesicht und sprang die letzten Stufen in einem Satz herab.

„Erzähl!"

Mucke schnappte nach Luft.

„Die Skarlett ist im Graben! Da ist doch so ein Moddergraben – da, hinter der zweiten Koppel..."

„Und?"

„Und die beiden, die Skara und die Skarlett, müssen aus dem Elektrozaun gekommen sein, da ist die Kleine in den Graben gefallen. Der Kopf guckt noch raus..."

Stine rannte schon. Sie hatte aus der Scheune ein paar Stricke und Gurte gerafft und sich im Laufen über die Schulter geworfen. Petra und Anja hetzten neben ihr her. Zu Mucke rief Stine zurück:

„Koch Kaffee, starken. Und bring ihn raus. Und die Rumflasche! Weißt du, wo die steht? Wo ist None? Sie soll mitkommen!"

Mucke schaltete sofort. Heißes Wasser gab es in der Küche, also dauerte das Kaffeeaufgießen nur kurz. Inzwischen hatte sie auch None herbeigerufen. Sie gab in kurzen Sätzen Bescheid, und nach wenigen Minuten konnten sie beide den andern folgen.

Die rannten, als ginge es um ihr Leben. Stine übersprang ein Gattertor und rannte weiter, nun schon ein gutes Stück Anja und Petra voraus, die ihr Tempo nicht halten konnten. Erst langsam arbeiteten sie sich vor.

Es war zum Glück nicht sehr weit. Noch eine Kurve um einen kleinen Fichtenbestand – hier war der Geländeritt vorbeigegangen –, und schon sahen sie Skara. Sie stand neben dem Graben, den Kopf zu ihrem Kind hinabgeneigt, das im Modder steckte, bis an den Hals versunken. Von Zeit zu Zeit versuchte es, sich herauszuarbeiten, strampelte und ruckte, aber es sank nur noch tiefer ein. Petra hatte sofort begriffen, was hier geschehen mußte. Sie schleuderte die Gummistiefel von sich und sprang neben dem Fohlen in den Graben. Anja tat auf der andern Seite dasselbe. Stine versuchte, das Fohlen am Hals zu halten, damit es nicht noch tiefer sank.

„Gut so! Versucht, unter dem Bauch durchzulangen", rief sie den beiden zu, „gebt euch die Hände unterm Bauch. Geht's? Könnt ihr einen Gurt unterschieben? Und du, None..."

None kam eben angekeucht.

„Du rennst zurück und sagst Holle, er soll mit dem Frontlader kommen."

Stine kniete neben dem Kopf des Fohlens und hielt ihn. Petra und Anja, beide bis an die Hüften im Schlamm, versuchten, jede die Hände der anderen unter dem Bauch des kleinen Pferdes zu erreichen. Sie grabbelten und tasteten, endlich keuchte Petra:

„Jetzt! Ich hab' die eine Hand..."

„Wart, ich geb' dir den Gurt!"

Stine verließ für einen Augenblick ihren Posten und schob Petra den Gurt hin. Die tauchte mit ihm in den Schlamm, fuhr mit der einen Hand am andern Arm entlang, richtig, sie fand

Anjas Hand, gab ihr den Gurt zu fassen, man sah ja nichts, mußte sich ganz auf das Gefühl verlassen.

„Habt ihr ihn? Gut, gut. Dann könnt ihr es wenigstens halten."

„Rausheben ist unmöglich", stöhnte Petra, „viel zu schwer. Der Schlamm hält es fest."

„Braucht ihr auch nicht. Halten! Damit es nicht erstickt, wenn der Kopf... Geht's? Könnt ihr es so aushalten?"

Der Schlamm war kalt, wurde, so schien es den beiden, jeden Augenblick kälter. „Wenn nur None bald kommt! Und Mucke! Mit dem Kaffee und dem Rum!"

Da war Mucke schon. Sie kam mit dem Fahrrad, an dessen Lenker eine Milchkanne hing. Noch im Fahren sprang sie ab, ließ das Rad fallen, nachdem sie die Kanne abgenommen hatte, und reichte sie Stine. Die kniete hin, nahm den Deckel ab und goß den warmen Kaffee hinein. Dann hielt sie ihn dem Fohlen vor.

„Mach ihm das Mäulchen auf!"

Mucke gehorchte. Sie als Tierarzttochter hatte sicherlich schon mehrfach bei ähnlichen Dingen assistiert. Wahrhaftig, der Kaffee fand den Weg ins Fohlenmaul, das Fohlen schluckte, noch mal, noch mal.

„Jetzt den Rum!" befahl Stine und griff hinter sich. None war jetzt auch da, sie hielt mit der einen Hand die Milchkanne mit dem Kaffee aufrecht, damit sie nicht kippte, und schob mit der andern Stine die Rumflasche zu.

„Hier!"

Stine machte es mit dem Rum wie mit dem Kaffee. Das Fohlen schluckte, nieste, warf den Kopf, und der erste Schluck ging verloren. Aber Stine versuchte es wieder, immer von neuem. Schließlich goß sie direkt aus der Flasche den Rum seitlich ins Fohlenmaul

hinein und hielt es dann zu, samt den Nüstern. Skarlett schluckte.

„So. Kaffee für den Kreislauf, Rum zum Wärmen", seufzte Stine, „da hält unser Kind noch ein Weilchen aus. Wieder Kaffee, None, komm."

„Könnt ihr noch?" fragte sie nach einer Weile zu Petra und Anja hin, die halb im Graben hockten und den Gurt hielten. Der mußte sehr einschneiden, denn das Fohlen strampelte immer einmal, weil es ihm weh zu tun schien. Aber sie ließen nicht los. Allmählich wurden sie selber starr und steif vor Kälte und Nässe.

„Wo bleibt Holle nur? Hast du es ihm auch dringend gemacht?" fragte Stine. None nickte. Sie war wieder dabei, das Fohlen mit Kaffee zu tränken. Jeder von ihnen hatte nur einen einzigen Gedanken: Aushalten, weiter aushalten! Einmal mußte die Rettung ja kommen.

Und sie kam. Holle lenkte den Frontlader vorsichtig den huckeligen Weg entlang, immer darauf bedacht, ja nicht steckenzubleiben. Es brummte, erst von weitem, dann gottlob näher und näher.

Jetzt hielt er.

„Könnt ihr noch einen zweiten Gurt unterschieben, weiter hinten?" fragte er, der die Situation sofort überblickte. „None und Mucke, versucht ihr es!"

Da sprangen auch die zwei in den Graben. Wieder grapschen, suchen, tasten. „Jetzt!" schrie Mucke triumphierend. Sie zogen den zweiten Gurt durch. Holle war inzwischen abgesprungen, befestigte ein paar Stricke vorn am Frontlader und knüpfte diese um die vier Gurtenden. Dann stieg er wieder auf, und langsam, langsam wurden die Gurte straff, das Fohlen hob sich. Jetzt sah man schon den Rücken, die vier Mädchen hielten rechts und links, damit es nicht in eine schiefe Lage kam.

„Gott sei Lob und Dank, wir haben es!" seufzte Stine, die vorn gegengehalten hatte. Holle drehte den Lader, um das Fohlen auf seinen vier Beinen landen zu lassen. Da stand es, überzogen von Schmutz, und wackelte, schwankte ein bißchen hin und her.

„Es ist besoffen", stöhnte Petra, „nein, so was! Jetzt aber, Skara, her mit dir zu deinem Kind! Fall du bloß nicht auch noch rein!"

Sie zog die Stute an der Stirnlocke, ließ sie über den Graben springen, und Skarlett zeigte, daß sie nicht volltrunken, sondern nur ein wenig besäuselt war. Sie suchte sofort am Bauch der Mutter und saugte sich fest.

„Na, ein Glück! Da wird der Alkohol verdünnt", sagte Holle in seiner ruhigen Art, „jetzt aber heim, ihr vier Grazien, und unter die heiße Dusche! Ihr klappert ja wie die Knochenmänner."

„Schön wär's", seufzte None, die immer mit den Hüften zu kämpfen hatte, „klapperdürr, das hab' ich mir immer erträumt. Los, Dauerlauf, damit der Kreislauf wieder in Gang kommt und man vielleicht doch noch ein Pfündchen verliert!"

Sie liefen. Und zu Hause gab es ein großes Gezerre, bis man die nassen Klamotten vom Leibe hatte, und ein Geschubse und Gedrängele, wer zuerst unter die Dusche kam. Die lief gottlob heiß, ach, es war ein Labsal, wieder aufzutauen.

Stine und Holle kümmerten sich inzwischen um das Fohlen, übergossen es warm und dann kalt, rieben es mit rauhen Tüchern trocken und wickelten es dann in eine Fohlendecke, unter die sie zwei Wärmflaschen gehängt hatten, rechts und links auf dem Rücken. So würde das Blut wieder rundgehen, sie führten das Kleine im Stallgang hin und her, ließen es nur los, wenn es zur Mutter drängte, um zu trinken, was es immer wieder tat.

Holle hatte die Rumflasche in die Jacke gesteckt, und als die vier Mädchen kamen, um frisch angezogen nach Skarlett zu sehen, gab er jedem von ihnen auch einen Schluck. Puh, gut schmeckte das nicht!

„So, aber nicht mehr, sonst seid ihr den ganzen Tag unbrauchbar", bestimmte er, „heute ist Taufe, da brauchen wir euch."

Taufe! Das hatten sie alle vergessen im Sturm des Geschehens. Jetzt erst fiel es ihnen wieder ein.

Stine bestimmte:

„Weckt Rosi! Sie hat alles verschlafen, jetzt kann sie mir helfen. Und ihr vier Schlammfrösche, ihr macht jetzt einen Dauerlauf, dreimal um den Seehof, verstanden, und kriecht dann ins Bett. Jawohl, keine Widerrede! Eine Stunde drin bleiben, ich bring euch heißen Tee. Nachher dürft ihr wieder raus!"

Da gehorchten sie. Allerdings bestanden sie darauf, zusammen in einem Zimmer zu bleiben, je zwei in einem Bett.

„Das wärmt zusätzlich", sagte Mukke. Sie wollten natürlich beieinander bleiben und über das aufregende Abenteuer schwätzen. Stine stimmte gutmütig zu.

„Ich rufe Erich an, damit er gleich rüberkommt, da hab ich wieder zwei an der Hand, wenn ihr auch beinahe unersetzlich seid." Sie kümmerte sich um den Tee.

Ach, es war herrlich, in die noch warmen Betten zu kriechen und sich erst mal auszustrecken, die Augen zuzumachen und zu wissen: Es war gelungen, das Fohlen gerettet. Und der heiße Tee tat gut!

„Ja, aber wann backt ihr eigentlich den Kuchen?" fragte Stine plötzlich. Sie war schon an der Tür, hatte hinausgehen wollen und drehte sich nun noch einmal um. Ihr Gesicht war Gold wert. Petra und Anja prusteten los.

Und dann rückten sie mit ihrer „Erfindung" heraus.

„Selbst backen hätte doch schrecklich viel Arbeit gemacht", sagte Petra, die Hausarbeit überhaupt nicht schätzte. „Du wirst sehen, wir bekommen genug!" und sie erzählte alles genau. Stine sah sie an. Die beiden guckten etwas ängstlich, würde sie schelten? Die Einladungen waren ja von ihr ausgegangen.

O nein!

„Großartige Idee", sagte sie, als sie alles gehört hatte, „die könnt ihr euch patentieren lassen. Da brauchen wir also nur die Tische zu decken, für Tassen sorgt ja Erich, und nachher ungeheure Massen Kaffee aufzugießen."

Erich war schon gekommen, er stand hinter ihr, gespannt, was ihm aufgetragen würde. Daß er bei der Schlammgeschichte nicht dabeigewesen war, bedauerte er von Herzen. Aber er wurde jetzt auch zu Hause gebraucht, da seine Eltern umbauten.

„Man kann nicht von allem haben", sagte Stine und schob ihn vor sich her über den Hof, „du darfst dafür die Tische decken und die Servietten kniffen." Er machte ein saures Gesicht. Tischdecken fand er noch schlimmer als seinem Vater beim Bau handlangern. Was aber blieb ihm übrig?

„Immer Weiberarbeit", knurrte er natürlich noch, Stine aber lachte.

„Würdest du lieber im Schlammgraben hocken?"

So ging die Taufe doch noch gut und geglückt über die Bühne. Kuchen gab es, wie Petra vorausgesagt hatte, in Mengen, und alle Eingeladenen halfen. Auch Anjas Vater war gekommen, die Mutter der Zwillinge wegen zu Hause geblieben.

„Das wäre doch nicht nötig gewesen, Zwillinge haben wir ja auch", sagte Stine. Vater aber lachte.

„Nur daß Ihre noch da bleiben, wo man sie hinlegt, und unsere das nicht mehr tun", sagte er vergnügt.

Erst aber ging es in die Kirche, und zwar fuhr man nicht mit dem Ponywagen, sondern im Auto.

„Von Sensationen haben wir heute die Nase voll", sagte Stine, „und ich will während des Gottesdienstes nicht auf Kohlen sitzen müssen und nur überlegen, was die Ponys draußen schon wieder anstellen mögen. Nein, keine Widerrede, macht lieber die Ohren auf und horcht auf die Predigt, ihr dummen Kinder. Kann euch nichts schaden, haben wir nicht Grund genug, zu loben und zu danken?"

„Ich würde lieber draußen auf die Ponys aufpassen", murrte Anja, „die Pastoren können sich nie kurz fassen. Warum eigentlich? Könnten sie ihren Sermon nicht anfangen mit ‚ich eile zum Schluß'? Dafür wären ihnen sicherlich viele dankbar, die Täuflinge an der Spitze."

„Die sind bis jetzt sehr still und brav, beschreie es nicht, sonst beschreien sie es", mahnte Stine und nahm das eine Taufkind auf den Arm, Holle das andere. Sie traten ein. Die Kirche war noch vom Erntedankfest her herrlich geschmückt. Die Orgel setzte ein.

Nun wurde es auch den beiden Mädchen feierlich zumute. Sie setzten sich rechts und links neben die drei kleinen Jungen in die zweite Kirchenbank, sangen andächtig mit und hörten dann sogar zu, als der Pastor begann. Und dann wäre ihnen beinahe ein lauter Quietscher entfahren. Holle und Stine standen jetzt mit den beiden kleinen Hauptpersonen auf den Armen am Taufstein, und der Pastor nannte die Namen, auf die sie getauft werden sollten. Hörten sie recht?

„Ich taufe euch, Anja und Petra ...", den beiden großen Mädchen dieser Namen blieb der Mund offen. Beinahe wären sie aufgesprungen und nach vorn gelaufen, weil sie meinten, sie würden gebraucht zu irgendeiner Hilfestellung. Dann aber begriffen sie: Die beiden Töchter von Stine und Holle sollten ihre Namen tragen, Anja und Petra!

„Na? Einverstanden?" raunte Holle, als er und Stine zur Bank zurückkamen. „Nun nehmt jede von euch mal eure Namensschwester auf den Arm, so, das macht man bei Patenkindern. Daß ihr Pate sein sollt, wußtet ihr noch nicht? Ja, das geht so zu: Eigentlich kann man eine Patenschaft erst übernehmen, wenn man konfirmiert ist, aber ihr sollt es jetzt schon wissen. Als Paten eingetragen werdet ihr erst später nach eurer Konfirmation."

Und ob sie einverstanden waren! Beiden war ganz schwindlig zumute, als sie die Kirche verließen. Aber dann nahm die Freude überhand. Nun, da sie Paten waren, würde Stine sie immer gern aufnehmen, jetzt hatten sie nicht nur Pflichten, sondern auch Rechte auf dem Seehof. Selig stiegen sie ins Auto.

Es wurde eine fröhliche und ganz unvergeßlich schöne Tafelrunde im Hof. Die Sonne schien, die Birken waren schon golden, auch die Kastanien begannen sich zu färben. Das gab ein so schönes Licht, wie man es im Zimmer nie hat, ganz abgesehen davon, daß diese Menge Leute in einem Zimmer nie untergekommen wäre. Mancher der Besucher fragte, wie es nun eigentlich gewesen wäre, wenn es geregnet hätte, aber Stine lachte nur und sagte, der Wettergott sei immer mit den Reitern im Bunde, und so habe sie keine Sorge gehabt. Anja und Petra kamen nicht viel zum Sitzen, sie liefen umher und boten Kuchen und Torten an, schenkten Kaffee nach und rannten sich ab, daß ihre Wangen glühten. Einmal wollte Anja ihrem Vater etwas sagen, fand ihn aber nicht. Auch Erich war weg. Nach einer Weile sah sie die beiden miteinander wiederkommen. Sie überlegte, wo sie gewesen sein könnten, vergaß es aber sofort wieder, als Stine nach ihr rief.

„Paß auf, daß nicht zuviel Zucker verfüttert wird", sagte sie, „die meisten Gäste stecken welchen ein, ich weiß schon, warum! Du hättest auf die Einladungen auch noch schreiben müssen: Bitte Mohrrüben mitbringen! Denn Mohrrüben dürfen die Pferde unbegrenzt kriegen, nur Zucker nicht. Das übersäuert den Magen, so komisch es klingen mag. Im Zoo ist mal ein junger Elefant an zuviel Würfelzucker gestorben, dem die Besucher trotz Warntafel immer wieder welchen gegeben hatten."

Die Gäste verabschiedeten sich, als die Sonne hinter dem Hang verschwand. Jetzt im Herbst waren die Tage schon kurz. Vater blieb. Er half mit, die Tische abzuräumen, trug, was an Kuchen übriggeblieben war, in die Küche und bot dann noch an, die Ponys, die draußen auf der Koppel standen, hereinzuholen. Stine lachte ihm dankbar zu, sie mußte wieder einmal ihre eigene „Nachzucht" betreuen und war froh, daß jemand den Kindern half. Auch Holle ging mit hinaus, er und Vater verstanden sich in ihrer ruhigen Art sehr gut.

„Wir können noch ein bißchen bleiben, uns holt Cornelia ab, meine teure Schwägerin", hatte Vater erzählt, „Onkel Kurt wollte auch mitkommen, aber sie sagte, der ginge nicht mehr in ihren VW hinein."

„Wieso denn, wir sind doch nur drei?" wunderte sich Anja.

„Sie bringt Mutter mit. Mutter hat für den Abend Frau Schubert gebeten, bei den Kindern zu bleiben, sobald die im Bett sind. So kann sie auch noch kommen. Sie möchte Anja und Petra II doch auch bewundern."

„Fein, da machen wir noch eine kleine Nachfeier heute abend", sagte Stine. „Holle hat immer ein paar Flaschen Wein im Keller, da können wir auf den überstandenen Schrecken und die Freude anstoßen und uns von aller Aufregung ausruhen." Vater hatte natürlich die morgendliche Aufregung mit Skarlett sofort erzählt bekommen.

Anja und Petra freuten sich, noch ein Weilchen bleiben zu dürfen. Und später stellte sich heraus, daß Vater noch einen andern Grund hatte, Mutter hierher nachkommen zu lassen. Er rückte damit heraus, als sie alle miteinander in der gemütlichen Stube saßen und die hohen Wellen, die der Tag geschlagen hatte, langsam verebbten. Er war vorhin, so erzählte er, beim Nachbarn gewesen, bei Erichs Vater, der umbaute, und hatte mit ihm geredet. Dort wurde das Häuschen, in dem die Familie bis jetzt gewohnt hatte, frei, sobald der Neubau beziehbar war. Und auf das hatte Vater es abgesehen, wie er sagte.

„Wir planen längst, aus dem winzigen Siedlungshaus in der Stadt auszuziehen, die Kinder werden größer, und immer schon hatten wir den Wunsch, auf dem Land zu leben", berichtete er. „Nun war ich neulich schon, als ich hier einen Besuch machte, beim Nachbarn drüben. Das kleine Haus, das jetzt bald frei wird, gefällt mir, vor allem seine Lage. Keine Autostraße in der Nähe, ein großer Garten darum, schon mit Zaun, sogar einen Sandplatz und eine Schaukel gibt es. Man müßte manches ändern und einiges erneuern, aber das Eigentliche ist doch so, wie wir es uns dachten. Aber meine Frau soll erst alles mit eigenen Augen sehen, ehe wir einen Entschluß fassen. Deshalb habe ich sie gebeten, heute auch noch zu kommen. Es ist zwar dunkel, aber die Räume kann man trotzdem ansehen, und wie das Haus liegt, habe ich ihr genau beschrieben. Was meinen Sie zu dem Plan?" fragte er zu Holle und Stine hinüber.

Aber die kamen erst gar nicht zu Wort.

„Hierherziehen? Wir?" schrie Anja, und Petra schrie mit. „Zu Erichs Leuten?" rief sie. „O Anja, du hast es gut! Aber da komm' ich immer, immer, jeden Sonntag und jede Ferien!"

„Klar kommst du!"

„Und dann..."

„Halt, halt! Wir haben es ja noch gar nicht gekauft", rief Mutter und winkte ab, „erst muß ich es einmal sehen. Wenn es keine Wasserleitung hat und ich mit einem Ziehbrunnen wirtschaften muß..."

„Natürlich hat es Wasserleitung!" sagte Erichs Vater. „Und elektrisches Licht auch."

„Aber wie willst du denn von hier aus in die Schule kommen, und wie soll Vater...?"

„Es gibt eine Busverbindung, ich habe mich erkundigt", beschwichtigte Vater sogleich, „zur Schule kommen wir, das ist doch für dich die Hauptsorge, Anja, oder nicht?" Er lachte, und sie zog eine Fratze. „Wo du einkaufen kannst, das ist eher eine ..."

„Das besorgen wir mit dem Ponywagen!" schrien Petra und Anja wie aus einem Mund. „Wir fahren hintenherum, das haben wir schon öfter gemacht!"

„Natürlich, die Ponys von Frau Stine sind einzig und allein nur dazu da, daß ihr einkauft", rief Mutter. Aber Vater lachte und sagte:

„Es gibt noch andere Möglichkeiten. Anja wird sich glücklich schätzen, jeden Nachmittag ins Städtchen zu radeln und dir Streichhölzer und Salz zu kaufen, und was sonst noch fehlt."

„Jeden Tag? Und die ganze übrige Zeit wird sie hier auf dem Seehof sein und Pferde putzen und Mist fahren. Und wann macht sie Schularbeiten?"

„Bis jetzt habe ich ja auch ..."

„Natürlich hast du", mischte sich jetzt Cornelia ein, „und du wirst auch weiter Schularbeiten machen. Auf diese Weise würden allerdings die Wege wegfallen, die ihr jetzt immer gemacht habt, wenn ihr zu Stine wolltet. Und außerdem kann dein Vater ja eines Tages ein Auto kaufen, ein altes, kleines, so eine Art Henkelkorb auf Rädern, und damit einmal in der Woche auf Vorrat einkaufen. Das macht man so, wenn man abseits wohnt."

„Würdest du, Vater?" fragte Anja, atemlos vor Spannung. Vater lachte.

„Eins nach dem andern. Aber warum nicht? Die meisten meiner Kollegen haben Autos, und wenn man sonst billig wohnt ..."

„Besetzt! Besetzt!" schrie in diesem Augenblick der Papagei, und alle mußten lachen.

„Nein, besetzt ist das Häuschen zum Glück noch nicht", sagte Vater, „noch können wir uns entscheiden. Wir brauchen das noch nicht heute zu tun. Aber wenn du sehr neugierig bist ..."

Mutter mußte zugeben, daß sie sehr neugierig war. Und Cornelia wollte auch mit, das kleine Haus ansehen, und Anja und Petra natürlich ebenso. Sie kannten es bisher nur von außen.

„Menschenskind, wenn das wahr wird!" seufzte Anja, als sie zurückkamen. „Ich platze vor Glück. Nur daß du nicht mit herziehst, das ist ein Jammer!"

„Ja, schade. Aber weißt du, wenn es einen Bus gibt, ist das ja nicht ganz so schlimm, das haben wir bisher nicht geahnt. Da muß ich eben mit dem Taschengeld sparen."

„Ich spar' auch! Ich bezahl' dir immer die Hälfte der Fahrt, da ist es für dich nicht so schlimm. Aber der Reitverein? In dem werd' ich wohl nun nicht bleiben können."

„Nein, das ist schade."

„Ich war immer so gern dort. Und du, du bleibst drin?"

„Ich glaube ja. Ich hab' dort so viel gelernt, und stell dir mal vor, der Reitverein müßte auf uns beide verzichten, auf dich und mich!"

„Ja, das wäre schrecklich für ihn. Was wäre der Reitverein ohne Petra Hartwig!"

Mutter drängte heim. Sie war es nicht gewöhnt, von ihren zwei kleinen Söhnen getrennt zu sein, und malte sich pausenlos aus, was alles geschehen könnte, wenn sie nicht da war. Vater gab nach.

Sie bedankten sich sehr bei Stine und Holle für den schönen Abend und dafür, daß Anja es hier immer so herrlich habe. Stine hielt Mutters Hand ein wenig länger als üblich.

„Der Dank gebührt ebenso den Kindern. Sie sind das, was die Ferienkinder hier nur zum Teil sind: unermüdlich und zuverlässig, wirklich passioniert. Bei so vielen jungen Menschen ist das Reiten nur eine Mode, so wie man Jeans trägt oder sich einen Bart wachsen läßt oder windsurft. Wirklich dabeibleiben mit allen Konsequenzen tun nur wenige. Die aber werden dann richtige Reiter, und aus richtigen Reitern werden meist richtige Menschen. Anja wird dazu gehören, so meine ich, und Petra sowieso."

Mutter lächelte und seufzte dann ein wenig. Stine sah sie eindringlich an.

„Nehmen Sie es von der guten, der positiven Seite. Die Mädchen haben hier eine Aufgabe, und das wissen sie auch. Wieviel besser ist es, sie treiben sich in Stall und Scheune, auf Reitplatz und Koppel herum als in Diskotheken. Der Umgang mit Pferden hat noch keinen jungen Menschen verdorben, wohl aber manchen zum ausgeprägten Charaktermenschen gemacht. Ihre Anja verspricht das Beste – und Petra natürlich ebenso. Hoffentlich werden meine beiden Mädchen ihren Patentanten ähnlich, ebenso auch None und Mukke. Was glauben Sie, was ich für Freude an ihnen hab', an solch frischem, fröhlichem Reiternachwuchs."

„Danke", sagte Mutter leise. Sie meinte, das, was sie jetzt besprochen hatten, hätte sonst niemand gehört. Da aber irrte sie.

„Du, Petra, Stine hat uns gelobt!" flüsterte Anja, während sie ins Auto kletterten. „Sie hat gesagt..."

„Weißt du, was sie gesagt hat?" unterbrach Petra sie stürmisch. „Das glaubst du nicht! Mir hat sie gesagt, wir dürften in diesem Herbst – Na, rat mal!"

„Vielleicht..."

„Na, was denn?" fragte Cornelia nach hinten. Sie hatte das natürlich wieder einmal zu laute Zwiegespräch der beiden wohl verstanden.

„Die Jagd mitreiten! Im Herbst sind doch die Jagden, und dieses Jahr gibt es eine mit Hunden, auch für Jugendliche. Und weil wir bei der Taufe so schön geholfen hätten, hat sie gesagt, dürften wir mitreiten!"

„Eine Jagd! Mit Hunden!" Anja sprach nicht weiter.

Aber Mutter sprach. Sie sprach nicht, sie rief entsetzt: „O nein! Kaum ist das Turnier vorbei, da wollt ihr schon wieder..."

„Keine Angst! Eine Jagd für Jugendliche ist nicht so schwer, daß die beiden sie nicht mitreiten könnten", mischte sich jetzt Cornelia ein und legte einen Augenblick ihre Hand auf Mutters. „Nicht allzu hohe Hindernisse, und man kann auch drum herumreiten, wenn man es sich oder seinem Pferd oder beiden nicht zutraut. Freilich muß man sein Herz voranwerfen, das muß man übrigens auch als Mutter von kleinen Reiterlein lernen. Man muß es lernen wollen."

Mutter schwieg. Dafür sagte Vater: „Ich glaube, mit dem Reiten ist es ähnlich wie mit dem Leben. Immer wieder muß man seinen Mut zusammennehmen, vor jedem Hindernis, und Hindernisse gibt es genug."

Anja hatte Petras Hand gefaßt. Sie drückte sie so fest, daß es weh tat.

„Wir werden es schon schaffen. Klar schaffen wir es", sagte sie. Es klang wildwütig vor Entschlossenheit und gleichzeitig so gefaßt und vernünftig, daß keiner der Erwachsenen etwas darauf sagte. Erst später, als sie daheim angekommen waren, meinte Vater zu Mutter:

„Merkst du es? Das war der erste Schritt zum Erwachsenwerden bei Anja. Und dazu haben ihr die Pferde geholfen. Mögen sie es weiter tun."

„Jaja, die Pferde!"

Penny Wirbelwind

Ein Sommer
mit Tieren

Als Mutter anrief, hatte ich solches Herzklopfen, daß ich sie kaum verstand. Jetzt entschieden sich meine Ferien – Himmel, war das spannend! Ich hatte den ganzen Vormittag auf den Anruf gelauert.

„Es wird nun doch alles anders, Musch, mein Liebes", sagte Mutter vorsichtig. Sie spricht manchmal schon mit mir wie mit einem Erwachsenen, das finde ich so toll an ihr. „Ich komme hier nicht los, muß noch vier Wochen liegen. Nein, kein Grund zur Sorge, der Arzt hat mir versprochen, daß ich dann wirklich gesund bin. Ganz, mit Garantieschein. Aber wenn ich jetzt schon aufstehe und loslege, sagt er ...

Du fährst jedenfalls nach Hohenstaufen, wie du es dir vorgenommen hast. Das ist für dich jetzt die Hauptsache, und du hast es verdient. Vater wird eben versuchen müssen, ohne seine große Tochter auszukommen. Aber du mußt Til mitnehmen. Bitte, Musch. Til mit seinen zehn Jahren ist nirgends unterzubringen außer dort, und er wird dir schon folgen. Du kannst ihn manchmal besser nehmen und zur Vernunft bringen als ich. Das Baby bleibt bei meiner Freundin, und die Zwillinge –"

„Muß ich die etwa auch mitnehmen?" mir schauderte. Ralf und Roland sind sieben, also im schlimmsten Alter. Kleinere sind süß und Größere haben schon Verstand, wenigstens etwas, diese Preislage aber ist entsetzlich. Noch dazu in doppelter Ausführung – was dem einen nicht einfällt, weiß der andere. Und –

„Nein, nein, Musch, keine Angst! Die Zwillinge kommen zu Oma. Du nimmst Til mit und weiter keinen. Und ihr werdet es bestimmt wunderschön haben bei Tante Trullala."

O ja. Tante Trullala ist Mutters ältere Schwester, meine Patentante. Sie wohnt mit ihrem Mann im Dorf Hohenstaufen, das an dem Berg liegt, der ebenso heißt – in einem Haus am Hang. Und Tante Trullala ist die geliebteste, goldenste, kugelrundeste Tante der Welt, mit braunen Kulleraugen und lachlustig wie ein Star. Ihre Söhne sind groß und aus dem Haus, es sind vier, und dann hatte sie – ja, das ist etwas sehr Trauriges. Sie hatte noch eine kleine Tochter, einen Nachkömmling, die wäre jetzt ungefähr so alt wie ich.

Aber sie ist gestorben. Das war für Tante und Onkel sehr schwer, denn sie hatten sich immer eine Tochter gewünscht.

Tante hat es auch noch nicht verwunden, das weiß ich. Wenn sie mir gute Nacht sagen kommt, sitzt sie immer noch ein bißchen bei mir – sie sagt kein Wort von Rosemarie, aber sie denkt an sie, ich spür' das. Und dann streichelt sie mir über den Kopf und sieht mich an ...

Einmal hab' ich sie gefragt. Es gibt Augenblicke, da kann man so was – manchmal überhaupt nicht. Aber damals merkte ich, daß sie sogar gern gefragt wurde.

„Der liebe Gott hat es richtig gemacht, daß er sie zu sich nahm", sagte Tante Trullala leise. „Sie hatte eine Krankheit, von der sie nie wieder gesund geworden wäre – im Kopf, weißt du. Solche Kinder sind am besten beim lieben Gott aufgehoben."

Ich verstand das. „Man kann sie

auch dort liebhaben, im Himmel", sagte ich. „Und wenn ich hier bin, spielen wir, ich wäre deine Tochter." Ich streichelte ihre Hände. Da lachte sie und gab mir einen Kuß.

„Machen wir, Musch. Jeden Sommer, den der liebe Gott werden läßt, ja? Hoffentlich noch viele, viele." Ich hatte nichts dagegen.

Ich heiße Ursula, aber so nennt mich keiner. Früher nannten sie mich Uschi, dann Usch, dann Musch, wie das in großen Familien manchmal so ist. Ich höre auf Musch, ich finde es hübscher als meinen Taufnamen, wir haben sowieso vier Ursulas in der Klasse. Til heißt eigentlich Tilman, aber wir kürzen ihn immer in Til ab. Er ist auch manchmal ein rechter Eulenspiegel. Und den mußte ich also mitnehmen.

Wenn man so viele Geschwister hat, ist man nämlich gern mal ein Einzelkind. Darauf hatte ich mich gefreut. Bei Tante Trullala hab' ich es wie eine Königstochter – sogar die kleine weiße Zahnpastawurst drückt sie mir morgens und abends auf die Zahnbürste, legt mir die Seife zurecht und gibt mir ein frisches Frottiertuch. Und ich brauche nicht abzutrocknen – wenn viel Abwasch ist, tu' ich es trotzdem, aber freiwillig – und kann morgens so lange schlafen, wie ich will. Das geht zu Hause nie, weil die Jungen so viel Krach machen. Und dann heißt es bei uns pausenlos: „Ach, Musch, könntest du fix mal –" oder „Das macht Musch. Nicht wahr, das tust du doch, es dauert bestimmt nicht lange –" und so weiter. So geht es eben großen Schwestern.

Aber in Hohenstaufen ist es anders, und das finde ich eben wunderschön. Nur, wenn Til mitkommt –

Ach was, es wird auch so schön werden. Til kann natürlich längst schwimmen, da ist er sicher viel im Freibad, das gleich unterhalb von Onkels Grundstück liegt, keine zwei Minuten zu gehen. Man hat von dort aus eine wunderbare Sicht zur Alb hinüber. Und aufzupassen, daß er nicht ertrinkt, braucht bei ihm keiner mehr. Er hat sogar schon den Fahrtenschwimmer.

Das alles sagte ich zu Mutter am Telefon. Sie lachte. Und dann weinte sie ein bißchen – bei Gelbsucht weint man leicht, das habe gar nichts zu sagen, erklärte sie mir schnupfend und lachte schon wieder, ich hörte es deutlich – und es kam noch „Gott behüte dich" und „alles Schöne" und „grüß Tante und Onkel" – und jetzt mußten wir leider aufhören, denn der Kurort, in dem Mutter ist, liegt ziemlich weit entfernt, und da sind die Gespräche teuer. Ich atmete tief aus.

Also doch Hohenstaufen-Ferien! Gott sei Dank! Ich hob das dicke Telefonbuch hoch und klatschte es vor Freude mit voller Wucht auf das Tischchen. Das Tischchen nahm diese Behandlung übel und flog um, und es gab einen heidenmäßigen Krach. Gerade drehte sich Vaters Schlüssel in der Glastür.

Himmel, da hatte ich aber schnell wieder alles in Ordnung. Ganz harmlos stand ich da, als Vater fragte, was denn eben so geknallt habe – ich konnte mich nicht erinnern, etwas gehört zu haben. Und dann berichtete ich schnell von Mutters Anruf, und da vergaß Vater weiterzuforschen.

Das war am Tag, ehe die großen Ferien anfingen.

Wir fuhren mit dem Schnellzug nach Göppingen, dort holte uns Onkel Albrecht ab. Er hat keinen VW oder so was, sondern einen hellblauen Lieferwagen, denn er ist Ofensetzer. Seine Werkstatt ist in Göppingen. Es ist wundervoll, darin herumzukriechen und sich alles anzusehen, den riesigen Brennofen und die verschiedenen Kacheln und all das Kleinzeug, das er auch noch herstellt – Krüge und Becher und Vasen und Schüsseln. Die entwirft meist Tante Trullala, sie dreht die Probestücke auf der Töpferscheibe. Manchmal darf ich es auch versuchen. Es sieht ganz leicht aus und ist beinahe Zauberei.

Onkel Albrecht ist nicht sehr groß und hat ein rundes, glattes Gesicht mit prallen Pausbacken. Seine Äuglein blinzeln vergnügt durch eine altmodische Nickelbrille, und er spricht ein bißchen sächsisch. Das finde ich goldig.

Als er mich sah, winkte er gleich begeistert, und als ich dann auf Til zeigte, tat er, als verließe ihn nun aller Mut.

„Ja, Junge, du kommst mit? Aber wo willst du denn schlafen? Ich habe doch überhaupt keinen Platz in meinem Haus!" jammerte er. Aber Til war nicht so dumm, darauf reinzufallen. Er lachte nur.

„Im Stall!" sagte er. Ich hatte ihm natürlich alles erzählt – daß Onkel und Tante Schafe haben und Karnickel und Enten und –

Ja, was sie alles haben – oder besser noch bekamen, berichte ich später. Auf jeden Fall aber haben sie Platz.

Onkel fuhr uns erst mal nach Hohenstaufen. Ich hätte gern sofort die Werkstatt angeguckt, aber er meinte, die liefe uns nicht weg, und Tante Trullala wartete. Die Fahrt ist wunderschön, durch Wald, immer bergauf, mal mehr, mal weniger. Wenn man an einer bestimmten Stelle aus dem Wald herauskommt, sieht man vor sich, an den Berg gekuschelt, das Dorf Hohenstaufen liegen. Dort hält Onkel immer an, und wir blicken hinauf. Das letzte Haus ganz links ist es.

Onkel stieß die Wagentür auf, und wir sprangen hinaus, um zu winken. Das hab' ich auch immer getan, wenn ich allein kam. Tante Trullala sieht auf die Uhr, wann wir ungefähr dasein können, und steht dann auf der Veranda, die über dem Hang liegt und von Onkel und seinen Jungen selbst gebaut ist. Dort lauert Tante Trullala mit einem weißen Bettlaken, und wenn sie den hellblauen Lieferwagen an der Ecke halten sieht, fängt sie an, mit dem Bettuch zu winken. Auch diesmal klappte es auf die Sekunde. Wir sprangen und winkten mit beiden Armen und schrien laut, obwohl man das natürlich nicht hörte, weil es viel zu weit war. Aber es gehört nun mal dazu.

Dann schnurrten wir die letzte Strecke bergauf, ins Dorf hinein, hindurch und wieder ein wenig bergab. Rechts der Straße geht es einen felsigen Hang hinauf, links liegen die letzten Häuser. Das allerletzte ist es. Onkel hielt, und wir sprangen Tante Trullala, die mit einer bei ihren Rundungen erstaunlichen Behendigkeit herausgelaufen kam, genau in die Arme.

Mutter hatte wegen Til angerufen, aber sie wäre auch nicht erschrocken, wenn ich überraschend noch die Zwillinge und das Baby mitgebracht hätte. Tante Trullala kann so leicht nichts aus dem Gleichgewicht bringen.

Wir warfen unser Gepäck in den Flur und wollten gleich ins Wohnzimmer, Tante aber rief: „Vorsicht, Vorsicht! Wir haben zwei fremde Katzen im Haus, die dürfen vorläufig nicht herausgelassen werden."

„Die Leute, denen sie gehören, sind seit vorgestern verreist, und so habe ich die beiden bei mir aufgenommen", erklärte sie, „das eine ist eine Angorakatze, sehr schön. Seht ihr, dort sitzt sie. Sie ist ganz gutmütig, ihr könnt sie hochnehmen." Tante hatte die Flurtür wieder geschlossen.

„Wie heißt sie?" fragte Til gleich und rutschte auf den Knien unter den Tisch. Sie hieß Amanda. Und sie war wirklich schön, graublau, mit langhaarigem Fell. Ihre Augen waren ganz hell, ich hatte so was noch nie gesehen.

Die andere war eine Siamkatze, grau, die Ohrränder und die Nasenspitze schwarz, ganz süß in der Zeichnung.

„Mit ihr muß man ein bißchen vorsichtig umgehen", erklärte uns Tante, „sie verträgt zum Beispiel keinen Zug. Aber ihr könnt sie bei schönem Wetter mit zum Steinbruch nehmen, du weißt doch, dort hinauf, Musch", sie deutete zum Hang, „und sie in der Sonne herumlaufen lassen. Da ist es von drei Seiten windgeschützt, ganz prima für Katzen, die sich nicht erkälten dürfen, aber an die Luft müssen sie ja genau wie Kinder."

„Vertragen sie sich mit Rex?" fragte ich.

Rex ist der Schäferhund, schon ein wenig alt, aber sehr lieb. Er lag vor der Eckbank und klopfte mit dem Schwanz auf die Erde zur Begrüßung. Ich ging zu ihm hin und streichelte ihn. Er hat mich bestimmt wiedererkannt.

Dann gab es kalte Milch und bunte Brote, und wir futterten. Es war alles schon ganz richtig „Hohenstaufen-Ferien".

„Kommt sonst noch jemand?" wollte ich wissen.

Tante lachte. „Wer soll denn noch kommen? Ihr seid meine Ferienkinder, ihr und niemand sonst. Weißt du nicht, was wir ausgemacht haben, Musch?"

Natürlich wußte ich es. Wir sahen uns zärtlich an und lachten. Tante Trullala ist prima.

Zum Schlafen bekamen wir die beiden Bubenzimmer unterm Dach. In jedem steht ein Bett und eine Couch. Das eine sieht nach Osten und das andere nach Westen. Weil wir uns nicht einigen konnten, wer welches bekommt, schrieb Tante auf einen Zettel O und auf einen W und nahm sie in beide Hände. Nun mußten wir erst knobeln, wer wählen durfte, und das war Til. Er schrie gleich „Rechts!", und so bekam ich das Zimmer mit dem Sonnenaufgang. Ich hab' mich sehr gefreut.

Wir gingen hinauf und packten aus. Es roch nach Holz und Farbe und nach etwas ganz, ganz klein wenig Scheußlichem – ich kann aber nicht herauskriegen, was es ist. Es gehört zum Hohenstaufen-Sommer wie die Butter zum Butterbrot, der Sattel zum Pferd. Ich schnaufte es in meine Nase hinein und war so glücklich, hier zu sein, so ganz, ganz schrecklich glücklich.

Vor allem bin ich froh, daß ich ein Zimmer für mich habe. Seit langer Zeit schon – ich glaube, ich war damals neun – ist es meine Gewohnheit, Tagebuch zu schreiben – und auch sonst noch manches. Mutter hat es gemerkt und mir zum neunten Geburtstag ein dickes Heft mit einem weichen schwarzen Deckel geschenkt, eines, wie man es in der Schule nicht hat und es also auch nicht mit anderen Heften verwechseln kann. Dahinein schreibe ich alles, was mir einfällt, manchmal auch Gedichte, solche, die ich irgendwo gelesen habe und die mir gefallen, manchmal aber auch eigene. Das ist sehr unmodern, und niemand darf es erfahren. Til, der ja nur zwei Jahre jünger ist als ich, hat natürlich überhaupt keinen Respekt vor mir und versucht, mich überall lächerlich zu machen. Einmal kam ich aus den Ferien und ließ beim Auspacken dieses Heft leichtsinnigerweise liegen, so daß es ihm in die Hände fiel. Er muß darin herumgeschnüffelt haben, denn beim Abendbrot verkündete er, wir hätten eine Dichterin unter uns und was für eine! Ob er mal was zum besten geben sollte?

Ich sah, daß es mein Heft war, das er hervorzerrte – er hatte es auf dem Stuhl liegen gehabt und saß darauf –, und wollte mich schon auf ihn stürzen, aber Mutter saß zwischen uns, und ich konnte nicht hin. Til fing an, schwungvoll und mit ganz blöder Betonung:

„Das Hängelämpchen qualmt im warmen Stalle,
in dem behaglich sich zwei Kühe fühlen.
Der Hahn, die Henne, um den Sproß die Kralle,
träumen von wunderbarem Düngerwühlen –

Mistkratzen müßte das heißen", schaltete er hier zwischen, „aber wartet mal, es kommt noch schöner!"

„Augenblick, Til", sagte Mutter, „das kenne ich doch –"

„Wieso? Hast du es auch hier gelesen?" fragte Til.

„Ich lese keine Tagebücher von andern Leuten", sagte Mutter ruhig, „das ist genau dasselbe, wie fremde Briefe aufzumachen. So was tut man nicht. Warte, es geht weiter ...

Der Junge pfeift auf seiner Hosenschnalle
dem Brüderchen ein Lied mit Zartgefühlen –

Stimmt's, Til?"

Til sah ins Heft und nickte.

„Es ist von Liliencron", sagte Mutter, „und dir gefällt es also auch so gut, Musch, daß du es abgeschrieben hast? Jaja", sie nickte mir zu, „ich mag es auch sehr gern."

Da war Til ja blamiert. Ich gönnte es ihm. Jüngere Brüder wollen einem dauernd was auswischen, sie fühlen sich überlegen, weil sie Jungen sind und man selbst nur ein Mädchen ist, und daß sie jünger sind, versuchen sie durch doppelte Frechheit auszugleichen. Ich kann ein Liedchen davon singen.

Seitdem hab' ich das Heft immer gut versteckt. Denn natürlich sind auch Gedichte von mir drin. Aber nach Hohenstaufen mußte ich es einfach mitnehmen, und während ich Til nebenan kramen und pfeifen und poltern hörte, schrieb ich schnell mit großen Buchstaben auf die nächste leere Seite: „Hohenstaufen. Erster Ferientag. Hurra!"

Ich weiß nicht, ob es anderen Leuten – zum Beispiel Erwachsenen – auch so geht wie mir oder ob das eine besondere Eigenschaft ist, vielleicht angeboren. Auf Pässen steht doch manchmal „besondere Kennzeichen", und damit ist gemeint, ob man eine Warze an der Nase hat oder ein Muttermal auf dem Bauch oder sonst etwas, was nie weggeht. Bei mir müßte stehen: „Gold-Pech-Marie" oder so ähnlich. Ich meine, eine Bezeichnung dafür, daß bei mir immer, wenn es ganz schön ist, wenn also Gold auf mich herunterregnet, plötzlich Pech dazwischenkommt. Weihnachten bekam ich einen weißen Pullover, den ich mir ganz furchtbar gewünscht hatte, zu meiner guten langen Hose. Mit Rollkragen und gerippt, also toll. Ich zog ihn sofort an, und im nächsten Augenblick – ich war noch nicht vor dem Spiegel – kippte Ralf mir den Inhalt seiner Kakaotasse über. Ralf ist noch zu klein, als daß man ihn dafür vermöbeln könnte, außerdem hatte Til ihn angestoßen. Weihnachten geht es bei uns immer recht munter zu. Ich sah das ein, aber der Pullover war verigelt, wenigstens zunächst. Ich mußte ihn ausziehen und schleunigst versuchen, den Fleck herauszuwaschen, und ich habe beinahe geweint vor Wut.

Ja, ich schreibe nicht nur Gedichte gern ab, ich lerne sie auch und sage sie auf, wenn es paßt. Alle aus unserem Lesebuch kann ich längst, ehe wir in der Schule drüber sprechen. Einmal merkte das unsere Klassenlehrerin – sie ist jung und sehr nett, schon verheiratet, aber trotzdem noch jung – und da sagte sie, ich sollte das eine Gedicht doch mal ganz aufsagen. Sie fragte mich, ob ich dazu vorkommen wollte aufs Katheder, damit ich mich dran gewöhnte, vor Leuten zu sprechen.

Ich fühlte mich geehrt und ging nach vorn, und ich blieb auch nicht stecken, obwohl es ein langes Gedicht ist, über drei Seiten. Als ich aber dann, stolzgeschwellt, in meine Bank zurückwollte, da hatte Lotte Treitschke ihren blödsinnigen Fuß vorgeschoben, ob absichtlich oder aus Dußlichkeit, weiß ich nicht, jedenfalls stolperte ich darüber und fiel der Länge nach hin, so richtig auf die Nase. Ich hab' mal früher das Nasenbein angebrochen, das tat scheußlich weh, und seitdem ist die Nase meine empfindlichste Stelle. Sie schwoll auch sofort an und bekam die Form einer Gurke, und die Tränen sprangen mir aus den Augen. Die ganze Klasse lachte – ich muß furchtbar ausgesehen haben. Und daß ich das Gedicht, das wir doch gar nicht aufgehabt hatten, ganz gekonnt hatte, war natürlich vergessen.

So ähnlich geht es mir oft. Ich weiß das und habe schon immer Angst, klopfe unter den Tisch oder sage „Toi, toi, toi!", wenn mir mal nicht so ganz wohl ist. Diesmal vergaß ich es, und richtig, als ich barfuß, in Shorts und bunter Bluse, die Treppe hinuntersprang, um richtig mit den Ferien anzufangen, da sah ich –

Hm, ich sah, daß Tante Trullala nicht allein war. Und ich hatte ihr so viel, so viel erzählen wollen. Aber dazu war jetzt keine Zeit, wie ich sah. Ein kleines Mädchen, kleiner als ich, vielleicht elf, stand neben ihr, die Angorakatze auf dem Arm, und sprach auf sie ein, mit einer schrillen, durchdringenden Stimme, gegen die niemand aufkam. Sie hatte pechschwarze, zottlige Haare, die ihr in die Stirn fielen, und ein buntes Kleid an, das reichlich kurz war. Was sie sprach, verstand ich nicht, auch Tante schien es nicht recht zu verstehen. Sie beugte sich hinunter, und ich fühlte, daß ich mich fürchterlich ärgerte. Heute war ich gekommen, heute war ich den ersten Tag hier, heute gehörte Tante Trullala mir.

Ich blieb stehen.

„Wer ist denn das?" muß deutlich in meinem Gesicht gestanden haben, obwohl ich es nicht sagte. Tante wandte sich um.

„Das ist Penny, in Wirklichkeit heißt sie Penelope, ein Kind aus dem Dorf", erklärte sie, die Kleine unterbrechend, „ja, eigentlich nicht aus dem Dorf, aber ihr Vater wohnt jetzt hier. Zur Erholung, bis er wieder auf Reisen geht. Er ist sehr viel auf Reisen. Ihre Mutter war Griechin, daher ihr Name."

„Eine Penelope kommt doch in der Odyssee vor", sagte ich. Ich hatte gerade alle Sagenbücher gelesen, deren ich habhaft werden konnte. „Das ist die Frau vom Odysseus, die immer webt und wieder auftrennt und auf ihn wartet. Und sie hatte einen Hund, der Odysseus dann erkannt hat, als der zwanzig Jahre später heimkam. Sag mal, Tante Trullala, meinst du, daß ein Hund sich so weit zurückerinnern kann? Die meisten sterben doch so mit sechzehn, siebzehn – man sagt, ein Hundejahr ist wie sieben Menschenjahre. Also müßte Odysseus' Hund hundertvierzig Jahre alt geworden sein."

„Das ist wohl nur in der Sage so", sagte Tante Trullala, Penny aber schrie dazwischen:

„Es gibt Hunde, die noch älter werden, ich weiß das. Ja, viel älter. Bei uns zu Hause –", und dann sprudelte sie einen Wortschwall über Tante und mich daher, daß uns ganz schwach wurde.

„Man muß ein wenig nett sein zu Penny, sie hat keine Mutter mehr", sagte Tante später zu mir, „und ihr Vater – nun, mir gefällt er ja nicht so sehr. Dunkle Locken und Schnauzbart und schwarze Augen – er soll Schauspieler oder so etwas sein, wird erzählt, ich weiß es nicht. Wenn es stimmt, gehört er eher auf eine Schmierenbühne, wenn du weißt, was das ist."

„Ich glaub' schon. So ein Theater, das von einem Ort zum andern zieht und Aufführungen in Gasthäusern macht, wo beim Zugucken Bier getrunken wird", sagte ich. „Und ein Hanswurst spielt mit, der immer dumme Witze macht – und manchmal auch welche, die nicht sehr anständig sind."

„Ja ungefähr. Aber dafür kann Penny ja nichts."

Ich sah Tante an und sie mich. Und dann fand ich, daß sie zwar in einer Hinsicht recht hat, in anderer aber nicht. Ein ganzes Jahr hatte ich gewartet, herkommen zu dürfen, um wieder Tante Trullalas Tochter zu sein, und nun hatte ich erstens Til mitbringen müssen und zweitens . . .

„Kommt sie jeden Tag?" fragte ich.

„Hm. Manchmal auch nicht", sagte Tante vorsichtig. Da konnte ich mir schon denken, was uns bevorstand.

„Ja, was nicht zu heilen ist, das muß ertragen werden", schloß Tante Trullala die Unterredung. Sie setzt manchmal an den Schluß eines Gesprächs ein Sprichwort, das kenne ich schon von früher. Hier wäre es mir lieber gewesen, sie hätte gesagt: „Entweder – Oder!" oder: „Niemand kann zween Herren dienen." Das aber ist kein Sprichwort, glaube ich, sondern aus der Bibel.

Unten im Haus ist die Werkstatt. Dort verwahrt Onkel alles, was er zum Basteln braucht; da hängen die Werkzeuge an der Wand, große und kleine Bohrer und Hämmer und Zangen, am Tisch ist ein Schraubstock, und in einem Schränkchen findet man Nägel und Schrauben aller Größen und Stärken. Dort steht auch der Käfig mit den Streifenhörnchen. Das sind Tiere, ähnlich unseren Eichhörnchen, nur schmaler und mit gestreiftem Fell. Sie sind sehr, sehr scheu. Deshalb hat Onkel ihnen in ihren großen Käfig noch zwei kleine Häuschen gebaut, die runde Einschlupflöcher haben. Dahinein flitzen die kleinen Kerle, wenn sie Angst haben.

Ich kannte sie vom vorigen Jahr her und hatte mir vorgenommen, sie in diesen Ferien zutraulich zu machen. Wenn man jeden und jeden Tag zu ihnen geht und ihnen Leckerbissen hinhält – sie fressen zum Beispiel gern Erdnüsse –, dann müßten sie doch merken, daß man es gut mit ihnen meint, und sich an einen gewöhnen.

Ich bin sowieso gern in der Werkstatt. Die Fenster sind dick mit wildem Wein überwachsen, so daß man kaum hinaussehen kann. Aber die Tür steht Tag und Nacht offen, und von da aus hat man einen wundervollen Blick hinüber zu den Höhen der Alb. Wenn man hinausgeht, ist linker Hand gleich der Stall, in dem früher zwei Kühe standen. Es waren die kleinsten Kühe, die gezüchtet werden, rotbraun, ganz süß. Zu schade, daß Onkel und Tante keine mehr haben.

„Seit die Jungen weg sind, schaffen wir es nicht mehr", erklärte Onkel, „Kühe machen eine Menge Arbeit. Aber wir mußten welche haben, weil wir so viel Milch für die Katzen brauchten –"

„Und die Katzen brauchten wir, damit die Mäuse nicht überhandnahmen", erklärte Tante und lachte. „Wir hatten ein altes Pferd, das das Heu für die Kühe hereinholte, und das brauchte Hafer. Und wo Hafer ist, sind Mäuse", sie blinzelte Onkel zu, und er blinzelte zurück.

„Jaja, so wäscht eine Hand die andere", schloß Tante. Gerade als das eine Streifenhörnchen seinen Kopf zum erstenmal aus dem Schlupfloch steckte – ich hatte sicher eine halbe Stunde ganz still gestanden, während ich darauf wartete, riß Penny die Tür auf. Natürlich zuckte das Hörnchen zurück, und es war alles umsonst gewesen.

„Was ist denn?" fragte ich wütend. Ich kann sehr schlecht still stehen und hatte mich ungeheuer zusammengenommen.

„Du sollst zur Tante kommen, schnell!" japste Penny. Herrje, mußte das gerade jetzt sein!

Tante saß auf der Bank vor dem Haus, eine Frau neben ihr. Diese Frau hielt ein Weckglas auf dem Schoß, darin war Moos, und in dem Moos stand eine kleine Leiter. Oben war das Glas mit Gaze zugebunden. Wahrscheinlich ein Laubfrosch.

Ja, es war einer drin. Die Frau hob das Glas und zeigte mir, wo er sich versteckt hatte. Er hockte ganz unten an die Glaswand geklebt. Man sah die Saugnäpfe an seinen Pfötchen, die gegen das Glas gedrückt waren, und in seiner Kehle ging es auf und ab. Er war gelbgrün und ziemlich klein, etwa wie ein Fünfmarkstück.

„Ich möchte, daß er bei jemandem ist, wo er sich wirklich wohl fühlt", sagte die Frau. Sie sah eigentlich mehr aus wie eine Dame, nicht wie vom Dorf. Später erzählte mir Tante, daß sie eine Künstlerin sei und malte und nur im Dorf wohnte. So sah sie auch aus. Lange Locken und den Mund bemalt, was eigentlich traurig wirkte – jung war sie bestimmt nicht mehr und an den Füßen Schuhe, denen man ansah, daß sie nicht zum Laufen gemacht waren. Ich staune immer, was die Leute aushalten, um das zu tragen, was in Schaufenstern ausgestellt ist. Dicke oder ganz dünne Absätze und enge oder weite Kleider, die ihnen überhaupt nicht stehen und auch ganz unbequem sind – aber das sind Dinge, die wahrscheinlich nur Erwachsene verstehen. Erklären konnte es mir jedenfalls noch niemand. „Das ist eben Mode", heißt es. Mode – ein blödes Wort.

So ungefähr sah die Malerin aus. Und sie erzählte und erzählte – immer von „ihm". Nach einer Weile kapierte ich erst, daß es der Frosch war, den sie meinte.

„Wie alt ist er denn?" fragte ich einmal, als sie eine kleine Pause machte.

„Zwölf Jahre", sagte sie. Tante wunderte sich.

„Ich hab' mal gelesen, Laubfrösche würden höchstens vier", sagte sie. Da aber begann die Frau zu erklären ...

„Jaja, das stimmt, aber nur bedingt. Man muß die Tierchen richtig halten, vor allem im Winter, besser: im Herbst. Die Laubfrösche wintern sich nämlich ein, wenn es kalt wird, und das können sie natürlich im Glas nicht, wenn man sie in der Wohnung behält.

Da muß man ihnen helfen. Ich stelle dann, im Oktober oder November erst, je nach Witterung, das Glas auf die Kellertreppe, jeden Tag eine Stufe tiefer. Ganz vorsichtig, es darf keine Erschütterung stattfinden. Und zugedeckt muß es auch werden, jedenfalls etwas – gedämpftes Licht ist am besten. Immer tiefer, aber unten muß es frostfrei sein, und es darf natürlich kein Keller sein, in dem sich Ölheizung oder Kohle befindet oder so etwas –"

„Ja, Öl riecht häßlich", bestätigte Tante, „aber Kohle?"

„Kohle riecht natürlich nicht", sagte die Dame pikiert, „aber wenn man welche holt, poltert es doch. Man darf ein Tier, das Winterschlaf hält, doch nicht stören."

Nein, das sollte man nicht. Ich halte zwar keinen Winterschlaf, gebe aber jede Woche daheim die Hoffnung nicht auf, wenigstens einen Sonntagmorgenschlaf halten zu können. Und immer, aber immer kommen die Zwillinge angestürmt, und die sind schlimmer als Heizöl und Kohle zusammen.

„Jetzt im Sommer ist es natürlich etwas schwieriger, einen solchen herzigen kleinen Kerl richtig zu behandeln, ich sage das ganz frei und offen", fuhr die Dame fort und sah mich an, gleichzeitig streng und huldvoll. Ich kam mir vor, als erteilte sie mir den Ritterschlag. „Du darfst mit ihm spazierengehen, wenn du versprichst, sehr gut auf ihn achtzugeben. Die Zeiten, da Störche auf den Wiesen stehen, sind ja vorbei. Trotzdem darfst du ihn nicht aus den Augen lassen, das versteht sich wohl von selbst."

„Nein, nein", beteuerte ich sogleich. Ich hatte nicht die mindeste Lust, mit dem Laubfrosch auszugehen, aber wenn sie mich nun dazu erkoren hatte!

„Ich selbst pflege es so zu halten: Er darf jeden Tag so zwanzig, fünfundzwanzig Minuten im Garten sein. Meist springt er am Haus entlang, und wenn er etwas ermüdet ist, klettert er auf ein Blatt vom wilden Wein, der am Haus wächst. Dort ruht er sich aus und schaukelt ein wenig, wenn der Wind das Blatt bewegt. Das findet er himmlisch."

„Na, Froschprinzessin? Stolz?" rief mich Tante Trullala an, als ich die Dame bis an die Straße gebracht hatte und nun, leicht betreten, zu ihr zurückkam.

„Ich weiß nicht recht, Tante. Ist ja eine hohe Ehre, ich seh' es ein, ob ich ihr aber genüge ..."

„Du wirst es schon schaffen, so wie ich dich kenne", tröstete sie. „Nur Mut! Ich bekam einmal zwei kleine Kinder zu hüten, die, wie ihre Mutter klagte, so schrecklich schlecht aßen. Sie hätten überhaupt keinen Appetit, ein Kaugummi am Morgen oder eine Flasche Sprudel – was ich Kindern übrigens nie geben würde –, und sie wären satt für den ganzen Tag. Weißt du, was ich gemacht habe? Sie zwei Tage hungern lassen. Was glaubst du, wie die dann futterten! Ja, gibt der Herr ein Amt, so gibt er auch den Verstand."

„Und du meinst ..."

„Stell das Glas mit dem kleinen Liebling in den Schatten, fang ihm ein paar Fliegen und geh schwimmen, meine Musch", lachte Tante Trullala, „alles andere überlassen wir erst mal dem heiligen Franziskus, der ja zuständig sein soll für das Wohl der Tiere!"

Ich bin dann doch nicht schwimmen gegangen. Ich wollte, aber als ich mein Badezeug zusammengesucht hatte und aus dem Fenster guckte, sah ich Penny auf dem Weg zum Freibad lauern. Es gibt Menschen, die sind wie die Grippe im Winter – man kann noch so sehr versuchen, an ihnen vorbeizukommen, sie erwischen einen doch. Nein danke, ich wollte keine Grippe. Ich kehrte also um und setzte mich an mein Tagebuch. Vielleicht gelang es mir, die Behandlung eines Laubfrosches in Verse zu fassen. Würdig eines langen Gedichtes waren die Ausführungen der malenden Dame bestimmt.

„Du darfst nicht erschrecken, meine Musch", sagte Tante Trullala und setzte sich, stadtfein gemacht, wie wir sagen, auf den Rand meines Bettes, während ich natürlich erst recht erschrak, „ich habe gestern mit deiner Mutter telefoniert. Nein, es geht ihr nicht schlechter, gar nicht. Aber ich möchte trotzdem zu ihr hinfahren, heute, verstehst du. Es paßt heute am besten, wir haben lange überlegt, Onkel und ich. Du bist ja so groß und vernünftig, und Onkel kommt abends nach Hause; also über Nacht seid ihr nicht allein. Und am Tage – na, Kleinigkeit!"

„Geht es Mutter wirklich nicht schlechter?" fragte ich und setzte mich auf. Einen Augenblick preßte mir etwas die Kehle zusammen, daß ich kaum Atem bekam. Tante Trullala aber nahm mich um den Hals und drückte mich.

„Aber wo, kein Stück, überhaupt nicht", sagte sie schnell. „Du kannst dich drauf verlassen, ich beschwindle dich nicht. Bei Gelbsucht ist es so, daß sie einfach schneller weggeht, wenn man liegt – und vielleicht noch die Leber wärmt, mit Umschlägen und so. Da wird sie gut durchblutet, das ist nötig. Patienten wie deine Mutter aber würden zu Hause einfach nicht liegen bleiben. Oder glaubst du, Mutter räkelte sich behaglich im Bett, während die Zwillinge Wettschießen nach der Hängelampe veranstalten?"

Nein, das glaubte ich nicht.

„Also. Nun hatte ich aber gestern am Telefon den Eindruck, daß sie sich rechte Sorgen macht, jetzt, da sie Zeit dazu hat. Eigentlich weniger um Ralf und Roland als um dich und Til. Dabei ist doch da gar nichts zu sorgen, ihr seid so erwachsen, daß man euch ohne weiteres einen Laubfrosch anvertrauen kann – und was für einen kostbaren! Na bitte. Da hab' ich gesagt: ‚Zum Beweis, daß es mit euch hier herrlich glattgeht, fahre ich jetzt zu dir. Heute hin, morgen zurück, und Musch übernimmt den Haushalt.' Einverstanden?"

„Tante Trullala!"

Ich fand es Klasse von ihr, mir das zuzutrauen.

Immer tut es wohl, wenn jemand einen als erwachsen nimmt, nur erlebt man es zu selten. Die Eltern sehen ewig das Baby in einem, auch wenn sie einen dauernd zu kleinen dummen Nebenbeschäftigungen holen, abtrocknen und Kleine hüten und schnell mal was holen – dazu ist man gut genug. Aber ein ganzes Haus versorgen, mit Katzen und einem Hund und zwei Streifenhörnchen und Schafen und dem Onkel und einem Frosch und Til und – na ja ...

„Penny wird ja wohl nicht kommen, wenn du nicht da bist?" fragte ich. Es klang ein wenig zu sehnsüchtig, das fand ich selbst – es klang eigentlich genau wie: Bitte sag ihr Bescheid, daß sie unter gar keinen Umständen kommen darf. So klang es, einwandfrei.

„Also verbieten kann ich es ihr natürlich nicht", sagte Tante freundlich, „sie hat ja zu Hause überhaupt niemanden, das arme Kind. Der Vater geht früh zur Arbeit und kommt erst abends wieder, manchmal auch da nicht, und Geschwister –"

„Ich bin sehr für Geschwister", sagte ich tapfer, „man muß ja nicht gerade die Älteste sein und das einzige Mädel unter lauter Brüdern, von dem es immer heißt: Also du als große Schwester müßtest eigentlich ... und ein einziges Kind zu sein, das ist sicher kein Zuckerlecken", gab ich zu.

„Siehst du. Ich wußte es ja. Also wenn sie wirklich kommt – vielleicht kommt sie gar nicht –, bist du bestimmt nett zu ihr, ich kann mir gar nichts anderes vorstellen. Und für heute hab' ich vorgekocht, du brauchst es abends nur zu wärmen, wenn Onkel kommt. Du verstehst dich doch auf den elektrischen Herd. Und morgen kochst du Grießbrei, das ist ganz leicht, und Onkel ißt ihn furchtbar gern, er ist ja das reine Kind, wenn es um Süßigkeiten geht. Dazu machst du eine Flasche Himbeersaft auf. Und früh eßt ihr Cornflakes mit Zucker und Milch, und –"

„Und dann geh' ich mit dem Laubfrosch spazieren, aber nicht auf der Storchenwiese –"

„Ja, wenn du magst. Sonst läßt du ihn einfach im Glas und fängst ihm nur ein paar Fliegen. Und die Schafe laß heraus – aber auf die Katzen gib acht, vor allem auf die Siamesin. Und Rex bekommt das Trockenfleisch aus der Tüte, das mußt du einweichen, du weißt schon, und vergiß die Streifenhörnchen nicht, bitte! Und –"

Ich hörte mir alles an und nickte unaufhörlich, so wie das Negerlein im Missionssaal nickt, wenn man ein Zehnpfennigstück nach dem andern in den Schlitz wirft. Ich würde an alles denken und alles schaffen und nichts vergessen, wenn nur Penny nicht käme. Gab es denn keine Möglichkeit, sie wenigstens für diese zwei Tage fernzuhalten? Ich fragte noch mal, als Tante gar nichts mehr einfiel, woran sie mich erinnern könnte. Sie sah mich nachdenklich an.

„Gut, ich will's versuchen. Ich fahre nachher bei ihrem Vater vorbei – Onkel bringt mich zur Bahn – und sag' ihm Bescheid. Zufrieden? Also! Leb wohl, mein kleines Großes, ich bin sehr beruhigt, daß ich dich habe, sonst würde ich bestimmt nicht wegfahren."

Sie gab mir einen Kuß, und in diesem Augenblick war ich wirklich groß und erwachsen und vernünftig, ich fühlte es richtig, wie das Erwachsensein in mich hineinfloß und mich ausfüllte bis in die letzten Falten meines Inneren. Was konnte solch einem Menschen groß passieren! Ich lief im Schlafanzug mit hinunter und stand dabei, wie Tante in den Lieferwagen stieg, reichte ihr Köfferchen und Handtasche nach und versprach und lächelte und tröstete.

„Es wird alles gutgehen, alles, alles. Sei ganz unbesorgt, Tante Trullala, ich bin ja da. Das reimt sich, also ist es wahr!"

„Wo ein Wille ist, ist auch ein Weg!" rief Tante noch, und ihr Hut verrutschte, als sie sich aus dem Seitenfenster beugte.

Ich winkte, bis der Wagen um die Ecke gebogen war, rannte ins Schlafzimmer und dann auf die Veranda hinauf, um mit dem Bettlaken zu winken, wenn das Auto unten die Waldecke erreicht hatte. Richtig, es hielt dort, und Onkel und Tante stiegen aus und winkten zu mir herauf, und ich schwenkte das Bettuch. Dann kehrte ich ins Haus zurück, legte das Laken wieder schön ordentlich und glatt ins Bett, nahm mein Tagebuch und schrieb hinein: „Tante verreist. Hoffentlich kommt Penny nicht." Den letzten Satz unterstrich ich rot, sah ihn sorgenvoll an und setzte dann noch hinzu: „Wenn sie kommt, wird sie rausgeekelt. Tante hat *mir* das Haus übergeben – und alles, was darin ist. Hurra, Ferien, Nichtstun, Faulenzen!" Dann klappte ich das Buch zu und legte es auf die Kommode, zog mich aus und sprang ins Bad unter die Brause. Jetzt war ich Alleinherrscherin, bis abends, und eigentlich, wenn man es recht besah, auch morgen noch, bis Tante zurückkam. Vielleicht blieb sie noch einen dritten Tag. Sie und Mutter verstehen sich ganz ausgezeichnet, und wenn sie sich treffen, finden sie kein Ende mit Erzählen. Vater hat mal gesagt, es gibt eine Geschichte von zwei Zuchthäuslern, die siebzehn Jahre lang in einer Zelle waren und dann begnadigt wurden. Als sie aus dem Tor in die Freiheit hinaustraten und endlich hingehen konnten, wohin sie wollten, blieben sie erst noch ein Weilchen stehen, um sich schnell noch etwas zu erzählen. So würde es Mutter und Tante Trullala gehen, sagte er.

Na schön, mochte sie bleiben. Es würde alles wundervoll nach Wunsch gehen, vor allem, wenn Penny nicht –

Ich kam in die Küche, und da saß sie. „Fein, daß ich gekommen bin, nicht?" fragte sie strahlend. „Deine Tante war eben noch bei uns und hat uns Bescheid gegeben, daß sie wegfährt. Nun wollen wir es uns aber lustig machen und alles tun, was uns gefällt."

„Das tun wir aber nicht", sagte ich sauer. „Das kommt überhaupt nicht in Frage, daß du's nur weißt."

„Was denn?" fragte sie erstaunt.

„Na, alles, was wir wollen –

„Erst wollen wir mal frühstücken, das wirst du wohl auch", sagte Penny friedlich und öffnete den Küchenschrank, „ich ess' am liebsten Spiegelei, kannst du das machen?"

„Natürlich kann ich, aber –"

„Was denn aber? Sind keine Eier da?"

„Doch. Nur –"

„Gib mal die Pfanne. Und dein kleiner Bruder, was frühstückt denn der? Ich weiß was Feines. Wir bringen ihm das Frühstück ans Bett, da wird er aber staunen! Wir decken hier auf dem Tablett – trinkt er Milch oder Kakao? Halt, nein, wir kochen ihm Schokolade. Kannst du Schokolade kochen? Sonst tu' ich es."

Sie tat es dann auch. Sie war nicht aufzuhalten. Ich war machtlos. Ein paarmal murmelte ich, Tante Trullala habe gesagt, wir sollten Cornflakes essen, aber sie meinte, Cornflakes hätten wir immer. Und ich muß sagen, das Tablett, das sie für Til zurechtmachte, wurde wirklich einladend und appetitlich. Richtig lecker sah es aus.

„Morgen bring' ich dir das Frühstück auch ans Bett", versprach Penny voller Eifer, „und deinem Onkel auch. Weißt du, ich schlaf' hier bei euch, das ist viel praktischer. Es kann ja auch nachts mal was sein, daß du mich brauchst – vielleicht sind die Schafe ausgerissen oder die Katzen oder –"

„Oder der Laubfrosch kriegt Junge", sagte ich wütend. Sie starrte mich mit offenem Mund an. Ihr schwarzes Haar über der Stirn war zottelig und sah aus, als wäre es seit hundert Wochen weder gekämmt noch gebürstet – ich stand wortlos auf, holte meine Bürste und begann es zu striegeln. Sie quiekte und lachte und zog den Kopf immerfort weg, und ich merkte, daß ich tatsächlich nicht durchkam.

„Wir holen die Schere", sagte ich schließlich verzweifelt.

„Ja, das tat Mutter auch, wenn es nicht anders ging", sagte Penny einsichtsvoll, „sie versuchte es ja immer wieder. Aber meine Haare sind schrecklich, ich wünschte, ich hätte solche wie du."

„Wann ist – ich meine, wie lange hast du denn schon keine Mutter mehr?" fragte ich nach einer Weile. Penny drehte den Kopf nicht zu mir, weil sie eben noch an ihren Stirnfransen herumschnippelte. Aber im Spiegel sah sie mich an, sah mir einen Moment direkt in die Augen.

„Seit heute vor einem Jahr. Heute ist es ein Jahr her, daß sie starb. Ich hab' vorhin euren Kalender gesehen."

Ihre Augen waren jetzt ganz dunkel, noch dunkler als sonst, wie zwei tiefe, tiefe schwarze Brunnen. Auch bei einem Brunnen weiß man nicht, was auf dem Grund ist ...

Von Garnichtstun und Ferienhaben und Faulenzen war nicht die Rede. Wir rannten durchs Haus, treppauf, treppab, versorgten Til, versorgten die Tiere, wuschen in der Küche ab. Penny schwitzte unter ihrer dicken Mähne und war immerzu außer Atem, aber selig.

„Wunderbar, so zu schuften!" strahlte sie. „Ich möchte das ganze Leben nichts anderes."

„Warum tust du es denn dann nicht zu Hause, wenn deine Mutter nicht mehr da ist?" fragte ich. „Da ist doch sicher viel zu tun."

„Ja, aber es nützt nichts. Mein Vater kann mich nicht leiden", erklärte sie sachlich. „Komm, jetzt putzen wir den Flur. Bei uns kommt nie Ordnung in die Wirtschaft. Vater ist Zauberkünstler, und die müssen immerfort üben. Dabei darf man nie stören. Und dann wieder schläft er Tag und Nacht und wird wütend, wenn er auch nur das winzigste Geräusch hört."

Und ich hätte noch viel sagen mögen, aber ich schwieg dann doch. „Vater kann mich nicht leiden –", sie sagte das so wie ein anderer vielleicht: „Vater trägt einen Bart." Es ist so, fertig. Einfach als Feststellung. Mir grauste es.

Natürlich habe ich schon gehört oder in Illustrierten gelesen, Bilder gesehen, daß es Eltern gibt, die ihre Kinder schlecht behandeln. Da stehen oft solche Fälle drin. Aber das war immer nur *gelesen*, ich kannte die Leute nicht. Das ist doch etwas ganz anderes.

Ich fand es roh von mir zu fragen, aber die Neugier war größer: „Schlägt er dich auch manchmal?"

„Wenn ich ihn störe – klar. Aber ich sehe schon zu, daß er mich nicht erwischt. Komm, jetzt lassen wir die Schafe raus. Die kommen auf die Weide oberhalb vom Freibad, ich weiß das, ich habe das oft mit deiner Tante zusammen getan."

Der Schafbock ist dick und schwer und eigensinnig, es ist direkt eine Kraftprobe, ihn irgendwohin zu bringen. Und er will meistens nicht.

Penny packte ihn am Halsriemen und zog, während sie unaufhörlich auf ihn einredete. Sie hat das so an sich, immerzu zu reden, und wenn ich der Bock wäre, mich würde das auch rasend machen. Immerhin hörte er sie ja nicht den ganzen Tag –

Sie zog, und er stemmte dagegen, und dann gab er auf einmal nach, und Penny kam aus dem Gleichgewicht und ließ los. Da aber hatte sie schon einen Stoß von ihm bekommen, daß sie die abschüssige Wiese hinunterrollte, als wäre sie eine Kugel, sich zwei-, drei-, fünfmal überschlagend. Hier geht es ja überall entweder bergauf oder bergab, festen Stand hat man nirgends, und wenn man so einen Puff erwischt ...

Ich ließ das Schaf, mit dem ich mich gerade abmühte, los und sprang Penny nach. Daß sie nicht in ganz kleine Stücke zerbrochen sein würde, hatte ich ja gehofft, immerhin –

Sie lag auf dem Bauch, und ihre Schultern zuckten. Schnell, aber möglichst schonend faßte ich sie am Arm und versuchte sie herumzuwälzen, da merkte ich, daß sie lachte und nicht heulte. Sie lachte, lachte – ihre weißen Zähne blitzten in dem erdigen Gesicht –, es war übrigens nicht nur Schmutz, der das Gesicht dunkel färbte, sondern auch Blut – wenn auch nur aus Schürfwunden –, sie konnte gar nicht mehr aufhören mit Lachen. Ich wurde so angesteckt, daß ich mich neben sie ins Gras plumpsen ließ und mitlachte. Die Schafe waren sonstwo, als wir uns endlich erholt hatten und nach ihnen Ausschau hielten. Es dauerte eine Stunde, bis wir sie alle fünf wieder eingefangen und durch das Tor in die für sie bestimmte Weide hineinbugsiert hatten.

Erschöpft und atemlos beschlossen wir, jetzt erst einmal schwimmen zu gehen. Til war schon im Bad. Weil Ferien sind, wimmelte es dort von Dorfkindern. Wir schwammen und spielten dann mit Völkerball und vergaßen die Zeit.

Als wir heimkamen, war der Briefträger dagewesen und hatte etwas unterschreiben lassen wollen, sagte die Nachbarin, und das Telefon hätte geklingelt, eine Viertelstunde lang, immer wieder, sie hatte es genau gehört, weil bei uns das Fenster offen und Ostwind war. Wo wir denn gesteckt hätten?

Sie ist eine große und dicke Frau mit einem Wuschelkopf und trägt Wickelschürzen mit riesenhaften bunten Blumen. Ich kann Wickelschürzen nicht ausstehen. Und ich sagte, unterschreiben hätte ich doch nicht dürfen, weil ich erst zwölf bin, und das Telefon würde sich wohl wieder melden.

Jetzt klingelte es natürlich nicht mehr. Wir machten uns ein Zeichen mit den Augen und taten freundlich und gingen ins Haus, und dann merkten wir, daß die Katzen weg waren. Da bekam ich einen furchtbaren Schreck, weil die Siamesin doch so empfindlich ist. Wir suchten und riefen, schließlich fanden wir sie unter Onkels Schreibtisch, wir hatten sie aus Versehen im Büro eingesperrt, einem winzigen Raum zwischen Wohnzimmer und Küche, in dem nur Schreibtisch und Regale stehen. Dort saß sie verängstigt und hatte auch etwas hinterlassen, weil sie nicht raus konnte.

Wir putzten es weg, so gut es ging – bei Katzen geht es gar nicht gut, man riecht es wochenlang, sagt Onkel Albrecht immer – und brachte die Katze in die Küche, wo sie eigentlich hingehört, denn da steht auch das niedrige Blechkästchen, das solche Unglücksfälle verhüten soll. Amanda, die Angoradame, war auch dort, sie saß auf dem Fensterbrett in der Sonne und putzte sich.

„Dann kommt noch Besuch", sagte Penny, „ein Mann. Wenn sich die Katze putzt, kommt ein Mann, wenn der Kater sich schönmacht, eine Frau."

„Bist du abergläubisch?" fragte ich. Sie schüttelte den Kopf, daß die schwarzen Zotteln flogen.

„Überhaupt nicht. Es stimmt aber auch, wenn man nicht dran glaubt." Im selben Augenblick läutete es, und wir liefen zur Tür. Besuch. Ein Mann.

Es war Onkels Bruder. Ich kannte ihn noch nicht, aber er sah ihm sehr ähnlich. Als er hörte, daß Onkel nicht da sei, ließ er sich von uns die Anschrift seines Ladens in Göppingen geben – Onkel ist vor einiger Zeit umgezogen – und stieg wieder ins Auto. Im letzten Augenblick fragte er noch, ob wir mitwollten.

Nein, wir wollten nicht.

„Sie müssen dort abbiegen, dort, an der Ecke, wo das Fähnchen hängt – wo Eis draufsteht!" rief Penny noch, ehe er den Motor anließ. Der Mann lachte. „Nun lauft mal alle drei voraus und wartet an der richtigen Ecke auf mich, damit ich nur ja nicht falsch abbiege!" sagte er vergnügt. „Wenn Eis draufsteht, muß ich ja wohl dort halten. Wollt ihr?"

Wir sahen uns an, lachten und nickten, und dann spurteten wir alle drei los. So ein Angebot bekommt man nicht alle Tage.

Dann war Nachmittag. Es war heiß, ich hatte mir ein Buch und eine Decke geholt und legte mich auf den Rasen, in den Schatten. Til schaukelte. Ich hörte die Stricke knarren, gleichmäßig, eintönig. Gleich darauf war ich eingeschlafen. Ich träumte, wir hätten eine große Rinderherde zu hüten, nur mit Lassos, ohne Pferde, und wir rannten und rannten und bekamen die Rinder nicht. Til schrie und winkte, und ich konnte nicht zu ihm, und da kam Penny angesaust und brüllte mir in die Ohren: „Wir haben ein Pferd, ein Pferd – Musch, hörst du?"

„Jaja", sagte ich und hielt mir die Ohren zu, aber sie zog mir die Hände weg und schrie weiter. Da wachte ich auf und merkte, daß sie nicht nur im Traum schrie, und sah das Pferd auch schon. Sie hielt es am Halfter, es war ein dicker Norweger, und er ließ den Kopf bis zu mir herunterhängen, als ob er mich genau ansehen wollte. Seine Barthaare berührten mein Gesicht.

Ich mag Pferde, ich mag sie am allerliebsten von allen Tieren. So war ich mit einem Satz auf den Beinen.

„Woher hast du es?" fragte ich. Penny erzählte. Als Arbeitstier ist das Pferd ja eigentlich bei keinem Bauern mehr zu finden, manche Bauernsöhne aber halten sich eins, wenn sie im ländlichen Reitverein sind. So gab es schon noch ein paar Pferde im Dorf Hohenstaufen. Der dicke Norweger aber gehörte einem Mädel, wie Penny mir erzählte. Hier ist es üblich, daß man zur Konfirmation ein Fahrrad bekommt. Dieses Mädel aber hatte sich statt dessen ein Fohlen gewünscht, schon jahrelang, und ihre Eltern hatten schließlich nachgegeben, aber nur unter der Bedingung, daß sie es unter allen Umständen selbst versorgte. Das Mädel – Irene heißt es – war natürlich einverstanden und tat es auch, jetzt aber war sie zu einer Hochzeit nach auswärts eingeladen worden, erzählte Penny, und hätte absagen müssen, wenn Penny ihr nicht das Pferd abgenommen hätte.

„Wir können es doch in den Stall stellen, in dem früher die Kühe waren", sagte sie eifrig, „und tagsüber lassen wir es bei den Schafen weiden. Und dann reiten wir. Das wird Klasse!"

Ich fand das auch. Wir führten den Manderl, so hieß der Norweger, ums Haus herum und probierten erst mal, ob er in den Stall hineinpaßte. Ich hatte so meine Zweifel. Die Kühe, die früher drin standen, waren besonders klein gewesen, und Norweger können sehr verschieden groß sein, manche – dieser zum Beispiel – sind recht hoch. Aber es ging gerade. Gerade! Kaum eine Hand hätte man zwischen den Widerrist und die obere Querleiste der Stalltürfassung schieben können, wenn man ihn hindurchführte, aber, wie gesagt, es ging. Erleichtert drehten wir ihn im Stall wieder um – auch das war nur knapp zu machen – und brachten ihn in den Garten zurück, und dann machten wir erst einmal den Stall schön. Wir fegten ihn aus und gaben Stroh hinein – ich wußte, wo welches lag – und einen

Eimer frisches Wasser. Als wir den Stall fertig hatten, war der Manderl weg. Til war in die Küche gelaufen, um Würfelzucker für ihn zu holen, und hatte die Gartentür offengelassen. Wir rannten.

Weit war er nicht. Er stand im Garten der Nachbarin, die uns vorhin vom Briefträger und Telefongeklingel erzählt hatte, und fraß das Grün von den Mohrrübenbeeten ab, gewissenhaft und systematisch, eine Reihe nach der andern. Mit einem Beet war er schon fertig.

„Herrje, wenn sie das sieht!" Penny schrie wieder einmal, und prompt erschien auch schon die buntgeblümte Nachbarin wie der Teufel aus dem Kasten. Wir hätten die Tat sowieso nicht leugnen können, denn der Manderl hatte nicht nur alles Grün abrasiert, sondern mit seinen mittelgroßen Hufen überall Abdrücke hinterlassen, rund und etwa so umfangreich wie Kompotteller. Das gab ein Gekreische!

„Ihr macht doch aber nichts als Schaden und Unfug!" jammerte sie. „Die Mohrrüben wachsen nun nicht mehr, wenn das Grün ab ist. Oh, oh, oh – das ist ein halber Zentner Verlust!"

Ich hockte vor dem Beet und versuchte, alles wieder glatt zu machen, und Penny zerrte den Manderl nach Hause. „Das sag' ich aber eurer Tante! Das kriegt sie zu hören!" giftete die Frau hinter uns her.

„Wenn sie es nur dem Onkel nicht sagt", murmelte Penny düster, „sonst schickt er uns womöglich mit dem Manderl zurück, und Irene kann nicht wegfahren. Oder sie ist schon weg. Ich glaube, sie ist schon . . ."

„Was mag denn so ein Möhrenbeet kosten?" fragte ich. „Wieviel kostet ein Zentner Möhren? Weißt du das?"

„Nein. Und ich hätte auch gar kein Geld."

„Ich habe welches." Mutter hatte mir was mitgegeben, für Notfälle. Es lag oben in meinem Zimmer auf der Kommode, neben dem Tagebuch. „Ob wir ihr gleich was anbieten", ich wies mit dem Kopf in Richtung Nachbarin, „damit sie keinen Krach macht?"

Penny hob die Achseln. Wir saßen sorgenvoll nebeneinander auf der Steintreppe und beobachteten Manderl, der im Garten umherspazierte und unreife Äpfel zerkrachte, die heruntergefallen waren.

„Das hilft jetzt nichts, wir können es nicht ändern", sagte Penny, „dafür reiten wir jetzt. Komm, oben den Weg entlang, der zum Wald führt. Dort fahren keine Autos."

Sie hatte Zaumzeug und Zügel mitgebracht und legte es dem Manderl an. Dann zerrte sie ihn auf die Straße hinauf und fragte: „Willst du zuerst, oder soll ich?"

„Du kannst erst", sagte ich feige. Sie versuchte, auf Manderls Rücken zu kommen, es gelang ihr aber nicht. Ich hielt ihr die verschlungenen Hände hin, sie trat hinein und war oben. Nun dachten wir, der Manderl würde davonpreschen, und ich hielt ihn vorsichtshalber seitlich am Zügel fest. Aber er tat nichts dergleichen, und das gefiel uns nun auch nicht.

„Vorwärts!" rief Penny und puffte ihn mit den Fersen an. Da ging er auf einmal los wie die Feuerwehr und zog mich mit, daß ich springen mußte, um nicht loslassen zu müssen. Penny rutschte gefährlich, hielt sich dann aber doch oben. Zu zweit bekamen wir ihn wieder in Schritt.

„So geht's nicht", sagte Penny, „wir müssen richtig reiten. Nicht, daß einer drauf sitzt und der andere dranhängt."

„Und wenn du runterfliegst?"
„Na, wenn schon."
„Aber dann geht er uns davon!"
„Hm. Das müssen wir verhindern. – Ich weiß", sagte sie nach kurzem Überlegen, „du holst die Wäscheleine und bindest sie vorn am Trensenring fest. Die läßt du aber lang, und ich reite. Wenn er mich abschmeißt, kannst du ihn dann damit halten."

Das fand ich gut. Wir versuchten es. Penny puffte ihn nun nicht so ungestüm wie vorhin, sondern mehr probeweise, und ich rannte mit, die Wäscheleine locker haltend. Solange der Weg eben war, klappte es wunderbar. Nach etwa einem halben Kilometer ging es aber bergab, und da bekam Penny das Übergewicht nach vorn und hing ihm auf dem Hals, ehe sie sich seitlich abrutschen ließ. Immerhin.

„Jetzt komm' ich. Du mußt ihn aber halten!" sagte ich.

Es saß sich auf dem dicken Kerl wie auf einem Sofa. Ich ritt erst im Schritt, dann versuchte ich ein bißchen Trab, nicht viel. Man muß ja nicht mit dem Schwersten anfangen.

Als wir wieder in die Nähe der Häuser kamen, hörten wir ein Auto jaulen. Ich sah auch gleich, was los war: Vor dem Haus der Nachbarin hatte es wenden wollen und war dabei mit dem einen Hinterrad zu weit seitlich gekommen, hing also damit nicht im Graben, den gibt's dort nicht, sondern im Freien über dem Hang, und griff nicht mehr. Gefährlich war es nicht, aber los kam der Fahrer auch nicht.

Penny sah sofort unsere Chance: Sie trieb den Manderl weiter, bis neben das Auto, hielt ihn dort und rief dem Fahrer zu: „Lassen Sie! Wir ziehen Sie mit dem Pferd raus!"

Es war ein junger Mann, wie ich jetzt sah, rot im Gesicht und ärgerlich, den Hut in den Nacken geschoben. „Wollt ihr wirklich?"

„Augenblick!" Penny stob davon. Ich rutschte vom Pferd und zerrte es ein Stück vor den Wagen, und da war Penny schon wieder da, mit einem alten Brustblatt mit Strängen daran, sie mußte gewußt haben, wo es hing. Das stülpte sie dem Manderl über, der junge Mann war ausgestiegen und half, die Zugstränge an der Stoßstange zu befestigen, dann stieg er wieder ein und setzte sich ans Steuer. Penny führte den Manderl an, er legte sich ins Geschirr – rrrrums! Da stand das Auto wieder mit vier Rädern auf der Straße.

„Na bitte!" japste Penny.

„Danke schön!" lachte der junge Mann.

„Großartig!" rief die großgeblümte Nachbarin, die in ihrem Vorgarten stand. Wir hatten sie in unserem Eifer gar nicht gesehen. Es stellte sich dann heraus, daß der Autofahrer ihr Sohn war, und das traf sich ja ausgezeichnet. Wir nickten und lachten und spannten den Manderl wieder aus, und unsere Sorgen hatten sich um mehrere Doppelzentner verringert.

„Der Manderl kommt jetzt zu den Schafen, da ist der Zaun am sichersten", sagte Penny. Es ist mit den Zäunen auf Hohenstaufen so eine Sache: Immer wieder scheuern sich die Schafe daran und drücken sie dabei ein, und dann flickt Onkel sie an dieser Stelle, aber am nächsten Tag geschieht dasselbe an einer andern Ecke. Als die Jungen noch zu Hause waren und überall halfen, war alles einfacher, da faßte jeder mit zu. Aber ein einziger Mann, der auch noch den ganzen Tag auf Arbeit ist, kann das alles kaum schaffen.

Penny und ich suchten uns in der Werkstatt Hämmer und Nägel und klopften an den schlimmsten Stellen die Querstangen fest, wir wollten nicht noch mal erleben, daß der Manderl sich auf fremdes Hoheitsgebiet begab. Aber es blieb Stückwerk, was wir schafften, das sahen wir genau. Dann erinnerte ich mich an den Laubfrosch, und wir liefen heim, um ihn erst mal zu füttern. Fliegen gab es genug. Wir begnügten uns damit, ihm welche ins Glas zu stecken, spazierengingen wir nicht mit ihm. Plötzlich merkten wir, daß wir hungrig waren. Wir hatten das Mittagessen vergessen. Til maulte.

„Ja, du bekommst was, außerdem hast du vorhin ja Eis gekriegt."

„Was wollen wir kochen?" fragte Penny. „Was ißt du am liebsten?"

Wir stöberten im Kühlschrank. Dann aber fiel mir ein, daß Tante Trullala ja vorgekocht hatte. So wärmten wir uns den Eintopf, und weil er uns nicht schnell genug heiß wurde, aßen wir jeder einen Teller voll lauwarmen.

„Das andere bleibt für die Männer", sagte Penny. Es war Rindfleisch mit Nudeln. Als Nachtisch wollten wir Stachelbeerkompott machen, Stachelbeeren gab es im Garten massenhaft. Wir nahmen jeder eine Henkeltasse und dazu noch die Milchkanne und zogen los in den Garten. Wir pflückten um die Wette, alle drei, auch Til, und die Kanne wurde schnell voll. Als wir dann in die Küche zurückkamen, sahen wir, daß die Katzen sich über den Eintopf hergemacht hatten, den wir dummerweise offen hatten stehenlassen. Amanda saß über einem dicken Stück Rindfleisch, das sie sich herausgefischt haben mußte, und zerrte es auseinander, und die Siamesin schien satt zu sein, sie hatte sich auf dem Fensterbrett zusammengeringelt und schnurrte behaglich vor sich hin. Penny schrie und verjagte Amanda, damit rettete sie wenigstens noch ein Stück Fleisch.

„Wenn wir es kleinschneiden und wieder reintun, merken sie es nicht", sagte sie und suchte gleich nach einem Messer, „los, hier ist ein Brett. Denn wenn gar kein Fleisch mehr drin ist, denkt der Onkel, wir hätten es ihnen weggegessen."

Ich half ihr, und wir taten den Deckel wieder auf den Topf. Wo Katzen sind, muß man alles zudecken. Dann fiel Penny ein, wir könnten einen Kuchen backen. Sie hatte im Kühlschrank die Eier gesehen.

„Du zupfst die Stachelbeeren ab, und ich backe", bestimmte sie. Es war kühl in der Küche, weil sie nach Osten geht. So fühlten wir uns da am wohlsten. Während Penny rührte und ich Stachelbeeren zurechtmachte, sangen wir. Til kam zu uns, und so fand uns auch Onkel Albrecht, der seinen Bruder tatsächlich wieder mitbrachte.

„Ihr seid ja musterhaft", sagte er, „nein, so brave Kinder hab' ich noch nie erlebt. Gegessen haben wir aber schon."

„Da können wir den Eintopf für morgen lassen", sagte Penny erleichtert. Onkel schnupperte.

„Es riecht aber –"

„Das ist der Kuchen."

„Kuchen backt ihr? Na wundervoll! Den essen wir gleich." Onkel strahlte. Wir auch. Der Kuchen wurde auch sehr gut, wir aßen ihn gleich warm auf der Veranda, wo wir schön gedeckt hatten, und das ebenfalls noch warme Stachelbeerkompott dazu. Onkel lobte uns noch einmal, und dann erzählten wir vom Manderl.

Warum wir ihn geholt hatten, daß er „ein bißchen Möhrengrün" von der Nachbarin gefressen, dann aber das Auto ihres Sohnes herausgezogen habe. Die beiden Männer lachten sehr und schalten gar nicht. Wir holten dann noch die Schafe und den Manderl herein, und gingen endlich, müde und satt ins Bett. Penny machte sich in meinem Zimmer die Couch zum Schlafen zurecht.

„Wird dein Vater dich nicht suchen?" fragte ich bedenklich. Aber sie winkte ab.

„Der ist froh, wenn er mich nicht sieht."

Ehe wir uns zurechtgekuschelt hatten, rief Onkel nach uns. Wir rannten – Tante Trullala war am Telefon. Sie wollte wissen, wie es uns ginge.

„Ganz, ganz prima! Du kannst völlig beruhigt sein", sagte ich sofort, „alles ist wundervoll in Ordnung und gar nichts passiert. Wenn du noch bei Mutter bleiben willst, wir wirtschaften hier allein weiter. Der Eintopf reicht noch, weil – und so weiter." Sie sagte, sie wollte es sich überlegen. Dann kam Onkel noch mal heran, und wir verzogen uns in unsere Betten, um noch eine Weile zu lesen, ehe wir einschliefen. Das war der erste Tag ohne Tante.

In der Nacht rief Til nach mir. Ich war ganz verschlafen und torkelte zu ihm hinüber, da hockte er im Bett und sagte, er hätte ganz fürchterliche Leibschmerzen. Ich brachte ihn ins Bad, und er kam nach einer Weile, erschöpft und, wie ich deutlich merkte, innerlich geläutert wie ein durchgeblasener Gummischlauch, in sein Bett zurückgewankt. Warmer Kuchen und frisches Stachelbeerkompott ist vielleicht doch nicht das richtige Abendbrot an einem heißen Juliabend. Der Onkel sagte am anderen Morgen etwas Ähnliches, und sein Bruder lächelte blaß dazu. Mir hatte es nichts gemacht, auch Penny nicht. Männer sind zarter in dieser Beziehung, glaube ich. Ich kochte den beiden Erwachsenen einen von ihnen gewünschten steifen Haferflockenbrei und war froh, als sie abfuhren. Und was sich nun ereignete, darauf war nicht einmal Penny vorbereitet.

Es läutete. Ich dachte, es wäre wieder der Briefträger mit seiner Unterschreiberei, und guckte aus dem Fenster, da sah ich einen merkwürdigen Mann stehen, der hatte ein noch merkwürdigeres Tier bei sich. Wollig braun, etwa so groß wie ein Esel, mit einem überlangen, aufrechten Hals, auf dem ein Kopf saß mit einer kamelartigen Schnauze und einem unglaublich beleidigten Ausdruck – ein Lama. Ich kannte es aus dem Zoo.

„Penny, Penny, komm schnell! Da draußen ist was!" schrie ich und fegte die Treppe hinunter, und dabei hatte ich nicht eingerechnet, daß mir jemand in den Weg kommen könnte. Es kam aber doch jemand – Til. Ich konnte nicht mehr bremsen und riß ihn mit. Bums, landeten wir beide am Fuß der Treppe.

Dann gingen wir hinaus. Ich hinkend mit aufgeschlagenem Knie, er mit einer Beule an der Stirn, die ihre volle Größe noch nicht erreicht hatte.

Der Mann, der das Lama hielt, war sicher ebenso bemerkenswert wie dieses selbst. Er schien noch jung zu sein, hatte helles Haar, das in langen schönen Locken bis auf die Schultern fiel – insofern hätte man ihn für ein Mädel halten können, denn er trug Jeans, und die werden ja von beiden getragen. Aber er hatte einen Bart, einen roten. Dieser kräuselte sich rings um seine untere Gesichtshälfte, und der Mund sah klein und fein daraus hervor. Eine Brille mit zartem Drahtgestell umrahmte seine blaßblauen Augen. Ich konnte dies alles gar nicht schnell genug erfassen.

„Bitte?" fragte ich atemlos, unten angekommen. Und er brachte mit dünner und irgendwie klagender Stimme vor, weshalb er hier sei.

Sein Vater hatte den kleinen Zoo besessen, der oberhalb Göppingens am Rande der Bundesstraße gelegen ist, und war gestorben. So fiel sein Besitz an den Sohn. Rehe, Wildvögel und exotische Schafe hatte er bereits verkauft, nur das Lama war bisher von noch niemandem begehrt worden.

„Wir kaufen aber auch keine Lamas", sagte ich sofort. Er lächelte ein wenig mitleidig.

„Das hatte ich auch nicht angenommen. Das könntet ihr wohl nicht bezahlen. Lamas sind sehr teuer, sehr kostbar. Ich will es nur hier unterstellen, ich habe gehört, daß hier ein Tierasyl ist. Es ist ein sehr gutmütiges Tier, Lydia heißt es. Fressen tut es Heu." Hier gab er mir den Strick in die Hand und wandte sich zum Gehen.

„Halt, halt!" rief ich. „Ich weiß gar nicht, ob ich es behalten darf, meine Tante ist verreist..."

„Was geht mich deine Tante an", sagte der junge Mann leidend, „sobald Lydia verkauft ist, komme ich und hole sie – oder der Besitzer tut es. Ich bezahle inzwischen für jeden Tag, den sie hier ist, fünf Mark. Auf Wiedersehn." Weg war er.

Das heißt, ich sah ihn noch. Er wanderte die Straße zum Dorf hinauf, die Füße in grauen Turnschuhen langsam voreinandersetzend, die Morgensonne auf den leuchtenden Locken. Ein bißchen kam ich mir vor wie der König in dem Märchen vom Teufel mit den drei goldenen Haaren – als er die Ruderstange in die Hand bekommen hatte, mußte er das Boot behalten, bis – irgendwann in weiter Zukunft – ein anderer Dummer kam und sie ihm leichtsinnigerweise abnahm. Ich starrte ihm nach.

„Fünf Mark für den Tag, großartig!" hörte ich jetzt Penny – sie mußte herangefegt sein, ohne daß ich sie bemerkt hatte. „Los, komm. Wir stellen Lydia in den Stall. Für fünf Mark am Tag frißt sie bestimmt nicht. Denk mal, was deine Tante da verdient!"

„Aber ich weiß doch nicht –"

„Ach was, jetzt können wir doch nichts mehr machen. Komm, wir führen sie herein. Sie kommt einfach zum Manderl in den Stall. Ob da eins drin steht oder zwei, ist doch egal."

„Bist du närrisch? Da hat kaum der Manderl Platz!"

„Na ja, in der Höhe. Das geb' ich ja zu. Aber in der Breite geht sie bestimmt rein!"

Penny zerrte Lydia bereits hinter sich her. Wir kamen zum Stall, und Penny öffnete die Tür. Manderl streckte neugierig seinen Kopf heraus.

Aber was dann geschah, das ging so schnell, daß man es unmöglich auch nur einigermaßen so schnell beschreiben kann. Der Manderl drehte sich um und feuerte mit beiden Hinterbeinen durch die Tür aus, daß es nur so pfiff – und laut krachte, denn er traf auch manchmal an die Türpfosten. Ob er sich dabei weh tat, weiß ich nicht, Hufe sind ja hart, aber ich hatte das Gefühl, als würde er immer wütender, und das konnte ja gut davon kommen. Jedenfalls hörte er nicht auf auszukeilen und wieherte dabei, hoch und schrill, wie ich es noch nie gehört habe, daß wir dachten, die ganze Nachbarschaft müßte zusammenlaufen.

„Tu sie weg, tu sie weg – tu die Lydia weg!" schrie ich, und Penny zerrte an Lydias Strick. Wir bekamen sie außer Reichweite von Manderls Hufen und schließlich auch um die Hausecke, also außer Sicht. Dort blieben wir erst einmal stehen, uns zitterten die Knie.

„Du, das geht nicht. Die können wir einander nicht wieder nahebringen", sagte ich endlich, als ich wieder sprechen konnte. Erst hatte uns der Lärm buchstäblich die Sprache verschlagen.

„Glaub' ich auch. Ich weiß jetzt auch, warum."

Penny sah mich an. „Als der liebe Gott alle Tiere erschaffen hatte, fragte er sie, ob sie nun auch alle zufrieden wären, jedes einzelne. Die meisten waren es, manche aber auch nicht. Die Katzen zum Beispiel fanden, daß es am Tag zu hell wäre – sie lieben die Nacht mehr, da können sie auch sehen, und es blendet nicht, deshalb machen sie ja am Tag immer solche Schlitzaugen, weißt du. Der liebe Gott meinte, da sollten sie doch tags schlafen – und sie waren auch ganz einverstanden damit. Die Eisbären wiederum fanden, ihr Fell könnte gut noch etwas dicker sein, das gab der liebe Gott zu und machte es dicker.

Dann kam das Pferd, und das beschwerte sich über vieles. Es müßte doch so viel laufen, und dazu wären seine Beine nicht lang genug. Und die Hufe sollten breiter sein, damit es nicht erst Eisen tragen müßte. Der Mensch, der auf ihm reiten wollte, würde ihm einen schweren Sattel auflegen und ihm mit dem Gurt die Luft abschnüren, ob es nicht sinnvoller gewesen wäre, ihm gleich einen natürlichen Sattel zu schenken. Außerdem wäre der Kopf zu nahe am Leib, so könnte es nicht weit genug vorausgucken. Der Schwanz aber wäre zu kurz und müßte eine Quaste haben, um die Fliegen zu verjagen.

Der liebe Gott hörte sich das alles an und sagte: ‚Gut. Wenn du so unzufrieden bist, will ich dir den Gefallen tun und ein Tier schaffen, das all diese Eigenschaften besitzt, die dir fehlen.'

Und er schuf das Kamel. Mit langen Beinen und unten gespaltenen Hufen, mit einem natürlichen Sattel – den zwei Höckern nämlich, zwischen denen der Reiter sitzt – und einem langen dünnen Schwanz mit Quaste.

Als das Pferd dieses Geschöpf sah, entsetzte es sich. ‚Nein, bitte, da bleib' ich lieber, was ich bin!' sagte es zum lieben Gott. Aber das Kamel war nun einmal erschaffen, und der liebe Gott ließ es dabei.

Seitdem geht kein Pferd an einem Kamel vorbei, ohne zu zittern und sich entsetzlich aufzuregen. Die meisten schwitzen sogar vor Angst –"

„Ja, vor einem Kamel hat das Pferd Angst, das kann ich ihm nachfühlen. Die Lydia ist doch aber ein Lama!"

„Richtig", sagte Penny erkenntnisvoll und schlug sich vor die Stirn, „daran hab' ich gar nicht gedacht! Aber vielleicht erinnert sie den Manderl an ein Kamel – oder riecht so ähnlich, und er hat gar nicht genau hingeguckt..."

Es schien so. Und Lamas sehen Kamelen ja auch ähnlich, vor allem im Gesicht. Auf jeden Fall durften die beiden einander nicht wieder begegnen, wir hatten genug von dem Spektakel und zerrten Lydia ums Haus, um sie dort anzubinden. Penny brachte ihr einen Armvoll Heu, und sie begann zu fressen. Wir wischten uns den Schweiß von den Gesichtern und sahen uns erst einmal an.

„Schön ist sie nicht, aber lieb", sagte Penny. Dann kam der Briefträger, und ich lief die kleine Treppe zur Straße hinauf und fragte, was es zu unterschreiben gäbe. Nichts, nur Zustellgebühr für ein Paket.

Also diese buntgeblümte Nachbarin! Zustellgebühren zahlen ist keine Kunst. Ich rannte in mein Zimmer hinauf und suchte nach passendem Kleingeld. Alles, was Mutter mir mitgegeben hatte, lag in einer kleinen hölzernen Schale auf der Kommode. Ich suchte nach Zehn- und Fünfzigpfennigstücken. Schließlich fand ich, was ich brauchte.

An diesem Tag fiel mir noch nichts auf. Auch nicht, daß mein Tagebuch daneben lag, zugeschlagen, aber nicht verschlossen. Es hat an der Seite ein kleines blankes Messingschloß, und man könnte es zuschließen, aber den Schlüssel habe ich schon zu Hause verloren, und so mußte es eben offen bleiben. Ich rannte wieder hinunter und bezahlte den Briefträger. Dann kam ich langsam wieder herauf und setzte mich ans Fenster, denn mir war eingefallen, daß ich alles hineinschreiben könnte, vom Manderl und der Lydia und so. Solche Dinge erlebt ja nicht jeder, und ich schreibe eben für mein Leben gern.

Ich tat es. Ich schilderte unsere Reiterei und die Rettung des Autos und dachte, wenn wir nun nach den Ferien den berühmten Aufsatz aufbekommen: „Mein schönster Ferientag", dann schreibe ich von gestern. Das heißt, vielleicht mogele ich ein bißchen und bringe die Lydia auch noch mit hinein. Es hätte sich ja gut an einem einzigen Tag abspielen können, dies alles. Da ging das Telefon, und ich ließ alles stehen und liegen und rannte hinunter.

Penny war schon dran. Sie hatte blinkende Augen, mit denen sie mich anstrahlte, während sie „Ja – ja natürlich, ja, wir kommen!" sagte, und legte dann auf, ohne daß ich hatte mithören können.

„Was gibt's denn?" fragte ich dringlich. Sie funkelte.

„Ein Krokodil!"

„Bist du närrisch?"

„Nein, wirklich!"

„Hier in Hohenstaufen?"

„Nein, in Maitis!" Das ist das Nachbardorf, ein Stück nach Norden zu gelegen. Ich kenne es gut.

„Und?"

„Ob wir es holen. Die Frau, der es gehört, mußte heute früh in die Klinik, sie kriegt ein Kind. Der Mann traut sich nicht ran an das Krokodil, und es muß doch gefüttert werden. Und –"

„Und?"

„Na, ansehen können wir es uns ja!"

„Hast du schon mal ein Krokodil gefüttert?" fragte ich.

„Natürlich nicht, aber –"

„Na siehst du! Ich auch nicht." Also mir wurde jetzt wirklich angst. Wenn Tante Trullala nach Hause kam, und wir hatten außer Pferd und Lama noch ein Krokodil ...

„Also das mußt du mir versprechen: Das nehmen wir nicht!" sagte ich und versuchte, in meine Stimme soviel Festigkeit zu legen, wie ich nur konnte. „Wir sind kein Zoo. Und kein Asyl für Obdachlose. Auf keinen Fall!"

„Aber ansehen", schmeichelte Penny. Ihre dunklen Augen sahen mich dabei so bettelnd an, daß ich fühlte, wie mein Widerstand erlahmte.

„Schön. Aber wirklich – wirklich nur ansehen. – Weißt du was?" fragte ich, denn mir war eine Erkenntnis gekommen. „Wir reiten nach Maitis. Der Manderl ist stark genug, uns beide zu tragen. Da haben wir gleich einen schönen Ausritt und der Manderl Bewegung."

Wenn wir geritten kamen, konnten wir das Krokodil auf keinen Fall mitnehmen. Dies betrachtete ich sozusagen als Lebensversicherung. Und Penny biß auf den Angelhaken – sie war sofort einverstanden. Wir holten den Manderl.

Nach Maitis geht es erst ein Stück bergauf. Wir führten den Norweger durchs Dorf und saßen dann erst auf, ich vorn, Penny hinter mir. Ich ließ ihn auf dem Grasstreifen neben der Autostraße gehen, erst Schritt, dann versuchsweise Trab. Es ging wunderbar.

In Maitis fragten wir nach dem Krokodil. Ich nahm an, daß jeder Dorfbewohner wußte, wer es besaß – und so war es auch. Man wies uns ans Ende des Dorfes, wo ein einzelnes Haus stand.

Ich hatte mir bereits einige Vorstellungen gemacht, wie das so ist, wenn man etwas Neues erfährt, und dachte mir unwillkürlich, die Besitzerin dieses Tieres müßte eine ebenso merkwürdige Erscheinung sein wie der Erbe der Lydia, auf jeden Fall aber etwas Ungewöhnliches, ebenso ihr Zuhause. Deshalb staunte ich, als ich das bezeichnete Haus sah. Es war ein schönes, ziemlich neues, sauberes Eigenheim mit Vorgarten und Balkon. Von diesem Balkon aus guckten zwei zottelige Gesichter auf uns herunter, gegen die sogar Pennys verfilzte Mähne gepflegt wirkte. Sie schienen bewegungslos, ich dachte erst, sie wären ausgestopft. Das waren sie aber nicht, sondern echte Afghanen, das sind Hunde, die man hier selten findet. Sie sind dünn und langhaarig und haben ein Fell, das aussieht, als wäre es in lauter kleine, liederliche Zöpfe geflochten, jedenfalls diese hier. Wir banden den Manderl neben der Gartentür fest und läuteten.

Von innen wirkte das Haus schon ein wenig anders. Im Flur hingen überall afrikanische Waffen, Pfeile und Bogen, Felle, Messingdinge, die ich nicht kannte, Trommeln oder ähnliches. Neugierige Kindergesichter lugten aus allen Türspalten. Wir fragten nach dem Hausherrn, da wir gehört hatten, die Frau sei bereits in der Klinik. Er kam uns entgegen, blaß, dünn, das Gesicht voller Falten.

„Ach, ihr seid die beiden vom Tierasyl", begrüßte er uns. Ich versuchte, sogleich zu widersprechen, und es gelang mir auch. Die Sorge beflügelte meine Zunge, und ich zerstampfte alle meine angeborene Schüchternheit in meiner Brust.

„Wir haben kein Tierasyl", sagte ich so deutlich wie möglich, „überhaupt nicht. Wir kommen nur, um Ihr Krokodil anzusehen, und wenn wir das nicht dürfen –" Ich stand auf dem Sprung, wieder hinauszulaufen. Penny hielt ihre eiserne kleine Hand in meinen Ärmel gekrallt.

„Bloß ansehen, bloß einen Augenblick!" schmeichelte sie, und ihren Augen kann niemand widerstehen, das wußte ich schon.

„Dann kommt", sagte der Mann nach einem Augenblick Schweigen ergeben. Er tat mir in diesem Moment herzlich leid. Die vielen Kinder, die Frau fort und dazu noch ein Krokodil ...

Wir waren dann sehr enttäuscht. Zwar hatten wir kein Ungeheuer von vier Metern erwartet, wie es immer in Büchern beschrieben wird, aber etwas mehr doch. Der ganz kleine – und, wie ich sofort fand, widerliche – Drachen war vielleicht so lang wie mein Unterarm und saß in einem viereckigen Glaskasten von vielleicht einem Meter Länge, in dem er schwimmen oder auch auf den da hineingelegten Steinbrocken klettern konnte. Eine sehr dumme Scherzfrage heißt ja: „Was ist der Unterschied von einem Krokodil?" Antwort: „Auf dem Lande läuft es, und im Wasser schwimmt es." Tückisch sah es aus, kein Zweifel, und eklig dazu. Penny preßte ihre Nase hingerissen an die

Glaswand. Sie mag alle Tiere, sogar Wespen und Hornissen, die ich hasse.

„Was frißt es?" fragte sie begierig.

„Rohes Fleisch. Das muß man ihm hinhalten. Dann schnappt es zu. Ich tu' das nicht gern", sagte der Mann der Krokodilbesitzerin ehrlich. Ich bewunderte das.

„Und warum nicht?" fragte Penny atemlos.

„Weil es mit so einem ganz schnellen Happs zuschnappt", sagte er, „und ich denke dann immer, jetzt erwischt es meinen Finger mit."

„Hat es schon mal?" fragte sie.

„Ja, zweimal. Danke verbindlichst."

„Und wenn man das Fleisch mit etwas anfaßt – ich meine, vielleicht mit einer Zange oder einer Pinzette?" schlug ich vor. Ich konnte die Hemmungen, die der Unglückliche hatte, gut verstehen.

„Das darf man nicht. Dann hackt es seine Kiefer womöglich in die Pinzette und verschluckt sie ... Krokodile haben Zähne ähnlich wie Hechte, die nach hinten stehen. Dadurch können sie das, was sie einmal dazwischen haben, nur schwer oder gar nicht wieder loslassen. Große, kleine, dünne, eckige Zähne –"

Eine ordentliche, handfeste Zange würde es sicher nicht verschlucken, dachte ich, sagte es aber nicht. Alle Kinder – es gab sie in vielen Abstufungen – standen neben uns und guckten, nur das Einjährige kroch in seinem Ställchen herum, das in der Ecke des Zimmers stand. Die Familie war recht groß.

„Ihr könnt es also nicht mitnehmen?" fragte der Vater des Ganzen mutlos. Ich schüttelte stumm den Kopf, sagen konnte ich nichts. Ein Nein hätte recht grausam geklungen, fand ich.

„Also mitsamt dem Aquarium und allem Drum und Dran – so viel Arbeit würde es ja auch wieder nicht machen", sagte Penny, als wir wieder draußen waren. Ich schwang mich stumm auf den Manderl.

„Ich würde es bestimmt füttern, du brauchtest kein einziges Mal", hörte ich noch, während ich merkte, wie Penny sich hinter mir auf den Norwegerrücken emporarbeitete.

„Wenn du noch ein Wort davon sprichst, schmeiß ich dich vom Pferd, und zwar im Galopp", knirschte ich und trieb den Manderl Richtung Heimat, der sehr einverstanden zu sein schien, dies Krokodilnest hinter sich zu lassen. Er fiel sofort in Galopp. Das ist, vor allem, wenn es bergauf geht, die leichteste Gangart für den Reiter. Trotzdem wirkte die Geschwindigkeit – ich glaube, Penny hatte wenig Lust, bei dem Tempo abzusteigen. Sie schwieg eine Weile, und da das bei ihr selten ist, dachte ich, sie habe ihre Pläne vielleicht wirklich aufgegeben. Aber nach einer Weile hörte ich:

„Also, ich würde ..."

„Was würdest du?"

„Ich finde, es ist gemein von uns, den armen Mann im Stich zu lassen. Er fürchtet sich davor, und seine Frau kommt so bald nicht wieder, und wir reiten weg –"

„Was meinst du, was wir tun sollten?"

„Es wenigstens füttern. Ich täte es sofort!"

„Im Ernst?"

„Es hat sicher Hunger."

Ein Tier, das Hunger hat und nichts bekommt – ich nahm den Zügel an.

„Schön. Aber du mußt es tun – ich tu' es nicht, das sag' ich dir."

Der Manderl war nicht erbaut davon, daß wir umdrehen wollten. Ich mußte abspringen und ihn am Zügel herumzerren, und dabei sah ich sein Gesicht, beleidigt und stur. Es war eine Anstrengung, ihn wieder in Gang zu bekommen. Endlich ging er.

„Hör zu, Penny", setzte ich an, „jetzt reiten wir hin, und du wirst das Krokodil füttern. Hoffentlich beißt es dich gleich beim ersten Mal so, daß du genug hast. Ich werde dich nicht bedauern", fügte ich grimmig hinzu.

„Dann komm' ich vielleicht in die Zeitung!" frohlockte Penny. „Ein Opfer ihrer Gutherzigkeit oder so ähnlich", malte sie sich aus, aber ich für meine Person wollte mich weder opfern noch in die Zeitung kommen. Wütend saß ich vor dem Haus ab, klopfte, daß die armen Einwohner dachten, der Putz fiele von den Wänden, und verkündete lautstark:

„Meine Freundin will das Füttern übernehmen. Bitte geben Sie ihr, was das Krokodil frißt."

Der erschrockene Hausvater führte uns wieder in das wimmelnde Kinderzimmer und eilte dann der Küche zu. Penny nahm aus seiner Hand das erste Stückchen dünngeschnittenes Fleisch, das roh und rot aussah, und blickte ihn fragend an.

„Richtig ins Maul stopfen?" fragte sie.

„Das könnte dir schlecht bekommen. Nein, so hängen lassen", er machte es vor, außerhalb des Glaskastens. Das Fetzchen Fleisch baumelte ihm zwischen Daumen und Zeigefinger, und er näherte es langsam dem Krokodil, wobei allerdings die Glasscheibe dazwischen war. Penny nahm ihm das Fleischstück unerschrocken aus der Hand und wollte es sofort in das Aquarium hineinhalten.

„Halt, halt, langsam!" rief der Hausvater. Er schob die Glasscheibe weg, die das Aquarium abdeckte, und deutete hinein. Penny machte es jetzt anscheinend richtig, denn er sagte nichts mehr, sondern guckte nur besorgt auf ihre Finger. Happs, da hatte es zugeschnappt, so schnell und mit so weit aufgerissenem und sofort wieder zugeklapptem Rachen, daß sogar Penny erschrak.

„Hat es dich erwischt?"

„Nein, nur beinahe."

„Noch mal?" fragte der Besitzer zögernd. Penny nickte. Ich mußte zugeben, daß ich das großartig fand. Vorhin war es Neugierde gewesen, jetzt war es Mut. Man sah es deutlich daran, daß sie überlegter handelte. Die häßlichen Zähne erwischten sie auch nicht, erst beim nächsten Mal. Autsch – sie riß die Hand zurück, und das Blut kam aus der Fingerkuppe geschossen. Der Besitzer deckte voller Schrecken das Aquarium mit der dazugehörenden Glasplatte zu.

„Ein Glück, daß es losgelassen hat", sagte er und hantierte schon mit Leukoplast und Schere. „Meist läßt es nicht los. Na und dann . . ."

Ich konnte mir das gut ausmalen. Meine Liebe zu den Tieren hört mit dem Warmblütler so ziemlich auf. Schon der Laubfrosch ist nicht mein Fall, er soll natürlich nicht hungern, solange ich ihn versorge, aber mit ihm spazierengehen – danke schön! Und nun gar erst dieses Scheusal! Was mag sich der liebe Gott gedacht haben, als er Krokodile schuf!

„Hast du genug von ihm?" fragte der Krokodilbesitzer ein wenig zaghaft, als wir uns verabschiedeten.

„Nein, ich füttere es morgen wieder", versprach Penny tapfer. Er lächelte. In diesem Augenblick sah er wirklich nett aus, so kleinlaut-erleichtert und dankbar.

„Übermorgen genügt. Kommt ihr da?"

Penny nickte stürmisch. Gerade läutete das Telefon. Wir hörten noch, wie der junge Vater „Danke, danke!" sagte, dann auflegte und mit nicht ganz so glücklichem Gesicht, wie es immer in Geschichten heißt, vor sich hin murmelte: „Also diesmal wieder ein Junge. Na, Hauptsache gesund."

Ich schob Penny vor mir her und half ihr, was ich vorhin nicht getan hatte, auf den Manderl. Irgend etwas in mir befahl eilige Flucht...

Heimgekommen, merkte ich, was mich so getrieben hatte. Das Telefon schrillte – man hörte richtig, wie erbost es war. Ich rannte hin und erwischte es noch, ehe es aufgab. Tante Trullala.

„Wie schön!" stammelte ich atemlos. Tante würde nie, nie erlauben, daß Penny dieses greuliche Vieh herbrachte, das wußte ich genau. Ich war sehr froh in diesem Augenblick, daß es Erwachsene gibt, die nein sagen können.

„Wir haben es uns überlegt, Musch", hörte ich ihre Stimme von weit her, „ich bringe Mutter doch mit. Liegen kann sie auch bei uns. Du hilfst ja – und viel zu tun ist doch nicht. Wir legen sie in den Garten, das hat sie nicht einmal hier. Als ich dem behandelnden Arzt schilderte, wie ruhig und still es auf dem Hohenstaufen ist –"

Ich sagte nichts, oder nur das übliche „Jaja". Sie wollten abends dasein.

„Mutter quartieren wir in dein Stübchen", hatte sie noch gesagt. „Du kannst in Tils ziehen und er zu Onkel. Vielleicht fängst du schon an umzuräumen, bis wir kommen? Na wundervoll. Und mach ein schönes Abendbrot, ja? Und vergiß nicht –"

Es waren noch ungefähr fünfundvierzig Kleinigkeiten, an die sie mich erinnerte, und als ich auflegte, wußte ich davon noch drei: Quarkspeise mit Erdbeeren zurechtmachen und kühl stellen – Mutter soll jeden Tag Quark essen – das Wohnzimmer fegen und putzen – Betten überziehen. Das erste machten wir gemeinsam, Penny und ich, dann stürzte sich Penny in die Wohnzimmerputzerei, und ich stieg die Treppe hinauf in mein Zimmer.

Ja, und da gab es gleich Ärger. Wer war denn hier oben gewesen? Mein Tagebuch lag aufgeschlagen, sozusagen auf dem Gesicht, auf der Erde, das Geld aus der kleinen Holzschüssel – es war alles Hartgeld, keine Scheine – war über den Fußboden verstreut, und unter dem Bett hervorstehend sah ich – huh! – einen Schuh. Das reimte sich wieder mal, und es war auch wahr, und schrecklich war es dazu, so schrecklich, daß ich still dastand und keinen Atem holte und die Gänsehaut über meinen Rücken schleichen fühlte wie noch nie.

Man wird sich wundern, wenn ich das erzähle. In welcher Familie, noch dazu mit mehreren Kindern, hat nicht schon einmal ein Schuh unter dem Bett gelegen, wo er nicht hingehörte. Hier aber – oh, es war kein Schuh von mir, hingeworfen und mit dem Fuß aus dem Weg gestoßen. Es war, ich sah es deutlich und genau, ein Männerschuh mit gerippter Sohle, und er bewegte sich. Ein Einbrecher –

Ich wollte schreien und verbiß es dann, weil ein Rest meines davonwirbelnden Denkens mir sagte: Wenn du schreist, kommt er raus und drückt dir die Kehle zu. So schrie ich also nicht und bewegte mich nur ganz, ganz langsam rückwärts, der offengelassenen Tür zu, erreichte sie und flitzte dann, die Stufen kaum berührend, wie ein Windhauch hinunter.

„Penny, Penny, in meinem Zimmer liegt ein Einbrecher unterm Bett!"

Penny kam gerannt. Ich schilderte ihr, was ich gesehen hatte, und wir standen und fürchteten uns und wußten nicht, was tun. Als alles ruhig blieb, fing Penny langsam an zu zweifeln.

„Hast du ihn auch wirklich gesehen?"

„Deutlich!" stieß ich hervor.

„Den Einbrecher?"

„Nein, seinen Schuh!"

„Vielleicht war es einer von dir?"

„Ausgeschlossen, viel größere Nummer!"

„Oder einer von Onkel, den jemand da hingeschmissen hat?"

„Unsinn, wer schmeißt denn einen Schuh von Onkel unter mein Bett? Außerdem hat er sich bewegt."

„Weißt du das genau? Vielleicht war es Til?"

Ich schwieg und überlegte. Mir ging in diesem Augenblick erst auf, daß wir Til lange nicht gesehen hatten. Wenn der Einbrecher ihn nun umgebracht hatte, während wir beim Krokodil waren?

Ja, wo war Til? Wir sahen uns in die schreckensbleichen Gesichter. Penny war wieder mal die mutigere.

„Wir müssen rauf, nachsehen!"

„Und wenn er uns auch erwürgt?"

„Vielleicht hat er ihn ja noch gar nicht, vielleicht können wir ihn noch retten!"

Wir schlichen mit klopfendem Herzen die Treppe hinauf, unnatürlich langsam. Die Sorge um Til zog uns, die Angst bremste. Schließlich waren wir im oberen Flur, schlichen zur Tür, guckten – Penny stöhnte unterdrückt vor Spannung. Wirklich, da war ein Männerschuh, da waren sogar zwei. Und sie bewegten sich.

„Wir müssen Hilfe holen, einen Mann", hauchte Penny und zog mich rückwärts.

„Aber wen?"

„Vielleicht den Sohn von der Großgeblümten? Wenn wir ihm das Auto auf die Straße gezogen haben, kann er uns auch den Einbrecher fangen."

„Und wenn er nicht da ist?"

„Dann die Polizei."

„Klar, die Polizei! Es heißt ja immer: die Polizei, dein Freund und Helfer."

Penny hatte mich an der Hand gefaßt und zerrte mich hinter sich her. Mir war bei dem Gedanken an die Polizei gar nicht wohl. Womöglich hatte sie gesehen, daß wir auf dem Manderl zu zweit gesessen haben – das ist vielleicht verboten, ich weiß nicht – oder sonst etwas, was man eigentlich nicht darf. So hoffte ich inständig, den Nachbarssohn anzutreffen. Und wir hatten Glück: Er stand vor seiner Gartentür, als wir anlangten. Penny sprudelte bereits hervor, welches Anliegen wir hätten, und er hörte ein bißchen kopfschüttelnd zu. Schließlich ging er zum Auto, das vor der Tür stand, suchte ein Weilchen unter der zurückgeschlagenen Kühlerhaube und kam dann, einen ziemlich dicken Schraubenschlüssel in der Hand, mit uns. Zu dritt stiegen wir die Treppe hinauf. Dann spähten wir durch die noch halb geöffnete Tür in mein Zimmer hinein. Der Schuh war weg.

„Es war aber einer da, das heißt zwei!" flüsterte ich beschwörend. Jetzt war es mir wieder peinlich, nichts entdecken zu können. „Dort, unter dem Bett!"

„So ein Unsinn", sagte der junge Mann, bückte sich, blieb, den Kopf ein wenig schief gedreht, gebückt stehen und trat dann noch etwas näher an das Bett heran.

„Sie!" rief er dann halblaut, und das klang gar nicht schön, fand ich. Es war also jemand da – und dann griff er zu und zog – ich wußte nicht, sollte ich erleichtert oder empört sein – niemand anders als Til unter dem Bett hervor. Er war im Schlafanzug, voller Staub und Fusseln, und trug an den bloßen Beinen ein Paar Schuhe von Onkel.

„Til!" röchelte ich, und dann fielen wir beide stimmgewaltig über ihn her. Was er hier täte und wieso er Onkels Schuhe trüge und –

Der junge Mann von nebenan sah uns an, machte dann eine kleine Bewegung mit den Schultern und ging die Treppe hinunter und aus dem Haus. Ich kam mir entsetzlich blamiert vor.

„Und mein Geld hast du auch rumgeschmissen und mein Tagebuch –"

„Gar nicht wahr!" jammerte Til. „Immer soll ich alles gewesen sein, und zum Frühstück hab' ich auch nichts gekriegt und –"

„Vielleicht warst du auch gar nicht in Onkels Schuhen unterm Bett", tobte ich, „leugnest du das etwa auch? Nur um uns zu erschrecken, wir hätten einen Herzinfarkt kriegen können! Ein einziges Glück, daß Tante heute wiederkommt, aber Onkel Albrecht sag' ich es auch –"

Er hatte uns wirklich erschrecken wollen, und das war ihm gelungen. Ich war sehr wütend.

„Und wenn von meinem Geld was fehlt –"

„Dann laß es gefälligst nicht so rumliegen!"

„Hab' ich ja gar nicht! Es lag auf dem Holzteller auf der Kommode und mein Tagebuch daneben. Fremde Tagebücher liest man nicht!"

„Hab' ich auch nicht."

„Aber runtergeschmissen hast du es."

„Nein, doch!"

Da haute ich ihm eine runter, und nun wurde es ganz schlimm. Er heulte, als ob ich ihm wer weiß was getan hätte, dabei war ich noch halb abgerutscht, und rannte die Treppe hinunter. Ich machte mich, gleichzeitig reuevoll – denn kleinere Geschwister haut man nicht – und befriedigt daran, mein Geld zusammenzusuchen. Penny half mir dabei. Das Tagebuch schlug ich zu und warf es quer aufs Bücherbord.

„So, jetzt ist wieder Ordnung. So ein Lausebengel, ein unverschämter. Ich bin vielleicht erschrocken!"

Am meisten ärgerte mich, daß es genauso gekommen war, wie er es sich ausgemalt hatte. Wir waren ihm auf den Leim gegangen und hatten an den Einbrecher geglaubt. Der Schreck saß mir noch in den Gliedern. Wenn wir nun die Polizei geholt hätten!

„Untersteh dich und mach noch mal so was!" knirschte ich ihm zu, als ich später unten im Haus an ihm vorbeikam. „Einbrecher spielen und Tagebuch lesen und Geld rumschmeißen!"

„War ich ja gar nicht, bäh!" schrie er und streckte mir die Zunge raus. So ist er sonst nicht, ich verstehe mich zu Hause mit Til ganz gut. Um so mehr ärgerte es mich.

Natürlich wollte ich nicht petzen. Aber sich alles gefallen lassen sollte man auch nicht. Erzählen werde ich es schon eines Tages, wie er sich benommen hat. Große Schwestern, die für ihn sorgen, zu ängstigen und zu erschrecken!

Ich rannte hin und her, türaus, türein, um alles für Mutters und Tante Trullalas Ankunft vorzubereiten, und dabei schwor ich mir Rache.

Daraus wurde nichts, und das war sicher vom Schicksal so vorbestimmt. Man soll ja keine Rache nehmen, sondern verstehen und verzeihen. Das ist nicht leicht. Manchmal aber überrollen einen die Ereignisse und helfen einem damit. Ich jedenfalls vergaß alles, als Til angestürzt kam und meldete, die kostbare Siamkatze wäre krank, sie hätte Krämpfe und winde sich vor Schmerzen. Er schrie es so laut, daß wir es beide, Penny und ich, sie im Wohnzimmer und ich im oberen Stock, hörten und verstanden und alles stehen- und liegenließen, um zu der Patientin zu rennen. Immer gehen ja die Kranken vor. Sie lag in der Küche auf der Eckbank, die bunte Kissen hat, und als ich kam, lag sie da schon nicht mehr allein, sondern neben ihr ein winziges, noch nasses Kätzchen, das soeben geboren sein mußte. Das also waren die Krämpfe gewesen! Wir stoppten unseren Lauf ab und staunten das kleine Wunder an. Es sah schon genau wie eine Katze aus, während andere neugeborene Jungtiere oft scheußlich und ekelhaft aussehen, zum Beispiel weiße Mäuse.

„Aber eine Siamkatze ist es nicht", sagte Penny sachverständig, „das wird ein ganz gemeiner Hauskater. Na, egal, Hauptsache gesund", so hatte der Krokodilbesitzer nach seinem inhaltsschweren Telefonat gesagt. Ich mußte so lachen, daß ich mich setzte. Dann brachten wir der Katze Milch, die sie glücklich aufleckte. Penny stand daneben und sah ihr zu, schweigend, versunken. Sie lachte gar nicht.

„Aber daß es nur eine ist", sagte sie schließlich. „Katzen kriegen doch sonst immer einen ganzen Wurf."

„Vielleicht kommen noch welche?" fragte Til. Wir konnten ihm keine bindende Zusage machen. Auf jeden Fall holten wir das Katzenkörbchen, stellten es neben die junge Mutter und hoben diese samt Sohn – Penny nannte ihn Salomon – hinein. Sie ließ es sich gern gefallen, leckte an ihrem Sprößling herum und war sehr friedlich. Wir beschlossen, das Körbchen in die Werkstatt zu stellen, da wir in der Küche jetzt dauernd raus- und reinliefen und somit die Tür eben doch manchmal offenstehen lassen würden. Da sich die Werkstatt im Kellergeschoß befindet, kamen wir am Käfig der Streifenhörnchen vorbei und wurden daran erinnert, sie zu füttern. Und so ging es weiter, ein Tier nach dem andern mußte versorgt werden, und im Handumdrehen war es Abend.

Wir hatten angenommen, Tante und Mutter würden mit der Bahn kommen und von Onkel Albrecht abgeholt und im Lieferwagen hergefahren werden, wie wir es von uns kannten. Deshalb erwarteten wir sie nicht vor Onkels normaler Ankunftszeit. Auf einmal aber bremste ein Wagen vor dem Haus, ich guckte flüchtig hinunter und sah einen jungen Mann aussteigen, der mich aber, wie ich glaubte, nichts anging. So rannte ich weiter, denn wir waren noch lange nicht fertig, und war sehr erstaunt, auf eine Gruppe Menschen zu stoßen, als ich einmal, natürlich wieder im Handgalopp, den unteren Flur durchquerte. Zwei Männer standen dort, die ich nicht kannte, der junge aus dem Auto und ein älterer und – ich schrie leise auf – Tante Trullala und Mutter! Das gab eine lautstarke Begrüßung, ich fiel beiden nacheinander um den Hals und drückte sie, und dann saßen wir alle auf der wunderschönen Veranda mit dem Blick zur Alb hinüber, und ich fand es gut, daß wir mehr Quarkspeise gemacht hatten als nötig. So reichte sie für alle, und der junge Mann – er heißt übrigens Rupert, was ich erst für seinen Nachnamen hielt –, dieser junge Mann lobte und pries unseren süßen Quark und bat sich sogar zuletzt die Schüssel aus, um sie auszulecken. Heutzutage ist es sonst üblich, daß die Erwachsenen wenig essen, keinen Appetit zu haben behaupten oder leidend feststellen, daß sie nicht essen dürften – der Kalorien wegen. Rupert gehörte nicht zu ihnen, es schmeckte ihm trefflich, und seine Mundwinkel waren weiß, als er die Schüssel gründlich ausgeleckt hatte. Das gefiel mir, und überhaupt gefällt er mir sehr – er hat braune Augen, die ganz verschmitzt gucken können, mitunter tanzen goldene Funken darin.

Rupert hat seinen Vater aus dem Sanatorium abgeholt, in dem auch Mutter lag, und sich erboten, Tante Trullala und Mutter im Auto mitzunehmen und nach Hause zu fahren. Es sei eine sehr, sehr schöne Fahrt gewesen, alle erzählten davon.

„Aber das schönste ist doch das Ankommen!" sagte Rupert und sah sich um. „Der Blick ist fürstlich, eines Schlosses würdig. Und die Bedienung erstklassig", er streifte Penny und mich mit einem reizenden Blick. Ich wurde vor Stolz feuerrot.

Später erzählten wir. Tante Trullala hatte gefragt, was passiert wäre.

„Immer passiert was, wenn man verreist, Hauptsache nur, daß der Zug nicht entgleist", sagte sie. Das gab mir Mut auszupacken. Ich erzählte vom Manderl, Rupert war sehr interessiert. Er ist im Reitverein, wie er erzählte, und war sehr gespannt auf den Norweger.

„Ich darf ihn morgen doch mal probieren!" sagte er gleich.

Dann erwähnte ich, schon etwas zögernder, Lydia, aber ich hätte keine Besorgnis zu haben brauchen. Als Ruperts Vater hörte, wir hätten ein Lama übernommen, lachte er so, daß er alle damit ansteckte, auch Tante Trullala, und keiner sich vom Lachen erholen konnte. Ich habe noch nie einen älteren Menschen so lachen sehen wie diesen freundlichen alten Herrn. Er mußte sich die Augen auswischen, weil sie ihm buchstäblich überliefen.

„Hol es! Lauf und hol die Lydia", prustete er, als er wieder fähig war zu sprechen, „ich muß sie sehen. Ein Lama als Pensionär, wundervoll!"

„Hier raufholen?" fragte ich, aber er winkte sogleich wieder ab.

„Wir kommen später hinunter und sehen sie uns an, eure Lydia. Sie müssen wissen", wandte er sich an Mutter und Tante Trullala, „wir haben selbst eine Lydia in der Familie, eine – nicht wahr, Rupert? – eine Lamentiererin, wenn man so sagen darf, deshalb finde ich es ja so wundervoll, daß ihr Lama Lydia heißt." Er lachte schon wieder, bis er ganz erschöpft war.

Es wurde ein wundervoller Abend. Erst ganz spät, als die Erwachsenen auch schlafen gingen, wurden wir ins Bett geschickt, das heißt, wir gingen von selbst, sogar Til. Ich fand es herrlich, einmal nicht hören zu müssen: „Nun aber schleunigst in die Federn, ihr Kinder!" Rupert und sein Vater hatten im Gasthof angerufen, ob sie dort ein Zimmer bekämen, und Mutter und Tante Trullala kletterten, glücklich, müde und erschöpft, aber angenehm erschöpft, wie sie betonten, hinauf in das Zimmer, in dem ich bisher gewohnt hatte. Sie mußten sich doch noch so viel erzählen ...

Da erst merkte ich, daß Penny gar nicht mehr da war. Ich hatte vermutet, sie wäre eher schlafen gegangen, weil sie müde war, und erwartet, sie auf der Couch in Tils bisherigem Zimmer zu finden. Dort aber waren die Betten glatt, und keiner schlief darin. War sie etwa heimgelaufen? Das glaubte ich nicht.

Ich war sehr müde gewesen, aber mit

einem Ruck wieder munter geworden. Wo steckte Penny, was war mit ihr los? Die zwei Tage, die wir miteinander verlebt hatten, waren nicht spurlos an uns vorbeigegangen – auf einmal merkte ich, daß Penny mir sehr nahestand. Katzenleise schlich ich mich wieder aus meinem Zimmer, nachdem ich gehorcht und mich überzeugt hatte, daß im Flur keiner mehr war, und begann zu suchen. Dabei wurde ich immer unruhiger und besorgter. Ich besann mich jetzt, daß ich von dem Augenblick an, da die vier ankamen, bis zum Schlafengehen nicht mehr an sie gedacht hatte.

Schließlich fand ich sie in der Werkstatt. Dort gibt es auch eine Eckbank wie in der Küche, aber natürlich ohne Kissen, und kurz ist sie auch. Da hatte sich Penny ein paar Klamotten hingelegt, die dort gehangen hatten. In der Werkstatt wird alles weggelegt und weggehängt, was an anderen Stellen im Weg ist. Zugedeckt war sie mit einem alten Mantel. Ich hob ihn sachte an, um zu sehen, ob sie wirklich schlief – ja, sie schlief. Ihr Gesicht war verschmiert, die Augen geschwollen. Ich stand und dachte nach.

Sie wecken? Wenn sie tatsächlich schlief, war das ziemlich grausam. Sie liegen lassen? Genauso. Was aber dann?

Schließlich entschied ich mich für das erstere.

„Penny, du mußt ins Bett!" flüsterte ich und rüttelte sie ein wenig. Sie fuhr auf, so schnell, daß ich zu Tode erschrak.

„Was ist?" fragte sie mit weit aufgerissenen Augen und starrte mich an. „Was..."

„Aber, Penny, erschrick doch nicht so! Du bist hier eingeschlafen, komm ins Bett!" sagte ich und versuchte zu lachen. Sie sah sich um, als lauerten in allen Winkeln Gefahren. Ihre Haare waren noch verwirrter als sonst, es sah aus, als sträubten sie sich vor Entsetzen, wie es immer in Büchern heißt.

„Es ist gar kein Grund zu erschrekken. Komm, wir gehen schlafen", sagte ich wieder und zog sie an der Hand hoch. Verstört und benommen gab sie nach und ließ sich mitschleppen. Ich bekam sie kaum die Treppe hinauf. Als ich sie ins Bett bugsiert hatte – ich wollte ihr die Kleider vom Leibe ziehen, aber sie wehrte sich, und da ließ ich sie schließlich angezogen –, merkte ich, daß ihr die Zähne klapperten, als habe sie Schüttelfrost. Und es war eine so warme Nacht...

„Was hast du, Penny?" fragte ich halblaut. „Bist du krank? Ist dir nicht gut?" Wir konnten nur leise reden, Mutter und Tante Trullala waren nebenan.

„Ach nichts. Gar nichts. Ich hatte nur geträumt."

Sie flog hin und her, so schüttelte es sie. Ich stand und überlegte, lief dann noch einmal in die Küche hinunter und suchte nach einer Wärmflasche. So macht es Mutter immer: Wenn eines von uns nicht schlafen kann oder Schmerzen oder schlecht geträumt hat, dann versucht sie es zunächst mit Wärme. Bis das Wasser heiß war, dauerte es eine Weile, und ich lief noch einmal hinunter in die Werkstatt, weil ich mich an die Siamesin und ihren neugeborenen Sohn erinnerte. Hatte ich die Tür auch zugemacht, damit sie nicht ausreißen konnte?

Nein, ich hatte nicht. Aber die Katze war noch da, sie lag, um ihren Sprößling gekringelt, im Körbchen und schnurrte, als ich sie lobte. Ich streichelte sie erleichtert und schloß dann hinter mir die Tür. Dann stieg ich mit der heißen Wärmflasche treppauf.

367

Penny war schon wieder eingeschlafen, als ich zu ihr kam. Sie sah ganz anders aus als am Tag, mit eingefallenen Wangen und Schläfen, richtig verändert. Ich schob ihr die Wärmflasche unter das Deckbett. Sie seufzte und änderte die Lage. Ihr Gesicht, erst richtig leidvoll, entspannte sich, ich merkte es und atmete ein wenig auf. Ein Weilchen stand ich noch und sah sie an, dann kroch ich in mein Bett. Sonst hatten wir abends immer noch geschwatzt. Jetzt gähnte ich nur endlos und war im Augenblick weg. Der Tag war lang gewesen.

Ich wachte von einem entsetzlichen Getöse auf, dachte, meine Trommelfelle platzten. Zu Tode erschrocken fuhr ich hoch – und sah in Ruperts lachendes Gesicht. Er hielt eine Trompete in der Hand und amüsierte sich über meinen Schreck wie ein Lausejunge. Dabei ist er schon alt, bestimmt über zwanzig.

„Es ist Mittag, wir wollten gerade essen!" meldete er. Ich konnte das nicht glauben.

„Mittag? Wo ist –", ich sah mich um. Penny war weg, tatsächlich. Jetzt sprang ich aber schnell aus dem Bett.

„Halt! Halt! Keine Ahnung, alles Lüge. Ich wollte dich nur hochnehmen", Rupert schob mich in die Kissen zurück. „Kann ich nicht fein trompeten? Meine Schwestern wecke ich auch immer so, was glaubst du, wie die sich ärgern!"

„Kann ich mir vorstellen!" Ich hatte noch immer das Gefühl zersprungener Ohren. „Aber es ist noch nicht spät, nein? Gott sei Dank! Ich hätte mich zu sehr geärgert."

„Deshalb kam ich ja. Nur deshalb. Um dir Ärger zu ersparen. – Gehen wir jetzt zu eurem Norweger?" fragte Rupert begierig. Ich fühlte, wie ich Oberwasser bekam, und schickte ihn hinunter, ich müßte erst duschen. Ob er eigentlich schon hätte? Er verneinte verlegen, es hätte ihn so sehr zu mir gezogen . . .

„Ungewaschene Männer – igitt!" rief ich ihm noch nach. Dann sprang ich ins Badezimmer und beeilte mich. Zehn Minuten später liefen wir nebeneinander ums Haus, dem Stall zu.

Es war noch früher Morgen, blinkend hell. Der Garten tropfte von Tau. Wir hatten Lydia am Abend vorher in einem Verschlag neben dem Stall untergebracht, dort stand sie und rüttelte an der Tür. Ich guckte hinein, Rupert auch, neugierig und lachlustig, wie er nun mal war.

„Aufpassen, daß sie nicht ausreißt!" rief ich ihm noch zu und klomm schnell zur Luke des Heubodens empor. Einen Armvoll Heu für Lydia, sie mußte erst einmal im Verschlag bleiben. Ich warf das Heu voran und wollte eben hinterherspringen, als ich einen wilden Schrei hörte.

„Was ist?"

„Dieses Ferkel – pfui Deibel!"

Ahnungsvoll sprang ich herunter und kam gerannt. Lydia hatte, wohl ärgerlich, weil Rupert über sie lachte, diesen angespuckt, von oben bis unten. Ich wußte immer, daß Lamas spucken. Es ist ihre Waffe. Sie spucken das gefressene, halbverdaute Zeug auf den Angreifer – und Lydia hatte Rupert als solchen angesehen, während sie uns nie etwas getan hatte. Er sah aus – und roch –!

Na, ich danke! Er blickte sehr bestürzt drein und versuchte, den ekelhaften Schleim abzuwischen, aber Lydia hatte gut gezielt, außer ins Gesicht auch noch mitten auf die Brust und oben ins Hemd hinein – pfui Kuckuck!

„Das kriegen Sie so nicht ab", sagte

ich, zog ihn vom Stall fort und stopfte Lydia dann das Heu in den Stall. „Da müssen Sie duschen, es bleibt Ihnen also nicht erspart, sehen Sie! Das ist die Rache des Geschicks! Und die Sachen müssen eingeweicht werden. Na, das Badezimmer wird stinken . . ."

„Das fürchte ich auch", sagte er betreten und sah an sich herunter, „das kann man niemandem zumuten!"

„Ich weiß. Sie duschen in der Waschküche, dort kann man einen Schlauch anschließen. Kommen Sie mit." Ich zog ihn hinter mir her. In der Waschküche standen auch ein paar Plastikwannen, wo er seine Sachen ins Wasser legen konnte. Er tat es und schrie dann durch die geschlossene Tür, was er denn nun anziehen sollte, er sei jetzt ein Adam ohne Feigenblatt und für die Umwelt untragbar.

Richtig, daran hatte ich nicht gedacht. Ich überlegte.

„Soll ich Ihnen was von Onkel Albrecht bringen? Oder von Onkels Jungen? Die haben sicher noch Anziehsachen hier irgendwo."

Er atmete auf, ich hörte es durch die Tür, und nannte mich ein kluges Kind. Ich lief hinauf. In dem Zimmer, in dem ich geschlafen hatte, gab es einen Schrank, und darin fand ich tatsächlich alles, was ein junger Mann in solch einer Lage braucht: kurze und lange Hosen, Unterwäsche, Hemden. Ich suchte und sortierte und überlegte, welche Farbe Rupert am besten stehen würde. Schließlich entschied ich mich für ein ganz buntes Hemd, darauf waren Indianer und Cowboys und Lagerfeuer und wilde Stiere abgebildet, natürlich auch Pferde, Mustangs. Die Grundfarbe war gelb. Klasse, fand ich.

Ich schnürte aus allem zusammen einen dicken Packen und schob ihn, nachdem ich geklopft hatte, durch den Türspalt in die Waschküche hinein. „Danke, danke!" rief es von innen. Ich lief und fütterte zuerst den Manderl.

Rupert hat mir an diesem Morgen Reitstunde gegeben. Oben auf dem Weg, wo wir, Penny und ich, schon mal geritten waren – vor ewig langer Zeit, so schien es mir. Ich war froh, daß Penny nicht dabei war, sonst hätten wir abwechseln müssen, und ich wäre nur halb so oft drangekommen. Es war wundervoll, reiten zu dürfen, während er mir sagte, was ich zu tun habe.

Rupert kann reiten. Ich merkte das sofort. Er saß auf, und sogleich sah der Manderl anders aus als vorher, wacher, gespannter, aufgerichtet. Rupert ließ den Zügel fast weg und benutzte keine Gerte, er brachte das Pferd trotzdem zum Anreiten. Im Schritt, im Trab, im Galopp. Ich rannte nebenher, um ja nichts zu verpassen.

Später saß er ab und half mir hinauf. Nun fing er an zu korrigieren: Hacken tief, Hände ruhig, Kreuz! Wie man mit dem Kreuz treibt, machte er mir vor, indem er sich lang auf die Erde legte und dann das Becken anhob. Ich mußte es nachmachen, erst auf der Erde und dann auf dem Pferd. Ich verstand genau, was er meinte, und es ging, wahrhaftig! Der Manderl reagierte, er tat, was ich wollte. Lieber Gott, war ich stolz und selig, als Rupert mich lobte!

Ich hätte wahrscheinlich völlig vergessen, je wieder heimzugehen, wenn er nicht irgendwann einmal gesagt hätte: „Nun müssen wir wohl zum Frühstück, meinst du nicht?" Mir war, als tauchte ich aus einem Traum auf. Frühstück, Mutter, die andern, Penny – alles hatte ich vergessen über dem Reiten.

„Fahren Sie nach dem Frühstück weg?" fragte ich Rupert, als er mir auf den Manderl half, um mich nach Hause reiten zu lassen. Er sah mich an und wiegte den Kopf.

„Vielleicht krieg' ich Vater rum, daß wir noch bleiben."

„Wirklich? Reiten wir dann wieder?"

„Von mir aus mit dem größten Vergnügen."

„Oh – und was müssen wir tun, um Ihren Vater rumzukriegen?"

Er zuckte die Achseln. Dann kniff er die Augen ein wenig zu und blinzelte mich listig an.

„Vielleicht sagt er gerade heute nicht nein. Niemandem verraten, hörst du? Dann sollst du es wissen: Ich hab' heute Geburtstag."

„Wirklich? Und wenn Sie sich dann wünschen, heute noch hierzubleiben – und vielleicht auch morgen noch –", mir hüpfte das Herz. Er zuckte ein bißchen die Achseln, wie das seine Art war, aber ich sah ihm an, daß er es wohl nicht für aussichtslos hielt.

Wenn jemand Geburtstag hat, muß man ihm was schenken. Ich stürzte, kaum daß wir den Manderl auf die Weide gestellt hatten, hinauf in mein Zimmer. Dort kippte ich den kleinen Holzteller mit meinem Geld um und begann zu zählen. Einiges hatte ich schon davon genommen, mal hatte ich Eis gekauft und mal –

Nein, das war das einzige. Und für ein einziges Mal Eisessen, wenn auch zu dritt, hatte das Geld ganz schön abgenommen, fand ich. Oder hatte ich noch mal eins spendiert, als Til nicht da war, nur für Penny und mich?

Penny – wo steckte sie überhaupt? Ich stand und dachte nach. Heute nacht war sie hiergewesen und ein bißchen krank. Wahrscheinlich saß sie mit den anderen beim Frühstück und war wieder ganz mobil. Ich steckte das Geld in die hintere Hosentasche und lief hinunter. Wirklich, die andern saßen noch am Frühstückstisch auf der Veranda. Es war ganz, ganz windstill, hier am Berghang sehr selten, desto schöner. Ruperts Vater hatte sich so gesetzt, daß er die Aussicht vor Augen hatte. Er könne sich daran nicht satt sehen, sagte er.

Sie hatten gerade alle sehr gelacht, als Rupert in seinem Cowboyhemd erschien und sein Pech mit Lydia erzählte. Ich sagte nichts, riß nur die Ohren auf und lauschte gespannt, wann davon die Rede sein würde, ob sie wegführen oder blieben. Penny war nicht da.

Zunächst immerhin blieben sie. Tante Trullala holte den Liegestuhl für Mutter und bettete sie darauf, Mutter sollte heute nicht im Garten liegen, sondern hier, eben weil es so windstill und wunderschön war. Ruperts Vater versprach, ihr Gesellschaft zu leisten. Er konnte sich von der Aussicht nicht trennen. Ich räumte mit Tante den Kaffeetisch ab.

„Nun läufst du schnell zum Metzger, ja, Musch?" sagte sie in der Küche. „Wenn die beiden Männer noch bleiben, müssen wir etwas Ordentliches auf dem Tisch haben. Und –"

Es gab noch viele Unds. Ich rannte. Dabei dachte ich, daß Penny eigentlich wieder auftauchen könnte, wenn soviel zu tun war. Einmal traf ich Til, da schickte ich ihn, Penny zu suchen. Dann wieder überlegte ich, was ich Rupert schenken könnte, weil er mir doch verraten hatte, daß heute sein Geburtstag war.

Das war gar nicht leicht. Es mußte etwas Schönes sein, worüber er sich freute, die andern durften es nicht merken, und ich mußte es außerdem bezahlen können. Als ich für Tante nach

Fleisch gehen mußte, blieb ich am Papierladen des Dorfes stehen. Vielleicht ein Vierfarbenstift? Oder –

Aber dann sah ich etwas anderes, und das gefiel mir sehr. Eine Postkarte, darauf war ein Cowboy, der hatte fast dasselbe Hemd an wie Rupert. Gelb mit bunten Bildern jedenfalls, die Bilder erkannte man nicht genau, weil sie ja sehr klein waren. Aber das Ganze sah lächerlich ähnlich aus. Auch der Mann auf dem braunen Pferd, das natürlich kein Norweger war, aber doch braun, sogar hellbraun. Ich ging in den Laden und kaufte die Postkarte, die war ja nun wahrhaftig billig, und fragte nach kurzem Zögern, was ein Rahmen dazu kostete. Wir probierten die Größe, und schließlich fand sich einer, der wunderbar paßte und nicht sehr teuer war. Ich angelte mein Geld aus der Tasche und bezahlte. Es blieb mir noch ein Rest von über zwei Mark.

Der Verkäufer wickelte mir das gerahmte Bild in ein schönes Geschenkpapier und band eine Schleife darum, deren Enden er mit der Schere langzog, so daß sie sich kräuselten. Es sah ganz toll aus. Ich bedankte mich und verließ den Laden. Beim Metzger mußte ich dann ewig warten, und Tante Trullala war ganz aufgeregt, weil ich so spät kam. Sie würde das Fleisch nicht mehr weich bekommen. Dabei müßte man es doch bei Gästen besonders schön machen.

„Gast im Haus, Gott im Haus! heißt ein altes Sprichwort", sagte sie, „das stand zu Hause auf unserem Brotteller."

Ich drückte mich aus dem Bannkreis ihrer Küchensorgen und lief erst wieder zu mir hinauf, um mein Bett zu machen. Das übrige Geld warf ich auf die Kommode.

Dann ging ich wieder hinunter und hoffte Rupert zu treffen. Ich sah ihn auch, aber er hatte die Zeitung vor sich und las den Sportteil. Da wußte ich, daß er für mich verloren war. Ich versteckte das Geschenk im Flur unter der Garderobe und ging hinunter in die Werkstatt. Ich wollte nach der Siamesin sehen und ihr Milch bringen. Aber neben ihrem Körbchen stand schon eine halbvolle Schüssel, und sie sah mir zufrieden entgegen, Penny mußte sie gefüttert haben.

Penny – ich mußte sie endlich finden. Ich rief nach ihr, erst leise, dann lauter, streifte durch den Garten. Vielleicht war sie im Bad? Dort traf ich nur Til. Ich ging wieder. Allmählich, fand ich, könnte sie auftauchen. Wo war sie nur? Es war schließlich einiges zu tun.

Ich fragte Tante Trullala. Aber sie wußte von nichts. Sie kochte mit Leidenschaft und schickte mich Tisch decken, und nach dem Essen waren alle müde und schläfrig, ich auch. Unlustig und betrübt, daß ich Rupert nicht allein erwischen konnte, um ihm mein Geschenk zu überreichen, drückte ich mich im Flur herum und schlich in mein Zimmer hinauf. Wenn alle schliefen, konnte ich auch Mittagsruhe halten. Dort aber sah – es aus . . .

Wahrhaftig, da war jemand gewesen. Mein Tagebuch lag aufgeschlagen auf der Erde, ein paar Seiten waren herausgerissen und zerfetzt, und mein Geld . .

Diesmal wußte ich genau, wieviel ich hingelegt hatte. Es fehlten sechzig Pfennig, ein silberner Fünfziger und zwei Fünfpfennigstücke. Seit vorhin. So etwas!

Jetzt war ich aber sprachlos. Und auf einmal wurde mir heiß, als säße ich auf einem glühenden Bratrost. Was hatte ich in mein Tagebuch geschrieben vor ein paar Tagen, damals, als Tante Trullala wegfuhr?

„Tante verreist. Hoffentlich kommt Penny nicht. Wenn sie kommt, wird sie rausgeekelt." Oder so ähnlich. Ich konnte es nicht mehr feststellen, denn gerade diese Seite war herausgerissen und in kleinen Fetzen herumgestreut, die sich nicht mehr zusammensetzen ließen. Ich stand und starrte.

Sie mußte es gelesen und eine solche Wut gekriegt haben, daß sie es herausfetzte und dann davonlief. Und nie wiederkommen würde. Und von meinem Geld hatte sie auch noch eingesteckt.

Ich weiß nicht, was mir schlimmer schien. Doch, doch, daß sie das gelesen hatte, das war das schlimmste. Wir hatten uns doch dann ganz prima verstanden. Ich hatte nicht mehr an mein Tagebuch gedacht, denn zwei Tage später hätte ich ganz andere Dinge hineingeschrieben, gerade über Penny. Zwei Tage später –

Sie aber hatte das gelesen und mußte natürlich denken, das wäre meine Meinung. Oh, mir war schauderhaft zumute, ganz schauderhaft.

Und das Geld. Ich hatte schon vorher vermutet, daß es weniger wurde, hatte halb und halb meinen lieben Bruder Til verdächtigt. Diesmal wußte ich es genau. Penny stahl – oh, gräßlicher Gedanke! Und wo war sie jetzt?

Ich muß sehr lange gestanden haben, stocksteif, wie gelähmt, als ich plötzlich ein Geräusch hörte. Unwillkürlich raffte ich das Tagebuch von der Erde auf, kratzte die verstreuten Schnitzel zusammen und klemmte sie zwischen die Seiten, schlug es zu und schob es in die Tischschublade. Das Geld dazu, rumms, zugeschoben. Die Tür öffnete sich leise. Penny.

„Wo kommst du her?" fragte ich heiser. Sie machte ein paar langsame Schritte ins Zimmer herein, setzte sich dann auf die Couch, ihre Haare waren zotteliger als je. Schmutzig war sie auch.

„Ach, ich war nur kurz zu Hause – bei meinem Vater" sagte sie stockend. Mir fiel wieder ein, was sie mir früher erzählt hatte. Ich sagte nichts. Dann sah ich, daß sie weinte. Sie weinte ganz merkwürdig, ohne das Gesicht zu verziehen, ohne zu schnupfen, überhaupt ohne Laut. Die Tränen liefen ihr über Wangen und Mund und Kinn. Ich wandte mich schnell ab und guckte aus dem Fenster. Später sah ich dann auch die roten Stellen an ihren Armen, eine war sogar blutig. Aber ich tat, als merkte ich nichts. Es war alles so entsetzlich peinlich. Und daß sie doch wiederkam ...

Ich wollte sie gar nicht rausekeln, schon lange nicht mehr. Aber das konnte ich ihr doch, um alles Gold der Welt, nicht sagen. Ich brachte es einfach nicht fertig, jetzt zu ihr zu sagen, als wäre das eine Feststellung und nichts weiter: Also, Penny, was ich damals geschrieben habe, war ganz was Blödes. So denke ich schon lange nicht mehr. Nein, das ging einfach nicht. Ebensowenig wie: Und Geld brauchst du auch nicht wegzunehmen, wenn du wirklich was brauchst, gehn wir zu Tante Trullala oder meiner Mutter und reden mit ihnen.

Nie konnte ich das. Nie im Leben, nicht um die Welt. Es gibt Sachen, die kann man nicht sagen, weil man sich für sich selber und für den andern totschämen müßte. Und so stand ich und sagte nichts, und hinter mir saß Penny auf der Couch und weinte, ein schreckliches, lautloses, ganz erwachsenes Weinen, das nichts mit den Tränen gemein hatte, die ich manchmal geweint hatte oder Til oder die Zwillinge, wenn Mutter ärgerlich war und schalt oder wenn wir etwas vergessen, verloren oder zerbrochen hatten . . .

Wir sind später miteinander hinuntergegangen, haben die Streifenhörnchen gefüttert, dem Laubfrosch Fliegen gebracht und die Lydia spazierengeführt. Als wir das taten, kam dann auch Rupert wieder zum Vorschein, er hielt sich in Abstand von unserer Lydia, war aber sonst freundlich und vergnügt. Sie blieben noch, erzählte er, und ich freute mich, das muß ich zugeben. Nicht so, wie ich mich heute früh gefreut hätte . . .

„Geben Sie mir morgen wieder Reitstunden?" fragte ich aber doch. Er nickte und lachte. Aber alles war anders jetzt, von Grund auf anders. Ich konnte nicht erklären, wieso, aber ich wußte es.

Es war eigentlich ein trauriger Geburtstag, und ich konnte mich nicht einmal richtig freuen, als es mir doch noch gelang, Rupert das Bild zuzustecken, ohne daß jemand es merkte. Er packte es aus und lachte und bedankte sich, o ja, er war unverändert lustig und nett, an ihm lag es nicht.

„Aber du schläfst doch hier?" fragte ich Penny am Abend. Sie sah mich grübelnd an.

„Meinst du, soll ich?"

„Klar. Bei mir auf der Couch", sagte ich und gab mir einen Stoß, daß es richtig herzhaft klingen sollte. „Wir haben doch viel zu tun mit all dem Viehzeug, und Rupert gibt mir morgen vielleicht wieder Reitstunden –"

Sie sah mich an.

„Dir sicher auch!" beeilte ich mich. Dieses blöde Tagebuch! Dieses verfluchte Geld! Warum konnte ich nicht unbefangen und herzlich und so wie früher sagen: „Penny, los, wir reiten!"

oder: „Penny, komm, alles wird gut, wein nicht mehr!"

Ich konnte nicht. Nicht einmal trösten konnte ich sie.

Ich bin ein ganz dummes und unmögliches Frauenzimmer, voller Schüchternheit und Hemmungen. Ich war wütend auf sie und traurig, und noch wütender und trauriger über mich selber und meine Blödheit, aber ich stand und sagte nichts. Später, als ich mich umdrehte, war Penny hinaus, ich hatte sie nicht gehen hören. Da bekam ich es mit der Angst und rannte ihr nach, und ich erwischte sie auch im unteren Flur, wo Gott sei Dank auch Tante Trullala stand, ein Bollwerk an Fröhlichkeit und Ruhe, und Penny mit ihrer Breitseite verwehrte, aus dem Haus zu schlüpfen.

„Musch hat mir erzählt, wie sehr du ihr geholfen hast, als ich nicht da war", hörte ich gerade. „Nun bleib aber auch, wenn ich da bin. Nein, jetzt wird Kaffee getrunken, und du trinkst mit – ich hab' frische Waffeln gebacken, es kommt gar nicht in Frage, jetzt auszureißen. Da, trag die Kaffeekanne rein, die andern sitzen schon bei Tisch."

Hier konnte selbst Penny nichts machen. Sie trug die Kanne an den Kaffeetisch, und dort wurde es dann sogar ganz lustig. Es ging nämlich darum, ob Rupert und sein Vater noch ein bißchen in Hohenstaufen bleiben würden. Tante Trullala redete ihnen zu, und Onkel Albrecht versprach, den alten Herrn mit in seine Werkstatt zu nehmen und ihm den neuen Brennofen zu zeigen, auf den er schrecklich stolz ist. Er glaubt, alle Leute müßten sich dafür so brennend interessieren wie er. Aber, o Wunder, Ruperts Vater sagte wirklich, er habe sich sein Leben lang für Keramik aller Art begeistert und würde den Ofen sehr, sehr gern ansehen, auch die Töpferscheibe und die Formen für die Ofenkacheln und alles, was dazugehört.

„Und Sie? Sind Sie auch so töpferisch interessiert?" fragte Tante Trullala Rupert, „oder könnt ihr dem jungen Herrn sonst etwas bieten?" Sie sah Penny und mich freundlich auffordernd an.

„Ja! Ein Krokodil!" platzte ich heraus, das war doch bestimmt etwas, was man nicht alle Tage zu sehen bekam.

„Habt ihr etwa eins hier?" fragte Tante und sah aus, als wollte sie auf der Stelle die Flucht ergreifen. Ich winkte schnellstens ab.

„Es ist bei den Leuten, denen es gehört, in Maitis." Das bereits mußte doch beruhigend wirken, nicht mal im selben Ort war es! „Aber niemand kann es füttern, weil –", und nun sprudelte ich weiter, ohne Aufhören. Wie mutig sich Penny benommen hatte und wie viele Kinder dort wären, der Vater zur Zeit allein mit ihnen, und wir würden wieder hingehen und helfen.

Penny schwieg, aber über ihr blasses Gesicht war doch ein bißchen Rot gehuscht. Ich fühlte, wie in meinem Herzen ein Zweikampf stattfand: Wut kämpfte gegen Mitleid. Fremde Tagebücher liest man nicht, Geld, das einem nicht gehört, nimmt man nicht – aber wie schwer hatte es Penny doch! Keine Mutter mehr zu haben und einen Vater, vor dem man sich ängstigen mußte –

Vielleicht wäre alles nicht so schlimm gewesen, wenn ich mich nicht so sehr für mich selbst geschämt hätte, für mich und mein dummes, dummes Geschreibe. Hätte ich doch nicht!

Aber ich hatte. Und ich konnte wohl durch nichts in der Welt, durch keine Beteuerung und kein noch so großes Ehrenwort wiederauslöschen, was da

stand oder gestanden hatte: „... wird sie rausgeekelt." Es war das erste Mal im Leben, daß ich verstand: Es gibt Dinge, die man nie wiedergutmachen kann. Die man, um alles in der Welt, ungeschehen wünscht und die trotzdem bleiben. Diese Erkenntnis traf mich sehr hart.

So konnte ich mich auch nur halb freuen, als Rupert und sein Vater schließlich zusagten, ja, sie würden noch ein paar Tage bleiben. Natürlich freute ich mich auf das Reiten und den vielen Spaß mit Rupert – noch nie habe ich einen so netten und lustigen jungen Mann kennengelernt wie ihn –, aber es war, als drückte eine Faust auf mein Herz, so daß es nicht mehr recht hüpfen konnte vor Freude. Würde das von nun an das ganze Leben so bleiben?

Die Folge meines Krokodilberichtes war nun leider die Tatsache, daß jetzt auch Til mitwollte.

„Ihr habt mir nichts davon gesagt, ihr seid gemein!" jammerte er, und ich kenne das schon. Bei diesem Ton wird Mutters Herz sofort weich.

„Nehmt ihn doch mit!" sagte sie auch prompt – diesen Satz, unter dem ich nun schon fast zehn Jahre leide. Dieses Schicksal teile ich wahrscheinlich mit allen großen Geschwistern.

„Bis Maitis ist es zu weit für dich", sagte ich wütend. Til ist im Laufen furchtbar faul, früher verlangte er dann immer, daß ich ihn trug. Jetzt mault er, und ich kann Maulen nicht ausstehen. Man hat es nicht leicht mit ihm, denn wenn man ihn nicht mitnimmt, mault er natürlich erst recht.

„Für euch war es ja auch nicht zu weit", sagte Mutter.

„Wir sind geritten."

„Zu zweit?"

Nun kam auch das noch raus. Ein Glück, daß wir in Rupert einen Verteidiger fanden: Er sagte, einem starken Norweger würde es nichts schaden, wenn er gelegentlich zwei solche Elfchen trüge. Elfchen, brrr, aber immerhin.

„Drei können ihn aber bestimmt nicht reiten, ich meine, wenn ihr mich mitnehmen wollt zum Krokodil", sagte Rupert, „aber vielleicht könnten wir den Manderl einspannen? Und da reicht der Platz bestimmt für vier."

Das fand ich eine großartige Idee, allein schon, weil sie von Rupert kam, und wir rannten gleich nach dem Frühstück zu den Eltern von Irene, der Norwegerbesitzerin. Richtig, dort gab es einen Einspänner, einen sogenannten Gig, den wir haben durften, ebenso ein Einspännergeschirr und sogar eine wunderschöne rote Fahrpeitsche. Nun stand unserem Krokodilbesuch nichts mehr im Wege.

Sogar Penny guckte wieder ganz vergnügt in die Welt, als wir zu viert losfuhren. Kutschieren durften wir abwechselnd.

Die Sonne schien, und der Tag war eine einzige Pracht. Rupert fand, daß wir etwas singen müßten, und er fragte uns, was wir könnten. Til schlug den schauerlichen Negeraufstand in Kuba vor, ich hoffte nur, Rupert hat ihn nicht verstanden, denn ich fuhr Til sofort über den Mund. Manchmal singe ich auch gern so was, aber hier paßte es überhaupt nicht. Ich überstimmte ihn also.

„Es klappert der Huf am Stege!" rief ich schnell, und das konnte Rupert auch. Er hat eine schöne weiche Stimme, und bei „Wir reiten, wir reiten, wir reiten!" sang er die zweite. Es klang wunderbar. Auch Penny sang mit, sie konnte alle Verse. Ich mag dieses Lied so gern. Dann schlug Rupert vor: „Wir sind durch Deutschland gefahren..."

Inzwischen waren wir zum Asrücken hinaufgekommen. Der Asrücken ist der Weg, der vom Hohenstaufen zum Rechberg führt, zum zweiten der Dreikaiserberge. Der dritte ist der Stuifen, den sieht man von da aus auch.

Ich erklärte Rupert das alles ausführlich, er ist ja nicht von hier und hat es sicher in der Schule gelernt, aber wieder vergessen, denn das ist ganz etwas anderes, als hier zu leben und es täglich zu sehen.

„Und warum heißt der Weg Asrücken?" fragte er.

„Das kommt nicht von Aas", wußte ich, „sondern von den Asen, den germanischen Göttern. Sie sind darauf hin und her gegangen."

„Halt, halt!" rief Rupert, und ich parierte den Manderl schnell durch, weil ich dachte, er hätte etwas verloren.

„Was gibt's denn?"

„Halt! Ich will auch", er sprang aus dem Wagen und lief ein paar Schritte. „Hier sind die Götter spaziert, nun kann ich doch sagen, ich bin denselben Weg gegangen wie sie!"

Er stieg wieder ein. Ich mußte lachen.

„Wenn Sie sich für Geschichte interessieren – dort ist das Wäscherschloß!" sagte ich und zeigte mit der Peitsche hinunter nach Norden. Wenn man über den Asrücken weg ist, liegt das Remstal vor einem, hingebreitet wie Gottes schönster Teppich. „Dort, sehen Sie? Es ist ein viereckiger Bau und ragt aus dem Grün heraus. Wir waren schon dort, man kann hinein. Jetzt ist es ein Museum, und in Wäschenbeuren, dem Dorf, das dazugehört, heißen noch viele Leute Kaiser. Das kommt daher, daß die deutschen Kaiser von dort stammen. Auch der Besitzer des Wäscherhofes gleich beim Schlößchen heißt so. Er hat einen

Schimmel." Mich interessieren immer die Tiere.

„Und was hat das Wäscherschloß für eine Bedeutung?" fragte Rupert. Ich war stolz, alles genau zu wissen.

„Man sagt, es wäre die Wiege der Hohenstaufen. Vielleicht stimmt das nicht ganz. Barbarossa stammt von hier, aus dem Remstal, wird erzählt, er war vierundzwanzig, als er Kaiser wurde, und er soll sehr schön gewesen sein. Wenn man denkt, er ist hier geritten, hier, wo wir jetzt fahren ..."

Sogar Til bekam große nachdenkliche Augen.

„Hatte er damals schon einen Bart?" fragte er.

„Als er Kaiser wurde? Ich weiß nicht. Ich stelle ihn mir ohne vor, jung, blond, wunderschön ..."

„Gefallen dir Bärte nicht?" fragte Rupert.

„Ehrlich: nein", sagte ich. „Noch dazu, wenn sie rot sind, und Barbarossa heißt ja ‚Roter Bart'."

Er lachte. „Warum lachen Sie denn?" fragte ich etwas beleidigt. Ich kann es nicht leiden, wenn mich jemand auslacht, und sagte das auch, leicht verdrossen.

„Ich lache dich doch nicht aus", sagte Rupert und wischte sich die Augen, „ich lache nur, weil ich froh bin. Ich bin wirklich froh. Bis vor kurzem trug ich nämlich einen Bart, einen Vollbart, bis hierher", er hielt die rechte Hand quer vor seine Brust, „es war sehr praktisch, ich brauchte mich vorn gar nicht zu waschen und keine Krawatte umzubinden. Nur sehr warm war es, und als es heiß wurde, schnitt ich ihn wieder ab. Stell dir aber vor, ich wäre ohne hergekommen und du hättest Männer mit Bärten geliebt!" Er lachte wieder, daß er beinahe vom Wagen fiel. Ich schüttelte den Kopf. Dann stimmte er an:

„Alle, die mit uns auf Kaperfahrt waren,
müssen Männer mit Bärten ...",
und das sangen wir, bis wir in Maitis einfuhren.

Wenn ich an diesen unseren zweiten Besuch im Krokodilhaus denke, meine ich, man könnte das gar nicht so erzählen, wie es war. Vieles geschah gleichzeitig, und das kann man ja nicht gleichzeitig schildern. Manchmal habe ich, wenn ich Tagebuch schreibe, den geheimen Wunsch gehegt, später vielleicht einmal Schriftstellerin zu werden und Bücher zu schreiben. Wenn man aber so etwas erlebt, wie wir diesmal in Maitis, könnte man daran verzagen. Die ganz aufregenden Ereignisse sind schwer oder gar nicht richtig aufzuschreiben. Ich will es aber versuchen.

Der Vater des Krokodilhauses und der vielen Kinder war nicht da, als wir ankamen. Nur ein junges Mädchen, seine Schwester, die aushalf, solange die Mutter in der Klinik lag. Sie öffnete uns die Tür und ließ uns auch sofort herein, als wir sagten, wir kämen, um das Krokodil zu füttern.

„Ein Glück, ich wage mich nämlich nicht dran, es ist mir so schrecklich unheimlich!" sagte sie sofort. Aus allen Türen kamen Kinder – solche, die zum Haus gehörten, und andere, wahrscheinlich Spielkameraden aus dem Dorf, und das Einjährige hockte wieder in seinem Ställchen in der Zimmerecke wie das letzte Mal. Sigrid, das junge Mädchen, lief gleich in die Küche und schnitt rohes Fleisch in dünne Scheiben, und dann gingen wir zum Krokodil.

Til, der es zum erstenmal sah, machte große Augen. Wir hatten es ihm ganz klein und mickrig geschildert, etwa so groß wie eine Eidechse. Er sollte staunen, und das tat er. Auch Rupert war sehr beeindruckt, das fand ich toll. Wir konnten ihm also was bieten, er war nicht umsonst geblieben.

„Ist das nicht gefährlich?" fragte er, als Penny die Glasscheibe vom Aquarium hob. „Doch, sehr!" sagte ich und war stolz auf Penny. Das Krokodil schwamm im Wasser, aber als es merkte, daß es etwas bekommen sollte, kroch es heraus auf den Steinbrocken und sah in die Höhe.

„Geh nicht zu nahe ran!" sagte ich noch zu Penny, mir kam nämlich vor, als sei es nicht nur in unseren Erzählungen, sondern auch in Wirklichkeit seit gestern gewachsen. Der Rachen jedenfalls, jetzt noch geschlossen, maß sicher fünfzehn Zentimeter, und das war mir gar nicht behaglich. Alle anwesenden Kinder drängten sich so nahe wie möglich heran, um ganz genau gucken zu können, und da schnappte das Krokodil schon zu, und da . . .

Ja, wie kam es eigentlich? Irgendeines der Kinder mußte zu sehr gedrängelt oder geschubst haben, und als der Rachen auf- und zuklappte, fuhren alle zusammen, und eines der Kinder fiel gegen den Glaskasten. Der wackelte – ich sah noch, wie Rupert versuchte, ihn aufzufangen, aber es gelang ihm nicht mehr. Der Kasten kippte, gleichzeitig schrie jemand – nein, nicht jemand schrie, sondern viele, wahrscheinlich alle. Die einzige, die nicht schrie, war Penny.

Penny hatte auf einem Stuhl gekniet, der jetzt auch umfiel. Das Wasser des Aquariums ergoß sich in die Stube und mit ihm das Krokodil. Es sauste auf dem Fußboden entlang – ich hätte nie gedacht, daß solche Tiere sich so schnell vorwärts bewegen können –, und zwar genau auf das Laufställchen des Einjährigen zu.

Mir blieb sozusagen das Herz stehen. Ich sehe noch das Kind, an die Sprossenwand des Laufgitters geklammert, stehen und fröhlich kreischen, während das grüngelbe Ungeheuer darauf zuschoß. Im nächsten Augenblick geschah zweierlei, es geschah genau gleichzeitig, wie mit der Stoppuhr gestartet. Ruperts lange Arme hatten über das Gewühl kleinerer und größerer Kinder hinweggegriffen und das Kind unter den Armen gepackt, er riß es hoch, so hoch er konnte. Im selben Moment hatte Penny sich dem Krokodil nachgeworfen und es hinter dem Rachen gefaßt, dort, wo Fische die Kiemen haben. Der Mann der Besitzerin, der Vater der Kinderschar, hatte uns voriges Mal gesagt, dort müßte man es fassen, wenn man es fassen wollte. Seine Frau täte es manchmal, man müsse aber sehr geschickt und schnell sein und es nicht wieder loslassen.

Penny mußte sich das gemerkt haben. Jetzt hatte sie es dort gepackt – mit der linken Hand, da erst fiel mir auf, daß Penny Linkshänderin ist. Sie hielt es fest, auf den Knien liegend – sie war gefallen, als sie sich ihm nachwarf, aber da sie kniete, hatte sie nicht die nötige Bewegungsfreiheit. Sie spreizte das Untier zwar instinktiv von sich ab, weil sie sich wahrscheinlich davor ekelte oder scheute oder sogar fürchtete, aber nicht weit genug. Im nächsten Augenblick hatte es seinen Rachen in ihren Unterarm geschlagen.

Wir sahen es alle, und die meisten schrien. Am lautesten schrie Rupert, er kreischte aber nicht sinnlos wie die anderen, sondern brüllte: „Raus!" Damit fegte er die Kinderschar vor sich her, der Tür zu – gleichzeitig warf er das Einjährige seiner Betreuerin in die Arme. „Raus alle." Ich hatte mich in die der Tür gegenüberliegende Ecke gedrückt und blieb. Til stand auf dem Tisch mitten im Zimmer und schrie.

Wie Rupert es schließlich fertigbrachte, dem Krokodil das Maul so weit aufzusperren, daß Penny den Arm herauskriegte, weiß ich bis heute nicht. Es dauerte eine Weile, eine schreckliche Weile – ich sah abwechselnd den scheußlichen, gelbgrünen Rachen mit den zurückgebogenen Zähnen und Pennys weißes Gesicht. Sie verbiß die Schmerzen, die Adern an ihrer Schläfe traten hervor. Endlich, mit Hilfe eines Lineals, das auf dem Tisch gelegen und das er erwischt hatte, gelang es Rupert irgendwie, das ekelhafte Maul wie mit einem Hebel aufzubrechen, und Pennys Arm kam heraus. Aber wie er aussah ...

„Hier. Hier rein!" hörte ich Rupert sagen. Er sprach leise und beherrscht. Das Aquarium war merkwürdigerweise zwar umgekippt, aber nicht kaputt. Rupert hatte es wieder aufgestellt und drückte Pennys linke Hand, die noch immer das Krokodil hielt, darüber, während er mir wilde Zeichen machte: „Bring was zum Drüberdecken!"

Die Glasplatte, die dafür da war, lag in spitzen Splittern auf der Erde. Ich sah mich um, da aber hatte Til die Lage erfaßt. Er sprang vom Tisch, riß den kleinen Teppich, der im Laufställchen lag, heraus und warf ihn über das Aquarium. Nun konnte Penny loslassen. Das Krokodil – Gott sei gelobt! – fiel hinein, es schnellte nicht nach oben, wie ich gefürchtet hatte. Penny zog die linke unverletzte Hand blitzschnell zurück.

„So, du Mistbraten!" sagte sie befriedigt. „Noch mal gibt's das aber nicht, sonst werd' ich böse!", und dann setzte sie sich hin und fing an zu lachen, sie lachte und lachte, bis ich angesteckt wurde und auch zu lachen begann.

Und da lachte auch Rupert, und Til, der noch den Teppich mit beiden Händen über das Aquarium hielt, stimmte ebenfalls ein.

Wir lachten alle vier, es schüttelte uns. Dann nahm Rupert sich zusammen, faßte Pennys Arm – da verging uns das Lachen – und rief nach Sigrid. Sie kam gestürzt, den Verbandskasten in der Hand. Penny blutete jetzt, daß man dachte, ihr Arm sei völlig zerfleischt. Man sah keine Wunde, so lief das Blut. Rupert tupfte und wischte und sortierte im Kasten, fand Jod, fand Penicillin –

Schließlich war alles fertig. Penny hatte einen dicken Verband um den Arm, Rupert wischte ihr das Gesicht ab – es hatte auch ein paar Blutspritzer abbekommen, und er säuberte es ihr, wie man ein kleines Kind wäscht, mit Sorgfalt und Zärtlichkeit und lustigen Worten.

„So – und so, mein Kleines, halt, hier sitzt noch was, stillhalten, du kleiner Zappelphilipp –, so ist's schön", und ich stand dabei und fand ihn wunderbar. Wunderbar, ganz toll, dieser junge Mann, der sich benahm wie eine vernünftige, beherzte Mutter – liebevoll, geschickt und großartig.

„Nun braucht niemand zu erschrecken, wenn wir im Triumph heimfahren mit dem Manderl und nichtsahnenden Autofahrern begegnen", sagte er, „oder wollen wir erst zu einem Arzt? Gibt's hier in Maitis einen? Vielleicht wäre es ganz gut." Er sah Penny fragend an. Aber sie schüttelte die schwarzen Haare, die verfilzter als je waren – ich hatte sie heute früh nicht gekämmt –, und stieß hervor: „Bitte, bitte nicht! Bitte, es tut überhaupt nicht mehr weh ...", und dabei verzog sie den Mund, daß man sah, es war die größte Lüge des Jahrhunderts.

Es mußte noch immer gräßlich weh tun. Rupert schien das zu fühlen, genau wie ich – er sah Penny an, schwieg aber dann. Ich selbst ahnte ja, warum sie zu keinem Arzt wollte. Was würde ihr Vater sagen, wenn er es erfuhr! Aber Rupert konnte das nicht wissen, er schien sich jedoch Gedanken zu machen. Rupert ist schon ein ganz toller Mann.

So streichelte er Penny nur und lächelte ihr zu.

„Gut, dann nicht, warten wir ab. Braucht keiner zu erfahren", er schob sie vorsichtig vor sich her zur Stube hinaus. Til und ich folgten. Im Flur begegneten wir Sigrid, sie hatte gerade einen Kaffee gekocht – man roch es – und bat uns dringend, in die Küche zu kommen und auf den Schreck einen Schluck zu trinken. Rupert sagte: „Danke, ja." Er setzte sich an den Küchentisch – in diesem Augenblick sah er anders aus als sonst. Sein Gesicht war eingefallen vor Abspannung. Wahrscheinlich kam bei ihm die Erregung nach. Bei mir übrigens auch. Meine Knie waren wie aus Gummi. Ich setzte mich schleunigst.

Der Kaffee tat wohl. Ich habe, glaube ich, noch nie einen Kaffee getrunken, der so heiß, süß und stark war. Ich sagte das. Rupert lachte und nahm dann noch einen Schnaps, den Sigrid ihm hinstellte, und trank ihn zwischen zwei Tassen, und dann sah er wieder aus wie vorher. Aber er schüttelte noch immer den Kopf und sagte: „Kinder, Kinder!" Sein einer Arm lag um Pennys Schulter.

„Du bist schon ein Mordskerl, du kleine Penelope, du!"

Wahrhaft, das fand ich auch. Ich fühlte eine Hochachtung vor Penny, eine glühende Bewunderung. Penny, bis an mein Lebensende will ich deine Freundin bleiben, wenn du mich nur willst. So etwas Mutiges und Tapferes wie du und dabei so bescheiden.

Ich habe das nicht gesagt. Aber gedacht. Und es mir geschworen, auch wenn es niemand hörte und ich keine Schwurfinger hob. Alles, alles andere sollte vergessen sein und weg und vertilgt. Nur, wie mutig Penny sich benommen hatte, wollte ich behalten, wie sie das Kleine schützte, indem sie das Krokodil fing, und nachher überhaupt nichts daraus machte. Das vor allem imponierte mir.

Während wir heimkutschten, berieten wir, was wir sagen wollten, wenn man uns nach dem Verband fragte...

„Vielleicht, du wärst vom Gig gefallen, weil der Manderl scheute?" schlug Til vor, und Rupert fügte hinzu: „Wenn wir dabei erzählen, daß du auf dem zusammengeschlagenen Verdeck Handstand gemacht hast während der Fahrt, glauben sie es uns vielleicht sogar."

Penny lachte, aber es gelang nicht mehr richtig. Bereits ehe wir angekommen waren, war sie sehr still geworden, und als wir hielten, bettelte sie, sie wollte ins Bett.

„Nur für eine Viertelstunde." Es wurde dann ein Vierteljahr daraus, aber das wußten wir zu dem Zeitpunkt noch nicht.

Ich brachte sie hinauf, da hatte sie schon Fieber. Daß eine Blutvergiftung so schnell und so heftig einsetzen kann, hätte ich nicht gedacht. Die anderen übrigens auch nicht. Rupert hat viel darüber nachgelesen, er erklärte es sich und uns dann so, daß Krokodile durch das Fleisch, das sie fressen – sie sollen kein frisches bekommen, sondern altes, das sind sie gewöhnt, möglichst sogar schon angegangenes –, in und an den Zähnen Fäulnisbakterien haben, die ihren Biß so gefährlich machen. Bei Penny sah man die Wirkung jedenfalls innerhalb ganz kurzer Zeit.

Ich brachte sie ins Bett und lief dann schnell hinunter, um nachzusehen, ob Tante Trullala oder Mutter mich brauchten. Penny war sofort eingeschlafen, als ich sie ausgezogen und zugedeckt hatte. Als ich dann nach vielleicht drei Viertel Stunden wieder heraufkam, um nach ihr zu sehen, glühte sie vor Fieber und hatte bereits die bekannten roten Streifen, und der Arm war geschwollen und steif. Da holte ich erst Rupert und dann Tante Trullala, und die holten den Arzt, der ein sehr, sehr ernstes Gesicht machte. Am selben Nachmittag noch holte das Krankenauto Penny, und viel hätte nicht gefehlt, da wäre sie für immer weggefahren.

Ich war wie verloren, und wenn nicht Rupert dagewesen wäre und sich um mich gekümmert hätte, so weiß ich nicht, was aus mir geworden wäre. Jetzt erst merkte ich, wie gut ich mich mit Penny verstanden hatte, wie gern ich sie mochte und wie sehr sie mir imponierte mit ihrer Art, das Leben zu nehmen. Sie hatte es ja wahrhaftig nicht rosig gehabt bisher und war trotzdem immer guter Dinge, zuversichtlich und vergnügt gewesen.

Sie fehlte mir überall. Immerzu mußte ich an ihr wildes kleines Gesicht unter dem verzottelten Haar denken und an ihre kleinen derben Hände, die so liebevoll und zart mit allem umgingen, was lebendig war.

Einmal saß ich bei Lydia, die ich zum Fressen in den Garten gelassen hatte, die Siamesin lag auf meinem Schoß, denn es war ganz windstill, und ich sah zu, wie der kleine Kater bei seiner Mutter trank. Er hatte die Augen schon offen, die bei jungen Katzen neun Tage geschlossen bleiben. So lange war es nun schon her, daß Penny ins Krankenhaus kam. Und noch immer hatte Tante Trullala, wenn sie täglich anrief – hinfahren durften wir nicht –, keine beruhigende Nachricht für uns. Immer nur: „Unverändert. Schwere Sepsis. Hohes Fieber. Allgemeinzustand schlecht."

Rupert und sein Vater waren nach Hause gefahren. Sie wohnen in der Nähe von Nürnberg. Einmal läutete das Telefon, als ich gerade durch den Flur kam, und weil niemand von den Großen in der Nähe war, nahm ich ab und meldete mich. Es war Rupert. Er fragte sofort nach Penny.

Ich konnte ihm auch nichts anderes sagen, als daß es ihr sehr, sehr schlecht ginge und daß niemand zu ihr durfte. Während ich das aussprach, kamen mir die Tränen, und ich saß hinterher noch lange und heulte. Wenn es andere sagen, ist es schon schlimm. Aber wenn man es sich selbst sagen hört..

Etwas Merkwürdiges erlebte ich in diesen angstvollen Wochen. Wir saßen bei Mutter; mittags, wenn Onkel Albrecht nicht zum Essen kommt, essen wir jetzt immer im Garten neben Mutters Liegestuhl – und Tante Trullala gab die Suppe aus. Es war heiß, und sie hatte kühle Fruchtsuppe mit Schaumklößchen gemacht, die ich immer so gern esse. Niemand kocht sie wie Tante Trullala.

„Stellt euch vor, die schwarzweiße Hexe ist wieder da", sagte sie und fischte noch Klößchen für mich. „Heute früh wasche ich ab und stelle das Körbchen mit den Kaffeelöffeln aufs Fensterbrett, denke weiter nichts – plötzlich höre ich es klirren. Und da sitzt wahrhaftig die Hexe auf dem Rand des Körbchens und will sich einen Kaffeelöffel herausholen."

„Die schwarzweiße Hexe?" fragte ich.

„Ja, wir hatten doch im Frühjahr eine Elster, hab' ich euch das nicht erzählt? Albrecht hatte sie gefunden, sie war vielleicht gegen einen Telegrafendraht geflogen, denn wir fanden keine Verletzung an ihr. Ich legte sie in einen Karton, den ich weich ausgepolstert hatte, und wartete erst einmal ab. Sie erholte sich schnell, ich wollte sie aber nicht aus dem Haus lassen, weil ich dachte, vielleicht ist sie doch mit dem Fliegen noch nicht ganz auf der Höhe. So blieb sie ein paar Tage und klecksste mir die Küche voll, aber ich mochte sie sehr gern. Sie mußte an Menschen gewöhnt sein, denn sie flog mit Vorliebe auf meine Schulter und pickte vorsichtig an meinem Ohr herum, oder sie kam auf meine Hand geflogen und verlangte, daß ich stillhielt, solange es ihr paßte, auch wenn mir die Suppe überkochte oder sonst etwas eilig zu tun war.

Sie war ein ganz reizender Kerl, obwohl sie natürlich schrecklich viel anstellte. Elstern lieben ja alles, was blinkt. Da war also nichts vor ihr sicher, sie vertrug mir die Kaffeelöffel, nahm die Obstmesser vom Spültisch und stürzte sich auf alles Kleingeld, das ich liegenließ. Das vor allem hatte es ihr angetan. Sie rollte es in der Küche herum, trug es im Schnabel weg, versteckte es auf dem Schrank und sammelte es in einem Schuh. Ich war damals dauernd auf Suche nach Geld."

Mir ging ein Licht auf. Ich starrte Tante Trullala an.

„Nahm sie – nahm sie auch was anderes?" fragte ich atemlos. „Ich meine: Was hat sie sonst noch angestellt?"

„Ja, das war komisch. Meine Kochbücher liebte sie sehr. Oder sie ärgerte sich darüber, je nachdem. Einmal hat sie mir eines, das ich aufgeschlagen liegenließ, zerfetzt, vielleicht meinte sie, die Rezepte, die darin standen, taugten nichts."

„Tante Trullala!" schrie ich.

„Was hast du denn?"

„Ich – ich habe –", und nun erzählte ich die Geschichte von meinem Tagebuch. Daß ich etwas Häßliches über Penny hineingeschrieben hatte, ließ ich aus. Aber von dem Geld, das immer weniger wurde, erzählte ich auch.

„Jaja, so ist sie", sagte Tante lachend. „Nicht nur die Katze, sondern auch die Elster läßt das Mausen nicht."

Til rief anklagend: „Und von mir hat Musch behauptet, ich wäre es gewesen! Mir hat sie eine runtergehauen..."

„Hast du?" fragte Mutter und sah mich an. Ich wurde rot.

„Ich wußte doch nicht – entschuldige schon, Til. Außerdem warst du gräßlich zu mir, damals."

„Überhaupt nicht gräßlich!" verwahrte sich Til. Tante Trullala aber meinte, mehr als entschuldigen könnte man sich ja nicht, wenn man den Falschen erwischt hätte, und Irren sei menschlich. Ich saß da und war mit meinen Gedanken ganz woanders, nicht bei Til, sondern bei Penny.

Dies war ein Samstag. Am Nachmittag hörten wir oben am Weg plötzlich ein Hupkonzert. Ich rannte ahnungsvoll hinauf – ja, ich hatte richtig vermutet. Da stand Ruperts Wagen, und Rupert und sein Vater stiegen aus, lachend und vergnügt.

Natürlich freuten wir uns sehr. Und die Freude wurde sogar riesengroß, als Rupert dann erzählte. Mir war, als fiele ein schwerer, schwerer Brocken von meinem Herzen. Er war erst bei Penny im Krankenhaus gewesen, und der ging es seit heute wahrhaftig besser.

„Die größte Gefahr ist vorüber", sagte er, und man sah ihm an, daß er sich genauso geängstigt hatte wie wir. Er war ja auch dabeigewesen damals. „Der Arm wird also mit Sicherheit nicht abgenommen. Aussehen tut unser Kleines, ihr würdet sie nicht wiedererkennen. Die Haare haben sie ihr abgeschoren, weil sie nicht durchkamen durch die Zottelei, die sprießen nun wie ein schwarzes Igelfell, und das Gesicht ist so klein geworden, so klein und spitz.

Aber sie ist ganz die alte. Als ich kam – ich habe es nur mit unglaublicher Mühe erreicht hineinzudürfen und einzig, weil wir von so weither kamen, das gab den Ausschlag –, als ich also hineindurfte, für eine Minute, fragte sie gleich nach euch allen, nach dem Manderl und dem Krokodil und der Lydia und immer wieder nach Musch. Was sie täte und wie es dem kleinen Kater Salomon gehe, und wer das Krokodil denn nun fütterte, und –"

„Und nach ihrem Vater? Hat sie nach dem auch gefragt?" sagte Tante Trullala jetzt leise.

„Nein, nach dem nicht", sagte Rupert. „Warum?"

„Er ist nicht mehr hier", sagte Tante, „ich erfuhr es durch Zufall. Er ist fort. ‚Auf Tournee' sagt man wohl unter Künstlern. Auf einer großen Reise jedenfalls. Er ist doch Zauberkünstler, und die machen oft weite, weite Reisen durch die ganze Welt. Diesmal soll es bei ihm nach Südamerika gehen und dann nach Australien, habe ich gehört, es dauert also Monate, bis er wieder hier sein kann. Es ist sein Beruf, gewiß. Aber daß er vorher nicht versucht hat, Penny zu sehen, oder zu uns gekommen ist, um Näheres über sein einziges Kind zu hören, nett finde ich das nicht, das muß ich sagen."

Wir schwiegen. Wir schwiegen alle so sehr, daß man die Frage laut und deutlich hörte, die wir alle dachten und die keiner aussprach: „Und was wird aus Penny, wenn sie aus dem Krankenhaus wiederkommt?"

„Kinder, denkt ihr wirklich, ich ließe sie im Stich?" fragte Tante Trullala resolut. Sie fragte es so, daß wir uns alle ein bißchen schämten, etwas so Dummes gedacht zu haben. „Ich sprach natürlich sofort mit Albrecht. Wenn sie herauskommt, kommt sie zu uns. Das ist doch wohl klar. Und ich meine – also – ihr dürft nicht denken..."

„*Was* dürfen wir denn nicht denken?" fragte Mutter und hatte ihr reizendstes Lächeln um den Mund, ein süßes, spitzbübisches. Ich mag Mutter zu gern, wenn sie so aussieht. „Daß du –"

„Daß ich das etwa aus Nächstenliebe oder Christenpflicht tue", sagte Tante Trullala. Ausgerechnet Tante Trullala sagte das, empört und wegwerfend. Dabei besteht sie selber sozusagen aus nichts anderem als aus Nächstenliebe und Christenpflicht. Ich kenne keinen Menschen, der so aus Herzensgrund fromm ist und so viel an andere denkt.

„Sondern?" lächelte Mutter, die soeben dasselbe gedacht haben mußte.

„Sondern – ich tu' es üüüüüberhaupt nur aus reiner Selbstsucht!"

Wir lachten im Chor, so daß sie einfach nicht weitersprechen konnte. Ach, daß wir wieder so lachen konnten!

„Natürlich! Nur! Ihr wißt doch, ich hätte so gern eine Tochter... Musch ist wie eine Tochter zu mir, zugegeben. Aber sie ist ja nur eine Ferientochter. Penny dagegen – Albrecht hat schon alles in die Wege geleitet. Zunächst dürfen wir Penny eben ‚bis auf weiteres' behalten, wenn sie aus dem Krankenhaus entlassen ist. Sie hatte es nicht gut bei ihrem Vater, das weiß das Jugendamt längst. Und mit diesem Amt hat Albrecht verhandelt, er kennt die Leute dort gut. Wie heißt das Sprichwort?

Wünschst du dir Geld, Glück oder gut Wetter,
nimm dir schleunigst den Papst zum Vetter."

„Bravo, bravo, Tante Trullala!" rief Rupert und klatschte Beifall. „Ach, was bin ich froh, daß Penny hierherkommt. Darf ich sie dann auch mit besuchen, wenn sie hier ist?"

„Und ob!" rief Tante, wurde aber von dem alten Herrn unterbrochen, der sonst immer nur zuhört. Diesmal aber meldete er sich energisch zu Wort.

„Dazu muß ich jetzt etwas sagen dürfen. Unser Auto hat seit einiger Zeit so einen besonderen Drall, ich kann mir auch nicht erklären, woran das liegt. Sobald wir mal eine freie Stunde haben, will es dauernd seine Kühlernase nach Süden lenken. Ich weiß nicht, wie oft ich schon habe sagen müssen: Wir können doch nicht dauernd nach Hohenstaufen fahren!"

„Warum denn nicht?" riefen Tante und ich wie aus einem Mund, und Mutter lachte und lachte.

Ach, wie die Sonne schien, wie die Berge blau und zärtlich am Horizont standen, wie die Siamesin auf meinem Schoß schnurrte, dunkle Begleitung zu dem hohen, halblauten Grillenkonzert ringsum. Die Luft war so klar, wie sie nur auf Hohenstaufen sein kann, und der Himmel hell und ganz hoch, herbstlich schon, aber ich mag das.

„Wann wird sie kommen?" fragte ich nach einer langen Weile, in der wir alle geschwiegen hatten.

„Es wird noch dauern", sagte Rupert, „es ist ihr wirklich mordsschlecht gegangen, das wißt ihr ja auch. Ganz, ganz nahe am Schlimmsten vorbei. Die Schwester machte so eine Bemerkung, als sie mich hinauswarf. Ich durfte auch nicht lange bleiben, Musch, mach nicht so eifersüchtige Augen! Nur eine Minute!"

„Die hatte aber mehr als sechzig Sekunden", sagte Ruperts Vater behaglich, „ich sage euch, ich bin im Auto fast ausgewachsen. Eigentlich dachte ich, sie behielten ihn gleich da."

„Aber Ende gut, alles gut!" lachte Tante Trullala. „Ach, lieber Gott, tausend und tausend Dank! Und morgen dürfen wir alle für eine solche Minute zu ihr, haben Sie gesagt?"

„Morgen ist Besuchszeit von zwei bis vier", sagte Rupert fröhlich, „aber die Schwester hat gesagt, diesmal bringt sie die Stoppuhr mit. Für uns gelten noch keine zwei Stunden, aber das alles wird eines Tages anders werden. Jetzt könnte sie es uns versprechen."

Dieses Jahr darf ich auch in den Weihnachtsferien nach Hohenstaufen. Am Heiligen Abend natürlich noch nicht, an dem gehört jedes Kind zu seinen Eltern. Dann aber –

„Wir haben wunderbaren Schnee, den allerschönsten Pulver", schrieb Tante Trullala, „und Penny hat Schier bekommen. Merkwürdigerweise zwei Paar. Das eine von uns; hier muß man ja Schier haben. Das andere kam von Nürnberg, und auf dem Absender stand: Zwei Weihnachtsmänner, ein alter und ein junger. Als ob es junge Weihnachtsmänner gäbe! Das zweite Paar aber könnte doch Musch nehmen, wenn sie herkommt. Zu zweit macht

Schilaufen erst richtig Spaß. Penny hat versprochen, Musch in Göppingen abzuholen, da will sie gleich die lustige Schwester besuchen, die sie damals im Krankenhaus gepflegt hat. Sie hat ihr schöne warme Handschuhe gestrickt, Penny, unser Wirbelwind, der sonst nie still sitzen kann. Die Haare sind übrigens schon wieder fingerlang und fangen an sich zu krümmen und zu rollen, so daß Penny aussieht wie ein etwas groß geratenes Negerbaby, aber süß! Und diesmal lassen wir sie einfach nicht länger sprießen, als der Kamm es schafft – so einen Weichselzopf gibt's nicht mehr!

Penny läßt sich alles gefallen, wenn nur Musch kommt – nach Maitis will sie auch mit ihr, aber da müssen beide vorher schwören, mindestens beim Barte des Propheten, daß sie nie, nie, nie wieder ein Krokodil füttern! Und Irene bekommt – ich sprach mit ihren Eltern – einen Pferdeschlitten zu Weihnachten, in dem werden wohl jeden Tag Musch und Penny sitzen, wie ich sie kenne.

Du kommst doch, Musch? Sieh mal, wenn man, wie ich, ein Töchterchen hat, das als kleiner armer Nachkömmling nach vier Söhnen und in ziemlich großem Abstand von ihnen das Licht der Welt erblickt hat, dann muß man diesem Töchterchen mindestens in den Ferien eine Kameradin bieten. Eine Beinaheschwester – so, wie Du bisher meine Beinahetochter warst und es hoffentlich noch immer bist, oder? Sonst müßte ich sehr, sehr traurig sein.

Also, wir erwarten Dich. Wir fragen nicht: Kommst Du? Sondern wir sind sicher: Du kommst. Wir freuen uns zum Auf-die-Bäume-Klettern, wie Penny sagt. Es sollen wieder herrliche Ferien werden, beneidenswert spannende, wilde, lustige und abenteuerliche, wenn auch diesmal kein Krokodil mitzuspielen braucht. Und im Sommer kommst Du auch wieder. Immer, wenn Du keine Schule hast, solange Du magst. Aber ganz bestimmt diesen Sommer, und es wird hoffentlich wieder – auch Rupert schrieb das – ein richtiger Hohenstaufen-Sommer!"

Penny Wirbelwind

Winterferien mit Penny

Brüder zu haben, das ist so eine Sache. In meiner Klasse sind Mädchen, die haben überhaupt keine Geschwister, weder Schwestern noch Brüder, und die meinen, Brüder sind etwas Herrliches. Ältere vielleicht, die mögen ganz nett sein. Solche, die einem bei den Schularbeiten helfen oder das Fahrrad flicken oder sonst nützlich und hilfreich sind, wenn man nicht weiterweiß. Jüngere aber ...

Til ist zehn, also ungefähr zwei Jahre jünger als ich. Und ich hatte gedacht, wir hätten uns im letzten Sommer sozusagen zusammengerauft, als wir zwei bei Tante Trullala in Hohenstaufen waren. Das stellte sich aber leider als Irrtum heraus. Er wird immer frecher und naseweiser, und da ist es kein Wunder, daß Ralf und Roland, jetzt fast acht, mit mir genauso umspringen wie er. Und unser Jüngstes ist nun auch wieder ein Junge geworden, ich nenne es deshalb immer noch „das Baby", da merkt man es nicht gleich. Ich hätte so gern eine Schwester gehabt! Ein einziges Glück, daß es Penny gibt.

Penny heißt eigentlich Penelope und ist Tante Trullalas Pflegetochter; Pennys Mutter ist gestorben, und ihr Vater ist dauernd auf Reisen. Ich konnte Penny erst nicht ausstehen, aber jetzt habe ich sie schrecklich lieb, sie ist ein wundervoller Kamerad und sehr unternehmungslustig, immer fällt ihr etwas ein. Neulich in der Schule wurden wir gefragt, was für Eigenschaften wir bei einem Menschen gar nicht mögen. Unsere Lehrerin erwartete wohl, daß wir schrieben: Zanksucht, Faulheit, Liederlichkeit oder ähnliches. Sie war jedenfalls sehr erstaunt, als sie las, was ich, dreimal unterstrichen, hingeschrieben hatte, nämlich: Langweiligkeit.

„Erstens ist das eigentlich kein Wort", sagte sie, etwas mühsam nach dem richtigen Ausdruck suchend, „oder doch eins, das du erfunden hast. Ich habe es jedenfalls noch nie irgendwo gelesen. Meinst du wirklich, das sollte man als erstes nennen? Ist Lügenhaftigkeit oder etwas Ähnliches nicht viel häßlicher?"

„Häßlicher vielleicht, aber Langweiligkeit ist das Schlimmste", beteuerte ich und setzte mich wieder. Wenn sie schon nach meiner Meinung fragt, muß ich auch antworten. Hätte ich „Faulheit bei den Schularbeiten" hingeschrieben, so wäre ich lügenhaft gewesen, aber sie hätte mich gelobt ...

Nun, dies alles hat mit Til nichts zu tun, von dem ich gerade erzählen wollte. Ich mußte mich am schönsten Tag des Jahres, am Heiligen Abend, schrecklich über ihn ärgern und für ihn schämen. Dabei sollte es ein wunder-, wunderschönes Weihnachten werden, unser erstes in Hohenstaufen. Eigentlich wollten wir wie immer daheim feiern, und am ersten Feiertag sollte ich dann zur Tante fahren. Penny aber bettelte und bettelte, bis Tante uns alle, die ganze Familie, schon für das Fest zu sich einlud. Am Zweiundzwanzigsten bekamen wir Ferien, und sofort nach der Schule fuhren wir los, mit Mann und Maus und allen Weihnachtsgeschenken und Überraschungen für groß und klein.

„Nur den Baum braucht ihr nicht mitzubringen", sagte Tante am Telefon, „dafür sorgen Penny und ich. Und ein bißchen Sonstwas wird auch dasein..."

Was bei Tante Trullala „ein bißchen Sonstwas" bedeutet, konnte ich mir vorstellen. „Aber gebt ja der Eisenbahn die Sporen, damit sie sich beeilt; ich werde bestimmt eine Stunde vorher schon auf dem Bahnsteig stehen und mir die Nasenspitze erfrieren vor lauter Sehnsucht und Vorfreude."

Ja, das sah Tante Trullala ähnlich! Auf dem Bahnhof stehen, eine Stunde vor Ankunft des Zuges, der doch nie eher, meist sogar später kommt! Aus lauter Sehnsucht und Vorfreude! Tante Trullala gibt's nur einmal auf der Welt!

Wir sind also eingetrudelt, ohne Verspätung, und ihr in die Arme gesunken, und Onkel Albrecht hatte aus seinem Kleinlieferwagen die hinteren Sitze herausgenommen und ein dickes Schaffell auf den Boden gelegt. Nun stellte er die Kofferraumklappe hoch und warf einen nach dem anderen von uns hinein; es gab ein Geschrei und Gequietsche und ein Durcheinander von zappelnden Beinen und verrutschten Pudelmützen, kaum fand man sich selbst wieder. Mutter mit dem Baby mußte auch hinten einsteigen, bekam aber einen kleinen ledernen Sitz, auf dem sie es bequemer hatte. Mit einem Kind auf dem Schoß soll man nicht vorn sitzen. Da thronte Tante Trullala, aber sie saß immer um sich selbst gedreht wie eine Schillerlocke und sprach unausgesetzt mit Mutter und uns, während der Onkel vom Bahnhofsplatz aus die ansteigende Straße hinauffuhr, die sehr bald in den Wald führt. Und dieser Wald war ein richtiger Weihnachtswald, dick beschneit wie in Bilderbüchern.

„Wenn es nur bis übermorgen nicht taut", sagte Mutter, und Tante Trullala fügte hinzu: „Nicht wahr! Damit der Weihnachtsmann nicht im Regenmantel mit Gummistiefeln kommen muß und das Christkind sich erkältet!" Und dann schrie Mutter auf einmal: „Halt! Halt! Wir haben Vater verloren! Du mußt umdrehen, Albrecht!"

Der Onkel lachte laut.

„Er wollte laufen, hast du das nicht gehört? Er meinte, nach seiner vielen Schreibtischarbeit wäre ein zweistündiger Spaziergang das allerschönste. Und so ist er gar nicht mit eingestiegen. Wenn ihr euch nicht so furchtbar wichtige Dinge erzählen müßtet, ob man die Gans mit Salbei oder mit Majoran brät, hättet..."

„Wir haben gar nicht über Rezepte gesprochen", ereiferte sich Tante Trullala, die sofort glaubte, er meinte es ernst. „Wir haben nur..."

„Gegackert", unterbrach Onkel Albrecht, zog aber den Kopf zwischen die Schultern. Gegen Tante kommt er nicht an, aber beim Autofahren erlaubt er sich manchmal, etwas zu sagen, was er sich sonst nicht traut. „Ich fahre in den Graben, ich fahre in den Graben!" schreit er dann wie in höchster Angst, und sie streichelt und beruhigt ihn und gibt ihm in allem recht. Dann aber ist sie sofort wieder ohne Übergang mit Mutter im Gespräch. Ja, die beiden haben es gut! Schwestern zu haben, muß wirklich schön sein.

Na, ich hatte ja jetzt Penny. Sie stand vor dem Haus, als wir um die Ecke bogen, und hopste von einem Bein aufs andere, während sie mit beiden Armen winkte. Sie könnte wirklich Tante Trullalas richtige Tochter sein, was das Temperament angeht, sie ist genauso lebhaft. Sonst aber – o nein, da ist keine Ähnlichkeit. Dünn wie ein Hering, schwarzhaarig mit pechdunklen Augen. Seit ihr im Herbst die Haare abgeschnitten wurden, weil sie so lange im Krankenhaus lag, trägt sie sie kurz. Früher waren es lange, verfilzte Zotteln, die ihr in die Augen hingen und von keinem Kamm zu durchfurchen waren. Insofern war es ein Glück, daß sie ins Krankenhaus mußte.

Manches ist ein Glück, was vorher wie ein Unglück aussieht. Zum Beispiel, daß ihr Vater keinen Beruf hat, bei dem er immer da ist. Er ist Zauberkünstler und dauernd in aller Welt unterwegs. Erst war das scheußlich für Penny, und dann wurde alles gut. Jetzt gehört sie zu Tante Trullala.

Penny konnte es kaum abwarten, bis ich ausgestiegen war. Sie packte mich bei der Hand und riß mich mit sich fort. Ich mußte mit ihr durchs ganze Haus rennen, treppauf, treppab, in „unser" Zimmer hinauf und hinunter in die Werkstatt, wo die Streifenhörnchen hausen und die Katzen Junge kriegen, und in den Stall. Dort stand im Sommer einmal das Lama Lydia, das wir zur Pflege hatten.

„Weißt du noch, wie die Lydia den Rupert vollgespuckt hat?" fragte ich atemlos. Penny nickte stürmisch und riß die Tür zum Zwinger auf, und jetzt stand ich stumm und staunend. Ja, darauf war ich allerdings nicht vorbereitet gewesen!

„Das ist Boß", stellte Penny vor, „Boß, mein Hund, verstehst du, meiner! Ich hab' einen Hund bekommen!"

Ich war völlig verblüfft.

„Weißt du, Rex war ja schon alt, und diesen Herbst ist er gestorben. Wir hatten ihn sehr lieb, Onkel und Tante und ich, aber als er immer schwächer wurde, da hat Tante gesagt, ich sollte jetzt ein eigenes Tier bekommen. Und da haben sie mir Boß geschenkt."

Ich war noch immer sprachlos. Erstens, weil Rex nicht mehr lebte – ich kannte ihn von vielen Ferien her und hatte ihn natürlich liebgehabt. Er war ein gelber Schäferhund mit einem buschigen Schwanz. Boß gehörte einer anderen Rasse an, und ich habe später in Tierbüchern nachgelesen und diese Rasse nie gefunden, deshalb ist mir Boß aber nicht weniger lieb. Er ist groß und dick und größer als Rex. Sein Fell ist ganz schwarz bis auf einen hellen Ring um die Schnauze, der ihm sehr gut steht. Es ist lang und liegt in Wellen, also nicht so stachelhaarig wie manche Dackel und auch nicht gelockt wie Pudel. Es glänzt, wenn man es bürstet, und Penny bürstet es mit Eifer, sagte sie und machte es auch gleich vor.

„Er ist ein Eskimohund, weißt du", erklärte sie eifrig, „so ein Schlittenhund, wie man sie da oben hat. Und er kann bestimmt einen Schlitten ziehen, auf dem wir beide sitzen, wir probieren es nachher gleich. Ich hab' ihn noch nicht lange, aber Tante Trullala meinte, ganz ohne Hund ...", sprudelte es weiter aus ihr heraus, und in meinem Herzen fand ein Zweikampf statt. Penny ging es bis vor einem halben Jahr, als sie zu Tante kam, nicht sehr gut. Die Mutter war tot, und ihr Vater benahm sich so seltsam. Manchmal kam sie ganz verheult und hatte rote Striemen an den Armen. Wenn ich sie fragte, woher das komme, antwortete sie nicht. Aber meistens fragte ich gar nicht, das war besser.

Aber jetzt hatte sie es doch wirklich gut, war einziges Kind bei Onkel und Tante und durfte jeden Tag in dem geliebten Haus in Hohenstaufen sein, was für unsereins nur Ferien bedeutet und Ausnahme und langersehntes Ziel! Und nun hatte sie auch noch einen eigenen Hund, und was für einen schönen!

Neid ist etwas Häßliches. Und ich beneidete sie auch nicht direkt.

Ich fühlte richtig, wie die beiden Muschs in mir miteinander rangen, die häßliche, neidische, aber so hundeliebe Musch und die andere, die immerzu sagte: „Gönn es ihr doch, gönn es ihr! Sie ist ein armer Kerl! Oder war lange Zeit einer ..." Nicht nur rangen, sondern boxten, kämpften, einander unterzukriegen versuchten.

Gottlob, die zweite siegte. Die neidische Musch wurde kleiner und kleiner, und die Musch, die Penny den Hund zu gönnen versuchte, siegte über sie.

„Da hast du aber was Tolles bekommen", ich schluckte tapfer: „Ich gönn' es dir, und er ist wunderwunderschön, darf ich ihn streicheln?"

„Du ja", nickte Penny sofort, es kam wie der Donner nach dem Blitz, wenn das Gewitter genau über einem steht. „Ich hab' ihm von Anfang an erzählt, daß du meine allerbeste Freundin bist und beinahe meine Schwester, oder sogar mehr als eine Schwester, denn Schwestern bekommt man und muß sie nehmen, wie sie sind. Aber Beinaheschwestern kann man sich aussuchen, so wie Tante mich als Beinahetochter ausgesucht hat", sie überkugelte sich und redete und redete, während ich mich hingehockt hatte und Boß streichelte. Er hat große goldene Augen und sah mich an, lieb und ein bißchen verwundert und hintergründig. Wer weiß, was im Kopf eines Hundes vor sich geht, wer weiß – vielleicht liebte er mich schon, weil Penny von mir erzählt hatte?

Wenn ich mir das einen sehnsüchtigen Augenblick lang eingebildet hatte, so wurde ich im nächsten schon enttäuscht. Tante Trullala rief nach uns, und Penny flitzte mit der Geschwindigkeit, die nur sie hat, die Treppe hinauf. Ich konnte aus meiner Hockstellung nicht so schnell auf, aber Boß, der konnte! Im Augenblick war er unter meiner streichelnden Hand verschwunden und hinter ihr hergesaust. Ich hockte ziemlich blöde da und starrte beiden nach.

Zu Hause wird pausenlos nach mir gerufen. Da gewöhnt man sich an, nicht sofort loszurennen, sonst bliebe man womöglich nicht am Leben. Jetzt aber saß ich da und merkte daran, daß Boß eben doch Penny gehört, auch innerlich, mit der Seele.

Nun ja. Ich versuchte, mir die Stimmung nicht verderben zu lassen, ich hatte mich ja so auf alles hier gefreut. Und es wurde doch dadurch nicht anders, daß Penny so einen schönen Hund hatte. Ich richtete mich also aus meiner Hockstellung auf und folgte den beiden in etwas gemäßigtem Tempo, nicht so langsam wie zu Hause, aber auch nicht in Pennys Geschwindigkeit. Und dann ging alles unter in einem fröhlichen Tischdecken zum Nachmittagskaffee, wobei eine strahlende Tante Trullala den Stollen anschnitt.

„Endlich mal wieder ein vollbesetzter Tisch", seufzte sie tief zufrieden. „Seit die Jungen verheiratet sind, kommt das selten genug vor. Mal ist die eine Familie hier zu Besuch und mal die andere, alle zusammen fast nie mehr. Na, wenn Penny heiratet, dann!"

Wir sahen die spindeldürre kleine Penny an und mußten lachen. So bald würde das nicht sein!

Nach der langen Fahrt schmeckte es herrlich, und dann rannten Penny und ich noch ein bißchen hinaus, ehe es ganz dunkel war, und versuchten zu rodeln. Es ging aber nicht, der Schnee mußte sich erst setzen, er lag dick und locker, und es begann schon wieder von neuem zu schneien. So tobten wir nur mit Boß durch den Schnee, rannten zum Freibad hinunter, wo wir im Sommer schwimmen gehen, guckten zu den Schafen hinein, die wir noch nicht begrüßt hatten – sie wohnen in einem Verschlag auf der Hangweide –, und trollten uns erst nach Hause, als wir kaum mehr die eigene Nasenspitze sehen konnten. Tante Trullala hatte im Wohnzimmer eben den großen Tisch abgewischt und das Pochbrett mitten darauf gestellt, sie schüttete das Spielgeld auf einen Haufen und lachte uns zu, als wir atemlos und mit nassen Gesichtern hereinplatzten.

„Bravo! Genau im richtigen Augenblick! Wir wollten gerade anfangen zu spielen. Jeder nimmt sich erst einmal zwanzig Pfennige."

Und nun ging es los. Tante spielte mit, die Zwillinge, Til, Penny und ich, und Mutter saß mit dem Baby auf dem Schoß dabei und schwatzte zwischendurch mit Tante. Vater, mittlerweile auch eingetrudelt, hatte sich zu Onkel Albrecht in die Ofenecke verzogen; die beiden sprachen halblaut miteinander. Til versuchte zu mogeln, was man ja auch beim Pochspielen kann. Ich ärgerte mich. Ihn verpetzen wollte ich nicht, aber ich genierte mich für ihn als seine Schwester. Einmal trat ich ihn kräftig unter dem Tisch, als er behauptete, er pochte auf drei Siebenen, und ich hatte zwei in meinen Karten, also konnte er keine drei haben. Er tat aber, als merkte er nichts, kassierte das Geld aus dem Pocher ein und spielte fröhlich an. Ich sagte nichts. Beim nächsten Spiel aber schlug ich vor, daß jeder, der pocht, seine Karten vorzeigen müßte. „Zur Kontrolle", begründete ich.

„Ach, hier hat noch nie jemand versucht, falschzuspielen", meinte Tante Trullala fröhlich, „wer hat den König?

Na also, Ralf, gut gemacht. Ihr beiden spielt ja schon wie die Teufel."

Die Zwillinge strahlten, und ich hoffte, Til würde sich Tantes harmloses Vertrauen zu Herzen nehmen. Ob er es tat? Auf jeden Fall ertappte ich ihn nicht wieder, vorläufig wenigstens. Das war mir schon sehr wichtig. So verging der erste Abend in Hohenstaufen, und auf morgen freuten wir uns schon wie verrückt. Penny und ich schliefen in einem Zimmer. Wir schwatzten noch ewig, und Boß lag zwischen unseren Betten und schnarchte wie ein Bär.

Am nächsten Morgen wurden wir geweckt von dem Alarmruf: „Alles raus zum Schneeschippen!" Das fand ich gut. In der Stadt geht einen das Wetter überhaupt nichts an, hier aber lebt man sozusagen mit der Natur Hand in Hand. Und es hatte geschneit, Himmel, nicht geschneit, geschüttet! Penny und ich waren sofort ans Fenster gesprungen und hangelten uns dann – das Waschen ließen wir sein – in die Trainingsanzüge, um zuerst zur Stelle zu sein. Onkel Albrecht freilich, der uns geweckt hatte, schaufelte schon, er war nicht mehr zu überrunden. Von allen anderen aber war noch nichts zu sehen.

„Wunderschön, das lob' ich mir!" lachte Onkel. „Ihr seid wirklich flink wie die Wiesel. Boß, wirst du wohl, andere Hunde haben auch ihre Daseinsberechtigung!"

Boß war nämlich hinter einem Nachbardackel hergeschossen, der sich schleunigst in Sicherheit brachte. Als wir fertig mit Schneeschaufeln waren, erschien Til.

„Ach, ihr habt schon? Ich wollte gerade helfen", sagte er.

„Und warum kommst du da jetzt erst?" konnte ich mir nicht verkneifen zu fragen.

„Ich mußte doch erst frühstücken" antwortete Til hoheitsvoll und schulterte Onkels Schneeschaufel, um sie hineinzutragen, denn er hatte am Fenster Mutters Gesicht gesehen.

„Das ist fein, daß ihr alle so fleißig wart", lobte sie uns denn auch prompt, als wir nacheinander, den Schnee an der Schwelle von den Schuhen stoßend, ins Haus traten. „Zu Hause sind Musch und Til nämlich gar nicht so schnell mit Helfen, Hohenstaufen wirkt sich günstig auf euch aus!" sagte sie und zwinkerte uns zu. Ich ärgerte mich, verschluckte aber eine Antwort. Ralf und Roland, fand ich, hätten auch mitschippen können, sie sind acht, und mit acht mußte ich schon wer weiß wieviel helfen. Erst bei heißem Kakao und Butterbroten vergaß ich halb und halb meinen Ärger, als aber Til verlangte, er wollte Boß jetzt allein an der Leine ausführen, da schob sogar Mutter ein „Nein!" dazwischen.

„Boß gehört Penny, und wenn jemand ihn ausführt, dann sie – und Musch", fügte sie hinzu, als habe sie plötzlich gemerkt, was in meinem Herzen brannte. Ich war versöhnt – und mit Boß zusammen stürmten wir aus der Wohnstube, ohne erst den Tisch abdecken zu müssen. Mutter lachte hinter uns her. Draußen trafen wir auf Onkel, der uns fragte, ob wir mitwollten. Er ginge jetzt den Christbaum holen. Wir sprangen hoch vor Freude.

Das Christbaumholen ist hier nämlich auch anders als zu Hause. Dort kauft man den Baum, das ist zwar recht hübsch, zugegeben. Meistens stehen die Tannen und Fichten an irgendeinem malerischen Platz der Stadt, am Brunnen meinetwegen oder an der alten Stadtmauer, und man geht hin und guckt und dreht die Bäume und denkt sich aus, wie der, den man haben möchte, beschaffen sein muß. Wie hoch und wie buschig, und am liebsten eine Tanne, die nadelt nicht so schnell. Ich war schon manchmal dabei, wenn Mutter den Baum kaufen ging, und fand es immer spannend. Hier aber holte man den Baum im Wald! Im eigenen Wald sogar, wie Onkel Albrecht sagte. Das ist toll!

Wir kletterten also gleich hinterm Haus – es ist ja das letzte im Dorf – den Hang hinauf zu der Höhe, die „Spielburg" heißt. Ein Kreuz steht ganz oben, und darunter ist ein freier Platz. Dort haben die Staufer früher ihre Turniere abgehalten, wird erzählt. Dann geht es wieder ein bißchen bergab, über eine Straße weg, die zu einem anderen Teil des Ortes läuft. Der Weg führt dann richtig bergauf, an der Flanke des Berges Hohenstaufen in die Höhe. Da steht Wald, Mischwald, aber vorwiegend Nadelholz, Fichten also, auch vereinzelt Tannen, und hier kamen wir in Onkels Waldstück. Er zeigte uns, wo es anfing, gleich darauf aber merkte ich, daß er gar nicht mehr so fröhlich war wie vorher. Erst meinte ich, es käme vielleicht vom Steigen, das ihn anstrengte, er ist ja nicht mehr gertenschlank, eher rundlich wie Tante Trullala, und er schnaufte ganz schön. Dann aber begriff ich, daß er vor Ärger schnaufte.

„Hier hat mir doch jemand – wahrhaftig! Hier – und hier auch – und da – einfach Bäume herausgeschlagen, und gerade die jungen, die weiterwachsen sollten." Er brummte und knurrte, wie man ihn sonst gar nicht kennt, richtig wütend. Penny und ich schlichen ganz still hinter ihm her. Da lag eine große Tanne gefällt schräg über unserem Weg, und die Spitze war abgesägt.

„Der schöne Baum! Haben sie ihn umgelegt, nur wegen der Spitze! Das ist doch häßlich", sagte er kummervoll. „Seht euch das an! Und dann waren ihnen womöglich die Zweige nicht dicht genug, und da wurde die Spitze wieder weggeworfen und ein anderer Baum gefällt . . ."

Er strich über die Rinde des gefällten Baumes. Mir wurde richtig betrübt ums Herz. Wirklich, das war Waldfrevel!

Onkel suchte weiter zwischen den halbhohen Bäumen, er suchte lange und gewissenhaft. Schließlich fand er eine Tanne, die für das Zimmer, in das sie kommen sollte, vielleicht etwas klein war, aber schön buschig, richtig dicht. „Wenn wir sie auf ein Tischlein stellen . . ." Onkel betrachtete sie nachdenklich und mit schiefgehaltenem Kopf. „Tante hat zwar gesagt, diesmal soll sie so groß sein, daß sie auf der Erde stehen kann. Die hier würde aber doch nicht weiterwachsen, seht ihr, hier", und er zeigte auf den Fuß des Baumes, der etwas eingeklemmt zwischen Felsbrocken stand. „Sie würde im nächsten Jahr wohl eingehen müssen", erklärte er. Und so nahmen wir diese.

Onkel schüttelte erst den Schnee von den Zweigen und sah sie noch einmal ringsherum prüfend an, dann sägte er sie ab und begann, ihre Äste nach oben zusammenzubinden, immer rund um den Baum herum. Dann nahmen wir das schlanke Bündel zu dritt, Onkel am Stamm unten, wir weiter oben, und begannen den Heimmarsch. Es roch herrlich bitter und gut nach dem Saft des Baumes.

An der Straße angekommen, lehnte Onkel den Baum an einen Telegrafenmast und sagte:

„So, nun kommt, da wollen wir doch mal sehen."

Er begann, zwischen großen Steinen und Felsblöcken zur Spielburg hinaufzusteigen, aber nicht dorthin, wo wir vorhin waren, sondern ein Stück weiter rechts. Es ging durch ziemlich tiefen Schnee und etwas bergauf, dann öffnete sich ein fast kreisrunder Platz, und dann – ja, dann standen wir vor einer Höhle, einer richtigen Felsenhöhle, wie sie sonst nur in Geschichten vorkommt. Sie ging in den Berg hinein, erst war sie vielleicht drei Meter hoch, dann wurde sie niedriger. Rechts am Eingang lag gestapeltes Holz, jemand hatte wohl Bauholz geschlagen und es hierher gelagert, damit es vor der Witterung geschützt den Winter überstand. Dahinter fanden wir, was Onkel Albrecht vermutet hatte: drei Tannenspitzen, zusammengeschnürt wie unser Baum, die hatte sich jemand gestohlen und hier zurechtgelegt, weil er sie nicht am hellen Tag durch Hohenstaufen tragen wollte, vom Wald herkommend, sondern sie in der Dunkelheit zu holen gedachte. Onkel stand davor und sah sie an. Es war in der Höhle ziemlich dämmerig, aber er hatte eine Taschenlampe dabei.

„Seht ihr, das dachte ich mir. Und er braucht sicher nur einen Baum. Vielleicht verkauft er die anderen unter der Hand, vielleicht läßt er sie aber auch liegen. Jaja, solche Leute gibt es. Manche haben sogar ein Stück eigenen Wald und tun es trotzdem."

„Wir lauern hier, bis die Bäume geholt werden!" flüsterte Penny mit blitzenden Augen. „Dann sehen wir ja, wer es ist!" Onkel sah sie an.

„Gerade dachte ich dasselbe. Vielleicht aber holt er sie erst morgen früh, und wir müssen uns hier die Beine in den Bauch warten."

„Könnten wir nicht ein Feuer machen?" schlug ich vor. Ich hatte Asche und halbverbranntes Holz entdeckt,

393

ziemlich weit hinten in der Höhle, und die Steine an der Seitenwand und oben waren schwarz, wie man sah. Hier wurde also manchmal Lagerfeuer gemacht. Das erschien mir herrlich verlockend. Onkel lachte ein wenig.

„Damit würden wir uns ja verraten. Dann käme ‚er' nicht. Aber im Sommer machen wir das einmal, ein Feuer, meine ich, und bleiben die ganze Nacht hier. Vielleicht zur Sonnenwende, was meint ihr? Da regnet es zwar fast immer – ich kann nicht zählen, wie oft es uns ins Sonnwendfeuer hineingegossen hat – aber dafür hat man ja ein Dach über dem Kopf in der Höhle. Ich hab' mal erlebt..."

Er war wieder umgekehrt und ging uns voran, bergab, der Straße zu, während er erzählte. Wir hatten den Baum wieder aufgenommen und marschierten wie die sieben Schwaben mit ihrem Spieß hintereinander, nur daß wir lediglich drei waren. Onkel erzählte:

„Da ging ich einmal mit Rex hier spazieren, und was glaubt ihr, was er mir heranschleppte? Ein großes Stück Hammelbraten. Da hatte jemand hier ein Feuer gemacht und wollte sich einen Braten gönnen, es waren zweifellos viele Jemande, und sie hatten sicher auch allerlei zu trinken mit. Die haben den Braten am Spieß gedreht und gedacht, eine halbe Stunde, höchstens drei Viertel, und wir können futtern. Aber so etwas dauert, und dann haben sie wohl mal probiert, und es war noch nicht gar und schmeckte scheußlich, und so wurde weitergetrunken, und schließlich vergaßen sie den halbfertigen Braten, und Rex hat ihn mir dann apportiert. Jaja, er hat eine halbe Woche gereicht, jeden Tag bekam Rex ein Stück davon, damit er sich nicht überfraß, und die Katzen auch."

„O ja, wir wollen im Sommer hier Lagerfeuer machen, eine ganze Nacht lang!" drängte Penny. „Versprich es uns, Onkel Albrecht, bitte, bitte! In den großen Ferien, wenn Musch hier ist!"

„Freilich. Ich mach' das gern, sonst hätt' ich es euch gar nicht erzählt! Übrigens, die Höhle ist noch für etwas gut", sagte Onkel schmunzelnd, „die Hohenstaufener Liebespaare benutzen sie als Briefkasten. Wer dem anderen schreiben will, wie sehr er ihn liebt, aber nicht durch die Post, weil der Brief sonst vielleicht in falsche Hände käme, steckt ihn in eine der Felsspalten, man kann ja gemeinsam aussuchen, in welche. Und der andere – die andere natürlich – holt ihn dann ab und steckt wiederum einen hinein."

„Hast du schon welche gefunden?" fragte Penny.

„Und ob!" lachte Onkel.

„Und gelesen?"

„Aber wo! Briefe von anderen an andere liest man doch nicht. Nie. Wenn ihr erst hier Liebesbriefe versteckt..."

Auf diese Weise hatte Onkel ein bißchen vergessen, was sein Waldbesitzerherz so gekränkt hatte. Wir kamen vergnügt zu Hause an, und nun war es spannend auszumessen, ob der Baum denn auch paßte. Tante Trullala erschien auf der Bildfläche, sie hatte angeblich gerochen, daß der Baum ins Haus eingezogen war, und das stimmte auch. Man roch es richtig, der ganze Flur des geliebten Hauses duftete nach Wald. Wir hatten zwar den meisten Schnee abgeschüttelt, aber es gab trotzdem eine große Nässe im Flur, und Penny stürzte davon, um Aufnehmer und Lappen zu holen. Tante und Mutter bewunderten die Tanne.

„Wunderwunderschön, Albrecht", riefen sie beide lobend, und Onkels

Gesicht strahlte wie ein Vollmond. Ja, der Baum war wirklich schön.

Tante Trullala lief dann, um den Ständer zu holen, und Onkel lachte ein bißchen hinter ihr her, ging dann in die Küche und wusch sich die Hände. „Nun sucht sie eine halbe Stunde und jammert und ruft, sie fände ihn nicht", prophezeite er, und gleich darauf merkten wir, daß er in die Zukunft geschaut hatte wie eine Kartenhexe mit einem Kater auf der Schulter.

„Ich versteh' das nicht, vorige Woche war er doch noch da!" hörten wir, und Onkel lachte.

„Na, was hab' ich gesagt? Das ganze Jahr über ist er ihr im Wege, und sie räumt ihn hierhin und dorthin und findet, man sollte ihn doch richtig wegstellen, auf den Dachboden, wo er einem keinen Platz wegnimmt und immer zu finden ist. Aber nun käme ja gleich wieder die Zeit, in der man ihn brauchte, und da lohnte es nicht mehr, und – ja, und wenn es soweit ist, hat er sich verkrochen, der kleine Schelm!"

Tantes Klagerufe ertönten noch immer in regelmäßigen Abständen durch das Haus, „wie der Abendgesang der Drossel im Frühling", lachte Onkel Albrecht.

„Aber jetzt ist genug gesungen, ich kann's nicht mehr hören", sagte er schließlich, „komm, ich habe den Ständer aufgehoben. Er steht . . ."

„Du hast ihn versteckt und sagst nichts und läßt mich suchen?" rief die Tante und kam angeschossen. „Du hast gewußt . . ."

„Hilfe, Hilfe, sie bringt mich um!", brüllte Onkel wie ein Mensch in höchster Todesnot. „Sie schlägt mich tot! Rettet mich . . .", und er drückte sich in die Ecke des Flures, während Tante ihm den dunkelgrünen Topf aus der Hand riß und damit in Richtung Wohnzimmer enteilte. „Da kann ich lange suchen!"

„Es war aber das allerallererste Mal, daß ich ihn versteckt habe", bemerkte Onkel später behaglich, als wir alle in der Küche saßen. „Weil jedes Jahr dieses Theater stattfindet, dachte ich, diesmal, wenn ihr dabei seid, geht es vielleicht glatt. Und das wäre zu schade gewesen! Ihr sollt doch auch in den Genuß des alljährlichen Suchens kommen!"

„Genuß!" rief Tante, noch immer erhitzt und atemlos von ihrer Stöberei. „Ich genieße es wahrhaftig nicht, sondern ich sorge mich . . ."

„Ja, die liebsten Sorgen des Jahres!" Mutter sah Tante lächelnd an, und da wurde deren Gesicht auch weich und froh. „Ob der Baum paßt, ob er gerade steht, ob man auch alles findet, was man seit Wochen in süßer Vorfreude versteckt hat, ob man auch nichts vergaß . . ."

Sie sind doch sehr ähnlich, die beiden Schwestern. Gibt es ein schöneres Erwachen als das am vierundzwanzigsten Dezember? Wenn man weiß, heute ist Weihnachten, keinmal muß man mehr schlafen, heute wird es wahr? Und noch dazu in Hohenstaufen? Ich jedenfalls kann mir nichts Schöneres denken, und Penny sicher auch nicht. Sie lag noch und schlief, und ich rührte mich nicht, sondern malte mir aus, wo der gestern geholte Baum stehen würde und die Krippe von Tante Trullala und alles. Boß lag zwischen unseren Betten und seufzte manchmal im Traum. Draußen war es noch dunkel. Ganz, ganz leise stand ich dann auf. Bademantel um und barfuß die Treppe hinunter. Vielleicht war heute gar nicht der Vierundzwanzigste, oder erst der vierundzwanzigste November? Und alles gar nicht wahr? Wir hatten nur einen Wochenendbesuch bei Tante gemacht und mußten heute abend wieder zurück.

Immer male ich mir solche Dinge aus, wenn ich mich ganz fürchterlich auf etwas freue. Die Sorge, es wäre vielleicht nicht wahr, und die Erleichterung, daß es doch wahr ist, das ist ein zu schönes Spiel. Im Grunde wußte ich natürlich, daß alles seine Richtigkeit hatte, man roch es auch schon auf der Treppe. Genußsüchtig steckte ich die Nase in den Türspalt des Wohnzimmers, das noch nicht abgeschlossen war. Ich wollte nur den Duft einatmen und beseligt wissen: heute abend!

Ich habe gar kein Licht gemacht. Ich hätte also auch nichts gesehen, wenn ich die Augen geöffnet hätte. Als ich dann merkte, daß mir kalt wurde, riß ich mich los und rannte die Treppe wieder hinauf, schnell in unser Zimmer und wieder ins Bett. Ins warme – huh, schrie ich auf. Und weckte Penny und Boß, und Boß fing vor Schreck an zu bellen, und ich . . .

Ja, ich war wie eine Rakete so schnell wieder aus dem Bett gefahren. Denn am Fußende hatte etwas Scheußliches, Nasses und Kaltes gelegen, und ich hatte die Füße so richtig hineingesteckt, als ich mich genußvoll ausstreckte. Aus dem Flur ertönte ein schadenfrohes Hohngelächter. Aha, Til. Natürlich war es Til, wer hätte es wohl sonst sein können!

„Til hat . . .", keuchte ich wütend, während ich mein Deckbett vom Bett riß. Richtig, am Fußende meines Bettes stand eine Plastikschüssel gehäuft voll Schnee. In den war ich hineingefahren, als ich wieder ins Bett schlüpfte, um mich mit Genuß aufzuwärmen. Pfui Kuckuck, wem das noch nicht passiert ist, der kann sich nur schwer vorstellen, wie furchtbar das ist.

„Das kommt davon, wenn man heimlich in die Weihnachtsstube schleicht und lochert!" hörte ich Til rufen, und jetzt wurde ich richtig wütend.

„Ich bin gar nicht . . ."

„Doch bist du, ich hab's gehört!"

„Ich hab' nur . . ."

„Laß ihn doch", versuchte Penny mich vom anderen Bett her zu trösten, „laß ihn doch sagen, was er will!"

„Ich hab' aber nicht gelochert!" Lochern heißt bei uns nachgucken, spionieren, neugierig sein. „Und jetzt verpetzt er mich womöglich, und mein Bett ist ganz naß, so eine Gemeinheit!"

„Komm, kriech in meines, ich schmeiß' den Schnee raus", sagte Penny gutmütig. Sie war aus ihrem Bett gekrochen und hatte mich hineinbugsiert, zugedeckt und die Decke ringsherum schön festgestopft. „Warm, ja? Und schön! Ich – warte . . ."

Sie hatte die Schüssel aus meinem Bett herausgeholt, die Tür aufgerissen – gleich darauf ertönte ein wütender Schrei. Tils Stimme. Penny kam zurück, schmiß die Tür wieder zu und stemmte sich dagegen. Eine Weile rumpelte es noch an der Tür, Til versuchte hereinzukommen. Penny aber hielt fest. Dann ließ der Lärm und Krach nach, und Penny konnte in Ruhe den Schlüssel herumdrehen. Sie stand da und lachte.

„So. Ich hab' ihn getroffen, mitten ins Gesicht. Das hat er auch verdient." Sie warf die Zudecke wieder auf mein Bett und kroch darunter, zusammengezogen, damit sie mit den Beinen nicht dorthin kam, wo natürlich Schnee und Nässe herrschten, obwohl die Schüssel weg war. „Ich bin ja kleiner als du, es geht schon", lachte sie und sah zu mir herüber.

Als wir uns wieder aufgewärmt hatten – an Schlafen war natürlich nicht mehr zu denken –, standen wir auf und gingen hinunter. Ins Wohnzimmer durften wir nicht mehr hinein, hurra! Nun wurde es ernst! In der Küche hatte Tante Trullala ein wunderschönes Frühstück aufgebaut, wie es in Skandinavien Sitte ist, mit Grütze und Eiern und Schinken und Kaffee und Milch und vielen verschiedenen Brotsorten und Quark, salzig und süß – wir durften von allem nehmen, was auf dem Tisch stand, und es uns auf einen weihnachtlich bunten Pappteller häufen, um damit loszuziehen und uns irgendwo hinzuhocken zum Essen. Til, der auch erschienen war, nörgelte eben, ob es denn keine Wurst gäbe, das fand ich unverschämt, hoffentlich hat Tante Trullala es nicht gehört. Er nahm sich gleich sechs gekochte Eier, ich hätte ihn am liebsten geohrfeigt, ich sah aber dann, daß er bereits nach dem zweiten anfing, langsamer zu kauen, und schließlich trug er drei wieder zurück.

Ich grinste.

Penny futterte einen Riesenteller voll Grütze in sich hinein, die sie mit zerlassener Butter begossen und mit Zucker und Zimt bestreut hatte. Ich hielt mich an Knäckebrot mit Butter und Honig, woran ich mich krankessen könnte. Nicht lange, so erschienen mit furchtbarem Getöse die Zwillinge und danach Vater, der das Baby mitbrachte.

„So kann Mutter doch noch etwas schlafen", sagte er, und Penny riß ihm das Baby sofort übereifrig vom Arm und sagte, sie wollte es den ganzen Tag „behalten". Tante lachte.

„Spätestens nach drei Minuten mußt du etwas anderes tun, unbedingt und sofort", prophezeite sie, „aber ich bin ja auch noch da. Nach einem solchen Frühstück, meine ich, wird kein Mittagessen nötig sein, und dann gibt es gleich Kaffee, ehe wir in die Kirche gehen."

„Gehen wir denn?" fragte Til. So eine blöde Frage, zu Hause gehen wir ja auch!

„Natürlich", antwortete Onkel mit ernstem Gesicht, „und die Kirche dauert hier immer sehr lange, du kannst dich also schon vorfreuen. Von halb fünf bis mindestens um acht, und dann müßt ihr sofort ins Bett, weil es da schon so spät ist."

„Aber..."

„Und die Kirche ist wunderschön geschmückt. Da stehen mindestens zwei Tannenbäume rechts und links vom Altar, und eine Krippe ist da, mit beinahe lebensgroßen Figuren..."

„Aber..."

„Ja, und gesungen wird auch. Von jedem Lied alle Strophen. Und viele Lieder, mindestens zwölf. Daher dauert der Gottesdienst so lange."

„Aber..."

„Ja, die Weihnachtsgeschichte wird natürlich auch vorgelesen. Ohne die wäre es ja keine Weihnachtskirche. Und alle Verheißungen vorher..."

„Aber..."

„Nun hör schon auf, Albrecht", unterbrach ihn Tante Trullala jetzt, und es klang ernstlich ärgerlich, „wie kannst du den Kindern am Weihnachtstag und über den Weihnachtsgottesdienst solche Märchen erzählen! Nein, ihr Männer! Schlimmer als die Lausejungen! Nimm die Kinder lieber mit hinaus, damit man hier weiterkommt, geh mit ihnen rodeln oder schilaufen oder sonstwas. Aber bring' sie nicht mit solchen Geschichten durcheinander!"

Onkel ließ sein rundes Gesicht in einer riesigen Kaffeetasse verschwinden und grinste. Ich hatte ihm natürlich vom ersten Wort an nicht geglaubt.

Wir futterten weiter, Til allerdings etwas nachdenklich und stiller, als man es sonst von ihm gewöhnt ist. Schließlich waren wir satt und verzogen uns. Die Zwillinge hängten sich an uns.

„Kann dein Boß über den Stock springen?" fragte Ralf Penny. Penny lachte.

„Wir versuchen es mal. Er kann's ja lernen." Sie lief in den verschneiten Garten und suchte eine Weile unten bei der Werkstatt. Schließlich kam sie mit einem langen Stecken wieder, es war wohl eine Bohnenstange. Die hielt sie nun waagerecht vor sich hin, Ralf faßte das andere Ende, und nun riefen wir Boß zu:

„Hopp, und hopp! Los, spring!"

Boß sah uns an, duckte den Kopf auf die Vorderpfoten und begann zu blaffen, während er mit den Hinterbeinen hin und her trat. Er wußte offensichtlich nicht, was er sollte.

„Wir müssen es ihm vormachen!" schlug Ralf vor. Gerade kam Roland dazu, dem drückte er das Ende der Bohnenstange in die Hand, und er selbst nahm Anlauf und sprang über die Stange.

„Los, Boß, komm, du auch! Mach mit!" lockte er. Boß schüttelte den dicken Kopf und sah Penny an, als erwarte er, was sie zu der Geschichte meinte.

„Wir müßten was haben, womit wir ihn locken!", überlegte sie, „ihn mit etwas locken, damit er springt, und es ihm dann geben und ihn tüchtig loben."

„Ja. Jedesmal eine Belohnung", nickte Ralf.

Ich mag die Zwillinge eigentlich ganz gern. Natürlich sind sie oft frech und tun nicht, was ich ihnen sage, sondern am liebsten das Gegenteil. Aber manchmal können sie sehr nett sein, vor allem Ralf. Wie er jetzt dastand, mit dem nach innen gekehrten Blick und sozusagen jede Sekunde bereit loszupurten, um etwas zu holen, was uns weiterhalf, da gefiel er mir wieder einmal sehr gut. Jeder, der sie kennenlernt, sagt, die beiden wären nicht auseinanderzuhalten. Ich finde das nicht. Natürlich sehen sie einander ähnlich, aber Ralf hat ein viel strafferes, gescheiteres Gesicht als Roland, er ist auch etwas kleiner. Roland läßt sich meist von Ralf beeinflussen, sowohl zu Dummheiten als auch zu vernünftigen Sachen, was man so bei Achtjährigen eben vernünftig nennen kann. Manchmal tun sie schon etwas, das man loben kann. Roland ist froh, wenn ihm jemand die Entscheidung abnimmt, er ist der geborene Mitläufer. Ralfs Haar ist etwas dunkler, ebenso die Augenwimpern. Er hat lange, gebogene, Rolands sind blond. Also, so arg ähnlich sind sie einander nicht.

„Wir müßten Fleisch haben, Fleisch mag er doch!" sagte Ralf jetzt. „Immer ein Stück hinhalten, und wenn er gesprungen ist, es ihm geben."

„Aber woher nehmen?"

„Weißt du nicht, wo welches ist?" fragte er. Eben kam Til.

„Fleisch? Ich hol' was", prahlte er und ging ins Haus zurück. Dann erschien er wieder, hielt Boß etwas unter die Nase und sprang vor ihm her über das Hindernis. Boß nicht faul, hinterher.

„Wunderbar!" schrien wir alle und lobten Boß. Der wedelte mit seinem dicken Schwanz und sah erwartungsvoll zu Til hin.

„Jetzt noch mal!" ermunterte ihn Til. Aber ohne eine schmackhafte Belohnung zeigte Boß keine Lust, und so ging Til wieder etwas holen. Das wiederholte sich ein paarmal, und zuletzt sprang Boß wirklich schon, wenn Til ihm winkte. Einmal beobachtete ich, daß Til etwas in den Mund steckte, ehe er Boß lockte.

„Ißt du von dem Hundefleisch?" fragte ich.

„Quatsch, ich hab' die Hand nur abgeleckt", antwortete er.

Nach einer Weile beschlossen wir, daß Boß jetzt genug gesprungen sei, und wollten uns eben eine andere Beschäftigung suchen, als Tante rief, ich könnte ihr etwas im Dorf besorgen. Ich versuchte, kein saures Gesicht zu machen, lief zu ihr hin und ließ mir Geldtäschchen und Besorgungszettel aushändigen.

„Sag aber, die anderen müssen auch mit, sonst unternehmen sie was ohne mich und ich hab' hinterher das Nachsehen!" flüsterte ich. Tante lachte und rief:

„Ihr geht aber alle Mann hoch mit, Til auch und ihr beiden, von denen man nie weiß, welcher es ist. Ich nenne euch jetzt beide ‚Raro', das trifft immer. Und alles hört auf Muschs Kommando!"

Wir trabten also durch Hohenstaufen.

Der Laden, in dem man alles bekommt, was auf der Liste stand, liegt ziemlich auf der anderen Seite des Ortes. Ich merkte, daß Penny stiller und stiller wurde, und sah sie unauffällig von der Seite an. Sie kam mir auch blaß vor. Schließlich flüsterte sie mir zu:

„Du, Musch, ich muß fix mal, ich renne heim. Ich komme euch dann wieder entgegen, bestimmt, gelt? Weil doch Tante gesagt...", sie sah so elend aus, daß ich nur nickte.

„Warum dreht denn Penny um? Ich denke, wir sollten alle zusammen gehen!" maulte Til. Aber ich scheuchte ihn weiter.

„Geht dich gar nichts an. Penny ist es schlecht."

„Mir auch", murrte Til, ging dann aber doch weiter. Später wurde mir etwas klar, oder jedenfalls vermutete ich etwas.

In der Nähe des Ladens nämlich, in den ich gehen wollte, liegt das Haus, in dem Penny gewohnt hat, ehe sie zu Tante Trullala kam. Gewohnt mit Vater und Mutter, später nur mit ihrem Vater. Und an diese Zeit hat sie wohl keine gute Erinnerung.

Vielleicht war es das... Vielleicht – wer weiß bei Penny etwas Bestimmtes? Sie ist wie das Wetter im April, mal lacht die Sonne, dann kommt auch schon wieder ein Regenschauer. Manchmal denkt man, sie ist vergnügt und zu jeder Unternehmung aufgelegt, da dunkelt es im Hintergrund ihrer Augen, daß man sich fürchten könnte. Ich mochte das nicht zu Ende denken.

Im Laden mußte ich natürlich anstehen, jetzt kauften viele Hausfrauen das letzte vor dem Fest. Mir war es egal, nur Boß hatte natürlich nicht mit hereingedurft, und ich war bange, ob er auch draußen wartete. Til sollte auf ihn achtgeben, aber der wollte nun auf einmal mit herein und sich alles im Laden ansehen. So schickte ich Roland hinaus, der tat es vielleicht am ehesten, dachte ich.

„Laß Boß nicht los, damit er nicht etwa in ein Auto rennt!" sagte ich. Die Autos fahren zwar durch den Schnee jetzt vorsichtig, aber die Straße vor dem Laden ist abschüssig, überhaupt geht es ja in Hohenstaufen fast überall entweder bergauf oder bergab. Endlich hatte ich alles in meinem Einkaufskorb und konnte ihn zur Kasse schieben. Dann hinaus und Richtung Heimat, und nach einer Weile kam uns wirklich Penny entgegen. Sie hatte den

Rodelschlitten an einem Strick hinter sich und verlangte eifrig, ich sollte alles Eingekaufte drauf legen, damit sie es heimziehen konnte.

„Es fällt doch runter!" sagte ich.

„Dann setz dich drauf und nimm es auf den Schoß!"

So machten wir es, und Penny zog mich, und Boß rannte mit und bellte. Die Jungen kamen kaum mit, so ein Tempo hatte Penny angeschlagen. Sie sah auch wieder aus wie immer, hatte rote Backen und blitzende Augen, gottlob. Tante war sehr froh, daß wir kamen, sie hatte schon gewartet, jetzt aber sagte sie:

„Ich habe noch eine Bitte. Stellt euch vor – ja, es liegt an mir, ich bin selbst schuld. Ich habe nicht an die Katzen gedacht.

Also – bei uns gibt es nämlich am Heiligabend zum Abendbrot immer Bratwurst und Kartoffelbrei. Ja, und die Würste, die hatte ich im Kühlschrank, und nun sollten sie im Laufe des Tages auftauen. Da habe ich sie hierhergelegt, und . . .

Musch, tätest du mir den Gefallen und gingst noch mal zum Metzger? Sicher ist es dort knüppelvoll, aber ich will auch sonst gar nichts mehr von dir, den ganzen Tag nicht, ich verspreche es.

Wir müssen die Würste halt nachkaufen. Katzen lassen das Mausen nicht. Man darf nichts aufgedeckt liegenlassen, wenn man Katzen hat. Wieviel Personen sind wir denn? Zähl doch noch mal durch."

„Onkel und du – und Penny, sind drei", rechnete ich, „und wir sieben, mit dem Baby. Aber das Baby ißt doch noch keine Wurst, und ich will bestimmt nur eine halbe."

„Unsinn, für jeden zwei. So war es gerechnet, und so bleibt es auch", bestimmte Tante energisch. „Lauf und erzähl Onkel nichts, er hat oft gescholten, wenn ich etwas offen stehenließ, und nachher war es weg."

Ich ging.

„Wohin willst du denn?" fragte mich Penny, als ich in die Straße einbog.

„Zum Metzger. Denk nur, die Katzen haben alle Weihnachtswürste aufgefressen. Aber nichts verraten, hörst du?" mahnte ich. In diesem Augenblick fiel mein Blick auf Tils Gesicht.

Er sah so verlegen aus, gar nicht, wie man ihn sonst kennt. Und da erhob sich in meinem Herzen ein finsterer Verdacht . . .

Ich habe nichts gesagt. Erst später, als ich Til allein erwischte.

Es war wirklich so. Ich sagte es ihm auf den Kopf zu, und er versuchte erst zu leugnen, aber nur am Anfang. Dann gab er zu, was ich mir schon gedacht hatte. Vorhin, als er angeblich Hundefleisch holte, mit dem er Boß über das Hindernis locken wollte, hatte er die Würste liegen sehen und gemeint, es würde niemand merken, wenn er eine nahm. Und die in kleine Teile teilte. Und die kleinen Teile Boß hinhielt . . .

„Aha. Und zum Frühstück hast du schon gebrummt, daß es keine Wurst gab. Ich weiß doch, wie du hinter Wurst her bist. Das war nicht Boß allein! Du hast auch . . ."

„Aber alle hab' ich wirklich nicht genommen! Bloß die Hälfte! Die andere Hälfte . . ."

„Na?"

„Die war weg, wie ich einmal wiederkam. Da müssen wirklich die Katzen dazugekommen sein, ich hatte die Tür nur angelehnt, weil es so schnell gehen sollte . . ."

„O Til!" Ich wußte im Augenblick nicht, was ich sagen sollte. Tante Trullala lädt uns alle zu sich ein und ist derart lieb und gut zu uns, und Til stiehlt ihr die Weihnachtswürste! „Deshalb hast du ...", jetzt wurde meine Wut erst richtig. „Ich hab' ja gesehen, wie du was in den Mund gesteckt hast, und da sagtest du, du hättest die Finger bloß abgeleckt! Und hungrig konntest du nicht sein, nach dem Frühstück!"

„Aber solche Wurst gab's dazu nicht", murrte er. Das brachte mich noch mehr auf.

„Also", setzte ich an, ehe ich im Metzgerladen verschwand, wo eine Menschenmenge stand, als gäbe es darin die Königin von England zu sehen. Sicher kam ich vor zwei Stunden nicht mehr heraus. „Also, Til, das sag' ich dir ..."

Ich konnte groß sagen. Til war weg, verschwunden, verblüht. Da stand ich mit meinen Talenten! Nein, Brüder sind eine widerliche Bande, ich wünschte, ich wäre allein zu Tante und Onkel und Penny gefahren! Til machte nichts als Ärger, und die Zwillinge sind auch nicht besser. Grollend stellte ich mich hinter den vielen Frauen an, die jede dutzenderlei Wurstwaren verlangten, und hatte auch noch die Sorge, daß die Bratwürste vielleicht ausverkauft waren, wenn ich endlich drankommen würde. Nein, es war ein Tag, wie ich ihn mir nicht ausgemalt hatte, das kann man wohl behaupten. Mit Ärger ging er los, und seitdem gab eine Sorge der anderen die Klinke in die Hand. Petzen würde ich natürlich nicht, darauf verließ sich Til. O Til!

Endlich kam ich nach Hause.

„Meine gute Musch, ich danke dir sehr!" seufzte Tante und verstaute die Würste diesmal katzensicher unter einer Schüssel, die sie beschwerte. „Nun lauf hinauf in euer Zimmer, und leg dich ins Bett! Penny habe ich auch schon geschickt, und die Jungen folgen hoffentlich bald. Damit ihr heute abend lange aufbleiben könnt, schlaft jetzt einmal herum, ja?"

Sie sah mich so bittend an. Wahrscheinlich wünschte sie sich selbst ein Stündchen Ruhe, weil sie mit Mutter gestern abend ewig geschwätzt hatte.

„Ja, Tante Trullala, ich verspreche es dir", sagte ich schnell und gab ihr einen Kuß. Und flitzte treppauf.

Lust, mich hinzulegen, wo es doch Weihnachten war und in mir alles vor Unruhe und Ungeduld kribbelte, hatte ich nicht für fünf Pfennige, aber der Tante mußte ich schon den Gefallen tun.

Penny lag auch bereits im Bett, schlief aber nicht, ihre dunklen Augen funkelten mir entgegen. Ich legte mich so, daß ich das Fenster sah. Draußen schleierte schon wieder ruhiger, großflockiger Schnee herunter. Ich sah ein Weilchen hinein, und langsam, langsam fühlte ich, wie ich ruhiger wurde.

„Schön, wenn es so schneit", sagte Penny nach einer Weile, als habe sie verstanden, was ich dachte. „Schön. Wenn man Angst hat, müßte man immer eine Weile so liegen und in das Schneien gucken." Sie verstummte.

Hast du denn Angst? Heute? Am Heiligen Abend? hätte ich gern gefragt. Aber es war etwas in mir, was mir den Mund zuhielt. Nein, ich fragte nicht. Ich sah wie sie in den fallenden Schnee.

Was für ein Wunder hat sich der liebe Gott da ausgedacht! Statt der langweiligen grauen Regentropfen so schöne, weiche, weiße Flocken, sanft und entzückend. Weiße Fensterbretter, weiße Äste, die vor dem Fenster stehen, still in der frühnachmittäglichen Luft, als fürchteten sie, ihre weihnachtliche Last zu verlieren. Friede auf Erden – mir fielen die Augen zu, während ich fühlte, daß ich einen Augenblick lang ganz glücklich war, glücklich, leicht und schwebend wie der Weihnachtsschnee da draußen ...

Wir standen im Flur, neben der verschlossenen Wohnstube, die heute Weihnachtsstube hieß und in die wir immer noch nicht hineindurften – alle im schönsten Staat. Weihnachten ist das größte Fest im Jahr, und Mutter hatte unsere besten Sachen mitgebracht und uns zurechtgelegt, vom Strumpf an bis zum Taschentuch. Jeder von uns trug in der linken Faust eine kleine Papiertüte mit dem Aufdruck „Brot für die Welt", dahinein hatten wir unsere Gabe für die hungernden Völker der Erde getan, jeder, was er irgend erübrigen konnte.

Natürlich braucht jeder vor Weihnachten Geld, denn, wenn wir auch möglichst alle Geschenke selbst herstellen, so kostet doch zumindestens das Material etwas, und buntes Einwickelpapier braucht man auch und Goldfaden und ähnliches. Deshalb gibt uns Mutter schon von Anfang November an etwas zu verdienen – was wir sonst umsonst tun müssen, wird bezahlt, also Abtrocknen oder Mülleimer wegtragen oder so etwas. Aber wir geben nicht alles aus, es muß für „Brot für die Welt" genug bleiben. Ich hatte dieses Jahr mein Gespartes mit Penny geteilt, die nicht soviel zusammenbekommen hatte. Sie sparte erst seit den Adventswochen, vorher war sie noch im Krankenhaus, und dort gibt's ja beim besten Willen nichts zu verdienen. So standen wir also und warteten auf Mutter, die das Baby noch umgezogen hatte.

„Immerzu muß man warten", brummte Roland, und Til stimmte sofort ein:

„Ja, das ständige Warten kann einem das ganze Weihnachten vermiesen. Müssen wir wirklich in die Kirche?"

Ich trat ihm ans Schienbein, denn eben kam Tante Trullala und hatte es natürlich gehört.

„Magst du denn nicht?" fragte sie freundlich. Er sah zu ihr auf.

„Eigentlich nicht. Nicht so gern."

„Und warum nicht? Gerade zu Weihnachten?" fragte sie weiter. Til schob die Unterlippe vor.

„Gerade zu Weihnachten. Es ist doch ein bißchen blöd: Da geht man in die Kirche und singt Weihnachtslieder und hört sich die Weihnachtsgeschichte an, die doch jeder auswendig kann, ‚Und es begab sich zu der Zeit...', und dann kommt man nach Hause und singt wieder, ehe es losgeht, und hört die Weihnachtsgeschichte ein zweites Mal, Wort für Wort. Eigentlich würde einmal doch genügen oder sogar besser sein. Und man würde viel Zeit sparen, man könnte eher bescheren und länger spielen..."

„Hm. Meinst du." Onkel Albrecht war nun auch gekommen, in seinem schönsten Mantel, in dem man ihn sonst nie sieht, frisch rasiert und feierlich anzusehen.

„Jetzt will ich dir mal was sagen, Til. So wie du habe ich auch manchmal gedacht. Genauso. Aber wir haben einen Pfarrer hier im Ort, der – nun, der hat vermutlich auch mal dasselbe gedacht wie du und ich. Und der macht es bei der Christvesper nicht so, wie du eben sagtest – ein paar Weihnachtslieder und die Weihnachtsgeschichte und ein bißchen Predigt dazu. Sondern anders. Und deshalb freue ich mich so, daß ihr hier seid und mitgeht." Er öffnete die Außentür, und wir alle schoben hinter ihm her ins Freie. Es fing schon an zu dämmern. Ach, Til mit seinen ewigen

Nörgeleien! Schon allein durch den Schnee zur Kirche zu wandern, war wunderbar, fand ich. Und als wir dann eintraten . . .

Onkel hatte wahrscheinlich schon einiges gewußt, vermute ich. Vielleicht hat er mit dem Pfarrer sogar vorher gesprochen. Natürlich standen zwei Christbäume neben dem Altar, und ein großer Adventskranz hing von der Decke, und alle vier Kerzen brannten, insofern war alles genau wie in anderen Kirchen. Sonst aber . . .

Mitten in der Kirche, vor den Stufen zum Altar hinauf, also so, daß man sie von allen Sitzen aus sehen konnte, war eine Leinwand aufgestellt, so eine, wie man sie braucht, um Filme oder Lichtbilder zu zeigen. Das hatte ich noch nie in einer Kirche gesehen, die anderen auch nicht.

Gespannt schoben wir uns hinter Onkel und Tante und Vater und Mutter in eine der hellen Sitzbänke, die noch leer war.

Zuerst spielte der Posaunenchor „Herbei, o ihr Gläubigen!", das klang wunderbar. Und dann sangen wir es mit. Es war, als ob ein großer Strom uns trüge, hinauf zum Himmel, in dem auch Weihnachten gefeiert wurde. Und dann war Stille, und der Pfarrer kam.

Ich konnte ihn von meinem Platz aus gut sehen. Er ist bestimmt noch nicht alt, aber auch nicht mehr ganz jung. Sein Talar gab ihm etwas Feierliches, was ja gut zur Kirche paßt, und er hat ziemlich lange Haare und einen Bart, beides schwarz mit etwas Grau durchsetzt, und schöne, klare, gütige Augen. Er stieg nicht auf die Kanzel, sondern sprach von unten her aus dem Mittelgang zwischen den Bänken, vor der Leinwand stehend. Ich war sehr gespannt darauf, was er sagen würde, denn eine richtige Predigt würde es wohl nicht werden, dazu hätte er auf die Kanzel gemußt.

Er sagte ungefähr so: Weil doch heute Weihnachten wäre und so viele Kinder in der Kirche, die sonst vielleicht nicht kommen oder nur zum Kindergottesdienst, da wollte er es mal anders machen und statt zu predigen ein schönes Bild zeigen, über das er sich mit uns unterhalten wollte. Und dann knipste er die Deckenbeleuchtung aus, so daß die Kirche nur im dunklen Schimmer der Wachskerzen lag, und dann kam das Bild auf die Leinwand, groß, bunt, reich. Wir sahen atemlos hin. Das Bild ist von einem Holländer gemalt – er sagte auch den Namen – und etwas über fünfhundert Jahre alt. Zum Staunen, wie die Leute damals malen konnten!

Maria sitzt unter einem steinernen Bogen, nicht in einem Stall, und hält das Christkind auf dem Schoß. Links steht Josef, und man sieht auch Ochs und Esel, und von rechts kommen gerade die Heiligen Drei Könige. Es sind aber, wie der Pfarrer gleich sagte, keine Könige, sondern kluge Männer, heute würde man sagen: Professoren. Es waren Sterndeuter, erzählte er, und sie gingen dem merkwürdigen Stern nach, den sie vorher noch nie gesehen hatten und der, wie sie annahmen, etwas Besonderes bedeuten mußte.

Man sieht den Stern, oben im Bild, aber nur halb, er ist zum Teil verdeckt von dem grauen Gemäuer. Aber man sieht ihn blitzen.

Ich weiß nicht, warum mich das Bild so anrührte. Ich habe doch schon viele Bilder von der Geburt Christi gesehen, alte und neue, berühmte und nicht berühmte, Postkarten, manchmal furchtbar kitschig, manchmal auch sehr schön. Bis jetzt fand ich es immer am schönsten, wenn das Kind in einem deutschen Stall, im Schnee, unter Tannenbäumen dargestellt war. Das gefiel mir immer am besten, obwohl ja jeder weiß, daß es nicht so war. Im Heiligen Land ist es heiß, und die Ställe sind anders, oder es war sogar gar kein Stall, sondern eine Steinruine. Hier ...

Der Maler hat sich die Geschichte auch nicht in Nazareth vorgestellt, sondern in Holland, in seiner eigenen Heimat. Man sieht das an der kleinen Stadt im Hintergrund. Aber irgendwie gilt das wohl für die ganze Welt.

Die drei Sterndeuter sind prächtig gekleidet und tragen kostbare Geschenke. Der eine kniet und küßt die Hand des armseligen, des nackten, des wunderbaren Kindes, die beiden anderen wollen soeben niederknien. Purpurn, golddurchwirkt ist ihre Kleidung, und sie haben Diener mit und wahrscheinlich auch Pferde und Kamele, die sieht man aber nicht. Was man sieht, ist die herzklopfende Andacht, mit der sie in die Knie sinken, die großen Männer von weit, weit her vor dem kleinen, soeben geborenen Kind.

Der Pfarrer zeigte uns dann noch Teile von dem Bild, vergrößert, einzeln, damit man alles auch ganz genau sehen konnte, die Gesichter und die Hände und die Augen der Menschen, und auch an dem Mittelpfeiler des Gebäudes, ziemlich im Dunkeln und ganz blaß, das Kreuz, an das Jesus später geschlagen wurde. Vielleicht sind deshalb alle auf dem Bild so ergriffen, so still, so anbetend. Daß Gottes Sohn für uns geboren wurde, in Armut und Einfachheit, ist ja erst der Anfang. Daß er dann alle unsere Sünden auf sich nahm und für uns starb, das liegt schon darin. Deshalb ist die Maria auf dem Bild vielleicht so ernst, wenn auch wunderschön.

Wir sahen dann die Stadt im Hintergrund auf einem Bildausschnitt genauer und den Stern hinter dem Mauerbogen. Wunderbar haben die Menschen damals malen können, jedenfalls dieser Künstler. Man sieht jede Falte in den Gesichtern, die alle anders sind, jedes für sich extra, wie bei lebendigen Menschen. Anders und unverwechselbar und genau. Ich konnte mich nicht satt sehen und satt staunen.

Der Pfarrer fragte ein bißchen, wer das Bild schon mal gesehen hätte – es hängt in München, sagte er –, und fragte, was uns daran gefiele und was wir am schönsten fänden. Ein paar Kinder meldeten sich wie in der Schule, manchmal ganz kleine, die sicher erst in den Kindergarten gingen, und es klang rührend und goldig und manchmal ganz komisch, was sie da sagten und fragten. Und auf einmal – ich wußte nicht, wie mir geschah –, da sah ich, daß Til sich gemeldet hatte. Und da deutete auch schon der Pfarrer freundlich fragend auf ihn. Himmel, was würde Til jetzt sagen! Mir wurde heiß und kalt vor Angst.

Ja, und dann kam alles ganz anders. Ich hörte mein Herz klopfen, während ich mit angehaltenem Atem horchte.

„Vielleicht hat der Maler gemeint, wir sollten es alle so machen wie die Sterndeuter", begann Til langsam. Es klang überlegend und auch ein wenig unsicher, aber nett-unsicher. „Dem Stern nachgehen, auch wenn viele andere einen auslachen oder sagen, es wäre Quatsch. Man darf sich nicht davor fürchten, was die anderen sagen und worüber sie lachen."

Dann setzte er sich wieder. Der Pfarrer nickte ihm zu und sah ihn freundlich an. „Das ist ein schönes Wort, das du uns da schenkst, mein Junge", sagte er halblaut. Ich war ganz fassungslos.

Ich habe Til später nicht darauf angesprochen, keiner von uns hat etwas gesagt. Es war ihm auch sicher lieber so. Aber ich mußte immerzu daran denken.

Vielleicht habe ich Til bis jetzt immer falsch gesehen. Immer so, wie er von außen ist, frech und oft schadenfroh und manchmal direkt unverschämt, nicht nur mir gegenüber, sondern auch zu Mutter. Das aber ist sicher nur der äußere Til. Der innere ist wahrscheinlich ganz anders.

Der Pfarrer brachte dann noch andere Bilder, keine bunten, Fotografien von Ländern, in denen der Hunger herrscht und kein so schönes Weihnachten ist wie bei uns, mit Süßigkeiten oder einer Gans. Und ich war sehr froh, daß wir Geld für „Brot für die Welt" mitgebracht hatten. Die anderen auch. Wir sahen uns gegenseitig an und lächelten uns zu, ganz wenig nur, aber jeder wußte, was der andere meinte, und jeder schloß in der Manteltasche seine Hand fester um die kleine Papiertüte. Wenn es auch nur ein klein, klein bißchen war für das große Elend und den Hunger und die Not, vielleicht half es doch ein wenig, gerade das, was wir brachten.

Zum Abschluß wurde noch gemeinsam gesungen, und der Posaunenchor blies wieder, und dann standen wir draußen in der Sternennacht, denn es war inzwischen dunkel geworden und schneite nicht mehr, und wir blickten unwillkürlich zum Himmel hinauf, ob man nicht den Weihnachtsstern sah. Warum nicht? Ein einziges Mal, eine Ausnahme, das Weihnachtswunder – aber es war keiner da.

„In den Herzen leuchtet er, auch in euren", flüsterte Mutter, und dann trabten wir alle miteinander heim, heim in Tante Trullalas und Onkel Albrechts geliebtes Haus, zu unserem Weihnachten, zu unserer Bescherung.

„Und jetzt könnt ihr euch freuen, jetzt ist die ganze Welt froh, daß der Heiland geboren ist", sagte Tante Trullala, und dabei hielt sie Penny an einer Hand und mich an der anderen, als ob wir noch ganz klein wären. Es hat uns aber gar nicht gestört, Weihnachten ist man gern klein.

Ach, und dann die Bescherung! So schön war Weihnachten, glaub' ich, noch nie, so gefreut hab' ich mich in meinem Leben nicht, aber ich muß ja alles genau der Reihe nach erzählen. Erst sah es nämlich etwas merkwürdig aus, das muß ich zugeben.

Als wir endlich in die Weihnachtsstube durften, sahen wir natürlich zunächst, wie jedes Jahr, nur den Christbaum in seiner strahlenden Helle und die Krippe darunter, und wir sangen und hörten die Weihnachtsgeschichte wie etwas ganz Neues, wir hatten sie ja auch, Tils Meinung entgegen, in der Kirche nicht gehört. „Und bewegte die Worte in ihrem Herzen", das ging mir zum erstenmal richtig auf. Dann aber, als wir noch einen zweiten Vers von „Es ist ein Ros' entsprungen" gesungen hatten, durften wir loslaufen und unseren Geschenkplatz suchen, und da kam das Merkwürdige, was ich vorhin sagte.

Mutter und Tante hatten die Geschenkplätze rund um den Christbaum herum angeordnet, und man wußte eigentlich auf den ersten Blick, was für wen gedacht war. Eine Pelzmütze für Til, die er sich heiß gewünscht hatte, für Ralf und Roland alles doppelt, man sieht das immer gleich, und für das Baby eine Klapper und neue Strampelanzüge. Bei mir aber – ja, da stand ein flacher Korb, und in dem war gar nichts,

405

nur eine zusammengelegte Decke. Ich stand ein wenig verlegen davor, während Penny ihren Platz neben meinem schon in Besitz genommen hatte und ausräumte – ein Buch und Wollhandschuhe und eine Lederleine für Boß und ...

„Ach, du lieber Himmel, für Musch hab' ich ja noch was vergessen, eine Kleinigkeit", rief in diesem Augenblick Tante Trullala und lief zur Tür, „einen Augenblick! In dem Körbchen ist ja nichts drin, aber es gehört was rein!" Und da war sie wieder, und im nächsten Augenblick lag in dem Korb ein schwarzes, zottiges, wolliges, sich rührendes Etwas, das erst aussah wie ein Muff aus schwarzem Fell und dann auf einmal vier Pfoten hatte und einen Schwanz und zwei kleine goldene Augen und um die Schnauze einen weißen Ring, wie Boß ...

„Ein Hund, Tante Trullala? Ein Hund – für mich?" schrie ich und stürzte mich auf ihn, und sie lachte und schüttelte den Kopf und rief immerzu: „Nein, nein!"

„Sondern?" fragte ich, nun doch sehr verwundert.

„Eine Hündin, meine Musch, eine Hündin!" verbesserte sich Tante und nahm mich samt Geschenk in die Arme. „Hündinnen sind gelehriger und auch treuer, und sauberer, hat man mir gesagt, und du sollst doch etwas ganz, ganz Schönes haben!"

Wir haben sie dann Bella getauft, die kleine Hündin, die jüngere Schwester von Boß. Mit B sollte der Name anfangen, genau wie Boß, und Bella finde ich wunderschön.

O meine geliebte kleine Bella! Sie gehört wirklich mir, und Mutter hat versprochen, daß ich sie auch mit nach Hause nehmen darf, als ein Stück Hohenstaufen. Mutter weiß nämlich längst, daß mein Herz in Hohenstaufen recht fest angewachsen ist und immer mehr anwächst, und das sieht sie mit etwas Kummer, denn ich gehöre ja eigentlich zu ihr und Vater und den Brüdern. Wenn ich aber ein lebendiges Stück Hohenstaufen bei mir haben würde, so meinten sie – wenn Bella nachts vor meinem Bett liegen und ich tagsüber mit ihr herumspringen könnte, sie mich vielleicht bis zur Schule begleitete und dort auf mich wartete, dann würde ich sicher kein Heimweh nach Hohenstaufen kriegen in den Zeiten zwischen den Ferien. Und in den Ferien käme ich natürlich wieder her, mit Bella.

Oh, es war ein herrliches Weihnachten, wirklich! Ich bekam natürlich auch noch andere Sachen, die hatten Mutter und Tante Trullala nur unter oder hinter dem Hundekorb versteckt gehabt – genau wie Penny ein Buch und Handschuhe und sogar etwas von den Brüdern –, ich staunte. Daß ich Til und den Zwillingen und dem Baby etwas schenke, ist klar, daß aber sie an mich gedacht hatten ...

Roland hat mir eine Hundeleine geschenkt, grün, aus Leder, und Ralf ein Halsband. Woher sie wüßten? Ach, Mutter hatte es ihnen geraten, sie hatte gesagt, es wäre für Rex. Und Til schenkte mir dasselbe, was er für Penny hatte: einen Hundenapf, der nicht umfallen kann.

Wir durften aufbleiben, solange wir wollten, die Großen saßen später am Ecktisch und tranken Weihnachtspunsch, und Penny und ich lagen mit den Jungen auf der Erde und bauten das Indianerlager auf und um, das die Zwillinge bekommen hatten, mit Wachttürmen und Palisaden und einer Schwingtür und einem Brunnen, richtig aus Holz, und dazu lauter kleine Reiter, Indianer und Weiße. Es spielt sich wunderbar damit.

Ehe wir schlafen gingen, sind wir noch einmal vor die Haustür geschlichen, Penny und ich. Nicht etwa, weil wir vielleicht meinten, wir könnten doch noch einen Stern entdecken, den Stern, dem die Weisen damals nachgegangen waren. Das Weihnachtswunder geschah – damals, es wiederholt sich nicht Jahr für Jahr. Aber ich hatte das Gefühl, ich müßte noch einmal hinaufsehen zum Himmel, der in einer solchen Nacht der Erde nahe gekommen war.

Ich hatte das deutlich gespürt, das erste Mal im Leben.

Am anderen Morgen weckte mich Penny, sie stand vor meinem Bett und redete und redete, sicherlich schon eine Viertelstunde lang. Ich bekam meine Gedanken nur mit Mühe zusammen und blinzelte sie sicher ganz idiotisch an.

„... und er hat gesagt, er kommt, er weiß nur noch nicht, wann", hörte ich sie einen Satz zu Ende bringen. Sie mußte Luft holen, jeder Mensch muß beim Sprechen irgendwann mal welche holen, Penny sicher seltener als andere, aber manchmal doch.

„Wer?" konnte ich also in dieses Luftloch hineinschieben, denn wenn sie schon berichtete, dann wollte ich wenigstens wissen, über wen.

„Rupert. Rupert und sein Vater, oder vielleicht auch nur Rupert. Ob sein Vater mitkommen wird, kann er nicht versprechen, sagte er. Aber zwischen jetzt und Silvester kommt er!"

„Na großartig", murmelte ich und rieb mir die Augen. Mein Kopf war noch schwer, wie mit Blei gefüllt, und die Gehirnmasse darin wie kalt gewordenes Öl, zähflüssig und unbeweglich. Ich hatte das Gefühl, als müßte es wunderbar sein, sich wieder auszustrecken und noch einmal zehn Stunden zu schlafen, süß und tief. Da aber hatte ich meine Rechnung ohne Penny gemacht.

„Und er will uns was mitbringen, hat er gesagt, es fängt mit – jetzt hab' ich vergessen, womit es anfängt", rief sie, „etwas Tolles!"

Rupert ist ein Freund von uns, ein ganz guter, er ist schon alt, sicherlich über zwanzig oder noch älter, aber trotzdem furchtbar nett. Im Sommer hat er uns Reitstunden gegeben auf dem Manderl, einem Norweger, der hier im Dorf steht und den wir versorgten, weil seine Besitzerin verreist war. Rupert wohnt in Nürnberg oder dort in der Nähe und hat ein Auto, und er würde also in diesen Ferien herkommen. Allmählich fing ich an, mich darauf zu freuen, erst war ich viel zu verschlafen gewesen.

„Hat er angerufen?" fragte ich, und Penny erzählte wieder, sicherlich zum siebenundzwanzigstenmal, was er gesagt hatte. Und dann sprang Bella aus ihrem Körbchen heraus auf mein Bett, ich wollte es gar nicht, denn das gibt es nicht, hat Tante Trullala gesagt, Hunde im Bett, das ist verboten. Ich setzte Bella also schnell wieder hinunter. Tante sagt, wenn man gar nicht erst damit anfängt, die Hunde auf die Couch oder ins Bett oder auf den Sessel springen zu lassen, dann entbehren sie es auch nicht. So, nun war ich zum Glück endgültig munter geworden und lief ins Bad.

„Morgen ist auch noch Weihnachten", hatte Mutter gestern abend getröstet, als wir immer und immer noch nicht schlafen gehen wollten. Morgen, das war heute. Also los!

Es hatte wieder geschneit, man sah es sofort, wenn man zur Tür hinausguckte. Wir nahmen uns nicht die Zeit, irgend etwas zu frühstücken, sondern liefen sofort in die Werkstatt hinunter, wo die Schlitten stehen, die Rodelschlitten. Heute würden sie gehen. Wenn der alte Schnee sich gesetzt hat und neuer drauf fällt, dann ist es richtig zum Rodeln und Schilaufen.

Wir zogen zur Spielburg hinauf, Penny und ich, jede mit einem Schlitten am Strick hinter sich. Dort suchten wir uns eine Stelle am Hang, wo es gerade hinuntergeht, und fuhren ab. Es war herrlich! Die Sonne hatte sich, silbern und winterlich blaß, über die Alb bemüht und blendete uns waagerecht in die Augen. Die Luft schnitt in die Lungen, so kalt war es, aber herrlich kalt und sauber.

Die Hunde hatten wir natürlich mitgenommen. Boß sowieso, aber auch Bella. Sie ruderte und schaffte sich eifrig durch den Neuschnee, biß hinein und kam nur nicht mit, wenn ich abfuhr. Deshalb nahm ich sie dann auf den Schoß, und das ließ sie sich gern gefallen, wenn sie auch dabei blaffte und blaffte, daß mir beinahe die Trommelfelle platzten. Rodeln ist herrlich bei solchem Wetter.

Und dann kam jemand.

Ich sagte schon, daß wir im Sommer Reitstunden bei Rupert genommen hatten, auf dem Manderl, einem Fjordpferd in Hohenstaufen. Er gehört der Irene – den Nachnamen weiß ich nicht, hier spricht sich jeder nur mit dem Vornamen an –, einem Bauernmädel, das sich zur Konfirmation nicht, wie alle anderen Kinder, ein Fahrrad gewünscht hatte, sondern ein Fohlen. Da bekam sie den Manderl. Der war damals noch klein, ganz jung, und sie hat ihn selbst aufgezogen und später zugeritten und eingefahren. Uns hat sie ihn damals im Sommer geborgt, weil sie verreisen mußte. Jetzt, als wir am Weihnachtsmorgen an der Spielburg rodelten, kam sie angeritten. Wir schrien und winkten ihr. Sie winkte wieder und wartete, bis wir bei ihr angekommen waren. Wir begrüßten sie und streichelten den Manderl und fanden es wunderbar, daß wir ihn trafen. Er hatte bereifte Barthaare und jetzt ein dickes Fell, richtig zottig, sie hält ihn draußen, er hat nur einen Unterstand mit Raufen, in den er hineinkann, wenn es gar zu sehr weht.

Die Irene ist jetzt auch schon erwachsen, aber sehr nett. Sie hat ein rundes, braunes, sommersprossiges Gesicht unter gelbem Wuschelhaar und blaue, ein wenig verwaschene Augen. Sie saß gleich ab und ließ erst Penny, dann mich in den Sattel, für eine Weile nur, ein paarmal hin und her. Der Manderl hatte keine Eisen auf den Hufen, jetzt im Winter, damit er im Schnee nicht rutschte, und so konnten wir traben und sogar ein Stück galoppieren. Dann fragte sie uns, ob wir mit Klingelschlitten fahren wollten. Um zehn müßte sie zu Hause sein, da kämen lauter Kinder aus dem Dorf mit ihren Schlitten, die wollten sie aneinanderhängen, und der Manderl würde sie ziehen. Das nennt man in Hohenstaufen Klingelschlittenfahren. Natürlich wollten wir.

Es war jetzt halb zehn.

„Müssen wir zu Hause Bescheid sagen?" fragte ich Penny. Sie meinte, es wäre nicht nötig, aber wir mußten ja sowieso an Onkels Haus vorbei, da könnten wir ja schnell hineingucken, das Baby habe Mutter sicher geweckt. Das taten wir also, Mutter war wirklich wach und meinte, wir könnten ruhig losgehen. Natürlich hieß es wieder –

und das hatte ich geahnt und eigentlich vermeiden wollen, aber was half's:

„Aber nehmt die Jungen mit!"

Immer muß ich die Jungen mitnehmen, wenn ich was Schönes vorhabe. Bei Langweiligem nicht. Da heißt es: „Ach, das kannst du auch alleine, Musch." Bei Schönem immer: „Nimm doch die Jungen mit. Sieh mal, wie sie sich freuen!" Ich kann es schon auswendig.

An diesem Morgen waren sie natürlich noch nicht angezogen, sondern hockten im Schlafanzug in der Weihnachtsstube und spielten mit dem Indianerlager. Natürlich mußte ich warten, bis sie fertig waren, und sie beeilten sich absolut nicht. Ich wurde ganz nervös und sah immerzu nach der Uhr, ob wir nicht noch zu spät kämen. Nie können die Jungen sich mir zuliebe beeilen, sie trödeln dann mit Vorbedacht und so richtig mit Genuß.

„Wenn ihr nicht schnell macht, gehen wir alleine", drohte ich immerzu, aber Til sagte frech, Mutter habe bestimmt, daß sie mitdürften, und wir hätten einfach zu warten. Und er suchte richtig aufreizend langsam nach seiner Mütze.

„Setz doch die alte auf", sagte ich giftig, er aber bestand auf seiner neuen Pelzmütze. Schließlich fanden wir sie im Weihnachtszimmer unter dem Tisch. Bella hatte sie dorthin gezerrt und sich darauf zusammengeringelt, und Til tobte und drohte, er werde es der Mutter sagen.

„Dir fällt wahrhaftig kein Stein aus der Krone, wenn du eine Mütze aufsetzt, auf der mein süßes Hundebaby eine Minute lang gelegen hat", sagte ich wütend, aber Til brüllte, die Mütze wäre ganz naß, und Bella habe sicher...

„Sie hat nicht", unterbrach Penny, nachdem sie an der Mütze gerochen hatte, die Nase tief ins Fell gebohrt, „Bella war eben naß vom Schnee, und der ist getaut, als sie in der warmen Stube auf der Mütze lag."

Til brummte noch und klopfte die Mütze aus, ich nahm Bella auf den Arm und tröstete sie.

„Immer sollst du es gewesen sein", sagte ich zu ihr, „aber wenn Til weiter so gemein zu dir ist, darf er dich nie, nie wieder streicheln."

Endlich waren alle drei Jungen fertig, und wir konnten losziehen, jeder mit einem Schlitten, ins Dorf, auf den Markt. Hoffentlich waren die anderen noch nicht fort.

Nein, gottlob. Als wir hinkamen, sahen wir, wie es dort von Kindern und Schlitten wimmelte, und Irene war vom Manderl abgestiegen und kümmerte sich darum, wie die einzelnen Rodelschlitten der Kinder aneinandergehängt wurden.

„Gleich hinter dem Manderl muß ein großer Junge hin, und den Schlitten machen wir nicht richtig fest, sondern so, daß er ihn jederzeit loslassen kann, wenn es nötig ist", bestimmte sie. „Hans, komm du her, du bist schon einigermaßen vernünftig. Wir ziehen den Strick von deinem Schlitten hier durch, siehst du, und du behältst ihn in der Hand. Im Notfall, wenn jemand schreit oder der Manderl mir durchgeht – er geht mir sicher nicht durch, aber du weißt, der Teufel ist ein Eichhörnchen, alles kann passieren –, dann läßt du ihn los. Aber nur in Notfällen."

„Und was ist ein Notfall?" fragte Hans und stellte sich dumm.

„Wenn du das nicht weißt, nehme ich Musch an deinen Platz. Ich weiß doch, daß du nur so tust. Halt wenn es zu sehr schleudert oder bergab geht, und die Schlitten kommen durcheinander, und die Kinder brüllen. So, und hinter dich kommen die Mädel, erst mal die kleineren. Du, Marielotte, und dann Evelyn. Ja, so. Ihr könnt die Schlitten festbinden, Hans paßt schon auf. Und dann die kleinen Jungen."

„Und zuallerletzt wir!" schrie Penny. „Der letzte Schlitten schleudert nämlich am meisten. Du mußt aber auch in die Kurven gehen, Irene, daß es nur so flitzt!"

„Das werd' ich schon", versprach Irene lachend. Nun setzte sich jeder auf seinen Schlitten, ich nahm Bella auf den Schoß, Boß durfte nebenherspringen, und los ging es. Erst im Schritt, wir mußten ja die Autostraße entlangfahren, bis wir zum Wald kamen.

„Schneller, schneller!" riefen wir, erst nur Penny und ich, später alle Mann im Sprechchor. Als wir den Ort hinter uns hatten, fuhren wir eine Straße nach rechts, und nun ließ sich Irene von unserem Ruf anfeuern und den Manderl vorwärts gehen. Hier war der Schneepflug schon gewesen, an den Rändern der Straße türmte sich der Schnee in Wällen, in der Mitte war es glatt, aber schon wieder etwas überschneit, genau wie man es sich wünscht. Jetzt wurde es richtig!

Der Manderl schien auch zu merken, daß er nicht rutschte, sondern daß seine unbeschlagenen Hufe in die Schneedecke griffen, wie es besser nicht möglich war. Er fing an zu traben und schließlich zu galoppieren. Erst gemäßigt, dann schneller.

Wir waren still geworden, keiner schwätzte oder rief oder quietschte mehr. Jeder versuchte, seinen Schlitten so gerade wie möglich in der Kette zu halten. Wir, die hinten fuhren, ich also und noch mehr Penny, wurden geschleudert, nicht allzusehr, mehr wie das Pendel einer Uhr, hin und her, hin und her. Wir fingen die größten Ausbiegungen ab, weil wir gegensteuerten, und damit waren wir vollauf beschäftigt. Ich mußte gleichzeitig Bella festhalten, die mir nicht vom Schlitten rutschen durfte.

„Na, lange geht das nicht mehr", hörte ich Penny halblaut vor sich hin knirschen. Ich versuchte mich umzudrehen, aber das konnte ich mir nicht erlauben, wie ich sofort merkte. Vorsicht, jetzt – noch mal abgefangen. Aber jetzt...

Nein, es ging nicht schief. In dem Augenblick nämlich, als ich zum erstenmal dran dachte, mich einfach seitlich vom Schlitten fallen zu lassen – Himmel, das durfte ich ja auch nicht, wie sollte Penny denn da klarkommen, die dann hinter einem leeren, ungesteuerten Schlitten hing –, in dem Augenblick schien Irene ein Einsehen zu haben, oder der Manderl fand, daß es reichte, oder es ging hier vielleicht ein klein wenig bergauf. Jedenfalls fiel der Manderl in Trab und schließlich in Schritt, und wir lockerten die verkrampften Muskeln und wischten mit den Schihandschuhen unter den Nasen hin, und die Schlittenschlange lief wieder gerade und ungefährdet hinter Pferd und Reiterin her.

„Gut, gut. Seid ihr alle noch da?" schrie Irene und sah sich um. Das hatte sie im Galopp auch nicht riskieren können.

„Alle. Und alle noch am Leben. Nun mal wieder bissel fix, vorwärts!" rief Til in der großsprecherischen Art, die ich an ihm nicht ausstehen kann. Ich hatte nämlich gesehen – nach vorn kann man ja sehen, auch wenn es schnell geht –, wie er sich ziemlich verzweifelt an seinem Schlitten festgeklammert hatte, als der Manderl galoppierte. Jetzt natürlich hatte er wieder Oberwasser und tat sich dicke.

„Til, wie schnell gefahren wird, bestimmt immer noch Irene", schrie ich nach vorn.

Til drehte sich um.

„Bäh!" machte er und streckte mir die Zunge heraus. Das aber wurde ihm zum Verhängnis. Irene war gerade wieder angetrabt und ging sogleich in Galopp über, und Til, der durch das Umdrehen aus dem Gleichgewicht gekommen war, flog vom Schlitten. Der nach ihm Kommende konnte nun seinen nicht mehr recht halten, denn Tils Schlitten, jetzt unbelastet, torkelte hin und her, und alles begann zu schreien:

„Halt! Halt!"

„Ich denke, ich soll schneller?" rief Irene nach hinten. Dann aber stoppte sie doch wieder ab, fiel in Schritt und sah sich um. „Wen haben wir denn da verloren? Unser Großmaul? Na, bravo."

Ich gönnte es Til, aber ich schämte mich auch für ihn.

Er kam angerannt, über und über voller Schnee, und erklärte wortreich und rechthaberisch, daß er gar nichts dafürkönnte, sondern . . .

Und so weiter. Ein paar lachten, die anderen achteten gar nicht auf ihn, und Irene, die abgesessen war, stellte ihm seinen auf der Seite liegenden Schlitten gutmütig wieder auf und zurecht.

„Los. Platz nehmen zum zweiten Absturz, Herr Lautsprecher! Versuchen Sie, möglichst so zu fallen, daß die anderen Schlitten nicht über Ihre werten Gebeine hoppeln!"

„Ich werde mich hüten!" knurrte Til und setzte sich zurecht. Er war wütend, obwohl er so tat, als machte es ihm gar nichts aus.

„Wir fahren jetzt langsamer", verkündete Irene, sie stand wieder neben ihrem Manderl und sah die Reihe der Schlitten entlang, „durch den Wald. Haltet mal schön eure verehrten Klappen, vor allem die Herren! Ich nehme dem Manderl das Geläute ab", er trug einen Kranz von Schellen an der Brust, was fein klang, wenn er trabte – „wer kann es einstecken? Alfred, du? Gut, danke. Denn im Wald wollen wir mal ganz still sein und nur fahren, ganz, ganz leise durch den Neuschnee, vielleicht sehen wir Wild!"

Das war natürlich verlockend. Auch die geschwätzigsten der kleinen Mädchen hielten inne und guckten mit großen Augen zu Irene empor. Die lächelte und trieb ihr Pferdchen an. Alle hielten den Mund.

Wir fuhren durch den Wald. Es ging nicht allzu schnell, und der Schnee war hier führig, so daß man keine Schwierigkeiten mit dem Schlitten hatte. Und die wunderbare Luft und der stille, beschneite Wald! Einmal sah ich ein Eichhörnchen um den Stamm sausen, wie eine rotbraune Schlange sah es aus. Und dann – wirklich, dann sahen wir tatsächlich Wild! Drei Rehe standen am Weg, graubraun, unwahrscheinlich dünn die Läufe, so, als müßten sie sogleich zerbrechen, wenn sie einer noch so geringen Belastung ausgesetzt würden. Und dann – Sprung und Sprung und Sprung mit diesen langen, zierlichen Läufen – über meterlange, fast fliegende Sprünge, quer über den Weg . . .

„Drei. Meist sind es drei", hörte ich Penny sagen, als die Rehe verschwunden waren, „abgesprungen", wie der Waidmann sagt. „Meist – wenn es nur zwei sind, hat man das erste verpaßt."

Wir fuhren weiter, immer noch in langsamem Trab und nun wirklich mäuschenstill. Irene hatte nach hinten gewinkt, als Penny ihre Weisheit von sich gab – Penny kann eben nur schwer den Mund halten. Aber wenn alle still waren, mußte auch sie schweigen, und auf einmal wurde die Fahrt durch den Neuschneewald eine ganz andere Sache, kein lustiges, sportliches Abenteuer, sondern eine Märchenreise. Wir sahen noch zweimal Wild; vor dem Hufschlag unbeschlagener Ponyhufe fürchtet sich kein Tier, und so kamen wir dazu, diese drei wunderbaren Bilder zu sehen. Es war tatsächlich wie ein Geschenk. Ich sagte es hinterher zu Irene. Die strahlte.

„Ja, das finde ich auch. Ich habe hier schon Füchse und sogar einmal einen Dachs gesehen."

„Einen Dachs? In freier Wildbahn? Wie sehen Dachse denn aus?"

„Schwarzweiß, und ungefähr so groß wie ein mittelgroßer Hund. Nicht so wie Boß, kleiner. Füchse sind übrigens auch kleiner, als man denkt, und sie schnüren merkwürdig dahin, setzen ihre Füße voreinander. So ..." Irene machte es vor, „es sieht lustig aus. Dachse haben etwas Drolliges, Unbeholfenes an sich, ich traf mal einen in der Dämmerung, hatte das Fahrrad dabei, war aber abgestiegen und schob es. Er hockte auf dem Weg und sah mich an, auf einem Waldweg, so einem, der rechts und links Spuren von Rädern hat und in der Mitte einen Grasstreifen. Ich blieb stehen und hielt den Atem an, und der Dachs rührte sich auch nicht. Er witterte, aber der Wind stand wahrscheinlich anders herum. Da wagte ich es, ganz, ganz vorsichtig näher zu gehen, möglichst ohne Geräusch, und da sah ich, daß es ein alter, behäbiger Herr war. Nun wurde mir doch ein bißchen angst, und ich sah zu, daß das Fahrrad zwischen ihm und mir blieb.

Jaja. Es ist natürlich dumm, sich vor einem Dachs zu fürchten, aber wenn man ihn das erste Mal sieht, und doch ziemlich nahe, und er guckt einen an ... Ich habe noch nie gehört, daß ein Dachs einen Menschen angefallen hat. Luchse, ja, die! Das sind Raubtiere, wie große Katzen, mit den merkwürdigen Büscheln oben auf den Ohrspitzen – früher gab es hier welche. Jetzt leider nicht mehr. Aber Dachse müßtet ihr auch mal sehen. Ich weiß einen Dachsbau, der ist noch befahren – so sagt man in der Jägersprache, das heißt, es leben noch Dachse darin. Ich nehme euch im Sommer mal abends mit."

Als wir heimkamen, merkten wir erst, daß wir ohne Frühstück losgegangen waren. Wir hatten einen Bärenhunger. Tante Trullala lachte und brachte eine Riesenschüssel Klöße auf den Tisch, und eine Soße gab es, von der Gans gar nicht zu reden! Hinterher lagen wir flach wie die Wanzen auf unseren Betten und konnten kaum mehr schnaufen. Um nichts vom Weihnachtstag zu verpassen, hatten wir unsere neuen Bücher mit heraufgenommen und beschlossen, den ganzen Nachmittag zu lesen. Es dauerte aber keine fünf Minuten, da schlief Penny selig und blies einen sanften Schnarcher nach dem anderen durch die Nase, nachdem ihr das Buch mit einem Knall heruntergefallen war, ohne daß sie davon aufwachte, und mir ging es drei Minuten später sicherlich nicht anders.

Jedenfalls wachten wir erst auf, als es draußen schon dunkel war – wovon eigentlich? Ich davon, daß Bella mir auf den Bauch gesprungen war, und Penny von einem Kaffeeduft, der Tote erwecken würde, wie sie sagte, und der durchs ganze Haus bis herauf zu uns drang.

„Tante Trullala macht Vesper!" sagte sie und schnupperte genüßlich. „Sie hat Stollen gebacken, also Zucker, sag' ich dir! Wollen wir?"

Wir wollten. Wir rannten hinunter und in die Weihnachtsstube hinein, und dort stand Tantes dicke Kaffeekanne auf dem Tisch vor der Eckbank, Vater und Mutter saßen dabei, das Baby krähte, und Til und die Zwillinge waren nicht zu erblicken. Wir setzten uns zu den Großen und ließen uns verwöhnen, und ich fand, daß auch der Tag *nach* dem Heiligen Abend herrlich war. Zu Hause ist er oft enttäuschend, die Spannung ist vorbei, und man fragt, ein bißchen ernüchtert: „Und nun?" Ja, in der Stadt ist alles anders. Aber hier, in Hohenstaufen, ja!

Tante schlug gleich nach dem Kaffee vor, ob wir nicht etwas spielen wollten. Sie spielt selbst sehr gern, nicht nur uns zuliebe, und diesmal taten auch Vater und Mutter mit. Nur Onkel Albrecht verwahrte sich dagegen, er sagte, er verlöre immer, er hätte zuviel Glück in der Liebe. Als ob man nur spielte, um zu gewinnen! Aber ich glaube, er sagte es nur so.

„Morgen gehe ich schilaufen, wer kommt mit?" fragte er, ehe wir schlafen gingen. Penny und ich schrien gleich ja! Wir haben ja jeder ein Paar Schier, eines von Onkel und Tante und eines aus Nürnberg, von Rupert und seinem Vater, Penny hatte es mir schon vor Weihnachten geschrieben. Meine sind blau, ganz toll.

Am anderen Morgen wurde es wahr, Onkel nahm uns mit, aber nicht zu einem Schilift, die gibt es zwar hier in der Nähe auch, sondern auf eine lange Tour. Oh, es war herrlich. Erst fiel ich immerzu hin, aber Onkel konnte gut erklären, was man falsch macht, und später hatte ich bei ein paar Abfahrten das Gefühl, ich hätte Flügel.

Dieses Gefühl begleitete mich eigentlich den ganzen Tag. Am nächsten Morgen holten wir die Schier wieder. Freilich, manchmal wurden wir auch auf die Erde heruntergeholt. Einmal mußten wir einen ganzen Tag die Schafe suchen, die ausgebrochen waren, das ist in einer so bergigen Gegend kein Zuckerlecken. Die Schier konnten wir nicht nehmen, weil man dauernd über Zäune klettern oder durch Gebüsch kriechen muß, und das Stapfen in den schweren Schistiefeln am Hang in tiefem Schnee ist sehr anstrengend. Natürlich drückten sich die Jungen wieder erfolgreich davor, nur Onkel und Penny und ich hielten aus, und schließlich fanden wir die Biester auch, sie waren gar nicht weit, sondern hatten sich beim Freibad in einem Winkel verkrochen, wo sie sich gegenseitig wärmten. Boß fand sie. Na, ein Glück!

Am nächsten Tag wollten Onkel Albrecht und Vater und Mutter eine Autotour machen, und da bekam ich das Baby ausgehändigt. Wir hatten gerade beschlossen, in die Höhle zu gehen, Penny und ich, und dort ein Lagerfeuer zu machen. Holz war ja dort, und Streichhölzer hatten wir uns besorgt. Nun fiel dieser Plan ins Wasser, das Baby kann man nicht so weit mitschleppen. Ich war sauer.

„Du hast es bis jetzt sehr schön gehabt, nun denk auch mal an die anderen. Denk' an Mutter, die zu Hause nie, nie fortkann, sondern immer die Stellung hält, wenn wir alle ausfliegen, jetzt ist sie mal an der Reihe!" sagte Vater leise zu mir, aber in einem sehr eindringlichen Ton. „Daß du aber den Kleinen nicht nach fünf Minuten bei Tante Trullala ablieferst, verstehst du? Tante hat genug zu tun." Ich hatte das vorgehabt, nicht nach fünf Minuten, aber vielleicht nach einer halben Stunde, und wurde noch verdrossener.

Zum Glück kam gerade Penny um die Ecke gefegt.

„Den Kleinen dürfen wir haben? Wunderbar, ich weiß was!" strahlte sie sofort. „Ich habe in der Werkstatt einen Sitz gefunden, den man auf einen Rodelschlitten schrauben kann. Dahinein packen wir ihn. Erst müssen wir nur den Sitz festmachen." Sie stob davon und kam in kürzester Zeit wieder, Rodelschlitten und Sitz mit sich schleppend, und begann, beides aneinanderzufügen. Schrauben hatte sie auch.

„Aber das Baby friert doch, wenn wir es da drauf setzen", wandte ich ein, noch immer mißmutig. Penny lachte mich aus. „Wir packen es einfach in Decken und legen ihm außerdem eine Wärmflasche auf den Bauch, innen, in die Decken eingeschlagen", schlug sie vor. „Du sollst mal sehen, das geht wunderbar."

Es ging wirklich. Der Kleine, in Mäntelchen und Kapuze, sah süß aus, wie er da so verpackt im Schlitten saß, und wir zogen stolz mit ihm durch die Straßen. Boß sprang voraus, und Bella rannte mit. Dann kamen ein paar andere Hunde, und wir mußten Boß an die Leine nehmen. So wurde die Weihnachts-Hundeleine eingeweiht. Boß war das nicht gewöhnt und zerrte.

„Himmel, Himmel, nicht so schnell!" keuchte Penny, die ihn zu halten versuchte. In der anderen Hand hatte sie den Schlittenstrick. Es ging vorwärts, aber wie!

„Der zieht mich mitsamt dem Schlitten!" japste Penny. „Setz dich zum Baby, damit es schwerer wird!"

„Wohin denn? Ist doch kein Platz!" hechelte ich. „Soll ich mich vielleicht aufs Baby setzen?" Dahinter und davor war natürlich kein Platz, weil wir ja den Sitz draufgeschraubt hatten und das Baby mit ausgestreckten Beinchen darin saß, in Decken gewickelt, die es noch länger machten.

„Halt", befahl Penny endlich und stemmte sich mit beiden Füßen in den Schnee, daß sie ganz schief stand. „Wirst du wohl! Du, Musch, ich hab' eine Idee!"

„Ja?"

„Boß ist doch ein Eskimohund, und die sind dazu da, Schlitten zu ziehen. Wir machen ihm ein richtiges Geschirr und spannen ihn ein, wie wäre das?"

„Wunderbar! Und woraus machen wir es?"

„Ach, Lederzeug liegt genug in der Werkstatt herum. Komm, wir gucken gleich mal nach."

Wir drehten also schleunigst um; diesmal waren wir, der Glätte der Straße wegen, nicht nach draußen, sondern ins Dorf Hohenstaufen gefahren. Jetzt liefen wir eilig zurück nach Hause, Boß an der Leine, Bella mitspringend, das Baby hinter uns her schleudernd. Ich mußte immerzu schreien:

„Penny, Penny, nicht so schnell, wir kippen noch um!" Aber Penny läßt sich nur schwer bremsen, sie ist wie ein durchgehendes Pferd, wenn sie eine Idee hat.

Es war recht schwierig, den vollbeladenen Schlitten durch den abschüssigen Garten bis zur Werkstatt zu bugsieren, ohne daß wir ihn umwarfen, es gelang aber doch, denn hier konnten wir Boß loslassen und hatten beide Hände frei. Wir stellten den Schlitten hin und fingen an, in der Werkstatt alles durchzusuchen. Als ich einen Riemen gefunden hatte, von dem ich meinte, er könnte als Brustgeschirr passen, lief ich hinaus, um ihn am Schlitten auszumessen. Da war der Schlitten weg.

„Penny! Penny! Der Schlitten ist weg! Mit dem Baby!" schrie ich entsetzt. Penny kam gesaust. Wahrhaftig, hier hatte er gestanden, und nun war er fort.

„Ob er – runter –" Penny deutete schreckensbleich den Hang hinab. Ich wollte das nicht glauben.

„Da sähe man doch Spuren!"

Natürlich. Wir mußten Spuren suchen und ihnen nachgehen. Solange keine den Abhang hinunterführten, war das Baby auch nicht abgesaust. Aber wo . . .

Ich rannte um die Stallecke. Da stand tatsächlich der Schlitten mit dem Kleinen, ganz friedlich, und unser Süßer – ich fand ihn im Augenblick wieder mal hinreißend und zum Fressen, so froh war ich – hatte das Köpfchen schief nach der Seite hängen und schlief, mitten im Schnee, in der winterlichen Sonne.

„Ein einziges Glück! Himmel, bin ich erschrocken. Wie kommt er aber hierher?"

„Das muß Til gewesen sein. Das hat er sicher gemacht, um uns zu erschrecken."

„Ja, sicher. Also weißt du! Er ist unmöglich, und ich glaube, manchmal stellt er sich sogar mit Absicht so. Neulich sollte er das Baby ausfahren, wirklich ausnahmsweise nur, weil Mutter zum Zahnarzt mußte. Ich hatte nachmittags Schule. Und am Abend erzählte er mir, er hätte dem Baby das Leben gerettet. Wieso, frage ich. Ja, sie hätten Kinderwagenrennen über Kopfsteinpflaster gemacht, zwei andere Jungen und er, und da wäre das Baby rausgeflogen in einer Kurve, er hätte es aber noch erwischt und wieder reingeworfen und noch den Zweiten gemacht. Stell dir vor!"

„Und . . ."

„Und ich konnte es Mutter nicht mal erzählen, denn erst hatte er mir das große Ehrenwort abgenommen, daß ich nichts davon sagte. Von da an habe ich mich immer erboten, den Kleinen auszufahren, wenn jemand mußte – und der Erfolg ist, daß Mutter meint, ich täte es gern, und ihn mir dauernd aufhängt."

„Vielleicht ist das gar nicht wahr?"

„Mit dem Kinderwagenrennen? Ich weiß nicht. Aber zuzutrauen ist es ihm."

Wir hatten den Babyschlitten vorsichtig wieder vor die Türe der Werkstatt geschoben. Die ließen wir jetzt lieber offen, damit wir sehen konnten, ob etwa ein Kidnapper käme. Til war aber wohl etwas anderes eingefallen, er erschien nicht mehr, die Riemen paßten, und Penny arbeitete wie verrückt mit Messer und Ahle und gewachstem Faden. Immer wieder mußte Boß anprobieren, und endlich hatten wir ein Geschirr zusammen.

„Und womit lenkt man einen Schlittenhund?" fragte ich. „Zügel kann man doch keine anmachen, oder?"

„Nein. Mit der Peitsche! Das hab' ich mal im Fernsehen gesehen, mit einer langen Peitsche. Die Eskimos machen es so, sie haben auch keine Zügel."

„Schön." Wir nahmen unser Geschirr, pfiffen nach den Hunden und begannen, den Schlitten mit dem schlafenden Kleinen wieder am Haus vorbei nach oben zu ziehen. Zum Glück rief Tante Trullala gerade nach uns. Wir erschienen genau richtig zum Mittagessen.

„Den Kleinen laßt nur hier, er hat genug Luft für heute bekommen", sagte Tante freundlich. „Ich bade ihn und füttere ihn ab, und dann kann er am offenen Fenster schlafen." Daß er bis jetzt geschlafen hatte, sagten wir lieber nicht. Wir hoben ihn aus dem Sitz und trugen ihn hinein. Das Essen stand schon auf dem Tisch. Ich tat, als sähe ich Til nicht, ihn und sein schadenfrohes Grinsen. Er war Luft für mich. Es machte ihm aber nichts aus.

„Und was habt ihr nachmittags vor?" fragte Tante, als wir das Kompott gegessen hatten.

„Wir gehen wieder raus. Mit dem Schlitten und den Hunden."

Tante nickte uns zu.

„Backen habt ihr! Wie blanke Äpfel!"

Wir stürmten davon. Und dann ging alles über Erwarten gut und glatt: Boß wurde eingespannt, Penny setzte sich auf den Schlitten, und ich lief voran und rief ihn.

„Komm, Boß, komm! Mit Frauchen gehen! Nun zeig mal, wie stark du bist!"

Er war stärker, als wir gedacht hatten. Penny zog er auf dem Schlitten weg, als wöge sie gar nichts, und so setzte ich mich versuchsweise auch noch dazu. Siehe da, er zog uns beide in rasendem Tempo über den glattgetretenen Schnee. Bella sauste mit hellem, sich überschlagendem Gebell hinterher.

Natürlich konnte man Boß nicht richtig lenken. Auch wenn wir „Rechts! Rechts!" schrien, verstand er das nicht, und ebenso war es ein Problem abzusteigen, wenn er nicht von selbst stehenblieb. Und das tat er eigentlich nur vor unserem Hause. Schließlich machten wir es so: Eine von uns setzte sich auf den Schlitten, die andere lief voran und lockte ihn möglichst auf Wege, die nicht gar zu sehr anstiegen. Der geeignetste war der unterhalb der Spielburg. Wenn wir oben angekommen waren, drehten wir Boß mitsamt dem Schlitten um und setzten uns beide drauf. Und dann hetzten wir:

„Vorwärts, Boß, vorwärts nach Hause! Lauf, was du kannst!" Und Boß ließ es sich nicht zweimal sagen, sondern rannte los, daß der Schnee unter seinen Krallen hervor nach hinten spritzte und wir aussahen wie gepudert, als wir zu Hause ankamen. Es ging wunderbar.

Bella wollte ich später auch vor den Schlitten spannen, wenn sie größer war. Vorläufig rannte sie nur nebenher und sah aus wie eine schwarze weißgefleckte Kugel, die rollt. Natürlich fielen wir manchmal vom Schlitten, weil wir so lachen mußten. Am Nachmittag kamen Onkel, Vater und Mutter heim und hielten vor dem Hause. Im selben Augenblick fuhren wir von der anderen Seite her vor, beide auf dem Schlitten, und Boß stoppte ab, weil er den Wagen kommen sah. Man konnte meinen, er sei tadellos dressiert. Sie hatten es alle drei gesehen und bewunderten uns und lachten und fanden es großartig. Wir waren sehr stolz. Boß lag an diesem Abend, ausgetobt und befriedigt, vor dem Ofen, ohne sich ein einziges Mal zu rühren.

„Den habt ihr bewegt", sagte Onkel Albrecht anerkennend. Er hat immer Sorge, wir steckten Boß zuviel Gutes zu, Süßigkeiten oder Brot oder andere Dinge, die dick machen. Und das tun wir natürlich auch. Boß kann nämlich betteln, daß auch ein hartgesottener Erzieher weich wird. „Er darf nicht dick werden. Nicht so dick wie ich. Ach, wäre ich doch dünn!" seufzte Onkel. „Laßt ihn nur tüchtig rennen!"

„Ich weiß, von morgen an spannen wir dich ein!" neckte Penny. „Wenn du dünn werden willst ...", und damit ergriff sie umgehend die Flucht, denn Onkel Albrecht hatte sich blitzschnell umgedreht und griff mit beiden Händen, die aussahen wie riesige Krallen, nach ihr, während er die Augen rollte. Mit knapper Not entging sie ihm.

„Mich? Mich wollt ihr einspannen?" rief er und war schon hinter ihr her, wir alle wichen aus, aber der kleine Tisch mit der Kaffeekanne konnte nicht ausweichen und wurde von Onkel mitgerissen. Es gab einen riesigen Pardauz, Boß wachte auf und bellte, Bella fiel pflichtschuldigst ein, und wir alle lachten und lachten. Die Kaffeekanne blieb zum Glück ganz, und sehr viel war nicht mehr darin gewesen, das freilich floß fröhlich über den Fußboden, und wir stürzten nach einem Lappen.

Daß es zu jeder Mahlzeit Kaffee gibt, ist eine Sitte, die Tante aus Schweden mitgebracht hat. Sie hat ein paar Jahre im Norden gelebt. Auch ihre Freude an Buntgewebtem stammt daher, und ihre Liebe zu Holz. Onkel und Tantes Haus ist nämlich ein Holzhaus.

Keine Tage im ganzen Leben haben so lange und flinke Beine wie die „zwischen den Jahren", wie man hier sagt, die Woche also vom Heiligabend bis zu Silvester. Kaum ist der erste Feiertag herum, da kommt schon der dritte, der fünfte – hier zählt man lauter Feiertage um diese Zeit –, und nicht lange, so laufen die Jungen auf der Straße herum und lassen Knaller los.

„Ist denn wirklich schon bald der Einunddreißigste?" jammerte ich, als ich vorm Haus einen Kanonenschlag hörte, der mich fast aus dem Bett warf. Aber es war noch nicht ganz soweit.

„Heute gehen wir endlich mal in die Höhle, aber nur wir zwei", schlug ich vor, „die Jungen brauchen wir dazu nicht, sie wollen sonst immer alles bestimmen. Und um das Baby drücken wir uns auch, wir haben es oft genug herumgefahren."

Es gelang. Wir kamen, o Wunder, von zu Hause weg, ohne daß uns jemand nachrief, wir müßten fix erst noch ... und stiegen den Hang zur Spielburg hinauf. Oben auf der Straße, die halb um den Berg herumführt, trafen wir eine junge Frau, die einen vollbeladenen Schlitten hinter sich herzog. Penny sprang sofort hin und schob; sie ist sehr hilfsbereit und erschreckt die Leute manchmal zu Tode, wenn sie mit raketenhafter Schnelligkeit zugreift. Auch diesmal fuhr der Schlitten seiner Besitzerin um ein Haar in die Beine. Sie sprang mit einem Quietschen vorwärts, drehte sich dann um und fing an zu lachen.

„Ach, du bist es, Penny! Hätte ich mir ja denken können!" Es war eine Schülerin von Onkel Albrecht, die bei ihm das Töpfern und Drehen und Brennen gelernt hat. Sie wohnt in Hohenstaufen in einem süßen Haus, ganz abseits gelegen, und hat einen Mann, der Maler ist. Und zwei Kinder im Alter von etwa drei, vier Jahren. Penny erzählte mir später noch viel mehr von ihr und ihrer Familie.

Mir gefiel diese Frau Franke gleich. Sie trug eine weiße Pelzmütze, aus der ihr Gesicht, rotbackig und lachlustig, so freundlich herausguckte, daß man sie sofort liebhaben mußte, und ich faßte neben ihr den Schlittenstrick und zog mit.

„Ein einziges Glück, daß ich dich treffe, Penny", rief sie nach hinten. „Richte Onkel und Tante doch bitte aus, daß sie ja nicht vergessen, Silvester zu uns zu kommen. Wir laden sie nämlich jedes Jahr ein, aber vielleicht dachten sie, diesmal klappt es nicht, weil ich es nicht extra noch mal gesagt habe."

„Bei uns ist aber dieses Jahr Besuch! Musch mit ihren Eltern und Brüdern", wandte Penny sogleich ein. Frau Franke lachte.

„Das macht doch nichts! Mitbringen! Alle Mann, je mehr, desto besser!" rief sie, und man merkte, daß sie es auch so meinte. „Was denkt ihr, was ich hier alles auf den Schlitten geladen habe! Zu Weihnachten habe ich gute Geschäfte gemacht, nun muß der Rubel rollen. Alles gute Sachen für meine Gäste!"

Wir kamen unterhalb der Höhle vorbei – wieder mal vorbei, ich sah sehnsüchtig hinauf, aber Penny blinzelte mir zu: Auf dem Rückweg! Jetzt erst zu Frankes, es lohnt sich! hieß dieser Blick, und ich gab nach. Wir mußten noch ein Stück auf der anderen Seite steigen, bis wir an Frankes Häuschen kamen. Es liegt sehr hübsch am Hang, und kaum waren wir in Sichtnähe, da kam uns ein junger Mann mit schwarzen Haaren und schwarzen Augen entgegengestürzt, riß uns den Schlittenstrick weg und zog den Schlitten im Alleingang das letzte Stück den Berg hinauf, daß wir kaum Schritt halten konnten. Frau Franke lachte.

„Das ist Fernandez, mein Mädchen für alles. Der ist . . .", und nun erzählte sie, wie der junge Mann zu ihr gekommen war. In dem abgelegenen Häuschen hatte Frau Franke nie eine Hilfe bekommen, kein junges Mädel wollte bei ihr wohnen und keine Putzfrau zu ihr hinaufklettern, so hatten sie einmal auf einer Reise nach Spanien mit Auto und Zelt diesen jungen Mann kennengelernt und schließlich mitgenommen. Er wollte nach Deutschland und sprach sie auf ihre deutsche Autonummer hin an. Seine Sehnsucht war, das Land kennenzulernen, von dem seine Großmutter – sie war Deutsche – so viel erzählt hatte, und die deutsche Sprache zu beherrschen. Und so erbot er sich, im Haus zu helfen, wenn sie ihn mitnähmen. So war Fernandez zu Frankes gekommen. Er nahm Frau Franke alle Hausarbeit ab, kochte vorzüglich, putzte, wusch und sorgte für die Kinder. Abends saß er dann über der deutschen Grammatik und dem Wörterbuch und lernte. Einmal, als nicht viel zu tun war – die Kinder hatte sich die Großmutter für ein paar Tage geholt –, fand Frau Franke, heimkommend, Fernandez am Spinnrad. Er hatte sich eines im Dorf geliehen und spann. Nähen konnte er auch, ja, einmal hatte er ein Strickzeug von ihr aufgestöbert, das seit langem dalag, ohne daß sie dazu kam, es fertigzumachen. Da saß er nun abends und strickte flink und geschickt, während er lernte. „Er ist rundherum eine Perle", erklärte sie uns.

Auch jetzt hatte er alle Vorräte, die sie auf dem Schlitten mitbrachte, ausgepackt und verstaut, einen hübschen Kaffeetisch gedeckt, weil er glaubte, wir kämen zu Besuch, und kaum waren wir im Zimmer, so erschien er mit einer Schüssel Pfannkuchen, „Berliner" sagt man hier, diesen wundervollen Ballen, die in Fett gebacken sind und herrlich schmecken. Es gibt sie meist zu Fastnacht oder Silvester, und wir hatten dieses Jahr noch keine bekommen. Uns lief also das Wasser im Mund zusammen, und obgleich wir gerade erst gut gefrühstückt hatten, schmeckte es uns wunderbar. „Das kommt vom Schlittenziehen", sagte Frau Franke und gab nicht nach, bis wir den ganzen Berg Ballen abgetragen hatten. Dann nahm sie uns mit in ihr Atelier. Sie stellt keine Ofenkacheln her wie Onkel Albrecht, sondern solche, die man sich schenkt, als Kaffeekannenuntersetzer oder Wandschmuck, und außerdem Tiere aus Ton. Ganz süße kleine Ziegen, die mit ihren Hörnern drohen, als wollten sie zustoßen, Katzen, Fohlen, die springen, sich balgende Hündchen und ähnliches. Auch die Köpfe ihrer Kinder hat sie modelliert, lebensgroß, ganz reizend. Wir durften alles ansehen und fragen und sogar anfassen, sie zeigte uns, wie man zum Beispiel einen Kopf anfängt zu modellieren, und zuletzt schenkte sie uns noch einen Klumpen Ton.

„Damit ihr zu Hause etwas daraus machen könnt", sagte sie.

„Und vergeßt nicht auszurichten, daß wir Onkel und Tante und Muschs Eltern zu Silvester erwarten", rief Frau Franke noch einmal, als wir uns verabschiedeten. „Und grüßt schön!"

Daheim erzählten wir alles.

„Ihr müßt unbedingt mitgehen, es ist immer sehr nett bei Frankes", redete Tante Trullala meinen Eltern zu, die ein wenig zögerten. „Wir verleben fast jede Jahreswende mit ihnen zusammen. Kommt doch mit! Ihr bereut es bestimmt nicht!"

„Aber die Kinder! Unmöglich, mit so einer Meute anzutreten", wandte Mutter ein. „Wir können doch nicht zu siebt . . ."

„Erstens könnten wir das wohl, Frankes sind sehr gastlich", widersprach Tante, „aber . . ."

„Aber wir bleiben lieber hier. Ich habe keine Lust, bei fremden Leuten zu sein. Immer muß man da still dahokken und zuhören und . . .", maulte Til. „Lieber . . ."

„Du wirst nicht gefragt. Weihnachten richten wir uns in allem nach euch, Silvester richtet ihr euch nach uns, mein Sohn", sagte Onkel freundlich. „Aber warum nicht? Die Kinder können hierbleiben und allein feiern, mögt ihr? Ihr müßt nur versprechen, das Haus nicht in Brand zu stecken. Musch und Penny sind groß und vernünftig, und Til wird diesmal keinen Ärger machen. Ja, und ihr, Roland und Ralf – aber ihr seid ja immer brav und lieb, die reinsten Engelchen", schloß er augenzwinkernd. Uns erschien die Aussicht, Silvester machen zu können, was wir wollten, hervorragend.

„Ja, klar pass' ich auf", beteuerte ich sofort, „und die Jungen müssen das große Ehrenwort geben, daß sie folgen. Gebt ihr es?"

Sie grinsten.

„Aber das Baby!" jammerte Mutter. Das Baby war jetzt nachts immer unruhig, darüber klagte sie seit ein paar Tagen. Wahrscheinlich bekam es Zähne. „Das Baby kann ich doch nicht hierlassen."

„Gut, dann nehmen wir es mit, es kommt dann bei Frankes in die Nebenstube, und wenn es weint, wird es geholt", bestimmte Tante Trullala. „Und jetzt laufen die Zwillinge im Eiltempo zu Frankes hinauf und richten aus, daß wir kommen, zu fünft. Marsch, marsch!"

„Aber warum müssen *wir* gerade – wir kennen doch das Haus nicht, und die Leute auch nicht. Musch und Penny . . ."

„Nicht Musch und Penny, sondern ihr", bestimmte Vater kurz. Wenn er diesen Ton anschlägt, parieren sogar die Zwillinge ohne ein Widerwort. Til hatte sich schon vorher unsichtbar gemacht.

Nun hatten Penny und ich ein neues Thema, das wir besprechen konnten, und etwas, uns darauf zu freuen: Silvester. Allein sein und machen können, was man will! Herrlich! Tante versprach uns sogar einen Punsch.

„Damit ihr anstoßen könnt, wenn das neue Jahr kommt", sagte sie. „Ihr müßt dann vors Haus gehen und hören, wie die Glocken läuten, und prosit Neujahr rufen."

Am Nachmittag bummelten wir durchs Dorf, wir wollten Irene und vor allem den Manderl besuchen.

„Vielleicht borgt sie ihn uns zum Reiten", überlegte Penny, „ich finde, wir sollten mal wieder reiten. Schade, daß Rupert nicht gekommen ist, der Blödmann. Ich hatte mich so auf ihn gefreut. Er hätte uns sicher wieder Reitstunden gegeben."

„Ja, das war so lustig im Sommer. Und gelernt haben wir auch was."

Es war nicht mehr so kalt, und die Sonne schien herrlich. Man hätte gut reiten können. Alle Kinder des Dorfes, so schien es, tummelten sich auf der Straße, teils mit Gleitschuhen, die hier sehr beliebt sind, teils mit Rodelschlitten oder auf Schiern. Die mit den Schiern strebten aus dem Ort hinaus auf die Hänge. Ein Bauer fuhr Heu.

Er hatte einen hochbeladenen Wagen hinter dem Trecker und setzte sich gerade auf seinem Blechsattel zurecht, um loszufahren, da knatterte es hinter ihm. Ein paar Jungen konnten es nicht lassen, jetzt schon auf der Straße Knaller anzuzünden, und freuten sich, wenn die Leute erschraken. Es gibt verschiedene Knaller, und ich finde sie auch schön. Manche machen nur einen Riesenkrach, andere wieder klingen wie Maschinengewehre, knattern also hintereinanderher und springen dabei ganz unberechenbar durch die Luft. Diese Knaller gefallen Til und den Zwillingen besonders gut. Diesmal aber waren es weder Til noch die Zwillinge, die diesen Lärm verursachten, sondern ein Junge, den ich nicht kannte. Er zündete das Ding, das aus Pappe besteht und nebeneinander in kleinen Schlaufen die Explosionskörper sitzen hat, an und ließ es, als es anfing zu knattern, aus der Hand sausen. Und es sauste – mir blieb der Atem weg – erst genau senkrecht in die Höhe und dann auf den Heuwagen, wo es sich anscheinend im Heu verfing, denn es sprang nicht weiter. Aber das Heu fing augenblicklich an zu brennen.

Der Bauer merkte nichts. Er hatte seinen Trecker gerade anlaufen lassen und konnte nicht unterscheiden, woher das Geräusch kam. Ich sah es und schrie und zeigte hinauf, und auch Penny schrie mit. Aber etwas unternehmen konnten wir nicht. Ein Mann, den ich vorher nicht gesehen hatte – er ging halb hinter dem Heuwagen oder war vielleicht gerade erst aus dem Haus gekommen – hatte, wie wir, die Gefahr gesehen und handelte blitzschnell. Wie ein großer Affe klomm er an dem Heuwagen empor, sich an dem Strick hinaufziehend, den man über die Fuhre zieht, damit man nichts vom Heu verlieren kann, und schlug oben mit den bloßen Händen auf die Flamme ein. Als das nichts half, riß er seine Pelzmütze vom Kopf und schlug damit in die Flammen. Es dauerte endlos, so schien es mir, immer wieder erhoben sich kleine Flammen, rechts und links, immer wieder versuchte eine hervorzuzüngeln. Aber der Mann gab nicht nach, verbissen schlug er zu, und schließlich siegte er. Das Feuer war aus.

„So, das wäre geschafft", hörten wir ihn halblaut sagen – wir standen ganz nahe an dem Heuwagen. Inzwischen hatten sich auch andere Leute eingefunden und schrien und winkten. Jetzt plötzlich wußten alle einen Ratschlag, jeder hatte „es gleich gesehen", der rettende Engel aber tat, als hörte er es nicht. Er faßte das Seil, glitt daran herunter, kam auf die Beine und drehte sich um. Die Jungen standen noch schreckensbleich und wie gelähmt zusammen. Klatsch, klatsch, ging es, da hatten sie ihre Ohrfeigen sitzen, gut gezielt und genau getroffen, drei, vier, fünf hintereinander, auch Til und Ralf erwischte es. Bis sich die anderen endlich besannen und davonstoben – der Retter aus Feuersnot und schweigende Strafrichter dachte nicht daran, ihnen nachzusetzen. Er hob seine Mütze, die er noch in der Hand hatte, und sah, daß sie angekohlt und an vielen Stellen ganz schwarz war. So setzte er sie nicht auf, sondern ging, bei jedem Schritt damit auf den rechten Schenkel schlagend, die Straße entlang, ohne auch nur ein Wort mit dem Treckerfahrer zu sprechen. Die Leute starrten ihm nach ...

Wer aber am meisten starrte – und zwar entsetzt starrte – das war Penny. Ich drehte mich zu ihr hin, und da erschrak ich mehr als vorhin, als der Heuler auf dem Heuwagen landete. Penny sah völlig verändert aus, so, als würde sie jeden Augenblick schlappmachen und zusammenklappen. Unter den Augen hatte sie schwarze Ringe, und die Augen selber schienen noch einmal so groß zu sein und von einer abgrundtiefen Schwärze.

„Penny, was hast du denn?" stammelte ich und gab ihr einen kleinen Schubs. „Es ist doch gutgegangen. Die schmeißen so leicht keinen Knaller mehr, wenn Heu in der Nähe ist. Penny!"

Aber es war, als erreichten sie meine Worte gar nicht. Sie starrte immer noch in die Richtung, in die der beherzte Mann verschwunden war, und ich sah, daß ihr Kinn zitterte.

„Penny!" rief ich noch einmal, so laut, als wäre sie mindestens zehn Meter weit weg. Da muß sie meine Stimme doch gehört haben.

„Musch? Ach so, jaja. Nein, es ist ja nichts passiert. Und unsere Jungen waren es diesmal auch nicht. Komm, wir – wir wollen heim ..."

„Aber wir wollten doch – willst du nicht mit zu Irene? Zum Manderl? Was ist denn mit dir, ist dir nicht gut?"

„Nein, gar nicht. Komm, ich möchte nach – nach Hause", sie sagte dieses „nach Hause" mit einer seltsam piepsigen, wie abgewürgten Stimme, die ich noch nie bei ihr gehört hatte. Es klang kläglich und verzweifelt und kraftlos. Ich fragte nicht weiter, sondern drehte mit ihr um. Erst gingen wir langsam, Penny schwankte ein wenig, und ich war darauf gefaßt, sie aufzufangen, wenn sie umfiel. Dann aber ging sie schneller, schließlich rannte sie, sie rannte so, daß ich kaum mitkam. Die Straße hinunter, ins Haus hinein, die Treppe hinauf, in unser Zimmer. Die Tür hinter sich zu ...

„Musch", flüsterte sie dann, wie erwachend, „o Musch!"

„Was hast du nur? Bist du von allen guten Geistern verlassen?" sprach ich sie an und versuchte zu lachen.

„Das war er", sagte Penny und ging überhaupt nicht auf meinen Ton ein, und dann atmete sie tief aus.

„Wer?" fragte ich, obwohl ich es im selben Augenblick wußte.

„Er. Mein Vater. Er ist da", sie flüsterte nur.

„Der? Der auf dem Heuwagen – das ist er?" fragte ich nach einer Weile halblaut. Dabei merkte ich, wie ich ihn mir wieder vorstellte: nicht sehr groß, schmal, geschmeidig. Auch Penny hat etwas Geschmeidiges an sich, mehr in den Bewegungen als direkt in der Figur. Das hat sie wohl von ihm. Dunkel. Dunkles Haar, ein scharfgeschnittenes Gesicht, dunkle Augen. Alles von ihm. Ihr Vater ...

Penny nickte, als ich „Das ist er?" gefragt hatte. Dabei starrte sie mich immer noch mit diesen unnatürlich großen Augen an, als sähe sie in ein tiefes Entsetzen hinein. Mir wurde immer mehr angst bei diesem Blick. Ich wußte nicht, was ich sagen sollte.

„Hör mal, Penny", setzte ich schließlich an. Und dann fuhr ich fort, ohne Überzeugung, und man hörte auch, daß es ohne Überzeugung war: „Er darf dich doch nicht ..., glaub doch das nicht! Wenn du jetzt ... Onkel Albrecht wird bestimmt ..., und da ist doch auch das Jugendamt, und Tante ..., und mein Vater ist auch noch da ..., und ... und ..."

Was man so sagt. Es drang alles nicht bis zu ihr hin. Schließlich – irgend etwas mußte ja nun geschehen – schob ich sie zu ihrem Bett hin, schlug das Deckbett zurück und brachte es fertig, daß sie sich seitlich auf den Bettrand setzte. Dann hockte ich mich vor sie hin und begann, ihr die Schuhe aufzuschnüren, streifte sie ab und hob Pennys Beine ins Bett, deckte die ganze kleine, vor Angst wie erstarrte Penny zu.

„So, so, so. Und jetzt denken wir gar nicht mehr an ihn, wir sind hier in Onkel und Tantes Haus, und keiner kommt, dich wegzuholen. Bestimmt nicht! Bleibst du auch liegen? Ich renne nur um eine Wärmflasche. Nein, ich sag' niemandem etwas, niemandem. Versprichst du mir, daß du liegenbleibst?"

Penny nickte. Es war ein kleines, verängstigtes, hilfloses Nicken, aber ich glaubte ihm. Die Treppe hinab und in die Küche. Niemand war drin, gottlob. Ich stellte Milch auf den Herd und füllte inzwischen die Wärmflasche mit heißem Wasser. Dann suchte ich den Honig. Tante hat immer echten Honig da, und ich habe mal gelesen, daß Honig in heißer Milch beruhigend wirkt.

Nicht alles ging glatt, erst fand ich den Honigeimer nicht, dann keinen Löffel, um das feste, gekörnte Zeug herauszubekommen, inzwischen lief die Milch über und machte einen fürchterlichen Gestank, und ich verbrannte mir die Hand, als ich den Topf wegriß. Schließlich aber hatte ich doch alles, was ich brauchte, und rannte treppauf, in einer Hand den Honigmilchbecher, in der anderen die heiße Wärmflasche. Hoffentlich war Penny nicht doch ...

Nein, sie war nicht ausgerissen. Wahrscheinlich fühlte sie sich hier in ihrem Bett noch am sichersten und irgendwie geschützt. Ich schob die Wärmflasche unter das Deckbett und hockte mich neben sie auf den Bettrand, den Becher in der Hand.

„Komm, trink das! Das tut dir bestimmt gut!"

Ich fühlte, wie sie zitterte. Nicht so, als hätte sie Fieber oder einen Schüttelfrost, sondern es war, als liefe ein Schauer nach dem anderen durch sie, der sie hin und her warf. Aber ich bekam sie doch so weit, daß sie trank, erst einen Schluck, dann langsam mehr, zuletzt alles, was im Becher war. Und, o Wunder, es schien zu wirken.

„Danke, Musch. Danke. Es ist schon wieder besser. Mir war bloß so kalt." Sie sah mich angstvoll und schuldbewußt an. Ihre Augen wurden wieder so, wie sie sonst sind, und allmählich, ganz allmählich bekam sie auch wieder etwas Farbe auf die Bakken. „Sagst du es auch niemandem, Musch? Niemandem, nein? Bitte, Musch, bitte! Niemand darf es wissen."

„Warum denn nicht?" fragte ich leise. Sie machte eine kleine Bewegung. Ich merkte genau: Sie wußte wie ich, daß das gar nichts half. Überhaupt nichts. Aber ihr bettelnder Blick hing an mir, als könnte ich helfen.

„Nein, ich sage nichts. Niemandem. Nun denk nicht mehr daran, Penny. Wir tun, als hätten wir ihn nicht gesehen."

Sie nickte. Und dann schloß sie die Augen. Ich saß und sah sie an.

Solche Angst haben zu müssen. So verscheucht zu sein – ich nahm mir vor, sie zu verteidigen bis aufs Blut. Sie nicht herzugeben, und wenn ich sie nach den Ferien mit zu uns nahm ...

Natürlich wußte ich, daß das nichts nützte. Ich wußte das genau, aber es war für mich ein Trost, es mir vorzustellen. Penny mitnehmen, alle Spuren verwischen, ihr einen anderen Namen geben – Unsinn war das, Phantasterei, aber ich malte es mir aus, um das andere nicht denken zu müssen. So saß ich und hielt Pennys Hand fest, bis ich merkte, daß sie tatsächlich eingeschlafen war. Und da stand ich auf und kroch in mein eigenes Bett, still, mutlos, ohne eine wirkliche Hoffnung.

Wir schliefen beide, bis Tante uns wecken kam, weil man uns vergeblich zum Abendbrot gerufen hatte und allmählich in Sorge war.

„Na, ihr seid ja zwei Murmeltiere! Den ganzen Nachmittag zu verschlafen, wo es draußen so herrlich ist! Nun kommt, wir wollen doch heute abend Rommé spielen. Nein, Penny, du siehst aus, als hättest du was ganz Abscheuliches geträumt, von einem Gespenst oder einem Drachen, gut, daß ich dich geweckt habe. Komm, komm, es war ja nur ein Traum."

Daß es keiner war, sagten wir beide nicht. Wir folgten Tante hinunter ins Wohnzimmer, still und fügsam, benommen. Manchmal denke ich, wenn die Erwachsenen wüßten, wie unsereinem zumute ist, würden sie nicht mehr sagen, sie möchten es noch einmal so gut haben wie als Kind. Aber das würde einem ja doch niemand glauben.

Wir hatten uns so darauf gefreut, Silvester allein zu sein, alles auf den Kopf zu stellen, richtig zu feiern, wie es *uns* paßte – und nun war das dazwischengekommen. Ich spürte genau, daß Penny nur so tat, als sei alles in Ordnung, und überhaupt keine Lust hatte, jetzt etwas zu unternehmen, und beschloß, sie auf alle Fälle auf andere Gedanken zu bringen. Irgendwie mußte mir das gelingen. Ich überlegte und überlegte. Schließlich fiel mir etwas ein.

„Weißt du, Silvester ist doch so ähnlich wie Fasching, da gibt es zum Beispiel auch Berliner Ballen und lustige Musik im Radio und Konfetti, das man schmeißt, und die Großen tanzen, und viele kommen mit Papiermützen und Pappnasen und blöden Perücken. Wir verkleiden uns auch! Sobald die anderen weg sind, suchen wir uns aus den Schränken und Truhen von Tante Trullala was heraus und machen uns komisch. Und erschrecken die Jungen. Vielleicht verkleiden die sich dann auch!"

„O ja! Ich weiß, wo alte Sachen liegen", jubelte Penny und sah im Augenblick wieder ein bißchen aus wie früher. „Auf dem Dachboden ist eine große Truhe, da sind Sachen drin! Als Tantes Jungen noch nicht von zu Hause fort waren, haben sie sicher auch manchmal gefeiert und sich verkleidet. Komm, wir gucken nach."

Ich war sofort einverstanden, und wir kletterten die Speichertreppe hinauf. Penny hatte vorsorglich die Taschenlampe mitgenommen, und das war gut, denn hier oben war es stockdunkel und bitter kalt. Aber die Kälte vergaßen wir schnell, denn was wir aus der Truhe zerrten, das waren Herrlichkeiten, wie wir sie uns nie erträumt hatten. Wir wühlten und suchten und quietschten vor Wonne, wenn wir wieder eine komische Larve oder einen unmöglichen Hut fanden, oder eine Pappnase, an der oben eine Brille ohne Gläser und unten ein Schnauzbart war. Ich setzte so eine auf, und Penny leuchtete mich an, und da lachte sie so, daß sie sich rückwärts in die Truhe setzte und von dort mit einem Schrei wieder hochfuhr, denn darin waren auch spitzige Sachen, zum Beispiel ein Degen und eine riesige Schneiderschere. Sie hatte sich aber gottlob nicht aufgespießt, sondern nur gestochen. Sie nahm die Schere heraus und beschloß, ein tapferes Schneiderlein zu werden, und ich beneidete sie ein bißchen darum. Dann aber fand ich eine Katzenmaske und einen Zylinder, und nun konnte ich als gestiefelter Kater gehen, Stiefel gab es bestimmt in der Werkstatt, in jeder Größe. Wir hatten uns damals, als wir mit Rupert ritten, auch welche herausgesucht.

Vorsichtshalber nahmen wir noch einige andere Dinge mit, die uns gefielen, um uns eventuell noch umziehen zu können. Eine Glatze mit Brille gab es auch, die einen kleinen gekräuselten Haaransatz trug. Als ich sie später in unserer Stube vor dem Spiegel probierte, erkannte ich mich selbst nicht mehr. Wir waren endlich wieder richtig vergnügt und vergaßen alles andere.

Und dann war der Einunddreißigste gekommen, man merkte es schon früh, denn ein süßer Geruch zog durchs Haus. Tante backte kleine süße Kuchen in Fett, die aussahen wie Sputniks und wunderbar schmeckten, und Mutter half überall, ließ alle Türen hinter sich auf und fiel über die Hunde und Katzen. Dabei ließ sie ununterbrochen Ermahnungen über unsere Häupter herniederprasseln, jeder Satz fing an mit „Und vergeßt nicht ..." oder „Und daß ihr mir ja darauf achtet ..." oder „Und denkt daran, daß ..." und ähnlichem. Ich konnte es schon nicht mehr hören und bewunderte Penny, die immer wieder „Ja" und „Natürlich" und „Aber klar" sagte und die Geduld nicht verlor. Das Baby kam in eine altmodische Tragetasche, denn bis zu Frankes kann man nicht mit dem Auto fahren, sondern man muß es unterhalb des Hanges stehenlassen und dann zu Fuß hinaufsteigen. In der Tasche konnte man das Kind wunderbar mitnehmen. Außerdem konnte es darin auch im Nebenzimmer schlafen, das hatte Mutter ausprobiert.

Endlich war alles verstaut, Tantes Kuchen – sie nimmt immer welchen mit, wenn sie auf Besuch geht – und Onkels Flaschen, und uns wurde noch einmal von vorn bis hinten erzählt, was wir zu tun hätten und was wir um Himmels willen *nicht* tun dürften, und mir riß beinahe noch im letzten Augenblick die Geduld. Penny biß sich auf die Lippen und machte mir heimlich immerzu Zeichen, ich sollte doch zum Kuckuck ruhig sein, und dann endlich, endlich fuhr das Auto los. Wir winkten wie die Wilden und warteten, bis es um die Ecke gebogen war, und dann faßten wir einander an den Händen und führten einen wilden Indianertanz auf. Die Großen waren weg, wir allein. Hurra!

Zuallererst liefen wir in die Küche und machten uns etwas zu essen zurecht. Die Jungen hatten wohl dasselbe vor, denn wir trafen sie in der Speisekammer, jedenfalls Til und Ralf. Wo Roland steckte, ahnten wir nicht. Als wir, mit Schätzen beladen, in die Küche kamen, fuhr uns etwas laut bellend in die Beine, daß wir wirklich sehr erschraken; denn wir wußten, daß die Hunde noch draußen waren. Natürlich war es Roland – er hatte sich ein altes Fell übergelegt und bellte wie verrückt. Wir schimpften, weil wir so erschrocken waren, und aßen uns dann erst einmal so richtig satt. Schinken und Kuchen und Saft durcheinander, was eben da war. Und dann sahen wir einander an: Was nun?

Diesmal hatte Til einen guten Gedanken.

„Wir spielen Verstecken im Dunkeln, durchs ganze Haus. Das geht sonst nie, wenn die Großen da sind."

„Mit Anschlag?"

„Klar! Sonst ist ja kein Tempo drin. Hier im Flur ist Anschlag, und es gilt von der Werkstatt unten bis rauf auf den Dachboden."

„Dachboden auch mit? Da können wir ja rennen!"

„Natürlich! Der Dachboden ist doch das allerschönste!"

Wir einigten uns dann darauf, daß wir den Dachboden doch lieber wegließen. Das Haus war auch so groß genug. Wir losten, und Til mußte als erster suchen. Er stellte sich mit gekrümmtem Arm, in dem er das Gesicht verbarg, in die Flurecke und zählte bis tausend. Wir rannten weg.

Ich konnte mich nicht so schnell entscheiden und hörte ihn die Hunderter abrufen. Er war schon bei siebenhundert, da hatte ich endlich ein Versteck gefunden, das ich für sicher hielt. Im Büro, einem winzigen Raum zwischen Wohnstube und Küche, hat Onkel einen Schreibtisch stehen, unter den kroch ich. Wenn man dort kein Licht macht, sondern nur vom Flur hereinguckt, ist der Schreibtisch schön im Schatten. Til schrie: „Tausend! Ich komme!", und ich wartete mit klopfendem Herzen. Er ging aber erst ins Wohnzimmer, und dann hörte ich ihn näher kommen. Inzwischen raste Penny aus ihrem Versteck heraus und schlug sich frei, ich blieb hocken. Til guckte nicht herein, sondern wandte sich zur Küche, und da wollte ich raus und mich freischlagen, blieb aber an irgend etwas hängen und riß den Schreibtischstuhl um. Es polterte, Til hörte es, kam gerannt, und nun hatte er mich angeschlagen. Es war mir aber egal. Ich suche gern.

Roland und Ralf wurden auch angeschlagen, sie hatten hinter den Mänteln im Flur gesteckt, sich aber noch nicht herausgetraut. Nun kam ich also an die Reihe mit Suchen, konnte auch Ralf erwischen, aber Til schlug am Schluß alle frei. Wir spielten, bis jeder einmal gesucht hatte, dann aber erholten wir uns erst einmal und trafen uns im Wohnzimmer.

„Wann gibt's denn Punsch?" fragte Til. Er hatte gehört, daß Tante uns welchen versprochen hatte. Er war wohlverwahrt in der Wärmekanne. Es war roter Punsch, mit viel Zitrone und Zucker und einer Zimtstange und einer Zitronenschale, und ich hatte ihn, ehe sie ihn einfüllte, kosten dürfen. Er schmeckte großartig.

„Noch nicht. Erst abends", bestimmte ich. Ich durfte bestimmen, hatte Tante gesagt, weil ich die Älteste bin.

„Aber kosten dürfen wir mal, du hast auch", nörgelte Til. Das gefiel mir gar nicht, weil der Punsch dann weniger wird, und man weiß nie, wann die Jungen aufhören. So verteidigte ich die Kanne, und es gab eine Schlägerei, bis Penny mit einem Teller voller Fettgebackenem kam, den Tante Trullala ihr heimlich gezeigt hatte. Da war Til abgelenkt, und wir setzten den

Teller mitten auf den quadratischen Tisch im Wohnzimmer und futterten, während wir „Mensch ärgere dich nicht" spielten. Wenn man Süßes ißt, und es ist genug da, hört meist der Streit von allein auf, und wir spielten lange und lachten viel. Als wir die ersten Knaller auf der Straße hörten, rannten die Jungen hinaus, und jetzt konnten wir, Penny und ich, uns schnell verkleiden.

Penny hatte sich einen Spitzbart ans Kinn geklebt und eine Zipfelmütze aufgesetzt, sie sah in den Spiegel und schrie vor Lachen. Die riesige Schneiderschere aus Plastik steckte sie sich in den Gürtel. Ich fand, daß sie sehr gut aussah, und hatte etwas Bedenken mit meinem Kostüm. Als ich dann aber in den Spiegel guckte – schwarzer Pulli, schwarze Strumpfhose, schwarzer Schwanz, auf dem Kopf einen Zylinder und die Katzenmaske vor dem Gesicht, dazu Stiefel –, da fand ich mich auch sehr schön, und wir liefen so auf die Straße, um uns zu zeigen. Da klingelte das Telefon, doch im gleichen Augenblick fiel die Haustür hinter uns zu, und wir mußten erst durch den Garten und in die Werkstatt hinein, die ja immer offen ist. Bis wir ins Büro kamen, hatte das Klingeln aufgehört.

„Blöd, was?" sagte Penny. „Na, wenn es wichtig war, ruft der noch mal an."

Wir stürmten wieder hinaus, und die Jungen bewunderten uns sehr in unserer Verkleidung. Lange blieben wir nicht, denn es wehte bitter kalt. Vereinzelte Schneeflocken, harte, kleine, wie Graupelkörner, kamen geflogen, und wir flüchteten lieber wieder ins Haus. Es war neun vorbei, und wir setzten uns in die Ofenecke.

„Nein, eingießen tu' ich, sonst wird es nicht gerecht", bestimmte ich, und wir stritten uns wieder. Ich stellte die Kanne außer Reichweite auf den Teewagen. „*Ich* gieße ein!" Dann sahen wir auf die Uhr und wußten nicht recht, was wir machen sollten. Es war toll, aufbleiben zu können, aber die Zeit verging sehr langsam. Himmel, was taten wir jetzt die nächsten drei Stunden? „Erzähl uns was", schlug Penny vor. „Weißt du keine Silvestergeschichte?"

„Nein, Grusel! Gruselgeschichten mußt du erzählen!" verlangte Roland, und ich überlegte. Eine fiel mir auch ein. Ich erzählte sie, wie man Gruselgeschichten erzählen muß, halblaut und geheimnisvoll und mit Pausen, in denen man nach draußen horcht. Es wurde richtig schauerlich. Als ich fertig war, verlangten die Jungen noch mehr.

Ich ging zum Bücherregal und suchte. Und dann fand ich auch ein Buch, „Zum Vorlesen auf Fahrt und an Lagerfeuern" hieß es, das war bestimmt das richtige. Wir knipsten das Licht aus und zündeten nur eine Kerze an, das hatte Til vorgeschlagen, er meinte, so müßte man das machen. Er wäre schon einmal auf Fahrt gewesen, mit dieser Fahrt, seiner ersten, prahlt er bei jeder Gelegenheit. Die anderen kuschelten sich auf dem Eckbankkissen zurecht, während ich vorlas.

„Ihr werdet einschlafen, wenn ihr euch so lümmelt!" warnte ich. Aber sie lachten mich aus.

„Bei so spannenden Geschichten schläft man doch nicht ein!"

Na schön. Ich jedenfalls schlief nicht ein, denn ich las ja. Nach jeder Geschichte sah ich nach den anderen, dann aber kam eine, die war so fürchterlich, daß ich alles andere vergaß. Sie hieß: „Der Mann ohne Kopf". Die Zwillinge stöhnten vor Spannung, und Penny war ganz nahe an mich herangerutscht und hielt sich an mir fest. Gottlob ging auch diese Geschichte einmal zu Ende, und ich klappte das Buch zu und sagte:

„Nee, jetzt keine mehr." Da sahen wir, daß Til schlief.

Wir merkten auch bald, warum. Während wir lasen, hatte er sich an den Punsch herangemacht. Er lag ja auf der Bank, und da die Kerze mitten auf dem Tisch stand, lag die Bank im Schatten. Da hatte er ganz leise den Teewagen herangezogen, und während wir vor Spannung nichts sahen und hörten, sein Glas heimlich nachgefüllt, immer wieder. Es war noch etwas in der Kanne, als wir probierten, aber nicht viel, und er schlief selig und schnarchte behaglich, unaufweckbar.

„So eine Gemeinheit, uns alles wegzutrinken!" schimpften wir, und dann sahen wir wieder auf die Uhr. „Halb elf. Noch so lange." Penny seufzte. Dann aber war sie plötzlich wieder munter und hatte glitzernde Augen. „Jetzt weiß ich was!"

„Na?"

„Wir beschleichen die Großen! Til lassen wir hier, zur Strafe. Wir vier ziehen uns an und machen eine Nachtwanderung, über die Spielburg zu Frankes hinauf. Und gucken dort durch die Fenster, was die Großen tun. Wir könnten sie auch erschrekken ...", fügte sie träumerisch hinzu. „Vielleicht einen Riesenschneeball an die Scheibe oder einen Knaller oder an die Haustür bollern, daß sie denken, das Haus fällt ein ..."

„Lieber nicht! Dann merken sie doch, daß wir weggegangen sind, und wir sollten doch hierbleiben."

„Ach ja, richtig. Nein, dann beschleichen wir sie bloß. Und beobachten sie durchs Fenster."

„Wunderbar!"

Auch die Zwillinge fanden den Plan gut. Sie freuten sich, daß wir sie mitnehmen wollten und daß Til schlief. Ihm gönnten sie von Herzen, daß er was verpaßte. Schnell und leise zogen wir uns an, Schihosen und Jacken, Schistiefel, und steckten ein, was man für eine Nachtwanderung braucht: Taschenlampe, Messer, eine Tafel Schokolade als eiserne Ration, Streichhölzer, eine Kerze. „Die Batterie in der Taschenlampe ist schon ziemlich hinüber, ihr spielt ja dauernd damit. Etwas geht sie noch", sagte Penny. Jeder nahm einen Schistock. Los.

„Die Hunde?"

Boß hatte natürlich gemerkt, daß wir etwas vorhatten, und stand mit erhobener Nase neben der Tür. Bella räkelte sich in ihrem Korb.

„Lieber nicht! Sie bellen bestimmt und verraten uns. Frankes haben auch einen Hund. Nein, Boß, du bleibst. Du hütest das Haus. Mit Bella zusammen, verstanden? Und Til, dem Schnarcher."

Wir schoben uns also aus der Tür, daß Boß nicht durchschlüpfen konnte, und drückten sie zu. Draußen schneite es jetzt, und es wehte auch noch immer. Wir zogen die Kapuzenschnüre zu und stapften los. Erst leuchtete Penny mit der Taschenlampe, dann aber machten wir sie lieber aus. Sobald sich die Augen an die Dunkelheit gewöhnt hatten, konnte man ohne die ganz gut sehen. Der Weg war leicht zu finden, immer der schmalen Straße nach. Wir kannten ja hier jeden Schritt und Tritt.

Es war schon eine lustige Sache, nachts unterwegs zu sein, und keiner wußte es. Wir sprachen nichts mehr, sondern trotteten, einer hinter dem anderen, durch den schräg wehenden Schnee, und Penny, die voranging, rief nur manchmal etwas zurück, das den Weg betraf. Die Abzweigung, wo es zu

Frankes hinaufgeht, fand sie nicht gleich, wir liefen hin und zurück, suchten, schließlich tasteten wir sogar mit den Händen, aber der Schnee lag schon wieder ziemlich hoch.

Endlich fanden wir die Stelle, einfach durch Zufall: An der Seite – jetzt erinnerten wir uns daran, nachdem wir darüber gestolpert waren – lag ein mittelgroßer Feldstein. Wir folgten dem kleinen Weg bergauf, und schließlich sahen wir durch den fast waagerecht wehenden Schnee die Lichter des Hauses.

Es war ziemlich mühsam hinaufzukommen, aber endlich hatten wir es geschafft.

„Leise! Vorsichtig! Keiner darf was merken!" flüsterte ich, als die Zwillinge sofort zu den Fenstern liefen. Penny und ich folgten. Und dann fanden wir, daß sich der mühsame Weg gelohnt hatte: Frankes hatten, ohne Nachbarn und allein am Hang wohnend, die Läden nicht geschlossen und die Vorhänge auch nicht vorgezogen, daß man nicht hätte ins Haus sehen können.

„Guckt, da!"

Nein, ist das komisch, Leute zu beobachten, die es nicht wissen! Man sieht sie, aber man hört sie nicht, es ist wie ein Stummfilm. Die Eltern und Frankes und Onkel und Tante unterhielten sich, das sah man deutlich, aber man hörte keine Worte, und das wirkte so, daß wir nur mit Mühe das Lachen verbeißen konnten. Vater gestikulierte mit der Pfeife, während er sprach, Mutter lachte nur und schüttelte ein paarmal den Kopf, während sie eifrig strickte. Frau Franke saß auf dem Teppich, den Hund neben sich. Sie trug lange flaschengrüne Hosen und einen hellgrünen Pulli. Immer sieht sie toll aus; wenn ich alt bin, will ich genauso wie sie werden. Sie streichelte den Hund und schien gar nichts zu sagen. Tante Trullala hatte es sich in einem Ohrenstuhl bequem gemacht und schien sehr schläfrig zu sein. Vielleicht ging es ihr wie Til ...

„Wollen wir nicht doch?" flüsterte Penny und machte die Bewegung des An-die-Scheibe-Donnerns. Ich unterdrückte einen Lacher. Es müßte wirklich großartig sein, stellte ich mir vor. Vater und Mutter würden aufspringen und Tante vielleicht vom Stuhl fallen, der Hund loskläffen ...

„... und das Baby wecken, auch wenn es nebenan schläft", tuschelte ich Penny zu, „mach es ja nicht! Wir kriegen den Hintern voll, wenn es rauskommt, und dürfen nie wieder allein im Haus bleiben!"

„Ach ja. Aber schade ist es doch."

„Natürlich ist es schade."

Penny sprang von dem Sims, auf dem sie gestanden hatte, herunter und zog auch die beiden Jungen herab.

„Vorsicht, daß sie euch nicht doch noch sehen. Kommt jetzt."

„Wie spät ist es denn?"

„Na, schon ganz schön spät, sicher halb zwölf. Wenn wir schnell machen, sind wir um Mitternacht zu Hause."

Wir machten uns auf den Weg. Hinunter ging es merkwürdigerweise schlechter als bergauf, man hatte zwar Puste, die einem beim Steigen manchmal ausgeht, dafür rutschte man immer wieder. Manchmal war es unter dem neu gefallenen Schnee so glatt, daß man sich auf den Hosenboden setzte.

„Findest du die Straße?" rief ich Penny zu, die vor mir war.

„Klar! Hab' sie schon!" antwortete es von unten. Die Jungen kamen hinter mir her. Wir warteten auf sie.

„Wo bleibt ihr denn? Es geht doch bergab! So was von Trödelei! Wir wollen doch um zwölf zu Hause sein, das

Radio anmachen und die Glocken hören und alles richtig erleben."

„Wir kommen ja schon! Immer müßt ihr meckern!"

Aber es dauerte doch recht lange. Schließlich marschierten wir zu viert die Straße entlang, es war besser, wir blieben zusammen.

Aber immerzu hielt uns etwas auf. Einmal mußte sich Ralf den Schnürsenkel binden, und dann suchte Roland ein Taschentuch ...

„Ihr werdet sehen, wir kommen zu spät!" schimpfte ich ärgerlich.

„Ach was. Und ob wir nun dort oder hier sind ..."

„Das finde ich nicht egal. Ich will das Glockenläuten im Radio hören, und wenn sie zählen: noch fünf Sekunden, noch vier, noch drei, noch zwei."

„Wie bei einem Raketenabschuß", Roland lachte. „Und dann kommt das neue Jahr: Wumm!"

Ja, wumm! Da lag er. Er war gestolpert oder an irgend etwas hängengeblieben. Wir lachten, es hatte so schön gepaßt, genau auf das Wumm. Er rappelte sich auf, wütend.

„Ihr sollt nicht lachen!" Damit schlug er im Dunkeln auf uns ein. Ich wich aus, ich hatte es gemerkt, Ralf aber schrie. Ihn hatte Roland wohl irgendwie getroffen. Wenn sie jetzt mit einer richtigen Prügelei anfingen ...

„Du sollst nicht ..."

„Du hast angefangen ..."

„Aufhören!" schrie ich. Der Wind sauste so, daß ich keine Lust hatte, ewig hier zu stehen. „Kommt heim, dort könnt ihr euch meinetwegen kloppen."

Ich zog an dem einen, während Penny den anderen festhielt. Beide schnauften. Penny sagte:

„Wißt ihr was? Wir schneiden ab. Hier gibt's einen Fußweg, halb über die Spielburg, den gehen wir. Da sind wir schneller zu Hause."

„Findest du den im Dunkeln?" fragte ich.

„Ich denke schon. Erst geht's etwas rauf, und von oben sieht man ja die Lichter."

„Vor allem, wenn es so schneit."

„Ach was, man wird sie schon sehen. Und die Richtung wissen wir ja auch."

Penny ist sehr gewandt, wenn es sich darum handelt, Wege zu finden, zu klettern und so. Sie tastete sich voran, ich hinterher. Dann kamen die Zwillinge. Der Weg war schmal, und immer wieder kam man davon ab. Penny aber schien ihrer Sache sicher zu sein, sie zog mich an der Hand hinter sich her. Der Wind war jetzt zu einem wahren Sturm geworden, er riß einem das Wort vom Mund, wenn man etwas sagen wollte, und so ließ man es schon von selbst sein. Einmal schrie Roland von hinten, sie hätten uns verloren, da warteten wir. Und dann hörte man, wie Ralf „Au, au! Halt mal!" ächzte. Ich blieb stehen und rief zurück:

„Was'n los?"

„Ach, ich hab' mich – au, tut das aber weh! Ich bin gestolpert und hab' – uuuuh!" Die Worte erstarben in einem Stöhnen. Penny drehte um, wie ich merkte, und wir tasteten uns miteinander zurück. Ralf war vielleicht fünf Schritte hinter uns.

Wir fanden ihn, wie er auf der Erde saß, das eine Bein angewinkelt, das andere ausgestreckt. Er stöhnte wieder, unterdrückt, aber man hörte genau, daß es ihm richtig weh tat.

„Zeig mal her!"

„Da ist nichts zu sehen. Faß bloß nicht an!" raunzte er halblaut. Es klang aber nicht so unverschämt wie sonst meistens, sondern mehr wütend auf sich selbst. „Der Knöchel. Wie das kam, weiß ich nicht. Ich bin furchtbar hingesaust."

„Aber hier ist doch . . ."

„Ja, ich muß eben vom Weg abgekommen sein. Man sieht ja nicht die Hand vor den Augen. Und ihr seid gerast . . ."

„Wir sind gar nicht gerast."

„Nun fangt bloß nicht an zu streiten. Kannst du aufstehen? Warte, wir helfen dir."

Das war Penny. Sie hatte ihn unter der Schulter gepackt und stützte ihn. „Achtung, jetzt . . ."

Richtig, wir bekamen ihn hoch. Er hatte mit dem heilen Bein mitgeholfen, sich hochgestemmt, und auf diesem Bein stand er jetzt, von uns gehalten. Das andere ließ er herunterhängen.

„Kannst du auftreten?"

„Mal probieren." Ich spürte, wie er es versuchte, aber sofort merkte ich auch, wie er zusammenzuckte. „Nee, geht nicht. Das tut ganz schauderhaft weh."

„Mensch, du wirst doch auftreten können!"

„Laß mal. Wir warten eine Weile. Manchmal vergeht es, wenn man es in Ruhe läßt."

Wir standen, ihn stützend, und lauschten in den singenden Schneesturm. Er sang um uns, sauste – unwillkürlich drängten wir uns aneinander, auch Roland. Es war, als bildeten wir eine kleine, bunte Einheit mitten in dem harten, eisigen, häßlichen Weiß, das uns umgab. Sonst ist Weiß schön, ich liebe es, wenn die ganze Landschaft von Schnee bedeckt daliegt, wie mit einer freundlichen Decke zugedeckt. Dies aber war ein anderes Weiß, ein feindliches, gefährliches. Ich spürte es genau. Und es wehte und wehte.

„Na, wie ist es? Wollen wir wieder?" fragte Penny. Sie mußte rufen, so nahe wir auch beieinanderstanden. Der Sturm wurde immer lauter.

„Ich versuch' es mal."

Das muß ich Ralf lassen: Tapfer war er. Er jammerte nicht und verbiß seine Schmerzen, als wäre er zwanzig Jahre alt und nicht acht. Stöhnen tat er zwar, aber nicht so, daß man merkte, er wollte uns zeigen, wie schlimm es war. *Es* stöhnte aus ihm heraus, das fühlte ich. Und er tat mir wahnsinnig leid. Denn ich merkte, während ich ihn untergehakt hielt, wie sein ganzer Körper zusammenzuckte, als er den Fuß versuchsweise aufsetzte.

„Nee, geht nicht. Ausgeschlossen."

Da standen wir also.

Es ist schon richtig: Man soll nachts keine neuen Wege ausprobieren wollen, keine Abkürzungen gehen, die sich meist als große Umwege herausstellen. Vor allem aber niemals auf eine Nachtwanderung losziehen, ohne wenigstens einem einzigen Menschen zu sagen, wohin man geht. Wir hatten das getan. Niemand auf der Welt ahnte, wo wir waren.

Hätten wir doch wenigstens einen Schlitten mitgenommen! Auf den würden wir Ralf jetzt setzen und nach Hause ziehen. Aber nicht einmal so weit hatten wir gedacht. Wie brachten wir ihn heim? Hier stehenlassen konnten wir ihn nicht, in dem sausenden Schneesturm, der dichter und dichter wurde, so schien es mir. Die Taschenlampe drang mit ihrem kleinen, keilförmigen Schein nicht mehr durch, nicht weiter als höchstens zwei, anderthalb Meter.

„Geht's wirklich nicht, Ralf?" fragte ich bange. Er schüttelte den Kopf.

„Auftreten kann ich nicht. Überhaupt nicht. Vielleicht hopsen, auf dem anderen Bein", er versuchte es. Wir gaben ihm Hilfestellung, so gut wir konnten. Aber wir wußten wie er: Es war unmöglich, auf einem Bein die ganze Strecke nach Hause zu hopsen, auf einem Bein, während das andere bei jeder Erschütterung irrsinnig weh tat. Was also konnten wir tun?

„Wenn einer den Schlitten holte?"

„Ja, aber..."

Wir waren zu viert, zugegeben. Einer könnte also bei dem Verunglückten bleiben und zwei losgehen. Wer jedoch? Penny natürlich, und mit ihr entweder Roland oder ich.

„Ich bleib' hier nicht. Dann kommt ihr nicht wieder", flüsterte Roland voller Angst, „ich kann nicht so lange stehen, und außerdem würden wir erfrieren..."

„Quatsch! So schnell erfriert man nicht."

„Aber..."

Ich mußte an die Geschichte denken, die wir gelesen hatten. Natürlich kam da auch drin vor, daß jemand allein im Wald war und daß etwas Unheimliches kam und ihn zwischen den Schulterblättern berührte.

Hätte ich doch die Gruselgeschichten nicht vorgelesen! Zu Hause grault es sich gut. So aber war es etwas ganz anderes.

Wenn ich ehrlich bin: Ich hatte auch nicht das Verlangen, jetzt hier zu stehen und auf die anderen zu warten, stundenlang vielleicht. Penny allein war es, die den Weg einigermaßen sicher finden würde, jedenfalls hinunter nach Hohenstaufen. Ob sie dann wieder zu uns zurückfand, das war natürlich eine andere Frage. Im Grunde wußten wir ja gar nicht genau, wo wir hier waren.

Rufen müßten wir, damit sie uns wiederfand, immerzu rufen. Aber kann man das stundenlang? Kann man stundenlang in die Nacht hineinschreien; man ahnte ja nicht, wie lange sie brauchte. Uhren hatten wir keine. Sie hätten uns auch nicht viel genutzt, jedenfalls nicht lange. Die Taschenlampe gab nur noch einen winzigen Schein von sich.

Eine wirklich dumme Lage, in die wir da gekommen waren! Dumm, unangenehm, für Ralf schmerzhaft – mehr wollte ich vor mir selbst nicht zugeben. Daß eine wirkliche Gefahr auf uns zukam, etwas Ernstes, diesen Gedanken schob ich von mir, so weit ich konnte.

„Also etwas muß geschehen", hörte ich mich sagen, laut, und es klang eigentlich ganz vernünftig, ich wunderte mich und atmete insgeheim ein bißchen auf. „Wir müssen – hört mal zu. Hier in der Nähe muß doch die Höhle sein."

„Klar, unsere Höhle!" Penny nahm das Stichwort sofort auf, und man merkte ihrer Stimme an, wie begeistert sie war. „Ganz nahe ist die, und da kriechen wir erst einmal unter. Dort sind wir immerhin aus dem Schnee raus. Und dann findet sich schon etwas. Wie ist es, Ralf, soll ich dich auf den Rücken nehmen?"

„Du hast einen Vogel! Mich auf den Rücken! Du bist doch kleiner als ich!"

„Aber..."

„Vielleicht kann Musch..."

„Nein. Ich versuche zu hopsen. Wenn es nicht weit ist?"

„Es ist nicht weit", beruhigte Penny ihn sofort. „Es ist – also wirklich, keine fünf Minuten. Paß auf, bis dahin schaffst du es."

„Wenn wir die Höhle nur finden!"

Nachts ist alles anders. Nachts findet man Wege manchmal nicht, die man am Tage tausendmal ging. Himmel, Himmel, laß Penny die Höhle finden! Mir war, als wären wir dann schon gerettet. Denn jetzt saß mir die Angst eiskalt und lähmend im Nacken, Angst vor dem Schneesturm, vor der langen, langen Winternacht, und Angst davor, mir zuzugeben, daß wir, Penny und ich, dies angestellt hatten! Die Jungen waren nur mitgelaufen, wir aber hatten die Geschichte ausgeheckt, und niemand auf der Welt konnte uns helfen ...

„Also vorwärts. Stütz dich auf mich, Ralf, auf der einen Seite, und auf der anderen auf Roland. Penny muß vorangehen, sie findet die Höhle am ehesten."

„...türlich find' ich sie. Los, hinter mir her! Gut geht sich's hier nicht, ihr müßt Ralf eben helfen, hier liegen überall Steinbrocken herum, also scheußlich. Aber es wird gleich besser, wenn wir auf den runden Platz kommen. Seht ihr, schon jetzt."

Ich bewunderte Penny. Sie tat, als wäre Sommer und Sonnenschein und Helligkeit um uns, so zielbewußt stapfte sie vorwärts, die kleine Person.

„Seht ihr? Da! Bitte!" hörte ich sie rufen. Ich sah nichts, absolut nichts. Aber ich merkte, daß der Schneesturm jetzt anders klang, irgendwie abgebremst, nicht mehr so ungehemmt sausend. Und es war keine Einbildung. Wir mußten uns in irgendeinem Windschutz befinden. „Hurra!" schrie Penny gleich darauf. Und dann merkten auch wir anderen drei, daß sie zu Recht „Hurra!" schrie. Noch drei, fünf, sechs Schritte – das mußte die Höhle sein! Ich tastete mit der freien Hand und stieß gegen Fels. Wahrhaftig!

„So, nun haben wir erst einmal ein Dach überm Kopf", schwatzte Penny. „Wer hat die Streichhölzer? Und die Kerze? Her damit!"

„Hier. Laß mich!"

„Nein, ich will!"

„Nun zankt euch doch nicht!"

Penny siegte. Ein kleiner roter, zuckender Schein – das Streichholz. Gleich darauf wurde der Schein ruhiger, mehr gelb: Die Kerze brannte. Ich fühlte, wie etwas in mir abspannte und sich zurechtrückte. Das jedenfalls war geschafft.

Wir bugsierten Ralf erst einmal ein Stück in die Höhle hinein und versuchten, einen einigermaßen bequemen Sitz für ihn zu finden. Steinbrocken jeder Größe lagen hier herum, Penny aber wirtschaftete in einer Ecke und schien etwas heranzuschaffen, was sie geeigneter fand. Richtig, auf der einen Seite der Höhle lag ja gestapeltes Holz, wir hatten es damals schon gesehen, als wir mit Onkel Albrecht hier waren. Penny rollte ein Rundholz nach dem anderen heran, und dann halfen wir Ralf, sich darauf zu setzen. Er biß die Zähne zusammen, jede Veränderung seiner Lage tat natürlich weh, weil er sich ja bewegen mußte und das Bein damit auch. Roland hielt die Kerze und leuchtete. Und dann machten wir uns daran, ein wärmendes Feuer zustande zu bringen.

Das ist viel schwieriger, als man glaubt. Zum großen Glück war noch Holz vom letzten Lagerfeuer da, etwas wenigstens, das unsere Vorgänger nicht verbraucht hatten. Kleineres, nicht direkt Späne, aber etwas Reisig. Auch das war nicht leicht zu entzünden, aber wir hatten ja die Kerze, die weiterbrannte, auch wenn das Holz nicht gleich Feuer fing. Streichhölzer hätten sicher nicht viel genützt, höchstwahrscheinlich hätten wir eines nach dem anderen verbraucht und doch kein Feuer bekommen.

Penny aber hatte die Idee, ein Tempotaschentuch, das sie zutage förderte, zusammengeknüllt auf die Feuerstelle zu legen, dann ein paar Ästchen kreuz und quer, dann etwas dickere ...

„Vielleicht findet ihr noch einen Liebesbrief, den wir verbrennen können, Onkel sagte doch, hier steckten welche in den Ritzen!" sie lachte und kniete sich hin, die Kerze in der Hand. „Ob das kleine Holz reicht? Also ich versuch' es mal ..."

Es war sehr spannend. Das Papier fing natürlich gleich Feuer, und die ganz dünnen Reisigästchen auch. Wir hatten aber Glück! Auch das dickere Holz fing an zu knistern, und jetzt flammte es ganz schön auf. Vorsichtig legten wir neues nach, und jetzt schien es zuverlässig zu brennen. Allein das Knacken und Knistern gab uns Trost und neuen Mut, die Wärme spürten wir erst später.

„So muß unseren Ur-Ur-Urgroßeltern zumute gewesen sein, als sie noch Höhlenmenschen waren und so richtig verfroren von der Jagd heimkamen", sagte Roland. „Ich habe gerade so etwas gelesen. Nur, daß sie keine Streichhölzer hatten. Wie mögen sie das gemacht haben?"

„Das Feuer halt gehütet, nie ausgehen lassen. Und das erste hat ihnen der Blitz gebracht, glaube ich", überlegte Ralf. Er hatte das verletzte Bein jetzt ausgestreckt vor sich liegen und rührte sich nicht, auf diese Weise hatte er wohl am wenigsten Schmerzen.

Ich beobachtete sein Gesicht. Bei dem flackernden Feuerschein konnte man nicht unterscheiden, ob er blaß war, aber daß er von etwas sprach, das nicht unmittelbar mit seiner Verletzung zusammenhing, beruhigte mich. Solange einem etwas schrecklich weh tut, ist einem alles andere egal. Es war demnach nicht mehr ganz so schlimm. Vielleicht würde er doch wieder laufen können, vielleicht war es nur eine tüchtige Prellung, es mußte ja nichts gebrochen sein!

„Ein einziges Glück, daß die Großen heute nacht nicht heimkommen", seufzte Penny, „da vermißt uns niemand. Til schläft wahrscheinlich bis früh, er muß ja seinen Rausch ausschlafen!" Sie lachte. Es war auf einmal ordentlich gemütlich. Roland sprach es sogar aus. Ralf knurrte.

„Hab du mal so gemütliche Schmerzen!"

„Du hast also doch noch welche?" fragte ich leise. Er nickte. Aber daß er nur nickte und nicht jammerte oder schimpfte oder uns Vorwürfe machte, fand ich doch großartig, und ich bat ihm im stillen eine Menge ab. Die Jungen sind schon richtig, wenn auch oft frech oder schadenfroh oder drückebergerisch und mit einem großen Maul begabt. Heute nacht fand ich sie toll.

Freilich, so sehr gemütlich war es auf die Dauer doch nicht. Wenn man saß, fror man trotz des Feuers, das wärmt ja nur auf einer Seite. Immerzu muß man sich drehen, wie ein Hähnchen am Spieß, und Ralf konnte das nicht, er war sicher an der Sitzfläche ganz erstarrt. Ich hatte auch Angst, wir könnten einschlafen. Ob man auch hier erfror, wenn man einschlief? Ich hätte gern mit Penny über dies alles gesprochen, aber ich dachte, es ist vielleicht besser, man erwähnt gar nichts davon. Daß wir keine Uhr hatten, war auch scheußlich. So einfach sitzen und abwarten, daß es später irgendwann Morgen wird, ist sehr quälend. Ich hätte mir das nie so vorgestellt.

Aber da half nun nichts. Penny und ich, wir hatten ja immerhin zu tun, das Feuer in Gang zu halten und immer wieder Holz nachzulegen, auch welches heranzuholen. Es lag noch eine ganze Menge schneegeschützt in der

Höhle umher. Aber wir froren trotzdem ziemlich, und müde wurden wir, Himmel, so müde! Ich merkte, daß ich, sobald ich mich hinsetzte, beinahe einschlief, manchmal träumte ich sogar und fuhr dann erschrocken hoch. Es gibt ein Buch, das heißt „Nacht ohne Ende", so kam ich mir vor. Vielleicht war noch nicht einmal Mitternacht?

Und alle Knochen taten mir weh. Wenn ich eine Weile gesessen hatte und wieder aufstand, um Holz zu holen, mußte ich mich innerlich immer regelrecht anbrüllen, so schwer wurde mir das. Wie scheußlich eine Nacht am Feuer ist, glaubt einem bestimmt niemand, der es nicht selbst erlebte. Und dabei mußten wir froh und dankbar sein, daß wir am Feuer saßen und nicht draußen im Schneesturm umhertappten, vielleicht im Kreis gingen und uns schließlich vor Erschöpfung hinwarfen und erfroren. Nein, da hatten wir es noch gut. Trotzdem!

„Musch, du schläfst!" hörte ich Pennys Stimme. Ich murmelte: „Unsinn", hatte aber wirklich geschlafen.

„Was ist denn?"

„Ralf schläft auch. Roland nicht. Wollen wir Ralf wecken?"

„Ich weiß nicht. Wenn er schläft, hat er keine Schmerzen. Penny, können wir denn in Dreideibelsnamen wirklich nichts unternehmen? Die ganze Nacht nur dazuhocken und zu warten, bis es Morgen wird, das ist doch gräßlich."

„Ja, gräßlich. Merk' ich schon lange! Aber ich glaube, unternehmen – also vom Feuer weggehen – sollten wir doch lieber nichts. Einmal wird es ja hell." Sie seufzte. „In hundert Stunden vermutlich. Hunger hab' ich auch. Hach", rief sie auf einmal. „Wir haben ja noch die Schokolade! Na also!"

„Richtig, die eiserne Ration! Die hatte ich ganz vergessen! Wer hat sie denn eingesteckt, einer von den Zwillingen? Also wenn die weggefressen ist!"

„Nein, ich! Vorsichtshalber ich!" schrie Penny und kramte in ihrer Anoraktasche. In der ersten war sie nicht, in der zweiten auch nicht ... Mir war zumute, als müßte ich jetzt in Tränen ausbrechen, wenn Penny sagen würde: „Weg, nichts drin. Schade."

Mehr würde sie vermutlich nicht sagen. Und was war das schon groß, eine Tafel für vier! Aber ...

„Da ist sie, ich wußte es doch", hörte ich Penny befriedigt schnaufen, „na, wenn ich die nicht gefunden hätte. Ich wäre höchstwahrscheinlich zur Wildsau geworden."

Ich lachte. Penny riß das Papier ab und brach die Tafel in vier gleich große Stücke. Ralf schlief auf einmal nicht mehr, und Rolands Augen funkelten. Jeder bekam ein Stück. Wir bissen ganz kleine Happen ab und ließen sie im Mund zergehen, damit es recht lange dauerte. Sehr satt macht so ein Stück Schokolade natürlich nicht, aber für eine Weile doch. Schon jetzt war uns ganz anders zumute als vorhin, wir unterhielten uns wieder und waren sogar ganz aufgekratzt und vergnügt. Auf einmal hob Penny die Hand und flüsterte: „Horcht mal!" Wir verstummten sofort und lauschten.

„Was ist denn?" fragte ich leise.

„Hörst du die Wölfe heulen, die jetzt in Rudeln kommen werden und gegen die wir uns verteidigen müssen?"

Wir waren schon wieder so vergnügt, daß wir scherzten. Vorhin hätte ich das nie gesagt.

„Wölfe, hach! Aber Hunde! Ein Hund, unser Hund, Boß! Hörst du Boß nicht bellen? Das ist doch seine Stimme!"

Sie sprach leise, aber ganz aufgeregt.

Und dann sprang sie hoch, rannte an den Eingang der Höhle und schrie. Sie schrie langgezogen und so laut sie konnte.

„Haaaaal-looooo! Boß, hierher! Haaaal-looooo!"

„Die spinnt!" seufzte Roland, aber auch in seiner Stimme war etwas Neues, Frisches, Hoffnungsvolles. Wir hielten wieder den Atem an und horchten. Und jetzt bildete ich mir auch ein, Hundegebell zu hören, weit weg, aber doch deutlich, jedenfalls manchmal. Und es konnte gut Boß sein, meinte ich.

Wir haben noch lange gehorcht, wieder zwischendurch gerufen, im Chor, so laut wir konnten, und wieder gehorcht. Penny wollte ein Stück hinauslaufen, dem Bellen entgegen, aber ich redete es ihr aus. Wenn Boß uns suchte, fand er uns auch hier, wer sagte uns aber, daß Penny, einmal aus der Höhle hinausgelaufen, hierher zurückfand? Der Schneesturm war noch stärker als vorhin geworden.

Boß fand uns wirklich. Es war ungeheuerlich, es war ein richtiges Abenteuer, eine ganz tolle Geschichte, als wir sein Bellen immer näher und näher hörten. Wir standen alle drei, Roland, Penny und ich, am Eingang der Höhle und schrien uns heiser. „Boß, hierher, Boß, hier sind wir!"

Und endlich, da war er! Ganz verschneit kam er angesaust und sprang an uns herauf, erst an Penny und dann an Roland und mir, fuhr in die Höhle hinein und Ralf mit der Schnauze ins Gesicht, wieder zurück zu uns, dann wieder fort in die weißliche Dämmerung des Schneesturms.

Und dann brachte er die beiden, die uns gesucht hatten, wahrhaftig! Erst Rupert, dann Til. Rupert und Til, es war nicht zu fassen. Wir waren ganz außer uns vor Freude und Erleichterung und wie übergeschnappt, und es dauerte lange, bis wir uns gegenseitig alles erzählt hatten. Eine richtige, tolle, unvergeßliche Silvesternacht! Wer erlebt schon so etwas!

„Ihr seid gemein, daß ihr mich zu Hause gelassen habt", war das erste, was Til sagte.

„Du hast ja geschlafen!" verteidigten wir uns. Er war der Meinung – Rupert übrigens auch –, daß wir ihn mit voller Absicht hintergangen hatten und nur losgezogen waren, um hier ein Lagerfeuer ohne ihn zu feiern. Es dauerte lange, bis wir ihn davon überzeugt hatten, wie alles zusammenhing. Und dann war Rupert an der Reihe zu erzählen.

Er hatte bei uns angerufen, aber niemand meldete sich, wie er berichtete. Wir sahen verlegen vor uns hin und sagten nichts. Da er aber große Lust hatte, zum Jahreswechsel nach Hohenstaufen zu kommen – sein Vater war bei Freunden eingeladen –, war Rupert trotzdem losgefahren, um uns beim Feiern zu überraschen. Als er ankam, sah er Licht im Wohnzimmer, und da freute er sich sehr.

Gottlob, wir mußten dasein.

Aber denkste! Er rüttelte an der Haustür, schellte, klopfte – nichts.

„Ich dachte schon, ihr seid sternhagelvoll mit Silvesterpunsch und hört nichts", erzählte er. „Zum Glück wußte ich, wie man durch die Werkstatt ins Haus kommt. Unvergeßlich mein duftendes Erlebnis dort mit eurer Giraffe Lydia oder wie sie hieß!"

„Lama! Ein Lama war es", schrien Penny und ich wie aus einem Munde. Das Lama hatte ihn bespuckt.

„Gut. Kann auch ein Okapi gewesen sein. Ich bin nicht kleinlich. Oder ein Dromedar. Also, daran erinnerte ich mich noch genau. Die Werkstatt war Gott sei Dank nicht verschlossen, und ich konnte hinein. Ich schlich die Treppe hinauf, malte mir aus, wie ich euch allen um die Hälse fallen würde als herrliche Überraschung. Ja, und da war nur Til da, und der schlief. Und die Hunde. Boß brachte sich fast um, sprang an mir herauf und bellte Til an, bellte und bellte."

„Wer ist denn auf die Idee gekommen, uns suchen zu gehen?" fragten wir gespannt.

„Eigentlich wir alle miteinander, die Hunde und wir. Erst überlegten wir, wohin ihr sein könntet. Dann wollten wir eigentlich eure Eltern anrufen, Frankes Telefonnummer hatten sie ja vorsorglich dagelassen. Aber wir wollten sie nicht ängstigen, und mehr, als euch zu suchen konnten sie auch nicht tun. Lieber versuchen wir erst einmal selbst, sie zu finden, sagte Til, und dann nahmen wir Boß mit hinaus und hetzten ihn und sagten immerzu: ,Such Penny! Such Musch!' Und da ging er los wie die Kugel aus dem Rohr und wir hinterher."

So also hatten sie uns gefunden.

„Und du hast dir das Bein verknackst?" fragte Rupert und tastete vorsichtig an Ralfs Knöchel herum. „Nein, du, der ist nicht nur verknackst, der ist gebrochen. Sicher. Na, macht nichts, es sind schon viele gebrochene Knöchel wieder geheilt! Wenn's weiter nichts ist!"

Wenn's weiter nichts ist! sagte Rupert so dahin. Auf einmal war alles wirklich nur weiter nichts. Wir versorgten das Feuer, das hier übrigens ruhig zu Ende brennen durfte. Dann hoben wir gemeinsam Ralf auf Ruperts Rücken. Das ging leichter, als wir gedacht hatten; Penny nahm Boß an die Leine, und im Gänsemarsch, Boß voran, dann wir anderen, zuletzt das beladene Kamel, wie sich Rupert nannte, verließen wir die Höhle, die uns gerettet hatte. Ein kleines Schaudern lief mir über den Rücken, wenn ich daran dachte, wie es geworden wäre, wenn wir nicht hätten hineinschlüpfen und uns einigermaßen wärmen können. Schnell, schnell dran vorbeidenken und stumm beten, ganz kurz: „Danke, lieber Gott..."

Der Schneesturm hatte etwas nachgelassen, aber von Spuren oder einem getretenen Weg war natürlich nichts zu sehen. Ohne Boß hätten wir uns noch ganz schön verirren können. Boß aber führte uns zum Dorf.

Bei aller Romantik und Abenteuerlust – es war herrlich heimzukommen. Lagerfeuer und Höhle und dies alles, schön und gut, aber ein Haus ist ein Haus, und ein geheiztes, in das kein Schneesturm dringt, etwas Wunderbares! Rupert ließ Ralf auf die Couch gleiten und machte ihm als erstes einen kühlenden Verband um den Knöchel, gab ihm eine Tablette gegen die Schmerzen und eine heiße Honigmilch zum Auftauen, und dann erst sahen wir nach der Uhr. Das neue Jahr war längst angebrochen, so lachten wir uns einander an und wünschten uns, daß es so weitergehen möge; angefangen hatte es ja gut.

„Jedenfalls – nun, ganz genau wissen wir ja nicht, wann du uns gefunden hast", sagte Roland zu Rupert, der aber machte ein schlaues Gesicht – ich kann ihn zu gut leiden, wenn er so aussieht! – und sagte:

„Aber *ich* weiß es. Genau um Mitternacht, auf den Schlag! Ich habe die Uhr im Bauch."

Wir widersprachen nicht, obwohl es sicher nicht stimmte – wir hatten doch so lange in der Höhle gesessen, es war sicher viel später gewesen –, aber wir fanden es herrlich, daß dieses Jahr so angefangen haben sollte. Dann mußte ja auch weiterhin was Rechtes daraus werden und uns jedenfalls viele Überraschungen bringen, meinte ich. Immer bin ich für Überraschungen, Langweiligkeit ist, wie ich schon erwähnte, für mich das Schlimmste.

Die ersten Überraschungen erlebte ich sozusagen in der nächsten Sekunde, nachdem ich das überlegt hatte. Ich ging nämlich Bella holen, Rupert und Til hatten sie nach einiger Überlegung nicht mitgenommen, als sie uns suchten, des Sturmes wegen, sie ist ja noch klein.

„Wir haben sie in dein Zimmer gesperrt, dort wird sie sich am ehesten zu Hause fühlen, dachten wir", antwortete Til, als ich ihn nach ihr fragte. Ich ging also, noch in Anorak und Mütze, hinauf, um die Arme zu erlösen, da fiel ich beinahe in Ohnmacht. Bella hatte die Zeit, in der Rupert und Til uns vor dem Verhungern und Erfrieren erretteten, gut genützt. Das Zimmer sah aus, als habe der Schneesturm hier und sonst nirgends stattgefunden.

Junge Hunde knabbern an, was ihnen vor die Zähne kommt. Ich hatte Bella schon oft etwas entrissen, was noch ganz bleiben sollte, einen Schuh oder den Fleckerlteppich, der vor meinem Bett liegt, oder sogar Bücher. An Büchern ist sie sehr interessiert, jetzt aber hatte sie eine andere Idee gehabt. Sie war darauf gekommen, mein Deckbett zu zerlegen.

„Bella, du Himmelhund, was hast du da gemacht!" schrie ich und warf mich auf den Bauch, um sie unter dem Bett herauszufischen. Dorthin hatte sie sich, wohl in dem Bewußtsein, nicht gut gehandelt zu haben, in dem Augenblick verkrochen, in dem ich zur Tür hereinkam. Ich zerrte sie heraus und fing an, zuerst einmal sie selbst von den Federn zu befreien, die hier überall lagen, flogen oder klebten. Bella jedenfalls sah aus wie die Illustration in unserem großen alten Märchenbuch zu der Geschichte „Fittjers Vogel". Da hatte sich die junge Braut zwar vorher in Honig und dann erst in Federn gewälzt, bei Bella aber klebten die Federn genauso fest, und meine Reinigungsaktion hatte wenig, so gut wie überhaupt keinen Erfolg. Ich nahm das kleine Biest also erst einmal am Nackenfell und trug es die Treppe hinunter. Als ich aber mit ihr ins Wohnzimmer kam, fand ich für meine Empörung keinen Widerhall. Die anderen lachten so, daß es für Bella bestimmt nicht gut war, pädagogisch gesehen. Hunde verstehen genau, was Menschen sagen und meinen, und sie wird von jetzt an ihr ganzes Leben lang der Meinung sein, Betten zu zerbeißen wäre der größte Witz des Jahrhunderts.

Wir haben uns dann mit dem Staubsauger daran gemacht, anders konnte man der Katastrophe gar nicht begegnen. Erst versuchten wir, oben das Zimmer damit zu säubern, das ging ganz gut, aber als wir uns Bella vornahmen, hatten wir weniger Erfolg.

Wieso, sahen wir später ein, als wir eine zerbissene Tube Uhu fanden. Der klebt ja noch besser als Honig. Ich hatte mit dem Uhu etwas an meiner Katzenmaske repariert, und so kam eines zum andern. Als wir sie einigermaßen von den angeklebten Federn befreit hatten, wollten wir den Staubsauger wieder hinunterbringen. Aber an der Tür blieb ich hängen, er ging auf – nicht kaputt, sondern nur auseinander – und diesmal ergossen sich die Innereien nicht nur in die Stube, sondern auch mit in den Flur. Das Durcheinander war heillos. Alles, was er vor den Federn schon geschluckt hatte, kam zutage, Tannennadeln, Papier, Reißzwekken – und Tante Trullalas vermißter, beweinter, eigentlich schon abgeschriebener Ring, den sie tagelang gesucht hatte. Diese Freude! Als ich ihn ihr am nächsten Tag präsentierte, fiel sie mir um den Hals und fand alles andere (außer Ralfs Knöchelbruch natürlich) überhaupt nicht der Rede wert. Wie Ralf zu dem Bruch gekommen war, haben wir nach langem Kriegsrat mit Rupert nicht genauer erklärt. Das heißt, wir haben gesagt, wir wären eben doch noch draußen gewesen – und das hatte uns ja keiner verboten –, und da wäre er gestürzt. Konnte ja sein, überall kann man stürzen. Warum mußte das gerade da oben gewesen sein! Die Geschichte mit der Höhle, so haben wir beschlossen, bekommen die Eltern und Tante und Onkel erst später zu hören; alles, was lange her ist, ist nicht mehr so schlimm, vielleicht am Polterabend von Pennys Hochzeit. So jedenfalls riet uns Rupert. Dann regen sich die Großen nur halb so sehr auf.

Man soll Eltern Aufregungen ersparen, wo es nur geht.

Ich stand auf dem Balkon, von dem man so eine wunderbare Aussicht hat zur Alb hinüber; bei klarem Wetter sieht man sogar die Teck, den lustigen, kegelförmigen Berg bei Kirchheim. Fürstlich nennt Vater diesen Blick, und ich muß immer an das Lied denken: „O Täler weit, o Höhen ..."

Um diese Jahreszeit freilich ist der Balkon rutschig, Schnee abgefegt, wieder Schnee drauf, gefroren – ich balancierte also, während ich das Futter im Vogelhäuschen nachfüllte. Vögel füttern muß man jeden Tag, wenn es so kalt ist; sie erfrieren in wenigen Stunden, wenn sie hungern. Und da sah ich, daß unten im Garten Til war, mit ein paar Jungen zusammen, denen er wohl die Streifenhörnchen in der Werkstatt gezeigt hatte. Jetzt bummelten sie wieder durch den Garten zur Straße hinauf. Sie unterhielten sich über die Geschichte mit dem Kracher auf dem Heuwagen und den Ohrfeigen, die sie dabei kassiert hatten. Ich verstand jedes Wort.

„Das lass' ich nicht auf mir sitzen", sagte der eine und hockte sich auf die kleine Steinmauer, die dort am Weg entlangführt.

Die anderen blieben stehen. Ich konnte sie nicht sehen, aber ich hörte ihre Stimmen deutlich.

„Herrje, er wußte eben nicht, wer es gewesen ist", sagte einer.

„Ja du, du hast auch keine gefangen. Mich hat er gebackpfeift, nicht zu knapp. Und ich war es nicht", schimpfte der erste wieder.

„Ich ja auch nicht", brummte Til.

„Aber du läßt es dir gefallen? Ich nicht, daß du es weißt! Der ist überhaupt nicht von hier, was will der denn im Dorf! Der soll nach Berlin ziehen oder dorthin, wo er her ist, wir brauchen ihn nicht. Auf keinen Fall hat er uns zu ohrfeigen."

„Wenn er nicht raufgeklettert wäre und das Feuer ausgeschlagen hätte, wäre der ganze Wagen abgebrannt", sagte Til wütend. „Vergeßt das nicht! Das Heu ging ihn nichts an, er ist nicht mal Bauer und nicht von hier, hast du ja eben gesagt. Trotzdem hat er das gemacht, es war ihm egal. Er ist rauf und hat es gelöscht, eure Eltern hätten sonst das Heu bezahlen können und vielleicht auch den Trecker. Und seine Mütze sah aus ..."

„Aber er hat ..."

„Klar hat er. Er konnte ja nicht wissen, wer es gewesen war."

„Dann braucht er nicht uns allen eine zu knallen. Ich jedenfalls steck' so etwas nicht ein. Und ihr? Wißt ihr was? Wir rächen uns. Wir malen sein Haus an, heute nacht. Mit scheußlichen Fratzen. Ich habe Fingerfarben zu Weihnachten gekriegt, damit kann man so richtig schmieren. Der soll sich ärgern! Oder ..."

„Hach, ich weiß was viel Besseres! Wir schmeißen ihm eine Stinkbombe ins Fenster!"

„Die Fenster sind doch zu, jetzt im Winter", brummte eine anderer. „Aber ich wüßte noch was Schöneres. Wir gehen abends hin, heute abend. Von seiner Haustür führen doch drei Stufen hinunter zur Straße. Da spannen wir eine Perlonschnur, ich habe eine. So hoch, gerade so, daß er sich mit den Füßen drin verfängt, wenn er runterkommt. Und dann lassen wir vor seinem Haus einen Kracher los, aber nicht so einen wie auf dem Heuwagen, sondern einen richtigen, einen Kanonenschlag. Und wenn er dann gerannt kommt, die Treppe runter, fliegt er auf die Nase."

„O ja, das geschieht ihm recht!"

„Los, ja! Das ist die Rache für die Backpfeifen! Das machen wir!"

„Mensch, Klasse! Der wird sich wundern!"

Sie lachten und malten sich aus, was alles mit diesem Mann – Pennys Vater, das wußte ich ja – passieren würde. Ich stand und horchte, atemlos, ohne mich zu rühren. Dabei sausten meine Gedanken hin und her.

Natürlich ärgert man sich, wenn man Backpfeifen bekommt, die man nicht verdient hat. Andererseits hatte er sie ja davor bewahrt, daß der Heuwagen abbrannte, den einer von ihnen beinahe in Brand gesteckt hätte. Das sagten sie sich aber nicht. Sie waren nur wütend und wollten sich rächen. Während ich noch überlegte, was man jetzt machen sollte, hörte ich eine Stimme, die ich kannte. Tils Stimme. Er sagte laut und trotzig:

„Das mache ich nicht mit."

„Was – du willst das nicht mitmachen? Warum denn nicht?" Sofort bestürmten ihn die anderen von allen Seiten. Ich konnte nicht unterscheiden, wer was sagte.

„Nein. Das ist gemein", erklärte Til, lauter als vorher.

„Ist es etwa nicht gemein, einfach loszuschlagen, ohne zu wissen, wer es war?" fragten die anderen empört.

„Doch, schon. Aber trotzdem. So etwas mach' ich nicht mit."

„Hast du etwa Angst? Feigling, Feigling!" höhnte nun einer. „Bei euch in der Stadt sind wohl alle feige, was?"

„Das hat mit der Stadt überhaupt nichts zu tun", Til wurde wütend, „was ihr da machen wollt, ist hinterhältig und unfair. Jemandem eine Schnur zu spannen, daß er hinfällt. Vielleicht bricht er sich das Nasenbein oder die Hände oder sonstwas. Und dann?"

„Dann hat er seinen Denkzettel, daß man fremde Kinder nicht haut!"

„Aber ..."

„Ach, aber. Du hast Angst, weiter nichts. Feigling!" schrie der erste wieder, und die anderen stimmten ein und lachten höhnisch. Ich wartete, gespannt bis aufs äußerste. Til allein gegen die vielen, es waren mindestens fünf, und alle von hier. Er allein und von aus...

Würde er klein beigeben? Sich überrennen lassen? Mit ihnen in ein Horn tuten? Ich stand, ohne mich zu rühren, und lauschte mit offenem Mund.

„Ich bin kein solcher Feigling, daß ich Angst davor hätte, ihr könntet mich für feige halten", sagte er jetzt langsam. Er sagte es halblaut, aber sehr deutlich.

Und da mußte ich auf einmal an den Weihnachtsabend in der Kirche denken, an dem wir über das Bild von den drei Weisen aus dem Morgenland sprachen und Til sich meldete. „Man darf sich nicht davor fürchten, was die anderen sagen und was sie denken. Und worüber sie lachen." So ähnlich hatte er gesagt, und der Pfarrer sah ihn freundlich an und lobte ihn, das wäre ein schönes Wort ...

Wie ernst ihm das war, merkte ich jetzt. Er hatte den Mut, dazu zu stehen und danach zu handeln, Til, mein kleiner Bruder, über den ich mich immer so ärgerte. Und er war allein, einer gegen fünf ...

„Vielleicht willst du nun petzen? Weh dir!" schrie jetzt einer unten im Garten.

„Das ist nicht gepetzt."

„Doch ist das gepetzt! Entweder du machst mit, oder ..."

Die Stimmen gingen jetzt so durcheinander, daß ich nichts mehr verstand. Eine Prügelei begann, ich beugte mich über das Geländer und sah, wie Til, mit dem Rücken an der Wand des Hauses stehend, sich verteidigte.

Da kam Leben in mich. Ich war wie gelähmt gewesen, als ich das alles mit anhörte, aber jetzt erwachte ich aus dieser Erstarrung. Ich fegte durch die Wohnstube, ließ die Tür auf, sprang die Treppe hinunter, vier Stufen auf einmal, rannte beinahe Tante Trullala um, die gerade aus der Küche kam, und nahm die Kurve.

„Musch!" stammelte sie entsetzt.

„Augenblick!"

Draußen. Um die Ecke des Hauses herum, ein paar Meter bergab – da waren sie. Ein wilder Knäuel von Jungen, ich unterschied nicht genau, welche es waren, die auf Til einschlugen. Er lehnte noch immer an der Hauswand, seine Nase blutete.

„Werdet ihr wohl! Weg mit euch!"

Ich stürzte mich blindwütig in die Meute hinein, mit den Fäusten um mich hauend. Das war sehr dumm, denn dann haut man von oben auf die Köpfe, und das tut nicht sehr weh. So faßte ich lieber zu, packte einen vorn am Anorak und riß ihn von Til zurück, so schnell, daß er hinflog. Er brüllte. Das machte die anderen noch rabiater.

„Weg mit euch! Raus aus unserem Garten!" schrie ich und packte den zweiten. Der aber war größer als ich und schlug mich mit der Faust auf die Nase, daß ich das Gefühl hatte, mir sprängen tausend Sterne aus den Augen. Jetzt kriegte ich eine noch größere Wut. Ich sah nur noch rot, und es war mir egal, ob der andere stärker war als ich. Ich schlug auf ihn ein, stumm und verbissen, da kam Hilfe. Nicht nur Til hatte sich von der anderen Seite an den Jungen gehängt und hielt ihm den rechten Arm fest, sondern noch etwas war in die Meute gefahren, was das Schlachtbild augenblicklich änderte: Penny. Penny und die Hunde. Boß fuhr wie rasend auf den größeren Jungen los, der sofort zu schreien anfing, erwischte ihn an der Hose und verbiß sich hinein. Bella kläffte ohrenzerreißend und ohne Pause, und unsere Gegner fingen an zu rennen. Besonders als hinter Penny und den Hunden noch jemand erschien ...

„Hach!" schnauften wir alle auf, als die Jungen verschwunden waren. Sie hatten die Flucht ergriffen, so schnell, daß man hätte denken können, sie hätten sich in Luft aufgelöst. „Hach, diese gemeinen Kerle! Na wartet, die Suppe wird euch versalzen ..."

Til wischte sich die Nase. Penny

spuckte aus, ihr hatte einer einen Zahn ausgeschlagen.

„Der wackelte aber schon. Ich konnte mich bloß nicht entschließen, ihn rauszuziehen. Na, das hat er mir abgenommen, der Lümmel."

Sie lachte. Ein Kratzer lief schräg über ihr Gesicht. Ich mußte auch lachen. Gleichzeitig heulte ich los. Ich habe mich sehr geschämt. Es kam von allein, und ich war gar nicht darauf vorbereitet. Zum Glück konnte ich es gleich wieder abstoppen. Jetzt heulen, nachdem wir die Schlacht doch gewonnen hatten!

„Kinder, Kinder", sagte eine Stimme – Ruperts Stimme. „Muß denn bei euch immer alles mit Krach-Bumm gehen!"

„Hier mußte es schon. Fünf gegen einen, so was ist unfair", murmelte ich. Til zog alles hoch, was sich in seiner Nase befand. Ich kann das sonst nicht hören, es macht mich rasend, wenn er schnüffelt. Jetzt störte es mich überhaupt nicht.

„Ich hätte sie schon rausgeschmissen", brummte er.

„Na klar", bestätigte Penny, „aber zu dritt ging es schneller."

„Und warum..."

„Ach laß, ist ja vorbei", Til winkte ab. Er wollte nicht darüber sprechen, ich verstand das. So sagte ich auch nichts mehr.

„Kommt mal mit in die Werkstatt", hörte ich jetzt Rupert freundlich sagen, und wir liefen hinter ihm her über den glattgetretenen Schnee hinunter. In der Werkstatt ging Til zum Wasserhahn und drehte ihn auf, zog kaltes Wasser in die Nase und wischte dann das Gesicht trocken. Penny putzte sich die Nase, und ich versuchte auch, mich wieder in Ordnung zu bringen.

„Die Großen brauchen nichts zu merken", sagte Til. „Ist besser. Das gibt bloß Ärger."

„Du erzählst doch nichts, Rupert?" vergewisserte er sich dann noch. Rupert lachte.

„Wenn ihr nicht wollt. Um was ging es denn?"

„Ach, um eine alte Sache." Ich blinzelte ihm zu, so daß Til es nicht sehen konnte. „Später", hieß das. „Jedenfalls haben wir sie in die Flucht geschlagen."

„Ja, habt ihr. Und jetzt, was tun wir jetzt? Vielleicht ist es gut, wenn ihr – ich wüßte etwas! Ich fahre euch ein bißchen spazieren, und wir sagen oben – besser: ich sage oben, wir wollten mal ein Stück wegfahren. Damit ihr euch erholt. Ihr seht nämlich noch sehr nach Keilerei aus, ihr alle drei!" Rupert grinste. Da mußten wir lachen.

„Spazieren, das glaubt uns keiner. Aber vielleicht fährst du uns nach Göppingen ins Hallenbad? Da sind wir mindestens zwei Stunden weg, und nachher sieht uns keiner mehr was an."

„Großartig. Einverstanden, ihr anderen? Sucht euer Badezeug, ich sage inzwischen Bescheid." Alles ging gut, zehn Minuten später fuhren wir ab, ohne daß einer von den Großen uns gesehen hatte. Na also!

Das Göppinger Hallenbad ist groß und an einer Seite fast nur aus Glas, wunderbar. Wir waren schon manchmal dort. Rupert kannte es noch nicht. Er staunte. Wir waren sehr stolz.

Im Wasser vergißt man, was einem weh tat und worüber man sich geärgert hat und wie es weitergehen soll. Jedenfalls kommt einem alles nicht mehr so schlimm vor, wenn man ein paar Köpfer gemacht und sich gegenseitig bespritzt und untergetaucht hat. Wir tobten also nach Herzenslust, und dann legten wir uns auf die geheizten Steinbänke, die es dort gibt, und hielten Kriegsrat. Ich fing damit an, weil ich fand, daß Rupert wissen sollte, was los war.

Wir erzählten ihm von dem Heuwagen und dem Kracher obendrauf und dem Mann, der den Wagen gerettet hatte und dann die Jungen ohrfeigte – daß es Pennys Vater ist, sagten wir nicht, und wie die Jungen dann Rache schworen. Ob sie jetzt noch bei ihrem Plan bleiben würden, wußten wir natürlich nicht. Es war aber möglich.

„Was ihr alles erlebt!" staunte Rupert, und daß er so staunte, fand ich toll. Ja, wir erleben immer eine Menge, jedenfalls hier in Hohenstaufen.

Rupert war natürlich unserer Ansicht, was die Rache der Jungen betraf. Perlonschnüre zu spannen, ist kein lustiger Streich mehr, sondern eine kriminelle Handlung.

„Das müssen wir verhindern", sagte er, und er versprach hinzugehen, ehe es dunkel würde. Wir hörten das mit gemischten Gefühlen an, vor allem Penny.

„Vielleicht haben es sich die Jungen anders überlegt, jetzt, wo sie wissen, daß wir es gemein finden", vermutete sie, „sicher haben sie jetzt auch Angst, daß wir sie verpetzen könnten, und lassen es sein."

Ich merkte, wie ihr zumute war, und wußte nicht recht, ob es nun richtig gewesen war, Rupert einzuweihen. Nun, jetzt konnte man es nicht mehr ändern.

Rupert lud uns noch in eine Konditorei ein, weil man vom Schwimmen immer so hungrig wird, dann fuhren wir heim, und da schlug Rupert vor, gleich an jenem Haus vorbeizufahren. Er könnte doch dann sofort hineingehen und den Mann warnen, das fände er das einfachste. Da aber wurde Penny ganz nervös und bat und bettelte, es nicht zu tun. Sie wollte heim, sie hätte Tante Trullala versprochen zu helfen und das ganz vergessen, Rupert sollte doch bitte gleich heimfahren . . .

Ich konnte mir denken, wie es in ihr aussah. Und so blinzelte ich Rupert zu, er sollte nachgeben, was er dann auch tat. Penny sprang, als wir heimkamen, aus dem Auto, als stünde es in Flammen, und war im Haus verschwunden, ehe man bis drei zählen konnte. Til aber blieb sitzen. Ich rutschte hin und her, denn wenn Til dabei war, konnte ich Rupert nichts erklären. Ich weiß nicht, was geworden wäre, wenn Tante nicht gleich darauf aus dem Haus gekommen wäre und uns empfangen hätte, als kämen wir geradewegs vom Himmel und hätten noch Flügel an den Schultern. Es sei Besuch da, und sie wußte nicht aus noch ein, und ob ich . . .

Klar würde ich! Mein verzweifelter Blick zu Rupert hin nützte überhaupt nichts, was fing er wohl damit an, daß ich ihn mit verdrehten Augen ansah, er dachte höchstens, ich sei übergeschnappt. Und dann war ich mitten im Tischdecken und Kuchenaufschneiden und Stühleheranschaffen, und weder Rupert noch Penny waren erreichbar.

„Unheil, nimm deinen Lauf!" dachte ich. Mein einziger Trost war, daß er weder den Namen noch das Haus des Mannes kannte, vorläufig jedenfalls. Aber ehe es Nacht wurde, mußte der Zauberkünstler gewarnt sein, sonst half ihm all seine Zauberkunst nichts.

Einmal traf ich mit Rupert zusammen, als ich von der Küche her ins Wohnzimmer lief, einen Berg Kuchen in einer Hand balancierend, in der anderen den Milchkrug für die Kleineren. „Du mußt . . ."

„Natürlich gehe ich, ich fahre sogar", unterbrach er sogleich. „Mit dem Auto bin ich in fünf Minuten durch eure City durch und in sechs zurück, nur muß ich erst wissen, wo der Bedrohte wohnt."

„Til weiß es", konnte ich gerade noch flüstern, da kam Penny angesaust und flog gegen mich, daß der Milchkrug in hohem Bogen überschwappte. Rupert lachte und holte einen Lappen, und da kam auch schon der Besuch, ich lief schnell um neue Milch, und wir mußten uns an den Kaffeetisch setzen.

Es war Besuch aus Schweden, eine Frau und drei Kinder, etwa in unserem Alter. Die Mutter ist Deutsche, aber die Kinder sind alle drei in Schweden geboren.

Die beiden Mädel hatten langes, glattes, blondes Haar, ein wenig fahl, aber fahl heißt hier nicht, daß es nicht schön wäre. Es hat nichts von gold- oder silberblond, es ist eben fahl. Sie trugen es offen, an beiden Seiten des Gesichts glatt herunterhängend, und ihre Haut war hell wie Milch.

Sie hießen übrigens Brita und Karin, gar nicht ausgefallen, wir haben in Deutschland ja längst solche Namen übernommen. Der Junge, erst ungefähr vier Jahre alt, war richtig blond, er hieß Olav. Ich fand ihn gleich süß. Wir tranken Kaffee, und dann war Rupert auf einmal verschwunden. Als er wiederkam, nickte er mir zu. Da war ich erst einmal erleichtert, und in meiner Dankbarkeit, daß nun nichts mehr passieren konnte, schlug ich vor, wir wollten doch etwas Schönes spielen, wie an einem Kindergeburtstag.

Dieser Vorschlag fand allgemeine Zustimmung. Ich weiß, daß auch Tante Trullala für ihr Leben gern spielt, und wir fingen mit Nachrücken an. Dabei gibt es immer viel zu lachen. Dann spielten wir Eisenbahn, und das ist so:

Alle sitzen im Kreis, und jeder ist eine Stadt. Einer steht mit verbundenen Augen in der Mitte und sagt: „Ich fahre von dort und dort nach dort und dort." Die beiden, deren Städtenamen genannt sind, müssen nun ganz leise und auf Zehenspitzen die Plätze wechseln, ohne daß der in der Mitte einen von ihnen erwischt. Das ist sehr lustig, denn manchmal sitzen die beiden sehr weit auseinander, manchmal direkt Stuhl an Stuhl. Haben sie getauscht, ohne daß er einen zu fassen bekommen hat, so schreien alle Anwesenden: „Angekommen!"

Das ist ein Spiel, das man stundenlang spielen kann, ohne daß es langweilig wird. Die beiden Mädel hatten sich schwedische Städte ausgesucht, die sie sein wollten, die waren sehr schwer zu merken, und wir sprachen sie immer falsch aus, daß es noch mehr Gelächter gab. Tante Trullala spielte natürlich mit und Rupert auch. Vater und Onkel Albrecht saßen in der Ofenecke und guckten zu, und Mutter hatte das Baby auf dem Schoß.

Dann schlug Rupert etwas anderes vor. Wir mußten im Kreis sitzen bleiben, und jeder von uns war entweder schwäbisch oder bayerisch, immer abwechselnd, er ging rundum und benannte uns. Dann mußten wir einander einhaken, und er stand in der Mitte und sang das Lied: „Als wir jüngst in Regensburg waren." Wer es konnte, sang mit. Dabei schunkelten wir eingehakt nach rechts und links, und wenn der Kehrreim kam, der heißt: „Schwäbische bayerische – Dirndel juchheirassa!" Wir mußten einander loslassen und aufstehen und uns hinsetzen, im Takt des Liedes, immer abwechselnd, mal die schwäbischen, mal die bayerischen. Wir fanden schon beim ersten Vers heraus, wie herrlich es ist, dabei so richtig mit den Füßen aufzustampfen, daß es dröhnte, und johlten dabei mit: „Schwäbische – bayerische". Es wurde ein Heidenkrach und wunderschön, und wir lachten Tränen dabei, wenn einer mal falsch aufstand. Nur Ralf mit seinem eingegipsten Knöchel konnte nicht mitstampfen, um so lauter grölte er. Zum Glück wußte Rupert immer noch ein paar Verse, wenn wir schon dachten, es sei zu Ende, und der Spektakel wurde immer größer.

Dabei müssen wir wohl überhört haben, daß es klopfte. Jedenfalls stand auf einmal jemand im Zimmer, ohne daß wir gemerkt hatten, daß er hereinkam – und ich sah Penny, die auf der andern Seite des Kreises gespielt hatte, ihn entsetzt anstarren und dann zwischen Til und Rupert verschwinden. Das ging schnell und lautlos wie ein Hauch, und dann sah ich den Eingetretenen richtig an. Es war Pennys Vater.

Auch Til mußte ihn sofort erkannt haben, von der Geschichte mit dem Heuwagen her.

Ich war ganz entgeistert und wußte überhaupt nicht, was nun werden sollte, es war auf einmal ganz still. Eine Tür klappte – war das Penny, die hinausgelaufen war? Ich vermutete es, wollte hinterher, rührte mich aber nicht.

Tante Trullala war es, die endlich das Wort ergriff. Sie begrüßte den Hereingekommenen, und dann bat sie Rupert und mich, dem Besuch doch bitte unsere Tiere zu zeigen, die Katzen und die Streifenhörnchen und – nun, die Hunde kannten sie ja schon. Bella war die ganze Zeit, als wir solchen Radau machten, mit umhergesprungen und hatte gekläfft, Boß hatten wir hinaussperren müssen. Jetzt sollten die schwedischen Kinder einmal in Ruhe alle begrüßen und streicheln dürfen.

Ich wußte natürlich warum, und ich ging mit wackligen Knien.

„Kommt in die Werkstatt", sagte ich tonlos. Während wir hinuntergingen, horchte ich immerzu nach rückwärts. Was würde jetzt passieren? Würde Pennys Vater Penny mitnehmen? Mir war kalt vor Angst. Es war so schrecklich, nach dem übermütigen Spiel vorhin diese beklemmende Stille. Und wo war Penny?

Ja, wo war Penny? Diese Frage stellten wir uns an diesem Abend noch oft und immer wieder. Erst aber muß ich erzählen, was bei der Unterredung von Tante Trullala und Pennys Vater herauskam. Nämlich ganz etwas anderes, als wir vermuteten. Tante Trullala suchte uns nach einer Weile, Pennys Vater war wieder gegangen. Sie holte uns ins Wohnzimmer und berichtete.

Er war sehr, sehr nett gewesen, erzählte sie. Erstens wollte er sich bedanken, daß Penny hiersein dürfte; der eigentliche Anlaß zu seinem Besuch aber war Ruperts Warnung. Rupert hatte ihm erzählt, daß einer von den Jungen, die damals bei der Heuwagengeschichte dabei waren, Til gewesen sei, und wie Til sich dann benommen hatte. Da wollte er sich bei Til für die Ohrfeige entschuldigen und ihm danken, daß er, einer gegen so viele, seine Meinung vertreten hatte. So etwas Wackeres findet man selten, sagte Pennys Vater.

Und Penny hatte er natürlich auch sehen wollen, sie vor allem, schon lange. Nur hatte er immer ein bißchen Angst davor. Und mit ihr sprechen ... Er war gar kein böser Zauberer, wie wir uns immer ausgemalt haben, sondern ein armer und einsamer Mensch. Seit seine Frau nicht mehr lebte, ging es ihm besonders schlecht. Und daß er so leicht aus der Haut fuhr und so jähzornig war, das sei sein größter Kummer, ein schlimmer Fehler, und so wäre es natürlich viel besser für Penny, wenn sie hier in einer Familie lebte. In einem so wunderschönen und warmen Haus, mit so netten Geschwistern – er hielt uns wohl alle für Tantes Kinder –, bei so lustigen Spielen wie dem vorhin, viel, viel besser als bei ihm. Das hat er gesagt, und nie würde er sie wegholen, wenn sie nicht selbst wegwollte. Wir waren ganz still, als Tante das alles erzählte.

Das muß Penny wissen! war mein erster Gedanke, wo ist Penny? Aber ich schwieg und horchte, was Tante weiter sagte. Sie guckte dabei ein bißchen besorgt zu Onkel Albrecht hin.

„Gelt, immer vorausgesetzt, du bist einverstanden", sagte sie.

„Womit denn? Du hast mir ja noch gar nicht verraten, womit?" fragte Onkel ein wenig hinterhältig. Aber freundlich hinterhältig, ich merkte es genau.

„Daß ich – daß Pennys Vater – also, ich habe ihm angeboten, daß er doch – sieh mal, wir haben ein großes Haus, und außer in den Ferien, so wie jetzt, ist es wirklich ein bißchen zu groß, jedenfalls stehen viele Zimmer leer", erklärte sie eifrig. „Und er ist ja die wenigste Zeit da, sondern fast immer auf Reisen. Nur wenn er da ist –"

„Na? Was habt ihr denn da miteinander ausgebrütet, er und du?" fragte Onkel, als sie stockte.

„Daß er zu uns kommen und bei uns wohnen soll, immer. Daß er ein Zimmer bekommen kann, mit seinen eigenen Möbeln eingerichtet, damit er sich richtig zu Hause fühlt. Penny würde doch nie zu ihm wollen, nie, das weiß ich, und das weiß er auch. Aber wenn er die kurze Zeit, die er immer zwischen seinen Reisen da ist, hier bei uns wäre, könnte ich mich um ihn kümmern und für ihn sorgen und es ihm behaglich machen. Er müßte nicht ins Gasthaus gehen zum Essen, was er haßt, sondern äße bei uns mit, und Penny würde dann sicher auch zutraulicher und vertrauter zu ihm werden . . ."

Tante redete und redete. Dabei versuchte Onkel überhaupt nicht, sie zu unterbrechen oder was dagegen zu sagen oder sonst etwas. Er saß nur da und sah sie an, liebevoll und belustigt und sehr, sehr zärtlich. Alle merkten es, nur Tante nicht. Bis ihr endlich nichts mehr einfiel, sie hatte alle ihre Argumente sicher siebenmal gebracht und immer wieder um und um gedreht. Und als sie schwieg lachte Onkel nur ein bißchen durch die Nase und sagte: „Na also."

„Du hast – du hast – nichts dagegen?" fragte Tante atemlos.

„Warum sollte ich denn?" lächelte Onkel behaglich. Da sprang Tante Trullala durchs Zimmer, als wäre sie erst siebzehn und hätte soeben die Erlaubnis ihres Vaters bekommen, den heißgeliebten Albrecht zu heiraten, und fiel Onkel um den Hals, lachend und außer sich vor Glück. Und er lachte auch und gab ihr einen Kuß, und wir alle klatschten Beifall.

„Na also. Und nun muß Penny es hören. Wo ist Penny eigentlich?" fragte Tante und schaute im Kreis umher.

Ja, und nun begann die große Suche.

Eigentlich versteh' ich nicht, daß wir überhaupt so lange haben warten können mit dem Suchen. Meiner Meinung nach hätten wir sofort anfangen müssen, gleich als der Zauberkünstler kam. Denn ich hatte ja gesehen, wie sie sich klein machte, kaum daß sie ihn sah, und sich zwischen Til und Rupert drückte. Aber da war dann der Besuch, und ich mußte ihn erst herumführen, und dann Tantes Erzählung . . .

Wir suchten natürlich erst das Haus ab. Lachten und riefen: „Penny! Komm, was Schönes! Penny, wo bist du?"

Und dann allmählich riefen wir nur noch und lachten nicht mehr, und schließlich versammelten wir uns alle wieder im Wohnzimmer und fragten einander:

„Habt ihr sie? Nein? Ihr? Ja, wo kann sie nur sein? Wo ist Penny?"

Erst verwundert, dann besorgt, schließlich voller Angst. Wir durchsuchten das Haus noch einmal gründlich, die Werkstatt, den Stall, den Dachboden. Nichts. Den Garten. Auch nichts.

Sicher hatte sie sich in der Nähe irgendwo versteckt. Sicher riß sie ständig vor uns aus, von einem Versteck zum anderen. Auf diese Weise suchten wir umsonst, solange es dunkel war. Konnten wir aber bis morgen warten? Ich fand, wir konnten nicht.

Einmal traf ich Rupert im Flur. Ich hielt ihn am Ärmel fest.

„Hier im Haus ist sie nicht. Wenn sie hört, daß wir immerzu rufen, es wäre alles gut und sie sollte doch kommen, dann käme sie sicher", sagte ich verzagt. Rupert sah mich nachdenklich an.

„Vielleicht glaubt sie es nicht? Vielleicht meint sie, wir rufen nur so, damit sie kommt, und übergeben sie dann ihrem Vater? Und er nimmt sie mit?"

„Das kann ich mir nicht vorstellen." Ich hatte mich auf die kleine Bank gehockt, die im Flur gleich neben der Tür steht, und sah zu Rupert auf, der vor mir stand. „Ich habe Penny noch nie belogen."

„Aber..."

„Ja, aber. Wir müßten sie doch finden."

In diesem Augenblick kam Til herein. Von draußen. Er hatte die nur angelehnte Haustür aufgeschoben und stand nun neben Rupert.

„Ich weiß", sagte er halblaut. Wir wandten ihm beide das Gesicht zu.

„Ja?"

„In der Höhle! Bestimmt ist sie in die Höhle gerannt!" Rupert und ich sahen einander an.

„Klar", rief Rupert nur. „Los!"

„Wir nehmen Boß mit!" flüsterte ich. Wie auf Verabredung flüsterten wir plötzlich alle drei. Wahrscheinlich wollten wir den anderen keine Hoffnung machen, die sich dann eventuell doch als falsch erweisen würde. So zogen wir uns schweigend an, in größter Hast – nur nicht noch erwischt und gefragt und vielleicht gehindert werden! Anoraks, Mützen, Handschuhe, und Boß an die Leine. So drückten wir uns ungesehen zur Haustür hinaus. Schnell, schnell und ohne einen Laut über den Schnee davon! Erst als wir außerhalb des Ortes waren, wagten wir wieder zu sprechen.

Viel gesprochen haben wir freilich nicht, dazu rannten wir zu sehr, und zur Höhle geht es ganz hübsch bergauf. Boß zog an der Leine, das erleichterte mir das Laufen, ich hatte ihn an der Hand. Til brummte was von „keine Kunst" und „sich ziehen lassen", aber er meinte es nicht böse. So ähnlich waren Rupert und Til damals auch gelaufen, hier den gleichen Weg, als wir in der Höhle saßen. Nur hatten sie gerufen, und das taten wir nicht. Womöglich versteckte sie sich dann woanders.

Nein, das tat Penny nicht. Ihre Kraft hatte wohl sowieso nur bis zur Höhle gereicht, weiter nicht. Penny, sonst zäh und unermüdlich, hatte vor Angst und Kummer nicht weitergekonnt; sie hockte ganz hinten, in sich zusammengekauert, und sah uns mit weit aufgerissenen, verzweifelten schwarzen Augen entgegen. Sie rührte sich nicht, als wir sie entdeckten, mit Ruperts Taschenlampe anleuchteten, die er dann natürlich sofort ausknipste.

„Penny, Gott sei Dank, daß wir dich haben!" stammelte ich, während ich die Arme um sie schlang. Sie zitterte, aber sie wehrte sich nicht und versuchte auch nicht, noch einmal auszureißen.

„Gott sei Dank, Gott sei Dank!" stotterte ich immer wieder, und inzwischen hatten Rupert und Til ein Feuerchen angezündet. Ich zog Penny heran.

„Du brauchst gar, gar keine Angst mehr zu haben", beteuerte ich immer wieder, und Boß sprang an ihr hoch und warf sie beinahe um. Plötzlich fing sie an zu weinen. Sie weinte und weinte, und Rupert machte mir ein verstecktes Zeichen, das ich sofort richtig verstand, es hieß: Weinen lassen! Ruhig richtig ausweinen lassen! Und allmählich merkte man auch, daß es ihr half und daß es ihr besserging.

„Brauch' ich nicht fort?" war das erste, was sie fragte, bis dahin hatte sie nur geweint. Und da beteuerten wir dreistimmig, daß sie nie mehr fortmüßte, weil ihr Vater doch nun zu Onkel Albrecht und Tante Trullala zöge und daß er sehr freundlich und lieb sei, eben nur arm und einsam.

„Aber dann ist er es doch nicht mehr!" sagte ich immer wieder, und als Penny dies begriffen hatte, weinte sie wieder, diesmal aber aus Freude und Erleichterung, das merkten wir.

Das Feuer war inzwischen größer geworden, Rupert versorgte es, legte Ast um Ast darauf, und wir hockten uns so dicht wie möglich heran, es war romantisch und richtig herrlich.

„Hier könnte ich ewig sitzen", seufzte Penny auf einmal, und da merkten wir, daß sie langsam wieder die richtige Penny wurde.

„Aber zu Hause sorgen sie sich", erinnerte Rupert leise, „wäre es nicht besser, wir gingen?"

„Bitte, bitte noch nicht!" bettelte Penny. „Es ist so wunderschön hier mit euch, bitte, noch ein kleines Weilchen..."

„Schön. Dann bleibt ihr hier, ich lauf' runter und sag' den anderen Bescheid, damit sie beruhigt ins Bett gehen können", sagte Til nach einem kleinen Augenblick Schweigen. Seine Stimme klang anders als sonst, ruhig, bestimmt, beinahe männlich. Ich fühlte mein Herz heiß werden vor Stolz. Mein kleiner Bruder – er ist doch ein Prachtkerl!

„Meinst du, daß wir ihn runterschicken können, Rupert? Penny möchte noch nicht wieder zu den anderen, und das kann ich gut verstehen." Ich hatte sie an mich gedrückt und merkte genau, wie sehr sie noch zitterte.

„Natürlich. Til ist doch groß. Nimm Boß mit", erwiderte Rupert und stocherte weiter im Feuer. „Nimm Boß an die Leine und grüß die anderen und richte aus, ich wäre mit den zwei Mädeln hier, aber wir kämen auch bald. Und sie sollten ruhig schlafen gehen, es wäre alles in Ordnung."

„Mach' ich", sagte Til und nahm Boß' Leine. „Komm, mein guter Hund, wir zwei finden uns schon heim."

Er ging. Ich hätte ihm gern noch was gesagt, aber es war wohl nicht nötig. Und so konnte ich mich jetzt ganz ungeteilt um Penny kümmern. Ich zog sie näher ans Feuer heran, Rupert rollte uns einen großen Stein her, auf den wir uns miteinander setzten, und es wurde wirklich ganz schön warm, so nahe an der Glut.

Nach einer Weile merkte ich, wie das Zittern bei Penny aufhörte, wie sie aufatmete, tief, tief. Und dann fing sie an zu fragen, und wir erzählten, immer wieder, alles immer wieder von vorn. Daß sie bleiben dürfte, und wie nett und freundlich ihr Vater sei, und daß er sich bei Til entschuldigt hätte, und daß Tante Trullala strahlte, weil sie wieder einmal jemanden an Leib und Seele gesund machen könnte, diesmal keine kleine Penny, sondern einen großen Pennyvater, einen Zauberkünstler, der in der ganzen Welt berühmt war.

„Denn das ist er, er war doch auf seinen Tourneen schon in Australien und Südamerika und überall", sagte ich, und Rupert staunte. Ich merkte richtig, wie wohl Penny das tat. „Und Tante Trullala bleibt deine Mutter und Onkel Albrecht dein zweiter Vater, und ich deine Schwester. Immer, immer, solange wir leben. Und vielleicht haben wir es später so schön miteinander wie Mutter mit Tante Trullala. Und Brüder hast du auch, gleich viere."

„Aber ich? Ich werde überhaupt nichts in dieser Wahlverwandtschaft", beschwerte sich Rupert. „Immer bin ich nur der Komet, der mal kommt und mal geht!"

„Das reimt sich", lachte Penny, „also ist es wahr. Nein, es soll nicht wahr sein! Du sollst auch mein Bruder sein, für immer, wie Til, Ralf und Roland und der Kleinste."

„So einen hornalten Bruder willst du?" fragte Rupert und blinzelte. Er findet sich sicher noch jung, er fischte nach einem Kompliment.

„So schrecklich alt bist du ja noch gar nicht", tröstete Penny denn auch sofort, „es gibt Brüder, die sind über zehn Jahre älter."

„Gut, so einer könnte ich ja sein. Wollen wir Blutsbrüderschaft trinken?" fragte Rupert.

„Ja, morgen! Du auch, Musch, das wird bestimmt herrlich! Und Til auch, er hat mich doch auch mit hier gefunden."

„Er ist sogar zuallererst darauf gekommen, daß du in der Höhle sein könntest", sagte ich eifrig, „hab' ich das nicht erzählt? Er war es, er, wir haben nur immer unten gesucht, an denselben Stellen. Aber er hat weiter gedacht und uns darauf gebracht." Ich fühlte, wie mein Herz wieder vor Stolz ganz weit und groß wurde.

Ja, Brüder zu haben, das ist schon eine Sache!

Reni

Geliebtes Heim
am Berg

1. Kapitel

Ganz am Ende der Stadt, dort, wo Anlagen und Park in Wald und Berge übergehen, lag das Haus, in dem Reni wohnte. *Das* Haus ist übrigens nicht ganz richtig gesagt: Eigentlich waren es zwei Häuser, die einander gegenüberlagen, breite helle Häuser mit schokoladenbraunen Fensterläden und nachgedunkelten roten Dächern, die weit vorsprangen und wie zu tief gezogene Mützen aussahen. Nicht wie gebaut lagen die Häuser da, sondern wie gewachsen, und damit sie nicht allein waren und sich fürchteten, war es, als gäben sie sich die Hand: Hinten, den Raum, der zwischen ihnen lag, wie einen Hof abschließend, lief ein niedriges, breites kleines Gebäude entlang, so wie bei manchen Gasthöfen die Kegelbahn.

Dies hier aber war keine Kegelbahn und auch kein Wintergarten, wie man es manchmal hat, es war etwas viel, viel Schöneres. Große, breite, fast bis auf die Erde reichende Fenster hatte es nach beiden Seiten hin, und unter den Fenstern liefen Heizkörper entlang, so daß es auch im Winter warm und zu benutzen war. Das war sehr wichtig, denn nicht nur Reni, sondern auch alle anderen Kinder, die hier im Heim am Berge für längere oder kürzere Zeit zu Hause waren, liebten dieses Gebäudes noch mehr als die hellen Schlafsäle, den großen, getäfelten Wohnraum oder die gemütliche Küche. Wer kann raten, was es war? Niemand. Es war eine Turnhalle.

Dort, wo keine Fenster waren, gingen Leitern an den Wänden hoch, Leitern mit glatten hellgelben Sprossen, an denen man bis an die Decke klettern und auch sonst die schönsten Übungen machen konnte. In der Mitte gab es einen Rundlauf, viermal Ringe zum Schaukeln und in einer Ecke auch Kletterstangen, schräge und gerade. Auch Sprungmatten waren da, Böcke, Pferde, Hochsprungholme, kurz, alles, was ein zehnjähriges Herz sich erträumt. Hinter der Turnhalle lag eine leicht ansteigende Liegewiese, auf der im Sommer die Liegestühle mit den gestreiften Bezügen standen, und dann schloß sich gleich der Bergwald an, mit Bächen und Blaubeerkraut, mit Pilzen und Nadelholz und der herrlichsten, kräftigsten, wunderbarsten Bergluft. Ja, und vorn, vor der Turnhalle, da war es auch so gemütlich wie in einer Stube. Da standen an dem einen Haus entlang eingerammte Tische mit Bänken davor und dahinter, und darüber wölbten sich alte, dicke Kastanienbäume, die im Frühling ganz weihnachtlich voller Kerzen gesteckt waren, manche mit weißen, manche mit roten Lichtern – und im Herbst bescherten sie das allerschönste Kinderspielzeug, blank und glatt, rotbraun oder gescheckt, das aus stachlichen Hüllen platzte, jedes Jahr wieder, umsonst und ohne Bestellung. Es waren richtige liebe, vertraute, lebendige Bäume, und sie hatten auch Namen. Der eine hieß Alma, der andere Meta, und der dritte, der fast in der Mitte des Hofes stand und eigentlich schon viel zu alt war, denn er hatte einen ganz, ganz dicken Stamm, der schon hohl war, so daß man sich darin verstecken konnte, der hieß von alters her Henriette. Er sollte eigentlich längst gefällt sein, aber alle, von Tante Mumme angefangen bis zum kleinsten

Küchenmädel herunter, erhoben ein lautes Gejammer, wenn der Doktor mit diesem mörderischen Vorschlag kam, und so blieb er von Jahr zu Jahr stehen. „Er wird euch noch auf die Köpfe fallen!" drohte der Doktor, aber da lachten sie nur, denn sie wußten, daß der Doktor seinen Freund, den Förster, stets fragte, ob Gefahr bestünde. Und dann lachte der alte Rauschebart und sagte, solange das Haus hielte, hielte auch die Henriette.

„Also, tu doch nicht immer so, als ob unser Heim eine alte, wacklige Bruchbude wäre, Onkel Oberförster", sagte Reni einmal ganz wütend, als er so geantwortet hatte, und da lachte er noch mehr.

„Euer Heim – bewahre! Ich sage doch nichts gegen euer geliebtes Heim am Berge – wo werd' ich denn, kleine Reni!"

Heute nun war dieses wunderschöne, lebendige und heißgeliebte Heim übrigens leer, jedenfalls fast leer, nur Tante Mumme war da, als Reni vom Bahnhof kam – sie hatte den letzten Schub Erholungskinder, wie sie das stets tat, zur Bahn gebracht. Es war immer ein bißchen traurig, wenn die anderen abfuhren, obwohl die meisten versprachen, zu schreiben oder im nächsten Jahr wieder zu kommen – aber sie taten in der Regel weder das eine noch das andere.

Dafür kamen neue Kinder, lustige und stille, Jungen und Mädel, große und kleine ...

Reni kannte das nun schon, solange sie lebte – sie war das einzige Kind, das blieb. Wenn sie von der Bahn heimkam, war ihr immer zum Heulen zumute, und dann suchte sie schleunigst nach Tante Mumme. Wo? In der Küche. Die war dann immer tipptopp aufgeräumt, denn die Küchenmädel hatten in der Zeit, in der keine Kinder da waren, auch frei – ein einziger Herd von den vier großen, die in der Mitte der Küche wie ein Festungsblock lagen, brannte, und dort fand Reni Tante Mumme. Sie kochte sich Kaffee.

„Damit ich die Ruhe genießen kann", sagte sie entschuldigend, aber Reni lachte nur. Andere Leute tranken Kaffee, um munter zu werden – jedenfalls sagte der Onkel Doktor so –, Tante Mumme aber trank welchen, um schlafen zu können. Komische, kugelrunde, geliebte alte Tante Mumme!

„Was backen wir uns denn diesmal für einen Pausenkuchen?", fragte Reni auch heute; es war die Frage, die ihr schon während des ganzen einsamen Heimwegs auf dem Herzen gelegen hatte. Immer, wenn Pause war, wenn die ersehnten und gefürchteten drei Tage zwischen den Sechswochen-Erholungskindern eintraten, durfte sich Reni einen Kuchen ausdenken. Und das war um diese Zeit ein bißchen schwer: Kirschen gab es nicht mehr und Äpfel noch nicht. Blieb Quark oder Streusel – den konnte man aber auch im Winter haben.

„Ich weiß! Hobelspäne! Wenn auch weder Fastnacht noch Silvester ist! Ich hab' solchen Appetit auf Hobelspäne", sagte Tante Mumme. Reni guckte vorwurfsvoll.

„Aber Tante Mumme! Der Onkel Doktor mag doch keine – oder vielmehr, er mag sie zu sehr. Und er soll doch nicht!"

„Er ist doch nicht da, Kinding, die nächsten Wochen. Er verreist doch", sagte Tante Mumme. Sie mußte ja schließlich einmal damit herausrücken, Reni mußte es erfahren. Sie hatte es ihr bisher nicht gesagt – hatte immer gehofft, er würde wenigstens so lange bleiben, bis der nächste Kindertransport da wäre. Aber es hatte sich nun doch nicht so gemacht ... Reni guckte entgeistert. „Der Onkel Doktor fährt weg? Heute schon?"

„Aber, Kinding, du hast doch mich", tröstete Tante Mumme. Sie wußte, wie ungeheuer zärtlich Reni an ihrem Bruder hing und daß ihr nichts die Pause so versüßte wie die Tatsache, daß ihr nun der liebe, gute, lustige, dikke Onkel Doktor allein gehörte. Er verwöhnte das Mädel, das war keine Frage, aber es war ja verständlich – er hatte doch sonst nichts vom Leben. Arbeit, Arbeit, Arbeit – er war so sehr beliebt in der Stadt und wurde überlaufen von Patienten, und am liebsten hätte er sich doch einzig und allein dem Kinderheim gewidmet. Das ging ja nun nicht, wie eben vieles auf der Welt nicht so geht, wie man gern möchte ...

„Aber warum hast du mir das denn nicht gesagt?" fragte Reni nach einer Weile, in der sie stumm neben Tante Mumme am Herd gelehnt hatte. „Ich wollte dir das Herz nicht unnütz schwer machen", sagte Tante Mumme leise. „Es geht dem Onkel Doktor nicht gut, weißt du. Er fährt nicht zum Vergnügen. Er soll sich endlich mal ganz auskurieren und erholen!"

„Aber das könnte er doch *hier!*" rief Reni. „Hierher kommen doch alle, um sich zu erholen – es steht doch in allen Zeitschriften und überall: Kinderheim für Erholungsbedürftige."

„Ja, *Kinder*heim, für erholungsbedürftige *Kinder*, natürlich", sagte Tante Mumme. „Aber sieh mal, der Onkel Doktor kommt doch hier zu keiner Erholung. Immerfort kommen Leute, auch wenn er das Telefon abstellt ..."

„Ist er etwa schon fort?" fragte Reni. Sie ahnte das Schlimmste. Aber Tante Mumme beruhigte sie.

„Nein, nein, Reni, er ißt heute noch mal mit uns, nachher gleich."

Gottlob. Das wenigstens blieb ihr noch – es war immer so hübsch, wenn sie einmal allein zu dritt aßen, unten im Hof, am Ende eines der langen Tische, mit einem weißen Tischtuch und dem guten Geschirr. Und Tante Mumme kochte dann immer etwas besonders Gutes.

Aber über die schreckliche, vielleicht wochenlange Trennung konnte nicht mal ein Fischfilet mit grünem Salat hinwegtrösten – Reni verließ die Küche leise und trat hinaus in den Hof. Wie stumm alles war – kein Gekrabbel von kleinen Kindern am Sandkasten unter der Henriette, kein Gespritze und Geschrei von den größeren am Planschbecken. Dabei war es so herrlich heiß heute ...

Reni trug ein weißes Kleid mit roten Tupfen, einem roten Gürtel und rotem Kragen. Sie hatte, als sie zur Stadt hinuntergefahren war, ihre Halbschuhe angehabt, sie aber jetzt ausgezogen und im Flur stehengelassen. Barfußlaufen gehörte hier zum guten Ton, der Onkel Doktor sagte immer, daß viele, viele Krankheiten einfach nicht da wären, wenn die Menschen mehr barfuß liefen. Besonders früh auf der Wiese, wenn sie noch taunaß war – Tautreten nannte man das. Reni war immer sehr dahinterher, daß alles befolgt wurde, was der Onkel Doktor sagte.

Er war so gut und so lustig – und bestimmt ganz einzigartig. Schon oft hatte sie beobachtet, daß Kinder, die neu hier waren und *ihren* Onkel Doktor nicht kannten, sich fürchteten, wenn es hieß: Der Arzt kommt. Sie konnte das nicht verstehen. Niemand war so lieb, so sanft und zärtlich und feinfühlig wie dieser große, dicke Mann mit dem kleinen schwarzen Bärtchen auf der Oberlippe und der schwarzgeränderten Hornbrille. Niemand konnte so herzlich lachen, so wunderbar erzählen, so munter und muntermachend zum Spielen anregen – niemand vermochte so entzückend zu zeichnen, wenn man einmal im Bett lag und sich langweilte. Gewiß, Tante Mumme war *auch* lieb, wenn sie abends kam, nachsah, ob auch alle Kinder gut zugedeckt waren und keins weinte, weil es nun doch ein bißchen Heimweh bekommen hatte. Aber sie war eben ein bißchen wie das tägliche Brot – man kam nicht ohne sie aus, aber man hatte sie schließlich immer. Der Onkel Doktor dagegen ... Er war wohl noch gar nicht so alt, wie Reni glaubte – jedenfalls viel jünger als Tante Mumme. Tante Mumme hatte schon graue Haare, er nicht ein einziges. Er war ihr „kleiner" Bruder, wie er manchmal aus Spaß sagte.

Reni war hier im Kinderheim aufgewachsen und ging von hier aus in die Schule in der Stadt, vormittags. Aber die Schule spielte keine allzu große Rolle in ihrem Leben; sie kam ohne Mühe mit, und Schulfreundinnen hatte sie eigentlich keine. Dazu war ihr Leben im Heim viel zu bunt und lebendig – im Heim war sie zu Hause wie andere Kinder bei ihren Eltern.

Warum – sie hatte nie danach gefragt, bis es ihr der Onkel Doktor einmal in einer Pause erzählt hatte – im Winter, als draußen der Schnee stöberte und das Heim so unglaublich still dalag. Da hatte er in seinem Zimmer ein Kaminfeuer gemacht und sie dazu eingeladen, sie ganz allein, denn Tante Mumme war müde und ging lieber ins Bett – „weil Kaminabende ja doch nie ein Ende nehmen!" Da hatte er ihr erzählt, warum sie immer hier blieb, während die anderen Kinder doch stets zu ihren Eltern zurückfuhren, wenn sie sich erholt und rote Backen angefuttert hatten.

Reni hatte auch Eltern, aber ihr Vater war gestorben, als sie noch ganz klein winzig gewesen war. Er war sehr jung, als er Renis Mutter heiratete, und er hatte noch keinen richtigen Beruf. Vielmehr, einen hatte er schon, er war Lehrer gewesen, aber er wollte so sehr gern ein Onkel Doktor werden, weil er da vielen Menschen helfen und sie gesund machen könnte, genauso wie er selbst es tat. Die Mutter hatte auch ja dazu gesagt, sie war einverstanden, auch damit, daß sie trotzdem mit dem Heiraten nicht warten wollten, bis der Vater fertig mit dem Studieren war. Ihre Eltern aber, Renis Großeltern also, waren durchaus nicht einverstanden gewesen ...

„Verstehst du das, Reni, ja? Sie sorgten sich um deine Mutter", sagte der Onkel Doktor und sah in die groß aufgerissenen, ernsten Kinderaugen hinein, in denen sich das Feuer spiegelte und Funken darin weckte wie ein Abendhimmel in einem Gebirgssee. „Und sie wollten, daß deine Eltern noch warten sollten mit dem Heiraten. Dein Vater sollte erst so viel verdienen, daß er deiner Mutter ein Haus bauen könnte und Möbel kaufen, und eine ganze Herde Kinder satt machen – denn deine Eltern wollten nicht, daß sie nur ein einziges Kind hätten, eins ohne Geschwister, verstehst du. Aber deine Mutter meinte, warten wollte sie nicht, sie wollte lieber mitverdienen und deinem Vater helfen und gleich seine Frau werden.

Viele tapfere Frauen denken und handeln so, aber viele Eltern in ihrer Liebe und Güte sind zu ängstlich dazu, es zu erlauben, denn sie denken, es wird ein zu schweres Leben für ihr Kind. Deine Mutter bekam es auch wirklich schwer, siehst du, denn dein Vater starb, ehe er fertig mit Studieren war, und du warst nun schon auf der Welt, und deine Mutter mußte dich ganz allein großziehen.

Deine Großeltern hatten es ihr sogar verboten, hatten ihr gedroht, wenn sie nicht gehorchte, würden sie ihr gar nicht helfen, wenn sie einmal in Not käme. Nun war sie in Not – die Großeltern *hätten* ihr sicher geholfen, wenn sie zu ihnen gekommen wäre, aber nun wollte sie nicht. Sie ging auf ein Gut und wurde dort Sekretärin, und dich gab sie zu uns, zu Tante Mumme und mir. Sie hatte die Anzeige und das Bild von unserem Heim in einer Zeitschrift gesehen und kam nun und sprach mit Tante Mumme, und Tante Mumme hat dich *gern* hier aufgenommen, weil sie ja selbst nicht verheiratet ist und keine Kinder hat."

„Und da gehöre ich nun euch", sagte Reni befriedigt, als er so weit gekommen war. „Nicht wahr, ich gehöre euch – ich bin nicht so ein Kind wie die anderen, die hier bloß für ein paar Wochen zur Erholung sind!"

Der Doktor lachte.

„Nein, so ein Durchgangskind bist du nicht", bestätigte er und klopfte sie auf die Backen, lachend und vergnügt. Dann aber wurde er wieder ernster.

„Trotzdem gehörst du deiner Mutter, nicht uns", sagte er freundlich, „wenn wir auch wünschen, du wärst unser Kind." Das letzte sagte er leiser und wie zu sich selbst. Reni sah das nicht ein.

„Aber wieso denn? Tante Mumme gibt mir zu essen und macht mir die Kleider, und ..."

„Aber deine Mutter *bezahlt* das alles", hielt der Doktor dagegen. „Tante Mumme schreibt alles auf und –"

„Nein, Onkel Doktor", sagte Reni unbefangen, aber durchaus ihrer Sache sicher, „das macht sie nicht. Sie hat mir neulich erst ein Kleid gemacht, das war aus einem alten von ihr selber."

Der Doktor lachte, diesmal ein bißchen unsicher.

„Hat sie? Sie soll doch lieber neuen Stoff kaufen, die alte Morchel", brummte er. „Aber sie denkt immer, sie muß sparen!"

„Und alle ihre alten Bilderbücher hat sie mir geschenkt und ihre Puppen, die sie selbst als Kind gehabt hat. Das macht sie doch mit den anderen Kindern – ich glaube, das weißt du nicht so. Ich gehöre doch viel mehr zu euch als zu meiner Mutter. Von ihr habe ich noch gar kein Kleid, und keine Puppe, und nicht mal ein Bilderbuch ..."

„Und das Schaukelpferd zum Beispiel, das du bekamst, als du drei Jahre alt wurdest?" fragte der Doktor, beinahe ärgerlich. Er suchte in seinem Gedächtnis – mein Himmel, man hatte doch weiß Gott genug im Kopf zu behalten. Nun sollte er auch noch wissen, was Frau Jahnecke ihrer Tochter alles Gutes getan hatte ... „Und der Pferdestall mit den vier Boxen nebeneinander, war der nicht großartig? Also: Haben dir Tante Mumme oder ich jemals was so Schönes geschenkt?"

„Nein, der war schön. Schöner als Puppen", sagte Reni nachgiebig, „aber er war doch nicht von *Mutter*, ich meine, von ihr von früher her!"

„Gewiß. Das kommt aber wahrscheinlich davon, daß deine Großeltern noch immer böse sind auf deine Mutter, so daß sie nicht zu ihrem alten Spielzeug kann", erklärte der Doktor. „Du gehörst aber trotzdem deiner Mutter. Wir sind nur froh, solange wir dich geborgt bekommen, denn wir haben dich beide lieb – auch wenn du dumme Fragen stellst", lachte er. Am nächsten Morgen berichtete er seiner Schwester von dieser Unterhaltung.

„Das Mädel macht sich Gedanken, ganz erwachsene Gedanken", sagte er ärgerlich. „Schreib doch an Frau Jahnecke, daß sie verschiedenes herschickt. Dann wird Reni sich beruhigen. Und laß sie an die Mutter schreiben. Wir dürfen das Kind nicht verwirren, auch nicht aus Liebe..."

Tante Mumme nickte. Er hatte recht. Von nun an ließ sie Reni an jedem Regentag, an dem alle Kinder nach Hause schrieben, auch einen Brief an die Mutter verfassen. Reni tat es mit der Sorgfalt, mit der sie ihre Schularbeiten erledigte – und vergaß, sobald sie fertig war, die Mutter wieder, so wie sie die Schule vergaß, wenn sie ihre Aufgaben gemacht hatte.

Tante Mumme sah das und machte sich ihre Gedanken darüber. Aber nicht lange – sie war nicht so geartet, sich viele Gedanken zu machen außer denen, die jeden Augenblick von allen Seiten auf sie einstürmten. Außerdem denkt man nicht allzu gerne an Sachen, die man am liebsten vergessen möchte – sie hatte Reni herzlich lieb und wünschte nichts sehnlicher, als sie noch lange, lange behalten zu dürfen. So blieb es bei den Briefen, die Renis Mutter immer treulich beantwortete. Manchmal kam sie auch auf Besuch, aber immer nur kurz; sie hatte mit den ersten Dienststellen wohl etwas Pech, wechselte öfter und wagte nicht, um längeren Urlaub einzukommen.

In letzter Zeit schien sie sich auf dem Gut, auf dem sie war, besser eingerichtet zu haben, aber sie war wohl dort ganz unentbehrlich geworden, da der Gutsherr kränklich war und vieles nur mit ihr allein besprach. So konnte sie auch jetzt kaum fort. Außerdem gab es auf diesem Gut etwas, was der Mutter wichtig und schließlich ganz unentbehrlich geworden war: Es gab Pferde – nicht nur Acker- oder Kutschpferde wie überall auf dem Lande, sondern auch eine Pferdezucht. Die war der Mutter fast ganz überlassen, und ihr warmes und liebevolles Herz hatte sich dieser Aufgabe weit geöffnet, weil es zwischen all den fremden Menschen etwas zum Pflegen suchte.

Reni konnte sich kaum mehr vorstellen, daß Mutter beispielsweise einen Brief schreiben könnte, in dem nicht drei von vier Seiten von Pferden handelten. Auf allen Fotos von Mutter waren Pferde mit darauf, zottige Fohlen, sanfte, schöngewachsene Stuten oder wilde Zweijährige. Mutter konnte auch großartig reiten. Reni freute sich immer, wenn die Mutter einmal kam, aber sie trennte sich nicht schwer nach den Besuchen. Ihr Zuhause war eben das Heim am Berge. Aber was war das geliebte Heim ohne Onkel Doktor, und nun sollte er so lange wegbleiben!

Reni konnte sich das gar nicht vorstellen und lauerte unten am Hoftor, daß er zum Essen käme. Ihr Gesicht war ganz unglücklich, als er endlich kam und ihr seine Fahrhandschuhe mit einem munteren: „Hunger, Kindel, Hunger, Hunger!" zuwarf. „Nun, bewölkt? Regenfälle zu erwarten?"

„Du fährst weg, Onkel Doktor?" fragte Reni kläglich. Er kam um den Wagen herum, nahm ihr Gesicht in seine Hände und sah ihr in die Augen.

„Ja, Kind, ich muß. Und weißt du, worauf ich mich bei dieser Reise am meisten freue?"

„Na?" fragte Reni, mehr aus Höflichkeit. Er freute sich auch noch!

„Aufs Wiedersehen, Dummerle", lachte er. „Nun aber kein Murrgesicht! Sonst freu' ich mich nämlich *nicht* mehr!"

2. Kapitel

„Liebe Mutter! Ich schreibe Dir, weil es jetzt so traurig bei uns ist. Der Onkel Doktor ist fort und kommt so bald nicht wieder. Er ist nämlich krank. Wenn er nicht da ist, ist hier gar nichts los. Außerdem haben wir gerade Pause, da ist es nie schön. Tante Mumme hat aber Hobelspäne gebacken. Ich esse sie sehr gern. Tante Mumme ist auch lieb, aber der Onkel Doktor noch viel mehr. Ich hab' einen neuen Luftanzug bekommen, blau mit weißen Sternchen, er ist sehr hübsch. Ich bin schon sehr braun gebrannt. Tante Mumme wird nie braun, nur rot. Wie geht es Dir? Mir geht es gut, ich meine mit der Gesundheit. Sonst bin ich immer noch traurig.

Viele Grüße, Deine Reni."

Seufzend steckte Frau Jahnecke den Brief in die Tasche ihrer Reithose. Sie hatte ihn schon mehrmals gelesen, aber immer wieder fand sie ihn betrüblich. Obwohl sie sich einzureden versuchte, daß Kinder oft in einer augenblicklichen trüben Stimmung schreiben, dann den Brief in den Kasten werfen und fröhlich pfeifend zum nächsten Spiel springen . . . Es brauchte wirklich nichts Ernstes zu sein.

Aber es bedrückte sie. Sollte sie denn nie aus den Bedrückungen herauskommen? – Fast schien es ihr heute so.

Nun hatte sie doch endlich eine Stellung gefunden, in der es ihr gefiel, die ihr durch die nette Behandlung der Gutsleute und vor allem durch die geliebten Pferde innerlich etwas *gab* – die nicht nur einzig und allein ihr und Reni den Lebensunterhalt sicherte.

Und nun kam dies, daß Reni so traurig schrieb.

Es war ja wohl kein Wunder. Die Mutter ersetzt niemand, sagt man immer, und Reni wuchs eben ohne Mutter auf. Immer hatte sie gedacht, Kinder müßten mit Kindern aufwachsen, deshalb hatte sie Reni im Heim gelassen, wo immer Kinder waren – sie hatte sich selbst früher mehr Kinder als nur ein einziges gewünscht. Nun aber dachte sie, daß es doch vielleicht falsch war – daß auch gleichaltrige Kameraden und Gespielen nicht so wichtig sind wie die Mutter. Sie liebte ihr kleines Mädel, liebte es um so mehr, da es ja ihr einziger Besitz war – nur um Renis willen hatte sie auf ein Zusammenleben verzichtet.

Draußen schien die Sonne, es war ein wolkenloser, herrlicher Tag, aber ihr Herz war schwer. Schließlich schob sie ihre Rechnungen zusammen, schloß den Rollschreibtisch ab und stand auf. Sie hatte noch draußen im Vorwerk zu tun, vielleicht kam sie auf andere Gedanken, wenn sie das jetzt sofort erledigte.

Wirklich fühlte sie sich gleich ein bißchen besser, als sie den Pallasch auf den Hof hinausführte – er hob den Kopf und schnoberte in den wunderbaren Morgen hinaus. Sie saß auf; ach, nichts kam dem gleich, wenn der Sattel knarrte, wenn man das Pferd lebendig und geschmeidig unter sich fühlte. Reni müßte reiten lernen . . . Sie trabte an. „Das höchste Glück der Erde liegt auf dem Rücken der Pferde", hieß es – ja, das war wohl nicht übertrieben. Es war, als streifte der Frühwind alle trüben Gedanken von ihr ab.

An der Parkecke machte der Pallasch einen erschrockenen Sprung, es kläffte um seine Beine. Max und Moritz, die beiden kleinen Schnauzer, waren auf ihn losgefahren – Frau Jahnecke sah sich um und entdeckte Erika drüben am Zaun. Sie parierte und wartete, bis das kleine Mädel herübergekommen war.

„Sind sie dir wieder mal ausgerissen?" fragte sie freundlich.

„Ja, sie hören nicht", sagte Erika ärgerlich, „ich kann pfeifen und rufen, soviel ich will ..."

„Sie werden es schon lernen, sie sind ja noch jung", tröstete Frau Jahnecke, saß ab und versuchte, Erika zu helfen. Sie haschten nach den Hunden, die sich überkugelten, nach ihren Händen schnappten und sich um nichts in der Welt anleinen lassen wollten. „Jugend hat keine Tugend, Erika!"

„Ach, das sagt Fräulein Sonneson auch immer", sagte Erika und lachte trübe, „als ob man was dafürkönnte, daß man noch nicht älter ist!"

Frau Jahnecke sah in das hübsche, helle Mädchengesicht unter dem dunklen Haar, das jetzt mürrisch und verdrossen aussah – nein, eigentlich mehr traurig. Sie mußte sofort wieder an *ihr* kleines Mädel denken. Zwölf Jahre alt war Erika Niethammer, ein Jahr älter als Reni ...

„Nein, dafür kann man nichts", sagte sie lustig, mit dem Willen, ein bißchen zu trösten und aufzumuntern. „Aber es ist doch manchmal auch gut, wenn man noch klein ist ..."

„Wieso?" fragte Erika mißtrauisch.

„Zum Beispiel, weil einen die Frau Jahnecke da mitnehmen kann auf dem Pallasch, was sonst nicht ginge – wenn man nämlich schon größer wäre", lachte sie und nahm Erika mit einem Schwung vor sich auf den Sattel. „So, nun wollen wir uns mal tüchtig tummeln, du sollst mal sehen, wie einem da die schwarzen Gedanken vergehen."

Sie trabte an. Erika strahlte – sie war nicht verwöhnt mit solchen Freuden. Und die Hunde kugelten hinter ihnen her, überpurzelten sich vor Eifer und jappten und kläfften – es war wirklich lustig. Frau Jahnecke sah mit Vergnügen, daß Erikas Gesicht sich aufgehellt hatte. „Na, kann man auch mal wieder lachen?" fragte sie freundlich.

„Ach, Sie sind immer so lieb zu mir", sagte Erika dankbar, „mit Ihnen bin ich gern zusammen. Aber Sie haben ja auch niemals Zeit für mich – jedenfalls fast nie –, höchstens mal abends, oder so wie jetzt."

„Im Winter hab' ich wieder mehr", tröstete Frau Jahnecke. Es tat ihr selbst leid für das Kind – das wuchs so allein zwischen all den Erwachsenen auf, hatte kränkliche, überängstliche Eltern, eine freundliche, aber doch ziemlich strenge und sehr gewissenhafte Hauslehrerin ...

„Du müßtest eine Freundin haben, Erika, weil du doch keine Geschwister hast", sagte sie herzlich, „Reni hat immer schrecklich viele Freundinnen und Freunde. Ihr Poesiealbum ist schon voll, sie wünscht sich zum Geburtstag ein neues!"

Sie brach ab. Renis Brief war ihr eingefallen – der klang ja nun nicht gerade übermäßig lustig. Erika konnte das natürlich nicht wissen, sie fuhr in dem leise betrübten Ton fort, der soviel schlimmer ist als Verdrossenheit und Nörgelei:

„Ja, Reni hat's gut! Immer mit anderen Kindern zusammensein dürfen – das denke ich mir himmlisch. Wieviel sind da immer im Heim? Fünfzig? Da muß man doch herrlich spielen können. Und der Spaß im Schlafsaal!"

„Du hast doch dafür immer deine Mutter da", sagte Frau Jahnecke leise. Erika wandte den Kopf nach ihr und sah sie an, nur einen Augenblick. Sie, ein Kind, das nur mit Erwachsenen zusammenkam, hatte eine viel feinere Witterung für die Stimmung der anderen um sie her als sonst vielleicht ein zwölfjähriges Kind.

„Sehnt sich Reni nach Ihnen, Frau Jahnecke?" fragte sie still. Die Frau antwortete nicht gleich. Sie lenkte das Pferd in einen Feldweg und ließ es in Schritt fallen, klopfte ihm den Hals. Dann schwang sie sich vom Sattel und fing Erika auf, die auch herunterrutschte.

„Willst du hier auf mich warten, Erika? Mit dem Pallasch? Dann spring' ich schnell über die Koppel zum Inspektor hinüber und sprech' mit ihm, und du kannst rückzu wieder mitreiten. Willst du inzwischen Renis Brief lesen? Ich bekam ihn heute früh."

Sie gab ihn dem Kind und nickte ihm zu, freundlich und herzlich. Dann kroch sie durch den Koppelzaun und ging über das kurze, federnde Gras hinüber nach dem Vorwerk, wo sie die Gestalt des Inspektors erkannt hatte.

Erika hatte den kurzen Brief sogleich überflogen. Sie sah ihn, im Gras sitzend und die Hunde, die immerfort mit ihr spielen wollten, abwehrend, noch einmal langsam durch, genau und sehr aufmerksam. Sie wußte seit vielen Jahren von Reni, es war ja klar, daß Frau Jahnecke oft mit ihr von der Tochter sprach. Gesehen hatte sie Reni noch nie, aber sie kannte alle Bilder, die Tante Mumme schickte. Als Reni sich Zöpfe wachsen ließ, wollte auch Erika welche haben, und daß Renis Zöpfe hell waren wie verblaßtes Gold und ihre dunkelbraun, fast schwarz, das hatte sie oft gewurmt – sie fand nun einmal blondes Haar schöner. Frau Jahnecke tröstete sie –: „Es ist Schneewittchenhaar", hatte der Doktor einmal gesagt, als Reni ihm ein Bild von Erika zeigte, „wunderschön – bei einem Mädel wie dir hätte die Frau Königin sagen müssen: Ach, hätt' ich doch ein Kind, so weiß wie Schnee, so rot wie Blut und so goldig wie ein Bilderrahmen!" Erika mußte lachen, als sie daran dachte.

Dann aber wurde sie wieder ernst. Reni tat ihr leid, aber eigentlich war es doch ein bißchen kläglich, so zu jammern. Eine solche Pause dauerte doch wohl nicht länger als einige Tage, und dann kamen wieder neue Kinder. Und der Doktor würde ja auch einmal wiederkommen – sie konnte sich nicht vorstellen, daß man sich nach einem Erwachsenen ernstlich sehnen könnte. Sie, die immerzu mit Erwachsenen zusammen und noch keinen einzigen Tag von den Eltern getrennt gewesen war . . .

Sie saß und sann. Erika hatte schon manches ausgebrütet, wenn sie so allein dahockte, die Hände um die Knie gefaltet, und ins Weite guckte. Sie fuhr zusammen, als Frau Jahnecke, auf dem weichen Boden unhörbar ausschreitend, hinter sie getreten war und ihr die Augen zuhielt. „Wer ist's? Schwer zu raten, was?"

„Frau Jahnecke, ich hab' mir was ausgedacht, was Wunderschönes – aber die wunderschönen Sachen werden fast nie wirklich", sagte sie, als sie wieder zusammen auf dem Pallasch saßen und sich vorwärts wiegen ließen. „Soll ich es Ihnen verraten? Es ist etwas für meinen Geburtstag, jedenfalls wünsch' ich es mir dazu!"

„Ja? Dann sag's nur, alle Wünsche kann man nicht erraten", ermunterte Frau Jahnecke. Erika zögerte.

„Aber bitte nicht sofort wieder nein sagen", bat sie ängstlich, „meistens heißt es sofort nein, wenn ich mir was ausgedacht hab'!"

„Armes Kind", bedauerte Frau Jahnecke sie lachend und ein bißchen spottend, „bekommt keinen einzigen Wunsch erfüllt! Jetzt erst wieder die beiden Hunde, voriges Jahr das Pony . . ."

„Ja, aber drauf reiten darf ich nicht, und kutschieren auch nicht, wenigstens fast nie", rief Erika, „und nicht mal radfahren darf ich – Vater denkt, ich fall' runter oder komm' unter ein Auto, und Mutter meint, ich überansteng' mich – hier, wo alles eben ist und nirgends ein Berg!"

„Und keins von den Büchern, die man sich wünscht, bekommt man", neckte Frau Jahnecke; sie wußte, daß gerade vorige Woche ein großes Bücherpaket gekommen war: Erika las viel und konnte davon nie genug bekommen.

„Ach, Sie lachen mich ja doch bloß aus", schmollte Erika, „nein, ich wünsch' mir diesmal etwas ganz anderes. Was *Schönes*, nicht nur für mich . . ."

„Also schieß los, ich bin gespannt!"

„Passen Sie auf: Reni müßte herkommen. Für immer, für ganz. Sie müßte immer mit in meinem Zimmer schlafen und mit mir zusammensein, beim Lernen und beim Schularbeitenmachen und nachmittags, wenn wir frei haben. Und sie müßte auch ein Pony bekommen und Hunde – oder einen von meinen –, und wir wären dann immer zu zweien – denn es gefällt Reni doch dort gar nicht mehr, sie schreibt doch ganz traurig. Finden Sie das nicht? Vielleicht ist die Tante Mumme gar nicht mehr nett zu ihr, es gibt doch Leute, die große Kinder nicht leiden mögen, bloß kleine. Im Dorf die Frau vom Lehrer – die war immer so nett zu mir und schenkte mir immer was, wenn ich hinkam, aber jetzt sieht sie mich gar nicht mehr an. Da hab' ich die Marie gefragt, die Älteste von dort, und die sagte: Mutter ist so. Die Kleinen frißt sie auf vor Liebe, aber auf uns schilt sie . . ."

„Kindskopf, du", lachte Frau Jahnecke, „ihr Großen ärgert uns eben mehr als die Kleinen!"

„Aber wir würden Sie gar nicht ärgern, Reni und ich", versprach Erika eifrig und mit ganz glühenden Backen – sie war sonst meist ziemlich blaß und farblos. Jetzt aber sah sie entzückend aus in ihrer Begeisterung, lebendig und munter. „Wir würden uns sicher herrlich verstehen, ach, und es müßte so wunderschön sein, nicht immer allein sein zu müssen."

„Ja, das wäre schön für dich", meinte Frau Jahnecke leise. „Dir wäre es schon zu gönnen!"

„Würden Sie denn wollen? Daß Reni wirklich . . ."

Erika vermochte gar nicht zu Ende zu sprechen, so aufgeregt war sie. Frau Jahnecke war am Ende *wirklich* dafür, vielleicht sprach sie sogar mit den Eltern . . .

„Können Sie nicht – ich meine, vielleicht könnten *Sie* mit Mutti sprechen und ihr sagen . . ."

„Ach, Kind, ich! Ich kann doch nicht zu deiner Mutter gehen und ihr sagen: Ich möchte gern, daß meine Reni herkommt und es hier wie eine Prinzessin hat. Daß sie ein Pony bekommt und zwei Hunde, ein wunderschönes rosa überzogenes Bett, vierzehn Puppen . . ."

„Frau Jahnecke, Sie machen Unsinn", maulte Erika lachend, „außerdem hab' ich nur dreizehn Puppen.

Und Reni spielt doch gar nicht so gern mit Puppen, sagten Sie mal – na ja, wenn sie auch immer Freundinnen da hat, braucht sie ja auch keine –!" Das klang so bitter, daß Frau Jahnecke Erbarmen fühlte. Sie wurde ernst.

„Erika, du bist doch gar nicht mehr so klein, du kannst schon vieles verstehen, was Reni noch nicht kapiert", sagte sie freundlich. „Glaubst du nicht, daß ich Reni *sehr* gern hier hätte? Daß das schon immer mein heißester Wunsch war – aber manche Wünsche erfüllen sich eben nicht!"

„Warum denn nicht? Es würde doch herrlich gehen", meinte Erika, hartnäckig an ihrem Plan festhaltend. „Warum soll ich denn immer allein bleiben? Wenn ich schon keine Geschwister hab', will ich wenigstens eine Freundin haben dürfen!"

„Schön wäre es freilich", sagte Frau Jahnecke leise, „vor allem für dich." Sie hatte schon immer diesen geheimen Wunsch mit sich herumgetragen, aber noch mit niemandem darüber gesprochen, da es Reni im Heim so gut zu gefallen schien. Immer hatte sie gedacht: Das Glück des Kindes ist wichtiger als mein eigenes. Nun aber, da Reni so betrübt geschrieben hatte ...

Sie stieg ab, denn sie waren am Park angekommen, und half auch Erika aus dem Sattel.

„Danke", sagte Erika und sah zu ihr auf, merkwürdig forschend und fragend. „Möchten Sie – möchten Sie, daß Reni lieber *nicht* herkommt?" fragte sie jetzt leise und seltsam eindringlich. Frau Jahnecke erschrak.

„Aber warum denn nicht? Natürlich möchte ich es, natürlich wäre es für mich das allerschönste ..."

„Aber?" fragte Erika.

„Aber ich kann doch nie und nimmer deine Eltern um einen solchen großen Gefallen bitten, das ginge denn doch zu weit", schloß Frau Jahnecke freundlich, aber bestimmt. Erika sah sie noch rasch aus den Augenwinkeln an. Dann sagte sie ganz leise, so daß Frau Jahnecke es nicht mehr hören konnte, aber sie sagte es und nickte dazu mit ihrem eigensinnigsten Gesicht, einem Gesicht, das nicht mehr wie zwölf, sondern wie mindestens zwanzig Jahre aussah, also sehr erwachsen und sehr zielbewußt: „Sie nicht. Aber ich."

Sie wanderte durch den Park dem Gutshaus zu, hatte alles Interesse an den Hunden verloren. Wenn sie sich ausmalte, daß sie hier nicht mehr allein gehen würde – es war kaum auszudenken! Einem anderen Kind alles zu zeigen, die Ställe, die Scheunen, ihr eigenes Zimmer, die Bücher – und die Puppen auch. Sie, Erika, liebte nämlich die Puppen noch sehr, obwohl sie schon zwölf Jahre alt war. Sie hatte so viel Freude an allen Handarbeiten, und da war es natürlich schön, viele Puppen zu haben, die man anziehen konnte. Ihr Puppenbaby hatte einen ganz richtigen, in buntem Muster gestrickten Strampelanzug, rosa und hellblau, mit Knöpfen auf den Schultern und richtigen Füßlingen, alles so echt, wie es sonst nur für kleine Kinder gemacht wird. Und die Dorle, die größte Puppe, besaß einen Hut, den sie, Erika, ganz ohne Vorlage selbst gemacht hatte – ob Reni das auch konnte? Sicher hatte Reni nur immer keine Zeit gehabt, sich mit Puppen abzugeben, das war ja erklärlich, wenn man immerfort neue Gesichter um sich hatte. Vielleicht lernt sie es hier bei ihr und wird noch eine ganz richtige, eifrige Puppenmutter. Was sie zu ihrem Puppenhaus sagen würde! Ein richtiges Puppenhaus mit aneinanderzuhängenden Wänden, die so hoch waren, daß man gerade noch darüber weggucken konnte – so eins hatte Reni bestimmt noch nie gesehen! Es hatte in der einen Wand ein Fenster mit Glas und Gardinen, und in der anderen eine Tür – und Tapete –, sie würden es dann, wenn solches Wetter war wie heute, in den Garten stellen, am Schaukelplatz, oder etwas mehr in die Büsche, damit nicht jeder es gleich sah. Und dann machten sie sich Bänke und Tische und Stühle aus Ziegelsteinen mit Brettern, die man darüber legte, und mit dem kleinen Spirituskocher konnten sie kochen. Im Freien durften sie das bestimmt, da konnte ja nichts anbrennen, oder – sie fragten ganz einfach nicht erst ...

Und Reni mußte natürlich mit in ihrem Zimmer schlafen. Einmal war eine Kusine von ihr dagewesen, vierzehn Tage lang, die hatte auch in ihrem Zimmer gewohnt, das war unbeschreiblich und unvergeßlich schön gewesen. Sie hatten sich abends vor dem Einschlafen immer so viel erzählt – dabei war die Susi noch ein paar Jahre älter als sie, wieviel schöner mußte das mit einem gleichaltrigen Mädel sein! Und ...

„Aber Erika? Wo steckst du denn? Ich warte und warte!"

Erika fuhr aus ihren Träumen auf und sah erschrocken in Fräulein Sonnesons vorwurfsvolles Gesicht.

„Ich wollte nur ..."

„Es ist längst elf, und du kamst nicht", schalt Fräulein Sonneson halblaut, nicht bissig und wütend, sondern mehr müde – sie war keine böse Sieben, diese ihre langjährige Hauslehrerin. Sie war freundlich und gutmütig und auch geschickt, einem etwas beizubringen; Erika lernte bei ihr eigentlich ohne große Mühe viel. Aber sie war doch eben nicht *jung* ...

Erika bat um Entschuldigung, jagte die Hunde in den Hof und ging ins Lernzimmer hinauf. Ihr Schulranzen lag auf dem Tisch mit der grünen Decke – sie sah auf einmal zwei Schulranzen dort liegen. Zwei Stühle hinter dem Lerntisch, zwei aufgeschlagene Lesebücher, zwei gelangweilte oder vor unterdrücktem Lachen fast platzende Mädelgesichter ...

„Heute wollen wir mal ein Gedicht besprechen und dann auch lernen", begann Fräulein Sonneson freundlich. „Du magst doch Gedichte gern, nicht wahr? Ich hab' es auch gelernt, als ich so alt war wie du – ich ging damals noch in die Dorfschule."

„Hoffentlich nicht ‚Die alte Waschfrau'", dachte Erika, während sie ihr Lesebuch aufschlug, aber Fräulein Sonneson sagte eine andere Seitenzahl an.

„Ich lese es dir erst einmal vor", sagte sie, und Erika guckte auf die Sonnenkringel, die durch das dichte Weinlaub am Fenster hereinfielen. Dabei hörte sie zu, wie ihre Lehrerin begann:

„Der Mensch hat nichts so eigen,
So wohl steht ihm nichts an,
Als daß er Treu erzeigen,
Und Freundschaft halten kann.
Wenn er mit seinesgleichen
Soll treten in ein Band,
Verspricht sich, nicht zu weichen
Mit Herzen, Mund und Hand ..."

Ach, wie schön, dachte Erika entzückt, das ist doch, als ob der liebe Gott es gehört hat, was ich mir ausgedacht habe – schon ehe ich es ihm richtig gesagt und ihn darum gebeten habe. Er sieht einem eben ins Herz. Soll treten in ein Band ... ein Freundschaftsband. Dazu gehört eigentlich, daß wir uns auch ein äußeres Freundschaftsabzeichen ausdenken, etwas gegenseitig schenken, vielleicht eine Halskette? Mit den gleichen Anhängern ... oder einen Freundschaftsring ...

„Ja, ich kann das Gedicht schon, wenigstens den Anfang", sagte sie zu Fräulein Sonneson, als diese danach fragte. „Ja, ich habe es einmal in einem Poesiealbum gelesen."

In Renis Album schreib' ich dann auch, vielleicht in das neue – oder ich schenk' ihr eins –, ich muß nur erst mit Frau Jahnecke sprechen. Das alte ist schon ganz voll, sagte sie – sie fühlte eine leise bohrende Eifersucht, beruhigte sich aber sofort wieder. Die Mädels, die nur sechs Wochen im Kinderheim gewesen waren, waren ja gar keine richtigen Freundinnen, nein, das konnten sie gar nicht sein. Aber wir, wir sind dann immer beisammen, immer, im Sommer und im Winter und in den Ferien und in der Schulzeit – und sonntags und wochentags.

Ja, es war sicher ein Zeichen vom lieben Gott, daß er einverstanden war mit ihrem Plan, daß er sie gerade heute *dies* Gedicht lernen ließ. Wie gut, daß man Geburtstage hat, zu denen man sich etwas wünschen darf – und daß der Wunschzettel dies Jahr noch nicht geschrieben war. Sicher war Mutti einverstanden – sonst mußte sie es eben beim Vater versuchen, mit allen Mitteln ... wenn sie ihn bat, bat und bettelte: „Vater, ich will auch schrecklich folgsam und vernünftig sein – und fleißig in der Schule und artig zu Hause –, Vater, ich möchte doch *auch* mal eine Freundin haben dürfen, bitte, bitte, Vater ...!"

Und vielleicht tat er es auch Frau Jahnecke zuliebe, dachte sie, wenn sie verzagt werden wollte – denn, daß das ein *großer* Geburtstagswunsch war, fühlte sie deutlich. Er hatte Frau Jahnecke doch gern – sie war so tüchtig und nett. Ja, schon ihr zuliebe würde Vater nicht nein sagen!

3. Kapitel

Es war nicht mehr still im geliebten Heim am Berge, o nein, ganz im Gegenteil. Wenn auch die Hauptperson, der Doktor, fehlte, wenn die Garage zublieb und kein Auto am Abend oder nachts oder gegen Mittag den Hang heraufbrummte – Leben war doch wieder eingezogen, vielfältiges und buntes und junges Leben.

Erst kamen die Tanten zurück. Wer sich unter dem Wort „Tante" etwas Altes, Umständliches oder Vertrock- netes vorstellt, der schießt vorbei: Diese Tanten hier waren sämtlich jung, außer natürlich Tante Mumme, die nun schon jahrelang den Betrieb leitete. Die anderen aber sahen aus wie große Schwestern von den Erholungskindern, mit kurzen Röcken und bunten Dirndlröcken und nackten braunen Beinen und den allerlustigsten Augen. Auch sie wechselten, wenn auch nicht so schnell wie die Kinder, aber länger als zwei Jahre war fast nie eine Tante hier, dann heiratete sie bestimmt.

Reni liebte am meisten die Tante Thea, die süße Tante Thea, die Turntante, an der aber auch alle anderen Kinder immer am meisten hingen. Sie war klein und schlank und so biegsam wie eine Gerte, und es störte bei ihr nicht einmal, daß sie eine Brille trug. Ihre buschigen Haare flogen, wenn sie am Reck die Riesenwelle machte oder wenn sie wie ein Gummiball vom Trampolin wippte.

Jetzt im Sommer waren alle Fenster in der Turnhalle heruntergelassen, so daß man dort wie im Freien spielte, wenn man an den Geräten war, und wieviel Bodengymnastik gab es draußen auf dem Hang, nur so zum Zeitvertreib und gar nicht in den „Stunden"!

Reni war um diese Zeit – wie immer, wenn Neue gekommen waren – so schwer beschäftigt, daß der Vormittag in der Schule eigentlich eine Erholung, ein Ausruhen bedeutete. Zu Hause, also im Heim, kam sie, außer beim Essen, keine Zehntelsekunde zum Sitzen. Die vielen neuen Kläuse und Peters, Lieselotten und Ingen zu behalten fiel ihr, da sie darin Übung hatte, gar nicht schwer; sie wußte auch immer, wohin jedes gehörte. Es gab drei Schlafsäle im Haus, einen für Mädel, einen für Jungen und einen für Kranke. Zuerst verliefen sich die Neuen sämtlich wie auf einem großen Schiff, und Reni mußte den Lotsen spielen. Sie kam die ersten Tage aus einem beständigen Schweinsgalopp nicht heraus.

Sie selbst hatte ein kleines Zimmer im anderen Haus, in dem, das auf der linken Seite vom Hof stand, wo auch Tante Mumme und der Onkel Doktor wohnten. Es war nicht viel anders eingerichtet als ein winziger Schlafsaal, denn Reni wollte vor den anderen nichts voraushaben. Ein schmaler weißer Schrank stand darin, das Bett, ein Bücherregal – das allerdings war ein Sonderbesitz, aber doch nötig – und ein kleiner runder Tisch am Fenster. Oft wurde sie auch „eingeladen", wenn sie sich mit einem Mädel besonders angefreundet hatte, und dann durfte sie für eine oder mehrere Nächte mit in einem Schlafsaal schlafen. Tante Mumme war darin großzügig und freundlich, seit Reni etwas größer geworden war. Dann wieder lud Reni die anderen ein, zu ihr ins Zimmer zu kommen, und sie bewunderten dann ihre Bücher und Bilder und erzählten von ihren eigenen Zimmern zu Hause, von ihren Freundinnen und Geschwistern.

Auf dem Tisch am Fenster stand ein schönes Bild, eine vergrößerte Fotografie in einem schmalen, glatten Silberrahmen. Sie zeigt ein junges Mädel im Dirndlkleid und Spenzer, das auf einem großen Stein sitzt und sich gerade den einen derben, hohen Bergstiefel zuschnürt. Und daneben steht, nur im Halbprofil zu sehen, ein junger Mann, der über das Mädel hinweg nach den Bergen guckt, die gleich dahinter aufsteigen. Er ist auch in Trachtenzeug gekleidet, in kurzer Hose und Janker, aber sein Gesicht ist kein Jungengesicht mehr, sondern ernst und ruhig – wie die Berge sind. „Das sind meine Eltern", sagte dann Reni immer, wenn die fremden Mädel bewundernd davorstanden, und jedesmal fühlte sie, wie ein glücklicher Stolz in ihr aufstieg. Die anderen hatten Freundinnen und Geschwister, aber solch großartige und wunderschöne Eltern hatte bestimmt keiner von ihnen.

Alle Erholungskinder beneideten Reni stets, daß sie hierbleiben durfte, für immer. Sie fanden das wundervoll und begeisternd – dann konnte sie doch immerfort am Rundlauf turnen und an den so sehr begehrten Ringen schaukeln – und im Schlafsaal ringsum in allen Betten schlafen, wenn sie allein war – sie nickte und lachte. Gerade jetzt war so eine wilde und lustige Liselotte da, die ihr tausenderlei vorschlug, was sie allein hier treiben würde – so als reichten die sechs Wochen, die sie hier wäre, nicht aus.

„Nein, aber nun müssen wir wieder rüber, die Tante Thea wartet sicher schon", sagte Reni endlich, „wir haben doch heute nachmittag noch mal freiwilliges Turnen. Und hinterher spielen wir noch ein bißchen Anschlagverstekken im Dustern, wollen wir? An der Henriette ist Anschlag, und ins Haus laufen gibt's nicht..."

„O ja, o ja!" riefen die anderen und liefen hinter ihr her. Am Abend saß sie dann allein in ihrem Stübchen und schrieb einen Bericht an den Onkel Doktor. Er mußte doch alles wissen. Dann fiel sie todmüde ins Bett.

Es zeigte sich, daß der Onkel Doktor, obwohl er doch beileibe nicht immer da war, doch die Seele des Kinderheims darstellte. Jetzt, wo er verreist war, fehlte er überall. Er hatte natürlich einen Vertreter da, aber der war jung und kannte so einen Betrieb überhaupt nicht, er wurde nur zu Krankheitsfällen gerufen. Und Tante Mumme ging es im Augenblick gar nicht gut, sie war durch die Hitze matt und viel nervöser als sonst. Fast jeden Tag passierte etwas Unvorhergesehenes.

Vielleicht lag es auch an den Kindern. Es waren dieses Mal besonders wilde und unbändige Exemplare, die zwar gut zusammenpaßten, aber doch mehr Unfug anstellten, als so leicht wiedergutzumachen war. Die Allerwildeste und Allerlustigste war wohl Liselotte, und gerade sie hatte sich mit Reni sehr zusammengetan.

An einem krachheißen Sonnabend erbarmte sich die Tante Thea, die sah, daß Tante Mumme ein Aufatmen nötig hatte, mitsamt einer anderen jungen Helferin und schlug vor, mit allen Kindern einen Ausflug in die Berge zu machen. In die Blaubeeren – da konnte Tante Mumme sich erholen und Kraft sammeln für den Sonntag.

Die Kinder waren einverstanden, und Tante Mumme versprach ihnen bei ihrer Rückkehr eine große Menge rote Grütze mit Vanillesoße. Es wurde also gepackt, Brote mußten gestrichen und eingewickelt werden, und Reni überwachte wie immer deren Ausgabe und steckte für Liselotte und sich selbst vorsorglich noch zwei zusätzliche Päckchen ein. Schließlich ging es auch wirklich los. In den Bergen war es durchaus erträglich, denn die Bäume hielten die Luft kühl, und Tante Thea wußte herrliche Blaubeerflecke. Sie war ja hier aufgewachsen und kannte das Gebirge wie ihre Tasche.

Es ging alles glatt wie immer, wenn die junge Turnlehrerin das Kommando hatte. Sie ließ die Kinder sich erst einmal richtig satt tollen, dann jagte sie diese in die Blaubeeren, und gegen Abend sammelte sie alle um sich und erzählte ihnen, während sie ihre Brote aßen, eine lange Geschichte. Das war fast das allerschönste.

Alle waren eigentlich ziemlich müde, nur Liselotte blitzte der Übermut noch so richtig aus den Augen. Sie hatte zu Hause nur Brüder und war selbst ein halber Junge. Die anderen waren alle ein bißchen klein geworden und wollten nach Hause.

Nun konnten sie sich aber über den Heimweg nicht recht einigen. Reni und

Liselotte behaupteten, sie wüßten einen Abschneider, sie wären erst vor kurzem hier gewesen und dann ganz schnell nach Hause gekommen, durch eine Schneise und dann durch Gebüsch – sie wollten es den anderen zeigen. Tante Thea war nicht sehr für Abschneider.

„Meistens verläuft man sich und muß dann erst recht lange laufen und suchen, bis man die richtige Straße wieder hat", sagte sie aus Erfahrung. Reni aber lachte.

„Ich kenn' den Weg schon!"

„Dann gehen wir ihn alleine – und zu Hause helfen wir die Tische decken, damit ihr gleich losessen könnt, wenn ihr heimkommt", schlug Liselotte vor.

Tante Thea lachte.

„Oder ihr verlauft euch und kommt erst spät an, hungrig und durstig, und wir haben euch alles weggegessen."

„Jaja!" Die anderen lachten und jubelten.

„Wir finden ihn aber wirklich – wollen wir wetten? Wir sind bestimmt eher da als ihr!" beteuerte Reni, und nun waren die anderen dafür, daß die Wette gelten sollte. Die beiden konnten ja ruhig mal sehen, wie sie allein durchkamen, und waren sie erst später daheim, so bekamen sie nichts von der ersehnten roten Grütze, auf die sich alle schon mächtig freuten. Damit sie sich endlich einmal ihre Großsprechereien abgewöhnten, jawohl!

„Wer spricht denn hier groß?" lachte Liselotte, die immer das letzte Wort behielt. „Ich etwa?"

Tante Thea hatte Reni zugeblinzelt. Sie mochte die kecke und selbstbewußte Liselotte gern und flüsterte deshalb mit Reni. Ob sie den Weg wirklich sicher wüßte? Ja? Dann sollten sie doch die Wette ruhig abschließen, aber gewinnen *müßten sie diese*. Reni nickte mit glänzenden Augen. Sie war ihrer Sache sicher.

So trabten sie also, nachdem noch einmal alles genau besprochen worden war, allein los, Reni und Liselotte, während die anderen, die nun darauf brannten, loszugehen, den richtigen, markierten Weg einschlugen, den sie auch hinzu gegangen waren. Reni konnte Liselotte kaum folgen, sie sprangen über eine Lichtung, zwängten sich dann durch Gebüsch und rannten, als gälte es ihr Leben.

Reni fühlte, wie ihr die Haut unter den dicken Zöpfen naß wurde, aber sie rief Liselotte nicht zurück. Sie mußten doch unbedingt zuerst ankommen!

Nach einer Weile merkten sie, daß sie sich verlaufen haben mußten. Hier waren sie damals nicht vorbeigekommen – „... wir müssen mehr nach links und einfach bergab", meinte Reni. Liselotte nickte, sie kämpften sich durch Brombeerranken und Unterholz und kamen dann auf eine ihnen völlig fremde Straße. Dann aber erkannte Reni eine Bank, die etwas unterhalb durch die Bäume schimmerte, und von neuem rannten sie los. Hopphopp – wirklich, sie hatten die richtige Richtung, und nach einer Viertelstunde trabten sie, schweißnaß und atemlos, im Heimhof ein, der noch – Gott Lob und Dank und hurra! – leer war.

Erschöpft ließen sie sich auf eine der eingerammten Bänke fallen und schnappten erst mal nach Luft. Tante Mumme war nicht zu sehen, alles war noch friedlich und still. „Wir hopsen ins Planschbecken!" schlug Liselotte vor, aber das fand nun Reni doch zu unvernünftig.

„Nein, weißt du, das darf man nicht, so erhitzt ins kalte Wasser, aber duschen gehen wir, lauwarm duschen, das erfrischt auch herrlich!"

Sie taten es. Es war wunderbar, im Duschraum nackt herumzuspringen und sich zu spritzen, soviel man wollte, dann zogen sie ihre Luftkittel an und sahen sich nach neuen Taten um. Es war so schön, das Feld einmal ganz für sich allein zu haben.

„Wir haben doch versprochen, die Tische zu decken", erinnerte sich Reni. Liselotte machte ein saures Gesicht, gab aber dann nach. „Wir wollen nur erst mal sehen, ob es wirklich rote Grütze gibt", meinte sie, „sonst decken wir womöglich falsche Teller." Sie liefen in die Wirtschaftsküche und riefen nach den Mädeln, aber durch irgendeinen Zufall fanden sie niemanden.

„Komm, wir gucken selbst nach", flüsterte Reni und zog Liselotte, die mit den Örtlichkeiten nicht so vertraut war, an der Hand mit sich. Ein großer, heller, luftiger Keller, der die „Verwaltung" hieß, öffnete sich vor ihnen. Hier standen ganze Regale voller Weckgläser, Flaschen mit Obstsaft, die man kaum zählen konnte, und auf dem Fußboden, auf Stroh aufgestapelt, Unmengen von Blechbüchsen. Die Hürden, auf denen winters die Äpfel lagerten, waren leider leer.

„Aber siehst du, hier – es stimmt schon!" jubelte Reni auf. Liselotte huschte hinter ihr her in den zweiten Keller: da standen auf einem Tisch im Dämmerlicht viele breite und große Schüsseln mit der dunkelroten, durchsichtigen Wabbelspeise, die niemand so herrlich und würzig kochte wie Tante Mumme. Und auf der Erde stand ein großer brauner Steintopf mit Vanillesoße. Die war gelb von Eiern und hatte oben eine wunderbare, runzlige, dikke, appetitliche Haut darauf. So schrecklich Milchhaut für die meisten Kinder ist, so gern mögen sie meistens Kakao- oder Vanillesoßenpelle. Liselotte jedenfalls sagte, sie äße sie schrecklich gern, und Reni nickte mit glänzenden Augen.

„Die Küchenmädel machen sie bloß immer kaputt, sie zerquirlen sie, ehe die Soße ausgegeben wird", sagte sie bedauernd.

„Ja? Da essen wir sie runter!" juchzte Liselotte leise. „Wenn sie doch nicht mit auf den Tisch kommt . . ."

„Aber wie?" Reni sah sie bedenklich an. Vielleicht fragte doch jemand danach, und . . .

„Mit den Fingern!" schlug Liselotte vor, dann aber sahen sie ihre Hände doch zögernd an. Beim Duschen war zwar manches abgegangen, aber das Blaubeersuchen den ganzen Tag über hatte sie doch so gefärbt, daß man unmöglich damit in den Topf langen konnte. Aber vielleicht war hier irgendwo ein Löffel?

Sie suchten umher, schoben ein paar Schubladen auf und zu und horchten immer wieder hinaus, ob auch niemand käme. Endlich rief Liselotte triumphierend: „Hier!"

Sie hatte auf dem Fensterbrett einen hölzernen Rührlöffel entdeckt. Eins, zwei, drei fuhr sie damit in den Topf und angelte nach der begehrten kühlen, süßen Haut, Reni drängte sich neben sie, und sie schleckten und leckten. Ah, wunderbar – dort schwamm noch ein Stück –, da hörte man draußen einen Schritt. Erschrocken richteten sie sich auf, wollten fort, Liselotte blieb am Topfhenkel hängen – bauz! – ein großer gelber See auf der Erde, die ganze Soße lief davon. Die beiden Mädel standen wie erstarrt.

„Liselotte!" – „Reni!"

Die Schritte gingen vorbei. Aber damit war ja nichts geholfen . . .

„Wir gehen gleich zu Tante Mumme", sagte Reni dann zaghaft, ohne große Überzeugung, „oh, was wird sie sagen!"

„Wo sie doch auch noch krank ist!" flüsterte Liselotte bedrückt. „Wir sagen lieber gar nichts; niemand hat uns doch gesehen!"

„Aber ausgegossen ist sie doch ..."

„Dann war es eben Mohrchen, wie neulich – ..." Vor zwei Tagen hatte der schwarze Kater, der im Heim lebte und von allen Kindern heiß geliebt wurde, etwas Wurst stibitzt. Tante Mumme hatte sehr gescholten, aber alle hatten gebeten, Mohrchen nicht zu hauen. Sie wollten auch gern ihre Butterbrote „ohne" essen. Reni war den Tränen nahe. „Ich mag nicht lügen!"

„Aber wir lügen doch nicht! Wir warten bloß ab – wenn uns jemand fragt, können wir immer noch die Wahrheit sagen!"

Sie horchten nach draußen. Liselotte faßte Renis Hand. „Los!"

Wirklich kamen sie ungesehen aus der Verwaltung und dem Wirtschaftsgebäude heraus. Reni dachte, das wäre vielleicht ein Zeichen, daß sie tatsächlich nichts sagen und Tante Mumme den Kummer ersparen sollten ... Die Soße war hin, so oder so, aber Tante Mumme war bestimmt viel ärgerlicher, wenn sie erfuhr, daß *sie* es gewesen war. Wenn Mohrchen es war, war es eben ein Küchenpech, weiter nichts. Bei ihnen aber war es eine richtige Ungezogenheit – sie bekamen so gutes Essen im Heim, daß Naschen wirklich häßlich war. Sie tat es sonst auch nie ...

Während sie noch, mit widerstrebendem Gefühl, neben Liselotte herlief, ertönte von der Liegewiese her „Huhu!" und „Hallo!" herunter, und die anderen kamen im Rudel herabgerannt. Mit ihnen Tante Thea, lachend und fröhlich.

„Also habt ihr doch gewonnen! Aber lange könnt ihr noch nicht dasein!" rief es durcheinander.

„Warum denn nicht?" fragte Liselotte streitbar.

„Weil ihr noch keine Tische gedeckt habt, ätsch!"

„Ach, aber wir haben lange geduscht und uns umgezogen ..."

„Aber Tischdecken gehörte auch mit zur Wette", eiferten sich die andern, die nicht zugeben wollten, daß sie verloren hatten. War ein lautes Hin und Her, das Tante Thea beendete, indem sie ihre Schützlinge in den Duschraum trieb. „Nun aber fix!"

Reni hatte im Augenblick ihr Unglück vergessen gehabt. Jetzt fiel es ihr wieder ein.

„Ich geh' *doch* zu Tante Mumme", dachte sie und sah sich nach Liselotte um. Die war nicht zu sehen ...

Da hörte sie hinter sich ihren Namen rufen. Sie fuhr herum –

„Reni! Hörst du denn nicht?" Das war doch Mutters Stimme. Reni wirbelte herum, rannte, daß ihre Beine flogen, und gleich darauf hing sie an Mutters Hals.

Am Abend saßen sie bei Tante Mumme, Frau Jahnecke und Reni, und unterhielten sich. Tante Mumme war sehr betrübt, da Reni fortsollte, aber sie sprach nicht dagegen.

„Es ist zuviel, Frau Jahnecke, ich schaff' es nicht mehr", seufzte sie bekümmert, „ich werde alt! Am meisten merk' ich es, wenn mein Bruder nicht da ist. Mit ihm zusammen, ja, da mag es noch gehen, aber allein ...

Ich kann mich um das Kind nicht mehr richtig kümmern, neben dem ganzen Betrieb hier. Dabei täte ich es so gern! Ach, es ist hart, alt zu werden. Ich täte so gern noch ein paar Jahre mit. Aber ich versage, ganz und gar!"

„Aber Tante Mumme, Sie versagen doch nicht!" tröstete Frau Jahnecke herzlich und legte ihre Hand liebkosend auf den Arm der alten Dame. „Es ist doch alles so schön in Schuß hier!"

„Nein, gar nicht", widersprach Tante Mumme bedrückt, „ich bin nicht mehr die, die ich war. Heute erst – da hab' ich doch gesagt, es sollte Vanillesoße geben, den Kindern hab' ich's versprochen, und den Küchenmädeln hab' ich es auch gesagt, bestimmt. Aber die – zu faul, welche zu kochen, oder hatten sie es verhört – bringen einfach Milch statt dessen auf den Tisch. Ich hätte nichts anderes gesagt. Und die Kinder hatten sich schon gefreut – man muß doch Kindern sein Versprechen halten!"

Reni sah zu Boden, ihr war, als müßte jeder, aber auch jeder an ihrem Gesicht sehen, was sie jetzt dachte. Oh, wie sie sich schämte!

Da hatten die Küchenmädel einfach den Mund gehalten, anständig und nett, wie sie waren – wahrscheinlich hatten sie sie doch gesehen, als sie aus dem Keller hinausliefen, und wollten sie nicht verpetzen. Oder sie konnten es sich selbst nicht erklären . . . Jetzt jedenfalls konnte sie doch aber nichts mehr sagen, oder? Denn dann zog sie die Mädel, die so nett zu ihr waren, mit hinein – und Liselotte natürlich auch . . .

Sie sagte nichts. Niemand fragte sie ja – aber sie hatte ein sehr, sehr schweres Herz, als sie an diesem Abend ins Bett ging, in ihr liebes, schmales, weißes Bett hier . . .

4. Kapitel

„Du, Reni", sagte die Mutter und hielt im Packen inne – sie stand über den großen Koffer gebeugt und hatte gerade den Bademantel hineingelegt –, „sag mal, fährst du eigentlich gern mit? Oder – nach deinem Brief dachte ich nämlich . . ."

„Nach welchem Brief?"

„Nun, nach dem, den du mir neulich schriebst – daß es so traurig hier wäre, keine Kinder da, und der Onkel Doktor auch fort!"

„Ach ja, der." Reni stand und sah aus dem Fenster.

Ihre Mutter blickte nachdenklich zu ihr hinüber.

„Ich habe mir immer so sehr gewünscht, daß du bei mir wärst, für immer. Aber ich mochte Niethammers nicht bitten – es ist doch eine sehr große Gefälligkeit, weißt du, wenn du mit dort wohnen und mit Erika zusammen erzogen werden sollst. Nun bat Erika von sich aus darum – und sehr dringend. Sie sehnt sich so sehr nach einer Freundin, war immer allein. Und du schriebst so betrübt, vor allem *deshalb* wollte ich dich mitnehmen. Nun weiß ich nicht – du hast dich wohl mit Liselotte sehr angefreundet?"

„Mit Liselotte? Ach wo! Jedenfalls nicht mehr als mit den anderen Mädeln hier", sagte Reni hastig. Es kam so rasch und unsicher heraus, daß Frau Jahnecke merkte: Hier stimmte irgendwas nicht.

Aber sie war so wenig mit Kindern zusammen, immer hatte sie mit großen Leuten zu tun gehabt, und so meinte sie, sie könne sich auch irren. Trotzdem fragte sie noch einmal:

„Also kommst du *gern* mit, mein Mädel? Du brauchst mich nicht zu beschwindeln, bestimmt nicht – ich möchte wissen, wie du wirklich denkst ..."

Reni verließ ihren Platz am Fenster, legte die Arme um Mutter Hals und schmiegte sich an sie an. „Ich komme gern mit, Mutter", flüsterte sie erstickt.

Es war wahr. Sie wollte fort hier – noch nie hatte sie so etwas getan wie die schreckliche Geschichte gestern. Sie mochte nicht hierbleiben. Vor Tante Mumme ein schlechtes Gewissen haben müssen, den Küchenmädeln begegnen und denken müssen: Sie haben für dich gelogen – und gar Liselotte ins Gesicht sehen! Ach nein, sie wollte fort. Und wenn Mutter es sich wünschte, und Erika sich so freute ...

Es war ja auch nicht mehr so, wie es früher gewesen war. Wenn auch Tante Mumme und Tante Thea und viele von den Kindern nett waren, so wie der Onkel Doktor war keiner. Und der kam vielleicht überhaupt nie wieder. Außerdem – *wenn* er kam und von dieser Geschichte hörte –, sie hatte bei ihm das Gefühl, als wüßte er immer alles, ähnlich wie der liebe Gott, wenn er auch nicht alles *sagte*, dann wollte sie erst recht nicht mehr hier sein. Denn er konnte bei aller Güte so streng sein, so schrecklich ernst – nein, sie wollte nicht. Schnell ging sie zum Schrank und hob einen Stapel Wäsche heraus, legte ihn aufs Bett. Schließlich gehörte jedes Kind zu seiner Mutter, gerade der Onkel Doktor hatte das immer gesagt.

Trotzdem wurde ihr der Abschied bitter schwer. Sie hing an Tante Mummes Hals und weinte, und es war ihr eine schreckliche Beschämung, als sie merkte, daß die alte Dame auch weinte.

„Sei nicht böse, Tante Mumme, bitte, bitte!" flüsterte sie, mehr konnte sie ja um Liselottes willen nicht sagen. Tante Mumme schnupfte gerührt. „Aber ich bin doch nicht böse, Kind, dummes, liebes, du!"

Sie gaben ihr allesamt das Geleit, und es war ein so seltsames Gefühl, daß *sie* es jetzt war, die von den anderen zum Bahnhof gebracht wurde. Sonst war es immer umgekehrt gewesen.

Solange sie noch die hellen Kleider und die winkenden Arme sah, hing sie aus dem Fenster, so weit, daß die Mutter sie hinten am Kleid festhielt, damit sie nicht hinauspurzelte. Sie schalt aber mit keinem Wort. Ein alter Herr, der als einziger mit ihnen im Abteil saß, schüttelte mißbilligend den Kopf. Eine Kindererziehung war das heutzutage!

Die Kindererziehung, über die er sich aufregen mußte, ging auch unverständlich weiter. Kaum hatte sich Reni hingesetzt, so packte die Mutter eine Tafel Schokolade aus und gab sie ihr, herrliche Nußschokolade, bei deren Anblick jedes Kinderherz lachen mußte. „Nun iß, wir wollen heute mal schrecklich unvernünftig sein!" sagte diese unglaubliche Mutter. Der alte Herr zuckte die Achseln. Da war es ja kein Wunder, wenn die Kinder *so* wurden ...

Reni merkte es scheinbar nicht. Sie zählte die kleinen Vierecke, in die die Schokoladentafel eingeteilt war – oder besser, sie rechnete aus, wieviel es waren. An der Schmalseite vier, an der Längsseite zehn: das gab vierzig Stück. Durch drei – dreißig durch drei sind zehn, zehn durch drei sind drei Rest eins –, das überzählige steckte sie gleich in den Mund. Dann brach sie, die Schokolade vorsichtig mit dem Silberpapier anfassend, den Rest in drei gleiche Teile, legte einen davon der Mutter auf den Schoß, nahm sich den anderen, und den dritten reichte sie, mitsamt dem Papier, dem alten Herrn hinüber.

„Bitte schön! Weil Sie so traurig aussahen!"

„Aber Kind! Aber Kleines!" stotterte der Herr in großer Verlegenheit. „Das sollst du doch nicht!"

„Ach, ich hab' doch genug. Ich hab' sogar ein Stück mehr als Sie und Mutter, bloß es ging nicht auf", sagte Reni eifrig und mit Genuß kauend, „im Heim bekamen wir nie eine ganze Tafel auf einmal!"

„Ja, bitte behalten Sie es doch", sagte die Mutter und lächelte den alten Herrn warm und herzlich an, „Reni würde es sonst gar nicht schmecken, und mir auch nicht!"

Es wurde dann eine wunderschöne und fröhliche Bahnfahrt. Sie unterhielten sich, und es stellte sich heraus, daß der Herr Friedrichsaue kannte. Sogar Niethammers – er fuhr in die Nähe und versprach, als er ausstieg und sich von Reni und ihrer Mutter mit tausend Dankesbezeigungen verabschiedete, weil sie ihm seine Koffer herausreichten, daß er einmal auf Besuch kommen wollte. Sie winkten ihm nach, und sein Gesicht war jetzt ganz anders, „wie aufgetaut", sagte Reni, und die Mutter nickte. Mutters Herz war auch aufgetaut; wenn es auch vorher nicht gefroren gewesen war – aber ängstlich war es gewesen. Der Zwischenfall mit der Schokolade hatte sie so seltsam beglückt.

Sie würde mit dem Kind schon zurechtkommen. Es war alles so schnell gegangen, Erikas Wunsch und die Zustimmung der Eltern Niethammer, ihre eigene Reise – und daß Reni überrascht war von ihrem Entschluß, sie nun zu sich zu nehmen, das hatte sie wohl gespürt.

Der Brief Renis damals war wohl tatsächlich, wie sie schon angenommen hatte, mehr in einer augenblicklichen traurigen Stimmung geschrieben worden, aber es sind ja oft Kleinigkeiten, die uns in eine neue Richtung weisen, und trotzdem kann die Richtung richtig und gut sein . . .

An der Station – Friedrichsaue hatte keinen eigenen Bahnhof, es lag ziemlich einsam mitten im Flachland – wartete der Zweispänner, und auf dem Bahnsteig stand Erika, gespannt und erwartungsvoll. Wenn Reni nun nicht mitkam? Frau Jahnecke hatte extra gesagt, sie wollte sie nur mitbringen, wenn Reni wirklich damit einverstanden sei. Aber vielleicht gefiel es Reni jetzt wieder im Kinderheim, wenn dort neue Erholungskinder gekommen waren, vielleicht ganz furchtbar nette, lustige Kinder? Und der Onkel Doktor konnte ja auch überraschend wieder heimgekommen sein, vielleicht weil er schneller wieder gesund geworden war oder einfach aus Sehnsucht.

Der Zug mußte unbedingt Verspätung haben, sie wartete doch sicher schon eine Viertelstunde. Nein, nach der Bahnhofsuhr waren es erst sieben Minuten, aber vielleicht stand die? Es war doch unmöglich, daß die Zeit *so* langsam verging!

Endlich tauchte die Lokomotive auf. Erika spähte die Wagen entlang – es konnte ja sein, daß sie den Zug verpaßt hatten und erst morgen kamen ...

Nein! Dort tauchte Frau Jahneckes helles Kostüm auf. Und, gottlob, sie drehte sich noch einmal nach der Abteiltür um und sprach mit jemandem, und nun hopste es mit einem einzigen Satz von oben herunter auf den Bahnsteig, ein Mädel mit blonden Zöpfen und einem weißen Südwester – das war Reni, zweifellos! Ach, lieber Gott, ich danke dir – Erika rannte den beiden entgegen, feuerrot vor Aufregung und Glück.

„Wie lieb, Erika, daß du kommst – nein, den Koffer trag' ich selber! Da ist Reni – wirklich, sie ist größer als du! Und dabei ein Jahr jünger ..."

Sie lachten alle drei.

„Kein ganzes Jahr", ereiferte sich Erika, „ich hab' im August Geburtstag und Reni im Juni – da sind es nur zehn Monate ..."

„Woher weißt du denn, wann ich Geburtstag hab'?" fragte Reni erstaunt. Erika wurde noch röter, als sie schon war.

„Ach, ich hab' halt deine Mutter gefragt!"

„Und du hast im August? Das ist doch jetzt bald", schwatzte Reni, während sie, mit Taschen und Koffern in den Händen, den Bahnsteig entlanggingen, „was wünschst du dir denn?"

„Ich hab' mir schon was gewünscht – und auch bekommen", sagte Erika halb lachend, halb verlegen, „aber ich bekomm' sicher auch außerdem noch was, und du kriegst die Hälfte davon ab! Wir sind doch jetzt wie Schwestern!"

„Ach nein, du, lieber wie Freundinnen", sagte Reni und boxte den kleinen Koffer mit Schwung auf den Wagen hinauf, „Schwestern – wenn im Heim Schwestern waren, haben wir sie meistens getrennt. Eine in den einen Schlafsaal und eine in den anderen, und möglichst an verschiedene Tische. Sonst gab es immerfort Zank. Die großen Schwestern wollten die kleinen erziehen, und die kleinen waren viel ungezogener, wenn die großen dabei waren, als wenn man sie allein hatte. Vor allem, wenn sie im Alter nicht so weit auseinander waren – eben so wie wir. Wenn eine ganz klein war, war die große manchmal sehr nett zu ihr. Aber bei beinahe gleichaltrigen gab es immer Krach."

Erika sah sie mit staunender Bewunderung an. „Wir", sagte Reni, „wir taten sie in verschiedene Schlafsäle", und: „Wir trennten sie lieber ..."

„Du hast wohl dort – ich meine, du durftest dort wohl viel mitbestimmen?" fragte sie scheu. Eigentlich hatte sie ein kleines, schüchternes, ziemlich trauriges Mädel erwartet, mit dem man hier lieb und tröstlich umgehen konnte ...

„Ja, ziemlich. Tante Mumme fragte mich immer: ‚Was meinst du, Reni, wohin stecken wir die? Und den? Und wie machen wir die Tischordnung? Und was fangen wir mit dem gräßlichen Klaus an, der immer am Essen mäkelt?'"

„Ist das wahr, Reni?" fragte Frau Jahnecke erstaunt. „War Tante Mumme so zu dir? Ließ sie dich so was bestimmen?" Sie hatten sich alle drei im Wagen zurechtgesetzt und fuhren eben los. Reni nickte unbefangen.

„Ja, die Tischordnung hab' ich zuletzt sogar immer ganz allein gemacht. Das war so lustig – ich las doch immer alle Anmeldebriefe mit und dachte mir aus, wie das oder jenes Mädel aussehen würde ..."

„Hast du es immer richtig erraten?" fragte Erika gespannt. Reni schüttelte den Kopf.

„Gar nicht. Ich hab' oft so lachen müssen, wenn die Kinder dann kamen."

„Und wenn Erika Niethammer sich angemeldet hätte, wie hättest du dir die denn vorgestellt?" fragte die Mutter lächelnd.

„Wie ein Schneewittchen, mit weißer Haut und schwarzen Haaren ..."

„Kunststück! Wenn ich hier vor dir sitze!" lachte Erika.

„Nicht deshalb. Aber ich kenn' dich doch schon viele Jahre", sagte Reni selbstverständlich. „Durch Bilder – und durch Mutters Briefe – sie hat mir doch immer alles von dir geschrieben!"

„Hier fängt unser Wald an", sagte Erika froh. „Und alle Felder dahinter sind auch von uns – und die Teiche. Wir haben viele Teiche! Im Herbst gehen wir mit zum Karpfenfischen ..." Ihr Herz fühlte eine nie gekannte, stürmische Freude. Daß sie „wir" sagen konnte! Immer, wenn sonst einmal Besuch gekommen war, war das Besuch für Tage oder höchstens Wochen gewesen, jedenfalls für kurze Zeit. Aber daß man im Sommer sagen konnte: Im Herbst gehen wir zum Fischen ... oder: Im Winter rodeln wir ..., das war noch nie dagewesen! Ach, wenn es Reni nur bei ihnen gefiele!

Auf dem Gut angekommen, hätte sie Reni am liebsten gleich mit in die Ställe geschleppt. Aber es gab erst Essen – als Nachtisch zufällig rote Grütze und, nein, keine Vanillesoße, sondern Milch. Reni war ganz erleichtert – sie behielt durch ihre ganze Kindheit hindurch einen leichten Grusel vor Vanillesoße, konnte sie nie mehr richtig genießen. Und wie gern hatte sie die früher gegessen! Es war wie eine Strafe vom lieben Gott: Da sie es nicht eingestanden hatte, sollte ihr nie mehr welche schmecken.

Reni saß auch über der Milch mit etwas bedrücktem Herzen: Vielleicht konnte sie die gräßliche Geschichte an Tante Mumme schreiben, wenn Liselotte wieder fort war aus dem Heim? In sechs Wochen? Vorläufig schob sie aber dann doch diese Überlegungen auf das Abstellgleis ihres Gedankenbahnhofs, es gab zuviel Neues zu sehen.

Ein Wunsch Erikas hatte sich, wenigstens vorläufig, nicht erfüllt: Reni sollte nicht bei ihr im Zimmer, sondern bei ihrer Mutter schlafen. Sie sagten auch beide nichts – Mutter sah so froh aus, daß sie nun nicht mehr allein wohnte.

Sie hatte ein Wohn- und ein Schlafzimmer. Im Wohnzimmer gab es einen Lederdiwan und einen tiefen Ledersessel. Überall hingen Pferdebilder, und sie erzählte Reni sofort von allen bekannten Leuten. Dies sei Wotan, und dies Sylvia, die jetzt das dritte Fohlen hatte – ein ganz ungewöhnlich schönes Tier. Und dort hinge ein Bild von Wunder, das einzige übrigens – er sei seit drei Jahren verkauft, aber sie konnte ihn nicht vergessen. Sie habe Herrn Niethammer so abgeraten, denn solch einen Hengst bekämen sie nie wieder ...

Reni war das schon gewohnt: Mutters Briefe handelten auch mehr von Pferden als von Menschen. Sie hatte sich das Gut eigentlich ganz von Pferden bevölkert vorgestellt und nicht gedacht, daß außer Niethammers und Erika, von denen die Mutter natürlich auch immer berichtet hatte, noch mehr Menschen auf dem Gut lebten. Jetzt staunte sie über die vielen, die sie im Hof sah.

„Dummerle, wir sind ein Gut, kein Gestüt, leider", lachte die Mutter. Noch ehe sie alle Sachen ausgepackt und verstaut hatten, kam Erika schon wieder angelaufen. Ob Reni mitkommen dürfte?

„Na, dann saust ab, wir räumen heut abend fertig ein", sagte die Mutter gutmütig. „Ich muß ohnehin ins Büro..."

Die beiden waren schon auf und davon. Es gab doch so unendlich viel anzugucken und zu zeigen, zu fragen und kennenzulernen, eine ganze neue, unerhört interessante Welt... Nicht einmal zu den Puppen kamen sie an diesem Tage. Im Sommer sind Puppen auf dem Land Nebensache: Gar zuviel Lebendiges und Buntes gibt es dann draußen, und Erika hatte auch ein bißchen das Gefühl, daß Reni sie womöglich ein bißchen über die Achseln ansehen könnte mit ihrer Liebhaberei. So nahm sie Reni lieber in die Ställe und Scheunen mit, in den Garten und auf die daran anschließenden Wiesen. Sie hatten beide verwilderte Schöpfe und rote Backen und einen fast unstillbaren Hunger, als sie endlich endgültig heimkamen.

Frau Niethammer sah ihnen entgegen, und ihr schmales, gütiges und kluges Gesicht bekam einen warmen Schimmer. Wie sehr hatte sie sich immer noch ein weiteres Kind gewünscht, wie bitter ihre Kränklichkeit empfunden, die sie oft an Lehnstuhl oder Bett fesselte. Niemand wünschte Erika so sehr einen netten Kameraden wie sie, obwohl ihr ängstliches Herz sich sofort wieder allerlei Gefahren und Unfälle ausmalte. Alle Mutterherzen bangen, keins aber wohl so wie jene, die um ein einziges Kind zittern. Ein Kind ist kein Kind – aber jetzt, jetzt hatte sie doch zwei! Fast heftig fuhr sie Reni über die heiße Wange – liebes, liebes Kind, du, mach dem meinen das Leben schön und bunt!

5. Kapitel

Reni rannte über die Koppel, daß ihr heller Rock flog. Sie hatte die Mutter am anderen Ende gesehen.

Erika konnte gar nicht so schnell folgen. Aber Erika hatte auch Schuhe an.

Erika durfte so vieles nicht. Nicht barfuß gehen, nicht im Luftkittel laufen, nicht im Bach waten und erst recht nicht schwimmen gehen, wenn es ihr paßte. Sie hatte zwar schwimmen gelernt, aber das nützte ja nicht viel, wenn man nicht ins Wasser durfte.

„Wart ihr wieder bei den Fohlen?" fragte die Mutter.

Reni nickte:

„Aber bloß geguckt!"

Sie sprach die Wahrheit. Gerade, als sie wieder ihr Lieblingsspiel mit den jungen Pferden beginnen wollte – rechts und links eins an der Mähne fassen und dann heidi los über die Koppel! –, hatte sie Mutter gesehen und war zu ihr hingelaufen, ohne Fohlen. So konnte sie Mutters fragenden Augen ehrlich standhalten.

Mutter hätte ihr das Fohlenrennen auch nicht verboten. Aber Frau Niethammer hatte Angst, wenn Erika es tat, ein Fohlen könnte sie treten oder über sie weglaufen oder so etwas. Dabei gehen doch Pferde nie über Menschen, daß weiß jeder ...

„Ihr könnt in die Mühle fahren, ein paar Zentner Äpfel abholen, mit dem Dogcart. Seid aber pünktlich zum Essen wieder da!"

Die letzte Ermahnung war unnötig. Reni war vom Heim her an genaueste Pünktlichkeit gewöhnt, denn dort ging es ja einfach nicht, wenn jeder zu den Mahlzeiten kam, wann es ihm gerade paßte. „Komm, Erika!" rief sie und winkte der Mutter zu. Allein mit dem Pferd zu fahren gehörte zum Allerschönsten, was es gab.

Es war schon eingespannt, die alte, dicke Jule, die bestimmt keine Dummheiten mehr machte. Herr Niethammer stand dabei und ermahnte die Mädel noch ohne Ende, vorsichtig und verständig zu sein. Reni nickte und versprach, sie würde bestimmt auf Erika gut achtgeben. Dann nahm sie die Zügel.

Es war heiß, und die Jule nahm sich Zeit. Trotzdem fand es Reni herrlich zu kutschieren. Sie fuhren den Wiesenweg nach der Mühle, und als sich der Bach ein bißchen der Straße näherte – er lief an sich in Windungen durch die Wiesen –, meinte sie, sie könnten sich doch rasch ein wenig abkühlen. Niemand war zu sehen, so hatte auch Erika keine Bedenken, und gleich darauf platschten sie in den Bach hinein. Oh, es war herrlich, das kühle Wasser um die Beine zu spüren bei dieser Backofenglut!

„Aber die Jule muß auch was davon haben, sie hat sicher Durst", sagte Reni eifrig, „warte, ich spann' sie aus, mit dem Wagen kommen wir da nicht rüber!"

Sie lief, nur mit dem Schlüpfer bekleidet, den sie als Badehose anbehalten hatte, zum Dogcart zurück und befreite die Jule von ihrem Geschirr. Nur den Zaum ließ sie ihr, womöglich bekam sie sonst die Trense nicht wieder in das Pferdemaul hinein. Die langen Zügel wickelte sie zusammen, wollte dann das Pferd hinüberführen, besann sich aber eines anderen. Sie schob und drückte es neben den Wagen, kletterte auf diesen hinauf und ließ sich auf den Pferderücken hinübergleiten.

„Los, Jule!" rief sie und schnalzte mit der Zunge, und als das nichts half, puffte sie dem Pferd tüchtig mit den Fersen in die Seiten. Wirklich, die Jule setzte sich in Bewegung, Erika schrie vor Schrecken und Begeisterung, als sie Reni so angeritten kommen sah.

„Fein! Nachher komm' ich dran, ja?"

„Erst muß die Jule aber trinken", bestimmte Reni und trieb das Pferd an den Bach heran. Dann rutschte sie herunter. Die Jule trank, und Reni sah ihr andachtsvoll zu. „So, jetzt kannst du!"

„Wie komm' ich denn rauf?" fragte Erika zweifelnd.

„Hier! Tritt hier rein!" befahl Reni eifrig und hielt ihr die verschlungenen Hände hin. Erika war etwas zaghaft, aber Reni ermunterte sie energisch. „Los, los, gleich bist du oben!" Sie behielt vorsichtshalber die Zügel in der Hand und führte das Pferd; aber Erika fand es auch so wunderschön.

„Nun müssen wir aber wieder einspannen", sagte Reni schließlich. Erika rutschte, halb bedauernd, halb erleichtert, daß alles gut abgelaufen war, wieder herunter, und nun machten sie sich daran, wieder anzuspannen. Das war gar nicht so einfach. Alles will gelernt sein. Als sie schließlich soweit waren, daß sie meinten, sie könnten abfahren, rutschte beim Anziehen des Pferdes das ganze Gurtzeug nach hinten. Sie hatten vergessen, den Bauchgurt richtig festzuziehen. Reni sprang schnell vom Wagen und holte es nach. Nun ging es.

In der Mühle mußten sie erst eine Weile warten, weil die Müllersfrau gerade Wäsche aufhängte. „Ihr bekommt die Äpfel gleich! Kostet nur erst mal!" sagte sie freundlich und warf ihnen einige zu. Das war nicht dumm. Sie setzten sich an den Rand der Wiese und aßen, bis die Frau fertig war. Dann wurde der Korb Äpfel umständlich geholt, gewogen, verstaut, ein Sack dazu. Es war drei viertel zwölf, als sie losfuhren. Reni sah es am Uhrtürmchen der Mühle und erschrak.

„Wir müssen schnell machen, Mutter sagte extra...", meinte sie und versuchte, Jule zu einem gelinden Trab zu bewegen. Aber die Jule machte nicht mit. Sie ging Schritt, soviel sie auch mit dem Zügel auf ihr dickes Hinterteil klatschten. Eine Peitsche hatten sie nicht mit und hätten sie auch nicht benutzt. Sie hatten eben vorhin zuviel Zeit vertrödelt, und nun kamen sie sicher zu spät.

„Zu Fuß wären wir schnell zu Haus", sagte Erika, „wenn man dort drüben durch den Bach geht und quer über die große Wiese – hier macht der Weg einen großen Bogen, und wir müssen dann noch durchs ganze Dorf. Dortherum kämen wir sofort ins Gut hinein!"

„Dann fahren wir eben so, wenn dort eine Furt ist", sagte Reni und bog sogleich in den Seitenweg ein.

„Wenn die Jule nun durchgeht", meinte Erika bedenklich, aber Reni hatte keine Sorge. Warum denn nicht!

Es stellte sich jedoch heraus, daß Erika doch besser Bescheid wußte, wenigstens manchmal. Kaum war die Jule bis zu den Fesseln im Bach, als sie stehenblieb, es schien ihr darin sehr zu behagen. Das kühle Wasser an den heißen, müden Füßen – mochten die beiden Mädel da hinten Hü! und Hott! rufen, soviel sie wollten.

Sie riefen ausgiebig. Dann sprang Reni vom Wagen und watete vor, faßte die Jule am Zaum. „Los, du alte faule Schatulle!" schimpfte sie, aber es war ein Stück Arbeit, das große schwere Pferd zum Anziehen zu bringen. Und mehr als ein Anziehen wurde es auch nicht, der Wagen stand ja im Bach, und die Räder waren bereits vom Sand überspült, so daß es sicher schwer ging, den Wagen zu bewegen. Mit jeder Minute schwerer...

Reni zog, schrie und schimpfte. Nach einer Weile kam auch Erika dazu, aber es war nichts zu machen. Der Wagen versandete immer weiter, und die Jule stand wie ein Block. Dabei wurde es immer später.

Schließlich wurde ihnen klar, daß sie allein, ohne Hilfe, hier nichts ausrichten würden. Also los, einer mußte sich entschließen, einen Erwachsenen zu holen.

„Willst du laufen, oder soll ich?" fragte Reni. Erika sah so bedenklich drein, daß Reni gleich hinzufügte: „Bleib mal, ich geh' schon, ich hab's ja schließlich auch angezettelt."

Sie rannte los. Kaum war sie in den Gutshof gekommen, da sah sie schon Frau Niethammer stehen, die nach der anderen, der Dorfseite zu, ausspähte, bestimmt nach ihnen.

Sie huschte ungesehen von ihr ins Haus, suchte die Mutter. Zum Glück war sie in ihrem Zimmer.

„Ihr dummen Mädel!" schalt sie erschrocken. „Wenn das Frau Niethammer erfährt! Dann läßt sie euch doch nie mehr allein fort. Na, wollen mal sehen, ob wir ihr den Schreck ersparen können."

Es gelang ihnen tatsächlich, ein zweites, angeschirrtes Pferd abzufangen, das gerade von draußen kam. Mit ihm trabten sie zur Furt. Reni war schon wieder ganz getröstet, seit Mutter sich ihrer angenommen hatte, und genoß den kurzen Ritt. Mutter machte eins, zwei, drei den Retter. Sie spannte das Pferd vor die Jule, Frau Jahnecke nahm es am Zaum, und mit Holla Hopp! ruckte der Wagen an. Gott sei Dank, er ruckte nicht nur, sondern kam ganz heraus. Und nun zog ihn die Jule brav allein nach Hause.

Sie hatten das ganz große und unverdiente Glück, in den Hof zu kommen, ohne daß jemand sie sah. Frau Niethammer war inzwischen unruhig die Dorfstraße ein Stück hinuntergegangen. Kaum hatten die Mädel sich gewaschen und die verwilderten Haare glattgebürstet, da tönte der Gong: halb eins. Frau Niethammer kam, sichtlich erregt und besorgt, ins Eßzimmer – da standen ja die Mädel!

„Wo kommt ihr denn her?"

„Wir sind gleich über die Wiesen gefahren", sagte Reni rasch, und Erika murmelte: „Weil wir so lange warten mußten in der Mühle!"

„Ja, seid ihr denn glatt durch den Bach gekommen?" fragte Herr Niethammer erstaunt. Reni wurde feuerrot, und ihre Mutter sagte schnell: „Das Wasser ist nicht hoch, jetzt, bei der Hitze!"

Es war ihr gar nicht recht, daß sie den Kindern so beisprang, aber im Augenblick ging es nicht anders. Nach Tisch nahm sie die beiden ins Gebet. „Daß mir so was nie wieder vorkommt!"

Erika nahm ihre Ermahnungen sichtlich ernst, Reni dagegen schien wenig beeindruckt. Es war ja nichts passiert... Am Nachmittag war sie bereits wieder auf der Koppel: Fohlenrennen. Erika saß am Rand und mochte nicht mitmachen. Sie hatte Bauchweh von den vielen Äpfeln, die sie gegessen hatte.

Reni hatte nie Bauchweh. Sie glaubte auch Erika nicht ganz, aber das war unrecht: Erika hatte wirklich Bauchweh und legte sich gegen Abend hin. Am anderen Tag mußte sie im Bett bleiben und bekam Haferflocken, denn sie hatte einen verdorbenen Magen.

Reni war nicht so herzlos, daß ihr das nicht leid tat. Sie saß bei Erika am Bett und bewunderte, da sie ja nun doch nicht hinauskonnten, die dreizehn Puppen, die Erika hatte. Sie waren wirklich hübsch. Sie setzte sie alle in Reih und Glied aufs Fensterbrett, dann aber wußte sie nichts mehr mit ihnen anzufangen.

„Ich muß überhaupt noch einen Brief schreiben", sagte sie plötzlich. „Hast du Briefpapier?"

Ja, Erika hatte welches, hellblaues und rosa mit kleinen Blumenbildern und ihrem Monogramm, E. N., oben in der Ecke.

„Ob man das nicht ändern kann?" fragte Reni. Aber ihre eigenen Anfangsbuchstaben waren zu verschieden von denen Erikas. Schließlich meinte sie, man könnte es dem Onkel Doktor ja erklären, warum das oben auf dem Briefbogen stünde.

„Schreibst du an den Doktor?" fragte Erika. Sie hatte gedacht, Reni würde an irgendeine Freundin schreiben wollen.

„Ja, er muß doch wissen, wie es mir geht. Schreib du ihm doch auch", sagte Reni eifrig und brachte der Freundin eine Unterlage, einen Bogen und einen Bleistift. „Der genügt, weil du doch im Bett schreibst, ich nehm' natürlich Tinte. Hoffentlich mach' ich keinen Klecks."

Sie machte aber doch einen. Weil er aber erst passierte, als der Brief schon vier Seiten lang war, konnte niemand erwarten, daß sie deshalb noch einmal von vorn anfing. Da vom Radieren Kleckse noch nie wirklich weggegangen sind, ließ sie ihn stehen, lachte dann und malte ihm einen Kopf, zwei Arme und zwei Beine an. Nun war er ein kleiner dicker Mann. Inzwischen war auch Erika fertig geworden, und Reni steckte beide Briefe in einen Umschlag, adressierte und klebte ihn zu. „Und jetzt spielen wir ‚Mensch, ärgere dich nicht'!"

Am anderen Tag war Erika wieder gesund. Aber nun regnete es. Regen auf dem Land ist für Kinder schrecklich langweilig. Reni dachte mit Wehmut ans geliebte Heim – da gab es an solchen Tagen Kasperletheater oder Märchennachmittag oder sogar mal Kino. Hier gab es all so etwas nicht. Erika sah mit Schrecken, daß Reni sich langweilte. „Wir gehen in die Bodenkammer", schlug sie vor.

Das war eine gute Idee. Dort oben standen alte, dunkle Regale mit grünen, zerschlissenen Vorhängen davor, und darin konnte man die schönsten Entdeckungsreisen machen. Alte Bücher, verstaubte Spielsachen, Puppenstuben, Schachfiguren ohne Brett, ein zoologischer Garten mit Papiermaché-Tieren – an Langeweile war nicht mehr zu denken. Zum Schluß aber fanden sie das Schönste: eine Truhe mit Maskenkostümen. Nun konnten sie sich verkleiden, wunderbar!

Reni schrie und lachte vor Vergnügen, während sie eines nach dem anderen hervorkramte. Bunte Schleier, knisternd steife Silbermützen, ein Pierrotkostüm, ein Schornsteinfegeranzug und vielerlei Larven. Reni kroch in alle Jungensachen, sie verkleidete sich so gern als Junge, während Erika sich als Königin der Nacht drapierte – in einem dunkelblauen Seidenkleid mit langer Schleppe und einem Halbmond in den offenen Haaren sah sie wirklich so aus, wenn sie durch den Bodenraum rauschte, mit hocherhobenem Haupt und majestätisch wie eine geborene Durchlaucht.

Auf dem Boden schlief auch die Mamsell, sie hatte das Giebelzimmer nach Westen. Es war nicht verschlossen, Erika huschte hinein.

„Wie hübsch das hier ist!" sagte Reni verwundert. Sie konnten die Mamsell nicht sehr gut leiden, weil sie immer schimpfte. Reni und Erika behaupteten, sie wäre geizig ... das sagen wohl alle Gutskinder von ihren Mamsellen. Aber man kann ja nicht erwarten, daß diese braven Wirtschafterinnen einem dauernd pausenlos Äpfel, Kuchen oder ähnliches zustecken.

„Wollen wir ihr nicht ein Gespenst aufbauen?" schlug Reni vor, und Erika, die sich erst neulich über die Mamsell geärgert hatte, als sie für die Puppen kochen wollte und kein Puddingpulver herausbetteln konnte, war sofort einverstanden. Sie liefen hinüber und suchten aus der Truhe einen dunklen Anzug heraus, hängten ihn über einen Besen und stopften ihn mit alten Tüchern aus. Als Kopf nahmen sie ein Handtuch, das sie zusammenwickelten, steckten die scheußlichste Larve, die sich finden ließ, davor und stülpten obendrauf einen alten Hut. So kam der Buhmann in die Stubenecke.

„Hoffentlich kommt sie erst abends rauf, damit sie recht erschrickt", sagte

Reni, „am Tage sieht man's gleich, daß es bloß altes Zeug ist!"

Sie stopften das übrige in die Truhe zurück, wie es gerade kam, und liefen hinunter, um sich Vesperschnitten zu holen. Der Regen hatte übrigens aufgehört, und Herr Niethammer fragte, ob sie mit in die Schäferei fahren wollten. Natürlich wollten sie. Darüber vergaßen sie ihr Gespenst vollständig.

Es wurde ihnen aber ins Gedächtnis zurückgerufen, und zwar sehr nachdrücklich. Schon eine ganze Weile nach dem Abendbrot – Mutter hatte sie eben ins Badezimmer getrieben und ein bißchen gescholten, sie sollten sich doch endlich beeilen – ertönte ein lautes Geschrei, und im Flur gab es ein Hin und Her und Rufen und Kreischen. Die Mamsell stand, in die Schürze heulend und an allen Gliedern zitternd, im Treppenwinkel und schwor, nie wieder auf den Boden zu gehen; in ihrem Zimmer stünde ein Kerl. Als die anderen ihr das auszureden versuchten, wurde sie ganz giftig. Sie hätte ihn genau gesehen und auch erkannt, jawohl! Ganz genau, niemand könnte ihr das ausreden! Und keine zehn Pferde brächten sie jemals wieder auf den Boden hinauf ...

Es gab ein langes Hin- und Hersprechen, und Reni und Erika hörten hinter der angelehnten Badezimmertür zu, aber sie lachten gar nicht mehr über den durchschlagenden Erfolg ihrer herrlichen Idee. Im Gegenteil ... Schließlich gingen Herr Niethammer und ein Kutscher hinauf, die Mamsell blieb ihren vielfachen Eiden treu und unten. Nach fünf Minuten war alles aufgeklärt.

Herr Niethammer war sehr ärgerlich, mehr eigentlich über Mamsells Anstellerei als über die Dummheit der Mädel, aber er mußte natürlich auf sie als die Urheber des Theaters schelten. Das tat er denn auch, donnerte, daß sie ganz klein und häßlich dastanden und sich in ein Mauseloch wünschten, und dann brummte er zur Mamsell:

„So, rauf jetzt, so ein Kerl tut nichts!"

Leider aber war die Mamsell eine von denen, die Haare auf den Zähnen haben.

„Kommt gar nicht in Frage! Entweder ich krieg' jetzt endlich ein Zimmer in menschlichen Gefilden, oder ich gehe zum Ersten, so wahr ich hier stehe! Immer hab' ich schon gesagt ..."

Ja, sie hatte schon seit je über ihre Unterbringung unter dem Dach gemault und räsoniert. Reni wußte das nicht, sie glaubte, sie allein wäre nun schuld, daß die Mamsell schließlich, um Ruhe im Haus zu bekommen, von Frau Niethammer im Fremdenzimmer einquartiert wurde. Das hatte die gerissene Dicke längst vorgehabt, und nun ergriff sie die Gelegenheit mit Wonne. Aber für Frau Niethammer war es ärgerlich und für Erika und sie schrecklich peinlich ...

Sehr gedrückt kroch Reni an diesem Abend ins Bett. Mutter hatte sehr ernsthaft gescholten – erst die Geschichte mit dem Wagen im Bach, dann Erikas verdorbener Magen – daß Reni daran nicht schuld war, sah Mutter anscheinend nicht ein, Mütter sind so. Wenn sie schelten, schelten sie in Bausch und Bogen ... Und nun diese Gespensteraffäre.

„Du mußt doch bedenken, daß es sehr nett ist von Niethammers, wenn du hiersein darfst", sagte sie vorwurfsvoll. „Wenn du drei Jahre alt wärst, könntest du das nicht verstehen. Aber so! Und Leute erschrecken soll man nie, das ist genau wie bei Pferden. Ein Schreck kann fürs Leben schaden ..."

Gottlob, daß sie bei den Pferden angelangt ist, dachte Reni ein klein bißchen erleichtert. Wenn Mutter auf dieses Thema kam, wurde sie sanfter, das wußte sie aus Erfahrung, schon weil man eben mit Pferden *immer* sanft sein muß. Trotzdem mußte sich Reni noch eine ganze Weile anhören, wie ein Schreck auf dieses oder jenes Pferd schädlich gewirkt hatte. Sie schlief schließlich darüber ein, ohne Absicht, sie war sehr müde... Mutter merkte es erst viel später. Sie seufzte. Es war nicht so leicht, eine kleine Tochter bei sich und doch nicht genug Zeit für sie zu haben.

6. Kapitel

Während in der Frühstückspause – Fräulein Sonneson war von ihren Ferien zurückgekehrt und unterrichtete die Mädel jetzt wieder – lief Reni ins Büro hinunter.

„Sicher ist ein Brief für mich da", hatte sie Erika zugerufen. Gleich darauf erschien sie wieder, einen weißen Umschlag schwenkend. „Ich hab's ja gewußt! Hurra!"

Erst aber suchte sie sich doch noch mit genießerischer Ruhe eins von den Broten vom Teller, der immer, wunderbar in seiner verschwenderischen Auswahl, den Studierenden aus der Küche heraufgeschickt wurde. Katri, das Küchenmädel, machte ihn täglich fertig, und bei ihr hatten die Mädel „Stand". Außer den Brotschnitten bekamen sie auch noch herrlich kalte Milch oder Buttermilch, manchmal auch, wenn es kühler war, eine Tasse Fleischbrühe. Fräulein Sonneson ging mit ihrem Frühstück meist auf den Balkon hinaus, während die Mädel im Lernzimmer blieben. Das Lernzimmer war überhaupt so gemütlich, mit dem großen Tisch und der niedrigen Decke und den vielen Bücherregalen ringsum.

Reni schlitzte den Brief mit dem Löffelstiel auf, gab Erika einen Zettel, der für sie eingelegt war – der Onkel Doktor dankte ihr für den schönen Brief, den sie unbekannterweise geschrieben hatte –, und hockte sich dann mit dem ihren ans Fenster.

Sie las ihren Brief, während sie aß, bald aber vergaß sie, zu beißen und zu kauen.

Erika sah es deutlich. Sie wurde unruhig, mochte aber nicht fragen. Was hatte Reni denn? Reni las:

„Liebe Reni! Dein liebevoller Brief mit dem zweifellos vollendet gelungenen Porträt meiner schönen Figur auf der letzten Seite –..." Reni wußte erst gar nicht, was er meinte, bis sie sich an ihren verschönten Klecks erinnerte und lachen mußte. „... hat mein Herz erwärmt. Trotzdem mußte ich ein bißchen weinen. Nicht in Wirklichkeit – sei beruhigt –, aber im Innern. Ich erfuhr es schon durch Tante Mumme, daß der Vogel ausgeflogen sei. Treulose, Du! Wer soll mir denn von nun an die Sorgenfalten von der Stirn streicheln, wie Du das bisher mit Deiner schlohengelweißen Hand so erfolgreich besorgtest? Hast Du denn gar nicht an Dein vornehmstes Amt gedacht???

Ich werde also von jetzt an rettungs- und hemmungslos verrunzeln. Nun, sei es drum, wenn Du nur glücklich bist! So sagt jeder, der seinen Nächsten mehr liebt als sich selbst. Bist Du glücklich? Wenn nicht, werde ich Dir postwendend Deinen besten Teil versohlen. Ein Kind, das endlich bei seiner Mutter gelandet ist, hat glücklich zu sein, verstanden?

Liebe kleine Reni, in Deinem Leben hat sich so ganz plötzlich viel geändert, in meinem tut es das auch. Ich wollte Dir das alles mündlich erklären, alles erzählen, wenn ich wiederkomme und wir am Kamin sitzen, und nun bist Du fort, so muß ich es also schreiben. Sicher weißt Du nicht, daß ich, ehe ich zu Tante Mumme ins Haus zog, verheiratet war, wir haben nie davon gesprochen. Meine Frau war sehr anders als ich und langweilte sich oft, weil ich immer und immer zu tun hatte und fortgeholt wurde. Da haben wir uns dann getrennt, schon vor vielen Jahren. Jetzt ist sie gestorben. Ich gehöre ja nun schon so lange dem Heim und Euch, Ihr kleinen, frechen, ungezogenen und geliebten Kerle, daß ich wohl traurig, aber nicht untröstlich bin wie vielleicht ein anderer Mann, dem die Frau genommen wird. Es ist etwas anderes, sehr Wichtiges, was sich nun in meinem Leben ändert: Wir haben nämlich einen Sohn, einen großen Jungen, der bisher bei der Mutter war und nun zu mir kommen wird. Er ist schon fünfzehn Jahre alt, der Christian, und mir doch noch ganz fremd. Den will ich nun ins Heim nehmen, und da habe ich an sich mit Dir gerechnet und mit Deinem Beistand, kleine, liebe Reni, daß Du ihn liebgewinnen und ihm eine recht gute, tapfere kleine Freundin werden würdest.

Damit ist es nun nichts. Und jedes Kind gehört nun einmal zu seiner Mutter oder seinem Vater. Und Tante Mumme wird auch lieb zu Christian sein. Aber vielleicht schreibst Du ihm auch mal einen solch lieben und lustigen Brief wie mir neulich? Ich bin, offen gestanden, ein bißchen bange, wie er sich bei uns einrichtet. Wenn Du da wärst, wär das leichter.

Nun sieh zu, daß Du Deiner kleinen neuen Freundin ein rechter guter Kamerad durch dick und dünn wirst! Weißt Du, es kommt viel mehr darauf an, daß man Freude *bringt*, als daß man selbst welche erfährt. Und Erika braucht wohl eine Freundin, wie mir scheint. Daß Du Deine Mutter liebhaben und ihr keinen Kummer machen wirst, nehme ich selbstverständlich an. Grüße sie, an Erika liegt ein Zettel bei. Aber vergiß auch nicht und behalte fest in Deinem Herzen Deinen alten Doktoronkel."

„Reni, was ist?" fragte Erika scheu, als Reni sich gar nicht rührte. Sie starrte auf den Brief herunter. Schon viele Minuten . . . Sie mußte doch fertig sein mit dem Lesen, oder?

„Ja", sagte sie jetzt auffahrend, und Erika konnte ihr Gesicht erkennen – Tränen waren das nicht. Oder *noch* nicht? Auf jeden Fall sah Reni ganz verändert und sehr ernst aus.

„Geht es, ich meine, ist der Onkel Doktor vielleicht kränker geworden?" fragte Erika. „Oder hat er sonst was Trauriges geschrieben?"

„Traurig – nein, doch, ja, seine Frau ist gestorben. Aber sie war schon lange von ihm fort", sagte Reni verwirrt.

Dann kniff sie den Brief hastig wieder zusammen, schob ihn in den Umschlag zurück und steckte ihn ins Lesebuch. „Fräulein Sonneson muß doch gleich wiederkommen, Frühstück ist wohl längst vorbei, oder nicht?"

„Aber du hast doch noch gar nichts gegessen", sagte Erika ängstlich, „Willst du nicht ..."

„Nein danke, ich hab' keinen Hunger", sagte Reni und schob den Teller mit den Broten fort, „auch keinen Durst, nein danke, wirklich. Was haben wir jetzt? Erdkunde?"

„Nein, Rechnen. Du weißt doch, die Aufgaben mit Prozent, die schweren ..."

„Ach ja." Reni beugte sich neben Erika über das Heft, und Erika sagte auch nichts mehr.

Am Nachmittag hatten sie die Erlaubnis bekommen, schwimmen zu gehen. Fräulein Sonneson wollte mitgehen – Mutter hatte keine Zeit. Es wäre natürlich viel schöner und lustiger gewesen, wenn Mutter mitgegangen wäre. Reni war ein bißchen verbockt, daß sie es nicht tat – sie sah nicht ein, daß Mutter sich nicht einmal eine Stunde für sie freimachen konnte. Schließlich saß sie doch abends nach Feierabend *auch* noch über den Gutsbüchern. Aus einem gewissen Trotz heraus hatte sie ihr deshalb auch noch nichts von dem Brief des Doktors erzählt ...

Der Fluß machte an der Stelle, an der der Mühlgraben abgeleitet wurde, eine Wendung, dadurch war er dort breiter und tiefer und ganz ruhig – auf der einen Seite fiel er über das Wehr hinunter, auf der anderen schoß der schmale und reißende Mühlgraben in sein Bett. Bis dahin durfte man natürlich nicht schwimmen, denn da war die Strömung zu stark, aber ein Stück oberhalb war es herrlich und auch ganz ungefährlich. Man konnte sogar hineinspringen, mit einem flachen Hecht, der Grund war so weich und schlammig, daß es scheußlich war hineinzugehen. Reni war glücklich, daß sie endlich wieder einmal schwimmen konnte, und tobte und lachte und schrie, und Erika ließ sich von ihr anstecken. Fräulein Sonneson hatte sich in den Schatten der am Ufer stehenden Weidenbüsche gesetzt und ließ die Mädel nicht aus den Augen, aber sie schalt weder, noch war sie überängstlich. So richtig beruhigt waren die beiden aber erst, als sie sahen, daß sie eine weiße Häkelei auspackte. Nun war sie untergebracht.

Weiter oberhalb lag ein Boot angekettet, das war natürlich eine willkommene Entdeckung. Es war alt, stand spannenhoch voll Wasser, und man konnte es auch nicht losmachen, aber in dem Halbkreis, den die Kette zuließ, konnte man doch schön Kahn fahren. Reni balancierte auf dem Rand und fiel dann ins Boot hinein, mitten in das darin stehende Schmutzwasser, und Erika lachte darüber so, daß sie auch das Gleichgewicht verlor. Aber sie waren ja schon naß, da schadete das nichts, nur ihre Haare tropften nun auch – sie hatten beide keine Badmützen und deshalb die Zöpfe hochgebunden gehabt, nun aber hingen sie wie nasse Schlangen um Hals und Schultern.

„Eklig – wollen wir sie uns nicht abschneiden?" fragte Reni und lachte über Erikas Entsetzen. Dann verließen sie den Schauplatz ihrer Tätigkeit und schwammen zu Fräulein Sonneson hinunter.

„Wir wollen doch mal unters Wehr gehen", schlug Reni vor, nachdem sie sich eine Zeitlang im Gras und in der Sonne geaalt hatten, „das denke ich mir herrlich, wenn es so auf einen runterhaut!"

„Daß euch aber nichts passiert – ich geh' lieber mit!" sagte Fräulein Sonneson und stand auf. Sie kletterten über den Hang hinunter, dorthin, wo das Wehr, das vielleicht drei Meter hoch herunterstürzte, auf die Steine aufschlug. Es riß da unten auch noch gewaltig, und die Steine waren naß und glitschig von Algen.

„Du kommst nicht bis ran!" prophezeite Erika, die neben Reni stehengeblieben war, aber Reni versuchte es immer wieder. Sie stand in dem fußhohen, reißenden Wasser, das ihr bis an die Knie und manchmal bis an die Hüften hinaufschäumte, und schob sich immer näher heran, und dann – Erika schrie laut auf – verschwand sie auf einmal hinter dem dicken, gelblichen Wasservorhang. Sie war bis hinein gekommen, nein, diese Reni!

Ein paarmal kam ihre Hand hervor, die aber von dem herabstürzenden Wasser sofort wieder heruntergerissen wurde, manchmal da, manchmal dort. Man mußte hinter dem Wehr hin- und hergehen können, es war für die Zuschauer richtig spannend, wo sie nun auftauchen würde. Dann kam ein Fuß zutage – und dann auf einmal die ganze Reni, sie kam geschossen, auf dem Hosenboden sitzend, rutschte aus dem Wehr heraus, drehte sich um sich selber, fing sich wieder, rutschte von neuem weiter und kam dann lachend und triefend angekrochen, noch ganz taumelig und benommen. Erika sah ihr gespannt entgegen.

„Erzähl doch mal, kann man dahinter stehen?"

„Na, aber! Gut! Es ist wie hinter einem Vorhang, aber einen Krach macht das Wasser!"

„Ich will auch mal dahinter!" zappelte Erika. „Komm, wir gehen miteinander!"

„Aber Kind, wenn dir was passiert!"

„Was soll mir denn passieren, Fräulein Sonneson? Reni ist doch auch nichts passiert, und sie ist ganzbeinig wieder rausgekommen, und meine Zöpfe sind sowieso schon naß. Oder ist da drin die Wassernixe?" fragte Erika lachend, wenn auch trotz allem etwas ängstlich. Reni hatte sie schon an der Hand gepackt.

„Weder Wassernixe noch Wassermann, nur Wasser!"

Sie schoben sich, nebeneinander und fest angefaßt, wieder an das Wehr heran. Fräulein Sonneson sah ihnen mit ihren guten braunen Augen besorgt nach, mochte es aber nicht direkt verbieten. „Vorsicht!" rief sie immer wieder. „Jaja!" antwortete Reni dann, ohne den Kopf zu wenden, für sie beide. Sie mußten genau aufpassen jetzt.

Erika klammerte sich fest an Renis Hand und rutschte ein paarmal aus, aber sie blieben doch aufrecht. Immer näher kamen sie dem herunterstürzenden Schwall.

„Keine Angst! Einfach durch und rein!" schrie Reni Erika durch das Tosen zu, und riß sie mit sich.

Erika war wie betäubt, man mußte schnell durch den Vorhang hindurch und dahinter, sie aber war nur hindurchgegangen und stand nun einen Augenblick, während ihr das Wasser auf Kopf und Schultern haute ...

„Du bist verrückt, hat's weh getan?" schrie Reni ihr ins Ohr. Erika schüttelte den Kopf, sie standen miteinander in der gelblichen, nassen Dämmerung, die hinter dem Wasservorhang herrschte, und es lief ihnen an den Gesichtern und Haaren herunter. Das ganze Wasser stürzte nämlich nicht im Bogen herab, sondern viel lief und spritzte auch daneben – es war jedenfalls ganz komisch und völlig neu hier. Wenn man sprach, bekam man es in den Mund, und in die Augen lief es einem auch dauernd. Reni steckte wieder die Faust in den Vorhang, da schlug ihr eine Sturzwelle an den Bauch – sie zog die Hand schnell wieder fort.

„Und wie kommt man wieder raus?" fragte Erika schreiend. Reni schrie zurück: „Vorhin bin ich gerutscht, aber wir können auch im Stehen, wenn wir uns aneinander festhalten..."

„Bloß noch einen Augenblick!" Erika wollte noch nicht, teils, weil es ihr hier zu gut gefiel, teils, weil sie doch ein bißchen Angst hatte vor der Rückreise. Reni lachte und machte die Augen zu und den Mund auf, ließ das Wasser hinein und über die Zunge laufen. „Jetzt sind wir Wassernixen – ganz aus Wasser!"

„Los, wollen wir jetzt?" fragte sie nach einer Weile. Erika klammerte sich fest an sie an, hier hinten war keine Strömung, da hatte sie allein und ganz sicher gestanden. Aber jetzt war es besser, sie vertraute sich der Freundin an...

„Achtung jetzt!" schrie Reni, sie fühlten beide das Wasser auf sich einprasseln, Reni schoß ein bißchen zu schnell heraus, zog Erika nach, verlor die Balance und wackelte, während sie nebeneinander auf den glatten Steinen entlangrutschten, bemüht, das Gleichgewicht zu halten. Einen Augenblick schien es, als gelänge es ihnen, aufrecht zu bleiben, aber man hatte auf den verflixt glatten Steinen keinen Halt. Erst fiel Reni, sie wollte Erika nicht mitreißen und sie deshalb loslassen, aber Erika klammerte sich ganz fest an sie an und wurde dadurch mitgerissen. Reni fiel leicht und seitlich, es war mehr ein Hinrutschen als ein Stürzen. Erika dagegen plumpste schwer und ungebremst auf den einen Arm. Sie schrien beide. Fräulein Sonneson am Ufer schrie auch.

Reni krabbelte sofort auf allen vieren zu Erika und wollte ihr aufhelfen, aber die winkte mit dem einen Arm ab.

„Es ist auch besser, wir bleiben unten, wir fallen sonst doch bloß wieder hin!" lachte Reni und spuckte Wasser aus. „Komm, dort rüber. So, jetzt sind wir gleich gerettet aus den Niagarafällen!"

Erika kam nach. Reni fiel es nicht weiter auf, daß sie still war und nicht mitsprudelte – so wie sie, die das Ganze sofort Fräulein Sonneson schilderte –, erst nach einer Weile merkte sie, daß Erika ganz still saß.

„Hast du dir weh getan?" fragte sie mitleidig.

„Ach, bissel. Am Arm", sagte Erika, die sich nichts anmerken lassen wollte. Fräulein Sonneson konnte es nicht lassen, ein „Siehst du!" dazuzugeben, aber sonst war sie nett und freundlich wie immer. „Wollt ihr euch nicht anziehen?" fragte sie.

Als sie zu dem Platz, wo die Sachen lagen, zurückgingen, merkte auch Reni, daß es Erika nicht gutgehen mußte.

„Wo tut's denn weh?" fragte sie leise. Erika schüttelte den Kopf. Aber beim Abtrocknen biß sie die Zähne zusammen und gestand endlich kleinlaut, sie könne nicht allein in ihr Kleid. Der Arm täte so weh, sie könne ihn nicht heben.

„Welcher?" fragte Fräulein Sonneson ahnungsvoll. Der rechte! Reni trocknete ihr die Haare, sie verstand sich darauf, die Zöpfe ins Frottiertuch zu wickeln und dann auszuwringen wie ein Wäschestück – und zog ihr hilfsbereit das Dirndlkleid über den Kopf.

„Es wird schon wieder besser!"

Es wurde aber immer schlimmer.

Fräulein Sonneson hängte den Arm in eine Schlinge, die sie aus einem Halstuch machte, und dann gingen sie langsam und kleinlaut über die Wiesen nach Hause.

Erika war sehr tapfer und vernünftig, aber sie hatte ziemliche Schmerzen. Frau Niethammer erschrak sehr, als sie sie so kommen sah, und rief gleich den Doktor an. Er kam – es war eine scheußliche Wartezeit. Und dann stellte er, wenn auch zum Glück keinen Bruch, so doch ein angebrochenes Schlüsselbein fest.

„Der Arm muß ruhig liegen, weiter ist nichts nötig", sagte er. „Na, Mädel, ich gratuliere, daß es der rechte ist. Da brauchst du keine Schularbeiten zu machen!"

Erika lächelte blaß. Ihr war Mutters entsetztes Gesicht viel schlimmer als die Schmerzen – die zu zeigen, war sie ein viel zu tapferer Kerl. Aber Mutters verzweifeltes Gesicht war ihr furchtbar, als hätte sie ihr etwas angetan, und mit Absicht! Als Frau Niethammer immer noch weiterjammerte, sagte der Doktor schließlich freundlich, aber doch ein bißchen barsch und verweisend:

„Frau Niethammer, hat das Mädel die Schmerzen oder Sie?"

„Aber sie tut mir doch nur so leid!"

„Gewiß, und die Scherereien haben Sie, zugegeben", sagte er lachend und ließ sich in einen der tiefen Verandastühle fallen – den Reni ihm auf einen Wink ihrer Mutter hingeschoben hatte –, um hier noch eine gute Zigarre und etwas starken Kaffee zu genießen, wie das bei Niethammers üblich war. „Anziehen und ausziehen müssen Sie Ihr Baby nun wieder, und Haaremachen ..."

„Oh, Frau Niethammer, das tu' *ich*!" rief Reni eifrig. „Ich bin überhaupt schuld! Wenn ich nicht unters Wehr gegangen wäre ... aber ich helfe Erika ganz bestimmt! Ich wasch' sie und kämm' sie und zieh' Erika an."

„Dann mußt du aber auch bei mir schlafen!" fiel Erika ein. „Ich wollte es sowieso immer so gern, darf sie, Mutti, ja?"

Beide Mädel sahen so gespannt und flehend zu Frau Niethammer auf, daß sie es nicht übers Herz brachte, nein zu sagen. „Aber daß ihr mir nicht wieder etwas Neues ausheckt – seit – seit einiger Zeit ist bei uns der Teufel los, Herr Doktor", klagte sie bekümmert, „immerfort passiert was, ich komme aus der Angst nicht raus!"

„Vielleicht ist nicht der Teufel, sondern nur ein unternehmungslustiges kleines Mädel los, das eigentlich von Rechts wegen ein Junge hätte werden sollen", sagte der Doktor und blinzelte Reni zu, die dunkelrot wurde. „Ich glaube, niemals wäre Erika von allein auf den Gedanken gekommen, unter ein Wehr zu kriechen!"

„Ach, ja. Ach, nein! Ich hätte sowieso – ich wäre sicher auch allein ...", stotterte Erika, aber der Doktor tätschelte liebevoll ihren gesunden Arm und brummte:

„Schadet ja nichts. Lieber zwei, die was brechen, als eins, das nie was unternimmt. Wir Ärzte wollen auch leben – vor allem, wenn es uns bei einem Hausbesuch *so* gutgeht ..."

Er lachte Frau Niethammer an, tröstlich und aufmunternd. Er selbst hatte sechs Kinder, von denen vier zwar Töchter waren, den Jungen aber in nichts nachstanden, wie er immer beteuerte, im Gegenteil! Da gab es Knochenbrüche und Rißwunden, verstauchte Knöchel und ausgerenkte Gelenke am laufenden Band ...

„War Frau Niethammer böse?" fragte Frau Jahnecke, als Reni ihr beim Heimkommen alles berichtete. Reni schüttelte den Kopf.

„Nein, der Doktor hat sie getröstet. Nur traurig war sie! Aber das ist, glaub' ich, beinahe noch schlimmer..."

Mutter nickte. Daß Reni das selbst merkte, war ja gut, aber...

Ach ja, aber! Es gab auf einmal so viele Aber in ihrem Leben, von denen sie vorher überhaupt nichts geahnt hatte...

7. Kapitel

Reni hatte sich mit großer Mühe den Hackklotz in die Ecke hinter dem Schafsstall gerollt, dort kam fast niemand vorbei. Die Axt war leicht zu erwischen, sie hing im Geräteschuppen. Und das Holz lag aufgeschichtet auf dem Hof, in spannenlange Kloben zersägt. Sie holte sich einen Handwagen voll davon. Nun konnte es also losgehen.

Es war November, kalt, aber noch kein Schnee, ein Wetter, um melancholisch zu werden. Reni stellte den ersten Kloben auf den Hackklotz und ließ die Axt darauf niederkrachen. Der Erfolg war, daß sie darin steckenblieb und nun um die Welt nicht wieder herausgehen wollte. Das war kein guter Anfang.

Schließlich bekam Reni die Axt doch wieder heraus und fing von neuem an zu hacken. Einmal traf sie so gut, daß der Kloben zu ihrem eigenen Erstaunen ganz leicht auseinanderfiel. Dadurch bekam sie gleich wieder etwas Mut. Aber oft traf sie nicht auf diese Weise. Und es waren viele Klötze da mit Ästen darin, die waren überhaupt nicht kleinzukriegen.

Einmal rutschte ihr die Axt aus und ging um ein Haar ins Bein. Zum Glück nur um ein Haar – aber dann schürfte sie mit der Hand an einem Holzstück entlang, das noch an einer Seite einen Streifen Rinde trug. Das war beinahe schlimmer als eine Hackwunde. Es tat scheußlich weh und blutete so, daß sie erst einmal mit Hacken aufhören mußte.

So setzte sie sich auf den Hackklotz, wickelte ihr Taschentuch um die blutende Hand und wartete, daß das Bluten aufhören sollte. Dabei guckte sie über den Hof, der voller Nässe und Schmutz war. Und sofort kamen ihr wieder die Tränen.

Nein, sie wollte nicht heulen. „Wenn man traurig ist, muß man etwas Tüchtiges arbeiten, arbeiten bis man schwitzt", hatte der Doktor einmal gesagt.

Aus diesem Grunde stand Reni heute hier und schuftete, wo sie doch eigentlich jetzt im warmen, gemütlichen Lernzimmer bei Erika sitzen und lesen könnte, oder schwatzen, oder Papierpuppen ausschneiden...

Sie stand wieder auf und griff mit Todesverachtung nach der Axt. Wirklich ging es jetzt eine Weile, man lernt eben alles. Während sie die dünnen Stücke auf einen Haufen warf, der tatsächlich langsam größer wurde, suchte sie mit den Augen schon immer nach neuen, astfreien Kloben. Dabei überhörte sie, daß jemand zu ihr trat, und erschrak, als sie sich angesprochen hörte.

„Was tust du denn hier?" fragte Frau Niethammer, die ganz zufällig hier vorbeikam. Sie war ordentlich erstarrt vor Staunen, konnte nicht begreifen, daß Reni hier Holz hackte. „Wer hat dich denn das geheißen?"

„Niemand", sagte Reni verlegen und leckte das Blut von ihrer Hand; das Taschentuch blieb immer nicht recht darum, wenn sie hackte. „Ich hab' nur..."

„Aber warum stehst du dann hier in Nässe und Kälte?"

„Ach, unser Doktor sagte mal, wenn man traurig ist, müßte man was Ordentliches arbeiten, so lange, bis man schwitzt", erklärte Reni.

Frau Niethammer guckte noch erstaunter.

„*Bist* du denn traurig?"

„Doch, ja – eigentlich; wenigstens etwas", setzte sie schnell hinzu. Sie durfte natürlich nicht sagen, daß es hier nicht schön sei – und eigentlich *war* es ja schön oder könnte doch schön sein..."

Frau Niethammer stand einen Augenblick und überlegte. Am liebsten hätte sie das Kind jetzt mit hineingenommen ins Warme, ausgefragt und zu trösten versucht – aber sie erinnerte sich aus ihrer eigenen Kindheit, daß ihr alles Ausfragen immer schrecklich zuwider gewesen war. So stand sie zögernd, ging dann aber, nicht ohne Reni freundlich über den Kopf zu streichen. „Bleibe aber nicht zu lange!"

Reni seufzte. Sie schwitzte noch nicht, also mußte sie wohl noch eine Weile weiterhacken. Ihre Füße waren eiskalt, vielleicht nützte es überhaupt nichts...

Sie hatte so Heimweh. Jetzt, um diese Zeit war es im Heim so unsagbar gemütlich – Voradventszeit. Das war beinahe die schönste Zeit im ganzen Jahre. Denn der erste Advent wurde dort ganz groß gefeiert, mit Aufführungen und Stollenbescherung und überall dicken, grünen Kränzen und den herrlichsten Überraschungen. Weihnachten waren ja keine Kinder da, deshalb war die Hauptfeier des Heims schon am ersten Advent. Und da wurde wochenlang vorher geprobt und geübt, Lieder gelernt und lustige Überraschungen vorbereitet. Und immer ist es ja die Vorfreude, die das Herz am meisten erhellt und erwärmt.

Hier fing der Adventszauber erst am ersten Adventssonntag an, und dann war Weihnachten auch schon bald da. Mutter mochte jetzt noch gar nichts davon hören, und Erika kannte es auch nicht anders.

Aber es war auch nicht das allein, was sie bedrückte und wonach sie sich sehnte. Es war der Onkel Doktor, der ihr so schrecklich fehlte. Sie verstand das selbst nicht – er hatte doch tagsüber *auch* keine Zeit für sie, genau wie die Mutter, und trotzdem war man dort immer gleichsam in seiner Hut, während man hier sozusagen verloren war, wenn Mutter im Büro saß. Auch abends – und abends hatte man auch nicht viel von Erika. Die saß dann bei ihren Eltern; sie hatte Reni oft gefragt, ob sie nicht auch mit herüberkommen wollte, aber Reni meinte, das könne sie nicht. Sie wußte noch genau genug, wie ärgerlich sie oft gewesen war, wenn sie endlich, endlich bei ihrem geliebten Onkel Doktor saß und dann das eine oder andere Kind aus dem Heim dazukam und nicht wieder wegfand. Ärgerlich und eifersüchtig war sie gewesen ...

„Nanu? Wer hackt denn hier das gesamte Gutsholz, und in einem Tempo, daß man gar nicht so schnell gucken kann?" ertönte eine frische Stimme hinter ihr. Reni fuhr auf. Sie hatte, in Gedanken verloren, das Beil sinken lassen und wohl minutenlang so gestanden – jetzt bückte sie sich schnell nach einem neuen Stück.

„Ich hab' aber schon was fertig!" sagte sie rasch und ein bißchen schnippisch. Der junge Mann neben ihr lachte gutmütig. Es war der Milchkontrolleur, der jeden Monat einmal mit seinem Motorrad kam und den alle gut leiden konnten. Er zeigte Reni ein paar Kniffe, wie man so einem Dickbatz von Kloben zu Leibe ging, und sie bedankte sich und probierte es dann selber unter seiner Anleitung. Zum Schluß fragte er, genau wie Frau Niethammer, nach dem Grund dieser ihrer Leibesübung.

Sie gab ihm Bescheid. Er sah sie mitleidig an und lachte dann.

„Das ist Unsinn – ich meine nicht etwa, was euer Doktor sagt –, aber daß du dich hier so plagst. Ich will dir ein anderes Rezept sagen: Wer traurig ist, soll essen, und wer fröhlich ist, soll trinken. So sagten wir als Studenten."

„Ja?" fragte Reni so treuherzig und erleichtert, daß er wieder lachen mußte. Er zog ein weiß eingewickeltes Paket aus der Tasche, setzte sich auf den Hackklotz und packte es auseinander. Es war schönster frischer Kirmeskuchen, ein Riesenberg. „Komm, iß mit, du sollst sehen, wie es hilft!"

Reni sah ihn zweifelnd an, ob er Spaß machte, aber er war ganz ernsthaft. Da setzte sie sich auf einen noch unzerhackten Kloben, nahm ein Stück Streuselkuchen und biß herzhaft hinein, und nun aßen sie zusammen den ganzen Berg auf.

„Danke", sagte Reni, als sie fertig waren.

„Ist's nun besser?" fragte er. „Wo steckt denn überhaupt der Kummer?"

Reni mochte nichts vom Onkel Doktor sagen, aber da der junge Mann ihr so freundlich von seinem Kuchen gegeben hatte, erzählte sie ihm von ihrem geliebten Heim. Er hörte ihr aufmerksam zu.

„Heimweh – das ist etwas Schlimmes", sagte er mitleidig, „dagegen hilft natürlich auch kein Kirmeskuchen, wenigstens nicht auf die Dauer. Dagegen hilft nur eins: Nicht immerfort an sich selbst denken. Komm mal mit in den Stall, und hilf mir dort!"

Er hatte das mit Absicht gesagt. Der Schweizer des Gutes hatte viele kleine Kinder, und die waren alle schrecklich verwahrlost und schmutzig, vielleicht konnte Reni sich ihrer ein bißchen annehmen. Trösten und helfen ist mitunter der beste Trost für einen selber.

Er sagte so etwas in der Art, daß Reni wie von selbst darauf kam: Es macht ja am meisten Spaß, wenn man von sich aus hilft. Als Erika gegen Abend in den Kuhstall kam, um Reni zu suchen – sie hatte sie längst vermißt –, schickte der Milchkontrolleur sie in die Wohnung des Schweizers. Dort war Reni eifrig damit beschäftigt, das jüngste der Mädel – es war vielleicht fünf Jahre alt – zu kämmen. Gewaschen waren die Kleinen schon sämtlich, nun saßen sie nebeneinander auf dem eingegangenen Diwan und warteten, bis sie zum Kämmen drankamen. Reni hatte ganz heiße und rote Backen, und alles Heimweh war vergessen.

„Wollen wir jetzt jeden Tag hierherkommen und der Frau helfen?" fragte sie begeistert. „Und den Kindern allen was zu Weihnachten schenken? Im Heim haben wir immer für arme Kinder gebastelt. Komm, bürst' mal dem kleinen Jungen die Haare – da genügt bürsten, er hat ja gottlob kurze. Nein, Willi, du sollst doch nicht hochziehen, du sollst doch lernen, dir die Nase zu putzen!"

Erika stand erst etwas bedenklich dabei, dann aber nahm sie gehorsam die Haarbürste. Die Jungen, von Reni eben erst gewaschen, sahen nicht gar so unappetitlich aus wie die Mädel, durch deren verfilzte Haare sich Reni nur mit Mühe und Stöhnen hindurchkämmte.

„Morgen ziept's nicht mehr so doll, bloß heute, weil ihr so sehr verstruwwelt wart!" tröstete sie die Kleine.

Als die Kinder alle gestriegelt waren und nun wirklich manierlicher aussahen, setzte Reni sie allesamt um den Tisch und bestimmte, nun würde Wattepusten gespielt. Ein Stück Watte fand sich nicht, so nahm sie einen Knäul Papier, warf ihn auf den leeren Tisch und zeigte den Kindern, wie sie nun pusten sollten, von allen Seiten, bis der Knäul schließlich zwischen zwei Kinderschultern entwischte. Da gab es viel Spaß und Geschrei und Gelache, und die Frau des Schweizers war, als sie vom Melken kam, ganz erstaunt über die fröhliche Einigkeit, die in ihrer Küche herrschte. Reni verabschiedete sich strahlend, es war doch noch hell geworden in ihrem Herzen an diesem trüben Tag.

Als sie über den Hof liefen, begann es ganz leise zu schneien, und das war ja nun auch ein Grund, sich zu freuen.

„Du, Reni, erzähl aber nichts davon – ich meine, daß wir bei Schweizers waren", sagte Erika stockend, ehe sie ins Haus traten. Reni blieb erstaunt stehen.

„Warum denn nicht?"

„Ach, Mutter mag es nicht so gern, wenn ich bei den Leuten in den Wohnungen stecke – weil sie so wenig lüften, sagt sie immer. Sie verbietet es nicht richtig, aber sie mag es nicht, verstehst du? Wir können ja manchmal wieder hingehen..."

„Manchmal bloß? Ich wollte jetzt jeden Tag – damit die Frau nicht soviel zu tun hat. Und Zähneputzen sollen die Kinder auch lernen, keins putzt dort Zähne, und manche sind doch schon über sieben Jahre", ereiferte sich Reni. Erika mochte nichts mehr sagen. Sie flüsterte nur noch einmal, ehe sie ins Lernzimmer traten: „Aber sag nichts, auch nicht zu Fräulein Sonneson!"

Reni nickte. Und ihre Mutter? Wenn die hörte, daß Frau Niethammer es nicht gern sah, verbot sie es womöglich auch...

Beim gemeinsamen Abendessen war Erikas Mutter ganz besonders freundlich zu Reni. Sie sagte, Erika habe sich schon jedes Jahr so sehr gewünscht, zum Weihnachtsmärchen in die Stadt ins Theater zu fahren, das sollte sie nun dies Jahr dürfen. Und ob Reni da mitwolle?

Das war eine Frage! Natürlich wollte sie – beide Mädel strahlten und zappelten mit den Beinen: ins Weihnachtsmärchen, das sollte wunderbar werden! Es gab dies Jahr Rumpelstilzchen, mit viel schöner Musik und einer herrlichen Ausstattung. Sie sprachen den ganzen Abend davon und malten es sich in den wunderbarsten Farben aus. Wenn richtiger Schnee kam, sollten sie sogar mit dem Pferdeschlitten bis in die Stadt fahren dürfen, hatte Frau Niethammer versprochen. Das war der Höhepunkt! Die Mädel, die noch immer, seit Erikas Unfall am Wehr, in einem Zimmer schliefen, konnten an diesem Abend gar nicht fertig werden mit Schwatzen und Lachen, bis Frau Jahnecke endlich energisch klopfte. Sie konnte ja die Freude der Mädel verstehen, trotzdem war ihr Herz beschwert. Frau Niethammer hatte ihr am Nachmittag von Renis Holzhacken und dem Grund dazu erzählt. Reni hatte Kummer, und ihr, der Mutter, vertraute sie sich nicht an. Freilich, sie hatte sie auch nicht danach gefragt ...

Es war so schwer, das Vertrauen des Kindes zu gewinnen, wenn man den ganzen Tag den Kopf voll hatte. Sie *konnte* sich einfach nicht mit Reni beschäftigen, auch nicht in Gedanken. Wenn sie einen anderen Beruf gehabt hätte, eine mechanische Arbeit, bei der man die Gedanken spazierengehen lassen konnte – aber wenn man rechnen und berechnen muß, muß man sich konzentrieren. Und abends war man todmüde und erledigt ...

Im Sommer war es besser, da kam man doch auch einmal hinaus, konnte das Mädel mitnehmen, wenn es nicht gerade Unterricht hatte – ach ja. Immer dachte man: Zu einer anderen Jahreszeit ist es besser. Im Sommer waren die Tage wiederum so lang, daß der Feierabend so gut wie wegfiel, und es wurde Arbeit, Arbeit, Arbeit hineingepackt, soviel hineinging – da hoffte man wieder auf die langen Winterabende, an denen man es sich gemütlich und behaglich machen wollte. Und jetzt stand der Jahresabschluß schon wieder drohend vor der Tür, und wenn der vorbei war, kamen die Bestellungen für den Sommer ...

Der Bauer hat nie Zeit. Nie – wenn er nämlich tüchtig ist. Weder im Winter, noch wenn es regnet, weder sonntags noch sonstwann – und da hatte sie nun ihr Mädel hier und mußte sehen, daß es traurig war und nicht zu ihr fand, ihr das zu erzählen ...

Übrigens schien Reni in der nächsten Zeit vergnügter zu sein, ihre Mutter versuchte sich das jedenfalls einzureden. Vielleicht war es auch das bevorstehende Theater, auf das sie sich freute, oder – wo sie sich den ganzen Tag herumtrieb, wußte Frau Jahnecke nicht, aber das war ja bei einem so großen Mädel nicht nötig, solange die Schularbeiten in Ordnung waren ...

Am Abend, ehe sie ins Theater fuhren, machte Frau Jahnecke eine fürchterliche Entdeckung. Sie kämmte Reni wieder einmal selber – das besorgten sonst die Mädel selbst, seit sie beieinanderwohnten –, um sie recht fein zu machen. Und da entdeckte sie etwas ...

Natürlich bekommen fast alle Kinder auf dem Lande mitunter Läuse, aber ebenso natürlich entsetzen sich alle Mütter darüber. Frau Jahnecke entsetzte sich *sehr* ...

Nun mußte Reni auch mit ihrem Kindergärtneramt bei den Schweizerleuten herausrücken. Und da war es nicht schwer, die Herkunft der unerwünschten Mitbewohner festzustellen.

Frau Jahnecke hoffte nur inständig, daß Erika verschont geblieben sein möge. Wenn Frau Niethammer das erfuhr! – Sie holte sich von nun an jeden Abend die beiden Mädel in ihr Zimmer und striegelte sie durch wie zwei Pferde. Erika war auch nicht ganz einwandfrei unter ihrem wunderschönen Haar. Es gelang aber, beide restlos sauberzubekommen, sogar in kurzer Zeit. Die Mutter atmete auf.

Aber sie verbot nun doch den beiden, zu den Schweizerleuten zu gehen, wenn sie es auch schweren Herzens tat – aber es war besser, und die Mädels sahen es auch ein. Es fehlte Reni sehr, sie war eben doch daran gewöhnt, mit *vielen* Kindern zusammenzusein, die miteinander spielten – manche Spiele gingen überhaupt nur zu vielen zu spielen. Und gerade solche kannte sie am besten. Das Heimweh nach dem Heim wurde wieder lebendig, besser: lebendiger, denn ganz eingeschlafen war es nie gewesen. Sie dachte an ihr Stübchen, in das sie den Onkel Doktor manchmal am Sonntagnachmittag eingeladen hatte und wo sie ihn dann ganz wunderbar bewirtete – er aß so gern ein bißchen guten Kuchen. Oder die Abende an seinem Kamin, wo man alles, was man auf dem Herzen hatte, erzählen konnte – sogar die schreckliche Geschichte mit der Vanillesoße. Reni dachte jetzt manchmal daran und wunderte sich, daß sie dies damals so tragisch genommen hatte. So sehr, daß sie wegwollte aus dem geliebten Heim! So schlimm war es doch wirklich nicht gewesen! Aber wahrscheinlich lag es daran, daß damals nur Tante Mumme dagewesen war und nicht der Onkel Doktor selber, *dem* hätte sie sofort alles gebeichtet.

Am Morgen des zweiten Advents – so weit war die Zeit nun schon fortgeschritten – fanden die beiden Mädel, als sie aufwachten, auf ihren Nachttischchen jede einen Wunschzettel. Es waren sehr niedliche Briefbogen mit Tannenzweigen und Lichtlein ringsum; oben war bei Reni das Bild eines Christkinds, bei Erika das eines Knecht Ruprechts. Sie waren selig, obwohl sie ja eigentlich für Wunschzettelschreiben schon ein bißchen groß waren.

„Zum Wünschen ist man nie zu groß", sagte Renis Mutter lächelnd, als Reni dies sagte; sie wurde dann wieder ernst, fast traurig. Aber Reni merkte es nicht, sie war zu erfüllt von ihren Gedanken.

Ihr war plötzlich etwas ganz Großartiges eingefallen. Ein Wunsch, *der* Wunsch – sie konnte ihn doch ruhig aufschreiben! Auch ohne vorher mit Erika davon gesprochen zu haben – natürlich, gerade ohne! Denn Erika sollte auch überrascht werden ...

Sicher sagte die Mutter nicht nein! Es war ja nur für kurze Zeit, und es wäre doch *so* schön! Dann konnte sie den Christian, Onkel Doktors Sohn, kennenlernen, und überallhin laufen, wo sie jetzt nur in Gedanken sein konnte, und –

Auf einmal tropften ihr die Tränen aus den Augen. Sie wischte sie erschrocken ab. Tränen – auf dem Wunschzettel! Und dann schrieb sie mit ihrer allerschönsten Schrift dreimal unterstrichen als einzigen Weihnachtswunsch auf den Zettel: „Ich wünsche mir, daß ich mit Erika für sechs Wochen ins Kinderheim am Berge fahren darf!"

8. Kapitel

„... aber ehe ich Dir weiterschreibe, muß ich Dir ganz fix etwas gestehen. Sei nicht böse, lieber, lieber Onkel Doktor – aber es drückt mir das Herz ab, und ich könnte Dir nie wieder in die Augen sehen, wenn ich es Dir nicht sagte. Ich habe, ehe ich vom Heim fortging, in der Verwaltung die Vanillesoße umgeschüttet, aus Versehen natürlich, aber statt zu Tante Mumme zu gehen und es zu sagen, hab' ich es verschwiegen. Ich weiß, daß das ganz, ganz häßlich ist, und wenn Du dagewesen wärst, hätt' ich es auch bestimmt nicht so gemacht – deshalb wollte ich dann auch weg oder sagte wenigstens nicht nein, als Mutter mich fragte. Bitte, bitte sei nicht böse und sag es auch Tante Mumme, ja? Sie ist ja so lieb und wird mir sicher verzeihen – und Du auch, gelt, liebster Doktoronkel?

So, und nun sollst Du wissen, wie es im Weihnachtsmärchen war, nämlich wunderschön. Wir sind im Pferdeschlitten in die Stadt gefahren, nicht mit der Bahn, das war so richtig der Anfang für diesen Abend. Damit wir ja nicht froren, waren wir eingemummelt wie die Eskimos in Mänteln und Pelzen. Unten im Schlitten lagen Stroh und für jeden eine Wärmflasche. Wir haben auch nur anderthalb Stunden gebraucht, sonst rechnet man zwei bis zur Stadt, aber Mutter kutschierte. Es fuhr sich herrlich. Erst tranken wir dann noch heißen Kaffee in dem Gasthof, in dem wir ausspannten, und dann ging's los ins Theater.

Weißt Du, am besten hat mir die Müllerstochter gefallen. Sie war noch *ganz* jung, gar nicht wie eine Schauspielerin. Sie sprach genau so, wie man in Wirklichkeit spricht, auch gar nicht mal laut, aber man verstand sie bestimmt bis ganz oben, wo die Leute auf der Galerie saßen. Alles hielt immer den Atem an, wenn sie drankam. Und ihre langen blonden Zöpfe waren bestimmt ihre eigenen und keine Perücke!

Ach, Onkel Doktor, war sie schön! Und lieb! Und bescheiden! Und ihr Vater war so habgierig und häßlich. Und eigentlich war er doch schuld an der ganzen Geschichte, denn wenn er nicht behauptet hätte, sie könne Stroh zu Gold spinnen, hätte Rumpelstilzchen gar keine Gewalt über sie bekommen.

Am schönsten sah sie aus, als sie schon Königin war und ihr kleines Söhnchen im Arm hielt und so schreckliche Angst hatte, daß Rumpelstilzchen es ihr wegnehmen könnte. Sie hatte richtige Tränen in den Augen. Ich hätte auch geheult, das heißt, ich *hab'* sogar. Erika auch. Mutter hat es hoffentlich nicht gesehen. Mutter hat nicht geheult, nur ganz ernst geguckt. Andere Mädel haben Bonbons und Schokolade gegessen, das hat mich furchtbar geärgert, vor allem, wenn sie mit dem Papier knisterten.

Wunderschön war auch das Tauffest von dem kleinen Prinzen. Da kamen alle guten Eigenschaften als Paten angeschwebt – zum Beispiel der Mut, das war ein schöner Jüngling mit dunklen Locken, und das Mitleid, das sah aus wie eine Fee, und die Kraft – und die Rechtlichkeit und die Freundlichkeit, alles, was der kleine Junge später einmal besitzen sollte. Und alle sangen wunderschöne Verse und Sprüche, und es wurde bunt dazu beleuchtet, richtig feenhaft war es. Dazwischen kam dann immer wieder ein kleiner drolliger Hofnarr, der alles verwechselte und falsch sagte, über den haben wir tüchtig gelacht. Einmal stolperte aber der junge König und wäre beinahe hingefallen, das gehörte nicht mit zu dem Stück, und er sagte ganz deutlich: „Ach herrje!", und die anderen auf der Bühne mußten alle lachen. Nur die junge Königin lachte nicht, es hätte auch gar nicht zu ihr gepaßt. Sie spielte die Rolle nicht, sie *war* die Königin.

Lieber Onkel Doktor, ob Dein Christian auch noch gern in ein Weihnachtsmärchen geht? Für ihn sind die Sachen, auf die ich ein Ch. geschrieben habe, hoffentlich freut er sich. Alles andere ist für Dich, denn an Tante Mumme schreib' ich extra, in einem Extrapaket, denn ich weiß, wie gern sie Bindfäden aufknibbelt. Du sollst auch bestimmt alles selber essen, was ich Dir eingepackt hab', denn ich hab' alles selbst gebacken. Und Christian hat genug, ich hab' genau gezählt, daß keiner zu kurz kommt.

Die Schlüsseltasche ist für Deine Autoschlüssel, weil Du Dir damit immer die Hosentasche zerreißt. Erika hat mir gezeigt, wie man sie aus Leder herstellt. Nun mußt Du sie aber auch immer benutzen. Und das Buch gefällt dir hoffentlich auch. Ich habe alle Sprüche, die mir gefielen, hineingeschrieben, so aus Kalendern und Gedichtbüchern, wo ich sie halt fand. Für Mutter ist so ein Buch nichts, für sie hab' ich aber ein schönes Pferdebuch gefunden. Und eine Pferdefigur aus weißem Porzellan; es springt gerade hoch, sehr fein.

Und nun wünsche ich Euch ein sehr, sehr schönes Weihnachten. Wenn Christian bei Dir ist, bist du ja nicht traurig, nicht wahr? Und ich denke ja auch an Euch. Und Mutter braucht mich doch.

Und – aber ich will nichts verraten. Ich darf ja auch nichts schreiben, denn ich weiß es noch nicht. Ich wünsche es mir bloß. Liebster Doktoronkel, wenn man sich nur einen einzigen Wunsch wünscht, den aber so sehr wie sonst vielleicht zehnerlei, ob man den nicht erfüllt bekommt? Es ist sicher ein sehr großer, vielleicht sogar ein unbescheidener Wunsch, aber er ist – es ist eben mein allerallergrößter Wunsch. Sobald ich etwas weiß, schreib' ich Dir wieder.

Deine Dich sehr lieb habende

Reni.

Daß Du Christian grüßt, und sehr herzlich grüßt, brauch' ich wohl nicht erst dazuzuschreiben. Und Tante Mumme auch – ach, grüß das ganze liebe, liebe Haus!"

Reni wollte noch weiterschreiben, aber da kam gerade Erika hereingeschossen. Sie war so rotbäckig vor Aufregung, wie man das bei ihr sonst gar nicht gewohnt war. „Sie bringen die Weihnachtskarpfen!" rief sie.

Reni rannte mit. Im Hof stand ein niedriger Schlitten mit einem großen Wasserbottich darauf, und in dem schwammen die Karpfen. Sie waren aus der eigenen Setzfischerei, wie Erika stolz erzählte, und für Weihnachten wurden die allerprächtigsten herausgesucht. Manche hatten ganz goldene Schuppen. Reni hatte noch nie solche Prachtkerle gesehen.

Aber sie hatten nicht Zeit, sich allzu lange bei den Fischen aufzuhalten, eben kam der große Schlitten mit den Christbäumen in den Hof gebogen. Die Pferde waren über und über mit Reif bedeckt, und wenn sie schnaubten, sahen sie aus wie Fabeltiere aus dem Märchenbuch, die Feuer speien. Ein Christbaum war für die Leutebescherung, einer für Niethammers, einer für Inspektors und ein kleiner, niedlicher, buschiger, der wie ein Christbaumkind aussah, für Reni und ihre Mutter.

„Aber ihr beschert doch bei uns mit?" fragte Erika verwundert. Reni schüttelte den Kopf.

„Ich finde, jeder bei seiner Mutter. Aber wenn wir uns alles angeschaut haben, besuchen wir uns!"

Erika war nicht ganz einverstanden und eigentlich enttäuscht – gerade für solche Feste wünschte man sich eben – doch Geschwister! Aber es blieb ihr keine Zeit zum Traurigsein. Es ging weiß Gott heute zu wie in einem Taubenschlag, hier im sonnigen, beschneiten Gutshof, der so richtig wie Winterkönigs Residenz aussah. Es flimmerte und glitzerte überall, denn es war trotz der Sonne kalt, und in den Schatten leuchtete der Schnee himmelblau. Und vor der Treppe des Gutshauses standen zwei große Schneemänner, mit Kohlenaugen und Mohrrübennasen; die waren so prachtvoll, daß Mutter sie sogar fotografiert hatte.

Kaum waren die Bäume abgeladen, als aus dem Wirtschaftshaus die Mamsell herausguckte – sie winkte den Mädeln. Seit sie durch jene, an sich unglückliche Gespenstergeschichte zu einem ebenerdigen Zimmer gekommen war, hatte sie für die Mädel ein dankbar-liebevolles Herz. So liefen die beiden erwartungsvoll zu ihr hinüber.

„Ihr könnt mir backen helfen – holt euch aber Kopftücher und große Schürzen!" flüsterte sie. „Und schreit nicht, hört ihr? Eigentlich lasse ich ja niemanden mit ran an den Teig!"

„Was denn, Mamsell, was backen wir? Stollen oder Pfefferkuchen?"

„Der Stollenteig ist fertig, er muß noch gehen. Aber Pfefferkuchen könnt ihr ausstechen helfen, holt euch die Formen! Und für mittag hab' ich einen großen Kartoffelkuchen für euch, den könnt ihr warm essen!"

„Das Gespenst hat sich gelohnt", flüsterte Reni vergnügt, und nun tauchten sie erst einmal für einen halben Tag unter in lauter süßen Herrlichkeiten; denn die Mamsell knauserte das ganze Jahr, um Weihnachten jedem Gutsarbeiter gute und reichliche Bäckereien zukommen zu lassen. Da konnten die Mädel nun helfen: mengen, ausrollen, ausstechen – und kosten! Sogar einen kleinen Stollen durfte jede formen. Erika wollte einen Rosinen-, Reni einen Mandelstollen haben. Die Mamsell erzählte ihnen, daß die Form der Stollen eine Erinnerung an das gewickelte Christkind sei, deshalb gäbe es nur Weihnachten welche. Und die Brezeln bedeuteten in ihren Schlangenlinien das nie endende Leben.

Erika hatte zuletzt sogar die Nasenspitze bemehlt, von den Schürzen gar nicht zu reden. Endlich, schon im Dämmern, trabten sie hinter der Mamsell dem Backofen zu, jede ein Blech rechts und links in die Hüfte gestützt, setzten es ab und holten neue.

„Jetzt darf man nicht reden", sagte die sonst sehr geschwätzige Mamsell, als sie die Bleche – es waren viele, viele geworden, für die Bescherung des ganzen Gutes – alle im gefräßigen Maul des Backofens untergebracht hatten, „sonst geschieht ein Unglück!"

Reni und Erika hockten sich vor den Ofen, es war so heimelig und gemütlich hier. Und wie es roch – ganz süß, wie in den himmlischen Backstuben. Aber ob sie nun der Mamsell glaubten oder nicht, sie waren ganz still und sagten wirklich nichts. Bis dann die ersten Pfefferkuchenbleche herauskamen, da mußte man fix bei der Hand sein mit Gußstreichen und Mit-dem-Messer-Abheben, und es gab Gequietsche, wenn man sich verbrannt hatte, und Gelache und eifriges Hin und Her. Als sie endlich mit allem fertig waren, bekamen sie noch von der Mamsell jede eine dicke Handvoll in die Schürze geschüttet.

Reni wollte es eigentlich noch dem Onkel Doktor in das beinahe fertige Paket stecken. Aber da waren eigentlich Süßigkeiten genug drin; sie streckte schon die Hand aus, um einen Pfefferkuchen für sich selbst herauszuholen und zu zerkrachen – sie konnte *immer* noch mit Genuß knabbern –, dann aber ließ sie es doch.

Sie lief in Mutters Schlafstube und steckte die ganzen Süßigkeiten unter die Decke aufs Kopfkissen. Damit Mutter heute abend eine schöne Überraschung hatte.

Nun mußte das Paket fertiggemacht werden, es waren noch ein paar Kartengrüße an Freundinnen aus dem Heim zu schreiben, und das Fotoalbum für Erika war auch noch nicht ganz fertig. Es war halb zehn, als die Mutter heraufkam. „Du bist noch wach?"

Nun hieß es aber schnell, schnell ins Bett. Daß Mütter nie verstehen, wenn Kinder noch etwas *furchtbar* Wichtiges zu tun haben, und stets mit ihrem alten, abgeleierten Spruch: „Morgen ist auch ein Tag" kommen! Trotzdem fielen Reni die Augen zu, kaum daß sie im Bett lag.

So war der Vierundzwanzigste also doch wieder einmal herangekommen, Erika und Reni wachten auf und glaubten es fast selbst nicht, daß es jetzt nicht geträumt, erinnert oder vorausgedacht war, sondern wirklichste Wirklichkeit.

Schon das Frühstück war anders als sonst, da es heute verboten war, das Wohnzimmer zu betreten, jedenfalls Niethammers Wohnzimmer, in dem Reni immer mit frühstückte. Reni hoffte im stillen, daß es bei ihr selbst auch so sein möge, sie ging vorsichtshalber gar nicht hinüber.

Die Mädel durften sich in der Küche etwas suchen und auch dort verzehren, das taten sie mit Vergnügen, Erika erreichte durch sanfte, aber beständige Bettelei sogar, daß sie jeder ein Spiegelei bekamen. Stollen wurde erst mittags angeschnitten, so war es gut, etwas Herzhaftes in den Magen zu bekommen.

Trotzdem stand der Tag noch schrecklich lang und fast unüberwindlich vor ihnen. Was tat man nur mit diesen vielen, vielen Stunden bis um sechs? Was tat man eigentlich an anderen, gewöhnlichen Tagen?

Zum Glück rief Frau Niethammer nach ihnen, als sie sich gerade gelangweilt und unschlüssig auf der Treppe herumdrückten. Sie sollten Äpfel an Drähte hängen und Nüsse vergolden. Das brachte erfreulicherweise ein paar Stunden hin. Reni war ein bißchen unruhig – ob *ihre* Mutter sich eigentlich auch um das Christbaumschmücken und die Weihnachtsstube kümmerte, oder ob sie noch im Stall war?

Früher hatte sie wohl immer bei Niethammers mitgefeiert, und abends mochte sie mit einer guten Zigarette und einem neuen Pferdebuch in ihrem Zimmer gesessen haben, allein ... Zu ihr, Reni, war immer ein großes und wunderschönes Paket zum Heiligen Abend gekommen, auch immer rechtzeitig, Mutter hatte es nie vergessen. Aber um Christbaum, Krippe und Weihnachtstisch hatte sich immer der Onkel Doktor gekümmert, er konnte das großartig, wie eigentlich wenige Männer, und Tante Mumme hatte es ihm stets überlassen. Es war sein Vorrecht, wie er immer sagte, und dazu hatte er auch an jedem Heiligen Abend die Zeit aufgebracht.

Als es Mittag wurde, ging Reni wie von ungefähr zum Pferdestall hinüber. Womöglich vergaß Mutter über dem neuen Fohlen, das dieser Tage erwartet wurde, daß heute Weihnachten war!

Eine Weile stand sie mit Mutter an der Box der Xanthippe, ließ sich von den herrlichen Eigenschaften dieser Stute erzählen und tat auch so, als interessierte sie das sehr, dann aber fragte sie doch schüchtern – sie hatte es sich lange überlegt –, wie sie es denn nun mit *Mutters* Sachen machen wollten, die konnte Reni doch nicht aufbauen ...

„Warum denn nicht?" fragte die Mutter unbefangen verwundert.

„Na, weil ich doch nicht ins Weihnachtszimmer darf!"

„Warum darfst du denn nicht hinein?"

„Aber ..."

„Ach, ich hab' das Bäumle noch nicht geputzt", sagte die Mutter freundlich, „du bist doch nun schon groß. Willst du es nicht dies Jahr selbst tun? Ich dachte, du brennst da drauf, so erwachsen du jetzt schon bist!"

Reni war viel zu gut erzogen, als daß sie jetzt gebettelt oder gar gemault hätte: Nein, ich mag nicht, ich will überrascht werden, wie im Heim, wie zu Hause ... Außerdem – um *so* etwas betteln –, konnte man das überhaupt? Vielleicht aber sah es ihr die Mutter doch an, zumal sie jetzt aus dem Stall traten und Mutters Gedanken nicht immerfort abgelenkt waren. „Wenn du nicht magst, tue ich es", sagte sie freundlich und nahm Renis Hand, „und die Sachen für mich legst du hin, wenn du hereinkommst. Einverstanden?"

Nun kam der lange Nachmittag. Reni ging hinüber, um Erika zum Rodeln abzuholen. Aber komisch, wenn sonst die Zeit beim Schlittenfahren immer im Handumdrehen verging, jetzt schlich sie – die Uhr auf dem Türmchen vom Wirtschaftsgebäude mußte stehengeblieben sein. Einmal, als Reni den Berg hinaufstieg, fiel ihr ein, daß Mutter ja eigentlich, wenn sie ihr ihren großen und einzigen Wunsch erfüllte, gar nichts aufzubauen und vorzubereiten brauchte. Vielleicht war es *deshalb* ...

„Renn doch nicht so, ich kann ja gar nicht mit!" rief Erika. Reni lachte. Sicher war es deshalb, sicher!

Und dann kam die Dämmerung, endlich, endlich. Die Glocken der Dorfkirche bimmelten durch die Schneeluft, und der Pferdeschlitten stand vor der Treppe. Sie verstauten sich hinein, Herr und Frau Niethammer im Fond mit Erika dazwischen, auf dem Sitz gegenüber Frau Jahnecke und Reni. Nun ging es los. Die Kirchenfenster leuchteten warm golden, und die Sterne schimmerten darüber.

In der Kirche, während sie, neben Erika sitzend, sang, daß ihr der Atem wie ein Wölkchen vor dem Mund stand, dachte Reni darüber nach, ob sie nun wohl ein bißchen traurig sein würde, wenn ihr dieser große Wunsch erfüllt würde und sie sonst nichts bekam. Keinen bunten Teller, kein Buch, keine Kleinigkeit zum Anziehen, nichts ...

Aber Mutter hatte ihr doch immer etwas geschickt. Und der Onkel Doktor und Tante Mumme waren auch noch da, und Erika ...

Es war noch nie so spannend gewesen am Heiligen Abend wie dieses

Jahr. Oder denkt man das jedesmal? Nein, es war wirklich so, und nun endlich ertönte die Klingel, und Mutter öffnete die Tür –

Reni war immer allein gewesen, ein einziges Kind, das vor der Weihnachtsstube steht und bangt und hofft und zittert ... Aber im Heim war es eben doch *zu Hause* gewesen und altvertraut, seit sie denken konnte. Heute war sie so verlegen wie noch nie, und es war doch ihre eigene Mutter, die ihr bescherte!

Sie sah einen Augenblick in Mutters Gesicht, als sie hereinkam, benommen vom Licht der Kerzen. Und Mutters Gesicht war so, daß sie nicht den Christbaum, nicht den Gabentisch, nichts anderes sah als dieses Gesicht. Mutter hatte nasse Augen – und da warf sich Reni ihr an die Brust, wie sie es noch nie getan hatte. Liebe, liebe Mutter!

„Ja, Reni, von nun an feiern wir immer zusammen!"

Erst viel später führte Frau Jahnecke ihre aufgeregte Tochter an den Gabentisch, der weiß gedeckt und mit Tannenzweigen geschmückt unter dem Christbaum stand.

Ein großes, mit schönster Blockschrift gemaltes Plakat lag obenauf: Gutschein für sechs Wochen Kinderheim mit Erika! Ach, und noch *so* vielerlei! Ein schön geschnitztes Holzpferd, wie es auch Erwachsene lieben, kein Spielzeug natürlich, drei Bücher – zwei davon handelten auch von Pferden, aber doch wunderschön –, herrliche Norwegerfäustlinge, Süßigkeiten – und sogar eine kleine niedliche Puppe, obwohl Reni nun doch schon bald zwölf Jahre alt wurde. Aber sie freute sich darüber, freute sich schrecklich – überhaupt, sie hatte ein ganz ungeheuer schlechtes Gewissen Mutter gegenüber. Mutter *war* doch lieb, und es war so schön bei ihr!

Sogar Erika vergaß sie eine ganze Stunde lang. Sie war *nur* bei Mutter, auch mit dem Herzen, und das war neu, aber wunderschön.

9. Kapitel

Erika sorgte selbst dafür, daß sie in das Gedächtnis der Freundin zurückgerufen wurde. Sie kam angestürzt, aufgeregt und selig.

„Reni, weißt du schon? Ich darf mit dir ins Heim, ganze sechs Wochen lang!" Reni lachte. „Das weiß ich doch auch!"

„Und da kommst du nicht gleich damit antrompetet? Wo ich nun alles kennenlernen soll, was du mir immer erzählt hast? Das Heim und den Onkel Doktor und alles ..." Sie zog Reni an der Hand mit sich. „Aber nun mußt du alles angucken, was ich bekommen hab'!"

„Nein, erst du bei mir!" Reni lachte, und Erika mußte auch lachen. Als sie alles bewundert hatte, gingen sie zu Niethammers hinüber, die Mutter auch mit. Und dann saßen sie in Erikas Weihnachtsstube, und es war furchtbar gemütlich. Reni war so glücklich, daß Mutter ihr so schöne Sachen geschenkt hatte. Nicht nur über die Sachen selbst, jetzt erst merkte sie, daß sie doch ziemliche Angst gehabt hatte, Mutter könne sie über den Pferden vergessen.

Das Abendbrot war herrlich, der große Tisch gleich unter dem Christbaum gedeckt, so, als ob der Christbaum mit am Tisch säße. Und das schönste Geschirr hatte Frau Niethammer herausgegeben, und Lametta lag funkelnd auf dem schneeweißen Tischtuch. Die Mädel hatten auch Weingläser vor den Tellern stehen wie Erwachsene, und wenn auch nur Saft hineinkam, so konnten sie doch mit anstoßen. Es gab Karpfen mit frischer Butter, ach, es schmeckte ganz unbegreiflich gut nach all dem vielen Süßen, was schon kunterbunt im Magen herumkollerte.

Sie waren noch nicht beim Nachtisch, wunderbaren, goldfarbenen Pflaumen aus dem Glas, angelangt, als das Telefon schrillte. Herr Niethammer stand ärgerlich auf – dann aber rief er aus dem Herrenzimmer nebenan, Reni sollte fix kommen. Sie sprang auf und ließ ihre Serviette über der Stuhllehne hängen. Vielleicht brauchte Herr Niethammer etwas zum Aufschreiben, Papier und Bleistift?

„Nein, Dummerle, es ist für dich!" lachte er und gab ihr den Hörer. Sie lauschte. Und dann wurde sie ganz rot vor Glück.

„Ja. Ja, ich bin's, Onkel Doktor!" sagte sie leise und seltsam erstickt. Ach, seine liebe, liebe Stimme! Und wie er lachte! Und wie er sie wieder neckte – er wußte auch schon, daß sie beide ins Heim kommen sollten. Mutter hatte es natürlich mit ihm und Tante Mumme ausgemacht. „Ich freu' mich schon *so* sehr auf Erika!" sagte er. Reni begann zu stottern. „Auf Erika? Die kennst du ja noch gar nicht! Und auf mich freust du dich ..."

„Gar nicht", ergänzte er lachend, „ach, wie schade, daß man sich durchs Telefon nicht sehen kann – und nicht an den Zöpfen ziehen –, das möchte Christian so gerne, er steht hier neben mir und grinst. Denkst du, ich freu' mich nicht auf dich? Wann kommt ihr denn?"

„Hoffentlich bald. Wann kommen denn die nächsten? Am zweiten Januar? Können wir da nicht schon eher kommen, damit wir erst ein paar Tage allein bei euch sind? Silvester? Oder schon vor Silvester?" Reni war ganz atemlos – Silvester war heute in acht Tagen – es war nicht auszudenken ...

„Das mußt du mit deiner Mutter ausmachen, Reni", sagte der Doktor leise, „aber höre mal, Kind, quäle nicht, daß du am liebsten heute abend noch wegmöchtest!"

„Nein, nein", sagte Reni schnell und wurde rot. „Es war auch so schön hier – heute –"

„Kann deine Mutter euch nicht herbringen? Ich hab' sie so lange nicht gesehen", sagte der Doktor vorsichtig. Reni überlegte.

„Vielleicht. Wenn das Fohlen von der Xanthippe bis dahin ..."

Der Doktor lachte. „Gut. Schlage es ihr aber auf jeden Fall vor, für ein paar Tage. Und nun noch viel, viel Freude heute abend – und die ganzen Feiertage, Kind ..."

„Na, was wollte der Onkel Doktor denn?" fragte die Mutter, die ihr freundlich entgegenblickte, „hat er sein Paket bekommen?"

„Ja, und er lädt dich ein! Du sollst uns hinbringen", sagte Reni und setzte sich mit heißen Backen auf ihren Platz. Erika hatte ihr inzwischen Kompott aufgetan. „Danke. Fährst du mit, Mutter, ja?"

„Traut ihr euch nicht alleine?" fragte die Mutter und lachte über die Empörung der Mädel. Erika mit fast dreizehn Jahren, und Reni bald zwölf!

„Natürlich trauen wir uns, aber es wäre doch so schön!"

„Klar wäre es das! Ich will mal sehen, wie das im Stall klappt!"

Reni sagte sich selbst, daß die Mutter so antworten müßte, nicht nur würde, sondern *müßte*. Es war doch ihr Beruf, und Herr Niethammer war ihr Chef.

Sie hatten wunderschöne, gemütliche Feiertage, Reni genoß es sehr, daß die Mutter ein bißchen mehr bei ihr war. Wenn sie auch alle Augenblicke in den Stall guckte, sie kam doch *wieder*, und da saßen sie dann zusammen im Weihnachtszimmer und beide lasen in ihren neuen Büchern. Dann, am Abend des dritten Feiertags, kam das erwartete Fohlen zur Welt, und nun war Reni *ganz* glücklich. Nun konnte Mutter mitfahren, herrlich, wunderschön würde das werden! Sie sang und pfiff und trällerte den ganzen Tag, und dann fingen sie und Erika an zu packen. Tagelang standen die Koffer aufgeschlagen in den Schlafzimmern, und es wurde hineingelegt und wieder herausgenommen, Bücher, Briefpapier, Kleider, Blusen, Pullover, Skisocken. Sogar die Puppe und das geschnitzte Pferd gaben Gastrollen darin. Reni war nur immer ein bißchen unruhig, daß Mutter noch nicht packte, dann aber holte sie wahrhaftig einen Koffer vom Boden, und nun war es *wunderbar*.

Sie hatten verabredet, wirklich schon Silvester zu fahren, dort mit Mutter zusammen zu feiern und sie erst am Abend des ersten Januar wieder fortzulassen. Sie würde also einen ganzen, langen, herrlichen Tag mit dort sein. Hoffentlich hatte dann der Onkel Doktor nicht gerade schrecklich viel zu tun, am Abend mußte er dasein, und wenn sie die Telefonleitung durchschnitt.

Zwei Tage vor Silvester schlug das Wetter um. Es war bisher schneidend kalt gewesen, bei völliger Windstille, Sonne auf Schnee, ganz wunderbar. An diesem Morgen aber heulte der Wind im Schornstein, daß Reni früh davon aufwachte, und es war ein warmer Wind, man hörte es förmlich. Mutter war schon auf. Reni lief im Schlafanzug ans Fenster und steckte die Nase hinaus. Sie schlief, wenn sie Ferien hatten, wieder bei Mutter.

Ja, es war warm, und es roch nach Tauen – na, das war nicht schön, aber schließlich kein Unglück. Im Gebirge war es sowieso immer kälter, da hielt sich der Schnee noch. Reni wollte natürlich, daß sich das Heim vor Erika und Mutter doch in seinem schönsten Kleide präsentierte, und da es nun einmal Winter war, stand ihm der Schnee bestimmt großartig. Matsch, Regen und Sturm steht keinem „Draußenheim", das ja eigentlich überhaupt im Sommer angesehen werden will.

„Heute rühren wir uns nicht aus der Bude", begrüßte Erika die Freundin, „wollen wir nicht mal ganz kleine Mädel sein und Puppenküche spielen? Ich finde, das kann man ruhig mal. Es ist doch dumm, wenn man immer tut, als wäre man zu groß für so etwas, was man im Grunde furchtbar gern mag."

Reni war einverstanden, und sie holten sich den kleinen Spiritusherd vom Boden, die Kochtöpfe und das entzückende kleine Puppengeschirr, das wohlverwahrt in der Bodenkammer gelegen hatte und das Reni noch gar nicht kannte. Es war mit Bildern versehen, und zwar war nicht auf jedem Teller dasselbe Bild, sondern es gab vier verschiedene, die abwechselten. Ein Junge, der auf Stelzen läuft, einer, der einen kleinen Hund an der Leine führt, zwei Mädel mit einem Lämmchen und eine altmodische Eisenbahnlokomotive. Die Bilder waren mit zartrosa Strichen in das Geschirr gebrannt, wirklich entzückend. Es gab von allem zwölf Stück, zwölf tiefe und zwölf flache Teller, Tassen, Untertassen, eine niedliche Suppenterrine und Salatschüsseln, kurz, alles, was ein richtiges Geschirr auch enthält. Die Mädel packten es aus, und Erika hörte mit Befriedigung Renis Entzückensausbrüchen zu.

Nun überlegten sie, was sie kochen wollten.

„Am besten, wir gehen zu Mamsell, damit wir wissen, was sie uns gibt", meinte Reni, aber Erika fand das verkehrt.

„Wir müssen ihr doch *erst* sagen, was wir kochen wollen – was ißt du denn am liebsten?"

„Hefeklöße, aber das kannst du wohl nicht", sagte Reni zaghaft. Erika lachte. „Das wollen wir doch mal sehen!"

Schließlich einigten sie sich auf Hefeklöße und Schokoladensuppe, Rührei, Bratkartoffeln und Grießpudding. Die Mamsell sträubte sich auch nur spaßhalber ein bißchen und gab dann gutwillig heraus, was sie brauchten. Eifrig zogen sie damit ab. Und es wurde ein herrlicher Nachmittag, sie vergaßen alles um sich her und kochten, kochten so reichlich, daß sie richtig ein bißchen satt wurden. Natürlich ging auch manches schief, so nahm Reni aus Versehen Salz statt Zucker für den Grießpudding, zum Glück nicht gar zuviel. Erika riet, daß sie daraus eine Suppe kochen sollten, es ging auch ganz gut, nur klumpig wurde sie. Dafür kochten sie noch einen Pudding aus einem Pulver, und der wurde sehr ordentlich. Alles in allem waren sie so satt, daß sie an diesem Tag vergaßen, sich die Vesperbrote zu holen, was sonst nie vorkam. Dadurch merkten sie auch nicht, daß die Erwachsenen ebenfalls nicht zum Kaffee kamen. Es regnete draußen und war ganz plötzlich so warm geworden, daß im Hof wieder ganz große Pfützen standen. Man hatte nicht die mindeste Lust hinauszugehen.

Abends kam Reni fröhlich in Mutters Zimmer und erzählte von dem wunderschönen Nachmittag. Mutter antwortete zerstreut, schließlich nahm sie sich zusammen und versuchte, auf das Kind einzugehen. Aber es gelang ihr nicht.

„Hoffentlich wird es nicht zuviel Wasser", sagte sie, und Reni guckte verdutzt. Sie hatte eben geschildert, was sie morgen kochen wollten, und aus Kartoffelklößen konnte ja nun nicht gut zuviel Wasser werden ...

Sie lachte, als Mutter sagte, sie habe an etwas anderes gedacht. Dann ging sie bald schlafen – sie wollte nicht empfindlich sein, sich nur auf morgen freuen – und auf übermorgen.

Am nächsten Tag war aller Schnee wie weggeleckt, und es regnete noch immer. Es mußte schon spät sein, aber Reni hatte keine Lust, gleich aufzustehen. Sie drehte sich im Bett herum, angelte nach dem Buch, in dem sie gestern abend noch gelesen hatte, und kroch erst aus den Federn, als sie einen gewaltigen Hunger verspürte.

Erika war nicht in dem Zimmer, in dem sie gestern gespielt hatten. Reni suchte ein bißchen im Haus herum und hörte sie dann rufen. Sie war im Hof, kam aber gleich herein, als sie Reni sah, in Gummistiefeln und Regenmantel. „Nein, so eine Überschwemmung da draußen, und immer noch kommt mehr von oben!" sagte sie. „Der Stall steht schon bis zum Mittelgang unter Wasser!"

„Der Kuhstall?" fragte Reni mit mattem Interesse.

„Nein, der Pferdestall – sie werden ausquartiert, kommst du mit gucken? Sie wollen immer nicht ..." Erika war schon wieder halb draußen. Reni drückte die Tür zu, durch die der Wind warm und feucht hereinfauchte. Sie überlegte, dann ging sie hinauf und holte sich auch ihr Regenzeug. Obwohl, wenn sie morgen fuhren, durfte es nicht durchweicht sein!

Aber man konnte es ja wieder trokkenhängen, über der Heizung trocknete es schnell. Mutter war ja auch draußen und sicher patschnaß, und ...

Reni fuhr in die wasserdichten Skistiefel und zog über den Mantel noch die durchsichtige Regenhaut. So angetan konnte ihr das Wetter nichts anhaben. Sie lief in den Hof. Gleich darauf sah sie ihre Mutter, die, in Reithosen und langen Stiefeln, zwei Pferde führte, nicht vorwärts, wie das üblich ist, sondern rückwärts. Sie sollten in die Scheune hinein und schienen dazu gar keine Lust zu haben. Mutter redete ihnen gut zu und winkte ärgerlich ab, als ein Knecht kam und helfen wollte.

„Laß doch, du erschreckst sie bloß!"

Es war wirklich so – wenn einer von den Knechten anfaßte, gingen die Pferde hoch, traten hin und her und warfen die Köpfe. Nur von Mutter ließen sie sich führen. Am besten konnte es eben doch Mutter. Reni empfand einen wilden, wenn auch versteckten Stolz, wie sie ihr so zusah. Mutter war in ihrer Art doch einzig!

Sie lief hinüber und hielt die Scheunentür auf, damit sie nicht etwa herumklappte. Mutter nickte ihr im Vorbeikommen zu, fröhlich und eifrig. Reni wurde es ganz warm ums Herz, sie blieb, bis alle Pferde geborgen waren. Erika war längst ins Haus gelaufen, aber Reni ging erst mit der Mutter.

Sie schüttelten sich in der Diele lachend das Wasser von den Sachen, dann ging Mutter ins Herrenzimmer zu Herrn Niethammer.

Am Nachmittag mußten die Pferde auch aus der Scheune heraus. Sie standen bereits dort wieder bis an die Fesseln im Wasser, es war eine wahre Sündflut, die niederging. Wohin jetzt mit ihnen? Herr Niethammer war für die Feldscheune, aber Mutter widersprach. Dort zog es, und wenn sie naß heimkamen, erkälteten sie sich.

Nach langem Hin und Her beschloß man endlich, sie ins Haus, in den Wintergarten, zu bringen. Schnell mußte alles, was darin stand, herausgeräumt und eine dicke Strohschicht hineingebracht werden. Alle halfen, auch Reni. Es war eine lustige Arbeit, obwohl der Anlaß ja beileibe nicht lustig war. Das schwierigste war, daß es in den Wintergarten durch den Park und dann eine kleine Treppe hinaufging. Es waren ja schließlich keine Zirkuspferde.

Mutter lachte über ihr ganzes, nasses rotbäckiges Gesicht, als Herr Niethammer das äußerte. „Ich bekomme sie schon hinauf!"

Sie brachte es wirklich fertig. Manche rückwärts, andere mit verbundenen Augen, aber alle mit Geduld, Liebe und unaufhörlichem Zureden – aber sie brachte es fertig. Reni war glücklich, als alle untergebracht waren, schon deshalb, weil Mutter ja noch nicht fertiggepackt hatte. Nun würde sie wohl endlich mit hinaufkommen und sich um ihren Koffer kümmern. Sie kam auch wirklich, Reni atmete auf.

„Nun ist dein Mantel ganz naß – fährst du im Kostüm?" fragte sie, als Mutter sich auszog. Die Heizung zischte, weil es von den Sachen heruntertropfte. Mutter fuhr sich durch ihren nassen Schopf.

„Wahrscheinlich muß ich – aber du, Reni, ich glaub', ich komme überhaupt nicht mit. Wenn ihr euch doch alleine traut – es ist doch jetzt hier gar zuviel zu tun!"

„Du willst nicht . . ." Reni hatte es gewußt, aber es traf sie dennoch wie ein Fausthieb. So sehr hatte sie sich gefreut gehabt! Sie stand mit hängenden Armen und sagte nichts.

Mutter drehte sich um und sah sie an, mitleidig, zärtlich, aber auch ein bißchen ungeduldig. „Das mußt du doch einsehen, Mädel!"

„Aber gerade das war doch mein größter Wunsch", schluchzte Reni, es klang trotziger, als ihr zumute war. Zumute war ihr eigentlich nur traurig.

„Sei doch vernünftig", sagte die Mutter leise, „und dein größter Wunsch – das war, daß du mit Erika ins Heim fahren dürftest?"

„Ja, aber mit dir –"

Reni wußte selbst, daß das nicht so war. Aber sie wünschte es sich *jetzt* eben so sehr – sie erinnerte sich an ein kleines Gedicht, das der Doktor manchmal zitierte. Von jemandem, der sich so sehr etwas wünscht und dann noch etwas, und dann wieder etwas – es hieß am Schluß: „Ein jeder Wunsch, der sich erfüllt, kriegt augenblicklich Junge."

Sie wollte etwas davon sagen, wollte der Mutter das Herz, das doch sicher auch schwer war, erleichtern . . . sie setzte schon an dazu. Immer hatte der Doktor sie gelehrt: Denke an die anderen, wenn es dir einmal traurig ums Herz ist. Denke daran, daß vielleicht jemand neben dir steht, der noch trauriger ist. Werde nicht egoistisch durch einen Schmerz, sondern versuche zu trösten! Vielleicht hätten Reni und Mutter gerade in diesem Augenblick, in dem sie einsahen, daß sie sich trennen mußten, endgültig zueinandergefunden. Vielleicht – wenn Renis Mutter die Fähigkeit gehabt hätte, im richtigen Moment geduldig zu sein. So wie es der Doktor war – der hatte so unendlich viel zu tun, aber wenn es darauf ankam, hatte er immer, immer Zeit . . .

Wenn sie ihr Mädel jetzt auf den Schoß gezogen und mit ihr gesprochen hätte, in herzlicher Ruhe. Aber Renis Mutter war jung, sie war erfüllt von der neuen Aufgabe, die das Hochwasser ihr gestellt hatte, sie war unruhig und voll eigener Sorgen. Und so sagte sie nur – noch ehe Reni etwas Liebes, Warmes und Tröstliches aussprechen konnte: „Aufgeschoben ist nicht aufgehoben, Reni. Sei vernünftig und heul jetzt nicht, ich kann das nicht vertragen!"

Reni heulte nicht. Nein, das wenigstens brachte sie fertig, sie brachte auch fertig, aus dem Zimmer zu gehen und die Tür leise hinter sich zu schließen. „Man soll sein Temperament nicht an unschuldigen weißen Türen auslassen", hatte der Doktor einmal ermahnt, als sie, in Wut und Trotz, die Tür schmiß. Sie ging leise und artig hinaus, aber innerlich tobte sie. Gut, sie würde allein fahren, allein mit Erika, und überhaupt nicht wiederkommen. Nie! Mutter hatte ja ihre Pferde, Mutter brauchte keine Tochter.

Es war elf Jahre ohne sie gegangen, und so würde es auch weitergehen. Nein, sie bat Mutter nie, niemals wieder, an ihrem eigenen Leben teilzunehmen!

Frau Jahnecke sah ihr nach, unschlüssig. Sollte sie hinterherlaufen und das Mädel am Kopf nehmen? Natürlich war Reni enttäuscht, und es tut so gut, wenn man dann getröstet wird – wenn auch, wie sie selbst oft erfahren hatte, Trost eben nur bis zu einem gewissen Grade hilft und heilt. Er kann entbittern, aber die Traurigkeit nicht nehmen.

Reni war noch klein, man konnte von ihr nicht verlangen, daß sie einsah, wie unabkömmlich ihre Mutter jetzt hier war. Denn daß sie unabkömmlich war, war ja wohl klar ... Sie hatte doch nun endlich eine Arbeitsstelle, die ihr zusagte – wie lange hatte sie danach gesucht –, die sie nicht verlieren wollte, vor allem um der Pferde willen. Denn sie war, durch ihre früheren Arbeitsplätze, den Menschen gegenüber vorsichtig, sogar ein klein wenig mißtrauisch geworden. Ihr ging es wie vielen, die in abhängigen Stellungen sind: Seit ich die Menschen kenne, liebe ich die Pferde ...

Sie hatte sich an die sanfte, edle Kreatur so innig angeschlossen, weil sie die Menschen fürchtete – man ahnte das nicht bei ihrer äußerlich so forschen, frischen Art. Niemand wußte, daß sie sich dahinter nur verschanzte, daß sie eigentlich anders war, weich, anlehnungsbedürftig. Hier war sie ja eigentlich Sekretärin, nur durch ihre Liebe zu den Pferden, die Herr Niethammer gut verstand und wegen der er sie besonders schätzte, war es ihr gelungen, zu dieser lebendigen Arbeit neben all den Schreibereien und Rechnungen zu kommen. Sie füllte also eigentlich zwei Posten aus – das war an sich schon schwierig. Wenn man auch das Schriftliche wesentlich abkürzen und in den Winter verbannen konnte. Für sein Steckenpferd opfert man ja nur zu gern all seine freie Zeit ...

Ja, aber all diese freien Minuten gingen nun für die Pferde drauf, und für Reni Zeit zu finden, das war wirklich kaum möglich. Sie hatte sich damals, als Erika mit ihrem Plan herausrückte, die Sache so zurechtgelegt gehabt, daß Reni dann immer bei ihr sein könnte, wenn sie bei den Pferden zu tun hatte. So wie heute nachmittag – sie konnte sich einfach nicht vorstellen, daß ihr Kind, ihre Tochter *nicht* begeistert von den Pferden sein könnte. Nun drückte sie das Gefühl, Reni unrecht getan zu haben. Mehr – ihr weh zu tun – aber, lieber Gott, es ging ja doch nicht anders! Und ihr tat das Leben auch weh, ohne daß sich jemand darum kümmerte. Sie war allein, seit vielen, vielen Jahren, sie mußte sich durchs Leben boxen, wie es eben ging, niemand bedauerte sie, niemand dankte es ihr. Auch Reni nicht, Reni war nur verbockt, weil es nicht nach ihrem Kopf ging ...

Sie blieb vor der Fotografie ihres Mannes stehen, die auf dem Tisch stand, ein paar Christrosen in einer Schale davor. Lang sah sie ihn an, das frische, junge, ernsthafte Gesicht, das sie so sehr geliebt hatte. Immer sah sie es an, wenn sie nicht wußte, was tun.

„Und wenn es dir einmal schlechtgeht, laß dir helfen! Sei nicht hochmütig! Hilfe ablehnen ist Hochmut. Bleibe weich, auch wenn du nach außen hin hart scheinen mußt!"

Das hatte er ihr einmal geschrieben, als er schon im Krankenhaus lag. Ob er damals schon damit gerechnet hatte zu sterben, oder ob er nur die augenblickliche schwere Zeit für sie meinte, wußte sie nicht. Eigentlich rechnet ein junger Mensch nicht mit dem Sterben, bis zuletzt nicht – aber er war ja Arzt, oder wenigstens werdender Arzt. Vielleicht hatte er es doch gewußt.

Laß dir helfen. Aber wer half ihr denn? Sie war so allein, obwohl Niethammers nett zu ihr waren, obwohl sie beliebt war bei den Leuten auf dem Hof, obwohl – ja, obwohl sie eine kleine große Tochter hatte, die sie liebte.

Sie stand ganz still und sah in den Regen hinaus. Ihr Herz war schwer. Aber sie wußte niemanden, dem sie das hätte sagen können.

10. Kapitel

„Da, Erika, die Berge! Jetzt sieht man sie schon!" sagte Reni aufgeregt und zog Erika ans Abteilfenster. „Dort – manchmal gehen wir da rauf, da gibt es Himbeeren in Mengen, und Blaubeeren und wilde Erdbeeren, man kann viele, viele Stunden durch die Berge laufen, und im Winter skifahren! Ich finde, ein Land ohne Berge ist überhaupt kein richtiges Land – jedenfalls –"

Jedenfalls keine Heimat, hatte sie eigentlich sagen wollen, aber sie verschluckte es gerade noch rechtzeitig. Denn plötzlich fiel ihr ein, daß Erikas Heimatgut in einem rettungslos flachen Land lag, und sie hing *doch* daran, liebte es als Heimat.

„Der Onkel Doktor ist bestimmt nicht an der Bahn, dazu hat er zuviel zu tun", erzählte sie weiter, voller Eifer. „Und er arbeitet sicher alles vorher auf, damit er Zeit für uns hat. Am Neujahrstag holen ihn immer schrecklich viele Leute, weil sie sich am Silvesterpunsch die Mägen verderben – auch am ersten Weihnachtsfeiertag. Dumm, nicht? Doktors haben es nicht leicht auf der Welt, und wenn die Leute vernünftiger wären ..."

„Du erzählst von eurem Doktor", sagte Erika nachdenklich. „Ich denke, Tante Mumme leitet das Heim?"

„Ja, das tut sie auch, eigentlich. Aber sie fragt ihn in allem um Rat, und er war ja schon immer der Heimarzt, auch als er noch in der Stadt wohnte, dort, wo er seine Praxisräume hat. Jetzt können wir uns gar nicht mehr vorstellen, daß er nicht immer bei uns wohnte. Das Haus links vom Hof ist unseres, da ist auch mein Zimmer, von dem ich dir schon erzählt hab'. In dem Haus zur Rechten sind die Schlafsäle, der Wohnraum, die Gemeinschaftsräume – und die Turnhalle geht quer rüber. Ach, du wirst schon sehen!"

Immer endeten alle ihre Beschreibungen mit einem verheißungsvollen: Du wirst schon sehen! Erika war auch gebührend gespannt.

Sie kamen an, der Zug hatte kaum Verspätung, und von den Bergen herunter leuchtete es noch weiß. Gottlob, Erika würde es bestimmt schön finden!

Es war ein ziemlich weiter Weg durch die Stadt, der Bahnhof lag am anderen Ende. Sie stiegen in die Straßenbahn, schon wegen der Koffer, aber auch aus Ungeduld. Und wie langsam sie fuhr!

„Ich weiß nicht, soviel Zeit brauchte man früher nie, um nach Hause zu kommen", sagte Reni. Erika lachte.

Aber dann war es endlich doch soweit, sie liefen die letzten hundert Meter im Trab. Da lag das geliebte Heim, dicke Schneewälle waren aufgeschaufelt, und das Dach war noch dick wattiert. Reni rannte – Erika konnte gar nicht mehr mit. Hinein ins Haus und –

„Tante Mumme, Tante Mumme!"

„Lieber Gott, Mädel, bist du schon da? Das ist doch nicht möglich! Christian ist doch gerade erst fort!"

„War er an der Bahn?" fragte Reni atemlos. „Ich hab' ihn nicht gesehen. Niemanden hab' ich gesehen. Und wann kommt der Onkel Doktor?"

„Er muß jeden Augenblick dasein – ach, da ist ja auch Erika! Guten Tag, mein liebes Kind, Reni läßt dich stehen und rennt dir davon wie verrückt!"

„Ja, verrückt kann man schon sagen", lachte es hinter ihnen, und Reni drehte sich fix um. Da stand ein großer Junge mit den guten braunen Augen ihres geliebten Doktoronkels, und mit einem gutmütigen, breiten Gesicht, das so nett aussah, daß sie gar nicht verlegen wurde. „Ich konnte doch nicht ahnen, daß du uns abholst!"

„Schadet nichts, wenn du nur da bist. Vater erzählt immerfort von dir, ich bin schon ganz eifersüchtig", sagte Christian in seiner ruhigen Art. Reni ließ ihn vorläufig stehen.

„Erst muß ich mir alles ansehen – überall gewesen sein, in der Küche und in der Turnhalle –, ist die Tante Thea noch fort? Aber sie kommt doch wieder, oder hat sie sich inzwischen verlobt? Und in den Schlafsälen und auf der Wiese ..."

„Aber in deinem Zimmer wohn' ich jetzt", sagte Christian, der mit ihr die Treppe hinunterlief. „Wenn du willst, zieh' ich aus!"

„Unfug. Der Onkel Doktor hat mir's schon geschrieben, ich weiß es längst. Ich schlaf' mit Erika in einem Schlafsaal, wir beide ganz alleine, bis die nächsten kommen ..."

„Aber nur, wenn du wirklich magst", sagte Christian noch. Sie sah ihn an. „Dir geb' ich mein Zimmer gerne!"

Sie sprach die Wahrheit. Es war eine Tatsache, was sie da aussprach: Sie gönnte ihm ihr Zimmer, wenn auch erst seit diesem Augenblick. Vorher, bei Niethammers, war es ihr immer gewesen, als drücke ihr eine fremde Hand das Herz zusammen, wenn sie daran dachte, daß ihr liebes weißes Zimmer jetzt ... Sie hatte das vor sich selbst nicht wahrhaben wollen, hatte es immer weggeschoben; es war ja nun das Zimmer für den Sohn des Onkel Doktors. Erst jetzt, in dem Augenblick, da sie ihn selbst kennenlernte und in seinem Gesicht das Gesicht seines Vaters sah, so deutlich, wie ihr das im ganzen Leben wahrscheinlich nicht wieder geschehen würde: denn wenn man sich besser kennt, sieht man so etwas nicht mehr, man gewöhnt sich daran und sieht dann auch die Unterschiede, die ja auch stets vorhanden sind. – In diesem Augenblick erst war das Wahrheit geworden, was sie so schnell ausgesprochen hatte: Sie gönnte ihm das Zimmer. Wenn jemandem, dann ihm! Und es erfüllte sie mit einer kaum zu fassenden Freude, daß sie das konnte.

Überhaupt – sie war ja so froh, so

froh! Jede Türklinke gab ihr die Hand wie ein Mensch, jedes Fenster lachte ihr zu wie ein Gesicht. Daß sie es überhaupt so lange ausgehalten hatte, fort zu sein!

Und nun brummte es auch im Hof, der Ton, den sie oft im Halbwachen oder Träumen gehört hatte – das Auto schnurrte den Berg herauf. Sie rannte, daß selbst Christians lange Beine nicht mitkonnten. Der Onkel Doktor mußte noch vor der Garage halten, Reni wäre ihm sonst in den Kühler hineingerannt. Sie konnte kaum abwarten, bis der große, schwere Mann aus dem Wagen gekrochen war, und dann hing sie endlich an seinem Hals. „Lieber, lieber Doktoronkel!" – „Na endlich! Und mit Christian bist du auch schon bekannt? Das ist recht. Wie war die Fahrt? Wo ist Erika und wo die Frau Mutter?"

„Erika ist oben, aber die Mutter ist nicht mit", berichtete Reni, nach Luft schnappend, „wir hatten Hochwasser und die Pferde im Haus, im Wintergarten, denk mal, sie guckten zum Fenster raus, wenn man unten vorbeiging!" Wirklich, jetzt kam ihr das alles genauso lustig und komisch vor, wie sie es erzählte – daß die Pferde die Treppe hinaufgehen und im Hause wohnen mußten. Und sie sah auch völlig ein, daß die Mutter dabeizusein hatte. Mutter konnte nicht fort – Punkt. „Und was machen wir heute abend?"

„Kaminfeuer. Das erste – immer wenn ich den Kamin anfeuern wollte, sagte Vater, Kaminfeuer ohne Reni ist wie eine Suppe ohne Salz", erzählte Christian halb lachend, halb empört. Sein Vater fuhr ihm über das Gesicht. „Schwatz nicht aus der Schule, Reni wird sonst eingebildet!"

„Hast du das wirklich gesagt?" fragte Reni feuerrot.

Er lachte sie aus. „Wie eine Milchsuppe ohne Salz – in Milchsuppen gehört nämlich gar keins!"

„Hach!" Reni wußte schon, daß es eine Ausrede war. „Na, wir haben neulich eine Milchsuppe gekocht, gelt, Erika? Also scheußlich."

„Gibt's auch Punsch?" erkundigte sich Christian neugierig. Sein Vater machte ein übertrieben empörtes Gesicht.

„Punsch? Buttermilch! Das ist das richtige für solche Milchbärte, wie du einer bist!"

Tante Mumme blinzelte ihm zu. „Natürlich gibt's was Gutes", flüsterte sie ihm und Reni zu, und Erika wunderte sich, wie die beiden, Christian und Reni – es war wirklich, als kennten sie sich schon lange – hochsprangen und den Doktor auslachten. Es entfaltete sich nun eine wilde Tätigkeit. Christian mußte Holz holen und den Kamin anbrennen, was ja bekanntlich eine Geheimwissenschaft ist, Reni und Erika wurden in die Küche beordert, um Tante Mumme zu helfen, dazwischen schrillte das Telefon. Der Doktor mußte wirklich noch mal fort.

„Zu schade, daß deine Mutter nicht da ist", sagte Erika, während sie die Teller mit den hochgetürmten Kuchenstücken hinüber ins Kaminzimmer trugen. Reni fand das auch, sie nickte, aber tief innen in ihr brodelte doch noch ein kleiner Zorn. Ganz so selbstverständlich, wie sie es dem Onkel Doktor hatte glauben machen wollen, war es ihr doch nicht, daß Mutter nicht mitgekommen war. Aber sie drängte es fort, sie wollte froh sein heute abend, und sie *war* auch froh.

Der dicke Holzkloben, mit dem sich Christian so abgemüht hatte, um ihn zum Brennen zu bringen, hatte endlich seinen Widerstand aufgegeben und glühte – nun war keine Angst mehr, daß das Feuer wieder ausging. Tante Mumme schob die Sessel und das kleine Sofa um den Kamin, stellte den Teewagen zurecht und rückte und ordnete noch ein bißchen an Decken und Kissen herum. Reni war noch rasch zum Briefkasten gelaufen, um die Karte an die Mutter, daß sie gut angekommen seien, einzuwerfen; als sie wiederkam, war das Auto schon in den Hof eingefahren. Also war der Onkel Doktor da, gottlob! Sie zog unten den Mantel aus und trat ins Kaminzimmer, da hörte sie ihn eben schimpfen.

„Donnerwetter, was für ein verflixter Esel hat denn diese Flasche zugekorkt, das ist ja einfach eine prämierte Dummheit! Das – fluch doch nicht so am heiligen Silvesterabend", fuhr er Christian an, der stumm dabeigestanden hatte – er hatte gehört, daß Reni hereinkam. Sie lachte.

„Du denkst wohl, ich kenn' diese Stimme nicht mehr! Und dein Geschimpfe!"

„Ich schimpfe nie!" entrüstete sich der Doktor, und Christian ging lachend in die Kniebeuge, weil sein Vater mit weit ausholendem Arm zu einer Ohrfeige ansetzte. Der Punsch wurde auf den elektrischen Topf gesetzt, in einem feuerfesten Glaskrug, er sah herrlich aus, rubinrot und glühend.

„Nun mußt du aber erzählen!" bat Reni, als sie sich zurechtsetzten, die Gläser gefüllt waren und der Doktor seine Zigarre genießerisch in Brand gesetzt hatte. Ja, erzählen, das gehörte zum Kaminabend wie die Butter zum Butterbrot. Tante Mumme hatte ihre Häkelei entfaltet. So war es richtig . . .

„Wenn's geht, eine Gruselgeschichte!" ließ sich jetzt Erika, schüchtern, aber brennend vor Begierde, vernehmen. „Reni sagt, am Kamin muß man Gruselgeschichten erzählen!"

„Das kann manchmal schlimm ausgehen, wenn man sich gruseln will." Tante Mumme lachte. „Ich warne Neugierige! Mir ist es einmal so ergangen, da war ich – wart einmal, doch, ich war schon ein paar Jahre älter als ihr . . ."

„Und? Kam da wirklich ein Gespenst?" fragte Christian lachend.

„Du Naseweis, wenn du gleich so anfängst, erzähle ich nicht!"

„Doch, wir sind auch ganz still!" beteuerte Reni und gab Christian einen Puff in die Seite. „Also erzähl, Tante Mumme, wo war es?"

„Auf einem Gut, auf dem ich kochen lernte, mit ein paar andern Mädeln zusammen", begann Tante Mumme, „wir waren vielleicht sechzehn, siebzehn Jahre alt. Eines Abends nun, im Herbst, in der unheimlichsten Zeit, waren wir allein im Haus. Die Gutsleute waren ausgegangen, die Verwalter schliefen drüben im anderen Gebäude, die Küchenmädel hatten frei. Nur wir, noch zwei solche Küken und ich, waren da. Wir verriegelten die Türen, schlossen die Fenster und hatten nun das erhebende Bewußtsein, allein zu sein, und wir *wollten* uns gruseln. Also setzten wir uns ins Wohnzimmer, das uns sonst verschlossen war, zündeten eine Kerze an – das elektrische Licht war uns zu hell, dabei kann man sich ja doch nicht gruseln – und stellten diese Kerze mitten vor uns auf den Tisch. Dann las ich den anderen eine fürchterlich spannende und unheimliche Geschichte vor, wo hinter einem Mörder immer Schritte hergehen, tapp, tapp, ohne daß man jemanden sieht. Immer – so lange, bis er verrückt wird und die Tat eingesteht. Es war eine wunderschöne und schauerliche Geschichte.

Gerade, als ich zu Ende bin, hören wir draußen Schritte. Draußen, das heißt nicht im Freien, sondern im Flur, ganz deutlich geht es: tapp, tapp – uns lief es kalt über den Rücken. Bis zum Lichtschalter mochten wir nicht gehen, wir saßen da wie gelähmt. Denn wir wußten ja, daß alle Türen und Fenster zu und niemand im Haus war.

Und dann ging die Tür auf, und Schritte kamen herein, tapp, tapp, ohne daß wir jemanden sahen.."

Erika ächzte vor Grauen, während sie Tante Mumme anstarrte. Sogar der Doktor vergaß an seiner Zigarre zu ziehen.

„Dann kam es immer näher. Bis an den Tisch..."

„Das ist doch nicht möglich!" flüsterte Reni und schob ihre Hand auf den Arm des Doktors, da fuhr Tante Mumme fort:

„Doch, es war so. Es war der Hund, Prinz hieß er – er konnte die Tür aufmachen, und an ihn hatten wir nicht gedacht. Es war ein großer, gelblicher, zottiger Kerl, so einer, wie es jetzt keine mehr gibt, ich sehe ihn noch vor mir. Der Schatten des Tisches fiel gerade so nach der Tür hin, daß er ihn zudeckte. Wir konnten ihn nicht sehen. Es war schaurig, sage ich euch. Wir sind dann sofort ins Bett gekrochen und haben nie wieder Gruseln gespielt!"

Die anderen lachten erlöst. „Aber ich möchte trotzdem...", sagte Erika schüchtern.

„So was erleben?" lachte Christian. Sie wehrte ab.

„Nein, aber noch eine *hören!*" Sie sah den Doktor begierig an. Der lachte vergnügt.

„Hören, das ist ungefährlich, erleben mag sie nicht. Seht doch mal die kleine Eva an: Wasch mich, aber mach mich nicht naß! Ich erlebe solche Geschichten lieber!"

„Hast du? Hast du wieder mal eine erlebt?" fragte Reni brennend vor Spannung. Er nickte.

„Jedenfalls was ziemlich Unbegreifliches. Ich fahre da neulich nach Remptengrün hinaus, nachts, es war noch kein Schnee, im November. Es war eine dunkle Nacht, und ich war müde und fuhr nicht langsam, um bald wieder zu Hause und im Bett zu sein. Wie ich nun so fahre, sehe ich auf der Straße eine Dame stehen und winken. Ich hielt an, stieg aus, ging vor den Wagen – niemand da. Na, so was! Vielleicht hat sie nun Angst bekommen vor mir dickem Kerl, denke ich, rufe, sehe mich noch einmal um, meinetwegen. Ich steige also wieder ein, schalte auf Fernlicht –, ich hatte auf Stadtlicht gedreht gehabt – da steht die Dame wieder, mit hoch erhobenem Arm, und winkt. Na, denk' ich, nun hat sie sich's überlegt. Ich mache die Tür auf und rufe – nichts. Ich schalte wieder das Licht ein – da steht sie. Nun wurde mir's aber zu bunt."

„War es auch wirklich eine Dame, Onkel Doktor?" fragte Reni mit offenen Augen. „Oder war es ein..."

„Ein Straßenräuber? Ich dachte auch so was", sagte der Doktor, befriedigt von der Wirkung seiner Geschichte, „na, ich drehe wieder auf kleines Licht, steige aus, rufe – und gehe schließlich ein paar Schritte vor, um mich richtig und von den Lichtern ungeblendet umzusehen. Und da finde ich – ratet mal, was!"

„Eine Leiche!" platzte Erika heraus.

Tante Mumme zuckte zusammen. „Wirklich, Paul?"

„Nein, eine Leiche nicht, aber..."

Nur Christian saß da und sagte nichts. Er sah den Vater forschend an.

„Was guckst du denn so, Junge?" fragte der Vater streng. Christian sah ihn mit einem Ausdruck an, der Reni derart an den seines Vaters erinnerte, daß sie, mitten in der Spannung, laut lachen mußte.

„Du lachst?" fuhr der Doktor sie an. „Ich erzähle nicht weiter!"

„Doch, bitte, bitte, nein, jetzt darfst du nicht aufhören!"

Sie baten und bettelten, endlich ließ er sich herab und begann von neuem: „Also, was glaubt ihr wohl, was ich da sah? Ich sah, daß gleich dort, wo mein Auto stand, vielleicht fünf Meter weiter, die Straße aufgerissen war. So tief und weit, daß ich mit meinem Wagen den schönsten Salto mortale hinein gemacht hätte. Weit und breit kein Mensch. Es hatte mich wohl mein guter Engel gewarnt.

Die Leute mußten dort gebaut und vergessen haben, eine rote Lampe als Warnsignal aufzustellen. Ich fuhr zurück und gleich auf die Polizei und veranlaßte, daß die Lampe hinkam, vielleicht funktionierte der Schutzengel anderer Autofahrer doch nicht so prompt."

„Mein Gott, was hätte dir alles passieren können!" sagte Tante Mumme noch ganz auseinander, sie hatte die ganze Zeit nicht mehr gehäkelt vor Spannung. „Und woher kam die Dame? Hast du wirklich eine gesehen?"

„Ja. Auch das klärte sich auf. Es war ein Blatt an meinen einen Scheinwerfer geweht, das in dem Lichtkegel einen Schatten gab, der genau wie eine winkende Dame aussah. Daß das gerade *dort* passierte und ich sogar ein drittes Mal ausstieg, um nachzusehen, was los ist, *das* kann ich nun nicht erklären!"

„Vielleicht steht es in der ‚Gartenlaube'", sagte Christian trocken. Alle guckten ihn erstaunt und aus der Spannung gerissen an.

„In welcher Gartenlaube?" fragte sein Vater, sichtlich gestört. „Ich weiß nicht, welche Nummer es war", sagte Christian, „die letzte oder vorletzte!" Sein Vater schlug sich wütend aufs Knie.

„Der Bursche soll nicht immer die Illustrierten lesen!" rief er polternd. „Sie sind nichts für einen Dreikäsehoch, der noch nicht trocken hinter den Ohren ist. Er vermasselt mir meine schönsten Erlebnisse!"

Allmählich schlug es bei Reni zusammen. „Du hast nicht . . ."

„Natürlich hab' ich es erlebt, bloß jemand hat das ausgenützt und in die Zeitung geschrieben . . ." Nun lachten sie alle.

„Onkel Doktor, du hast gelogen!" rief Reni halb triumphierend, halb bedauernd. Er verkroch sich hinter sein Punschglas. „Ihr wolltet doch eine erlebte Geschichte hören!" murmelte er kleinlaut. „Aber nun erzähle ich nie mehr etwas, jedenfalls, solange solch ein ungläubiger Thomas hier dabei ist!"

„Christian, ein ungläubiger Christian", verbesserte sein Sohn mit einem winzigen Lachen in den Mundwinkeln. „Übrigens les' ich sonst in den Zeitschriften niemals – nur dieses eine Mal. Es lag ein Stück davon auf einem verschwiegenen Örtchen!"

„Dorther habe ich es auch!" rief sein Vater, und nun lachten sie alle so sehr, daß alle Mißstimmung verflogen war. Allerdings ließ sich der Doktor nun sehr bitten – er wollte nicht mehr erzählen, wenn man ihm doch nicht glaubte.

„Es gibt aber so was", ließ sich nun Erika vernehmen, „es gibt Warnungen, die man sich nicht erklären kann. Daß die Uhr stehenbleibt oder ein Bild herunterfällt.

„Besonders, wenn man die Uhr

nicht aufgezogen hat und das Bild an einem durchgerosteten Nagel hängt", bestätigte der Doktor.

„Nein, nicht nur so, ich meine –"

„Ich weiß, was Erika meint", ließ sich jetzt Christian hören, „und sie hat auch recht, es gibt so was. Wenigstens bei manchen Menschen – ein Freund von mir hat einmal was ganz Komisches erlebt. Und der schwindelt bestimmt nicht!"

„Du meinst, so wie ich", schaltete der Doktor ein.

„Nein, denn er bestritt früher all so etwas heftig. Nun erlebt er folgendes: Er fährt mit dem Motorrad los, und nach einer Weile fällt ihm ein, daß er die Papiere vergessen hat, Führerschein, Zulassungskarte und so weiter. Er denkt, ach, es wird schon keine Kontrolle kommen. Aber nach einer Weile, kurz vor einem Dorf, wird es ihm doch ungemütlich. Er sieht auf die Uhr. Gern dreht er nicht um, denn es ist schon spät. Aber er tut es doch, obwohl er sonst wirklich kein Angsthase ist, holt die Brieftasche, gibt ein bißchen mehr Gas und fegt dieselbe Straße zurück. Als er in das Dorf kommt, vor dem er vorhin umkehrte, ist dort Kontrolle. Wirklich und wahrhaftig. Wo doch Kontrollen an sich selten sind..."

„In welcher Zeitschrift und in welcher Lokalität hast du denn das gelesen?" erkundigte sich der Doktor spöttisch, der seine Niederlage von vorhin noch nicht ganz verschmerzt hatte.

„Es ist so passiert, wie ich es erzählt habe!"

„Doch, es mag so was geben", sagte sein Vater schließlich, ernster werdend, „wenn es auch nicht jedem Menschen widerfährt. Aber nahen Verwandten – Leuten, die sich sehr, sehr liebhaben, kann schon manchmal eine Botschaft übermittelt werden, die keine natürliche Erklärung findet."

„Was für eine Botschaft?" fragte Reni mit großen Augen.

„Es braucht ja nicht gerade eine heruntergefallene Uhr zu sein, wie Erika es vorschlug", sagte der Doktor lächelnd, „aber vielleicht muß man plötzlich und ohne äußere Ursache an den anderen denken, wenn dem gerade etwas passiert, ganz stark – oder man schreibt an ihn in derselben Minute, in der er schreibt..."

„Hast du schon mal so was erlebt?" fragte Reni drängend, aber der Doktor verwahrte sich lachend. „Ich erzähle nicht mehr!"

Er erzählte aber doch noch, jedoch lustige und harmlose Geschichten, um die kleinen Mädel abzulenken und nicht aufzuregen.

Als es zwölf schlug, öffneten sie das Fenster, um das neue Jahr hereinzulassen, wie Tante Mumme sagte, und sahen hinauf zu den schimmernden Sternen. Es würde wohl wieder kalt werden. Reni dachte an die Mutter und an das Hochwasser, aber es war so fern.

„Ich bin hier zu Hause!" dachte sie und drängte sich mit der Schulter an den Ärmel des geliebten Doktoronkels. Er umfaßte sie leicht, und sie fühlte sein Lächeln mehr, als sie es sah in dem blassen Sternenlicht, als er sagte: „Wie schön, daß du da bist, Kindel!"

11. Kapitel

Der nächste Tag gehörte ihnen noch ganz allein. Christian und die beiden Mädel hatten verabredet, trotz des späten Schlafengehens zeitig aufzustehen, damit sie etwas vom Tag hätten. So fanden sie sich schon um acht bei Tante Mumme zum Frühstück ein, und da es wirklich wieder kalt geworden war, Sonne auf Schnee, beschlossen sie, in die Berge zu gehen. Mit Skiern! Reni hatte ihre noch hier, für Erika fanden sich welche aus dem Bestand des Heims, und Christian besaß eigene, sogar welche mit Stahlkanten. Er gab ungeheuer an damit. Ja, sie wollten los, es war ein großartiger Gedanke.

Reni hatte nur eine Hemmung. Heute war doch Feiertag, da wäre es doch eigentlich richtiger, sie blieben beim Onkel Doktor. Aber Tante Mumme schüttelte lächelnd den Kopf. Er sei schon auf, schon lange – Reni hatte angenommen, er schliefe noch und müßte dann, wenn sie fort wären, zu einem einsamen Frühstück Tränen vergießen – und ein kleines Kind sei im Begriff, das Licht der Welt am ersten Tag des neuen Jahres zu erblicken, und dazu würde er gebraucht. Das könnte lange dauern. „Fahrt nur!"

Gut, sie fuhr mit. Tante Mumme stopfte ihnen einen Rucksack voll Proviant, ermahnte sie noch ohne Ende, vernünftig und nicht zu waghalsig zu sein. „... Nein, nein, Tante Mumme, hab keine Angst! Wir fahren höchstens über die Sprungschanze!" tröstete Christian sie, und wieder erinnerte er Reni in der Art zu sprechen derart an seinen Vater, daß sie schrecklich lachen mußte. Was es doch für seltsame Familienähnlichkeiten gab!

Der Tag wurde ein einziger Glanz. Reni wußte im Gebirge gut genug Bescheid, um die anderen führen zu können, Christian fuhr am besten, und Erika sah zweifellos am hübschesten aus von ihnen dreien. Sie hatte einen nagelneuen hellgrünen Skianzug, der ihr zu ihren dunklen Haaren famos stand, und Reni war ganz stolz auf die Freundin. Als sie dann zur Schanze kamen, packte Christian der Übermut.

„Ich fahr' rüber!"

„Du bist verrückt!" sagten die Mädel bewundernd und entsetzt, aber gerade ihr Entsetzen gab ihm den richtigen Mumm. Er erstieg tatsächlich die Höhe und kletterte hinüber auf den Anlauf. Reni stand unten und machte große, bewundernde Augen, hoffte aber immer noch, er würde es nicht tun. Denn dann fühlte sie sich verpflichtet, womöglich auch zu springen ... Erika bat und bettelte, er solle es doch lassen. Schließlich gab er nach und kletterte wieder hinunter, er hatte ja auch keine Sprungskier.

„Aber den Auslauf fahr' ich runter", sagte er, und Reni ließ sich hinreißen zu sagen: „Dann fahr ich ihn auch! Ich lauf' doch schon so lange Ski, und außerdem bin ich hier aufgewachsen!"

Christian erklomm die Höhe vor dem fast senkrechten Auslauf mit den Skiern – vorhin hatte er abgeschnallt gehabt – und schob sich langsam an den Ablauf heran. Er achtete nicht mehr auf die Mädel, sein Gesicht war jetzt ernst und zusammengerissen und ganz weit weg. Schließlich stieß er sich mit einem Schwung ab, ließ die Stöcke stehen und sauste. Mitten auf dem ersten, fast senkrechten Stück sah es aus, als verlöre er das Gleichgewicht, aber er fing sich wieder und fuhr sogar ganz schmalspurig, in erstklassiger Haltung hinunter. Unten machte er einen wahrhaft klassischen Kristiania und stand.

Die Mädel hatten auf halber Höhe gewartet. Sie nahten sich ihm bewundernd.

„Wie ist es?" fragte Reni.

„Nur zu empfehlen!" ermutigte er sie. „Ich fahr' noch mal! Es ist nur der Moment des Abfahrens!"

„So wie beim Springen im Bad?" fragte Reni eifrig. „Da ist es auch so scheußlich, wenn man oben steht und unten das Wasser sieht. Aber es ist nur der Entschluß, ich weiß!" Sie zappelte eifrig hinter ihm her. Erika kam für solche Extravaganzen natürlich nicht in Frage, sie bildete das bewundernde Publikum, das ja schließlich auch dasein mußte. Jetzt waren Christian und Reni oben angelangt.

„Willst du erst, oder soll ich?" fragte Christian. „Wenn ich aber zuerst fahr', mußt du alleine starten – sonst könnte ich dir noch an den Rand heranhelfen!"

„Gut, da fahr' ich zuerst", sagte Reni todesmutig. Sie hatte nicht die mindeste Lust, aber so ging es ihr oft. Sie nahm sich etwas vor und mußte es dann auch tun – aus einem inneren Zwang heraus, gegen den sie nicht ankam.

„Die Stöcke laß stecken, ich helf' dir bis vorn!" sagte Christian eifrig. „Komm, gib mir die eine Hand, daß du nicht vorzeitig ins Rutschen kommst!

Ach, es sah unsagbar grausig aus, wenn man so hinunterguckte, so steil und so lang! Reni verbiß die Anwandlung, um einen kleinen Aufschub zu bitten, und ließ sich von Christian bis nach vorn mitnehmen. Am besten, man guckt gar nicht erst, dachte sie, ihre Erfahrung aus dem Schwimmbad auf die Schanze übertragend, und antwortete, als er fragte, ob sie fertig sei, mit: „Ja!"

„Gut, dann los! Geh in die Hocke!"

Gehorsam ging Reni in die tiefe Hockstellung mit gebeugten Knien, im nächsten Augenblick fuhr sie ab. Ziemlich breitspurig, aber das war ja gut. Denn es war – du lieber Himmel, es war *nicht* nur so wie im Schwimmbad, weiß Gott nicht!

Der Moment des Losfahrens war auch schlimm, aber was dann kam, noch viel ärger. Die ganze Schneewelt, Bäume, beschneiter Hang, Skispuren früherer Fahrer kamen ihr in einem wahnsinnigen Schuß entgegen, so schien es ihr, während sie mit dem Gefühl, das man in einem abwärts gehenden Fahrstuhl hat, bergab sauste. Unendlich lange dauerte das so, unendlich lange war sie der Erde geheimnisvoll entzogen und doch noch soweit mit ihr verbunden, daß sie stehen *mußte* – sie mußte, sonst gab es ein heilloses Gepurzel hier an dem steilen Hang. Sie stand durch. Aber sie war doch dreiviertel erledigt, als sie, mit hin und her flatternden Knien, völlig kraftlos unten hielt – ohne Kristiania.

„Soweit ganz nett fürs erstemal", sagte Christian, während er neben ihr herumschwang, „du hast nur hier unten den Schwung vergessen."

„Den überlass' ich dir", sagte Reni schwach, „weil du Christian heißt. Vorderhand hab' ich genug!"

Er lachte, dann aber wurde er ernst. Er mochte nichts sagen. Aber daß sie es gewagt hatte – und daß sie jetzt hinterher nicht damit angab, sondern ganz ehrlich eingestand, daß es eben für ein elfjähriges Mädel *nicht* so einfach ist, die Schanze hinunterzufahren, das imponierte ihm ganz groß. Reni hatte, ohne es zu wissen, damit sein ganzes

Herz gewonnen, soweit sie es noch nicht besaß – er schwor sich, daß sie niemals einen besseren Freund haben sollte als ihn. Lachend winkten sie Erika, doch herunterzukommen.

Sie kam, und dann setzten sie sich auf die Skier und packten den Rucksack aus. Das hatten sie sich nun verdient. Erika auch, sie behauptete, sie hätte die Angst für sie beide mit gehabt, und das mußte natürlich auch belohnt werden. Sie aßen und lachten und waren so vergnügt wie nicht mal gestern abend.

Dabei kamen sie wieder auf die Gruselgeschichten.

„Ich möchte auch mal so was erleben, so eine Botschaft", sagte Reni sehnsüchtig und neugierig. Christian wurde ernst.

„Ach, Reni, wünsch dir das nicht! Es gibt Leute, die Ereignisse voraussehen können, man nennt dies das Zweite Gesicht. In Schottland gibt es das noch, aber auch bei uns in der Heide zum Beispiel und an der See, bei Menschen, die viel allein sind in der Natur. Diese Leute leiden unter dieser Gabe, denn sie sehen meistens Trauriges voraus, Sterbefälle oder Brandunglücke oder so etwas..."

„Nichts Schönes?" fragte Erika enttäuscht.

„Doch, manchmal auch Hochzeiten", sagte Christian freundlich, „aber doch vor allem Schlimmes. Und das ist doch gut, daß man das nicht vorher weiß – man könnte doch gar nicht mehr froh sein, wenn man wüßte, daß man selber oder ein geliebter Mensch bald stürbe!"

„Freilich", sagte Reni leise, „aber anderes möchte man doch gern vorher wissen. Ob einem das oder jenes, was man sich sehr wünscht, auch gelingt... Wenn man wüßte, es würde doch nichts daraus, könnte man doch gleich jeden Versuch aufgeben!"

„Meinst du?" sagte Christian. „Ich weiß nicht. Ich glaube, keine Arbeit und keine Anstrengung ist verloren. Ob sie nun äußeren Erfolg hat oder nicht ... Ich finde, Arbeit an sich macht fröhlich, weil sie Kraft gibt!"

Reni saß ganz still. Sie hatte sich noch nie solche Gedanken gemacht. Christian war älter als sie, aber doch noch nicht erwachsen – plötzlich sah sie alles, ihre langweiligen Schularbeiten, das verhaßte Strümpfestopfen, in einem ganz neuen Licht. Die Überwindung zu einer nicht geliebten Arbeit gab Kraft, natürlich ...

„Was willst du denn mal werden, Christian?" fragte sie leise.

„Arzt natürlich", sagte Christian ruhig. „Und du?"

„Ich möchte – am liebsten hätte ich auch so ein Kinderheim wie Tante Mumme", sagte Reni – unsicher, ob er sie deshalb auslachen würde. „Ich möchte nie mehr hier fort!"

„Aber wir müssen doch wieder nach Hause!" sagte jetzt Erika. Es klang angstvoll und flehend. Reni sah sie erschrocken an.

„Ja, natürlich – ach, Erika, ich glaube, Christian hat recht. Es ist gut, daß man nicht weiß, was wird..."

„Wir wollen wieder los, sonst kommt ihr hier noch auf die komischsten Gedanken", sagte Christian freundlich, „los, auf, meine Damen, wir wollen doch Vater von unseren Heldentaten erzählen können!"

Sie fuhren weiter, und es wurde immer schöner. Schließlich landeten sie in einer Baude, und Christian versprach, die gesamte Zeche zu bezahlen. Es gab Kartoffelsalat mit warmer Wurst, und es schmeckte ihnen schon wieder wundervoll, obwohl sie doch gerade den Rucksack fast leer gegessen hatten.

„Das macht die Gebirgsluft", sagte Reni stolz, die wußte, wie schlecht Erika zu Hause aß. „Du sollst mal sehen, hier wirst du ganz dick und rotbackig werden!"

Es war zu schade, daß sich auch dieser Tag einmal neigte, aber es fängt ja am Neujahrstag zeitig an zu dämmern. Sie fuhren eine sanfte, nicht schwere, aber lange Abfahrt sturzfrei hinunter, auch Erika. Sie war so stolz auf diese Leistung, daß sie Reni um den Hals fiel und dadurch doch noch hinpurzelte, denn es ist sehr schwierig, wenn beide auf Skiern stehen, jemanden zu umarmen. Reni fiel auch noch mit um, und sie lachten alle drei. Lachend kamen sie ins Haus gestampft.

„Tante Mumme, hattest du Angst um uns? Hast du um halb elf ungefähr gespürt, daß wir in Gefahr schwebten? Nein? Dann liebst du mich nicht!" rief Reni übermütig, während sie, in der Küche stehend, die schneebeklebten Hosen mit der Mütze abklopfte. „Da sind wir die Schanze hinuntergefahren, wirklich und wahrhaftig. Nicht gesprungen, aber gefahren!"

„Reni", setzte Tante Mumme an, aber dann sprach sie nicht weiter und sagte nur: „Geh mal zum Onkel hinein, er will dir was sagen!"

Reni folgte ahnungslos. Als sie in die Kaminstube trat, erlosch ihr Lachen, sobald sie sein Gesicht sah – es war so unsagbar ernst – liebevoll und freundlich, aber so ernst...

„Wir wurden vorhin von Friedrichsaue angerufen, Kindel", sagte er und zog sie zwischen seine Knie, „deine Mutter ist mit dem Pferd gestürzt, Reni. Nein, nein, sie lebt, denk doch nicht gleich das Schlimmste! Aber ziemlich schwer verletzt scheint sie zu sein!"

Reni stand regungslos. Es war wie in einem furchtbaren Traum – und sie hatte nichts gespürt! Nichts geahnt, den ganzen Tag – diesen fröhlichen, sonnigen Tag lang...

„Wann denn?" fragte sie verzweifelt. Vielleicht war es wenigstens um die Zeit geschehen, als sie auf der Schanze war – vielleicht war es der Moment gewesen, da sie so große Angst gehabt hatte, und diese Angst bezog sich eben nicht auf das Abfahren, sondern auf Mutter... Wieviel kann man in einem Augenblick denken..."

„Es war schon gestern abend, sie wollten erst die Nacht abwarten", sagte der Doktor. „Nun weine doch nicht. Glaub mir, sie wird wieder gesund, sie braucht nicht zu sterben – nein, bestimmt nicht..."

Er konnte es nicht verstehen, er wußte ja nicht – ach, lieber Gott, es legte sich wie ein zentnerschwerer Stein auf ihr Herz. Er wußte nicht, wie schrecklich es für sie war. Sie liebte ihre Mutter nicht genug. Sie hatte vorhin erst gesagt, sie wollte am liebsten für immer hierbleiben...

Der Doktor war so lieb und kümmerte sich um sie, als sei sie krank. Er schickte sie zu Bett und kam dann noch ein bißchen hinüber in den Schlafsaal, setzte sich zu ihr. Sie lag im unteren, Erika im oberen Bett – mit welchem Spaß und Gelache waren sie gestern nacht hier hereingekrochen, und da war es schon geschehen gewesen!

„Du mußt jetzt sehr vernünftig sein, Kindel", sagte der Doktor, er war ganz ernst und bei aller Güte und Zartheit beinahe streng, „niemand weiß, warum einem etwas Schweres auferlegt wird, aber es steht uns nicht zu, zu fragen: Warum? Man muß es tragen. Gewiß, es ist früh für dich, das einzusehen, du bist noch jung, aber was in einem Menschen steckt, das kann sich auch früh schon zeigen. Christian hat mir erzählt, wie tapfer und mutig du dich auf Skiern benimmst, siehst du, das ist mir eine Freude und Beruhigung. Denn das Skilaufen, genau wie jeder andere Sport, ist absolut nicht nur für den Körper gut, für den äußeren Menschen – natürlich, für den auch. Man wird von vernünftig betriebenem Sport frisch und munter, kriegt rote Backen und einen tüchtigen Hunger, aber die Hauptsache ist etwas anderes. Würdest du bei einem Rucksack, der schwer ist, jammern und sagen: Ich kann ihn nicht tragen? Siehst du, und so ist es auch mit dem Schicksal, das einem auferlegt wird. Man jammert nicht darüber, man trägt es."

„Onkel Doktor, du weißt nicht, wie es bei mir ist", flüsterte Reni. „Ich – ich bin schuld, daß . . ."

„Daß deine Mutter mit dem Pferd gestürzt ist? Aber Kind, wie kommst du denn darauf?"

„Wie ist es denn passiert, Onkel Doktor?" fragte nun Erika. Sie war bisher still gewesen, aber jetzt konnte sie es nicht mehr unterdrücken zu fragen. Der Doktor begann zu berichten.

„Das Hochwasser scheint ein bißchen nachgelassen zu haben", sagte er, „aber deine Mutter war wohl in Sorge um das eine Fohlen. Es muß sich erkältet haben, und so ritt sie in die Stadt nach dem Tierarzt. Das Telefon ging nicht. Dabei passierte es. Es war wohl Glatteis, was weiß ich – das Pferd kam jedenfalls ohne sie nach Hause, und das dumme ist, daß sie versucht hat, sich fortzubewegen. Sie hätte ganz still liegen müssen, aber sie ist ja jung und gesund, und da versucht man eben, sich zu helfen!"

„Und? Was ist geschehen? Hat sie was gebrochen?"

„Ja, den Oberschenkelhals. Das ist der Knochen, mit dem das Bein im Hüftgelenk sitzt, verstehst du", erklärte der Doktor. „Und da sie eben noch gekrochen ist . . . Trotzdem, ein Bruch ist immerhin etwas Heilbares, Reni."

„Und ist – außerdem noch etwas?"
Reni wagte kaum zu fragen.

„Das weiß ich noch nicht, Kindel. Innere Verletzungen – Herr Niethammer sagte, er glaubte es nicht!"

Reni hörte aus der zögernden Art, in der der Doktor sprach, daß er selbst nicht sicher war. Sie wagte nicht weiterzufragen.

Nach einer Weile begann der Doktor von allerhand Knochenbrüchen zu erzählen, die sämtlich schlimm aussahen und schließlich doch noch gut endeten. Er tat es in einer sachlichen, trockenen, vielleicht aber gerade deshalb ungeheuer tröstlichen Art. Reni lauschte begierig, sie interessierte sich immer für alles, was Krankheiten anbetraf. Allmählich machte sich auch der in Sonne und Schnee verbrachte Tag geltend, sie wurde müde, Erika schlief schon eine ganze Weile. Endlich stand der Doktor auf. Er trat an ihr Bett und beugte sich über sie.

„Onkel Doktor, ist es sehr schlimm, wenn man nicht genug liebt?" fragte sie erstickt. Er strich ihr über das Gesicht.

„Ja, das ist sehr schlimm, Reni", sagte er leise und ernst. „Es ist vielleicht die größte Schuld, die man im Leben auf sich laden kann. Siehst du . . ., ich hab' noch mit keinem Menschen darüber gesprochen, aber mit dir – ich hab' immer das Gefühl, als seist du der Mensch, der mir am allernächsten steht. Ich habe auch zuwenig Liebe gegeben in meinem Leben. Ich habe einen Menschen neben mir hungern lassen nach Liebe – es ist sehr schwer, Reni, sich das sagen zu müssen, wenn man es nicht wiedergutmachen kann. *Ich kann es nicht wiedergutmachen, meine Frau ist gestorben. Deine Mutter, Reni, lebt noch und wird weiterleben. Dir bleibt noch die Möglichkeit, wiedergutzumachen . . .*"

„O Onkel Doktor, ich will! Ich will nie mehr an mich selber denken, nur noch an Mutter!"

„Das ist gut, Reni", sagte er sanft, „und ich glaube dir, daß du es willst. Der Wille macht viel, ungeheuer viel aus, Kind. Und deine Mutter weiß bestimmt, daß du sie liebhast, auch wenn du es ihr vielleicht nicht immer so hast zeigen können!"

„Glaubst du?" schluchzte Reni. Oh, wie er sie verstand!

„Ja, das glaube ich. Das weiß jede Mutter." Er strich dem aufgeregten Kind immer wieder über das Haar. Reni fühlte sich schwer vor Müdigkeit werden, aber doch auch erleichtert, erlöst. Der Onkel Doktor kannte so viele Menschen, er mußte es wissen . . .

„Nun schlafe", sagte er liebevoll. „Deine Mutter wäre sicher traurig, wenn sie wüßte, daß du wach liegst und weinst. Schlafe jetzt, und morgen schreibst du ihr einen langen, lieben Brief!"

Reni schnaufte tief auf, als er gegangen war. Morgen schreibst du ihr einen Brief – also brauchte sie morgen nicht hinzufahren. Sie hätte es sofort getan, wenn er es gesagt hätte, aber er wußte ja, wie es am besten war. Trotz aller Angst und Sorge und Liebe um die Mutter stand es doch im Hintergrund ihrer Gedanken, drohend, unausweichlich: Wenn ich Mutter wirklich liebhab', muß ich zu ihr zurückwollen. Muß ich auf das geliebte Heim am Berge, auf den Onkel Doktor und Tante Mumme und auch auf Christian verzichten. Sie schloß die Augen und ließ sich dem Schlaf entgegentreiben, hungrig nach Vergessen. Sie konnte das heute abend nicht mehr mit sich selbst ausfechten.

12. Kapitel

Ein warmer, feuchter, lebendiger Wind strich durch den Hof, in dem nur noch in der Ecke am Wirtschaftshaus, wo kein Sonnenstrahl hinfand, etwas schmutziger Schnee lag. Eben kamen die Heimkinder singend über die Liegewiese heruntermarschiert. Sie hatten Berganemonen in den Händen, und ihre Haare waren zerzaust und durchgeblasen. Kurz vor der Turnhalle verstummte der Gesang, und die Ordnung löste sich auf. Alles rannte fröhlich und mit herzhaftem Hunger durch den Hof, ins Haus hinein. Auch Erika – Reni bremste ab und lief ins andere Haus hinüber.

Sie war so froh gewesen heute den ganzen Tag. So unbeschwert und fröhlich – Mutter hatte so lieb geschrieben.

Sie schrieb jetzt immer lange, lange Briefe, seit es ihr besserging, Reni war überglücklich darüber.

Um so erstaunter war sie, als Tante Mumme ihr gleich sagte, sie sollte einmal zum Onkel Doktor kommen. Sie sagte es ernst, und Renis Herz schlug sofort wieder wild und erschrocken. Der Onkel Doktor sah ihr freundlich entgegen, vielleicht war es doch nichts Schlimmes? Doch. Es war etwas – wenn er sie so ansah, war es *sehr* ernst –, Reni mochte gar nicht fragen. Der Onkel Doktor strich ihr übers Haar.

„Du, Reni, hast du etwas deiner Mutter mitzugeben? Ich fahre heute zu ihr hin", sagte er ohne Einleitung. Er hatte es sich so lange überlegt gehabt, wie er ihr es sagen wollte, daß er schließlich auf diese ganz einfache, ganz schlichte Art gekommen war. Sie sah mit offenem Mund zu ihm auf.

„Geht es ihr – so schlecht?"

„Nein, es geht ihr nicht schlechter als bisher", sagte er. Sie hatte seine Stimme so noch nie gehört. „Verstehst du, aber auch nicht *besser*. Und es ist nun schon ein Vierteljahr, daß sie liegt – sie schrieb mir und bat mich so herzlich zu kommen. Ich kenne sie ja nun schon jahrelang, wenn wir uns auch immer nur kurz sahen. Und sie hat soviel Zutrauen zu mir, schreibt sie, weil *du* auch immer denkst, ich könnte alles ..."

„Onkel Doktor, wenn du sie behandelst, wird sie bestimmt wieder gesund!" rief Reni. Ein großer Stein war ihr vom Herzen gefallen. „Darf ich mitfahren? Ich möchte so gern!"

Wirklich, es stand plötzlich vor ihr wie das Schönste, was ihr geschehen könnte, jetzt mit dem Doktor über Sonntag zur Mutter zu fahren. Er fuhr doch sicher mit dem Auto, und ...

„Nein, Reni, ich möchte dich nicht mitnehmen. Ich möchte deine Mutter nicht ablenken, verstehst du – sie soll nur an sich denken bei diesem Besuch von mir. Sie soll – der Besuch gilt *ihr!*"

„Aber ..." Reni sah ihn an, stockte, und sagte dann nichts mehr. Sie verbiß die Tränen. Einen ganzen Sonntag mit dem geliebten Doktoronkel, *und* zu Mutter, es wäre so herrlich gewesen ...

„Vielleicht hat Erika Lust?"

„Ja, ich frag' sie", sagte Reni und schluckte. Sie gönnte es Erika natürlich, aber ... „Kann ich nicht auch mit, wir sagen es Mutter nicht ..."

„Kindel", sagte der Doktor sanft, „glaubst du, deine Mutter fühlt es nicht, wenn du da bist? Dann ist sie doch erst recht abgelenkt und unruhig!" Freilich, Mutter würde es fühlen. Mutter, die sie so liebte – Reni ging langsam und nachdenklich hinaus, um Erika zu suchen. Sie war sehr traurig, aber sie wollte es nicht sein. Sie wollte *gut* sein, so, wie sie es sich damals vorgenommen hatte, als Mutter dieses Unglück widerfuhr.

Einmal hatte sie sie besuchen dürfen. Das war schön und tröstlich gewesen für beide, und Reni hatte gefühlt, daß sie ihre Mutter wirklich sehr liebte. Ob genug, wußte sie nicht. Auf jeden Fall aber konnte sie ihr jetzt ihre Liebe nur so beweisen, daß sie blieb, und gern blieb. Daß sie sich überwand ...

Erika freute sich, mitfahren zu dürfen. Reni fühlte eine kleine, bohrende Eifersucht in ihrem Herzen – vielleicht hatte der Onkel Doktor Erika lieber als sie? Und nahm sie deshalb mit?

Nein, das waren häßliche, kleinliche Gedanken. Sie suchte sie zu verbannen, holte einen wunderschönen Strauß Schneeglöckchen für Mutter und auch sonst noch einige Kleinigkeiten, Mitbringsel, die Erika mitnehmen sollte. Sie half der Freundin beim Anziehen und Packen und brachte es fertig, den beiden fröhlich nachzuwinken.

Es wurde ein langer Sonntag. Tante

Mumme merkte, daß Renis Herz schwer war, und nahm sich ihrer ein bißchen an, denn Reni kam sich furchtbar verlassen vor an diesem Tag. Spätabends kam der Doktor wohlbehalten wieder. Erika hatte sogar den größten Teil der Fahrt verschlafen. Sie brachte viele Grüße von der Mutter mit.

Erst am folgenden Abend erfuhr Reni Näheres. Am Abend des Sonntags hatte sie sich um Erika gekümmert, ihr zu essen gebracht und sie wie ein kleines Kind ins Bett besorgt, denn Erika war derart verschlafen, daß sie kaum wußte, wo sie war. Der Doktor hatte nur eine Tasse Tee getrunken, dann war er zu Tante Mumme hineingegangen und nicht mehr erschienen. Am Montag abend lauerte Reni ihm auf, als er heimkam. Er nickte ihr zu und sagte, sie solle später in sein Zimmer kommen; ehe es aber soweit war, wurde er wiederum telefonisch abgerufen.

Reni war sehr unglücklich, obwohl sie es zu verbergen suchte. Sie brachte ihm Mantel und Hut und bemühte sich, nicht enttäuscht auszusehen. Er sah sie kurz an und sagte dann plötzlich:

„Weißt du was, Kindel? Fahr mit. Es ist ziemlich weit, und da kann ich dir unterwegs erzählen!"

Wer war froher als Reni! Sie sprang nach ihrem Mantel, fand die Handschuhe nicht, nahm Christians, setzte die Mütze verkehrt auf . . .

„Du siehst herrlich aus!" Er lachte und brachte sie mit ein paar Griffen seiner großen, warmen Hände in Ordnung. „So, nun können wir los! Aber um dein Abendbrot kommst du nun!"

„Du doch auch um deins!" sagte sie, voller Angst, er könnte es sich noch einmal anders überlegen. Aber er tat ihr das nicht an, sie fuhren los.

„Du hast ein Recht darauf, Reni, zu wissen, wie es deiner Mutter geht", begann der Doktor, während sie schon draußen auf der Landstraße waren, sie fuhren in ein Dorf in den Bergen. „Es geht ihr soweit gut. Soweit – richtig gut geht es ihr nicht und wird es ihr nie wieder gehen. Ich ahnte es schon und habe es nun bestätigt gefunden. Deine Mutter wird nie wieder ordentlich laufen können, Reni, das eine Bein wird kürzer bleiben als das andere."

Reni saß stumm und wagte kaum Atem zu holen, der Doktor fuhr fort: „Innere Verletzungen hat sie nicht davongetragen, das ist noch ein großes Glück. Aber diese Tatsache mit dem Bein ist trotzdem sehr schwer zu tragen. Denn . . ."

„Wird sie auch nie wieder *reiten* können?" fragte Reni. Ihr war, als drücke ihr jemand das Herz zusammen.

„Nein, auch das nicht. Vielleicht ahnst du, was das für deine Mutter heißt, du kennst sie ja am besten."

„Weiß sie es?" flüsterte Reni erstickt. Er sah sie mitleidig an, aber gleichzeitig stark und fordernd.

„Ja, Reni. Ich hab' es ihr gesagt. Der andere Arzt, den sie hatte, hat sie immer hingehalten, vertröstet – sie wollte mich dorthaben, um die Wahrheit zu wissen. Ich habe sie ihr gesagt."

„Hat sie – sehr – geweint?" flüsterte Reni. Er schüttelte den Kopf. „Nein, Reni, sie hat nicht geweint. Sie hat es getragen wie ein Mensch, der durch die Einsamkeit stark geworden ist. Du hast eine großartige Mutter, Reni."

„Ich weiß", schluchzte Reni, sie konnte nun doch die Tränen nicht mehr zurückhalten. „Nie mehr reiten – Mutter, die die Pferde so liebt!"

„Ich habe deiner Mutter einen Vorschlag gemacht", sagte der Doktor nach einem Weilchen und sah geradeaus auf die abendliche Landstraße,

„ich habe sie gebeten, zu uns zu kommen. Hierher, ins Heim. Tante Mumme ist alt und klapprig geworden, sie braucht eine frische, tüchtige und junge Hilfe. Diesen Posten kann deine Mutter gut ausfüllen. Und da du auch am liebsten hier bist . . .“

„Ich, ich würde auch zu Mutter gehen, wenn sie es will!“ rief Reni laut und beinahe wild. „Wenn Mutter nicht ohne Pferde sein kann.“

Das Gesicht des Doktors leuchtete. Er trat auf die Bremse, ließ das Auto am Straßenrand halten und wandte sich Reni zu. Mit der ihm eigenen, herzlichen Ruhe nahm er ihr Gesicht zwischen seine Hände.

„Das hab' ich ihr auch gesagt. *Ohne dich vorher zu fragen!* Sie wollte es erst nicht glauben, aber ich hab' recht gehabt. Du würdest es tun, und gern und freundlich tun, so wie du Erika gern und freundlich hast mitfahren lassen. Weil es für deine *Mutter* so besser war. Du bist ihre Tochter, ganz und gar – . . .“

Reni hielt den Atem an – noch nie hatte der Onkel Doktor sie so angesehen, noch nie hatte seine Stimme so geklungen, so ernst und unter aller Ruhe tief erregt, so liebevoll und bittend.

„Wir wollen ihr jetzt Zeit lassen, Reni, sie muß erst gesund werden, ganz und gar, innerlich, weißt du?“ fuhr er leise fort. „Wir müssen sie gesund pflegen, gesund *lieben*, kannst du verstehen, was ich damit meine? Sie muß merken, daß wir sie brauchen, daß wir sie nötig haben – aber das dürfen wir ihr nicht ins Gesicht sagen, sondern sie es *fühlen* lassen. Aber das müssen wir behutsam anfangen und geduldig und ganz, ganz sanft – . . .“

„Genau so, wie man mit Pferden sein muß“, schaltete Reni ein, voller Eifer und Hingabe. Der Doktor verbarg ein Lächeln.

„Genau so. Sag, ob uns das nicht gelingen müßte, dir – und mir?“

„Ja, Onkel Doktor“, flüsterte Reni heiß. Sie verbarg ihr Gesicht an seinem Jackenärmel. „Aber wenn sie – ich meine, wenn sie dann – hierbleibt und mit dir das Heim leitet und ebendann doch zu uns *gehört*, zu dir und mir und Christian – und Tante Mumme –, dann sind wir doch eigentlich –“. Sie stockte.

„Nun?“ fragte er, und man hörte seiner Stimme an, daß er jetzt lächelte. Er wußte, was kam, aber er wollte es doch so gern hören.

„Dann sind wir doch eigentlich wie eine richtige Familie. Mutter ist unsere Mutter, und Christian ist wie ein Bruder von mir, und . . .“

„Na, und ich?“

„Du?“, flüsterte sie. Darf ich dann – meinetwegen nur, wenn wir allein und für uns sind – *Vater* zu dir sagen?“

„Und Erika?“ fragte Reni, als sie etwas später weiterfuhren – sie war noch ganz durcheinander von allem.

„Erika darf noch ein Jahr im Heim bleiben“, sagte der Doktor fröhlich. „Ihre Eltern sind ganz beglückt, wie gut sie aussieht und was sie für einen Appetit hat. Ein Jahr – länger wollen sie sie auch nicht hergeben, aber ein Jahr ist doch so herrlich lang!“

„Ja, herrlich!“ sagte Reni wie im Traum. Sie saß ganz still und sah vor sich hin. Mutter im Heim, für immer, und einen solchen Vater bekommen, niemals wieder fortmüssen – verdient hatte sie es nicht. Ach, sie würde gut zu Mutter sein, sie würde ihr alle Pferde der Welt ersetzen . . .

„Weißt du, Onkel Doktor, ich glaube ja, Mutter wird sich im Heim schon einrichten. Vielleicht hatte sie die Pferde auch bloß so lieb, weil sie nichts anderes zum Liebhaben hatte!“

Er sah sie zärtlich an und nickte.

„Ja, Kindel, sicher. Aber hier wird sie genug haben – an dir, an dem alten, dicken, grilligen Doktoronkel – na, ist es nicht wahr? – der Tante Mumme, die sich immer einbildet, sie taugt nichts mehr – und den vielen, vielen, liebebedürftigen Kindern, die zu uns ins Heim kommen!"

„Aber könnten wir nicht – es gibt doch auch kleine Pferde, Ponys, die sehr wenig fressen", sagte Reni und war plötzlich wieder ganz Kind, lebhaft und voller Pläne, „und die trotzdem schrecklich süß sind. Shetlandponys zum Beispiel fressen Kartoffelschalen, sagte Mutter einmal, und Kartoffelschalen haben wir ja im Überfluß! Wenn wir da eins oder zwei hielten – auf der Wiese ist doch genug Gras für Heu, und im Winter kaufen wir eben etwas Hafer, sie könnten doch einen Wagen bekommen und alles das heranbringen, was so immer mit teuren Autos herangeschafft werden muß!"

„Du meinst, wir wollen Mutter zwei Shetlandponys schenken, damit sie uns nicht vor Heimweh nach den Pferden wieder davonläuft?" Er lachte. „Der Vorschlag ist nicht dumm. Du hast schon recht. Auch Gepäck könnten die Ponys vom Bahnhof holen und wieder hinbringen. Ein Stall würde sich wohl auch finden..."

„O Onkel Doktor!" Reni blieb vor Entzücken fast die Luft weg.

„Halt! Drüben bleiben! Sonst fahre ich uns noch in den Graben, und alle unsere Pläne werden Essig", kommandierte er lachend, und Reni setzte sich gehorsam wieder in ihr Polster zurück, wenn es auch schwerfiel. Daß er sich aber mit dem Vorschlag ernstlich beschäftigte, merkte sie wohl, denn er fing nach einer Weile von selbst wieder davon an. Er war ja in einer Beziehung gar nicht erwachsen, sondern wie ein großer Junge, und das war gerade das Liebe an ihm.

„Einen Stall könnten wir ihnen im Wirtschaftshaus in der Gerätekammer einrichten", sagte er nachdenklich, „Shetlandponys sind sehr wetterhart. Und denk nur, wie die Kinder sich freuen werden! Wir müssen eine neue Werbeschrift verfassen, mit den kleinen Pferden vornedrauf. Da gibt es noch mal soviel Anmeldungen, paß mal auf! Aber – nein, es wird doch nicht gehen, Reni", sagte er plötzlich, und Reni erschrak bis ins Herz. Sie war viel zu aufgeregt, um an seinem Ton zu merken, daß ihm der Schalk im Nacken saß. „Wir haben ja keinen, der sie versorgt! Ich kann doch nicht auch noch einen Stallburschen und Pferdepfleger einstellen, der sie tränkt und füttert und putzt – vom Ausmisten gar nicht zu reden..."

„Aber, Onkel Doktor..."

„Nicht wahr, daran hattest du auch nicht gedacht", sagte er, scheinbar tief betrübt. Reni rief angstvoll beschwörend: „Aber, Onkel Doktor, das macht doch Mutter nur *zu* gern... wenn sie schon nicht mehr reiten darf, dann ist sie doch bestimmt glücklich, wenn sie Pferde wenigstens versorgen kann!"

Er lachte, hielt an – und gab ihr einen Kuß.

„Ich weiß. Ich wollte dich nur necken. Nun aber Schluß mit dem Unsinn, ich muß jetzt wieder der brave, vernünftige Doktor sein, und du bewachst mein Auto. Und dann fahren wir heim und sagen noch niemandem ein Wort, auch Erika nicht. Und Christian auch nicht, verstanden? Man muß auch schweigen können. Nur du und ich wissen davon. Kann ich mich auf dich verlassen, Kindel, ja?"

„Ja, Vater", sagte Reni ganz, ganz leise, aber er hatte es doch gehört.

Reni

Meine Tochter hat's nicht leicht

1. Kapitel

Guten Morgen, guten Morgen, guten Morgen, mein Liebchen ...

Reni fuhr in ihrem Bett in die Höhe. Die Sonne flutete golden zum Fenster herein und mit ihr der Gesang aus mindestens siebzig Kinderkehlen, so frisch und hell wie dieser Junimorgen.

Komm heraus da aus dem Haus da, komm heraus da aus dem Stübchen ...

Drüben im anderen Bett bewegte sich jetzt ein schwarzer Schopf, und Erikas vom Schlaf gerötetes Gesicht hob sich aus dem Versteck des gekrümmten Armes, in dem es bisher gelegen hatte. Es mußte noch sehr früh am Tage sein. Erika war sonst immer vor Reni wach.

Denn die Sonn', denn die Sonn', denn die Sonne ist da!

Reni kannte diesen Kanon natürlich, denn er war im Heim sehr beliebt. Heute aber klang er ihr noch netter, frischer und beschwingter als sonst. Freilich, heute bedeutete er auch etwas Besonderes. Er war ihr Geburtstagsgruß.

Sie war im Nachthemd ans Fenster gehopst und guckte hinaus. Wirklich, sämtliche Heimkinder standen unten und sangen. Jungen und Mädchen, alle ungefähr in ihrem Alter, so um zwölf Jahre herum. Tante Thea, die Turntante, dirigierte. Sie stand mit dem Rücken zum Fenster, die Kinder mit dem Gesicht. Jetzt hatten ein paar von ihnen Reni erspäht. Sie winkten, Reni winkte wieder. Und da drehte sich auch Tante Thea mitten im Dirigieren um und winkte auch.

„Wir gratulieren!" rief eines der Kinder, die anderen fielen ein, und der Kanon kam gewaltig ins Wackeln. Darüber mußte Tante Thea lachen, und so hob sie die Hand und ließ die Kinder, die gerade sangen: *Ist daaa!*, ihren Ton aushalten, bis die nächsten und dann die übernächsten Stimmen auch so weit gekommen waren.

„Wir gratulieren unserer Reni!" rief es darauf im Chor, und Reni lachte und winkte. Während sich unten der Gratulationsruf in ein lustiges allgemeines Geschrei und Geschwätz auflöste, fuhr Reni in aller Eile in ihre Kleider. Duschen konnte sie nachher noch. Jetzt mußte sie erst zu den Kindern.

„Reni!" rief Erika hinter ihr her, aber Reni war schon losgerannt. Bei ihr ging immer alles im Schnellzugtempo.

So und nicht anders fegte sie auch der Treppe zu, um in den Hof hinauszurennen, aber an der Glastür der kleinen Wohnung fing sie jemand ab. Dieser Jemand war Tante Mumme.

Tante Mumme nahm Reni erst einmal in den Arm, um ihr zu gratulieren, und dann sagte sie etwas, was Renis Eifer, zu den Heimkindern im Hof zu gelangen, abbremste. Sie sagte:

„Aber, Reni, die sind doch schon wieder weg! Die packen doch heute. Um zehn fahren sie allesamt ab. Hast du das denn vergessen?"

„Richtig!"

Reni lachte und hakte sich bei Tante Mumme unter, während sie miteinander in das kleine Familienwohnzimmer gingen. Dort war schon zum Frühstück gedeckt.

Sonst wurde draußen gefrühstückt, mit den Heimkindern zusammen. Zwischen den beiden Heimgebäuden lag der große Wohnhof, der an der dritten

Seite von der niedrigen, langen Turnhalle abgeschlossen wurde. Diese Turnhalle lief von einem Haus zum anderen, und hinter ihr begann die Liegewiese, die sacht den Hang hinaufstieg. Im Wohnhof unter den drei dicken Kastanienbäumen standen ein paar eingerammte Tische. Hier wurde gefrühstückt, zu Mittag und zu Abend gegessen, wenn es das Wetter irgend zuließ, und zwar saßen hier alle durcheinander, die jeweiligen Heimkinder, die Tanten, die sie betreuten, und die Familie – Renis noch ziemlich neue Familie, in der man sich nicht zurechtfand, wenn man sie nicht erklärt bekam: Da war Reni, ihre Mutter und ihr neuer Vater, der gleichzeitig der Onkel Doktor des Heims war. Dann gehörten noch Tante Mumme dazu, Vaters Schwester, die dem Heim vorstand, ebenso Christian, Vaters Sohn und Renis neuer Bruder, und schließlich Erika Niethammer, Renis Freundin, die für ein ganzes Jahr sozusagen ihre Schwester sein durfte. Diese merkwürdige und zusammengewürfelte Familie verteilte sich mit an den Tischen der Heimkinder, damit überall jemand saß, der Bescheid wußte und auf Ordnung hielt. Bei jedem Kinderschwung, der mit Geschwätz und Lachen ankam, mit großen und kleinen Sorgen und neuen Liedern, Spielen und Dummheiten, bei jedem dieser Kinderschübe machte Reni eine neue Tischordnung. Und dort, wo am ehesten Unfriede zu erwarten war, bei den größeren Jungen zum Beispiel, dort setzte sie Vater hin oder auch Christian. Vater konnte wunderbar ausgleichen, wenn es Meinungsverschiedenheiten gab, mit seinem trockenen Humor, seinen kleinen Geschichten, mitunter auch mit einer überraschenden Strenge. Und Christian, der schon sechzehn war, ähnelte in dieser Beziehung seinem Vater sehr.

Reni bewunderte sowohl den Vater als auch den neuen Bruder. Bis vor einem Vierteljahr hatte sie nur eine Mutter gehabt; Renis richtiger Vater war früh gestorben. Ein paar Wochen vor Ostern aber hatte sie den Onkel Doktor als neuen Vater bekommen und gehörte nun samt ihrer Mutter ganz und gar hierher, in das von ihr so heiß geliebte Heim am Berge. Hier war sie unter Tante Mummes Pflege aufgewachsen, das einzige Kind im Heim, das blieb. Tante Mummes und Onkel Doktors Dauerheimkind.

Renis Mutter war früher Gutssekretärin bei Erikas Eltern gewesen und nur selten ins Heim zu Besuch gekommen. Sie hatte sich immer nach ihrer kleinen Tochter gesehnt, und eines Tages war sie gekommen, um Reni zu sich zu holen. Erika, die ohne Geschwister aufwuchs, hatte sich so sehr eine Freundin gewünscht. So luden ihre Eltern Reni ein.

Erika war ein lieber und netter Kerl. Die beiden Mädel verstanden sich sofort. Aber Reni konnte das Heim und vor allem den zärtlich geliebten Onkel Doktor nicht vergessen. Sie sehnte sich, je länger, desto mehr, nach beiden zurück und erreichte es schließlich, daß sie, mit Erika zusammen, für eine kurze Zeit wenigstens wieder zu Besuch dorthin fahren durfte.

In diesen Tagen geschah das Unglück. Renis Mutter stürzte mit dem Pferd und verletzte sich so, daß sie viele Wochen liegen mußte. Alle bangten um sie, Reni am meisten. Frau Jahnecke wurde nicht wieder richtig gesund. Reiten jedenfalls würde sie nie mehr können.

Das war eine ganz schreckliche Geschichte. Zum Glück kümmerte sich der Onkel Doktor um Mutter, und sein Wunsch, sie zu sich als seine Frau ins Heim zu holen, ging nun in Erfüllung. Reni bekam damit den besten Vater der Welt.

Sie besaß nun also alles, was ihr bisher fehlte. Sie, die bisher ein Heimkind gewesen war, stand mit einemmal mitten in einer Familie, die ihr gehörte. Das war so wunderbar, daß sie manchmal früh aufwachte und es nicht begreifen konnte.

Freilich, ein bißchen anders als in anderen Familien ging es hier schon zu. Das brachte der Betrieb des Heims einfach mit sich. Sechs Wochen verlor sich die so mühsam entstandene Familie des Doktors sozusagen ganz im Schwarm der Heimkinder, um dann für drei oder höchstens vier Tage allein zu sein. Das dauerte so lange, bis ein neuer Pulk mit Kindern anrückte. Reni kannte das nicht anders und war im großen und ganzen auch damit einverstanden. Nur manchmal fand sie es doch etwas störend.

Heute aber klappte es gut. Heute war ihr Geburtstag, und da rückten die Heimkinder gerade wieder ab. Man bekam noch das Geburtstagsständchen gesungen, man würde sicherlich dies oder jenes kleine Geschenkpäckchen zugesteckt bekommen, dann aber fuhren sie weg. Endlich konnte man in der Familie feiern. Morgen war nämlich außerdem Pfingsten. Reni hatte ihren Geburtstag mit Bedacht ausgewählt!

„... und daß du immer gesund bleibst und mich liebbehältst!" schloß Tante Mumme ihre Ansprache. Reni hatte nicht ein Viertel davon gehört. Sie guckte gespannt auf ihren Platz am Kaffeetisch: kein Geschenk? Wirklich keins?

Ein Kuchen stand da, auch ein Lichterkranz, natürlich noch nicht angezündet. Auch Blumen, und die Tasse mit dem goldenen Rand, die nur an Festtagen benutzt wurde. Sonst nichts?

„Wann kommen denn die anderen?" fragte sie und sprang von einem Bein auf das andere. Nur ein wenig, damit Tante Mumme nicht nervös wurde. Aber still stehen konnte man nun einmal am Geburtstag nicht. „Und frühstücken wir wirklich hier? Bei uns?"

„Bei uns" hieß die kleine Wohnung, die seit Mutters Einzug sogar eine Glastür bekommen hatte, damit sie richtig abgeschlossen werden konnte. Sie lag im Wirtschaftsgebäude des Heims, während sich drüben im anderen Haus die Schlaf- und Aufenthaltsräume für die Heimkinder befanden. Hier aber wohnten jetzt Vater und Mutter, ein Zimmer hatte Christian bekommen, und Reni teilte das, was sie von jeher innegehabt hatte, für dieses Jahr mit Erika. Dann gab es noch das Kaminzimmer. Reni fand, dieses sei das schönste von allen – und das kleine Wohnzimmer mit dem großen, breiten Glasfenster, an dem es so herrlich blühte. Seit Mutter keine Pferde mehr betreuen konnte, hatte sie ihr Herz für die Blumen entdeckt. Denn etwas mußte sie immer pflegen, außer den Kindern natürlich, die sie auch betreute, ihre drei „eigenen", Christian, Erika und Reni, und die sechzig oder siebzig anderen, die alle sechs Wochen wechselten.

Zur Familie gehörte auch Tante Mumme, Vaters Schwester. Aber sie wohnte nicht hier. Sie hatte sich ganz mit Absicht und mit dem Starrsinn, den nur ganz kleine Kinder oder ältere Leute aufbringen, ein Zimmer außerhalb der Wohnung ausbedungen. Freilich lag es gleich neben der Glastür, dort, wo auch die Tanten und die Küchenmädchen wohnten, außer derjenigen Tante, die Dienst hatte und für eine Woche im anderen Haus schlief. Dort gab es ein helles, kleines Zimmer für die Nachtwächterin, und eine der Tanten hauste dort immer acht Tage lang, um gleich zur Hand zu sein, wenn eins der Heimkinder einmal schlecht träumte, nach der Mutter rief oder nachts plötzlich krank wurde.

Im Nachtwächterheim wurden auch manchmal lustige Feste gefeiert. Feste, zu denen man ganz heimlich im Schlafanzug erschien und bei deren üppiger Bewirtung einen dann der Doktor überraschte, höchst erstaunt, drohend und brummend und schließlich auf den allgemeinen Spaß eingehend. Bei jedem Kinderkurs wurde dieser Jux gemacht, und es war furchtbar lustig zu beobachten, wie die jeweiligen Kinder sich benahmen, wenn der Doktor hereinschneite. Manche versteckten sich, andere machten sich gar nichts draus, wieder andere verstummten vor Schreck. Immer aber endete das Ganze mit einem großen, befreienden Gelächter, wenn der Doktor zugab, daß alles nur gespielt war und sich bei jedem Kinderkursus wiederholte.

Reni hatte sich diesmal zu ihrem Geburtstag gewünscht, daß es ein Geburtstag ganz „in Familie" würde. „Ganz unter uns! Weiter wünsche ich mir nichts!" hatte sie immer wieder gesagt. Und so war also der Frühstückstisch an Mutters Blumenfenster gedeckt und nicht wie sonst im Wohnhof.

„Wann kommen denn die anderen? Geht es nicht bald los?" fragte sie neugierig. Tante Mumme schüttelte den Kopf.

„Aber Reni! Wenn drüben gepackt wird! Denkst du wirklich, da hat Mutter Zeit und Ruhe?"

Freilich, es war eine dumme Frage gewesen. Reni sagte sich das selbst und bemühte sich, kein saures Gesicht zu machen. Es gelang nicht ganz.

„Früher wurde immer ganz frühzeitig beschert", murrte sie, „vor dem Frühstück sogar. Früher ..."

„Möchtest du denn, daß es noch so wäre wie früher?" fragte Tante Mumme leise. „Daß du Mutter nur alle Vierteljahre einmal sehen könntest und sie arbeiten müßte, weit von dir, bei anderen Leuten?"

„Ach wo. Das möchte ich nicht. Nie mehr möchte ich das!" rief Reni eilig und sich selbst genauso überredend wie Tante Mumme. „Dann frühstücken wir eben erst um zehn. Wenn ich bis dahin nicht tot umfalle vor Hunger oder vor Spannung platze."

„Spannung? Worauf? Ich denke, du hast dir nichts sehnlicher gewünscht als einen Geburtstag unter uns?" fragte Tante Mumme scheinheilig.

„Selbstverständlich! Gerade deshalb soll er zeitig anfangen!" rief Reni bestimmt. „Eigentlich ist es ja gemein: Um sechs wird man durch ein Ständchen geweckt, und dann muß man bis wer weiß wann hungern!"

„Komm, hier!" Tante Mumme öffnete sogleich eine bunte Blechdose und schob Reni einen Keks in den Mund und ein paar weitere in die Hand. Sie zerfloß immer vor Mitleid, wenn man klagte. „Vielleicht kriechst du noch einmal ins Bett?" riet sie. Reni lachte.

„Nein, Tante Mumme, das kann ich nicht. Aber ich weiß was: Ich renne jetzt hinüber, drüben wird doch jetzt gewogen. Aufschreiben, wieviel jedes Kind in den letzten sechs Wochen zugenommen hat, das kann ich genauso gut wie Mutter. Und da vergeht die Zeit schneller. Außerdem kann Mutter inzwischen etwas anderes tun. Meinst du nicht?"

„Ja, Reni, das ist ein guter Gedanke."

Tante Mumme sah der davonlaufenden Reni liebevoll nach. Mitten im Hof stoppte diese übrigens plötzlich ab und drehte um. Tante Mumme wunderte sich. Dann aber lachte sie, denn gleich darauf hörte man es im Badezimmer rauschen. Reni holte das vorhin verschobene Duschen nach. Und Reni duschte immer so ausgiebig und heftig, daß das ganze Badezimmer schwamm.

„Nein, hier! Du magst doch keine Jagdwurst", rief Reni und hielt den Jungen, der schon beinahe an ihr vorbeigeschoben war, am Ärmel fest. „Da, Schweizer Käse. So, aber die Wurstbrote gib wieder!"

Die Kinder sahen jetzt, stadtfein gemacht, ganz anders aus als all die Wochen vorher. Sonst waren sie barfuß in Spielanzügen oder Shorts herumgesprungen, jetzt hatten sie Dirndlkleider und Schuhe und Strümpfe an, die Jungen Lederhosen und Joppen, manche sogar richtige Anzüge.

Heute gab Reni den Reiseproviant aus. In zwei großen Waschkörben lagen handliche kleine Päckchen, in Pergamentpapier verpackt, und die Kinder zogen zu zweit vorbei, während Reni verteilte. Sie hatte im Lauf der letzten Kursuswochen beobachtet, was der eine gern aß und der andere nicht mochte. Deshalb konnte sie den einzelnen manches empfehlen. Manchem, der frech gewesen war oder überhaupt grundsätzlich am Essen mäkelte, gönnte sie es, wenn er einen Aufstrich erwischte, den er nicht mochte.

Schließlich waren alle Abfahrenden im Hof versammelt und sangen das Abschiedslied:

Wahre Freundschaft soll nicht wanken,
wenn sie gleich entfernet ist,
lebet fort in den Gedanken,
und der Treue nicht vergißt...

Das große Gepäck war schon verfrachtet, der Wagen bereits aus dem Hof gerollt; Tante Thea stand, im Kostüm, die Wandertasche über der Schulter, bereit. Sie begleitete den Kurs und kam erst morgen wieder. Die anderen Tanten hatten frei bis nach Pfingsten.

„Na, wer von euch möchte einmal wiederkommen?" fragte sie, als der letzte Ton verklungen war.

„Ich, ich, ich!" rief es von überall, und die Mädchen drängten sich an sie heran. Reni stand ein wenig abseits und lächelte.

So leicht kam keins der Kinder wieder. Mitunter schon, aber selten. Wirklich wiedergekommen war eigentlich nur sie, Reni.

Sie dachte daran, wie es früher gewesen war, wenn die Heimkinder abgefahren waren. Dann standen das große Haus und der geliebte Wohnhof leer, Tante Mumme suchte Zuflucht in der Küche und braute sich als Trost einen extra starken Kaffee. Wenn Reni allein vom Bahnhof zurückkam, fragte Tante Mumme, was für einen Pausenkuchen sie sich diesmal wünsche. Und Reni hatte dann die Tage gezählt, manchmal sogar die Stunden, bis die nächsten Kinder kommen würden.

Jetzt war das anders. Auch wenn nicht Geburtstag war, fieberte sie immer der Zeit entgegen, in der sie „in Familie" lebten. Nein, traurig war sie nie mehr, wenn die Heimkinder abfuhren, so nette auch manchmal darunter waren.

„Ja, ich schreib' dir, Inge", versprach sie eifrig, während sie ringsum Hände schüttelte. „Ihr müßt aber auch schreiben! Ja, die Fotos bekommt ihr noch, das macht diesmal Christian, da geht es schnell. Ja, ich habe eure Anschriften!"

Endlich waren sie fort. Die letzte winkende Hand war um die Ecke verschwunden, man hörte das Schwatzen leiser werden, bis es verstummte. Reni faßte Erika an den Händen und wirbelte sie im Kreis herum, mitten im Wohnhof, aus lauter Lust am Dasein.

„Wenn es jetzt aber immer noch kein Frühstück gibt, verlange ich das Beschwerdebuch!" rief sie, als Tante Mumme in der Tür des Wirtschaftsgebäudes erschien. Die lachte.

„Brauchst du nicht! Es kann sofort losgehen. Aber wollen wir nicht noch umdecken? Es ist so schön draußen. Da ist ja auch Erika – guten Morgen, du Langschläfer!"

Erika lachte und half den Tisch unter der alten Kastanie decken. Reni schleppte schon das Tablett mit den Tassen heran, Christian trug den Kuchen heraus, Tante Mumme die Kaffeekanne, und Mutter brachte den Lichterkranz und rief nach Vater.

„Ich zünde an! Jetzt geht endlich der Geburtstag richtig los!"

Nun saßen sie also allesamt um den verspäteten Frühstückstisch, Reni obenan auf dem Ehrenplatz, und aßen und tranken. Im Augenblick wurde kein Wort gesprochen, sogar Renis Mund, die „Klappermühle", wie Christian sagte, schwieg. Das war kein Wunder. Denn tatsächlich: Nur der Kuchen, der Lichterkranz und die Blumen prangten vor dem Platz für das Geburtstagskind. Sonst nichts. Kein Buch, keine Tafel Schokolade, nichts zum Anziehen. Reni versuchte, so zu tun, als wundere sie das gar nicht. Aber es gelang ihr nicht richtig. Alle lachten, Christian am meisten.

„Nun weine mal nicht, wir wollten so gern sehen, wie ein Mensch aussieht, dem der größte Wunsch in Erfüllung gegangen ist." Christian grinste.

„Ich weine ja gar nicht", sagte sie und verspürte die größte Lust, ihm die Zunge herauszustrecken, so lang sie war. Große Brüder hatten auch ihre Nachteile, das wußte sie nun schon. Aber sie tat es nicht, nein, nun gerade nicht. Sehr beschäftigt bot sie Kuchen an und gab Milch und Zucker herum, und dabei war sie im Innersten ganz fest davon überzeugt, daß noch was kommen mußte. Sie kannte doch ihren Doktoronkel – ihren Vater vielmehr! Während sie das dachte, mußte sie so lachen, daß er ganz erstaunt aufsah.

„So vergnügt habe ich dich ja noch an keinem Geburtstag gesehen", sagte er. „Von jetzt an gibt es nie mehr etwas anderes als einen ungestörten Tag in der Familie!"

„Von mir aus!" lachte Reni und blinzelte ihm zu. „Wann fahren wir denn?" Sie hatte gesehen, daß der Wagen schon draußen stand, Vaters alter grauer Doktorwagen.

„Hast du es doch schon verraten, du Bengel!" sagte der Doktor ärgerlich. „Du bist doch das reinste Waschweib, Christian. Ich sage nie wieder etwas."

„Was habe ich denn verraten?" fragte dieser empört. Er sagte es absichtlich in einem möglichst frechen, schnippischen Ton.

„Daß wir zu den Ponys fahren wollen", sagte sein Vater aufgebracht. „Ich finde, man muß auch den Mund halten können. Wenn es schon nichts anderes als diese einzige Überraschung zum Geburtstag geben soll, dann muß es auch eine bleiben."

„Zu den Ponys? Vater, wirklich? Ist

das wahr?" jubelte Reni und fiel dem neben ihr sitzenden Doktor so stürmisch um den Hals, daß seine Brille verrutschte. „Kaufen wir sie schon? Oder wollen wir sie nur ansehen? Vater, ist es weit? Und fahren wir jetzt gleich?"

„Ich glaube, Paul, jetzt hast du dich selbst verplappert", sagte die Mutter trocken. Alle lachten. Der Vater schlug sich auf den Mund.

„Hab' ich? Aber wenn Christian doch ..."

„Ich habe keine einzige Silbe gesagt!"

„Du hast gesagt ..."

„Ich habe gar nichts ..."

„Nun zankt euch nicht, sondern eßt", mahnte Tante Mumme und schob dem Vater ein zweites Stück Kuchen auf den Teller. „Verraten ist es nun einmal, und ich finde, Reni kann sich auf der Hinfahrt noch ein bißchen vorfreuen, wenn sie schon sonst nichts bekommt, das arme Kind."

„Das arme! Nur ein lebendiges Pony oder zwei!" höhnte der Doktor und schob das Kuchenstück fast auf einmal in den Mund. „Wir bekamen zum Geburtstag ein Lineal, als wir so alt waren, oder ein Schreibheft! Und jetzt heißt es: ‚Nur ein Pony. Oder zwei! Oder drei!'"

„Wer spricht denn von dreien", sagte die Mutter schnell, „übertreib doch nicht so mörderisch! Außerdem habt ihr euch um meinetwillen die Ponygeschichte ausgedacht oder etwa nicht? Reni wird sowieso nur vorgeschoben, damit du deine Frau verwöhnen kannst, ohne daß es zu sehr auffällt." Sie sagte das lustig, aber man hörte den zärtlichen Ernst dahinter. Der Doktor winkte ab.

Aber es war so. Er und Reni hatten sich ausgedacht, für Mutter ein oder zwei Shetlandponys zu kaufen, weil sie nach ihrer Beinverletzung nie wieder würde reiten können und Pferde doch so sehr liebte. Bisher war man noch nicht dazu gekommen, diesen Plan auszuführen, nur gesagt hatten sie es ihr. Der Doktor war von jeher unfähig gewesen, eine Überraschung bei sich zu behalten, und so hatte er es ihr noch vor der Hochzeit verraten. Jetzt aber war es Mutter gewesen, die auf diesem Plan bestand. Und es war ihre Idee, ihn heute, an Renis Geburtstag, zu verwirklichen. Ach, das war wahrhaftig ein Geburtstagsgeschenk, wie es Reni nie bekommen, ja, niemals auch nur erträumt hatte!

„Wann fahren wir denn? Jetzt gleich?" drängte sie schon wieder, und der Vater meinte, er würde sich nie wieder solch eine ewig quälende und ungeduldige Tochter anheiraten.

„Nicht einmal in Ruhe frühstücken läßt sie einen!" stöhnte er. Dabei kam sein Frühstück heute wahrhaftig nicht zu kurz!

Ein langgestrecktes Gebäude, niedrig, daneben ein zweites, dem man ansah, daß es nichts als Ställe enthielt: Sie waren da. Vater bremste, und Erika und Reni purzelten fast aus dem Wagen, so eilig hatten sie es, auszusteigen. Sie standen schon am Tor und hopsten vor Aufregung von einem Fuß auf den anderen, als die Erwachsenen endlich nachkamen.

Eine freundliche Frau öffnete ihnen und begrüßte sie. Sie war sofort im Bilde. Vater hatte ihr schon geschrieben. Sie sah die beiden Mädchen an und lachte.

„Ja, ihr werdet schon lieb mit unseren Kleinen sein, nicht wahr", sagte sie erleichtert, als sie die vor Begierde und Glück brennenden Augen der beiden gesehen hatte.

„Hallo! Hansjörg! Günter!" rief sie, und dann steckte sie die Knöchel von Zeige- und Mittelfinger der rechten Faust zwischen die gerundeten Lippen und pfiff.

Nicht sofort, doch bald trudelten zwei Jungen heran, etwa acht- und zehnjährig, die die Frau als ihre Söhne vorstellte. Auch sie sahen die Mädchen mit abschätzenden Blicken an, die mehr ihrer Größe als ihren Augen galten.

„Der kann aber nicht mehr drauf reiten", sagte der kleinere grollend und zeigte mit dem Daumen auf Christian. Seine Mutter gab ihm einen kleinen Puff in die Seite.

„‚Der' sagt man nicht, und zur Kundschaft schon gar nicht", verwies sie ihn. Dann gingen sie alle miteinander los.

Sie betraten keine glatten, gepflegten Koppeln, auf denen nur Gras wuchs. Eher war es eine kleine Wildnis, mit Heidekraut, halbhohem Gebüsch, einem kleinen Bach, der sich an einer Stelle zu einem flachen Becken verbreiterte, mit Bäumen, vor allem Birken, und einem steilen kleinen Hügel. Die Frau pfiff noch einmal.

Dann kamen sie heran, nickende, dickbebuschte kleine Köpfe, runde Rücken, glänzende, aufmerksame Augen. Reni und Erika hatten Mutter natürlich unzählige Male gefragt, wie Shetlandponys aussähen, wie groß oder vielmehr wie klein sie seien, und sie hatten sich unwillkürlich kleine Pferde darunter vorgestellt. Jetzt waren sie eigentlich im ersten Augenblick enttäuscht, zum mindesten verblüfft.

Erstens waren die Ponys zwar klein, viel, viel kleiner als Pferde natürlich, aber sie wirkten nicht klein. Das kam daher, daß sie so außerordentlich stämmig waren, breit, mit prallen Kruppen und kräftigen, runden Rücken. Sie hatten komische, kurze Beine, an denen allerdings die niedlichsten Hüfchen saßen, mit einer kaum handtellergroßen Fläche. Doch, sie waren reizend! Nur komisch, ein bißchen verbaut, beinahe verkrüppelt sahen sie aus, wenn man an richtige Pferde gewöhnt war. Aber das war nur der erste Eindruck.

„Sieh nur, das dort! Eine Schecke! Und das braune mit dem dunklen Streifen auf dem Rücken! Und das da ..." Reni und Erika waren sich gar nicht bewußt, daß sie beinahe schrien. Auch Mutter und Tante Mumme tauschten laut und aufgeregt ihre Meinungen aus. Nur der Doktor und Christian, die sich sehr ähnlich waren, sahen ihren Frauen wohlwollend und belustigt zu.

„Dürfen wir uns wirklich eins aussuchen?" fragte Reni schließlich erschöpft, nachdem sie ihren ganzen Zucker verfüttert, alle Nasen der kleinen Tiere gestreichelt und an sämtlichen Hälsen geklopft hatte. Auch Erikas Augen hingen gespannt an Vaters Mund. Der sah seine Frau an.

„Zwei sogar, nicht?" sagte er leise. „Deshalb haben wir ja keine Hochzeitsreise gemacht, damit wir uns die Ponys leisten können. Aber wählt mit Verstand, hört ihr?"

Die Schecke war hübsch gezeichnet, schwarzweiß mit einem dunklen Kopf, an dem ein schwarzes und ein weißes Ohr saßen. Das bestach natürlich. Erika war entzückt von ihr, gleich anfangs, und Christian meinte, als er schließlich auch um seine Meinung gefragt wurde, sie sähe Erika ähnlich. Merkwürdigerweise störte sich niemand an diesem Ausspruch, denn irgendwie hatte er sogar recht. Nicht nur hatte Erika schwarze Zöpfe und sehr helle und klare Haut, auch in den Augen sah Christian eine Ähnlichkeit.

„Können wir denn da auch noch drauf reiten?" fragte Reni atemlos. Die Frau sah sie an und lachte.

„Freilich, ein, zwei Jahre schon. Zwölf bist du? Wenn du nicht gar zu schnell wächst und schön schlank bleibst ..."

„Ich ess' von jetzt an ...", sprudelte Erika,

„... überhaupt nichts mehr", vollendete der Doktor vergnügt. „Das hab' ich mir immer gewünscht. Wo du uns doch immer die Haare vom Kopf gefuttert hast!" Erika durfte ein Jahr lang im Heim bleiben, weil sie zu Hause einen so schrecklich schlechten Appetit hatte und sich rote Backen anessen sollte. Jede Woche fragte ihre Mutter besorgt und liebevoll an, wieviel ihre kleine Tochter zugenommen habe.

„Welches Pony würdest du denn aussuchen?" fragte Vater jetzt leise und sah Mutter an.

„Den größeren Schwarzen dort", antwortete sie, ohne nachzudenken. Dabei wies sie auf ein Pony, das eigentlich gar nicht auffiel. Schwarz, ohne Abzeichen, stämmig und ruhig stand es da und rupfte Gras vom Boden.

„Warum?" wunderte sich der Vater.

„Der trägt die Mädchen noch eine Weile", sagte Mutter.

Reni hatte sich in ein Schimmelchen verliebt, das einen sehr schönen, gebogenen Schwanz hatte.

„Wie heißt es?"

„Schneeflocke", sagte Günter. Renis Augen glänzten.

„Ich glaube, sie ist ein bißchen zierlich", sagte Mutter zögernd. Sie konnte verstehen, daß jemand, der von Pferden nichts verstand, einfach nach der Farbe wählte. Sie sagte es der Besitzerin. Die lachte.

„Da wäre Ihre Kleine nicht allzu gut beraten! Im Sommer, ja, da ist sie ein Schneeflöckchen, aber im Winter sind Schimmel nicht so hübsch. Dann ist das Fell gelblich und wirkt schmutzig. Wenn man also nach der Farbe aussucht, muß man es schon richtig machen. Der Dunkle da, den Sie meinen, sieht im Winter sogar noch besser aus. Tintenschwarz und sehr schön."

„Ein Hengst?"

„Ja. Und mit der Schecke nicht blutsverwandt. Wenn Sie also eine kleine Zucht beginnen wollen, wären die beiden das richtige. Die Schecke bekommt übrigens nächstes Frühjahr ein Fohlen. So wäre der Anfang schon gemacht."

„Sagen Sie das den Mädeln nicht, das ist noch eine zusätzliche Überraschung." Die Mutter hatte das ganz leise gesagt und lachte dabei in sich hinein. Die Frau nickte ihr zu. Nun hieß es also, Reni zu überreden.

„Ich finde aber die Schneeflocke viel schöner", sagte Reni betrübt und ein bißchen beleidigt, wenn sie es auch nicht merken lassen wollte. Erikas Wahl war sofort gutgeheißen worden, und ihre? Dabei hatte *sie* doch heute Geburtstag!

„Aber siehst du denn nicht ein ..."

„Freilich, den Hengst zu reiten, dazu gehört schon etwas mehr Schneid als zu einem Schneeflöckchen", sagte Christian in diesem Augenblick. Es klang abfällig und wie nebenbei gesagt. Reni aber hatte es wohl gehört.

„Meinst du, ich hätte Angst vor ihm?" fragte sie gereizt. Christian zuckte die Achseln. Renis Augen blitzten.

„Darf ich mal versuchen?" fragte sie die Frau. „Auf dem da, dem schwarzen Hengst? Wie heißt er?"

Er hieß Egon. Das war, wie die Mädchen fanden, eigentlich ein Grund, ihn nicht zu kaufen. Egon! Wie konnte man ein Pferd so nennen! Der größere der Jungen erklärte ihnen ein bißchen gekränkt, ein Hengst müßte nach seinem Vater heißen, jedenfalls den ersten Buchstaben des Namens mit dem Vater gemeinsam haben. Und außerdem könnte man ihn ja anders rufen.

Freilich, das blieb ihnen unbenommen. Reni ließ sich auf das kleine Pferd hinaufhelfen. Nein, Angst hatte sie wahrhaftig nicht!

Egon stand und ließ sich streicheln und in die Mähne fassen, und der Junge führte ihn ein Stück, während Reni sich um eine möglichst gute Haltung bemühte.

„Du hast recht, das Pferd ist stärker als die anderen und wird auch von den größeren Kindern im Heim geritten werden können", sagte Vater zufrieden. „Nun muß aber auch Erika noch mal auf ihre Schecke klettern. Die darf doch noch geritten werden, auch wenn sie ein Fohlen bekommt?"

„Bis Weihnachten ohne Bedenken", sagte die Besitzerin, „und fahren kann man sie bis zum letzten Tag."

Reni versuchte ihren Hengst ein wenig in Trab zu bringen, aber er schüttelte nur den Kopf und begann zu grasen. Das sah nicht sehr schneidig aus.

„Ich glaube, das ist Graf Egon der Faule!" sagte sie und saß ab. „Aber warte nur, ich werde dir schon die Flötentöne beibringen!" Sie versuchte, sich ihre Enttäuschung wegen Schneeflöckchen nicht mehr anmerken zu lassen. Graf Egon war zwar auch hübsch, aber es pikte in Renis Herzen, daß Erika heute etwas Schöneres bekommen sollte als sie selbst.

Lachte Christian? Wahrhaftig!

„Was grinst du denn?" fragte sie und gab ihm einen Stoß in die Seite.

„Ach, nur so. Heute früh bist du hochgesprungen, als du nur das Wort ‚Pony' hörtest, und jetzt . . ."

„Ach, jetzt! Was ist denn jetzt! Quatsch!" unterbrach Reni ihn schnell und beschämt. Wie recht er doch hatte!

„Ich freu' mich so, Mutter. Und du findest ihn doch auch großartig, nicht wahr?" fragte sie deshalb schnell und ein bißchen zu eifrig. „Darf ich ihn mir aussuchen? Und Erika die Schecke?"

„Ja, wir lassen sie übermorgen holen", sagte der Vater.

So wurde es beschlossen, und die Erwachsenen gingen ins Haus. Die Mädchen aber und Christian blieben auf der Koppel. Sie konnten sich von der kleinen Herde nicht trennen. Und sie hatten so viele Fragen an die beiden jungen Gestütsbesitzer. Auch als sie nach Hause fuhren, waren sie noch ganz bei den Pferden. Ihre Münder standen nicht still, und sie warfen mit Fachausdrücken nur so um sich. Vater sah Mutter schmunzelnd im Rückspiegel an.

„Bist du nun zufrieden?" hieß dieser Blick. Mutter lachte. Es hatte sie immer ein bißchen gekränkt, daß Reni sich so wenig aus Pferden machte. Reni, ihre eigene Tochter! Jetzt aber schien mit einemmal der Knoten geplatzt zu sein, und das freute sie natürlich. Hoffentlich war es nicht nur ein Strohfeuer! Bei Mutter waren Menschen, die nichts für Pferde übrig hatten, eben keine oder nur halbe Menschen, mit denen es nicht lohnte, sich zu beschäftigen.

„Manche Kinder reiten schon mit vier oder fünf Jahren", erzählte Mutter. „Es ist sogar gut, wenn man zeitig anfängt. Voltigieren tun Kinder manchmal schon mit drei Jahren!"

„Was ist denn voltigieren?" fragte Tante Mumme. Mutter lachte.

„Zum Voltigieren nimmt man ein dickes, gemütliches, nicht zu großes Bahnpferd, das die meisten Dummheiten seines Lebens schon hinter sich hat", erklärte die Mutter ruhig. „Auch ein Doppelpony mit einem so richtig breiten Rücken eignet sich dafür. Es bekommt einen Gurt umgeschnallt, an dem oben zwei steife Griffe angebracht sind. Dann läßt es der Reitlehrer an einem langen Zügel, einer Longe, im Kreis galoppieren. Ja, guckt nicht so entsetzt, galoppieren kann auch eine sehr gemächliche Gangart sein, auf und ab, wie ein Schaukelpferd, und gar nicht schnell. Dann müssen die Kinder eins nach dem anderen neben dem Pferd herlaufen und, während sie sich an den Griffen festhalten, aufspringen."

„Im Galopp?" fragte Erika zweifelnd.

„Freilich im Galopp", sagte die Mutter lächelnd, „das klingt vielleicht doll, ist aber nicht so schwer. Sonst würden es ja so kleine Knirpse gar nicht schaffen! Und die schaffen noch mehr! Sie schlagen im Reiten die Beine über, vorn, hinten, ein zweites Kind springt auf, manchmal sogar drei hintereinander. Und ich hab' schon gesehen, wie kleine Jungen und kleine Mädel sich während des Reitens auf den Pferderücken stellten, die Jungen mit den Händen in den Hüften, die Mädel die kurzen Röckchen rechts und links angefaßt wie kleine Tänzerinnen. Ja, mit meinen eigenen Augen hab' ich das gesehen! Und dann sogar, wie eins dieser Kinder einem anderen auf die Schultern kletterte, mitten im Galopp, und sie so ein kurzes Stück weiterritten und dabei lachten, als wäre es gar nichts. Ich kann euch Bilder davon zeigen!"

„Tatsächlich, Mutter? Aber das können wir doch auf den Shetlands nicht?" fragte Reni.

„Nein, dazu sind sie zu klein für euch. Vielleicht lernt es aber das eine oder andere kleinere Kind, das zu uns ins Heim kommt. Wir wollen ja die Pferdchen nicht nur für euch haben."

„Ooch", sagte Reni gedehnt. Der Vater drohte ihr mit dem Finger.

„Reni? Nicht schon wieder maulen!"

„Aber gehören tun sie doch uns?" vergewisserte sie sich kleinlaut.

„Freilich. Und zunächst sollt ihr auch reiten, das ist klar", sagte die Mutter. „Ich gebe euch Stunden. Ach, Paul, ich freue mich ja so! Endlich wieder Pferde, wieder Fellgeruch, Wiehern, Hufgetrappel und Lederzeug!"

„Natürlich. Wir sind jetzt alle abgemeldet", sagte der Doktor ergeben, „jetzt gibt es endlich was, das du bemuttern kannst. Was ist eine leicht wacklige Tante Mumme, was sind drei Kinder – jaja, Christian, du bist auch noch eins, auch wenn du heimlich rauchst, ich weiß das doch, mein Sohn – gegen zwei Ponys. Vom dicken, gichtbrüchigen, pflegebedürftigen Onkel Doktor gar nicht zu reden, geschweige denn von den Heimkindern, die nach einem verstehenden Mutterherzen verlangen!"

„Du bist unverschämt", lachte Mutter. „Man kann doch außer für Menschen auch noch ein Herz für Pferde haben."

„Na, weißt du, wenn du noch nie was Verkehrtes gesagt hast, das die Tatsachen völlig auf den Kopf stellt, dann eben jetzt!"

Die Mädchen lachten, Christian grinste, und Tante Mumme klopfte Mutters Hand. Aber all dies Hin und Her störte nicht den wundervollen Tag, der genauso schön weiterging, wie er angefangen hatte. Übermorgen schon sollten die Ponys geholt werden – es war einfach nicht auszudenken!

2. Kapitel

„Nein, Reni, heute nicht", sagte die Mutter. Sie hatte sich über Mittag hingelegt. Draußen herrschte eine glühende Augusthitze. Das Heim war voll, eigentlich überbelegt. Reni stand in der Tür des Schlafzimmers und machte ein saures Gesicht. Die Mutter sah es trotz des Dämmerlichts, das hier herrschte. Sie hatte die Läden vor die Fenster geschlagen.

Sie seufzte ungeduldig. Ihre Mittagsruhe war nach Minuten bemessen. Den ganzen Vormittag hatte sie in der heißen Küche gestanden, und nachmittags wartete ein Riesenberg Mirabellen, der eingekocht werden sollte, auf sie. Und die Hitze nahm sie so schrecklich mit. Daß Reni das nicht verstand!

Freilich, Reni war jung, und das Wort „müde" gab es in ihrem Wortschatz nicht. Mutter konnte zum Beispiel nie begreifen, wie es ihr und Erika möglich war, in der Stunde nach Tisch Schularbeiten zu machen. Zu einer Zeit, in der jeder Erwachsene unfähig ist, geistig zu arbeiten, ja überhaupt zu denken, wie ihr schien.

„Nun maul nicht", sagte sie heftiger, als sie wollte, als sie Renis Gesichtsausdruck sah, „kannst du dir denn nicht vorstellen, daß ich kaputt bin? Vielleicht können wir abends reiten."

„Ach, abends! Da hast du ja auch nie Zeit."

Mutter wollte etwas sagen, schwieg aber dann. Sie legte sich zurück und sah zur Decke hinauf. „Nicht aufregen", hatte Vater gesagt, „nicht ärgern." Sie war aber nicht verärgert, das wußte sie im tiefsten, sie war gekränkt. Daß es Reni fertigbrachte, so häßlich zu sein! Sie hatte doch jetzt wahrhaftig alles, was sie sich je gewünscht hatte. Und was tat sie? Sie stand da und maulte!

„Gut, dann reiten wir auch abends nicht", sagte sie jetzt zornig. „Ich hätte es möglich gemacht, aber wenn du so bockig bist!"

„Dürfen wir denn nicht ein einziges Mal allein reiten?" fragte Reni und gab sich Mühe, es so bescheiden und freundlich wie möglich zu sagen.

„Reni, ich möchte es nicht. Der Graf ist ein Hengst, und ein Hengst ist und bleibt ein Tier, das stärker, wilder und gefährlicher ist als ein anderes Reitpferd, auch bei Ponys. Du weißt..." Sie brach ab. Dann begann sie von neuem: „Hör, ich habe eine Idee. Spannt die Kutsche ein und fahrt ein Stück, Erika und du. Ja, fahren dürft ihr. Nehmt den Klaus Schmidthenner mit, er langweilt sich so in seinem Gehgips. Und meinetwegen auch sonst noch irgendein Kind, aber eins von den größeren, aus dem oberen Schlafsaal. Und daß mir nichts passiert, Reni, hörst du? Nicht so verrückt fahren!"

„Sollen wir nicht vom Schraderhof Heu holen? Wir müssen doch welches haben", fragte Reni.

„Ja, fahrt hin und fragt, ob ihr heute schon eine Fuhre bekommen könnt. Zurück müßt ihr aber laufen. Nur den Klaus setzt drauf, aber das Heu gut packen, verstehst du?"

„Natürlich!" Reni verabschiedete sich eilig. Sie hatte Angst, die Erlaubnis könnte sonst wieder zurückgezogen werden.

Mutter, die sich gefreut hatte, daß sie nun noch einigermaßen übereingekommen waren, sah ihr betrübt nach.

Hätte ihr nicht Reni noch etwas Freundliches sagen können?

Es war ja klar, daß das Kind wegstrebte. Kein Mädchen in diesem Alter sitzt gern bei der Mutter, der es nicht gutgeht, und spricht ihr zu, während es draußen Ponys und Kameraden gibt. Aber daß sie so gar nichts fragte! Christian war da ganz anders.

Aber die Mutter irrte sich. Reni dachte wohl an sie; sie hatte sie nicht vergessen, sobald sie die Tür hinter sich zugemacht hatte. „Mutter ist so anders jetzt", dachte Reni, „und dabei sagt Vater doch, das Bein ist abgeheilt. Es ist beinahe, als gäbe es für Mutter jetzt wichtigere Dinge als die Pferde – und als die Tochter!" Nein, das war häßlich gedacht. Aber es war doch wahr, immerfort sagte Mutter nein. Ein Wunder, daß sie heute wenigstens fahren durften!

Reni sprang zur Liegewiese hinauf. Erika lauerte schon. „Dürfen wir?" fragte sie, als Reni atemlos anlangte. Reni nickte. „Fahren! Reiten nicht!"

Erika war enttäuscht.

Auch sie hatte Geschmack am Reiten gefunden. Freilich, sie ritt die Gräfin, und das war keine Kunst oder doch jedenfalls ungleich leichter und ungefährlicher. Die Gräfin war brav und willig und tat eigentlich alles, was der Graf ihr vormachte. Der Graf aber, „Egon der Faule" – du lieber Himmel, wie man sich in einem Pferd doch täuschen konnte!

Reni hatte sich getäuscht, Mutter und die anderen übrigens auch. So etwas von Feuer und Temperament hatte keiner in dem kleinen Hengst vermutet, und Reni war oft drauf und dran gewesen, zu Mutter zu sagen: „Ich schaff' es nicht. Wir wollen ihn umtauschen. Er ist mir zu wild."

Sie hatte es aber doch nicht gesagt.

Unzählige Male war sie heruntergeflogen, es gab keine Stelle an ihrem Körper, die nicht schon blaue Flecke gehabt hatte – zur Erinnerung an diesen frechen Ponyherrn. In letzter Zeit aber war es besser geworden. Reni hatte das Gefühl, als erkenne er sie jetzt an, als habe er begriffen, daß sie nicht nachgab. Und gerade jetzt durfte sie nicht weiterreiten! Bis morgen hatte er bestimmt alles vergessen, und der Hafer stach ihn wieder wie eh und je.

Ja, wahrhaftig, der Hafer. Sie gab ihm nämlich heimlich Hafer, obwohl das im Sommer angeblich nicht nötig war. Aber Hafer schadet doch nie, oder? Man sah es auch am Fell: der Graf spiegelte und glänzte, und seine Augen funkelten, wenn er stand und darauf wartete, daß sie aufsaß. Wenn er dann auch noch mit den vorderen Hufen scharrte, sah er wirklich wie ein kleiner Streithengst aus.

Auch jetzt. Als Reni pfiff, spitzte er die Ohren und sah ihr entgegen, aufmerksam und erwartungsvoll. Reni konnte es sich nicht versagen, fix mal auf seinen Rücken zu rutschen. Hier auf der Wiese, ohne Trense, das galt nicht als Reiten. Sie hatte sich eine Gerte vom Zaun gebrochen und versuchte, den kleinen Hengst damit zu lenken. Er ließ es sich ein Weilchen gefallen und kratzte dann die Kurve so eng, daß sie seitlich herunterflog. Lachend sprang sie ihm nach und nahm ihn um den Hals.

„Recht so, das tät' ich auch! Aber warte nur, morgen, mit dem Zügel! Da wird gehorcht und das gemacht, was ich will."

Sie zog mit den beiden Ponys ab, hinter dem Haupthaus herum, damit nicht alle Kinder sie sahen. Es war jetzt Ruhezeit, aber die meisten verbrachten sie nicht im Schlafsaal, sondern im

Garten oder auf der Wiese in der Sonne. Das war erlaubt. Reni bat Erika noch, Klaus zu suchen, während sie selbst einspannte.

„Sonst nehmen wir aber keinen mit, das gibt nur Gezanke!" bestimmte sie.

Den Wagen hatte ihnen Vater geschenkt. Auch ausgesucht – man merkte es. Da hatte ihn einer gründlich übers Ohr gehauen. Vater verstand von Autos etwas und von Krankheiten und Patienten sehr viel, gewiß mehr als irgendein anderer Arzt, aber von Ponywagen hatte er keine Ahnung. Reni fand es richtig nett, daß er damit so hereingefallen war, irgendwie liebenswert. Und sie verteidigte den Wagen immer heftig: Er war eben schön und gut, weil Vater ihn ausgesucht hatte.

Nett anzusehen war er ja auch: gummibereift und sehr niedrig. Aber er war nicht kippsicher. Die Vorderräder drehten nicht unter, wenn man wendete, und auf diese Weise hatten sie es schon fertiggebracht, den an sich sehr flachen Wagen umzukippen. Passieren konnte dabei so leicht nichts, man lag eben nur irgendwo im Gras oder im Graben oder auch auf der Straße. Angst hatten die Kinder natürlich nicht um sich, sondern nur, daß den geliebten Ponys etwas geschehen könnte.

Alle im Heim waren wie verrückt auf die kleinen Pferde. Und alle, die es wollten, durften reiten, jedenfalls auf der Gräfin. Reni drehte es manchmal buchstäblich das Herz im Leibe herum, wenn sie zusehen mußte, wie manche Kinder aufsaßen. Richtig allein reiten durften nur die wenigsten, und auch die nur kurze Strecken. Christian führte die Ponys, und die Kleinen saßen drauf und waren stolz.

Mittlerweile war Reni beim Einspannen. Das war nicht ganz einfach, wenn man allein war, aber sie wußte sich zu helfen. Sie legte jedem der kleinen Gesellen eine Runkelrübe vor die Nase, an der sie dann knabberten, und währenddessen konnte man in aller Gemütsruhe Stränge anmachen, Zügel durchziehen und Karabinerhaken schließen. Als Erika mit Klaus ankam, war sie gerade fertig.

„Los, Abfahrt! Klaus, du kommst hier neben mich. Wir sollen Heu holen. Nein, kutschieren muß ich, wenigstens bis auf die Straße."

Es ging hier bergab. Klaus sah ihr auf die Finger, und Reni war stolz. Auf der Straße knallte sie mit der Peitsche.

„Hoho, so fahren die Kosaken!" und los ging es im Karacho. Der Hof, wo sie das Heu holen sollten, war nicht sehr weit entfernt. Es war aber nur die Großmutter zu Hause. Die anderen seien im Heu. Die Kinder könnten doch gleich dorthin fahren und von der Wiese aus aufladen, was sie brauchten.

Reni wendete also den Wagen im großen, vorsichtigen Bogen und fuhr den Weg entlang, den die Großmutter ihr beschrieben hatte. Sie fanden auch gleich die Wiese, wo die Leute damit beschäftigt waren aufzuladen. Reni wollte eine Gabel haben und mithelfen, aber der Bauer meinte freundlich, das mache er lieber selber. Das Heupacken sei nicht so einfach, wie es aussähe. Reni ließ ihn werkeln und spannte ihre Pferde aus. Und nachdem sie sie ein Weilchen hatte fressen lassen, schnallte sie eben doch den Trensenzügel ein. Nur ein bißchen, nur hier auf der Wiese! Mutter erfuhr es ja nicht.

„Los, Erika!"

Auch Erika konnte nicht widerstehen. Sie saßen auf, und Reni ließ den Hengst erst ein paarmal rund um die Wiese laufen, einerseits, um ihn munter zu machen – Ponys müssen immer erst warm geritten werden –, andererseits, damit er nicht allzu übermütig wurde. Er merkte dann gleich, daß sie ihn dressierte und nicht nur laufen ließ.

„Springen sie auch?" fragte der Junge des Bauern, der natürlich keinen Blick von den kleinen Pferden ließ. Reni war bisher erst einmal gesprungen, als sie sich plötzlich vor einem Graben gesehen und nicht mehr den Entschluß aufgebracht hatte, den Hengst abzustoppen. Es war wirklich leicht gegangen.

„Natürlich", sagte sie deshalb.

„Komm, wir bauen was auf!" Der Junge warf seine Heugabel weg und lief nach der Stange, die später über den vollen Wagen kommen sollte, um ihm Halt zu geben. Er legte sie mit dem einen Ende auf den Rand des Ponywagens, das andere Ende hielt er in derselben Höhe in der Hand.

„Los, versuch mal! Oder muß es höher sein?"

„Nein, laß mal so."

Reni war nicht recht wohl zumute. Aber einmal mußte man es ja zum erstenmal tun. Wenn der Graf nur nicht verweigerte und sie das Hindernis, über seinen Kopf wegfliegend, allein nahm?! Sie hatte schon Bilder von Hindernisrennen gesehen, wo sich Pferd und Reiter auf diese Weise trennten. Ach was, ein Versuch schadete nichts.

Sie ritt vorsichtshalber so an, daß der Graf in Richtung Heimat galoppierte. Da war die Gefahr, daß er umkehrte oder ausbrach, nicht so groß. Alle Ponys gehen müde, wenn sie losfahren, und wie das Donnerwetter, wenn es nach Hause geht.

„Los, hopp!" feuerte sie ihn an, fühlte, wie er sich zum Sprung zusammenzog, und klemmte die Knie an. Nur nicht ins Kreuz fallen beim Aufsetzen! Aber sie spürte das Aufsetzen gar nicht. Der Graf galoppierte in einem Zug weiter, als wäre der Sprung nur ein etwas längerer und höherer Galoppsprung gewesen. Atemlos und mit vor Erregung trockenem Mund wendete Reni das Pony am Ende der Wiese. „Na?"

„Wunderbar!" beteuerte Erika.

„Soll ich noch mal?" fragte Reni. Sie war jetzt außer Rand und Band und hatte Mutters Verbot ganz und gar vergessen. Noch mal! Der Graf schien Geschmack am Springen zu finden und ging los wie das Donnerwetter, als sie ihn auf das Hindernis zulenkte. Diesmal wäre sie fast ausgestiegen, weil sie nicht so konzentriert aufpaßte wie vorhin. Der Sprung war schlecht. Sie ärgerte sich.

„Gleich noch mal!"

„Willst du wirklich, Reni?" fragte Erika. Aber Reni sah und hörte nichts.

Sie sprang noch dreimal. Zwei Sprünge davon gelangen leidlich, aber Reni, voller Ehrgeiz, wollte unter allen Umständen noch einmal einen solchen landen wie den ersten. Der Graf war schon ganz aufgeregt, warf den Kopf und trat hin und her.

„Los!" kommandierte Reni wieder.

Sie hatte sich eine Gerte abgebrochen, weil die Fahrpeitsche zu lang war, und trieb das Pony damit an. Ponys haben ein dickes Fell, und ein paar darübergezogene Hiebe tun ihnen nicht weiter weh. Damit war Reni sonst sehr sparsam, vor allem deshalb, weil sie den Kindern im Heim kein schlechtes Beispiel geben wollte. Die droschen sonst unentwegt auf den geliebten Pferden herum.

Jetzt wischte sie dem Hengst eins an die Vorderhand, und als das nicht viel nützte, knallte sie ihm, um ihn in Galopp zu bringen, eins über die Kruppe. Dieser Schlag war vielleicht schärfer ausgefallen, als sie wollte. Der Hengst bockte, galoppierte dann aber doch an, aber so, als wollte er sagen: „Gut, wenn du es nicht anders haben willst!"

Reni hatte beide Zügel in der linken Hand, um die andere für die Gerte frei zu haben. Das tat sie manchmal, auch wenn die Mutter es nicht leiden konnte. Jetzt, als sie merkte, daß das Pferd ihr davonging, war es ihr Glück. Sie ließ die Gerte durch die Hand gleiten und griff in die Mähne. Da war schon das Hindernis. Der Graf wollte ausbrechen, sie gab Schenkelhilfe, aber nicht exakt genug, dazu ging alles viel zu schnell. Der Hengst, der vorhatte zu verweigern, mußte doch noch springen, aber er sprang schräg. Reni, die das geahnt hatte, war auf eine noch schrägere Richtung gefaßt gewesen und räumte den Sattel. Sie überschlug sich und fiel mit dem Kopf so gegen das eine Rad des Wagens, daß es ihr wild wie mit tausend Hummeln im Schädel brummte.

Sie saß benommen im Gras. Erika erzählte ihr später, es habe nur eine halbe Sekunde gedauert, bis sie sich wieder aufgerichtet hatte. Ihr aber war, als läge der Sprung weit, weit zurück. Sie blinzelte und sah um sich. Der Junge hatte die Stange fallen lassen und war dem Hengst nachgerannt. Der stand schon wieder. Das war ja das gute bei den Ponys, sie gingen nie weiter durch als bis zu ihrem Kameraden. Ein Pony allein wäre viel schwieriger zu behandeln gewesen.

„Hast du ihn?" rief Reni halblaut. Dann rappelte sie sich auf.

„Hat's weh getan?" fragte Erika ängstlich.

„Ach wo – doch, ganz ordentlich", verbesserte sich Reni und hielt sich den Kopf, denn das „Ach wo" wäre eine heillose Lüge gewesen.

„Du blutest ja!"

Wahrhaftig! Reni hatte eine ganz schöne Wunde am Hinterkopf neben dem Ohr. Eine Platzwunde. „Gut, daß das Rad nicht eisenbereift ist! Da wäre dein Schädel wahrscheinlich noch mehr mitgenommen", sagte der Bauer, der auch herangekommen war. Erika gab ihr ein sauberes Taschentuch, das drückte sie darauf. Dumm war nur, daß die Haare naß und dunkel wurden, denn die Wunde blutete ziemlich.

„Ich leg' mich lang, bis der Wagen aufgeladen ist", sagte Reni. „Das Blut wird die Wunde schon verpappen." Sie widerstand als Tochter ihres Vaters heldenhaft dem Drängen der Bauersfrau, die Wunde auszuwaschen. „Wunden wäscht man nicht aus", hatte der Doktor ihr von klein auf eingehämmert, „man wäscht sonst nur Schmutzstoffe hinein. Das Blut schwemmt sowieso alle Schmutzteilchen heraus, die etwa drin waren. Außerdem verklebt es die Wundränder durch das Gerinnen luftdicht und sicher. Was damit nachher zu geschehen hat, entscheidet der Doktor: Das bin ich."

So lag Reni ganz still und hörte es in ihrem Kopf sausen und hämmern, sie ließ auch zu, daß Erika ihr ein nasses Taschentuch auf die Stirn legte, und allmählich ließ das Sausen nach. Als der Wagen vollgeladen war, stand sie auf und probierte ein paar Schritte. Es ging schon wieder. Also konnte man einspannen.

Klaus wurde auf das Heu gesetzt, nachdem die beiden Mädchen ihm alle Höllenstrafen angedroht hatten, wenn er petzte. Nein, er würde nichts verraten. Zufrieden zogen sie ab, Reni und Erika neben dem Fuder gehend.

„Ist dir auch wirklich besser?" fragte Erika, kurz bevor sie in den kleinen Pfad zum Heim hinauf einbogen. Reni nickte. Natürlich brummte der Kopf noch etwas.

Reni achtete darauf, sich ja nicht von allen Seiten zu zeigen. Die Mutter merkte nichts. Seit Reni mit Erika zusammen in einem Zimmer wohnte, halfen sich die beiden Mädchen gegenseitig beim Kämmen. Es war sehr unangenehm, den dicken Schorf in den Haaren zu haben. Nach ein paar Tagen mußte Reni feststellen, daß die Stelle zu eitern anfing. Sie mochte Mutter nichts sagen und ging zu Vater.

„So was!" sagte er nur. „Seit wann hast du denn das?"

„Seit ein paar Tagen."

„Beim Reiten passiert?"

Reni nickte.

„Ist Mutter dabeigewesen?"

Sie schüttelte den Kopf. So, nun wußte er es.

Der Doktor sah sie an und dachte sich seinen Teil. Er dachte genau das Richtige. Aber er mochte nicht ins Predigen kommen.

Daß Reni wild war, war kein Unglück. Daß sie einmal fühlen mußte, wo sie nicht hatte hören wollen – in Ordnung. Aber er hatte Sorgen mit seiner Frau. Das war es, was ihn schweigen und überlegen ließ.

Sie war jetzt so labil, so anfällig, eigentlich nie ruhig und heiter. Freilich hing das noch mit ihrem eigenen Unfall zusammen, mit ihrem Unvermögen, wieder richtig zu laufen, mit dem Verzicht auf das geliebte Reiten. Sie jammerte nie. Aber sie war auch nie richtig froh. Und sie nahm alles, was vorfiel, unnötig schwer. Er mußte ihr ersparen, soviel er ihr ersparen konnte.

„Hör, Reni", sagte er, „die Zöpfe müssen runter. So kriegen wir den Dreck nie raus. Bist du untröstlich?" Er klapste ihr auf die Backe und lachte, als er ihr Gesicht aufstrahlen sah.

„Darf Erika auch ...?" fragte sie atemlos. Das fand er nun wieder nett.

„Vielleicht. Wenn ihre Eltern nichts dagegen haben. Ich will auch gern ein gutes Wort für sie einlegen, damit sie nicht erst vom Hengst fliegen muß, um das zu erreichen. Zufrieden? Aber, Reni, jetzt hör erst mal zu, was ich dir sagen will. Wirst du es richtig verstehen?

Wir sagen Mutter nicht, daß du heimlich doch geritten bist. Sonst tu' ich das nie, so etwas vertuschen – ich habe aber meine Gründe diesmal. Mutter darf jetzt nicht aufgeregt werden. Wenn ich ihr sage, du hättest eine Wunde, aus der Turnstunde meinetwegen, die der Haare wegen nicht heilt, dann regt sie das nicht auf. Mutter ist ja soweit vernünftig. Wenn sie aber hört, daß du geritten bist, obwohl es verboten war – das war es doch?"

Reni nickte beklommen.

„Und wieso? Vom Reiten allein kommt das doch nicht?" Der Vater sah sie an. Sie schlug ihre Augen nicht nieder, obwohl ihr die Knie weich wurden.

„Ich bin gesprungen", sagte sie leise.

Jetzt war es heraus.

Der Vater schwieg. Dann seufzte er.

„Reni, es ist natürlich gut, daß du es mir sagst. Deshalb will ich auch nicht schimpfen. Daß das nicht wieder vorkommt, wirklich nicht, Reni, brauche ich wohl nicht noch mal zu sagen. Ihr sollt gehorchen. Sonst ist es ein für allemal aus mit den Ponys. Hörst du? Ich verstehe, offen gestanden, überhaupt nicht, daß du so was machst. Erika ist bestimmt nicht gesprungen, wie ich sie kenne."

Reni sah vor sich hin. Er blickte sie prüfend an. Jetzt sah sie verbockt aus, trotzig, vorher war sie zugänglich und sogar reuig gewesen. Er rüttelte sie ein wenig. „Was? Na, nun red schon."

„Mutter hat ja nie Zeit für mich", sagte Reni leise. Es klang sehr traurig.

„Mutter nimmt sich genug Zeit", sagte Vater heftig. Daß Kinder so ungerecht sein können! „Mutter hat eben wenig Zeit. Sie kümmert sich um das Heim und um die Küche, um die einzelnen Kinder, um Christian – ja, er ist ja auch ihr Sohn – und um mich. Jeder bekommt eben nur ein Stück von Mutter ab. Auch wir. Verstehst du das?" Er sah seine kleine Tochter eindringlich an.

„Doch. Aber ich hab' gedacht..." Reni stockte und schwieg.

„Was hast du gedacht?" fragte der Vater und schüttelte sie wieder ein bißchen.

„Ich hab' gedacht, oder ich hatte gedacht, wir würden jetzt eine richtige Familie sein", sagte Reni leise. Es fiel ihr schwer, das alles auszusprechen, aber mit dem Doktor hatte man immer sprechen können, wie es einem ums Herz war.

„Gott sei Dank, daß sie das auch jetzt noch tut", dachte er. Vielleicht konnte man ihr eben doch helfen, wenn sie sprach.

„Eine Familie wie andere auch haben. Mit Vater und Mutter und Geschwistern, das ist klar. Aber so sind wir nicht. Du bist immer fort – na ja, dafür bist du Arzt. Aber Mutter ist auch nie da. Einmal rechnet sie abends mit Tante Mumme ab, einmal macht sie den Speisezettel oder eine neue Tischordnung, oder sie erledigt Neuanmeldungen, oder sie besprechen ein Abschiedsfest. Und abends..." Sie brach ab. Vater sah sie an.

„Abends?"

„Abends schickt sie mich ins Bett. ‚Du bist müde' – auch wenn ich überhaupt nicht müde bin. ‚Kinder brauchen viel Schlaf' – ‚Geh, sag gute Nacht –' und immer ich. Christian braucht nicht so zeitig ins Bett!"

„Christian ist ja auch älter als du, über vier Jahre!"

„Sicher. Aber er darf noch bei euch sitzen!"

„Christian hat seine Mutter verloren", erinnerte der Doktor leise.

„Und ich meinen Vater", sagte Reni trotzig. „Sogar eher als Christian seine Mutter. So zeitig, daß ich gar nichts mehr von ihm weiß. Nur das Bild habe ich noch."

„Reni", sagte der Doktor ernst und zog sie ein wenig an sich, „hast du keinen Vater?"

Sie wich seinem Blick aus.

„Sicher, ich hab' dich, aber dich hab' ich im Grunde auch nie. Jetzt jedenfalls. Früher..." Sie verstummte.

„Aha", dachte Vater, „da liegt der Hund begraben."

„Früher war ich dein Kind, früher gehörtest du ganz mir, wenn du da warst", sagte Reni verbissen. Nun war sie einmal dabei auszupacken, so sollte es auch gründlich geschehen. „Ich durfte bei dir am Kamin sitzen, und du erzähltest mir..."

„Aber doch auch nicht jeden Tag", sagte der Doktor.

„Nein. Aber wenn du Zeit hattest. Jetzt, wenn du mal Zeit hast, sitzt du bei Mutter, und ich muß ins Bett."

Bums, da hatte er es. Da war es, klipp und klar und fest umrissen. Er schwieg. Das Kind hatte recht. Aber – du gütiger Gott im Himmel – das war doch ganz in Ordnung so! Das war doch richtig! So geht es nun einmal in einer normalen Familie zu!

Ob sie das begriff, wenn er es ihr sagte? Sie hatte noch nie erlebt, in einer Familie zu sein. Erst war sie im Heim gewesen, wo er tatsächlich alle seine freie Zeit für sie bereitgehalten hatte; es war ohnehin wenig genug. Aber diese Stunden waren auch für ihn das gewesen, worauf er sich freute und was ihn beglückte. Dann hatte sie bei Mutter gelebt, die berufstätig war. Da hatte sie sich zu ihm ins Heim zurückgesehnt. Nun war sie hier. Nun hatte sie eine Familie.

„Denkst du, das ist in anderen Familien anders?" fragte er leise und sah sie an. Sie hielt die Augen gesenkt.

„Ich weiß nicht, wie es in anderen Familien ist. Es interessiert mich auch nicht. Bei uns soll es so sein. Ich bin doch auch immer für dich da, Vater, wenn du mich brauchst!"

Sie sagte das leise und sehr fest. Und sie hatte recht damit. Nie bat er umsonst, wenn Reni Zeit hatte und er sie brauchte, für irgendeinen Botengang, eine Gefälligkeit, eine Hilfe. Sie ließ alles stehen und liegen und lief und sprang für ihn. Sie liebte ihn leidenschaftlich und tief, liebte ihn mehr als ihre Mutter. Das war begreiflich – aber nicht in Ordnung. Trotzdem durfte sie sich dieser Eifersucht nicht überlassen.

„Reni", sagte er sanft, „ich will, daß du mich liebhast. Aber Liebhaben darf nichts mit Geiz zu tun haben. Du willst nur haben, nichts abgeben. Siehst du, so ist das Liebhaben nicht gut. – Ich hab' dich lieb, das weißt du. Aber deine Mutter hab' ich auch lieb. Auch Christian. Dadurch wird doch meine Liebe zu dir nicht kleiner."

„Nein?" fragte Reni zaghaft. Das hatte sie sich noch nie überlegt. Sie hob nun ein wenig die Augen und sah ihn an. Und da, unter seinem warmen und zärtlichen und ein wenig kummervollen Blick war es, als taute der harte Trotz auf, der in ihr saß. Sie warf die Arme um seinen Hals und drückte sich an ihn. „Nein? Wirklich nicht? Vater!"

„Wirklich nicht, Reni", sagte er und hielt sie ganz fest, sprach über ihren Kopf weg, ganz leise. „Gar kein bißchen kleiner. Je lieber ich deine Mutter habe, desto näher stehst auch du mir. Du bist doch ihr Kind. Und jetzt, Reni ..."

„Jetzt?"

„Eigentlich wollte ich es dir gar nicht sagen. Aber vielleicht haben wir nicht so bald wieder eine solche Stunde, du und ich, wo wir nun einmal beim Auspacken von Geheimnissen sind. Willst du noch eins wissen? Wir werden, wenn alles gutgeht, Reni, vielleicht Anfang nächsten Jahres noch mehr zum Lieben haben, und eigentlich haben wir es jetzt schon, wenigstens ein bißchen", sagte er. Verstand sie ihn? Wußte sie, was er meinte? Sie löste sich ein wenig von ihm, bog den Kopf zurück und sah ihn an.

„Vater?"

„Ja, Reni."

„Oh!" Doch, das war ein Jubelruf, so leise er klang.

„Na, Reni? Nun freust du dich? Soll es ein Brüderchen sein oder ein Schwesterchen?"

„Ein Brüderchen! Ein richtiges, Vater! Ein ganz, ganz richtiges!"

„Ja, Reni. Sind wir dann eine richtige Familie? Obwohl ich mir ausgebeten haben möchte, daß Christian dann nicht zu kurz kommt bei dir, verstanden? Christian ist auch dein richtiger Bruder, hörst du?"

„Ja, Vater. Bestimmt. Wir kabbeln uns nur manchmal ein bißchen."

„Das dürft ihr. Das gehört dazu. Reni, du möchtest, daß wir eine richtige Familie werden. Ich möchte das auch, Kind, so sehr, es ist mein sehnlichster Wunsch. Aber denkst du, mit Wünschen allein ist das zu machen? Man muß das auch wollen, richtig fest wollen, jeden Tag wieder, damit es wahr wird. Verstehst du, was ich meine? Nicht vom Leben fordern und, wenn es einem nicht zufliegt, maulen, sondern selbst schaffen!"

Sie verstand es. Dieser Vater hatte eine Art, einem so etwas beizubringen, die gewiß nicht jeder Vater hatte. Er war ein wunderbarer Vater, ganz, ganz schrecklich lieb. Reni fühlte es so deutlich und dankbar in diesem Augenblick, daß ihr Herz überfloß.

„Ich will, Vater. Ich will wirklich! Ich verspreche dir . . ."

„Versprich lieber nicht zuviel. Es ist besser, man hält, was man versprochen, als daß man zuviel verspricht. Aber du hast schon den richtigen Willen, da wird es auch werden, Reni." Er gab ihr einen Kuß. Das tat er nur selten. „Wir sagen es aber noch niemandem, das – nicht wahr?"

„Auch Erika nicht?" fragte Reni atemlos.

„Doch. Erika kannst du es sagen, wenn du gerne möchtest. Aber sonst halt schön den Schnabel! Um so schöner ist es doch." Er stand auf, froh und erleichtert. „Und jetzt wollen wir die Zöpfe abschneiden, ja? Müssen wir da zu einem Friseur, oder machen wir es selbst?"

„Wir machen es selbst. Der Friseur kann es ja später nachschneiden", sagte Reni eifrig. Vater könnte es sich womöglich wieder überlegen, wenn sie ihm Zeit ließ! „Komm, ich hole eine Schere."

Wenn man Mutter hatte Aufregungen ersparen wollen – diesmal war es mißglückt. Reni sah so verheerend aus, als sie sich beim Abendbrot der Familie präsentierte, daß alle in ein schallendes Gelächter ausbrachen. Weder Vater noch Reni hatten sich überlegt, daß ja zu jedem Handwerk eine gewisse Erfahrung gehört. Reni hatte bisher einen Scheitel getragen, in der Mitte, genau über der Nase. Der fiel jetzt noch immer, weil die Haare eben an diese Lage gewöhnt waren. Um das zu verdecken, hatten die beiden Helden schließlich vorn Fransen geschnitten. „Das müßte ganz leicht gehen", hatte der Doktor gesagt. Es ging aber doch nicht leicht. Seinen Vorschlag, einen Topf auf Renis Kopf zu stülpen und alles, was darunter hervorguckte, abzuschneiden, hatte Reni ihm ausgeredet. Nein, wie sah sie aus!

„Wie eine Spelunkenlulu", stellte Christian trocken fest, und Erika erstickte fast vor Lachen, während Tante Mumme weinte. Ihr hatten Renis Zöpfe immer so sehr am Herzen gelegen, sie hatte sie von klein auf gehegt und gepflegt, gewaschen und gekämmt, sie war wirklich traurig über den Verlust.

„Jetzt bist du gar nicht mehr meine kleine Reni", sagte sie betrübt.

„Doch, Tante Mumme, doch", beteuerte Reni, und es zuckte um ihren Mund. Sie, die sich beklagt hatte, sie bekäme nicht genug Liebe – wie viele Menschen hatte sie um sich, die sie wirklich ins Herz geschlossen hatten! Sie schämte sich sehr.

„Nein, so kannst du morgen nicht in die Schule gehen", sagte Mutter schließlich. Sie trug das Ganze eigentlich am gelassensten. Nicht, weil es ihr nicht naheging, sondern weil Vater ihr vorher einiges gesteckt hatte. Und für Mutter war das Innere wichtiger als das Äußere.

„Ich gehe vormittags mit dir zum Friseur. Zeit hab' ich ja eigentlich nicht dazu –" Sie sah Reni ein wenig hilflos an. Reni gab sich einen Stoß.

„Mutter, dafür helfe ich dir heute bei der Tischordnung. Darf ich? Du sagtest doch vorhin, du müßtest noch eine machen. Ich kann das, wirklich! Früher hab' ich das auch oft getan. Nicht wahr, Erika, wir nehmen das Mutter ab? Und darf Erika nun also auch die Zöpfe abschneiden?"

„Da rufe ich eben heute abend Niethammers an", sagte Vater gutgelaunt. „Wenn Erika möchte? Jaja, zerquetscht mich nur nicht. So ist es, erst gehorcht man nicht, und dann wird man noch dafür belohnt!"

Damit hatte er ja nun eigentlich Reni verraten, aber Mutter fragte vorsichtshalber lieber nicht nach! Sie lachte nur, und Vater lachte mit, und die Mädchen erst recht. Christian schmunzelte, nur Tante Mumme konnte noch nicht wieder lachen. „Habt ihr wenigstens die Haare aufgehoben?" fragte sie wehmütig. Reni lief und brachte sie ihr. Tante Mumme strich über die schimmernden Strähnen.

„Ein Jammer, ein ewiger Jammer!" sagte sie und trug sie in ihre Stube, um sie, in weißes Seidenpapier eingeschlagen, dort aufzubewahren, wo Renis erster Schuh, ihr erster Zahn und ihre erste zerbrochene Puppe ein heimliches Stilleben bildeten.

3. Kapitel

In der nächsten Woche wurde Mutter krank, oder richtiger: Es ging ihr so schlecht, daß Vater anordnete, sie müsse für einige Zeit liegen, komme, was wolle. Zum Ängstigen war gottlob kein Grund. Mutter litt unter der Hitze und vertrug das Essen nicht. Tante Mumme ging es auch nicht rosig. Es war aber auch so heiß wie am Äquator!

Zum Glück sagte Vater zu Reni nicht: „Nun zeig mal, daß deine Vorsätze kein leeres Gerede waren!" Insofern war Vater wirklich einmalig, der beste von der Welt. Er wußte genau, daß es gar nichts nützte, wenn immer mit lauter weisen Ratschlägen hineingeredet wird. Man muß von sich aus beginnen. Reni tat es mit Feuereifer.

Glücklicherweise hatten sie immer noch Ferien. An der Schule wurde umgebaut, was eigentlich in den großen Ferien hätte passieren sollen. Zum großen Glück aber war das nicht der Fall gewesen. Nun fuhren die Kinder nur kurz in die Schule und holten sich Hausarbeiten. Wenn man, wie sie und Erika, zusammen wohnte, brauchte sogar immer nur eine zu kommen. Sie wechselten ab. Und sie wechselten auch mit dem Ausrechnen und ähnlichen Dingen ab, jeden Tag machte nur eine richtig Schularbeiten, während die andere nachher von ihr abschrieb. Bis der Vater eines Tages dahinterkam.

Na ja, die Schule war bei ihnen, da sie gute Noten bekamen und nie Schwierigkeiten hatten, ein bißchen Nebensache, etwas, was man mitnahm und so schnell wie möglich erledigte, um zum „Wichtigen" zu kommen. Reni schüttelte also auch diese Sache ab wie die Ente das Wasser, obwohl sie Vater recht gab: Vom Abschreiben lernte man nichts. Von jetzt an machten sie also wieder richtig Schularbeiten, alle beide.

Vor allem aber halfen sie im Heim.

Sie hatten sich vorgenommen, Mutter alle, aber auch alle Sorgen abzunehmen. Sie mußten früh aufstehen und Mutters Anweisungen entgegennehmen, damit sie dann schon Bescheid wußten. Mutter konnte sowieso morgens nicht schlafen, sagte sie.

Das ging tatsächlich wunderschön. Reni stellte sich den Wecker und warf dann Erika aus dem Bett, und gemeinsam liefen sie in den Duschraum, um munter zu werden. Dann kochten sie für Mutter Tee und machten ihr ein paar Brote zurecht. Mit dem Tablett bewaffnet, das vorsichtshalber Erika tragen mußte, erschienen sie also in grauer Morgenfrühe bei Mutter und saßen an ihrem Bett, während sie frühstückte. Dabei gab sie ihnen ihre Anweisungen. Reni hatte einen Block bei sich und schrieb alles auf. Mit diesem Zettel rannte sie dann zu Tante Mumme, und von ihr bekamen sie die weiteren Aufträge.

Es war hier im Heim nicht so wie in einem Haushalt, wo man für Mutter Kartoffeln schälen oder den Abwasch machen mußte. Dafür waren die Küchenmädchen da. Es gab aber hier hundert andere Dinge zu besorgen. Reni war ja im Heim aufgewachsen und wußte vieles, was sogar Mutter nicht beherrschte. Sie half also wirklich mit diesem Bereitschaftsdienst.

Manchmal war es geradezu spannend, dieses Leben. Mitunter aber hatten es die Mädel auch herzlich satt. Beispielsweise, wenn sie stundenlang auf die Kleinen aufpassen mußten, die im Sandkasten buddelten. Dabei kamen natürlich die Ponys zu kurz. Reni verschluckte manchen Seufzer. Das Reiten mußte eben verschoben werden.

Lieber spielte Reni mit den größeren Kindern, mit denen, die ungefähr in ihrem Alter waren. Besonders ein Spiel liebte sie sehr. Sie hatte es im vergangenen Jahr mit einem etwas wilden Mädel, der Liselotte, zusammen erfunden, die ihr noch manchmal schrieb. Es heißt „Kobold" und wird am besten im Dunkeln gespielt. Jetzt, wo die Tage nicht mehr so lang waren wie im Juni, ging es wundervoll. Weil es tagsüber so schrecklich heiß war und alle nur so umherkrochen wie die Fliegen in der Buttermilch, erlaubte Mutter es mitunter, daß sie nach dem Abendbrot noch mal hinausdurften. Das war dann mit das Schönste vom ganzen Tag.

„Aber seid nicht so wild", mahnte Mutter dann immer. Reni versprach es und sauste los, um ihre Getreuen um sich zu versammeln. Sie spielten das Spiel oberhalb der Liegewiese, wo inmitten von Gesträuch ein alter Schuppen stand, in dem allerlei aufbewahrt wurde, was im Haus störte. Einen Teil des Schuppens hatten sie dieses Jahr frei gemacht, um das Heu für die Ponys unterzubringen. Ein freistehendes Gebäude gehörte zu dem Spiel, um das man ganz herumlaufen konnte und das eine offene Tür hatte. Der Schuppen war einfach ideal dafür geeignet.

Die Spielregeln waren ganz einfach. Einer war Kobold. Er mußte sich im Dunkeln verstecken, irgendwo in der Nähe des Schuppens. Die anderen warteten in der Tür und zählten dreimal bis tausend, erst eins bis zehn, dann zehn bis hundert, dann hundert bis tausend. „Tausend!" schrien sie jedesmal laut, damit der Kobold wußte, wie weit sie waren, und sich danach richten konnte. Beim drittenmal schrien sie noch hinterher: „Wir kooommen!"

Nun teilte sich der Schwarm der Spielenden. Eine Hälfte schlich rechts um den Schuppen, eine links. Man mußte ganz behutsam gehen, und die

Kleineren nahm man am besten an die Hand. Der Kobold hielt sich so lange wie möglich verborgen, um einen der Suchenden zu packen, wenn er ihm nahe genug kam. Sah ihn aber vorher einer von den beiden Suchkolonnen, so schrie er, so laut er konnte: „Kobold!" Alles lief dann, rechts oder links, um den Schuppen herum, zurück zur rettenden Tür. Wen der Kobold auf der Flucht noch ergriff, der war das nächstemal Kobold.

Manche Kobolde kletterten auf das nicht sehr hohe Dach des Schuppens. Wenn man barfuß war, konnte man geräuschlos darüber schleichen und dort herunterspringen, wo man den anderen am besten den Weg abschnitt. Reni war natürlich unbestrittener Meister im Koboldspielen, da sie es am längsten kannte und viele Schliche wußte.

An einem Abend nun hatten sie Mutter wieder einmal breitgeschlagen, daß sie Kobold spielen durften, zumal Christian versprochen hatte mitzumachen. Es war schon dämmerig. Vater mahnte: „Aber beim dritten gebrochenen Nasenbein hört ihr auf, verstanden?"

Es wurde sehr lustig. Erst war Christian Kobold. Reni liebte es nicht sehr, wenn er sich dazu meldete. Etwas von oben herab tat er das immer, fand sie. Und er konnte so unverschämt gut rennen, daß er jeden kriegte, auf den er es abgesehen hatte. Da war es wirklich keine Heldentat, freiwillig den Kobold zu spielen.

Außer langen Beinen hatte Christian auch noch gute Augen. Unglaublich scharf sah er selbst in der Nacht. Sie ärgerte sich im geheimen sehr darüber. Mich aber soll er trotzdem nicht bekommen, nahm sie sich wieder einmal vor. Mich nicht!

Er erwischte dann einen kleineren Jungen, der auch gutwillig das nächstemal Kobold spielte. Wenig später meldete Reni an, Kobold sein zu wollen. Sie hatte sich vorgenommen, Christian zu fangen, und wollte ihn dann so recht nach Herzenslust auslachen.

Ihr Plan lag schon bereit. Der Schuppen stand auf dem sachte ansteigenden Hang, so daß das Dach hinten niedriger war als vorne. Man konnte, wenn man einen Halt mit den Füßen fand und sich hochstemmte, ganz schnell hinaufklettern. An einer Stelle waren ein paar Schindeln kaputt. Dort konnte man sich zwischen ihnen und den Sparren hindurch ins Innere des Schuppens zwängen.

Die anderen zählten noch zwischen zehn und hundert, als Reni schon flink wie eine Katze über das Dach lief. Mit den Heimkindern, die zur Zeit da waren, hatte sie noch nie Kobold gespielt. Sie kannten also den Trick noch nicht. Reni schubste die Dachpappe beiseite und zwängte sich durch den Spalt. Wenn man sich fallen ließ, landete man im Heu, konnte dann die Stiege hinunterklettern und von dort aus den Eingang besetzen. Es war für die Suchenden immer überraschend, wenn sie von hinten erwischt wurden, während sie den Kobold draußen im Umkreis des Schuppens suchten.

Reni hatte sich hineingequetscht und horchte nach den anderen, aber die waren draußen beschäftigt. Sie ließ los und fiel hinunter. Das war immer spannend, weil man nicht sah, wohin man fiel. Aber im Heu landete man ja auf alle Fälle.

Reni wackelte und fiel seitlich ins Heu. Dabei griff sie in etwas Hartes, Starres, was nicht hierhergehörte. Sie schürfte sich die Haut am Unterarm auf und hätte beinahe geschrien, weil sie nicht darauf vorbereitet war. Es war ein Rad – was sollte ein Rad hier im Heuschuppen? Sicher war es Christians. Sie hatte es neulich benutzen wollen und nicht gefunden, worüber sie sich sehr geärgert hatte. Christians Rad hatte Gangschaltung und sogar einen Tachometer, alles Dinge, die er selbst bezahlt hatte. Er verlieh dieses Eigentum nur ungern, was man ja verstehen konnte. Bei ihr aber, fand Reni, könnte er ruhig eine Ausnahme machen.

Hier also hatte er es versteckt. Na warte! Sie mußte einen Plan ersinnen, bei dem sie diese Entdeckung ausschlachten konnte; jetzt aber hatte sie dazu keine Zeit. Wie ein Affe turnte sie die Heubodentreppe hinunter und sprang leise wie eine Katze in die Tür. Noch war keiner der Suchenden zurück!

Sie drückte sich hinter den einen Pfosten und wartete, atemlos und mit klopfendem Herzen. Einer nach dem anderen der Suchenden kam jetzt heran, von rechts, von links, manche schlichen, manche rannten. Reni ließ sie sich sammeln und lauerte Christian auf. Endlich! Mit einem Sprung war sie draußen und packte ihn. Gleich darauf hörte sie sein schadenfrohes Lachen von der anderen Seite her, ganz untrüglich seins, während sie doch sicher war, ihn hier an der Joppe festzuhalten. Wie ging das zu?

Ganz einfach. Christian hatte als einziger eine Jacke angehabt, sie aber vorhin einem anderen Jungen gegeben, der in der Nachtluft ein wenig gefröstelt hatte. Das konnte Reni natürlich nicht ahnen. Sie hatte sich auf den einzigen im Kreis gestürzt, der nicht im hellen Turnhemd war. Pech!

„Haha! Jetzt dachtest du ..."

Reni ärgerte sich.

„Überhaupt müssen wir aufhören. Mutter hat gesagt, wir dürfen nur eine halbe Stunde spielen", sagte sie verdrossen. Die anderen protestierten.

„So genau kommt das doch nicht drauf an!"

„Doch! Schluß, ins Bett", kommandierte Reni und wandte sich der Liegewiese zu. „Ich hab' sowieso keine Lust mehr."

„Deshalb brauchst du aber doch uns den Spaß nicht zu verderben", brummten die anderen. Nur Erika sprang zu ihr heran, hakte sich bei ihr ein und sagte eifrig: „Reni hat recht. Paß auf, wie Mutter sich freut, wenn wir pünktlich sind."

Das tat Mutter wirklich. „Sind die anderen alle zusammen? Sagt ihnen noch gute Nacht, ja? Ich möchte nicht noch einmal hinübergehen. Und wenn ihr wollt, dann ... oder seid ihr sehr müde?"

„Nein. Was?"

„Heute nacht fallen so viele Sternschnuppen. Jedes Jahr, ja. Man nennt sie die Tränen des heiligen Laurentius. Wollt ihr noch ein bißchen hinausgehen und sie ansehen?"

„Oh!" jauchzten Reni und Erika unterdrückt. Die Mutter lachte.

„Das dachte ich mir. Nun lauft. Aber nehmt Christian mit, hört ihr?"

„Das ist schade, daß Mutter das noch einfiel", sagte Reni, nachdem sie die Tür hinter sich zugezogen hatten. „Wollen wir wirklich? Oder wollen wir es vergessen?" Sie guckte Erika verschmitzt an. Die hob die Schultern.

„Ich weiß nicht."

„Du hast bloß Angst, allein zu gehen. Komm, erst in den Schlafsaal, fix. Und dann – ach, soll er doch mitkommen!" Sie rannten über den dunklen Hof und kamen nach fünf Minuten zurück, blieben unter Christians Fenster stehen.

„Hallo! Christian? Na endlich, alte Schlafmütze."

Gedämpft riefen sie ihm ihren Plan hinauf. Gleich darauf ging in seinem Zimmer das Licht aus, und er kam die Treppe heruntergesprungen. Zu dritt gingen sie los.

Es war mittlerweile ganz dunkel geworden. Man sah deutlich die Sterne. Über die Wiese lief ein ganz sachter Wind, vielleicht der erste seit Tagen, der sich regte. Er war gesättigt von der Wärme und dem bitteren Tannennadelduft des Waldes. Reni sog ihn ein. Einen winzigen Augenblick lang wußte sie, daß sie glücklich war, hier in ihrer Heimat, umgeben von Menschen, die sie kannte und in deren Mitte sie gehörte. Es war wie ein Hauch, dieses Wissen, wie ein Husch. Vielleicht wurde es ihr nur dadurch bewußt, weil sie ausnahmsweise einmal schwiegen, alle drei. Keiner wollte anfangen zu sprechen; Christian nicht, wahrscheinlich, weil sie vorhin so unausstehlich zu ihm gewesen war, und sie auch nicht. Später dachte sie mitunter an diesen Augenblick, in dem sie das Wort „Daheim" so ganz und voll erfaßt hatte. Immer, wenn sie an ihre Kindheit zurückdachte, war es diese Nachtstunde, die ihr gegenwärtig wurde. Diese Sommernacht mit den Sternen über dem Schuppendach und dem süßen Duft des Heus und dem bitteren der Tannen.

„Kommt, wir legen uns hier an den Hang. Ich hole euch etwas Heu, da habt ihr es schön weich", sagte Christian leise. Er sprach so freundlich, als wäre nie etwas zwischen ihnen gewesen. Reni war auf einmal sehr froh.

„Danke, Christian. Aber auch für dich."

Es fielen wirklich eine ganze Menge Sternschnuppen. Trotzdem verpaßte Reni immer wieder, sich etwas zu wünschen. Die anderen lachten sie schon aus, wenn sie wieder einer nachrief: „Da! Da! Habt ihr gesehen?" und sich dann vor die Stirn schlug: „Wieder nichts gewünscht!"

„Was würdest du dir denn wünschen, wenn es mal klappte?" fragte Christian schließlich. Reni überlegte.

„Ich denke, man darf es nicht sagen?" fragte sie dann.

„Hinterher nicht. Man darf nicht erzählen: Das und das hab' ich mir gewünscht", erklärte Erika. Reni nickte. Trotzdem konnte sie sich nicht entschließen zu verraten, was sie sich wünschte.

„Na, dann wird es ja eine rechte Dummheit sein!" sagte Christian. Er dachte, jetzt würde sie sich verraten. Reni aber ließ sich nicht fangen.

„Und du? Was würdest du dir wünschen?" fragte sie lachend.

„Ich hab' mir voriges Jahr was gewünscht, als ich hier allein lag und die Sternschnuppen zählte", sagte er ruhig.

„Und?" fragte Reni gespannt.

„Was denn: und?"

„Ist es eingetroffen?"

„Ja."

„Toll! Und was war es? Oder darf man es auch dann nicht erzählen, wenn es eingetroffen ist?"

„Doch. – Ich hab' mir gewünscht, daß – aber nun wirst du eingebildet werden, Reni. Ich kannte dich ja damals noch nicht und ..."

„Mach es nicht so spannend", schaltete sich hier Erika ein. Da sagte Christian lachend und ganz schnell:

„Nun also, ich habe mir gewünscht, dich kennenzulernen, Reni. Vater erzählte soviel von dir, daß ich schon ganz neugierig auf dich war. Und deine Briefe kannte ich ja auch. Siehst du, und nun ist es so gekommen."

„Hm", sagte Reni. Weiter nichts. Aber von nun an paßte sie noch genauer auf, tastete den ganzen dunklen Samt des Himmels mit den Augen ab, um eine goldene Schnuppe zu erwischen. Auch Christian schwieg. Sie lagen lange da und sahen hinauf in den Himmel. Und das war eigentlich, wenn sie ehrlich sein wollten, der schönste Teil dieser Nacht, das stille, schweigende Hinaufschauen in die Sterne. Wäre es nicht vielleicht viel klüger gewesen, sich nichts mehr zu wünschen?

Auf einmal faßte Erika nach Renis Hand.

„Du, hörst du nicht?"

„Was denn?" Auch Reni flüsterte. Sie horchten gespannt. Wirklich: Schritte, vorsichtige, tastende Schritte. Jetzt hörte man auch den Atem eines Menschen. Es klang eigentlich, als wären es zwei.

Und es waren auch zwei. Zwei Gestalten lösten sich aus dem Schatten der Turnhalle und kamen auf die drei Liegenden zu.

„Hallo?" fragte Christian, als sie nahe heran waren, und setzte sich auf. Wie gut, daß Christian mit war! Die Ankommenden blieben stehen, sehr erschrocken.

„Oh!" sagten sie wie aus einem Munde. Es klang mehr wie „Ouh", so, wie ein Engländer rufen würde. Merkwürdig, daß man aus diesem einen Laut, der nicht einmal ein Wort war, heraushörte, daß dies keine Deutschen waren. Christian ging es nämlich genauso, er war aufgestanden und fragte:

„Who are you?" Das würden sie schon verstehen, die beiden. Und richtig! Hörbar erleichtert und dankbar kam die Antwort: „Good friends!" Na also! Die drei Heimkinder lachten. Christian ging den beiden anderen ein paar Schritte entgegen.

„Where are you coming along?" Das war sicher nicht unbillig zu fragen, wenn jemand zur Nachtzeit über eine Wiese ging, die ihm nicht gehörte.

„We come from Sverige."

„Von Sweden", sagte die zweite Stimme. Es klang akzentuiert und deutlich. In diesem Augenblick packte Reni Erikas Hand. „Ich weiß", flüsterte sie, „im Schuppen lag ein Rad ..."

Es stellte sich heraus, daß sie richtig gedacht hatte. Es waren zwei schwedische Studenten, diese beiden jungen Männer, die durch Deutschland radelten. Christian verständigte sich ziemlich rasch mit ihnen. Sie hatten nicht viel Geld und deshalb eine kostenlose Unterkunft gesucht: den Schuppen. Dort waren ihre Räder, und dort hatten sie schon die letzte Nacht geschlafen. Christian lachte.

„Ihr seid mir die richtigen Strolche", sagte er, nachdem er sich überzeugt hatte, daß ihr Deutsch bestimmt nicht so weit reichte, das zu verstehen. „Na, da werdet ihr wohl auch hungrig sein. – Are you hungry?" fragte er, wieder zu den beiden gewandt.

„Ouh, yes", antwortete es zweistimmig. Alle fünf lachten herzlich und in Einigkeit. Christian sah die Mädchen an.

„Was meint ihr, wollen wir?"

Die nickten. „Klar!"

„We bring you!" versprach Reni jetzt eifrig, und Erika machte die Gebärde des Futterns. Dann rannten alle drei, Christian und die beiden Mädchen, den Hang hinunter. Dabei beratschlagten sie.

„Es sind Studenten, nette Kerls", erzählte Christian im Laufen, „sie waren schon bis zum Bodensee. Jetzt sind sie auf dem Heimweg. Da kann einem freilich das Geld ausgehen! Was meint ihr, sagen wir es drunten?"

„Den Eltern? Ich weiß nicht. Mutter denkt womöglich ... Dann dürften wir nie wieder abends hinaus!" gab Reni zu bedenken. Christian lachte. „Aber Vater kann es ruhig erfahren!"

„Gut, Vater ja!"

Vaters Fenster indes war dunkel. Vielleicht saß er bei Mutter oder war im anderen Haus.

Sie liefen zur Garage – leer. Aha, also bei einem Patienten.

„Na, dann nicht. Schließlich haben sie ja auch schon eine Nacht hier geschlafen, ohne daß wir es wußten. Aber zu essen bringen wir ihnen was, das haben wir versprochen."

„Wie willst du das denn machen?" fragte Erika gespannt. Christian fuhr ihr über das Gesicht.

„Glaubst du, ich komm' nicht in die Verwaltung? Ich bin ja schon ein ganzes Jahr hier im Heim", sagte er.

Reni puffte ihn in die Seite. „Da hört man ja nette Sachen!"

„Na, weißt du, Reni, wenn ich das nicht wüßte! So dumm bin ich ja auch nicht. Ein Kellerfenster steht immer offen; wenn man da hineinrutscht", er hockte schon am Boden, „und dann durch den Heizungskeller läuft ..." Hops, war er unten.

Reni und Erika kauerten gespannt vor dem Fenster. Was mochte er erwischen? Reni war noch etwas empört. Sie hatte geglaubt, sie allein wüßte so genau Bescheid.

Dieser Christian – und immer tat er so scheinheilig!

Er brachte nacheinander die merkwürdigsten Kostbarkeiten ans Kellerfenster und reichte sie hinauf: eine Schüssel Bohnensalat, drei Äpfel, ein Stück kaltes Fleisch und einen Rest Pudding. Brot hatte er keines erwischt, es lag im anderen Keller, in der sogenannten Kuchenkammer. Die aber war extra verschlossen, Tante Mumme wußte schon, warum. Es mußte also auch ohne Brot gehen.

„In der allergrößten Not schmeckt die Wurst auch ohne Brot", meinte Reni denn auch, während sie mit Erika zusammen Christian aus dem Kellerfenster zerrte. „So, hopp, siehst du. Allein wäre das nicht so gutgegangen.

„Denkste. Wo man hineinkommt, muß man auch herausfinden", sagte er und richtete sich auf. „Na, zart im Anfassen seid ihr aber wahrhaftig nicht! Erika hat mir beinahe den Arm ausgerenkt!"

„Ach, er ist schon noch dran. Nun komm, die beiden haben Hunger!" drängte Reni. Sie nahmen die eroberten Herrlichkeiten auf und liefen wieder der Liegewiese zu.

„Hoffentlich tun sie aber den Ponys nichts", sagte Reni noch. Die beiden andern lachten sie aus.

„Wahrscheinlich sind sie froh, wenn die ihnen nichts tun", meinte Christian.

4. Kapitel

Der Besuch der beiden schwedischen Studenten wurde eine schöne und lustige Erinnerung für das ganze Heim.

Sie blieben, von Vater dazu aufgefordert, sehr gern für ein paar Tage da, labten sich an Tante Mummes reichlich aufgetragenen Herrlichkeiten und wollten sich dauernd nützlich machen. Es war manchmal wirklich schwierig, immer etwas zu finden, was sie tun konnten. Vater, der ein paar Brocken Schwedisch verstand, unterhielt sich abends mit ihnen, und Christian und die Mädchen waren eifersüchtig, wenn die drei über etwas lachten, was die anderen nicht verstanden. Eines aber verstanden auch sie, und das machte ihnen die Jungen besonders lieb: ihre Lieder.

Mutter hatte vorgeschlagen, einen Heimatabend zu machen, an dem die beiden allen anwesenden Kindern etwas aus Schweden erzählen sollten. Vater mußte den Dolmetscher spielen. Es wurde schrecklich lustig, denn Vater konnte das ganz großartig. Er verstand immer wieder irgend etwas mit Absicht falsch, stellte sich dumm und amüsierte sich dabei vielleicht am meisten von allen. Die Heimkinder fragten die Studenten aus, bis diese schachmatt waren. Da schlug dann Mutter vor, man sollte sie erst einmal sich verpusten lassen und ihnen etwas vorsingen.

Das gefiel den beiden Studenten sehr. Schließlich, auf ein allgemeines Bitten hin, sangen sie ein paar Volkslieder aus ihrer Heimat. Sie kannten sehr schöne, ein paar muntere, vor allem aber wehmütige und seltsam klagende in Moll. Auch ein paar frische Märsche sangen sie, und Reni und Erika strahlten entzückt, als sie ihr Lied anstimmten: „Im Frühtau zu Berge wir ziehn ..." Das gab es auch mit deutschem Text!

Der Abend war wirklich lustig. Auch Vater erzählte von seinen Wanderungen, die er als junger Mensch gemacht hatte, auf denen auch mitunter das Geld ausgegangen war.

„Aber die schönste Reise hat Großvater gemacht, mit Onkel Heinrich", sagte Reni. „Vater, erzähl das doch mal den anderen, bitte!"

„Ach, immer die ollen Kamellen", brummte der Doktor, aber nun bettelten natürlich alle darum. Vater gab nach.

„Also hört zu: Mein Vater und sein Bruder, eben Onkel Heinrich, haben sich, als sie jung waren, ein Auto gebaut. Lange, lange vor dem Ersten Weltkrieg war das, noch im vorigen Jahrhundert. Einen Wagen, ganz mit Blech verkleidet, nur vorn ein Glasfenster und seitlich Türen. So was gab es zu dieser Zeit noch nicht. Innen war eine breite Sitzbank angebracht, und auf der Achse der Vorderräder hatten sie auf jeder Seite zwei Pedale befestigt, ähnlich, wie man sie jetzt in den Tretautos der Kinder hat. Könnt ihr euch das vorstellen?

Mit diesem Auto fuhren Vater und Onkel Heinrich dann los. Sie sind damit wahrhaftig von Korbach, wo sie wohnten, bis Wien gefahren. Eine tolle Reise, das kann man sagen. Einmal hat sich Vaters Bart um die Achse gewickelt. Damals war es noch Mode, lange, wehende Bärte zu tragen. Er hatte nicht achtgegeben und schrie nun wie am Spieß: „Heinrich! Heinrich! Tu bremsen!" Dabei mußte er mit dem Kopf ruckweise immer tiefer gehen, weil der Bart ja immer kürzer wurde. Und Onkel Heinrich konnte nicht so schnell stoppen, weil es gerade bergab ging. Jaja, so ganz ungefährlich war die Reise nicht! Schließlich riß Vater mit aller Kraft, und der Bart knirschte und ..."

„Nein, wenn alles wahr ist, aber das ist gelogen!" rief Mutter, die die Geschichte noch nicht kannte. Tante Mumme aber hustete und konnte kaum sprechen, als sie sich jetzt alle an sie wandten. War das wirklich passiert?

„Doch, das Auto haben sie gebaut", sagte sie erschöpft, als sie wieder Luft bekam, „und gefahren sind sie auch, das ist Tatsache. Aber es war der Schal, der sich einwickelte."

„Aber hätte Vater nicht ersticken können dabei?" fragte der Doktor gekränkt. „Ich habe nur gesagt, es sei eine tolle Reise gewesen. Ist das etwa erlogen? Überhaupt finde ich, wenn Geschichten nur hübsch klingen, kann man sie auch ruhig ein wenig ummodeln. Das ist erlaubt."

„,Ein wenig' ist gut", brummte Christian. Am anderen Morgen aber sprach er mit Reni und Erika über die beiden Studenten und wie man ihnen zu etwas Geld verhelfen könne.

Reni schlug sofort vor, eine Sammlung zu veranstalten.

„Da wirst du nicht viel zusammenbekommen", prophezeite ihr Christian, „die Kinder haben ja kein Geld."

„Natürlich haben sie welches!" rief Reni. „Ich kenne doch den Betrieb hier länger als du. Heimkinder haben immer Geld, auch wenn sie alles zum Aufbewahren bei Tante Mumme oder Mutter abgegeben haben. Woher sollten sie denn sonst Eis und Lakritz kaufen können?"

„Sicher. Aber das tun sie doch heimlich. Und sie werden es nie zugeben, wenn du eine offizielle Sammlung machst", gab Christian zu bedenken. Reni mußte ihm recht geben. Dann aber kam ihr ein Gedanke.

„Wir machen ein Kasperletheater, und alles, was an Eintrittsgeld zusammenkommt, kriegen die beiden!"

Das fand auch Christian nicht übel. Erika und Reni stoben sofort auf den Dachboden hinauf, wo die Puppen in einer Kiste den Sommer verschliefen. Meist wurden sie im Herbst, wenn es draußen kalt und naß wurde, wieder zum Leben erweckt. Erika kannte sie noch nicht einmal richtig. Jetzt nahm sie Stück für Stück heraus und besah sich die Gesichter.

Die Figuren waren zum großen Teil selbstgemacht, aus Kleister und Reißpapier, nur der Kasper stammte aus einem richtigen Puppenspiel. Er hatte einen geschnitzten Kopf mit einer unwahrscheinlich langen, gebogenen Nase. Sein Mund war so in die Breite gezogen, daß man glauben konnte, er brächte es fertig, sich selbst etwas ins Ohr zu sagen. Die Augen aber waren, so fand Erika, ganz merkwürdig. Sie fielen in dem lustigen Gesicht zunächst nicht auf, nur wenn man sie lange und genau ansah, waren sie zwar verschmitzt, aber auch irgendwie traurig. Erika sah den Kopf lange an.

„Was hast du denn mit dem Kasper?" fragte Reni. Erika drehte den hölzernen Kerl in der Hand.

„Ist er wirklich so lustig?" fragte sie.

„Aber klar, warum denn nicht?" Reni schmiß die anderen Figuren kunterbunt in den Kasten zurück und nahm Erika den Kasper weg. „Los, los, wir wollen doch noch ein Stück proben!"

551

Das Stück, zu dem sie sich entschlossen hatten, hieß: „Die Teufelsschmiede von Hurrlebumm". Weil Erika behauptete, sie könnte nicht kaspern, suchte Reni sich einen größeren Jungen aus der Schar der Heimkinder heraus und probierte mit ihm das Stück durch. Am Nachmittag des nächsten Tages fand die Vorstellung statt. Christian gab Hilfestellung hinter der Bühne, und die Zuschauer lachten und klatschten. Einen Fehler allerdings hatte das Stück. Es war zu kurz. Die Kinder, die ihr gutes Geld bezahlt hatten, wollten noch mehr hören und sehen. Reni ließ den Kasper durch den Vorhang gucken. „Genug für heute, es kommen morgen wieder Leute!" rief er und winkte zum Abschied.

„Nein, weiter, weiter!" rief es von draußen. Hinter dem Theater drehte sich Reni erhitzt um.

„Spiel du doch noch was, Christian", bat sie. Christian sah den Kasper an, den sie in der Hand hatte.

„Gib her!" sagte er entschlossen und fuhr mit der Hand in das bunte Röckchen. Und dann erschien der Kasper wieder vor dem Vorhang.

Diesmal war es kein festgelegtes Theaterstück, was gegeben wurde. Der Kasper begann, die Kinder einzeln anzureden. Reni hörte es und dachte zuerst: „Damit wird er kein Glück haben." Falsch gedacht. Schließlich war es mucksmäuschenstill ringsum, und auch sie hielt den Atem an.

Es war erstaunlich und kaum zu glauben, wie gut Christian die einzelnen Kinder kannte. Es waren im Augenblick über siebzig. Natürlich rief er nicht alle einzeln beim Namen, nur einige. Sie mußten dann vorkommen, ihn begrüßen, und er sagte ihnen verschiedene Dinge, angenehme und unangenehme. So bekam der arme Klaus im Gehgips ein paar tröstende Worte für seinen Fuß, den er „aus lauter Jux und Dollerei" gebrochen habe, ein Hans-Udo, der immer am Essen etwas auszusetzen hatte, wurde aufgefordert, schnell einen Vortrag über das Schlaraffenland zu halten: „Denn da hast du doch bis jetzt gewohnt, weil es dir hier nicht schmeckt. Erzähl doch mal, fließt dort wirklich Coca-Cola in den Bächen? Und wächst Eis am Stiel an den Sträuchern? Freilich, da kann es dir im Heim am Berg gar nicht gefallen."

Die Kinder jubelten und drängten immer näher heran. Reni stemmte sich innen gegen das Theater, damit es nicht umfiel.

„Und da kommt ja Erika! Unsere kleine schwarzhaarige Schönheit!" hörte sie eben über sich flöten. „Nein, aber Erika, nun komm und gib mir mal die Hand! Wie ist es denn ohne Zöpfe? Schön? Ich möchte auch einen Bubikopf!"

Reni hörte die Zuschauer lachen. Erika antwortete etwas, das sie nicht verstand.

„Weißt du, daß ich immerfort auf dich gewartet habe, Erika?" fuhr der Kasper jetzt fort. „Jaja, auf dich. Weil du so schön telefonieren kannst! Tu es nur nicht so oft!"

Reni mußte lachen. Erika hatte eine geradezu panische Angst vor dem Telefon und drückte sich, wo sie konnte, ein Gespräch anzunehmen oder etwas auszurichten.

„Aber ich liebe dich trotzdem, du kleine Quasselstrippe", sagte der Kasper jetzt zärtlich, „und ich werde sehr, sehr traurig sein, wenn du einmal von uns fortgehst."

„Ich auch, Kasper", sagte Erika halblaut. Reni hörte es durch die Leinwand des Theaters hindurch, und sie hörte auch, daß Erika ganz ernst sprach. „Am liebsten bliebe ich immer bei euch."

„Da könnte jeder kommen!" tadelte der Kasper laut, so daß alle Zuschauer es hörten und Beifall klatschten. Leise aber fügte er hinzu: „Das weiß ich, Erika. Und wir behielten dich so gern!"

Reni fühlte, wie irgend etwas in diesen Worten ihr quer in die Kehle kam. Sie taten nicht weh, das wäre zuviel gesagt, sie ärgerten sie auch nicht direkt. Es war so dazwischen, was sie fühlte; nicht wie eine Ohrfeige, auch nicht wie ein Knuff in den Rücken. Es war etwa so, wie wenn man auf einer Wiese sitzt, die Arme rechts und links aufgestützt, und jemand geht an einem vorbei, ohne einen zu sehen, und tritt einen dabei auf die Hand. Es war keine Absicht, es gibt auch keine Wunde, aber es tut im Augenblick weh, vor allem, weil der, der einen tritt, es gar nicht merkt.

„Wir wollen aufhören, Christian", hörte Reni sich sagen, unvermittelt und unwillig. „Tante Mumme wartet sicher schon mit der Vesper. Und das Geld haben wir auch noch nicht gezählt."

„Na dann: macht's gut, ihr da draußen!" schloß der Kasper seine Rede. Dann zog er den Kopf zurück. Christian stand auf und sah ihn an, wie er so auf seiner Hand hockte.

„Sie hat recht, so furchtbar lustig ist er gar nicht", sagte er nachdenklich. Reni blickte kurz nach ihm hin.

„Was ihr nur habt. Kasperle sind immer lustig, sonst sind sie eben keine Kasperle", sagte sie, und da ihr das selbst etwas zu giftig klang, fügte sie noch hinzu: „Kasper sind ganz einfach so, wie man sie sprechen läßt. Oder?"

„Jaja", sagte Christian nachgiebig und legte die Figur in die Kiste. Reni raffte den Zigarrenkasten mit den eingesammelten Groschen unter den Arm.

„Kommst du mit?"

„Gleich. Lauf nur, ich warte auf Erika."

Sie feierten die schwedischen Jungen am anderen Abend noch mit einem kleinen Fest in der Familie. Da es bei der Hitze, die noch immer herrschte, nicht gut ein Kaminabend werden konnte, hatten Reni und Erika bei Tante Mumme so lange gebettelt, bis sie versprach, daß es Eis geben würde. Eis konnte am ehesten einen Kaminabend ersetzen. Tante Mumme machte ein wundervolles Zitroneneis, einfach unvergeßlich für den, der es einmal gekostet hatte. Dazu gab es Zimtröllchen mit Sahne. Das Essen im Heim war sonst einfach und gut, deshalb bedeutete so ein Abend immer etwas ganz Besonderes.

Die jungen Schweden waren sehr gerührt über die kleine Feier ihnen zu Ehren und noch mehr über das gesammelte Geld. Es waren fast zehn Mark zusammengekommen, und Vater rundete die Summe noch etwas auf.

Am anderen Morgen durften Reni und Erika die beiden Gäste noch zehn Kilometer mit dem Ponywagen fahren, dann gab es einen herzlichen Abschied. Die Studenten versprachen zu schreiben, wenn sie glücklich heimgekehrt wären, und luden Christian für den nächsten Sommer nach Schweden ein. Der Vater des einen war Zahnarzt und hatte an der Westküste ein Sommerhaus in den Schären, wo die Familie oft drei Monate des Jahres verbrachte. Christian würde sicherlich gerne kommen!

Die beiden Mädchen winkten, solange sie die Wanderer noch sehen konnten, und sangen dann auf dem

Nachhauseweg all die Lieder, die sie neu gelernt hatten. Reni kutschierte, und Erika schwenkte die Peitsche im Takt. Die Ponys liefen wie geschmiert.

Mutter ging es besser. Alle freuten sich, daß sie wieder aufstand und umherging und bei allem dabei war. Mitte August aber legte sich Erika ins Bett. Der Doktor dachte zuerst, es sei nur die übliche Sommerkrankheit, ein verdorbener Magen. Es zeigten sich aber üble Vergiftungserscheinungen. Sorgenvolle Tage und Nächte folgten. Erika lag im Bett und erkannte keinen, und Reni lief verstört umher und zerriß sich das Herz mit Vorwürfen. Jedes häßliche Wort, das sie Erika gegenüber gesagt hatte, wuchs vor ihr ins Riesenhafte. Oh, sie würde nie, nie wieder so etwas sagen, wenn Erika nur wieder gesund würde!

Als es dann besser wurde, waren beide verändert, Erika und Reni. Erika noch matt und blaß und ohne Interesse an dem, was Reni ihr zu erzählen versuchte – und Reni liebevoll und reuig um sie bemüht. Es war bisher eigentlich immer so gewesen, daß Reni, obwohl sie die Jüngere war, alles anordnete, über Erika verfügte, ja, sie manchmal recht tüchtig hatte betteln lassen, wenn Erika bei irgend etwas gern mitmachen wollte. Jetzt war es Reni, die bettelte.

„Soll ich dir Himbeeren holen, Erika, ja? Möchtest du welche? Vater sagt, du darfst wieder essen, was du willst. Oder möchtest du lieber etwas anderes?"

Erika wollte nichts als daliegen und Ruhe haben. Das war für Reni unbegreiflich, und sie fühlte noch immer die große Angst um die Freundin auf ihrem Herzen hocken. Wenn Erika doch einmal, ein einziges Mal lachen würde!

Schließlich vertraute sie sich Vater an. Sie hoffte zuversichtlich, daß er sagen würde: „Laß ihr Zeit! Das ist ganz in Ordnung so." Er sagte aber: „Ja, Reni. Das macht mir auch Sorgen. Große Sorgen, Kind. Wenn du sie nicht aufregst – das darfst du natürlich nicht –, dann versuch es nur immer wieder, ihr Interesse zu wecken. Sie ist mir gar zu apathisch."

Reni wagte nicht zu fragen, was „apathisch" bedeutete. Es klang ihr düster und bedrohlich. Schließlich sah sie im Lexikon nach. Es hieß „gleichgültig". Sie atmete ein wenig auf.

Mutter hatte erlaubt, daß sie wieder mit Erika in ihrem gemeinsamen Zimmer schlief. So lag sie in den Nächten, die noch immer, selbst hier am Berghang, unerträglich heiß waren, oft stundenlang wach, auf den Ellenbogen gestützt, und sah zu Erika hinüber. Schließlich lief sie eines Morgens zu Christian. Sie hatte die ganze Nacht daran gedacht und fast gar nicht geschlafen.

„Christian, komm doch mal mit zu Erika. Vielleicht kannst du sie etwas aufmöbeln. Ich hab' solche Angst, solche schreckliche Angst!"

Christian war schon wach und saß mit einem Schulbuch am Fenster. Er arbeitete oft frühmorgens. Reni sah an seinem Gesicht, daß auch er sich große Sorgen machte.

„Warte, ich will noch etwas holen", sagte er, als sie kurz vor Erikas Zimmer waren, und lief noch einmal zurück. Dann kam er Reni nach, atemlos. Sie schlüpfte vor ihm ins Zimmer.

Erika schlief nicht, sie sah den beiden entgegen. Aber ihre Augen waren halb geschlossen und ganz, ganz fern. Reni rief sie leise an. Erikas Blick sammelte sich.

„Du darfst nicht so daliegen, Erika, und denken, es ist alles Wurscht", flüsterte Reni eindringlich, „du mußt wollen! Gesund werden wollen!"

„Laß", sagte Christian leise. Er setzte sich an Erikas Bett, so, daß er sie nicht ansah, sondern in derselben Blickrichtung saß, wie sie lag. Sie guckten jetzt also beide nach dem Fußende des Bettes, und er saß auf dem Stuhl am Kopfende, rechts neben ihr. Reni stand ein wenig im Hintergrund.

Sie sah, daß Christian etwas in der rechten Hand hatte: den Kasper. Er zog, von der kleinen Patientin abgewandt, die Spielpuppe über die Finger und ließ sie langsam, damit Erika nicht erschrak, über seinen linken Ellenbogen hinweggucken. Erst verhielt sich der Kasper dort ganz regungslos, dann nickte er ein bißchen mit dem Kopf und winkte mit der rechten Hand. Er erschien Erika groß und im matten Morgenlicht seltsam lebendig.

„Guten Morgen, Erika", sagte der Kasper jetzt mit gedämpfter Stimme. Christian verstand sehr gut, seine Stimme zu verstellen, es klang fast wie Bauchreden. Jetzt hatte nicht nur Erika, sondern auch Reni, die hinter Christians Rücken herumguckte, das ganz deutliche Gefühl, nicht Christian, sondern der Kasper rede.

„Guten Morgen", antwortete Erika unwillkürlich ebenso leise. Aber sie antwortete. Reni hielt den Atem an.

„Ich finde, du hast lange genug geschlafen", sagte der Kasper leicht tadelnd, aber trotzdem lieb und herzlich. „Wie wäre es, wenn du wieder etwas mehr mitmachen würdest? Sonst bekommst du in Aufmerksamkeit und Teilnahme am Unterricht eine Fünf, daß du es nur weißt."

Erika lachte leise. „Davor habe ich keine Angst, Kasper", sagte sie. „Ich bin nämlich krank. Ich brauche nicht in die Schule."

„Nicht in die Lernschule, sicher nicht", bestätigte der Kasper, „aber in der Lebensschule gibt es kein Schwänzen und keine Ferien, verstehst du? Da muß man immer und immer mitmachen!"

„Muß man?" fragte Erika mit einem ganz kleinen Seufzer. Es klang sehr müde. Der Kasper wiegte den Kopf.

„Es gibt Leute, die brauchen es nicht. Alte, Müde, die alles im Leben getan haben, was sie haben tun sollen. Gearbeitet und gelacht und sich gemüht und dann wieder schön gefeiert, getanzt und Musik gemacht. Und ihre Kinder großgezogen und all das. Solche Leute brauchen nicht mehr mitzumachen, wenn sie nicht mehr mögen. Aber du willst doch das alles erst erleben. Du mußt wollen, hörst du?"

Erika nickte.

„Versprichst du mir das?" Der Kasper streckte ihr die Hand hin. Reni hielt den Atem an. „Du hast neulich zu mir gesagt, du würdest am liebsten immer bei uns bleiben. Hier, im Heim. Also! Wirst du dich nun gefälligst zusammennehmen und wieder gesund werden wollen?"

„Wollt ihr mich denn behalten?" fragte Erika ganz leise.

„Denkst du etwa nicht?" empörte sich der Kasper.

„Du, ja. Aber Reni auch?"

„Du großes Kamel! Reni doch am allerersten!" sagte der Kasper grob. Da mußte Erika lachen. Sie lachte das erstemal, seit sie krank geworden war.

„Ist das wahr, Kasper?" fragte sie noch. Er kam zu ihr hin und gab ihr einen kleinen, vorsichtigen Nasenstüber.

Erika lächelte und legte den Kopf zurück.

„Ich verspreche dir, Kasper, gesund zu werden", sagte sie. Es klang zufrieden und beinahe schon, als wäre sie gesund. Reni fühlte, wie ihr die Tränen in die Augen schossen. Aber selbstverständlich lachte sie nur und streichelte Erikas Backe.

„So ist's recht. Siehst du, so gefällst du uns. Nächste Woche ist doch dein Geburtstag, und deine Eltern wollen kommen..."

„Pscht", sagte der Kasper, „pscht, Reni! Das hat alles noch Zeit. Heute jedenfalls hat Erika uns versprochen, gesund zu werden. Und daß sie ihr Wort halten wird, das weiß ich!"

Draußen im Flur fiel Reni dem großen Bruder ganz fix um den Hals. Das tat sie so stürmisch, daß der Kasper herunterfiel. Sie bückten sich beide danach und stießen dabei mit den Köpfen aneinander. „Hoppla", sagte Christian, und Reni: „Au!"

Und dann lachten sie beide und rieben sich die Köpfe.

Erika hielt Wort. Sie begann wieder teilzunehmen, wollte wissen, was die Ponys machten, fing an, sich etwas zu essen zu wünschen, und wollte auch lesen. Das ganze Haus atmete auf.

Der Geburtstag war ein Sonntag. Am Donnerstag vorher ging endlich das ersehnte Gewitter nieder, allerdings nun so heftig, daß man dachte, Haus und Bäume und alles würden zerschlagen werden, erst von den Blitzen und dann von Hagel und Regen. Hinterher aber konnte man endlich wieder einmal mit Genuß Luft schöpfen.

Niethammers hatten sich wirklich für Erikas Geburtstag angesagt. Sie wollten am Sonntag früh mit der Bahn kommen, und die Mädchen wollten sie mit den Ponys abholen. Vielleicht würde Erika auch schon mitfahren dürfen. Sie hielten beide den Daumen, daß sie es bis dahin schaffte.

Reni hatte noch immer das Gefühl, als verdiente sie es nicht, daß Erika wieder gesund würde. Wie oft war sie häßlich zu ihr gewesen, hatte sie bevormundet und unfreundlich behandelt, und sie wußte doch, daß Erika sie liebte und bewunderte. Und wie viele häßliche Gedanken hatte sie manchmal gegen Christian gehegt! Zum Beispiel, wenn sie bei Tisch aufspringen mußte, weil das Salz oder ein Löffel fehlten. „Lauf, Reni, fix!" hieß es dann, oder Tante Mumme zitierte den Spruch, der zwar von Goethe, Reni aber bald verhaßt war: „Dienet die Schwester dem Bruder doch früh." Dienen, einem Bruder! Etwas freiwillig zu Gefallen tun, gern, aber dienen, auch noch auf eine Aufforderung hin? Nein! Außerdem, fand Reni, könnte auch Christian einmal laufen, wenn etwas fehlte. Sie waren doch nun richtige Geschwister, und da müßte es heißen: Gleiches Recht für alle.

Dies alles lag ihr auf dem Herzen. Und an einem Nachmittag nun, als es Erika wirklich und wahrhaftig besserging, beschloß Reni, es einmal der Mutter zu sagen, ganz ehrlich und aufrichtig und ohne sich besser zu machen, als sie war. Vater war nicht da, und es wäre zweifellos leichter gewesen, mit ihm zu sprechen. Reni aber wollte es nicht leicht haben. Sie wollte Mutter alles sagen und ihr dann versprechen, daß es nun anders, besser werden würde.

Sie sah in den Spiegel, während sie sich das vornahm, seufzte tief und ging dann entschlossen über den Flur zu Mutters Zimmer hinüber. Sie hatte Glück, Mutter war allein.

„Reni?" fragte sie freundlich. „Komm, setz dich!" Reni tat es. Dann holte sie tief Atem und fing an:

„Mutter, ich möchte..."

Ja, und da ging das Telefon. Das Haustelefon, Reni hörte es am Ton. Sie verstand auch ein paar Worte, und die genügten ihr. „Knie aufgeschlagen, gleich mal ansehen..."

Mutter legte auf und war schon an ihrem Schrank, nahm Verbandszeug und Pflaster heraus. „Vater ist fort, ich muß selbst fix laufen. Nein, schlimm wird es schon nicht sein, Tante Mumme meinte nur..." Hinaus war sie. Reni saß noch auf ihrem Hocker.

Sie blieb auch darauf sitzen. Ein aufgeschlagenes Knie, na und? Wie oft hatte sie sich das Knie aufgeschlagen! Das war doch wahrhaftig keine so große Sache! Aber bei den Heimkindern wurde immer ein Theater gemacht, als wären sie schon halb tot, wenn sie sich auch nur die Haut geritzt hatten. Und gerade jetzt mußte das passieren, natürlich. Jetzt, wo sie, Reni, endlich einmal mit Mutter hatte sprechen wollen, einmal ihr Herz befreien wollte.

Mutter hatte nie Zeit. Nein, sie nahm sich nie Zeit für sie, Reni, das war es. Gut, mochte es so sein!

Reni stand auf, sah noch einmal durchs Fenster – nein, Mutter kam nicht über den Hof zurück. Knieverbinden dauerte nicht so lange, also war noch etwas anderes „Wichtiges" dazwischengekommen.

„Wer nicht will, der hat schon", dachte Reni erbittert und ging aus dem Zimmer. Sie lief der Mutter nicht nach, sie nicht. Heute war sie wirklich entschlossen gewesen, Mutter einmal ihr Herz auszuschütten. Aber wenn Mutter nicht wollte ...

Am Sonntag wurde es wahr: Erika und Reni fuhren stolz im strahlend sauberen Ponywagen ab, beide in weißen Kleidern, Reni die Zügel, Erika die Peitsche in der Hand. Vater und Mutter guckten ihnen nach, und Tante Mumme murmelte Beschwörungen, daß sie gesund wiederkommen möchten. Christian lachte sie aus.

„Unkraut vergeht nicht, Tante Mumme." Damit verschwand er. Er hätte nie zugegeben, daß auch er sich Sorgen machte, vielleicht sogar die meisten. Jedenfalls ging er ums Haus, holte heimlich sein Rad aus der Garage und fuhr den Mädchen in gebührendem Abstand nach. Sie durften es natürlich nicht merken, denn das hätte sie gekränkt. Schließlich konnten sie doch allein zum Bahnhof fahren, sie brauchten wahrhaftig keine Aufsicht!

Und es ging auch alles glatt. Aber Christian fand es doch gut, wenn ein getreuer Eckart sie heimlich bewachte. Sie erfuhren es auch hinterher nicht, als sie mit Erikas Eltern fröhlich wieder im Heim anlangten. Wozu auch? Es war ja alles gutgegangen.

5. Kapitel

Dieses Jahr wurde es Herbst, als Vater auf Urlaub gehen wollte. Auch das durchzusetzen fiel schwer. Schließlich waren es ganze sechs Tage, die heraussprangen.

„Dafür fährst du aber allein", sagte Mutter bestimmt. Sie wußte, daß er sich beim Alleinsein am besten erholte. Es wurde ein langes Hin und Her. Endlich gab er nach.

Eine Woche ohne Vater – er fehlte im Heim überall, obwohl er auch sonst beileibe nicht immer da war. Um so mehr freuten sich alle auf seine Rückkehr.

Es war schon Oktober und gräßliches Wetter, als ein Telegramm meldete: „Heute abend gerührtes Wiedersehen, erhoffe Kaminfeuer. Wer nicht kommt, ist selbst schuld."

Dieses Telegramm entfesselte ein allgemeines, ameisenhaftes Umherwerkeln. Tante Mumme backte Kuchen, Mutter staubte den Kamin ab. Christian hantierte mit Flaschen, denn Vater mußte einen ordentlichen Grog haben, und stellte Gläser und Korkenzieher sicher. Die beiden Mädchen steckten ihre Nasen in alles und waren mehr im Wege als nützlich.

„Weißt du noch, der Kaminabend zu Silvester? Als Vater uns die selbsterlebte Gruselgeschichte erzählte, die er eine Viertelstunde vorher in einer Illustrierten gelesen hatte?" fragte Reni lachend. Erika nickte.

„Ja. Das war mein erster Kaminabend bei euch."

„Und mein erster ist heute!" sagte Mutter, in diesem Augenblick eintretend. „Immer hab' ich davon erzählen hören, und nie kam es dazu. Nun sagt mal selbst: Wer von uns allen ist hier das Stiefkind im Hause?"

Sie lachten. Reni war rot geworden. Warum nur war immer diese Unsicherheit in ihr, nicht mehr ganz hierherzugehören? Früher war das geliebte Heim doch ganz und gar ihr Zuhause gewesen, der Onkel Doktor, Tante Mumme, ihre geliebte Pflegemutter. Das alles war anders geworden seit dem Jahr, das sie bei Niethammers, bei Erikas Eltern auf dem Gut verbracht hatte. Gewiß, sie war wiedergekommen, der Onkel Doktor war ihr Vater geworden, Mutter war jetzt immer hier, sie hatte sogar in Christian einen Bruder bekommen, und Erika durfte dieses Jahr bei ihnen bleiben. Alles, was ihr Herz je zu wünschen gewagt hatte, war eingetroffen. Sie dachte an den Abend, als sie auf die Sternschnuppen warteten und sie sich heimlich eingestand: Eigentlich blieb nichts mehr zu wünschen, wenn sie ehrlich war. Dies alles aber, all diese erfüllten geheimsten Wünsche – es war, als habe sie sie bezahlt mit einem Gefühl der Angst, das sie nie ganz verließ. Das Heim – war es noch das Heim, die Heimat? Und Vater? War er nicht doch mehr der ihre gewesen, als er noch der Onkel Doktor war, aber ihr alleiniger Onkel Doktor?

„Ich glaube, du schläfst mit offenen Augen", sagte in diesem Augenblick Christian und stieß sie an, „dann rat' ich dir, heute zeitig ins Bett zu kriechen. Wenn du nämlich am Kamin müde wirst, schickt Vater nicht nur dich, sondern uns alle schlafen. Und das – na, du kannst dir ja denken!" Er drohte ihr mit wackelndem Handgelenk.

„Quatsch", sagte Reni schnell, „ich bin gar nicht müde. Spiel dich nur nicht auf. Immer tust du, als hättest du hier ältere Rechte!"

„Quatsch", sagte Christian und trat auf sie zu, beide Hände gespreizt, als wollte er sie in die Zange nehmen. „Wenn du nicht auf der Stelle anerkennst, daß ich als Sohn meines Vaters, also als Thronerbe und Märchenprinz, hier die erste Geige zu spielen habe, dann ..."

„Dann?" fragte Reni und stand auf dem Sprung.

„Dann werde ich dich mit Haut und Haaren ..." Reni wartete nicht ab. Sie rannte los, stieß dabei an Tante Mumme, die eben zur Tür hereinkam, stolperte selbst und bekam die Kurve vor der Treppe gerade noch im letzten Augenblick. Christian jagte hinter ihr her. Erika war aus dem Weg gesprungen. Reni schrie nach der Mutter.

„Benehmt euch, Kinder", sagte diese leicht verärgert, als die beiden in die Küche hineindonnerten. Die wilde Jagd ging um den Tisch, bis Mutter, ernstlich mahnend, dazwischentrat.

„Hier, trag die Tassen rauf, Reni", sagte sie, „und du, Christian, machst ihr die Türen auf. Verstanden? Dann kommst du noch mal runter, hörst du?"

„Du sollst Reni nicht immer damit necken, daß Vater nicht ihr richtiger Vater ist", sagte sie halblaut, als Christian wieder in die Küche kam. „Sie ist darin entsetzlich empfindlich. Du weißt doch, wie sie an ihm hängt. Aber seit ihr da seid, Erika und du ..."

„Und du, Mutter!" sagte Christian ruhig und sah sie an. Mutter wollte seinem Blick ausweichen, nickte aber dann.

„Ja doch, ich auch. Reni ist eifersüchtig – ach, Christian, sie ist aufgewachsen ohne Vater, und auch nicht bei mir. Vielleicht hätte ich es doch nicht so machen sollen!"

„Aber Mutter!" Christian war ganz schnell zu ihr getreten und hatte den Arm um ihre Schulter gelegt. Er war fast so groß wie sie. „Mutter! Wenn es jemand gut und rechtschaffen und tapfer mit seinem Kind gemeint hat, dann bist du das!"

Mutter putzte sich die Nase. „Meinst du, Christian? Ach, wenn du doch recht hättest! Aber nicht wahr, du ärgerst sie nicht mehr damit, Junge, nein? Bitte!"

„Vielleicht wäre es besser, ich ärgerte sie so lange, bis sie endlich einsieht, daß sie unrecht hat", dachte Christian. Er sagte es aber nicht. Nachdenklich stieg er die Treppen wieder hinauf.

Gleich danach ertönte die Hupe im Hof, und alle vergaßen ihre privaten Kümmernisse bei einem allgemeinen Gerenne. Jeder wollte der erste sein, wenn Vater wiederkam. Ach, ohne ihn war das Leben überhaupt nicht schön!

Da war er, vergnügt, erholt und mit einem Berg Geschenke beladen.

„Das ist noch nicht alles", erklärte er, „auf meinem Sitz unter dem Kissen muß noch etwas liegen, die Hauptsache, das Effektstückle: Eine Buttercremetorte! Ich dachte, dort liegt sie am sichersten", fügte er noch hinzu, als er die entsetzten Gesichter sah. „Und jetzt wollen wir furchtbar gemütlich Abendbrot essen und dann ... brennt der Kamin schon? Christian, mein Sohn, sage ..."

„Er brennt, Vater", versicherte Christian schnell.

„Na, dein Glück! Erika, geliebte Wahltochter, ich habe dich noch nicht in meine Arme geschlossen. Warum so bescheiden? Oder liebst du mich am Ende nicht mehr?"

Erika wurde rot. Sie war noch immer ein wenig schüchtern. Dafür verlangte der Doktor, daß sie heute bei Tisch neben ihm sitzen solle. Nachher aber, am Kamin, drängelte sich natürlich wieder Reni auf diesen Platz.

„Hier hab' ich immer gesessen, es ist mein reservierter Kaminplatz!"

„Gut, dann kommt Erika auf meine andere Seite", bestimmte der Doktor. „Keine Widerrede! Dich, Christian, sehe ich lieber von vorn, du setzt dich mir gegenüber. Da habe ich dich besser im Auge!"

Es wurde ein richtig lustiger und gemütlicher Kaminabend und ein langer dazu! Erst um elf fing Tante Mumme an, nach der Uhr zu sehen. Dann dauerte es erfahrungsgemäß bis zum Schlafengehen immer noch eine gute Weile. Je länger man den endgültigen Schlußpunkt hinausschob, desto mehr triumphierten die Mädchen. Sie lachten noch am anderen Morgen, als sie sich ausrechneten, wieviel Zeit sie hinausgeschunden hatten.

„Nun aber fix! Zu spät kommen dürfen wir deshalb doch nicht", sagte Erika. Sie trabten nebeneinander durch den noch dämmrigen Hof. Reni schoß mit einer Kastanie, die noch in ihrem grünen Stachelkleid steckte, ein Tor in die Tür der Verwaltung. Das Küchenmädchen, das gerade mit einem Korb in der Hand herauskam, erschrak und schimpfte hinter ihr her. Erika bückte sich im Laufen und hob eine andere Kastanie auf.

„Guck, eine Schecke! Wie die Gräfin!" sagte sie, während sie die Schale abpulte. Diese glatten, feuchten Kugeln, rötlichbraun mit weißen Flecken, waren einfach herrlich und so appetitlich anzufassen. Die Mädels, die nun schon wieder in langen Hosen zur Schule gingen, hatten stets ein paar davon in den Taschen, mit denen sie in den Stunden spielten. Und in den Pausen schnipselten sie daran herum und schnitzten Körbchen oder Pilze daraus.

Es war jetzt richtig lustig in der Schule. Sie hatten eine neue Klassenlehrerin, die aus dem Osten kam und einen anderen Dialekt sprach, über den sich die Mädel totlachen wollten. Sie versuchten ihn nachzuahmen und überboten sich gegenseitig darin. Fräulein Guttmann merkte nichts, für sie war ihr Dialekt eben ihre Muttersprache.

„Du darfst es nicht so auffällig machen", mahnte Erika manchmal, wenn Reni wieder „Bearch" statt „Berg" gesagt hatte, so richtig breit und ausgewalzt, daß die ganze Klasse vor Lachen sterben wollte. Reni aber kannte niemals Maß und Ziel und wurde immer frecher. Einmal stand sie gerade auf dem Katheder und machte Fräulein Guttmann nach, als diese unvermutet, etwas früher als sonst, eintrat. Die Klasse lachte und quietschte so über Renis Darbietungen, daß sie erst nach einer ganzen Weile Fräulein Guttmanns Anwesenheit bemerkte.

Dann aber wurde es mit einemmal still, grabesstill. Auch Reni verschlug es die Sprache.

„Nein, nein, bleib nur dort!" sagte Fräulein Guttmann, als Reni schleunigst ihren erhöhten Platz verlassen wollte. „Ich vermute, du übst dich für deinen späteren Beruf. Du willst also Lehrerin werden? Nun, das ist ein schöner und verantwortungsvoller Beruf und macht so viel Freude!"

„Ich wollte bloß – ich dachte..."

„Jaja, schon gut." Fräulein Guttmann hatte sich in die erste Reihe auf einen leergebliebenen Platz gesetzt. Sie brachte ihre Beine ein wenig mühsam unter und stellte die Mappe neben sich. „So, nun mal los. Heute hält Reni Unterricht. Bitte aber in der Sprache, in der du dich bis jetzt geübt hast."

„Aber ich kann doch nicht!"

„Gut kannst du das, ich hab' es ja eben erlebt", sagte Fräulein Guttmann seelenruhig.

Das wurde keine lustige Stunde für Reni. Sie versuchte zwar, sich zusammenzunehmen, während sie ihre Mitschülerinnen das Gedicht aufsagen ließ, das sie zu lernen hatten. Aber es war doch entsetzlich schwierig, so leicht es bei Fräulein Guttmann auch aussah. Dazu kam, daß jedes Versprechen, jedes Stottern von ihr die anderen ungemein belustigte, daß sie allmählich sogar anfingen, sich zu melden, und dann, wenn Reni sie aufrief, dumme und freche Fragen stellten. Reni empfand das als Verrat. Sie hatte das Gefühl, als schwitze sie Petroleum und als sei eine Stunde, auch die langweiligste, noch nie so lang gewesen wie diese. Es wollte und wollte nicht klingeln. Und Fräulein Guttmann schenkte ihr auch nicht eine Minute dieser qualvollen Zeit.

Als es endlich doch soweit war und Reni herunterkommen durfte, wußten sie und die Klasse und auch die Lehrerin, daß ihr die Lust, jemanden nachzuäffen, für alle Zeit vergangen war.

„Du, das war gemein von ihr!" sagte sie zu Erika, als sie an diesem Mittag nach Hause gingen. „Das zahl' ich ihr aber noch heim! Mich so zu behandeln!"

Erika hakte sich unter. Sie wußte nicht recht, was sie antworten sollte. Fräulein Guttmann hatte sich ja nur verteidigt, denn Reni hatte sie angegriffen. Aber sie hatte sich sehr erfolgreich verteidigt.

„Wehe, wenn du zu Hause auch nur ein Wort sagst! Das wäre was für Christian", grollte Reni noch. Da aber konnte Erika wieder lachen. Daß sie nichts erzählte, das war natürlich Ehrensache. Dazu waren sie viel zu gute Freunde.

Ein paar Tage später aber passierte etwas, wodurch ihre Freundschaft beinahe einen ernstlichen Knacks bekommen hätte. Es war jetzt richtig Herbst, nieslig und kalt, und alle Erwachsenen liefen mit Regenschirmen herum. Die Mädchen, in Anoraks und Kapuzen, verachteten die zimperlichen großen Leute natürlich und fanden sie lächerlich und unsportlich. Noch lächerlicher aber fanden sie eines Nachmittags – und das war nicht zu verwundern – Fräulein Guttmann. Es hatte um diese Zeit aufgehört zu regnen, und Fräulein Guttmann ging vor ihnen her und trug ihren Knirps unterm Arm – oder besser das, was sie, ahnungslos, für ihren Knirps hielt. Sie mußte, ehe sie die Schule verließ, noch einen kurzen Abstecher in ein verschwiegenes Gemach gemacht und dort zwei Gegenstände verwechselt haben. Von diesen Gegenständen war der eine ihr zusammenklappbarer Schirm, der andere aber eine zwar zum Glück ganz neue, also völlig saubere, rundköpfige Bürste, die, orts- und zweckgebunden, wie sie war, sonst nie unterm Arm durch die Straßen getragen wurde. Reni sah es und schlug im selben Augenblick beide Hände vor den Mund, um nicht laut hinauszujauchzen.

„Da! Da!" prustete sie und gab Erika einen solchen Stoß in die Seite, daß sie beinahe umfiel. „Sieh doch! Die Guttfrau! Was die für einen schicken, neumodischen Regenschirm hat!"

„Du lieber Himmel!" Auch Erika kriegte das große Lachen. Sie konnten kaum weiterlaufen und bogen und krümmten sich. Fräulein Guttmann strebte unbefangen der Hauptverkehrsstraße der Stadt zu.

„Du, wir müssen es ihr sagen", stöhnte Erika endlich, „wir können sie doch nicht so laufen lassen."

„Doch, können wir! Und wir tun es auch. Sie hat mich ja auch die ganze Stunde auf dem Katheder stehen lassen!" sagte Reni rachgierig. „Das ist jetzt die Strafe dafür. Mag sie laufen! Hoffentlich sehen es recht viele!"

„Aber du hattest sie doch nachgemacht!" gab Erika zu bedenken.

„Egal. Sie hätte mich ja auch nach einer Viertelstunde herunterkommen lassen können, oder nach fünf Minuten schon", sagte Reni verbockt. „Du hast keine Ahnung, wie mir zumute war, diese endlose, scheußliche Stunde lang. Nichts wird gesagt, verstehst du?"

„Aber Reni!"

Sie sahen sich an, guckten dann wieder ihrer Lehrerin nach. Dabei war nicht zu übersehen, daß Fräulein Guttmanns ungewöhnliche Ausrüstung auch den anderen Leuten auf der Straße nicht verborgen blieb. Jetzt hatte ein Junge erspäht, was dieses Fräulein im eleganten Herbstmantel unterm Arm trug, und platzte heraus, dann prustete ein junges Mädchen los.

„Komm, Reni! Wir sagen es ihr!"

Reni war stehengeblieben und hatte ihren Arm aus dem Erikas gezogen.

„Ich sage dir ...", drohte sie halblaut, und es klang gefährlich.

Erika, die schon hatte loslaufen wollen, stoppte ab. Wenn Reni zornig wurde, konnte das eine üble Geschichte geben, das wußte sie. Flehend sah sie Reni an. „Sei doch nicht so!"

„Doch. Nichts wird gesagt. Sie mag sich ruhig blamieren."

Einen Augenblick stand Erika still. Sie überlegte: Reni zu Hause, beim Reiten, abends im Zimmer, morgens in der Schule böse zu erleben ... Oft war das noch nicht vorgekommen, aber manchmal doch. Es war schlimm für sie, Erika, kaum zu ertragen. Sie war ein Mensch, der Frieden brauchte, Frieden und Einigkeit um jeden Preis.

Gleichzeitig aber sah sie deutlich, welchen Unannehmlichkeiten Fräulein Guttmann entgegenging. Jetzt würde sie gleich in die Straßenbahn steigen, würde nicht mehr zurücklaufen und den unglücklichen „Knirps" verstecken können.

„Dann geh' ich eben allein!" rief sie entschlossen, ließ Reni stehen und stürzte der Lehrerin nach. Reni hatte das nicht für möglich gehalten. Mit angehaltenem Atem guckte sie hinterher: Hatte Erika wirklich den Mut, allein zu handeln?

Tatsächlich. Kurz vor der Straßenbahnhaltestelle hatte sie Fräulein Guttmann eingeholt, machte einen Knicks und flüsterte ihr ein paar Worte zu. Fräulein Guttmann sah an ihrer Seite herunter, wurde rot, ließ beinahe ihre Mappe fallen und stand sehr hilflos da. Erika aber, wer hätte das gedacht, Erika handelte.

Sie nahm ihre eigene Schulmappe vor und förderte daraus ein größeres Stück Papier zutage. Dahinein wurde der falsche Knirps gewickelt, und nun war alles nur noch halb so schlimm. Mit einiger Mühe gelang es, ihn in Fräulein Guttmanns Schultasche zu quetschen. So, nun war die Lage gerettet.

Fräulein Guttmann seufzte auf und gab Erika die Hand. Reni sah, wie sie sich bedankte, herzlich und sehr erleichtert. Erika war nun doch feuerrot geworden. Und das wahrscheinlich nicht nur, weil Fräulein Guttmann so herzliche Worte sagte, sondern vor allem, weil ... Nun, weil jetzt die Unterredung mit ihr, Reni, kommen würde. Das war ja unausbleiblich; Erika hatte gehandelt, nicht nur ohne Reni, sondern sogar Renis Willen ignoriert. Und das war in ihrem gemeinsamen Leben bisher so gut wie noch nie vorgekommen. Was würde es also jetzt setzen?

Reni konnte sich gut vorstellen, wie Erika zumute sein mußte. Abscheulich, wahrhaftig, aber doch zu Recht! Man hält zu seiner Freundin und nicht zu seiner Lehrerin, die diese Freundin auch noch vor ganz kurzer Zeit schlecht behandelt hat. War das etwa zuviel verlangt?

Jetzt war es soweit. Fräulein Guttmann hatte ihre Straßenbahn erklommen, wieder eine ordentliche, in nichts auffallende, manierlich gekleidete Lehrerin. Erika aber stand und sah Reni entgegen. Und Reni kam auf sie zu, wutentbrannt.

Zehn Schritte waren noch zwischen ihnen. Aber während dieser zehn Schritte hörte Reni plötzlich ihre eigene Stimme. Sie hörte sie flüstern, nicht rufen.

„Wenn Erika wieder gesund wird – ich will alles tun, was sie sich wünscht – nur laß sie gesund werden, lieber Gott, bitte, bitte."

Reni stand nun vor Erika. Die sah sie an, bittend, flehend.

„Das war aber anständig von dir", sagte Reni langsam. Sie sprach ein wenig ungeschickt, mühsam – es war, als hätten jene Worte, die vorhin ihre eigene Stimme so merkwürdig geflüstert hatte, ihre ganze Kraft verbraucht.

„Da kann die Guttfrau aber von Glück sagen!"

„Menschenskind, Reni, du bist nicht böse?" fragte Erika atemlos. Reni sah sie an.

„Nö, Erika. Erst war ich's. Oder wollte es sein. Aber – nein. Du hast ganz recht gehabt, du, Erika. Aber weißt du, ein Schusselkopp ist sie doch, die Bürste mitzunehmen und den Schirm stehenzulassen!" rief sie dann und lachte schon wieder. „Ist das nicht einfach einmalig? Wenn wir so zerstreut wären! Oder Vater! Stell dir bloß mal vor!"

Auch Erika lachte. Sie lachten sich an, übermütig, glücklich, einig. Und zu Hause hatten sie das seltene Glück, die ganze Familie allein zu erwischen, so daß sie ihre Geschichte vom Stapel lassen konnten, ohne damit wer weiß wie lange zu warten. Vater saß mit Mutter im Wohnzimmer, und Christian war eben dazugekommen. Reni holte schnell noch Tante Mumme, ehe zum Essen gegongt wurde. Und dann erzählten sie, so richtig mit Genuß und Vergnügen.

„Erika hatte den Schneid hinzugehen, ich nicht", erklärte Reni, sprühend vor Eifer. „So was sagt sich ja nicht übermäßig angenehm. Und außerdem gönnte ich es der Guttmännin eigentlich, daß sie noch ein Weilchen mit dem falschen Knirps weitermarschiert", setzte sie ehrlich hinzu.

„Du schlechte Seele!" tat Christian entrüstet. Der Doktor lachte.

„Ihr seid mir die Richtigen! Bei euch Lehrerin zu sein, das denke ich mir das entsagungsvollste Amt überhaupt. Kein Wunder, daß Fräulein Sonneson damals so gebeugt durch die Gegend wankte." Er sagte das, weil er wußte, daß diese Lehrerin, die früher Erika und Reni unterrichtete, dafür berühmt gewesen war, daß sie sich so gerade hielt, als habe sie einen Ladestock verschluckt. Reni prustete, und Erika richtete sich unwillkürlich auf, als sie daran dachte, wie oft sie diese Mahnung gehört hatte. Darüber wollte sich nun wieder Christian ausschütten vor

Lachen. Kurz und gut, es ging wahrhaftig laut und lustig zu im kleinen Wohnzimmer, obwohl der Regen an die Fenster nieselte und der Himmel grau und trübe tief über den Bergen hing.

„Draußen naß – drinnen Spaß!" sagte Vater leise und sah Mutter an. Das war der Novemberspruch aus dem Kalender. Sie hatten für jeden Monat einen gewußt, nur für diesen grauen und tristen nicht, als sie den diesjährigen Heimkalender zusammenstellten. Da hatte Mutter diese vier Worte gesagt. Sie nickte Vater zu. Ihr Gesicht war weich, und ihre Augen schimmerten.

6. Kapitel

Weihnachten sollte Erika zu Hause verleben, das wünschten sich ihre Eltern, und sie und auch Reni fanden das begreiflich. Dann würde sie wiederkommen und noch bis Ostern bleiben. So weit aber dachten die Mädel jetzt noch nicht. Sie dachten nur an Weihnachten und an die herzbeklemmend schöne Zeit bis dahin.

Im Heim gab es nicht nur eine Vorweihnachts-, sondern auch eine Voradventszeit. Die war der November, der selten schon richtigen Schnee bringt, und in dem man alle süßen, heimlichen Überraschungen für den ersten Advent herstellte, der das größte Fest im Heim war. Über Weihnachten blieben ja keine Heimkinder da. Für die Familie war natürlich Weihnachten der Höhepunkt, aber für das Heim galt der erste Advent als der größte Feiertag.

Schon vorher war es herrlich. Da gab es eine sogenannte „Heinzelzeit". Eines Abends rief Tante Mumme alle Kinder zusammen, aber auch die Tanten, die Hausmädchen, sogar Vater war dabei, es hätte nicht viel gefehlt, so hätte Reni in diesem Jahr auch die Ponys mitgebracht. Jeder mußte einen Bleistift mitbringen und bekam einen Zettel, auf den er seinen Namen schrieb. Erika ging mit der großen, glänzenden Nickelterrine herum und sammelte die zusammengefalteten Papiere dort hinein. Dann wurden diese tüchtig umgerührt, und nun mußten sich alle im Gänsemarsch aufstellen, kunterbunt, wie es gerade kam, und vorbeimarschieren. Dazu wurde gesungen: „Heute, Kinder, wird's was geben!", das erste Weihnachtslied, das offiziell erlaubt war. Im Vorbeigehen zog jeder ein Los heraus. Mitunter – allerdings sehr selten – kam es vor, daß man sich selbst, also seinen eigenen Namen, zog. Dann durfte man noch einmal ziehen, aber nur dann. Dessen Namen man gezogen hatte, nannte man sein „Heinzelkind".

Nun hatte man drei Tage Frist, sich etwas auszudenken, dann begann die Heinzelzeit. In der beschenkte man jeden Tag sein Heinzelkind mit irgendeiner Kleinigkeit, die nichts kosten durfte und die lustig war. Man sparte sich vielleicht heimlich, wenn man ein kleines dickes, verfressenes und rotbackiges Heinzelkind bekommen hatte, beim Abendessen zwei Stücke von der besonders beliebten roten Wurst ab, verpackte sie schön und machte ein Gedicht dazu:

„Leute, die leicht die Ernährung vergessen,
sollten mal endlich das Richtige essen."

Oder man bescherte seinem Heinzelkind, das sehr von seinem Verstand überzeugt war, einen kleinen, selbstgemachten Leuchter mit einem Licht.

Tante Mumme, die sehr schön heinzeln konnte, hatte einmal einem etwas vorlauten Heinzelkind ein Vorlegeschloß aus Schokolade geschenkt mit dem Vers:

„Ich wünsche dir ein großes Schloß.
Nicht auf dem Mond. Vorm Munde bloß."

Etwas übelnehmen gab es beim Heinzeln nicht. Reni ließ auch immer schon einige Wochen vorher ein paar andeutende Worte fallen, so daß die jeweiligen Heimkinder aufhorchten und sich einiges sparten, entweder hübsche Ansichtskarten, aus denen man etwas herstellen konnte, oder auch Süßigkeiten und ähnliches. Auch im Werkraum durfte man in der Heinzelzeit sein, und nie quietschten die Laubsägen so melodisch, stank es so großartig nach Leim und Farbe und wurde so eifrig geschafft wie in dieser Zeit. Es kamen auch mitunter ganz reizende Dinge zutage, die irgendein Heinzelmann ganz allein und selbständig gebastelt hatte. Am zweiten Advent machte man eine Heinzelausstellung. Die gelungensten Geschenke und Gedichte wurden aufgebaut, und alle durften sie angucken. Was ausgestellt wurde, bestimmte der Beschenkte, nicht der Hersteller. Auch dieser Tag war immer sehr lustig.

Am nettesten war es natürlich, wenn man eine beliebte Tante zog, etwa die Tante Thea, die Turntante, um deren Gunst sich alle stritten, oder auch Tante Mumme oder Mutter. Die Krone von allem war, den Doktor zu erwischen. Reni hatte dieses Glück noch nie gehabt und sich manchmal furchtbar geärgert, wenn irgendein Kind, das gar nicht so witzig und einfallsreich war, ihn bekam. Übrigens durfte nicht verraten werden, wer wessen Heinzelmann war. Man mußte die Schrift verstellen und alle Spuren verwischen, und für die Heinzelkinder wiederum war es Ehrensache, doch herauszubekommen, wer einen beschenkte. Da jeder gleichzeitig Heinzelmann und Heinzelkind war, gab das unendlich viele Anlässe zum Lachen und Hereinfallen.

Reni hatte außer im vergangenen Jahr jede Heinzelzeit im Heim erlebt, fand aber, daß jede spannender war als die jeweils vorhergehende. Sie wurde auch öfter von ratlosen Kindern, denen gar nichts einfiel, ins Vertrauen gezogen, hatte also niemals soviel zu tun und nachzudenken wie in dieser Zeit. Ach, es war eben doch die schönste, die seligste Zeit des Jahres! Im Sommer konnte man das manchmal gar nicht begreifen, wenn die Tage lang waren und man bei dem herrlichen Wetter abends gar nicht heimfand.

Nein, die fröhlichste, seligste Zeit blieb die Vorweihnachtszeit. Schon das Aufwachen früh, die Eisblumen am Fenster, das Warten auf den ersten Schnee! All dies waren ja nur Vorboten des wonnigsten Festes – Weihnachten!

Reni stand sich meist mit allen im Haus gut, mit den Tanten, den Mädchen in der Küche, den jeweiligen Heimkindern, soweit sie vernünftig und nett waren. Nur einen Menschen gab es im Heim, mit dem sie in einem dauernden, halb lustigen, halb ernsthaften Kriegszustand lebte, vor dem sie manchmal etwas Angst und auf den sie sehr oft eine ganz schöne Wut hatte, besonders seitdem sie die Ponys besaßen. Das war Gustav, das Faktotum, der Heizer, der Gärtner, der Autopfleger. Gustav, der Unentbehrliche, der alles tat, alles verstand, der verstopfte Ausgüsse heilte, ebenso durchgekrachte Bettstellen, kaputte Steckdosen und platte Autoschläuche. Gustav war eigentlich gelernter Schlosser, hier aber schon lange „Mädchen für alles", ein kinderlieber, gutmütiger Kerl, der gern aß, niemals trank oder rauchte, überall half und sich mit Kindern herumstritt. Deshalb war er so unzertrennlich vom Heim, er brauchte Kinder, viele Kinder um sich. Er selbst hatte nur eins, übrigens eine nette, sehr gut erzogene Heidi in Renis Alter, braun wie eine Haselnuß, die er manchmal mitbrachte. Sie wohnte bei seiner Frau in der Stadt, während er im Heim lebte, in einer kleinen Bude über dem Heizungskeller, die er sich sehr schön ausgestaltet hatte. Er konnte wunderbare schmiedeeiserne Dinge herstellen, manchmal durfte Reni dabei zusehen. Meistens aber, wie gesagt, herrschte Kriegszustand zwischen ihr und dem „Gusti".

So war es also ein Witz der Weltgeschichte und eigentlich gemein, daß ihr dieses Jahr beim Heinzeln folgendes passierte: Alle hätte sie ziehen mögen, als sie in die Terrine mit den Heinzellosen griff, wirklich alle. Kein Kind war diesmal dabei, das sie überhaupt nicht mochte, und die Tanten waren nett, die Hausmädchen lustig, ja, und einmal, ein einziges Mal hätte sie ja auch den „Onkel Doktor" ziehen können! Aber nein. Wer stand auf dem Zettel, der als letzter in der Terrine blieb? Gustav Jäkel! Sie entfaltete ihn und warf ihn voller Wut zurück. Nein, ausgerechnet!

Im Grunde mußte sie ja selbst lachen. Vor allem, als sie Erika ansah, die neben ihr stand und sie beobachtete.

„Nein, Reni, wie sahst du komisch aus! So was von Hoffnung und Enttäuschung! Hast du mich gezogen, daß du dich so ärgerst?"

„Noch schlimmer", versuchte Reni das Ganze ins Lustige zu ziehen. „Nein, wenn man tauschen dürfte, diesmal tauschte ich. Und ich darf es niemandem verraten, das ist das schlimmste dran!"

Es war natürlich verboten, über die Heinzellose zu sprechen, denn sonst kam es doch immer irgendwie heraus, wer wen gezogen hatte. Und nun ging also alles umher und grübelte. Im Wohnraum saßen Kinder, den Bleistift im Mund, die Augen in die Luft gerichtet, und warteten auf eine Eingebung von oben; Papiere knisterten, und in den Spinden wurden heimliche Ecken eingerichtet. Jeder hatte natürlich den Ehrgeiz, die allerschönsten Verse zusammenzukriegen, und wenn jemandem überhaupt nichts einfiel, dann erzählte ihm Reni ein paar lustige Dinge vom vorvorigen Jahr. Wie sie einmal ein Telegramm gefälscht hatten, auf einem richtigen Formular mit der Schreibmaschine aus dem Büro, einen Text darauf geschrieben und es durch einen Briefträger hatten bringen lassen. Wie das betreffende Kind aus allen Wolken fiel, daß es wegen einer langweiligen Tante, von der es oft erzählt hatte, sofort nach Hause kommen sollte. Das Ganze war ein Heidenspaß gewesen! Wenn man so etwas hörte, fiel einem gleich etwas Ähnliches ein, und mit roten Backen liefen die Kinder davon, um nun ihre Heinzelüberraschung zu starten.

Aber eine hatte dieses Jahr gar keinen Einfall, und das war Reni selbst. Sie hatte einfach keine Lust, sich etwas für Gusti auszudenken, für Gusti, der ihren geliebten kleinen Shetlandhengst als alten Esel bezeichnete. Immer wieder fing er damit an, sobald er sie sah. Er wollte ihn schlachten und Salami daraus machen, und er wäre verkrüppelt und dumm.

Reni fuchste das. So richtig anflachsen konnte man sein Heinzelkind ja nicht, es mußte alles freundlich bleiben. So ging sie umher und grübelte, genau wie die Heinzelneulinge, und wußte sich keinen Rat. Einmal traf sie dabei Gusti selbst. Sie hatte sich zu den Ponys geflüchtet, für die ein Teil des Schuppens oben am Hang als Unterschlupf eingerichtet worden war. Sie konnten da durch eine kleine Tür aus und ein gehen, wie es ihnen gefiel. Eigentlich können Shetlands das ganze Jahr über draußen sein, aber sie hatten beschlossen, ihnen doch wenigstens eine Gelegenheit des Unterkriechens zu bieten. Vorläufig waren die kleinen Gesellen immer draußen, so zeitig am Morgen man auch nachgucken kam, aber vielleicht gingen sie nachts erst in den Stall, wenn mal Schnee lag.

Reni hatte sich auf die Schwelle der Stalltür gesetzt und guckte sorgenvoll hinunter zum Heim, rechts und links den Grafen und die Gräfin kraulend und liebkosend, als Gusti zu ihr trat. Er hatte sie in den letzten Tagen gar nicht geärgert. Das fiel ihr erst jetzt auf. Auch heute streichelte er die Gräfin und klopfte ihr den Hals, ohne, wie sonst immer, sie zu schmähen.

Reni sah nicht auf. Sie tat, als sei Gusti gar nicht da, nachdem sie seinen Gruß erwidert hatte. Er aber begann ein Gespräch. Mit dem Wetter fing es an, daß nun bald Winter sei, und schließlich war er bei der Heinzelei. Und nach einigem Drucksen und Drumherumreden kam er endlich damit heraus: Sie könnte ihm einen Gefallen tun, einen ganz großen. Ob sie wollte?

„Das kann ich nicht so einfach versprechen", sagte Reni und streckte die Nase in die Luft. Natürlich durfte man sich Tips geben und helfen, aber Gusti mochte ruhig ein wenig betteln, fand sie.

Er saß mit düsterem Gesicht neben ihr. „Die Sache ist die", begann er umständlich, „du kennst doch meine Frau. Sie ist herzensgut und gönnt mir alles. Aber sie meint, ich würde zu dick. Immer wieder höre ich das. Und ich will ja auch weniger essen, nur ..."

„Nur?" fragte Reni nun doch. Er sah so komisch aus in seiner Bedrücktheit, die man sonst gar nicht an ihm kannte.

„Hör zu! Neulich hab' ich mal einem Bekannten einen Gefallen getan, und der hat mir dafür fünf Mark geschenkt. Und ich ess' doch für mein Leben gern Rollmöpse in Sahnesoße. Da reitet mich der Teufel, und ich kaufe für die ganzen fünf Mark eine riesengroße Dose. Siehst du, ich hätte Heidi etwas kaufen können oder meiner Frau, aber so ist der Mensch nun einmal. Und ich will sie ja auch beileibe nicht allein essen, keineswegs, wirklich nicht. Aber wenn meine Frau erfährt, daß ich so leichtsinnig war ... Siehst du, Reni, das Geld ist nun einmal ausgegeben. Aber zu erfahren brauchte es meine Frau doch nicht! Wenn ich wüßte, wer mich als Heinzelkind gezogen hat, dann würde ich ihm die Dose geben und ihn bitten – was ist denn, Reni?" fragte er und hielt inne.

Reni hatte zu lachen angefangen und lachte und lachte.

„Ihn bitten?" brachte sie endlich mühsam hervor.

„Daß er mir die Dose schenkt. Mit irgendeinem Gedicht – meinetwegen, daß ich noch nicht rund genug wäre." Reni war ganz außer sich vor Vergnügen.

„Wunderbar! Und was krieg' ich, wenn ich herausbringe, wer dich gezogen hat?" fragte sie mit glitzernden Augen.

„Was du willst! Du kannst dir wünschen, was du willst!"

„Hm." Reni sah vor sich hin. Sie fand es nett von Gusti, daß er die ersehnten Rollmöpse nicht heimlich und allein aufaß. Das hätte er hier in seiner Bude im Heim leicht gekonnt. Er war ein anständiger und guter Kerl, nur eben ein bißchen verfressen. Sie war entschlossen, ihm zu helfen ...

„Du müßtest mit demjenigen Kind, das dich gezogen hat, tauschen", sagte sie vorsichtig. „Das gibt's ja eigentlich nicht, aber ..."

„Vielleicht weiß aber dieses Kind dann nicht, was es schenken soll", sagte Gusti sorgenvoll. „Dir kann ich's ja sagen, Reni, ich hab' nämlich den Doktor ..." Er konnte nicht ausreden. Reni war wie der Blitz aufgestanden und dem dicken, gutherzigen Feind geradewegs an den Hals gesprungen.

„Den Doktor hast du? Vater? Und das sagst du jetzt erst?" Sie hopste und zappelte so, daß die Ponys die Köpfe hoben. Mühsam nahm sie sich zusammen.

„Gusti", sagte sie atemlos, „du wirst lachen, aber ich selber hab' dich als Heinzelkind! Wenn du mit mir tauschst, tu' ich dir jeden Gefallen! Ich mach' dir das schönste Gedicht zu deinen Rollmöpsen und schenk' dir noch was drauf. Aber Vater bekomm' ich als Heinzelkind, ja? Ich finde, wenn wir diesen Schmu machen, so schlimm ist das doch nicht! Ein einziges Mal möchte ich doch Vater haben! Oder findest du ..." Sie sah Gustis Gesicht und mußte lachen. Und dann rannte sie in ihrer Herzensfreude die Liegewiese hinunter, drehte sich ein paarmal um sich selber und fand sich schließlich vor dem Haus wieder und trällerte unentwegt vor sich hin, ohne zu wissen, was sie eigentlich sang:

„Vater hab' ich, Vater, Vater,
„Vater ist mein Heinzelkind!"

Sie wußte unendlich viel, was sie ihm schenken konnte. Lauter Dinge, die er brauchte, kleine, nette, lustige Sachen, zu denen ein Gedicht zu machen eine Kleinigkeit war.

Mutter, die in der Küche stand, hörte sie singen. Sie ließ die Hände sinken, stand einen Augenblick ganz still. Kam Reni herein zu ihr? Nein, sie ging vorbei. Mutter hörte ihre Stimme leiser werden und verklingen.

Vielleicht hatte Reni gar nicht gewußt, daß sie, Mutter, hier drin war. Vielleicht suchte sie sie überhaupt und ging deshalb vorbei. Mutter versuchte, sich das einzureden. Aber ihr Herz glaubte es nicht.

Reni und Erika hatten am Abend vor dem ersten Advent noch lange wach gelegen. So war es kein Wunder, daß sie am Morgen länger schliefen als geplant. Sie erwachten gleichzeitig von einem fernen Singen. Beide hielten den Atem an.

„Und Unsrer Lieben Frauen,
der traumete ein Traum ..."

Sie kannten das Lied, ein uraltes, im „Zupfgeigenhansl" stand es auch.

*„... daß unter ihrem Herzen
gewachsen war ein Baum.
Kyrieleison ..."*

Reni und Erika lagen ganz still. Es war etwas Unwirkliches in diesem Singen, das langsam näher kam. Das Zimmer war noch dämmrig, aber draußen herrschte eine seltsam fahle Helle. Reni machte Erika ein Zeichen, und dann huschten sie beide ans Fenster.

Schnee! Der erste Schnee – heute! Besser konnte es gar nicht passen. Er mußte über Nacht gefallen sein, jetzt schneite es nicht mehr. Dafür füllte ein ziemlich dichter Nebel den Hof, und durch diesen Nebel, in einen undeutlichen Lichtschein gehüllt, kam es näher.

Es mochten acht Mädchen von der Gruppe der Älteren sein. Sie trugen über den Skisachen lange weiße Nachthemden, und jede von ihnen hatte in den zusammengelegten Händen eine brennende Kerze. So kamen sie vom anderen Haus herübergezogen.

Das Singen klang näher, Reni und Erika hörten, wie es die Treppe heraufkam. Die Tür wurde ein wenig geöffnet, und durch den Spalt stellte jemand eine brennende Kerze ins Zimmer.

Reni und Erika waren längst wieder ins Bett geschlüpft und lagen ganz still. Der kleine Adventskranz, den sie gestern aufgehängt hatten, malte einen runden, zitternden Schatten an die Decke. Der Gesang draußen entfernte sich langsam. Sie wagten kaum zu atmen.

„Ist das hier immer so?" fragte endlich Erika, als es wieder still geworden war.

„Nein. Das erstemal. Wunderbar, nicht? Das wird sich Mutter ausgedacht haben."

Sie zogen sich schnell und leise an. Reni lief ins Wohnzimmer hinüber, wollte Mutter sagen, wie wunderschön es gewesen war – da stockte sie. Der Tisch war zum Frühstück gedeckt, weiß schimmerte das Tuch, und darauf lagen zwischen den Tassen Tannenzweige und Fäden von glitzerndem Lametta. In der Mitte aber auf dem großen, runden Tisch stand ein Rauschgoldengel, etwa zwei Hände groß, mit einem Rock aus gefaltetem Goldpapier, weißen, krausen Locken und schlanken Händen, die er auf der Brust zusammengelegt hielt. Sein Gesicht war aus Wachs, unirdisch schön, sanft und stolz zugleich, mit gesenkten Augenlidern, so sah er auf seine Hände herab. Reni stand ganz still.

Sie hatte noch nie etwas Ähnliches gesehen. Aber an irgend jemanden erinnerte das Gesicht des Engels, sie kam nur nicht darauf, an wen. Minutenlang stand sie versunken, bis Erika auch hereingelaufen kam. Da atmete Reni tief.

„Guck mal!"

„Oh!" Auch Erika stand staunend. Dann hörten die beiden Mädchen Schritte kommen. Vater, Mutter und Christian traten ein.

Es wurde kein lautes und lustiges Frühstück wie sonst an Heinzelsonntagen. Irgend etwas war feierlich heute und blieb es auch. Als sie aufstanden, fragte Reni scheu:

„Ist das unser Engel?" Mutter lächelte, während sie die Figur ansah. „Vater hat ihn mir geschenkt, gestern abend", sagte sie leise.

Am Abend, ehe sie einschlief, sie hatte schon das Licht ausgedreht, und Erika schlief bereits, wußte Reni plötzlich, wem das Gesicht des Engels ähnelte. Nicht, daß es genauso geformt war, aber der Ausdruck war der gleiche. Dieser Ausdruck tiefen Entrücktseins, stillster Demut. So sah Mutter manchmal aus, wenn sie ganz still saß und an ihr Kind unter ihrem Herzen dachte.

7. Kapitel

Der Schnee, der zum ersten Advent so pünktlich, wenn auch zunächst zart und schüchtern erschienen war, machte dann Ernst, und es wurde ein Winter, wie ihn auch Reni im geliebten Heim noch nie erlebt hatte.

Es schneite und schneite. Früh ging Gusti durch den Hof und schaufelte Gänge vom Eingang des einen Hauses zu dem des anderen. Die Ponys standen bis zum Bauch im Schnee, was ihnen aber nichts ausmachte, und Reni und Erika wünschten sich brennend einen Ponyschlitten. Den bekamen sie zu Weihnachten auch, weil er sowieso für das Gepäck der Heimkinder notwendig war. Er war dunkelrot gestrichen und ganz einfach. Gusti hatte ihn gebaut. Unten hinein warf man Stroh und ein paar heiße Ziegelsteine, damit man nicht so sehr an den Füßen fror, und dann ging es los. Die Ponys bekamen auch etwas zu Weihnachten von Reni: jedes eine kleine Messingglocke, unterm Kehlriemen zu tragen. Mit diesem „Bim-lim-lim" ging es nun durch den Schnee. Konnte man sich etwas Schöneres denken?

Auch im Januar blieb es kalt. Es stürmte um diese Zeit meist, dieses Jahr aber waren es gewaltige Schneestürme.

„Wenn die Tage langen – kommt der Winter gegangen", sagte Tante Mumme und strickte für Reni und Erika je einen „Seelenwärmer" aus Schafwolle, weil die Mädel ja doch nicht im Haus blieben. Die dachten natürlich nicht daran, in der Stube zu hocken, sondern trieben sich mit Skiern und Ponys draußen herum, daß die Schularbeiten ein bißchen zu kurz kamen. Aber Erika hatte nun endlich rote Backen, und dafür, meinte Vater, könnte man ein paar Dreien schon in Kauf nehmen. Reni war empört.

„Dreien? Drei ist *gut!* Du rechnest noch nach eurem veralteten Punktsystem."

„Freilich. Eine Drei ist heutzutage besser als zu unserer Zeit eine Eins mit einem goldenen Puppenwagen", sagte er und fuhr ihr über das Gesicht. Sie lachte ihn an, dann aber wurde ihr Gesicht ernst.

„Was gibt's, Vater?" fragte sie leise. Sie hatte ihn jetzt mitunter kaum gesehen, er kam unregelmäßig nach Hause und aß oft allein, und sie und Erika waren ja dauernd draußen. Sah er nicht schlecht aus, nach durchwachten Nächten, nach unausgesprochenen Sorgen?

„Ach ja, Reni", seufzte er. Das war seine unvergleichliche Art. Er ließ einen teilhaben, das war so wunderbar bei ihm.

„Mutter?" fragte Reni leise. Vater nickte. Er hatte Sorgen. Mutter ging es schlecht. Und dann, eines Nachts, wachte Reni von einem ständigen Hin und Her auf. Sie ließ Erika schlafen und setzte sich im Bett auf. Es griff ihr kalt ans Herz, als sie Vaters Stimme hörte. Er sprach mit Tante Mumme, sie verstand nicht, was. Sie wollte auch nicht horchen. Aber der Tonfall war so, daß sie die Hände krampfhaft faltete.

Lieber Gott, laß Mutter nichts passieren. Lieber Gott – begriff man denn immer erst, was man besessen hatte, wenn es einem genommen werden konnte? Reni wußte, daß es Mutter die ganze Zeit bis jetzt nicht gutgegangen war. Aber daß es ernst war, eine wirkliche Gefahr . . .

Nein, das durfte nicht sein. Das würde nicht sein. Sie freuten sich doch alle so sehr auf das Geschwisterchen, Christian und sie, und Erika genauso und Tante Mumme, ganz zu schweigen von Vater und Mutter selbst. Lieber Gott, laß nichts passieren!

Wieder einmal fühlte Reni mit einem bohrenden Schmerz, daß sie ihre Mutter nie genug geliebt hatte. Vater, ja, den liebte sie richtig, aber zwischen Mutter und ihr hatte immer etwas gestanden.

Draußen fuhr das Auto vor. Mußte Mutter ins Krankenhaus? Sie hatte daheim bleiben wollen in Vaters Obhut. Reni saß in sich zusammengekrochen und horchte.

Das war nicht Vaters Auto. Vaters Auto klang anders. Reni schlüpfte nun doch aus dem Bett und lief ans Fenster. Der Krankenwagen. Eben wurde die hintere Tür zugemacht. Der Fahrer ging um den Wagen herum und stieg ein. Brachten sie Mutter fort? Ja, aber fuhr denn nicht wenigstens Vater mit?

Doch. Eben kam er aus dem Haus, in Mantel und Hut. Reni fühlte gleichsam eine kleine Erleichterung, als sie ihn so sah. Er lief also nicht Hals über Kopf mit, sondern hatte sich Zeit genommen, sich anzuziehen. Vielleicht war es doch nur eine Vorsichtsmaßnahme. Reni, die jahrelang im Haushalt eines Arztes gewohnt hatte, hatte nicht die Vorstellung mancher Kinder, daß Krankenhaus etwas Entsetzliches bedeuten müsse.

Das alles sagte sie sich, während sie sich im Bett wieder zusammenrollte und versuchte, sich daran zu trösten. Schließlich schlief sie auch wieder ein. Als sie aufwachte, stand Tante Mumme an ihrem Bett. Erika saß in dem ihren drüben aufrecht mit einem weißen verstörten Gesicht. Das war Renis erste Wahrnehmung.

„Du, Reni, ich sagte es eben Erika. Du hast ein Brüderchen bekommen, ja, es ist winzig klein, eigentlich zu klein und zu schwach zum Leben. Vater rief an. Er sagte, wir dürften nicht sicher damit rechnen, daß wir es behalten können."

Reni sagte nichts. Das also war es. All der Trost, den sie sich nachts so mühsam zusammengesucht hatte, rann ihr aus den Händen. Ein Brüderchen, aber nicht lebensfähig. Großer Gott, und Mutter?

„Und Mutter?" fragte sie rasch. Tante Mumme sah sie nicht an.

„Mutter geht es auch schlecht. Sehr schlecht . . ."

Nein, weiter sagte sie nichts. Reni, die schon geglaubt hatte, jetzt käme das Schlimmste, wagte wieder zu atmen. Sie legte sich zurück und machte die Augen zu.

Mutter. Es war jetzt etwas über ein Jahr her, daß sie eine ähnliche Angst um Mutter ausgestanden hatte, damals, Silvester, als Mutter verunglückte. Damals hatte sie, Reni, sich die bittersten Vorwürfe gemacht, daß sie Mutter all die Zeit her nicht genug geliebt hatte, und sich vorgenommen, dies von nun an anders zu machen. Hatte sie das getan, hatte sie es fertiggebracht?

Sie wußte es nicht. Eins aber wußte sie: Damals war sie noch dumm und klein gewesen, ehe dieser Unfall geschah, hatte von Mutter genommen, was sie ihr gab, gedankenlos, kindlich-selbstsüchtig. Dann aber, als Vater mit ihr gesprochen hatte, dann hätte sie handeln müssen, anders, besser.

Sie hatte es versucht, immer wieder, wenn die Eifersucht in ihr hochquoll.

571

Sie wollte nun einmal Vaters Beste sein. Es war Eifersucht auf Christian und Erika, die sie doch im Grunde herzlich gern hatte, auf Mutter – eigentlich auf alle, zu denen Vater gut und freundlich war. Immer hatte sie versucht, dieses furchtbare Gefühl zu unterdrücken. Aber waren diese Versuche nicht mißlungen, so oft wenigstens? Immer wieder hatte es ihr einen Stich gegeben, wenn sie sah, wie Vater Mutter anlächelte, aber auch, wenn Mutter einmal einen Arm um Christians Schulter legte, oder wenn beide, Vater und Mutter, sich um Erika kümmerten. Eifersüchtig auf alle und jeden, und so oft häßlich und gedankenlos, so war sie gewesen. Eins aber fühlte sie jetzt deutlich und klar, und es war ihr in all ihrer Not und Angst ein Trost: Sie liebte Mutter doch. Nicht so wie Vater, aber doch auch sehr. Seit Mutter hier im Heim und Vaters Frau war, fühlte sie sich ihr näher. Ach, vielleicht lernte sie es doch noch, Mutter richtig zu lieben.

Denn sie wollte es gern, sie wollte es – sie hatte dieses ganze Jahr über gewollt. Vorher, als sie bei Niethammers war, da hatte sie nur gebockt und sich nach Vater und dem geliebten Heim zurückgesehnt, und sich geärgert, wenn Mutter keine Zeit für sie hatte. Seit dem Unfall aber hatte sie immer wieder versucht, Mutter zu lieben, von sich aus.

Und sie liebte sie auch, nicht erst jetzt, da die große Angst um sie ihr Herz zerdrücken wollte. Sie liebte sie auch sonst. Sie hatte Mutter geliebt, als sie mit Vater aus der Kirche kam, mit nassen Augen und einem lächelnden Mund, und wenn sie mit ihnen bei den Ponys war und ihnen Reitstunden gab, so frisch und vergnügt und so voller Liebe und Anteilnahme an den Pferden. Sie hatte sie dankbar und bewundernd geliebt, als Mutter die beiden Schwedenjungen so selbstverständlich und herzlich in die Familie aufnahm, und sie hatte ein stürmisches Gefühl heißer Zuneigung in sich gefühlt, als Mutter am Adventssonntag den Rauschgoldengel ansah. An diesem Morgen, als sie ganz still im Bett lag, verstand Reni, was mancher Mensch erst viel, viel später oder auch nie begreift: daß man einen Menschen wirklich lieben und ihm trotzdem manchmal weh tun kann. Sie vergaß das ihr ganzes Leben lang nicht.

Mit Vater, das war etwas anderes. Zwischen Vater und ihr gab es nichts, was irgendwie trennen konnte. Er hätte ihr das Schönste, beispielsweise die Ponys, wegnehmen können, und sie hätte ihn doch weitergeliebt. Geliebt in dem blinden, unerschütterlichen und grenzenlosen Vertrauen: Er meint es gut mit dir, was er auch tut. Heute, an diesem stillen und beklommenen Wintermorgen, wurde ihr klar, daß dies etwas Besonderes, etwas ganz Großes und Seltenes war, solch einen Vater zu haben.

Aber daß Vater so war, das machte Mutter nicht kleiner. Kein Kind ist immer und in jeder Lebenslage einer Meinung mit seiner Mutter. Man muß nur immer wieder, jeden Tag aufs neue, Anlauf nehmen, um besser und netter zu werden. Reni warf das Deckbett von sich und sprang mit beiden Beinen aus dem Bett, so schnell, daß Erika ordentlich zusammenfuhr.

„Was hast du denn?" fragte sie ängstlich.

„Mutter sagt immer, wir sollen früh schnell aus dem Bett springen, nicht erst ewig trödeln, ehe wir uns entschließen", sagte Reni eifrig, „Mutter sagt, die fünf Minuten, die man dadurch versäumt, holt man den ganzen Morgen nicht wieder ein."

Sie trat in die Hausschuhe, setzte sich dann aber noch einmal hin und zog sie hinten richtig über den Hacken. Auch das hatte Mutter ihr oft gesagt. „Ihr sollt nicht alle Hausschuhe niedertreten, ihr sollt euch die Mühe machen, ordentlich hineinzufahren!"

Hinüber ins Bad! Nach ein paar Minuten erschien auch Erika. Reni stand schon unter der spritzenden Brause. Sie drehte sich und zählte dabei langsam bis zehn. Meist machten sie jetzt, wo es kalt war, ein wenig Schmu und zählten ganz schnell, um fix in den Bademantel zu kommen. Nein, langsam! Acht – neun – zehn ...

„Hast du schon Kaffee getrunken? Nein? Aber Tante Mumme! Heute koche ich dir welchen", sagte Reni, als sie in die Küche kam und Tante Mumme dort fand, zusammengesunken am Tisch sitzend, die Hände im Schoß. „Du mußt doch was in den Magen bekommen! Sicher warst du die Nacht wach! – Oder hast du etwas Neues gehört?" setzte sie ganz schnell und leise hinzu, bebend vor Angst.

Gottlob, Tante Mumme schüttelte den Kopf.

„Du sollst sitzen bleiben, bitte, liebe Tante Mumme! Mutter hat gesagt ..."

Sonst hatte Reni meist Aussprüche von Vater im Mund. „Vater sagt ..." – „Vater will ..." – „Vater meint ..." Unwillkürlich und ohne es überhaupt zu wissen, sagte sie jetzt: „Mutter hat gesagt ..." Ach, und es tat so innig wohl, zu sehen, wie Tante Mumme ein wenig auflebte, als sie den Kaffeegeruch spürte. Wie sie sich die Augen trocknete und nach der Tasse griff. Inzwischen war auch Erika fertig geworden und in der Küche erschienen und machte ein paar Brote zurecht.

„Du ißt auch eins, Tante Mumme, nicht wahr? Komm hier, ein ganz dünnes, das rutscht schon. Essen und gar nichts sagen, hörst du?" Das war wieder ein Ausspruch von Vater. Tante Mumme lächelte.

Das war ein großer Sieg. Reni fühlte es, und ein merkwürdig bittersüßes Glück regte sich in ihr. Sie war das Kind von beiden, beinahe wie das kleine Brüderchen, das heute nacht geboren war. Das war das richtige Kind von Mutter und Vater. Bei ihr und Christian war es anders; aber sie, die ihre ganze Kindheit bei Vater gelebt hatte, war eben auch sein Kind geworden, so sehr, daß sie in seinen Redewendungen sprach, ja sich sogar oft ganz so bewegte wie er. Manche Besucher, die nicht wußten, daß Vater und Mutter erst voriges Jahr geheiratet hatten, sagten: „Nein, wie Ihre Tochter Ihnen ähnlich ist!" Beiden gehörte sie, und beide liebte sie. Sie fühlte es so deutlich, und es half ihr, diesen schrecklichen und angstvollen Sonntag zu überstehen, nicht nur sich selbst, sondern auch den anderen zu helfen. Sie tat es, sie half. Als Vater am Abend heimkam, erzählte Tante Mumme es ihm und lobte Reni über den grünen Klee.

„Ich weiß nicht, was ich ohne das Kind gemacht hätte", sagte sie immer wieder. „Paul, sie ist wirklich ein lieber, wackerer Kerl mit einem goldenen Herzen!"

Mutter ging es ein klein wenig besser. Wenn nichts dazukam – das mußte man natürlich hoffen –, konnte es sein, daß sie sich ganz, ganz langsam wieder erholte. Freilich, über den Berg würde sie noch lange nicht sein.

„Und das Brüderchen?" Reni hatte nicht gefragt, Erika fragte es. Es war, als könnte sie das besser, Reni wußte nur eines: Wenn es nicht am Leben blieb, Vater hatte Christian und sie. Sie stand neben Vater, als Erika fragte, und drückte wie zufällig ihre Schulter an seinen Arm. Er spürte es.

„Wir haben es in Watte gepackt und in den Lichtkasten gelegt, Schwester Agathe sitzt bei ihm", sagte er. „Sie bleibt die ganze Nacht dabei, hat sie gesagt. Sie war so rührend, ich konnte gar nichts ausrichten."

Er lächelte und nahm gleich darauf die Brille ab, um sie zu putzen. Reni sagte nichts. Aber soviel wußte sie: Es lebte noch. Und wo Leben ist, ist Hoffnung, sagte Vater immer.

An diese Hoffnung hielt sie sich, mit ihr ging sie schlafen und stand sie am Morgen wieder auf. Am liebsten wäre sie nicht in die Schule gegangen, um bei Tante Mumme zu sein, aber Vater sagte, jeder müßte auf seinem Posten bleiben. So fügte Reni sich. Am Nachmittag aber lief sie nur rasch zu den Ponys, versorgte sie eilig und war dann wieder bei Tante Mumme, denn die, das spürte Reni, brauchte jetzt jemanden, der ihr beistand. Tante Mumme hatte Mutter sehr liebgewonnen, und Tante Mumme war nicht mehr jung und nicht gesund. Aufregungen und Sorgen schlugen bei ihr immer sofort aufs Herz.

Es waren angstvolle Tage, schwere, kaum zu überstehende Abende und Nächte, in denen man immer wieder aufwachte, die Hände faltete und vor den Mund preßte und mit geschlossenen Augen und Lippen betete, bat, flehte: Hilf, hilf, lieber Gott! Es waren schreckliche Morgen, an denen man sich schüchtern und in bebender Angst ins Wohnzimmer schob und kaum einen Blick nach Vater oder Tante Mumme zu werfen traute: Wußten sie mehr? Würden sie jetzt sagen ...

Ach, alles hatten sie sich so anders vorgestellt! Blumen und Telegramme, fröhliche Besuche an Mutters Bett und die Aussicht auf ein wunderschönes Fest: eine Taufe. Jetzt trauten sie sich nicht einmal zu fragen, wie das Brüderchen denn heißen würde, wenn es am Leben blieb.

Sie hatten sich vorher oft vergnügt und in aller Eintracht gestritten und gekabbelt. Erika wollte Pate sein, obwohl sie noch nicht konfirmiert war. Aber sie hatte so lange gebettelt, bis Vater ihr versprach, sie könnte wenigstens „Zumpelpate" sein, wie man in seiner Heimat sagte. Das klang ja nicht gerade verlockend, und Erika fragte ein bißchen pikiert, was das denn wäre.

„Zumpelpate ist ein feinerer Ausdruck für Freßgevatter. Man geht in der Kirche nur hinterher, aber mitfeiern darf man dann", sagte Vater tröstend und lachte laut über ihr Gesicht. Erika hatte eigentlich ein Mädchen haben wollen, das sollte Andrea heißen. Immerhin hätte sie nun auf Andreas bestehen können.

Reni hatte einen Jungen gewollt, der sollte Dietrich getauft werden. Sie liebte in der Sage keinen so sehr wie Dietrich von Bern. Vater hatte immer nur den Kopf geschüttelt.

Dies alles war nun, so kam es Reni vor, lange her und eigentlich gar nicht mehr wahr. Als ob man es nur gelesen oder im Film gesehen hatte. Daß Mutter hier unter ihnen umhergegangen und mit ihnen auf das Kind gewartet hatte, trotz ihrer damaligen Schwäche glücklich und froh – wie fern war das jetzt!

In einer Nacht wachte Reni auf. Es war so unheimlich still um sie, Erika schlief, und auch von drüben, von Tante Mummes Stube her, hörte man nichts. Sonst knirschte manchmal die Matratze, wenn Tante Mumme sich umdrehte, oder sie war sowieso noch wach, saß in ihrem Stuhl und häkelte, weil sie doch nicht schlafen konnte. Heute aber war es still, ganz still.

Reni rührte sich nicht. Sie lag noch so, wie sie eingeschlafen war, die zusammengepreßten Hände unter dem Kinn. Sie hatte geträumt, etwas ganz Starkes, Eindringliches. Die Erinnerung war noch in ihr, aber sie mußte erst die Gedanken richtig ordnen.

Etwas Strahlendes war dagewesen, überwältigend hell, golden und silbern und mit einem seltsamen, sanften, aus sich selbst kommenden Licht, das, so hell es war, nicht blendete. Jetzt wußte sie es wieder: Es war das Gesicht des Rauschgoldengels, aber groß, so groß wie das eines Menschen oder sogar noch größer. Wundervoll hatte es ausgesehen, demütig und stolz zugleich, aber seine Augen waren nicht niedergeschlagen wie die des wirklichen Rauschgoldengels, sondern voll aufgetan, und hatten sie angesehen.

Es waren goldene Augen gewesen, klar und durchsichtig, aber trotzdem golden. Reni hatte hineingesehen, und da hatte der Engel ein wenig gelächelt. Ganz wenig, nur so, wie wenn einem eine Flaumfeder an der Wange entlangstreicht, kaum wahrnehmbar, aber sanft. Und dann war Reni aufgewacht.

Sie lag ganz still. Zum erstenmal, seit Mutter im Krankenhaus war, hatte sie keine Angst mehr. Es war nicht so, daß sie sich einredete, dieser Traum bedeute, daß Mutter nun gesund würde. Soweit mochte sie gar nicht denken. Es wäre ihr wie eine Entweihung erschienen. Aber die Gewißheit war in ihr: Wie es kommt, ist es gut. Mutters Engel ist da, ob er sie nun still an der Hand und mit sich nehmen oder seine Flügel über sie breiten würde, damit sie weiter bei ihnen bliebe – er ist da.

Reni lag und lächelte und schlief wieder ein, ganz still und wie von irgend etwas ganz Großem, Starkem und trotzdem Zartem behutsam weggetragen.

Sie wachte auf, später als sonst, es war wiederum ein Sonntag, der dritte, seit Mutter im Krankenhaus war. Erikas Bett war leer. Reni lief zum Duschen. Als sie im Bademantel, noch tropfend, wieder herauskam, rannte sie gegen Vater, der im Flur stand.

„Vater? Guten Morgen!"

„Guten Morgen, Reni. Na endlich! Ich suchte dich im Bett, da warst du nicht. Und jetzt ..." Sein Gesicht war anders als all die letzten Tage. Und seine Augen hinter der Brille lachten. Wahrhaftig, sie lachten! Reni sah es und warf sich an seinen Hals.

„Vater!"

„Ja, Reni. Besser. Etwas besser. Beiden. Der Junge hat heute morgen das erstemal richtig getrunken, ordentlich, nicht nur das, was wir ihm mit der Pipette einträufelten, kaum heruntergeschluckt. Und da konnte Mutter nicht widerstehen und hat mich angesehen und ein bißchen gelacht. Und als ich ihr sagte, nun müßte sie sich aber gefälligst an ihrem Sohn ein Beispiel nehmen und auch etwas essen, da hat sie genickt. Und dann wahrhaftig auch ein wenig zu sich genommen. Reni, wenn das nichts Gutes bedeutet!"

„Meinst du, Vater?" Reni hatte noch immer die Arme um seinen Hals liegen. Sie nahm das Gesicht von seiner Brust, wo sie es erst hingepreßt hatte, bog den Kopf zurück und sah ihn an. Er nickte. Seine Augen waren naß, aber er lächelte dabei.

„Wie groß du geworden bist in der letzten Zeit", sagte er dann leise und staunend. „Ich habe, glaube ich, das ganze Leben um mich her vergessen gehabt. Auf einmal hat man eine erwachsene Tochter im Arm."

„Ach, Vater." Reni schmiegte den Kopf wieder an ihn, daß er ihr Gesicht nicht sehen konnte. Sie war rot geworden. „Aber du hast ja nun noch einen kleinen Sohn."

„Ach ja. Ach, Reni, ja, heute glaube ich wirklich, daß wir ihn werden behalten können. Es sieht so aus. Besser, Reni, besser!" wiederholte er noch einmal, als könnte er es selbst erst glauben, wenn er es sich immer wieder vorsagte. „Komm, du mußt jetzt frühstücken. Und wenn du versprichst, ganz, ganz brav ..."

„Und leise zu sein", fiel Reni stürmisch ein, „dann darf ich – dann dürfen wir ..."

„Wer sagt denn das?" fragte Vater lachend zurück. Aber Reni kannte ihn gut genug.

„Du! Du! Vater, wirklich, dürfen wir? Sie sehen, beide?"

„Aber höchstens durch den Türspalt. Und nur einen Augenblick! Verstehst du?"

„Aber Vater, natürlich versteh' ich das. Ich bin doch erwachsen, ganz schrecklich erwachsen, du hast es vorhin gesagt. Erwachsen, vernünftig und still und brav!"

Sie ließ ihn los und rannte in ihr Zimmer, wirbelte dabei, ehe sie hineinschlüpfte, erst noch einmal um sich selbst, so daß sie mit einem gewaltigen Krach wacklig und schwindlig an die Tür anplumpste.

„Erwachsen. Vernünftig. Still und brav!" sagte der Doktor vor sich hin, während er sich umwandte, um inzwischen ins Wohnzimmer zu gehen. „Das ist wohl ein bißchen übertrieben, aber lieb ist sie, und wacker hat sie sich gehalten, wahrhaftig!"

8. Kapitel

Reni stand im Schuppen und mühte sich, dem kleinen Hengst die Trense ins Maul zu bringen. Er war so widerspenstig, viel hätte nicht gefehlt, da hätte sie ihn geohrfeigt. Natürlich tat man das nicht, aber sie verspürte die größte Lust dazu.

Seit gestern waren Pfingstferien, und heute sollte Erika kommen. Sie wohnte seit Ostern wieder bei ihren Eltern, aber in den allerersten Ferien hatte sie versprochen, wieder herzukommen. Reni freute sich schrecklich auf sie, zumal das Fohlen ja nun da war.

Sie hatte davon noch nichts geschrieben.

Reni mußte ihr kleines Pferd schnell noch einmal loslassen und zu ihrem jüngsten Pferdekind hinlaufen. „Prinz" wollte sie ihn nennen. Er stand da und sah ihr entgegen, das Schnäuzchen gehoben, fragend und voller Erwartung. Reni streichelte ihn und murmelte mehrere Dutzend verrückte Kosenamen in sein Fell hinein, in das sie ihr Gesicht drückte. Dabei fiel ihr nicht auf, daß es mitunter dieselben waren, mit denen das Brüderchen angesprochen wurde, und zwar von der ganzen Familie.

Brüderchen hatte eine Riesenauswahl an Namen, so daß man vergessen konnte, wie es wirklich hieß. Manche aber paßten genauso auf Prinz. Dummerle und Muckelhans und Süßer und Goldfloh. Täglich kamen neue dazu.

Er war jetzt schon über ein Vierteljahr alt, der kleine Junge. Zart und schmächtig war er noch immer, aber seit es so warm geworden war und er immer draußen stand, hatte er die schönsten Farben, und es gab wohl keine Familie, die ihren Jüngsten so stolz und verliebt und beglückt liebte wie Renis. Was würde Erika zu ihrem Patensohn sagen? Getauft hatten sie ihn Ostern, und es war wunderschön gewesen.

„So, nun mußt du aber nachgeben, Graf", sagte Reni und griff dem kleinen Hengst in die Mähne, als er sich davonmachen wollte. Er hatte das Kopfstück gesehen, mit dem sie auf ihn zukam.

„Denkst du, das geht immer so weiter, nur grasen und weiden und überhaupt nichts tun? Wir wollen doch Erika abholen, altes Haus, du!"

Gusti hatte ihnen einen neuen Wagen gebaut. Reni war noch immer sehr beschämt darüber. Wieviel hatten sie Gusti geärgert und geneckt, und nun bekamen sie von ihm solch einen wunderschönen Dogcart.

„Für die Zeit, in der die Stute nicht mitziehen kann", hatte Gusti erklärt, „da müßt ihr doch auch fahren können."

Der Wagen hatte viel Mühe gekostet, vor allem die Deichsel. Eine richtige Schere für einen Dogcart, das ist so eine Sache. Aber nun war er wunderschön geworden, ganz leicht; zwei Motorrad-Räder an einer Achse, darüber ein Doppelsitz. Gerade Erika und Reni hatten Platz darauf, wenn sie eng nebeneinander saßen. Dahinter allerdings war ein zusammenklappbarer Gepäckhalter angebracht, damit der Dogcart nicht nur für „Jux und Dollerei" genommen werden würde, so hatte Vater bestimmt.

Der Wagen war schnell und unglaublich leicht. Wenn man darauf saß, die Füße vorgestemmt, kam man sich vor wie auf einem französischen Traberkarren. Und der Graf lief, wenn man ihn richtig im Zügel hatte, großartig. Es war, als machte es ihm selbst Spaß, mit diesem Spielzeugwagen abzubrausen wie die Feuerwehr.

Reni wollte Erika heute damit abholen. Sie hatte jetzt die Trense drin und zog den kleinen Hengst hinter sich her. Er sperrte sich und wollte nicht. Prinz kam gehoppelt, er hatte so eine niedliche Art zu springen. Mitten im gleichmäßigen Galopp feuerte er auf einmal mit einem Hinterbein aus, nach oben, das sah unglaublich komisch aus. Sofort setzte sich auch die Gräfin in Trab und kam ihrem Sohn nach.

Der Prinz war übrigens auch ein Scheckpony. Er war vorwiegend schwarz, hatte aber einen weißen Hals, und die Kruppe war links weiß, außerdem das eine Ohr. Das gab ihm ein ausgesprochen keckes und lustiges Aussehen, so, als trüge er ein schiefgesetztes Käppchen. Kein Wunder, daß alle in ihn verliebt waren!

Reni war froh, daß über Pfingsten das Heim leer war, jedenfalls bis auf drei Kinder, die noch geblieben waren. Wenn das Haus voll war, machten ihr die Heimkinder die Ponys ganz närrisch, behauptete sie immer. Dabei waren die kleinen Pferde natürlich auch für die Heimkinder da, das sagte sie sich immer wieder seufzend. Aber gerade Prinz sollte doch um nichts in der Welt verdorben oder verschreckt werden. Auf ihm sollte Brüderchen reiten lernen. Er würde schon mit zwei Jahren aufs Pferd müssen, ob er wollte oder nicht.

„Reni!" Das war Mutters Stimme. Reni hatte ihr Pferd gerade fertig eingespannt und sah auf. Mutter kam über den Hof gelaufen. Natürlich hinkte Mutter noch immer, das würde sie nie verlieren. Aber sie verstand es bereits, es sehr gut zu verbergen. Sie trug heute – Reni ahnte nicht, warum – ihre alte, beigefarbene Reithose und ein helles, am Hals offenes Hemd. Eigentlich sah sie aus wie ein großer Junge mit einem weichen, geliebten Gesicht.

„Mutter!" sagte Reni halblaut. Ihr war so merkwürdig zumute. Auf einmal wußte sie, weshalb: Sie liebte Mutter jetzt wirklich. Sie liebte sie, wie man eine Mutter nur lieben kann, mehr als die Ponys, mehr als alles, was sonst in ihrem Herzen wohnte. Sie liebte Mutter – ebenso wie Vater und das Brüderchen, jedenfalls ebensosehr. Mit einem plötzlichen Entschluß nahm sie die Mutter um den Hals und merkte dabei, daß sie nicht mehr viel kleiner war als die zierliche Frau.

„Na, was ist denn?" fragte Mutter erstaunt.

Reni war schrecklich verlegen, aber sie hielt sie noch immer fest. „Du zerquetschst mich ja!" sagte die Mutter lachend.

„Mutter." Reni wußte im Augenblick nicht, was sie ihr Gutes antun könnte. Man konnte doch nicht einfach sagen: „Ich hab' dich so schrecklich lieb." Dann aber fiel ihr etwas ein.

„Mutter, fahr du Erika abholen! Ja, bitte, tu es! Du bist ja auch für den Dogcart angezogen!"

Mutter war sehr erstaunt.

„Ja hast du denn selbst keine Lust dazu, Reni?"

„Doch. Natürlich. Das heißt, nein, Mutter. Es ist viel, viel schöner für mich, wenn du fährst." Es war so schwer auszudrücken, was sie meinte. „Mir schmeckt's besser, wenn du es ißt", hatte Tante Mumme einmal gesagt, als sie Reni ein besonders schönes Stück Torte, das sie selbst geschenkt bekommen hatte, zuschob. Aber so was konnte man doch nicht über eine Ponyfahrt sagen. So bat sie nun noch einmal: „Bitte, Mutter, tu mir den Gefallen!"

Die Mutter löste sanft Renis Arme von ihrem Hals. Sie lächelte. An sich hatte sie große Lust, mit dem kleinen Wagen und dem schönen Hengst durch die Stadt zu flitzen, bei diesem Wetter und so frisch und gesund, wie sie sich endlich wieder fühlte. Aber Reni hatte sich eben doch auch darauf gefreut!

Sie sah ihre Tochter an. Einen Augenblick standen sie so, ohne ein Wort zu sprechen, beide den gleichen Ausdruck zärtlicher, wenn auch verborgener Liebe in den Augen. Sie genierten sich ja beide, das auszusprechen, was sie meinten.

„Gut, Reni, ich fahre", sagte Mutter dann ganz schnell. Sie gab Reni keinen Kuß und sagte auch nicht: „Das war lieb ausgedacht von dir" oder so etwas. Sie sagte: „Ich fahre!" Und man wußte, daß sie es verstand. Genau wie Vater!

„Dann mußt du aber nach Brüderchen sehen, hörst du? Gebadet ist er, aber ich weiß noch nicht, ob er schläft", sagte sie noch, ehe sie aufstieg. Reni reichte ihr die Zügel.

„Natürlich! Ich geh' gleich zu ihm. Und ich sag' auch Tante Mumme, wo du bist. Du kannst ganz beruhigt sein."

Mutter nahm die Zügel auf und hob

grüßend die Peitsche. In ihren Augen blitzte es auf, als Graf antrabte – aus dem Stand heraus. Es ging hier bergab, sehr schnell durfte man nicht losbrausen.

Reni lief bis zur Ausfahrt mit. Dort blieb sie stehen, die Hand über den Augen, und sah dem kleinen Gefährt nach. Sie hatte sich wirklich auf diese Fahrt sehr gefreut, aber es reute sie nicht. Unten nahm Mutter die Kurve, und dann jagte der Graf los. Wahrhaftig, fahren konnte Mutter, das durfte man wohl behaupten!

„Du strahlst ja so. Was ist denn mit dir los?" fragte Christian, der ums Haus geschlendert kam. Reni gab ihm einen Schubs und rannte dann davon, lachend und so schnell, daß er sie wirklich nicht erwischte. Sonst war er schneller als sie.

„Verrücktes Balg. Einen so ohne Grund ...", murmelte er, als sie ihm entkommen war.

„Du kannst doch auch den Hengst reiten", sagte Reni am Nachmittag, als sie sich das Wichtigste mit Erika erzählt hatte. Jetzt lagen sie, erschöpft von ihrer Redeschlacht, auf dem Bauch am Hang, die Sonne über sich, glücklich und faul.

„Auf die Gräfin dürfen wir jetzt nicht, aber du kannst ruhig auch mal den Hengst reiten."

„Ach ..." Erika war gar nicht so erpicht darauf. „Reite du ihn nur. Ich passe inzwischen auf Brüderchen auf."

„Auf Brüderchen? Als ob der Dummheiten macht!" sagte Reni und lachte. „Nein, hier wird nicht gekniffen, nicht wahr, Brüderchen? Du krabbelst noch nicht raus!"

Sie hatten den Korb mit dem Kleinen mit heraufgeschleppt und ihn sorgsam so gestellt, daß der Junge Schatten auf dem Gesicht hatte, ansonsten aber Sonne bekam. Er fing schon an zu greifen und kaute glücklich und hingegeben an der Klapper, die Tante Erika ihm mitgebracht hatte. Auf die „Tante" legte sie großen Wert. Reni wollte sich darüber totlachen.

„Wenn man Pate ist, ist man doch noch lange nicht Tante!" behauptete sie. „So, und jetzt wird geritten, liebe Tante. Komm, ich geb' dir Reitstunde."

Erika gab nach und stand auf. Sie gingen ein Stück den Hang hinauf, wo es vor dem alten Schuppen, der jetzt bei allen der „Schwedenschuppen" hieß, eben war. Dort konnte man im Kreis reiten, „auf dem Zirkel", wie der Reiter sagt, und dort mußte nun Erika ihre halbvergessenen Künste auffrischen. Reni stand in der Mitte und kommandierte sie und hatte eine Peitsche in der Hand, mit der sie aber nur knallte, nie schlug.

„Aber Erika, der Sitz, der Sitz! Hast du denn alles vergessen?" fragte sie vorwurfsvoll. „Ran die Beine und hinten runtergesetzt! So, und nun: im Arbeitstempo Trab!"

Der Graf war jetzt gut zugeritten und reagierte auf Hilfen sehr ordentlich. Erika merkte es und bekam wieder Lust am Reiten. Sie hatte ja bei Mutter auch Stunden gehabt.

„Du machst es sehr gut, ich meine: einem etwas klarmachen, was man falsch anfängt", sagte sie, als sie abgesprungen war und den kleinen Hengst klopfte und streichelte.

„Ach du!" sagte Reni. „Aber vielleicht erinnert man sich eher an all die Fehler, wenn man noch nicht lange reitet. Später ist dann alles selbstverständlich. So, wie Christian einem beim Skilaufen alles so prima erklären kann."

„Wer? Ich? Wer spricht hier von mir? Und noch dazu lobend?" fragte es in diesem Augenblick. Die Mädchen lachten. Christian war herangekommen, barfuß in der Sporthose, sie hatten ihn nicht gehört.

„Denk mal an! Ausnahmsweise hört der Lauscher an der Wand mal keine Schand", sagte Reni. „Ich meinte nur, du hast mir diesen Winter einmal etwas Richtiges gesagt. Beim Temposchwung-Üben. Mit einem Schlage war mir das Ganze klar, und ich konnte es. Das hast du vielleicht nur so erklären können, weil du es auch gerade erst gelernt hattest."

„Sicher. Und wie kamt ihr jetzt gerade aufs Skilaufen?"

„Durch das Reiten. Ich habe eben Erika reiten lassen."

„Ach richtig! Deshalb komme ich nämlich. Die hoffnungsvollen Knospen", so nannte Vater meist die drei Heimkinder, die außer der Familie noch hier waren, „haben Beschwerde über dich eingereicht. Soeben, bei Tante Mumme. Sie dürften nie auf die Pferde. In dem Stil ungefähr."

„Ach! Hans ist überhaupt zu groß für die Ponys. Und Eberhard – und Renate ..."

„Sind nicht zu groß und haben recht, wenn sie auch reiten wollen. Reni, wenn du in einem Heim wärst, und dort gäbe es Shetlandponys, die sogar auf der Werbeschrift abgebildet sind ..."

„Ich weiß, ich weiß! Ich kann es schon singen!" schrie Reni und hielt sich die Ohren zu. Christian schüttelte den Kopf. Nach einer Weile, als Reni wieder zuhörte, sagte er nachdenklich:

„Eigentlich versteh' ich dich nicht ganz, Reni. Freilich, am liebsten reitet man selbst, aber das kannst du doch nicht den ganzen Tag. Ich finde, genau wie Erika, daß du anderen gut etwas beibringen kannst. Klarmachen, auf den richtigen Dreh bringen – man nennt das wohl ‚pädagogische Fähigkeiten'. Vielleicht wirst du mal Lehrerin!"

„Hör auf! So eine wie Fräulein Sonneson vielleicht? Mit Brille und Perlbeutelchen!"

„Quatsch. Es gibt sehr nette junge Lehrerinnen. Denk an Fräulein Plathner!" Ja, da hatte er recht. Das war eine Pfundslehrerin aus Renis Schule.

„Und die Tante Thea!"

„Ja, die ist aber Turnlehrerin!"

„Das ist aber doch auch eine Lehrerin!"

„Ich will aber nicht! Ich will später reiten, richtig reiten lernen auf großen Pferden."

„Und Turniere gewinnen. Und in den Illustrierten stehen! Nicht wahr?" spottete Christian. „Nein, Reni, das ist doch kein Lebensplan! Ich finde, dazu bist du schon zu groß, um dir so was einzureden. Heutzutage, wo die Pferde sozusagen aussterben oder nur noch als Luxusgegenstände gehalten werden!"

„Ach ja." Reni hatte den Kopf gesenkt.

Er hatte recht. Wie viele Menschen gab es wohl noch, die die wirkliche Liebe zum Pferd hatten! Zum Auto, ja. Ach, was bedeutete wohl ein Auto gegen ein lebendiges, geschmeidiges, kluges und geliebtes Pferd! Zehn würde sie für eins geben!

„Aber vielleicht kann man später einmal Ponys züchten?" sagte sie jetzt schüchtern.

„Und davon leben? Kaum, Reni. Immerhin ..." In diesem Augenblick schrie Erika so laut, daß sie nie erfuhren, was bei Christian „immerhin" denkbar wäre. Sie deutete den Hang hinunter. Die anderen guckten.

„Was ist denn?"

„Der Prinz!"

„Na, wenn schon! Die schließen eben Bekanntschaft miteinander", sagte Reni und drehte sich wieder auf den Bauch. Sie hatte gesehen, wie Prinz vor Brüderchens Körbchen stand und hineinschnupperte. Prinz hatte eine so weiche Nase und tat Brüderchen bestimmt nicht weh. Sie lachte über Erikas Angst. Erika aber hatte bessere Augen. Sie sprang auf und lief hinunter. Und dann hielt sie etwas hoch und schrie wieder, aber dabei lachte sie so, daß die anderen nichts verstanden. So mußten sie sich also bequemen und auch hinuntergehen.

Brüderchens Decke schien dem Prinz, gefallen zu haben. Es war die leichte, gehäkelte Wolldecke, die der Kleine über den Beinen gehabt hatte. Prinz hatte sie angeknabbert, wie alles, was faserig war und in seine Reichweite kam. Sie mußte ihm sehr geschmeckt haben, jedenfalls hatte er ein großes Stück aus der Mitte buchstäblich aufgefressen. Das andere hatte er nur zerkaut. Immerhin, das Ganze war ein Anblick zum Erbarmen und höchst betrüblich.

„Der Rest ist nicht mehr zu gebrauchen", sagte Christian trocken. „Was wird Tante Mumme sagen! Sie war doch so stolz auf ihr Taufgeschenk!"

Ja, du lieber Himmel! Das würde einen schönen Krach geben! Reni zog den Kopf ein. Sie jagten Prinz und schimpften mit ihm, aber der hatte in seinem jungen Leben noch keinen Schlag bekommen, so daß er nun dachte, die drohenden Armbewegungen der Mädel wären die Aufforderungen zu neuen Spielen und ihr Schreien eben ein vergnügtes Anfeuern. Fröhlich hob er sich auf die Hinterbeine und hakelte mit den Vorderhufen in der Luft herum. Das sah so drollig und hübsch aus, daß sogar Christian, der doch sonst nicht so leicht aus der Ruhe kam, den Hang hinunterschoß wie eine Rakete, um seinen Fotoapparat zu holen. So mußten sie Prinz einmal aufs Bild bekommen, das wäre wunderbar! Und damit verbrachten sie den restlichen Vormittag. Prinz machte nämlich nicht auf Befehl Männchen, sosehr sich die Mädchen auch mühten, ihn dazu anzufeuern. Besonders Reni war unermüdlich. Sie machte es ihm vor, sie krabbelte ihn unterm Kinn, sie hopste vor ihm auf und ab und versuchte schließlich, ihn an den Vorderbeinen zu erwischen und hochzuheben. Meist endete es damit, daß sie sich beide am Hang kugelten, Reni außer sich vor Lachen und die anderen schimpfend: „Jetzt wäre es beinahe gegangen!"

Als Tante Mumme zum Mittagessen rief, fiel ihnen erst wieder die zerstörte Decke ein.

„Na, nun setzt es was", sagte Reni und wischte sich mit dem Unterarm über das erhitzte Gesicht. „Los, Christian, faß an, sonst frißt der Kerl noch die Kissen auf, während wir essen."

Sie trugen den Korb mit dem Brüderchen hinunter, und dann hieß es also beichten. Tante Mumme war wirklich sehr böse. Sie hatte viele Wochen an der Decke gehäkelt, gerade damals, als es Mutter so schlechtging.

„Dann ist es doch gut, daß die Decke ein ehrenvolles Ende nahm", versuchte Vater zu trösten. „Du häkelst eben jetzt eine Freudendecke."

„Ich? Ich denke nicht dran. Das kann Reni tun", sagte Tante Mumme ärgerlich. Reni zog den Kopf ein. Eine Decke häkeln?

Wenn ihr jemand gesagt hätte, sie müßte zur Strafe die Liegewiese mähen – und die war breit, außerdem auch noch ansteigend, also nicht sehr bequem zum Schneiden –, dann hätte sie das nicht so getroffen wie dies. Häkeln! Schon Stricken fand sie gräßlich, wenn es nicht sehr hübsche und möglichst dicke Wolle war. Häkeln – sie hatte als Kind immer gedacht, das käme von „Ekeln". Gefühlsmäßig fand sie das heute noch.

Aber es half nichts. Tante Mumme verlangte, Reni müsse genauso eine Decke häkeln und die Wolle von ihrem Taschengeld kaufen. Reni hatte vorgehabt, sich eine neue Reitgerte zuzulegen.

„Und du brauchst gar kein gekränktes Gesicht zu machen, es geschieht dir ganz recht!" drohte Tante Mumme noch. „Ihr sollt aufpassen auf Brüderchen, wenn wir ihn euch lassen. Vielleicht hätte der Prinz sonst etwas anstellen können mit ihm!"

„Ja. Er ist der geborene Menschenfresser", bestätigte Vater ernst. Mutter verbiß ein Lachen. Sie wollte Tante Mumme nicht verletzen, aber sie wußte ja sehr genau, wie vorsichtig und behutsam solch ein Ponymäulchen ist, wenn es sich beispielsweise um Menschenhände handelt, die ein Stück Zucker hinhalten. Mit samtiger Lippe faßte es zu, vorsichtig, auch wenn versehentlich einmal eine Kinderhand mit hineinrutschte ins Maul. Allerdings, so waren eben nur die Ponys, denen nie ein Mensch je weh getan hatte.

„Mach dir nichts draus, ich häkele mit", versprach Erika, kaum daß sie aufgestanden waren, und Christian brummte: „Und für die Wolle geb' ich dir die Hälfte von meinem Taschengeld! Ich hätte ja auch mit aufpassen können."

So war das alles also nur halb so schlimm. Freilich, manchen Nachmittag saß Reni auf der Liegewiese, hatte Brüderchens Korb neben sich und plagte sich mit dem Häkeln ab, wenn die anderen dösten oder lasen oder sie mit spitzen Redensarten auch noch ärgerten. Dann aber kam immer wieder Erikas gutes Herz durch.

„Gib her! Und laß die ‚Knospen' reiten!" sagte sie meistens nach einer Viertelstunde. Und da gab Reni nach kurzem Zieren nach, wischte die heißen Finger im Gras ab und rief nach ihren Schülern.

Das Geben von Reitstunden machte ihr jetzt fast mehr Spaß als das Reiten selbst.

So waren Erikas Ferien schneller herum, als man gedacht hatte. Diesmal fuhr Reni sie selbst an die Bahn. Natürlich war ausgemacht, daß sie so bald als irgend möglich wieder kommen würde.

„Ich bin doch jetzt Patentante, also auch ein bißchen verwandt mit euch", sagte sie so sehnsüchtig, als sie sich von Mutter verabschiedete, daß die ihr gleich noch einen Kuß gab: „Ach ja, Erika, natürlich bist du verwandt mit uns!"

Es war ganz früh am Morgen. Sie wollte den allerersten Zug nehmen. So hatte sie noch den gestrigen Abend im Heim bleiben können. Reni konnte, wenn sie sich beeilte, noch zurückkommen und die Straßenbahn für die Schule erwischen. Für sie fing ja der Ernst des Lebens nun auch wieder an.

Es war natürlich schade, daß Erika fortfuhr. Aber sie würde ja wieder kommen. Reni winkte, solange sie die Freundin sehen konnte, und lief dann durch die Sperre zurück, zu ihrem kleinen Hengst, der vor dem Dogcart stand und schon wieder scharrte. Sie streichelte ihn verliebt, während sie den Zügel von dem Eisengeländer losband, an dem sie ihn befestigt hatte.

„Ja, warte nur! Jetzt geht's im Karacho heim!" sagte sie und sprang auf den losfahrenden Wagen. Der Bahnbeamte sah ihr lachend nach.

Der Verkehr in der Stadt war noch nicht stark. Reni konnte ungehindert Trab fahren. Auf dem Asphalt schnurrten die Gummiräder nur so, es war eine Lust zu fahren. Freilich, noch schöner wurde es, als man dorthin kam, wo Anlagen und Park in Wald und Berge übergingen, dorthin, wo das geliebte Heim lag. Reni spähte wie immer danach aus. Es lag ja ein wenig am Hang. Zuerst sah man die größte der drei Kastanien, dann die beiden anderen und dann das rote Dach des Hauses.

Der Morgen war frisch und voller Tau. Der Wind wehte von den Bergen her, also von Osten – es würde heute schön bleiben. Reni atmete tief durch.

Freilich, die Schule fing wieder an. Und morgen kamen wieder neue Heimkinder, sechzig oder siebzig. Aber Schule mußte nun einmal sein, damit man die Ferien richtig genießen konnte, und unter den Heimkindern waren immer ein paar nette, und bestimmt welche, die reiten lernen wollten. Noch ein oder zwei Monate, und sie konnte sogar zwei Reitschüler zusammen unterrichten. Die Gräfin durfte dann auch wieder den Sattel und kleine Reiter tragen. Ach ja, das würde schön.

In zwei Jahren, da würde sie anfangen, Brüderchen Stunden zu geben. Allmählich mußte sie sich ja mit dem Gedanken vertraut machen, daß sie selbst zu groß für die Ponys wurde. Wenn man sich doch nur einen Ziegelstein auf den Kopf legen könnte, damit man nicht mehr wüchse! Dann könnte sie später mit Brüderchen ausreiten, sie auf dem Hengst, er auf der Gräfin, das wäre doch wunderbar!

„Was machst du denn für ein Gesicht, Reni?" fragte Christian, der am Tor stand und ihr entgegensah. Sie erschrak.

„Was denn für eins?"

„Woran hast du gerade gedacht?" forschte Christian mit gespielter Strenge und hielt den Hengst am Zügel fest, so daß Reni halten mußte. „Eher lasse ich dich nicht weiter!"

„Woran? An ein Traumbild."

„Und was für eins?"

„Brüderchen auf der Gräfin und ich auf dem Grafen, ich dürfte eben nicht mehr wachsen. Und dann beide los – an so einem Morgen wie heute!"

„Und mich habt ihr ganz vergessen? Ich soll nicht mitreiten?" fragte Christian drohend.

„Du kannst es ja gar nicht!" sagte Reni frech.

„Was? Nicht reiten? Ich?" rief Christian empört. „Ich will dir mal was sagen. Seit Monaten nehm' ich Nachhilfestunden, damit ich reiten kann. Unten in der Stadt, im Tatterstall. Vor acht Tagen bin ich das erstemal gesprungen, jawohl, daß du es nur weißt!"

Reni starrte ihn mit offenem Mund an. „Und davon hast du nie was erzählt? Ja, warum in aller Welt denn nicht?"

„Ich wollte dich überraschen. Erst, wenn ich das Reitabzeichen habe, solltest du es wissen."

Sie schwiegen beide. Reni saß noch auf dem Dogcart, Christian stand vorn und hielt den Graf am Zügel, während er ihn streichelte.

Schließlich sagte Reni ganz leise: „Und das hast du dir selbst ausgedacht? Wirklich? Warum denn?"

„Na, weil ich eben Pferde genauso gern hab' wie du. Ich mache nur nicht so einen Sums drumherum", brummte Christian. „Aber natürlich auch, weil . . ."

„Weil?"

„Weil du ja doch tust, als wären Menschen, die nichts von Pferden wissen wollen, überhaupt keine", sagte er patzig. Reni mußte lachen.

„Nun lach nicht auch noch!"

„Warum denn nicht? Ich find' das furchtbar nett von dir. Wirklich, du. Und ein bißchen ist es doch auch so: Wer keine Pferde mag, ist nur – nur – ich weiß nicht. Irgendwas fehlt da. Etwas ganz Wichtiges. Meinst du nicht?"

„Doch." Christian erinnerte sich, daß Vater einmal gesagt hatte: „Ich habe noch keinen Menschen kennengelernt, der Pferde wirklich liebte und dabei einen schlechten Charakter hatte." Vater kannte die Menschen. Deshalb war er ja auch so einverstanden damit, daß man für die Kinder die Ponys hielt.

„Und dann hat Vater noch was gesagt..."

„Was?" fragte Reni begierig, als Christian stockte.

„Ach, vielleicht sollte ich das gar nicht erzählen."

Er sah sie an, dann sprach er trotzdem weiter.

„Ich glaube, er will tatsächlich später ein größeres Pferd kaufen. Weil du doch immer größer wirst!"

„Hat er das wirklich gesagt?" schrie Reni so laut, daß der Graf einen Satz machte. Vielleicht aber tat er nur so, als wäre er erschrocken, und benutzte die Gelegenheit, sich an Christian vorbeizudrängen, dem Hof, dem Hang und der Freiheit zu. Reni nahm lachend die Zügel wieder auf.

„Recht hat er. Man schreit nicht so, wenn man Pferde liebt", brummte Christian tadelnd hinter den beiden her. Reni aber drehte sich schnell um und machte ihm eine lange Nase.

„Recht hat er. Nämlich, daß er dir durchgeht, ätsch!" rief sie lachend. Und dann drehte sie sich wieder nach vorn und fuhr mit ihrem kleinen Pferd mitten hinein in den Hof ihres geliebten Heims am Berge.

Reni

Brüder machen manchmal Kummer

1. Kapitel

„Reni!"

Das war Mutters Stimme. Reni, die gerade quer über den Spielplatz zwischen den beiden Heimhäusern rannte, bremste so plötzlich, daß sie um ein Haar hingeschlittert wäre. Sie hatte zu Christian gewollt, der ihr von drüben winkte. Er sah ihr Rutschen und machte unwillkürlich die Balancebewegung auch, mit der sie sich fing; das wirkte so komisch, daß Reni laut lachen mußte. Und durch dieses Lachen vergaß sie den Ärger, den sie erst gespürt hatte: Mutter rief. Wer weiß, was man jetzt wieder unbedingt tun mußte.

Mutter gehörte zum großen Glück nicht zu der Sorte Eltern, die andauernd etwas wollen. „Reni, tu dies oder laß das", „Reni, lauf und hol mir . . .": nein, so war Mutter nicht. Deshalb hatte Reni sich fest vorgenommen, wenn sie schon rief, immer sofort und ohne mauliges Gesicht zu erscheinen.

Mutters Einstellung kam sicher auch davon, daß sie nicht nur für die eigene Familie, sondern für das ganze geliebte Heim am Berge verantwortlich war. So wie die Heimkinder ihre freien Stunden hatten, obwohl auch sie sonst nicht ohne kleine Pflichten waren, respektierte Mutter auch Renis und Christians Freizeit. Jetzt aber hatte sie gerufen, und Reni versuchte in Eile, sich darauf einzustellen, daß dieser erste Ferientag nun keiner werden würde. Dann also begannen die großen Ferien erst morgen. Es kommt nur auf den Standpunkt an, von dem aus man das Leben anguckt, hatte Vater ihr gesagt. Schön, sie wollte es versuchen.

„Ja, Mutter, ich komm' schon!"

Reni lief, nicht ganz so schnell wie vorhin, in entgegengesetzter Richtung; immerhin so, daß niemand behaupten konnte, sie trödelte. Und siehe da, sie wurde überraschend belohnt. Mutter hatte überhaupt nicht die Absicht, sie zu irgendeiner zeitraubenden Beschäftigung herzurufen, Brüderchen hüten, beim Kirschenaussteinen helfen oder die Post wegbringen, sondern zu einer Überraschung, die Renis Herz hüpfen ließ.

„Nur einen Augenblick, Reni", sagte Mutter, „mal sehen, ob dir meine Reithose paßt. Möchtest du sie haben?"

„Die helle?" fragte Reni atemlos. Mutter besaß eine wunderbare, beigefarbene Jodhpurhose, eine von dem Schnitt, den man sowohl zu Stiefeln als auch zu Halbschuhen tragen kann, und die außerdem einen Lederbesatz hatte, einen richtigen, mürbe gerittenen. Reni hatte sie von jeher um die Hose heimlich beneidet. Wahrhaftig, Mutter trug sie in der Hand.

„Du bist in letzter Zeit so gewachsen. Eigentlich gehört sich das gar nicht, dreizehn Jahre bist du und fängst an, einem über den Kopf zu schießen."

Mutter lachte und hielt ihr die Hose mit dem Bund um den Gürtel. Reni sah an sich hinunter.

„Darf ich mal reinschlüpfen?" fragte sie eifrig. Mutter nickte.

Die Hose paßte. Sie saß wie angegossen, und Reni ließ die Tür von Mutters Stube offenstehen, während sie in den Flur rannte, um sich im großen Spiegel bewundern zu können. Mutter blickte ihrer jungen Tochter nach.

Wahrhaftig, das Mädchen war so

groß wie die Mutter! Eine eigentlich ganz unerklärliche Rührung bewegte Mutters Herz: Nun war Reni schon fast erwachsen, und sie hatte so wenig von ihr gehabt. Jetzt aber hatte die Liebe zu den Pferden sie beide doch sehr innig verbunden.

„Darf ich sie wirklich tragen?" fragte Reni, als sie in der Hose wiederkam. Mutter lachte.

„Nicht nur tragen, behalten. Ganz. Ich reite doch nicht mehr", sagte sie freundlich. Reni bewunderte sie. Diesen Satz ohne Tränen herauszubringen, wenn man so gern geritten war wie Mutter, dazu gehörte schon einiges. Sie nahm Mutter ganz schnell in die Arme und drückte sie an sich.

„Danke", sagte sie leise und ein wenig verlegen, „danke, Mutter. Wunderbar! Jetzt bin ich richtig eingekleidet." Sie wollte noch etwas hinzusetzen, bremste aber ab, so, wie sie vorhin ihr Rennen abgestoppt hatte. Vielleicht war jetzt noch nicht der richtige Moment, mit dem herauszurücken, was ja wiederum ein Wunsch war, ein heißer Herzenswunsch.

Renis Wünsche waren immer so, das lag in ihrer Natur, und Mutter sah es mit Sorge. Auch jetzt blickte sie nachdenklich auf die Tochter. Dann sagte sie: „Ich schenke sie dir nicht ohne Absicht, Reni. Verraten darf ich nichts, ich tu' es auch nicht, aber ich glaube, du wirst sie in nächster Zeit gebrauchen können."

„Weil?" Reni bekam ganz runde Augen vor Spannung. „Weil – ach, sag doch, Mutter!"

„Es ist eine Überraschung, die Vater sich ausgedacht hat", sagte Mutter nach sekundenlangem Zögern, „wieder mal hat er – ach Reni, wißt ihr eigentlich, was ihr für einen Vater habt, Christian und du?"

„Und Brüderchen, nicht zu vergessen", fiel Reni stürmisch ein, „wir drei haben einen ganz, ganz lieben Vater, aber auch eine ganz tolle Mutter", fügte sie schnell hinzu. Mutter durfte nicht zurückstehen, auch nicht im Spaß.

Die Mutter sah Reni nach, wie sie weglief. Aber sie kannte nun ihre Tochter ein wenig: Immer wurde Reni schrecklich verlegen, wenn sie sich freute. Und gefreut hatte sie sich bestimmt!

Reni war die Treppe hinuntergefegt und sauste über den Hof, dorthin, wo Christian stand.

„Wie findest du mich?" fragte sie, nach Luft schnappend. „Mutters beste Hose. Große Klasse, was?"

„Ja, wunderbar, Reni."

Christian musterte sie von oben bis unten. Reni war in diesem Frühjahr tatsächlich in die Höhe geschossen, dabei dünn geworden, fast mager. Die Haut spannte über den Backenknochen, und das helle Haar, jetzt im Sommer ziemlich kurz geschnitten, unterstrich noch mehr das Jungenhafte, das Reni oft hatte, im Gegensatz zu Erika, ihrer Freundin. Erika sah immer wie ein Mädchen aus, auch in Reithosen, während Reni von jeher lieber ein Junge gewesen wäre.

„Du, ich glaub', er erlaubt's!" stieß sie jetzt hervor. „Mutter sagte so was. Er hätte sich eine Überraschung ausgedacht. Und dabei schenkte sie mir die Hose. Geschenkt, nicht bloß geborgt, verstehst du?"

„Hm, das kann natürlich stimmen", sagte Christian langsam. „Kann, Reni. Du bist ein ewiger Optimist. Immer denkst du, wenn Vater auch nur mit dem winzigsten Finger winkt..."

„Ich weiß, ich weiß. Und du denkst immer, man muß von Anfang an immer das Schlimmste annehmen, um nicht enttäuscht zu werden", antwortete Reni hitzig. „Ich kann mir nicht vorstellen, daß es noch schön auf der Welt ist, wenn man immer und ewig das Schlimmste annimmt."

Dies war ein Streitpunkt, der oft zwischen ihnen erörtert wurde.

„Unsinn, ich sage nicht ..."

„Du sagst ..."

„Du läßt mich ja gar nicht zu Worte kommen ..."

Und schon hatten sie wieder den schönsten Krach! Und das heute am ersten Tag der großen Ferien, an dem Reni auch noch ein wunderbares Geschenk bekommen hatte! Schämte sie sich nicht?

Doch. Sie schämte sich, und zwar doppelt und dreifach, als in diesem Augenblick jemand in den Spielhof des Heims einbog, ein Jemand, den sie beide gut kannten: Erika! Sie kam zu den Ferien her, und die beiden hatten wahrhaftig vergessen, den Gast abzuholen.

Da stand Erika, mit Köfferchen und Tasche beladen und ein wenig vorwurfsvoll. Die letzten wütenden Worte zwischen Reni und Christian hatte sie gerade noch mitgekriegt.

„Euch kann man auch nicht alleine lassen", sagte sie und pustete die Haare aus der Stirn. „Uff, nichts wie unter die Brause! Um was ging es denn wieder mal?"

„Ach, Christian ist ..."

„Und Reni findet ..."

Reni nahm Erika kurzerhand am Arm und zog sie im Geschwindschritt durch den Hof, dem Duschkeller zu.

„Das Gepäck bringt Christian. Ja? In mein Zimmer, gelt? Erika wohnt bei mir." Weg waren sie.

Christian sah verärgert auf die beiden Gepäckstücke, zögerte und entschloß sich dann doch, sie den Mädchen nachzutragen. Was blieb ihm auch übrig?

„... und wenn es Vater erlaubt, kann Mutter auch nichts dagegen haben", beendete Reni gerade einen Satz von der Länge einer Riesenschlange. Christian kannte ihre Art zu reden. Als er bei Renis Zimmer anlangte, blieb er stehen.

„Deine Mutter dagegen? Wer ist denn im Leben am meisten geritten?" hörte er Erika lachend fragen.

„Ja, aber – und sie hat selber gesagt, ich wäre so schrecklich gewachsen, und ich müßte eine neue Hose haben ... Erika, sag doch selbst, das kann unmöglich was anderes bedeuten, als daß ich nun endlich in ..."

„Du? Na was denn?"

„Kannst du das nicht erraten?"

„In den Reitverein darfst, in dem Christian ist?"

„Natürlich. Was denn sonst! Christian reitet doch dort schon ewig. Und ich ..."

„Na?"

„Ich darf höchstens auf den Ponys reiten."

„Höchstens?"

„Ach, Erika, stell dich doch nicht an wie Fräulein Sonneson, wenn wir maulten, weil wir statt der ewigen Leberwurst auch mal Schinken aufs zweite Frühstücksbrot haben wollten", rief Reni übermütig. Erika lachte. Ach ja, Fräulein Sonneson, die Hauslehrerin! Sie hatte Erika und Reni ein halbes Jahr lang unterrichtet, als Reni bei Erikas Eltern wohnte, wo Renis Mutter damals angestellt war. Auch jene Zeit, so bitterlich voller Heimweh nach dem Onkel Doktor und dem geliebten Heim am Berge, lustige Stunden hatte sie ihnen trotzdem geschenkt.

„Weißt du noch, wie wir der Mamsell das Gespenst aufstellten?"

589

„Ja, und als du das Schlüsselbein gebrochen hast?"

„Und wie das alte dicke Kutschpferd mitten im Bach stehenblieb, weil es da so schön kühl war, und zu Hause warteten sie mit dem Essen?"

Erika hatte sich trockengerubbelt und war in leichte Kleidung geschlüpft. Hier im Heim lief man soviel wie möglich in sparsamster Bekleidung herum, das war üblich. Auch Reni mußte sich von ihrer schönen Hose trennen.

„Aber paß auf, ich trag' sie jetzt oft. Jede Woche! Und du kommst mit und guckst zu, wenn wir reiten, Christian und ich. Oder vielleicht bezahlen deine Eltern dir für die Ferien auch ein paar Reitstunden?"

„Ach, ich weiß nicht. Ich ..." Erika schwieg. Sie schwieg ausnahmsweise einmal nicht deshalb, weil Reni ihr in die Rede gefallen war, wie sie es meistens tat, sondern weil sie sich selbst nicht recht darüber klar war, was sie sich wünschte.

„Meinst du, das wird zu teuer?" fragte Reni, über die Pause in ihrer Redeschlacht beinahe betroffen.

„Nein, oder doch, auch – aber ... Du, Reni, ich glaub', ich trau' mich nicht auf richtige Pferde."

„Du?" Reni blieb der Mund offen. Dann lachte sie. Sie lachte und riß die Freundin an der Hand mit sich, denn sie hatte unten im Hof ein Auto brummen hören.

„Vater kommt", schrie sie aufgeregt, „los, wir müssen unten sein, ehe er aussteigt!" Und Erika mußte mit, ob sie wollte oder nicht.

Sie wollte. Auch sie liebte Renis Vater, den Onkel Doktor des Heims, wie eigentlich alle Kinder diesen großen, dicken, aber unwahrscheinlich gütigen und klugen Mann liebten. „Wenn der Doktor hereinkommt, geht ein Fenster mit Sonne auf", hatte einmal eine Patientin gesagt. So ähnlich empfanden es alle, die das Glück hatten, mit ihm zusammenzuleben.

Eigentlich war Vater ja ihr Onkel Doktor, ihr Eigentum, und alle anderen kamen an zweiter Stelle. Sie war sein Kind gewesen, solange sie denken konnte. Tante Mumme hatte sie zwar gefüttert und gekleidet, aber auf des Doktors Knien hatte sie sprechen und lachen, singen und beten gelernt, sein Kind war sie. Er hatte ihr den Unterschied zwischen gut und böse, heiß und kalt beigebracht, die Namen der Vögel, die im Winter vor dem Fenster am Futterhäuschen pickten, er hatte ihr die Sternbilder gezeigt und ihr von den deutschen Kaisern und Königen, den Dichtern und Musikern erzählt. Das erste Buch, dessen Blätter sie umschlug, hatte er ihr geschenkt – auch das erste kleine Pferd, auf dem sie reiten und die allerersten Anfänge dieser Kunst erfassen durfte.

„Vater, Erika ist da!" schrie Reni ihm also entgegen, als er sich ein wenig ächzend aus dem Auto quetschte. „Und sie bleibt die ganzen Ferien, und Mutter hat mir ihre Reithose geschenkt, bloß so, ohne jeden Anlaß – sie paßt mir genau, denk, so groß bin ich schon!" Reni mußte immer alles, was ihr Herz bewegte, vor Vater ausbreiten. „Ich hatte sie eben noch an; wenn ich gewußt hätte, daß du so schnell kommst, hätte ich sie anbehalten."

„Donnerschlag, was du immer zu berichten hast!" Der Vater lachte, nahm ihren Hals schnell in die Armbeuge und drückte ihn ein wenig. „Und Erika ist da? Na, so ein Glück. Komm her, zweite Tochter, und mach vor Vatern eine Reverenz!"

„Guten Tag, und viele, viele Grüße

von meinen Eltern", sagte Erika und versank in einem tiefen Hofknicks, der sehr komisch wirkte. Reni und Christian klatschten lautstark Beifall.

„Wunderbar, hast du im Winter Tanzstunde gehabt?"

„Nein, noch nicht. Ich hab' dazu überhaupt keine Lust ohne euch! Tanzstunde ohne Freundin ist blöd", sagte sie. Der Doktor lachte.

„Bleib doch bei uns, für immer! Wie wär's? Da könnt ihr im Winter zusammen übers Parkett schweben, in diesem oder im nächsten, wie ihr mögt."

„Schön wär's ja!" seufzte Erika. „Aber..."

„Aber, ach ja! Das Leben besteht aus ‚Abern'", ahmte der Doktor ihre Sprechweise nach. „Kommt, meine Kinderlein, wollen sehen, was Mutter uns bescheret zum lecker bereiteten Mahl. Sag's griechisch, Christian!" fuhr er freundlich seinen Sohn an.

Christian grinste. „Ich hab' Ferien."

„Na und?"

„In den Ferien kann ich nur Deutsch."

„Dann sag du es uns wenigstens französisch, Reni", sagte der Doktor kläglich.

„Venez souper à Sans-souci!" rief Reni, schnell gefaßt, und der Doktor vollendete aufatmend:

„J'ai grand appetit! Danke, Reni, du bist doch die Beste und läßt einen alten Mann nicht im Stich!"

Gemeinsam betraten sie das linke Haus des Heims, in dem die Privatzimmer der Familie lagen. Der nächste Schwarm Heimkinder war erst für übermorgen angesagt, man war ausnahmsweise unter sich.

Mutter hatte im Kaminzimmer gedeckt.

„Ihr Scheusale, die arme Erika nicht abzuholen, noch dazu bei dieser Hitze! Wartet, das vergißt sie euch nicht!" drohte Mutter den beiden anderen. „Dafür darf sie auch heute neben Vater sitzen."

„Heute? Von nun an bis in Ewigkeit", bestimmte Vater und faltete genußreich seine Serviette auseinander. „Erika ist ab heute die Lieblingsfrau des Maharadscha, und ihr anderen seid alle abgemeldet, Tante Mumme und Mutter und Reni erst recht!"

„Vielleicht will ich gar nicht?" sagte Erika vergnügt. „Vielleicht mag ich den Maharadscha gar nicht? Sondern einen anderen Mann viel lieber?"

„Oho, etwa Christian?" fragte Vater mit hochgezogenen Augenbrauen. „Das Mädel wird hübsch", dachte er lächelnd.

„Aber wo!" Erikas Gesicht sprühte vor lustiger Pfiffigkeit. „Jemand ganz anderes, den ihr alle anscheinend vergeßt. Meinen Patensohn, jawohl! Wo ist er? Wo ist Stefan, die Hauptperson?"

„Schläft", sagte Mutter schnell, „aber nicht mehr lange. Dann kannst du ihn bewundern und mitnehmen auf die Wiese. Erst aber wollen wir in Ruhe essen und vorher beten. Wer ist dran?"

„Christian."

„Schön."

Das Amt des Tischgebets ging reihum, nicht nur unter den Kindern. Je eine Woche lang betete Mutter, dann Vater, dann Tante Mumme, Christian und Reni, jetzt natürlich auch Erika. Vater wußte viele schöne alte Gebete, und Mutter bemühte sich, auch welche zu finden. Es war aber durchaus erlaubt, wenn man nichts Neues wußte, die einfachsten Formeln zu sagen: „Segne, Vater, diese Speise", oder „Komm, Herr Jesus". Trotzdem freute sich jeder, wenn einer wieder einmal ein besonders schönes Gebet brachte, das noch niemand kannte.

Christian hatte einen raschen Blick auf den verschwenderisch bunten Salat getan, der in einer breiten Schüssel mitten auf dem Tisch prangte, und fand, dazu passe der Vers:

Erde, die es uns gebracht,
Sonne, die es reif gemacht –
Gott gab Sonne, Gott gab Erde,
Gottes nicht vergessen werde!

Reni kannte den Vierzeiler noch nicht und fand ihn schön.

„Von dir?" fragte sie halblaut. Sie wußte, daß Christian manchmal Verse schmiedete. Er schüttelte den Kopf. Vater brummte:

„Reni, ich seh' in Abgründe deiner Bildung! Schon die alten Ägypter pflegten dies zu beten."

„Die Babylonier", verbesserte Christian milde, und wenn Mutter jetzt nicht energisch eingegriffen und bestimmt hätte, über Tischgebete dürften keine dummen Witze gemacht werden, so hätte man das Thema sicher totgehetzt, und weder der Salat noch die neuen, hellschaligen Pellkartoffeln wären voll gewürdigt worden.

„Es sind die ersten neuen Kartoffeln des Jahres, die wir bekommen", sagte Tante Mumme und schälte mit flinken Fingern. „Dabei darf man sich was wünschen."

„Was denn?" fragte Reni ein wenig hinterhältig. Die Stimmung bei Tisch schien ihr geeignet für ihre Pläne.

„Hast du denn immer noch Wünsche?" knurrte Vater und tat sehr beschäftigt mit seinem Teller. „Ich dachte, dein Herz hätte nun alles, was es je begehrte: eine richtige Familie, zwei Brüder, einen großen und einen kleinen, Ponys – und noch dazu Erika hier. Mehr kann man sich doch wahrhaftig nicht ersehnen."

„Du vergißt, daß ich heute sogar noch etwas Zusätzliches bekommen habe: die schönste Reithose der Welt", lachte Reni.

„Na, siehst du. Und?"

„Und? Reithosen wollen benutzt werden!"

„Das tust du doch jeden Tag, denke ich?"

Die anderen aßen und taten so, als merkten sie gar nicht, was hier gespielt wurde. Sie wußten es aber alle. Die große Überraschung hing so offensichtlich in der Luft, daß man sie hätte greifen können. Erika brachte vor Spannung fast keinen Bissen mehr hinunter und trat Reni nachdrücklich auf den Fuß, daß die beinahe: „Au, laß doch!" gestöhnt hätte. Nur mit Mühe verbiß sie es.

„Na, dann kommt mal mit, ehe der kleine Schreihals aufwacht", sagte Vater, als alle fertig waren.

Mutter ärgerte sich jedesmal, wenn Vater Brüderchen so nannte. Brüderchen war wirklich kein ewig schreiender Säugling, er lag oft stundenlang wach im Körbchen, spielte mit seinen Füßen und gurrte vor sich hin. Vater lachte und faßte Mutter unter.

„Du bist beinahe wie Reni, die auch auf jeden Leim kriecht", sagte er vergnügt. „Kommt, meine Trabanten, wir machen einen kleinen Spaziergang."

Reni wunderte sich. Um ihr zu sagen, daß sie von nun an im Reitverein mitmachen dürfe, brauchte man doch nicht spazierenzugehen. Vater tat das sonst nie nach dem Essen, dazu war er viel zu müde, überbeansprucht, wie Ärzte nun einmal sind. Er legte sich, wenn irgend möglich, nach Tisch kurz hin, und es war Renis Ehrenpflicht, ihn zur Couch zu begleiten und für alles zu sorgen, was er gern hatte: Vorhänge zuziehen, die Zeitung bereithalten, das

Telefon umstöpseln. Heute aber wollte er spazierengehen.

„Verstehst du das?" fragte sie Christian halblaut. Der zuckte die Achseln.

Gleich darauf verstanden sie es. Vater dirigierte die Schar zur Liegewiese, wo die Ponys jetzt wegen der Sommerwärme tagsüber im Schuppen standen, geschützt vor Hitze und Fliegen. Im selben Augenblick aber, als sie um die Ecke bogen, hörte man es poltern, und dazu erklang ein schrilles Gewieher, so, wie es nur wütend kämpfende Pferde ausstoßen, und dann sahen sie aus der offenstehenden Schuppentür jemanden rückwärts herausfliegen, wie von einem Katapult abgeschossen: Gusti. Gusti, der Alleskönner, der hilfreiche Geist des Heims, landete vor ihnen im Gras und kullerte, da es hier ziemlich abschüssig war, noch ein Stück. Es sah aus wie eine Szene aus einem lustigen Film.

Reni lachte laut, doch hielt sie sich im nächsten Augenblick den Mund mit beiden Händen zu. Gusti konnte sich ja auch weh getan haben. Auch Christian konnte ein Grinsen nicht verbergen. Einzig Erika sprang hin und versuchte, Gusti aufzuhelfen. Das war etwas schwierig; Gusti gehörte nicht zu den Schlanksten, dazu aß er zu gern und zu viel.

„Ist was Schlimmes passiert?" fragte Erika und zerrte ihn am Arm. „Komm, Gusti, warte..."

„Nichts. Aber dieser Satan!"

„Welcher? Welcher Satan? Der Graf?" fragte Reni sofort. Ihr Ponyhengst sollte ein Satan sein?

„Aber nein, der doch nicht! Der andere..."

Wieder hörte man das Schrillen, und im Schuppentor erschien ein Ponyhinterteil, das weder Reni noch Erika noch Christian kannten. Es war fuchsrot mit einem etwas helleren Schweif. Gleich darauf sah man das ganze dazugehörige Pony, das rückwärts aus dem Stall drängte, immerzu mit den Vorderbeinen schlagend. Reni und Christian stutzten. Der Graf, Renis etwa ein Meter hoher Shetlandhengst, drängte das neue Pony trotz dessen Gegenwehr aus dem Stall. Sein kleiner strammer Körper war zusammengezogen, der Hals gebogen – nie sind Hengste so schön wie im Kampf. Immer wieder trompetete er ohrenzerreißend und schlug mit den Vorderhufen auf den Gegner ein. Der wehrte sich, konnte aber auf der abfallenden Wiese keinen festen Stand fassen. Er war größer als der Graf, sicher zwanzig Zentimeter höher am Widerrist, dick, mit geteilter Kruppe, dem kleinen rabiaten Rappen aber anscheinend nicht gewachsen. Der schlug jedenfalls blindwütig auf ihn ein, und so schön Reni auch dieses Kampfbild fand, brüllte sie ihren kleinen Hengst doch an, so laut sie konnte: „Graf! Graf! Wirst du wohl? Was fällt dir denn ein!" und warf sich, ohne eine Sekunde zu zögern, zwischen die beiden.

Erika stand da mit entsetzten, weit geöffneten Augen und fuchtelte mit den Händen in der Luft herum. Tante Mumme schrie, und Mutter, die Vater untergehakt hatte, ließ ihn los und wollte auch vorwärts laufen. Vater aber hielt sie am Ärmel zurück.

Christian hatte am überlegtesten gehandelt. Er war mit einem Satz in den Schuppen gerannt, hatte dort einen der Zügel von der Wand gerissen, die sorgfältig geordnet und unter den Namensschildern der Ponys an Haken an der Wand hingen, um jederzeit griffbereit zu sein. Schwupp, hatte er den Zügel über den Hals des kleinen Rappen geworfen, erwischte das zweite Ende durch Geschick oder Zufall auf den ersten Anhieb und konnte den wütenden Kämpfer nun zurückhalten, auf jeden Fall seine vorwärts drängende Schnelligkeit mindern. Durch die Kraft des kleinen Pferdes wurde er zwar hinter diesem hergerissen, aber doch nur so schnell, daß es dem dicken Gegner gelang, sich außer Reichweite zu begeben. Da war Reni heran. Sie packte das neue Pony an der Mähne und versuchte, es mit aller Kraft zurückzuhalten. Christian zerrte den Grafen nach der Liegewiese, also bergab, Reni den Fuchs bergauf. Gusti hatte sich aufgerappelt und half, zwar hinkend und stöhnend, aber im ganzen unverletzt. Tante Mumme hörte auf zu schreien und setzte sich auf die Bank, die Gusti an die eine Wand des Schuppens gebaut hatte. Mutter stand schon neben Reni.

„Hat er was abgekriegt?" fragte sie als erstes.

Reni beugte sich über ihr Pony.

„Ja, hier – und hier."

An den Flanken und am Hals sah man ein paar Bißwunden, die bluteten, und das eine Auge war dick geschwollen. Zum Glück konnte Mutter feststellen, daß der Schlag nicht direkt ins Auge, sondern genau darunter getroffen haben mußte. Es blutete, aber nicht sehr stark.

„Und der Graf?"

„Ein paar hat er auch kassiert", meldete Christian, der mit dem jetzt etwas beruhigten Hengst um die Ecke kam.

„Und ich dachte, mit einem Wallach wird er sich nicht schlagen", sagte Vater kopfschüttelnd. „Nein, so ein Deiwel! Hättest du das von deinem sanften Grafen vermutet, Reni?"

„Sanft? Reit ihn mal!" sagte Reni atemlos. Alle lachten, als sie sich den Doktor auf dem kleinen Pferd vorstellten. Reni wunderte sich erst, dann lachte sie mit.

„Ich meine, du solltest ihn mal kennenlernen, wenn er etwas nicht will – oder etwas will, was er nicht soll!"

„Meist liegt es am Reiter, wenn das Pferd nicht pariert", sagte Christian, und Erika fragte immerzu dasselbe, ohne daß jemand darauf hörte: „Wo ist die Gräfin? Wo ist der Prinz?"

Alle sprachen durcheinander, wie meist nach wilden Ereignissen, und keiner antwortete.

„Ich glaube, die beiden lassen wir so bald nicht wieder zueinander", beschloß Christian, während er nicht ohne Mühe den kleinen Hengst am Zügel zurückhielt. Der wollte immer wieder auf seinen Gegner los, stampfte mit den Vorderbeinen wie ein Streitroß und wieherte laut und ohrenzerreißend. Der Wallach benahm sich ruhiger, zeigte aber auch erschrockene Augen, in denen man das Weiße sah, und schlug mit dem Kopf, sobald Reni ihn auch nur ein klein wenig auf den Grafen zu vorwärts treten ließ.

„Zunächst nicht", sagte auch Mutter. „Der Graf bleibt hier, und du, armer geschundener Raubritter, dich bringen wir auf die Nebenweide. Ein Glück, daß wir die haben."

Gusti hatte vor einiger Zeit die Ponyweide mit einem Zaun unterteilt, damit immer nur die eine Hälfte abgeweidet werden konnte, die andere ausruhte und neu wuchs. So hält man es auf größeren Gestüten. Der Zaun bestand aus festen Pfosten mit dazwischen genagelten Brettern, sogenannten Schwarten, und war rund einen Meter hoch. Da die beiden Ponys, die man bisher hier laufen hatte, nur etwas über einen Meter hoch waren, hatte Gusti diese Zaunhöhe gewählt.

Während Christian also den kleinen

Rappen festhielt, gingen Reni und die Mutter mit dem neuen Pferd zum Koppeltor. Reni schob die Stangen beiseite, und die Mutter führte das kleine Pferd hinüber. Alle warteten gespannt, was nun geschehen würde.

„Soll ich ihn loslassen?" fragte Christian vom Schuppen aus.

„Ja, mal versuchen!" rief die Mutter. Christian gehorchte, und wie die Kugel aus dem Rohr fegte der kleine Hengst über den Rasen, auf die Zaunstelle zu, hinter der der Wallach stand, und schon hatten sich beide auf die Hinterhufe gestellt und schlugen aufeinander los, trafen den Zaun, trafen Reni, die dazwischensprang, trafen Mutter, kurzum, der Zaun nützte nicht das geringste, wie man sah. Binnen kurzem würde er heruntergetreten und zerschlagen, sozusagen niedergewalzt sein.

„Nun aber Ruhe, oder ihr sollt was erleben!" keuchte Christian, als er seinen kleinen Wüterich wieder am Zügel hatte. „Jetzt bleibst du im Stall, daß du's weißt!"

Er haute die Tür hinter dem Grafen zu, daß es dröhnte, und schob aufatmend den Riegel vor.

„Ja, er ist der Teufel!" schrie Gusti anklagend. „Der andere ist so sanft, so brav, so artig ... er hat ..."

„Unseren Gusti nur aus dem Stall gefeuert, daß wir dachten, Münchhausen reitet rückwärts auf der Kanonenkugel!" Vater lachte. „Natürlich, nur der Graf ist schuld! Mal sehen, Reni, laß deinen jetzt mal los!"

Reni stand noch immer auf der anderen Seite des Zaunes und hielt das größere Pony mit aller Kraft fest.

„Soll ich?"

„Ja, versuch es mal. Der Graf ist ja nicht zu sehen", meinte Mutter.

Reni ließ die Mähne los. Gleich darauf setzte der Fuchswallach an und sprang mit kurzem Anlauf elegant über den Zaun, dem Stall entgegen. Allen blieb der Mund offen.

„Habt ihr das gesehen?" flüsterte Tante Mumme. Dieser Satz war ziemlich unnötig, denn keiner hatte den Blick von dem Pony gewandt gehabt. Trotzdem lachte niemand.

„Toll", sagte Reni bewundernd, und Christian nahm den Fuchs um den Hals.

„In dir steckt mehr, als man meint", sagte er anerkennend. „Freilich, ob es das richtige ist, daß du so gut springen kannst, möchte ich bezweifeln. Wie hoch muß nun ein Zaun sein, damit du nicht drüber kommst?"

Auch Gusti kratzte sich am Kopf. Reni aber war außer sich vor Begeisterung.

„Laß mich mal rauf, Mutter, bitte! Nur mal zum Ausprobieren!" bettelte sie. „Gib die Trense, Christian, schnell, aber laß den Grafen nicht raus! Kriegst du sie? Sie hängt gleich vorn, die erste. Sie wird dem Kerl hier schon passen, sonst verschnallen wir sie. Ich muß doch sehen ..." Sie trat von einem Fuß auf den anderen, brennend vor Ungeduld und Spannung.

„Den Sattel?" fragte Erika.

Reni winkte ungeduldig ab.

„Brauch' keinen Sattel. Los, nun gib schon!"

Das neue Pony ließ sich gutmütig aufzäumen. Mutter hielt es, nicht ohne Bedenken, ob die Sache auch gutgehen würde, und Reni sprang auf seinen Rücken. Sie hatte sich genau überlegt: sollte sie aufspringen oder sich vorsichtig von Christian hinaufhelfen lassen? Dann aber war sie zu dem Entschluß gekommen, es sei besser, dem Pferd von vornherein den Herrn zu zeigen. Oft hatten Erika und sie es bei ihren eigenen Ponys geübt, aufzuspringen, ohne dem Pferd ins Kreuz zu fallen. Man mußte die Oberschenkel gleichsam wie eine Kneifzange halten und an den Flanken entlanggleiten lassen, so daß das Pferd vom Gewicht des Reiters allmählich und sanft belastet wurde, nicht mit einem Ruck. Man durfte dabei weder zu weit vorn auf dem Hals landen, da konnte man sich nur schwer halten, außerdem tat es weh, noch zu weit hinten, denn das können Pferde nicht leiden. Dann fangen sie an zu bocken, senken den Kopf und hauen mit den Hinterbeinen aus. Dabei drehen sie sich im Kreise – viel mehr ist nicht nötig, um selbst einen sitzfesten Reiter loszuwerden. Diesmal hatte Reni Glück. Sie kam sofort genau auf die richtige Stelle, kurz hinter dem Widerrist, fand festen Halt und konnte ihr neues Pferd zunächst mal richtig hinstellen. Mutter, Christian und Erika sahen mit kritischen Augen zu, Tante Mumme mit angstvollen und Vater ganz leise schmunzelnd. Dann ritt Reni im Schritt an.

„Na, was denn!" sagte sie halblaut, nahm die Schenkel heran, und schon galoppierte das Pferdchen an, duckte sich zusammen und setzte mit Reni über den Zaun, glatt, wie hundertmal geübt. Reni hatte die Knie unwillkürlich angeklemmt und war mit der Bewegung gegangen, wie es ihr in ihrem jungen Leben wohl noch nie auf Ponyrücken geglückt war. Auch Reiter, die jeden Tag springen, haben gute und schlechte Tage. Reni mußte heute einen außerordentlich guten haben, das merkte sie selbst.

„Reni!" quiekte Tante Mumme, die die Kinder noch nie hatte springen sehen.

„Na also!" murmelte Christian.

Vater lachte. Er ging zu Reni und ihrem Pferdchen hin und tätschelte dem Kleinen den Hals.

„Das habt ihr wirklich fein gemacht."

„Ja, ich hatte Glück, Vater", sagte Reni ehrlich, aber doch strahlend vor Stolz. Wenn man einen ordentlichen Sprung landete, hatte ihn meist niemand gesehen. Das traf diesmal nicht zu. Sie lachte. Und dann ritt sie ihr neues Pferdchen rasch ein paarmal im Kreis, trieb es mit den Schenkeln, völlig sicher und darauf wie zu Hause. Nach der dritten Runde hatte der Fuchs es satt. Er bockte, setzte seine Reiterin, die an kein Aussteigen mehr dachte, mit Schwung in die Wiese und sprang davon. Alle lachten, Reni am meisten.

„Nun reicht's für heute, Reni", rief Tante Mumme und kam mit einem Zuckerstück in der einen Hand gelaufen, um es dem Pferd zu geben.

Reni aber wehrte ab, und auch Mutter sagte freundlich, aber bestimmt:

„Nein, Mummelein, nun muß Reni erst noch mal rauf, und Zucker gibt es erst, wenn der Reiter freiwillig abgestiegen ist. Was denkst du, Pferde haben ein ausgezeichnetes Gedächtnis, und dieser kleine Gauner hier würde von nun an immer versuchen, seine Reiter loszuwerden, um dann erstens Zucker zu bekommen und zweitens die Reitstunde zu beenden."

Das sah Tante Mumme ein. Reni ritt noch ein Stück, sprang dann ab, und nun durfte das neue Pony ganz allein auf der Weide bleiben. Die drei anderen, der Graf und die Gräfin samt Prinz, ihrem Fohlen, mußten im Stall stehen.

„Später findet sich schon irgendein Rat", sagte Vater, und Christian nickte ihm zu. „Ich werd' das mit Gusti schon hinkriegen", hieß dieser Blick. Noch atemlos und aufgeregt, verließ die Familie den Schauplatz der Ereignisse.

„Na? Und was sagst du nun zu Vater?" fragte Mutter schließlich leise in das endlose Fachgesimpel hinein, in dem Reni, Christian und Erika dahinmarschierten. Reni wurde rot.

„Ja, danke, natürlich ... aber ich weiß ja gar nicht mal, wem er gehören soll. Oder was – hast du ihn geborgt, Vater, den Fuchs?"

Der Doktor sah sie nachdenklich an.

„Das wollte ich eigentlich sagen, Reni, als Ausrede, weil ich ein rabenschwarzes Gewissen habe. Auch Väter können unter Gewissensbissen leiden, und bei mir war das stark der Fall. Ohne Grund den Kindern ein viertes Pony zu schenken, grenzt das nicht an allzu große Verwöhnung? Aber erstens wachst ihr wirklich allmählich über die Shetlandponys hinaus, und zweitens hast du Ostern ein sehr anständiges Zeugnis gebracht, Reni. Ich hab' das nicht vergessen. Christian übrigens auch. Immer muß so was ja nicht belohnt werden, aber manchmal. Und drittens und hauptsächlich, mein Kind, habe ich das Pferdchen gekauft, weil ich finde, die Pferde sollen endlich ihren eigentlichen Zweck erfüllen: nicht nur, damit ihr drei andauernd damit reitet und fahrt, sondern wegen der Heimkinder. Dieser Fuchswallach soll ein gutes Voltigierpferd sein, deshalb hab' ich ihn gekauft. Ihr habt jetzt genug gelernt, um euch selbst auf Pferderücken zu behaupten. Nun soll es endlich damit losgehen, daß auch die Heimkinder oder doch diejenigen, die es gern möchten, etwas davon haben. Weil ich aber nicht vierzig oder fünfzig Ponys anschaffen kann, damit jedes ein eigenes reitet, dachte ich, wir nehmen ein Voltigierpferd. Und das soll dieser Muckel sein. Voltigieren können gut sechs oder zehn Kinder, und wenn der Muckel vormittags eine halbe Stunde läuft, damit die Kinder an ihm turnen, und nachmittags wieder eine andere Gruppe, so können doch alle mal auf einen Pferderücken kommen. Und sie haben ihren Spaß."

„Ja, o ja, Vater. Aber manchmal darf ich auch reiten – und springen! Frühmorgens oder abends, wenn die Kinder schon in den Schlafsälen sind, und sonntags, und ..."

„Und ... und ... und ... Reni, du bleibst doch immer, wie du warst. Denk ein einziges Mal an die anderen und nicht nur an dich", mahnte Mutter leise. Reni wurde rot.

„Also Muckel heißt er", sagte sie dann, schnell auf ein anderes Thema kommend. „Eigentlich kein sehr schöner Name, wenn man Graf und Gräfin dagegenhält. Und wie werden wir es schaffen, ohne daß er und der Graf sich gegenseitig zusammenschlagen?"

„Reni", sagte nun auch Erika, leise und ziemlich mahnend, „du hast schon wieder vergessen ..."

„Richtig. Ich bin ein Scheusal. Danke, Vater", sagte Reni und sprang dem Vater an den Hals. Er tat, als fiele er von diesem Ansprung um, nahm sie dann um die Schulter und ging so mit ihr vor den anderen her, dem Hause zu.

„Bitte, Reni. Gern geschehen", sagte er, und es klang, als wollte er noch mehr sagen. Aber er schwieg. Und sie waren auch schon am Hause angelangt.

Reni zog ihn die Treppe hinauf, wie sie es als kleines Kind getan hatte, wenn er unten stand und jammerte, er könne nicht mehr, und bugsierte ihn liebevoll-übermütig in sein Zimmer.

„Hoffentlich hast du nun noch eine Viertelstunde Ruhe", sagte sie und warf ihm eine Decke über die Beine, strich sie glatt, so daß der Doktor sich schreiend unter dieser Liebkosung krümmte.

„Laß mich leben, bitte!"

„Ach, Vater." Sie kam noch einmal zum Kopfende der Couch, beugte sich herunter und küßte seine braunrote Wange mit den tiefen Falten. „Ich danke dir, ich danke dir sehr, sehr schön!"

Erst als sie die Tür so leise wie möglich hinter sich zugemacht hatte, fiel ihr ein, daß die Überraschung, auf die sie gewartet hatte, eine ganz andere geworden war. Sie blieb stehen und sah auf ihre Fußspitzen herab, nachdenklich, minutenlang. So fand Christian sie, der zufällig vorbeischlenderte.

„Na?" fragte er und gab ihr einen kleinen Puff.

„Was denn: na?" sagte Reni gereizt. Das war ja das scheußliche an Christian: Er wußte immer, was man dachte. Es war die reinste Zauberei.

„Gar nichts, daß du es nur weißt", sagte sie und gab ihm einen viel größeren Puff, um gleich danach die Treppe hinunterzusausen, schneller, als er hinterhergucken konnte.

2. Kapitel

Der neue Transport war vor einer Stunde angekommen.

„Ja, wieviel Koffer hast du denn?" fragte Reni verwundert. Der kleine blasse Junge mit der Brille piepste: „Vier."

„Vier? So viele Sachen? Hier braucht man eigentlich nur eine Badehose bei der Hitze. Na schön, pack aus!"

„Ich wollte den einen gern – zulassen", stotterte der Kleine. Nun wurde Reni aufmerksam.

„Nein, raus mit dem Zeug. Es kommt in den Spind und der leere Koffer auf den Boden."

Rings um sie her standen, knieten, hockten Kinder, lauter neue Kinder, Ferienkinder, die alle auspackten. Der Schlafsaal sah aus wie ein Heerlager. Drüben bei den Mädchen halfen Mutter und Tante Mumme den Neuen, hier Erika und Reni.

Mit einem unglücklichen Gesicht schob der kleine Wolfgang ihr jetzt den Koffer zu. Sie ließ die Schlösser aufschnappen, hob den Deckel und lachte los.

Spielhunde, sicher dreißig! Dackel und Möpse, Schäferhunde und Terrier – und der Besitzer war sicher schon zehn Jahre alt!

„Erika, Erika! Komm bloß mal her und guck!"

Erika schusselte heran, und dann lachten sie beide.

„Mußten die alle mit?" fragte Erika. Reni lachte: „Du hast dreizehn Puppen, sei ganz ruhig! Nein, Wolf, wir lachen dich nicht aus. Wenn es mal regnet, spielen wir Hundeausstellung und prämieren die schönsten!"

„Einer hatte mal ein Weckglas mit zwei Laubfröschen mit, weißt du noch? Und einer einen Goldhamster. Als der ausriß, rutschte der ganze Schlafsaal auf dem Bauch unter den Betten herum."

„Und eine, elf war sie gerade, kam mit einem Kosmetikkoffer und einer elektrischen Brennschere an. Na, die wurde ausgelacht!"

„Und einer mit einem eigenen Nachttopf. Mit Blumen drauf und einem gehäkelten Überzug, aus rosa Wolle!" lachte Erika.

„Rein in den Spind mit deiner Meute", rief Reni vergnügt, „und runter mit den guten Sachen! Hier läuft man im Turnzeug und barfuß rum. Ja, glaub's nur, den ganzen Tag!"

„Ick wollt' mal fragen, muß ma' sich hier jeden Tag schrubben?" fragte ein kleiner Steppke, dem man schon von weitem den Berliner ansah. „Ooch die Füße?"

„Jeden Tag? Jeden Tag zweimal!" drohte Reni übertrieben und rollte die Augen. „Bist du wohl nicht gewöhnt?"

„Aber nich' den Fußboden, oder?" Er deutete von unten auf die Sohle. Reni fragte heuchlerisch sanft:

„Wann wäschst du denn zu Hause den Fußboden?"

„Ooch – sonnabends. Oda wenn ma' uffn Rummel jehn!"

„Dann ist hier immer Sonnabend", erklärte Erika und verkniff sich ihr Lachen mit Mühe. „Na, und Rummel findest du hier genug."

„Du da, halt, dein Koffer ist noch nicht leer. Zeig mal her, was du da drin hast!" Der große blonde Bengel schien nicht gewillt zu sein, Erika zu gehorchen. Er stieß seinen Koffer auf den Spind hinauf und stellte sich breitbeinig davor.

„Geht di fei nix oa!" raunzte er.

„Gleich holst du ihn wieder runter!" sagte nun Reni.

„I bin doch net deppert!"

„Wir wollen dir ja gar nichts wegnehmen, aber es ist Vorschrift. Los, komm, gib ihn runter!"

Der Junge kreuzte die Arme über der Brust und sah Reni herausfordernd an. Gerade kam Christian durch den Schlafsaal geschlendert. Reni zwinkerte ihm zu. Zwei Minuten später war der Koffer unten, aufgemacht und sein Inhalt sichergestellt. Er war voller Bierflaschen mit Inhalt. Die Mädel lachten und lachten.

„Und wenn i aber an Duascht krieg?" räsonierte der Besitzer.

Christian versprach ihm, daß er sein Bier wiederbekommen würde, keine Angst. Vom Mädchenschlafsaal her hörte man jetzt ein Jammern. Reni lief über den kleinen Flur und guckte hinein. Da saß Mutter auf einem der Kinderbetten und hatte eine etwa Fünfjährige auf dem Schoß, der sie gut zuredete und die sie streichelte.

„Sie haben ihr eingeredet, sie dürfe heute abend wieder zur Mutti", erklärte sie mit einem mitleidigen Lächeln. „Nun wein nicht mehr, Heidi, es wird dir bei uns schon gefallen!"

„I will hoim!" schluchzte die kleine Schwäbin. „I will hoim zu meim Schweschterle!"

Reni hockte sich vor sie hin. „Guck, Heidi, was ich hab'!" Sie hatte im Vorbeigehen Mohrchen, den Heimkater, auf den Arm genommen, der durch den Flur strich, lüstern auf etwaige Abfälle des Reiseproviants. Die Kleine sah das schwarze Kätzchen mit den gelben Schlitzaugen und strahlte. Ihre Hände streckten sich nach dem Tier aus, und während sie ihr Gesicht an das schwarzglänzende Fell drückte, seufzte sie erlöst: „Grad wie unser Schneeweißle!"

„In Ordnung!" flüsterte Reni der Mutter zu und ging zurück. Im Jungenschlafsaal glätteten sich allmählich die Wogen. Erika prustete gerade und machte Reni ein Zeichen. Einer der

Jungen packte dicke, selbstgestrickte Strümpfe aus und eine dazu passende Pudelmütze. Jetzt! Im heißesten Sommer! Reni grinste.

Ein Junge nach dem anderen wurde nun auf den Spielhof geschickt. Reni und Erika kehrten Papier und Bindfadenreste, Tempotaschentücher und sonstige Abfälle zusammen, und Erika schleppte alles in die Waschküche. Reni trat aufatmend ins Freie. Gerade radelte Christian aus dem Hof. Aha, zur Reitstunde. Reni kaute an der Unterlippe und überlegte. Erika wollte sich heute nachmittag mit einem Buch auf die Liegewiese legen. Dazu hatte sie keine Lust.

Sie schlenderte über den Spielhof. Am Planschbecken schrie und quietschte es. Die Kinder bespritzten einander, lachten und schrien durcheinander. Am ersten Tag mußte man sie toben lassen, dann schliefen sie abends wenigstens schnell ein. Reni schlängelte sich durch den Schwarm ins andere Haus hinüber, sprang die Treppe hinauf in ihr Zimmer. Zwei Minuten später radelte sie, in Bluse, Shorts und Sandalen, der Stadt zu. Es zog sie wie magisch zur Reithalle. Wenigstens zusehen würde man wohl dürfen.

„Durch die ganze Bahn – wechseln, dann, Mitte der langen Seite, im Arbeitstempo antraben!"

Die Pferde liefen lautlos im Torfmull, manchmal hörte man eine Trense klirren oder einen kleinen Bums gegen die Bandenwand, sonst nichts. Reni stand allein auf der Tribüne und sah hinunter. Christian war der dritte der Abteilung, er ritt Astsignal, ein olivbraunes Pferd ohne Abzeichen, noch jung, rund und schlank in einem, mit bestechend schönem Kopf, der noch ganz kindlich wirkte. Vor ihm ging Astronom, tadellos geritten von seiner Besitzerin, einer älteren Dame, die anscheinend schon viele Jahre ritt, davor Heiner, ein Junge aus Christians Klasse, auch gut im Sattel zu Hause. Er hatte heute Farnese, einen starkknochigen Braunen im besten Alter, der immerzu versuchte, das Tempo der Abteilung zu beschleunigen. Heiner machte das Spaß; an den langen Seiten der Halle ließ er ihn laufen, daß es schon fast Mitteltrab war. Reni fühlte ein Stechen in der Brust.

So reiten können, so reiten dürfen! So mit winzigen, fast unsichtbaren Hilfen dem Pferd zu verstehen geben, daß es jetzt ausgreifen soll. Mitteltrab ist schneller als Arbeitstrab, keineswegs aber darf das Pferd dann eiliger treten oder mehr Schritte machen. Es muß weiter traben, die Vorderbeine aus der Schulter werfen, vorn herauskommen, wie man sagt, und hinten untersetzen.

Reni, die alle Pferdebücher las, deren sie habhaft werden konnte, sah und verstand bereits manches, was einem ahnungslosen Zuschauer nie oder doch nur teilweise aufgeht. Sie sah Farneses schwingenden Rücken – ach, einmal, ein einziges Mal dieses Gefühl auskosten dürfen, es mußte unbeschreiblich sein!

Hier in der Halle war es kühl. Draußen stand die Hitze. Es war ein Genuß gewesen, hier hereinzuschlüpfen. Wie bei einem Maleratelier befanden sich die einzigen Fenster im Norden der Halle, auf diese Weise wurde es hier nie richtig heiß. Im Winter fror man allerdings bestialisch. Nun, jetzt war ja Sommer.

Doch trotz der Kühle hier war das Reiten ganz schön anstrengend. Christian hatte ein Gesicht, als läge er seit zwei Stunden in der prallen Sonne. Als die Dame auf Astronom einmal dicht vor Renis Platz auf der Balustrade hielt, sah man, daß bei der Reiterin zwei dünne Schweißfäden die Wangen entlangrannen und unterm Kinn in der weißen Reiterbinde versickerten. So leicht, wie es aussah, ritt sich Astronom wohl doch nicht.

Einzig Heiner schien unbeschwert und ohne Anstrengung zu reiten. Einmal lachte er Reni an, als er ganz nahe an ihr vorbeiglitt – obwohl ein Reiter nie zur Seite, sondern immer nach vorn sieht. Die beiden Mädel, die hinter Christian ritten, schienen auf ihren Pferden nur drauf zu sitzen. Elfi und Olympia, die zwei alten Bahnschimmel, gingen von selbst, solange eine Abteilung vor ihnen war. Reni seufzte wieder.

Wenn sie hier reiten dürfte, würde sie nie, niemals so blöd und albern sein wie die zwei. Sobald der Reitlehrer nicht hinsah, machten die nämlich einander Zeichen, prusteten oder nahmen die Zügel in eine Hand, um mit der andern das Haar zurechtzustreichen oder sonst eine unnütze Bewegung zu machen. Jedenfalls die eine von beiden. Die andere war schlank und hellblond, sie trug ihr Haar glatt bis auf die Schultern fallend und sah dadurch ein wenig wie ein mittelalterlicher Page aus. Sie wußte das vermutlich auch. Reni betrachtete die beiden mit neiderfülltem Abscheu und wünschte ihnen, sie mochten einmal abschmieren, so daß sie die Lust für immer verlören.

Lust! Als ob bei ihnen überhaupt von Lust und Liebe zum Reiten die Rede sein könnte! Das sah doch ein Blinder, daß diese beiden das Reiten nicht ernst nahmen!

„Und im Arbeitstempo Gaaallopp! Nicht die Zügel wegwerfen, das Pferd leicht nach innen stellen. Aus der Ecke heraus angaloppieren! Warum? Silke, warum galoppiert man aus der Ecke heraus an?"

„Weil das Pferd in der Ecke sowieso nach innen gestellt ist und deshalb nie falsch anspringen kann", rief der mittelalterliche Page. Reni hatte die Antwort nicht parat gehabt und nahm sich vor, sie sich zu merken. Es war gut, oft beim Reiten zuzusehen und zuzuhören. Der Reitlehrer dieses Vereins erklärte viel, da konnte man profitieren. Auch vom Zusehen lernt man.

Allerdings hatte ihr Christian mal aus einem Buch vorgelesen. Darin sagte der alte Berliner Wachtmeister, dessen einziger Lebensinhalt die Pferde der Schwadron waren, zu einem Anfänger: „Reiten lernt man bloß vons Reiten." Ach ja. Wenn man nun aber nicht durfte.

Reni durfte reiten. Sie saß jeden Tag auf dem Rücken kleiner Pferde, beneidenswert für viele, für die meisten Kinder der Welt. Sie bekam sogar Anweisungen, wie man es richtig machte. Zuerst hatte sie sich über Mutters ewiges Korrigieren geärgert, jetzt wußte sie längst, daß das nötig und nützlich war. Aber sie ritt Ponys, keine Pferde. Man konnte sitzfest auf ihnen werden und lernen, wie man sie von einer Gangart in die andere bringt, man konnte mit ihnen springen und im Gelände toben. Mutter erlaubte jetzt schon öfter, daß Reni und Erika allein weite Strecken ritten. Da ließen sie ihre kleinen Pferdchen laufen, immer um die Wette, schneller, immer schneller. Wunderbar war das, aber es war nicht *reiten*. Reni, begierig, Neues zu lernen, fieberte dem wirklichen Reiten entgegen, halb unbewußt, halb schon bewußt. Erika nicht; die war selig, wenn sie auf ihrer Gräfin daherhoppelte, neben oder meist hinter Renis kleinem Hengst, von Prinz, dem Fohlen der beiden, umrundet. Erika bemühte sich zwar, den Weisheiten, die Reni ihr zuschrie, gerecht zu werden, den inneren Zügel anzunehmen und das Knie festzudrücken, aber es war ihr eigentlich ziemlich egal, warum das so sein sollte. Hauptsache, die Gräfin ging! Und gut gefüttert, wie die Pferdchen waren, hatten sie selbst Spaß am Gehen.

„Abteilung – haaaalt!"

Der Reitlehrer baute an der langen Seite der Halle ein Hindernis auf, Reni schwang sich über die Brüstung und landete weich und lautlos in der Lohe. Sie sprang zu und half ihm das Rick aufzulegen. Es war nicht sehr hoch, etwa achtzig Zentimeter nur. Reni verzog ein wenig den Mund; so hoch sprang der Graf auch, von Muckel gar nicht zu reden.

Die Reiter sollten an der gegenüberliegenden langen Seite halten, und einer nach dem anderen hatte um die Ekke zu reiten, im Schritt, dann anzutraben bis zum Hindernis, und dort zu springen, nach einem einzigen Galoppsprung davor. Eine Aufgabe, die sich Reni mit ihrem kleinen Hengst durchaus zugetraut hätte. Sie fieberte darauf, wie es mit den fünf Reitern gehen würde.

Heiner ritt an, sein Farnese ließ sich freilich von der Ecke aus nicht im Trab halten, er galoppierte sofort und nahm das kleine Hindernis, als machte er nur einen größeren Galoppsprung. Die Dame auf dem Astronom löste die Aufgabe genau, wie sie gestellt war: erst Schritt, darin Trab, dann ein Galoppsprung – hopp, hinüber. Sie nahm das Pferd ruhig wieder auf. Nun kam Christian.

Astsignal sprang gern, sie nahm Hindernisse von Natur aus freudig und willig. Christian wußte das. So hielt er sie ziemlich kurz, natürlich mußte er im letzten Augenblick mit der Hand vorgehen, damit das Pferd durch den Zügel nicht im Sprung behindert wurde und sich strecken konnte. Diesen Augenblick abzupassen war nicht einfach, er hatte aber Glück und erwischte ihn. Astsignal sprang, Christian ging gut in der Bewegung mit, weiter aber schienen seine Künste nicht zu reichen. Als das Pferd aufsetzte, hatte er nicht genug Knieschluß und segelte bildschön über den Kopf der Stute hinweg Mutter Erde entgegen.

„Na, na", sagte der Reitlehrer leicht tadelnd. Der Sprung an sich war gewesen. Reni, die noch immer in der Bahn stand, sprang vor und faßte Astsignal am Zügel. Das Pferd war naß und schnaubte, Reni merkte, wie der Dunst des Tieres über ihr zusammenschlug. Es roch anders als die Ponys, schärfer, beißend, sauber, und als sie sich einen winzigen Moment lang an die Schulter des Pferdes lehnte, fühlte sie dessen Herz schlagen, heftig und wild, merkwürdig stark und lebendig. Im nächsten Augenblick stand Christian neben ihr, nahm den Zügel mit einem halblauten „Danke dir!" aus ihrer Hand, faßte den Sattel und zog sich hinauf. Wie hoch so ein Pferd war, viel höher als ein Pony! Reni trat zurück.

Christian sprang noch mal. Diesmal konzentrierte er sich ganz darauf, gut herunterzukommen; der Sprung gelang nicht wie der vorige, dafür aber nahm er das Pferd zart und sicher auf.

„Schön", knurrte der Reitlehrer und wandte seinen Blick dem nächsten zu. Es war der hellblonde Page. Reni vergaß zu atmen. Sie hatte schon öfter hier zugesehen und kannte Elfis Art, das Hindernis zu nehmen. Kaum um die Ecke gebracht, legte sie die Ohren zurück, was ihr das Aussehen eines giftigen Esels gab, und raste wie das Donnerwetter auf das Rick los und setzte drüber. Der Reiter mußte, wenn er oben bleiben wollte, sehr gut mitgehen und das Pferd sofort nach dem Aufsprung sanft, aber fest in die Hand bekommen. Manchmal aber steuerte Elfi auch erst auf das Hindernis los, das an der rechten Seite der Bahn mit der Holzwand abschloß, und bog dann nach links, umging das Rick und stürmte ohne Sinn und Verstand blindwütig in die Abteilung der anderen hinein. Dann gab es ein großes Durcheinander. Hochgehende Pferde, Reiter, die die Sättel unfreiwillig verließen, Schelte vom Lehrer und unterdrückte Schadenfreude auf der Tribüne und bei denen, die oben blieben. Reni wartete gespannt, was jetzt wohl passieren würde.

Ehe die schlanke Hellblonde jedoch die Abteilung verließ, hatte sich Christian mit seiner Stute neben sie geschoben. Er tat, als habe er sein Pferd nicht schnell genug durchpariert. Reni aber merkte genau, daß es Absicht war. Er flüsterte der Reiterin etwas zu. Der Reitlehrer war gerade abgelenkt und hatte es nicht bemerkt, Reni aber entging es nicht. Hören konnte sie nichts, dazu war es zu weit, die ganze Breite der Halle lag dazwischen. Gleich darauf ritt die Blonde an.

Elfi schien ihre alte Taktik anwenden zu wollen. Sie sauste, kaum aus der Ecke gewendet, dem linken Ende des Ricks zu. Reni wollte schon schadenfroh grinsen. Aber siehe da, die Reiterin war auf der Hut, hatte den rechten Zügel bereits angenommen, drückte mit dem linken Schenkel gegen und haute gleichzeitig Elfi eins über die Kruppe für ihre schlimmen Absichten, so daß die, verblüfft und gehorsam, die Richtung änderte und mitten über das Rick sprang, ruhig aufsetzte und sich aufnehmen ließ. Man sah der jungen Reiterin an, daß dies ihr völlig überraschend kam, auch für Reni, am meisten aber für den Reitlehrer.

„Bravo", sagte er. Und nun sprang Olympia mit ihrer Fracht, die wirklich nichts war als ein Gewicht im Sattel, immerhin eins, das oben blieb. Reni wischte sich den Schweiß von der Stirn.

Gut, daß die Stunde bald zu Ende war! Sie hatte das Gefühl, als könnte sie kaum mehr zusehen. Wie erst mußte den Reitern zumute sein! Man sah jetzt auch, daß Christians Hemd an den Schulterblättern klebte. Anstrengend war so eine Stunde schon! Der Reitlehrer räumte das Rick wieder fort und ließ die Abteilung durcheinanderreiten. Man hörte förmlich das Aufatmen von Pferd und Mensch.

„Gut bist du gesprungen", flüsterte Reni aufgeregt, als der Unterricht geschlossen und der Lehrer vor die Tür gegangen war.

Die Pferde standen nebeneinander, und die Reiter lockerten die Gurte und schoben die Steigbügel hoch, liebkosten die Hälse und gruben in den Hosentaschen nach Zucker.

„Na, es geht. Der erste Sprung, ja der!" sagte Christian.

„Kommt die Olly nicht raus?" fragte Reni. Sie hatte gesehen, daß die letzte Reiterin der Abteilung ohne Pferd die Halle verließ.

„Nein, sie wird jetzt zum Voltigieren gebraucht. Sei so gut, komm und halt mir mal Gerte und Handschuh. Danke. Hu, ist das heiß!"

„Darf ich Astsignal rausführen?" fragte Reni, brennend vor Eifer. Christian nickte. Reni verließ mit dem Pferd die Halle, unaufhörlich leise und zärtlich mit ihm sprechend. „Wer uns so sieht, denkt bestimmt, ich hab' sie geritten", dachte sie. Im Stand mühte sie sich mit Trense und Sattel ab, daß sie schließlich genauso schwitzte wie

Christian. Die Hellblonde hatte sich ihm zugesellt.

„Wenn du mir vorher nicht gesagt hättest, ich müßte sie mit dem Schenkel nach rechts drücken, o weih!" lachte sie und zeigte alle ihre weißen Zähne dabei.

„Guten Tag, ich heiße Silke", sagte die Reiterin und streckte Reni die Hand entgegen, „du hast die ganze Zeit aufgepaßt bei unserem Gestümpere. Ist dir nicht schwach geworden? Dein Bruder sagt, du reitest seit Jahren, und wie!"

„Wie denn?" fragte Reni geniert. Sie hatte das Mädel unsympathisch finden wollen und stand nun ein wenig hilflos vor deren freundlicher Zutraulichkeit. Vielleicht aber wollte die andere sich nur einschmeicheln?

„Großartig", sagte Christian nebenbei und putzte mit seinen ausgezogenen Handschuhen an den Stiefeln herum, schlug den Staub davon ab, erst rechts, dann links, dann hinten. „Reni wird mal eine ausgezeichnete Geländereiterin werden und alle Lorbeeren einsammeln, die es dafür gibt. Vielleicht keine solche Kanone in der Dressur wie du, Silke ..."

„War ich gut heute?" fragte Silke sofort. „Ich hatte das Gefühl, als zöge Elfi ihre Hufe durch eine zähe Masse."

„I wo! Im Gegenteil! Wenn man Elfi überhaupt so weit bekommt, daß sie vorwärts reitet – weißt du, man muß ihr gleich anfangs ..." Und nun verloren sich die beiden in ein endloses Gespräch über Elfis gute und schlechte Eigenschaften, so daß Reni erst die Ohren spitzte und dann langsam unwillig wurde. Diese Fachsimpelei! Sie schlenderte die Stallgasse entlang bis zur Tür und trat in den grellen Sonnenschein hinaus. Gleich darauf – sie hatte die Voltigierkommandos gehört – rannte sie den kleinen Berg zur Halle hinunter und erkletterte wieder ihre Balustrade. In der Bahn lief jetzt Olympia, vom Reitlehrer an der Longe gehalten, rundum im Kreis, und sieben kleinere Kinder turnten an ihr.

„Na, du wirst dich doch nicht lumpen lassen", rief der Reitlehrer, als die Zweitgrößte nicht hinaufkam. Man mußte neben dem Pferd im Kreis laufen, dann die beiden Griffe des Gurtes packen und sich hinaufschwingen. „Hopp – hast du Blei im Hintern? Rauf sollst du, nicht stundenlang nebenherrennen. Das macht nur schlapp."

„Ich komme nicht – ich ...", keuchte die Kleine und ließ den Griff wieder los, an dem sie sich gehalten hatte. Der nächste Reiter, ein viel kleinerer Junge, sprang an ihren Platz, lief drei Schritte neben dem Pferd, genau im gleichen Takt mit ihm, und schwang sich dann auf den nackten Pferderücken, als habe er Flügel oder spränge doch wenigstens von einem federnden Brett ab.

„Ja, so! Siehst du! Ist alles nur ein Trick!" brummte der Lehrer. „Der nächste!"

„Ich möchte auch! Ich möchte es versuchen. Nur mal sehen, ob ich raufkomme", dachte Reni, irgendwie mitgerissen. Sie hatte jetzt Christian und Silke ganz vergessen und sah nur den gleichmäßig wippenden Rücken Olympias, hörte ihr stoßweises Schnaufen. Einmal, ein einziges Mal versuchen dürfen! Ob er schimpft, wenn ich ihn mal frage? Sie traute sich nicht. Sie war angespannt, immer ballten sich ihre Hände, wenn eins der Voltigierkinder dort unten den Griff des Gurtes packte, immer spannten sich ihre Beinmuskeln, wenn eine absprang. Da, hopp! Die Größte war oben, der Reitlehrer winkte, die nächste lief hinzu, neben dem Pferd her, faßte mit der rechten Hand die Rechte der anderen, die diese ihr hinter dem Rücken herum entgegenstreckte.

„Eins – zwei – drei – hopp!" zählten die beiden, und bei „Hopp" war die zweite auch oben, saß hinter der anderen. Eine Runde Galopp verschnauften sie. Dann zog die zweite ihre Füße an, suchte hinter der ersten Halt auf dem Pferderücken, hielt sich an den Schultern der anderen fest, richtete sich allmählich auf und stand nun, erst unsicher und schwankend, dann sicherer. Olympia galoppierte ruhig wie ein Automat – nein, anders. Wie ein Pferd, das weiß, es kommt darauf an, daß die kleine krabbelnde Fracht auf dem Rücken nicht durch eine plötzliche Bewegung ins Rutschen und Purzeln kommt. Reni sah hingerissen zu.

Wirklich, jetzt stand das kleine Mädel hinter dem größeren aufrecht, eine ganze Runde lang. Jetzt breitete es die Arme aus, hielt sie waagerecht von sich gestreckt, die größere ebenso, und gleich darauf rutschte die kleine wieder in den Sitz, sprang ab, die andere auch. Als nächster war schon der größte Junge wieder am Pferd. Man konnte kaum so schnell mitkommen mit dem Gucken, so flott wurde voltigiert.

„Menschenskind, die können das aber", sagte Reni halblaut, als sie merkte, daß Christian neben sie trat. Er war nicht allein, Silke und das andere Mädchen – Renate hieß es, das erfuhr Reni später – gesellten sich auch zu ihnen. Alle drei stützten die Arme auf die Brüstung und verfolgten mit Reni die Turnerei da unten in der Halle.

„Schön", sagten sie, oder: „Na, das ging schief!", wenn's mal nicht so klappte. Nach einer Weile meldete Renate, sie habe Durst. Christian mußte mit ihr gehen, und sie kamen zunächst nicht wieder. Gleich darauf rief jemand nach dem Reitlehrer, er wurde am Telefon verlangt.

„Von auswärts!" Sonst durfte er in der Stunde nicht gestört werden. Ärgerlich sah er auf, entdeckte Silke auf der Balustrade und winkte ihr zu.

„Komm runter!"

Ach, wie gern wäre Reni an ihrer Stelle gewesen!

„Kannst die Olly laufen lassen, aber nur einfache Übungen, verstehst du!" Er verließ mit eiligen Schritten die Halle. Da stand Silke nun mitten in der Lohe, hatte Longe und lange Peitsche in der Hand und wackelte lachend damit.

„Wer nicht gehorcht, kriegt eins damit ab, verstanden? Los, Ulli, ran! Nur einfache Übungen, hat er gesagt!"

„So eine Gelegenheit kommt nicht wieder", dachte Reni und hatte sich schon über das Geländer geschwungen. Bums, landete sie in dem weichen, dunkelbraunen Torfmull. Schnell, schnell, sie mußte sofort aufs Pferd, damit sie wieder unten war, wenn der Reitlehrer zurückkam. In drei Sprüngen war sie in der Reihe der Voltigierkinder und lief, als Silke wieder „Die nächste!" rief, einfach los, an das Pferd heran. Sie machte es gleich zu Anfang falsch, rannte hinter dem Pferd her – man muß, wenn man Kraft sparen will, an der Longe entlang zum Pferdekopf laufen.

„Nanu?" fragte Silke halblaut, als sie Reni am Pferd sah, und lachte. „Aber schnell, ehe die Brandung wiederkehrt!" Sie hatte genau gemerkt, was hier gespielt wurde. „Fest abspringen und Hintergestell hoch!"

„Ich komme nicht hoch! Laß es mich erst mal am stehenden Pferd probieren!" keuchte Reni.

„Das ist viel schwerer", rief Silke,

„nein, im Galopp, oder hast du Angst?"

„Angst, ich?" Reni sah nur noch rot, vor Anstrengung, wilder Entschlossenheit und Ärger über diese Frage. Sie faßte die Griffe erneut, sprang mit beiden Füßen ab, duckte sich vorn und warf die Beine hinten hoch, ähnlich wie bei Barrenübungen. Und siehe da, die Geschwindigkeit des Pferdes riß sie mit, sie landete mit gegrätschten Beinen auf dem Pferd, zwar ein bißchen weit hinten, das aber ließ sich ausgleichen. Sie rutschte schnell ein Stück vor. Es war anders als auf den Ponys, der Pferderücken war breiter, glatter, irgendwie flacher, und obwohl Olympia galoppierte, spürte sie fast gar nichts.

„Na, siehst du. Und nun: rechtes Bein überschlagen, so, ja." Reni saß im Damensattel, hob das Bein zurück, schlug das linke nach rechts. Hallo, das war wackliger, sie schwankte und hob es schnell wieder zurück in die gewohnte Lage. Und dann packte sie die Griffe wieder, warf die Beine hinten hoch und landete auf der Erde, erst auf den Füßen, dann, sie wußte nicht, warum, auf dem Allerwertesten. Da saß sie, und alle lachten über ihr verblüfftes Gesicht.

Reni lachte von Herzen mit. Sie sprang auf, putzte im Laufen an ihrem Hosenboden herum und kletterte atemlos die kleine Leiter wieder hinauf, die auf die Zuschauertribüne führte. Gerade wurde die schwere Bandentür aufgeschoben, und der Reitlehrer kam zurück. So ein Glück, daß sie wieder oben war!

„Hattest du es noch nie probiert?" fragte Silke sie, als der Reitlehrer die Longe wieder hielt und Silke neben Reni trat. Reni schüttelte den Kopf, noch immer heftig atmend.

„Geht gut, wenn man den Trick raushat, ja? Anfangs strengt man sich viel zu sehr an."

„Wir müssen heim, Reni!" mahnte Christian. Reni hatte gar nicht gemerkt, daß er wieder neben ihr stand. Sie zog einen Flunsch.

„Immer, wenn's schön ist, muß man heim."

Aber sie gehorchte.

„Wiedersehn, Silke. Fein, daß du mich hast mitmachen lassen! Ich wär' so gern immer dabei!"

Sie traten in die Hitze des Sommertags hinaus. Christian hatte sein Rad hinter der Halle abgestellt, Reni ihres daneben geworfen. Es war Mutters. Sie hob es auf, der Lenker war verbogen.

„Gib her!" Christian nahm das Vorderrad zwischen die Knie und bog die Lenkstange zurück in ihre alte Lage. „Da. Hast du übrigens gefragt, ob du es haben darfst?"

„Mutter gefragt? Nein", sagte Reni halb lachend, halb trotzig. Christian merkte wirklich alles. Er sagte nichts weiter, sie stiegen auf, fuhren nebeneinander den festgetretenen Grasweg am Sprunggarten entlang, der großen Straße zu. Die Hindernisse leuchteten bunt in der Sonne. Reni sah sie an, während sie neben Christian herradelte.

„Springt ihr schon hier draußen?"

„Manchmal. Einmal hab' ich drei Hindernisse hintereinander springen müssen, mit Fruchtähre."

„Und?"

„Sie tat es. Fruchtähre springt, sie verweigert eigentlich nie. Aber sie kommt ins Jagen. Das ist ein vertracktes Gefühl, sag' ich dir, wenn das Pferd unter dir immer schneller wird und du merkst, es geht dir aus der Hand. Deshalb ließ er mich auch gleich drei Hindernisse springen und in Richtung Heimat, also auf den Stall zu. Das letzte war das blauweiße, dahinten..." Er deutete zurück. Reni sprang ab, um sich die Stellung der Ricks zueinander richtig ansehen zu können. Christian war ebenfalls abgestiegen.

„Hattest du auch Lampenfieber?" fragte sie nach einer Weile.

„Wieso auch?"

„Na, ich hatte welches, und nicht zu knapp."

„Mir hat mal ein Reiter gesagt", erzählte Christian, nachdem sie beide wieder aufgestiegen waren, „ein Turnierreiter, verstehst du, also einer, der schon mitreden kann: ‚Bei jedem neuen Pferd, auf das ich steige, macht es hier' – und er schlug sich auf die Brust – ‚bumm bumm. Und wenn es das mal nicht mehr macht, dann könnt ihr mich begraben.'"

„Wirklich?"

Reni schwieg eine Weile. Dann sagte sie leise: „Christian, ich möchte..."

„Ich weiß", unterbrach er sie, „aber du wirst wohl nicht so hirnverbrannt dumm und verrückt sein und Vater jetzt damit kommen. Jetzt, nachdem er dir, rührend und spendabel, Muckel geschenkt hat, weil du zu groß wirst für die kleinen Ponys."

„Mir? Uns allen wohl", sagte Reni heftig. Christian sah sie an. „Wahrscheinlich vor allem mir", sagte er spöttisch. Natürlich war er zu groß für die Ponys, das wußte auch Reni. Trotzdem ärgerte sie sich.

„Ja du, du Armer! Immer wirst du benachteiligt! Seit einem Jahr darfst du zweimal die Woche reiten."

„Und du? Du reitest jeden Tag, und auf eigenen Pferden."

„Ponys", verbesserte Reni wütend.

„Ja und? Ist das etwa weniger? Ich dachte, die Ponys wären dein ein und alles?" fragte Christian langsam.

„Sind sie auch. Aber ich möchte..."

„Ich möche, möchte, möchte! Und wenn Vater dich auf die Pferde läßt, dann möchtest du in einem halben Jahr auf Elefanten!"

„Du bist gemein!" schrie Reni. Irgend etwas stimmte an dem, was Christian gesagt hatte, aber natürlich nicht alles. Nein, es stimmte überhaupt nichts! Es war häßlich, sich aufs hohe Pferd zu setzen – hier stimmte diese Redensart wörtlich. Und sie, sie mußte sich damit zufriedengeben, ein bißchen auf der Wiese zu reiten und alle drei Tage vielleicht einmal springen zu dürfen. „Ich sag' es Vater, wie gemein du bist, wie gemein, niederträchtig, mich auch noch zu verhöhnen!"

„Und wenn ich ihm dann sage, wo du heute warst?" sagte Christian drohend. „Denkst du vielleicht, er freut sich, wenn er hört, daß du von den Ponys nichts mehr wissen willst und beispielsweise den Muckel gar nicht reiten magst, weil er dir Schwierigkeiten macht? Du wirst mit dem Muckel nicht fertig, ich hab' es doch gesehen!"

„Was, ich, mit dem Muckel? Und Vater willst du das sagen?" Reni fühlte, daß sich ihre Brust mit Empörung füllte wie mit einer heißen Masse. „Vater willst du mit so was kommen? Bei Vater mich verpetzen? Du – du!"

„Na? Was denn? Wenn man die Wahrheit sagt, ist das noch lange nicht gepetzt. Aber wer mit Ponys nicht fertig wird, gehört nicht auf große Pferde, das ist meine Meinung."

Christian war nun auch wütend geworden. Es ärgerte ihn schon lange, daß Reni dauernd nach dem Reitverein schielte, er fand sie undankbar und häßlich. Freilich, er hatte gut reden: Er ritt im Reitverein. Aber er konnte doch wahrhaftig nichts dafür, daß er für die Ponys zu lang war!

„Als ich so alt war wie du, ritt ich überhaupt noch nicht", sagte er noch. Es war friedlich gemeint, Reni aber brachte es um alle Vernunft.

„Darauf hab' ich gewartet! Genau wie die Erwachsenen, die immer sagen: Werd' erst mal so alt wie ich! Damit ist alles abgetan, damit schlagen sie uns immer und immer aus dem Feld..."

„Außer Vater", sagte Christian leise. Reni wußte genau, daß er damit recht hatte, jetzt aber war ihr alles gleich.

„Ach, immer Vater, Vater! Vielleicht bildest du dir ein, du spieltest bei ihm die erste Geige, weil du sein richtiger Sohn bist und ich nur..."

„Reni!" rief Christian. Es klang warnend, überrascht. Er hob die Hand dabei, als könnte er Renis nächste Worte damit zurückhalten. Reni aber war jetzt ganz außer sich.

„Ja, und ich kann gefälligst warten, bis für mich mal gnädig was abfällt! Bis ich größer bin. Und ein Junge werde ich doch nie, also wirst du immer der Goldsohn bleiben!"

Sie schwieg. Christian schwieg auch. Renis Worte hingen noch in der Luft, während sie dastanden und einander anstarrten, über die Fahrräder hinweg, Reni rot vor Wut, Christian blaß. Jetzt erst fiel ihr auf, daß er blaß geworden war, und sie erschrak. Er sah anders aus als sonst, älter und tiefernst. Sie sah seine Augen: Vaters Augen, zum erstenmal ging ihr das richtig auf. Sie hatte Vater geliebt, seit sie denken konnte, blind und ohne zu überlegen, eifersüchtig und besitzergreifend. Immer hatte sie bei ihm die Erste, die Beste sein wollen, und im Grunde glaubte sie auch, das zu sein. Jetzt aber sah sie plötzlich die Ähnlichkeit zwischen Vater und Sohn. Vaters Augen hatte Christian, seine Augenbrauen, wenn auch noch nicht so buschig, aber genauso geformt: erst waagerecht und dann an den Schläfen leicht ansteigend. Und Vaters Hände hatte er, auch seine Handschrift, ohne sie gewollt nachzuahmen.

Reni brach in Tränen aus. Das kam so plötzlich und überraschend, daß sie blindlings nach ihrem Fahrrad griff, aufsprang und davonfuhr, während ihr die Tränen wie eine Flut das Gesicht überschwemmten.

„Reni!" hörte sie Christian hinter sich rufen. Sie drehte sich nicht um. Sie bog in die nächste Straße hinein, die sie sonst nie fuhren, erreichte die nächste Ecke, ehe Christian ihr nachkam. Sie riß das Rad über den Bürgersteig in einen Hausflur hinein. Hier stand sie, in der Dämmerung an eine fremde Hauswand gelehnt, und weinte wie noch nie in ihrem Leben.

Reni hatte schon oft heftig geweint, die Tränen kamen und gingen bei ihr wie Gewitter im Mai. Beneidenswert, nannte das Tante Mumme, die sich schwerer tat, wenn sie traurig war.

Aber immer, wenn Reni bisher in ihrem jungen Leben geweint hatte, saß unweigerlich zutiefst in ihr die Erkenntnis: „Wenn alle Stricke reißen, ist Vater da, er wird mir helfen. Er kann alles, er weiß alles. Ich muß nur hingehen und ihm alles sagen." Vater stand immer als Schutz und Hilfe bereit, wenn sie weinte, auch dann, wenn sie diesen Schutz und diese Hilfe nicht beanspruchte. Sie könnte es doch, und das wußte sie. Mit manchem Kummer war sie dann selbst fertig geworden. Mit manchem nicht, und da hatte sie sich eben an Vater gewandt.

Heute aber, das wußte sie ganz klar, konnte Vater nicht helfen. Christian war Vaters Sohn und sie nicht seine Tochter; kein Mensch der Welt konnte dies ändern. Nie würde sie zu Vater gehören wie Christian, fraglos und sicher. Sie krümmte sich, verbarg ihr Gesicht in der Armbeuge.

Daß es andersherum gewesen war, daß sie Christian Vorwürfe, ungerechte Vorwürfe gemacht hatte, wußte sie gar nicht mehr. In ihrem wilden Schmerz hörte sie nur noch, wie er „Vater!" gerufen hatte, so besitzessicher, so höhnisch ...

Es dauerte wohl eine Stunde, bis sich Reni soweit gefaßt hatte, daß sie sich aus ihrem Versteck heraustraute. Sie äugte vorsichtig auf die Straße: niemand da. Natürlich nicht. Wenn Christian gewußt hätte, wo sie sich versteckt hatte, wäre er längst nachgekommen. Sie hob, noch schluchzend, ihr Rad über die Schwelle, schob es auf die Straße und stieg auf, fuhr in entgegengesetzter Richtung los. Ohne groß zu überlegen, machte sie einen weiten Umweg, so daß sie schließlich von der anderen Seite wie üblich am Heim ankam. Behutsam lehnte sie das Rad gegen den Koppelzaun, schwang sich darüber und schlich zum Schuppen.

Wo waren Erika und die Heimkinder? Man hörte nichts. Ach so, Tante Thea hatte sie heute wahrscheinlich wie an jedem ersten Tag in den Aufenthaltsraum geholt und ließ sie dort die erste Karte nach Hause schreiben. Für die Kleinsten schrieb sie selbst. Das geschah immer so, damit die Eltern zunächst einmal wußten, daß ihre Kinder gut angekommen waren.

Erika war sicher nicht mit dort. Wenn nur Mutter nicht gemerkt hatte, wie lange sie, Reni, fort war!

Die Ponys standen im Stall, jedenfalls der Graf, die Gräfin und das Fohlen. Reni seufzte erleichtert, gleich darauf aber fiel ihr ein, daß Muckel nicht da war. Sie trat aus der Tür, und im selben Augenblick entdeckte sie Erika am Hang, weit oben am Waldrand, Muckel neben sich. Sie winkte.

„Hallo!" rief Reni hinauf. Es klang heiser und rostig. Das Heulen hatte ihre Stimme verdorben.

Erika winkte zurück. Reni setzte sich in Trab und lief ihr entgegen.

„Gott sei Dank, daß du kommst", japste Erika, als sie einander erreichten. Reni sah, daß Erika Muckel ohne Halfter hielt, nur an der Mähne.

„Warum führst du ihn denn hier spazieren?" wunderte sie sich. Erika sah sie anklagend an.

„Spazieren? Weg war er, und ich renne seit zwei Stunden hinter ihm her."

Sie sah auch danach aus. Einen Schuh hatte sie verloren.

„Er liegt dort drüben. Ich kann den Kerl doch nicht loslassen. Aber gehn tut er auch nicht weiter, keinen Schritt. Ich bin froh, daß ich ihn bis hierher gezerrt hab'."

Ihre Beine waren von Brombeerranken zerkratzt und zerrissen. Reni holte den Schuh.

„Komm her, du Ausreißer." Sie sah sich um, fand nichts Geeignetes und zog dann rasch entschlossen mit einem „Moment mal!" den Gürtel von Erikas Sommerkleid aus den Schlaufen. Irgend etwas mußte man Muckel um den Hals legen und ihn dran führen, dann lief er mit wie ein Lamm. Das hatte sie schon ausprobiert. Auch jetzt. Kaum fühlte er den Gürtel um Mähne und Kehle, da setzte er sich artig in Trab neben den beiden Mädeln her den Hang hinunter.

„Hat Mutter gemerkt, daß ich fort war?" fragte Reni.

„Ach wo, Mutter ist doch mit Brüderchen zum Impfen, weißt du das nicht? Ich wollte eigentlich mit, deshalb hab' ich ja auch ein Kleid an und keine Turnhose. Aber ich sagte dann zu Mutter, ich wollte lieber auf die Ponys aufpassen."

„Und da ist sie fort, ehe sie gesehen hat . . ."

„Daß er weg war? Ja."

„Und nach mir hat sie nicht gefragt?"

„Doch. Aber ich hab' gesagt, du wärst in die Stadt, weil du ein Ventil brauchst, für dein Hinterrad."

„Gut, gut." Reni atmete auf. Das also war in Ordnung, wenigstens das . . .

„Wir müssen unbedingt mit Gusti sprechen, ich weiß mir gar nicht zu helfen", jammerte Erika, während sie Muckel zur anderen Hüttentür in den Verschlag bugsierten, in dem verschiedenes aufgehoben wurde, was man nicht herumstehen lassen wollte: Spaten und Sense, Vorschlaghammer und Nagelkasten. Den nahmen sie vorsorglich weg, damit Muckel ihn nicht herunterwarf. Erika klappte die Tür zu und schob den Riegel davor.

„So, du Sakramenter. Aber Tag und Nacht kann er ja nicht da drin bleiben. Ponys brauchen Auslauf. Christian könnte wirklich mal an den Zaun gehen und ihn höher machen."

„Jaja", sagte Reni, in Gedanken schon wieder an ihrem wunden Punkt. Natürlich könnte Christian ihnen endlich mal helfen, Muckel sicher einzufrieden. Aber der, der kümmerte sich um die Ponys überhaupt nicht mehr. Daß sie selbst es nicht besser machte, wurde ihr in diesem Augenblick gar nicht klar. Sie setzte sich neben Erika ins Gras, während sie aus dem Tiefsten heraus seufzte:

„Weißt du, Brüder machen manchmal Kummer!"

3. Kapitel

„Schief!" rief Erika.

Reni sprang von ihrem Hocker herunter, ärgerlich, wieder am Ende ihrer Geduld. Sie hatten für die Heimkinder ein Spiel einrichten wollen, Erika und sie: Hüpfball. Dazu brauchte man eine Schnur, die man in ziemlicher Höhe spannen mußte, und das gelang ihnen überhaupt nicht. Das eine Ende hatten sie an einem Fenster des Hauses angebunden, das andere aber mußte an irgendeinen Pfosten mitten im Hof kommen. Hier konnte man keine Pfosten eingraben. Deshalb hatten sie den Hochsprungständer aus der Turnhalle hergeschleppt, er war aber nicht hoch genug. Die Schnur lief schief. Reni ärgerte sich.

„Dann lassen wir es eben", brummte sie. Erika sah sie nachdenklich an.

„Du, Reni, wollen wir den Kindern nicht lieber Ringtennis zeigen? Dazu braucht die Schnur nicht so hoch zu sein, und der Ständer reicht bestimmt. Meine Eltern haben mir doch etwas Geld mitgegeben, daß ich mir hier was kaufen kann, dafür kaufe ich dann ein paar Tennisringe für die Heimkinder."

„Wir hatten auch mal einen", sagte Reni. „Vielleicht finde ich ihn sogar.

Wie viele können denn mit so einem Ring spielen?"

„Sechs", sagte Erika eifrig, „man kann zu zweit, zu viert und zu sechst spielen. Wenn ich nun drei Ringe kaufe, und deiner findet sich dann auch noch ..."

„Hm. Das wäre sogar noch besser als Hüpfball. So viele Bälle hätten wir gar nicht gehabt. Komm, los, wir suchen."

Es fanden sich sogar noch zwei Tennisringe. Tante Mumme hatte gerade gestöbert und gab sie den Mädchen, als diese vorsichtig fragten. Erika nahm sie glücklich in Empfang.

„Wenn ich jetzt noch drei dazukaufe, können dreißig Kinder spielen, das langt erst mal."

Reni war einverstanden. Nun galt es, noch eine Schnur zu spannen, aber das machte keine großen Schwierigkeiten, weil sie ja niedriger hängen mußte. Als der Doktor am Abend mit dem Auto in den Hof einbog, sah er spielende Kinder und fliegende Ringe, und Reni und Erika standen mittendrin und kommandierten und zählten, feuerten an oder trösteten.

„Wer hat sich denn das ausgedacht?" fragte er freundlich, als Reni und Erika angestoben kamen, um ihn zu begrüßen.

„Erika!" rief Reni, und „Reni!" Erika. Der Doktor lachte, und die beiden mußten auch lachen.

„Also ein Gemeinschaftswerk", sagte Vater, „das gefällt mir. Und wie ist es, habt ihr heute abend etwas vor? Oder fahrt ihr euern alten Vater ein Stück mit den Ponys spazieren?"

„Klar, machen wir!" rief Reni, und Erika wollte sofort losrennen, um einzuspannen.

„Halt, erst wird gegessen. Ich hab' einen Mordshunger. Ist Christian da?"

„Weiß nicht." Reni zuckte die Achseln und lief hinüber zu der Gruppe Kinder, die gerade ihre Schnur vom Ständer gerissen hatte. „Wartet, ich mach' sie euch wieder ran, oder nein, wir müssen aufhören. Es gibt gleich Abendbrot. Räumt ein, los!" Sie klatschte in die Hände.

„Und du, Erika, weißt du auch nicht, wo er ist?" fragte der Doktor halblaut. Erika wurde rot.

„Doch. In seiner Stube." Mehr sagte auch sie nicht. Der Doktor schüttelte ein wenig den Kopf, aber er schwieg.

Es nützte ja nichts. Außerdem: Kinder zanken sich und versöhnen sich, richtige Geschwister auch. Immerhin, es dauerte jetzt schon ziemlich lange, daß diese blöde Sache da lief.

Mutter hatte es vielleicht gar nicht gemerkt. Auch Tante Mumme nicht. Bei Tisch taten alle drei, als wäre gar nichts los. Sie waren sogar ein bißchen höflicher zueinander als sonst. Der Doktor aber merkte genau, daß etwas querlag, und machte sich so seine Gedanken.

„Wir fahren heute abend noch ein Stück mit dem Ponywagen, Christian", sagte er wie von ungefähr, „kommst du mit?"

„Ja, gern. Wie lange denn?"

„Warum fragst du?" sagte der Vater und war sehr beschäftigt mit dem Zerteilen seines Gurkenbrotes. Christian sagte: „Ach, ich bin gerade in einer Matheaufgabe, die ich gern noch rausgekriegt hätte. Aber einspannen tu' ich mit, der Graf ist jetzt manchmal etwas schwierig."

„Wir werden schon fertig mit ihm", sagte Reni schnell, ein wenig zu schnell. Sie hörte es selbst. Deshalb setzte sie noch hinzu: „Aber es ist sehr freundlich von dir, wenn du uns helfen willst."

„Nanu, was ist denn los mit unserem

Dreigestirn?" fragte Mutter nach Tisch, als sie mit Vater hinüberging zu Brüderchen, das schon schlafen sollte. Vater ging jeden Tag nach dem Abendbrot zu dem Kleinen und sah ihn an.

„Hast du es auch gemerkt?" sagte Vater und beugte sich über seinen Jüngsten. „Gut sieht er aus, und zugenommen hat er auch wieder? Und die Impfstelle ist ordentlich verheilt?"

„Ja, ganz. Es war ja nur eine angegangen. Hast du mal gefragt, was da gespielt wird?"

„Nein, und ich will auch nicht fragen. Ich glaube, es ist besser, wir halten uns raus. Reni sieht schlecht aus, findest du nicht?" fragte er und sah Mutter an. Sie erwiderte seinen Blick.

„Hm, ja. Heute aber war sie nett, hat sich den ganzen Nachmittag mit den Kindern beschäftigt, von selbst."

„Und sonst? Ist sie sonst nicht nett?"

„Nein, wenn du mich schon fragst. Unruhig, zerfahren, auch gleich auf hundertachtzig. Vielleicht wächst sie wieder."

„Natürlich, daran kann es auch liegen." Vater nahm Mutter in die Arme und ging mit ihr aus dem Zimmer.

Drunten im Hof rief Erika: „Fertig eingespannt!"

„Jaja, ich komme."

Graf und Gräfin standen vor der kleinen Kutsche, das Fohlen war mitgelaufen und schnupperte an Vaters Hand, als er es streicheln wollte. Vergnügt setzte er sich in der kleinen Kutsche zurecht.

„Nun schmeißt aber nicht um. Wer kutschiert?"

„Ich, Vater", rief Reni und sprang auf den Bock. Erika stieg zum Doktor hinein.

„Und Muckel? Wo habt ihr den?"

„Im Stall. Er reißt vielleicht aus, wenn wir die anderen nehmen."

„Könnte Reni nicht mal auf ihm reiten?" fragte Vater. Reni drehte sich um.

„Warum?" fragte sie. Es klang aufmerksam.

„Nun, weil du doch gern reitest", sagte der Doktor unbefangen. Reni überlegte, dann sagte sie:

„Er und der Graf sind noch nicht sehr einig. Aber vielleicht geht's. Hier, Erika!"

Sie gab Erika den Zügel und flitzte zum Schuppen hinauf. Erika war etwas erschrocken, sie durfte nicht oft kutschieren, und wenn, dann nur, wenn Christian oder Reni neben ihr saßen. Jetzt lenkte sie die beiden Pferdchen einmal vorsichtig im Schritt um den Spielplatz und ließ sie dann, als alles gutging, antraben. Ihre Backen glühten, aber man sah, daß sie sich freute.

„Gut machst du das, geliebte Wahltochter", brummte der Doktor, „und nun wollen wir mal sehen, wie die beiden feindlichen Brüder einander begegnen."

Reni hatte Muckel aufgezäumt und führte ihn die abschüssige Wiese hinunter in den Hof. Dort angekommen, sprach sie mit ihm, klopfte seinen Hals und saß dann auf. Erika war mit ihrem Gespann gerade auf der gegenüberliegenden Seite des Hofes, sie sah fragend zu Reni hin. „Soll ich kommen?"

„Ja, los. Wir müssen halt sehen, was passiert."

Reni ließ ihr Pferdchen im Schritt gehen und wartete das Herankommen der Kutsche gespannt ab. Muckel schnaubte, ruckte mit dem Kopf. Sie trieb ihn, daß er zu traben anfing, und dann tat sie instinktiv, was hier das einzig Richtige war: sie wendete ihn und ließ ihn vor der Kutsche herlaufen, rings um den Spielhof, im Trab. Erst wollte er andauernd zurück, dann gehorchte er ihren Hilfen. Sie trieb weiter, er fiel in Galopp.

„Na also, das geht ja wunderbar", lobte der Doktor. Da war es schon geschehen.

Muckel bockte, ging hinten und vorn hoch, drehte sich, Reni versuchte, oben zu bleiben, aber es gelang ihr nicht. Jeder Bocksprung war höher als der vorhergehende. Zuletzt stand Muckel, Kopf zwischen den Vorderbeinen gesenkt, und haute mit beiden Hinterbeinen so lange nach oben aus, bis Reni im Bogen herunterflog. Kaum war sie unten, sauste Muckel auf die Kutsche zu. Im nächsten Augenblick bissen und schlugen sich die beiden, Muckel und der Graf. Geschirr fetzte, Erika schrie – aber da stand Reni schon wieder und riß ihren Fuchs zurück. Vater war mit erstaunlicher Behendigkeit aus der Kutsche gesprungen und hatte den Grafen am Halfter erwischt.

„Wirst du wohl!" Klatsch, klatsch, hatte der Graf ein paar Ohrfeigen erwischt, und Reni, in einer plötzlichen Erkenntnis, daß Strafe im richtigen Moment mitunter auch bei Tieren Wunder wirken kann, machte es beim Muckel genauso. Sie traf sogar, und es waren gepfefferte Backpfeifen, die er bekam.

Alle waren verblüfft, als sie sahen, daß die beiden Streithähne jetzt brav wie die Lämmer standen, mit auf- und abgehenden Flanken zwar, aber bockstill.

„Hoppla", sagte Reni. Erika, die vor Aufregung geschluchzt hatte, als wären beide schon tot, wischte sich mit dem Handrücken über Augen und Nase und schniefte tief durch.

„So, nun versuchen wir es noch mal", sagte Reni energisch und zog ihren Muckel ein Stück vorwärts. Dann saß sie wieder auf.

„Fahr hinterher, aber achte immer auf mich!" rief sie Erika zu. Inzwischen war Mutter, die vom Fenster aus zugesehen hatte, auch angelaufen gekommen und sprang zu Erika in die Kutsche.

„Du nicht, Paul, bitte! Wir versuchen es erst mal!"

Er lachte und nickte ihr zu. Mutter nahm Erika die Zügel nicht aus der Hand, sondern saß nur wachsam daneben. Sie fuhren eine Runde und eine zweite, dann machte Mutter Erika ein Zeichen, daß sie bei Vater halten sollte.

„Steig ein, es geht gut", sagte Mutter halblaut. Er gehorchte. Wirklich, auch die nächste Runde ging glatt.

„So, genug für heute. Nun bringt erst mal Muckel hinauf in den Stall! Laßt ihn ruhig den Berg hinaufgaloppieren und auch dort noch eine kleine Weile laufen, er ist gar zu übermütig", riet sie. Reni tat, wie sie sagte, und Muckel ging wie das Donnerwetter bergauf und ließ sich ein paarmal um den Schuppen jagen. Reni parierte ihn dann zum Schritt durch, schließlich führte sie ihn ein Stück. Er war kaum naß. Andere Ponys hätten sich halb totgeschwitzt bei dieser Leistung. Erleichtert schob Reni den Riegel vor, nachdem sie ihm noch Zucker und Mohrrüben gegeben und ihn in den Stall gestellt hatte. Dann aber setzte sie sich erst mal hinterm Schuppen, wo die anderen sie nicht sehen konnten, ins Gras. Teufel noch mal, ihre Hände zitterten, und der Mund war ganz trokken, so hatte sie sich angestrengt und aufgeregt. Das aber durfte keiner wissen.

Erst als sie Erika rufen hörte: „Reni, Reni! Soll ich kommen?", stand sie auf, bückte sich schnell und trank einen Schluck Wasser aus der hohlen

Hand. Der Eimer für die Ponys war immer gefüllt. Sie lief hinunter. „Ich komm' ja schon! Alles in Ordnung!"

„Stimmt das auch?" fragte Vater, als sie ihren Lauf neben der Kutsche bremste. „Nichts getan? Schädelbruch oder so was Niedliches?"

„Paul, sag das nicht", mahnte Mutter nervös, Reni aber schüttelte den Kopf. „Und jetzt?"

„Jetzt fährst du uns noch ein Stück; nur hier im Hof rundherum, da kriegt man ja den Drehwurm. Wollen wir zur ‚Schönen Aussicht'?"

Das war ein nettes kleines Lokal, etwa eine halbe Stunde vom Heim entfernt, wo man draußen sitzen konnte. Reni stieg auf und nahm die Zügel.

„Hast du dir wirklich nichts getan?" fragte Erika halblaut, als sie ein Stück gefahren waren und merkten, daß Vater und Mutter sich unterhielten. Beide Mädchen saßen vorn.

Reni schüttelte wieder den Kopf.

„Geschürft, hier, am Ellbogen. Aber nicht schlimm. Paß auf, jetzt kriegen wir ihn klein, den Wüterich!"

Erika nickte. Himmel, nicht um die Welt würde sie sich je wünschen, auf Muckel steigen zu müssen. Hoffentlich kam niemand auf die Idee, es ihr anzubieten.

Graf und Gräfin liefen wie geschmiert, und das Fohlen hoppelte nebenher.

„So was müßten wir öfter machen", sagte Vater zufrieden. „Schade, daß Christian nicht dabei ist."

Die Mädchen schwiegen. Sie schwiegen so hörbar, daß Mutter nach einer kurzen, erst erwartungsvollen, dann enttäuschten Stille meinte, irgend jemand müßte jetzt etwas sagen. Und da alle schwiegen, sei es wohl an ihr.

„Ja, schade. Aber die Kutsche ist halt nur ein Viersitzer."

„Und ich gelte für zwei – na, für anderthalb", sagte Vater lächelnd.

Dann wurde nichts mehr davon erwähnt.

„Reni, du sollst mal zu Vater kommen", sagte Tante Mumme im Vorbeigehen.

„Ja?" fragte Reni. Sie wollte es so fragen wie sonst, aber der Schrecken war unüberhörbar. Dabei hatte sie doch nichts auf dem Gewissen, jedenfalls nichts, was Vater ahnen konnte, oder?

Ach ja, Vater ahnte das meiste, genau wie Christian. Bums, da war er, der Gedanke, den sie sonst immer umging. Um ihn handelte es sich bestimmt. Vater würde fragen, warum sie mit Christian im Streit läge oder so was Ähnliches. Während sie langsam zu Vaters Zimmer ging, überlegte sie, wie sie sich verteidigen sollte.

Er hatte nicht gepetzt. Aber vielleicht würde er noch. Immerhin, man kann ja nicht gut jemanden anklagen, weil er vielleicht einmal petzen wird. Andererseits war es natürlich gemein von ihm, sie so unter Druck zu halten: „Ich habe dich in der Hand. Wenn ich will, sage ich es." Wiederum aber konnte er ja nichts weiter sagen, als daß sie vor einiger Zeit einmal im Reitverein zugeguckt hatte. Von ihrem heimlichen Voltigieren wußte Christian nichts, oder doch? Aber das war ja auch nicht so ein Verbrechen!

„Ja, Vater?" fragte sie, nachdem sie die Tür seines Zimmers bemerkenswert leise hinter sich zugezogen hatte. Vater saß an seinem Schreibtisch und legte ein Papier aus der Hand.

„Na, so schüchtern? Gibt's was?" fragte er, nahm die Brille ab und gab seinem Drehstuhl einen Schwung. Dann winkte er Reni zu sich.

„Ich wüßte nicht", sagte Reni zögernd.

„So, und die Sache mit Christian? Behoben?" fragte er leise.

Also doch. Reni schüttelte ein wenig den Kopf. Vater zog mit dem Fuß einen Stuhl in seine Nähe und machte Reni ein Zeichen, sich zu setzen. Sie tat es. Früher hatte er sie auf den Schoß genommen, wenn er etwas mit ihr besprechen wollte. Freilich, früher war sie klein gewesen, ein kleines Kind. Die Zeit war vorbei. Reni schluckte.

Vater wartete ein Weilchen, dann atmete er tief und sagte in ganz anderem Tonfall, als Reni erwartet hatte: „Schön. Oder vielmehr nicht schön. Aber nicht zu ändern. Macht das untereinander ab. Ich habe dich aus einem anderen Grund hergerufen, Reni. Wie ist es, möchtest du im Reitverein Stunden nehmen?"

„Im . . ." Reni blieb der Mund offenstehen, während ihr eine dunkle Röte über das Gesicht flog, über Stirn, Hals und Ohren. „Im Reitverein? Richtig reiten lernen?"

„Ja. Ich dachte, es wäre vielleicht ganz gut. Neulich hast du Muckel letztlich doch den Herrn gezeigt, aber gar zu oft reitest du ihn nicht, gelt? Weil er so schwierig ist. Und da dachte ich, wenn man das Handwerk von Grund auf lernt, beherrscht man es doch besser. Na, wie ist es, hast du überhaupt Lust?"

„Vater!" Reni wußte nichts anderes zu antworten als dieses Wort. Sie war ganz außer sich vor Überraschung. Und daß sie es nicht verdiente, wahrhaftig nicht, das wußte sie genau. Aber vielleicht konnte sie es sich noch verdienen, von jetzt an, sie konnte doch ganz, ganz furchtbar lieb und brav und gefällig sein: Mutter helfen, Brüderchen hüten, wenn es sein müßte, und mit den Heimkindern spielen. Und sich mit Christian aussöhnen.

Nein, mit Christian, das war eine andere Sache. Zu ihm gehen und sagen: Was sollte sie überhaupt sagen? „Sei wieder gut!"? Unmöglich. „Ich hab' mich dumm benommen?" Auch nicht. Ach, es war eine scheußlich verfahrene Sache. Eigentlich hatte er ihr ja nichts getan und sie ihm auch nicht, nicht nur eigentlich, sondern tatsächlich. Aber wenn sie jetzt in den Reitverein durfte . . .

„Na, du mußt ja sehr lange überlegen, wie ich merke. Traust du dich nicht auf große Pferde?" fragte Vater behutsam.

„Aber, Vater, denkst du das wirklich?" Jetzt wurde Reni lebhaft. „Kennst du mich so? Ich möchte furchtbar gern . . . Vater, du . . ." Sie gab sich einen Stoß und wurde für einen Augenblick wieder die Reni von früher, das kleine Kind, das dem geliebten Vater alles sagen kann, und warf die Arme um seinen Hals. „Ich war mal dort, um zuzugucken, weißt du, und da wurde der Reitlehrer abgerufen, und in der Halle voltigierten sie gerade, und da hab' ich auch mal probiert. Niemand hat's gemerkt. Ist doch nicht so schlimm, nicht, Vater? Aber raufgekommen bin ich, beim zweitenmal!"

„Fein, Reni", sagte Vater und drückte ihren Kopf an seine Schulter. War es das? Nur das? Er fragte nicht.

„Möchtest du vielleicht lieber erst eine Weile Voltigierstunden nehmen? Am Ende ist es besser, man fängt so an?" fragte er nach einer Weile.

„Nein, Vater. Die Kinder dort sind viel kleiner als ich, viel jünger. Und ich habe durch die Ponys und die Stunden, die Mutter uns gegeben hat, doch schon eine Menge Ahnung. Mit Voltigieren anfangen sollte man, wenn man noch nie auf einem Pferd gesessen hat."

„Hm. Also richtige Reitstunden. Ich habe mich erkundigt, es fängt grade ein Anfängerkurs an. Sechs Mädchen in deinem Alter. Da dachte ich, das kommt doch wie gerufen."

„Sechs Mädchen?" Also nicht mit Christian zusammen! Reni merkte gar nicht, wie sehr sie aufatmete. „Wunderbar, Vater! Und wann geht's los?"

„Am Dienstag. Freust du dich?"

„O Vater, und da fragst du noch?" Christian ging immer Montag und Donnerstag zum Reiten. O ja, sie freute sich sehr, sehr – jetzt, da sie wußte...

Reni lief in ihre Stube, nahm das kleine, weich eingebundene Buch heraus, das Vater ihr zu Weihnachten geschenkt hatte und in dem für jeden Tag des Jahres eine ganze Seite frei war. Sie blätterte darin, bis sie den heutigen Tag fand.

Vater Reitstunde erlaubt, schrieb sie hinein, und dahinter malte sie drei ganz dicke Ausrufezeichen. Etwas vorher stand: *Vom Muckel geflogen – Kasperle gespielt – Für Tante Mumme Besorgungen gemacht* – und noch vorher *Mit Mutters Fahrrad in den RV.* RV hieß Reitverein, das war klar. Reni hatte an jenem Tag lange gezögert, was sie schreiben sollte, vielleicht fand doch jemand einmal dieses Buch, das eine Art Tagebuch war, und las dann womöglich: *Mit Christian für immer verzankt* oder *Christian gemein* oder wie sie es hätte ausdrücken wollen. Am liebsten hätte sie einen dicken Trauerrand um die ganze Seite gemalt. Noch immer stach es sie schmerzhaft ins Herz, wenn sie an diesen Tag dachte, dann aber, das war ihr von vornherein klar, würde das Datum erst recht auffallen. So begnügte sie sich schließlich damit, das Datum selbst, das von einem kleinen Viereck umrandet war, schwarz zu schraffieren. Ach, eigentlich war auch das nicht nötig. Nie würde sie diesen Tag vergessen, nie diesen Schmerz. Man konnte ihn wegmogeln, an anderes denken, so tun, als kümmerte man sich nicht darum, nebensächliche Dinge davorschieben, damit man ihn nicht sah, aber er war da, wirklich und unleugbar. Reni blätterte schnell wieder um.

Erster August – erste Reitstunde. Na, paßte das nicht wunderbar? Sie malte die Buchstaben groß und deutlich und herrlich leserlich hin. Auf einmal durchfuhr sie ein Schrecken: Erster August, das war doch ein Datum, das sie kannte? Ein wichtiges, eins, das man nicht vergessen durfte. Was war nur an diesem Tag los?

Richtig, Erikas Geburtstag! Himmel, wenn sie den vergessen hätte! So ein Buch war doch zu allerlei gut. Kein Wunder, Vater hatte es ihr geschenkt. Er war es auch, der ihr riet, jeden Tag ein paar Stichworte aufzuschreiben.

„Du weißt dann ganz genau, was an diesem Tag und in diesem Jahr losgewesen ist", sagte er. „Später kommt man mit den Erinnerungen doch durcheinander. Wenn du es tatsächlich einhältst, schenke ich dir jedes Jahr eins.

Reni schrieb nun schon das zweite Jahr auf diese Weise Tagebuch.

Erikas Geburtstag! Das erstemal hatten sie ihn zusammen gefeiert, als Reni zu Erikas Eltern kam, um dort für immer zu bleiben. Für immer ... ein halbes Jahr war sie dort, da sehnte sie sich so ins Heim und zum Onkel Doktor zurück, daß sie sich zu Weihnachten nichts anderes wünschte, als mit

Erika hier die Ferien verbringen zu dürfen. Und dann verunglückte Mutter, und später kam sie her und heiratete den Onkel Doktor.

Wie oft hatten Renis Gedanken diese Kette der Ereignisse verfolgt und sich darüber gefreut, daß nun alles gut war: Mutter hier, und der Onkel Doktor ihr Vater, und – und Christian ihr Bruder. Sie war darüber doch glücklich gewesen? Aber nun . . .

Es war schrecklich, alles lief immer zu demselben Punkt hin. Und sie wollte, wollte doch nicht mehr daran denken. Sie klatschte das Buch zu und rannte davon, in den Hof hinunter, zu Erika, die dort, die schwarze Heimkatze auf dem Arm, Brüderchens Wagen neben sich, auf der Bank im Schatten saß und las.

„Pst!" machte Erika schon von weitem und winkte ab.

Ach so, Brüderchen schlief. Na schön, sie konnten auch woanders miteinander reden. Aber es war schon so: überall und überall die Brüder! Reni entwickelte heute wahrhaftig ein Talent, sich zu ärgern.

„Dienstag hast du doch Geburtstag, Erika", sagte sie, nachdem sie Erika mit sich gezogen hatte, außer Hörweite von Brüderchen. „Sag, was du dir wünschst! Ich hab' an dem Tag Reitstunde, da können wir nachmittags nicht feiern. Ja, Vater hat mir erlaubt, im Reitverein zu reiten, denk doch! So aus heiterem Himmel. Aber grad an deinem Geburtstag. Was machen wir da?"

„Nachmittags wollte ich sowieso nicht, da ist doch Vater nie da", sagte Erika. „Aber daß du reiten darfst, ist ja wundervoll! Gratuliere! Ich hatte mir für dieses Jahr ganz was anderes ausgedacht: Lagerfeuer. Was meinst du?"

„Lagerfeuer? Toll!" Hoffentlich kann Christian an diesem Abend nicht, dachte Reni flüchtig und strich diesen Gedanken schnell wieder durch. „Auf der Liegewiese? Du, ich frag' Tante Mumme, ob wir da Würstchen braten dürfen. An Stöcken! Das wäre doch was! Und dann springen wir übers Feuer."

„Tut man das nicht in der Sonnwendnacht?"

„Ach, egal. Und Vater und Mutter müssen sich Zeit nehmen, und wir dürfen überhaupt nicht ins Bett geschickt werden."

Der Geburtstag kam heran. Am Morgen war Erika die Hauptperson, das fand Reni sehr erleichternd, sie fürchtete, jeder müßte ihr das entsetzliche Lampenfieber ansehen, das sie hatte. Früh half sie Erikas Geburtstagstisch richten. Mutter hatte diesmal eine Torte statt eines Kuchens gebacken, und das Lebenslicht stand daneben in einem schönen Zinnleuchter, der auch für Erika bestimmt war.

„Ihr werdet ja jetzt groß und habt Freude an schönen Dingen", sagte Mutter. Früher hatte sie das Lebenslicht immer in einen Eierbecher geklebt und in den Schornstein des Napfkuchens gestellt. „Was schenkst du Erika denn, Reni?"

„Einen selbstgeklebten Kasten und ein Tagebuch, wie ich es von Vater habe", sagte Reni eifrig und kam mit ihren Geschenken an. Erika konnte nun vom ersten Tag des neuen Lebensjahres an ein Tagebuch führen. Christian brachte einen Vierfarbenstift, der war zum Vokabellernen ganz brauchbar. Vater schenkte eine schöne Geldtasche mit Reißverschluß und Tante Mumme selbstgestrickte Fäustlinge. Alle lachten, denn es war heißester Sommer.

„Aber eines Tages bist du froh darüber", ereiferte sich Tante Mumme. Erika nahm sie lachend in den Arm.

„Klar, Tante Mumme. Danke!"

Reni hatte Erika gebeten, nicht mit zum Reitverein zu fahren. So saß das Geburtstagskind am Nachmittag neben dem Gabentisch, las im Geburtstagsbuch und knabberte an der Schokolade, die Brüderchen „geschenkt" hatte. Das Lebenslicht in dem schönen Leuchter brannte auch jetzt noch, es sah seltsam unwirklich aus im warmen Nachmittagslicht. Erika war unruhig, sie mußte immerzu an Reni denken und merkte schließlich, daß sie gar nicht mehr wußte, was sie las. Endlich, als die Stunde zu Ende sein mußte, sprang sie auf, holte ihr Rad und fuhr Reni entgegen. In der Mitte des Weges trafen sie sich. Reni lachte! Gottlob, es mußte alles gutgegangen sein!

„Gut? Viel besser, als ich dachte! Ich hatte die Olly, und sie war so freundlich und tat alles, was ich wollte. Das heißt, was die anderen ihr vormachten", lachte Reni. „Das nächstemal kannst du mitkommen und zugucken. Aber jetzt, Erika, bist du wieder die Hauptperson. Reitstunde hab' ich nun jede Woche, aber Geburtstag hat man nur einmal im Jahr."

Sie sah, wie Erika sich freute. „Erst müssen wir jetzt Holz zusammensuchen für das Feuer. Christian bitten wir nicht erst. Ich hab' schon mit Gusti gesprochen. Komm, wir machen alles selber."

Sie ließen die Räder im Hof stehen und liefen zur Liegewiese hinauf. Hinterm Schuppen lag derlei viel Abfallholz, das übriggeblieben war, als Gusti den Zaun baute. Schwartenreste, Stücke von Pfosten, alles schönes, trockenes Holz.

„Aber Reisig muß auch dasein, für den Anfang, damit es richtig brennt!" sagte Reni. „Das holen wir aus dem Wald."

Sie trugen erst, was sie brauchten, auf die Liegewiese, dort, wo sie einigermaßen eben war, damit man gut drum rumsitzen konnte. Dann kletterten sie den Hang hinauf zum Wald. Gleich am Waldrand trafen sie auf drei der Heimkinder, zwei Jungen und ein Mädel, die hier nach Brombeeren suchten.

„Sie sind noch nicht reif", sagte Reni, „außerdem – dürft ihr denn hier allein herumstromern?"

„Doch, wir haben die Tante gefragt. Wenn wir nicht weiter weggehen, als daß man uns vom Heim her rufen kann, dürfen wir's."

„Na schön." Reni hatte eine Zeltbahn mitgenommen und breitete sie auf der Erde aus. Darauf kam Reisig und Rinde. Die drei Heimkinder sahen erst zu und fingen dann auch an zu sammeln. Reni hatte nichts dagegen. Schließlich war die Zeltbahn voll. Sie faßten sie an den Zipfeln und begannen vorsichtig den Abstieg.

„Meinst du, es reicht?" fragte Erika. Reni nickte. Sie setzten sich und ruhten sich erst mal aus. Erika holte die übrige Schokolade aus der Tasche und verteilte sie.

„Ihr habt's dufte", sagte der kleine Berliner und wischte mit dem Handrücken unter der Nase, „ick darf zu Hause nich' mal radfahren, soviel Verkehr is' auf unsere Straße." Er hatte die Haare wie eine kurze Bürste geschnitten, die senkrecht emporstand, und seine Zähne waren merkwürdig abgeschliffen. Erika hatte schon lange fragen wollen, wieso. Heute nahm sie die Gelegenheit wahr.

„De Zähne? Och, da bin ick Rolla jefahrn, un' in so 'ne olle Henne rin (er meinte eine Dame), und denn bin ick uffs Pflaster langjeschnurrt, und denn warnse hin."

Der andere Junge war auch aus Berlin.

„Aber da bleib' ich nich'", sagte er und sah zum Gebirge hinauf. „Sobald ich groß bin, zieh' ich aufs Land. Meine Eltern sind aus Schlesien, aus Schreiberhau."

„In Schlesien? Wie ist es denn da?" fragte das kleine Mädchen. Der Junge drehte sich auf den Bauch, nahm den Halm aus dem Mund, an dem er bis jetzt gekaut hatte.

„Da sind Berge, eine ganze Kette lang, von weitem sehen sie blau aus", fing er an. Die anderen hörten zu. Renis Vater stammte auch aus Schlesien. Manchmal gebrauchte er aus Spaß noch Ausdrücke wie „Lerge" – das war ein, wie er sagte, ziemlich gemäßigtes Schimpfwort – oder „Komurke".

„Weißt du, was eine Komurke ist?" fragte sie den Jungen, als er eine Pause macht. Der lachte.

„Klar. 'ne Kammer."

Am Abend also versammelte sich die Familie am Lagerfeuer. Auch Christian kam mit, wortkarg wie eigentlich jetzt immer, aber nach außen hin freundlich. Er entzündete das Reisig, und gleich darauf schoß eine Flamme hoch. Reni und Erika hatten für Vater einen bequemen Stuhl heraufgeschleppt, die anderen, auch Tante Mumme, wollten lieber auf der Erde sitzen. Erst wurden die Würste an Stöcke gespießt – Tante Mumme hatte für jeden zwei gerechnet, also sehr großzügig –, und nun ging die Braterei los.

„Laßt sie nur nicht reinfallen, dann sind sie weg!" mahnte Mutter, und Vater tat immer wieder, als wäre ihm das passiert. Er schrie auf, daß es echt erschrocken klang, und Reni fiel jedesmal wieder darauf rein. Die Würste platzten oder wurden nicht dunkel genug, das Fett lief einem am Kinn herunter, wenn man hineinbiß, kurzum, es war richtig zünftig. Inzwischen fiel die Dunkelheit ein, man sah einander nur noch im Schein des Feuers, das Christian immer wieder durch Lockern und Umschichten des Holzes anfachte.

„Ich bilde mir dauernd ein, jemand guckt uns zu", sagte Vater einmal. Reni wurde aufmerksam.

„Das werden wir gleich haben", sagte sie und nahm ein brennendes Scheit wie eine Fackel, mit dem sie um den Kreis der Sitzenden herumlief. Gleich darauf schrie sie erschrocken auf. Wirklich, sie war über zwei Jungen gestolpert, die hier etwa drei Meter hinter den anderen auf dem Bauch lagen.

„Ihr seid's?" Sie erkannte die beiden Berliner von heute nachmittag. „Na, da kommt nur ran."

„Eigentlich müßtet ihr ja im Bett liegen", drohte der Doktor mehr scherzhaft, als sie zögernd in den Schein des Feuers traten, aber Tante Mumme sagte sofort:

„Ach, nun seid ihr einmal hier, kommt, ich hab' noch für jeden eine Wurst, bratet sie euch. Heute ist Geburtstag, da gilt Gnade vor Recht."

„Und sie haben mit Holz gesucht!" berichtete Erika eifrig. „Das muß doch belohnt werden."

Die Jungen strahlten. Nun war die Runde noch größer, und jetzt kam auch Vaters Überraschung zutage: Er hatte seine Ziehharmonika mit heraufgebracht und begann zu spielen. Das tat er sehr selten. Um so schöner fanden es die anderen.

„Ihr müßt aber alle mitsingen", bestimmte er, „damit man meine vielen falschen Töne nicht hört." Es wurde ein stimmgewaltiger Chor.

Später kamen sie auf Schnaderhüpfel. Als die üblichen heruntergesungen waren, sang Vater:

„Geburtstag hat Erika, das ist ein Fest,
ein Glück nur, daß sie uns mitfeiern läßt.
Holladihi..."

fielen die anderen ein.

„Warum sie das tut, ist zu raten nicht schwer.
Ein Fest ohne Vater, das wär' ein Malheur",

sang jetzt Erika als Antwort.

Vater spielte den Refrain und sang dann:

„Und eins ohne Mutter, das wär' auch nicht nett,
dann sagte ja niemand: nun schleunigst ins Bett!"

„Paul, du bist ein Untier! Sag' ich das immer?" fragte Mutter lachend. Er dudelte weiter auf seiner Quetschkommode und zwinkerte ihr nur zu. Jetzt kam Tante Mumme dran:

Und eins ohne Mumme, das ging' auch verquer,
wo kriegten wir sonst unsere Bratwürste her.

Kaum war der Vers zu Ende, da schrie der eine Berliner:

Da fehlt noch die Reni, die kommt heut zuletzt,
weil sie sich sonst immer ganz vorne hinsetzt.

„Du bist frech", schrie Reni. Es sollte lustig klingen, aber man merkte ihren Ärger durch. Vater spielte schnell weiter, ging in einen Walzer über und verlangte, nun sollte die Jugend tanzen.

„Hier doch nicht", murrte Reni und blieb sitzen. Erika aber zog sie an der Hand auf, faßte mit der anderen den kleinen Berliner, der wieder den anderen, und nun tanzten sie ums Feuer im Walzertakt, vor und zurück, es ging ganz gut. Wenn Vater dazwischen einen Marsch brachte, mußten sie rundum laufen, immer im Takt, immer schneller.

„Wir können nicht mehr!" japste Erika. Aber Christian hatte jetzt die freie Hand des einen Jungen erfaßt und zog die Schlange im Geschwindschritt ums Feuer, so daß Reni, die als letzte lief, wild geschleudert wurde und alle Mühe darauf verwenden mußte, nicht hinzufliegen.

„Hör auf, Paul", rief Mutter halblaut, und Tante Mumme zog den Kopf zwischen die Schultern und erwartete jeden Augenblick, über den Haufen gerannt zu werden. Endlich ließ Vater die Ziehharmonika sinken.

„Fein gemacht, und keiner ins Feuer gefallen", sagte er befriedigt, „ich hatte es zwar bis zuletzt gehofft, aber ihr erfüllt mir ja nie meine süßesten Träume! Nun setzt euch und kommt erst mal wieder zu Puste."

„Jetzt spielen wir ein Ratespiel!" bat Erika und schlug auch gleich eins vor: „Einer wird weggeschickt, und die anderen einigen sich auf irgendeinen Gegenstand, den muß er dann erraten mit zwanzig Fragen. Wir dürfen immer nur mit ,Ja' und ,Nein' antworten."

„Gut, du gehst zuerst", bestimmte Vater, „und wir merken uns was ganz Schweres. Die erste Vier, die Brüderchen in Latein bekommen wird, wenn er erst in die Oberprima geht."

„Das ist zu schwer. Außerdem hab' ich es gehört. Nein, so was dürft ihr nicht nehmen. Los, überlegt euch was, ich komme gleich zurück."

Sie einigten sich auf das längste Schweifhaar der Gräfin. Das war auch schwierig. War es ein Tier, war es ein Gegenstand, lebendig oder nicht? Erika erriet es schließlich doch, nachdem Mutter ihr ein paar Hilfen gegeben hatte, aber erst mit der einundzwanzigsten Frage. Nun verlangte Reni stürmisch, drankommen zu dürfen. Man wollte bei ihr auch etwas ganz Schweres aussuchen und einigte sich auf den Heiligenschein des Christkindes in der Krippe. Das war wahrhaftig nicht einfach. Bis zum Stall in Bethlehem gelangte Reni überraschend schnell, dann aber verrannte sie sich und kam nicht weiter.

„Ich hätte es längst gehabt", sagte Christian halblaut, als sie endlich so weit war. Reni giftete zurück.

Vater hatte es auch gehört.

„Also los, mein Sohn, hebe dich hinweg, damit wir was ausdenken können", sagte er, und Christian machte ein hochmütiges Gesicht.

„Ich hab's schon nach der dritten Frage, wollen wir wetten?" sagte er.

„Hach, Angabe!" höhnte Reni verächtlich, und nun wurde beraten. Man einigte sich schließlich auf Goethes Gartenhaus in Weimar. Reni fand das zwar sehr leicht, aber mit drei Fragen würde er es nicht schaffen, da war sie sicher.

Christian kam, nachdem sie gerufen hatten, langsam und nachdenklich anmarschiert. Er setzte sich zwischen Mutter und Erika.

„Ein Gegenstand?" fragte er.

„Ja."

„Ein Haus?"

Die anderen sahen einander verwundert und respektvoll an.

„Ja."

„Hm, Häuser gibt's viel. Und auf die dritte Frage kommt's nun an. Darf Erika mir die Hand geben? So. Und jetzt denkst du ganz, ganz fest an das, was ich erraten soll – es ist altmodisch – sehr hübsch – steht in einem Garten – Goethes Gartenhaus!" rief er triumphierend.

„Donnerwetter", sagte der Doktor, und „Hätt' ich nie für möglich gehalten!" die Mutter. Auch Reni war verblüfft.

„Das kommt nur davon, daß Erika so stark dran gedacht hat", murmelte Christian bescheiden.

Der kleine Berliner aber krähte: „Denkste! Jehorcht haste! Rangekrochen biste und hast janz jenau jehört, wat wir ausjemacht ham!"

Großes Gelächter und empörte Rufe. Christian verkroch sich hinter Mutter. „Laßt mich leben. Ich tu's auch nie wieder!"

„Jetzt spielen wir noch ein Schreibspiel", sagte Vater, „ich hab' meinen Rezeptblock dabei und auch ein paar Stifte. Könnt ihr genug sehen im Feuerschein? Sonst zündet doch die Fackeln an, die ich Mutter gegeben hab'. Hast du sie mit?"

„Ja, hier" sagte Mutter. Es war eine zusätzliche Überraschung, die alle wundervoll fanden. Christian und die anderen beiden Jungen pflanzten die Fackeln rings um den Gluthaufen auf und entzündeten sie. Es sah großartig aus.

„Seht ihr genug? Ihr müßt aber deutlich schreiben, möglichst in Blockbuchstaben, damit ich mir nicht die Augen aus dem Kopf rätseln muß. Nun ist es so: Einer stellt eine Frage, und alle beantworten sie schriftlich. Dann werden die Zettel eingesammelt, und ich lese vor, was geschrieben worden ist. Nun wird geraten, wer was geschrieben hat. Man kann die Fragen ernsthaft beantworten oder auch – na, wie sagt ihr für so was? Ich meine im Spaß?"

„Juxig", warf Christian ein. Vater schüttelte den Kopf.

„Na, schön ist das Wort nicht grade. Aber ihr versteht, was ich meine."

„Und was für Fragen werden gestellt?" fragte Mutter.

„Na, zum Beispiel: ,Wovor ekelst du dich?'"

„Vor Schlangen!" rief Erika und schüttelte sich. Mutter fand, das wäre keine schöne Frage.

„Gut, dann sucht schönere. Erika hat Geburtstag, sie darf anfangen."

Erika wußte sofort eine Frage.

„Welche Gestalt aus Sage oder Märchen möchtest du sein?" sagte sie, wie aus der Pistole geschossen. „Warum, können wir ja hinterher fragen."

„Schön. Nun los, meine Herrschaften!"

Ein nachdenkliches Schweigen folgte. Der eine biß auf seinen Stift, der andere starrte ins Feuer. Erika hatte ein Büschel ihrer schwarzen Haare im Mund und kaute darauf. Endlich war der letzte Zettel abgegeben.

„Dietrich von Bern." Alle rieten auf Christian, es war aber Mutter.

„Weil er so gerecht ist", erklärte sie, ein wenig verlegen. Vater nickte ihr unmerklich zu. Dann kam Rotkäppchen, und da riet man alle durch, bis Christian allein übrigblieb. „Warum in aller Welt möchtest du denn Rotkäppchen sein?" wunderte sich Vater.

„Sehr einfach. Ich möchte mal sehen, wie ein Wolf von innen aussieht", erklärte Christian trocken. Tante Mumme hatte sich für die gute Fee entschieden, die Dornröschens Tod in einen hundertjährigen Schlaf verwandelt, das wußten alle sofort. Nun blieben noch zwei Zettel, auf dem einen stand „Doktor Allwissend" und auf dem anderen „Alberich, der Nibelung".

„Wie kann man sich nur wünschen, Alberich zu sein", entrüstete sich Mutter, „immer nur Gold, Gold, Gold – bist du das, Reni?"

„Nein", schrie Reni, und Vater erklärte behaglich:

„Ich bin derjenige. Alberich hütete zwar den großen Schatz, er besaß aber etwas noch viel Kostbareres: eine Tarnkappe. Wenn ich die hätte! Dann könnte ich überall bei euch sein, ohne daß ihr es wißt, und euch ganz genau beobachten!"

„Ein Glück, daß es das nicht mehr gibt", brummte Christian, und Erika fragte Reni: „Und warum möchtest du Doktor Allwissend sein? Auch weil man da alles weiß?"

„Aber nein." Reni lachte. „Der nimmt die Leute so schön auf den Arm, deshalb."

Nun sollte Mutter eine Frage stellen.

„Wenn du Kaiser wärst", sagte sie und guckte nachdenklich in die Glut, „und du könntest dir den Beinamen aussuchen, mit dem du der Nachwelt erhalten bliebest – wie sollte der heißen? Ich meine, Karl der Großmütige ..."

„Oder Otto der Heizbare", fiel Vater ein.

„Und wir? Wir könnten doch nicht Kaiser werden", fragte Reni. Mutter lachte.

„Dann eben Kaiserin Karline. Los, strengt euch an!"

„Schwierig, schwierig", murmelte Vater, schrieb dann aber seine Antwort als allererster hin. Und als allerersten erriet man ihn auch: Karl der Gertenschlanke. Tante Mumme als Karline, die Trostreiche, war auch schnell erraten, sie tat ja nichts lieber als trösten und heilen, pflegen und helfen. Karline die Töchterreiche wünschte sich Mutter zu sein. Reni überlegte sich, ob das stimmte oder ob Mutter ihr hierdurch nicht ein bißchen deutlich zu verstehen geben wollte: Sei nicht ewig eifersüchtig auf die Brüder. Denn sie war es. Jedesmal fühlte sie einen Stich im Herzen, wenn Christian etwas sagte, worüber die anderen lachten, ja selbst auf Brüderchen konnte sie eifersüchtig sein. „Ganz der Papa", flöteten die Leute, die zu Besuch kamen und ihn bewunderten, Reni konnte es schon nicht mehr hören. Sie hockte da und vergaß ihre Umgebung, während sie auf ihrem Zettel krakelte. Lauter Haken wurden es, lauter böse, scharfe, spitze Haken ...

„Was machst du denn da?" fragte Tante Mumme, die neben ihr saß. „Aber Reni, du kannst den Zettel ja gar nicht mehr nehmen. Warte, Vater gibt dir einen neuen.

„Danke", sagte Reni abwesend, knautschte das Papier zusammen und warf es ins Feuer. Es loderte auf und war verschwunden. „Gut, gut", dachte sie und wandte sich mit etwas zuviel Eifer und Unbefangenheit an den Vater.

„Was hattest du gefragt? Ich hab' nicht zugehört. Sag es bitte noch mal!"

„Mit welchem Satz würdest du ein Buch anfangen, wenn du eins schreiben wolltest", wiederholte Vater geduldig. Die anderen kritzelten schon eifrig.

Es dauerte ziemlich lange, bis alle Zettel eingesammelt waren, und dann gab es so viel Spaß, daß sogar Reni wieder herzlich und unbefangen lachen konnte.

„Und sie seufzte: ‚Fortsetzung folgt!'" Das war von Mutter. Christian hatte geschrieben – alle errieten es sofort, daß er das war: „Krachend fiel der Kronleuchter auf die festlich gedeckte Tafel."

„Das Buch würde ich weiterlesen, so vielversprechend fängt es an", lobte der Doktor, „vielleicht wirst du doch Schriftsteller und verzichtest auf die Kenntnisse über die Wolfsinnereien?"

„Keine Sorge. Ich weiß, was ich werde", sagte Christian leise. Vater wußte es auch: Arzt.

„Die junge Mutter beugte sich über die Wiege und flüsterte ..."

„Tante Mumme, Tante Mumme!" riefen alle. Tante Mumme aber winkte ab. Es war Erika. Tante Mummes Roman sollte beginnen: „Der Teufel reckte sich, bürstete seine Schwanzquaste aus und gurgelte mit kleingeschnittenen Hundehaaren."

„Woher hast du nur diese Phantasie?" murmelte der Doktor kopfschüttelnd.

„Und was hast du geschrieben, Vater?" forschte Reni übermütig. Das letzte Blatt mußte ja das des Doktors sein, da gab es kein Raten mehr. Er wollte es nicht vorlesen.

„Los, Paul!" rief auch Mutter. Vater wehrte sich.

„Nach so viel klassischen Sätzen kann ich mit meinem müden Gestammel nicht antreten", jammerte er. Mutter versuchte, ihm das Blatt zu entreißen. Da hielt er es dicht vor sein Gesicht, schob die Brille auf die Stirn und las:

„Mit grünem Gesicht beugte sich Rautendelein über die Reling und ..."

„Pfui, Paul", rief Tante Mumme entrüstet, „so was liest du den Kindern vor!"

„Du weißt ja gar nicht, wie es weitergeht", verteidigte sich der Doktor und faltete das Blatt zusammen. „Zur Strafe les' ich es nicht zu Ende."

Dabei blieb es. Als sie schon längst etwas anderes spielten, beobachtete Reni, daß er das Blatt weglegte, um sich eine Zigarre anzuzünden. Vorsichtig schob sie sich heran und deckte ihre Hand drüber, nahm es schließlich unmerklich an sich und steckte es zusammengefaltet in ihren Schuh. Über neuen Spielen vergaß sie es dann, und erst als sie sich in ihrem Zimmer auszog, kam es ihr wieder in die Hand. Erika stand im Badezimmer unter der Brause, und sie unterhielten sich, halblaut rufend, bei offenen Türen.

Vater hatte eine schöne, fließende Schrift, leicht zu lesen, was bei Ärzten selten ist. Die Sätze, die er geschrieben hatte, ähnelten im Stil denen der alten deutschen Märchen, die die Gebrüder Grimm gesammelt haben.

„Es war einmal ein Brüderchen und ein Schwesterchen, die hatten einander so lieb, daß sie sich versprachen, nimmer voneinander zu lassen. Wo das eine hinging, da war auch das andere . . ."

„Was hast du denn, Reni?" rief Erika. Sie hatte eine ganze Weile auf Antwort gewartet. „Schläfst du schon?"

„Nein, nein."

Reni faltete den Zettel wieder zusammen, überlegte und steckte ihn schließlich in ihr Tagebuch, klappte dieses zu und stapelte noch einen Stoß Bücher obendrauf.

„Ich bin noch wach. Ich werd' doch nicht ins Bett gehen, ohne Zähne zu putzen und zu duschen! Ich komme."

4. Kapitel

„Soso, sie stehen im Rübenfeld? Alle vier? Wieso denn vier? Wir haben doch – ach richtig, das Fohlen auch. Bitte um Entschuldigung, natürlich kommt sofort jemand und holt sie, und ich ersetze Ihnen den Schaden. Ja. Danke. Danke. Wiederhören."

Der Doktor legte auf. Das war nun das viertemal, daß sich jemand beschwerte, die Ponys stünden in seinem Feld oder Garten, fräßen sich voll und zertrampelten alles, was sie nicht mochten. Er stand auf, sehr ärgerlich. Reni war in der Schule, Christian auch. Nun, da blieben nur die Küchenmädchen, die man bitten mußte, das freche Kroppzeug zurückzuholen. Gern tat er das nicht.

Auf dem Weg zur Verwaltung traf er Tante Thea, die Turntante. Der Doktor blieb stehen und erzählte ihr den Vorfall. Sie erbot sich sofort, mit ein paar Heimkindern loszulaufen und die Ponys einzufangen. Der Doktor bedankte sich herzlich.

„Solange Erika hier war, kam das nicht vor", sagte er vorwurfsvoll.

Tante Thea lachte.

„Da war auch noch kein Herbst. Im Herbst reizt die Ponys das Wandern, sagte Ihre Frau. Sie sind noch halbe Wildpferde und glauben, sich um diese Zeit neue Weidegründe erobern zu müssen. Das gibt sich, wenn der erste Schnee fällt."

„Wirklich?" fragte der Doktor, etwas getröstet.

„Sicher. Außerdem habe ich den Verdacht, daß die Heimkinder diesmal schuld sind. Ein paar von ihnen laufen immer abends noch hinauf und bringen den Ponys Brotreste. Wer weiß, ob die nicht das Tor offengelassen haben."

„Hm." Also lag es vielleicht doch nicht allein an seinen Kindern. Der Doktor kehrte in sein Zimmer zurück, ein bißchen weniger ärgerlich. Aber nur ein bißchen. Die ganze Geschichte kränkte ihn, vor allem um des Bildes willen, das er von Reni hatte. Sie tat, als gingen sie die Ponys überhaupt nichts mehr an, seit sie im Reitverein ritt. So hatte er es nicht gemeint.

Und Christian hielt sich raus. Immer behauptete er, er müsse für die Schule arbeiten, neuerdings sogar meistens bei Freunden, also außer Haus. Natürlich, jetzt in den höheren Klassen wurden auch höhere Ansprüche gestellt. Trotzdem, trotzdem ...

Daß die beiden immer noch wie Hund und Katze zueinander standen! Mindestens Christian sollte doch alt und klug genug sein, um Reni eines Tages die Versöhnungshand zu reichen. Reni, dieses bockige Kind, tat das natürlich nie.

Der Doktor seufzte. Nun waren bald Herbstferien. Hoffentlich kam Erika wieder zu Besuch. Wenn Erika da war, ging alles besser. Spontan hob er den Hörer und wählte die Nummer von Niethammers. Aufatmend legte er nach ein paar Minuten wieder auf. Erika kam, sie kam sehr gern. Wie schön!

„Ich habe ein paar auswärtige Besuche zu erledigen, fährst du mit?" fragte er, als seine Frau ins Zimmer kam. Er wollte mit ihr sprechen und freute sich, als sie nickte. Sie sagten Tante Mumme Bescheid, daß sie zu Mittag nicht heimkämen.

„Prächtig! Ich halte schon Ordnung in unserer Bande", lachte Tante Mumme. „Reni kommt später. Aber Christian will dasein und den zweiten Tisch übernehmen. Fahrt nur und genießt es!" Sie winkte ihnen nach.

Von der Schule heimkommend, pilgerte Reni gleich in die Küche. Sie sah frisch und vergnügt aus und meldete einen Riesenhunger an. „Was gibt's denn?" fragte sie begierig.

„Biersuppe mit Heringsschwänzen", brummte Tante Mumme. So hatte sie immer geantwortet, wenn Reni als kleines Kind quengelte, was es gäbe.

„Herrlich! Hatte ich mir gerade gewünscht", sagte Reni und setzte sich aufs Fensterbrett. Sie hatte sich etwas fürs Heim ausgedacht und war ganz erfüllt davon. Ob sie es Tante Mumme verriet? Eigentlich wäre es schön gewesen, mit jemandem davon zu sprechen, aber manches ging schief, was man plante, und da war es besser, man hatte es gar nicht angeschnitten.

„Übrigens, daß du es weißt: Heute früh gab es einen Riesenkrach. Die Ponys sind nachts wieder stiftengegangen und haben in schöner Eintracht ein Rübenfeld abgeerntet", erzählte Tante Mumme und brachte den Suppenteller an. „Apfelsuppe mit Rosinen, verdient hast du's nicht ..." Sie wußte, das war Renis Lieblingssuppe.

„Wahrhaftig." Reni nahm den Teller. „Aber, Tante Mumme, ich allein kann den Zaun nicht höher machen, wirklich nicht. Dazu brauch' ich jemand, der die Schwarten hält, während ich sie annagle. Und überhaupt ..."

„Warum bittest du Gusti nicht?" fragte Tante Mumme. Es klang mahnend. Sie mischte sich nicht gern in diese Dinge, aber sie hatte genau gemerkt, wie verärgert Vater war.

„Ach, Gusti! Immer hat er was anderes vor. Ich kann ihn ja mal fragen."

„Und Christian?" Tante Mumme sagte es sehr leise, fast schüchtern.

„Christian bitte ich nicht." Reni löffelte schweigend ihre Suppe, nachdem sie diesen Satz schnell und scharf herausgefeuert hatte. Sie mochte dann keinen zweiten Teller. Tante Mumme sah ihr bedauernd nach, als sie nach einem: „Gesegnete Mahlzeit, Mummelein, hat wunderbar geschmeckt!" ihr einen Kuß auf die Backe geschmatzt und die Küche verlassen hatte.

„Ich hätte nicht davon anfangen sollen", dachte Tante Mumme. „Aber einmal muß es gesagt werden."

Reni ging die Treppe hinauf. Sie hatte heute in den Reitverein radeln wollen, obwohl Sonnabend war und sie keine Stunde hatte, nur dort sein, nur zusehen dürfen. Aber die Ponys! Tante Mummes Mahnung war ihr nähergegangen, als sie merken ließ.

Es war schon so, sie kümmerte sich zuwenig. Und wenn die kleinen Kerlchen noch mal ausrissen, würde Vater sehr, sehr böse werden. Deshalb – aber man brauchte wahrhaftig einen zweiten Mann zum Zaunbauen. Schwarten hatte Vater kommen lassen, sie lagen oben neben dem Schuppen gestapelt, und Nägel und Hammer waren auch da.

Vielleicht traf sie Gusti. Doch der war nicht im Hof. Reni stieg zur Liegewiese empor und streichelte dem Grafen die dicke Haarlocke aus der Stirn, während sie überlegte, wer ihr helfen könnte. Die Heimkinder wurden heute nachmittag gebadet, und nach dem Bad durften sie zwei Stunden nicht hinaus, Tante Mumme las ihnen vor.

Plötzlich hatte Reni einen Geistesblitz. Innerhalb der eingezäunten Weide hatte Gusti, als der Muckel herkam, noch ein kleines Stück abgeteilt, eins, das etwa so groß war wie eine geräumige Stube, vor dem Eingang des Stalles. Damals war das nötig gewesen, weil der Muckel sich mit dem Grafen nicht vertrug. Wenn sie den Zaun dieser kleinen Einfriedigung erhöhte, könnten die Ponys dort drin stehen, solange niemand Zeit hatte, auf sie aufzupassen, auch nachts. Da wären sie auf Nummer Sicher. Freilich, zu weiden gab es auf dem kleinen Stück nichts, aber die ganze Weide war sowieso herbstlich kahl und abgefressen. Hier standen auch die Pfosten dichter nebeneinander, so daß man mit kürzeren Schwarten auskam. Und die ließen sich vielleicht selber halten, wenn man sie annagelte.

„Selbst ist der Mann", dachte Reni entschlossen, holte sich Säge, Hammer und Nagelkasten aus dem Schuppen und machte sich an die Arbeit. Die Ponys kamen schnuppernd näher, wollten alles ganz genau sehen und kniffen Reni in den Schenkel oder in den Hosenboden, wenn sie sich bückte. „Werdet ihr wohl!" scheuchte sie sie und nahm sie dann wieder, den Hammer weglegend, zärtlich an der Hand. „Ihr seid schon lieb, und ich vergesse euch auch nicht, nur ausreißen dürft ihr nicht, verstanden?"

Mühsam war die Arbeit, das konnte man wohl behaupten. Man riß sich Splitter in die Haut, schlug sich auf den Daumen, hämmerte Nägel krumm, und die Schwarten wollten einem wegrutschen. Es wäre viel leichter gewesen, wenn einer gehalten und der andere genagelt hätte. Reni sagte sich das grimmig, dachte verächtlich an Christian, den Drückeberger, und wurde dennoch von Minute zu Minute froher und zufriedener. Nach anderthalb Stunden war der Zaun der kleinen Weide fertig, hoch genug, daß auch Muckel unmöglich darüber kam. Reni brachte am Tor noch eine dritte Schiebestange an, damit die kleinen Ausreißer nicht etwa hier durchkamen, und führte dann alle vier Ponys hinein.

„So, nun wollen wir doch mal sehen! Ich komm' gleich und paß auf. Erst muß ich noch was holen."

In langen Sprüngen sauste sie die Wiese hinunter und kam nach einiger Zeit zurück, ihre Mappe unterm Arm. Darin befanden sich ihr dickes Märchenbuch mit den bunten Bildern, ein leeres Schulheft und ein Stift, außerdem eine Anzahl leckerer, rotbackiger Äpfel, von denen sie hoffte, daß sie ihren Geist beflügeln würden. Denn sie hatte etwas Tolles vor: Sie wollte eins der Märchen in ein Theaterstück umschreiben, damit man es zum Abschiedsfest mit den Heimkindern aufführen konnte. In Versen! Reni hatte sich noch nie an so etwas herangewagt, sie war irgendwie durch die Schreibspiele an Erikas Geburtstag darauf gekommen. Versuchen jedenfalls wollte sie es. Vielleicht gelang es. Dann würden alle sie bewundern, und Christian ärgerte sich grün und blau.

Reni turnte die Heubodentreppe hinauf. Hier konnte man herrlich auf dem Bauch liegen, zu den Ponys hinuntergucken, Äpfel kauen und Verse schmieden. Erst blätterte sie im Märchenbuch. Sie hatte sich noch nicht entschieden, welches Märchen sie nehmen wollte. Ihr liebstes war das von der Gänsemagd, aber das war zu traurig. „O du Fallada, da du hangest..." Nie, nie könnte sie das hören, ohne daß ihr die Tränen in die Augen schossen. So etwas eignete sich nicht für eine Kinderaufführung.

Bei „Doktor Allwissend" überlegte sie lange. Aber darin kamen zu wenig Personen vor. Sie wollte so viele Kinder wie möglich mitspielen lassen. Der gestiefelte Kater? Da wäre eigentlich alles da, was man brauchte: das Planschbecken als Fluß, in dem der Müllerssohn badete, die Ponykutsche als Wagen des Königs – herrlich, wenn auch die Ponys mitspielen könnten! Aber dieser Plan scheiterte an der Geschichte mit dem Zauberer. Auch der beste Schauspieler konnte sich eben nicht im Augenblick in einen Löwen oder eine Maus verwandeln. So was ging höchstens im Film. Schade!

Schließlich kam sie auf das Einfachste zurück, auf Hänsel und Gretel. Freilich mußte sie auch dieses Märchen etwas ändern. Daß die Mutter ihre Kinder in den Wald führen und dort verlassen wollte, hatte sie immer schrecklich gefunden. Das tat keine Mutter, die ihre Kinder liebte. Man müßte es so hinstellen, als hätten die Kinder sich verlaufen, während die Eltern Holz schlugen. Dann aber fiel die ganze Geschichte mit den Kieselsteinchen und den Erbsen weg.

Verflixt, wie machte man es nur? Dichten war nicht so einfach. Reni wühlte mit einer Hand in den Haaren, während sie durchstrich, was sie bisher geschrieben hatte, biß in einen Apfel, vergaß ihn wieder, fing von neuem an. Endlich kam ihr ein erlösender Gedanke: Vielleicht nahm Hänsel die Kieselsteine für alle Fälle mit und streute sie, weil er auch bange war, daß die Eltern nicht heimfanden? Damals verlief man sich leicht im Wald, es gab noch keine Wege und Wegweiser schon gar nicht. Reni wußte, wie man sich im Wald verirren kann, wenn man sich auf die Richtung verläßt, vor allem abends. Und damals war der Wald noch wild und voller wilder Tiere.

„Wirst du das wohl bleibenlassen, Muckel?" rief sie, aus ihren Träumen durch ein schnurrendes Geräusch in die Gegenwart zurückgeholt. „Wenn du die Schwarte durchbrichst, sollst du was erleben! Grade habe ich den Zaun fertig ..." Sie ließ ihre Arbeit im Stich und donnerte die Heubodentreppe hinab. Muckel kratzte sich schon wieder am Zaun. Sie stieg zu ihm hinein und untersuchte seinen Hals.

Richtig, da saß eine Zecke, dick voll Blut gesogen. Reni kannte diese Schmarotzer, die man im Wald aufliest und erst merkt, wenn sie einem in der Haut sitzen, so tief hineingebohrt, daß man den Kopf nicht mehr sieht. Das juckt dann, und man kratzt sich gedankenlos, bis man eines Tages endlich nachsieht und den Übeltäter entdeckt. Sie verstand sich darauf, Zecken abzulesen, man mußte sie tief fassen und drehen, so daß auch der Kopf mit herauskam. Sonst blieb dieser in der Haut, und es fing dort an zu eitern. Mohrchen, die Heimkatze, brachte oft Zekken mit von nächtlicher Mäusejagd.

„So, da ist er, der Störenfried", sagte sie zufrieden und hielt Muckel das Untier vor die Augen, ehe sie es wegwarf. „Nun wird nicht mehr gejuckt."

Reni hatte den Stift mit einiger Mühe aus dem herumliegenden Heu wieder hervorgesucht und schrieb und schrieb. Die Verse kamen ihr ganz leicht, sie sah alles bunt und lebendig vor sich. Wenn Hänsel und Gretel schliefen, kamen die Elfen und tanzten einen Reigen. Den mußte Tante Thea mit den Kleinen einüben. Elfen konnte man eine Menge brauchen. Für die Fahrt über das Wasser – „Schwan, Schwan, komm heran, sei unser Kahn!" – kaufte man am besten einen aufblasbaren Schwan aus Gummi und ließ ihn über das Planschbecken schwimmen, das wurde bestimmt unvergeßlich für die Kinder. Jetzt sagte die erste Elfe ...

„Stell das Rad hierher, nein, du brauchst es nicht abzuschließen."

Das war Christians Stimme. Reni machte den Hals lang und guckte zum Spielhof hinunter. Richtig, da stand Christian in Reitzeug ohne Mütze und legte eben seine Gerte auf den Gepäckträger. Daneben Silke, auch in Reithosen, ihr helles Haar flimmerte in der Sonne.

Reni schob sich langsam nach hinten, ein Stückchen nur, so weit, daß sie sehen konnte, ohne gesehen zu werden. Hier vermutete sie keiner. Vielleicht aber gab es auch gar nichts zu sehen, und Christian und Silke gingen ins Haus, um bei Tante Mumme Kaffee zu trinken. Vielleicht aber ...

Sie gingen nicht ins Haus, sondern kamen langsam die Liegewiese herauf. Silke trug ihre Gerte noch in der Hand. Sie schwatzten und lachten. Erst verstand Reni nichts, dann aber wurden die Stimmen deutlicher.

„Guck da! Der Zaun! Das war vermutlich Gusti, der gute Geist", sagte Christian, seine Stimme klang erfreut. „Unsere Ponys haben nämlich zur Zeit den Teufel im Leib und hauen dauernd ab. Und ich bin wenig zu Haus."

„Gute Ausrede", dachte Reni erbittert. „Warum rennt er denn dauernd weg!" Sie verhielt sich mäuschenstill. Hoffentlich kamen sie nun nicht auf die Idee, hier heraufzuklettern!

„Und da reitet ihr jeden Tag? Ihr habt's aber gut!" hörte sie Silke sagen. Christian brummte etwas, das sie nicht verstand; vermutlich, daß er selbst längst zu groß für Ponys sei. Er ging ein Stück weiter und kam dann zurück, Muckel an der Stirnlocke hinter sich herziehend.

„Willst du mal probieren?" Reni verschlug es den Atem. Auf *ihrem* Muckel!

„Bin ich nicht zu schwer?" fragte Silke. Christian lachte.

„Aber nein. Halt ihn mal, ich hol' die Trense." Und dann ging die Stalltür, und Reni hörte das Gebiß klingeln. Sie lag atemlos, ohne sich zu rühren.

Silke war nicht größer als sie, wenn auch älter, schlank, zierlich. Sie sah gut aus auf dem Pony. Reni mußte es, wenn auch widerwillig, zugeben. Aber es tat ihr gut. „Dann seh' ich selber ebenso gut aus auf dem Pony und nicht wie eine komische Figur. Sogar besser als Silke", dachte sie eitel. „Ich hab' längere Beine, das ist beim Reiten immer wichtig."

Christian hatte Muckel an die Longe genommen und ließ ihn ein paar Runden laufen. Dann saß Silke ab, klopfte ihm den Hals, gab Zucker und sprach zärtlich zu ihm. Christian nahm ihm die Trense ab, und die beiden gingen wieder hinunter, dem Heim zu. Reni sah ihnen nach.

Nichts war geschehen, was sie hätte ärgern können. Christian hatte kein häßliches Wort gesagt und Silke erst recht nicht. Trotzdem lag Reni noch minutenlang regungslos, auch als die beiden längst verschwunden waren. Wenn sie bisher wütend auf Christian gewesen war, so hatte sich das plötzlich geändert. Traurigkeit stieg in ihr auf, eigentlich ganz unerklärlich.

Nach einiger Zeit stemmte sie sich hoch, strich sich über das Gesicht, schlug das Heft zu. *Hänsel und Gretel – Bruder und Schwester. Ein Märchen.* Nein, sie schrieb nicht weiter. Mochten sie zum Abschiedsfest aufführen, was sie wollten. Ihr war jede Lust vergangen.

Immer war es ein Fest gewesen, wenn Erika in den Ferien kam. Daß man vergaß, sie abzuholen, wie damals am Anfang der Sommerferien, das kam bestimmt nie wieder vor. Selten, aber doch noch nie so wie heute hatte sich Reni so sehnsüchtig auf die Freundin gefreut und die Tage gezählt. Endlich kamen die Herbstferien heran!

„Ich hole Erika ab", sagte Reni bei Tisch. „Sie kommt mit dem Nachmittagzug. Nur, damit niemand . . ." Sie stoppte. „. . . niemand anderes auf den Bahnhof geht", hatte sie eigentlich sagen wollen. Rasch verbesserte sie sich: „Damit niemand denkt, ich vergäße es wieder."

„Das wäre ja noch schöner", lachte Vater, „nein, zweimal im Leben soll man nicht dieselbe Dummheit machen. Merk dir das, geliebte Tochter. Außer den schönen Dummheiten natürlich."

„Was für welche meinst du denn damit?" fragte Christian ein wenig hinterhältig. Der Doktor sah ihn über die Brille hinweg an.

„Zum Beispiel, zweimal zu heiraten", sagte er.

„Ist denn das dumm?" fragte jetzt Reni. Sie mischte sich nicht gern in ein Gespräch zwischen Vater und Sohn, das aber wollte sie wissen.

„Ja. Eine Riesendummheit. Sich so eine unmögliche Tochter anzuheiraten wie ich, die einem nun genauso gehört wie die ungeratenen Söhne."

„Armer Vater. Bereust du es sehr?" fragte Reni und lachte. Ein bißchen lockerte sich bei diesem Gespräch der schmerzhaft harte Panzer um ihr Herz.

„Merkst du nicht jeden Tag, wie ich leide?" fragte der Vater und machte sein kläglichstes Gesicht. „Gesegnete Mahlzeit und grüß mir Erika, unsere dunkelhaarige Schönheit, und ich freue mich auf sie wie ein Schneekönig."

Reni stand bereits eine Viertelstunde vor Ankunft des Zuges auf dem Bahnsteig. Sie hatte das Gefühl, als müsse mit Erika die Rettung kommen.

Endlich, endlich ein Mensch, der ihr ganz gehörte!

„Wir werden es herrlich haben, Erika", sagte sie sofort, als die Freundin aus dem Zug gesprungen war, hakte sie unter und ergriff mit der anderen Hand ihren Koffer. „Mit der Kutsche fahren und Ponys reiten – du kannst jetzt auch Muckel haben, er ist viel, viel braver geworden, glaub es nur, oder den Grafen. Mit dem kannst du ja schon umgehen."

„Ja, und weißt du was, Reni? Ich dachte, wenn schlechtes Wetter ist, machen wir schon Weihnachtsarbeiten. Das ist doch viel lustiger zu zweit! Ich habe eine Menge Wolle mit, Brüderchen bekommt eine Ausfahrgarnitur für den Winter und Christian einen Schal."

„Hat das nicht noch Zeit?" fragte Reni. Erika drückte heftig ihren Arm.

„Klar, ich meine nur, wenn's mal ganz furchtbar regnet. Meist bringt der Herbst ja die allerschönsten Tage. Machst du nun das Jagdreiten mit, von dem du schriebst?"

„Ich weiß noch nicht. Ach, Erika, wenn! Mit ausgeritten bin ich schon ein paarmal. Auf Astsignal, ganz toll. Die geht auf die kleinste Zügelhilfe. Und wie sie galoppiert! Als ob sie Flügel hätte. Im Koran steht – Vater hat mir das mal gesagt – ‚Du wirst fliegen ohne Flügel, siegen ohne Schwert.' So ist mir zumute, wenn ich Astsignal reiten darf. Vielleicht hat der Reitlehrer ein Einsehen."

„Was sagen denn deine Eltern? Würden sie es erlauben?" fragte Erika gespannt. Sie wußte genau, wie heiß Reni sich dies wünschte.

„Ich hab' noch nicht gefragt. Hinterher ist ein Reiterball, den ich natürlich nicht mitmachen will – was soll ich denn auf einem Ball! Aber dadurch kostet die ganze Geschichte einiges. Ich möchte es gern selbst bezahlen, damit ich Vater nicht auch noch darum bitten muß, aber ganz langt es noch nicht. Ich müßte nämlich auch eine vorschriftsmäßige Kappe haben, eine mit Stahleinlage, weißt du, und die sind teuer. Ohne die darf man nicht mitreiten."

„Ich weiß, eine Art Sturzhelm. In England tragen sie alle Kinder, die reiten. Wenn man damit stürzt, bekommt man nur in den seltensten Fällen eine Gehirnerschütterung oder gar einen Schädelbruch. Es wäre schon gut, wenn du so eine hättest."

„Ja. Im allerletzten Notfall könnte man sie sich ja aber auch borgen. Nur, weißt du, Astsignal wollen beim Jagdreiten viele, und da komme ich natürlich zuallerletzt in Frage, weil ich erst so kurz im Reitverein bin. Und ob mich der Reitlehrer auf ein anderes Pferd läßt ...?"

„Darf man beim Jagdreiten zusehen kommen? Oh, ich möchte so gern. Überhaupt ..."

Überhaupt wurden es wirklich schöne Ferien. Sie fingen gleich als Fest an: Mittags gab es als Hauptmahlzeit Apfelstrudel mit Schlagsahne, Renis und Erikas Lieblingsgericht, von dem man essen konnte, soviel man wollte. Und dann sagte der Vater: „Heute nachmittag wollen wir einmal sehen, was Reni gelernt hat, oder ob das Geld für die Reitstunden rausgeschmissen ist. Mutter und ich und natürlich Erika begleiten dich, Reni, du hast doch nichts dagegen? Wenn du meinst, es wäre noch zu früh, daß wir deine Künste bestaunen dürfen, dann sag es ruhig."

Er sagte das lieb und kameradschaftlich, nahm Reni bei aller Fröhlichkeit so ernst, daß sie antworten mußte: „Ach nein, kommt nur! Es ist natürlich möglich, daß ich mich bis auf die Knochen blamiere, aber vielleicht geht's auch gut."

Und es ging gut. Nachher standen Vater und Mutter noch ein bißchen beim Reitlehrer und sprachen mit ihm, und Reni hatte das Gefühl, auf einem glühenden Rost zu sitzen. Fragten sie wegen des Jagdreitens? Und was würde er antworten?

„Komm ran, Tochter", rief Vater jetzt halblaut und winkte ihr. „Du kannst selbst hören, was über dich gesagt wird. Nichts sehr Gutes."

„Reite ich schlecht?" fragte Reni entsetzt und hatte das Gefühl, als führe ihr ein heißer Feuerschein übers Gesicht. Mutter faßte nach ihrer Hand und drückte sie heimlich, aber heftig.

„Nein, das nicht", sagte der Reitlehrer. „Aber voreilig bist du und hast deinen eigenen Kopf, na? Muß ich noch deutlicher werden."

„Weil ich . . ."

„Ja, weil du voriges Mal an mir vorbeigeritten bist, du weißt es genau. Am Reitlehrer oder am Master vorbeizureiten, das ist die größte Frechheit, die es gibt, und Erwachsene werden dafür mit einer sogenannten Runde bestraft, das heißt, sie müssen am Reiterballabend für den ganzen Verein eine Runde zu trinken bezahlen. Wie soll ich es denn bei euch machen, ihr Küken? Einfach nicht mehr mitreiten lassen, ohne Erbarmen . . ." Er sagte das so ernst, daß Reni blaß wurde.

„Ich will nie wieder – ich will bestimmt nie . . ."

„Na ja. Wir sprechen noch darüber. Sitzen tut sie gut, und die Sprünge, die wir beim Jagdreiten aufbauen, sind sehr harmlos. Wenn sie also verspricht, unter allen Umständen hinter mir zu bleiben, und wenn Sie nichts dagegen haben, kann sie mitreiten."

Reni wagte nicht hochzugucken. Sie ließ sich von Erika am Arm hinausführen, als sie sich verabschiedet hatten, und sagte auch im Wagen nichts. „Und wenn Sie nichts dagegen haben." Sie wagte nicht, die Eltern jetzt zu fragen. Nach einer Weile sagte Vater:

„Es freut mich, Reni, daß du Fortschritte machst. Der Schule scheint es nicht zu schaden, dein Zeugnis ist anständig. Nur eins gefällt mir nicht: Ich sehe, wann immer ich komme, die Ponys in dem winzigen Stück Weide stehen, das du soweit sehr ordentlich mit einem hohen Zaun umfriedet hast. Dort sind sie auf Nummer Sicher, gewiß, aber ein Auslauf ist das nicht. Ich meine, wir sollten uns überlegen, ob wir die Ponys nicht verkaufen."

„Vater!" Reni stammelte diese beiden Silben fast tonlos. Es war bezeichnend für Vater, für diesen Vater, daß er diese Möglichkeit nicht als Drohung oder Strafe hinstellte, sondern ruhig und freundlich darüber sprach. Er hatte recht. Reni nahm sich nicht genug Zeit für die kleinen Pferde. Sie aber hergeben müssen – ein entsetzlicher Gedanke!

„Wir machen den ganzen Zaun höher, jetzt, Erika mit mir zusammen. Dann sind wir ja zu zweit!" versicherte sie angstvoll. „Nicht wahr, wir machen es! Und – o Vater, Brüderchen soll doch mit zwei Jahren bei uns reiten lernen und von klein auf an Ponys gewöhnt werden!"

„Daß Brüderchen in zwei oder drei Jahren reiten lernen soll, wäre kein triftiger Grund, vier Ponys zu behalten. Erikas Eltern meinten, sie würden sie vielleicht übernehmen, wenn ihr sie nicht mehr wolltet."

Sprach Vater im Ernst? Reni kam nicht dahinter. Aber der Schreck war ihr ins Gebein gefahren. Noch am selben Nachmittag schleppte sie, von Erika unterstützt, sofort nach dem Kaffee Nagelkasten und Hammer, Säge, Zangen und Schrauben zur Liegewiese hinauf.

„Christian hätte mir längst helfen können", schnaufte Reni, „ein Glück, daß du gekommen bist!"

„Hast du ihn gebeten?" fragte Erika und zerrte an einem Brett, das ihr in Länge und Dicke als geeignet erschien. Reni half ihr. Sie bekamen es schneller aus dem Stapel der anderen heraus, als sie dachten.

„Natürlich nicht. Brüder bitten, damit man ein höhnisches Nein bekommt? Wir können es auch ohne ihn."

„Ich glaube, der Schreckschuß hat geholfen", sagte Mutter lächelnd zu Vater. Die beiden Mädels hatten sagen lassen, sie kämen nicht zum Abendbrot, bäten um Entschuldigung, sie seien bald fertig mit dem Zaun. Christian war nicht da. Später erschienen Reni und Erika wildhungrig und erzählten voller Stolz und Erleichterung, der Zaun sei fertig. Vater lobte sie sehr. Er merkte, daß es Reni guttat, eine Sache selbst unternommen und zu einem guten Ende geführt zu haben.

Sie waren gerade mit dem verspäteten Abendbrot fertig, als es klopfte und die Tante Thea hereinguckte. Sie war klein, munter und der Liebling aller Kinder, weil sie so gern lachte und tobte. Heute kam sie, um noch über den morgigen Ausflug zu sprechen.

„Ich möchte gern alle, die Großen und Kleinen, mitnehmen, damit Sie wirklich mal verschnaufen können", sagte sie zu Mutter und Tante Mumme. „Gar zu weit kann ich da nicht wandern, damit die Kleinen es schaffen, und zu kurz darf der Ausflug nicht werden wegen der Großen. Wie macht man es nun richtig?"

„Ich weiß", rief Reni. „Sie wandern nach Mittelwald. Das kann man auf verschiedenen Wegen, auf Umwegen oder direkt. Dort gibt es viele Preiselbeeren, da können die Kinder pflücken, und die kleinen ruhen sich dabei aus. Und im Forsthaus ist ein zahmer Waschbär, den können sie sich alle ansehen."

„Seit wann denn?" staunte der Vater, der die Förstersleute kannte. Reni gestand, daß sie im Sommer einmal mit Erika hingeritten sei; Mutter hatte es ihnen erlaubt, einen ganzen Nachmittag fortzubleiben. „Und du weißt nichts davon, daß sie einen Waschbären haben?" setzte sie, etwas entrüstet, hinzu.

„Nein, wahrhaftig nicht – aber ich finde es auch unglaublich", sagte der Vater zerknirscht. „Ich weiß nur, daß die kleine Frau dort das dritte Kind erwartet, es muß jetzt um diese Zeit kommen. Wollen wir lieber erst mal anrufen, ob ihr auch willkommen seid?"

Er tat es. Nein, das Baby sei noch nicht da, sie erwarte die Kinder gern. Vater sagte zu.

„Wollen wir nicht auch mit?" fragte Erika, und Reni war einverstanden. Mutter ging hinüber und kam mit einem Päckchen kleiner Kleidungsstücke zurück.

„Da, das könnt ihr der Förstersfrau mitnehmen. Es sind die allerersten Hemdchen und Jäckchen von Brüderchen, sie passen ihm längst nicht mehr. Und viel Zeit, für das Baby etwas vorzubereiten, hat die Frau sicher nicht. Die beiden großen Zwillingsbuben halten sie ganz schön in Atem, hab' ich gehört."

„Na und ob! Aber drollig sind sie, ganz gleich, nicht, Erika?" sagte Reni. „Ich kann sie nie unterscheiden."

„Vielleicht hat der Waschbär inzwischen Junge gekriegt, auch Zwillinge?" sagte Erika verträumt. Reni zeigte ihr einen Vogel. „Er heißt Philipp, weißt du nicht mehr? Da wird er wohl ein Männchen sein."

„Fein, daß ihr mitkommt", sagte Tante Thea, als sie sich verabschiedete. „Wenn Reni dabei ist, gibt es immer viel Spaß."

Auch Vater und Mutter freuten sich darüber, Reni merkte es genau. Sie saßen noch ein wenig beisammen und machten Pläne für die Zeit, die Erika hier war.

„Bei euch ist es herrlich, immer was los", seufzte Erika, als sie gute Nacht gesagt hatten und hinübergingen. Reni lachte.

Der nächste Tag war vielversprechend, ein Herbstmorgen voller Pracht und Herrlichkeit, kühl, klar, wundervoll zum Laufen. Tante Thea hatte darauf bestanden, daß alle Kinder dicke Jacken anzogen und Handschuhe mitnahmen, und so wurde erst noch fieberhaft gesucht, gefragt, gerufen, gejammert. Erika und Reni mußten zu Hilfe kommen. Sie taten es mit Vergnügen.

„Wer nie selbst in einem Heim war, macht sich keine Vorstellung, was da alles los sein kann", sagte Reni, und dann erzählte sie:

„Die Kinder sollen doch immer alles abgeben, was sie an Eßbarem von den Eltern mitbekommen. Weil sie hier genug kriegen und damit sie sich den Magen nicht verderben. Manchmal verstecken sie aber doch was und essen es heimlich. Neulich hat Tante Mumme eine riesengroße Dose gefunden, in der Ölsardinen gewesen sein mußten. Sie fragte herum, wem sie gehörte, und bekam es auch raus. Der Junge gab zu, daß er sie allein gegessen habe. ,Aber da muß man doch was dazu essen', sagte Tante Mumme entsetzt. ,Hab' ich auch. Ein Stück Streuselkuchen!' antwortete der Junge – stell dir vor!"

Erika lachte und schüttelte sich.

„Und weißt du noch, die Kleine, die immerzu mit unserem Mohrchen rumzog, mit der Heimkatze? Heidi hieß sie und sprach so richtig schwäbisch. Einmal kam ich dazu, wie sie die Katze schlafen legte, in ihr eigenes Bett. ,Mach deine Eigle zue!' sagte sie. Es klang bezaubernd."

„Ja, und der Berliner, der sich selbst ,Neese' getauft hatte! Immer wenn er irgendeinen Handgriff tun sollte, schrie er: ,Ick muß uff Toalette!'"

Sie lachten. Der Atem stand ihnen vor dem Mund, so kalt war es. Aber das Marschieren tat herrlich wohl. Reni führte. Sie hatten die Höhe erklommen und folgten nun einem ziemlich ebenen Weg, der sich am Wald entlangschlängelte. Reni und Erika nannten ihn den „Gernot-Giselher-Weg", denn hier hatten sie einmal Nibelungen gespielt, als sie ihn entlangritten.

„Und dann sprangen uns drei Rehe über den Weg, und die Ponys scheuten und wollten nicht weiter. Jedenfalls nicht über die Stelle, an der sie die Rehe gesehen hatten. Wir mußten einen Riesenumweg machen und bekamen zu Haus was zu hören..."

„Ja. Mutter hatte sich wieder mal geängstigt und tausenderlei vorgestellt, was passiert sein konnte!"

„Na, aber weißt du, du solltest still sein. Deine Eltern sind längst nicht so ängstlich wie meine!" seufzte jetzt Erika. „Die lassen dich doch alles machen. Allein mit den Ponys weg, und jetzt das Jagdreiten!"

„Das weiß ich doch noch gar nicht, ob sie es erlauben!" sagte Reni nervös. Erika nickte überzeugt.

„Sicher erlauben sie es!"

„Ach, wär' das eine Wucht! Es muß nur schön bleiben und trocken, dann sagen sie vielleicht ja. Bei Matsch oder Regen oder gar Schnee freilich..."

„Da ist es aber auch gefährlicher", sagte Erika.

„Natürlich. Trotzdem! Na, hoffen wir das Beste."

Reni hatte den Umweg gewählt, damit die Kinder ordentlich müde wurden. Der Heimweg war dann kürzer, da ging man direkt. Sie kannte sich im Wald gut aus.

„Passen Sie auf, Tante Thea, jetzt werden wir gleich das Dach vom Forsthaus sehen!" prophezeite sie, und schon tauchte es auf. Jetzt war an kein Beerenpflücken mehr zu denken, die Kinder wollten zum Waschbären. Der Förster wartete schon auf sie, er stand vor seinem Haus und schmunzelte ihnen entgegen.

Das wurde ein Spaß! Die Kinder, von denen manche schon im Zoo gewesen waren und viele Tiere gesehen hatten, gerieten außer sich vor Entzücken über dieses einzige. Nun war Philipp, der Waschbär, auch ganz besonders nett, völlig zahm und unglaublich zutraulich und possierlich. Er war etwa so groß wie ein kräftiger Kater, vorn schlank, hinten dick wie eine Halbkugel. Sein Gesicht war hell mit einer dunklen Zeichnung, die waagerecht wie eine Augenmaske aussah und senkrecht einen etwa fingerbreiten Strich bildete. Komisch war auch der dicke, rundgestreifte Schwanz.

Der Förster ermahnte die Kinder, schön still zu sein und sich im Kreis hinzusetzen. Dann ließ er den kleinen Bären auf seinem Schoß sitzen, so daß alle ihn sehen konnten. Er erzählte, während er ihn fütterte, wie er ihn als ganz kleines Bärenkind aus der Gegend der Edertalsperre mitgebracht und mit der Flasche aufgezogen hatte.

„Dort gibt es diese Bären noch, man hat sie ausgesetzt, um zu sehen, ob sie hier heimisch werden. Und es hat geklappt", berichtete er. „Sie sind natürlich sonst scheu, aber Philipp war immer unter Menschen, da hat er keine Angst vor uns."

Reni und Erika hatten Erdnüsse dabei und bettelten, ob sie ihm etwas geben dürften. Der Förster nickte.

„Ihr müßt sie ihm auf dem Handteller hinhalten, er nimmt sie mit den Pfötchen", sagte er. „Nicht mit dem Maul!"

Erika quiekte ein klein wenig, als die langen, schwarzen Finger des Tierchens ihre Haut berührten. Sie taten es aber ganz vorsichtig und kratzten kein bißchen.

„Was frißt er denn noch?" wollten die Kinder wissen.

„Allerlei. Bären sind Allesfresser", erklärte der Förster. „Fleisch oder gekochtes Gemüse – am allerliebsten Eier. Rohe Eier. Manchmal geben wir ihm eins, wenn er oben auf seinem Kletterbaum sitzt. Er nimmt es dann mit den Pfötchen, sieht sich hilfesuchend um, steckt es schließlich ins Maul, aber ganz vorsichtig, daß es ja nicht kaputtgeht, und turnt eifrig den Baum abwärts, wozu er ja alle vier Pfoten braucht. Erst unten legt er das Ei hin und beißt es am stumpfen Ende auf, um es auszuschlecken."

„Warum heißt er denn Waschbär?" fragte ein Junge.

„Weil er alles, was er frißt, erst wäscht, jedenfalls wenn er am Wasser sitzt. In seinem Gehege hat er ein Becken, das ich ihm gebaut habe. Da wäscht er Nüsse und Rosinen und was er sonst essen will, mit flinken Fingern, guckt dabei nicht hin, sondern in die

Höhe. Das sieht sehr komisch aus. Ein Stück Zucker hat er auch einmal gewaschen. Es zerging ihm dabei, löste sich auf, und seither frißt er Zucker immer sofort."

„Mag er Honig?" fragte ein Mädchen.

Der Förster lachte.

„Merkwürdigerweise nicht. Er brummt auch nicht. Aber abends, wenn er auf seinem Baum sitzt, fängt er an zu singen. Ja, wirklich, er trillert halblaut in der Kehle, und dann wissen wir, daß er guter Laune ist."

„Haben Sie noch mehr zahme Tiere?" fragten die Kinder.

„Ein Reh? In ein Forsthaus gehört doch ein zahmes Reh, das hab' ich mal im Kino gesehen", sagte ein kleines Mädchen träumerisch. Der Förster lächelte, wurde dann aber wieder ernst.

„Ja, das denkt man sich so. Aber einfach ist das nicht. Erstens nimmt man natürlich nur eins, das von seiner Mutter verlassen worden ist, aus irgendeinem Grunde, weil Kinder es angefaßt haben – das darf man nie, das wißt ihr sicher – oder weil es verletzt ist und nicht mehr laufen kann. Ein Rehkitz aufzuziehen ist sehr, sehr mühsam. Es muß alle drei Stunden gefüttert werden, und auch mit der richtigen Flüssigkeit, Milch allein ist unmöglich. Man mischt sie zu zwei Dritteln mit Kamillentee oder abgekochtem Wasser, später füttert man halb und halb. Noch später kommt Haferschleim dazu. Das muß man ganz genau wissen. Und zur richtigen Zeit läßt man die Tierchen laufen, wenn sie selbständig genug, aber um Himmels willen noch nicht richtig erwachsen sind. Rehböcke werden nämlich, auch wenn man sie noch so gut behandelt, schon im ersten Jahr böse und gefährlich. Verpaßt man den richtigen Zeitpunkt, muß man sie für immer im Gehege behalten, und das bringt viele Schwierigkeiten mit sich. Rehwild ist naschhaft und braucht die verschiedenen Kräuter, um zu gedeihen. Die sind oft schwer zu beschaffen. Und nie, niemals darf es passieren, daß ein zahmer Rehbock versehentlich aus seinem Gehege kommt. Ihr seht, nicht umsonst steht auf allen Tafeln am Waldrand: ‚Hände weg vom Jungwild'. Denkt immer daran, und erzählt es auch allen anderen."

„Aber Waschbären werden nicht böse?" vergewisserte sich ein kleines Mädel, und ein anderes bat: „Ich möchte ihn mal singen hören!"

Der Förster lachte. Dann sagte er: "Schön. Aber bleibt alle schön still sitzen, damit er nicht erschrickt."

Er stand auf und ging mit dem Bären im Arm zum Haus hinüber. Dort lehnte ein Damenrad an der Mauer, das zwischen Lenker und Sattel einen länglichen Drahtkorb hängen hatte. Der Förster hob den Waschbären hinein, der stellte sich auf die gespreizten Hinterfüße und legte die Vorderpfötchen auf die Lenkstange, die Nase darauf gedrückt. Nun stieg der Förster auf und fuhr ein Stück den ebenen Weg vor dem Forsthaus entlang. Wahrhaftig, der Bär fing an zu trillern. Erst leise, dann lauter, hoch und süß. Die Kinder jubelten.

„Er liebt Geschwindigkeit", erklärte sein Herr, „je schneller ich fahre, desto lauter singt er."

Dann durften die Kinder noch zusehen, wie er Himbeersaft bekam.

Er hielt die Flasche mit beiden Händen krampfhaft fest und ließ seine Zunge in den Flaschenhals schlüpfen, während er sog und schmatzte.

Reni und Erika waren ins Haus gegangen und begrüßten die Förstersfrau. Sie freute sich sehr über die hübschen Babysachen, die Mutter schickte. Reni frage nach den Zwilligen.

„Sie schlafen, gottlob!" seufzte die kleine Frau. „Ich bin sehr froh, daß sie mittags noch schlafen. Da hat man doch wenigstens zwei Stunden Ruhe und kommt zur Arbeit. Sie sind entsetzlich wild und unternehmungslustig, hoffentlich wird meine Mutter mit ihnen fertig, wenn sie mich pflegen kommt. Und hoffentlich wird das nächste ein Mädchen!" setzte sie lachend hinzu.

Reni und Erika versprachen, ihr die Daumen zu halten. „Wir gehen auch gleich wieder, die Kinder wollen noch Beeren pflücken. Sie können sich nur vom Waschbären nicht so schnell trennen."

So war es. Tante Thea hatte ihre liebe Not, ihre Schar endlich wieder auf die Beine zu bringen, und erst als Reni und Erika ihnen ein neues Spiel versprachen, das sie nachher lernen sollten, verabschiedeten sie sich. Jeder durfte einmal ganz leicht und zärtlich über das Fall des Bären streichen, während der Förster ihn hielt. Es war glatt, dicht, ziemlich langhaarig, glänzend und wunderbar weich und warm.

„Es schützt ihn beim Winterschlaf vor dem Erfrieren", erklärte der Förster. „Nüsse und Rosinen dürft ihr ihm schicken, oder auch ein Ei. Oder besser doch lieber nicht, rohe Eier gehen kaputt, und gekochte mag er nicht."

Er stand und winkte dem Kinderschwarm nach. Und nun wurden Beeren gepflückt und geschmaust, und dann spielte man „Eins – zwei – drei – fang schon!", bis alle außer Atem waren und nichts mehr dagegen hatten, sich still um Tante Thea zu setzen. Nun kam die Wandergeschichte, die es bei jedem Ausflug gab, keiner durfte sie schon kennen.

„Na, war es schön?" fragte die Mutter, als sie nach Hause kamen, hungrig, durchweht, müde und vergnügt.

„Sehr!" riefen Erika und Reni wie aus einem Munde, und Tante Thea nickte ihnen zu.

„Ohne euch wär's halb so schön gewesen! Ein Glück, daß ihr mit wart!"

Reni und Erika freuten sich, und Mutter lächelte.

5. Kapitel

„Na, also, Erika! Und du wolltest nicht auf Muckel! Geht es nicht wunderbar?" fragte Reni. „Nun noch eine Runde Schritt, und jetzt – Zügel lang, Pferd loben. Ja, so." Erika klopfte Muckel den Hals. „Zügel noch mal aufnehmen, durchparieren zum Halten. Gut gemacht. Zügel aus der Hand kauen lassen. Siehst du, so muß es sein, er muß die Nase vorwärts-abwärts strecken."

Erika war eifrig bemüht, alles genau so zu machen, wie sie es im Reitverein gesehen hatte, wenn Reni mitritt. Am Zaun standen mindestens zwanzig von den Heimkindern und guckten herüber.

„Du, jetzt müssen wir die auch mal

reiten lassen", mahnte Erika, und Reni gab nach. Sie holten den Grafen und setzten die mutigsten Kinder drauf, Erika führte ihn vorsorglich, und die Kinder waren begeistert. Immer mehr kamen und drängelten sich heran, Reni wurde schon wieder ärgerlich.

„Da wird der Graf ja verrückt, wenn jeden Augenblick jemand anderes drauf sitzt", sagte sie. „Alle können heute nicht reiten. Die zweite Hälfte kommt erst morgen dran. Wißt ihr was? Wir geben Reitkarten aus, richtig wie im Reitverein. Jeder, der eine haben will, muß irgend etwas helfen. Im Schlafsaal Staub wischen oder in der Küche abtrocknen, etwas, worum sich alle immer drücken. Reitkarten mit kleinen Abschnitten, die man abreißt. Wer kann uns so was aufzeichnen?"

Ein paar Jungen meldeten sich. Sie stürmten hinunter in den Spielsaal und drängten sich um die Tante, die das Bastelmaterial verwaltete. Als sie hörte, worum es sich handelte, war sie einverstanden, und nun wurden Reit- und Voltigierkarten gemalt und ausgeschnitten, denn voltigieren sollten die Kinder auch, sie sollten es jedenfalls versuchen.

„Morgen", sagte Reni und schob den ganzen Schwarm ab. „Heute probieren wir es, Erika und ich. Macht, daß ihr fortkommt, ihr seid doch nicht still, und da kann Muckel unmöglich meine Kommandos verstehen."

Maulend schoben die Kinder bergab.

„Es ist wahr, beim Voltigieren müssen die Pferde die Stimme des Menschen verstehen lernen", erklärte Reni eifrig. „Sie müssen wissen, was man meint, wenn man sagt: Terab – oder Halt – und das alles. Komm, wir schnallen ihm den Voltigiergurt um und binden ihn aus."

„Was ist denn das nun wieder?" fragte Erika.

„Er bekommt einen geteilten Zügel an die Trensenringe, und die losen Zügelenden werden am Gurt festgemacht. Auf diese Weise ist er ausgebunden und muß den Hals gebogen tragen, während er rundum läuft. Dadurch geht er aufmerksamer und gleichmäßiger. Den inneren Zügel ein ganz klein wenig kürzer, so. Und nun Erika, läßt du ihn laufen, und ich zeig' dir, wie man es macht."

Muckel schien schon als Voltigierpferd gegangen zu sein, Vater hatte ja auch so was gesagt. Erika hatte kaum den langen Zügel und die Fahrpeitsche in der Hand, da setzte er sich gutmütig in Trab. Reni lief an der Longe entlang zu ihm hin, schwang sich hoch – und sauste auf der anderen Seite des Ponys wieder herunter. Sie hatte sich mit dem gleichen Schwung hinaufgeschleudert wie damals bei Olympia, und das war für ein Pony viel zuviel. Sie mußte lachen, ehe sie sich aufrappelte. Es war ein zu komisches Gefühl, soviel Kraft einfach in die Luft zu verpuffen.

Dann mußte es Erika versuchen, und als sie beim allererstenmal glatt auf Muckel landete, bekam sie solche Lust, daß sie alle Kunststücke ausprobierte, die Reni ihr zurief. Sie sprangen, liefen, schwitzten und lachten und verstanden sich selbst nicht: Warum hatten sie dieses Spiel nicht früher schon angefangen? Dazu hatte Vater ihnen Muckel ja geschenkt!

„Von jetzt an wird jeden Tag voltigiert", bestimmte Reni, naßgeschwitzt bis auf den letzten Faden, aber äußerst zufrieden. „Erst eine Viertelstunde lang wir beide, du und ich, da können die Kinder zusehen und sich merken, was man alles machen kann. Und dann sie."

„Ich finde, das ist ein bißchen ungerecht verteilt!" sagte Erika und rollte den Longenzügel auf. „Erst wir zwei eine Viertelstunde, und die vierzig oder fünfzig anderen dann auch so lange. Wie oft wird da jeder drankommen, besser, wie selten?"

„Wir machen es eben so, daß du ihnen jede Übung vormachst. Und ich..."

„Du?" fragte Erika.

„Ach, ich lass' ihn laufen. Bei mir läuft er am besten. Ich reite doch dafür das Jagdreiten mit."

Mit dem Voltigieren wurde dann am anderen Tag angefangen, und es wurde ein voller Erfolg. Natürlich waren fast alle Kinder gekommen, aber Reni dachte sich, daß mindestens die Hälfte schnell die Lust verlieren würde. Kinder, die ungeschickt oder faul waren, hörten bereits in der Stunde auf, eine Übung zu wiederholen, wenn sie nicht geklappt hatte. Am nächsten Tag fanden sich dann ganze zwölf zum Voltigieren ein.

„Nun wird's richtig", sagte Reni zufrieden, „ihr seid der eiserne Bestand, und aus euch machen wir etwas. Ehe ihr heimfahrt, müßt ihr Vater alle Kunststücke vorführen, die ihr gelernt habt, dafür gehören euch die Ponys nun ein bißchen mit. Aber nicht zuviel Zucker füttern!"

Das letzte mußte sie immer wieder sagen, denn die Kinder waren unvernünftig, und jedes dachte: „Ich bring' Muckel ein paar Stücke, ohne daß Reni es sieht. Er soll sich merken, wer ich bin."

„Schenkt ihm lieber altes Brot", riet Erika. „In der Verwaltung gibt es welches, oder kauft ihm Mohrrüben."

„Daß mir aber keiner das Tor offenläßt!" drohte Reni. „Sonst darf niemand mehr zu den Ponys, außer wenn Erika oder ich dabei sind."

Die Kinder nickten und versicherten, sie würden bestimmt aufpassen.

„Und nun dürft ihr Graf und Gräfin nicht vergessen, sie müssen auch was kriegen, nicht nur der Muckel", mahnte Reni. „Was man denen nicht alles sagen muß!" seufzte sie und trollte mit Erika die Liegewiese hinunter. „Sachen, die man sich doch an allen fünf Fingern abzählen kann."

„Jaja. Aber weißt du, das sind Stadtkinder, die kennen Pferde nur aus dem Zoo. Denen muß man vieles nachsehen", sagte Erika.

„Trotzdem! Wie sie sich zum Beispiel an den Zaun hängen! So, als könnten sie nicht stehen, ohne sich aufzustützen! Ich hab' schon an vielen Stellen nachnageln müssen. Ein paar haben sich sogar obendrauf gesetzt beim Zugucken. Dafür ist der Schwartenzaun nicht gedacht, und wenn er noch so sorgfältig gebaut ist", grollte Reni. Erika mußte ihr recht geben. Trotzdem waren sie blendend gelaunt und zufrieden. „Wenn alles gutgeht und die Kinder was gelernt haben, können wir vielleicht am ‚Tag des Pferdes' eine Schaunummer vorführen", sagte Reni, die immer vor Plänen platzte. „Wir zeigen, was bis dahin untrainierte Kinder in kurzer Zeit lernen können. Ich sprech' mal mit dem Reitlehrer, aber lieber erst nach dem Jagdreiten."

Das Jagdreiten war jetzt die Sache für sie. Vor oder nach dem Jagdreiten – etwas anderes gab es nicht mehr in ihrem Sprachschatz.

„Du bist schon wie Napoleon", sagte Erika, „der ließ sein Geburtsjahr als Anfang der Zeitrechnung ansetzen. Das haben wir in Geschichte gehabt."

Am Mittwoch vor dem so heißersehnten Tag fing es an zu regnen. Reni ließ die Heimkinder voltigieren und tat so, als merkte sie es nicht. Schließlich aber mußten sie aufhören. Sie gurtete Muckel los und ließ ihn laufen.

„Komm, Erika, wir gehen in mein Zimmer, und ihr, Herrschaften, verzieht euch hinüber! Aber umziehen, wer naß ist, verstanden?" rief sie noch.

Die Kinder zogen ab.

Reni und Erika machten es sich gemütlich. Erika rubbelte Reni den Schopf trocken, sie selbst hatte ein Kopftuch getragen. Dann saßen sie auf der Couch und sahen einander an. „Was nun?"

„Ich stricke, und du liest mir aus einem Pferdebuch vor", sagte Erika. Reni war einverstanden. Draußen dämmerte es schon. Die Mädel merkten es nicht, sie fanden es sehr gemütlich in ihrem Zimmer nach all der Toberei in den letzten Tagen im Freien.

„Wißt ihr, daß es schneit?" fragte Vater am Abend, als er heimkam, und putzte an seinem Mantel herum. „Ihr hattet freundlicherweise wieder mal die Garage zugemacht, so daß ein alter Mann im Schneesturm draußen stehen und mühsam hantieren mußte."

„Schneesturm? Ein bißchen Geniesel, mehr Regen als Schnee!" sagte Erika und nahm ihm den Mantel ab, um ihn hinauszuhängen. Sie hatte Renis entsetztes Gesicht gesehen. „Das taut über Nacht wieder weg, hat gar nichts zu bedeuten."

„Sag das nicht, holdes Schneewittchen, hier im Gebirge haben wir manchmal schon Ende Oktober Schnee!"

Vater setzte sich und seufzte behaglich. „Übrigens, wie wurde bei uns der erste Schnee immer gefeiert?"

„Mit einem Kaminabend!" schrien Erika und Reni wie aus einem Mund. Die Eltern hatten nichts dagegen, und alles begann sofort mit den Vorbereitungen. Es wurde so schön wie immer, aber die Sorge um das Wetter drückte auf Renis Herz. Würde es sich soweit bessern, daß sie mitreiten könnte? Bei weicherem Boden erlaubte Vater es bestimmt nicht.

Am Morgen wußte sie sofort, als sie aufwachte: Der Schnee war nicht weg. Er erfüllte das Zimmer mit jener merkwürdigen blassen Helligkeit, die man sonst immer jubelnd begrüßt hatte: Schnee, erster Weihnachtsbote. Heute blieb sie liegen und drückte die Augen wieder zu. Konnte Petrus nicht noch acht Tage gewartet haben!

„Ich steh' nicht auf", dachte sie wütend. „Ich bleib' den ganzen Tag im Bett. Ich will es nicht sehen."

Es konnte ja noch tauen bis Samstag. Und es konnte, hier, direkt am Gebirge, viel schlimmer sein als dort, wo man die Jagdstrecke abstecken würde; die lag in der Ebene, aus guten Gründen. Es konnte plötzlich sonnig werden und warm und trocken, wer wußte denn das in dieser Jahreszeit! Reni sagte sich dies alles, und Erika sagte es auch, als sie aufwachte, aber Reni wagte nicht, ernstlich dran zu glauben.

„Geh du füttern, Erika, bitte! Ich will nicht raus! Wenn ich die Augen zumache, ist es vielleicht nicht wahr!"

Erika sah Reni mitleidig an, fuhr aber eilig in Trainingshose und Schuhe und rannte aus dem Zimmer. Fünf Minuten später kam sie mit allen Anzeichen des Entsetzens wieder, und jetzt fuhr auch Reni aus dem Bett wie der Teufel aus dem Kasten.

„Die Ponys sind weg, alle vier!" japste Erika. „Der Zaun ist kaputt. Wahrscheinlich haben Heimkinder ihn gestern eingedrückt und nichts mehr gesagt, weil du so gedroht hast."

„Sieht man Spuren?" fragte Reni, während sie im Schrank nach den ältesten Klamotten suchte, die sie besaß. „Im Schnee müßte man das doch."

„Ich habe mir keine Zeit genommen nachzusehen. Bloß geguckt, ob sie nicht vielleicht in Muckels Stall stehen. Aber der war auch leer. Und da bin ich zurückgerannt zu dir."

„Hast du jemandem was gesagt?" fragte Reni und hangelte sich in einen Pullover. Erika schüttelte den Kopf. War das nun richtig oder nicht? Sie sah Reni angstvoll an. Die aber nickte.

„Gut, gut. Vor allem Christian nicht. „Den brauchen wir nicht", sagte sie verbissen. „Wir finden unsere Ponys auch ohne ihn. Aber Mutter – oder Tante Mumme –, die müßten wissen, wohin wir gehen." Sie überlegte kurz, schrieb dann einen Zettel: „Holen die Ponys, sind gleich wieder da", und legte ihn auf ihr Kopfkissen.

„Hast du Geld?" fragte Erika.

„Wozu denn?"

Reni war schon die halbe Treppe hinunter. Erika steckte nach sekundenlangem Überlegen doch ihr neues Geldtäschchen ein, das Vater ihr geschenkt hatte. „Vielleicht bringt es uns Glück", dachte sie sehnsüchtig. Erika war abergläubisch, und daß es sehr schnell und glatt mit dem Auffinden der Ponys gehen würde, konnte sie sich nicht vorstellen.

Sie hatte recht. Als sie Reni einholte, oben an der Ponyweide, starrte die auf die Erde, dort, wo der Zaun kaputt war. „Schlecht zu sehen", murmelte sie, „weil es ja immer noch schneit. Das hier könnten Spuren sein!"

„Das sind welche!" rief Erika lebhaft. „Siehst du das nicht? Komm, hinterher! Vielleicht finden wir sie gleich im Wald, und alles ist halb so wild."

„Hoffentlich." Reni ließ sich mitziehen. Als sie in den Wald kamen, wurden die Spuren deutlicher. Hier lag der Schnee dünner, weil doch etwas von den Bäumen aufgefangen wurde, und hier und da erkannte man sogar richtig einen Hufabdruck. Einmal jauchzte Erika laut und selig: Sie hatte Ponyknetel entdeckt, eine ganze Reihe, im Laufen abgelegt. Sie waren ganz frisch.

„Wir sind richtig!" jubelte sie, als sähe sie die Ausreißer schon vor sich.

Die Trensen hatten sie im Vorbeilaufen errafft, sonst aber nichts, kein Brot, keinen Zucker, keine Mohrrüben. Wenn sie die Ponys wirklich fanden, würden sie sie auch so einfangen.

Es war nicht leicht, die Spuren zu verfolgen. Erika beteuerte immerzu, an der nächsten Ecke würden sie die Tiere sehen. Sie merkte, daß Reni gar nicht davon überzeugt war.

Nein, Reni war im tiefsten Herzen verzweifelt. Ganz abgesehen davon, daß die Ponys noch nie so weit und so lange weg gewesen waren, erschien es ihr, als habe es so kommen müssen. Den ganzen Sommer über hatte sie sich nicht oder doch kaum um sie gekümmert, jedenfalls nicht mit dem Herzen. Ihr Herz war woanders gewesen, bei den Pferden, beim Reitverein. Hier und da hatte sie sich erinnert, daß die Ponys noch da waren, und sich um sie bemüht, einen Tag lang, zwei vielleicht. Sie wollte sie nicht missen, aber sie hatte sie vernachlässigt. Und so was rächt sich eines Tages.

Ponys sind keine Gegenstände, die man heute benutzt und morgen liegenläßt, wie etwa ein Fahrrad. Ponys sind lebendige Wesen, sie brauchen Ansprache und Zärtlichkeit, Geduld und Teilnahme. Reni hatte ihnen dies alles nicht mehr gegeben, seit sie im Reitverein ritt. Sie wußte das deutlich, und ihr wurde erschreckend klar, daß es im Leben Dinge gibt, die man nicht wiedergutmachen kann. Solange man ein Kind ist, läuft man dann heulend zu Vater oder Mutter, und die trösten und bügeln aus. Wenn man aber erwachsen ist, können sie einem nicht mehr helfen.

Blaß und stumm hastete sie vorwärts, Erika konnte kaum Schritt halten. Ob die Ponys davongelaufen waren, weil Renis Herz sich nicht mehr um sie kümmerte? Reni versuchte, sich das auszureden. Grade in den letzten Tagen hatten sie mit ihnen voltigiert, und auch sonst – zu ihnen gegangen waren sie jeden Tag. Früher war das anders gewesen, da verbrachten sie jede, jede freie halbe Stunde bei ihnen. Erika bestand darauf, auch Brüderchen mitzunehmen, sein Körbchen stand neben ihnen, während sie im Schatten des heruntergezogenen Daches vom Schwedenschuppen auf der Bank saßen und einander Vokabeln abhörten, immer eine Hand im Wuschelpelz der Ponys.

So etwas spüren Tiere. Sie waren ja auch nie ausgerissen, als die beiden Mädel so ganz mit ihnen lebten. Das lag nicht allein daran, daß Muckel sie aufwiegelte. Sie hatten sich damals zur Familie gezählt, und jetzt fühlten sie, daß sie nur noch am Rande dazugehörten. Reni war das alles schrecklich klar, viel klarer, als es Erika je sein könnte oder Christian, oder Vater. Doch, Vater, der wußte es sicher, und Mutter vielleicht auch ...

„Ich will sie nie, nie wieder vernachlässigen, wenn wir sie finden", gelobte Reni, außer sich vor Selbstvorwürfen und Anklagen. „Ich will das Jagdreiten nicht mitmachen, damit der liebe Gott sieht, daß ich es ernst meine. Nein, ich reite nicht mit, auch wenn wir sie nicht finden." Es kam ihr unverschämt vor, dem lieben Gott sozusagen einen Handel anzubieten: „Gewährst du mir das, so verzichte ich auf jenes. Ich reite auf keinen Fall mit!" gelobte sie sich.

Aber bitten, daß man sie fand, das durfte man doch! Längst sprachen beide nichts mehr; sie brauchten alle Atemluft zum Rennen. Es ging bergauf, bergab, manchmal in Schluchten hinunter, wo man die mühsam gewonnene Höhe wieder verlor, über Baumstämme und durch Gräben.

„Hier waren sie bestimmt nicht!" jammerte Erika manchmal. „Von selbst springen sie doch nicht, weißt du das nicht? Müssen wir dorthinauf?"

Es klang verzagt. Reni sah sie an.

„Ich glaube, wir finden sie nie", sagte sie, dann brach sie in ein bitterliches Weinen aus. Erika war schon lange nahe daran. Sie setzten sich auf einen abgeschälten Baumstamm und ließen die Tränen laufen; Reni hatte kein Taschentuch, sie schnaubte sich in den Handschuh, und Erika trocknete mit dem Kopftuch in ihrem Gesicht herum.

Schließlich stand Reni auf. „Komm, Erika, komm weiter. Irgendwo werden wir ja wieder auf Spuren stoßen."

Erika schnupfte und folgte. Nach ein paar Schritten deutete sie nach vorn: „Guck, dort, ein Haus."

„Ja, das ist Mittelwald, die Försterei. Wir kommen von der anderen Seite wie neulich." Reni schneuzte alles, was sie in der Nase hatte, geräuschvoll nach oben. „Wart, wir fragen mal, vielleicht wissen die Leute dort was."

Erika ging hinterher. Vor dem Haus tobten die beiden kleinen Jungen, bewarfen sich gegenseitig mit Schnee und schrien und krakeelten. Sie trugen keine Handschuhe, und dem einen hing die Hose bis fast auf die Erde. Reni zog sie rauf, versuchte, den Hosenträger anzuknöpfen, aber der Knopf fehlte.

„Du siehst ja lieblich aus", sagte sie und schob ihn am Kragen vor sich her. „Marsch, hinein mit euch!"

„Wir sollen draußen spielen, hat Oma gesagt", piepste der eine kläglich.

Reni nahm ihn kurzerhand mit. Sie stampften den Schnee von den Schuhen und klopften dann an irgendeine Tür. Keine Antwort!

„Hallo?" rief Reni fragend.

„Wer ist denn da?" Eine erhitzte, zerzauste Großmutter mit nasser Schürze guckte aus einer der Türen.

„Was? Ach, seid ihr nicht die Kinder vom Doktor? Was gibt's denn?"

„Guten Tag – unsere Ponys sind nämlich heute nacht ausgerückt ...", berichtete Reni, „und da dachten wir, vielleicht – ob Sie nicht was wüßten?"

„Wer ist denn da?" rief es von drinnen wieder. Reni erkannte die Stimme der Försterin.

„Wir sind's. Dürfen wir rein?"

„Natürlich. Kommt nur!"

Sie schoben sich durch die Tür. Die Förstersfrau lag im Bett, sah aber munter aus. In der Ecke der schön warm durchheizten Stube stand ein Kinderkörbchen. Reni erspähte es sofort und machte den Hals lang. Für einige Sekunden vergaß sie all ihre Sorgen.

„Ist es da?" fragte sie begierig.

„Ja. Und gesund und munter", strahlte die junge Mutter.

„Und?" fragten Reni und Erika. Sie wußten ja, wie sehr sich die kleine Frau eine Tochter gewünscht hatte. Ihrem Gesicht nach konnte es eigentlich nur das Richtige geworden sein.

„Ein Mädchen? O wie schön!" Nun gratulierten sie der Mutter stürmisch.

„Und wie wird's heißen?"

„Wir sind uns noch nicht einig. Vielleicht Sylvia – ‚silva' heißt Wald, und davon soll der Name kommen. Oder Waltraut oder Christel. Es gibt doch eine Operette, die heißt ‚Die Försterchristel', oder wißt ihr noch was Schöneres? Setzt euch und wärmt euch auf. Kommt der Doktor auch?"

„Ach nein. Und Zeit haben wir auch nicht." Stockend erzählte Reni ihr Pech. Die Försterin war sehr mitfühlend.

„O weh, o weh, und schon so lange sind sie weg? Die ganze Nacht? Und draußen ist Schnee? Bei Schnee und Bodennebel kann man Ponys leicht mit Wildschweinen verwechseln", sagte sie bedenklich. „Ihr müßt sofort alle Förstereien rundum anrufen. Mutter, bitte, nimm die beiden mit ins Büro hinüber, und such ihnen die Nummern raus! Und gib ihnen was zu essen!"

Sie hatte gesehen, wie abgehetzt und erschöpft die Mächen waren.

„Danke, ja", sagte Reni und folgte der alten Frau, während sie überlegte, ob man auch zu Hause anrufen sollte. Vielleicht machte sich dann auch Gusti auf, um in anderer Richtung durch den Wald zu streifen, oder Tante Thea mit ein paar größeren Kindern oder gar Christian. Der hatte doch auch Ferien!

Nein, sie wagte es nicht. Erstens wegen der Blamage, und zweitens – nein!

So gaben sie nur den umliegenden Förstereien Bescheid, und es tröstete sie doch ein bißchen, wie freundlich alle reagierten, als sie hörten, daß sie die Doktorskinder aus dem Heim am Berge seien. Der Doktor war überall beliebt und hoch geschätzt, und sein Name wirkte wie eine Zauberformel.

„Sobald wir was sehen oder hören, rufen wir im Heim an", versprachen die Förster. „Im Heim oder in Mittelwald. Dort seid ihr doch zur Zeit?"

„Ja, aber wir gehen gleich weiter", sagte Reni eilig. Das aber ließ die kleine Förstersfrau nicht zu.

„Kommt gar nicht in Frage. Erst gibt es was Heißes zu trinken und ein paar dicke Butterbrote zu essen. Gelt, Mutter, du machst ihnen was zurecht?" bat sie. Reni und Erika setzten sich an ihr Bett, es tat gut, einen Augenblick auszuruhen. Gerade fing die winzige neue Erdenbürgerin an zu mauzen.

„Darf ich sie mal rausholen?" bettelte Erika. „Ich kann es, ich hab' es bei Brüderchen auch gedurft!"

Die Försterin nickte, und nun saß Erika in der Ecke und schaukelte das kleine Menschenpaket hin und her. Und dann kam die Oma mit dem Frühstück.

Die Milch war heiß und süß, die Großmutter hatte Honig hineingerührt, und die Brote schmeckten herrlich. Sogar Reni, deren Herz doch noch eben völlig verzweifelt gewesen war, lebte auf. Merkwürdig, wie tröstlich Honigmilch und Butterbrot wirken konnten, wenn man seit frühmorgens nüchtern im Schnee herumgestolpert war!

„Wir werden sie schon finden", sagte sie jetzt, und Erikas Gesicht strahlte auf bei diesen Worten. Sie legte das kleine Mädel wieder ins Körbchen und fing sich einen der beiden Zwillingsbuben, zog ihn zwischen ihre Knie und wischte ihm die Nase, die, triefend, wie sie war, das sehr nötig hatte. „Der andere auch! Komm her, Steppke!"

„So heiß' ich nicht", kreischte der und rannte an die Oma an, die eben zur Tür hereinkam, so daß das Tablett, das sie trug, ins Rutschen kam – bum, klirr...

„Ach, das schadet nichts", tröstete die Förstersfrau und versuchte, ihre Mutter zu beruhigen, Erika und Reni sammelten die Scherben ein. Sie war so glücklich über ihre kleine Tochter, daß ihr so etwas nichts ausmachte. Die Oma war um so trostloser.

„Das ist schon das drittemal, daß mir was kaputtgeht", jammerte sie. „Ich werde alt und unbrauchbar. Aber die Jungen sind auch zu wild! Immer rennen sie in einen hinein, und in acht nehmen können sie sich überhaupt nicht."

„Kommt her, ihr Halunken", sagte Reni, stand auf und holte sich erst den einen, dann den anderen. Die Jungen wehrten sich, aber nur aus Übermut. Gerade klingelte das Telefon.

„Paßt auf! Eine Nachricht für euch!" sagte die Försterin und hob lauschend den Zeigefinger. Und dann kam die Oma herein und verkündete, daß die Ponys tatsächlich in der nächsten Försterei – etwa anderthalb Kilometer von hier – nicht nur gesehen, sondern sogar schon eingefangen worden seien. „Sie stehen in der Scheune und fressen, als hätten sie acht Tage lang nichts bekommen", meldete sie.

Reni und Erika fielen einander um den Hals und waren ganz außer sich vor Freude und Erleichterung.

„Auf, Erika, los! Wir holen sie!" rief Reni und legte ihre angebissene Schnitte auf den Teller zurück. Die Försterin protestierte lachend.

„Halt, halt! Erst wird aufgegessen! Jetzt sind die Ausreißer doch in guten Händen und unter Aufsicht! Bitte, Reni, setz dich noch mal und iß erst auf, und du, Erika, wenn du so gut wärst und gingst mit beiden Jungen mal aufs Häuschen?"

„Natürlich!" beeilte sich Erika.

„Können wir auch sonst noch was helfen", bot Reni an. „Ich kann wunderbar aufwaschen. Ist heißes Wasser da?"

„Großartig seid ihr, ihr beiden", lachte die junge Mutter. „Gut, ich nehm's an. Die Oma zeigt dir alles."

„Ich find' mich auch allein zurecht!" rief Reni aus der Küche. Die Großmutter sank mit einem kleinen Seufzer auf den Bettrand der Tochter.

„Himmel, nein, so hatte ich mir das eigentlich nicht vorgestellt. Aber die Reni ist ganz der Vater, freundlich und hilfsbereit und patent, und immer da, wenn man jemanden braucht!"

Reni hatte noch etwas fragen wollen

und hörte diese Worte durch die halboffene Tür. Sie blieb stehen und stand noch eine halbe Minute. Ausnahmsweise hörte der Lauscher an der Wand hier mal nicht seine eigene Schand'. Erika war mit den beiden Jungen draußen – das Häuschen mit Herz befand sich ein Stück vom Haus entfernt.

„Nicht wahr?" hörte Reni die junge Frau antworten, es klang zärtlich und gut. „Und dabei ist sie gar nicht sein Kind. Er hat sie sich angeheiratet, wie er sagt. Aber ein echtes Kind könnte ihm nicht ähnlicher sein. Wenn meine Tochter mal so wird, ach, lieber Gott! Was meinst du, Mutter, wollen wir die Kleine nicht Reni nennen?" Und wieder das zärtliche, glückliche Lachen.

Reni schlich auf Zehen in die Küche zurück. In ihr Herz, das vor Erleichterung über die eingefangenen Ponys wie aufgebrochen war, fielen diese Worte der Förstersfrau hinein wie Goldkörner. Daß jemand fand, sie sei Vater ähnlich! Etwas Schöneres gab es für sie nicht auf der Welt. Und die Försterin wünschte sich, ihr Kind sollte so werden wie sie, wie Reni!

„Sie kennt mich nicht", dachte sie beschämt, „aber ich will anders werden: Freundlich und immer hilfsbereit, so wie Vater." Sie merkte, daß es aus ihren Augen ins Spülwasser tropfte. Heulen, jetzt? So was Dummes! Lachend wischte sie sich mit dem Ärmel quer übers Gesicht.

Das war ein anderes Laufen durch den geliebten Wald, nun, da man wußte, die Ponys waren eingefangen und fraßen vergnügt das ihnen vorgelegte Heu. Reni pfiff und sang, und Erika schwatzte wie ein Star, ununterbrochen. Reni hörte gar nicht hin, soviel hatte sie zu denken, manchmal aber bekam sie doch einen halben Satz mit.

„... und sicher ist bis Samstag der Schnee wieder weg, so daß du mitreiten kannst", hörte sie noch. Jetzt wurde Reni munter.

„Das Jagdreiten, meinst du? Ich hab' mir's überlegt, Erika, ich lass' es sausen!" sagte sie tapfer. Während sie es aussprach, fühlte sie noch, wie weh es tat – sie hatte sich wirklich sehr darauf gefreut. Aber sie blieb bei ihrem Entschluß. „Vater und auch Mutter haben schreckliche Bedenken, und wenn sie es mir erlauben würden, dann nur gegen ihre eigene Überzeugung, das hab' ich genau gemerkt. Natürlich wäre mir nichts passiert. Aber sie haben Angst. Es kommen ja noch andere Jagden, nächstes Jahr – oder übernächstes..."

„Du willst nicht?" Erika starrte sie an, sprachlos vor Staunen.

Reni schluckte.

„Nein, ich will nicht", sagte sie dann, und es klang schon fester. „Ich hab' zwar darauf gespart – aber, du, Erika, jetzt fällt mir was ein! Gerade weil ich daran dachte, daß ich das Geld für die Kappe und die Jagd zusammenhabe: Wir nehmen die beiden Förstersjungen mit! Du siehst doch, daß die Oma es nicht schafft! Und sonst steht die Förstersfrau womöglich so zeitig auf, was nicht gut wäre. Wir nehmen die Jungen mit und behalten sie im Heim, bis ihre Mutter wieder auf den Beinen ist, und bezahlen tu' ich für sie."

„Ach, die nimmt deine Mutter auch ohne Bezahlung!" Erika lachte, von diesem Plan bereits begeistert. „Wo sollen sie schlafen? Im Schlafsaal?"

„Nein! Bei uns, in meinem Bett! Ich schlaf' auf der Luftmatratze. Zwei so kleine Kerle kann man gut für ein paar Nächte in ein einziges Bett stecken. Was meinst du, ob Mutter uns das erlaubt?"

„Sicher!"

„Und dann tun wir, als wären es unsere kleinen Brüder, und lassen sie reiten und spielen mit ihnen ..."

„Ich denke, du magst keine Brüder?" fragte Erika.

Reni lachte verlegen. „Doch, ich mag welche. Mag ich Brüderchen etwa nicht?"

„Brüderchen wohl. Aber Christian?"

„Früher hab' ich ihn gemocht." Reni ging schneller, so daß Erika ihr Gesicht nicht sehen konnte. „Früher war er anders."

Jetzt erst fiel ihnen ein, daß sie vergessen hatten, zu Hause anzurufen.

„Zu dumm", sagte Reni, „nun sorgen sie sich immer noch."

„Wir holen es gleich nach", tröstete Erika, und im Innersten dachte sie: „Vielleicht tut ihnen ein bißchen Sorge ganz gut. Jedenfalls Christian."

Ach, wurde das ein Wiedersehen! Reni stand, den Arm um den Hals von Muckel gelegt, die Wange an sein Fell gedrückt, und murmelte unzählige Schmeichelnamen, und Erika streichelte die drei anderen immer abwechselnd. Freilich, das mit der möglichen Verwechslung mit Schwarzwild stimmte schon, und man konnte verstehen, wie sehr sich die Mädel geängstigt hatten.

Dann ging es los, heimwärts! Reni nahm Muckel, Erika vorsichtshalber die Gräfin. „Ich kenn' den Grafen noch nicht so, und er wird sicher besser mitlaufen." Aber siehe da, als Muckel und die Gräfin losmarschierten, folgte nicht nur das Fohlen, sondern auch der kleine Hengst.

Der Förster stand in der Tür und sah der Kavalkade nach.

„Mädel sind das", murmelte er vor sich hin, „da könnte sich mancher Junge eine Scheibe davon abschneiden!"

Die beiden ließen die Ponys laufen, daß es eine Lust war. In Mittelwald angekommen, sprang Reni ab und band Muckel fest. „Und du, Erika, bleib lieber draußen, noch mal möchte ich nicht hinterherrennen müssen", bat sie. „Jetzt kommt's drauf an, die Försterfrau rumzukriegen! Hoffentlich waren die Jungen gerade wieder recht ungezogen!"

Es ging besser als gehofft. Die junge Mutter strahlte, als Reni mit dem Vorschlag herausrückte: ihre Jungen ins Heim zu Reni und die Oma entlastet!

„Wir haben halt keine Nachbarn, zu denen wir sie mal stecken können", erklärte sie. „Aber die Hebamme kommt jeden Tag, um das Kleine und mich zu versorgen, die nimmt die Jungen bestimmt mit in ihrem Wagen, wenn ich sie drum bitte." Reni lachte.

„Auf die Hebamme warten? Wir nehmen die Jungen mit. Wollt ihr auf die Ponys, ihr beiden Schlawiner, ja?" Die Jungen brüllten, und die Mutter gab lachend nach.

„Aber ihr führt die Pferdchen, ja? Damit sie mit den Jungen nicht gleich durchgehen!" bat sie.

„Natürlich. Machen wir." Reni meinte, sie könnten dieses Versprechen ja halten, wenigstens solange die Oma sie noch sehen konnte. Dann würde die Verteilung geändert werden: sie selbst auf Muckel, den einen Buben vor sich, Erika auf Graf und der zweite Junge auf der Gräfin.

Davon aber sagte sie noch nichts. Erst einmal wurden die Sachen der Jungen zusammengesucht, und Erika stopfte alles in einen kleinen Rucksack: Schlafanzüge und Strümpfe zum Wechseln und Pullover und Hemden.

„Nur nicht zuviel, wir können ja auch was waschen", sagte sie, als der Rucksack immer mehr anschwoll. „Und Seife und Waschlappen kriegen sie auch von uns. Nur die Zahnbürsten, die brauchen wir."

Endlich ging es los. Andreas saß auf

Muckel, den Reni führte, und Armin auf dem Graf. „Zuallererst müssen wir uns was ausdenken, wie sie zu unterscheiden sind", sagte Reni zu Erika. „Vorwärts, Gräfin, zu Hause gibt's was Gutes! Guckt die Oma immer noch? Wie lange müssen wir noch winken?"

Nach der nächsten Wegbiegung wurde umrangiert. Und siehe da – es klappte herrlich! Die Ponys, vollgefressen und vergnügt, merkten natürlich, daß es heimwärts ging, und das zusätzliche Gewicht machte Muckel überhaupt nichts aus. Reni ließ ihn antraben, Erika folgte ihrem Beispiel. Es wurde ein unvergeßlicher Ritt.

„Davon erzähl' ich meinen Enkeln noch, falls ich mal welche kriege", sagte Reni und ließ Muckel laufen, daß der Schnee nur so stob: „Wie wir die Försterskinder entführten."

„Halt, halt! Du bist ja bekloppt! So schnell kann doch der Andreas nicht", schrie Erika, die ihren kleinen Nebenreiter schon bedenklich rutschen sah. „Wenn der erst mal abgeschmiert ist, geht der uns nie wieder drauf!"

„Stimmt", murmelte Reni und parierte ihren Muckel durch. „Na, nun brüll nur nicht schon, Andi. Wir reiten jetzt Schritt."

Als sie an den Waldrand kamen, von wo aus man das Heim sah, saß Reni ab.

„Hier müssen wir führen. Bergab reiten geht auf die vorderen Röhrenknochen, die schonen wir lieber. Laß auch die Jungen laufen, Erika. Kurz vorm Heim sitzen wir alle wieder auf."

Erika war einverstanden, und die Jungen liefen und sprangen vor ihnen her, den Berg hinunter, der Liegewiese zu. Dann stiegen sie alle wieder auf.

„Hinein in den Hof! Alle müssen uns sehen!" befahl Reni. „Hoffentlich kommt jemand, der Alarm schlägt, damit Vater und Mutter ..."

Sie hielt inne. Eben kam Christian um die Kurve gerannt, stoppte und hielt vor ihnen. „Ihr habt sie?" schrie er. Er sah abgehetzt und aufgeregt aus. Hatte er sie gesucht?

„Ja, kannst du dir das nicht denken?" Es war das erstemal, daß sie miteinander sprachen, Reni und er, seit langer Zeit.

„Gott sei Dank", seufzte Christian erlöst, „Reni, du. Ich hatte solche Angst, solche Angst!"

„Du auch? Ach, Christian ..." Reni mußte sich schnell auf die Lippen beißen, um nicht noch mal zu heulen, diesmal aus lauter Glück und Erleichterung. „Komm, nimm mir meinen kleinen Mitreiter ab. Ja, Andreas oder Armin, ich weiß nicht genau – das da ist jetzt dein großer Bruder, weißt du. Christian. Deiner und meiner ..."

Ihre Stimme schwankte noch ein wenig, während sie das sagte, obwohl sie dabei zu lachen versuchte. Erika war abgestiegen und hob den anderen Zwilling von der Gräfin, und wie hergehext standen plötzlich auch die anderen da. Mutter und Vater, Tante Mumme, die Heimkinder, die Küchenmädchen. Reni konnte sich keinen stolzeren Einzug ausmalen und sah entsprechend glücklich aus. Ihre Neuigkeiten sprudelte sie natürlich gleich heraus. Daß sie die Jungen mitgebracht habe, aber ganz, ganz allein versorgen wollte, mit Erika zusammen natürlich, und auch für sie bezahlen und daß sie das Jagdreiten nicht mitreiten würde ...

„Nicht wahr, Vater, du erlaubst, daß ich nicht mitreite?" drängelte sie, und Vater mußte ein bißchen lachen. Um so etwas hatte Reni ihn noch niemals gebeten, noch dazu so stürmisch.

„Ja, ich erlaub' es", lächelte er, „und die Jungen dürfen bleiben, natürlich!" Er streichelte seiner Tochter über den Kopf. „Bist ein guter Kerl, Reni, und nächstes Jahr – vielleicht erlaub' ich dir dann, daß du mitreitest. Jetzt aber los, rauf mit den Ponys auf die Weide, da gibt's nämlich auch eine Überraschung."

„Was denn?" fragten Reni und Erika wie aus einem Mund. Vater schmunzelte, und Christian guckte harmlos vor sich hin, so harmlos, daß Reni wußte, woher der Wind wehte.

„Da steckt Christian dahinter!" rief sie. „Stimmt's?"

„Hast du es etwa schon gesehen?" fragte er verärgert. „Ich wollte doch dabeisein, wenn es aufgebaut wird!"

„Nichts hab' ich gesehen!" sagte Reni schnell. „Ich weiß überhaupt nicht, wovon ihr sprecht."

Sie zogen miteinander zur Weide hinauf, und dann enthüllte Christian sein Geheimnis, das seit gestern im Schuppen verborgen gelegen hatte.

„Er hat drauf gespart, monatelang", sagte Vater leise. „Nachhilfestunden gegeben und nur noch einmal die Woche geritten, stell dir vor!"

„Aber den Rest hat Vater draufgelegt!" beeilte sich Christian. Vater winkte mit der Hand ab.

„Du sollst nichts ausplaudern!"

„Was ist denn das?" staunte Reni. Eine große Rolle dünner Draht, ein Metallkasten, ein Körbchen voller Schrauben, von denen jede als Kopf einen Isolator aus Plastik trug.

„Ein Elektrozaun", erklärte Christian. „Ich konnte es nicht mehr mit ansehen, wie ihr dauernd auf Ponyjagd wart. Auch der erhöhte Schwartenzaun nützte ja im Grunde nichts. Entweder die Heimkinder oder die Ponys drückten ihn immer wieder ein. Da habe ich mich erkundigt und das herausgefunden. Nun wollen wir mal sehen."

Und er erklärte, wie man die Isolatoren einschraubt, den Draht entlangzieht und die Batterie anschließt.

„Wenn die Ponys drankommen, kriegen sie einen elektrischen Schlag, dann gehen sie nie wieder hin."

„Die Armen!" rief Erika sofort, und auch Reni machte ein bedenkliches Gesicht: „Kann ihnen aber auch ganz bestimmt nichts passieren? Pferde sind gegen elektrischen Strom sehr anfällig."

„Keine Sorge. Die Landwirtschaft arbeitet nun schon seit Jahren mit solchen Elektrozäunen, und nie ist was passiert. Die Spannung wird schon gering genug genommen. Aber erschrecken tut man ganz schön. Ich hab' schon drangefaßt, als ich es ausprobierte!"

„Los! Wir bauen den Zaun!" rief Reni, von der Idee begeistert. „Können wir ihn nicht so anbringen, daß auch die Heimkinder erschrecken, wenn sie ihn anfassen?"

Die anderen lachten. Mutter schüttelte den Kopf. Vater aber meinte, man brauchte doch nur ein Schild daneben zu hängen: „Achtung, Elektrozaun! Nicht anfassen!" Die Kinder könnten ja alle lesen, und wer sich trotzdem einen Schlag holte, sei selbst schuld.

„Es passiert nichts", beruhigte er Mutter und Tante Mumme. Die beiden waren noch etwas bedenklich.

Christian und Reni schraubten voller Eifer die Isolatoren ein, Erika lief mit der Rolle hinterher und spannte den Draht.

„Und darauf hast du wochenlang gespart?" fragte Reni leise, als sie einander an einer Ecke der Weide trafen.

Christian sah sie nur an und nickte.

„Warum hast du nie was gesagt?"

„Was ich sagte, ging dir ja immer in die falsche Kehle", meinte Christian. „Jedes Wort hast du mir, kaum daß ich es sagen wollte, in den Mund zurückgeschlagen. Da dachte ich, ich muß was *tun*, damit du siehst . . ."

„Was siehst?" fragte Reni. Sie verstand ihn schon, aber sie wollte es deutlich von ihm gesagt bekommen.

„Daß ich – daß Brüder auch zu was nütze sind", brummte Christian verlegen. Reni lachte. Gerade daß er so verlegen war, fand sie ganz schrecklich nett. Er war gar nicht so überlegen, wie er immer tat, sondern ein ganz großartiger und getreuer Bruder.

„Fertig. Wunderbar. Und jetzt schaltest du ein!" rief sie und rannte hinter ihm her zum Stall, wo die Batterie stand. Christian verband sie mit dem Zaun und knipste.

„Wer probiert?"

„Ich nicht, ich nicht!" schrien die Mädchen, und auch Vater und Mutter und Tante Mumme weigerten sich.

„Wie sollen wir denn da wissen, ob es auch funktioniert?" fragte Christian.

„Faß du doch an!" hetzte Reni.

„Ich könnte ja schwindeln."

„Richtig! Und uns was vormachen!"

Sie sahen einander an, abwartend. Da ertönte ein Schrei, und einer der beiden kleinen Förstersbuben hopste auf einem Bein herum. Er hatte den glänzenden Draht angefaßt. Alle lachten.

„Mach's noch mal!" ermunterte Christian ihn. Der Junge zog ein Gesicht und schüttelte den Kopf.

„Na, glaubt ihr's nun?" strahlte Christian.

Sie glaubten es alle. Vater, Mutter und Tante Mumme gingen wieder ins Heim hinunter, sie nahmen die beiden kleinen Jungen mit, und Erika lief hinterher, um den Rucksack auszupacken. Reni und Christian blieben allein auf der Weide bei den Ponys.

„Das ist ja prima, daß du dir das ausgedacht hast, Christian", sagte Reni – nun, da sie mit ihm allein war, fühlte sie sich auch ein bißchen verlegen.

„Danke, Christian, und ich war so scheußlich zu dir."

„Ich weiß, warum", sagte Christian.

Reni sah ihn an. Über so etwas zu sprechen schien ihr unmöglich.

„Du sollst niemals wieder so was denken", sagte Christian leise. „Hörst du, niemals wieder. Erstens stimmt es nicht, nämlich, daß wir dich nicht wollen, Vater und ich – und, na, meinetwegen Tante Mumme –, und zweitens können wir froh sein, wenn *du uns* willst. Wenn du zu uns gehören willst, du und Mutter. Das wissen wir ganz genau, Vater und ich. Und das darfst du nie vergessen, auch wenn wir nur dieses eine Mal und sonst nie mehr drüber sprechen. Wir gehören zusammen!"

„Ja. Autsch!" Reni hatte versehentlich an den Draht gefaßt und sprang zurück. Dann lachte sie.

„Na, nun weiß ich wenigstens, wie es sich anfühlt. Jetzt warten wir noch, bis die Ponys, eins nach dem anderen, drauf reingefallen sind. Wollen wir?" fragte sie und sah Christian an. „Oder hast du keine Zeit?"

„Für dich nehm' ich sie mir, und für die Ponys auch", brummte Christian. Sie setzten sich auf die Bank und warteten. Es schneite nicht mehr, drüben über dem Hang war der Himmel jetzt hell, als wollte die Sonne hervorkommen.

Reni saß neben Christian und sah hinüber, sah ihre Ponys an und hinunter zum Heim, wo Erika im Hof stand und zu ihr heraufwinkte. Vater fuhr soeben seinen Wagen aus der Garage, und Mutter lief zu ihm hin, sich zu verabschieden. Fehlten nur noch Tante Mumme und Brüderchen.

Und tatsächlich, als ob es so sein sollte: Da guckte Tante Mumme mit Brüderchen auf dem Arm zum Fenster heraus, ließ den Kleinen seinem Vater zuwinken. Reni sah hinab.

„Schön, ja?" fragte sie. Christian nickte. Er hatte sie genau verstanden.